第八届全国中小学实验教学

说课活动优秀作品集

（上册）

中国教育装备行业协会　编

知识产权出版社
全国百佳图书出版单位
—北京—

图书在版编目（CIP）数据

第八届全国中小学实验教学说课活动优秀作品集/中国教育装备行业协会编. —北京：知识产权出版社，2021.10

ISBN 978-7-5130-7724-8

Ⅰ.①第…　Ⅱ.①中…　Ⅲ.①说课—课堂教学—教学研究—中小学　Ⅳ.①G632.421

中国版本图书馆 CIP 数据核字（2021）第 188301 号

责任编辑：李　潇　刘晓琳　　**责任校对**：王　岩

封面设计：智兴设计室 · 任　珊　　**责任印制**：刘译文

第八届全国中小学实验教学说课活动优秀作品集（上册）

中国教育装备行业协会　编

出版发行：知识产权出版社有限责任公司　　**网　　址**：http://www.ipph.cn

社　　址：北京市海淀区气象路 50 号院　　**邮　　编**：100081

责编电话：010-82000860 转 8133　　**责编邮箱**：3275882@qq.com

发行电话：010-82000860 转 8101/8102　　**发行传真**：010-82000893/82005070/82000270

印　　刷：三河市国英印务有限公司　　**经　　销**：各大网上书店、新华书店及相关专业书店

开　　本：720 mm×1000 mm　1/16　　**印　　张**：56.75

版　　次：2021 年 10 月第 1 版　　**印　　次**：2021 年 10 月第 1 次印刷

字　　数：920 千字　　**定　　价**：199.00 元（上、下册）

ISBN 978-7-5130-7724-8

《第八届全国中小学实验教学说课活动优秀作品集》
编委会

前　言

《中共中央 国务院关于深化教育教学改革全面提高义务教育质量的意见》中提出“加强科学教育和实验教学”。《国务院办公厅关于新时代推进普通高中育人方式改革的指导意见》要求“认真开展验证性实验和探究性实验教学”。《教育部关于加强和改进中小学实验教学的意见》要求“不断将科技前沿知识和最新技术成果融入实验教学，丰富内容，改进方式”；“着力提升学生的观察能力、动手实践能力、创造性思维能力和团队合作能力”。全国中小学实验教学说课活动很好地践行了上述文件精神。

自2013年至今，全国中小学实验教学说课活动已成功举办八届，累计吸引了全国各地十万多名中小学教师参与。该活动以实验教学说课为载体，推进育人方式改革，搭建了一个全国中小学教师交流学习的平台，调动了广大教师开展实验教学的积极性，推动了教师对实验仪器和实验方法的改进与创新，有力地促进了全国中小学实验教学的均衡发展，获得了广泛的关注与好评，已发展成为全国中小学实验教学领域的品牌活动。

第八届全国中小学实验教学说课活动由教育部基础教育司主办，教育部教育装备研究与发展中心、中国教育装备行业协会提供专业支持，于2020年6~10月在全国范围内举行。本届说课活动延续了第五届至第七届说课活动的活动方式，设立综合、小学科学、中学物理、中学化学、中学生物五个组，其中综合组涵盖自然、信息技术、综合实践、拓展型课程等学科和课程。活动依然包括两个环节，一是各地遴选推荐实验教学说课案例，二是现场说课展示。各省、自治区、直辖市和新疆生产建设兵团教育部门克服新冠肺炎疫情的不利影响，积极组织省级遴选，共推荐474个实验教学说课案例；经过综合评议、集中公示等环节，产生158个案例进入现场展示环节。现场展示环节于2020年10月在重庆举行，为期两天。该环节在切实做好常态化疫情防控工作的基础上取得圆满成功，并进行了线上直播。

本届说课活动是《教育部关于加强和改进中小学实验教学的意见》发布后举办的第一届说课活动，得到了各地教育部门和一线教师的广泛重视，活动各方面也都有了新的成长。一是教师参与度进一步提升。“全国中小学实验在线平台”（网址：http://www.ceeia.cn/“实验在线”栏目）注册用户数和现场展示环节的线上直播点击量都大幅增长。二是地区差距进一步缩小。各省份入围案例数的差距逐步缩小，教学质量相对落后地区正在稳步追赶。三是案例质量进一步提升。各地推荐的案例更加关注围绕育人目标进行改进和创新，实验设计更加关注学生思维发展，教与学形式更加多样化，教育技术与实验教学融合更加合理。四是活动普惠性进一步提升。依托活动积累的课例和专家资源，为地方实验教学培训提供支持；通过筑基教师公益培训、活动优秀作品集捐赠等公益项目开展教育扶贫，助力边远贫困地区教师实验教学水平的提升。

连续八届说课活动，已形成一批可共享的优质实验教学资源，涵盖小学、初中、高中三个学段多门学科的实验课程，受到广大中小学师生的热烈欢迎。活动主办方精选出3102节优质实验课，将其视频和文本发布在“全国中小学实验在线平台”上，供全国中小学师生免费使用。截至2021年5月6日，“全国中小学实验在线平台”共有注册用户77万个，视频点击量逾500万次。中国教育装备行业协会负责组织编撰了自第二届说课活动以来各届说课活动的优秀作品集，这些作品集的相继出版，也对促进这些优质教学资源的推广应用发挥了重要作用。

《第八届全国中小学实验教学说课活动优秀作品集》内容充实，分为上下两册，收录了本届说课活动进入现场展示环节的优秀作品158个，其中综合组14个、小学科学组28个、中学物理组41个、中学化学组39个、中学生物组36个，较为全面地反映了国内中小学各个学科实验教学的新理念和新成果，可为广大中小学师生提供借鉴和指导。

在此，向第八届全国中小学实验教学说课活动的主办方教育部基础教育司，向给予活动热情支持的各地基教、教研、教育装备等部门，向本届活动评审委员会的各位专家，向参与和协助组织活动的广大教师和工作人员表示衷心的感谢！希望全国中小学实验教学说课活动获得社会更多的关注，为促进我国中小学实验教学工作水平的提升作出更大贡献！

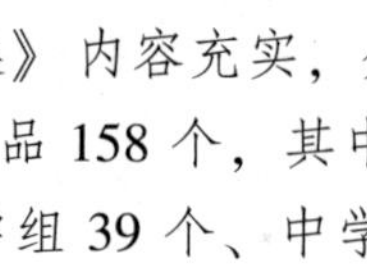

中国教育装备行业协会会长

2021年7月

CONTENTS

目 录

第一部分 综 合

测量不规则物体的体积 …………………………………… 周杉杉 胡静 / 3

设计无接触洗手装置 ………………………………………… 李宪瑞 / 7

喜鹊筑巢 …………………………………… 崔庆龙 杨连民 李义静 / 17

设计多功能蚕盒…………………………………………………… 奚悦 / 22

蒜叶的生长 …………………………………………………… 贾锐 / 25

怎样利用雨水灌溉菜园 ……………………………………… 顾玲梅 / 34

幸运大转盘的秘密

——有趣的 STEAM 实验探究之旅 ……………… 许明伟 宋晓玉 张琳 / 39

影响电磁铁磁性强弱的因素 ………………………………… 谈晓颖 / 47

音高的变化 …………………………………… 唐文欢 泽郎斯基 曹晓林 / 50

昼夜与四季…………………………………………………… 赵浩军 / 55

制备酵素原液容器的选择和改进……………………………… 陈伟红 / 59

血液循环的动态模型 …………………………… 王敏 陈贝贝 阮庆元 / 63

比热容 ……………………………………………………… 卢军委 / 67

探秘静电纺纳米纤维空气过滤膜……………………………… 张德贵 / 71

第二部分　小学科学

自制日地月模型
——探究日食现象 …… 刘阳　徐岩　路虹剑 / 79
数星星 …… 吕超 / 84
地球在公转吗？ …… 王帧斌 / 90
北极星“不动”的秘密 …… 房鹤 / 94
北极星“不动”的秘密 …… 龙海涛 / 97
为什么一年有四季？ …… 周赛君 / 100
探究蛋壳的承受力 …… 姜玲 / 105
基于 3D 打印技术的“沉浮与什么因素有关”科学探究
…… 王巍　贾欣　王思锦 / 110
照相机与眼睛 …… 马赛 / 115
光和影 …… 方一盈 / 119
光和影实验改进 …… 杨璐 / 125
影子的变化规律 …… 武越 / 131
声音的传播 …… 高珊 / 133
我们是怎样听到声音的？ …… 黎怡君 / 137
电铃响叮当
——探究影响电磁铁磁力大小的因素 …… 翟清清 / 141
神奇的小电动机 …… 许冲 / 147
使用数码生物显微镜观察发霉的苹果 …… 白洁 / 150
叶会蒸腾水分吗？ …… 邓洁莹 / 157
空气能占据空间吗？ …… 林传秀　罗潇怡 / 163
水结冰了 …… 王辉 / 168
热空气和冷空气 …… 王志娟 / 173
热空气和冷空气 …… 孔令强　王立同 / 177
“侨海娃”对光和热的新发现 …… 林宇婷 / 183
探究不同颜色物体的吸热和散热性能 …… 赵玉濛 / 190

热传导实验设计 …… 张芝杰 / 194
传热比赛 …… 詹锋 / 199
固体的热胀冷缩 …… 袁运强 / 205
用水测量时间 …… 杨小梅 / 210

第三部分 中学物理

▶初中物理

科学之旅 …… 李群 陈鑫 / 215
声音的特性 …… 郑晓欢 / 220
光的反射实验改进 …… 王晴 / 223
平面镜成像 …… 徐文静 张建 / 226
探究平面镜成像的特点 …… 彭蕊 / 231
生活中的透镜 …… 陈雨琪 / 237
探究“色光的世界” …… 张辰蕾 / 243
压力作用效果量化实验 …… 花永 / 248
杠杆
——突破力臂概念的建立教学难点 …… 于佳冉 冯鸣 / 253
探究杠杆的平衡条件 …… 康金平 / 262
滑轮及其机械效率 …… 郭智禅 / 267
基于自动化情境下的滑轮效率测量与探究 …… 张礼 董晓莉 危天铀 / 274
神奇的希罗喷泉 …… 白帆 / 277
探究物质的比热容 …… 李莎 / 283
内能 …… 周晓芸 / 289
做功改变物体内能实验的设计与改进 …… 任娟 / 294
通电导体在磁场中的受力作用探究 …… 陈开福 / 298
磁生电 …… 卢芳 / 302

▶高中物理

利用自制教具探究运动的合成与分解 …… 黄佳雯 陈剑峰 林萍 / 305

探究静摩擦力规律 …… 刘汉威　宋广亮　陈世锦 / 311
一把尺子的奇妙之旅
——巧探自由落体运动 …… 赵海艳 / 318
曲线运动 …… 张永辉　李霹 / 326
探究向心力大小的表达式 …… 梁爽 / 330
探究影响向心力大小的因素 …… 王军 / 336
用圆锥摆粗略验证向心力的表达式 …… 康生　林克强 / 342
探究向心加速度的表达式 …… 江秀云 / 347
探究向心力的表达式 …… 黄文博 / 357
探究向心力表达式 …… 朱朋飞 / 363
扭秤的制作与使用 …… 王斯宇　夏维宏　张国 / 367
万有引力定律 …… 孔大海 / 375
探究功与物体速度变化的关系 …… 韩小华 / 380
波的形成与传播 …… 西吉尔 / 386
光的干涉 …… 庞洪友 / 394
电容器和电容 …… 沃诚 / 398
测量导电液体高度的传感器的改进 …… 路少怀 / 404
利用自制教具多量程多用电表改装实验仪
探究多用电表的原理 …… 余登炯　梁艺　田松松 / 407
闭合电路的欧姆定律 …… 高白玉 / 420
磁现象和磁场 …… 李如 / 425
探究感应电流的产生条件 …… 黎耀 / 430
探究电磁感应定律 …… 胡博 / 436
楞次定律 …… 蒋黎萍 / 439

第一部分

综　合

测量不规则物体的体积

天津市和平区万全小学　周杉杉　胡静

一、使用教材

本实验选自人教版小学《数学》五年级下册第三单元“长方体和正方体”第六节“测量不规则物体的体积”。

二、实验器材

自制器材：橡皮泥脱模工具，它的内尺寸为长 5 cm、宽 4 cm、高 3 cm，如图 1所示。

常规器材：烧杯、溢水杯、滴管等。

图 1　自制橡皮泥脱模工具

三、实验创新要点

（1）在以往的教学中，默认用同一块橡皮泥捏出的规则形状与不规则形状物体的体积是相等的，这对于五年级的学生来说是存在认知障碍的。此次打破已有观念，探究将同一块橡皮泥捏成规则形状与不规则形状时排开的水的体积是否相等，来验证“等积变形”的原理。

（2）测量梨的体积的传统方法是根据乌鸦喝水故事的原理，在乌鸦喝水的故事中，随着小石块的放入，水面慢慢升高，最终可以将小石块的体积转化为上升部分水的体积。但是学生很难将小石块与水这两种物体的体积建立联系。此次借助“等积变形”实验，先测量出规则形状橡皮泥的体积，再读出橡皮泥排开的水的体积，让学生发现橡皮泥的体积与其排开的水的体积相等。通过实验得到证明，学生更容易将两种物体的体积建立联系。

让学生经历测量、计算得到具体数据，从而真正理解不规则形状橡皮泥、规则形状橡皮泥与它们排开的水的体积都是相等的。最终学生接受无论是规则形状物体还是不规则形状物体，浸没水中排开的水的体积都等于这个物体的体积。

四、实验原理

橡皮泥的体积采用“等积变形”与“排水法”来测量，梨的体积则采用“排水法”来测量。

五、实验教学目标

（1）经历测量橡皮泥体积的实验过程，学生真正理解并掌握“等积变形”与“排水法”的原理，并能应用到实际问题中。

（2）在实验与探究过程中，体会转化的数学思想，培养学生发现并提出问题的能力。

（3）体验探究带来的乐趣，感受数学实验的魅力。

六、实验教学内容

教材中安排的测量橡皮泥和梨的体积的实验是在学生已经掌握了长方体和正方体体积的计算方法、学习了容积和容积单位的基础上展开的。本节课将根据实际情况，利用转换的思想，应用“等积变形”与“排水法”求不规则形状物体的体积。

七、实验教学过程

本节课的教学过程分为 3 个环节：①课前：制造悬念，引发思考；②课上：探索新知，解决问题；③课后：设置疑问，拓展延伸。

（一）课前：制造悬念，引发思考

像橡皮泥、梨这些无法用语言准确地说出其具体形状的物体，怎样求出它们的体积？课前学生预习了这一课的内容，能够说出将橡皮泥捏成长方体或正方体、用“排水法”测量体积这两种方法，但学生并不理解这两种方法的原理。课上带领学生们一起进行实验操作，验证原理。

（二）课上：探索新知，解决问题

（1）问题一：怎样求出橡皮泥的体积？

在实际操作中，学生发现很难捏出规则的长方体、正方体。课上，学生们自己想出解决策略，再次动手改进实验。

方法 1：学生想到可以将橡皮泥塞入长方体或正方体容器中，把表面压平，从容器内部量出长、宽、高，进而计算体积，注意高要用容器的高减去空出的部分。

方法2：方法1存在橡皮泥不易脱模的问题。因此，教师自制脱模工具。将橡皮泥塞入自制脱模工具中，用压板把表面压平，做出一个规则形状的橡皮泥，测量出橡皮泥的长、宽、高，利用公式求出体积。

方法3：准备两组相同规格的溢水杯和烧杯，向溢水杯中注水至与溢水口齐平，将计算出体积的规则形状橡皮泥放入溢水杯中，水溢出后流进烧杯（见图2）；将橡皮泥拿出并捏成不规则的形状，把它放入另一个溢水杯中，水溢出后流进第二个烧杯（见图3）。学生们清楚地看到，这两个烧杯中水的体积相等，从而验证了规则形状橡皮泥转化成不规则形状橡皮泥后体积不变，理解“等积变形”的原理。

图2　用“排水法”测量规则形状橡皮泥体积

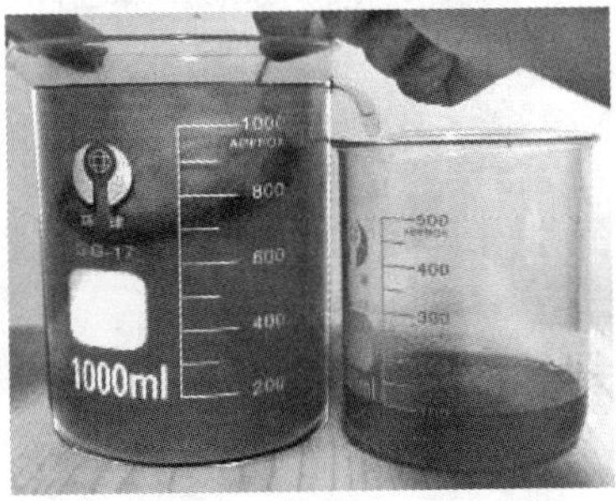

图3　用“排水法”测量不规则形状橡皮泥体积

细心的学生还发现，烧杯中水的体积与计算得出的规则形状橡皮泥的体积一致，由此得出猜想：不规则形状物体的体积与其排开的水的体积相等。为了验证这一猜想，又进行了一组实验，按照同样的方法制作一个与上组实验体积不同的橡皮泥，重复操作步骤进行实验。学生发现烧杯中水的体积与计算的规则形状橡皮泥的体积还是一样，通过两组实验成功地验证了猜想：橡皮泥的体积就是其排开的水的体积。

（2）问题二：怎样求出梨的体积？

梨不易变形，不能将其转化成规则物体，学生尝试利用“排水法”测量梨的体积。

方法1：准备一个装有适量水的烧杯，记录水位高度，把梨完全浸没在水中，水面上升。再次记录水位高度，上升部分水的体积就是梨的体积。把梨拿出来，水位再次回到初始高度，下降部分水的体积就是梨的体积。学生总结得出：不规则形状物体的体积=物体和水的总体积－水的体积。

方法2：向溢水杯中注水至与溢水口齐平，把梨放入，水溢出后流进烧杯，直接观察烧杯的刻度就能得到梨的体积。学生总结得出：不规则形状物体的体积

=溢出的水的体积。

通过测量排开的水的体积来得到被测物体的体积，类似这样的测量物体体积的方法叫“排水法”。“排水法”既可以测量不规则形状物体的体积，也可以测量规则形状物体的体积。

（三）课后：设置疑问，拓展延伸

学生在总结收获的同时也提出了新的问题，例如：乒乓球这样浮在水面上的物体能不能用“排水法”测出体积？同学们带着新的问题走上了探究之路。

八、实验效果评价

本节课对实验的创新改进体现了科学实验的严谨性，测量橡皮泥的体积是科学探索的过程，测量梨的体积是科学应用的过程。通过本节课的学习，学生们对于“等积变形”与“排水法”的原理有了进一步的认识。

设计无接触洗手装置

石家庄市桥西区振头小学　李宪瑞

一、教材分析

“设计无接触洗手装置”是学校根据2020年新冠肺炎疫情自主研发的小学高年级项目之一，项目研究内容如图1所示。

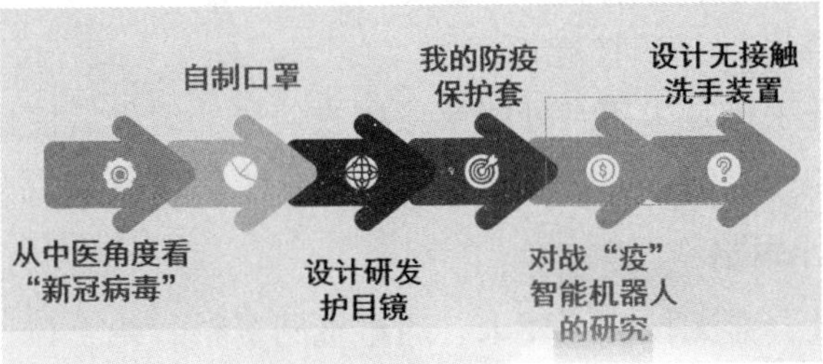

图1　项目研究内容

（一）项目背景

新冠肺炎疫情虽然给全球带来了巨大损失，但是也让我们在危机中养成了良好的习惯，如戴口罩和用正确的方法洗手。家里和公共场所常用的洗手液大多是挤压式的，通过实验发现，使用挤压式的洗手液时，会有病毒残留在按压瓶上面。在疫情防控常态化的今天，可以让学生尝试设计一款无接触洗手装置。

（二）学情分析

（1）知识基础：本课程面向学校五年级学生，该年级学生已初步学习杠杆、滑轮的工作原理，对智能机器人的相关知识也有了一定的了解。在网课期间，我校五年级学生每周一节的家庭实验课，为其奠定了知识基础。

（2）能力基础：五年级学生已经初步学会绘制设计图，能够使用简单的工具制作模型。在网课期间，通过科学阅读课，学生掌握了利用互联网收集资料、整理资料的能力。

（3）年龄特征：五年级学生的想象力更具创造性，思维虽已从具体形象思维向抽象逻辑思维过渡，但仍习惯于模仿实际动作，形象思维仍占主导。

二、实验器材

（1）“液压与气压”实验器材：色素、玻璃杯、水、导管、2个针管。

（2）“无接触洗手液装置”模型的实验器材。

1）脚控式：挤压式洗手液、盒子、2 个针管、导管。

2）红外线感应：单片机、红外线传感器、音乐播放板、水泵、伺服马达、马达导杆。

三、实验创新要点

（1）本项目是学生基于真实情境，经历前期研究—设计方案—制作模型—测试改进—展示交流—项目拓展等环节亲历无接触式洗手装置的设计及制作的全过程，有效地促进了学生的技术意识、工程思维、创新意识、图样表达、物化能力等工程技术素养的形成与发展。

（2）材料创新——趋于智能化。

红外线感应洗手机是采用红外线感应接收信号，编程后使用单片机进行模型制作，体现出更加完善的智能化，激发五年级学生的探究欲望。

四、实验设计思路

本项目基于社会对无接触的要求，通过查阅资料、线上讨论、线下组装，让学生在对简单机械、智能机器人有一定学习的基础上，进一步利用生活中的材料去制作一些可行的无接触洗手装置的设计图以及模型，培养学生的工程技术素养。由于受到疫情影响，学生居家绘制设计图以及制作模型，并通过电话、微信、钉钉等社交工具，进行交流、讨论、展示以及评价。

五、实验教学目标

在本项目中，学生借助网络以小组为单位进行团队协作，通过调查分析，基于科学原理制作无接触洗手装置，培养学生的创新思维、问题解决能力和工程技术素养，从而达到提升学生科学素养的目的。具体实验教学目标如下：

（1）科学。

1）掌握液压与气压的原理。

2）学会使用单片机进行编程，制作无接触洗手装置。

（2）技术。

1）学会筛选、挑取合适的材料，并了解不同材料的成本和特性。

2）学会根据洗手液挤压的特点设计并制作无接触装置。

（3）工程。

1）掌握市场中常见洗手装置的结构，设计并制作无接触洗手装置。

2）形成“明确问题—提出可行的解决方案—选择解决方案—选择合适的材料—制作模型—测试模型—改进设计”的工程设计思维。

（4）艺术。

1）学会在设计过程中考虑产品的整体美观性。

2）学会利用身边的材料、工具对产品进行美化。

（5）数学：学会考虑制作成本。

六、实验教学内容

本项目是以“工程设计”的主线来构建项目内容的，项目主线如图2所示。

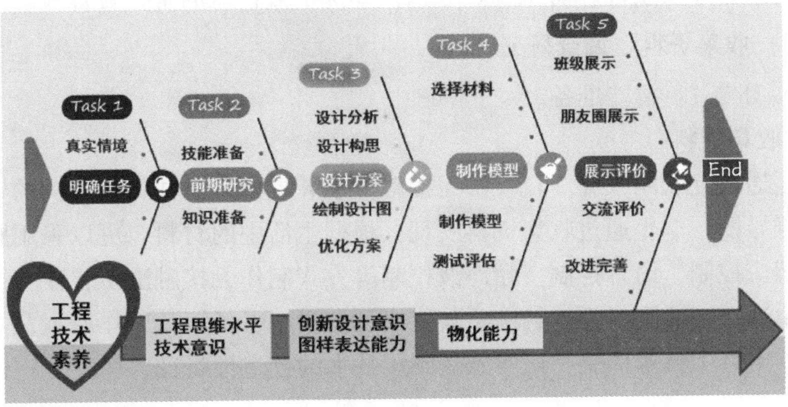

图2　项目主线

七、实验教学过程

实验教学过程如图3所示。

图3　项目过程

（一）创设情境，明确任务

知识、思维、行为与学习情境密切地联系在一起，学习是在文化、社区以及经验的情境中发生的。学生在一定情境中，通过学习解决问题能够获得真知。

（1）环节1：创设情境，引发驱动性问题。

上课伊始，教师展示视频《如何做到个人防护》，学生通过观看视频，得知在疫情防控常态化的今天，我们要做到戴口罩以及勤洗手。

展示另一段视频：我校五年级学生何诺寒同学和她的小伙伴做的实验——使用挤压式洗手液会不会有病毒残留，导致使用者接触病毒并被病毒传染？他们用荧光原料模拟病毒，使用小暗箱观察实验效果，实验现象是挤压的手套上沾有荧光原料。

得出实验结论：使用洗手液有可能传染病毒。如何避免这种情况呢？

（2）环节 2：分析问题，确立任务及评价标准。

全班同学针对此问题展开了讨论，发现因为手和挤压装置的接触，才导致传染病毒。如何解决这个问题呢？同学们想到了可以制作一个无接触式的装置，因此明确了项目任务：设计无接触洗手装置。

什么样的作品能够达到标准呢？接着我们又一起讨论了三个评价标准：①避免二次传染；②安全性：防水、防导电；③洗手液挤压的量是否合适。

（二）收集资料，调查研究

（1）环节 1：技能准备。

1）收集资料。

学生通过互联网收集资料——无接触洗手装置模型，并将收集到的资料整理形成思维导图。学生通过收集资料发现：根据生活中的材料，可以采用脚控式和红外线感应控制、语音控制、超声波控制等方式制作无接触洗手装置。

学生通过互联网对无接触洗手装置模型的学习，了解其工作原理及需要用到的材料，丰富了技术体验，切实感受到了技术的创造性特征，树立了一定的技术意识。

2）简单用品的拼接技术。

本次模型制作利用家里常见的一些生活用品或材料，进行简单拼接。需要用到的工具：小刀、螺丝刀、热熔胶枪。学生可以在家请教爸爸和妈妈如何使用热熔胶枪。

3）学习简单的单片机编程。

因学校开展机器人社团活动，所以学生根据项目任务想到了使用单片机制作无接触洗手装置，并向我校计算机教师请教如何通过编程实现无接触这一目标。

学生们在学习工具和材料的使用过程中，能够发展他们的工程思维水平。教师或家人能给孩子一些指导，对他们的工程思维有极大的促进作用。

（2）环节 2：知识准备。

1）带领学生复习五年级下册杠杆、滑轮的工作原理，并将其整理形成学习笔记。

2）通过实验探究液压与气压的工作原理。

（三）创新思路，设计方案

（1）环节 1：设计分析——头脑风暴。

采用钉钉视频会议的方式，基于前期的研究，同学们进行头脑风暴：在制作无接触洗手装置时，应考虑的要素有哪些？经过讨论，确定了如下几个要素。

1）装置采用哪些结构。

2）怎样控制出液。

3）怎样接收到需要洗手液的信号。

（2）环节 2：设计构思。

基于以上几个问题的考虑，学生开始了设计构思。在此过程中，教师提示学生可以利用之前的实验或者作品的原理或想法。

1）有同学想到了液压小吊车，可以利用液压的原理来解决控制出液的问题，利用脚控式来解决无接触的问题。

2）有同学想到之前做过红外线警报器，可以利用红外线感应实现接收信号，做到无接触；利用马达来解决出液的问题；曾做过虹吸原理的实验，可以利用虹吸原理解决出液多少的问题。

3）有同学想到了在机器人社团见过的红外线装置。

教师展示模型：脚踏气动节水洁具，带领学生分析该装置的结构，帮助学生开拓创新思维，融入创新设计元素，对模型进行创新设计，以此来提升学生的创新设计意识。五年级学生的年龄特征仍习惯于模仿实际动作，教师帮助学生建构创新设计时采用“和田十二法”中的“学一学”，模仿形状、结构和方法。

（3）环节 3：明确方案，绘制设计图。

学生基于对设计的构思，将自己的创意利用绘图表达出来，如图 4 所示。

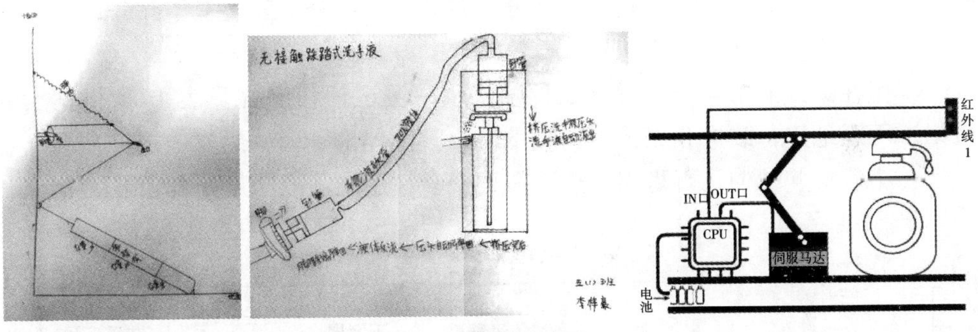

图 4　学生设计图

（4）环节 4：优化方案。

在教学中，教师为学生提供“脚手架”式的指导。学生将设计图发到钉钉群中，每名同学都可以对其他同学的设计提出疑问。

同时，教师向学生提出以下几个思考问题，以此来对设计方案进行优化。

1）你设计的无接触洗手装置的材料是生活中可以找到的吗？

2）你设计的无接触洗手装置的成本控制是否合理？

全班同学讨论后，对红外线无接触洗手装置方案进行了优化设计，如图 5 所示。

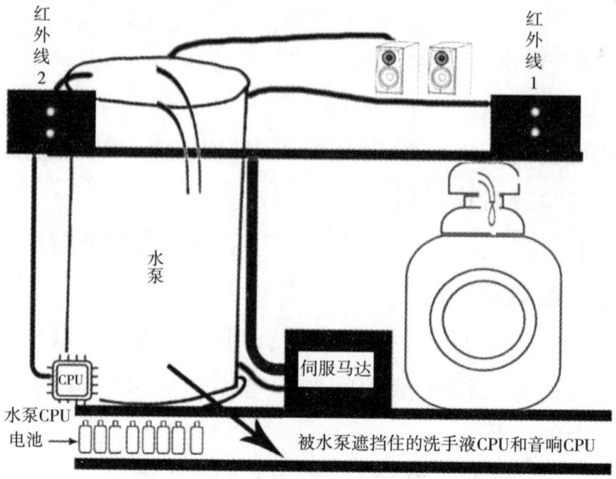

图 5　红外线无接触洗手装置第二版设计图

学生通过绘图表达自己的设计构思，与他人交流设计方案，提高了学生的图样表达能力。

（四）制作模型，测试评估

（1）环节 1：选材。根据设计图，选择合适的材料。

（2）环节 2：制作模型。教师提示学生在组装模型时需按照一定的顺序：组装主架—安装控制部分—安装传动部分—安装动力部分—安装工作部分。

（3）环节 3：测试评估。

学生在家人的帮助下进行测试评估，填写测试评估表（见表 1）。根据实验效果，不断地进行改进和完善。在测试时，教师提出了测试的 4 个维度：会不会二次传染病毒、结构是否稳固、是否具有安全性、洗手液的量是否合适。

表 1　无接触洗手装置测试要求

测试维度			二次传染病毒（不接触装置）	结构稳固（不倒塌、不变形、不翻倒）	安全性（防水、防导电）	洗手液量是否合适
第一次测试	没有出现问题	是否优化				
	出现了问题	可能原因				
		优化方案				
第二次测试	没有出现问题	是否优化				
	出现了问题	可能原因				
		优化方案				

在此环节，学生从工艺、美观等方面进行动手实践，提高了学生的物化能力。

(4) 环节4：改进设计。

1) 方案1：脚控式弹力洗手装置（见图6)。

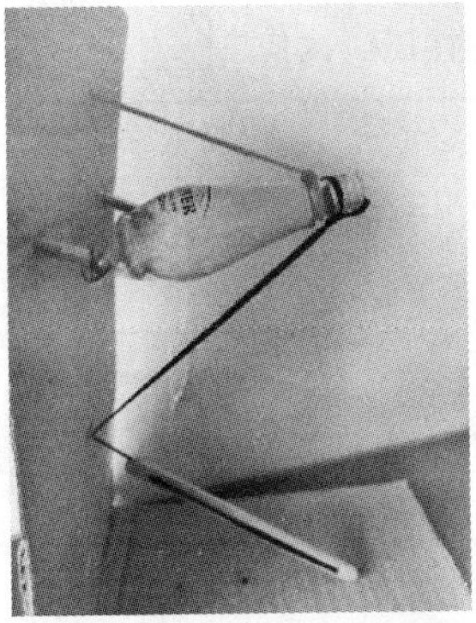

图6 脚控式弹力洗手装置

通过测试评估学生第一版的模型，存在的问题是洗手液倾倒的量如何控制。小组经过讨论后，基于杠杆的原理，进行了改进，将脚踏板分成3个区域：距离板子最远的，为省力杠杆，脚踩时倾倒的洗手液量最多；中间区域倾倒的洗手液量合适，最上方的区域倾倒的洗手液量最少。

2) 方案2：脚控式弹力洗手装置（见图7)。

该装置存在的问题：①挤压时洗手液的瓶子容易挤出来；②挤压时洗手液上方的针管弹不回来。

解决的措施：①洗手液瓶子上安装挡板；②使用两个大小不同的针管，脚踩部分为大针管，洗手液瓶子上方为小针管。

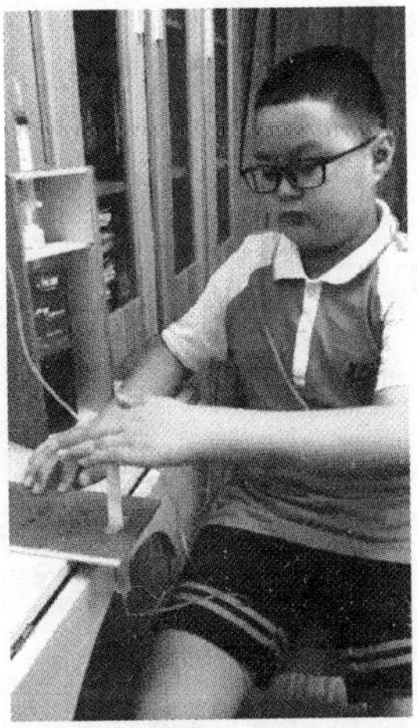

图7 脚控式弹力洗手装置

3) 方案3：红外线无接触洗手装置。

该小组的学生去超市选取洗手液，考虑到实验效果，选取了带有魔术泵头的泡沫洗手液，但是存在的问题是挤压时需要用很大的力气，才可以挤压出洗手液。由此，采取了以下改进措施。

①加入马达：1个或2个。

由于挤压时需要很大的力，因此学生首先安装一个马达，在马达导杆角度没有问题的情况下，发现挤压洗手液的量不足，于是又加入了一个马达，能够挤压出适量的洗手液。

②马达导杆的角度：马达导杆的角度是本次模型制作的难点之一，伺服马达的角度范围是1°~214°。需要设定两个角度：按压角度、恢复角度。

恢复角度为中间的角度，我们设为100°、114°。按压角度则只能通过一次次的测试进行，测试角度及实验现象如表1所示。

表2　马达导杆按压测试角度

马达	测试1	测试2	测试3	测试4
伺服马达1	100°	90°	70°	50°
伺服马达2	114°	124°	144°	164°
实验现象	无法按压洗手液的挤压装置，洗手液的量不足	无法按压洗手液的挤压装置，洗手液的量不足	无法按压洗手液的挤压装置，洗手液的量不足	能够按压洗手液的挤压装置，洗手液的量充足

通过实验现象可以发现：当角度为50°、164°时，挤出的洗手液量是最合适的。

红外线小组是采用模块化组装，先各自在家中完成负责的部分，然后来到学校进行组装。

（五）展示交流，完成评价

（1）自我反思：每组学生通过录制小视频，说出自己参与本项目的感受。并填写自我评价表，如表3所示。

表3　自我评价表

评价内容	评价标准			评价结果
	A	B	C	
明确问题	非常清晰问题和目标，也非常清晰接下来要做的任务	清楚问题和目标，但是不知道该怎么做	对问题和目标不清晰，不知道要做什么	
前期研究	能利用互联网查阅相关资料，并整理资料形成思维导图	能利用互联网查阅相关资料，不知道怎么整理	不知道怎么进行调查研究	
设计方案	能根据生活中的材料提出设计方案，并绘制出设计图	能根据生活中的材料提出设计方案，但是不会绘制设计图	无法提出可行的设计方案	

续表

评价内容	评价标准			评价结果
	A	B	C	
制作模型	像一名工程师一样能依照设计图进行模型的制作，如遇到问题及时优化改进	参考设计图，基本能完成简单地拼接	各部分的拼接存在困难，不知道该如何操作	
模型测试	能将制作好的模型根据测试要求进行简单操作，并填写表格	将制作好的模型根据测试要求进行简单操作，没有填写表格	测试过程中模型出现散架、卡顿等情况，不能提出改正建议	
展示交流	能录制微课视频进行操作，并讲解作品的工作原理	能录制微课视顿进行简单地操作	没有录制微课视频	

（2）社会性评价：学生将录制的微课视频发到朋友圈，取得点赞数最高的为最佳人气作品。

（3）学生完成过程性评价表，如表 4 所示。

表 4　过程性评价表

评价内容	评价标准			评价结果
	A	B	C	
设计图绘制合理性	能清晰地设计并描绘出每个部位的特点及具体的材料	能较好地设计每个部位并简单写出所需材料	材料有较多不合理利用以及浪费的现象	
组内讨论有效性	专心展开贴合项目的有效、积极讨论	组内讨论方式多样，总体较为有效	组内有闲聊、发呆现象，讨论有效性降低	
线上交流能力	语言表达流畅，思路清晰，功能阐述明了	语言较流畅，思路较清晰，功能阐述一般	语言不流畅，思路不清晰，缺少功能介绍	
团队协作和配合度	组内成员合作与交流好，配合非常默契	组内成员合作与交流较好，配合较默契	组内成员交流较少，配合不默契	

（4）颁发奖状：选出最具创意作品和最佳人气作品。

八、实验效果评价

（1）综合性：项目的内容集科学、技术、工程、艺术、数学为一体，培养了学生的综合素养。

（2）材料创新：实验模型采用红外线传感器接收信号，借助 CPU 进行编程，实验材料趋向智能化。

（3）工程技术素养：学生经历了完整的项目过程，明确问题—提出方案—选择方案—选择合适的材料—制作模型—测试模型—改进设计的全过程。

喜鹊筑巢

沧州市第二实验小学　崔庆龙　杨连民　李义静

一、使用教材

我校自2008年建立初期，就重视绿化环境。近年来，树高叶茂、鸟儿繁多，所以我校的综合实践课程以“亲近自然”为主题特色展开，“喜鹊筑巢”是其中一个活动。

喜鹊巢看似粗犷但内里精细，即使经历狂风暴雨仍然稳固如初，向人们诉说着它精湛的技术和巧夺天工的建筑特色。开展这一特色课程的目的是引导孩子们去体验鸟巢的内涵，使仿生学特色建筑深入孩子们的内心。

（1）冀人版小学《科学》三年级下册第三单元第二课“喜鹊筑巢”。

（2）冀人版小学《科学》六年级下册第一单元第二课“巧妙的结构”。

二、实验器材

（1）搭建材料：树枝、树杈、桐木条、竹签、雪糕棒、柳条、木板、塑料片、热熔胶枪、铁钉、泥土、橡皮泥、麦秸、羽毛。

（2）测试材料：鱼缸、微型水泵、橡胶管、雾化喷头、小平板车、电吹风、U形木板箱。

（3）准备材料：自制铁架稳定树杈。

三、实验创新要点

（1）本节课主要是通过寻找、观察和拆解废弃喜鹊巢，了解喜鹊巢的形状结构和材料，激发学生动手搭建喜鹊巢的兴趣。根据三年级学生已有知识和经验，教师将直接搭建改为分级挑战，逐步增加难度，学生能够更直观地理解鸟巢的搭建结构和技巧。掌握技巧后引导学生利用身边材料和已有的工程技术知识，为鸟儿搭建美观、稳固、舒适的鸟巢。

（2）引入了STEAM理论教学，增强学生综合素养。

（3）引导孩子们共同设计多维测试平台，对作品进行多维度评价。

四、实验设计思路

（1）通过观察和拆解废弃喜鹊巢以及有针对性地学习，掌握喜鹊巢的框架结构和装配原理。

（2）力求通过实地调查、实验探究、设计预算、合作搭建、测试评价，构建科学搭建喜鹊巢的情境。

五、实验教学目标

（1）鼓励学生灵活掌握鸟巢的搭建原理和特性，并运用于创新思考的过程。

（2）学生通过小组合作完成任务，在“探究—设计—创作—反思”的过程中进行体悟。

（3）引导学生在活动中发现、分析和解决问题，培养实践创新能力。

（4）增强学生的环保意识、建筑思维和审美情趣。

六、实验教学内容

通过观察和拆解废弃喜鹊巢的过程，体验到喜鹊巢的精妙之处，并加以思考和改进，为鸟儿制作美观、舒适的鸟巢。

七、实验教学过程

（一）实地调查，探寻奥秘

（1）观察喜鹊巢。

带领学生在校园里寻找喜鹊巢，通过鸟叫声、鸟粪找到喜鹊和喜鹊巢。并通过 3 个问题引发学生的猜想：

1）喜鹊筑巢的位置在哪？

2）喜鹊巢所使用的材料是什么？材料有什么特点？

3）喜鹊巢的形状结构是什么样的？

（2）查找资料，拆解废弃喜鹊巢。

同学们根据自己已有的知识和经验相互交流，搜寻资料，完成记录卡，形成对喜鹊巢的初步认识。

拆解废弃喜鹊巢，做好拆解记录，能够更直观地认识喜鹊巢的精妙之处。喜鹊巢的内巢如图 1 所示。

（二）实验探究，突破难点

图 1　喜鹊巢的内巢

经历了拆解活动之后，了解了喜鹊巢的结构，学生尝试在校园自行收集搭建材料，并进行分级挑战，由浅入深逐步掌握搭建技巧，适时引入六年级课程“巧妙的结构”，为学生搭建增加抓手。

（1）挑战一：用塑料片搭建“迷你鸟巢”。

（2）挑战二：用竹签搭建“鸟巢”，展示框架架构，领悟框架结构原理。

（3）挑战三：真实搭建。

本环节所要用到的材料：树杈（一杈、两杈、三杈、四杈）、干树枝（直的、弯的、有叉的、光滑的、粗糙的）、鲜树枝、竹签、塑料片、橡皮泥。

创新点：之所以选择使用不同树杈和不同树枝，是为了能够使学生更贴近自然，更快速地了解喜鹊的选择。

（三）设计预算，购买材料

校园是学生的家，也是鸟儿快乐的家。由于树枝数量有限且不美观，所以同学们决定用身边的材料为鸟儿打造美观又舒适的家。根据同学们自己选择的材料将其分为了树枝组、桐木条组、竹签组、雪糕棒组、木板组、柳编组，他们设计结构、做好预算、购买材料为合作搭建做好准备。

本环节教师采用任务单的方式来推进整个过程，学生可以通过合作的方式完成教师给予的各项任务，从而获得相应的奖励基金，还可以通过给别的小组提出建设性的意见和建议来获得奖励基金。本小组的预算师可以根据设计图纸和本组获得的奖励基金做出预算，模拟购买教师提供的材料。

（四）合作搭建，反思改进

学生们在合作搭建的过程中遇到了各种问题，教师及时了解学生开展实验互动的情况，并有针对性地进行指导、点拨和督促。

值得一提的是树枝组，这个小组在最初搭建的时候，因为无法找到着力点和让其更坚固的方式，所以在第 1 次的抗震测试中失败了。教师及时引导小组成员讨论，找出原因，图 2 是同学们多次改进后的作品。

柳编组也为大家带来了惊喜，搭建了不同形状的鸟巢，如图 3 所示。

图 2　树枝组作品

图 3　柳编组作品

雪糕棒组的作品灵感来自百叶窗，如图 4 所示，向下的百叶既能够抵挡雨水又不影响通风。

万事开头难，通过不断动手尝试，孩子们逐渐掌握技巧，各组都有创意，搭建了二居室鸟巢。柳编组搭建的鸟巢，内部开口朝下，避免雨水进入；竹签组搭建的鸟巢，灵感来源于交通锥桶，在树上可以正反两个方向放置，既美观又稳固；桐木条组搭建的鸟巢，灵感来自蜂巢的六边形设计，各项测试都能达到A级水平；木板组经过改进，放弃了木板，采用了防水材料制作鸟巢。各组鸟巢二居室如图5所示

图4　雪糕棒组作品

图5　各组鸟巢二居室作品展示

（五）展示测试，多维评价

教师采用布鲁姆教育目标与纲要相结合的方式，让学生在展示作品、介绍制作过程时，不仅要进行生物保育的表述，还要进行抗震、防风、雨水和鸟儿居住情况等多维平台的测试。同学们对自己的作品信心满满，开展了一场终极性能对抗大赛。

（1）防风测试，如图6所示。

（2）抗震测试，如图7所示。

图6　防风测试

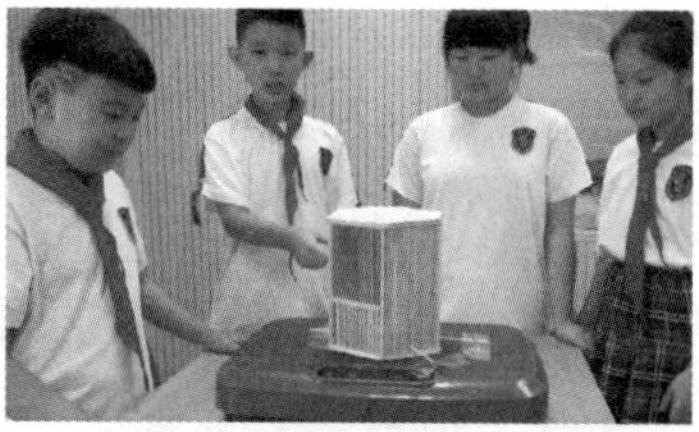

图7　抗震测试

（3）雨水测试，如图8所示。

图8　雨水测试

雨水测试是考虑到鸟巢的幼鸟保育功能应该具备良好的防雨性能。虽然成年喜鹊羽毛具有疏水性，可以为幼鸟遮挡雨水，提供温暖，但同学们仍然设计了巢顶，喜鹊巢顶虽然看起来乱糟糟，但大部分雨水会经枝丫流下，不会进入内巢，而且开口一般选在背风向阳的方向，类似人们住宅的坐北朝南，既能够抵御冬季寒冷的北风，又能提供良好的采光。

（4）鸟儿居住情况测试，如图 9 所示。

测试后，同学们发现，鸟儿更加倾向于树枝组和柳编组搭建的鸟巢。通过分析讨论，同学们认为，树枝组和柳编组的作品可能更接近喜鹊居住的环境，鸟儿住着更有安全感。

（六）拓展延伸

教师出示国家体育场（鸟巢）的图片（见图 10），让同学们猜想它的结构功能和特征。同学们结合自己的鸟巢进行分析，这样的结构可以节省材料，中间不用立柱，采光好、通风好，节能环保，内部看台就好像内巢，既能保证观众的舒适性又能对外巢进行加固，最终通过查寻资料证实了大家的猜想。同时让同学们探究更多仿生学特色建筑，点明科学与生活是相互联系的，激发同学们继续参与活动的热情，带着问题走出课堂。

图 9　鸟儿居住情况测试

图 10　国家体育场（鸟巢）

八、实验效果评价

同学们在教师的引导下借助校园特色资源，在探寻喜鹊巢的过程中经历了观察、探究、设计、制作、职业体验等不同领域的实践活动方式，并付诸思考，较好地进行了学科的融合，实现了团队协作的能力发展。

设计多功能蚕盒

上外-黄浦外国语小学　奚悦

一、教材分析

（一）课程介绍

本课选自上海市教委备案的拓展型课程“迷你蚕坊”。课程主要内容是学生体验蚕坊养蚕过程、了解传统煮茧缫丝技艺，结合养蚕需求自己设计并制作创意蚕盒。课程具有三大特点：项目式学习方式、传承传统文化、新时代劳动教育。课程包含参观蚕坊、制作简易蚕盒、养蚕实践、设计蚕盒、展示蚕坊共五个部分，设计蚕盒是“迷你蚕坊”项目规划的第四部分。

（二）学情分析

本单元前，学生已经了解了养蚕的过程并制作了一个“简易蚕盒”。养蚕实践中学生提出了许多问题，分类合并后形成了系列探究小课题：蚕宝宝在夜里休息吗？温度和湿度对蚕生长有什么影响？怎样一年四季都能养蚕？蚕蔟有哪些种类？蚕结茧的奥秘是什么？但学生自制的“简易蚕盒”无法调控内部环境、无法提供精准的实验数据，不能满足学生的探究需求。

二、实验器材

在学生自制蚕盒的基础上，教师提供了不同功能的辅件，每个辅件都能匹配相应课题的探究需求，同时又兼顾安全、方便、效果明显、性价比高、可推广等优点。

（1）摄像头：具有夜视、远程观察功能，可探索蚕夜间的活动。

（2）迷你温度湿度计、DIS 传感器：记录蚕盒温度、湿度，获取环境信息。

（3）LED 调光小灯、加湿器、调温加热垫：调节光照、温度、湿度，探索适合蚕生长的环境条件。

（4）平板电脑：搭配观测软件，记录数据和信息，开展自主探究活动。

三、实验创新要点

（1）学生自主，满足创新需求。

在发现学生自制蚕盒的不足后，以学生为主导，进行蚕盒的改进。在课堂中，学生是“主角”，自主挑选与安装，过程中认识不同辅件的功能并提升解决问题的能力，教师“退位”为“引导员”和“协助者”。

（2）器材可拼可拆，灵活多元。

教师提供给学生的辅件器材并非固定套装，而是需要学生根据小课题的需求和改进方向进行组合搭配。从统一学具改进为“辅件小仓库”，更贴合学生的活动需要，也有助于增加学生探究发现与自由创造的空间。

四、实验设计思路

学生的探究需求不能满足，需要“升级”蚕盒。如何选择合适的辅件供学生实践探究呢？教师分析了小学阶段学生的认知水平与动手能力，并考虑到了需体现科学技术、有效改进蚕盒、便利性与安全性、可移植与可推广等因素，精心挑选辅件，辅助学生设计多功能蚕盒。本课教学思路：指导学生运用先进技术改进蚕盒，完成探究小课题。

五、实验教学目标

（1）了解辅件功能，能根据需求选择合适的辅件。

（2）完成设计、调试与安装，制作多功能蚕盒。

（3）能发现问题，并找到解决问题的方法。

（4）逐步形成敢于创新、乐于尝试的创新意识。

六、实验教学过程

（1）学生观看“翻转课堂”短视频，了解各种辅件功能。

（2）学生设计方案，提出问题与需求。

（3）教师指导学生挑选辅件并尝试应用。

（4）师生互动交流，修改并完善方案。

（5）学生安装辅件，完成多功能蚕盒，开展后续课题探究。

七、实验效果评价

（1）项目引领，激发热情。本项目不是教师安排做任务，也不是手把手式做探究，问题均源于学生自己的发现，改进的欲望源于学生的探究需求。以项目为载体，学生经历“发现问题、提出需求—寻找工具、设计方案—调试安装、开展探究”全过程，教师适时提供硬件辅助以及方法指导，将更多的空间留给学生。教学方式的转变，关注了学生创新意识的树立，落实了创新能力的培养。

（2）科技加盟，实现创新。信息技术设备的支持，让学生的创新变为现实。教师前期精选操作便捷、易组合、效果显著的辅件以满足学生课题探究需求，学生从制作“简易蚕盒”发展改进为“多功能蚕盒”。借助辅件，学生改进蚕盒并开展了小课题探究，获得了新的科学发现。

1）蚕在夜间也会活动，不管白天和黑夜，蚕进食活动一段时间后，会休息数小时，再继续活动。

2）温度较高时，蚕生长发育较快；温度较低时，蚕生长发育较慢。但是，温度过高则不适宜蚕的生存。

3）湿度低，桑叶凋萎快，容易造成食物不足，但蚕座卫生状况良好；湿度高，桑叶凋萎慢，但蚕座潮湿容易诱发某些蚕病。

（3）实践参与，收获满满。学生组成的课题小组将研究过程与发现整理成探究报告，同时也把创新蚕盒分享给伙伴。随着学生的探究不断深入，蚕盒还在不断升级中，从“多功能蚕盒”到“智慧蚕盒”，未来还能创造出“高定蚕盒”。让学生想创新、敢创新、会创新，这才是课程的意义所在！

蒜叶的生长

合肥市望江路小学　贾锐

一、教材分析

“蒜叶的生长”选自苏教版小学《数学》五年级下册第二单元“折线统计图”后的综合与实践活动课。

在学习本节课之前，苏教版小学《数学》五年级上册已经安排统计表、单式和复式折线统计图的学习，而教科版小学《科学》五年级上册也安排了绿豆发芽实验。这些都为学生应用统计知识开展本次实验活动奠定了基础。

《义务教育数学课程标准（2011 年版）》明确提出：“在整个数学教育的过程中都应培养学生的应用意识，综合实践活动是培养应用意识很好的载体。”“综合与实践”内容设置的目的在于培养学生综合运用有关的知识与方法解决实际问题，培养学生的问题意识、应用意识和创新意识，积累学生的活动经验，提高学生解决实际问题的能力。因此，发展学生的应用意识为本节课的核心。

二、实验器材

若干饱满的蒜瓣、电子秤、花盆、玻璃瓶、土壤、复合肥、有机肥、直尺、定植篮、定植棉、水培管道。

三、实验创新要点

（1）工具的改进，便于实验量化。

改进后的水培套装充分考虑了蒜瓣生长过程中的缩小特性，选择了定植海绵，其有一定的弹性，随着蒜叶和根须的生长，持续保持固定。定植篮的中心大孔，使得蒜瓣底部能从中略微伸出，方便找准根须生长的起始端，更利于根须的测量。

（2）统计的应用，便于量化分析。

在综合实践活动中，培养学生用数学的眼光观察生活，发现并提出问题。在具体的实验探究中，用数据、折线统计图去量化蒜叶和根须的生长情况，用数学的思维分析问题。在不断地提升中，学生进一步感受统计的价值。最终提高学生解决问题的能力，提升学生应用统计的意识。

四、实验原理

（1）实验原理：植物生长需要光照、水分、空气、矿物质（土壤中含有）、适宜的温度等。而本次实验则是为蒜瓣提供必要的水分，控制光照，研究根须和蒜叶的生长情况。

（2）实验方法：观察法、比较法、控制变量法。

五、实验教学目标

（1）通过对根须和蒜叶长度数据的收集、整理、描述和分析，获得有意义的结论，提高综合应用统计知识与方法的意识。

（2）经历提出问题—实验探究—获得结论—回顾反思的过程，体会研究问题的一般过程与方法，培养动手实践、合作交流、归纳总结的能力和认真、严谨的科学态度。

（3）通过“蒜叶的生长”的实验活动，进一步感受数学与生活的密切联系，不断增强用数学眼光观察和分析日常生活现象的意识，提高学习数学的兴趣。

六、实验教学内容

本课主要进行了两项实验：一是水培实验，即把蒜瓣种在水中，放在阳光下，用来观察并测量根须的生长情况；二是土培实验，即把蒜瓣放在两盆相同的土壤里，分别放在阳光下和房间里，用来测量并比较两种环境下蒜叶生长的差异。

七、实验教学过程

（一）发现问题，自主提问——吃不完的蒜叶

谈话引入：一位同学的妈妈做菜时常用蒜叶来调味，可是，家里没有蒜叶了，怎么办？学生想到了用水培和土植的方法种植蒜瓣，于是就有了“吃不完的蒜叶”。学生又想到学校的“静待花开”种植节快到了，提出了一起种植蒜瓣、研究大蒜生长的有关问题。例如，根须和蒜叶的生长情况如何？蒜叶是在水中长得好还是在土壤中长得好？土壤中的蒜叶是在阳光下长得快还是在房间里长得快？以上问题的结论，需要通过实验来解决。

设计意图：学生从熟悉的日常生活中发现并提出问题，让实验探究的需求真正发生。

（二）分工合作，动手实践——快乐地种植

教师提问：要解决以上这些问题，该如何设计实验呢？学生经过讨论，提出如下设计思路。

（1）实验内容设计。

1）水培实验：研究根须的生长情况。如果用土培，从土里拔出根须后测量，根须容易折断，影响实验结果。因此，需要把蒜瓣种在水中，放在阳光下，进行水培实验，研究水中根须的生长情况。

2）土培实验：研究光照强弱不同，对蒜叶生长情况的影响。把蒜瓣种在土壤里，分别在阳光下和房间里对比两盆不同光照情况下的蒜叶生长情况。既然要对比，蒜瓣的大小要一致，质量要相同，可以使用电子秤挑选 5 g 左右的饱满蒜瓣。

3）比较阳光下水培和土培蒜叶的生长情况。

（2）实验组织方式。

分组实验，组内分工合作，每个小组都要做两项实验（见表 1）。

表 1　实验分工安排表

"蒜叶的生长"种植活动第________小组分工安排表

实验 1　水培实验：研究水培蒜瓣根须的生长

组长		组员	
时间		地点	
人员分工			
浇水员		测量记录员	
松土员		拍照员	

实验 2　土培实验：研究土培蒜叶的生长与光照的关系

组长		组员	
时间		地点	
人员分工			
浇水员		测量记录员	
松土员		拍照员	

（3）实验记录要求。

通过学生的交流和讨论，明确以下几点。

1）对于水培实验，需做到：

①数据收集：从第 2 天开始，到第 8 天结束，每天测量并记录蒜瓣最长根须的长度（见表 2）。

②样本选择：从起初选定并观察、测量 1 个蒜瓣的根须长度，到改进后至少选定 3 个蒜瓣的根须测量并记录，再取平均长度，让实验的结果更具有代表性和科学性。

③记录时间：每天早上 8 时定时测量，科学反映根须的每日生长变化。

表 2 水培实验：蒜瓣根须生长情况记录表（阳光下）

编号	最长根须长度/mm						
	第 2 天	第 3 天	第 4 天	第 5 天	第 6 天	第 7 天	第 8 天
蒜瓣 1							
蒜瓣 2							
蒜瓣 3							
……							
平均长度/mm							

注：平均长度保留到 mm。

2）对于土培实验，需做到：

①数据收集：从第 6 天开始，到第 16 天结束。每两天分别测量并记录在阳光下和房间里最长蒜叶的长度（见表 3）。

②样本选择：至少选定 3 颗蒜瓣测量最长叶片，再取平均长度。

③记录时间：早上 8 时定时测量，科学反映蒜叶每两日的生长变化。

表 3 土培实验：蒜瓣蒜叶生长情况记录表

土培蒜叶的生长情况记录表（阳光下）

编号	最长根须长度/mm					
	第 6 天	第 8 天	第 10 天	第 12 天	第 14 天	第 16 天
蒜瓣 1						
蒜瓣 2						
蒜瓣 3						
……						
平均长度/mm						

注：平均长度保留到 mm。

土培蒜叶的生长情况记录表（房间里）

编号	最长根须长度/mm					
	第 6 天	第 8 天	第 10 天	第 12 天	第 14 天	第 16 天
蒜瓣 1						
蒜瓣 2						
蒜瓣 3						

续表

编号	最长根须长度/mm					
	第 6 天	第 8 天	第 10 天	第 12 天	第 14 天	第 16 天
……						
平均长度/mm						

注：平均长度保留到 mm。

（4）实验的实施。

1）起初的水培实验。

学生选择了玻璃瓶作为水培容器，将整个蒜头放入玻璃瓶进行水培实验（见图 1）。

图 1　起初的水培实验

水培实验出现的问题：整头蒜长出的根又多又密，堆积在一起，容易缠绕，要想准确测量根须的长度比较困难。

2）改进后的水培实验。

学生想到培育单个蒜瓣，并利用定植篮、定植棉和水培管道的组合套装进行水培实验（见图 2）。

a 水培管道加入适量的水

b 定植棉放入定植篮底部

c 蒜瓣放入定植棉，露出底部和顶部

d 放入水培管道，蒜瓣底部浸在水中

图 2　改进后的水培实验

第一步，在水培管道中加入适量的水；第二步，将定植棉放入定植篮底部；第三步，选择饱满的蒜瓣放入定植棉中心，露出底部和顶部；第四步，将装好蒜瓣的定植篮，放入水培管道，确保蒜瓣底部浸在水中，顶部露出水面。

改进优势：①随着蒜瓣的蒜叶和根须的生长，蒜瓣的营养会被消耗，蒜瓣的体积会缩小，而海绵具有一定的弹性，能够持续固定蒜瓣。②蒜瓣的底部可伸出定植篮的底部，直尺容易对准根须生长的起始端，便于测量根须长度。③水培管道空间较大，根须生长空间大，不容易弯曲堆积，利于测量根须长度。

3）土培实验。

在两个大小相同的花盆里放入拌有 20 g 有机肥的等量土壤，将饱满的蒜瓣整齐地放入两个花盆，做到间隙均匀。其中一盆放在阳光下，另一盆放在没有阳光直接照射的房间里（见图 3）。

实验组——阳光下　　　　对照组——房间里

图 3　土培实验

设计意图：①运用控制变量法：土培实验中，土壤是相同的，定时定量浇水，只有光照不同，学生体验了控制变量法这种科学的实验方法（见图 4）。②应用统计知识：学生分工合作，动手实践，在实验开展中使用统计表安排组内成员的分工，用复式统计表记录实验数据。

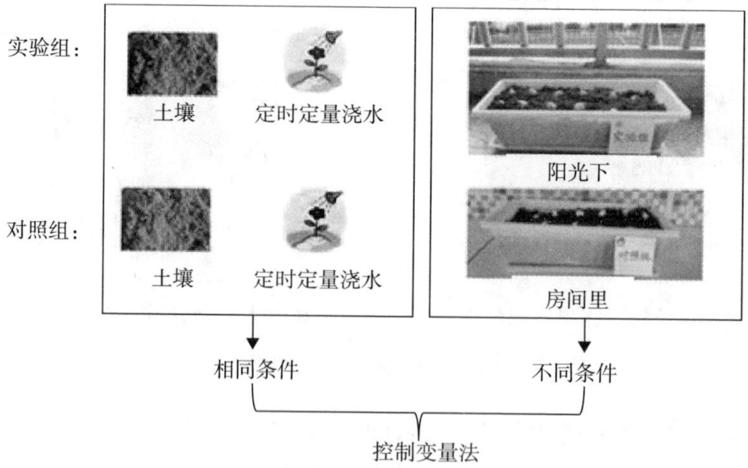

图 4　运用控制变量法进行土培实验

（三）实验探究，观察记录——严谨的数据

蒜叶一天天长大，学生认真观察、测量、记录数据。有的同学采用观察日记的方式进行记录，有的同学采用绘本的方式进行记录，更多的同学采用统计表的方式进行记录（见图 5、图 6）。在实验中，有的小组蒜瓣根部腐烂，导致实验失败，学生也如实进行了记录。

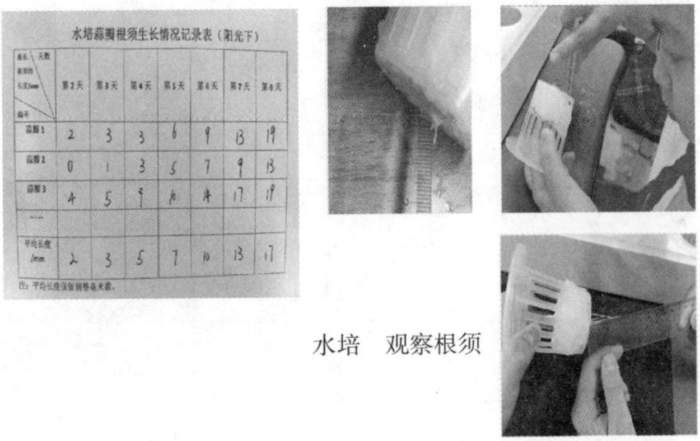
水培蒜瓣根须生长情况记录表（阳光下）

编号	第2天	第3天	第4天	第5天	第6天	第7天	第8天
蒜瓣1	2	3	3	6	9	13	19
蒜瓣2	0	1	3	5	7	9	13
蒜瓣3	4	5	9	10	14	17	19
……							
平均长度/mm	2	3	5	7	10	13	17

图 5　水培实验中学生测量并记录根须的长度

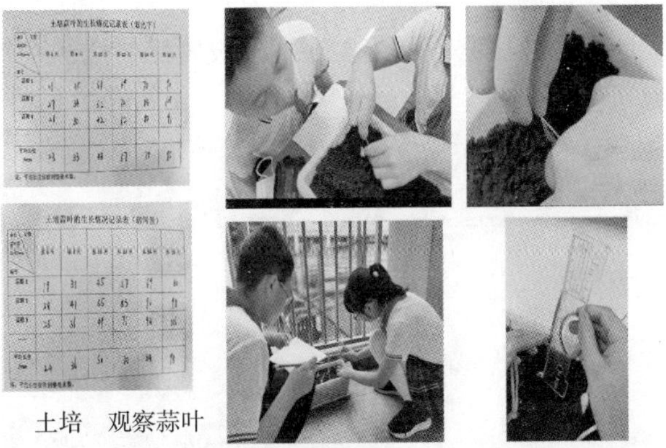

图 6　土培实验中学生用多种方法测量蒜叶的长度

设计意图：学生用数据定量反映根须和蒜叶的生长情况，经历了数据的收集和整理过程，应用了数学统计的知识和方法，同时做到了尊重事实、科学严谨。

（四）应用统计，合作交流——奇妙的应用

在种植过程中，学生们记录了大量的数据，该如何对这些数据进行分析，从而解决提出的问题呢？

（1）改进一：从单个统计表到单式折线统计图。

通过根须生长情况记录表里的平均长度，可以看出每天的生长情况，但数据多，数据变化也不够直观。学生们想到把平均长度制成折线统计图，既能看到生长情况数据，又可以直观地表示出数据的变化情况，直观明了地显示出根须的生长变化。

（2）改进二：从两个统计表到复式折线统计图。

在比较房间里和阳光下的蒜叶生长差异时，学生发现要来回查看两个统计表中的数据，表格项目多、数据多，不方便比较。可以用复式折线统计图把两个表格中的数据放在一张图上，直接进行比较（见图7）。

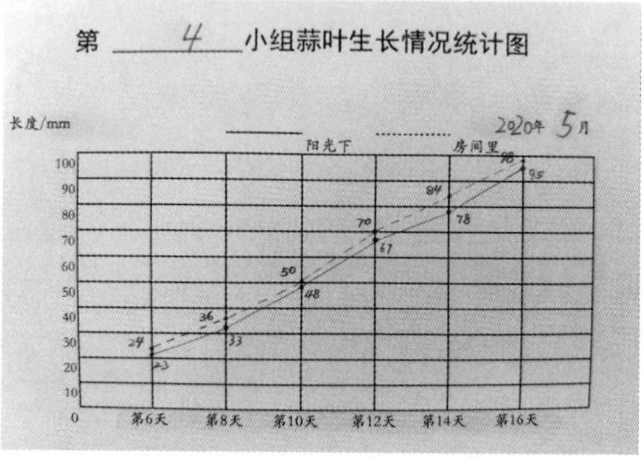

图7　学生制作出的纸质复式折线统计图

（3）改进三：从纸质折线统计图到电子折线统计图。

活动中，有的学生还想多做几组实验，比较实验结果。通过查阅资料，学生发现可以用几何画板软件制作电子折线统计图，方便统计图的数据修改和绘制。通过设置操作按钮和辅助线，还可以动态演示阳光下和房间里蒜叶的生长折线，查看某一天蒜叶的长度，并比较长度差，更利于与同学分享自己的发现（见图8）。

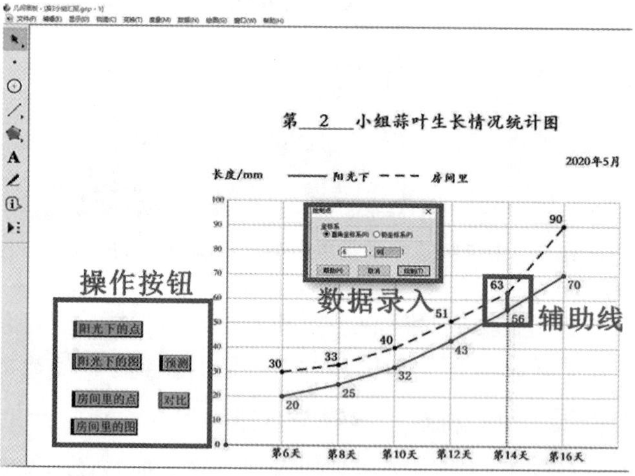

图8　学生借助几何画板软件制作出的电子复式折线统计图

学生们根据制作的折线统计图来分析数据，解决了以下问题：

问题一：根须和蒜叶的生长情况是怎样的？

实验结论：蒜瓣先长根须，再长叶片，根须生长先慢后快。

问题二：土培实验中，房间里和阳光下的蒜叶生长有什么差异？

实验结论：大蒜喜阳，蒜叶虽然在阳光下比在房间里生长得稍慢，但叶片更绿、更健康。

问题三：阳光下，蒜叶是在水中长得好还是在土壤中长得好？

实验结论：土壤里的蒜叶比水里长得更绿、更宽，可能是土壤中含有一些适宜蒜叶生长的营养。

设计意图：学生将观察、记录的数据绘制成折线统计图进行分析，发现了大蒜生长的奥秘，有的学生还制作了蒜叶生长资料卡。分析、解决问题的同时发展了学生数据分析观念和应用统计的意识。在解决以上问题的过程中，为方便数据的比较，学生们通过查找资料、咨询教师和家长，学习了新的信息技术手段，培养了学生自主探究的能力。

（五）回顾反思，收获成果——不断地提升

回顾观察和记录的过程，学生体会颇多。比如，有的学生体会到折线统计图能够很好地表示出蒜叶生长的变化情况，方便对实验记录进行分析。有的学生还有一些新的思考，蒜叶长得好的，大多根须长得密而多，蒜叶的生长可能与根须的生长有关系。

提出质疑：有的学生指出，既然大蒜是喜阳植物，为什么阳光下的蒜叶反而比房间里的长得慢？

释疑：对于这个疑问，有的学生通过课后查询相关资料，发现蒜叶适宜生长的温度是 15 ℃ ~25 ℃。本次实验活动在 5 月，室外温度已较高，阳光下温度过高会导致蒜叶生长缓慢；而在房间里，5 月的室温恰好是蒜叶生长的适宜温度，因此房间里的蒜叶长得更快一些。

八、实验效果评价

本次综合实践活动，依据统计的知识和方法研究蒜叶和根须的生长，通过测量获得了有关数据，采用折线统计图表示大蒜根须和蒜叶的生长态势。学生积累了实验活动经验，发展了应用统计的意识，知识有收获，能力有提高，实现了实验开展与数学教学的有机统一。

怎样利用雨水灌溉菜园

上海市青浦瀚文小学　顾玲梅

一、教材分析

本节课的学习内容为上海远东出版社九年义务教育课本《自然》二年级第一学期第四单元“水会流动”。

“水会流动”这一单元的核心概念有“水会流动”“水从高处流向低处”“流动的水有力量”。结合学生在以往菜园种植浇水时发现的实际问题，教师将整个单元的内容进行重构，以“我是开心菜园灌溉设计师”为主题，开展以解决学校菜园浇灌问题为主旨的项目式学习。

项目化学习方式能促使学生在真实情境的问题驱动下开展自主探究，技术与工程思维的融入更好地培养了学生的创新能力与实践能力，教学方式的改变使学生能够灵活迁移应用知识与技术，解决实际问题。

项目分为4个阶段。①准备阶段：学生亲身经历为菜园浇水，发现存在的问题与不便，提出改善建议，形成收集雨水浇灌菜园的设想；②设计与实施阶段Ⅰ：考察校园地面和屋顶雨水的去向，对单元核心概念有初步认识，并提出收集屋顶落水管中的雨水浇灌菜园的方案；③设计与实施阶段Ⅱ：提出搭建管道将雨水引入菜园的方案，在为菜园设计、搭建管道过程中灵活运用核心概念解决管道出水问题，并加深对所学知识的认识；④成果发布阶段：学生针对灌溉装置的不足，结合课外资料对开心菜园灌溉装置展开更多的畅想，提升表达与表现的能力。

“怎样利用雨水灌溉菜园”是项目的第三课时——项目设计与实施阶段Ⅱ。

二、实验器材

（1）管道设计材料（见图1）：菜地模型图、磁力贴片、磁性小白板。

（2）管道搭建材料（见图2）：塑料管子、塑料接口、水箱、菜地模型、设计图支架。

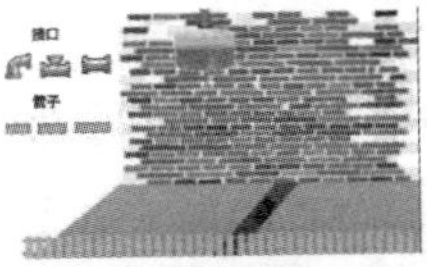

菜园模型图

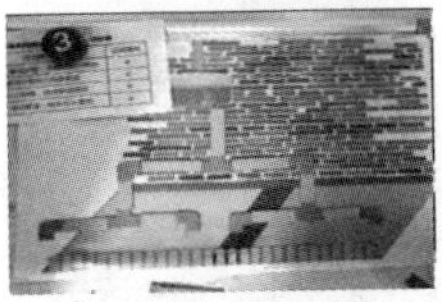

管子和接口磁力贴片

图 1　管道设计材料

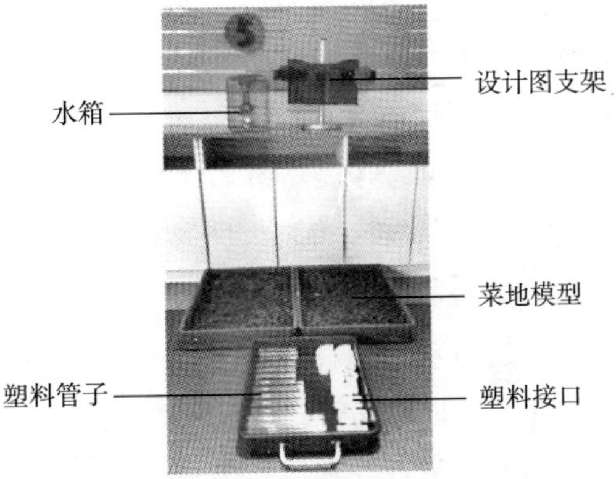

图 2　管道搭建材料

三、实验创新要点

（1）解决真实问题的工程活动，激发学生探索的内在动机。

学生开展引水管道设计与搭建的动机源于自身经历的菜园浇灌问题。认知科学揭示，当学生的内在动机强于外在动机的时候，他们往往更加乐于学习，真实的问题更容易促使他们发现周围世界的奥秘。

（2）选择易于操作和改变的材料，促进问题的发现与解决。

考虑到二年级学生的绘图能力还不是很强，因此教师用磁力贴片取代绘图，组织学生在实验室的讨论区利用磁力贴片开展管道设计，由于磁力贴片之间可以自由组合，学生的设计思维得以释放。学生利用与磁力贴片数量、形状相对应的塑料管道和接口，在操作区内完成管道的搭建。管道和接口能方便地拼搭和拆解，学生一旦发现管道出水有问题，可以结合实际问题调整管道的搭建方式，借助扭转、拼接等方式灵活地解决问题。活动材料的易操作和易改变，使学生能够迸发出各种想法并付诸实践，最终得到最优化的设计方案和实践成果。

（3）将思维可视化，促进学生观察、比较、分析的能力。

策略一：组内思维可视化。通过对设计方案的前后对比，以及优化后方案与实际搭建模型间的对比，形成组内思维的可视化，帮助教师了解学生思维变化的过程。

策略二：组间思维可视化。借助希沃授课助手将组间思维可视化，全班 6 个小组的设计图一并展现在大屏幕上，学生通过分析各个小组的设计图来优化自己的设计方案。

四、实验设计思路

本节课是项目设计与实施阶段Ⅱ。在对单元核心概念有了初步认识的基础上，以“怎样利用雨水灌溉菜园”为驱动性问题，形成搭建引水管道的设想。

首先，以“水会流经每个管道吗”这一问题展开交流和优化设计，过程中综合利用核心概念，以提高设计思维和对比分析能力。其次，学生经历管道的搭建与调试，以“让每个出水口都有水”为目的展开实践活动，过程中对核心概念有更为深入地认识，并提高团队合作、动手实践和解决问题等能力。最后，是农业灌溉方式的拓展与装置改进的畅想。

五、实验教学目标

（1）通过项目回顾，围绕“怎样利用雨水灌溉菜园”展开设想，养成从问题出发开展项目研究的习惯。

（2）通过设计、交流、搭建、调试菜园引水管道等工程实践活动，综合运用“水会流动”等科学概念，提高团队合作、动手实践以及解决问题的能力。

（3）通过观看有关古代农业与现代农业浇灌方式的视频，体会我国农业灌溉技术发展的成就。

六、实验教学内容

（1）设计引水管道：通过拼一拼的方式设计引水管道，在小组交流后优化设计方案。

（2）搭建运水管道：通过搭一搭、试一试引水管道，利用“水从高处流向低处”的特点尝试解决管道出水的问题。

七、实验教学过程

（1）项目回顾，形成设想。

回顾项目前期亲身经历菜园浇水的问题、考察校园雨水去向等活动，了解项目的进展。思考“怎样利用雨水灌溉菜园”，并提出合理、可行的设想，激发解决问题的兴趣。

（2）设计与实施。

结合菜园平面图，借助磁力贴片，对菜园灌溉装置形成初步设计，交流优化设计方案。在任务单指引下（见图3），完成小组任务分工、搭建管道并且反复调试管道。

活动要求	达成情况
能拼出管道设计图，并说出设计理由	☆
根据设计图搭建管道	☆
组内分工明确，完成管道测试	☆
能多次调试管道，将水引入菜地	☆

图3 小组活动任务单

（3）拓展与展望。

教师展示古代和现代农业浇灌方式的图片，如图 4、图 5 所示。对比古代和现代农业灌溉的方式，体会我国农业灌溉技术发展的成就，并尝试对设计和搭建的简易菜园灌溉装置提出新的改进意见。

图 4　古代农业灌溉方式

图 5　现代农业灌溉方式

八、实验效果评价

教师在本节课改变教学方式，将侧重知识理解的教学变成学生自主探索解决实际问题的教学。在实践过程中，学生既掌握了“水从高处流向低处”等单元核心概念，也运用所学解决了“怎样把水引入菜园”“怎样让每个出水口都有水”等问题，还发现并解决了“如何控制水流力量”等课堂生成的新问题。

技术与工程相关策略的融入使学生设计思维与实践创新能力得以增强。学生的管道设计多种多样，可以发现几乎每一个小组在搭建的时候都做出了调整，这些调整源于学生发现的实际问题。例如：采用第一种设计（见图 6）的学生发现水都集中在一块，所以他们延长了出水口。采用第二种设计（见图 7）的学生发现同一块菜地两个出水口的距离都超过了菜地的宽度，水洒到外面去了，所以他们扭转了出水口的方向。第三种设计（见图 8）最具有争议性，学生普遍认为，由于“水从高处流向低处”，因此两边的出水口不会有水，出乎大家意料的是，在操作过程中，学生发现只要将两边第一个出水口的角度稍稍扭转（见图 9），后面一个出水口中也会有水。由此可见，学生的设计思维在与实际问题的碰撞中不断产生新的火花。

图 6　设计图一

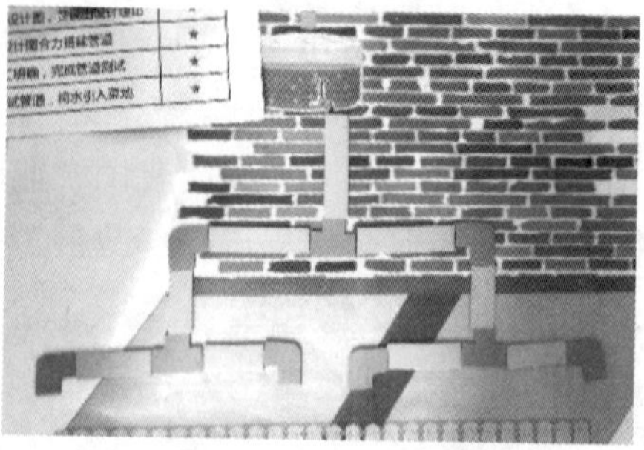

图 7　设计图二

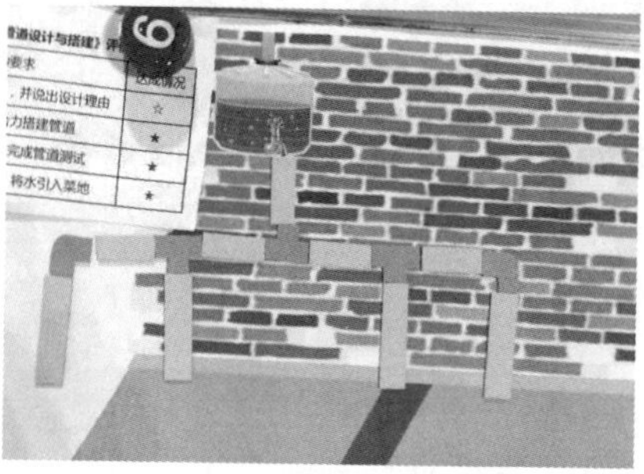

图 8　设计图三

图 9　管道模型

本节课学生的初步设计、交流、优化设计、搭建和反复调试等过程都由单元的核心概念支撑，这其中的每一个环节都让学生对核心概念有了更深入的认识。

幸运大转盘的秘密

——有趣的 STEAM 实验探究之旅

中山市东区雍景园小学　许明伟　宋晓玉　张琳

一、教材分析

近年来，STEAM 教育在我国发展得如火如荼。中国教科院于 2017 年成立 STEM 教育研究中心，并组织开展了 3 次全国 STEM 教育发展大会（截至 2020 年）。纵观 3 次 STEM 教育发展大会主题，我们发现，STEAM 越来越聚焦课堂教学（见表 1）。

表 1　2017~2019 年全国 STEM 教育发展大会主题

编号	时间	主题
1	2017 年 6 月	新战略、新课改、新高考背景下的 STEM 教育
2	2018 年 6 月	跨界新教育　构建新生态
3	2019 年 10 月	融合的力量——STEM 与学科教学

同时，在我们的科学实验教学中，往往聚焦于科学学科，却忽视了生活中的很多现象，科学原理其实是数学、科学、信息等多个学科综合应用的结果。正是基于这样的课程背景，教师设计了本项目课程。

本节课选自广东省《科创和 STEM 教育实验教材》小学六年级上册第一单元。本单元主要学习使用 Arduino 硬件，而本节课是第三课，是一节实践课，为学生学习编程与智能硬件的结合打下基础。本节课的内容面向六年级的学生，他们对智能硬件、编程非常感兴趣，也掌握了一定的概率与统计的数学知识。

二、实验器材

本节课源于生活，生活中处处有抽奖，但是抽奖真的是运气吗？同学们可以利用 Arduino 主控板、电机、按键、锂电池、转盘底座、转盘盘面等器材制作幸运大转盘来进行探究，如图 1、图 2 所示。

图 1 幸运大转盘作品的正面器材

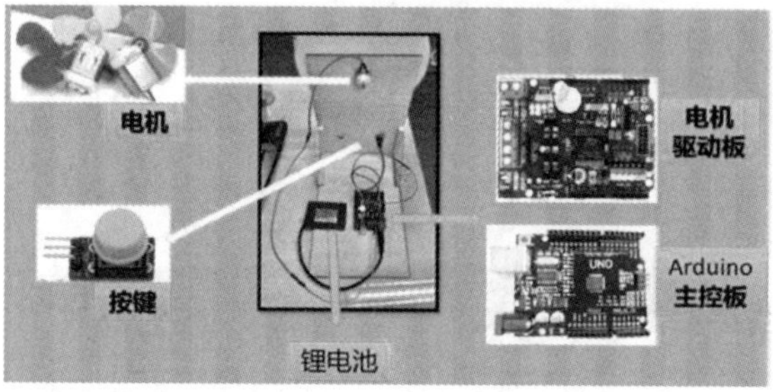

图 2 幸运大转盘作品的背面器材

三、实验创新要点

本节课为学生的创客实践课，然而如何发展学生的科学实验探究与跨学科思维呢？教师对本节课程进行了以下改进。

（1）基于真实生活。基于学生生活中最常见的幸运大抽奖，中奖真的是靠运气吗？从而创设真实的问题情境，引导学生探索生活中的科学世界。

（2）基于 STEAM 跨学科的理念展开科学实验探究。通过科学、信息、美术、数学、语文等多个学科的分科教学，展开实验探究，将各学科知识有机融合，培养学生科学探究的精神与跨学科解决问题的思维与方法。

（3）基于项目学习的教育理念。通过确定项目、规划项目、学习探究、项目制作、评价分享等项目学习的 5 个步骤展开实验教学，以学生为中心，引导学生在做中学、在学中做，在探究过程中学习科学知识与学科方法，培养实践探究、小组合作、解决问题的能力。

四、实验设计思路

生活中的很多现象并不能仅由科学这一单一学科来解释原理，往往需要运用多个学科的知识与方法共同去解决。因此，本实验基于 STEAM 跨学科与项目学习的教育理念，以多个学科分科教学的方式，通过确定项目、规划项目、学习探究、项目制作、评价分享这 5 个项目学习的步骤展开实验教学。

（1）先设计、制作、编程、装饰实体的幸运大转盘，为实验探究做准备。

（2）在此基础上，利用转盘开展科学实验，探究中奖规律。

（3）深入探索科学规律背后的数学原理，探究数学学科中关于中奖概率的理论，从而揭开实体转盘中奖的秘密。

（4）引入网络上的幸运大抽奖，运用信息课堂上的 Scratch 编程软件进行编程设计，实现可控制不同奖项中奖概率的转盘，深入探究手机、网络等数字化的幸运大抽奖的奥秘，由实体到数字世界，深入引导学生发现、探究科学世界，拓展学生认知。

五、课程理念与课程开发

（一）课程理念

基于教材与学生，在 STEAM 理念、以学生为中心的理念、在做中学和在学中做的教育理念支持下，构建了以科学、信息为主的 STEAM 课程，如图 3 所示。聚焦学生科学探究、计算思维等学科核心素养与跨学科思维的培养。

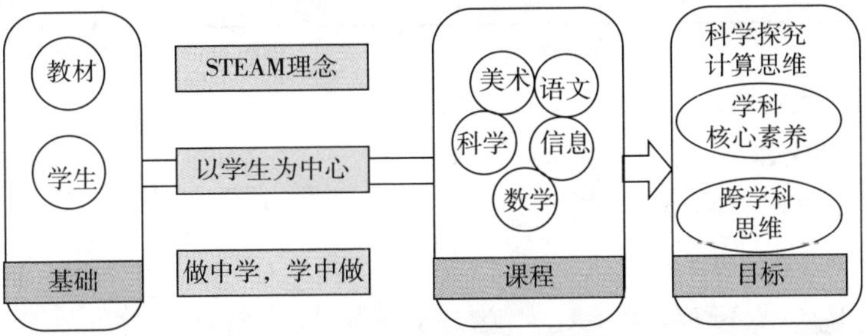

图 3　STEAM 理念下的课程模式

（二）课程资源

围绕核心目标，开发了科学、信息、美术、数学、语文等学科组成的 STEAM 课程，并规划了课程目标、分科课程内容、学生项目手册等内容。

（三）教学策略

本课程采用了“以学生为主体，以教师为主导”的教学策略，主要采用自主探究、小组合作、学练结合的学法，以及情境教学法、项目式学习、范例演示法等教法展开教学活动。

（四）课程评价

教师制定了课程的评价标准，通过自评、组评、师评等多种方式，对项目推进过程（见表 2）、项目作品（见表 3 和表 4）、实验探究过程（见表 5）进行多维度评价。

表 2 “幸运大抽奖”推进过程评价标准

项目阶段	评价指标	评价分值	自评	小组评价	教师评价
调查阶段	能从生活中收集到两种以上抽奖形式	5 分			
	能通过调查统计出生活中抽奖的中奖情况	5 分			
制订计划	能组建研究小组，选出组长，明确分工	10 分			
	能设计出一种转盘形式（画出草图）	10 分			
活动探究	能够厘清转盘制作的思路和方法	10 分			
	能够通过各种渠道获取所需知识	20 分			
设计制作	能制作出一个转盘抽奖的模型	10 分			
	能通过编程实现对抽奖可能性的控制	20 分			
项目完成	能够制作出一个结构完整、外观漂亮的转盘	5 分			
	能够制作出一个实际可用的抽奖转盘	5 分			

表 3 “幸运大抽奖”创客作品评价标准

评价维度	评价指标	小组自评	小组互评	教师评价
合作与分享	小组成员之间分工明确，合作愉快	☆☆	☆☆	☆☆
	能够大胆上台，顺利演示作品	☆☆	☆☆	☆☆
搭建与编程	转盘外观构造完整、牢固	☆☆	☆☆	☆☆
	转盘能成功转动、停止	☆☆	☆☆	☆☆
装饰与美化	转盘上有不同的获奖等级，对转盘进行了美化	☆☆	☆☆	☆☆

表 4 “幸运大抽奖”作品完成情况评价标准

评价维度	评价指标	个人自评	小组评价	教师评价
任务 1	通过编程实现转盘转动且能停下来	☆☆	☆☆	☆☆
任务 2	通过编程实现只抽中 1 个奖项	☆☆	☆☆	☆☆
任务 3	通过编程实现可个性化抽中转盘上所设 4 个奖项	☆☆	☆☆	☆☆

表 5 “幸运大抽奖”实验探究评价标准

评价维度	评价指标	个人自评	小组评价	教师评价
任务 1	能按照实验要求开展科学探究实验	☆☆	☆☆	☆☆
任务 2	尝试分析实验数据，发现实验结论	☆☆	☆☆	☆☆
任务 3	敢于上台分享，展示小组实验成果	☆☆	☆☆	☆☆

(五) 项目课程的内容介绍

本课程根据 PBL（Project-Based Learning）的 5 个步骤，主要设计了 8 节分科课程。其中前 4 节是教具制作，如图 4 所示。首先是选定项目，生活中处处都有抽奖，中奖真的是靠运气吗？从而确定选题。

（1）第 1 课：由信息与科学老师引导学生分组分析项目，制订计划，完成转盘设计。

（2）第 2 课：由科学老师引导学生学习利用工具，搭建外部结构。

（4）第 3 课：由信息老师引导学生熟练使用 Arduino 套件，探究转盘的接线与编程。

（4）第 4 课：由美术老师引导学生学习色彩的对比、推移等美术知识，自主设计转盘并装饰。

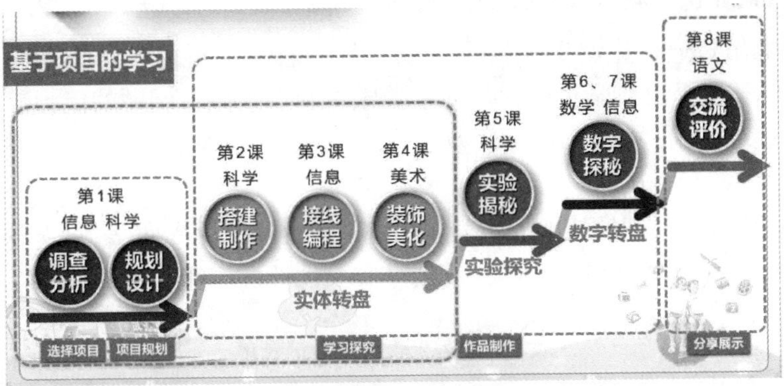

图 4　基于项目学习的课程介绍

在前 4 节课中，以学生为主体，做中学，学中做，完成转盘制作，后 4 节课进行实验探究。

六、实验教学过程

根据实验探究的一般步骤，设计了科学、数学、信息、语文 4 节分科课程，综合应用多个学科知识开展实验探究，如图 5 所示。

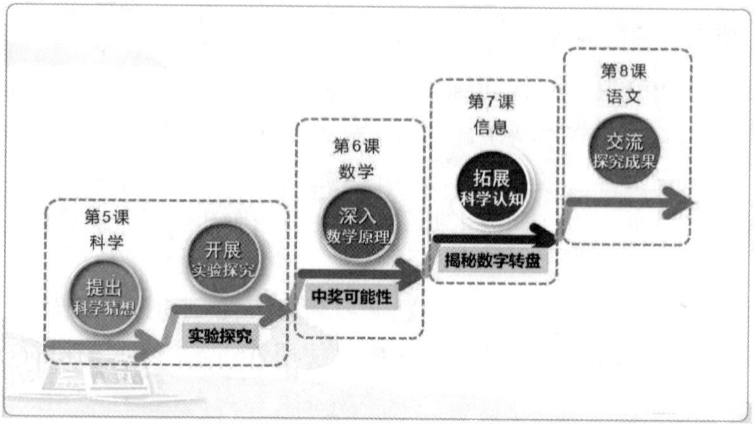

图 5　STEAM 项目课程的实验探究思路

（一）第 5 课：科学实验探究（科学）

（1）提出猜想。让学生先玩一玩制作好的转盘，再提问：转盘中奖跟什么有关？引导学生提出科学猜想，从而培养学生观察、分析问题的能力。

（2）设计实验。引导学生参考项目手册，尝试从实验方法与实验步骤入手设计实验。

（3）学生分组。根据刚刚的设计，结合实验记录单（见表 6），开展实验探究，从而培养学生学会小组合作，发展其实验设计及探究实践的能力。

表 6　幸运大转盘实验记录单

第______小组　　（请通过写“正”字记录实验次数）						
抽奖次数	一等奖中奖次数	二等奖中奖次数	三等奖中奖次数	四等奖中奖次数	五等奖中奖次数	六等奖中奖次数
1						
2						
…						
统计中奖次数						
测量各奖项所对应角度大小						
实验探究结论	我们发现：角度越______，中奖次数越______，中奖可能性越______； 角度越______，中奖次数越______，中奖可能性越______。					

（4）总结分享。学生上台分享实验数据与实验结论，教师总结结论。培养学生分析数据、理解知识的能力。

此时学生已经知道：中奖的可能性大小与转盘上各奖项区域对应角度有关，可是一等奖的中奖可能性有多大呢？引出数学原理的学习。

（二）第 6 课：转盘的中奖可能性（数学）

（1）师生互动。开展摸球小游戏，发现中奖可能性有大小，再通过讲故事，引导学生用分数反映可能性大小。从而通过有趣的游戏与故事，让学生喜欢数学。

（2）学以致用。让学生运用数学方法，计算各个奖项的中奖可能性大小，如图 6 所示。并对比科学实验结果，理解数学原理与实际结果的差异，从而发展数学思维，实现不同学科知识的融会贯通。

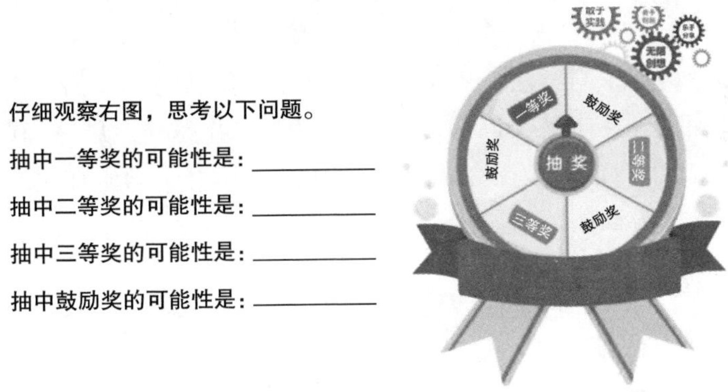

图 6　计算各个奖项的中奖可能性大小

（3）拓展延伸。呈现手机中的转盘，一等奖的中奖可能性大小是 1/6 吗？留下悬念的同时，也将实验内容从实体延伸到数字世界，拓展学生认知。

（三）第 7 课：揭秘数字转盘（信息）

（1）让学生先玩玩数字转盘，统计结果。却发现，面积都一样，但为什么中奖次数却相差这么大呢？从解决问题到又遇新问题，培养学生逐步解决问题的能力。

（2）玩一玩数学中的摸球游戏，理解设定中奖可能性大小的数学方法，再结合图形化编程，运用程序中的随机数，制作可设定中奖可能性的数字转盘，从而发展学生的数学思维与计算思维。

（四）第 8 课：分享交流（语文）

（1）学生上台展示作品，师生互评。让学生感受科学世界的魅力，爱上科学与 STEAM。

（2）教师总结实验探究，原来实体转盘的中奖可能性大小与转盘上各奖项区域对应角度、中奖区域面积大小有关，而数字转盘的中奖可能性大小是由编程设定的。引导学生透过现象探索本质，培养学生的科学精神。

（五）实验探究过程总结

纵观整个课程的 5 个步骤、8 节分科课程，层层深入、环环相扣，在实验探究的过程中，培养科学精神。从问题出发，又回归问题解决，在体验逐步解决问题的过程中，培养学生解决问题的能力。

七、实验效果评价

（1）本课既是科学实验探究的课程，也是基于项目学习与问题学习的 STEAM 课程，培养了学生实践探究、小组合作、解决问题的能力。本课程从“中奖真的是靠运气吗？”这一具体的问题情境出发，学生经过分析问题、自主探究、综合多学科知识与方法，逐步完成实体转盘作品物化及数字作品制作，并开展科学实验探究，逐步解决问题，从而找到中奖的奥秘，最终回归问题解决。这种综合 STEAM 理念的科学探究课程（见图 7），培养了学生在实践探究、小组合作、解决问题等方面的能力。

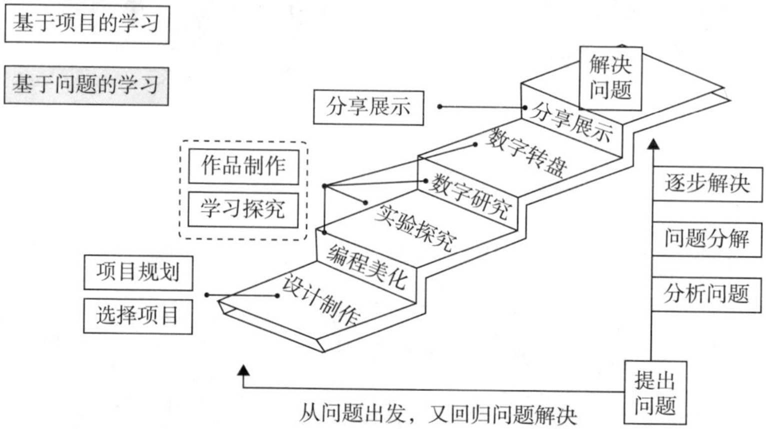

图 7　基于 STEAM 理念的实验探究课程

（2）本课基于 STEAM 教育理念，培养了学生的跨学科思维与素养。本项目尝试通过项目式学习与问题式学习，探索在分科教育的情况下，将知识有机融合，使碎片化知识结构化，让信息变成知识，让知识变成能力，培养学生跨学科的思维与素养。同时，在分科课程中发展学生的科学探究、计算思维、创新意识等核心素养，在项目学习的活动中发展学生的实践探究、小组合作、解决问题等关键能力，从而达到立德树人这一终极目标。

最后，希望好玩的课程能让学生爱上科学，学生的想象能让世界更智能多彩！

影响电磁铁磁性强弱的因素

上海市普陀区新普陀小学　谈晓颖

一、使用教材

上海远东出版社出版的小学《自然》第七册第四单元第五课时“影响电磁铁磁性强弱的因素”。

二、实验器材

（1）自制教具：30 匝线圈 1 个、60 匝线圈 1 个、90 匝线圈 1 个、30+60+90 匝组合线圈 1 个、细铁芯 7 个、中等铁芯 7 个、粗铁芯 7 个、充电电池 3 个、导线 2 根。

（2）其他：DIS 磁感应传感器和平板电脑。

三、实验创新要点/改进要点

（一）改进学生实验器材，突破教学难点“收集实验证据”

（1）改进铁芯：选用不同粗细、材质相同的铁丝进行切割和打磨，制作出粗细分明、材质相同、长短相等、两端大小一致的同款铁芯。改进后，学生研究各影响因素时获得的实验数据所显示的趋势更为一致。

（2）改进线圈：①手工制作出 30 匝、60 匝、90 匝三款不同匝数的线圈模型，学生进行简单拼装就能制成电磁铁，有利于学生得到有效的实验数据；②研发了一款 3 个不同匝数线圈串联组合的模型，保证流经不同匝数线圈的电流相同，提升了实验条件的公平性。

（3）改进磁性检测工具：用 DIS 磁感应传感器代替传统实验用的回形针，能精准测量磁性的大小，数据变化清晰可见，便于学生分析数据、形成结论并验证猜想。

（4）改进电池：用充电电池代替常规电池，能重复使用，节能环保。

（二）运用课堂管理平台，突破教学难点“制订实验方案”

（1）改进“制订实验方案”：运用课堂管理平台，学生可从三种猜想中选择一个，并根据公平实验的要求选择好实验材料，观察系统自动生成的实验记录表，小组讨论实验能否用于验证猜想，完成验证某一个因素实验方案的制订。平台搭建的框架能让学生更专注于寻找“猜想”与“选材”之间的联系。

（2）改进“学生记录”和“教师辅导”：运用课堂管理平台，学生的实验过程会实时保存并传送至教师端，有利于教师及时发现问题，精准定位辅导，实现更高效的课堂调控。

（3）改进“表达交流”：运用课堂管理平台，借助其自动生成图表的功能，在个别小组交流后，通过大屏呈现全班所有实验数据，从中寻找规律，实现了从小组个别结论转变成全班的普遍结论。

四、实验设计思路

本实验的设计思路是：首先，根据自制电磁铁的选材和测得数据，提出问题：影响电磁铁磁性强弱的因素有哪些？学生做出猜想。然后，依据猜想，选择合适的实验材料，制订实验方案，明确材料的选择和实验的方法。随后，两人一组进行实验探究，借助 DIS 磁感应传感器收集实验证据、处理信息、解释问题、得出结论，并交流分享。

五、实验教学目标

（1）知识与技能：通过“探究影响电磁铁磁性强弱的因素”活动，知道电流大小、线圈匝数、铁芯粗细是影响电磁铁磁性强弱的因素。

（2）过程与方法：通过简单推理，对“影响电磁铁磁性强弱的因素”做出合理的猜想，能制订实验方案并运用实验器材收集实验证据，尝试做出合理的解释。

（3）情感态度与价值观：运用科学的思维方式，提升解决问题的能力。

六、实验教学内容

本节课隶属于《上海市小学自然学科教学基本要求（试验本）》中的“物质科学”模块中主题 8“能与能的转化”的学习内容，涉及的具体要求为“知道影响电磁铁磁性强弱的因素”。本节课是在本单元前四课时的实验和理论的基础上，展开科学探究的。学生经历提出问题与做出猜想、制订实验方案、收集实验证据、处理信息、解释问题、表达交流等科学探究过程，得到影响电磁铁磁性强弱的因素。运用质疑、推理、论证等科学思维方式，提高解释问题的能力，为后续的长期探究打下坚实基础。

七、实验教学过程

本实验教学过程有六个环节。

（1）第一环节：复习回顾，提出问题。

学生观察、比较自制电磁铁的选材和测得的磁感应强度，在教师的引导下，通过逻辑推理，提出问题：影响电磁铁磁性强弱的因素有哪些？

（2）第二环节：观察比较，做出猜想。

小组讨论，分析现象，做出一系列猜想。本节课聚焦其中“电流大小、线圈匝数、铁芯粗细会影响电磁铁的磁性强弱”的猜想。

（3）第三环节：依据器材，制订方案。

借助课堂管理平台，依据实验器材，制订实验方案，重点寻找“猜想”与“选材”间的联系。

（4）第四环节：收集证据，处理信息。

根据实验方案，组装实验材料，测量并记录实验数据。

（5）第五环节：解释问题，表达交流。

各学习小组分析、比较实验数据和系统自动生成的条形图，归纳得出实验结论。在形成小组实验结论后，完成小组实验学习活动自评。

（6）第六环节：得出结论，引发新问。

在大屏幕上，教师呈现各小组所做的实验的数据和条形图。借助数据的共享，学生分析实验过程和结论，并从全班实验数据中寻找普遍的结论。实验教学结束前，教师借助平台呈现实验结论，并引发新的探究问题。同时呈现各学习小组评价数据汇总，激励学生的实验积极性，促进学生的实验反思。

八、实验效果评价

以 40 人一班为例，对传统实验和改进实验的不同项目的数据做罗列和比较。

（1）在“实验方案”和“实验数据”方面：传统实验采用每组被指定一个影响因素进行探究的方式，并仅能完成 1 个影响因素的探究，能得到 10 组实验数据。改进实验中器材的改进减少了学生课堂制作的时间，大胆尝试了 2 人一组的深度探究，各小组自选影响因素，可多次实验。探究时间发生变化，学生的自主学习时间更为充分。某班 20 个小组中，完成 3 个影响因素探究的有 7 组，完成 2 个的有 12 组，完成 1 个的有 1 组，共计 46 组实验数据，数据量是原来的 4 倍多。

（2）在“交流方式”和“交流数据”方面：传统实验采用个别小组汇报与交流的形式，只能交流 3~6 组数据。而改进实验则借助课堂管理平台，将个别小组交流和全班数据汇总交流相结合，使得 46 组实验数据全部予以应用。

可见，改进学生实验器材和运用课堂管理平台对本实验的教学有着显著的帮助。

音高的变化

四川省阿坝州马尔康市第二小学校　唐文欢　泽郎斯基　曹晓林

一、使用教材

教科版小学《科学》四年级上册“声音”单元第三课“声音的变化”。

二、实验器材

7 个相同的烧杯、鼓棒、架子鼓脚踏（改良）、木架、平板电脑、耳麦、水、红墨水。

三、实验创新要点/改进要点

（一）创新要点

（1）根据 STEAM 教学理念将科学、数学、信息技术、音乐学科融合，解决音高概念抽象的问题。

（2）以同玩偶对话形式完成实验演示过程。

（3）应用测定声音频率软件将声音频率可视化。

（二）改进要点

（1）将教材实验中用敲击 4 个烧杯判断音高改进为敲击 7 个烧杯判断音高，改良后的实验音高变化更明显，富于音乐美。

（2）将原实验的鼓棒敲击改进为用架子鼓脚踏（改良）敲击发声，改良后的敲击装置可保证实验敲击烧杯力度一致，减小误差。

四、实验原理/实验设计思路

（一）实验原理

鼓棒敲击烧杯，杯壁带动烧杯中的水振动，当敲击的力度保持一致时，烧杯中的水越多振动越慢，烧杯发出的声音越低沉；烧杯中的水越少则振动越快，烧杯发出的声音越高亢。通过耳麦连接平板电脑软件将声音信号转化成可以直接读取的频率（Hz）读数，学生通过分析数据将声音频率取平均值得到“数值—频率—音高”之间的关系。

（二）实验设计思路

（1）在实验过程中发现原实验声音高低变化不明显，且直接用鼓棒敲击，力度不一致产生的误差较大。音高概念较抽象，若没有比较直观的数据说明，四年级学生理解起来较为困难，因此需对原实验进行改进。

（2）为了增加课堂的趣味性，将实验装置与乐器融合，选用7个烧杯对应音阶中的“1、2、3、4、5、6、7”，同时选用架子鼓脚踏（改良）作为实验敲击装置，平板电脑软件（加耳麦）直观测定声音频率得到音高关系。

（3）以同玩偶对话形式完成整个实验演示，将单调的实验讲解变得有趣、生动。

五、实验教学目标

（1）知识目标：能准确区分声音高低，理解振动频率决定声音高低。

（2）探究目标：观察、描述和记录声音振动发声实验的实验现象，能够根据实验现象和数据对变化产生的原因进行合理分析。

（3）态度目标：能在好奇心的驱使下，表现出对实验现象发生的原因、过程、新技术运用等方面的探究兴趣。

（4）科学、技术、社会与环境目标：了解音高在生活中的应用，知道噪声污染与音高的关系及如何减少噪声污染。

六、实验教学内容

本节课主要探究的实验：①实验1：7个不同水量烧杯音高实验；②实验2（改进）：测频仪+7个不同水量烧杯音高与振动频率实验。

在实验教学过程中，教师以同玩偶对话的形式对两个实验进行演示。

师：大家好呀，我是小唐老师。

科科：我是热爱科学、乐学好问、集美貌与才华于一身的科科。

师：科科你听（演奏音乐《两只老虎》）。

科科：小唐老师，你是要上音乐课吗?

师：不是的，我是想让你听一听这7个烧杯发出的声音有什么不同（依次敲击7个烧杯）。

科科：嗯，我仔细听，能听到第1个烧杯发出的声音比较低沉，第7个烧杯发出的声音比较高亢。可是中间的几个音，我有点不会区分。

师：那你再仔细听一听（敲击中间3个烧杯）。

科科：好像，烧杯装的水越多声音越低沉，水越少声音就越高亢。

师：是的，声音的高低与烧杯中的水量有关，鼓棒敲击烧杯，杯壁带动烧杯中的水振动，当敲击的力度保持一致时，烧杯中的水越多振动越慢，烧杯发出的声音越低沉；烧杯中的水越少振动越快，烧杯发出的声音越高亢。声音的高和低可以用“音高”来描述。

科科：哦，声音的高低就是音高啊！只是我们怎么把敲击烧杯的力度保持一致啊？

师：你看，我已经为你准备了一个再利用的脚踏，这个脚踏用处可大啦，通过这个脚踏我们可以将鼓棒敲击烧杯的力度变得都一样，只要下压的位置一样那力度就一样啦！

科科：哇，太棒啦！可是声音的频率我也看不见呀，所以在实验里，判断声音的高低就很困难。

师：别急，我来给你介绍一个我的秘密武器，这个武器可厉害了，一下子就能判断出声音的高低。

科科：快给我看看，有这么厉害吗？

师：给你看（展示平板电脑）。

科科：不就是平板电脑吗？没有看出哪里厉害呀。

师：平板电脑本身的确不厉害，厉害的是平板电脑里有一个可以测试声音振动频率快慢的软件，有了它，我们就能准确又直观地知道振动频率与音高的关系啦。

科科：真棒，我们一起来试试吧！

师：你看（展示平板电脑），我敲击时，声音振动的快慢就以频率数值的形式乖乖显出原形啦，2 304 Hz。

科科：那我们开始做实验呗！

师：不行，这样做误差太大啦，而且收声效果也不好。

科科：那怎么办呢？你还有没有好点的办法呀？

师：办法我已经告诉你啦，你能利用我提供的这些装置设计实验来证明你的想法吗？

科科：嗯，让我想想……有啦！我们可以用 1 个大盒子，盒子里面有 7 个格子用来装烧杯，把脚踏放在烧杯前面，平板电脑放在烧杯上方测定音高。

师：真不错，要是再加上 1 个收集声音的耳麦，数据就更精准啦！

科科：嗯，这样误差就更小啦！

师：那我们一起来做实验吧！我来操作，科科来记录实验数据好吗？（演示实验 1 和实验 2）

科科：好！

首先准备连好耳麦的平板电脑，对准 1 号烧杯，按压脚踏，读出数据：2 304Hz；重复操作，连续测量 3 次，记录数据。再依次按压脚踏，测量 2~6 号烧杯，最后对准 7 号烧杯，按压脚踏，读出数据：4 223 Hz、4 245 Hz、4 223 Hz，记录数据，分别求出每组频率的平均值。

师：科科，我们来看看你记录的数据吧！

科科：给你看吧，根据数据我发现1~7号烧杯振动频率数值由约2 200 Hz一直到超过4 200 Hz，数值越来越大，所以振动频率越来越快，音高越来越高。

师：哇，科科，你真棒！

七、实验教学过程

探究是获取知识的重要手段，实践是检验真理的唯一标准。本节课旨在根据STEAM教学理念将科学、数学、信息技术、音乐学科融合，达到多效学习及将抽象问题的音高概念可视化的目的。因此，教师对该课程进行了以下设计。

（1）创设情境，导入新课。

教师播放《青藏高原》歌曲片段，调节声音大小。让学生明白音量的大小不能改变音高的高低，为之后的实验打下概念基础。

（2）提出问题，挑战实验。

如何探究音高与声音振动频率的关系呢？让学生自主学习，用7个不同水量的烧杯演奏简单乐曲，引导学生完成实验1——探索音高高低与振动频率的关系，鼓励他们寻找误差产生的原因，如力度的影响，以及声音收集时需要注意的事项等。

（3）学生分组，运用现有知识考虑实验1需要改良的地方。

引导学生学会使用测频仪和架子鼓脚踏，用改良后的实验准确测量音高。

（4）对话及研修。

学生观察实验现象，填写实验记录表。利用数学知识，将每个烧杯测定的3次数据取平均值，对数据进行合理分析，得到1~7号烧杯声音振动频率与音高的关系。同小组及小组间展开讨论，教师给予鼓励和指导。

（5）展示及评价。

小组代表展示实验数据，交流音高与振动频率之间的关系，根据学生讨论结果，教师总结出如图1所示板书。再根据结论总结实验1和实验2的优点和缺点及下次实验可改进和完善的地方。

声音的变化（音高）

振动频率 { 快→音高高；慢→音高低 }

图1　音高与振动频率之间的关系

让学生了解声音变化服务于生活的情境，比如吉他使用的调音器、超声波洁牙、B 超检查等。同时，声音的变化也会影响我们的生活，比如噪声，鼓励学生自己查阅资料了解什么是噪声以及如何减少噪声污染。

最后，将钢尺振动实验和皮筋拨动实验作为家庭实验，让学生思考：生活中还有哪些现象与声音的变化有关？鼓励学生探究不同水量烧杯振动发声与音乐中音阶的关系，让学生学会将科学课中所学知识运用到生活中去。

八、实验效果评价

（1）通过本节课的学习，学生能认识并准确区分声音的高低，理解声音高低产生的原因。实验的改良将不可见的音高可视化，解决了学生认知过程中的难题。

（2）结合 STEAM 教学理念，将音乐元素贯穿于整个课堂，STEAM 教学下的科学、数学、信息技术、音乐学科互融，资源整合多效学习，达到学习服务生活的目的。

昼夜与四季

宁波市北仑区新碶中学　赵浩军

一、教材分析

“昼夜与四季”为华东师范大学出版社出版的《科学》七年级上册第七章“地月系”的第 2 节内容。学生在该章第 1 节“地球的运动”中学习了地球自转、公转的方向和周期等知识，在本册第五章“地球”中学习了地球的形状和大小、经纬线、“五带”分布和太阳高度角（太阳直射点）等知识，并观察和制作了地球仪。以上这些已学知识为学习“由自转引起的昼夜交替”和“由公转产生的四季更替”打下了基础，所以本节的学习也是将之前所学有关地球知识的整合应用。

二、实验器材

学生地球仪、自制教具等。

三、实验创新要点

（1）昼夜的形成——地球自转。

教材中“昼夜的形成”是通过“活动”用灯光照射地球仪来演示的。在实际教学过程中存在教室环境不够暗、平行光照射不易获取、在自转过程中明暗交界线即晨昏线变化不清晰等问题。因此，教师设计了用“黑白内球”等效替代白昼和黑夜、利用“透明外球”的转动来模拟地球自转的自制教具，如图 1 所示。学生通过该教具可直观地看到人或物从黑夜进入白昼，再由白昼进入黑夜，并且清晰可见“晨线”和“昏线”的位置。

a　教具模型

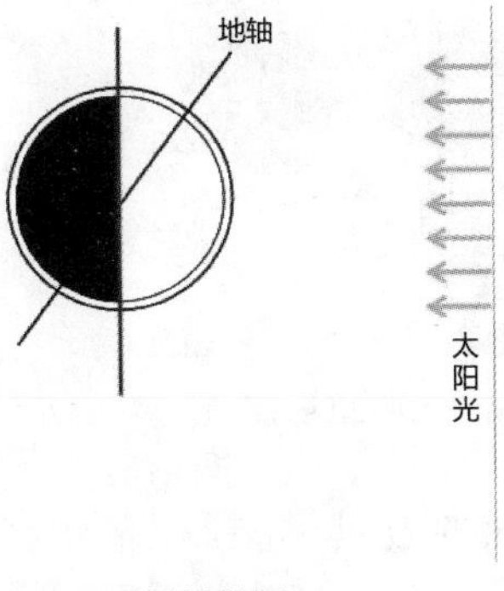

b　结构简图

图 1　教具模型和结构简图

该装置的创新之处在于利用“黑白内球”等效替代白昼和黑夜，利用空心透明的外球转动来演示自转，解决了教室环境下晨昏线难以体现、昼夜交替界限不明显的问题，在实验过程中操作简单，现象直观，学生体验感强。

（2）四季的形成——地球的公转。

教材中“四季的形成”是利用地球公转时整体和局部的图片来讲解的。在实际教学过程中老师一般会利用视频演示，让学生的学习从“静态的图片”转换到“动态的画面”，一定程度上突破了难点。但是七年级学生的空间想象能力有限，“两分两至”的昼夜长短无法明显演示，特别是春分和秋分时“昼夜平分”和“太阳直射点在赤道”的现象不能非常直观地展示。

科学是以实验为主的学科，实验又以实体体验为最佳模式。将教师自制装置放置于可转动的轴承上，像圆规一样绕轴转动，轴心位置安装激光灯，利用激光灯模拟太阳平行光中其中一条指向地心的光线，照射到地球表面的点即为太阳直射点位置，如图 2 所示。转动该装置时，能在地球公转过程中动态地、切实地看到太阳直射点在两条纬线（南纬 23.5°和北纬 23.5°）之间变化移动。当令装置在某一位置停下来时，能观察到某一纬度位置自转一圈的昼夜长短变化情况，如在“夏至”位置时，可从黑白内球模拟的白昼和黑夜看到北半球当天为“昼长夜短”，也可直接看到在北极圈以北地区自转一圈都处在白昼，即“极昼现象”。同样在“冬至”位置时，可观察到“昼短夜长”和“极夜现象”，特别是在“春分”和“秋分”时，可直接看到太阳直射点位置，以及看到昼夜平分（在同一纬线黑、白长短各占一半），如图 3 所示。

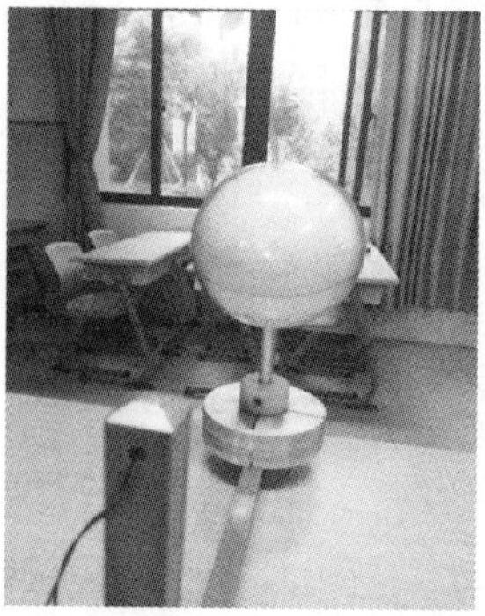

图 2　太阳直射点

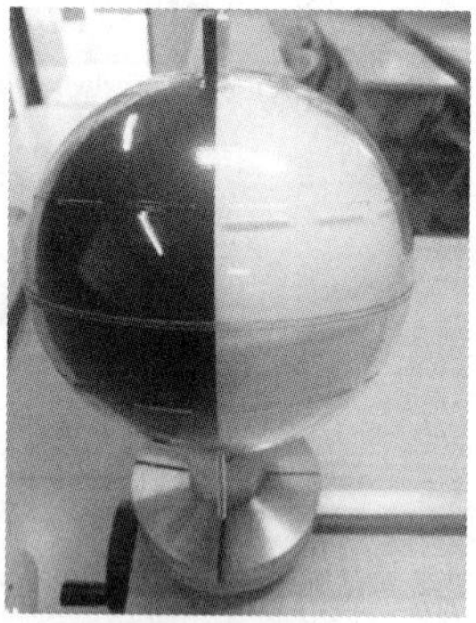

图 3　昼夜平分

这种体验式的教具模型使学生能切身体验、实体操作，观察到的现象更直观，体现了以学生为主体的新课程理念，更利于学生对重点知识的掌握和对难点知识的突破，从而形成理解性知识。

四、实验教学目标

（1）知识与技能。

1）知道晨线和昏线的概念。

2）了解“两分两至”时的昼夜长短情况，知道极昼和极夜。

（2）过程与方法。

1）通过观察和实验知道晨线和昏线的变化，探究昼夜交替的原因。

2）通过观察和实验知道太阳直射点位置的变化，理解不同季节昼夜长短变化情况。

（3）情感态度与价值观。

利用教具探究昼夜和四季的形成，使学生在轻松的体验下学习，激发学生的学习热情，感受到自然现象的神奇，同时建立起学生通过学习科学研究自然现象的信心。

五、实验教学过程

（1）环节一：观天象，探本质。

观看昼夜交替和四季变化视频，结合自身经历思考为什么会产生这些现象，激发学生的好奇心和求知欲，引入新课。

（2）环节二：自转一遍，其理自见。

静态观察可以看到“昼夜现象”，动态拨动地球教具，可以直观地看到地球自转引起昼夜交替变化，可演示“昼夜交替”现象，同时可以看到人或物由昼进入夜和由夜进入昼，如图 4 所示。可清晰地看到“明暗交界线”，引出晨线和昏线的概念。

图 4　物体由夜半球进入昼半球

（3）环节三：公转一周，一个春秋。

让整个装置在模具上公转（研究公转时，暂时忽略自转），观察太阳直射点位置的变化，观察到公转一周太阳直射点在北纬 23.5°到南纬 23.5°之间变化。因此，也将这两个纬度分别称为“北回归线”和“南回归线”。以北半球为例，太阳直射点变化即太阳高度角发生变化。我国大部分地区处于北温带，太阳直射点在北半球时，太阳高度角大，光照时间长，气温高，我们便处在夏季。同理，太阳直射点在南半球时，太阳高度角小，光照时间短，气温低，我们便处在冬季。四季更替由地球绕太阳公转产生。

进一步探究，通过观察黑白内球来观察地球公转时引起的昼夜长短变化，白天最长时太阳直射点在北回归线，我们称这天为“夏至”，同时在北半球上空观看可以看到极昼现象，如图 5 所示，在南半球上空亦可看到极夜现象。继续将地球教具自西向东公转，可以观察到昼变短夜变长，在某一位置观察黑白内球可以看到“昼夜平分”（见图 3），此时便是“秋分”。同样的方法可得到“冬至”“春分”等重要节气时昼夜长短的变化情况。在变化的过程中，学生可以体验到昼夜长短的动态变化。利用绳子测量，能说出在哪个位置昼最长或夜最长，理解其变化的本质。

（4）环节四：学以致用，感悟收获。

通过经典例题的练习，检验已学知识，根据反馈来判断自制教具在课堂应用中突破重难点的效果。归纳总结所学知识，并提出新的疑问。

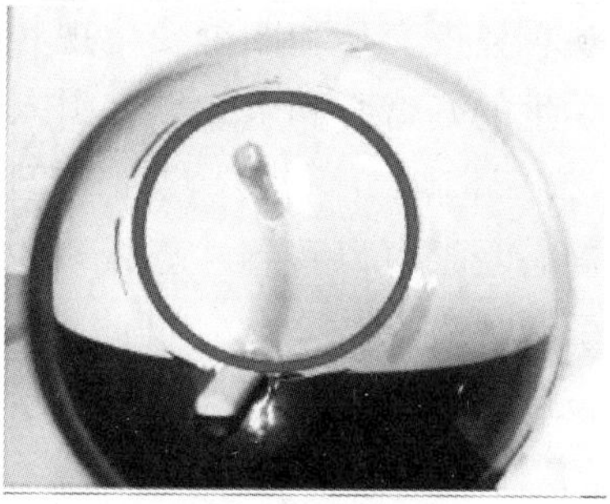

图 5　极昼现象

六、实验效果评价

（1）现象直观。自转利用黑白内球等效替代阳光照射后的昼夜面，可以直接看到人或物在昼半球和夜半球之间的移动，解决了传统实验中教室环境不够暗，所用光源无法完全平行所导致的昼夜交界不明显、观察效果不佳等问题。公转时利用激光替代太阳直射，通过改变内球黑白面等措施可直观且多角度地观察到直射点的变化和昼夜长短变化，直接、有效地突破了难点，解决了学生空间想象力有限等一系列问题。

（2）体验感强。传统实验一般以静态图片讲解和动态视频演示为主，学生无法亲身体验，空间想象要求高。利用教师自制装置，可以在玩中学习，在体验中观察、质疑、试错、验证以及探究新知，体现了以学生为主体的新课程理念。

创新实验能让教师更好地达成教学目标，帮助学生建构新知，是学生自主学习的良好载体，也是将科学课堂真正回归学生的重要体现。

制备酵素原液容器的选择和改进

上海市光明初级中学　陈伟红

一、使用教材

上海市教委备案的拓展型课程教材《自制环保酵素洗涤剂》第二章第二节。

二、实验器材

威尼尔手持设备 LabQuest、pH 传感器、温度传感器、温度计、pH 计、单向排气阀、三颈烧瓶、塑料瓶、玻璃瓶、金属罐、烧杯、带导管的橡皮塞、气球等。

三、实验创新要点

改进后的容器，在反应中可以实现自动排气、多项目监测、自动连续监测、远程监控等功能。容器改进中选用的器材都是实验室常见的器材，通过一些常见实验器材的创意使用，将复杂需求用简约、方便的方法解决。该套容器还可用于其他的实验，具有较强的通用性。

四、实验设计思路

根据酵素的发酵原理和过程选择发酵所需的容器，结合监测发酵过程的需求（恒压、判断发酵终态）来改进容器，最终结合项目研发的总体需求整合容器。

五、实验教学目标

（1）知识与技能：了解一些控制因素，如压力、酸碱度等；理解它们能影响发酵过程。

（2）过程与方法：逐步认识一些实验仪器，在学习组合装置中了解“整体”具有系统的功能。

（3）情感、态度与价值观：增强参加创新活动的意愿，对将科技应用于实际生活有兴趣，认识创新有很多价值。

六、实验教学内容

本课是在学习了酵素原液的发酵原理后，为后续制作酵素原液选择合适的容器。为了保证制作酵素原液过程的安全性以及产品的质量和生产效率，在制作酵素原液时需要进行监测，通过“选一选、试一试、改一改、装一装”等活动改进容器，解决监测过程中的问题与需求。

七、实验教学过程

如图 1 所示，教学围绕如何选择容器、为何改进和如何改进容器、如何整合容器 3 个核心问题展开，分别依据发酵原理、发酵过程监测需求、酵素原液制备需求来分析这 3 个核心问题，通过对容器选、试、改、装这些活动实践最终解决问题。整节课利用问题链和活动链，双链并进组织教学过程。

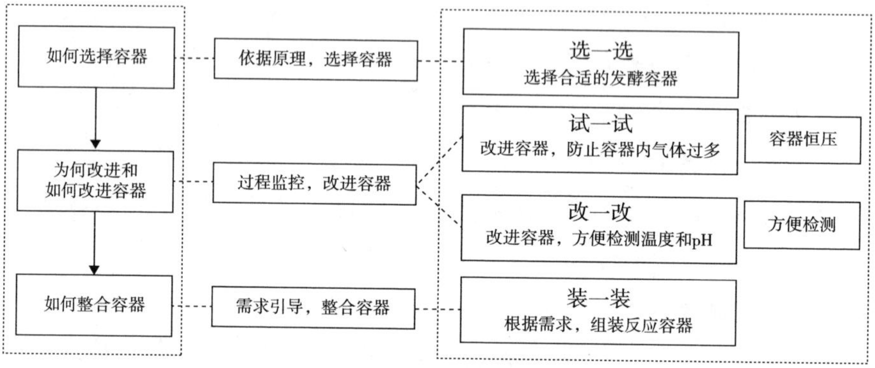

图 1　教学核心环节

具体教学过程如下。

（1）容器的选择。

学生们收集了几种生活中常见的容器，这些容器是否能用作制备酵素原液的容器呢？经过分析和讨论，学生根据发酵原理，分别以密封、方便观察、材质不影响产品质量等因素作为判断的依据，最终一致认为这些容器中有 3 个容器可以用作酵素原液制备的容器，如图 2 所示。

图 2　容器的选择

（2）容器的改进。

所选择的 3 个容器是否可以直接使用呢？酵素原液制备过程中会产生气体，课堂中利用“干冰在密闭容器中气化”的实验视频，使学生认识到若密闭容器内气体过多，可能引起容器爆炸，因此，选择的容器需要改进才能保证使用中的安全。

那么，如何改进容器呢？学生以选出的塑料瓶为例，结合教师提供的实验器材，尝试改进容器。在大家的共同努力下，学生尝试出了 3 种改进方案（见图 3），但是还是有困惑没解决。课堂中教师播放“泡菜制作”的视频，启发学生思考，劳动人民的创造——泡菜坛子是如何解决这个问题的。由于参与这门课学习的是六年级、七年级的学生，他们还没有压强的相关知识，所以又利用动画模拟泡菜坛子的排气过程，帮助学生理解其中的原理。学生在泡菜坛子的启发下，模仿学习，再次改进容器。改进后的容器由两部分组成，使用不方便。于是又给学生介绍了安全漏斗、单向排气阀，这样改进后的容器更简便（见图 4）。

解决了发酵中容器的排气问题，那么在监测中，为了方便监测，容器还需要怎样改进呢？酵素发酵的监测，可以通过观察现象，凭经验解决问题，但这个方法对初次使用者难以把握；也可以用科学的方法来检测，获得的信息更客观，得到的结论更可靠。可以利用温度计和 pH 计监控温度和酸度，现在改进容器的任务就变成了如何接入温度计和 pH 计。最简单的方法是把单孔橡皮塞换成三孔橡皮塞，但是显然这么小的橡皮塞没法同时打 3 个孔。学生利用安全漏斗排气演示实验中用的三颈漏斗（见图 5），找到了解决方案。

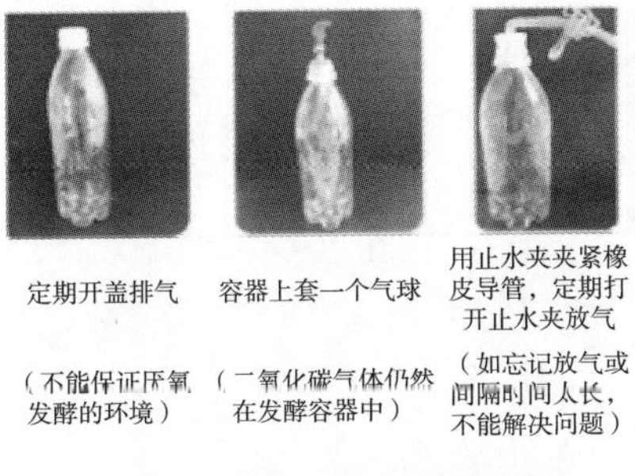

图 3　容器的第 1 次改进

图 4　容器的第 2 次改进

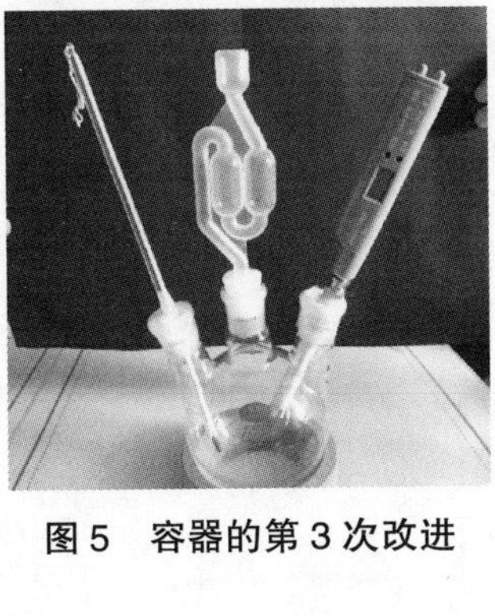

图 5　容器的第 3 次改进

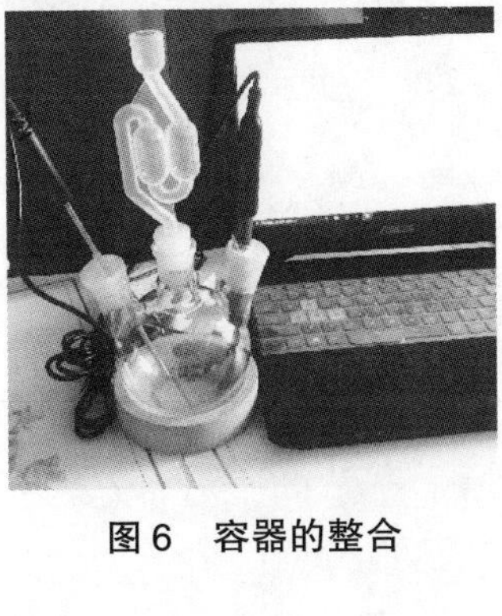

图 6　容器的整合

（3）容器的整合。

酵素原液制备的时间较长，需要长时间连续监测。带领学生认识新技术：温度传感器和 pH 传感器。最后让学生自己重新组装一套能满足项目需求的装置（见图 6）。体验利用此套装置在酵素原液制备过程中对温度和 pH 进行实时监测的动态过程。

八、实验效果评价

（1）问题需求意识的提升：基于项目研发的学习过程是一个不断解决项目研发过程中的各种需求的过程。通过本课的实验教学，学生经历了通过容器的选择、改进、整合解决酵素原液制备过程中的问题与需求的整个过程，在问题解决的过程中提升解决项目问题与需求的意识。

（2）团队合作意识的提升：实验教学的开展是基于学生的已有基础，通过教师的不断启发和引导，充分利用师生、生生间的头脑风暴和思维碰撞，通过团队合作，最终整合形成创新成果，在解决问题的过程中强化了团队合作的意识。

（3）科技创新意识的提升：汇聚了广大劳动人民智慧的泡菜坛子，它的液封和自动排气功能让学生感受了创新的可能。通过学习、模仿、改进容器，体验创新的过程。对比传统的温度计和 pH 计，认识新技术——传感器，体验感悟科技创新的力量。

血液循环的动态模型

浙江省温岭市实验学校　王敏　陈贝贝　阮庆元

一、使用教材

浙教版《科学》九年级上册第四章第三节“体内物质的运输”。

二、实验器材

实验器材：自制血液循环动态模型、抽水泵、矿泉水瓶、橡皮管、瓣膜式单向阀。

实验材料：新鲜鸭血、抗凝剂、0.75%生理盐水、红墨水、蓝墨水。

三、实验创新要点/改进要点

本节课以血液循环的途径为主线，设计相关系列实验，有以下改进要点。

（1）由单一实验到多重系列实验的转变。

（2）由低阶思维到高阶思维的转变。

（3）由静态表征到动态表征的转变。

（4）突出 STEAM 理念，提升核心素养。

（5）取材方便，适合学生课外拓展。

（6）将知识从课内应用到课外，使知识得到进一步升华，提升学生的思维层次。

四、实验原理/实验设计思路

利用常见的材料探究血液循环的途径，并整合相关系列实验，拓展应用到整个血液循环的体系，感知从静态到动态表征的转变，真正让血液流动起来，避免死记硬背的低阶思维。

五、实验教学目标

（1）知识与技能：掌握血液循环的途径；区分动脉血和静脉血。

（2）过程与方法：培养观察能力、分析能力和总结能力。

（3）情感、态度与价值观：在实验过程中培养严谨的科学态度，树立实事求是的科学精神，将课内知识运用到课外，感受科学在生活中的应用。

六、实验教学内容

（1）血液循环的途径。

（2）动脉血和静脉血的变化。

（3）药物流过心脏的次数。

（4）判断止血点。

（5）动脉硬化导致的结果。

七、实验教学过程

（一）教材引入

教材中的血液循环模式图（见图1）有非常多的文字说明，用非常多的箭头来表示血液循环的途径，属于非连续性文本，学生的理解能力不够，只能死记硬背。在实验室亮灯模型中，亮红灯为动脉血，亮蓝灯为静脉血，血液同样没有真正流动起来。基于以上缺点，要设计真正流动的血液才能化抽象为形象，化低阶为高阶。

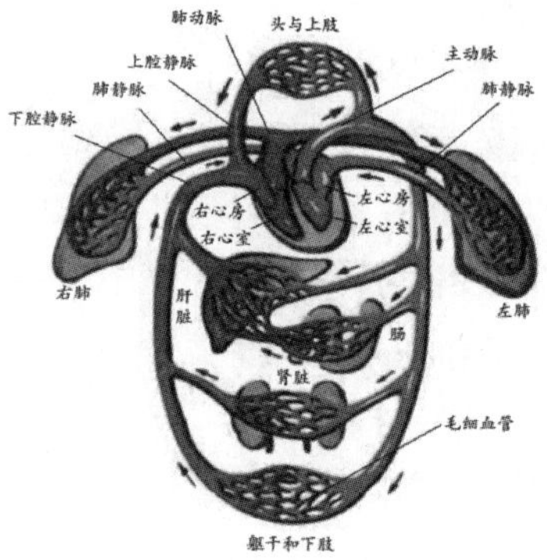

图1　教材中的血液循环模式图

（二）细化拓展

（1）体循环和肺循环的途径。

教师自制血液循环动态模型，如图2所示。将两个抽水泵分别放置在左心室和右心室中，模拟心脏的挤压。瓣膜式单向阀模拟房室瓣，只允许血液单向流动，反之则不能流动。橡皮管模拟血管，可以让血液在里面流动。矿泉水瓶分别模拟左心房、左心室、右心房、右心室。

在新鲜鸭血中加入抗凝剂，再用0.75%生理盐水进行稀释，分别灌入相应的位置。打开抽水泵，左心室的血液开始流出，进行体循环，血液经过全身毛细血管网进行气体交换和物质交换，此过程会消耗氧气，血液中二氧化碳的浓度会升高，因此，在后方放置二氧化碳发生装置。鲜红色的动脉血由于通入大量二氧化碳，最后会变成暗红色的静脉血流到右心房。当右心室的静脉血被压出，肺循环开始，血液到达肺部毛细血管，通入大量的氧气，此时暗红色的静脉血又会变成鲜红色的动脉血。左、右两侧血液的颜色变化非常明显。由于血液中存在细菌、病毒等，学生的模拟实验改用红墨水和蓝墨水，同样可以得出相应的结果。

（2）药物流过心脏的次数。

根据手机拍摄的慢动作镜头，用白色泡沫小球指示药物流动的路径。一般静脉注射位置在上腔静脉，所以白色泡沫小球先流入右心房，从而进入右心室中。当一个人的肺部出现病变时，白色泡沫小球经过一次心脏就可以到达治疗点。如果是大腿受伤需要治疗，白色泡沫小球需经过肺循环后，流入左心房，进而到左心室中，继续开始体循环，才能到达治疗点，所以药物经过心脏的次数就是两次，如图 3 所示。

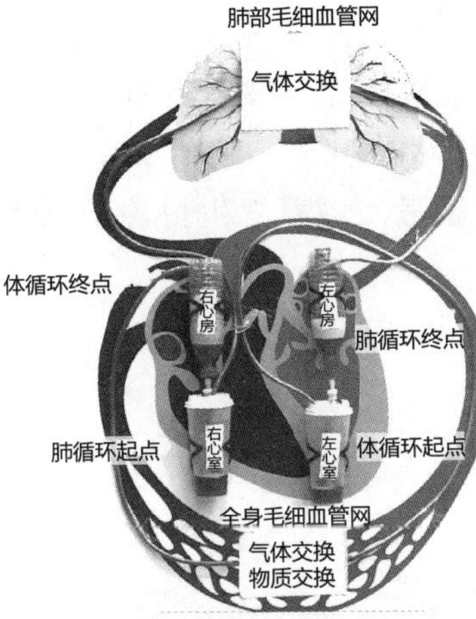

图 2　血液循环动态模型

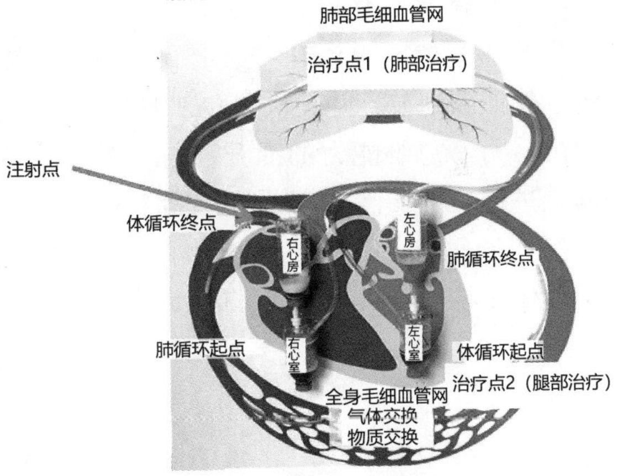

图 3　药物流过心脏的次数

（3）判断止血点。

用两个输液控制器分别模拟止血点 1 和止血点 2，止血点 1 模拟近心端，止血点 2 模拟远心端，点滴管模拟出血点，如图 4 所示。打开出血点橡皮膜，血液开始流出，此时打开止血点 1，关闭止血点 2，血液会继续流出；关闭止血点 1，打开止血点 2，出血点不再出血。静脉出血同样可以模拟。

（4）模拟动脉硬化。

在橡皮管中塞入一团棉花，如图 5 所示。血液的流速和流量都受到了影响，说明血管发生堵塞时，血压会发生变化，堵塞处的血压会急剧升高，可能导致血管破裂或者血流量不足，引起各组织缺氧。

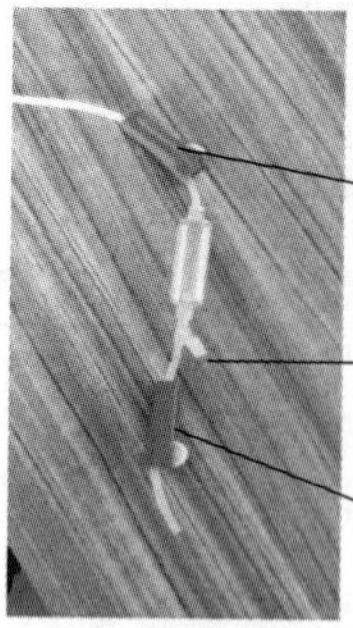

图 4　模拟止血点

图 5　模拟动脉硬化

八、实验效果评价

（1）观察能力的提升：学生有强烈的求知欲，能够迅速而锐利地捕捉事物的各种特征和细节，并有认识和掌握各种新鲜事物的永恒热情。

（2）分析思维能力的提升：通过对实验结果的思考，培养学生提炼信息和对信息进行分析、整合的能力，提高探究的效率。

（3）操作能力的提升：学习了教材知识后，可以将知识应用到课外，自己动手制作简易血液循环模型。

比热容

宁波市奉化区锦溪书院　卢军委

一、使用教材

华东师范大学出版社出版的《科学》九年级上册第七章第二节“比热容”。

二、实验器材

比热容实验装置1套（见图1），“12 V　10 A”电源1套。

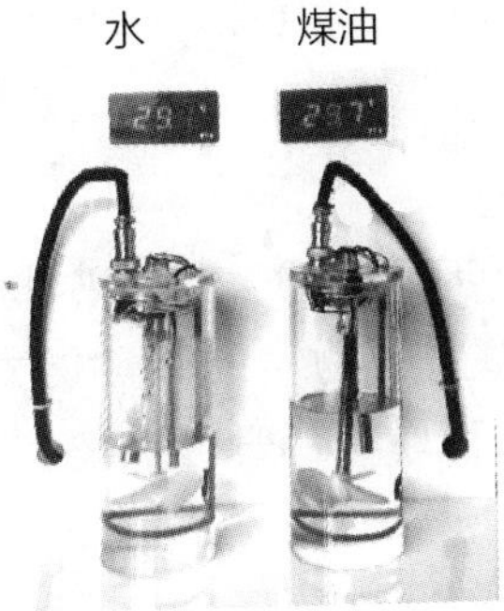

图1　比热容实验装置

三、实验创新要点

利用电阻丝替代酒精灯加热，利用温度传感器及软件替代水银温度计，利用减速电机和螺旋桨替代玻璃棒对液体进行搅拌。

四、实验原理

比热容实验装置原理，如图2所示。

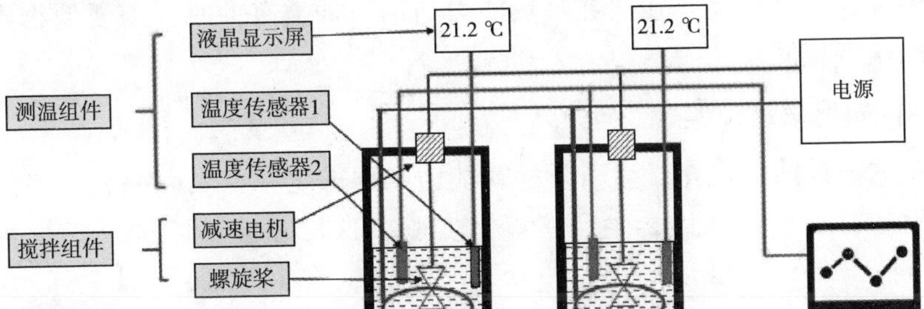

图2　实验装置原理图

五、实验教学目标

（1）通过实验现象（数据）比较水和油煤的吸热能力。

（2）通过实验探究建立比热容概念。

（3）能结合生活实例说明比热容是反映物质吸（放）热本领的物理量。

（4）能真实记录实验现象（数据），归纳结论，知道控制变量法、转换法在实验中的应用，感受科学方法的魅力。

六、实验教学过程

根据建构主义理论和核心素养的要求，将教学过程分为：为什么要做这个实验、如何做这个实验、做完这个实验有什么收获三个阶段。

（一）为什么要做这个实验

（1）创设情境，提出问题。

展示海滩图片，炎热的夏天同样的太阳照射沙滩和海水，人们却发现沙滩是滚烫的，而海水却是凉的，提出“物质的吸热能力与什么有关”的问题，贴近学生实际生活的事例能迅速点燃学生的学习热情。

（2）依托前概念，分解问题。

考虑到提出问题的难度、学生的前概念和思维水平，教师将问题分解成三个子问题。

1）用相同的电热水壶烧开一壶水与烧开半壶水（水的初温相同），谁吸收的热量多？

2）用相同的电热水壶把一壶水烧开与烧成温水，谁吸收的热量多？

3）相同质量的不同物质，升高相同的温度，谁吸收的热量多？

依托学生的前概念，引导学生根据前两个问题得出物质的吸热能力与物质的质量和升高的温度有关，同时也为后续学生利用控制变量法设计探究第三个问题的实验做好铺垫，也就是在探究吸热能力与物质种类有关时，需要使物质的质量和升高的温度相同。

（二）如何做这个实验

实验的设计能力也是学生科学探究能力的要求之一，实验探究中教师应该给学生足够的自主空间，让学生自主设计实验，这样才能不断提高学生实验设计能力。

（1）小组合作，设计实验。

要求：取材简单，可操作性强，以图文结合形式展示。

（2）批判质疑，改进实验。

教师引导学生将自己设计的实验方案与教材中的实验方案进行对比分析，寻找教材实验的不足，提出改进方案。

（3）展示装置，进行实验。

（三）做完这个实验有什么收获

（1）分析结果，收获概念。

教师引导学生对如图 3 所示的温度与时间关系图进行分析。

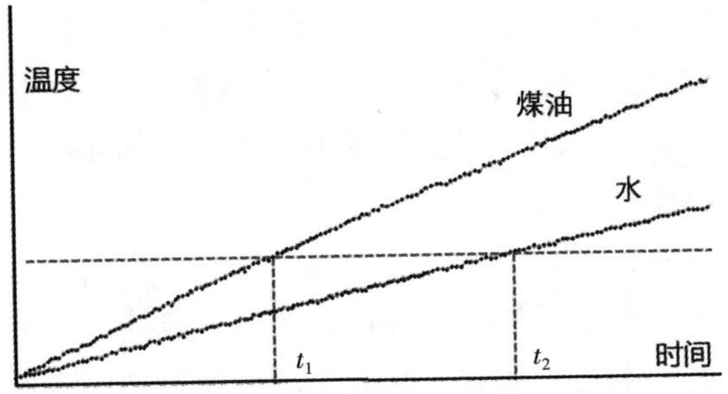

图 3　温度与时间关系图

师：这是我们刚才通过实验得到的温度与时间的关系曲线，同学们从图像中能获取哪些信息？

生 1：煤油曲线较陡，说明煤油升温快。

生 2：水的吸热能力比煤油强。

师：你怎么知道水的吸热能力强？你是怎么比较的？

生 2：我们可以画一条与横坐标平行的线，它会与两条曲线交于两点，我们可以发现水和煤油升高相同的温度时，水需要加热的时间更长，这就说明水吸收的热量更多，水的吸热能力强。

师：两容器中水和煤油的质量是一样的，它们升高的温度一样时，水吸收的热量比煤油多，说明水的吸热本领好。我们把单位质量的物质，温度每升高 1 ℃吸收的热量称为这种物质的比热容。

通过对实验结果的分析，让学生逐步在思考中建立比热容的概念。

（2）学以致用，内化概念。

通过对以下几个问题的思考，用所学的知识解决生活中的问题，让学生认识到科学源于生活，应用于生活，不断地深化对比热容概念的理解。

1）什么原因导致海水和沙子的温度不同呢？

2）为什么内陆地区昼夜温差比沿海地区大？

七、实验效果评价

（一）实验创新

（1）实验时间短，课堂效率高。利用电脑及软件实时读取并绘制温度—时间曲线，为教师和学生节省了大量的时间。教材里的实验，所需时间约 10 min 甚至更长，如果再通过描点作出曲线，则时间更长，而应用本实验仪器，加热和曲线绘制一气呵成，2~3 min 即可完成，大大提高了课堂效率。

（2）温度可视度高，读取方便。由于部分初中学生对用电脑绘制温度—时间关系曲线的理解存在一定的困难，装置中加入了液晶显示屏，学生可以快速通过液晶显示屏读取温度。

（3）减速电机搅拌，均匀一致。实验装置中利用了减速电机来带动螺旋桨搅拌液体，不但克服了人工搅拌时很难控制两容器搅拌速度相等的问题，同时也克服了由于液体黏稠度不相同造成普通电机因负荷不同而产生的失速问题。

（4）电热丝加热，误差小。实验装置采用铁氟龙电热线进行加热，能保证加热功率相同，调节电源的电压还能调整加热功率。

（5）改变电热丝，探究焦耳定律。改变其中一个装置中电热丝的长度，此装置还可以用于探究电流热效应与电阻、电流和通电时间的关系，实现一物多用。

（二）教学创新

改变传统教学中学生被动地接受知识的特点，让学生主动发现与探索，自主设计，积极创新，体验技术发明的过程，使学生成为真正的知识建构者。

探秘静电纺纳米纤维空气过滤膜

上海市徐汇中学　张德贵

一、教材分析

（一）使用教材

沪科版高中拓展型课程教材《多彩的功能膜》第二章第一节“静电纺丝成膜法”。

（二）课程简介

功能膜是一种由高分子聚合物制成的功能性薄膜材料，常见的用途有保鲜膜、农用大棚膜、不粘锅涂层、触屏导电膜、海水淡化过滤膜、婴儿纸尿裤、战斗机隐形涂层、人造心脏织物、人造血管等。随着社会的进步和科技的发展，人类迫切需要各种功能性的膜材料。本课程向学生呈现了膜材料领域的前沿科技，学生能够亲自动手制作功能膜，并对产品性能进行表征，开展一些功能膜材料的科技创新活动。

（三）学情分析

学生已经学习了膜科技的基础理论知识和涂膜、刮膜等基本制膜技能，并亲自动手制作了高清防护膜、眼镜防雾膜和生物降解膜等膜产品。下一阶段，学生需要科技含量更高、应用范围更广的“进阶版”知识和技能，助其未来能够持续地在膜科学领域深入学习。

教材中“静电纺丝成膜法”便是一种符合学生学习发展需求的制膜技术，它可将大多数聚合物制作成纳米材料，且应用领域十分广阔。学生有兴趣也想探索！但教材中只有静电纺丝的理论知识，因缺乏适合高中生使用的静电纺丝设备，无法开展学生实验探究活动。

二、实验器材

（一）实验试剂

聚偏氟乙烯（PVDF）、二甲基亚砜（DMSO）等。

（二）实验仪器

简易静电纺丝设备、恒温磁力搅拌器、气体过滤效果评价装置、秒表等。

（三）创新实验设备

学生有兴趣也想探索“静电纺丝成膜法”，为了满足学生学习发展需求，解决没有适合高中生探索的静电纺丝设备的教学痛点，教师在科学家的学术支持下，自制了简易静电纺丝设备，如图 1 所示。

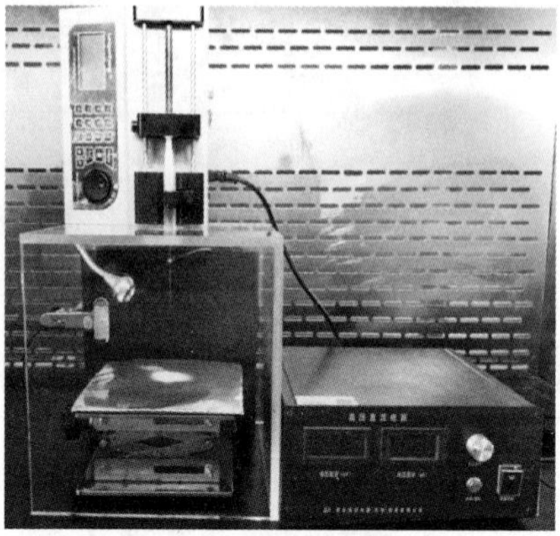

图 1　简易静电纺丝设备

（1）装置主要部件：恒速推进泵（精密调整喷射速度）、普通注射器（代替专业喷头）、手动升降台（上置铝箔代替接收屏）、高压直流电源（可调压 0~30 kV）。

（2）教学附加部件：黑色底板（便于观察射流）、小灯（可变向，便于观察射流）、安全防护罩（隔离所有带电区域，防止误触）。

（3）创新点：①精简专业设备结构；②可调节多个参数；③可靠的安全防护；④可制作多种纳米静电纺膜的通用设备；⑤强化了教学上的可视性。

三、实验原理

静电纺丝是一种特殊的纤维制造工艺，聚合物溶液在强电场中进行喷射纺丝。如图 2 所示，由于喷丝头上外加了高电压，使液滴表面带同种电荷，当静电排斥作用足够强时，可以克服液滴表面张力形成喷射细流，此时液滴不是球形而是圆锥形，并从圆锥尖端延展得到纤维细丝。这种方式可以生产出纳米级直径的聚合物纤维。

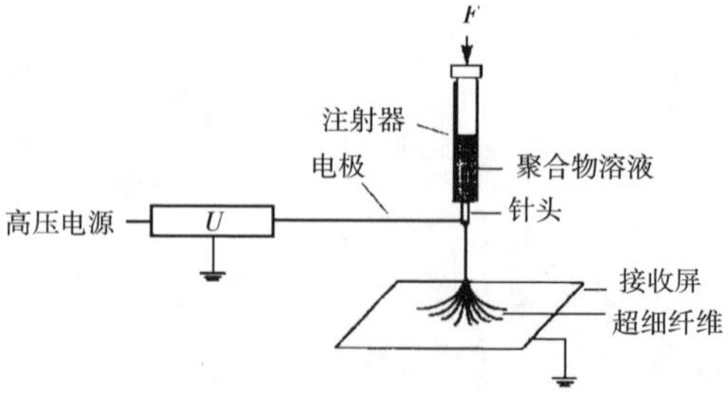

图 2　静电纺丝工作原理示意图

四、实验教学目标

（1）体验静电纺纳米纤维空气过滤膜的研制过程。

（2）自主设计纺丝液浓度、喷射距离等参数，认识技术参数的重要性。

（3）坚持参加小组实验活动全过程，养成合作的习惯并体会到做事要有毅力。

（4）增强对高新科技的关注意识和学习信心，感受科技解决现实问题的价值。

五、实验教学内容

（一）主要教学流程

实验教学流程如图 3 所示。

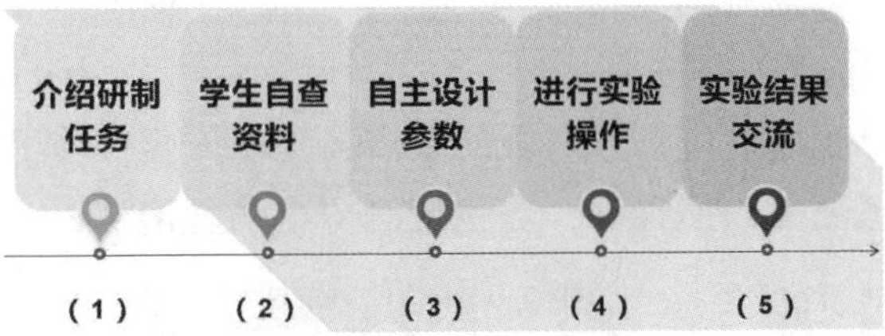

图 3　实验教学流程

（二）单元课时安排

（1）第一课时：讲解任务要求、学生查阅资料、自主设计参数。

（2）第二课时：学生小组交流设计，并配制静电纺丝溶液（需溶解约 12 h）。

（3）第三课时：以小组为单位进行静电纺丝制膜（需 6~8 h）。

（4）第四课时：自制静电纺空气过滤膜性能检测，实验结果交流。

六、实验教学过程

（一）第一课时

（1）讲解活动要求（任务具体要求、讲解实验设备、安全事项、发放学习任务单）。

（2）学生自查资料（以小组为单位）。

（3）实验方案设计（学生讨论小组分工、自主设计实验参数、进行实验方案交流）。学生小组设计的部分实验参数如图 4 所示。

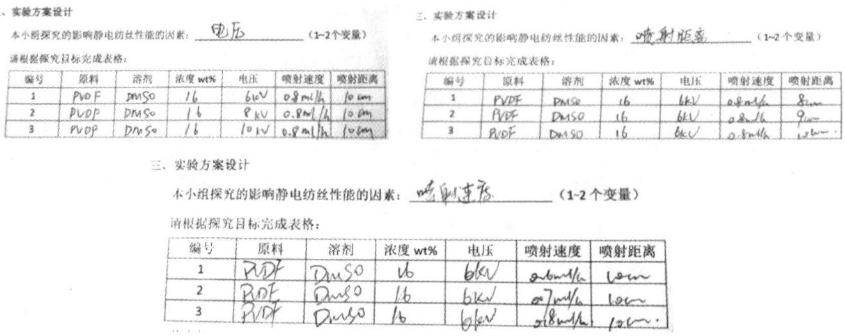
三、实验方案设计

本小组探究的影响静电纺丝性能的因素：电压（1~2个变量）

请根据探究目标完成表格：

编号	原料	溶剂	浓度 wt%	电压	喷射速度	喷射距离
1	PVDF	DMSO	16	6kV	0.8ml/h	10cm
2	PVDP	DMSO	16	8kV	0.8ml/h	10cm
3	PVDP	DMSO	16	10kV	0.8ml/h	10cm

三、实验方案设计

本小组探究的影响静电纺丝性能的因素：喷射距离（1~2个变量）

请根据探究目标完成表格：

编号	原料	溶剂	浓度 wt%	电压	喷射速度	喷射距离
1	PVDF	DMSO	16	6kV	0.8ml/h	8cm
2	PVDF	DMSO	16	6kV	0.8ml/h	9cm
3	PVDF	DMSO	16	6kV	0.8ml/h	10cm.

三、实验方案设计

本小组探究的影响静电纺丝性能的因素：喷射速度（1~2个变量）

请根据探究目标完成表格：

编号	原料	溶剂	浓度 wt%	电压	喷射速度	喷射距离
1	PVDF	DMSO	16	6kV	0.6ml/h	10cm
2	PVDF	DMSO	16	6kV	0.7ml/h	10cm
3	PVDF	DMSO	16	6kV	0.8ml/h	10cm.

图 4　学生小组自主设计的实验参数（部分）

（二）第二课时

学生实验操作流程如图 5 所示。

（1）教师指导配制静电纺丝溶液的要点，提示安全操作。

（2）学生用恒温磁力搅拌器，自主配制静电纺丝溶液。

a　称量原料　b　按配比与溶剂混合　c　设置温度、转速等参数　d　搅拌（初）　e　搅拌（终）

图 5　第二课时实验操作流程

（三）第三课时

学生实验操作流程如图 6 所示。

（1）教师指导简易静电纺丝设备的操作要点，提示安全操作。

（2）学生自主调节技术参数，进行静电纺丝制膜。

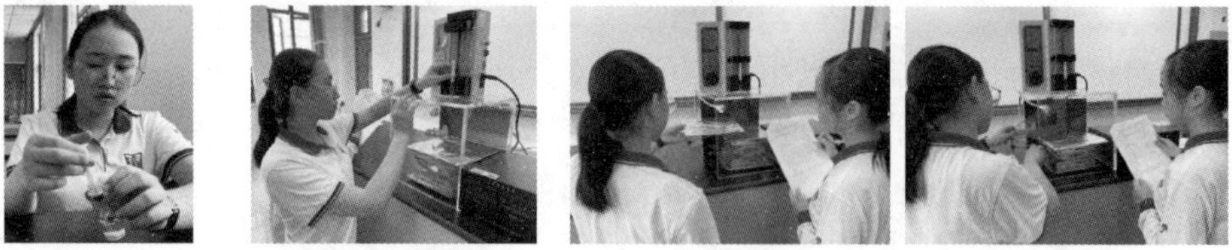

a　将纺丝液抽入注射器　b　将注射器安装到简易静电纺丝设备上　c　放置接收屏（铝箔）　d　调节喷射距离

图 6　第三课时实验操作流程

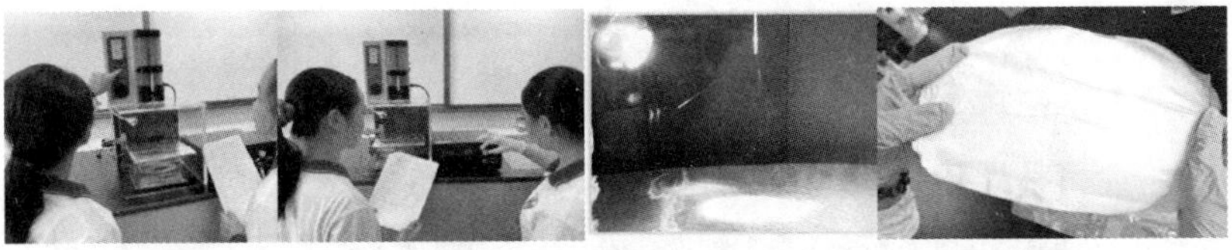

e　设置喷射速度　f　设置电压　g　开始静电纺丝制膜（6~8 h）　h　纺丝完成后将膜从铝箔上撕下

图 6　第三课时实验操作流程（续）

（四）第四课时

（1）小组交流各自膜产品的外观特征。

（2）教师介绍用气体过滤效果评价装置（见图 7）检测膜过滤性能的方法。

（3）自主检测自制膜的过滤效果。

（4）交流探索实验条件得到的结论，如表 1 所示。

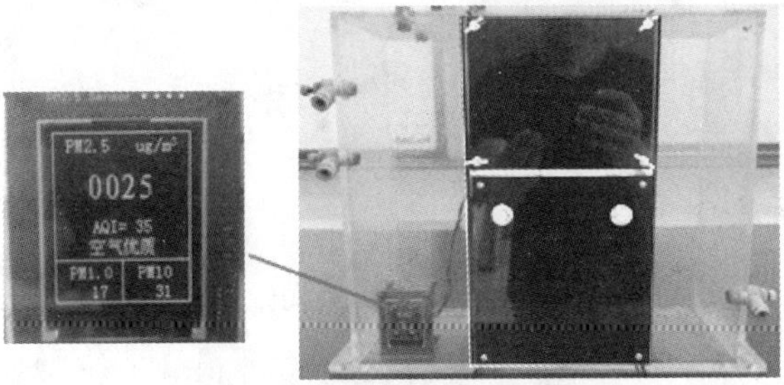

图 7　气体过滤效果评价装置

表 1　探索静电纺空气过滤膜实验条件的结论

学生小组	探究变量	实验结论
1	电压	6~10 kV，电压越大过滤效果越好
2	纺丝液浓度	16~19 wt%，浓度越小过滤效果越好
3	喷射距离	8~10 cm，距离越远过滤效果越好
4	喷射速度	0. 6~0. 8 mL/h，速度越慢过滤效果越好

七、实验效果评价

（1）用简易静电纺丝设备成功制作过滤膜，且达到“纳米材料”标准。

如图 8 所示，通过对自制膜样品的扫描电子显微镜（SEM）图像分析，纤维直径小于 1 μm，达到了广义上“纳米纤维”的标准。

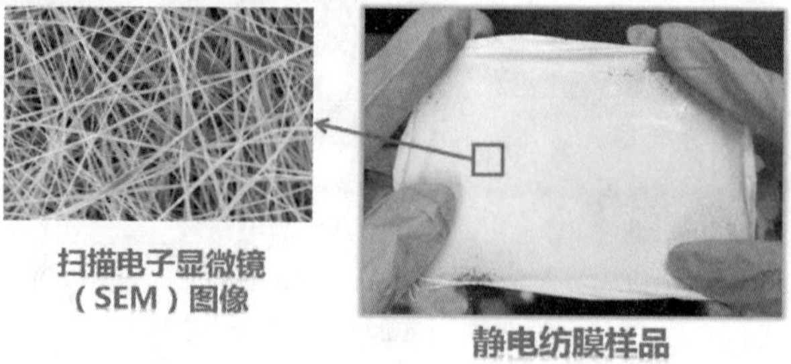

图 8　自制膜样品的扫描电子显微镜（SEM）图像分析

（2）自制空气过滤膜的过滤效果出色。

通过气体过滤效果评价装置左下角传感器实时显示的 AQI 空气质量指数变化情况，评价膜的过滤效果。如图 9 所示，严重污染的空气（AQI 值 500 以上）通过静电纺过滤膜过滤后可得到优质空气（AQI 值 50 以下），说明自制空气过滤膜的过滤效果很好。

严重污染的空气（AQI 值 500 以上）　→　用静电纺过滤膜过滤（先将膜剪裁，再加框固定）　→　优质空气（AQI 值 50 以下）

图 9　自制空气过滤膜的过滤效果测试

第二部分

小学科学

自制日地月模型

——探究日食现象

北京市东城区府学胡同小学　刘阳　徐岩
北京市东城区教师研修中心　路虹剑

一、使用教材

首都师范大学出版社出版的小学《科学》第五册“星球探索”单元中的“月食和日食”。

二、实验器材

自制日地月模型（见图1）使用材料主要为木质板和亚克力板，并配有电机、灯泡等电器元件。该模型为手自一体的示意模型，既可自动实现月、地的运动，演示日、地、月三个天体间的相对运动；又可以手动替换连接杆处的齿轮，改变齿轮形状以改变地、月的公转轨道形状；通过调节月球吊盘和地球支撑轴的倾斜角度，实现改变模型白道面与黄道面的角度。另外，配备小型摄像头，实现图像信号与手机或电脑同步共享，学生在观看时犹如置身其中，增强学习代入感、体验感，突出探究实践。

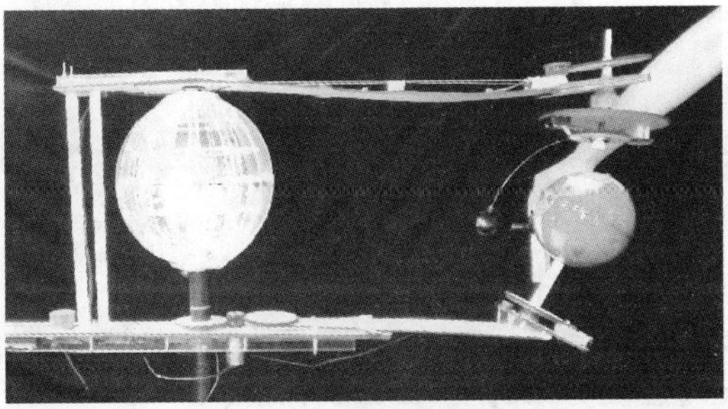

图1　模型主体材料

三、实验创新要点/改进要点

（1）模型帮助学生呈现头脑中对日食成因的认识，使其可视化。

学生头脑中对日食形成的认知各不相同，交流时仅用语言很难清晰描述出来。借助模型手动功能就可以解决这一问题，学生可以任意调整天体的位置、轨道的角度等，将自己头脑中对日食成因的认识在日地月模型上呈现出来，使其可视化。

（2）轨道模型可操作性强，可多次分析论证，推进学生思维发展。

在“日食”一课，教师通常用两种方式支撑学生研究日食，第一种是借助三球仪观察日食现象，学生可以观察到日、地、月三者之间的相对运动方式，地球和月球沿固定的轨道形状、平面与倾斜角度运转，运转轨道固定不变；第二种是借助模型进行遮挡，呈现日食现象，但也只是进行简单模拟，并没有培养学生的思维能力。这就限制了学生的学习空间，学生的学习需求不能得到满足。本模型可以补齐这一“短板”，并通过论证式教学帮助促进学生思维的发展，逐渐走近日食。当学生获取大量事实资料，并进行多次推理论证后，学生就可以形成新的认知。模型可以将学生不断修正的对日食现象的认知进行呈现，学生通过模拟现象判断新认知是否成立，这是个层层推进、逐步深入的论证过程。学生逐步从日、地、月三者一线，即可以出现日食的前概念，向日、月、地的相对大小和相对运动方式这一科学概念深入发展，以此提升探究能力，推进科学思维的发展。

（3）多角度观察日食现象，拓宽学生观察广度。

借助模型配备的小型摄像头，既可以帮助学生模拟站在地球上观察日食现象（见图 2）；又可以置身在模型系统之外，模拟站在宇宙空间观看三个天体的位置关系（见图 3），从不同角度对日食形成进行观察（见图 4），从而渗透宇宙是一个复杂系统的大宇宙观，保持学生探究宇宙奥妙的兴趣和动力。

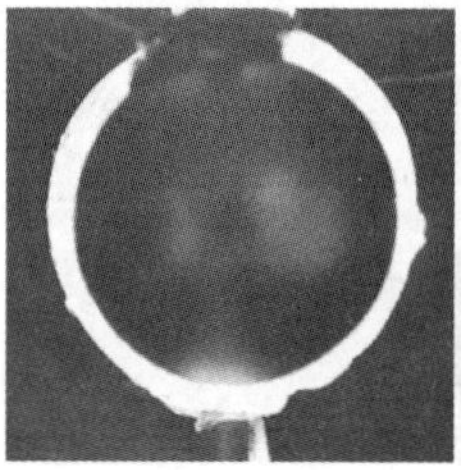

图 2 模拟地球视角

图 3 模拟宇宙视角 1

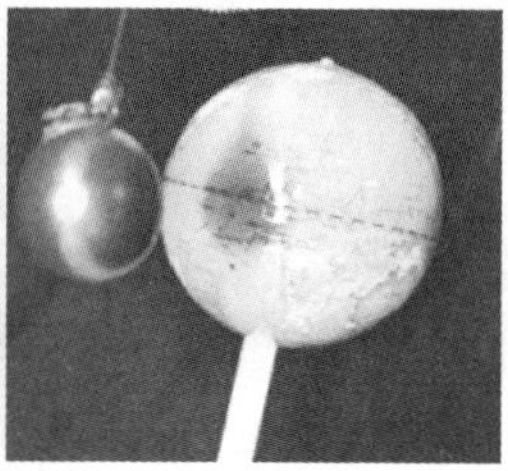

图 4 模拟宇宙视角 2

四、实验原理/实验设计思路

（一）实验原理

日食现象为日、地、月三个天体处于某一相对位置时形成的天文现象，此时月球位于地球和太阳之间，且太阳和月球均在黄道面和白道面交点附近。通过调整模型中三个天体的位置、角度，模拟出日食现象。

（二）实验设计思路

此模型在原有模型的基础上进行创新，引导学生对日食现象进行观察，形成对日食成因的初步认识，通过模型呈现一年 12 次日食。当模型呈现现象与事实发生冲突时，学生会进一步推理论证，修正原有模型并产生新的认知，在对日食成因的持续研究过程中，被引导走近日食。

五、实验教学目标

获取日食资料，借助日地月模型模拟日食现象并分析解释日食成因，经历推理论证的思维过程，形成尊重事实、勇于实践、乐于交流、敢于表达的科学态度，保持对探索宇宙奥妙的浓厚兴趣。

六、实验教学内容

本课借助此模型帮助学生开展对日食成因的探究学习，并根据事实资料进行推理论证，认识到日食的形成与月球、地球运转轨道形状、轨道角度有关，层层深入，形成对日食成因的认知。

七、实验教学过程

（一）日食现象引入，暴露学生前概念

导入环节围绕话题“日食是怎么产生的”开展教学活动，教师出示日食的图片等来呈现日食现象，暴露学生前概念。学生认为日食的出现是日、月、地三者一线（见图5），月球挡住太阳是静止的，忽略了相对运动，没有立体空间的构建。于是教师利用模型将学生的想法呈现出来，引发学生思考，开启对日食成因的研究之旅。

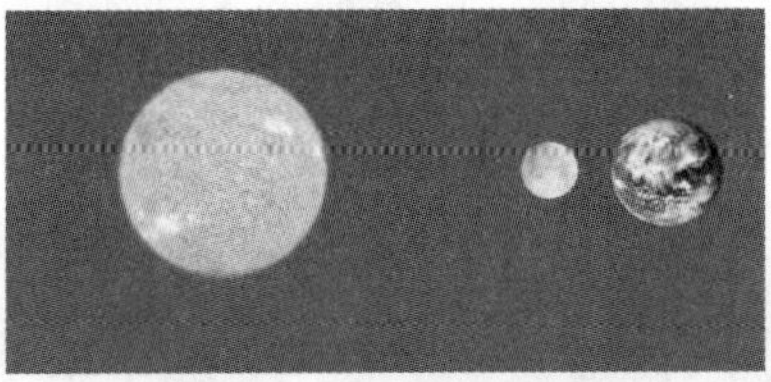

图5　学生前概念

（二）依据事实证据，分析推理论证，探究日食现象

（1）模型演示验证新知，与事实产生认知冲突。

基于模型演示，学生修正了前概念，形成第一次新的认知：日食是在日、地、月三个天体运动过程中形成的。进而学生操作模型演示，演示结果为：按照这样的规律每个月都应该发生一次日食，一年会发生12次日食（见图6）。

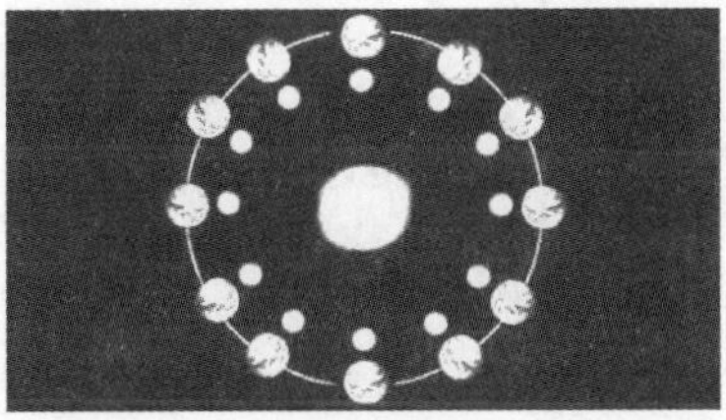

图6　初次演示结果

此时教师为学生提供近几年世界各地日食发生时间表（见表1），数据显示大约一年只出现约两次日食现象，这与学生获得的推理不符，引发认知冲突，从而使学生产生进一步探究的动力。

表1　近10年世界各地日食发生时间表

2009. 01. 26	2011. 06. 01	2013. 11. 03	2016. 03. 09	2018. 07. 13
2009. 07. 22	2011. 11. 25	2014. 04. 29	2016. 09. 01	2018. 08. 11
2010. 01. 15	2012. 05. 20	2014. 10. 23	2017. 02. 26	2019. 01. 06
2010. 07. 11	2012. 11. 13	2015. 03. 20	2017. 08. 21	2019. 07. 02
2011. 01. 04	2013. 05. 10	2015. 09. 13	2018. 02. 15	2019. 12. 26

（2）模型辅助推理论证，对日食进一步研究。

用模型演示时学生发现，一年出现12次日食的情况是地球和月球的公转轨道都是正圆形，于是学生猜想日食的形成是否与天体公转的轨道形状有关呢？再次借助模型研究不同轨道形状下日食的出现次数，论证自己的想法。学生利用模型将其想法第三次呈现出来，通过调整齿轮形状改变地球和月球的公转轨道，结果发现轨道无论是正圆形（见图7）还是椭圆形（见图8）都不会影响日食每月出现一次的结果，继而又推翻了自己的猜想。

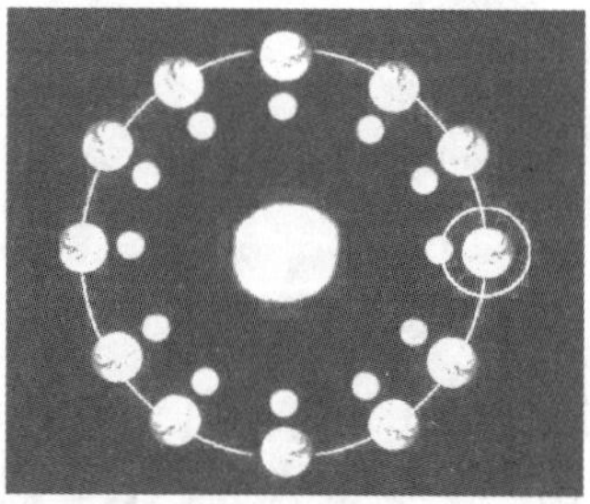

图7　正圆形轨道

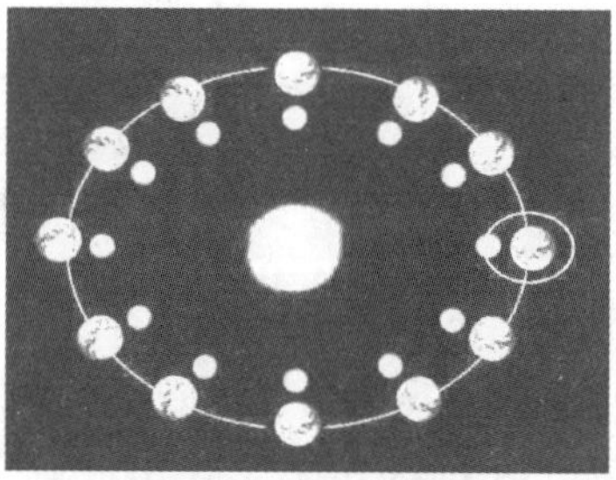

图8　椭圆形轨道

（3）利用模型多次推理论证，逐渐走近日食形成的“真相”。

1）基于以上研究，学生继续猜想：一年出现两次日食可能与轨道的倾斜角度有关（见图9），地球公转轨道和月球公转轨道可能不在同一个平面上（见图10）。教师引导学生再次尝试利用模型研究，调整轨道的倾斜角度，反复尝试发现当两个轨道有一定倾斜角度时（见图11），演示出现的现象才更符合一年出现两次日食的事实。由此学生认识到日食的形成与轨道的倾斜角度有关。

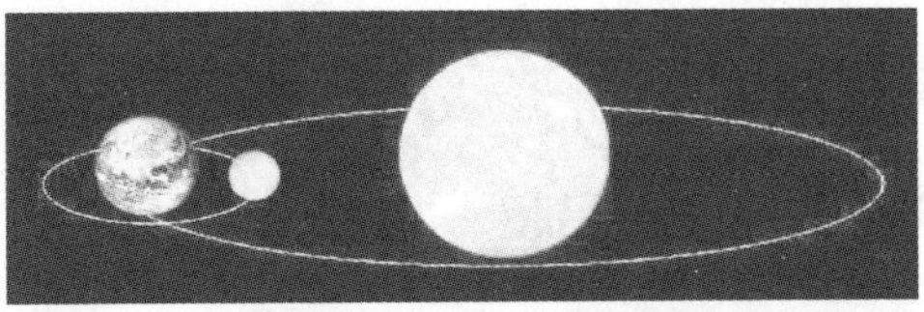

图 9　水平月球轨道

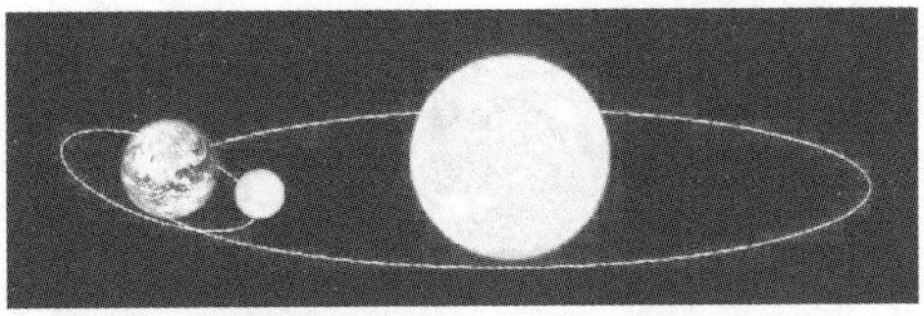

图 10　倾斜月球轨道

图 11　一年两次日食现象的轨道情况

2）教师为学生提供日全食、日环食、日偏食的资料，学生通过研究发现：当月球离地球近时，摄像头拍摄的影像是日全食；当月球离地球远时，摄像头拍摄到的影像是日环食。出现日、地、月远近变化的现象只有当公转轨道的形状呈椭圆形才可以，由此学生认识到日食的形成与轨道的形状有关。

对日食形成的研究，学生就像剥洋葱一样，层层深入，越来越接近日食形成的“真相”。

（三）操作模型发现更多有趣的现象，延续探究宇宙奥秘兴趣

任何的科学研究都是永无止境的，新的发现总是离真理更近一步！本课对日食成因的认识还不能止步于此，这只是研究宇宙奥秘的“冰山一角”。因此，在本课的第三个环节，教师启发学生思考在操作模型时有没有新的发现，鼓励学生利用模型按照课上用到的学习方法继续研究有趣的天文现象，保持研究的兴趣与动力。

八、实验效果评价

任何的科学发现都要经得起批判质疑和反复推理论证。小学科学教学应该鼓励学生敢于质疑、勇于探究，顺应学生的思维发展并为学生开展探究活动创造条件。

从模型演示到论证推理，体现探究活动的逐层深入。日食现象的出现是一个复杂的天体运动过程，本课借助模型开展研究，形成对日食现象更清晰的认识。整个过程学生经历了像科学家那样获取大量事实、利用模型多次推理实践、周而复始反复论证的过程，凸显了科学实证的本质，培养了学生的科学思维，促进学生形成尊重事实、勇于实践的科学精神，这才是学生们迫切需要的最难能可贵的科学品质。

数星星

沈阳市沈北新区道义第二小学　吕超

一、使用教材

“数星星”一课隶属于江苏凤凰教育出版社出版的小学《科学》二年级上册第二单元“天空中的星体”，是本册第六课，属于地球与宇宙领域内容。

二、学情分析

为了更好地开展实验教学，教师综合运用多种方法进行了前概念的调查和分析，样本班级人数：35 人。详细情况见表 1。

表 1　前概念调查统计表

调查内容	人数分布			
你有认真观察星星或者星空的经历吗	认真观察过：15 人	只是偶尔随便看看：16 人	没有观察过：4 人	
你认为星星看起来相同吗	相同：20 人	不同：11 人	不知道：4 人	
如果你觉得星星看起来不相同，具体哪里不同	大小不同：8 人	亮度不同：0 人	不知道：3 人	
星星为什么有的大有的小	与距离远近有关：5 人	与星星自身的亮度有关：1 人	与前两者都有关系：0 人	与月亮有关系：2 人
白天为什么看不到星星	星星被云朵遮住了：3 人	星星跑到别的地方去了：3 人	太阳太亮了：15 人	不知道：14 人
说说你知道的星星的名字	2 种及以上：2 人	1 种：17 人	不能说出：16 人	
说说你知道的天文学家的名字	说出一个名字：1 人	不知道：34 人		

仰望星空是儿童的天性使然，但是天空中的星体难以触摸，学生年龄小又不太熟悉观察和研究的方法，导致学生观察兴趣持续时间短、观察缺乏目的性、对于星星之间是否不同及白天见不到星星的原因等普遍存在错误的前概念。因此，教师设计了直观、贴合认知的模拟实验，选择生动有趣的实验方法有效解决上述问题。

三、实验器材

环保彩绘夜光漆、大小不同的圆形贴纸、不同的星空地图 12 份、观星 App、遮光布等。

四、实验创新要点

（1）贴合认知，具象表征：用夜光贴纸代替手电筒进行模拟实验，在环境光有明暗变化时，“星星”也会有明暗的视觉变化。这样具象的表征方式更贴合学生的认知。

（2）结合图示，分组数星：引入天文学家常用的分组数星法和图示法，制成不同大小的夜光贴纸代表明暗不同的星星，渗透科学研究的重要方法。

（3）进阶观测，渗透星座：把星星之间的角度方位关系体现在星空图上，每个小组的星空图不同，为进阶观测和研究宇宙打下基础。引入观星 App 进行在线观星，延展观星时空。

五、实验设计思路

（一）教师备课时产生的一些疑问

（1）本课的课题为数星星。但是教材中的“数”并未得到充分体现。

（2）课标对本学段的直接要求很少，可是对高年级研究星座的要求非常明确。如果等到高年级再进行有目的观察和研究该会错失多少次认识宇宙自然的机会呢？

（3）教材原实验中用手电筒来模拟“为什么白天看不到星星”的实验，但白天光斑暗淡，慢慢变黑后，光斑才会变亮，实验中存在一定的不足。

1）没有形象地体现出星星有明暗大小的特点。

2）不能充分地与未来深入学习宇宙和星座的知识建立起联系。

3）实验操作不够贴合学生对真实星空的认知。

（二）针对疑问进行的改进

（1）制作星空图。

图示法是天文学家常用的表示地球与宇宙知识的方法，且画图的方法十分适合低年级学生的特点，小学生也可以像科学家那样做。教师把图示法和赫歇尔的分组数星法进行了结合。

1）为每个小组选择了不同的、具有代表性的星组，将在专业资料上查到的星组进行模糊处理，分成明暗不同的三个等级，用大小不同的圆圈表示，把明暗、方位、角度、关系体现在星空图上，如图 1 所示。

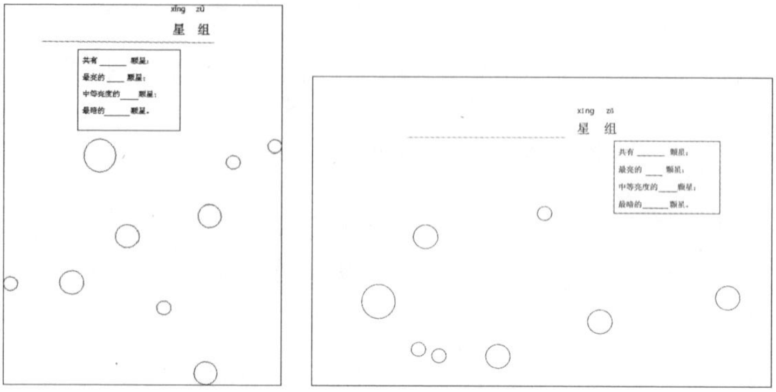

图 1　星空地图示例

2）把彩绘夜光漆均匀涂在与星空图上对应的三种大小不同的圆圈上，晾干剪下后制成大小不同的夜光贴纸，如图 2 所示。实验时结合星空图使用，如图 3 所示。

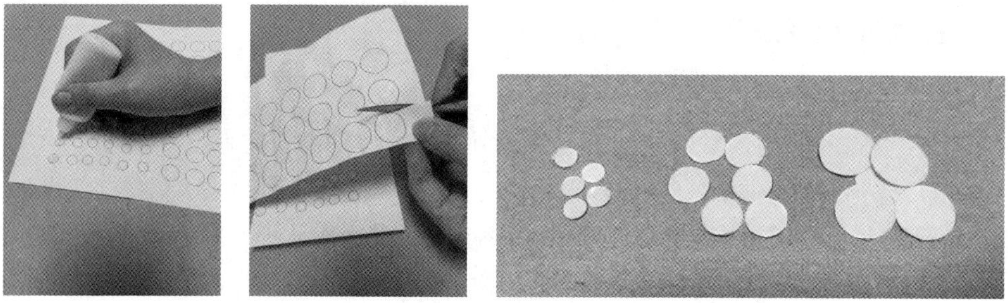

图 2　夜光星星制作流程

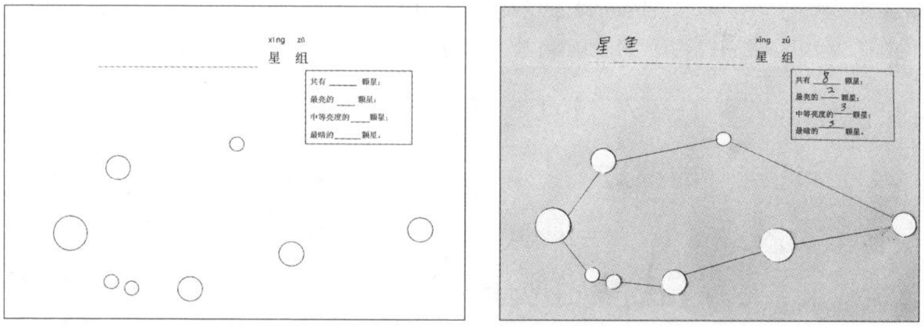

图 3　夜光星星制作星空图示例

（2）改进“为什么白天看不到星星”的模拟实验。

白天看不到星星是环境光和物体光引起的视觉对比现象，即明暗对比。夜光漆在环境光明暗变化时也会有视觉上明暗的变化，当灯光暗下来时小星星们就亮起来，如图 4 所示。因此，可以用夜光星星制作的星空图作为探究“为什么白天看不到星星”的模拟实验。

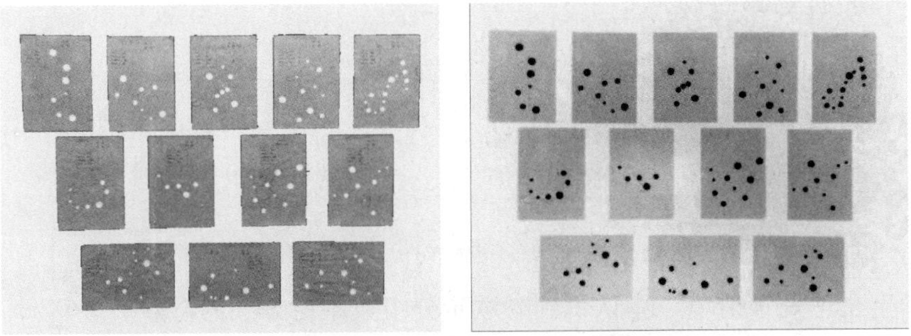

图 4　模拟为什么白天看不到星星实验

用星空图串联起来整节课，将“探究白天看不到星星的秘密”“学习进阶”“图示法”建立起有机的联系，同时也使学生对真实的星空有了适当了解。

六、实验教学目标

结合学情、核心大概念、主要概念和课标中学习进阶的相关要求，教师确定了如下实验教学目标。

（1）科学知识：知道星星有大小明暗的区别；星星和太阳、月亮一样也是天空中的星体。

（2）科学探究：初步体会用图示表示星星明暗的方法；能够对白天看不到星星的原因进行猜想，并与同伴一起探索其中的秘密。

（3）科学态度：能够对星星等宇宙天体产生观察和继续探究的兴趣。

（4）科学、技术、社会与环境：提升环保意识，体会科技发展对研究星星的促进作用。

实验教学重点：知道星星有大小、明暗的区别，初步感知用图示法表示星星的特征。

实验教学难点：通过模拟实验探究白天看不到星星的原因。

七、实验教学内容

（1）实地观星：在课外选择合适的时间、地点连续地观察星星，重点观察星星之间的相同点和不同点，并做好记录。

（2）制作星空地图：利用大小不同的贴纸表示星星的明暗，制作星空地图，体会图示法和分组法。

（3）模拟为什么白天看不到星星的实验：对比开灯和逐渐关闭全部灯时星星的明暗变化，总结白天看不到星星的原因。

（4）在线观星：通过 App 观察星空，再次认识科学家为表示星星明暗、给星星命名、对星星分组、图示星星等采取的多种科学研究方法。

八、实验教学过程

通过以上分析，教师设计了如下实验教学环节。

（1）亲身观察：借助“优学向上”平台分享观星经验：观星的地点、数量、星与星之间的相同和不同之处……

（2）有“法”数星。

1）提出问题：这么多星星要怎么数呢？

学生在“疑难情境”中认识到赫歇尔分组数星星方法的奇妙。

2）大梦想变小目标：数清并观察好一个小组的星星，首先来制作一份小组的星空地图。

学生小组合作：贴一贴、数一数、连一连，取名字，制作星空地图。在活动中感知到天文学家运用的命名、划分区域、图示、模型等多样的研究方法。

（3）模拟验证。

1）模拟验证：白天可以带上星空图去外面寻找星星吗？进行白天看不到星星的模拟实验。

太阳落山了（关灯），美丽又神秘的小星星们亮起来了，让同学们在模拟环境下一起数星星并分享：你最喜欢哪组星？像什么图案？看到几颗亮星，几颗暗星？太阳出来了（开灯），星星消失。

学生看到自制的“小星星”在黑暗中发光，觉得十分有趣而又神奇，同时也促使他们积极地思考：是什么使星星在“黑夜”中发光，白天为什么看不到星星？学生给出答案，问题的关键在于“是否有光的照射”。形象探究促进了学生语言和思维的转化和发展。

2）揭示科学原理：这就是视觉上明暗对比的现象，在生活中也经常存在。

（4）在线观星：学生们通过观星软件了解科学家是怎么为星组取名字的，如何表示大小明暗的，学生们充满了继续研究的热情。

（5）方法升华。

以寻找星空图中的星星为基础制订观星计划。当教师提问还可以用什么方式表示星星的明暗呢？学生们提出可以用颜色、形状、大小等多样的方式来表示。充分说明，学生的思维随着形象探究活跃起来了。

九、实验效果评价

（1）立足学生，整体设计。本课改进探究实验，以学生的视角审视问题，立足于学习进阶建立课堂活动，利用可以发光的星空图串联起整个课堂，做到了大概念设计、小概念实施。

（2）方法传承，突破进阶。实验探究中把图示法和赫歇尔分组数星的科学法有效结合，增强了“数”的韵味。星空图可以循环利用并且能够延续到其他学段使用。如在高年级研究星座时，星空图可以代替“星座放映器”；帮助学生理解星座的划分；结合高年级学生的思维特点，深入引导其关注星星之间角度、距离、方位的变化等。

（3）美的熏陶，播撒种子。宇宙万物的美、逻辑美、科学美在实验探究中进行了充分表达，学生认识到研究宇宙星空是小学生也能做的事，在他们心间埋下了感知宇宙的种子。

（4）网络联动，拓展认知。将实验教学与互联网建立联动。借助地理和网络空间，拓宽学生的心理认知空间，让知识走出课堂，走进生活中，延伸到广阔的宇宙星空中。

地球在公转吗？

吉林省东丰县二龙山乡中心校　王帧斌

一、使用教材

教科版小学《科学》五年级下册第四单元第六课“地球在公转吗”。

二、实验器材

（1）选择1根尺状长木条（约1.8 m），每隔11 cm钻直径为1.6 cm的圆孔，截取17根红色3分电料管（每根高40 cm），插入木尺中，保持垂直。

（2）截取内径为5 cm的下水管作为立柱，两根1.2 m长，两根1.5 m长。内径5 cm管转内径10 cm管的接头6个，充当底座或托，以保证稳定。

（3）绿色和黄色塑料玩具球各1个，用来模拟恒星；1个篮球模拟太阳。2个锥形筒，分别标记*A*点、*B*点。

三、实验创新要点

（1）教材中要求在操场进行实验，易受环境影响，且耗时长。考虑到环境影响及实验时长的问题，教师制作了可以在学校功能室上课的自制教具。

（2）教材中对于教具高度并无相关说明，教师充分考虑了五年级同学的身高范围，力争使每个同学都能舒适地进行观测。

（3）考虑到教材中的模拟实验要求用木杆直立，容易晃动，选择了价格低廉的下水管，配合转换接头为底座或托来代替木杆，以保证模拟实验的稳定性。

（4）教材要求在木尺上每隔10 cm贴1个木条，实际操作时不易保证稳定、垂直。教师在此项中做了一些改进，用两根价格低廉的3分电料管，截成统一长度，插入木尺中，改进后非常稳定。木尺中的圆孔在钻孔时很难保持垂直，基于此教师改成使用台钻。

（5）教材中选择的是用红色圆纸片放在地上代表太阳，木杆上贴两个蓝色圆纸片代表1号星、2号星。而教师选择的是分别使用玩具球、篮球代替，色彩分明，富有立体感和层次感，更有利于激发学生的兴趣。

（6）教材中的*A*点、*B*点，只有图示，并未配备教具。为了便于学生模拟该实验，教师借用了学校的体育器材——锥形筒，用于标记A点、B点。

（7）教材中要求学生读出位置相差多少，为提高实验效率，教师适当降低了读数难度，将单位“cm”改成“格”去观测（补充说明：相邻两根管壁之间距离为9.4 cm，有需要的话，也可以近似看成每格10 cm）。

四、实验设计思路

（1）假设地球围着太阳公转。由学生来模拟地球，围绕太阳（篮球）公转，如果看到远近不同的两颗恒星（塑料玩具球）位置出现变化，则证明假设成立；反之，假设不成立。

（2）通过观测 A 点、B 点的视差，计算得出恒星周年视差。

（3）被观测的恒星离地球距离越远，则恒星周年视差越小。

五、实验教学目标

（1）科学知识目标。

1）恒星的周年视差证明地球确实在围绕太阳公转。

2）在围绕某一物体公转时，在公转轨道的不同位置会观察到远近不同的物体存在视觉位置差异。

（2）科学探究目标：在模拟实验中，观察并做出恰当描述，并结合模拟实验进行推理。

（3）科学态度目标：了解对科学现象的解释需要得到证据的支持及从已知出发进行推理，在活动中培养小组合作精神。

（4）科学、技术、社会与环境目标：了解科学家在获得证据的过程中需付出艰辛的努力，同时也离不开科学技术的进步。

六、实验教学内容

（1）教师课前将插好红色电料管的木尺、两颗塑料玩具球、1 个篮球摆放到各自对应的立柱上，同时放置好标记为 A 点、B 点的锥形筒。上课进行到实验环节时，学生根据要求来模拟地球，并背对“太阳”（篮球）逆时针行进，观察 1 号星与 2 号星的视差，重点记录 A 点、B 点的视差格数，完成后填写实验记录单。该实验证明了假设成立，地球的确在公转。

（2）教师向后平移锥形筒和篮球，使它们远离两颗“恒星”，学生重复实验操作，通过观察分析得出结论：观测距离越远，恒星周年视差越小。

七、实验教学过程

（一）情境引入，聚焦问题

（1）引入：利用学生喜欢的《流浪地球》电影片头设定为引，引发学生思考：“流浪地球计划”开启之前，地球是如何运动的呢？

（2）复习：学生回答自转等知识，复习旧知。

（3）思考：有关地球的运动，你还有哪些疑问呢？地球除了自转，还有其他的运动吗？有什么办法能知道呢？

（4）启发：去太空观察是一个不错的主意，可以借助太空望远镜、人造卫星，或者宇航员亲自去看看。

（5）聚焦：大量观测表明，地球在围绕着太阳转动，这就是公转。公转的周期是一年，方向为自西向东（逆时针）。那在还不能到太空中去的时候，人们又是怎么知道的呢？

（二）教师引导，学生探索

（1）启发。

德国天文学家贝塞尔通过对星空的观察，发现了地球公转的重要证据：恒星周年视差。那么，什么是恒星周年视差呢？

教材中对于恒星周年视差的定义为：人们在观察远近不同的星星时产生的视觉上的相对位置差异。教师通过一系列小游戏，让学生明白视差的概念。

恒星周年视差和地球的公转到底有什么关系呢？教师使用一个非常经典的科学证明方法——反证法来进行验证。

假设地球是围着太阳公转的。通过实验模拟地球公转，如果看到远近不同的两颗恒星位置出现变化，则证明假设成立；反之，假设不成立。

（2）实验。

教师提出可以借由篮球代表太阳，两颗玩具球代表两颗恒星，学生代表地球，按照屏幕指示进行公转演示，边“公转”边观察。

找同学到台前演示，使大家了解：白天无法看到星星，要背对着太阳观察；由于观测角度关系，只需观测半圆；最明显的两个点是 *A* 点、*B* 点。

出示大屏幕演示动画，教师再演示一次正确的观察、移动方式。学生按小组顺序台前观测并完成“我的观‘星’记录”，由组长进行汇总。

（三）填写记录，研讨交流

教师板书填写学生汇总记录的数据。并提出：“刚才，同学们观测到了恒星周年视差，证明了地球确实在围绕太阳公转。但是真正的观星不可能离这么近，那请同学们试试在更远的位置观察会怎样呢？”

教师根据场地实际情况，向远处平移 *A* 点、*B* 点，学生再次观测。发现：观测距离越远，恒星周年视差越小。

（四）阅读资料，拓展视野

（1）思考：为什么人们长期未能发现恒星的周年视差？——宇宙太大，其他恒星离我们太远了。那么恒星离我们到底有多远呢？

通过视频及文字资料，了解观测到恒星周年视差的德国天文学家贝塞尔的科学故事；了解电影《流浪地球》的目的地为什么是半人马阿尔法星。

（2）小结：贝塞尔发现的恒星周年视差证明了地球在公转。他为什么会成功？原因：①新制望远镜（科学技术的进步）；②月复一月的观测（不懈地努力）。

八、实验效果评价

（1）器材改进：易制作、易操作、易推广、易收纳。

（2）实验改进：室内可操作、观测更直观。

（3）教学反思：学生移动观察时，*A* 点、*B* 点观察较为准确，但是其他位置却不容易保证弧形移动，可以考虑利用彩带等标志物去改进，使学生的行进轨迹更为准确。

北极星“不动”的秘密

鹤岗市公园小学　房鹤

一、使用教材

教科版小学《科学》五年级下册第四单元“地球的运动”第五课。

二、实验器材

（1）基本器材：南北极天体夜间图片2张、硬纸片1张、地球仪1个、皮球1个、转椅、四季星座运行图等。

（2）创新器材：1把伞、1张挂历纸、1部手机、1个手电筒、1个纸芯、透明胶带、小星星贴纸、记号笔、剪刀，如图1所示。

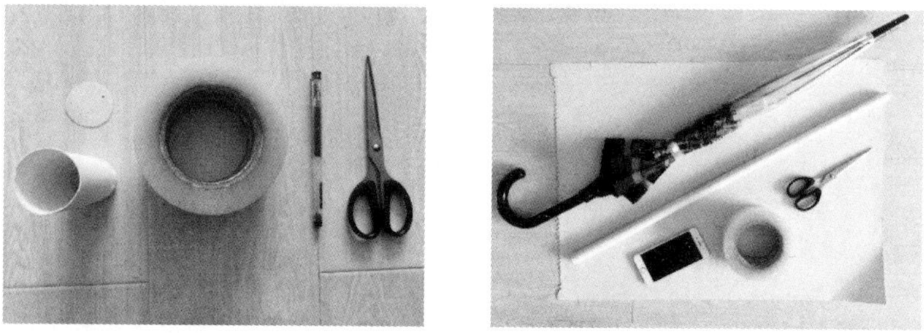

图1　创新器材

三、实验创新要点/改进要点

教材上的实验活动：用旋转纸板、转椅、陀螺和篮球四个活动模拟北极星为什么“不动”。为了丰富第四个篮球活动的操作指导，设计此创新实验，力求让实验效果更直观，模拟效果更好，让学生更好地建立空间概念，明白北极星“不动”的秘密。同时锻炼学生的动手能力，增强学生为解释自然现象而设计实验的欲望和能力。

四、实验原理/实验设计思路

创新实验中，指导学生利用纸芯、胶带、记号笔制作模拟星空，用雨伞模拟地球北半球，用手机摄像头模拟地球上我们的视角，用纸筒模拟假想的地轴。

五、实验教学目标

（1）知识与技能（知识目标）：通过完成模拟实验，学生可以解释北极星“不动”的原因。

（2）过程与方法（能力目标）：学生可以独立完成模拟实验的制作和操作，有能力解决实验中遇到的问题。

（3）情感、态度与价值观（情感目标）：体验科学家探索未知领域的模拟实验方法，学习科学家的探究精神。

六、实验教学内容

本课教材由三个部分组成，创新实验内容主要针对第三部分：教师通过演示制作方法、模拟实验操作，帮助学生形成北极星“不动”的解释。

七、实验教学过程

创新实验器材分两组，实验材料都是家中必备的、学生容易找到的材料。适合疫情期间学生居家实验。

（一）创新实验过程

（1）第一组实验材料制作模拟星空：剪一段胶带放在星星贴纸上描出星星图案，粘在纸芯一端，在黑暗的屋子打开手电筒，把星星投射到棚顶，如图2所示。

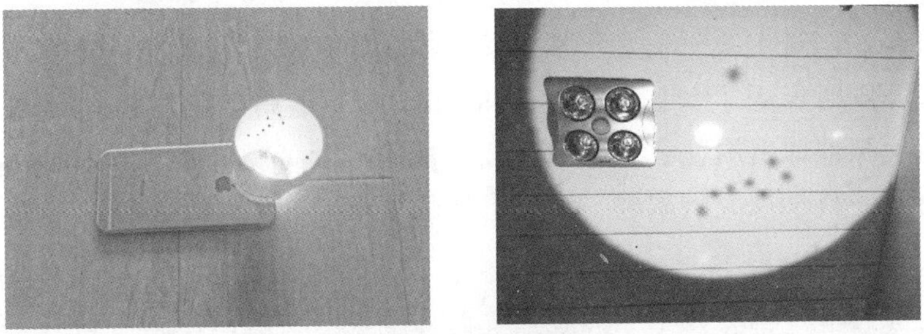

图2　制作模拟星空

（2）第二组实验材料制作模拟地球和地轴：如图3所示，用挂历纸卷成纸筒，纸筒的边缘用剪刀剪齐，用胶带把边缘粘结实，纸筒的粗细以雨伞头的粗细为准，打开手机的摄像功能，视角对准模拟纸筒的顶端。用胶带把手机固定在雨伞上。

模拟实验中，撑开的雨伞形状接近地球的北半球，使学生明白观看北极星是居住在北半球人们的视角，雨伞中间的杆和纸筒很像地球的假想轴——地轴和地轴的延长线，使抽象的东西形象化，更容易理解。

（3）用两组模拟材料完成北极星“不动”的模拟实验：如图4所示，调整雨伞的位置和角度让纸筒倾斜着对准北极星，手机录像的视角也就对准了北极星。转动雨伞模拟地球逆时针自转，拍摄人类观察星空的画面。

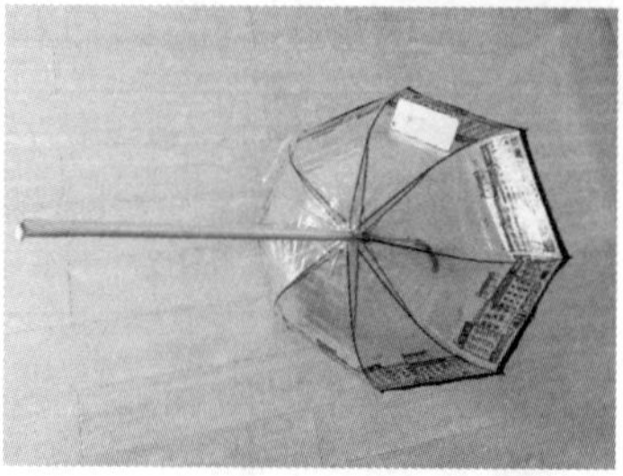

图 3　制作模拟地球和地轴

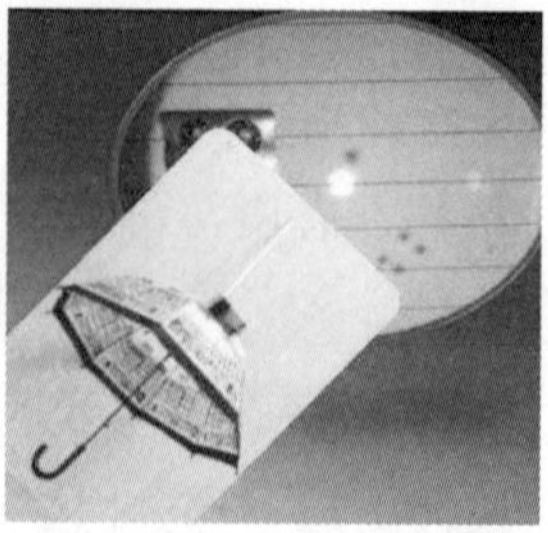

图 4　模拟地球逆时针自转时北极星“不动”

基于手机录制的视频可以观察到，北极星在地球自转的过程中位置保持不变，其他星星绕北极星顺时针旋转。

（二）实验注意事项

（1）模拟星空时拉上窗帘、关闭屋子里的灯，晚上模拟效果更好。

（2）将有摄像功能的手机牢固地固定在雨伞上，手机拍摄视角要对准地轴所指的星星，还要兼顾其他星星作对比。

（三）实验改进效果小结

本节课的创新实验，激发了学生学习本课的兴趣，也激发了学生探索浩瀚宇宙的兴趣，同时巩固了“影子”一课的知识。学生用雨伞模拟地球北半球、手机摄像头模拟地球上居住在北半球人们的视角、纸筒模拟假想的地轴，在实验操作中充分享受科学探究的乐趣，突破本课的重难点。

（四）课后实践

学生课后继续带着对天文的兴趣，设计感兴趣的模拟实验，与家人一起做一做、玩一玩，交流更多的发现，既增长科学知识与合作能力，又完善亲子关系。

八、实验效果评价

引导学生制作模拟实验装置，解释北极星“不动”的秘密。通过学生创新实验的活动过程和效果进行评价。

（1）对学习效果的反思与评价：从学生学习过程来看，学生的探究兴趣非常浓厚，和家人做实验的参与度很高，学习效果非常好。

（2）对实现教学目标的反思与评价：学生能从模拟实验中亲身感受到北极星“不动”的原因，教学效果明显，学生易于理解。学生可以亲自体验北极星是以北半球为视角观测的，这是用雨伞作为创新教具的优势。

（3）对实验教学设计和教学过程的反思与评价：创新实验的设计，适合学生理解本课重难点，帮学生更好地建立空间概念。实验材料贴近学生的生活，调动学生的兴趣，更高效地完成教学任务。

北极星“不动”的秘密

武汉瑞景小学　龙海涛

一、使用教材

教科版小学《科学》五年级下册第四单元“地球的运动”第五课。

二、实验器材

雨伞、铁架台、底座、地球仪、摄像头、伸缩杆。

三、实验创新要点

通过自制模拟装置，学生可以从宇宙和地球的视角同时进行对比观察，直观地演绎北极星“不动”的秘密。

四、实验原理/实验设计思路

（1）地球是围绕着一个假想的轴在转动，这个轴称作地轴。北极星处在地轴的延长线上，地球转动时，地轴始终倾斜着指向北极星，这就是“北极星”不动的秘密。

（2）通过安装在地球仪上的摄像头，使学生具备地球视角。模拟地球自转，发现地轴延长线上的北极星“不动”，而其他的星星围绕北极星旋转。

五、实验教学目标

（1）科学概念：知道天空中星星围绕北极星逆时针旋转，北极星相对“不动”，是地球自转产生的现象。知道北极星在天空中的位置，并发现地轴是倾斜的。

（2）科学探究：能够结合地球运动的特点，合理解释北极星为何“不动”。能够根据模型推测地球自转的特点——地球绕轴运动。

（3）科学态度：认识到多方面、多角度收集证据，有助于更好地进行解释。在活动中培养小组合作精神。

（4）科学、技术、社会与环境：在日常观星活动中，能够解释北极星“不动”的秘密并进行科普宣传。

六、实验教学内容

（1）通过实验认识北极星位于地轴延长线上。

（2）通过实验认识天空中星星围绕北极星旋转、北极星相对“不动”，是地球自转产生的现象。

七、实验教学过程

（1）观察并分析天体的夜间周日视运动。

（2）通过图片旋转再现北极星的“不动”。

（3）学生结合坐转椅的经验，理解如何保持视线的中心不动，也可以再现周围物体绕视线中心旋转的现象。

如图 1 所示，用普通雨伞当作地球北极上方的天空，在伞面中心画出北极星，旁边画上北斗七星，来营造星空的环境。学生小组合作，一人手持雨伞举高放在转椅上方，其他同学坐在转椅上转动，眼光盯住北极星，并用余光观察北斗七星，如图 1 所示。

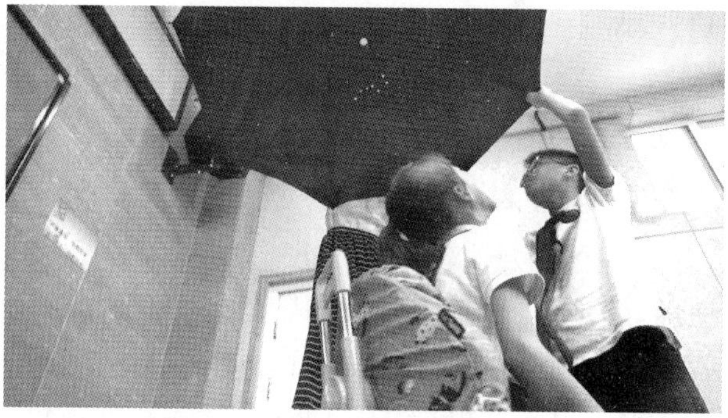

图 1　利用雨伞营造星空环境

（4）利用陀螺学生根据陀螺转动的情况，理解地球的自转是围着轴心运动的。

（5）利用模拟实验，带领学生思考如何将地球仪转动，才能让地球仪上的人观察到北极星不动。

1）利用吸盘式挂钩将星空伞固定在黑板上，将摄像头安装在地球仪上，代表居住在地球上的“人”，学生站在伞下手持地球仪猜测，地球怎样运动时，地球上的人们看到北极星是“不动”的？

2）如图 2 所示，将地球仪安装在铁架台上并倾斜放置，利用伸缩杆将自转轴对准北极星，学生可以明显看到北极星在自转轴延长线上，打开摄像头投影到电脑屏幕中。在支架上安装电机，利用电机驱动地球，模拟地球“自转”。

3）学生观察并汇报现象。

4）进一步验证猜想“如果地轴倾斜角度变化，北极星不在地轴延长线上，会怎么样”。学生调整“地轴”倾斜角度，在镜头中可以看到地球自转时北极星的位置也发生了变化。

图 2　模拟地球“自转”观察北极星的装置

（6）学生根据书中的示意图和地球仪，认识地球绕轴自转。

（7）小结地球自转的特点。

八、实验效果评价

（1）当学生建构概念出现障碍时，建立模型是一种重要的思维方法和教学策略，它可以在学生原有认知与认知对象之间搭建起一座桥梁，帮助学生有效认知科学事实。

（2）实验装置可以帮助学生从宇宙和地球的视角同时进行对比观察，直观地演绎北极星“不动”的秘密，高效突破了教学重难点，达成了本课的教学目标。

（3）实验装置的改进还可以通过反证法收集证据，进一步证明北极星处在地轴延长线上，培养学生的实证意识。

为什么一年有四季？

浙江省瑞安市莘塍中心小学　周赛君

一、使用教材

选自教科版小学《科学》五年级下册第四单元“地球的运动”第七课。

二、实验器材

（1）底座部分：1 块木板、2 块黑色 KT 板、4 个纸质指示箭头。

（2）模拟光源部分：白炽灯、灯座、导线、开关。

（3）活动地轴部分：360°万向伸缩天线、量角器、绿色纸条、黄色纸条、透明胶、环形塑料片。

（4）模拟地球部分：地球仪、温变油墨、红色细纸条、胶水、木棒、软尺。

（5）光线指示部分：软木塞、带圆环塑料棒、尖头木棒。

具体实验装置，如图 1 所示。

a　整体结构图　　b　活动地轴结构图　　c　模拟地球结构图　　d　光线指示器

图 1　实验装置

三、实验创新要点

（1）直观显示不同季节阳光直射点的温度变化、影长变化。

（2）地轴可任意调整角度，并且可通过量角器直接测量。

（3）操作简单，学生易操作，降低了操作的难度，为学生自主探究留足时间。

（4）探究多元化，除了四季成因还可以研究极昼极夜。

四、实验设计思路

（一）发现问题和不足

教材中设计了一个地球围绕太阳公转的模拟实验，在地球上同一位置树立一根相同长度的木棒，通过观察在 *A*、*B*、*C*、*D* 四个点的木棒影子长度变化规律来推测四季，并假设地轴不倾斜会如何，从而明白四季形成还和地轴倾斜有关。但是在实际教学中，教师发现教材中设计的模拟实验存在以下问题和不足。

（1）学生认知方面。

1）学生对四季最直观的感受是温度的变化，夏天热、冬天冷、春天和秋天居中。

2）对于一年四季的影子变化规律少有关注。

3）对四季成因，学生也普遍认为：离太阳近是夏季，离太阳远是冬季。

（2）在学生实验操作方面。

用灯模拟太阳，用地球仪模拟地球，观察 *A*、*B*、*C*、*D* 四个点的木棒影子长短变化，这个实验看似材料简单、操作方便、现象明显，实则对学生要求较高，操作上细节颇多，误差较大。很容易出现以下问题。

1）4 个地球仪，地轴倾斜方向要一致，总有学生忘记。

2）木棒正对光源方向，表示都在正午时分，何为正对，只有一个大概的判断，没有精确的测量的标准，容易有误差。

3）地球倾斜方向一致，木棒都正对光源时，发现木棒正对光源方向会和地球仪的支架重合。

4）测量影子长短时，尺子与木棒之间的角度很难控制一致，有误差。

5）学生在判断 *A*、*B*、*C*、*D* 四个点的阳光直射点时，需要极强的空间想象能力，对五年级的学生有难度。

6）研究地轴不倾斜时，需要小组同学手持地球仪，操作不便。

（二）根据不足进行实验改进

认识到实验的问题与不足，教师尝试对其各个突破，进行实验改进。

（1）在地球表面涂抹温变材料，可以在地球公转过程中呈现出温度变化的规律。

（2）给地轴方向做标识，帮助学生规范实验，在后续的迭代改进中，直接利用量角器的横向安装解决该问题。

（3）在木棒后面直接贴软尺，直接读数，解决因测量尺与木棒间角度难以控制而产生的误差。并且将木棒投影对准软尺中间，刚好就是正对光源。

（4）对地轴进行改造，保留中间杆的支持，摒弃原先地球仪的支架，改用 360°万向伸缩天线自由调整角度。

（5）在地轴前增加量角器，可以直接测量地轴倾斜角度。为方便学生操作，直接在量角器上标记 23°和不倾斜的位置。

（6）由于地轴从倾斜 23°调整为不倾斜时，正午太阳高度会发生变化，因此在这根金属棒上标有与倾斜角度对应的高度标记，绿色的标记对应绿色的倾斜角，黄色标记对应黄色的倾斜角。

（7）学生难以判断 *A*、*B*、*C*、*D* 四个点的阳光直射点，所以就有了“光线指示部分”的设计，可以模拟从光源中心发出的光线，让学生直观地看到阳光直射点，降低学生空间想象的难度。

（8）增加“赤道、北回归线、南回归线、北极圈、南极圈”五条重要纬线，更好地帮助学生观察到直射点。

（9）搭配黑白卡，调节地轴倾斜角后还可以继续探索下一课“极昼和极夜的解释”。

对于以上不足的改进，便有了这套“探索四季成因模拟装置”（见图 1）。

五、实验教学目标

（1）科学概念目标：地球在公转过程中，由于地轴倾斜，导致太阳光有规律性地直射或斜射某一地区，因此气温有规律地变化，形成四季。

（2）科学探究目标：通过模拟实验，根据影长及温度变化规律推断四季，并能总结四季成因。

（3）科学态度目标：意识到对科学现象的解释需要得到证据的支持和从已知出发进行推理，同时在活动中培养小组合作精神。

（4）科学、技术、社会与环境目标：体会技术发展对认知自然规律的推进作用。

六、实验教学内容

学生利用这套“探索四季成因模拟装置”，直观感受地球围绕太阳公转过程中不同位置阳光直射点的温度变化、影长变化，从而推断每个位置的季节，并明白阳光直射点变化引起温度变化，温度变化导致季节变化。通过调整地轴倾斜角继续探究，进而明白四季形成还和地轴倾斜有关。

七、实验教学过程

（一）导入环节，开门见山

（1）说说对于一年四季你们都有怎样的感受和认识？（明确四季的温度变化、影子长短变化规律等）

（2）提问学生，大胆推测四季成因，了解学生前概念。

（二）自主探究，科学求真

（1）利用微课引导学生正确使用教师自制装置进行模拟实验。

（2）利用导学单（见表 1）帮助学生深入认识 *A*、*B*、*C*、*D* 四个位置的特点，自主探究 *A*、*B*、*C*、*D* 四个位置的季节，初步推测四季成因并思考如果地轴不倾斜会怎么样。

表1　四季成因探究导学单

地球公转位置	*A*	*B*	*C*	*D*
阳光直射点				
杆影长度				
照射 5 min 后 观测点温度高低 （高、较高、低）				
观测点季节推测				
通过探究，我们小组发现：				
思考：如果地轴不倾斜，会出现什么情况？				

注：表格中杆影长度、温度高低、季节推测均记录观测点（浙江温州）的情况

（三）交流研讨，总结新知

（1）实验完成后，交流研讨，明确四季形成与地球公转过程中太阳是直射或斜射有关。

（2）教师演示地轴不倾斜实验，学生讲述四季成因的新想法，明确四季形成和地轴倾斜有关。

（3）教师总结概括四季成因。

（四）学以致用，延伸留疑

（1）浙江四季分明，那对于生活在赤道上的人们，他们一年中的季节又是怎样的呢？

（2）当北半球的浙江是夏季的时候，南半球的澳大利亚是什么季节？

（3）当北半球的浙江是夏季的时候，地球上有个地方只有白天没有夜晚，你知道是哪里吗？

八、实验效果评价

（1）操作简单：这套“探索四季成因模拟装置”，学生都能正确使用，在后

续的活动中学生有充足的时间进行自主探究。

（2）现象丰富明显：除了影子变化规律外，还可以直观看到阳光直射点、温度变化规律。

（3）从儿童立场出发：学生对四季最直观的感受是温度的变化，夏天热、冬天冷、春秋居中。自制装置从孩子角度出发去认识一年四季，通过温度的变化、直观的阳光直射点、影子变化等快速帮助孩子梳理出一年四季。

（4）学生兴趣浓厚：新奇明显的实验现象充分调动了孩子探究的兴趣，整个探究过程孩子兴趣浓厚，惊叹连连。

（5）学生思维能力明显提升：从地轴倾斜23°的模拟实验中，孩子明确地球围绕太阳公转位置不同，阳光直射点不同，阳光直射点不同导致温度不同，温度不同导致季节不同。

在该实验后，思考地轴不倾斜会如何？绝大多数孩子都能推测出阳光直射在赤道时，季节不发生变化。该装置充分调动了学生思维的积极性，增强了思维的深刻性，提高了思维的逻辑性。

（6）探究多元化：可任意改变地轴倾斜角，帮助孩子进行更深入地思考。搭配黑白卡，还可以继续探索下一课“极昼和极夜的解释”。

利用这套“探索四季成因模拟装置”开展研究，既体现了科学概念的准确性，又尊重了学生的认知规律，是科学立场和儿童立场的完美融合。

探究蛋壳的承受力

南京师范大学附属小学　姜玲

一、使用教材

本课来自新编苏教版小学《科学》五年级下册第二单元第二课“蛋壳与拱形建筑”前半部分。从仿生学视角出发，教材安排了观察蛋壳特点和探究蛋壳承受力的实验。

二、实验器材

瓶子、吸管组合装置 1 个、铅笔 1 支、胶带 1 卷、蛋壳 6 个，共计 8 组；鸡蛋横竖测试装置 1 个、鸡蛋 2 个、封口袋 2 个、盒子 1 个、杠铃片 12 片，共计 8 组；站人测试装置及鸡蛋 1 套；鸡蛋安全帽测试装置及测试材料 1 套；实验记录单 8 张等。

三、实验创新要点

学生在实验中，若铅笔、蛋壳、重物放置不当，会严重影响测试结果。因此，本课创新了 4 个实验装置：铅笔戳蛋壳装置、杠铃片压鸡蛋装置、3 个鸡蛋站人测试装置、鸡蛋安全帽测试装置，如图 1 所示。

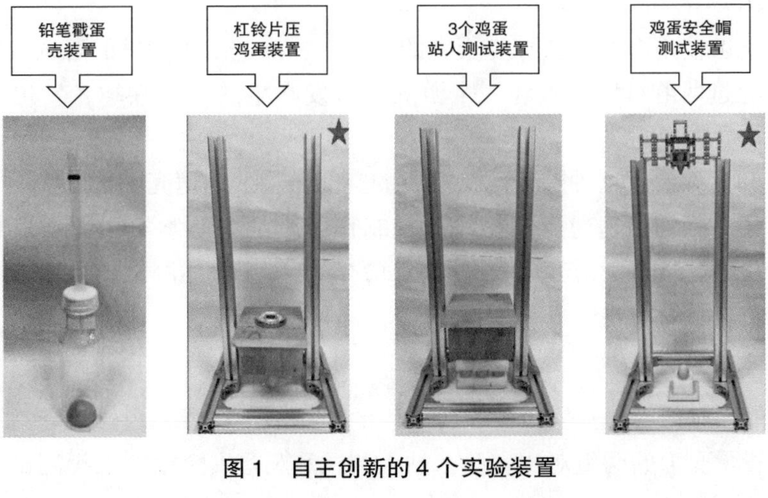

图 1　自主创新的 4 个实验装置

（1）通过铅笔戳蛋壳装置，帮助学生解决实验操作随意性大的问题。

（2）通过杠铃片压鸡蛋装置，帮助学生解决放稳鸡蛋和重物放置的问题，并将单个鸡蛋在不同情况下承受力不同作为研究起点，引导学生关注薄壳结构的本质。

（3）通过站人测试装置，实现鸡蛋站人测试，使学生对鸡蛋的承受力感到惊奇。

（4）通过改造鸡蛋安全帽的测试装置，支持学生应用测试结果解决增大承受力的真实问题。

四、实验原理/实验设计思路

基于本主题的教材和学情，将蛋壳的承受力作为本课的探究核心，按照“预测—探究—应用”的顺序紧紧围绕蛋壳安排4个学习活动，包括一个预测、两组对比实验、一个探究性游戏、一个工程挑战测试任务。旨在发现不同情况下蛋壳承受力的特点，创造思考的机会，发展学生科学探究的技能和勇于探索的科学精神。

对于蛋壳承受力的测试，由于测试条件的限制，相关的实验测试在实际教学中很难落实，本课通过4个自制教具使蛋壳在不同情况下的承受力测试得以顺利进行。

本课还将影响蛋壳承受力的三个方面（受力方向、曲面形状、受力面积）隐含在探索性活动之中，在丰富学生感性认识的同时，为后续深入研究埋下伏笔，帮助学生体会像蛋壳这样的薄壳结构的承受力特点，激发学生继续探究此类结构在生活中应用的兴趣。

五、实验教学目标

（1）能够使用多种方法探究蛋壳的承受力，渗透工程测试的思维方式。

（2）通过两组对比实验和一个游戏，激发学生的探究兴趣，发现不同情况下蛋壳的承受力不同。

（3）知道像蛋壳这种壁很薄又弯曲的空间结构，叫薄壳结构。

（4）了解人们仿造薄壳结构设计并制作了生活中非常实用的人造物，如安全帽等，并通过对安全帽进行改进与测试，学会应用上述测试结果增大蛋壳承受力，体会安全帽的重要性。

六、实验教学内容

本课的教学内容包括：蛋壳是否坚固的预测活动；蛋壳内外承受力和单个鸡蛋横竖放置承受力的两组对比实验；站人测试和鸡蛋安全帽的工程测试与改进的挑战任务。

七、实验教学过程

（一）预测导入

学生充分发表观点，产生“蛋壳到底坚固不坚固”的认知冲突，并针对坚固或不坚固的观点阐述理由。同时思考可以用如敲、砸、压、戳、捏、握等方式来测试蛋壳的承受力，如图 2 所示。

全班同学预测：更容易被戳破的和不容易被压碎的情况，也就是承受力小和承受力大的情况，并充分阐述自己的预测理由。

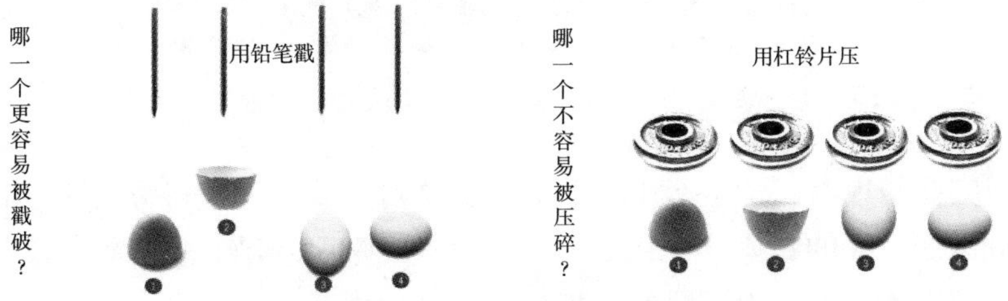

图 2　戳和压的方法测试蛋壳的承受力

（二）实验探究

（1）实验一：测试鸡蛋壳内外承受力。

鸡蛋的结构是自然界一项巧妙且伟大的工程，它体现了工程学中一个非常重要的悖论，既要能保护未出壳的小鸡，又要能让小鸡轻松出壳。只需通过一个小小的自制装置，用一支铅笔从高空落下（见图 3），就能保证对比实验的精准操作。

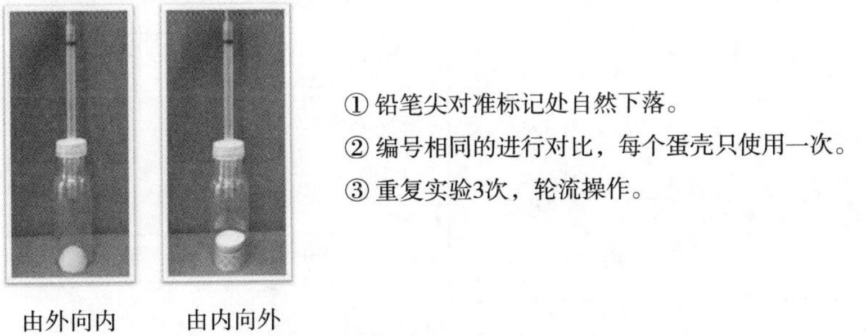

图 3　测试鸡蛋壳内外承受力

（2）实验二：研究一个鸡蛋的承受力。

鸡蛋的放置方式不同，对它的承受力有影响吗？大多数学生认为鸡蛋横放时更不易被压碎，竖放的承受力小。事实是怎样的？当然要用测试结果来说话。通过如图 4 所示的自制实验装置，帮助学生解决鸡蛋放稳和放准的问题，同时还能安全放心地逐一添加哑铃片。

学生通过分组对比实验，测试鸡蛋横放和竖放时的承受力情况。

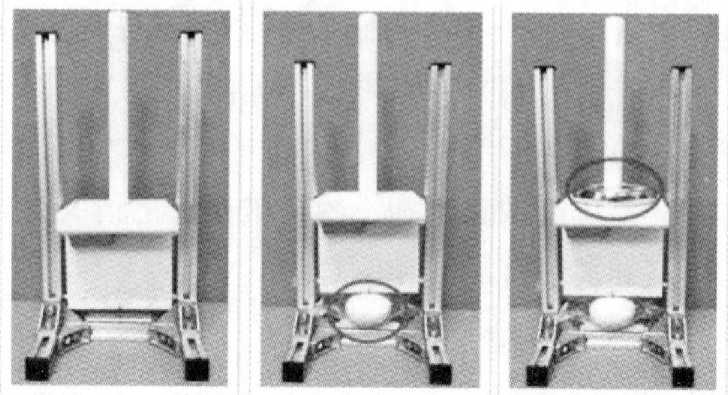

图 4　测试一个鸡蛋承受力的实验装置

分组实验结束后，学生运用大数据的思维对实验数据进行分析，发现鸡蛋竖放比横放承受力大的趋势（见图 5）。部分学生还可能会结合观察结果提出蛋壳曲面弯曲程度不同承受力不同的猜想。

《探究蛋壳的承受力》记录单 班级：____　小组：____		
问题	横放和竖放，哪种情况承受力大？	
假设	我们认为鸡蛋________放的承受力大。	
测试数据		能承受住杠铃片数 （木架子重量一样）
	横放	（　　）片
	竖放	（　　）片
测试结果		

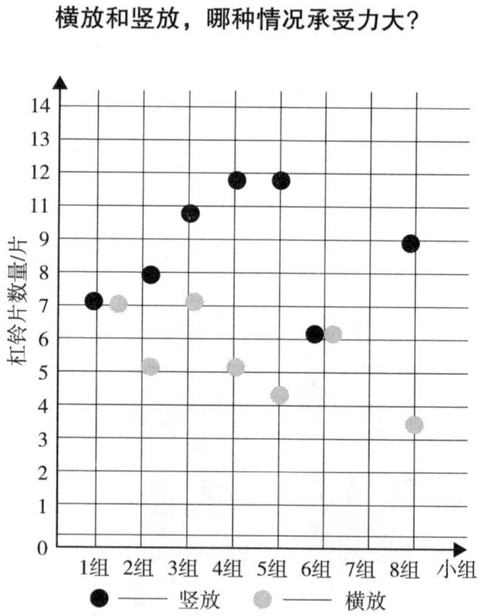

图 5　实验记录表

（3）实验三：站人测试。

学生继续挑战，鸡蛋的承受力还可以更大吗？利用 3 个鸡蛋能承受一个人的重量吗？如图 6 所示，学生通过预估和测试，一个鸡蛋至少可承受 20 kg，也就是 40 片杠铃片的重量，借助此装置进一步感受鸡蛋的承受力。

借助实验装置，班上任何一个学生站上去都不会压碎鸡蛋。这些演示实验的效果非常好，学生对实验结果感到震惊，至此，他们真正被这个厚度仅为 0.38 mm 且弯曲的鸡蛋壳所能达到的承受力所折服。

图 6　站人测试

（4）实验四：工程挑战——改进鸡蛋安全帽。

就结构而言，人的头颅与鸡蛋壳类似，为了预防和减轻高空坠物所造成的伤害，发明了安全帽。如果安全帽只有塑料外壳，它是否安全呢？学生通过鸡蛋安全帽的测试和改进的工程挑战，认识到安全帽的重要性。

学生利用相同的原理和装置，测试用 3D 打印的小小安全帽能否保护鸡蛋。借助尖锥重力锤模拟高空坠落物。通过测试，学生会发现：在没有任何保护的情况下，鸡蛋会被完全贯穿；只有外部硬安全帽保护时，蛋壳也会被震碎。有什么办法能增大鸡蛋的承受力？学生应用所学，在安全帽里增加一层泡沫或者海绵，同时增大安全帽和鸡蛋壳的接触面积，那么鸡蛋就会完好无损。

八、实验效果评价

本课从有趣的戳蛋壳开始，到鸡蛋的保护结束。学生先后经历了“调查前概念—产生认知冲突—挑战认知冲突—公平测试—形成科学认知—完成工程挑战”的学习过程。一方面有效激发、挑战了学生的认知冲突，帮助学生厘清不同情况下蛋壳承受力有何不同。另一方面，学生的认知渐渐向薄壳结构这种薄曲面有较大承受力的本质特征迈进，促进概念从可理解向可信任、可广泛应用发展。特别是最后，将研究的结论应用到工程实践中，提升了学生工程学方面的能力。

研制的这套实验装置，优点较明显：一是公平性高，能有效控制无关变量；二是操作安全简便；三是趣味性强；四是可重复利用性强，成本不高。正是有了全新设计的这套实验装置，使得以上探究鸡蛋承受力的种种想法都成为可能。此外，该套装置还可以用于测试形状、支架、桥梁等的承受力。

有效的实验装置，为学生的科学探究提供了保障，使学生在主动参与中得到真正的学习，促进了学生科学素养的全面发展。

基于 3D 打印技术的“沉浮与什么因素有关”科学探究

中国人民大学附属小学　王巍
北京教育科学研究院基础教育教学研究中心　贾欣
北京市海淀区教师进修学校　王思锦

一、使用教材

教科版《科学》五年级下册第一单元“沉和浮”第二课时。

二、实验器材

我校为鼓励学生多元发展，建设有七彩创客中心，并设立“3D 打印”校本课程。学生可以利用 3D 打印技术手段解决学习中遇到的问题。在本课中，学生利用 3D 打印技术，自行设计并制作符合需求的模块，探究沉浮的影响因素。包括相同质量不同体积的模块若干、相同体积不同质量的模块若干、悬浮模块若干，如图 1 所示。

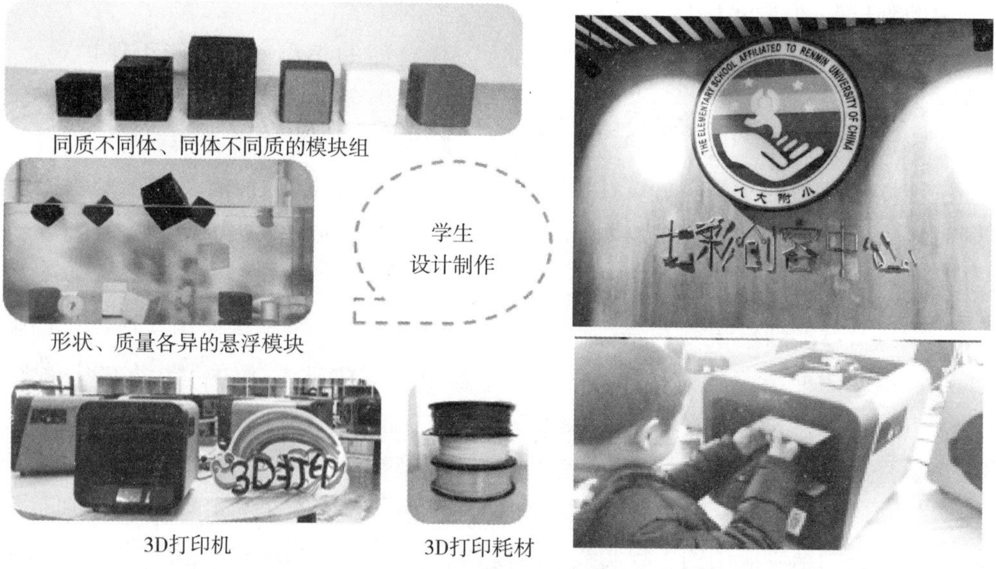

图 1　创新实验器材

三、实验创新要点

（1）变“用”为“做”，材料巧利用。

在以往的教学中，教师在引导学生用控制变量的方式探究物体沉浮规律时，会提供给学生一套同体积不同质量、同质量不同体积的学具，让学生分析其沉浮现象。此种教学方式忽略了部分学生自主构建、主动寻找解决问题途径的思维过程。因此，在尊重教材基础上，根据学生认知水平以及我校资源配置条件，变教师“替”学生选材为“帮”学生选材，变学生“用”材料探究为按需“做”材料探究。

（2）变“单一”为“融合”，探索教学新思路。

在分科思想下的教学中，科学课注重规律和原理的探究，工程技术课注重产品的设计制作。而本课则在研究过程中将科学探究与工程技术有机融合，在不打破科学或工程技术的逻辑结构的前提下，将科学作为工程设计的前提和依据，工程设计作为科学探究的辅助手段，让学生多思路、多思维解决问题。

四、实验设计思路

科学和技术是相互促进、密不可分的。在科学探究过程中，出于解决问题的需求和证据的获取，有时需要工程技术手段的支撑。本课教学定位于科学与技术的融合教育。将工程技术引入科学探究中，作为支撑科研的手段，并在不断的技术改进中，让证据变得更为可靠，达成需求，指向科学核心概念的深度理解，形成科学认识，如图 2 所示。

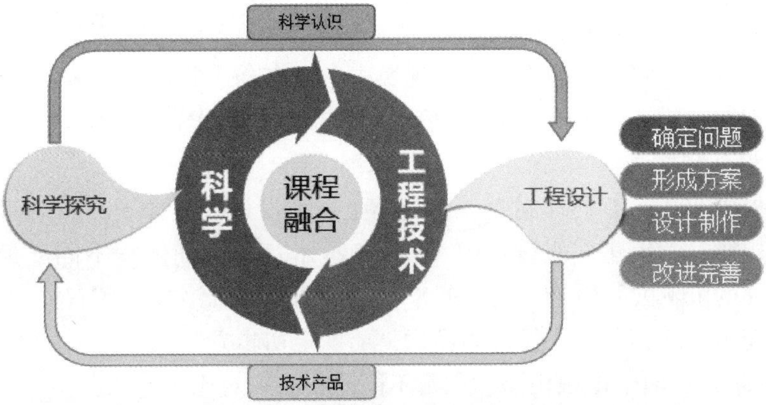

图 2　科学与工程技术融合

五、实验教学目标

（1）科学实践：运用 3D 打印技术自制学具，探究影响物体沉浮的因素。

（2）科学概念：知道物体的沉浮与质量和体积有关。体积相同，质量大的物体容易沉；质量相同，体积小的物体容易沉。

（3）科学态度：勇于探究，利用新技术、新材料创造性地解决科学探究过程中的技术难题。

（4）工程技术：经历工程设计的基本步骤，明确问题、确定方案、设计制作、改进完善等，在制作过程中和完成后进行相应的测试和调整。

六、实验教学过程

（一）聚焦话题，提出问题

教师联系生活实际，给出不同物体的沉浮现象，如一枚曲别针沉入水中，一艘大轮船浮在水面，引发学生认知冲突。学生根据不同物体的沉浮现象，提出科学研究问题：沉浮与什么因素有关？通过观察不同物体的沉浮现象，没有发现规律。

设计意图：创设情境，形成可探究的科学问题，并对问题做出假设。这是学生在科学探究中必不可少的思维过程。

（二）实践探究，解决问题

（1）要解决的难题。

教师提问：为什么发现不了规律？你们想怎么解决？学生提出假设：沉浮现象与物体的质量和体积有关。

（2）形成方案。

教师提问：需要什么材料？此时教师不提供现成的材料，引导学生思考如何解决。学生确定研究方向：同体积下，是不是质量越大，越容易下沉。此时学生需要相同体积、不同质量的物品。但现实中并没有合适的材料，学生们调取已有认知，发现在 3D 打印课上学习的内容可以帮助他们制作合适的模块。

（3）设计制作。

教师提供 200 g 3D 打印材料，引导学生思考设计什么样子的 3D 打印模块来证明沉浮规律。学生建立假设：用 3D 打印技术打印出同体积不同质量的模块，如果质量大的沉下去，质量小的浮起来，就证明物体沉浮和质量有关。但有限的材料和时间不能随心所欲进行打印尝试，要确定初步方案：

1）数量：做两个体积相同、质量不同的物品来对比。

2）形状：做成立方体模块，因为立方块容易打印、体积计算容易。

3）大小：虽然两个模块体积大、质量差距大易于观察，但学生根据经验，时间成本和物料成本会增加，综合考量后确定制作两个棱长为 3 cm，填充度分别是 10% 和 50% 的 3D 打印模块。

确定好方案后，学生在电脑中输入参数，设计制作。教师在此期间进行巡视、指导，引导学生观察模块在水中的沉浮现象，证明假设。学生利用制作的模块进行实验并观察到现象：两个模块都漂浮起来，并不是之前假设的质量大的沉下去，质量小的浮上来。

设计意图：以上为实验设计第一层次，根据需求的初步设计。科学家在科学研究中，当现有材料没办法完成研究时，就要寻求工程技术手段的支撑。本环节让学生经历科学家的真实研究过程。

经历了上述三个环节，学生根据现有材料和时间，形成初步方案：通过调整参数来控制模块质量、体积，使其在水中出现“沉、悬浮、漂浮”的现象，验证假设。

（4）改进完善。

在学生得出初步规律之后，教师提示需更严谨的证据支撑，引导学生改进设计，关注证据严谨性。学生再次观察沉浮现象，发现假设并不是不成立，因为两个模块在水中的部分大小不同，将质量大的继续增加质量就可以了。

学生调整参数重新设计：用二分法调整参数，在50%和100%之间选取75%的填充度，再次制作、实验。实验发现填充度75%的模块在水中正好是悬浮状态。继续二分法选取88%作为填充度，现象为模块沉入水中。几个模块比较来看，调整参数让质量越来越大，物质越来越容易下沉。学生得出实验结论：沉浮现象和物体的质量有关。

教师继续引导学生思考另一影响沉浮的因素，提问：“可是最开始的实验现象中，较重的物体也浮上来了，和你们得出的结论不一样，你们想怎么证明?”

学生再次做出假设，可能物体沉浮还和体积有关，质量相同的物体，体积越小，越容易下沉。学生将方法迁移，形成方案：利用刚才最省料、省时的10%填充的棱长为3 cm的模块为参照，做两个同样质量、棱长分别为2 cm和4 cm的模块，对比观察并得出结论：沉浮现象和体积、质量都有关。

设计意图：以上为实验设计第二层次，试误中的优化。学生通过初步设计并实验后，发现了与预想接近的沉浮现象。想揭示沉浮规律还需要收集更多证据，因此学生需不断改进技术、完善产品，使其作为科学证据更严谨可靠。教师对于“成功的参数”心知肚明，因此设计此环节是让学生经历必要的“失败”，意在引导学生产生改进技术的需求，自发改良。试误中的优化让实验结论更接近沉浮本质——材料的密度。

（三）拓展延伸，形成认识

教师引导学生整理实验数据，再次深入思考物体沉浮规律和质量、体积的关系。学生分析现象和数据，发现物体质量与体积的数值之比越趋近于1（质量的单位为g，体积的单位为cm^3），在水中越是容易呈现出悬浮现象。如何证明呢？学生再次确定要解决的难题，经历实践探究环节，此时，学生的需求为做若干不同形状、大小，质量与体积的数值之比为1的模块，观察会不会出现悬浮现象。设计制作后得出结论：质量与体积的数值之比越趋近于1，物体在水中越易悬浮。

设计意图：此环节为实验设计第三层次，科学规律再应用，形成科学认识。

学生综合两组实验数据分析，又发现了新的问题，此时学生需要不同形状、大小，但质量体积的数值之比都为 1 的 3D 打印模块，再次用工程技术手段支撑探究。学生通过改进技术的过程，逐步对“沉浮本质”有了更深入的认识，指向核心概念“浮力”的深度理解，形成科学认识。

七、实验效果评价

通过学生访谈、评价等方式得到反馈。

（1）学生综合运用科学思维、工程思维、设计思维、数学思维等，多思维、多角度寻求解决问题的方式，高效达成了预设目标。

（2）学生内外因兴趣增加。3D 打印模块是学生亲自设计、亲手完成的，在科学探究过程中成了不可或缺的实验学具，学生自我效能感增加，更乐于探究。

（3）科学与工程技术课程融合，既有校园特色又有实用性和推广性。各校在新课程改革实施背景下，大力发展融合性课堂，本节课也为探索融合课程提供了参考。

本课基于真实情境、打破学科界限，学生在探究“沉浮与什么因素有关”科学问题时，想到利用“3D 打印技术”和“3D 打印模块”作为解决科学问题的手段和方式。学生经初步设计制作之后，发现沉浮初步规律，但需要更严谨的证据支撑，因此需要经过不断改进技术，让数据变得更加可靠，最终能够支撑科学探究，指向“沉浮”核心概念，进而形成科学认识，如图 3 所示。

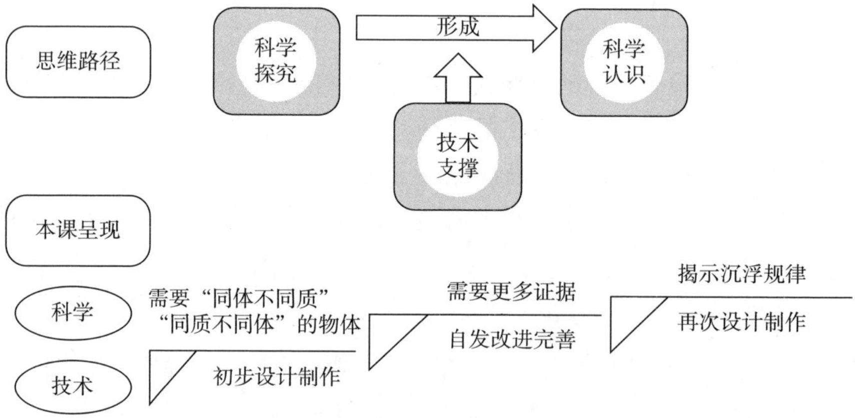

图 3　科学与工程技术在本课中的融合

本节课还有待改进之处，教师后续会增加更多 3D 打印模型，更为生动、直接地将生活与科学建立有效联系，渗透科学技术对生活的影响，让科学与工程技术更为深入地融合。

照相机与眼睛

潍坊高新金马公学　马赛

一、使用教材

本实验选自青岛版小学《科学》五年级下册第二单元“我们怎么看到物体”第二课。此单元的第一节课学习了凸透镜的特征和作用，学生在本节课中通过学习照相机与眼睛，了解凸透镜成像的实际应用，为后面进一步学习“我们如何观察物体”打下基础。

二、实验器材

可调镜筒的照相机模型（3D 打印自制）、光具座、LED 灯组成的 F 形光源、水凸透镜（自制教具）、光屏、激光笔及固定支座、自制投影仪。

三、实验创新要点

（1）运用 3D 打印自制照相机模型，相较于传统实验利用纸筒自制照相机模型，此模型外观上与真实的照相机更接近。镜筒设置螺纹，可以通过旋转调节长度，方便微调与固定，使成像更加清晰。

（2）利用 LED 灯制作的 F 形光源，相较于传统的蜡烛，成像更清晰，且容易区分上下左右，可以更好地观察到像与光源上下左右都相反。

（3）自制的水凸透镜可以通过注水、抽水调节曲度，从而模拟眼球晶状体的调节作用，配合激光笔及光源，可以模拟光源发出的光线经过晶状体后如何聚焦成像，帮助学生更好地理解眼睛的成像原理。

（4）自制投影仪，可以在课堂上展示凸透镜成像的更多应用，拓展学生思维。

（5）3D 打印制作的照相机镜筒、投影仪镜筒等仪器通过模块化设计，可以做到配件相互可换、可调，可进行更多拓展实验。

四、实验原理

光源发出或反射的光，经过凸透镜的折射，在光屏上聚焦成像。照相机是通过调节镜筒长度来使光线的交汇点聚集在光屏上成像，眼睛是通过调节晶状体曲度来使光线的交汇点聚集在视网膜上成像。

五、实验教学目标

（1）学生了解照相机与眼睛的结构与成像原理。

（2）学生初步探究照相机与眼睛如何进行聚焦成像。

（3）学生初步了解所学知识在生活中的应用。

（4）培养学生学习科学、探究科学、应用科学的兴趣。

六、实验教学过程

（一）趣味导入

学生操作照相机模型（见图 1），调节镜筒长度使不同距离的物体在照相机模型的光屏上成像，探究其成像规律。

图 1　3D 打印制成的照相机模型

（二）实验探究

（1）模拟照相机结构成像：利用凸透镜、光屏模拟照相机的镜头和底片（见图 2），使光源在光屏上成像，验证照相机利用了凸透镜成像原理。

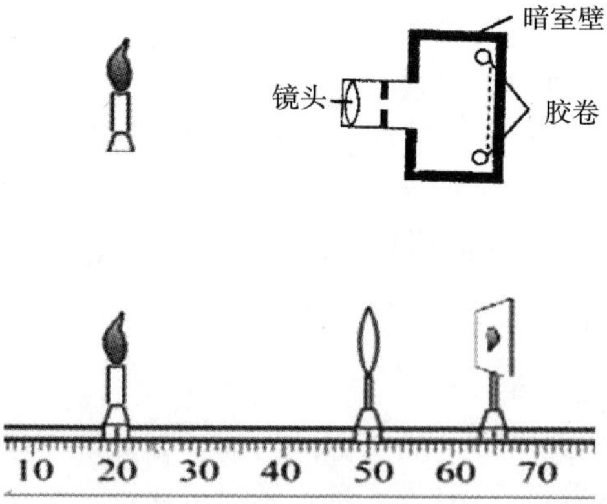

图 2　利用凸透镜和光屏模拟照相机的镜头和底片

（2）认识眼睛：学习眼球结构，并通过拆卸眼球模型将知识转化为立体形象；将眼睛结构与照相机结构进行对比（见图 3），猜测眼睛的成像原理。

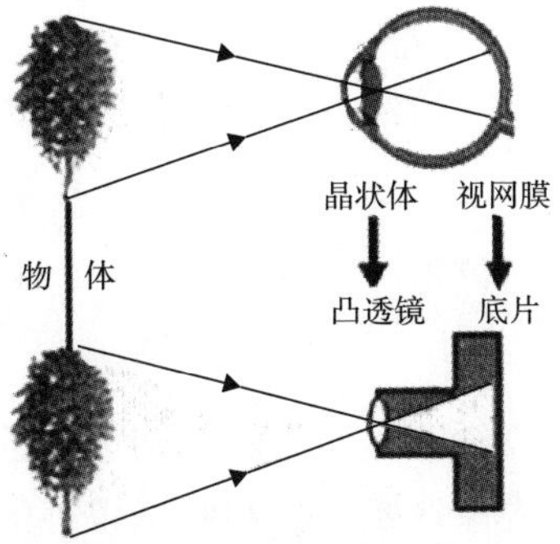

图 3　眼球结构与照相机结构进行对比

（3）探究眼睛如何聚焦成像。

1）利用水凸透镜（见图 4）模拟晶状体，可通过注水抽水来改变曲度。利用激光笔射出的激光来模拟光线，如图 5 所示，在激光的交汇点上放置光屏，当激光通过凸透镜后聚集于光屏上时，光源可以在光屏上形成清晰的像。

图 4　通过注水调节曲度的水凸透镜

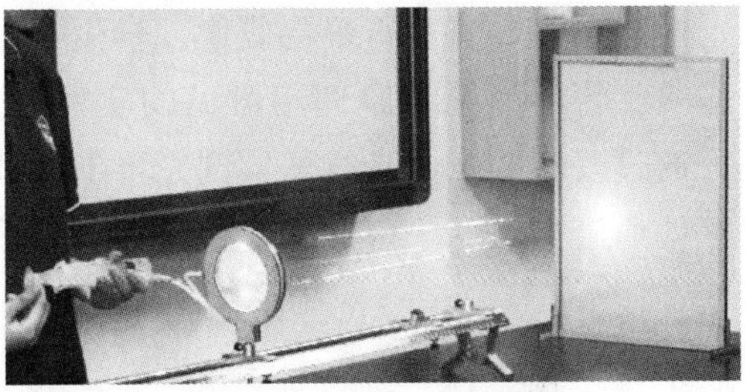

图 5　利用激光模拟光线

2）改变光源距离水凸透镜的距离，来模拟眼睛看不同距离的物体时如何调节晶状体。光源变近时，使水凸透镜曲度变大，可以形成清晰的像；当光源变远时，使水凸透镜曲度变小，可以使像变得清晰。

（三）知识拓展

（1）利用如图 6 所示自制投影仪，使光源在光屏上成像，学生可以发现凸透镜不仅能成缩小的像，还可以成放大的像。

（2）自制投影仪可以作为手机的投屏使用，引发学生思考：凸透镜成像在生活中还有什么应用？

图 6　自制投影仪

（四）总结梳理

通过小组合作，总结本节课所学的知识与探究中的发现。

（五）学习评价

对本节课的学习效果进行评价。

七、实验效果评价

本节课通过模拟照相机成像，继而了解结构类似的眼球，再进一步探究眼睛如何成像，最后演示凸透镜成像在照相机和眼球以外的应用，学生可以较全面地了解凸透镜成像的实际应用。课程中的每一个环节都是在前一环节的基础上更进一步，不断提高，有利于学生由浅入深地学习，由生活走入课堂，再由课堂进入生活。

本实验使用 3D 打印制作的照相机模型，外形更接近真实的照相机，而且镜筒更方便微调与固定，成像效果非常理想，不需要很强的光源即可在模拟底片的光屏上形成清晰的像。

对于眼睛如何进行聚焦成像，学生很难理解。本课中利用激光模拟光源发出的光线，将不可见的原理用可见的实验现象演示出来。通过水凸透镜模拟晶状体，通过改变曲度使光线聚集到光屏上，此时光源在光屏上形成清晰的像，从而很好地通过实验现象来帮助学生理解科学原理。

光和影

泉州市通政中心小学　方一盈

一、使用教材

选自教科版小学《科学》五年级上册“光”单元第一课“光和影”。

二、实验器材

光影一体盒、五角星体、长方体木块、网格纸、影子尺。

三、实验创新要点

（一）教材实验分析

教材安排了 3 个实验，让学生从中探索达成目标，如图 1 所示。

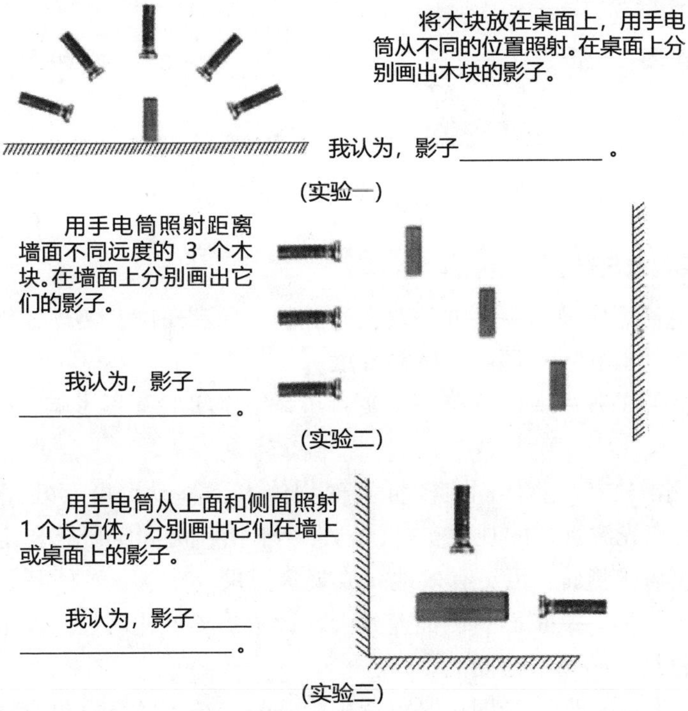

图 1　教材实验

在教学中，发现这些实验存在以下不足。

（1）实验一：①手持手电筒容易晃动，不易掌握高低变化，完成实验有困难；②缺乏数据，不易推理。

（2）实验二：①整体实验不好操控；②墙面侧面绘图有难度，不易得到规律性图形分析。

（3）实验三：长方体各个侧面为大小不一的长方形，投影影子相似度高，不易区分，学生思维不好拓展。

（二）实验器材创新要点

基于上述实验存在的问题，教师大胆创新，设计光影实验一体盒，优化实验操作。如图 2 所示，本套器材由 5 部分组成。

图 2　光影实验一体盒

（三）实验改进优点

（1）手电筒固定轨道——方便改变光源的方向和角度，实现控制变量。

（2）手电筒滑轨——调节手电筒高度。

（3）可拆卸平板——保证第一个实验与第二个实验互不影响，3 个实验又互为整体。

（4）两侧滑轨——物体固定杆可实现物体上下移动，可有效完成研究影子大小和物体距离光源远近的观察实验，内设小卡槽，可固定研究，定量分析。旋转固定杆变换物体侧面，可更有效地完成观察记录。

（5）五角星体——正面、侧面差异大，影子形状变化明显，发散学生思维。

（6）网格纸——精准绘图。

（7）影子尺——既可绘图，又可读出影子长，得到的数据更有说服力。

（8）一体化器材，操作简便。

四、实验教学目标

（1）科学知识：知道影子的长短、方向、形状、大小和光源有关。

(2) 科学探究：通过做光和影的实验，观察实验现象并记录。根据实验结果分析推理出光源、遮挡物、影之间的关系。

(3) 科学态度：在实验中如实记录数据，养成实事求是的态度，形成合作的习惯。

(4) 科学、技术、社会与环境：了解光影变化在人类生活和艺术中的应用。

(5) 实验重难点：通过做光和影的实验，观察实验现象并记录。根据实验结果分析推理出光源、遮挡物、影之间的关系。

五、实验教学过程

实验教学过程分为 4 个环节：聚焦问题、做出假设、实验探究和总结拓展。

(一) 第一环节：聚焦问题

出示 3 组图片，如图 3 所示，发现影子主要有长短、大小、形状上的变化。

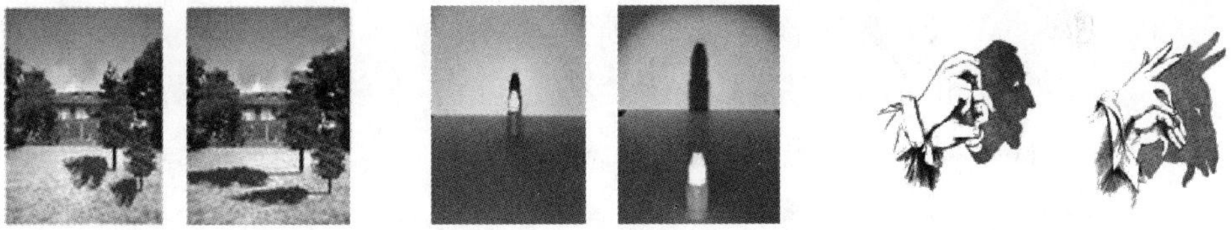

长短　　大小　　形状

图 3　影子效果

提出问题：影子的大小、长短、形状和什么有关？

(二) 第二环节：做出假设

结合生活经验，学生大胆猜测：可能分别和光源照射角度、光源距离、光源照射面有关。

(三) 第三环节：实验探究

向学生介绍光影实验一体盒，引导学生利用光影实验一体盒设计方案。

(1) 实验一：探究影子和光源位置的关系。

学生通过改变手电筒的角度完成实验。具体操作如图 4 所示：合上平板，铺好影子尺记录单，固定好木块。通过调节手电筒的角度改变光源位置，画出影子并量出长度。

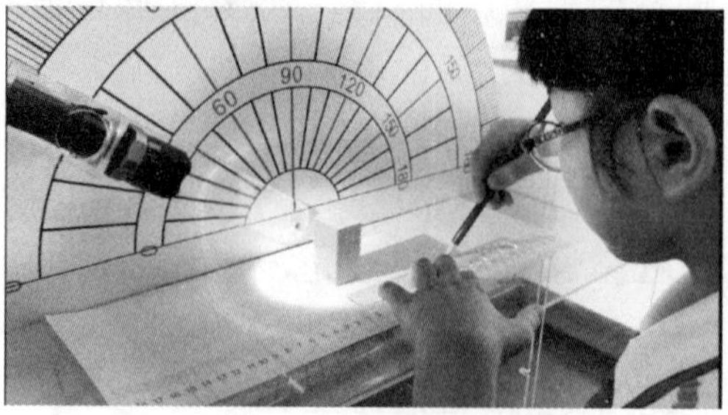

图 4　学生探究影子和光源位置的关系

（2）实验二：探究影子大小和光源距离物体远近的关系。

保持手电筒的角度和高度不变，改变物体距离光源的远近。具体操作如图 5 所示：打开平板，上下移动物体观察影子变化，再将物体分别固定在 3 个卡点，绘制影子。

（3）实验三：探究影子形状和光源所照射物体侧面形状的关系。

将物体换为五角星体，保持其他因素不变，改变照射面。具体操作如图 6 所示：旋转固定杆，变换物体侧面，观察记录。

图 5　学生探究影子大小和光源距离物体远近的关系

图 6　学生探究影子形状和光源所照射物体侧面形状的关系

附：影子尺记录单如图 7 所示，实验记录单如图 8 所示。

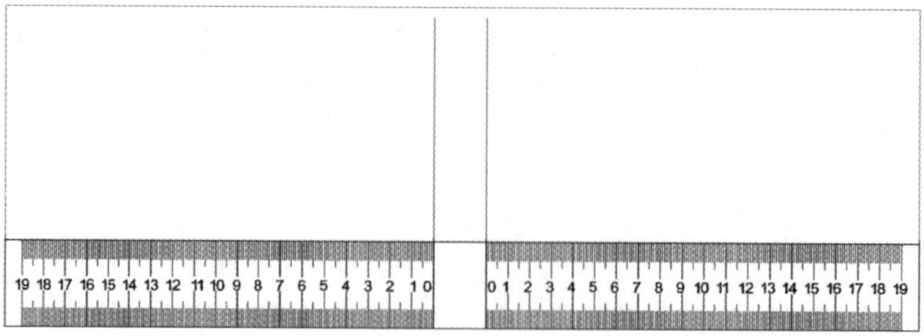

图 7　影子尺记录单

“影子随光源位置的改变而改变” 实验记录单

光源情况	影子情况	
	方位（左/右）	长度/cm
30°（左）		
60°（左）		
90°		
120°（右）		
150°（右）		

我们的结论：

1. 方向

影子和光的方向总是________。（相同/相反）

2. 长短

光源照射位置越低，影子越________。（长/短）

光源照射位置越高，影子越________。（长/短）

图 8　实验记录单

（4）实验结论。

1）物体影子的长短、方向随着光源位置、方向的改变而改变。

2）物体影子的大小与物体和光源之间的距离有关：物体距离光源远，影子小；物体距离光源近，影子大。

3）物体影子的形状和光源所照射的物体侧面的形状有关。

（四）第四环节：总结拓展

（1）实验拓展。

在日常生活中还会遇到物体位置不变，但光源离我们忽近忽远的情况，这种情况对影子的大小会有什么影响？学生猜测，简单设计实验（通过调节手电筒高度改变光源远近，见图 9），课后完成。

图 9　通过调节手电筒高度改变光源远近

（2）趣味应用，重现皮影戏。

光影实验一体盒的透明背面可增设一张白幕，学生可剪出喜欢的图形完成一场皮影戏。例如，学生利用影子如何变大变小的规律搭建了远处看似较小的“老鹰落地变大，抓走老鼠”的故事，如图10所示。

图10　简单皮影戏

六、实验效果评价

（1）操作简便，解决了教材实验操作困难的问题。

（2）不仅可以使学生更好地得到实验数据，数据更有说服力，还可以为后续阳光下的影子数据分析处理做铺垫。

（3）上下移动和旋转移动物体操作简便，实验现象明显，更加方便观察记录。

（4）在以后的教学中可以增加更多的立体图形供学生实验观察，更有助于进一步拓展学生思维。

光和影实验改进

安徽省淮南市淮师附小山南第十三小学　杨璐

一、使用教材

教科版《科学》五年级上册第二单元“光”第一课“光和影”。

二、实验器材

万向转光仪、无影灯模拟仪、垂直屏、方格屏、置物台。

三、实验创新要点

（一）实验分析

教材上的探究活动，虽然操作简单，学生却在实际探究中遇到了一些问题。

（1）实验一：影子与光源位置的关系（见图1）。

1）学生手持手电筒时远时近，需多人同时进行实验，操作不便。

2）人为控制照射角度，随意性大。

3）基于前两点，实验误差大，无法收集严谨的科学数据。

（2）实验二：影子与遮挡物和光源距离的关系（见图2）。

1）实验需多人同时进行，操作不便。

2）教材要求以墙面为屏，不便于勾画影子轮廓，收集数据。

（3）实验三：影子与光源照射遮挡物侧面形状的关系（见图3）。

1）实验时遮挡物要悬空，若用手拿住物体，不仅操作不便还会影响学生观察影子的形状。

2）分别照射长方体正面和侧面，不便于同时对比观察。

3）只用长方体作为遮挡物，实验较为单一。

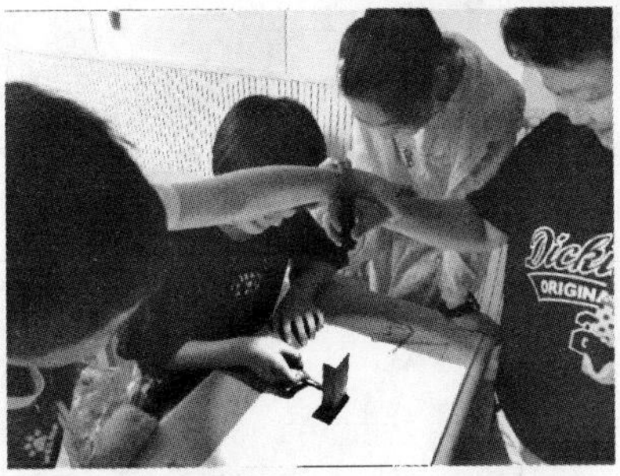

图1　探究影子与光源位置的关系

图2　探究影子与遮挡物和光源距离的关系

图 3　探究影子与光源照射遮挡物侧面形状的关系

（二）实验改进

通过对以上 3 个实验的分析，本着全面培养学生科学素养、以严谨实验探究为主的教学理念对实验做了如下改进。

（1）实验顺序的变化。

为了更加符合学生的认知规律，由易到难，由简到繁，教师将教材中的实验顺序调整为实验二、实验三、实验一，这样学生能更加清晰地逐一认识实验中的变量，理解控制变量法在实验中的重要作用。

（2）实验器材的改进。

1）万向转光仪：可以任意角度照射遮挡物，便于严谨科学地记录数据，还可以拓展学生由定性到定量的分析能力（见图 4）。

2）方格屏：使用可更换的方格纸，便于学生在屏上直接画图和记录影子的相关数据。

3）垂直屏：互为垂直的两面屏，可同时成影，达到同时对比的良好效果。

4）置物台：保持实验装置的稳定性，更好地观察影子的形状。

5）多种遮挡物：更好地展示实验效果，避免实验的单一性。

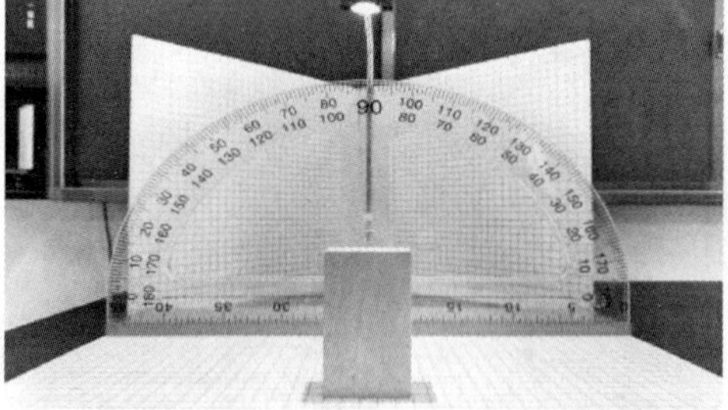

图 4　万向转光仪

四、实验设计思路

为了能够让学生更严谨、简便地进行实验探究，对传统实验进行创新，制作了万向转光仪，并利用半径转动轴控制光源到遮挡物的距离保持一定，让学生能够理解控制变量法在实验中的重要作用。

在本节课的实验教学中，首先，通过对教材实验的创新改进，帮助学生了解光影之间的规律；其次，利用设计改进的无影灯模拟仪实验教具，解决学生对于生活中影子的有关疑问，引导学生去体验从生活走进科学，再让科学服务于社会的实践过程。

五、实验教学目标

基于教材、学情及课程标准的要求，确定了如下的教学目标。

（1）了解影子产生的条件及光源的定义。

（2）通过实验探究影子的变化特点，科学归纳出光源、遮挡物、影子之间的关系。

（3）在实验观察中养成严谨、细致、实事求是的科学态度。

六、实验教学内容

“光和影”是教科版《科学》五年级上册第二单元的起始课，从本课到第四课将指导学生认识光的传播特点。学生对光、影现象的认识与规律的掌握，对于其后面学习光的传播知识起着非常重要的作用。

七、实验教学过程

本节课主要分为以下几个教学环节。

（一）创设情境，引入新课

给学生播放一段中国传统皮影戏视频，让学生接受传统艺术文化熏陶的同时，激发学生探索影子形成原因的兴趣。

（二）体验游戏，提问猜想

让课前做好准备的学生表演手影游戏，游戏结束后学生自己总结影子形成的条件。教师给予肯定和补充后，再适时提问——影子的大小和形状与什么因素有关？请学生大胆猜想。

（三）实验探究，得出结论

学生通过教材上的三个探究活动，总结光和影之间的规律。

（1）探究一：影子的大小与遮挡物到光源的距离的关系。

学生分别将遮挡物放在1、2、3三个位置（见图5和表1），对应的影子大小记录在学生平板电脑上。教师选择一组投影在大屏幕，通过学生的观察和记录数据，总结得出结论：遮挡物离光源越近，影子越大；遮挡物离光源越远，影子越小。

教师同时还补充：在光源和屏的距离一定的情况下，遮挡物离光源越近，它挡住的范围越大，在光屏上形成的影子就越大。

表 1　影子的大小与遮挡物到光源的距离的关系数据记录表

遮挡物到光源的距离	10 cm	20 cm	30 cm
影子的大小	23 cm×11 cm	11 cm×5 cm	7 cm×3 cm

图 5　探究影子的大小与遮挡物到光源的距离的关系

（2）探究二：影子与光源照射遮挡物侧面形状的关系。

学生分别用不同形状的遮挡物进行实验（见图 6）。通过同时对比两边的影子，可以较为容易地观察出同一遮挡物的侧面形状不同，光源照射时形成的影子也不同，影子的形状和照射面形状有关。

教师介绍：从不同侧面照射得到的物体的影子叫投影。数学上的三视图就用到了物体不同面的投影，生活中的交通指示牌也用到了投影画。

图 6　探究影子的形状与光源照射遮挡物侧面形状的关系

（3）探究三：影子与光源位置的关系。

由于这一实验变量较多，在实验器材的设计上，采用半径转动轴控制光源到遮挡物的距离不变，只改变光照方向和角度。

学生分别将指针拨到30°、60°、90°、120°、150°（见图7），用平板电脑进行记录（见表2）。根据观察结果和数据记录，发现影子的长短随着光源照射角度的改变而改变。90°的照射称为直射，直射时影子最短，斜射时，斜射程度越大，影子越长。细心的同学还发现影子总是在背光的一面形成，这些发现，都会为后面学习光沿直线传播这一本质特点做铺垫。

最后，教师根据影子长短和方向的变化受到光照角度的影响这一规律，向学生介绍我国古代使用较为普遍的日晷仪（见图8），鼓励学生课下查阅资料并制作。

表2　影子的长短与光源位置的关系数据记录表

照射角度	30°	60°	90°	120°	150°
影子的长短	15 cm	7 cm	4 cm	7 cm	15 cm

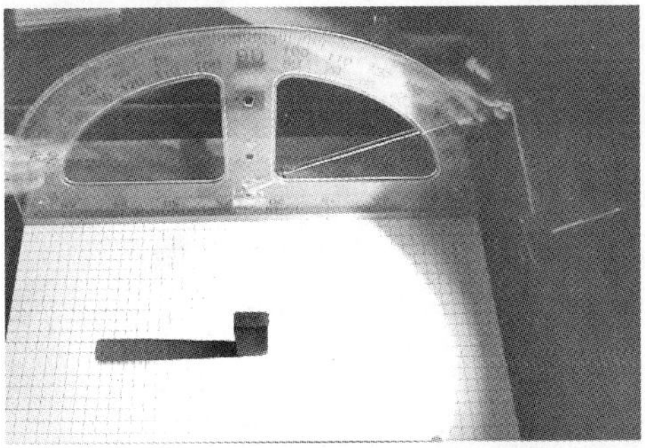

图7　探究影子与光源位置的关系

图8　日晷仪

备注：在实际教学的过程中，有的学生对于生活中的光影现象观察得很仔细，他们会提出一些问题，为了帮助孩子们解决疑问，培养他们科学思维和科学推理的能力，还设计了无影灯模拟仪（见图9）。

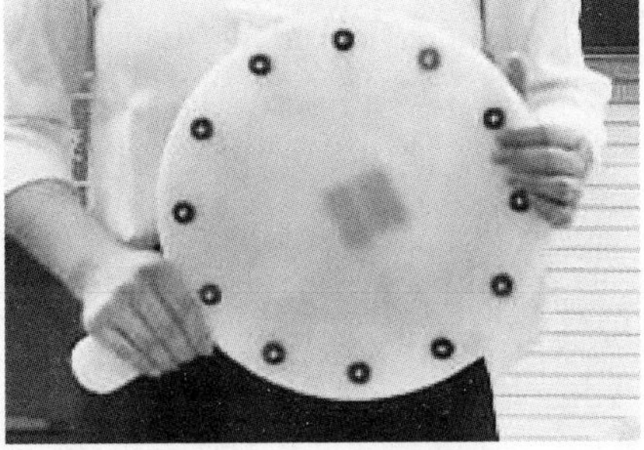

图9　无影灯模拟仪

（四）联系生活，拓展应用

介绍投影在生活中的应用，如交通指示牌（见图 10），鼓励学生课下做纸杯投影仪（见图 11）等，验证和巩固堂课内的探究成果。

图 10　交通指示牌

图 11　纸杯投影仪

八、实验效果评价

科学课程的基本理念就是培养每一个学生的科学核心素养。在本节课中，教师通过对实验器材的创新和改进，使学生的实验操作更简便、观察效果更直观、收集数据更严谨。更好地引导学生体验到从生活走进科学，再让科学服务于社会的实践过程。在培养学生科学思维能力和严谨科学态度的同时，也大大激发了学生动手探究的兴趣。

影子的变化规律

西南大学附属小学　武越

一、使用教材

教科版小学《科学》三年级下册第三单元第三课“影子的秘密”。

二、实验器材

自制教具：方形和半圆形亚克力板、可伸缩天线、手电筒、角铁、螺丝螺母、橡皮和 A4 纸。实验装置如图 1 所示。

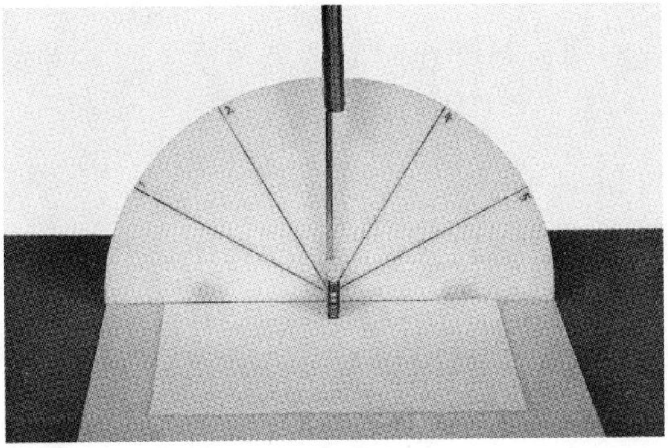

图 1　实验装置图

三、实验创新要点

(1) 将半圆板垂直固定在底板上，将绑有手电筒的天线固定在半圆板的圆心处，使其在半圆板平面上自由转动，半圆板上选择 5 个典型的角度，配合天线实现灵活改变照射角度。

(2) 可伸缩天线实现可灵活改变照射距离，并能保持光源不晃动。

(3) 遮挡物由圆木柱换成长方体橡皮，可以避免平放时滚动，方便观察和记录。

四、实验设计思路

设计新的实验装置，引导学生通过控制变量，探究影响影子变化的条件。

五、实验教学目标

(1) 知识与技能：知道光源和遮挡物的变化会导致影子的变化。

(2) 过程与方法：通过实验，耐心观察和记录影子的变化情况。

（3）情感态度与价值观：根据实验观察现象，实事求是地分析光源、遮挡物和影子三者之间的关系。

六、实验教学内容

分别改变照射角度、照射距离和遮挡物的摆放，观察并记录影子的变化情况。本实验采用小组合作和实验观察法，引导学生在自主探究中通过控制变量的方法发现影子的秘密。

七、实验教学过程

（1）操作一：保持照射距离和遮挡物的摆放不变，以半圆板圆心为中心转动天线，观察并记录5个不同照射角度下遮挡物的影子。

（2）操作二：保持照射角度和遮挡物的摆放不变，伸缩天线，观察并记录遮挡物的影子。

（3）操作三：保持照射角度和照射距离不变，观察并记录不同摆放方式遮挡物的影子。

八、实验效果评价

（1）学生操作科学化。主要体现在实验操作更严谨、记录更方便、效果更明显。

（2）控制变量清晰化。半圆板和天线的组合，可以灵活控制照射角度和照射距离，实现控制变量，探究影子变化因素，同时也能让学生初步体会控制变量法在实验探究中的重要性。

（3）实验材料生活化。装置所用材料都是生活中的常见物品，亚克力板也可以用普通硬纸板代替。

声音的传播

天津市河西区中心小学　高珊

一、使用教材

本课出自教科版小学《科学》四年级上册第二单元“声音”中的第五课，属于物质科学的范畴。此次实验将通过“探索声音在固体物质中的传播”“观察音叉振动引起水面波动”“探索声音在空气中的传播”三个主要活动来进行教学。

二、实验器材

在本节课中使用自制演示教具“光示传声演示仪”，实验材料包括鼓、气球、矿泉水瓶、剪子、镜子、三脚架、激光笔和蝴蝶夹等。“光示传声演示仪”部分制作材料见图 1。

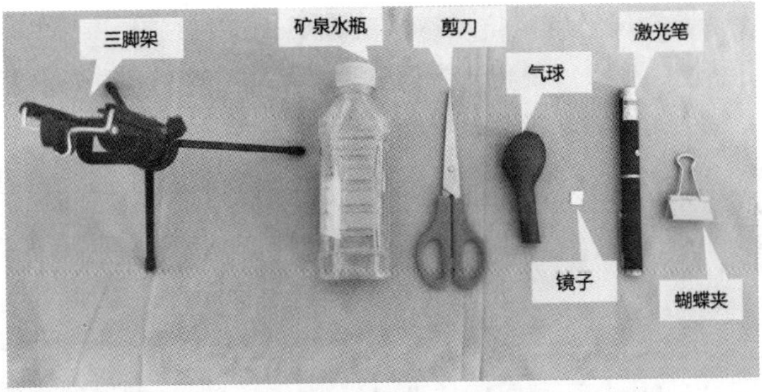

图 1　“光示传声演示仪”部分制作材料

首先，剪去矿泉水瓶的瓶口和瓶底，选用瓶子的中间部分，将气球固定在矿泉水瓶的一侧绷紧，将小镜子粘贴在气球上，把这个装置固定在三脚架上。用蝴蝶夹做支架固定激光笔，调整激光笔的位置，使激光笔发出的光可以通过镜子反射到远处的墙面上，形成光点，如图 2 所示。

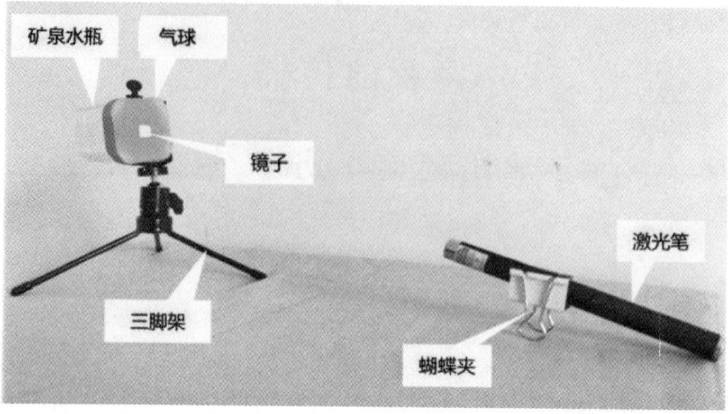

图 2　“光示传声演示仪”装置图

三、实验创新要点

本节课的教学重点是要学生认识到声音的传播方式，难点在于空气作为传播声音的重要介质是看不见摸不到的，学生不能理解“声音在空气中是怎么传播的”。为了帮助学生实际观察到这一现象，教师设计并制作了“光示传声演示仪”，其实验创新点如下：

（1）将不易见的现象可视化。通过激光笔光点的振动，将“声音在空气中传播”这种不易见的现象可视化，帮助学生理解声音在空气中的传播形式。

（2）培养学生的逻辑思维能力。本实验引导学生通过分析实验现象，进行有依据地推理，在解释现象的过程中建构科学概念，使学生的逻辑思维能力得到提升。

四、实验原理

在演示过程中，教师在矿泉水瓶开口的一侧敲击鼓面，鼓面振动发出声音，声音以波的形式传播出去，当声波穿过瓶身到达气球时，使气球产生振动，镜子也会随之振动，镜子的振动使反射到墙上的光点也跳动起来。

五、实验教学目标

（1）科学知识目标：声音是通过物体以波的形式，从一个地方传到另一个地方的。

（2）科学探究目标：借助实验和想象，对声音传播的方式进行描述。

（3）科学态度目标：意识到从实验中获取事实是认识世界的基本方法。

（4）科学、技术、社会与环境目标：科学技术是人类发展的巨大推动力。

六、实验教学过程

（一）创设情境，聚焦问题

首先，教师敲击音叉发出声音，并提出问题："同学们都能听到音叉发出的声音吗？音叉和耳朵之间还有一大段距离，声音是怎么传播到我们耳朵的呢？"通过这个问题，引发学生思考，并了解他们关于"声音传播"的前概念。学生经过思考，结合已有经验描述声音可能的传播方式。但是，由于缺乏对"声波"概念的认识，学生无法解释清楚"我们是怎样听到音叉发出的声音的？"还需要其他证据来辅助解释。于是，教师提出本课的核心问题，并引出课题："今天这节课，我们一起来研究声音是怎样传播的。"由此进入本课研究的核心环节——探索声音的传播方式。

（二）探索声音的传播方式

（1）探索声音在固体物质中的传播，体验固体的振动。

教师出示"土电话"，并提问："同学们玩过'土电话'吗？现在我们一起来探索'土电话'传声的奥秘。"学生进行"土电话"的实验，并思考：声音是怎样从"土电话"的一端到达另一端的？学生在实验中会发现"土电话"传声时，棉线会振动。如果捏住棉线，不让它振动，声音就传不过去了。此时，教师进一步提问："声音可以在棉线中传播吗？是怎么传播的呢？"回顾实验中的现象，学生初步认识到"土电话"能够传播声音，是因为声音可以使"土电话"之间的棉线振动从而传播声音，由此建立了声音可以在固体中传播的认知。但是声音是怎样使棉线振动的呢？学生并没有在实验中观察到，由此进入本课的第二个探索活动。

（2）观察音叉振动引起水面波动，认识声波。

首先，教师提出问题："声音是怎样引起物体振动进行传播的呢？"引发学生的思考。然后，教师指导学生进行音叉触及水面的实验，并要求学生画出振动的音叉接触水面后水面的现象，引导学生通过图画的方式建构"声波"的概念。由此学生发现：水面的波动是从振动的音叉开始的，逐渐向四周传播。从而对"声波"有了一个直观的认识，理解了"声音以波的形式传播，当声波遇到物体时，会使物体产生振动"这一概念，并能够解释声音使棉线振动传声的现象。

（3）探索声音在空气中的传播，完善对声音传播方式的理解。

在学生直接观察到声波在水中的传播方式后，教师继续提问："我们耳朵所听到的声音没有棉线也没有水的连接，声音是怎么到达我们耳朵的？"此时学生已经认识到我们周围充满了空气，但因为空气看不见摸不到，学生很难理解声音在空气中的传播形式，需要实证的支撑帮助学生建构"空气中也会有像水波那样的声波，使声音在空气中传播”的概念，从而引入自制教具的演示实验。

教师出示教具并调整好角度，将激光笔的光点反射到墙面上，在装置开口一侧敲击鼓面。学生观察到：墙面上的光点随着鼓声而振动。教师提出问题：“墙上的光点为什么会跳动起来呢?”引发学生思考。然后，教师进一步引导学生依据实验现象进行推理：“鼓和气球没有接触，声音是怎么到达气球的?鼓和气球之间真的什么都没有吗?”学生通过分析得知鼓和气球之间存在空气，“那气球为什么会振动呢?”学生根据已有认知可以推理得到鼓振动发出声音，声音在空气中就像在水中一样，以波的形式传播，当声波遇到气球时，使气球产生振动，从而带动了镜子的振动，墙面上的光点也就随之跳动了起来。在学生解释了实验现象之后，引导学生自行总结声音的传播方式：物体振动发出声音，声音以波的形式传播，声波使周围空气振动，声音从一个地方传播到另一个地方。

学生通过观察实验现象，推理分析得到了结论，但仍然缺少事实验证空气是传播声音的必要物质，因此教师又为学生提供真空罩实验视频资料，通过对比在充满空气和真空两种状态下闹钟的振动发声，来证明真空状态下声音不能传播，验证之前的演示实验所得到的推理结论。

（三）总结拓展

在学生已经掌握声音的传播方式后，教师出示宇航员在月球上的图片，并解释“为什么宇航员在没有空气的月球上需要通过电子设备沟通”，将所学知识加以运用。

七、实验效果评价

本实验通过光点位置变化帮助学生从被动接受声音在空气中传播的现象转化为主动推理分析，在整个过程中培养了学生推理分析的科学思维能力，体现了学生主动建构科学概念的过程。本实验的实验材料简单易得，自制实验教具的制作和操作较为简单，具有一定的推广性和实用性。

我们是怎样听到声音的?

乐山师范学校附属小学　黎怡君

一、使用教材

苏教2001版《科学》四年级上册第三单元“奇妙的声音王国”中的第三课，在苏教2017版《科学》中该内容被改编到三年级下册第三单元第二课。

二、实验器材

外放蓝牙音箱，自制教具——人耳听到声音过程模型（演示型）（探究性）。

三、实验创新要点/改进要点

（1）教材实验的不足。

教材中包含两个实验探究活动，探究鼓膜功能实验：观察纸屏振动小球。探究耳廓功能：感知耳廓的收音功能。但两个实验的效果均不太明显，且学生很难通过两个独立的实验构建完整的听声过程。

（2）实验改进。

利用半球形塑料壳模拟耳廓，塑料筒模拟外耳道，气球模拟鼓膜，电路接口模拟听小骨，LED灯模拟耳蜗。使人耳听声过程系统性地展示出来，帮助学生完成了抽象概念的具象转化，如图1所示。

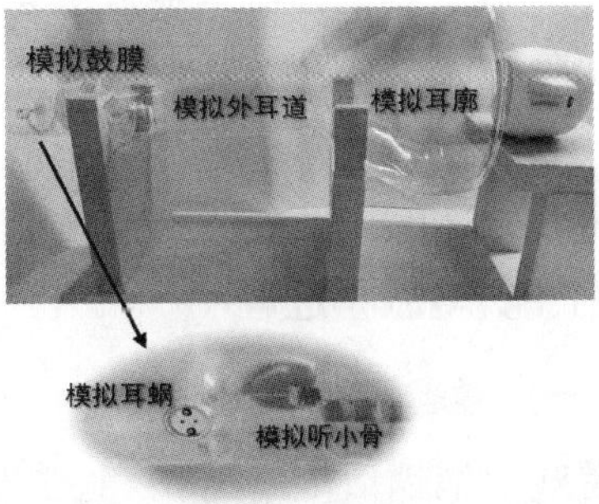

图1　“人耳听到声音”模型的基本结构

四、实验原理/实验设计思路

教师将人耳内部主要部位的功能用模型模拟的方式呈现出来。如图2所示，声音被半球壳收集后进入塑料筒通道，并传递到绷紧的气球上，引起气球中心上下振动，带动上面的金属片向上振动，和电路的一端相接触，接通整个电路，使LED灯亮起来。

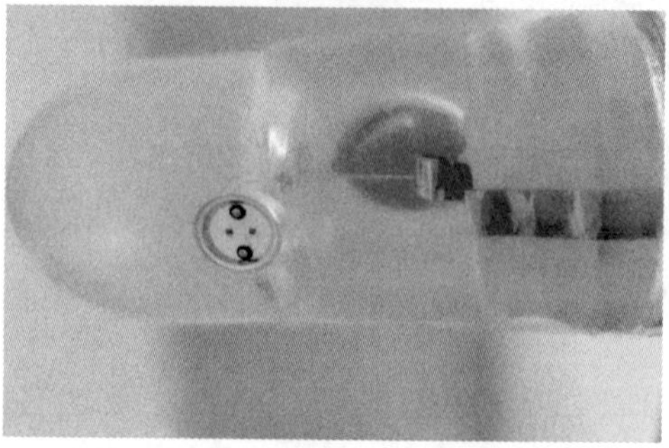

图 2 模拟人耳内部功能模型示意图

五、实验教学目标

（1）科学知识：认识人耳内部结构及其功能。

（2）科学探究：通过模拟实验，探究人耳听到声音的过程和原理。

（3）科学态度：培养学生有实证意识的核心素养。

（4）科学技术与社会环境：意识到保护听力的重要性。

六、实验教学内容

（1）通过观察模型，对比说出模型所模拟的耳朵相应结构的名称。

（2）观察模型在音响播放音乐之后的反应，类比推理出人听到声音时，耳的各部分的功能及听声原理。

（3）通过“声音高低对模型的影响”对比实验，了解噪音的危害，建立起保护听力的意识。

七、实验教学过程

（一）激趣引新知

游戏“悄悄话传声”：学生排队进行传声，中间的学生堵上耳朵。

设计思路：让学生建立起对耳朵重要性的认知，同时揭开课题。

（二）初识创概念

（1）观察耳廓结构，猜测耳内结构，填写图 3 中的实验记录单。

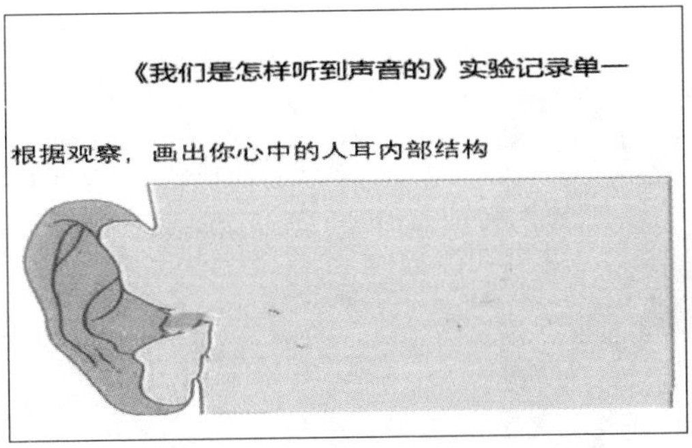
《我们是怎样听到声音的》实验记录单一

根据观察，画出你心中的人耳内部结构

图 3　探究实验记录单

（2）如图 4 所示，借助窥耳镜简单验证猜测，并通过对比人耳结构图，掌握人耳结构的名称和位置。

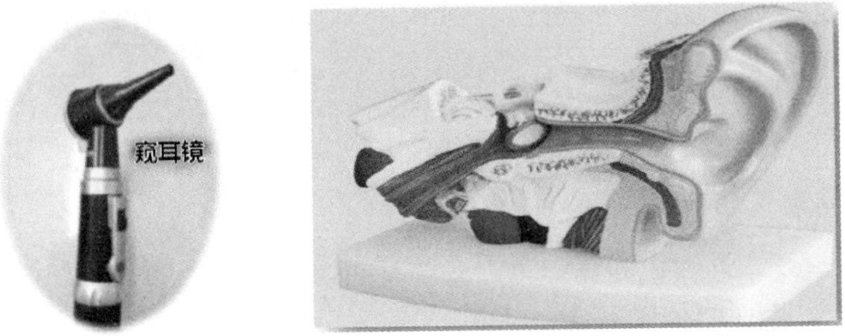

图 4　窥耳镜和人耳结构模型

设计思路：层层引导，帮助学生完成从猜测到逐步合理化的体验过程。

（二）探究建模型

（1）观察创新教具，对比分析模拟人耳的结构（见图 5）。

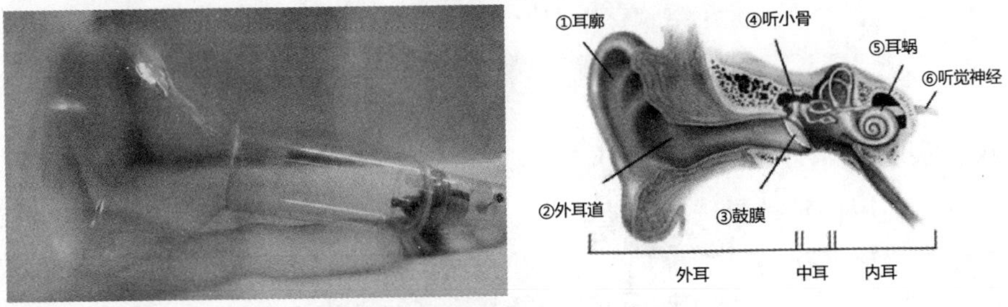

图 5　听声模型与耳的结构图的对比

（2）如图 6 所示，进行模拟实验，观察 LED 灯被点亮过程中，模型每一部分的功能，探究出人耳听声的过程和原理，完成实验报告单。

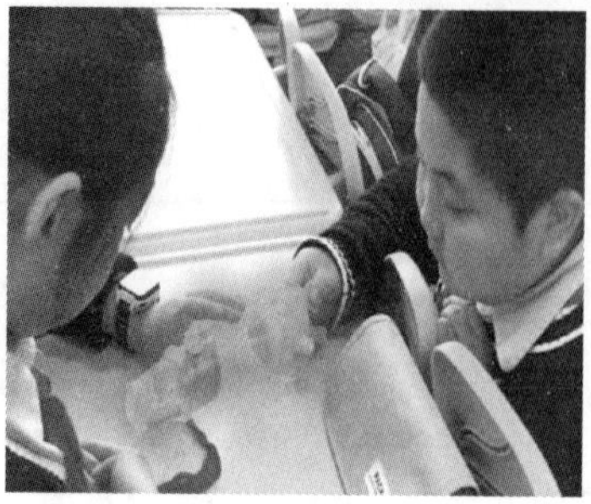

《我们是怎样听到声音的》

实验记录单二

1. 根据探究，你们一定知道耳朵听到声音的过程了吧！请将下面结构进行排序，猜想它们的功能

鼓膜　外耳道　耳蜗　耳廓　听小骨

□ → □ → □ → □ → □

（　　）（　　）（　　）（　　）（　　）

2.增大或减小音乐声，你有什么发现?

____

图 6　模拟实验及报告单

（3）增大或减小声音，观察 LED 灯的变化，总结出音量大小对振动的影响。

（四）论证固新知

借助多媒体“人耳听声原理”的演示，帮助学生验证实验结论，掌握新知识。

（五）拓展求创新

从深入探究人耳知识和保护听力这两方面设计拓展问题，引导学生锻炼解决问题的能力（见图 7）。

拓展

（任选一个研究）

1.思考动物的耳朵和人的耳朵有什么区别。

2.给耳朵的某个部分制作一个功能模型。

3.帮听障人士设计一个简单的助听装置。

图 7　课后拓展

八、实验效果评价

优点：利用创新教具进行课堂教学，把学生难以理解的抽象概念变成具体过程，帮助学生借助模型进行推理，使学生的猜测逐步向合理化方向发展；趣味的模型也激发了学生的学习兴趣，让学生有进一步探究耳朵的意识，促进了思维教学目标的落实。

缺点：教具本身使用材质和连接部分还不算稳定，需要寻找更合适的材料，提高振动的灵敏性。

电铃响叮当

——探究影响电磁铁磁力大小的因素

石家庄市红星小学　翟清清

一、使用教材

（一）课程标准

小学科学课程标准中提到物质世界具有能量，能量包括电能、磁能等。我们应该理解电能与磁能之间的相互转换。

（二）教材分析

“电铃响叮当”一课属于物质科学领域，是冀人版《科学》六年级上册第二单元“无处不在的能量”的第五课。六年级上册整本书主要围绕“结构与系统”这一组统一概念进行整合，本次实验中教师主要围绕本课第二个活动“研究电磁铁磁力大小”引导学生探究电磁铁的磁力大小，培养学生运用已有知识解决生产生活中实际问题的科学探究能力。

（三）学情分析

（1）知识水平：六年级的学生已经初步了解了声、光、电、磁的基本性质。

（2）学习态度：学生对于电与磁兴趣浓烈，明显的实验现象更会激发他们探索的欲望。

（3）学习能力：知识迁移能力逐步形成，实践操作能力增强。

二、实验器材

（1）探究影响因素材料：粗细及长短不同的铁芯（见图1）、缠好的匝数不同的线圈（见图2）、学生电源（见图3）、大头针、导线若干、实验报告单。

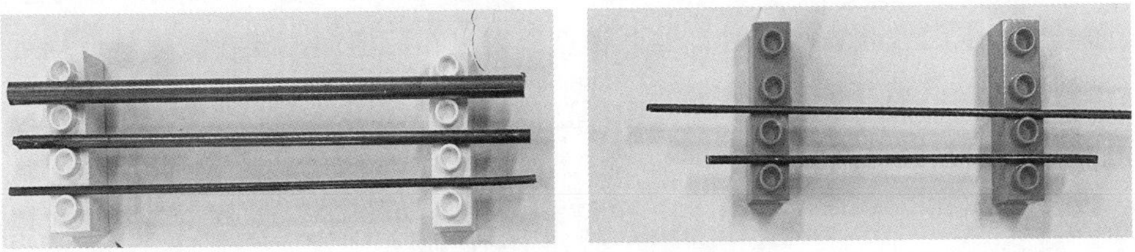

图1　粗细及长短不同的铁芯

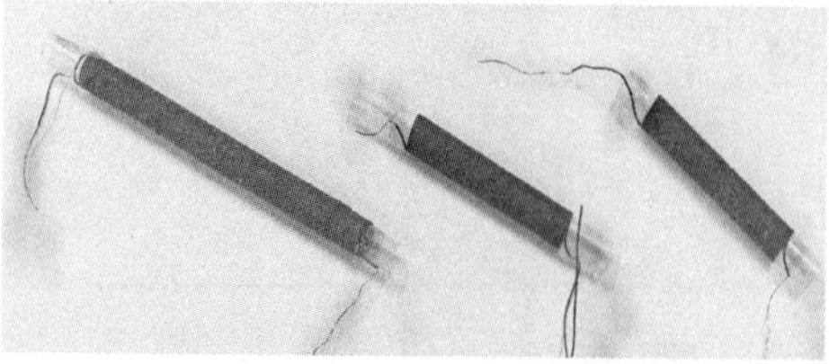

图 2 匝数不同的线圈

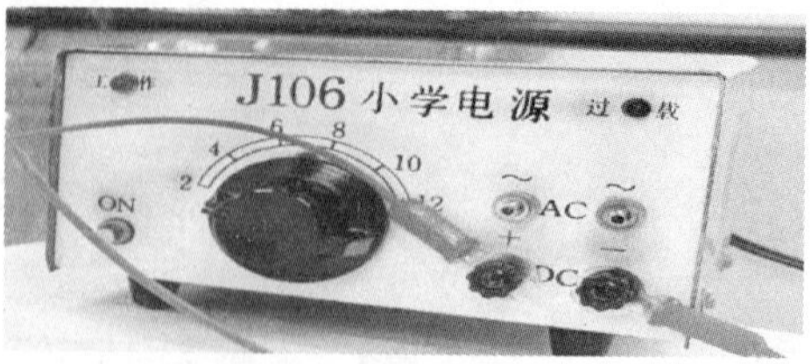

图 3 学生电源

（2）铁球滚动测量法检验磁力大小实验材料：铁球、光滑亚克力板。

（3）隔板吸引测量法检验磁力大小实验材料：铁钉、亚克力板模型。

（4）杠杆偏移测量法检验磁力大小实验材料：杠杆、铁片、刻度盘。

（5）灯泡显示测量法检验磁力大小实验材料：灯泡、干簧管、导线、滑道、电流表。

三、实验创新要点

基于对教材和学情的分析，教师结合本次教学内容，进行实验创新，帮助学生更好地理解学习内容。

（1）考虑到干电池使用的时间越长，电压越小，改用学生电源，电流输出稳定，实验效果准确。

（2）学生做对比实验过程中需要重新在铁芯上缠绕线圈。根据学生需求，可自制电磁铁，也可直接利用已标好编号、固定好线圈的电磁铁进行实验。

（3）相同的条件下，电磁铁每次吸引铁钉的数量不同，且大头针容易被磁化，于是教师带领学生依据已有的认知水平想出了四种检验办法：铁球滚动测量法、隔板吸引测量法、杠杆偏移测量法、灯泡显示测量法。

四、实验原理

（一）铁球滚动测量法

二年级时学习了磁铁，了解了磁力越大、吸引的铁钉越多的道理。由于铁球表面光滑，电磁铁磁力增加时，远近各点磁力也相应增加。故将铁球从近到远依次排列，电磁铁磁力越大，吸引的铁球个数越多。

（二）隔板吸引测量法

铁钉接触电磁铁极易被磁化，用透明亚克力板阻挡铁钉既可减少磁化现象产生，又方便计数。同时在放置铁钉的板子下方做卡槽，方便调节电磁铁与铁钉之间的距离。这样既可以探究电磁铁的磁性强弱与远近距离的关系，又可以探究电磁铁的磁性强弱与电流、线圈匝数的关系，如图 4 所示。

（三）杠杆偏移测量法

如图 5 所示，杠杆一端为铁片，一端后方有量角尺，利用五年级学习的费力杠杆的知识，当电磁铁有磁性后，铁片被吸引，杠杆发生偏转，偏转路线明显。磁性越强，杠杆的偏转程度越大，通过观察偏转位移，将磁力大小以明显的位移显示出来。

图 4　隔板吸引测量法

图 5　杠杆偏移测量法

（四）灯泡显示测量法

如图 6 所示，3 个灯泡分别连接 3 个磁性开关，磁性开关感应到磁性后，开关闭合，形成通路，小灯泡亮。将小灯泡开关距离电磁铁由近到远依次排列，当电磁铁磁性弱时，只有离得最近的小灯泡会亮；当电磁铁的磁性变强时，小灯泡全部亮。

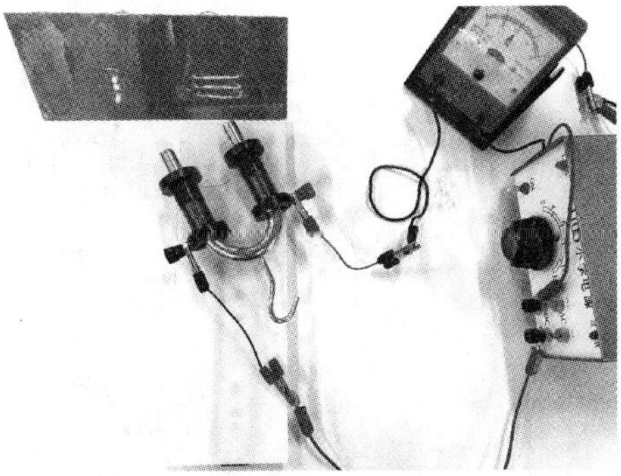

图 6　灯泡显示测量法

五、实验教学目标

（1）科学知识目标：能够说出电磁铁磁力大小与电流大小、铁芯、线圈匝数有关。

（2）科学探究目标：

1）能分析出影响电磁铁磁力大小的各种因素，并能设计实验验证自己的分析假设。

2）能够从不同视角提出研究思路，采用新的方法，完成实验设计。

（3）科学态度目标：能够通过交流与评价，共同归纳出结论。

（4）科学、技术、社会与环境目标：能够将电磁铁应用于生活。

（5）教学重难点：探究电磁铁的磁性强弱与什么因素有关。

六、实验教学过程

根据科学探究模式，教师设计了以下四个教学环节。

（一）创设情境、提出问题

上课伊始，教师用问题式教学法引导学生对矛盾事实进行观察、比较，激起认知冲突，提出上节课学习制作的电磁铁只能够吸引几根小铁钉，而这节课用电磁铁则可以承载十几本书的重量！同样是电磁铁，为什么电磁铁的磁力大小会差别这么大呢？

提出问题：电磁铁磁性强弱和什么因素有关？

设计意图：利用学生认知矛盾，激发学生对电磁铁磁性强弱和什么因素有关的兴趣，从而引导学生进行猜想假设。

（二）猜想假设，设计实验

针对教师提出的“电磁铁磁性强弱和什么因素有关”这一问题，学生进行猜想，可能是和电流大小、线圈匝数、铁芯有无、铁芯粗细、铁芯长短等因素有关。

为了验证大家的猜想是否正确，提出利用对比实验进行探究，设计探究影响电磁铁磁力大小因素的实验，将实验设计写在实验报告单中。为了更好地引导学生设计实验，教师将上节课制作电磁铁的图片放在实验报告单上，帮助学生回顾旧知，从而可以在此基础上，建构新的联系。并提出在实验过程中要有同学之间的相互评价。学生实验报告单，如图 7 所示。

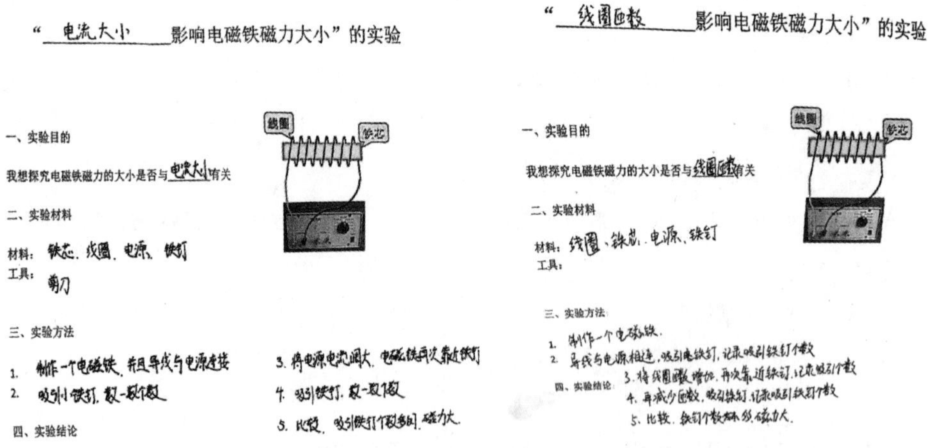

图 7　学生实验报告单示例

（三）实验验证，得出结论

（1）学习实验方法。

学生进行实验，四个探究实验出现了共同的问题，就是铁钉容易被磁化。而且实验报告单中出现了相同或相近的铁钉数量，很难判断电磁铁的磁力大小。于是教师带领学生设计判断电磁铁磁力大小的方法。

设计意图：在这一环节中，学生们通过回顾学过的知识，结合本节课的内容，尝试用更好的方法去判断磁力大小。

（2）进行实验验证。

1）利用铁球滚动测量法判断电磁铁磁力大小。将铁球由近到远依次排列，利用学生电源，不断增加电压，电流增加，铁球被电磁铁吸引的个数增多。将实验报告单填写完整，根据数据得出结论。

2）利用隔板吸引测量法判断电磁铁磁力大小。将电磁铁放在透明亚克力板上方，下方放铁钉，增加电流，铁钉被电磁铁吸引，记录个数，填写在实验报告单中，根据数据得出结论。

3）利用杠杆偏移测量法判断电磁铁磁力大小。将电磁铁放到支架上，打开学生电源，不断增加电流，观察杠杆指针的偏移距离，记录示数，根据现象以及数据得出结论。

4）利用灯泡显示测量法判断电磁铁磁力大小。将导线连接好，将电磁铁下方的滑道滑到指定位置，不断增加电流，灯泡亮起的个数越来越多，将电流表示数以及灯泡亮起个数记录在实验报告单中，根据数据得出结论。

（3）结论交流评价。

根据实验报告单的数据，通过全班交流得出结论：电磁铁的磁力大小与电流有关，电流越大，电磁铁磁力越大。学生还可以利用这四种方法判断其他因素对电磁铁磁力大小的影响。并进行评价表汇报，引导大家对今天的实验过程以及学习态度进行总结。

设计意图：通过实验对影响电磁铁磁力大小的因素进行探究，再交流评价，使学生能够在实验过程中提高对自我的认识。

学生可根据情况进行拓展延伸，探究其他因素对电磁铁的影响，对自己想探究的问题进行深入思考。

（四）实践应用、深化理解

实验结束后，教师给学生出示电磁铁应用的图片。为了更好地帮助学生认识电磁铁的应用，教师提出创新性问题：利用今天所学的电磁铁，结合新冠肺炎疫情特殊时期的防疫需求，设计一个人们一开门就提醒戴口罩的装置。

为学生提供电铃实物，让学生仔细观察，引导学生设计电铃原理图，层次更高的同学可以将门加进去，从而设计出一开门电铃就响，提醒人们戴口罩的电路。学生的装置设计，如图 8 所示。

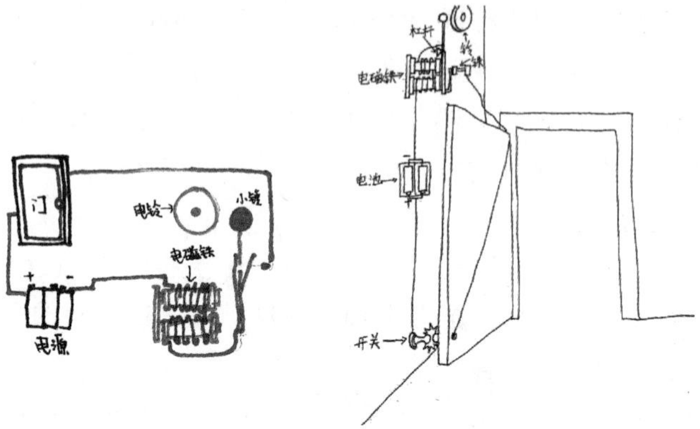

图 8　学生设计的装置图

七、实验效果评价

（1）实验材料：教具组装在一起，方便更换铁芯，使实验更加整体化，探究更加多样化。

（2）模型创新：实验将明显的灯泡点亮、杠杆偏移等现象与数字显示相结合，体现传统化与信息化教学的融合。

（3）模型创新：学生可以通过不同的方式去判断影响电磁铁磁力大小的因素，使学生思维更发散。

神奇的小电动机

蚌埠市凤阳路第一小学　许冲

一、使用教材

教科版《科学》六年级上册第三单元“能量”第五课“神奇的小电动机”。

二、实验器材

(一) 原实验器材

成品电动机、一次性塑料杯、铁丝支架、橡皮筋、电线、电池、磁铁等。

(二) 改进实验器材

(1)“电动机一代”：线圈、铁质架台、磁铁、导线、电池等。(见图 1)

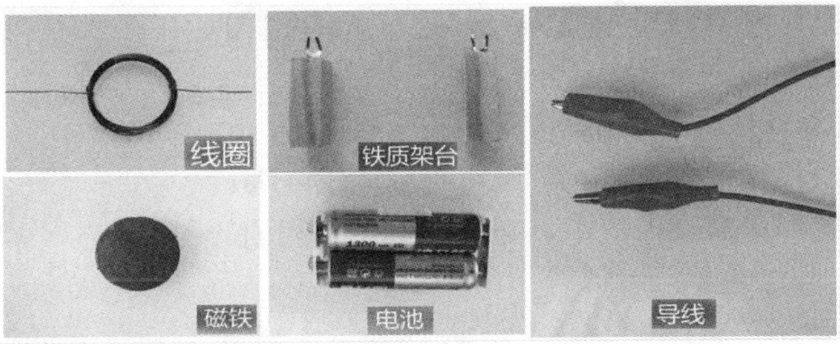

图 1　“电动机一代”构件

(2)“电动机二代”：电磁铁、磁铁、换向器、金属片、开关、导线、小风扇、电池等。(见图 2)

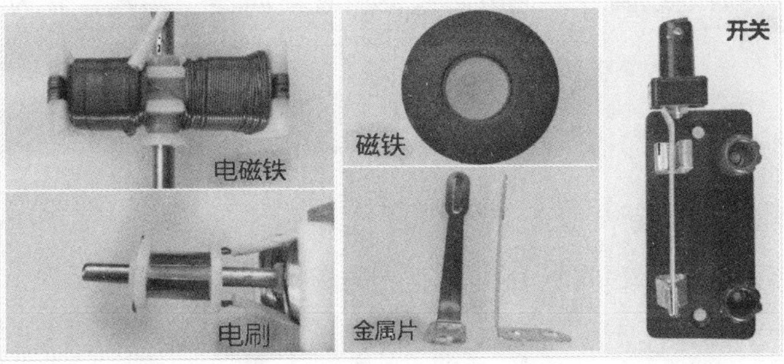

图 2　“电动机二代”部分构件

(三) 其余材料

小灯泡、亚克力展台、双面胶。

三、实验创新要点

（一）实验方法创新

（1）教材实验方案。

如图3所示，通过观察拆开的小电动机，了解它有哪些构造。根据构造，猜想原理，再运用学具进行探究，最终得出结论。

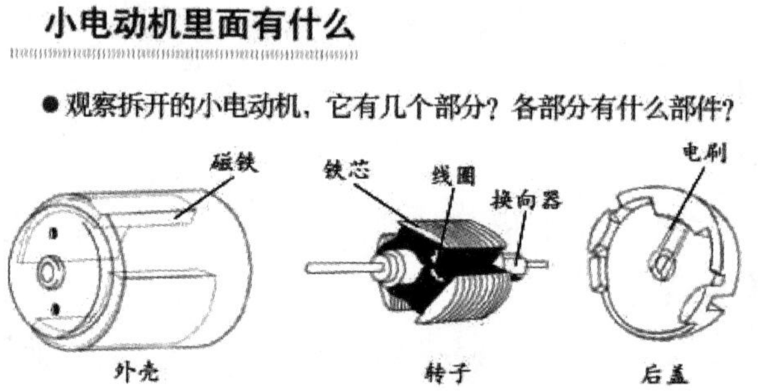

图3　教材中小电动机构造图

此实验方案存在如下缺点：

1）学生没接触过电动机，观察时难以产生兴趣。

2）直接观察成品，无形中剥夺了学生思考和创新的机会。

3）学生难以理解电动机构造。

（2）改进后实验方案。

相比教材直接让学生观察成品的方式，改进后的实验让学生从已有知识入手，围绕“电”“磁”“动”三个因素，依次推进，创设了三个实验。

实验一：重温电磁经典实验。并在此基础上构建“电动机一代”。

实验二：将通电线圈升级成电磁铁，加装换向器，构建“电动机二代”，并研究换向器功能。

实验三：让“电动机二代”转动更快。

让学生从被动接受观察，转变为主动探究发明。

（二）实验器材创新

（1）底座由一次性塑料杯升级成亚克力板，增加稳固性。

（2）完善电路，保护电路。

（3）加装转子小装置，让实验直观、有趣，更有意义。

四、实验教学目标

（1）科学知识目标：小电动机的工作原理是用电产生磁，并利用磁的相互作用发生转动。

（2）科学探究目标：通过已有知识经验，制作及改进自己的电动机。

（3）科学态度目标：体验科学家发明的过程，培养积极探索的品质。

（4）科学、技术、社会与环境目标：思考身边能量转化的应用案例。

五、实验教学过程

（1）学前调查。

提出问题："你对电动机有哪些了解?" 引发学生猜想，得出"电""动""磁"三个因素。

（2）实验探究。

1）回顾已经学过的本单元第一课中的"电生磁"经典实验。在此基础上进行改进。

实验一：将小磁针升级成磁铁，并使其处在固定状态，让通电线圈处于活动状态。

观察实验现象：通电线圈发生转动。

总结电动机一代的缺点，引导学生进行改进。

2）实验二：增加电磁铁、换向器，创制实验二，展示"电动机二代"。并将"电动机二代"再次改进，演示换向器的功能。

3）实验三：小组探究如何让"电动机二代"转动更快。

方案一：增加磁铁数量。

方案二：减少磁铁与转子距离。

（3）总结交流。

通过实验一、实验二和实验三的探究，学生已经基本掌握电动机的构造和原理。此时再拿出成品的小电动机让学生去观察，学生能够很容易地进行知识的迁移，并可以理解为什么成品会这样设计。

（4）拓展延伸。

实验教学结束后，让学生思考：

1）今天这节课有哪些收获?

2）还有哪些问题值得探究?

六、实验效果评价

（1）教师的改进实验设计能带给学生另一种思维，遵循不断尝试、不断改进、由浅入深的逻辑，一步步体会科学家发明的过程。

（2）从学生已有知识出发，调动学生发明的兴趣，增强学生学习的主动性。

使用数码生物显微镜观察发霉的苹果

北京市西城区奋斗小学　白洁

一、使用教材

教科版《科学》六年级下册第一单元“微小世界”第八课“微小世界和我们”的第二课时，本课属于小学科学课程标准生命科学领域的内容。

本单元教学的重点是拓展学生观察的范围，激发学生的观察兴趣，鼓励他们探究和发现大自然的奇妙，学习和领悟使用观察工具的好处，体会科学技术与社会的关系。本单元是一个比较开放的单元，课堂上的学习只是一个开端，希望学生把观察活动延续到课后，把观察内容拓展到更多的方面。所以“微小世界和我们”一课在单元中的位置和教学目的主要是让学生了解更多的人类探索微小世界的成果，满足学生对于微小世界的好奇心和探究欲望。

二、实验器材

教师器材：教师双目数码生物显微镜、PPT、实物展台、发霉的苹果、口罩、橡胶手套、护目镜、发霉苹果距发霉处最远端的果肉细胞装片。

学生器材：学生双目数码生物显微镜、平板电脑、防护服、实验托盘（载玻片、滴管、蒸馏水、消毒牙签、盖玻片、吸水纸、橡胶手套、口罩、纱布、小烧杯、废物杯、培养皿、记号笔）、记录单。

三、实验创新要点

（1）改变了“知其然，不知其所以然”的课堂设计，激发学生主动学习的内驱力。

在原有的微观世界教学中，侧重于对显微镜使用的技能操作和基本概念的教学，通过观察满足学生对于微小世界的好奇心和对使用工具的新鲜感，往往存在着按照步骤和流程被动地进行实验操作的问题。然而，科学技术的不断发展，不仅改变着人们的生产生活，而且极大地开阔了人们的视野和活动范围，增强了人们的创造力。以往的教学设计缺少从科学史的角度去发现使用现代化教学工具（数码生物显微镜）的必要性和重要性，往往是为了学而学，为了用而用，缺少学生课堂学习的主动性。本节课，从生活问题入手，以“项目式学习”为抓手，利用数码生物显微镜这一现代技术工具，帮助学生从微观层面获取真实、清晰的证据，解决问题的同时实现了课堂教学四维目标的有效达成。

（2）关注实际需求，解决生活中的真实问题。

“发霉的苹果能吃吗？”这一问题与生活实际密切联系，学生与家长的观点和做法各有不同且大多无理论依据，通常仅凭借感性认识和生活经验作出个人的判断和理解，所以在认知和行为上存在着矛盾和冲突。问题背后所带来的食品安全隐患是对我们身体健康的威胁，所以“发霉的苹果能吃吗？”是摆在我们面前亟待去解决的问题。

科学课尊重事实和证据，通过有效使用数码生物显微镜，力求在实证中寻找证据，将真实可见的证据摆在大家面前，解决问题的同时，传达给自己和家人健康生活的理念。

（3）以“项目式学习”为抓手，发展学生核心素养。

通过“项目式学习”的探究活动，以解决实际问题为导向，通过实验获取相关证据，从而解决生活中的实际问题。在课堂上，充分发挥学生的主体作用，在不断地交流、质疑、补充的互动中，设计方案、修改方案、论证交流、分享结论，促进认识层层递进，思维螺旋上升，发展理性思维和健康生活的核心素养。

（4）渗透辩证思想，促进健康生活。

在“微小世界”单元的学习中，借助数码生物显微镜，帮助学生看到肉眼看不到的另一个崭新世界，形成对宏观世界之外的微观世界的认知，从而逐步体会到看不见不等于不存在的道理，对微观世界产生全新的认识。与此同时，大家也在思考“如何做才能避免食物发霉？”提出了将食物放进冰箱冷藏、减少购买量等方法，运用辩证的思想将实验结论回归生活、指导生活。

（5）借助数码生物显微镜，促进组内成员的合作交流，在科学论证间发展学生的高阶思维。

数码生物显微镜的平板显示能将小组内显微镜观测到的现象实时呈现在平板电脑上，同步实现实验操作员、组内其他成员及时地观测、交流、探讨，极大地提升了小组成员间实验操作的参与度与合作性，同时提高了小组内学习的实效性。

在求证与解释的过程中，学生无论是质疑、还是认同，是基于全班 9 个小组所呈现的实时同屏的证据而言，在这些证据面前他们不断地分析、反思自己的实验，最终认同正确的观点，这一过程无疑是学生思维水平不断提升的过程，是由记忆、理解层面的低阶思维逐渐向分析、综合、评价的高阶思维深入的过程。正是基于数码生物显微镜的图像实时共享功能，为学生的科学论辩提供了实证资源的支撑，使得课堂真正实现开放、共享、思辨的探究氛围。学生根据实时同屏中的画面进行科学论证的过程，如图 1 所示。

图 1　学生根据画面中的证据进行科学论证

四、实验原理及实验设计思路

（一）实验原理

利用数码生物显微镜，观察学生自己制作的苹果果肉细胞装片（见图 2），通过认识、探寻，验证霉菌是否真实存在，探究发霉的苹果是否能吃。基于客观真实所见的霉菌形态，证明发霉的苹果不能吃的科学结论。

图 2　学生正在制作苹果果肉细胞装片

（二）实验设计思路

首先，明确苹果发霉处的霉菌形态。①实验一：检验苹果发霉处是否存在霉菌；②实验二：检验苹果未发霉处是否存在霉菌。

根据实验现象得出结论。学生自主设计的实验思路如图 3 所示。

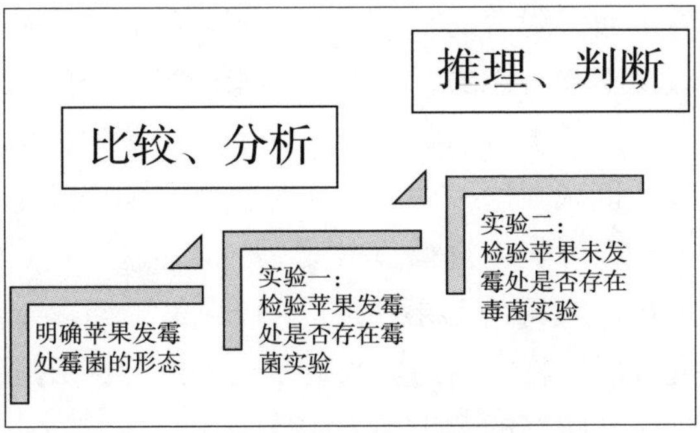

图 3　学生自主设计的实验思路

五、实验教学目标

（1）科学知识目标：苹果发霉处的周围存在肉眼不可见的霉菌。

（2）科学探究目标：

1）使用显微镜观察、制作发霉苹果霉菌装片，对比分析发霉处和未见发霉处是否存在同样的霉菌。

2）设计验证发霉苹果周围是否存在霉菌的实验方案。

3）通过交流分享、补充质疑、科学论证等环节分享观察结果，得出实验结论。

（3）科学态度目标：

1）培养健康生活的实证观念。

2）发展持续探索微小世界的兴趣。

（4）科学、技术、社会与环境目标：了解微生物与生活、生产、环境有着密切的关系。

六、实验教学过程

（一）情境引入、聚焦话题

教师："同学们，生活中你们一定看到过部分腐烂的苹果吧？我们在科学上把苹果烂了称之为发霉了，你认为发霉的苹果还能吃吗？为什么？你们的家长和你们的观点一致吗？你们能说服他们吗？我们能不能在实验室使用显微镜进行科学研究，寻找证据来找到这个问题的答案呢？今天我们就一起来研究发霉的苹果能不能吃？"

设计意图：根据学生前期对显微镜使用方法的学习和对微小世界的了解与认知，本节课重在与生活实际相联系，关注生活中的问题与微生物的关系，以一个发霉的苹果作为切入点，引发学生的认知冲突，促使学生关注其他同学的观点，从而激发学生的研究兴趣。

在情境引入时了解到，虽然大部分学生认为部分发霉的苹果不能继续食用，但是原因并非是认为里面有附着的霉菌，而是随着生活质量的提升，有的家庭认为部分发霉或者有瑕疵不够美观的食品都是不能继续食用的。还有一些同学提到家里出现这样的苹果，家长本着节约的思想认为未发霉的部分可以食用，而自己长期接受这样的教育，也认同这一做法。同时，也有部分学生通过其他渠道知道看似完好部分的苹果，有可能也被霉菌感染了，但是这一观点很难说服自己的家长。所以将问题聚焦在“发霉的苹果还能吃吗？”这个问题上，尊重学生的实际需求，激发探究兴趣，同时将生活经验与科学论证进行区分和辨别，其目的是培养学生基于证据进行科学解释的意识和方法。

（二）探索与调查

（1）在解答环节中设计、完善实验方案。

1）小组讨论、汇报。

针对这个问题，你们打算怎么研究？

希望观察到________现象，说明了________。

2）讨论方案的可行性。

你们是怎么设计的？哪些小组有补充或质疑？

3）形成较为完善的实验方案。

根据学生们的建议，先从有霉菌的地方挑取部分样本，观察苹果发霉处霉菌的样子，再从肉眼不可见霉菌的地方挑取部分样本制作标本进行观察，利用比较、分析的思维方法寻找、辨别和霉菌类似的结构，以此来验证苹果发霉处的周围是否存在霉菌。

教师：“你们希望看到什么现象？我们的确见过几种霉菌的样子，苹果里的霉菌长什么样，你们知道吗？”

教师给出如图 4 所示的苹果发霉处的霉菌，让学生了解苹果里的霉菌长什么样（霉菌：菌丝、孢子）。

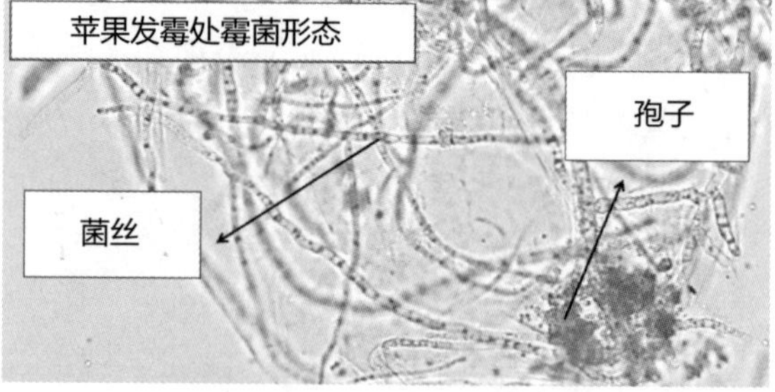

图 4　苹果发霉处霉菌形态

设计意图：解答环节的设计是在观察实验前的理论实验阶段，大家集思广益，共同研讨设计实验方案。学生选择确定了研究问题之后，形成自己的假设，再用比较、分析的思维方法完善实验方案，并以此为基础开展实验探究。在这一环节中，着重培养学生能够对问题有自己的假设，并对结果有预测及相应的解释，从而有效地发展学生的理性思维。

（2）在取证中再次解答，验证发霉部分以外其他地方是否同样存在霉菌。

1）取证——实验一：检验苹果发霉处霉菌实验。

学生分组自制发霉苹果实验装片。将找到的认为是霉菌的结构及时拍照留存，最后将找到的最清晰的画面停留在平板电脑上供大家交流分享使用。

结论：在发霉处的确找到了霉菌的菌丝和孢子结构，证实这些部分不能食用，同时认清苹果里霉菌的形态。

2）解答与取证——实验二：检验苹果未发霉处是否存在霉菌实验。

由于课上时间有限，不能满足同学提出的在多个地方分别取样去观察的想法，教师选择在距离发霉处的最远端挑取部分苹果果肉做实验装片，让各组学生用刚才的方法继续观察，寻找证据证明自己的观点。

设计意图：在实验一“检验苹果发霉处霉菌实验”中进行取证，通过找寻霉菌的菌丝、孢子结构作为实验重点，得出发霉处明显存在霉菌的结论；在实验二“检验苹果未发霉处是否存在霉菌实验”取证前再次进行解答，针对“何处取样”这个问题，同学们广泛地发表了观点并进行了科学解释，在倾听基础上进行科学论证，展现学生推理演绎的思维过程。解答环节给予学生实验主人的身份，通过再次自主设计实验方案，了解学生实际需求，展现了学生头脑中的理论模型，发展学生的实证意识，拓展了学生的学习空间。基于被广泛认可的实验方案再次进行取证，从而解决问题。

（3）在评价环节中生生互动，将问题解决的同时衍生更多的问题。

通过分组汇报讨论寻找到的证据和分析得到的结果，找到实验一拍下的霉菌图片，两图对比分析，让大家找不同，发现在数量上和形态上略有不同。分析得出结论：苹果发霉了，除了发霉的地方外，其他肉眼未见发霉的地方也有少量霉菌存在，建议大家不要食用。

设计意图：在证据面前使用比较、分析、归纳的思维方法进行科学论证，总结得出结论。在生生互动的交流分享中，拓展思维空间。学生们就是在这样生生互动的交流分享中，不断补充发现，批判质疑，进行科学论证，在提高学生思维品质的同时发展学生批判质疑的科学素养。

（三）拓展应用

教师总结：听到整个苹果都不能吃，一些人难免觉得有些浪费，但是本着对健康负责的观点，还是建议大家不要食用。虽然我们用肉眼见不到远端的霉菌，但是看不见≠不存在，希望大家能够科学饮食，健康生活。但可以转换视角，思考如何能够避免食物发霉？

设计意图：本节课从提出问题到解决问题，经历了完整的探究过程，针对本节课“发霉的苹果建议不继续食用”这一结论，一方面引导学生基于实证的观点进行合理饮食、健康生活，另一方面是启发学生思考如何做能够减少发霉情况的发生，避免浪费。鼓励学生思考避免发霉的方法和途径，从而科学指导大家养成健康的生活方式。

七、实验效果评价

数码生物显微镜的拍照上传功能为课堂教学调控及评价提供重要依据。不仅能够在课堂上关注学习进程，有效调控教师教学行为，还能在课后辅助教师完善课堂的形成性评价。课堂上学生通过平板电脑拍照功能留存的霉菌照片数量及过程评价，如表 1 所示。

表 1　课堂上学生通过平板电脑拍照功能留存的霉菌照片数量

组号	1 组	2 组	3 组	4 组	5 组	6 组	7 组	8 组	9 组
照片数量	4 张	5 张	4 张	6 张	3 张	7 张	5 张	6 张	4 张
是否是霉菌形态	√	√	√	√	√	√	√	√	√
过程性评价	☆☆☆	☆☆☆	☆☆☆	☆☆☆	☆☆	☆☆☆	☆☆☆	☆☆☆	☆☆☆

注：每个小组平均留存 4 张照片，且找到的都是霉菌结构，以此为判断标准，4 张（含 4 张）照片以上的小组在过程性获取证据这一项课堂评价中获得 3 颗星，少于 4 张的小组获得两颗星。

叶会蒸腾水分吗?

广东省中山市小榄镇永康小学　邓洁莹

一、使用教材

粤教版小学《科学》五年级上册第五课“叶会蒸腾水分吗”。

二、实验器材

温度湿度探头、补光灯、LED 显示屏、植物、自动补水式花盆、电脑、纳米双面胶、透明塑料纸、电池。

使用以上器材制作创新教具“探究叶会蒸腾水分装置”，如图 1 所示。该装置是一个密闭的小温室，上部由一个透明塑料罩代替原实验中的塑料袋，可以重复利用，环保节约。中间添加密封条，增强整个装置的密封性，用塑料纸隔绝了泥土中水分的蒸发，底部是个自动补水式花盆，可以让被实验的植株长期保持湿润，避免影响实验结果。罩子的顶部添加了一个仿太阳灯光，在室内模拟阳光使用。

图 1　探究叶会蒸腾水分装置

实验中在罩内添加了一个温度湿度探头，可以检测罩内的温度湿度并把数据呈现在 LED 屏上。由于后面设计的都是对比实验，该装置支持两组数据同时录入，能够看到 A、B 两组的实时温度和湿度，如图 2 所示。

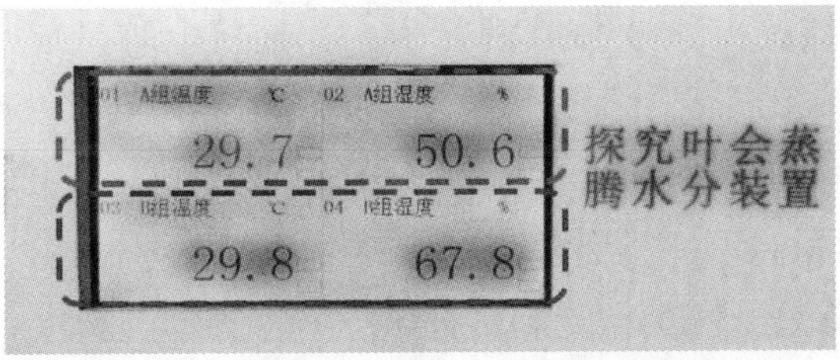

图 2　LED 屏幕显示 A、B 两组温度湿度

另外，该装置还可以连接到电脑，通过软件程序呈现两组数据的实时曲线对比图，如图 3 所示。这样就可以通过湿度数据去定量探究蒸腾的整个动态变化过程。

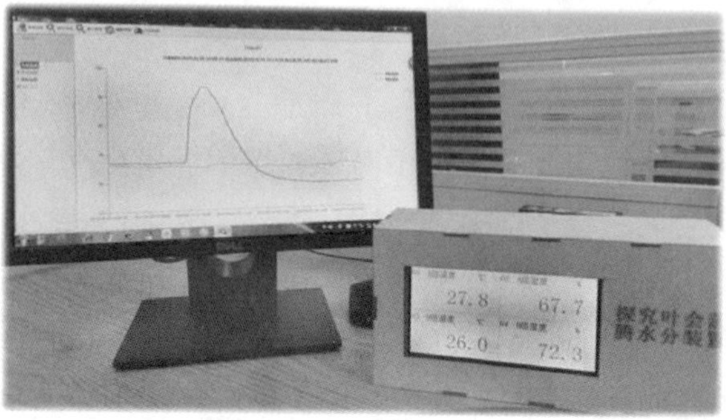

图 3　电脑呈现 A、B 两组实时曲线数据对比图

三、实验创新要点/改进要点

（一）原实验的不足

（1）户外实验受天气影响大，现象等待时间长。

（2）学生难以用肉眼区别水珠的多与少。

（3）无法通过实验直观感知蒸腾意义。

（二）实验创新点

（1）使蒸腾的过程可视化，通过数据呈现蒸腾的动态变化过程。

（2）大大缩短实验的时间，更高效率完成探究。

（3）补充说明了茎也能进行少量的蒸腾现象。

（4）验证了蒸腾能降低植物表面的温度。

（5）充足的数据，结合统计图让实验结果更直观，定量探究更有说服力。

四、实验原理/实验设计思路

本创新教具“探究叶会蒸腾水分装置”是通过两个密闭的小温室，内置仿太阳灯、温度湿度探头，外接 LED 显示屏，并连接电脑呈现数据变化过程。通过湿度温度数据和对比图定量探究植物蒸腾的动态变化过程，通过运用控制变量法，选取合适的植株便可在室内完成书本中的户外实验。

五、实验教学目标

（1）科学知识：知道叶片能蒸腾水分，了解蒸腾的意义；知道其他因素也能影响蒸腾的快慢。

（2）科学探究：学会自主设计对比探究实验；会科学地描述实验现象并分析简单的数据。

（3）科学态度：体验科学的乐趣，善于观察生活，勤思考。

六、实验教学内容

利用创新教具进行三个环节的探究课堂设计。

环节一：提出问题、进行猜想。展示袋子里有水珠的现象，引发学生提问：为什么袋子里有水珠呢？学生猜想：植物能发生蒸腾。继续提出问题：那么是哪个部分发生蒸腾呢？蒸腾受什么因素影响？

环节二：设计实验，开展探究。先向学生简单介绍教师自制教具的功能，展示提前准备的植株，让学生小组讨论如何用控制变量的方法，选择合适的植株设计进行对比实验（五年级的学生已经有初步设计实验的能力，教学中应该培养学生的自主设计能力，达成科学探究教学目标 1——学会自主设计对比探究实验）。

环节三：观察现象、得出结论。先让学生用科学的语言去描述实验现象，重在培养学生的观察能力和科学表达能力，再通过湿度数据对比图，帮助他们分析得出结论（达成了科学探究教学目标 2——会科学地描述实验现象并分析简单的数据）。

其中环节二是教学过程的重要环节。

七、实验教学过程

（一）实验 1：探究植物蒸腾水分的部位

在对比实验中要注意运用控制变量法，在本实验中，单一变量是：去叶与带叶，无关变量是植物种类和长势、阳光强弱。在对比实验中要控制无关变量保持一致，对比实验才会准确有效。因此，实验设计如下：首先选取相同种类、长势一致的植株，A 组（去叶）与 B 组（带叶），都点亮补光灯，罩上罩子，如图 4 所示。在记录单 1 上记录两组植株的起始湿度和 10 min 后的湿度，同时观察它们的实时数据对比图。

10 min 过后观察到 A 组无明显水珠，B 组出现明显水珠，得到 A 组（去叶）和 B 组（带叶）的湿度数据对比图，如图 5 所示（注：每次演示数据不同，此为其中一次有效数据）。可以看到随着时间的增加，去叶与带叶植株都在发生蒸腾，但是带叶植株蒸腾强度远大于去叶植株。因此，得出结论：蒸腾的主要部位是叶子，茎也

A 组（去叶）　B 组（带叶）

图 4　探究植物蒸腾水分的部位

能进行少量蒸腾现象。

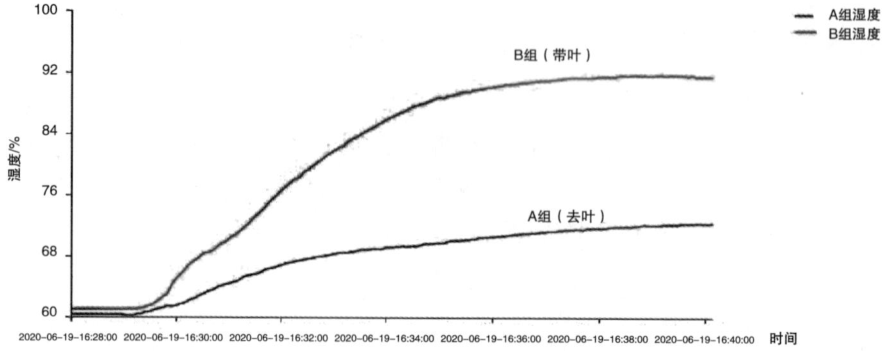

图 5 A 组（去叶）和 B 组（带叶）的湿度数据对比图

（二）实验 2：探究叶片总面积对水分蒸腾快慢的影响

在本对比实验中，单一变量是：少叶植株和多叶植株，无关变量是：植物种类和长势、阳光强弱。实验装置如图 6 所示。

A 组（少叶） B 组（多叶）

图 6 探究叶片总面积对水分蒸腾快慢的影响

10 min 后得到 A 组（少叶）和 B 组（多叶）的湿度数据对比图，如图 7 所示。可以明显地看到，随着时间的增加少叶植株和多叶植株都在发生着蒸腾，但是多叶植株的蒸腾速率要大于少叶植株。因此可以得出结论：叶片总面积越大，蒸腾速度越快。

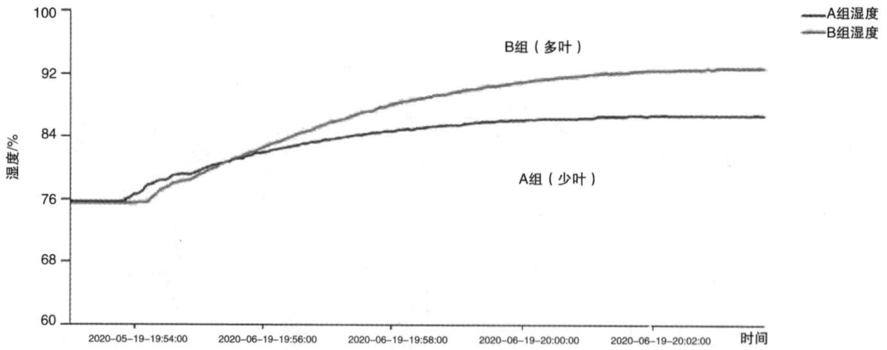

图 7 A 组（少叶）和 B 组（多叶）的湿度数据对比图

（三）实验 3：探究阳光强弱对水分蒸腾快慢的影响

在本实验中只要确定单一变量 A 组（弱光）不打开补光灯，B 组（强光）

打开补光灯，控制好无关变量就能完成实验探究，如图 8 所示。

A 组（弱光）　B 组（强光）

图 8　探究阳光强弱对水分蒸腾快慢的影响

10 min 后得到 A 组（弱光）和 B 组（强光）的湿度数据对比图，如图 9 所示。通过分析可以得出结论：阳光越强，蒸腾速度越快。

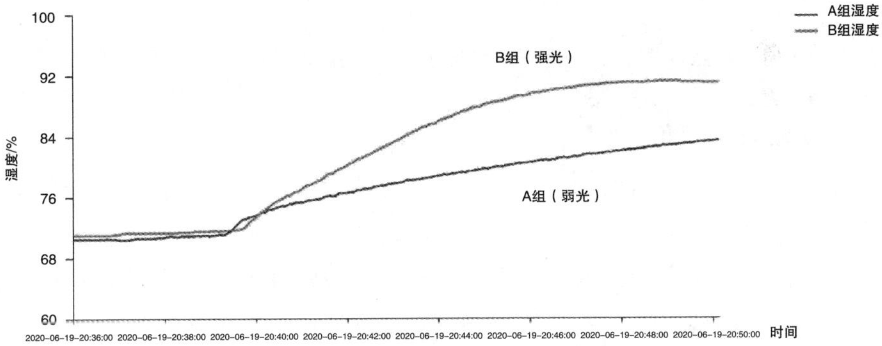

图 9　A 组（弱光）和 B 组（强光）的湿度数据对比图

（四）实验 4：探究植物蒸腾的意义

在进行本实验之前，教师会先提出问题：现在正值夏季，同学们知道为什么炎炎烈日下的叶子不会被晒焦吗？我们可以利用教具探究植物蒸腾过程中周围的温度变化情况，首先把两个罩子的灯光都打开，控制无关变量，其中 A 组探头远离植株，B 组探头接近植株，观察一段时间内两个探头测得的温度变化，如图 10 所示。

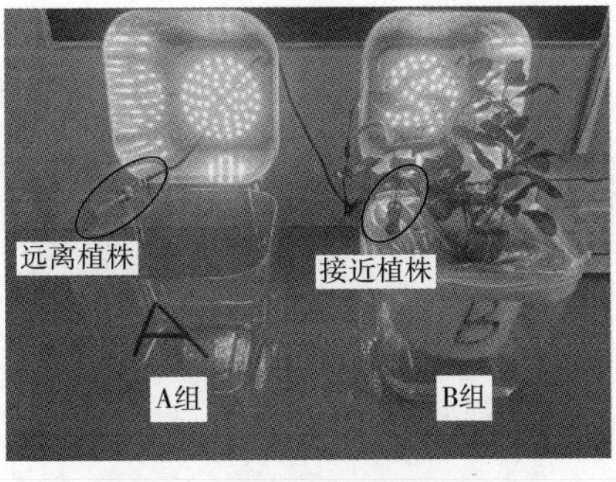

图 10　探究植物蒸腾的意义

通过数据图（见图 11）可以看出，在灯光热量的作用下，A 组远离植株的探头测得温度上升较快，而 B 组接近植株的探头测得温度在较平缓地上升，说明植物蒸腾的过程能吸收多余热量，使气温降低，并降低植物叶片的温度，避免叶片被灼烧。因此烈日下的叶子也不会被晒焦。蒸腾的意义还包括能够散失大量的水分，促进水和无机盐向上运输。

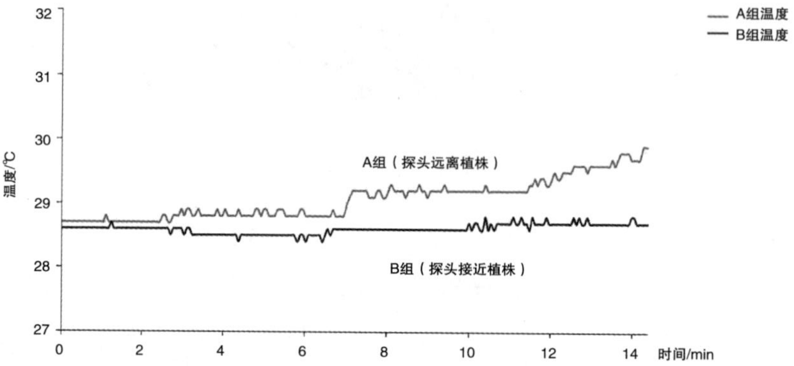

图 11　A 组（探头远离植株）和 B 组（探头接近植株）的数据对比图

八、实验效果评价

本实验教学通过运用创新教具教学，大大缩短了实验的等待时间，让学生能够在室内进行实验。学生看到水珠现象的同时，还能通过湿度数据看到蒸腾的整个动态变化过程，让实验达到定量探究的目的。教师在课堂中强调了对比实验设计的严谨性，帮助学生更深入掌握控制变量法的使用。每个实验中的定量探究也锻炼了学生通过观察数据、分析数据得出结论的能力。

空气能占据空间吗？

宜春市宜阳学校　林传秀　罗潇怡

一、使用教材

教科版小学《科学》三年级上册“空气”单元第二课“空气能占据空间吗”。

二、实验器材

自制连通器、漏斗、量杯、气球、有色橡皮圈、可插入试管的锥形瓶、打气筒、水槽等。

三、实验创新要点/改进要点

（1）原教材中的“纸团和塑料杯”的实验由于学生操作不慎容易造成实验失败，进而选用“3 个连通瓶”代替实验。

（2）选择使用气球代替瓶盖封口，可观察到瓶口气球的鼓起与瘪下，能直观感受到空气的存在与空间被占据；用有色橡皮圈标记水位高度并将水染成红色，便于学生对比观察水位的升降变化。

（3）选用可插入试管的锥形瓶、打气筒、水槽来代替原教材第二个实验中采用的塑料瓶、橡皮泥、吸管。

四、实验设计思路

原教材中采用“纸团和塑料杯”实验来验证“空气能占据空间”。空气是看不见摸不着的，学生操作不慎容易造成实验失败。改用 2 个连通瓶来进行实验，形象直观地感受液体和空气的空间转换，但是由于操作过程过于简单，使学生仅仅停留于直观感受空气占据空间的阶段。最终选用 3 个连通瓶来进行实验，使空气占据空间的现象更明显直观，实验过程变静为动，调动学生对这一实验的探究兴趣，让他们能更加明确空气占据空间这一科学概念。实验改进过程，如图 1 所示。实验过程中让学生利用所学的“空气能占据空间”这一科学概念，小组合作解决问题，使不倾斜的瓶子中的水冒出来。

教材实验　　　　初步改进　　　　最终改进

图 1　实验改进过程

五、实验教学目标

（1）知识目标：空气占据空间。

（2）探究目标：利用实验证实空气能占据空间，在实验的基础上，让学生进行猜测并解释。

（3）情感、态度与价值观目标：培养学生乐于实验、实事求是、认真细致的科学态度。

六、实验教学内容

知道空气能占据空间，设计实验证实这一科学概念。

七、实验教学过程

（一）创设情境，激发兴趣

让学生用塑料袋进行“抓空气”和“放空气”小游戏，初步感知空气是占据空间的，激发学生对科学探究的兴趣。

（二）师生合作，小组探究

在进行实验之前，先向学生展示向敞开的连通器中注水。静止时，连通器中水面相平，证明自制连通器是连通的。设计探究实验——通过观察连通器中的水位高度变化来证明空气占据空间。

图 2　学生进行初步探究实验

（1）学生组成小组进行初步探究实验，如图 2 所示。实验步骤、实验过程中的现象及实验结论见表 1。

表 1　初步探究空气占据空间

实验步骤	实验现象	实验结论
盖紧 3 号瓶盖，用气球封住 2 号瓶口，再往 1 号瓶中注水	1 号瓶中水位高于连通管口； 2 号瓶中有一点点水，且瓶口气球鼓起； 3 号瓶中没有水	空气占据一定空间

（2）小组继续探究，如图 3 所示。实验步骤、实验过程中的现象及实验结论见表 2。

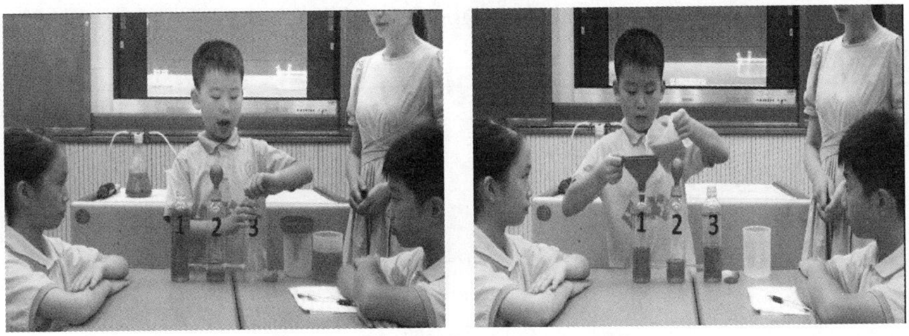

图 3　学生进行再次探究实验步骤

表 2　再次验证空气占据空间

实验步骤	实验现象	实验结论
①打开 3 号瓶盖	1 号瓶中水进入 2 号、3 号瓶中，且最终 1 号、3 号瓶中水位高于 2 号瓶	空气占据一定空间
②标记 2 号瓶中水位高度，再次向 1 号瓶中注水	1 号、3 号瓶中水位同时上升，最终 1 号、3 号瓶中水位相同，2 号瓶中水位不变	

（3）小组继续探究，如图 4 所示。实验步骤、实验过程中的现象及实验结论见表 3。

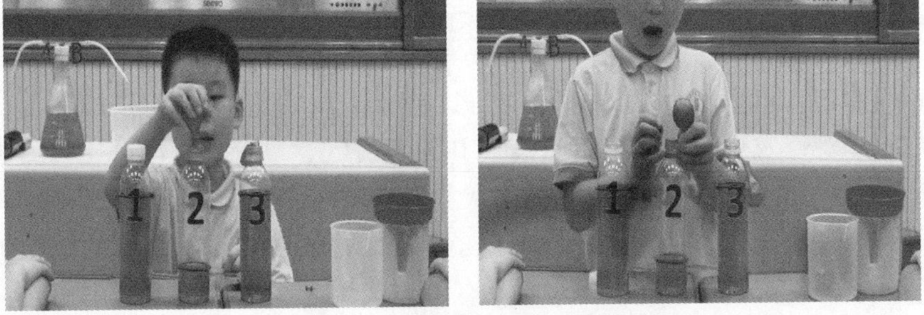

图 4　学生进行最终探究实验步骤

表 3　最终明确空气占据空间

实验步骤	实验现象	实验结论
①盖紧 1 号瓶盖，用气球封住 3 号瓶口，并标记 1 号、3 号瓶中水位高度，再挤压 2 号瓶口气球，使得气球中的空气全部进入瓶中	1 号瓶中水位不变，2 号瓶中水位下降，3 号瓶中水位上升和瓶口气球鼓起，且 2 号、3 号瓶中水位高度变化大致相同	空气能占据空间
②打开 1 号瓶盖，扎破 3 号、2 号瓶口气球	1 号、3 号瓶中水位同时下降，2 号瓶中水位上升，且最终 3 个瓶中水位相同	

整个实验通过连通器中水位高度变化，让学生直观、形象地感受到看不见、摸不着的空气能占据空间。

（三）小组合作，解决问题

学生都知道人往高处走，水往低处流。让学生利用课上所学知识和准备好的实验器材，在不倾斜瓶子的情况下，让水从瓶中冒出来，实现水往高处流的神奇现象。注意在实验过程中要保证所有连接口是密封的，让学生分组合作探究实验，如图 5 所示。

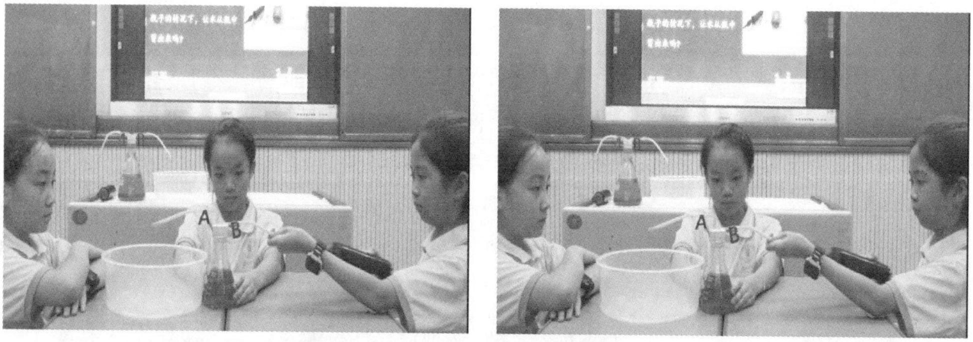

图 5　小组合作探究“水往高处流”

将没有插入水中的玻璃管称为 A 管，插入水中的玻璃管称为 B 管。在小组实验过程中观察发现，有的小组直接往 B 管口打气，没有水流出；还有的小组直接往 A 管口打气，有水从 B 管口流出。教师向学生提问，产生以上实验现象的原因是什么？小组讨论并回答问题。在小组实验过程中，还发现有的同学不断往 A 管口打气，打到一定程度，B 管口没有水再流出来了。继续向学生提问，产生以上实验现象的原因是什么？小组继续讨论并回答问题。

通过让学生自主设计和操作，亲身感受科学的神奇力量，激发学生爱科学、学科学的美好愿望，突破本节课的难点。

（四）拓展延伸，学以致用

在拓展延伸、学以致用的环节中，教师让学生举例说明生活中运用“空气占据空间”的例子。如游泳圈、篮球、充气沙发、充气泳池、充气船等，当车的轮胎没有气时，就需要往里面注入空气（播放给轮胎打气演示视频）。利用空气占据空间给我们的生活带来了很多便利，然而有时又是一种困扰，当我们的衣橱空间有限时，就需要抽出收纳袋中的空气，减少占据空间的空气（播放抽出收纳袋中空气演示视频）。

这一环节的设计让学生明白科学源于生活，学好科学才能更好地服务于生活。

八、实验效果评价

本节课中，教师根据三年级学生的认知特点，对教材上原有的实验进行了改进。

（1）选用“3个连通瓶”代替“纸团和塑料杯”实验，使学生直观感受到猜测的验证过程，从而更加明确空气占据空间。其优点：实验操作简单，实验过程变静为动，实验现象明显直观，激发学生对这一实验的探究兴趣。

（2）选择使用气球代替瓶盖封口。其优点：可反复操作，使实验现象重复出现；通过观察气球的鼓起与瘪下，感受空气的存在与空间的占据；用有色橡皮圈标记水位高度并将水染成红色。其优点：学生能更方便地对比、观察水位的升降变化，明确空气占据空间。

（3）选用可插入试管的锥形瓶、打气筒、水槽来代替教材第二个实验中采用的塑料瓶、橡皮泥、吸管进行实验。其优点：密闭性更好，操作更简单、卫生、安全，实验效果更直观明显，实验材料可重复使用。通过优化实验教学设计，能提高实验的有效性。

水结冰了

四川师范大学附属实验学校　王辉

一、使用教材

教科版小学《科学》三年级上册“水”单元第三课“水结冰了”。

二、实验器材

实验材料如图 1 所示，其中为学生准备的材料为：低温（-18 ℃左右为宜）饱和食盐水、外径 12 mm 的小试管、温度计、自制温度计固定器、自制试管固定器、黑色小胶圈、100 mL 烧杯。教师所需材料为：学生材料一套、课件、保温箱等。

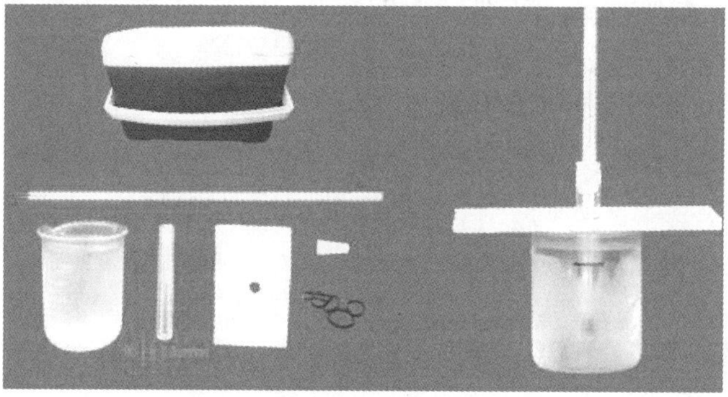

图 1　实验材料

三、实验创新要点

（一）低温饱和食盐水代替“碎冰+食盐”

（1）教材实验材料（碎冰+食盐）的不足：如图 2 所示，教材中用碎冰+食盐来创造低温环境，教师需要提前准备大量碎冰，耗时费力，并且碎冰不易保存；“碎冰+食盐”不透明，学生看不见水结冰的情况，需不停地把试管取出，操作较繁琐；试管取出时外壁粘上的食盐，会影响学生判断冰的形成；取出、放入试管的过程可能会“移动”橡皮筋，从而影响学生对水面高度的判断。

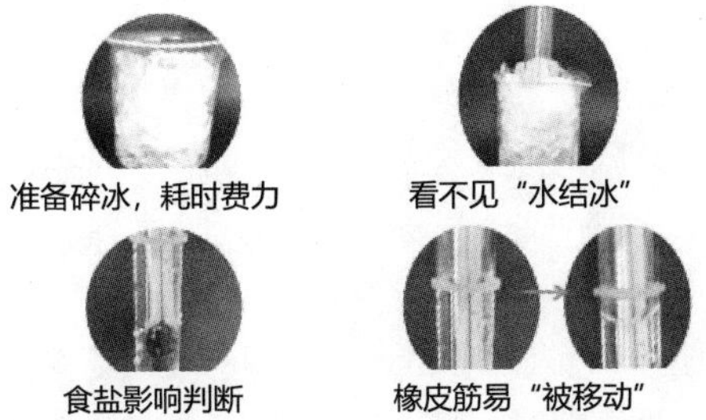

图 2　教材实验的不足（碎冰+食盐）

（2）改进思路：抛开教材中的实验材料，分析实验的本质，发现实验材料只需要具备透明、低温的特点即可。通过查询资料得知，饱和食盐水的凝固点在-20 ℃左右，将温度控制在-18 ℃左右刚好出现透明、低温的液体状态（见图 3）。

如图 4 所示，刚从冰箱里取出的食盐水温度为-18.7 ℃，放进保温箱 20 min 后取出，温度为-15.1 ℃，低温饱和食盐水储存简单，为教师开展教学提供了便利。

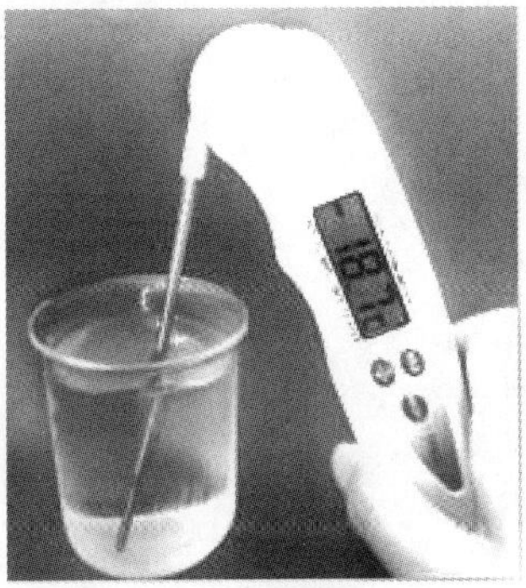

图 3　-18.7 ℃的饱和食盐水

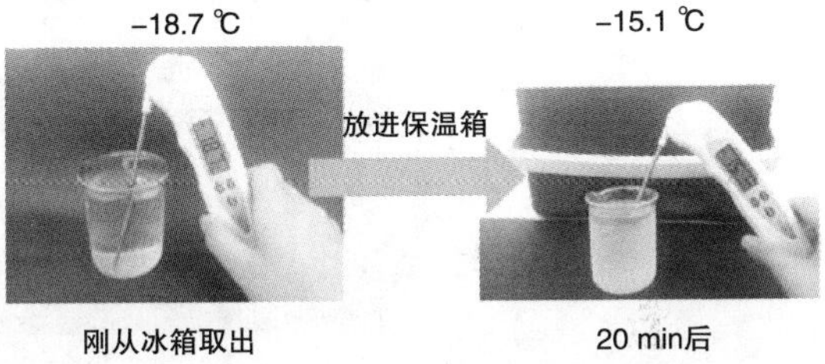

图 4　低温饱和食盐水易储存

（3）改进效果：①水结冰过程可视化；②实验材料容易准备；③避免橡皮筋“被移动”；④缩短水结冰时间。

（二）自制温度计固定器、试管固定器

（1）教材实验材料（手持温度计和试管）的不足（见图 5）：①教材实验过程中，学生手持温度计，操作困难，若持续时间过长，难免会有温度计磕碰试管壁的现象，导致读数不准确；②实验过程中试管易倾斜，影响实验数据。

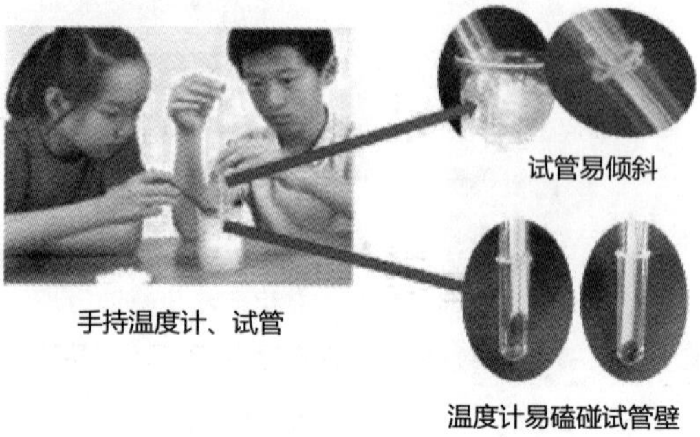

图 5 教材实验材料的不足（手持温度计和试管）

（2）改进思路：基于这些不足，对实验材料进行改进。设计试管固定器和温度计固定器，如图 6 所示：①温度计固定器采用有弹性、有厚度的橡胶塞，防止温度计倾斜，方便后期搅动；②试管固定器采用一定宽度的泡沫板制作，使试管平衡。

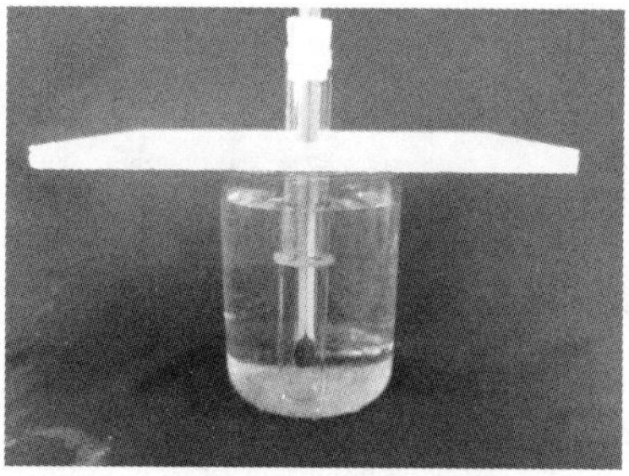

图 6 自制温度计固定器和试管固定器

（3）改进效果：①解放学生双手；②实验数据更准确；③减少与空气的热量传递。

（三）黑色扁平胶圈代替黄色橡皮筋

教材中使用黄色橡皮筋标记水面高度，在实验过程中发现，黄色橡皮筋容易滚动，不贴合试管壁。黑色扁平胶圈代替黄色橡皮筋，扁平形状更加贴合试管壁，并且黑色更加明显，方便学生观察（见图 7）。

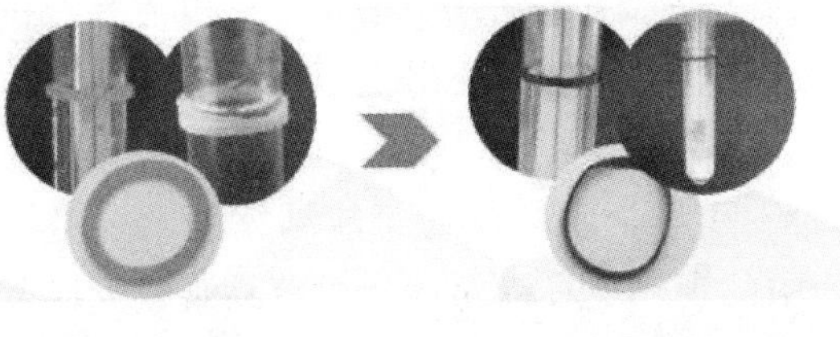

图7　黑色扁平胶圈代替黄色橡皮筋

四、实验原理

当水温下降到 0 ℃时，水开始结冰，从液态变成了固态，体积增加，且水结冰时会向周围放出热量。

五、实验教学目标

（1）通过实验观察，当水温下降到 0 ℃时，水开始结冰，从液态变成了固态。

（2）观察到水结冰后的变化。

（3）认真观察、记录水结冰过程中的各种变化。

（4）在实验观察活动中保持认真、细致的态度。

六、实验教学内容

（一）创设情境

采用提问的方式，比如：①现在的室温下，水会结冰吗？②如果让水的温度一直下降，会出现什么现象？③温度为多少时水开始结冰？通过此类有层次、有逻辑的问题，引发学生深度思考，使学生的关注点聚焦到本实验上，激发学生的探究兴趣。

（二）实验探究

（1）实验探究过程。

1）通过组织学生交流讨论的方式，聚焦问题。

2）出示相应的实验材料，引发学生进一步思考。

3）教师讲解关键步骤，帮助学生更好地理解实验过程。

（2）实验探究过程中需注意的问题。

1）提前告知学生材料特点。让学生明白低温饱和食盐水能够提供低温环境，避免出现认知偏差。

2）难点问题提前铺垫。在试教中发现，如何判断水开始结冰是一个观察难点，三年级学生总认为结成冰团才算开始结冰，所以需要教师帮助学生明确要观察的现象及如何判断水开始结冰：只要出现薄薄的冰层或者试管内变模糊，就可以判断水开始结冰了。

3）观察点的选择。引导学生在认为可能结冰的几个猜测温度点进行重点观察，使后续实验过程中的观察更具针对性，更容易观察到试管内水的变化。

4）避免出现“过冷现象”。“过冷现象”即水温降到 0 ℃以下仍未结冰的现象。造成这个现象的原因是水要结冰需要先形成至少一个结晶核，但是水在很快冷却的情况下，结晶核不容易产生，以至水温降到 0 ℃以下还保持着液态。因此，建议在达到预测结冰温度时，前后轻轻晃动温度计，搅动试管里的水，避免出现过冷现象。

（三）反馈梳理

实验结束后，由学生根据观察到的现象说出自己的发现，引导学生分析实验数据，进而完善实验结论：水在 0 ℃时开始结冰，水结冰后所占据的空间变大。

七、实验教学过程

本实验以“倡导探究性学习”课程理念为基础进行设计，简单分为以下几个环节。

（1）创设情境：通过提问层层深入，引导学生深度思考，激发探究兴趣。

（2）实验探究：引导学生有序高效地进行实验，明确实验方法和观察要点，给学生合作的机会，自己去探究、去发现，并做好记录，让学生有一定的探索自由度。

（3）反馈梳理：引导学生分析实验数据，进而完善实验结论（水在 0 ℃时开始结冰，水结冰后占据的空间变大），达成教学目标。

八、实验效果评价

（1）实验改进后：①水结冰过程可视化；②实验材料容易准备；③避免橡皮筋“被移动”；④缩短水结冰时间；⑤解放学生双手；⑥实验数据更准确；⑦减少与空气的热量传递，有效达成了实验教学目标。

（2）帮助学生更科学、准确、直观地捕捉到水刚开始结冰时的现象，体验物质状态的变化，完善学生的观察认知，构建相应的科学概念。解决了教材和实际操作过程中的问题，有效鼓励学生进行持续性探究。

（3）通过本次实验探究，不仅让学生对物质变化有了感性认识，丰富了原有认知，还激发了学生的学习积极性和科学探究兴趣。

热空气和冷空气

云南省楚雄开发区永安小学　王志娟

一、使用教材

本课选自苏教版 2019 版小学《科学》三年级上册第一单元“认识空气”第三课“热空气和冷空气”。

二、实验器材

纹影装置：手机及手机支架、凹面镜、升降台。

待测对象：蜡烛、火柴、冰棍或冰水。

三、实验创新要点

本节实验教学课的创新点主要是利用纹影技术将不可被肉眼看见的气流变化转变为可视化图像。通过运用纹影技术让学生能够直观看到热、冷空气的流动方向以及空气是如何循环流动的。

如图 1 所示，传统纹影装置所需的设备有：光源、聚光镜、透镜、刀片、成像设备，准备好这些材料后还需要组装、调试，对于非专业人员来说操作难度较大。改进后的纹影装置只需手机和凹面镜（见图 2）。在手机闪光灯处贴上黑色打小孔的胶带，打开闪光灯获得点光源，用手机拍摄取代相机，利用凹面镜具有聚光、反射作用完成本节实验教学课。

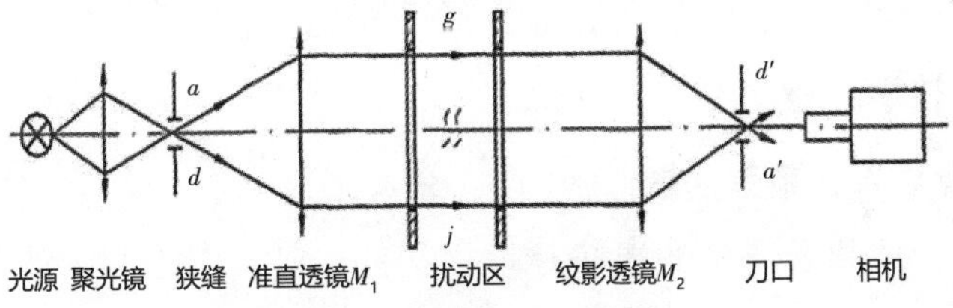

图 1　传统纹影装置

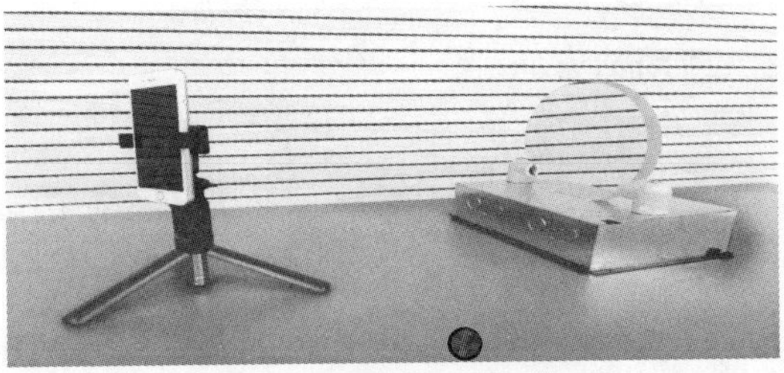

图 2　改进后的纹影装置

四、实验原理

（1）纹影技术原理：纹影技术是一种重要的流场可视化手段，其作用原理如图 3 所示，将被测对象置于光源及光学元件构成的平行光路中，利用气流对光波的扰动，将不可被肉眼所见的气流变化转变为可见的图像。教学时学生只需在实验测试区内放置待测对象，就能通过手机摄像头清晰地看到空气的流动方向。

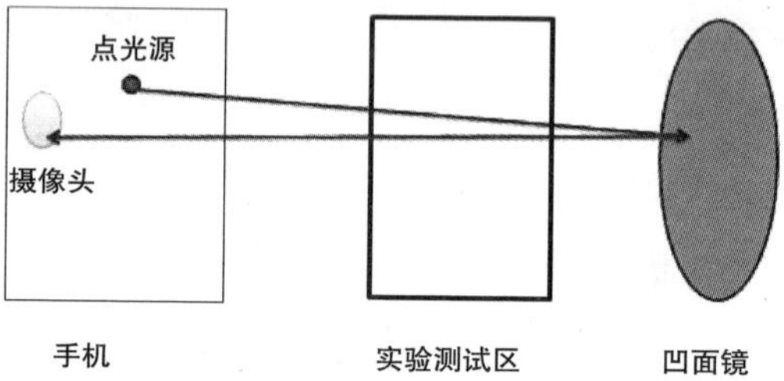

图 3　改进后纹影装置的工作原理图

（2）本课实验原理：空气受热会向上流动，空气遇冷会向下流动。空气总是在循环流动，空气的流动形成风。

五、实验教学目标

（1）知识目标：认识空气受热会向上流动，空气遇冷会向下流动；知道空气总是在循环流动，空气的流动就是风形成的原因。

（2）探究目标：能够利用纹影技术自主探究、认识空气流动的规律。

（3）科学态度目标：乐于运用多种方法完成科学探究，体会创新乐趣。

（4）科学技术与环境目标：激发学生乐于亲近自然、研究自然的欲望。

六、实验教学过程

（一）情境导入，聚焦问题

（1）观看“风起云涌”的视频片段，提问：这其中有哪些你想要探究的科学问题？

（2）聚焦问题：风是怎样形成的，风的形成与热、冷空气有什么关系？

（二）探究热空气流动的方向

（1）提问：如何得到热空气？

根据提供的实验材料提出：利用点燃蜡烛的方式能使周围的空气热起来。

（2）讨论：空气受热后会流动吗？流动的方向是怎样的？

（3）测试：将点燃的蜡烛放置在纹影实验测试区，从拍摄到的画面中可以看到，受热的空气向上流动（见图 4）。

（4）结论：空气受热向上流动。

（三）探究冷空气流动的方向

（1）提问：怎样使周围的空气温度降低？

（2）讨论：空气遇冷后会流动吗？流动的方向是怎样的？

（3）测试：将冰棍或冰水放置在实验测试区，可以看见冷空气向下流动（见图5）。

（4）结论：空气遇冷向下流动。

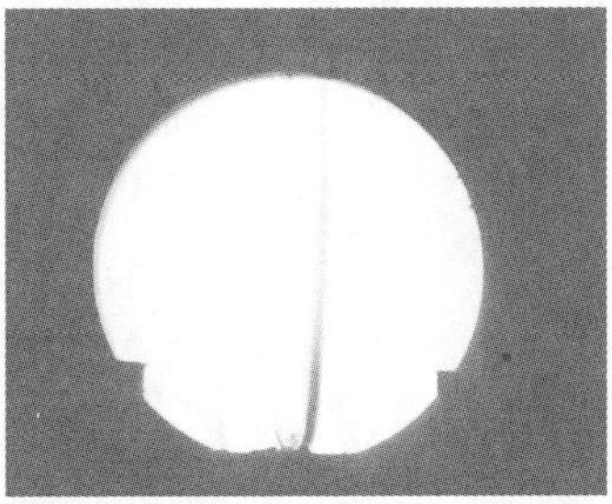

图4 纹影技术下观察到的热空气上升画面

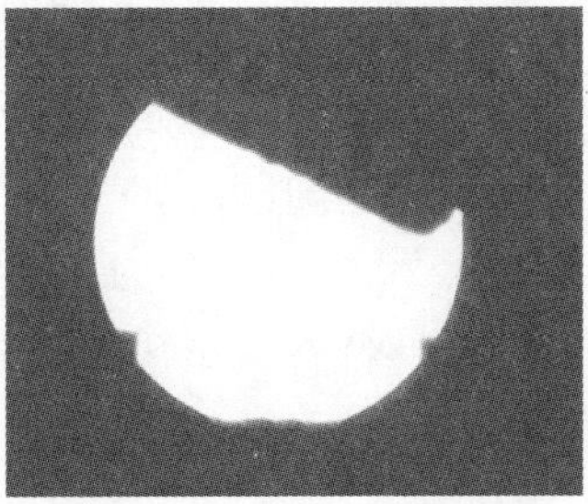

图5 纹影技术下观察到的冷空气下降画面

（四）观察热、冷空气的流动

（1）提问：空气受热上升、遇冷下降，要观察热、冷空气一起时是怎样流动的，在测试区内该如何放置蜡烛和冰水。

（2）回答：下端放点燃的蜡烛、上端放冰水。

（3）现象：空气受热上升、遇冷下降，下降的冷空气遇热气流又上升，这是一个循环往复的过程（见图6）。

（4）总结：空气总是在循环运动的，空气的流动形成风。

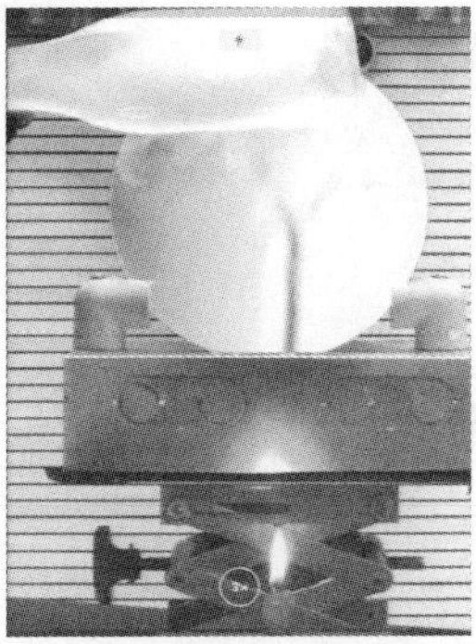

图6 纹影技术下观察到的热、冷空气循环流动画面

（五）学以致用、拓展延伸

（1）解释纸蛇转动的奥秘、火炉和烟囱的设计原理、线香香雾的流动方向、热气球和孔明灯升空的原理。

（2）迁移运用：解释暖气片安置在房间的低处、冰柜的门可以长时间打开的原因。

七、实验效果评价

本节实验教学采用将纹影技术同时用于3个探究活动中，一举多得，解决教学重点，突破教学难点。实验概括有以下3个优点：

（1）创新实验教学模式，运用空气可视化工具，有效解决了原教材现象不明显、操作繁琐的问题。

（2）实验教学的建构具有层次性，在探究热、冷空气流动方向的基础上，解释生活现象，符合学生认知水平。

（3）改进后的纹影装置取材方便，操作简单，现象明显，值得推广。

热空气和冷空气

山东省肥城市教学研究中心　孔令强
山东省肥城市凤山学校　王立同

一、使用教材

“热空气和冷空气”是苏教版小学《科学》四年级上册第一单元“我们周围的空气”第二课。本节课是在学生认识了空气的特点后，探究热空气和冷空气的基本性质，并由此让学生思考生活中运用空气对流的实例。

二、实验器材

（1）自制教具。

1）空气温度测量演示仪：主要由温度传感器、支架、底座、液晶显示屏酒精灯等组成。

2）冷热空气流动演示器：主要由烧杯、铁丝支架、纸筒和冰块等组成。

3）冷热空气流动实验盒：主要由纸箱、温度传感器、透明薄膜、酒精灯等组成。

（2）其他器材：蜡烛、火柴、塑料袋。

三、实验创新要点

（一）创新实验一

自制“空气温度测量演示仪”如图 1 所示，在酒精灯火焰的上方、四周、下方等方位各安装一个温度传感器，点燃酒精灯后，利用智能化手段记录 6 个方位的空气温度，呈现温度的变化，推想热空气的分布情况。

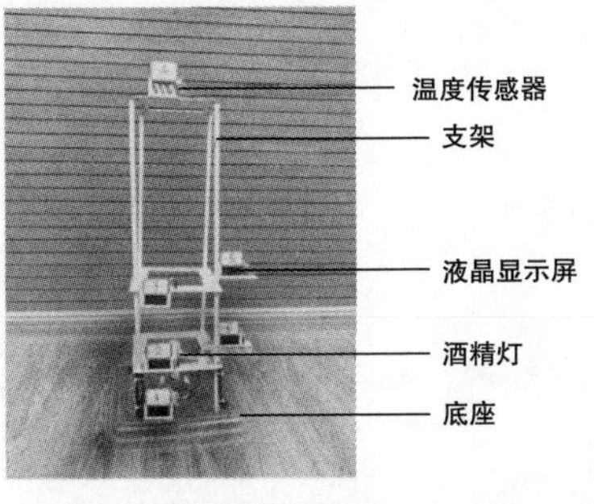

图 1　空气温度测量演示仪

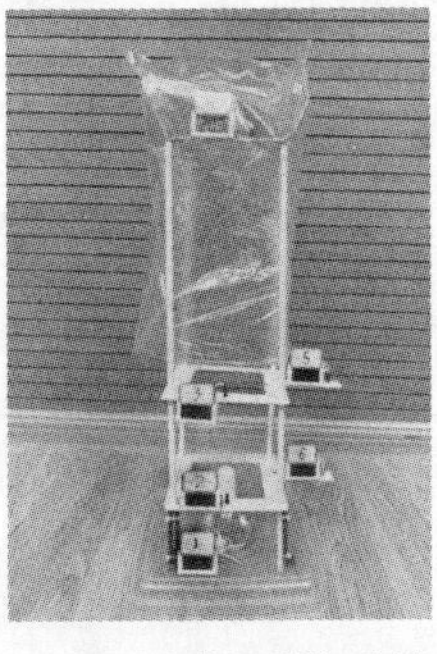

图 2　演示空气受热后的变化

改进后的创新之处：

（1）借助温度传感器，将空气的温度变化以数据的形式直观呈现，实现数据采集的智能化，提高了探究实验的效率。

（2）本套实验材料不仅可以测量火焰周围不同位置空气的温度，也可以用于热辐射、热对流等实验探究。

（二）创新实验二

在自制的“空气温度测量演示仪”上方套上透明塑料袋（见图2），保证塑料袋能自由上下移动。点燃酒精灯，观察现象。

改进后的创新之处：原教材中的实验装置用手拿着塑料袋，操作不方便，实验效果不明显，不利于学生观察现象。改进后的实验装置中，点燃酒精灯前袋子是瘪的，点燃酒精灯后，可以明显看到袋子渐渐由瘪到鼓的过程，袋子也会随着时间推移慢慢上升，且上升速率较为稳定。改进后，不仅便于操作，而且整个实验的现象更为明显且易于观察。

（三）创新实验三

如图3所示，在装有冰块的烧杯上放上铁丝支架，在支架上固定纸筒。点燃纸筒，观察纸筒下方冒出的烟的流动方向。

改进后的创新之处：直观呈现装有冰块的烧杯内烟的流动情况，进而推想空气遇冷后的流动情况。

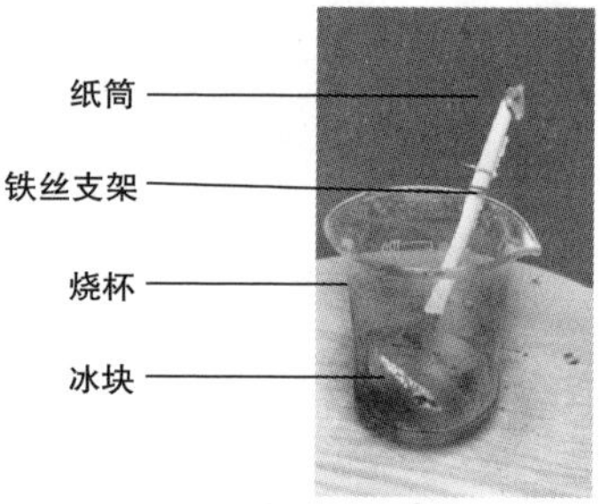

图3　冷热空气流动演示器

（四）创新实验四

如图4所示，用纸箱制作暗盒，在纸箱上标记A、B、C、D四处，连接温度传感器。将酒精灯放入开口处，让学生观察A、B、C、D四个传感器的示数，判断空气的流动情况。

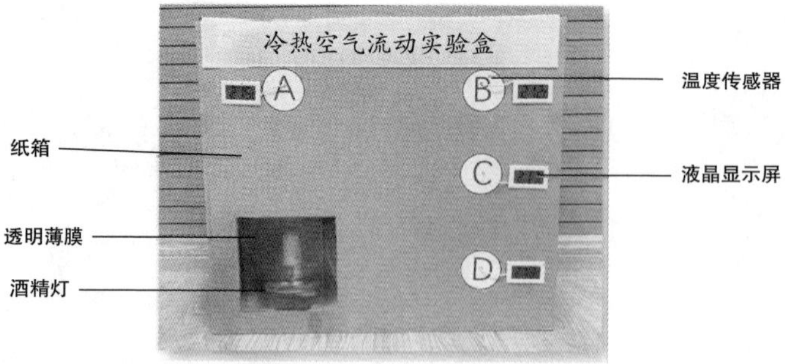

图4　冷热空气流动实验盒

改进后的创新之处：通过温度传感器，数字化地显示了暗盒内不同位置的温度，通过观察温度的变化，直观观察到纸箱内空气变热的过程。

四、实验设计思路

（1）学生从感觉上感受空气的温度，感知热空气和冷空气。当学生的感知无法统一，对冷热空气的分布产生争议时，通过使用精密仪器——温度传感器来测量冷空气、热空气的温度，推想热空气、冷空气的分布。

（2）学生看不到热空气流动的方向，借助在支架套塑料袋，让学生观察塑料袋受热后的变化，用可视化的方法观察实验现象，并引导学生发挥想象，从空气分子的角度，用图示的方法解释观察到的现象。

（3）当学生对冷空气流动方向无法判断时，借助实验器材——冰块，通过观察烧杯内烟遇冷时的流动方向，推想冷空气的流动方向。

（4）探究冷空气和热空气的循环流动，借助实验器材——冷热空气流动实验盒。通过温度传感器，探究纸箱内空气变热的过程，让学生对此过程进行解释，对不同的思路进行比较，分析哪种更合理，增强学生对科学本质的认识。

五、实验教学目标

（1）建立热空气和冷空气的概念；知道热空气和冷空气是怎样相对流动的。

（2）能观察并描述探究过程中空气的各种变化；运用可视化的方法观察实验现象。

（3）通过猜想、画示意图、做实验等形式激发学生探究热空气、冷空气的兴趣。

六、学情分析

通过对四年级学生的前概念进行调查，发现：

（1）有的学生认为热水上面冒出的“白气”就是热空气，忽略了空气是看不见的。

（2）有的学生认为热空气与冷空气是分别存在的，割裂了热空气与冷空气的依存关系。

（3）有的学生认为冷空气是遇冷的空气，必须有冰的存在才会有冷空气，学生对冷空气和热空气产生条件的认识片面化。

（4）有的学生坚持认为空气受热上升是空气的一种本领，没有其他原因。

（5）有的学生认为热空气是自动上升的，忽略了热空气上升是因为冷空气下降。

七、实验教学过程

根据以上分析和课标要求，教师设计了如下教学过程。

（一）点燃蜡烛，“制造”热空气

为了让学生了解热空气的分布，首先用皮肤感觉热空气。教科书设计了“感觉热空气在哪里”的实验。由于每个学生的感受是不一样的，所以难以形成统一认识。且在实际教学中，学生对于火焰下方是否有热空气产生了争议。

为了解决这些问题，是否可以用温度计测量火焰下方的空气温度？但操作中用温度计难以准确测出空气温度，需采用更精密的仪器——温度传感器进行测量，由此设计了“空气温度测量演示仪”。

点燃酒精灯前，首先记录 6 个传感器显示的温度，点燃酒精灯 2 min 后，再次记录空气的温度，实验数据如表 1 所示。通过分析数据，学生会发现：热空气主要集中在火焰周围和上方，火焰的下方因为热辐射的原因也有热空气，这样就解决了学生课前的争议。

表 1　空气温度记录表

传感器显示温度	1 号传感器	2 号传感器	3 号传感器	4 号传感器	5 号传感器	6 号传感器
点燃酒精灯前的温度/℃	20. 3	20. 3	20. 3	20. 3	20. 3	20. 3
点燃酒精灯 2 min 后的温度/℃	22. 6	24. 3	22. 1	24. 6	20. 7	20. 5

（二）探究热空气的流动方向

空气受热后还有哪些变化，热空气向哪个方向流动？为了研究这个问题，教师在支架上罩上塑料袋，点燃酒精灯，让学生观察塑料袋的变化，塑料袋由瘪变鼓，慢慢上升到空中。由此，学生可以得出结论：空气受热后体积变大，热空气向上流动。

塑料袋为什么会上升呢？学生认为：因为热空气变轻了。接着追问学生：热空气为什么会变轻呢？

充分发挥学生的想象力，让学生从空气分子的角度，用画画的方式解释这种现象。如图 5 所示，学生认识到塑料袋内的空气受热，体积变大，部分空气溢出塑料袋，质量变小，因此与同体积的冷空气相比变轻了。

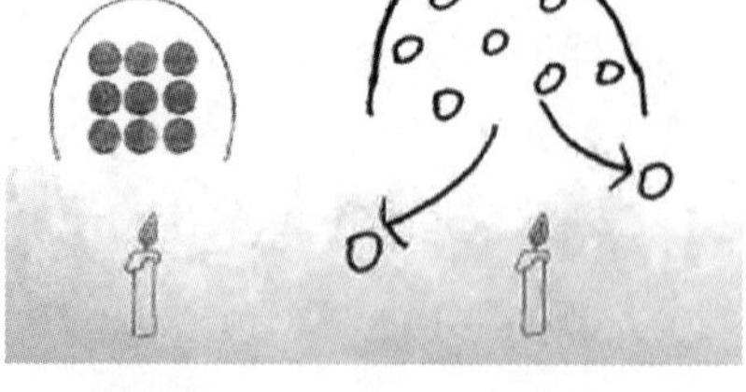

加热前　　加热后

图 5　学生用画画的方式解释加热后塑料袋内空气的变化

教师引导学生继续深入思考：为什么热空气变轻就会上升呢？也许与冷空气有关，从而引发学生对冷空气的探究。

（三）用冰块“制造”冷空气

用皮肤感觉冷空气是不可靠的，所以改用传感器测量温度，根据温度变化推想冷空气的分布。实验时，首先记录放置冰块前6个传感器显示的温度，再记录放置冰块2 min后的温度，实验数据如表2所示。通过分析数据，学生发现：冷空气主要集中在冰块四周和下方。

表2　空气温度记录表

传感器显示温度	1号传感器	2号传感器	3号传感器	4号传感器	5号传感器	6号传感器
放置冰块前的温度/℃	21.1	21.1	21.1	21.1	21.1	21.1
放置冰块2 min后的温度/℃	18.6	16.4	19.9	21.1	20.5	20.3

（四）探究冷空气流动的方向

冷空气向哪个方向流动？可以借助自制教具“冷热空气流动演示器”进行探究，如图6所示。点燃纸筒，发现冒出的烟向下流动。

图6　冷热空气流动对比实验

但学生提出疑问，烧杯内不加冰，烟是否也会向下流动呢？接着开展了对比实验，一个烧杯加冰块，一个烧杯不加冰块。通过实验发现，不加冰块的烧杯内的烟忽上忽下，主要向上流动，加冰块的烧杯内的烟主要向下流动。为什么会产生这种现象呢？引导学生充分发挥想象力进行解释，让学生认识到由于杯子内的空气遇冷，体积变小，比同体积的热空气重，因此会下沉。

（五）探究热空气和冷空气的循环流动

为了探究热空气和冷空气的循环流动，教师设计了“冷热空气流动实验盒”。点燃酒精灯前，首先记录4个传感器显示的温度，再记录点燃酒精灯1 min后的温度，实验数据如表3所示。通过数据分析，学生发现：纸箱内空气的温度是由顶部到底部逐步变高的，表明了纸箱空气变热的过程。

表 3　空气温度记录表

传感器显示温度	1 号传感器	2 号传感器	3 号传感器	4 号传感器
点燃酒精灯前的温度/℃	21.1	21.1	21.1	21.1
点燃酒精灯 1 min 后的温度/℃	25.9	25.0	22.2	21.4

教师继续启发学生发挥想象力，利用所学知识解释纸箱内空气逐步变热的现象，学生给出了两种解释。

（1）第一种解释如图 7 所示：加热后，产生了热空气，周围存在着冷空气。热空气比同体积的冷空气轻，会上升，周围的冷空气补充到热空气上升后留下的空间里，从而形成空气的对流。

（2）第二种解释如图 8 所示：加热后，产生了热空气，周围存在着冷空气。冷空气比同体积的热空气重，在重力作用下会下沉，占据了热空气的空间，热空气被抬升，从而形成空气的对流。

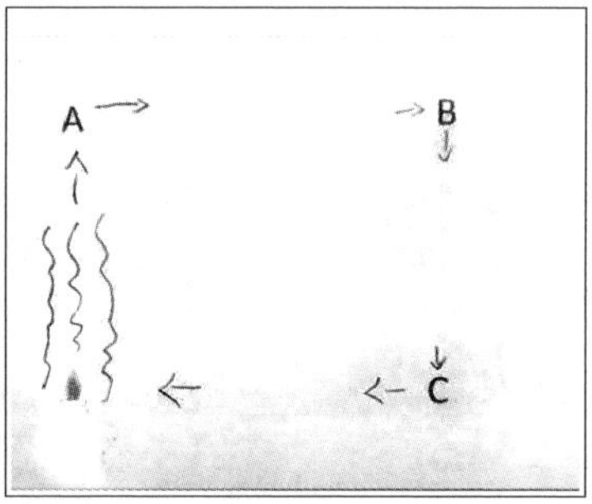

图 7　学生解释纸箱内空气逐步变热的现象

图 8　学生解释纸箱内空气逐步变热的现象

还可以怎样解释？哪种解释更合理？热空气上升的原因是什么？热空气是自动上升的吗？教师鼓励学生课后继续设计实验进行探究，如用有烟的空气对流瓶演示冷热空气对流，寻找热空气上升的动力。

八、实验效果评价

本次课程始终是以“现象—问题—思考”的思路进行的，课上实验的演示也都是在问题启发下进行设计的，体现了科学需要不断创新、不断探究的本质，解决了学生的疑惑点、易混点、易错点，突出了教学的重点，突破了教学的难点，取得了显著的教学效果。

“侨海娃”对光和热的新发现

北海市银海区侨港镇华侨小学　林宇婷

一、使用教材

本课选自教科版小学《科学》五年级上册“光”单元第六课“怎样得到更多的光和热”。学生在之前的学习中已经初步理解太阳是世界上最大的光源和热源，了解在生活中我们运用光和热的实例。

二、实验器材

（1）自制器具：光与热实验演示器（如图 1 所示）。

（2）其他器材：不同颜色的纸片、海洋生物和侨乡人物剪影。

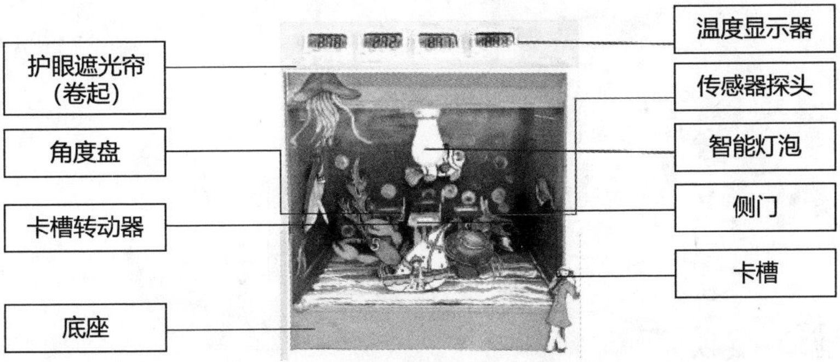

图 1　光与热实验演示器

三、实验创新要点/改进要点

（一）教材编排

通过猜想，设计两组实验，分析获取的信息。教材上出示了两个探究实验，主要探究“物体的颜色与吸热的关系”和“阳光直射、斜射与吸热的关系”，第一个实验中还隐含了“物体吸热与表面光滑程度的关系”。实验后通过整理、对比、交流数据，分析实验现象，对物体吸热多少的影响因素进行总结，并应用于生活实际。

（二）开展实验遇到的问题

（1）教材中“物体的颜色与吸热的关系”实验同时进行了“颜色”和“光滑程度”两个变量的对比，学生容易混淆。

（2）实验受天气因素影响较多，精准数据获取较难。太阳光的强弱、风的大小、气温的高低、地面的温度等都会影响实验数据的获取。

（3）煤油温度计读数不稳定，有些温度计在未测量的情况下，起始温度差距大于 2 ℃，因此不能精确地测量。

（4）纸袋放入的温度计难以稳定地直立和侧立，给学生的操作增加了难度。

（5）传统实验装置过于简单，功能仅限于探究物体的颜色和阳光直射、斜射与吸热多少的关系，无法满足深层次的探究需要。

（三）实验创新点

（1）本土文化鲜活化。

将北海市的“海洋文化”与侨港镇的“侨乡文化”相融合，采用纯手工绘制的海洋背景，将海洋生物和侨乡人物剪影分别立体分布于各个角落，使其鲜活化，在学习的同时也能感受到本土文化的熏陶，如图 2 所示。

图 2　实验器具中的海洋内饰和侨乡人物剪影

（2）变量控制严谨化。

在探究“物体的颜色与吸热的关系”实验时控制变量，采用相同材质、不同颜色的纸片，使实验更加严谨。

（3）光热模拟自然化。

天气因素影响实验怎么办？为了解决这一问题，教师和同学们一起制作了光与热实验演示器（见图 1）。实验环境从室外换到室内，采用远程遥控的可调节冷暖光、亮度、颜色的智能灯泡，根据场景不同进行不同参数的选择。最大限度模拟太阳发光、发热的效果，使光热模拟更接近自然环境。

（4）温度变化精确化。

采用专业精准的温度传感器探头（见图 3），连接温度显示器（见图 4），记录实时的温度，温度显示器上有按钮“MAX/MIN”“℃/℉”“RESET”辅助实验，使读数更精确、直观、严谨，说服力更强。为了更好地培养学生的动手能力，不选择使用电脑显示直观曲线图对比。

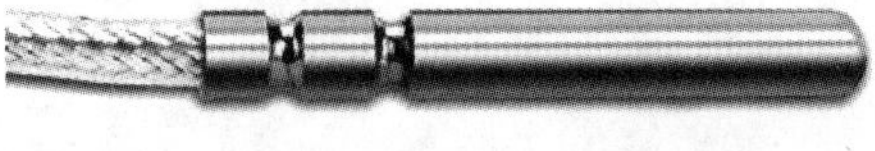

图 3　温度传感器探头（引线式）

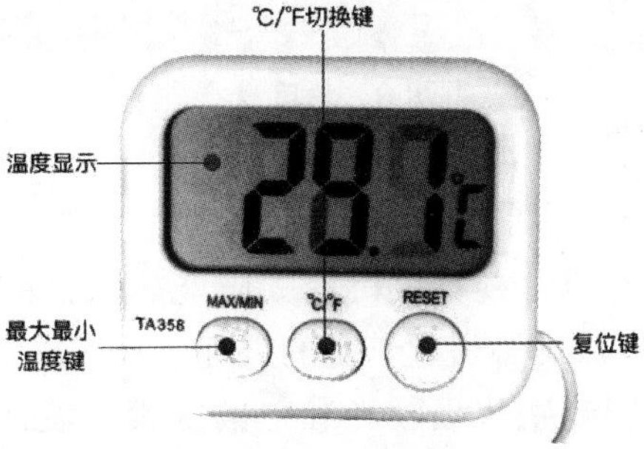

图 4　温度显示器

（5）卡槽安装简便化。

怎样使实验纸片易于更换呢？教师在与灯泡等距离的不同位置设置卡槽，如图 5 所示。实验时实验纸片可以根据需要装卸和调整方向，满足深层次的探究需要。

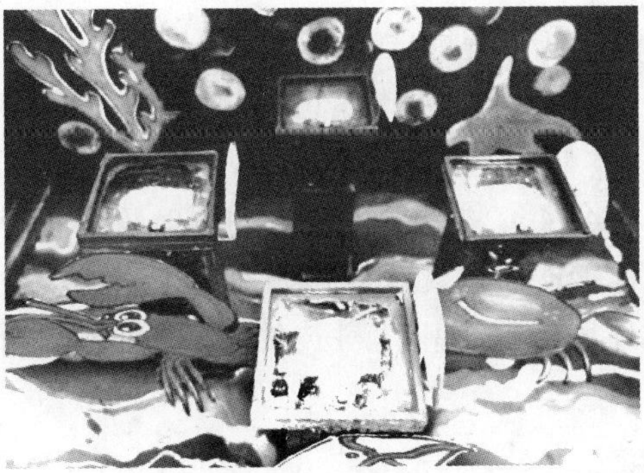

图 5　卡槽

（6）实验纸片朝向自动化。

探究阳光直射、斜射与吸热的关系时，要求演示器上的纸片也能自由旋转，怎样做到这一点？教师在卡槽下方安装了一个机关，使卡槽可转动，如图 6 所示。为了更精细化探究，又在轴承上方安装了角度盘以精确控制旋转角度。

图 6　角度盘

四、实验设计思路

（1）观看“侨港开海节”视频，讨论太阳能热水器的集热管为什么都是深色的？为什么都是斜着摆放的？引起学生的兴趣，从而揭示课题。

（2）鼓励学生猜想影响物体吸收光和热的因素，设计实验方案，分组合作实验。

（3）汇总数据，分析数据得出结论，突破本节课的难点。

（4）应用结论，提出改进生活中利用太阳的光能与热能的相关物品的方案。

（5）课堂总结，情感升华。

五、实验教学目标

（一）教学目标

根据教材内容结构及新课程标准，制订了以下教学四维目标。

（1）知识目标：知道深色物体比浅色物体吸热快；知道物体在光垂直照射时比光斜射时吸热快。

（2）探究目标：学会探究物体颜色、光的照射角度与吸热能力的关系。

（3）科学态度目标：能够认真观察，如实记录实验现象和数据。

（4）科学技术与环境目标：相信科技的发展能促使人们更好地利用自然资源和自然规律。

（二）教学重难点

统筹学生的学情，为更好地落实教学目标，制订了以下教学重难点。

（1）教学重点：探究物体的颜色与吸热的关系；探究物体光照角度与吸热的关系。

（2）教学难点：学会对比数据，分析实验现象。

（三）教法和学法

（1）教法：引导法、分层教学法、兴趣激励法、赏识教学法等。

（2）学法：自主探究、合作学习、实践操作、交流分享等。

六、实验教学内容

本节课的教学内容主要包括三个方面：一是探究物体的颜色与吸热的关系，知道深色物体比浅色物体吸热快；二是探究物体光照角度与吸热的关系，知道物体在光垂直照射时比光斜射时吸热快；三是应用结论，提出改进生活中利用太阳的光能与热能相关的物品设计的实施方案。

七、实验教学过程

实验教学过程分为以下五个步骤。

（一）视频导入，激发兴趣

开课伊始，播放一段"侨港开海节"的视频，在观看过程中感受本土文化的熏陶。再思考，侨港渔民开海后将捕捞的海鲜放在渔船上晾晒利用了太阳的光和热。在日常生活中，我们还在哪些方面利用了太阳的光能和热能？（预设①生物方面：人和动物都需要晒太阳，植物依托阳光来进行光合作用；②生活方面：晒稻谷、晒盐、晒被子，通过蒸发的方式把水分去除；③能量方面：太阳能热水器、太阳能汽车、太阳能水泵、太阳能路灯等）。

学生说出"太阳能热水器"后，由"太阳能热水器"展开讨论，仔细观察太阳能热水器的集热管为什么都是深色的？为什么都是斜着摆放的？（预设：深色吸热多，这样摆放可以多吸收阳光）。

揭示课题：研究怎样得到更多的光和热。

（二）猜想因素，设计方案

猜想影响物体吸收光和热的因素，学生做出猜想：可能跟物体颜色、光照角度（或光滑程度）有关。

教师提问：设计怎样的实验完成探究呢？学生回答：设计对比实验。师生共同制订实验方案。

（三）实验操作，分析数据

学生分组进行实验并记录数据。

（1）实验一：探究物体的颜色与吸热的关系。

在同一光源下，使用相同材质、相同大小、不同颜色的纸片，将卡槽中的纸片调整为同一角度，观察温度的变化。学生观察到：纸片的温度从高到低排列顺序为黑色>蓝色>黄色>白色。得出结论：深色物体比浅色物体吸热快，如图7所示。

探究物体的颜色与吸热实验的表

组员：程肖娜 燕子扬　　记录员：程肖娜　　时间：2020年8月8日

卡纸的颜色	刚开始的温度（℃）	2分钟	4分钟	6分钟	8分钟	10分钟	我们发现
黑色	30.0	34.5	38.7	40.2	44.3	47.9	深色物体比浅色物体吸热快
蓝色	30.0	32.6	34.4	37.2	40.5	43.1	
黄色	30.0	31.9	35.3	35.2	35.3	38.6	
白色	30.0	31.4	32.2	32.2	32.2	34.3	

图7　探究物体的颜色与吸热实验的结果

（2）实验二：探究物体吸热与阳光直射、斜射的关系。

在同一光源下，使用相同材质、相同大小、相同颜色的纸片，将卡槽中的纸片分别调整为和地面平行、和地面垂直、和太阳光垂直，观察温度的变化。学生观察到：纸片的温度从高到低依次为和太阳光垂直>和地面垂直>和地面平行。得出结论：物体在光垂直照射时比斜射时吸热快，如图8所示。注：可更换纸片材质探究物体的光滑程度与吸热的关系。

探究阳光直射、斜射与吸热实验的表

组员：苏泽敏，满晓晴　　记录员：满晓晴　　时间：2020年8月8日

纸片的位置	刚开始的温度（℃）	2分钟	4分钟	6分钟	8分钟	10分钟	我们发现
和地面平行	30.0	31.3	32.7	34.2	35.9	37.4	物体在光垂直照射时比斜射时吸热快
和地面垂直	30.0	32.6	34.1	37.1	38.8	41.7	
和太阳光垂直	30.0	33.6	37.3	40.1	42.5	46.2	

图8　探究阳光直射、斜射与吸热的实验结果

（四）应用结论，改进生活中的设计

当学生得出结论后，教师再引出新的问题，生活中有很多东西都利用太阳的光与热，我们应该学以致用，利用所学知识去改进这些设计。哪些物品可以改进？怎样改进？小组讨论，在思考与实践中成长。

（五）课堂总结，情感升华

进行课堂总结，学生使用评价量表，采取自评、组评、师评的方式对本节课的学习进行全面评价；教师对学生课堂形成动态生成性评价，引导学生形成正确的人生观和价值观。

八、实验效果评价

本节课的实验教学，实现了“经验获得型”阅读过程向“数据采集型”实验过程的转型，学生通过自主、合作、探究与实践的方式发现并解决问题。以生生交流、师生交流的方式锻炼学生思维的深度和广度，培养严谨认真、实事求是的科学态度以及解决问题的能力。整个实验过程无中断，学生思维更连贯，表达与表现更流畅。

综合课堂实录、学生访谈、评价量表等可以看到：在问题的解决过程中，学生参与度和交流有效性比以往有了明显提升。

（1）远程操控灯泡亮度变化的操作感强，以温度传感器读数为依据现象明显，便于得出结论，使学生体验成功的快乐。

（2）亲自动手操作，对比数据，分析实验现象，领悟怎样得到更多的光和热，突破难点。

（3）实验内容丰富，契合太阳光能与热能的应用前景，具有科普和研究价值。

九、未来努力方向

（1）实验效率提升：教材提供的实验材料简单，学生操作安全。但是教学预设和实际生成之间总有一些差距，实际操作遇到的问题很容易打乱学生的探究思路，影响实验效率。改进后的装置整体优化，学生可以全身心地参与到实验过程中，大大提升了实验效率。

（2）思维方式提升：改进后的装置可以给学生的多种探究方式提供支持，极大地训练了学生的实证思维。

改进的实验器材还在继续探索，继续优化、提升，使其科学性、实用性、推广性更强，助力更加高效的课堂。

探究不同颜色物体的吸热和散热性能

陕西师范大学大兴新区小学　赵玉濛

一、使用教材

本实验课选自苏教版小学《科学》四年级上册第二单元“冷和热”第四课“吸热和散热”。通过实验探究，学生可以知道不同颜色物体的吸热、散热性能是不同的，还能利用所学知识解释生活中的相关现象。但学生对物体的散热性了解很少，且收集数据及分析结果的能力还有待提高。

二、实验器材

为了探究不同颜色物体的吸热和散热性能，学生根据图1所示的装置进行了实验。在两个不同颜色的纸盒中放入温度计，分别放在阳光下和背阴处，观察温度变化，分析数据得出结论。

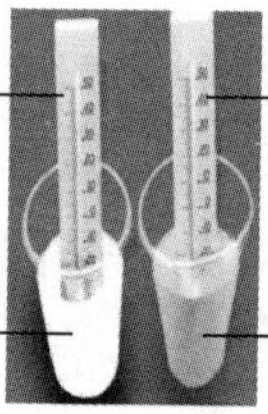

图1　传统的实验装置

但在实际教学中，教师发现此方法对外界条件要求较高，如遇阴雨天气无法进行实验，耗时较长等。同时，学生在户外操作不安全，也不能保证同时读取温度计示数。

基于以上事实，教师对实验进行了创新与整改，制作了不同颜色物体的吸热（散热）对比实验装置，如图2所示。该装置主要分为三个部分。

第一部分：台灯光源，用来代替太阳光。

第二部分：四色灯罩，分别是白色、黄色、蓝色和黑色。安装灯罩时，要保证各面与光源的距离相等。

第三部分：接触式测温仪（见图3）。它是一款高灵敏度温度传感器，机身上的红色按钮是开关键；HOLD是锁定键，可以锁定屏幕，方便记录当时测定的温度值；UNIT是单位切换，默认单位是℃。它有4个温度探测器，可满足多点测温需求。除这些外，还有背光开光、最大值、最小值、平均值键。

把温度探头分别对应插在四色灯罩的纸筒内，打开电源开关，屏幕上即可显示测定的温度值。T1显示的是白色区域内的温度值；T2显示的是黄色区域内的温度值；T3显示的是蓝色区域内的温度值；T4显示的是黑色区域内的温度值。

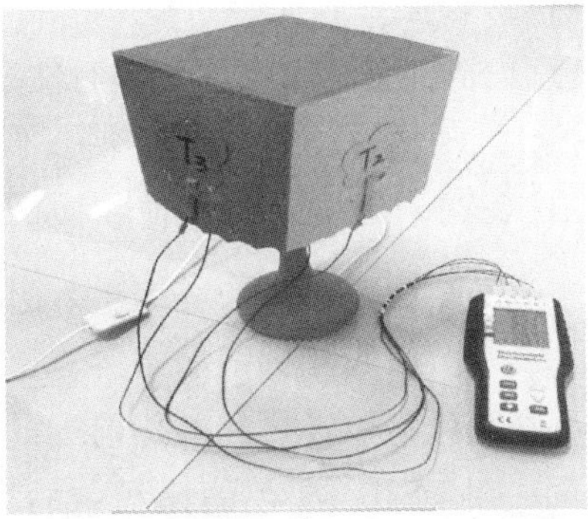

图 2　不同颜色物体的吸热（散热）对比实验装置

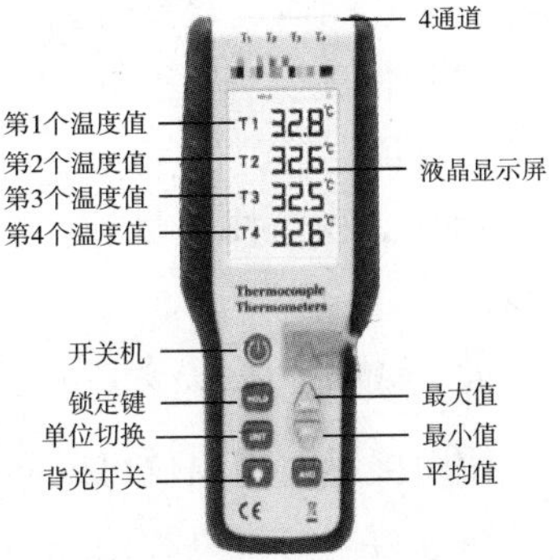

图 3　接触式测温仪

三、实验创新要点

（一）教具方面的创新

（1）台灯模拟太阳光，节约实验时间，可在室内完成实验。

（2）将台灯罩改装成多色灯罩，可同时检测多个颜色物体的吸热和散热性能，大大地提高了实验效率。也可将多色灯罩替换成其他材料进行对比实验。

（3）利用接触式测温仪替代传统温度计，数字化采集数据。不但提升了测量的灵敏度，提高了学生操作的安全性，而且解决了小学生读温度计示数的困难，收集的数据既直观，又准确。

（4）温度检测探头被紧紧包裹在卡纸中，实验数据更真实有效。温度检测探头方便拆卸。

（5）台灯光源距各面灯罩的距离相等，保证了同发热体、同距离的对比实验，凸显了实验中的公平性、科学性。

（二）教学方式方面的创新

（1）学生分工合作完成对比实验，参与性更广，探究性更强，培养了学生学习科学的兴趣。设置实验记录单，养成良好的科学习惯。

（2）学生可以将学习过的知识进行迁移，可继续研究其他物质的吸热和散热性能，如检测不同液体或固体吸热和散热前后的温度变化。

四、实验教学目标

结合教材分析，考虑到学生的实际情况，教师设定了以下四个维度的教学目标。

（1）知识目标：知道深色的物体比浅色的物体吸热、散热快。

（2）技能目标：能用接触式测温仪完成不同颜色物体吸热和散热性能的对

比实验，并能通过收集数据、分析数据得出实验结论。

（3）情感、态度与价值观目标：初步意识到结论需要数据来验证，科学探究要尊重证据。

（4）工程与技术目标：能尝试改变实验装置，继续研究其他物质的吸热和散热性能。

五、实验教学内容

使用接触式测温仪可以同时测得四种不同颜色物体吸热和散热前后的温度变化，通过数据的收集和处理，让学生明白同一种物质，深色的比浅色的吸热快、散热也快。

六、实验教学过程

基于以上的教学目标和实验材料，设计了如下的教学过程，分为创设情境、实验探究、拓展延伸三个环节。

（一）创设情境

（1）先设计一个学生熟悉的场景，假设暑假想去炎热的海边玩，该选择什么颜色的防晒 T 恤呢？

（2）PPT 出示四件颜色（白色、黄色、蓝色、黑色）不同的防晒 T 恤。

（3）学生交流讨论自己的想法和实验设计。

（二）实验探究

（1）教师介绍实验材料及方法。

1）按下红色按钮，打开接触式测温仪，屏幕上即可显示测定的温度值。待示数稳定后，在实验报告单上记录吸热前的温度。

2）打开台灯电源，可以发现屏幕上的示数在慢慢上升，一段时间后按下 HOLD 键锁定屏幕，关闭台灯电源。此时，屏幕上显示的数字即为吸热后的温度，也为散热前的温度，将收集到的数据填写在实验报告单对应的位置。

3）按下 HOLD 键解锁屏幕，可以发现屏幕上的示数在慢慢下降。一段时间后再次按下 HOLD 键锁定屏幕，记录散热后的温度。

4）最后算出吸热和散热前后的差值。

（2）预测实验结果。

（3）学生进行分组实验。

（4）分析实验结果。

将不同颜色物体的吸热前后的数值记录在表中（见表 1），黑色物体吸热前后差值最大，其次为蓝色、黄色、白色。吸热性能由强到弱的顺序是黑色、蓝色、黄色、白色。

表 1　不同颜色物体的吸热性能记录表

颜色	加热前温度/℃	加热后温度/℃	温度差值/℃
白色	26.2	34.7	8.5
黄色	26.2	37.3	11.1
蓝色	26.2	39.7	13.5
黑色	26.4	49.4	23.0

将不同颜色物体的散热前后的数值记录在表中（见表 2），黑色物体散热前后差值最大，其次为蓝色、黄色、白色。散热性能由强到弱的顺序是黑色、蓝色、黄色、白色。

表 2　不同颜色物体的散热性能记录表

颜色	散热前温度/℃	散热后温度/℃	温度差值/℃
白色	34.7	30.1	4.6
黄色	37.3	30.8	6.5
蓝色	39.7	31.0	8.7
黑色	49.4	32.1	17.3

（5）实验结论：同一物质，深色升温快，降温也快；浅色升温慢，降温也慢。

（三）拓展延伸

在科学探究环节，教师要引导学生从提出问题到做出预测或假设，然后通过科学实验寻找证据并加以验证。回到最初创设情境中教师提出的问题，得到结论，暑假去炎热的海边要穿白色 T 恤。

找出生活中应用物体吸热、散热性能的例子。联系实际生活，把自己学到的知识用于解决实际问题，体会科学探究的乐趣。

七、实验效果评价

（1）实验效果显著，操作简单，降低了学生操作的难度。

（2）实验设计激发了学生主动探究的兴趣，也开拓了学生的思维，锻炼了学生的实践能力。

（3）接触式测温仪的使用提高了实验的效率和精准度。

（4）教师自制实验教具，让学生意识到科技创新的重要性。

热传导实验设计

长沙市天心区湘府英才小学　张芝杰

一、使用教材

本实验依据教科版小学《科学》五年级下册“热”单元第六课“热是怎样传递的”内容进行设计。其他版本的科学教材亦有此实验内容。

二、实验器材

酒精灯、火柴、铁架台、装有清水的喷壶、湿水泥、铁棒、铁铲和铁球自制教具等。

三、实验创新要点

（1）材料易得，极具推广价值。

在实验的辅助材料是水泥，比起原教材实验中的蜡更有优势，蜡在粘火柴棒时用量不好把握，蜡盘加热时有气味不环保。水泥随处可得，即使是在缺乏材料的薄弱学校，也很容易找到，本实验具有推广价值。

（2）材料准备简单，能够反复使用。

教师只需要在铁棒或铁铲上涂抹湿水泥，实验准备就基本完成了，比教材中原有实验的教具准备简单得多。而且一次实验后，只需要喷点水，教具就可以反复使用了，非常方便、耐用。

（3）现象明显，提高实验效率。

湿水泥是深灰色，干燥后是灰白色，加之金属受热快，所以只要稍微一加热，就可以快速看到变化，实验现象明显、直观。

（4）思维创新，提升科学素养。

本实验初看只是辅助材料和装置的改进，但带给学生和科学老师的是思维层面上的创新，帮助我们在解决问题或解释现象时灵活运用求异、发散、变通等思维。

四、实验设计思路

湿水泥是深灰色的，温度越高水分蒸发越快，加热后显露出灰白色。将湿水泥均匀地涂在铁棒、铁铲、铁球上，再给它们加热，通过观察水泥颜色变化的过程就能推测出热传导的过程和方向。

五、实验教学目标

（1）知识与技能目标：学生能够建构关于热的科学概念（热通常是从温度

高的物体传向温度低的物体；通过直接接触，将热从一个物体传递给另一个物体，或者从物体的一部分传递到另一部分的传热方式叫热传导）。

（2）过程与方法目标：采用探究式的教学方法，引导学生设计实验，经历“点—线—面—体”的思维过程观察热传导的过程和方向，分析总结出热传导的特征，并发现热传导是热传递的一种方式。

（3）情感、态度与价值观目标：提高学生研究热传导的兴趣，感受生活处处是科学。

六、实验教学内容

（1）采用探究式的教学方法，提出问题，学生根据已有经验进行猜想，引导学生设计并开展实验。

（2）学生用酒精灯分别给涂抹了湿水泥的铁棒一端、铁棒中间、铁铲任一位置、铁球等加热。

（3）分析实验现象，推理、总结出“热通常是从温度高的物体传向温度低的物体”。

七、实验教学过程

（一）实验一：初识热传导现象——在涂抹湿水泥的铁棒一端加热

（1）讨论：（教师出示铁棒）这是一根涂抹湿水泥的铁棒，表面是深灰色的。如果在铁棒的一端加热，会发生什么现象呢？

学生可能回答：铁棒会变热，湿水泥会变干……

（2）追问：是加热的一端会变热，还是整个铁棒都会变热？热怎样沿着铁棒传递？

（3）分组实验：用酒精灯给涂抹湿水泥的铁棒一端加热（见图1）。为了防止烫伤，禁止触碰加热的装置。

（4）讨论：你看到了什么现象？

现象：被加热的一端首先变成灰白色，这种“灰白色”逐渐向相邻的部分延伸。

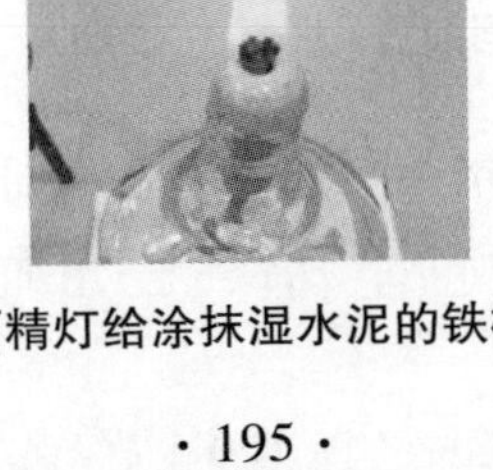

图1　用酒精灯给涂抹湿水泥的铁棒一端加热

（5）分析交流并总结：被加热的一端温度高，水分蒸发更快，最先变成灰白色；远离火焰的一端温度低，“灰白色”逐渐向温度低的一端延伸，说明热正在传递。热可以沿着涂抹湿水泥的铁棒传递，是“从温度高的一端传向温度低的一端”。

（二）实验二：再识热传导现象——在涂抹湿水泥的铁棒中间加热

（1）讲述：（边讲边操作）干燥的水泥是灰白色的，喷点水，它就又变成了深灰色。

（2）讨论：有同学提出，如果在铁棒的中间加热，热又怎样传递？

（3）分组实验：用酒精灯给涂抹湿水泥的铁棒中间加热（见图 2）。

（4）讨论：你看到了什么现象？

现象：被火焰加热的铁棒中间首先变成灰白色，然后慢慢地向两端同时延伸。

（5）分析交流并小结：如图 2 所示，铁棒中间温度高最先变成灰白色，远离火焰的两端温度低，“灰白色”逐渐向两端同时延伸，说明热正在传递。热可以沿着涂抹湿水泥的铁棒传递，是“从温度高的部分传向温度低的部分”。

图 2　给涂抹湿水泥的铁棒中间加热

（三）实验三：强化热传导现象——在涂抹湿水泥的铁铲任一位置加热

（1）讨论：（出示铁铲）这是一把涂有水泥的铁铲，喷湿以后是深灰色的。接下来可以怎样研究呢？如果从中间、一角或铁铲某个地方加热，热是怎样沿着铁铲传递的呢？学生们组内讨论确定加热点，进行实验预测。

（2）分组实验：用酒精灯给涂抹了湿水泥的铁铲的任一位置加热。

（3）讨论：你看到了什么现象？

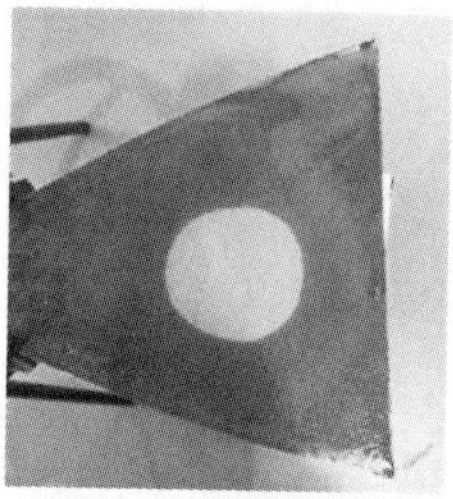

图 3　给涂抹湿水泥的铁铲中间加热

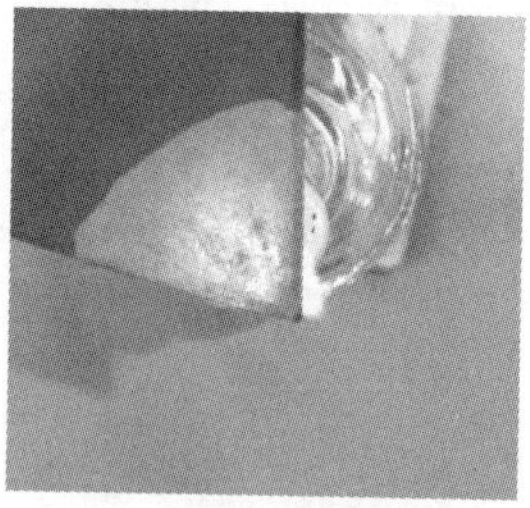

图 4　给涂抹湿水泥的铁铲一角加热

现象：如图 3 所示，从铁铲中间加热时，中间首先变成灰白色，然后逐渐呈圆形向四周同时延伸。如图 4 所示，从铁铲一角加热时，铁铲一角首先变成灰白色，然后逐渐呈扇形在铁铲上延伸。

（4）分析交流并小结：热可以沿着涂抹湿水泥的铁铲传递，也是“从温度高的部分传向温度低的部分”。

（四）实验四：提升热传导现象——加热涂抹湿水泥的自制教具

（1）拓展讨论：有同学进一步提出，在真实的生活中，如烤火炉、晒太阳，它们的热又是怎样传递的？（教师出示自制铁球装置）借助它，怎样设计实验可以帮助我们理解自然界中物质的热传递呢？学生们想到从铁球中间开始加热进行研究。

（2）分组实验：用酒精灯给涂抹了湿水泥的自制教具加热。

（3）讨论：你看到了什么现象？

图5　给涂抹湿水泥的自制教具加热

现象：如图5所示，铁球表面首先变成灰白色，然后“灰白色”逐渐向铁球上的铁棒同时延伸。

（4）分析交流并小结：被火焰加热的铁球温度高，先变成灰白色，铁棒温度低，“灰白色”逐渐向各个方向的铁棒同时延伸，说明热在“从温度高的物体传向温度低的物体”。同时，还可以发散思维推测，热不仅可以通过铁球向铁棒传递，还会通过其他途径（如空气）进行传递，仍然是“从温度高的物体传向温度低的物体”。此处，还渗透了热对流、热辐射的现象。

（5）运用：举例说一说，生活中热是怎样传递的？

（6）介绍：通过直接接触，将热从一个物体传递给另一个物体，或者从物体的一部分传递到另一部分的传热方式叫热传导。热传递主要通过热传导、热对流、热辐射三种方式来实现。

（7）小结：自然界中，热源在传递热时，热传递的三种方式几乎是同时进行的，且都是从温度高的物体传向温度低的物体。

（五）总结

整节课采用探究式的教学方法，引导学生设计实验，从加热铁棒一端开始，到加热铁棒中间、铁铲上任一位置，直至加热自制铁球教具，学生经历“点—线—面—体”的由易到难、层层递进的思维过程观察热传导的过程和方向，符合学生的认知规律，有利于科学概念的建构。最后，学生在熟悉的生活实例中，将课堂所学知识与日常生活紧密联系在一起，进一步感受生活处处是科学。

实验记录单如图 6 所示，板书设计如图 7 所示。

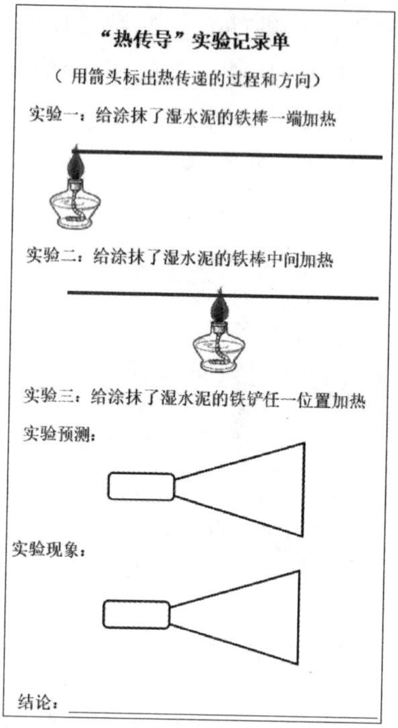

图 6　实验教学中使用的实验记录单

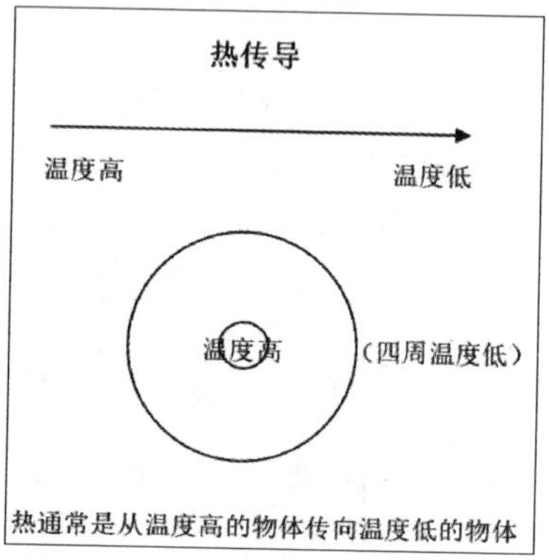

图 7　实验教学中的板书（动画式）

八、实验效果评价

（1）实验设计“点—线—面—体”层层推进，实验效果良好，有利于学生科学概念的建构。

（2）实验教具简单、实用，材料易得，能反复使用，极具推广价值。

传热比赛

广西南宁市滨湖路小学　詹锋

一、使用教材

本实验选自教科版小学《科学》五年级下册“热”单元的第七课“传热比赛”。

二、实验器材

（1）实验一：塑料棒、木棒与钢棒传热比赛。

选用器材：热传导探究实验装置（自制教具）中的测温模块、250 mL 烧杯、500 mL 保温杯、相同粗细长短的塑料棒、木棒、钢棒、硅胶杯盖、橡胶块、热水、笔记本电脑。

（2）实验二：铜棒、铝棒、铁棒传热性能比较。

选用器材：热传导探究实验装置（自制教具热成像仪、ESP32 主控、扩展板、温度传感模块、微型模具加热管、电位器、12 V 锂电池一组）、相同粗细长短的铜棒、铝棒、铁棒。

三、实验创新要点

为了更好地完成重点、突破难点，使探究活动更加严谨、高效，实验现象更加明显，数据更为直观，借鉴实验教学原理，遵循控制变量法，运用组合、补短、优化的发明创新方法自制教具——热传导探究实验装置，开展“传热比赛”一课中两个实验探究活动。

（1）该装置使用电加热元件作为热源，对所探究的金属棒等物体进行加热，由 12 V 锂电池供电，不用外接强电，使用温度控制器将加热温度控制在 60 ℃，使实验过程更安全。

（2）装置通过温度传感器能收集物体传热过程中的温度变化数据，外接笔记本电脑将数据以图表等形式呈现。

（3）装置通过热成像摄像头捕捉物体受热后的热图像，在笔记本电脑、教学白板中展示，有助于学生直观看到热在物体中的传导过程。

（4）同时，还对“塑料勺、木勺与钢勺传热比赛”中的部分器材进行了调整，以提高实验的实效性。

四、实验设计思路

（一）塑料棒、木棒与钢棒传热比赛

（1）教材实验中选用的3种勺子勺柄粗细、曲直、长短不同，进行探究比较结果不够理想。经思考，用粗细、长短均相同的塑料棒、木棒、钢棒取代3种不同材质的勺子，以保证变量的唯一性。

（2）教材实验中在敞口烧杯加入热水后热蒸气上升，导致勺柄水面以上部分的温度上升，学生触摸勺柄时感受到的热并不都是由水下部分传导而来的，且热蒸气会直接作用在学生手指部分，容易得到错误的结论。经思考，选用硅胶杯盖，遮蔽烧杯口，杯盖上打3个小孔，便于3种材质圆棒穿过，从而很好地阻隔烧杯中的热蒸气。

（3）在圆棒位于杯盖上端1 cm处安装橡胶固定块，用于固定温度传感器，同时能进一步隔绝热蒸气对传感器的影响，也能起到保温作用，在低温地区也能开展实验。

（4）教材实验中用手触摸塑料勺、木勺、钢勺，感知温度变化不明显，学生缺乏过程性感受。经思考，用热传导探究实验装置中的测温模块采集数据，取代用手触摸感知温度变化。教师自行编写温度实时监测程序，用柱状图表的方式呈现3种圆棒的温度数值，通过笔记本电脑或多媒体教学黑板进行展示。

实验装置如图1所示。

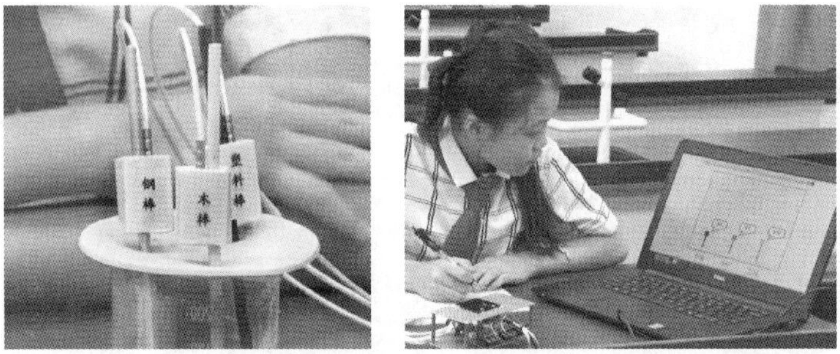

图1 自制“塑料棒、木棒与钢棒传热比赛”实验装置

（二）铜棒、铝棒、铁棒的传热性能比较

（1）以往实验室配备的3种金属热传导探究演示器中的铜丝、铝丝纯度不高，导致3种金属传热性能无法真正发挥出来，实验结果不够准确。经思考，用铜棒、铝棒及铁棒替代3种金属丝，确保实验器材的严谨性。

（2）教材实验中使用酒精灯加热，酒精灯火焰容易因空气流动、同学们的呼吸等而摇摆，造成加热点频繁变化，加热效率低，3根金属棒受热不均，影响

实验结果的准确性。经思考，用微型模具加热管代替酒精灯进行加热，解决酒精灯存在的不足。通过 12 V 锂电池组供电，电加热温度可调，设定在 60 ℃安全范围，学生操作更安全。如图 2、图 3 所示。

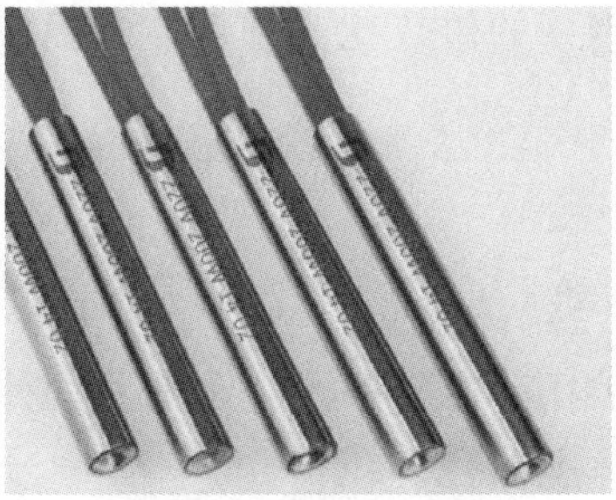

图 2　微型模具加热管

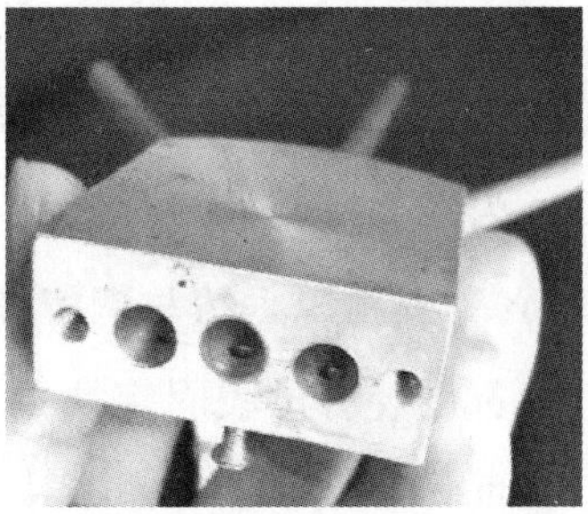

图 3　安装模具加热管的圆孔

（3）教材实验中选用火柴棒和凡士林，但由于火柴头的大小、轻重均有差异，导致凡士林用量不相同，火柴棒竖立情况也不同，使得实验结果不准确。经思考，安装温度传感器探头取代凡士林+火柴棒的组合。传感器连接电脑，通过自行编写的数据统计程序记录数据，生成折线图，便于学生进行数据的比较和分析。

（4）实验过程中，加热 3 种金属丝的温度变化情况无法实时了解，学生缺乏过程性感受。经思考，利用热成像仪辅助学生观察热传导的现象，学生亲眼看到热在金属丝中的传导，更为直观，增强过程性感受。

五、实验教学目标

根据教材和学情分析，结合课程标准对本节内容的具体要求，教师制订了以下实验教学目标。

（1）科学知识目标：理解不同材料制成的物体，传热性能是不一样的。像金属这样传热性能好的物体称为热的良导体，而像塑料、木头这样传热性能差的物体称为热的不良导体。

（2）科学探究目标：能够进行不同材料物体的导热性能比较实验。

（3）科学态度目标：能够实事求是地采集观察数据，进行科学记录。

（4）科学技术与环境目标：能够借助科学技术、信息化手段，更好地看清自然现象、发现事物规律，更好地利用自然资源和自然规律。

（5）教学重难点目标：根据学情，为更好地落实教学目标，制订了以下实验教学重难点。

1）教学重点：探究不同材料的物体的传热速度快慢。

2）教学难点：严谨地开展实验，准确收集和整理数据，科学对比和分析数据，发现不同物体传热性能的差异。

六、实验教学内容

教师和学生经过沟通，一致决定在本节课的探究实验中，学生将在教师组织下使用热传导实验装置，开展塑料棒、木棒、钢棒的传热比赛和铜棒、铝棒、铁棒的传热性能比较两个实验探究活动。

七、实验教学过程

（一）塑料棒、木棒与钢棒导热比赛探究活动

（1）选用装有橡胶固定块的粗细、长短均相同的塑料棒、木棒、钢棒，将长端依次插入硅胶杯盖的小孔中，使杯盖与小棒上红色环线重合。

（2）将热传导探究实验盒中热传感器模块的传感器探头放置于小棒橡胶固定块内，检查橡胶块前端与小棒上蓝色环线持平（杯盖与传感器距离大约2 cm）。将安装好小棒的杯盖盖在空的烧杯上。打开笔记本电脑上的测温软件，实时观察3 根小棒的温度数据，记录在实验记录表上。

（3）打开杯盖，向玻璃杯中倒入约 200 mL 热水。

（4）将安装连接好小棒的杯盖盖在烧杯上，确保 3 根小棒都浸入热水中，如图 4 所示。

（5）观察笔记本电脑上的测温软件生成的折线图，查看 3 根小棒的温度数值，2 min 后记录实验数据，并进行小组讨论，如图 5 所示（通过测温软件可看出钢棒的温度上升最快，塑料棒、木棒温度基本无变化）。

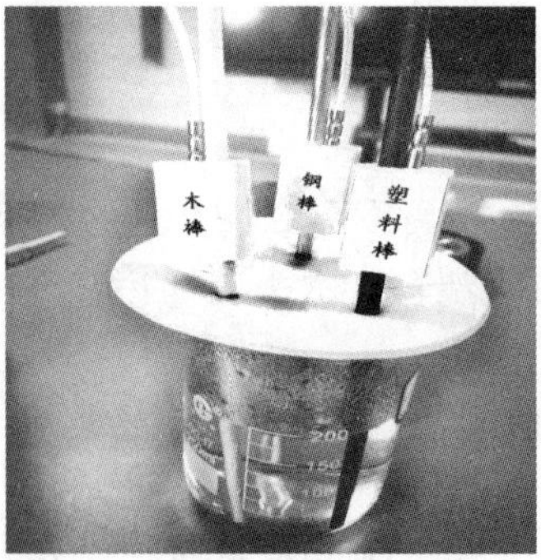

图4　3 根小棒都浸入热水中

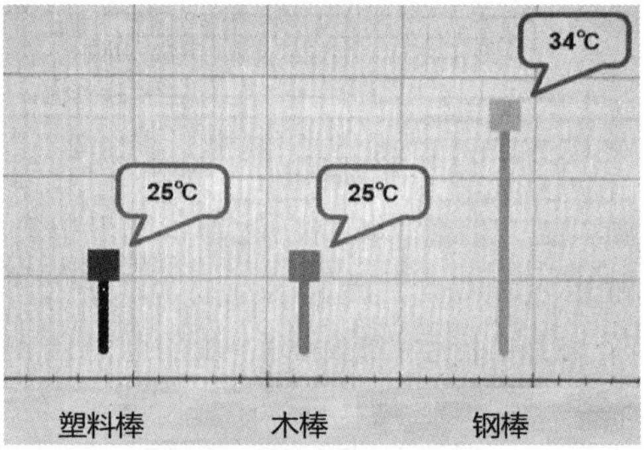

图5　3 根小棒温度数据

通过探究活动，得出钢棒传热比较快，将此类物体称为热的良导体，像塑料棒、木棒这种传热比较慢的物体称为热的不良导体。如果都是金属，它们的传热速度是否相同呢？

(二) 铜棒、铝棒、铁棒的传热性能比较探究活动

(1) 打开热传导探究实验装置上的温度传感器模块开关，如图 6 所示。

(2) 把温度传感器探头固定在对应的 3 种金属棒末端，并旋紧在热传导支架加热块的 3 个螺口上的任意一个之中，如图 7 所示。

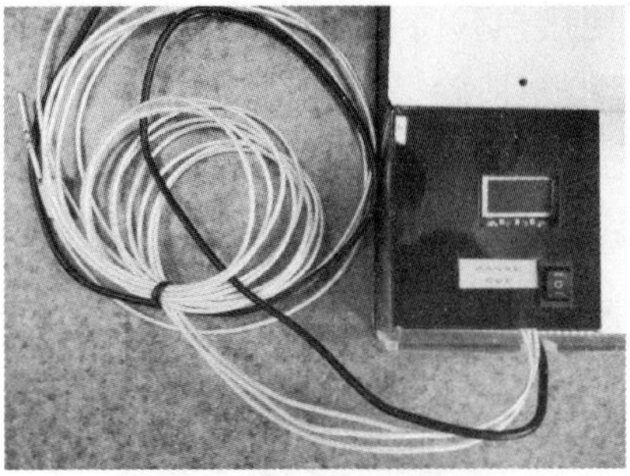

图 6　温度传感器模块

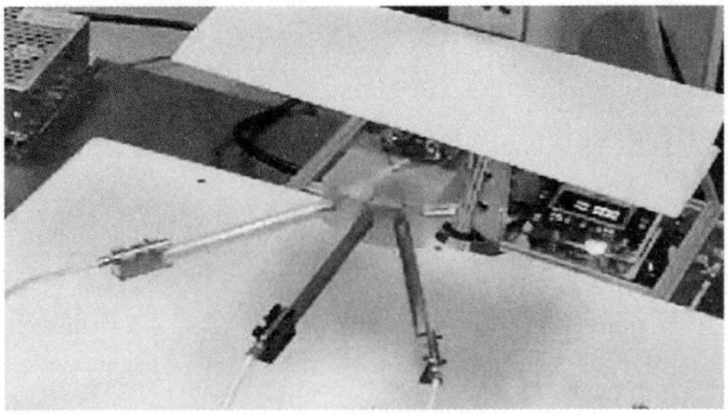

图 7　安装好的 3 种金属棒

(3) 点击笔记本电脑中的温度数据统计软件中的开始按键（小绿旗标识），记录当前 3 种金属棒温度数据。同时观察笔记本电脑上热成像仪软件中 3 种金属棒的热图像情况，进行记录。

(4) 打开电加热开关，调至 60 ℃。

(5) 点击计时软件开始计时，对加热中的金属棒温度变化及热图像进行 3 min连续观察。

(6) 3 min 时间到后，点击计时软件中的结束按键。对加热 3 min 后的金属棒温度变化及热图像进行记录，如图 8 所示。

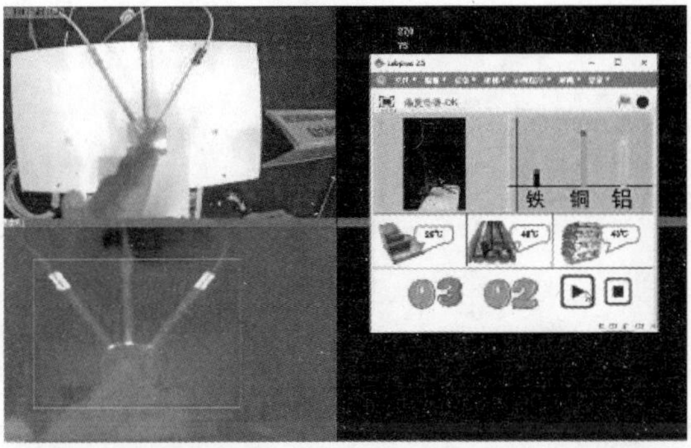

图 8　同屏显示的 3 种金属棒温度数据及热图像

(7) 关闭温度控制器，待热传导支架上部件冷却后，再关闭热传导实验观测装置各元器件，整理线材。

通过实验探究，可以通过温度数据了解到铜棒温度上升最快，热图像变化最明显，传热性能最好，铝次之，铁最弱。

八、实验效果评价

（一）评价

在“传热比赛”一课的实验探究活动中，使用热传导探究实验装置及改进的器材，器材选用科学，实验设计更严谨；变量控制精确，实验结果更准确；科技手段辅助，实验现象更直观；装置设计人性化，实验操作更安全；装置使用简单，实验操作更高效；多种技术手段融合，学生视野更开阔。对突破实验教学重难点有极大帮助，有效达成了实验教学目标。同时，该装置除了可以进行热传导探究活动外，经过完善，还可以进行热辐射、吸热、散热等探究实验活动。

（二）反思

（1）在日常教学中须遵循以“学生为主体，教师为主导，探究为主线”的原则，与学生教学相长。

（2）结合日常教学中的问题，密切关注《教师教学用书》中的建议，对实验方法设计、实验器材的改进加以思考，力求使探究过程更科学，实验结论更符合科学认知。

（3）密切关注科学技术手段和信息技术手段的发展，将其运用到实验设计和器材改进中，在提高实验实效的同时让学生近距离接触科学技术，感受其魅力。

固体的热胀冷缩

中山市三乡镇新圩小学　袁运强

一、使用教材

粤教版小学《科学》三年级上册第四单元第六课“固体也会热胀冷缩吗”。

二、实验器材

利用木板制作一个稳定的支架，在上方固定好摄像头，正下方固定铁架台、酒精灯及待探究的金属，在底部的盒子内安装上微型电脑并接上显示器，装置示意图如图1所示。

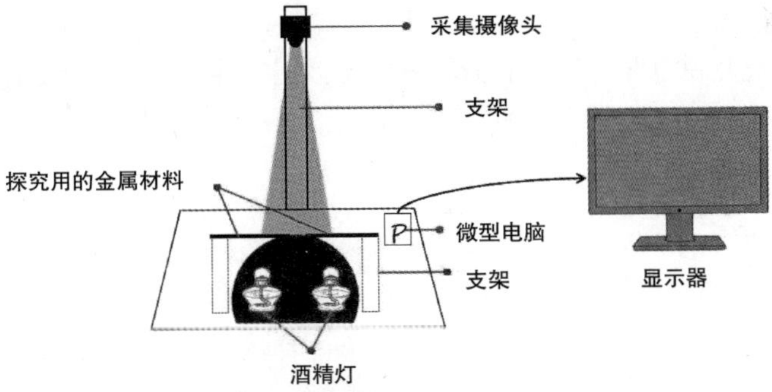

图1　创新实验装置示意图

装置实物图如图2所示，包括微型电脑、摄像头、显示器、木板制作的支架、酒精灯、不同形态的探究材料、Python编写的实验程序。

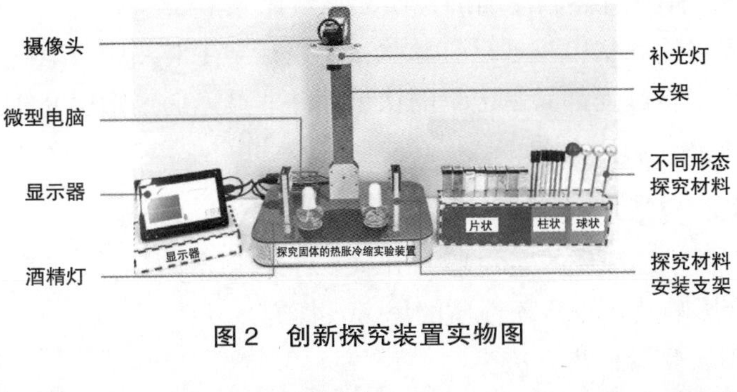

图2　创新探究装置实物图

实验时，先将金属片穿过卡槽固定在支架上，使它们之间间隔一段距离；在微型电脑上打开Python编程语言以及计算机视觉库OpenCV自行编写的程序。此时可以在屏幕上看到两金属间间隙的实时图像（见图 3），并通过图像识别技术实时测量出金属间隙的宽度数据并绘制成数据图（见图 4）。实验中也能直接观察铜球直径的变化，来探究其热胀冷缩的性质。

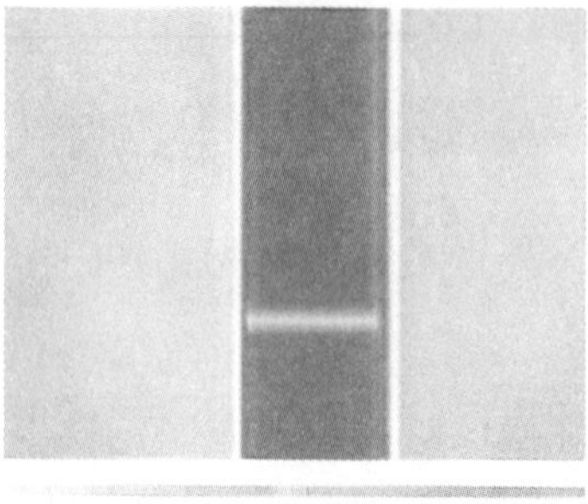

图 3　实时图像

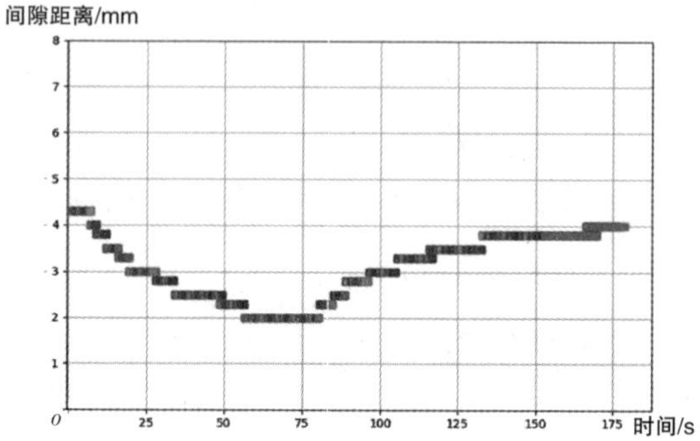

图 4　间隙距离与时间的数据图

整个探究过程除了有实时图像记录之外，还能生成准确的数据及数据图，使实验现象更加直观明显，同时实现定量探究。

三、实验创新要点

教材中主要有两个活动安排。活动一：观察铁路轨道等奇怪的缝隙，激发学生思考其存在的原因；活动二：通过观察相同的铜球常温下能通过铁环，但加热后却不能通过铜环的实验来归纳总结出固体具有热胀冷缩的性质。可以看出活动二为本节课的探究重点，但是教材中的实验设计存在着以下几点值得思考的地方。

（1）金属种类单一，导致归纳不充分。归纳是从个别到一般的过程，对科学概念的形成起着至关重要的作用，但教材中只选用铜作为单一的研究对象，就让学生归纳出固体具有热胀冷缩的性质，显然比较牵强。

（2）研究对象形状单一。只有球状，难以让学生对热胀冷缩有充分认识。

（3）整个实验过程都只是定量的认识而并非严谨的定量探究实验。

四、实验设计思路

（1）创新探究活动内容。

通过观察铜球过铁环的实验来引出学生对其他固体是否具有热胀冷缩性质以及形状是否会影响其热胀冷缩性质的思考及探究。

（2）创新实验器材与方法。

考虑不同金属的热膨胀系数和学生对金属的熟悉程度以及价格，选择铜、铝、铁、钢四种金属作为研究材料（见表 1）。除了球状固体外，还选择片状及柱状的固体进行探究，这样能够很好地解决实验对象种类少、形状单一导致的归纳不充分问题，使实验更具说服力。结合创新实验教具，图像识别技术使实验实现操作简单、现象明显、数据一目了然的实验效果，能有效提高实验教学的效率。

表1 金属热膨胀系数

金属种类	热膨胀系数
铜	23.2
铝	17.5
铁	13.0
钢	12.2

五、实验教学目标

(1) 科学知识目标：认识一般固体具有热胀冷缩的性质；知道热胀冷缩的现象在生活中无处不在。

(2) 科学探究目标：能用实验的方法探究固体热胀冷缩的性质；初步学会收集和整理数据，分析、归纳实验结论。

(3) 科学态度目标：意识到结论需要证据来验证；体验科学探究的乐趣，养成严谨细致的科学态度。

六、实验教学内容

(1) 活动一：观察铜球过铁环的实验，引导学生对其他固体是否具有热胀冷缩性质以及固体的形状是否会对其热胀冷缩性质产生影响进行思考。

(2) 活动二：通过创新实验探究装置，对不同形状、不同材质的物体进行实验，以此归纳总结出固体具有热胀冷缩的性质。

七、实验教学过程

(一) 创设情境，激发思考

观看《厉害了，我的国》片段，引入中国高铁。了解现代铁轨间留缝隙的设计，介绍世界第一条铁轨没有留缝隙，夏天轨道扭曲拱起而到了冬天则发生断裂，最后导致非常严重的后果，以此故事吸引学生。接着抛出问题：为什么铁轨需要留缝隙呢？激发学生的思考与好奇，引导学生带着问题走进本节课的探究中。

(二) 初步尝试，发现问题

引导学生尝试探究铜球过铁环的实验。这个神奇的实验进一步激发了学生探究的兴趣，并初步判断铜球会热胀冷缩。

在此基础上引导学生拓展思维，聚焦问题：铜球会热胀冷缩，那其他固体会热胀冷缩吗？形状是否会影响其热胀冷缩的性质呢？

（三）定量实验，找出规律

设计相应表格，利用自制的固体热胀冷缩探究装置，引导学生设计实验并进行探究。

（1）实验探究一：探究固体是否具有热胀冷缩的性质。将铜片固定在支架上，打开微型电脑上的实验程序，点燃铜片下方的酒精灯对两铜片进行加热，观察铜片间隙的变化，每 30 s 进行一次读数，读出并记录铜片间隙的直径大小。2 min后将酒精灯熄灭，继续观察金属片间隙的变化情况，同样是每 30 s 进行一次读数，持续 2 min，共记录 8 组数据，如图 5 所示。接着换上铁片、铝片、钢片，重复以上步骤。

实验探究一

探究固体会热胀冷缩吗　　第（1）小组

实验对象	加热前间隙（mm）	加热过程				冷却过程			
		30s间隙（mm）	60s间隙（mm）	90s间隙（mm）	120s间隙（mm）	30s间隙（mm）	60s间隙（mm）	90s间隙（mm）	120s间隙（mm）
铜片	3.42	1.34	0.92	0.75	0.67 ↓	1.09	1.34	1.59	1.67 ↑
铝片	3.51	1.26	0.90	0.65	0.42 ↓	1.12	1.29	1.64	1.89 ↑
铁片	3.50	2.61	1.69	1.61	1.54 ↓	2.20	2.59	2.71	2.75 ↑
钢片	3.12	2.54	2.13	1.97	1.84 ↓	2.30	2.45	2.67	2.89 ↑

通过实验，我们发现：________

图 5　实验探究一实验数据

（2）实验探究二：探究形状是否会影响热胀冷缩的性质。选择不同形状的材料进行实验，实验步骤和实验探究一相同，实验数据如图 6 所示。

实验探究二

探究形状会影响热胀冷缩的性质吗　　第（1）小组

实验对象	加热前间隙（mm）	加热过程				冷却过程			
		30s间隙（mm）	60s间隙（mm）	90s间隙（mm）	120s间隙（mm）	30s间隙（mm）	60s间隙（mm）	90s间隙（mm）	120s间隙（mm）
铜柱	3.09	2.67	2.42	2.25	2.09 ↓	2.42	2.5	2.76	2.76 ↑
铝柱	3.24	3.05	2.75	2.12	1.93 ↓	2.07	2.45	2.76	3.01 ↑
铜球	30.12	30.59	30.81	30.90	31.12 ↑	30.71	30.56	30.42	30.30 ↓
铝球	25.02	25.32	25.67	25.91	26.13 ↑	25.72	25.62	25.41	25.27 ↓

通过实验，我们发现：________

图 6　实验探究二实验数据

（3）结论。

分析两次实验的数据可以归纳总结出：一般的固体具有热胀冷缩的性质，形状不会影响固体热胀冷缩的性质。

（四）学以致用，巩固新知

最后，与学生共同剖析课前引入的不留缝隙的铁轨出现拱起断裂现象的原因，让学生体会到运用知识解决问题的喜悦。接着以图片（玻璃杯遇热炸裂、电线、混凝土地面）的形式引导学生联系生活（见图 7），让学生自行分析其原理，既巩固了课堂知识，又充分体现了将知识和真实情境结合在一起的新课程理念。

普通玻璃杯遇高温液体为什么会爆裂　　电线工人为什么这样架电线　　混凝土地面为什么每隔一段距离就留出缝隙

图 7　学以致用，巩固新知

八、实验效果评价

本次实验教学主要存在以下两个亮点：

（1）创新实验探究装置，提高教学效率。对实验装置进行了一系列改进与创新，图像识别技术使实验实现操作简单、现象明显、数据一目了然的实验效果，有效提高了实验教学的效率。

（2）创新实验教学内容，激活学生思维。根据学生的实际情况完善了整个科学探究的过程，一方面激活了孩子们探究的欲望，另一方面，培养了学生用数据来说明问题的科学思维。

用水测量时间

重庆市巴蜀小学校　杨小梅

一、使用教材

教科版小学《科学》五年级下册“时间的测量”单元第三课“用水测量时间”。

二、实验器材

（一）自制“透明古代水钟”教具

（1）泄水型水钟：透明水桶、热熔胶枪、塑料水龙头、剪刀、刀子、塑料尺、泡沫、红色记号笔等。

（2）刻漏：4 个透明水桶、热熔胶枪、塑料水龙头、接水盘、剪刀、刀子、塑料尺、泡沫、红色记号笔等。

（3）受水型水钟：透明水瓶、PVC 管、泡沫、木块、一次性输液管、齿轮条、小齿轮、螺丝钉等。

（二）滴漏实验装置

2 个 500 mL 烧杯、1 颗钉子、1 个一次性餐盒、红色的水。

三、实验创新要点/改进要点

（一）教学设计创新

（1）自制 2 个“透明古代水钟”教具，能够清晰地看到水钟原理，结合视频真实还原水钟。

（2）用对比实验的方法进行滴漏实验，自主探究影响滴速的科学本质（漏孔的大小和水钟内水量的多少）。

（3）科学链接技术，数据处理训练数学思维，力图体现 STEAM 教育新理念。通过影响水钟滴速的实验探究，到水钟的设计与制作，让学生认识到其中的科学原理、设计创新、数学思维和工程思想，较好地体现了当前科学教育倡导的 STEAM 教育新理念。

（4）实验探究结合古今生活，问题层层递进，科学的生活化本质得以彰显。

（二）实验设计创新

（1）实验材料创新（透明可视材料，因时因地取材）：一次性餐盒取材简单，而铁架台笨重，不适宜进行多组实验；通过实验发现，用一次性餐盒和红色的水做实验，最后盒中残留水的现象清晰可见，而用倒立的矿泉水瓶来做实验，由于瓶盖不是透明的，残留水不易观察。在自制古代水钟模型时，也用的是生活材料。

（2）实验方法创新（全过程对比，方法简单）：同样漏孔的容器分别进行 300 mL 和 500 mL 的全过程滴漏，连续记录每滴下 50 mL 需要的时间，数据清晰、方法简单，但现象明显，规律易得。

（3）实验数据处理和分析创新（问题解决启发新问题）：简洁明了地连续记录数据，通过计算分析，每 50 mL 滴出的时间越来越长。再对数据进行对比分析，学生发现了好多奥秘，如：影响滴漏速度的因素除了漏孔的大小，还有水位的高低。这解决了我们最开始提出的问题，水滴的流速由漏孔大小和水位线高低两个因素决定，也引出了新的问题：古代的水钟是如何保持流速一定的呢？泄水型水钟里的水用完怎么办？受水型水钟的水满后是倒掉还是再换个受水壶？我们自己做的水钟，如何保持流速一定呢？

（三）实验改进点

在滴漏实验中，许多生活材料方便好找，但 500 mL 烧杯口径较大，需要专注地观察液面变化连续计时，因此设计 50 mL 为 1 个计时点，增大测量间距以减小误差。中间用钉子堵住的孔在反复使用后会变大，影响实验效果，为了避免这个误差，在选用钉子时，也要用较小的钉子。

四、实验原理

（1）影响滴漏速度的因素除了漏孔的大小，还有水位的高低。水位越高，水压越大，滴速越快；水位越低，水压越小，滴速越慢。

（2）由于水的表面张力可以托住一部分水，最后始终有一部分水残留在水钟内。

五、实验设计思路

通过实际教学发现，教材中的方法有如下弊端：

（1）古代水钟内部结构不易观察，可供查阅的资源有限，难以理解。

（2）用矿泉水瓶和铁架台做滴漏实验，现象不直观，并且铁架台笨重。

（3）第一个实验设计，300 mL 的水滴出 100 mL 的时间，重复测量，不能看到全过程，意义不大。

（4）第二个实验设计，只比较滴出 10 mL 和 50 mL 所需要的时间也没有可比性。

基于教学实践，总结得出实验教学教具实验效果要直观，让教师便于教学，学生便于观察理解；通过设计创新实验让学生便于操作，容易掌握。结合 STEAM 教学理念，潜移默化地激发学生兴趣。

其中，在古代水钟教具制作上也进行了很多思考。如受水型水钟的设计思路：透明可视材料和水龙头配合使用作为4层刻漏的4个壶体（日天壶、夜天壶、平水壶、受水壶），用泡沫和塑料尺作为箭尺部分，但是，为了保持箭尺在上浮时不倾斜，还要让箭尺的尺寸与受水壶壶口宽度相当，用泡沫贴边的办法减小上下浮动时的摩擦力。为了让实验效果更明显，使用红色的水，便于观察。架子的高度要依据壶体来确定。

六、实验教学目标

了解我国古代劳动人民的智慧，学习水钟设计的科学原理与技术方法，探索设计、制作水钟实验装置。同时，明确科学与技术对日常生活的重要作用。

七、实验教学过程

（一）认识古代水钟

（1）通过看图，明白古代水钟分为“泄水型水钟”和“受水型水钟”。

（2）通过博物馆视频和自制“透明古代水钟”明白水钟原理。

（3）以不透明的4层刻漏为例，箭尺与“泄水型水钟”的浮尺对比，引出滴漏实验。

（二）滴漏实验

以问题“影响滴速的因素是什么”导入，开启学生“问题—猜测—实验—记录—分析—结论”的自主探究过程。用对比实验的方法，连续记录每50 mL水滴漏的时间，对数据进行分析。

（三）总结与拓展

追溯古代水钟保持等时性的奥秘，为学生下一节课自制水钟做好铺垫。

八、实验效果评价

（一）优点

（1）两种“透明古代水钟”教具，助力教师轻松教学。

（2）选择适宜材料进行实验，操作简便直观。

（3）创新对比实验方法，突破教学难点。

（4）STEAM教育追寻本质，解决问题又启发新问题。

（5）结合古今生活，为学生自制水钟提供多种样本。

（二）不足

装置的美观性和准确性都还有待提高和继续研究：等比例缩小自制古代水钟教具，使其便于搬动；能够计时更长，甚至实现调节档位等比例计时等。

第三部分

中学物理

▶初中物理

科学之旅

重庆市江北区教师进修学院　李群
重庆市第十八中学　陈鑫

一、使用教材

人教版《物理》八年级上册“科学之旅”部分。

二、实验器材

自制教具所需器材：容器、绳子、猴子模型、铜丝、钕铁硼磁铁、导线、电池等。

其他：辉光球、日光灯、空气炮教具、纸杯、LED 怀旧灯、玻璃杯、气球等。

三、实验创新要点/改进要点

（一）改进实验

（1）光学类实验：通过放大镜看事物。

改进：消失的花瓣，将花放入水中，花瓣消失，枝干没有消失。

（2）声学类实验：跳舞的小“人”，此实验需反复调试，不易成功。

改进：空气炮教具。

（3）通电的线圈放在磁场中会转起来。

改进：更为简单的器材：铜丝，一节五号电池，钕铁硼磁铁。

（二）创新实验

（1）无线充电简易装置。

（2）爬树的猴子：向下拉动下方绳子，猴子自动向上爬。

四、实验原理/实验设计思路

（1）消失的花瓣：运用了全反射和折射的原理。光线从水中射入到空气中，当入射角逐渐大于临界角时，折射光线完全消失，人的眼睛也就看不到花瓣了，所以会出现花瓣消失的假象，这种现象就叫作全反射。

（2）空气炮：利用空气动力原理。工作介质为空气，由一个差压装置和可实现自动控制的快速排气阀，瞬间将空气压力能转变成空气射流动力能，可以产生强大的冲击力。

（3）通电线圈转动：通电导体在磁场中会受到磁场力的作用从而产生运动。

（4）无线充电：电磁感应现象。通过电动机使初级线圈内产生交流电，从而产生变化的磁场，次级线圈由于电磁感应原理产生交变电流，从而点亮发光二极管。

（5）爬树的猴子：利用摩擦力。当从下方拉动绳子时，猴子上肢部分在摩擦棉的作用下形成自下而上的摩擦力，同时绳子带动猴子下肢进行运动，所以猴子会沿绳子向上爬。

五、实验教学目标

（1）物理观念：了解物理学的研究内容，认识到物理是有趣的、有用的。

（2）科学思维：通过观察和实验使学生感受奇妙的物理现象，激发学习兴趣。

（3）科学探究：培养学生初步的观察能力和动手能力，体验探究的过程和方法。

（4）科学态度与责任：培养学生的爱国意识以及担负未来的使命感和责任感。

六、实验教学内容

本节课实验教学设计流程图如图 1 所示。认识物理共分为 4 个部分，了解物理学的研究领域，认识到物理学习的“有趣”“有用”及“有法”。通过各类实验，让学生从兴趣开始学习物理，体会乐趣，最终使物理成为志趣。具体实验教学包括如下内容。

（1）激发学生学习兴趣：辉光球，日光灯演示实验；停止沸腾的水浇上冷水实验；空气炮实验。

（2）体会物理的应用：无线充电简易装置。

（3）学习学物理的方法：气球吸杯子、电动机实验，理解现象背后隐藏的物理知识。

（4）体验探究的过程和方法：爬树的猴子实验。

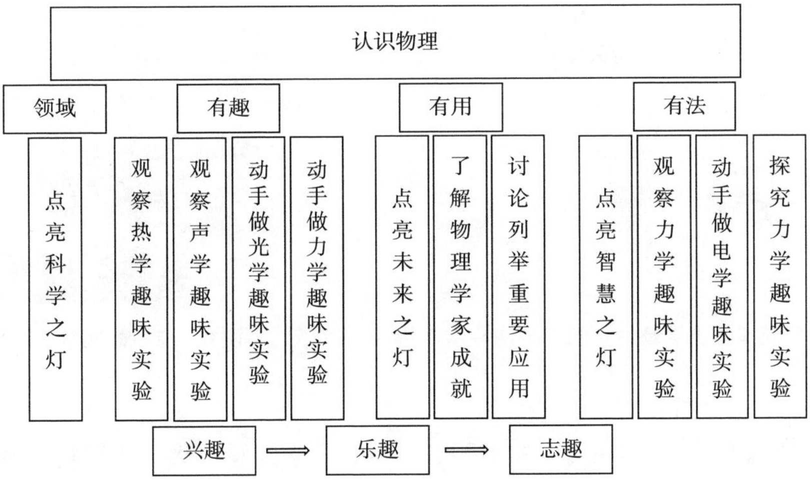

图 1　教学设计流程图

七、实验教学过程

实验教学模式：创设情境，引起认知冲突，激发学生学习兴趣。

教学线索：点亮物理世界的三盏灯（科学之灯、未来之灯、智慧之灯）。

（一）物理大世界

教师演示辉光球实验、日光灯实验（见图 2），点亮科学之灯，学生进入物理的世界，了解物理学的研究领域。

图 2　日光灯实验

（二）物理真有趣

（1）教师演示实验。

热学实验：向装有停止沸腾的水的容器浇冷水（见图 3）；声学实验：空气炮实验（见图 4）。

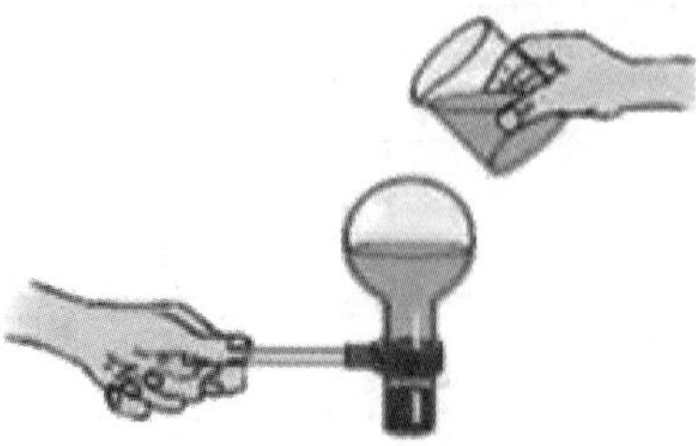

图 3　向装有停止沸腾的水的容器浇冷水

图 4　空气炮实验

（2）学生分组实验。

光学实验：消失的花瓣实验如图 5 所示；力学实验：吹气托起乒乓球实验如图 6 所示。

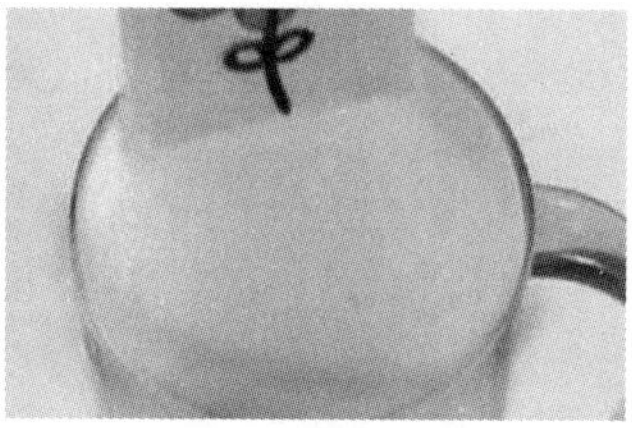

图 5　消失的花瓣

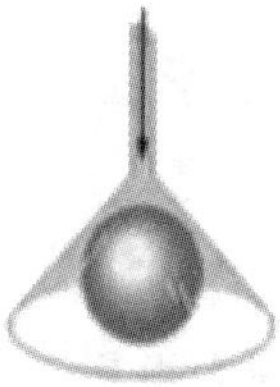

图 6　吹气托起乒乓球

通过亲自动手实验并观察引起认知冲突，激发学生探究科学真谛的兴趣。

（三）物理超实用

教师演示简易无线充电装置，点亮发光二极管（见图 7）。点亮未来之灯，激发学生探究物理的乐趣。

图 7　简易无线充电装置

（1）介绍无线充电器。

（2）介绍北斗系统，及其对“雷神山”“火神山”建设做出的贡献。

（3）介绍相关物理学家的成就。

（4）介绍电光力在生活中的应用。

（四）物理多方法

（1）如图 8 所示，以魔术的方式点亮 LED 怀旧灯，强调学生用科学的眼光看待各种现象。点亮智慧之灯。

图 8 点亮 LED 怀旧灯

1）善于观察，乐于动手。

介绍教材中列举的热现象和电现象，让学生展开讨论后回答。

2）勤于思考，重在理解。

教师演示力学实验：气球吸杯子实验。教师演示电学实验：通电线圈转动实验。激发学生思考，以“存疑”的眼光看待各种现象。

3）联系实际，联系社会。

展示综合利用太阳能的建筑，了解取之不尽的清洁能源——太阳能，让学生结合自己的生活列举可持续发展的例子。

（2）实验探究

为使学生初步体验实验探究的环节和方法，演示爬树的猴子实验（见图 9）。

提问：猴子怎样才能向上运动呢？大多数学生猜想应该向上提绳子。如果将上端绳子固定，又该如何呢？小组交流展示，发现向下拉下方绳子猴子就自动向上爬，引起学生认知冲突。让学生观察和动手，经历猜想、假设以及实验的过程。得出的结果出人意料，激发了学生探究物理的志趣。

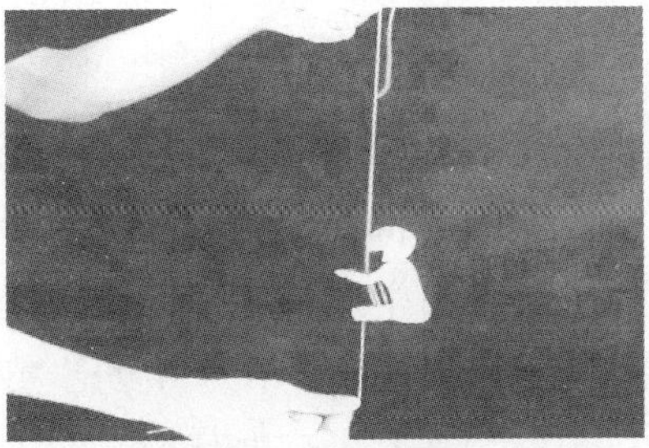
图 9 爬树的猴子

八、实验效果评价

（1）辉光球、日光灯和空气炮实验现象新奇，实验效果好，生动形象，更易引起认知冲突，视觉冲击效果更震撼。

（2）LED 怀旧灯、无线充电简易装置将最新科技融入教学中，具有新鲜感和时代感。

（3）简易电动机装置，使用更加简单的实验器材，可以达到相同的实验效果。材料易得，费用低廉，推广价值高。

声音的特性

湖北省潜江市园林第二初级中学　郑晓欢

一、使用教材

本节课选自人教版《物理》八年级上册第二章“声现象”第二节“声音的特性”。“声现象”是学生学习“机械运动”后接触的又一类物理现象。本节内容是声现象中的重点内容，也是难点内容。本节知识的学习对于学生构建系统的声现象体系至关重要。

声现象，是学生生活中无处不在的现象，因此，感性、易于把握便成了学生学习该知识的最初感受。但学生从生活现象归纳总结的能力欠佳，因此，如何更为科学地描述现象、总结规律、引导学生进行科学探究成为教学中的重要环节。

二、实验器材

电子钢琴、古筝、自制发音齿轮、手机、手持小风扇、256 Hz 音叉、512 Hz 音叉、吸管、剪刀、梳子、蓝牙音箱、轻质小球等。

三、实验创新要点

用手机软件等实现声音的可视化，方便学生了解声音的 3 种特性及其影响因素。

四、实验设计思路

通过自制手持式发音齿轮，让学生初步感知音调与频率的关系，再通过手机软件准确地、科学地探究出音调与频率的关系；通过观察发声的蓝牙音箱振膜上轻质小球的跳动幅度，让学生初步感知响度与振幅的关系，再通过移动示波器准确地、科学地探究出响度与振幅的关系；用分贝测试仪探究响度与距发声体远近的关系；用移动示波器采集不同乐器的同一乐音，探究音色与发声体的关系；学生用收集的旧物自制乐器并演奏。

五、实验教学目标

（1）知识与技能：了解声音的特性；知道音调与频率有关，响度与振幅以及距离发声体远近有关，音色与发声体有关。

（2）过程与方法：通过演示、观察、探究、活动等方法，培养学生归纳总结问题的能力。体会科学探究的过程和方法，并能从中体验转换法这种科学研究方法。

（3）情感态度与价值观：从活动中激发和培养学生的学习兴趣，并通过参与和体验调动学生学习的积极性。初步形成运用科学探究方法的意识，并激发学生勇于探索的决心和信心。

（4）教学重点及难点：

1）教学重点：掌握声音的3种特性及其影响因素。

2）教学难点：通过科学探究区分声音的3种特性。

六、实验教学内容

通过科学探究区分声音的3种特性及其影响因素。

七、实验教学过程

（1）情境导入：学生小乐团演奏。

（2）实验一：音调与频率的关系。

教材实验：通过改变钢尺伸出桌边的长度，用相同力度拨动钢尺，比较两种情况下钢尺振动的快慢和发声的音调。在此实验中，很难控制两次拨动钢尺的力度相同，同时也不易分辨钢尺振动的快慢。

创新实验：用有挡位的手持小风扇、塑料垫板改制成发音齿轮替代钢尺。通过改变风扇的挡位调节齿轮的转速，比较音调的高低。让学生初步感知：频率决定声音的音调，发声体振动频率越高，则音调越高。

为了进一步科学地探究音调与频率的关系，教材提供的方案是分别敲击不同的音叉，并将声音输入示波器，比较波形。在此实验中，学生难以控制两次敲击音叉力度的相同。另外，教材提供的传统示波器较笨重，易受干扰，新型声音传感器价格昂贵。

创新实验：用安装有能显示声音波形软件的手机替代传统示波器，手机携带方便、操作简单、效果明显。还可以将教师的演示实验改进为学生的分组实验，实现示波器全员化。使同一小球从相同的高度由静止下落敲击不同的音叉，并将声音输入手机。通过教师对实验的改进，有效地避免了由于控制不好而使两次敲击音叉的力度不一样的情况，避免导致结果的错误，能很好地研究出音调与频率的关系。分析波形图，音调低时波形较稀疏，音调高时波形较密集。通过大量的实验得出结论：频率决定声音的音调，发声体频率越高则音调越高，发声体频率越低则音调越低。

为了进一步感受音调和频率的关系，学生分组利用身边的器材设计并进行实验，如以音调可变的吸管哨等。

（3）实验二：响度与振幅的关系。

教材实验：用正在发声的音叉轻触系在细绳上的乒乓球，观察乒乓球被弹开的幅度。在此实验中，学生在操作时难以把控“轻触”的度，有的太小心翼翼接触不到乒乓球，有的用力过猛直接将乒乓球撞开。

创新实验：学生可以通过观察正在发声的蓝牙音箱振膜上轻质小球的振动幅度初步感知响度与振幅的关系，该过程操作简便，现象明显。在本实验中，通过将发声体振幅的大小转化为轻质小球振动幅度的大小，让学生体验物理问题的研究方法——转换法。通过该实验现象可初步感知：发声体振幅越大，响度越大。

为了进一步科学地研究响度与振幅的关系，用同一小球从不同的高度由静止下落敲击同一音叉，将声音输入手机。分析波形图，发声体响度越大，波峰越高。通过大量的实验得到实验结论：发声体振幅越大，响度越大。

（4）实验三：响度与距离发声体远近的关系。

人听到的声音是否响亮，除跟发声体发声时的振幅有关外，还跟人距离发声体的远近有关系，但在教材中未显示与此有关的科学探究活动。

创新实验：使用安装有分贝测试功能软件的手机进行实验探究。将蓝牙音箱与手机连接，播放手机上的轮船汽笛声，3 位同学分别拿着手机站在离蓝牙音箱不同距离的地方，打开手机上的分贝测试软件，读数并记录，分析数据。通过大量实验得到结论：人距离发声体越远，人耳听到的声音的响度越小。

（5）实验四：音色与发声体的关系。

用手机采集电子钢琴 D 调 Do 的波形和古筝 D 调 Do 的波形，分析图形，当音调和响度相同时，电子钢琴和古筝的波形不相同。通过大量的实验得出结论：不同发声体的材料、结构不同，发出声音的音色也就不同。

（6）动手动脑学物理。

用身边收集的旧物自制乐器，如八弦琴、吉他、水瓶琴、排箫等。并利用自制的乐器展开小小音乐会。

八、实验效果评价

（1）知识与技能方面。通过手机软件实现了声音的可视化；通过小球敲击音叉既可探究音调与频率的关系，也可探究响度与振幅的关系，实现了实验装置的系统化，方便学生掌握声音的 3 种特性及其影响因素，并能进行实际应用。

（2）过程与方法方面。学生通过一系列活动，体验了科学探究的过程，体会了“转换法”这一物理问题的研究方法。

（3）情感态度与价值观方面。合理地将手机融入课堂，让学生体验科技的力量，建立科学理念。通过自制教具、自制乐器增强学生的环保意识，帮助学生提高了学习兴趣、锻炼了动手动脑的能力。同时，学生经历了知识的应用过程，提升了核心素养。

光的反射实验改进

长春高新技术产业开发区慧谷学校　王晴

一、使用教材

人教版《物理》八年级上册第四章第二节“光的反射”。

二、实验器材

自制透明盒、转台、平面镜、激光笔、沉香、铁架台、旋转圆盘、光具盘、量角器。

三、实验创新要点/改进要点

（一）存在的问题

（1）“法线”盲区。很多教师在引入法线时会直接指出：法线是过入射点与平面镜垂直的一条线。而学生并不理解引入法线的意义。这种处理没有遵循学生认知发展的规律，强行在学生的知识结构中引入法线的模型，导致这个知识点在学生的头脑中仅成了机械记忆。

（2）显示光路受限。在传统实验中，常用白纸板显示光路，这种设计会让学生先入为主地将对反射光线位置的认识限定在一个平面上，并没有经历从空间渐进到平面的探究过程。学生并不清楚没有放纸板的地方是否有光线，实验效果不够直观、全面。

（3）入射角度变化受限。在实验过程中，只在白纸板所在的平面内改变入射角，而没有从立体空间全方位地改变入射角，从严格意义上讲无法得到普遍规律。

（二）改进措施

（1）建立轴对称模型。无论是探究三线共面、两线分居还是两角相等，法线都起到了一个“坐标原点”的作用。它是这个实验从定性到定量的标准，也是在探究过程中所构建的物理模型。通过引入法线的概念建立轴对称模型，体会引入法线的价值和作用是实验改进的重点。

（2）全景式显示光路。利用全景式显示光路，帮助学生建立正确、准确的反射模型是实验改进的关键。

（3）空间尺度上改变入射角。把在平面范围内改变入射角的设计转变为在空间尺度上改变入射角的设计，能开拓学生思考问题的视野，提升解决问题的思维高度。

四、实验原理

光的反射定律：在反射现象中，反射光线、入射光线、法线都在同一平面内；反射光线、入射光线分别位于法线两侧；反射角等于入射角。

五、实验教学目标

（一）知识与技能

（1）通过实验探究了解法线、入射角和反射角的含义。

（2）通过实验探究认识光反射时的规律。

（3）通过实验了解反射现象中的光路可逆性。

（二）过程与方法

经历探究光反射的实验过程，获得比较全面的探究活动的体验，学习科学的思维方法。

（三）情感态度与价值观

在探究过程中培养学生严谨的科学态度，密切联系生活实际，提高将科学技术应用于日常生活的意识。

六、实验教学内容

按照从远景到近景再到特写的顺序，将反射定律的实验内容从空间到平面再到具体角度进行层层推进，确定了以下 3 个探究内容。

（1）三线共面关系。

（2）两线分居法线关系。

（3）角度相等关系。

七、实验教学过程

（一）教师演示实验

该阶段的目标是让学生观察反射光线和入射光线的动态对应关系，获取轴对称的体验，抽象出对称轴的动态位置，建立法线概念。通过展现反射光线和入射光线全景式动态画面，建立正确的物理模型。

（1）观察光的反射特点。通过自制透明盒内的烟雾在立体空间中全景式显示光路，转动盒子，让坐在不同位置的每一位学生都能观察到光的反射现象。

（2）建立对称轴模型，引入法线概念。为了让学生感受反射光线与入射光线的轴对称关系，建立对称轴模型，在演示过程中让学生进行 3 次层层递进的思维过程。

1）感受对称轴的存在。通过上下移动激光笔，让学生体会反射光线与入射光线的轴对称关系。通过圆盘让激光笔转动起来，它能在短时间内反映不同角度光源在反射时的特点，有助于学生形成普遍规律认知，让学生尝试用激光笔寻找对称轴的位置。通过不断改变平面镜的角度，一方面强化了寻找对称轴的过程，同时也可以找寻对称轴的几何特点。

2）总结对称轴的几何特点。教师用手机拍下学生 3 次找对称轴的过程，通过直观的图像对比，学生容易总结出对称轴的几何特点，弥补了仅凭记忆就得到实验结论的不足。

3）体会对称轴的作用。让学生思考：如果法线右侧没有烟雾，我们只能看到入射光线，看不到反射光线，你是否能确定反射光线的位置？通过辨析让学生体会引入对称轴的价值和作用。

（二）学生分组实验

该阶段的目标是通过学生动手动脑的参与式探究，进行光的反射定律的知识建构。

教师结合演示实验中学生所看到的实验现象，让其思考：①反射光线、入射光线、法线是否在同一平面内？②反射光线与入射光线是轴对称的，它们与法线的夹角是否相等？

学生通过讨论、制订方案，利用实验器材进行实验，通过分析数据最终总结出光的反射定律。

八、实验效果评价

本次课中始终坚持“以学生为本，引领学生思维”这一主线，利用自制教具所呈现的实验现象，以问题为驱动，层层深入，激发学生的好奇心和对知识的渴望。通过学生的亲身参与，体验物理概念的形成过程，体会物理模型的建构。

实验教具的改进弥补了传统实验教具的不足，通过全景式显示光路教具呈现出的现象，使实验更生动具体。直观的视觉感受，有助于学生理解抽象物理概念、建构物理模型、培养科学思维。

从实验效果来看，学生对于法线这一抽象的物理概念理解较好，同时对于为何要研究三线共面以及两角关系也有了清晰的认识，实现了物理核心素养在课堂中的落地生根。

平面镜成像

重庆市江津中学校　徐文静　张建

一、使用教材

人教版《物理》八年级上册第四章第三节。

二、实验器材

魔术杯、钥匙扣、平板电脑、模拟“全息投影”装置、全息视频源、深渊灯、牙齿模型、牙镜、救护车模型、电子蜡烛、坐标纸、彩色纸带、平面镜。

三、实验创新要点

（1）利用平面镜和全息视频源，模拟全息投影，呈现出一个360°的立体影像。

（2）利用半透反射膜制作深渊灯，给学生带来视觉冲击。

（3）利用“意念串环”魔术和创新实验组织教学，有效激发学生的学习热情。

（4）用纸带模拟光路，帮助学生理解平面镜成像原理。

四、实验原理

平面镜成像所成的像与物体关于镜面对称。

五、实验教学目标

（一）知识与技能

（1）知道平面镜成像的特点。

（2）理解平面镜成像的原理，知道平面镜成的像是虚像。

（3）了解平面镜在日常生活中的应用。

（二）过程与方法

（1）经历“平面镜成像的特点”的实验探究，分析总结得出规律。

（2）培养学生在观察中发现问题、提出问题、设计实验、分析评估的能力。

（三）情感态度与价值观

（1）在探究“平面镜成像特点”中领略物理现象的美妙与获得成功的喜悦。

（2）通过对平面镜的了解，初步认识科学技术对人类生活的影响。

六、实验教学过程

（一）引入（魔术“意念串环”）

教师为学生展示魔术“意念串环”。将如图 1 所示的普通钥匙扣一个一个放入如图 2 所示的魔术杯里，再用一块丝巾盖住，利用“意念”把几个钥匙扣串起来，让学生带着疑问走进本节课的学习。

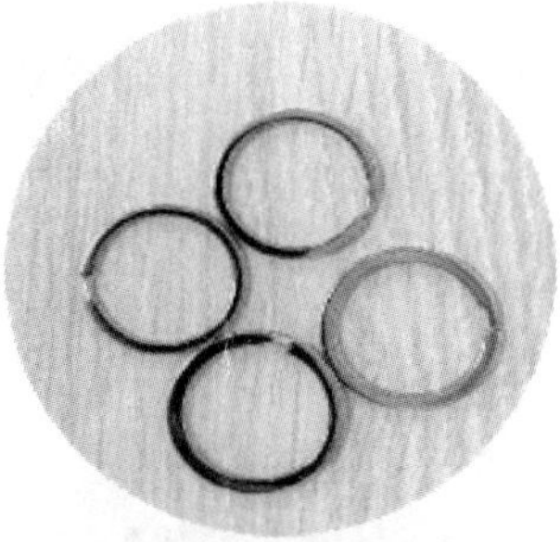

图 1　普通钥匙扣

图 2　魔术杯

（二）探究平面镜成像的特点（学生实验）

（1）启发学生提出实验方案。

提出问题：在不利用测量工具的情况下，如何比较两支“纸蜡烛”的大小？

学生很容易想到，把它们放在一起，看能否重合。教师再把学生引导到如何判断平面镜成像，如何判断像与物的大小关系的问题上来，学生很容易得出用重合的办法判断大小关系的结论。

由于生活中很多平面镜都是不透明的，所以先让学生尝试用不透明的平面镜做实验，学生很快就会发现无法确定像的位置，应该找一个透明的平面镜进行实验。把平面镜表面的不透明反射膜撕掉，用透明亚克力板进行实验。

（2）优化器材：用电子蜡烛代替传统蜡烛，用坐标纸代替白纸（见图 3）。

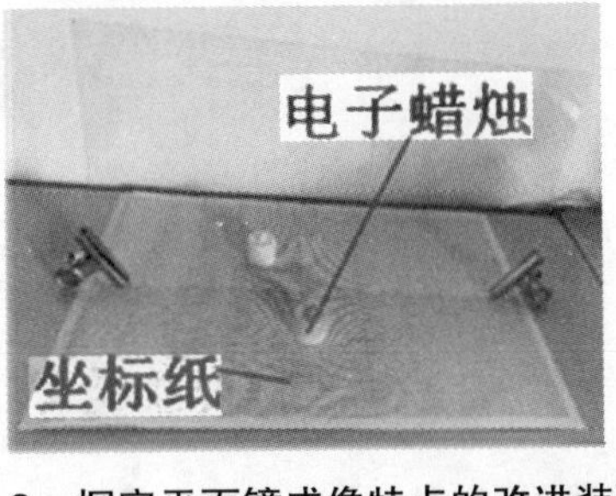

图 3　探究平面镜成像特点的改进装置

（3）弥补教材空缺（探究平面镜成像时，像与物的左右关系）。

展示一张救护车的图片（见图4），引发学生思考：下面的那排字母和AMBULANCE有什么关系？学生很容易发现左右是相反的。接着给学生提供一块平面镜和一个救护车的模型（见图5），把模型车放在平面镜前，通过平面镜再来观察这排字母。如图6所示，学生惊奇地发现，平面镜中的字母竟然就是AMBULANCE。从而得出，平面镜成像时像与物左右相反。在生活中，这样设计的目的是，救护车前面汽车的司机通过后视镜看到救护车上的字母，就能立刻辨认出车是救护车，以便给救护车让路。

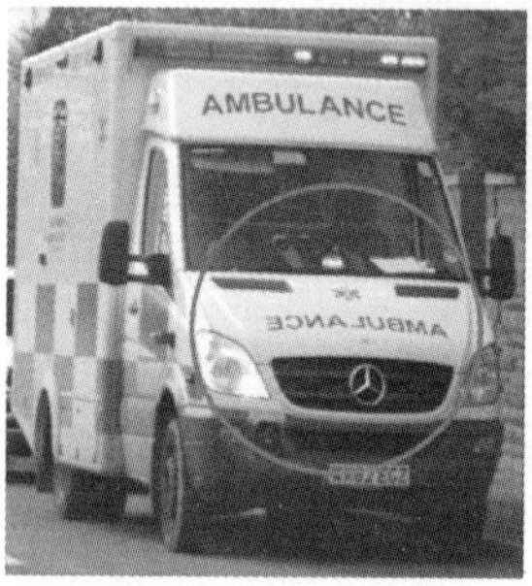

图4　救护车

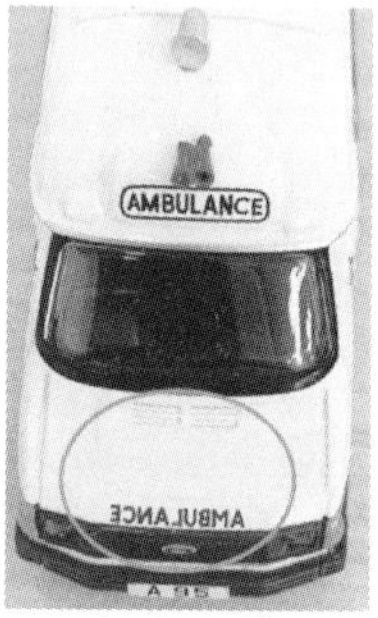

图5　模型车

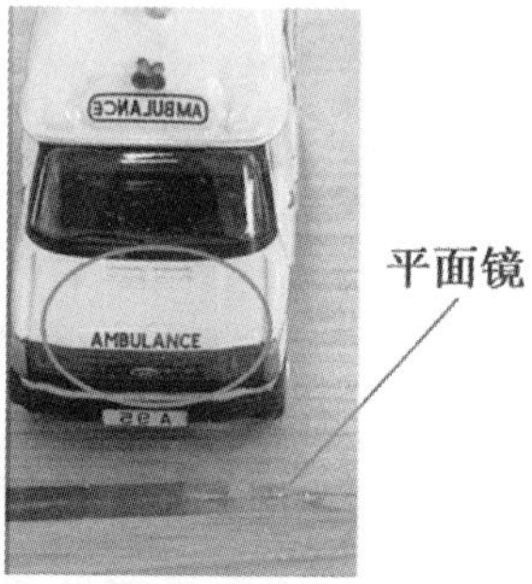

图6　模型车在镜中所成的像

（4）平面镜成像的原理。

教材中对平面镜成像原理的讲解如图7所示，学生一般难以理解。为突破这一教学难点，教师设计了一个动手活动，让学生用纸带模拟光路。如图8所示，用蓝色的纸带表示入射光线，接着把纸带沿着平面镜的方向折过来，代表光线遇到镜面发生了反射，用红色部分表示反射光线，人的眼睛在接收到反射光线后，逆着反射光线看回去，再把下面的这层纸带拉出来代表反射光的反向延长线，由几何知识得知，物和像是关于平面镜对称的，在这个过程中体会虚像是如何形成的。

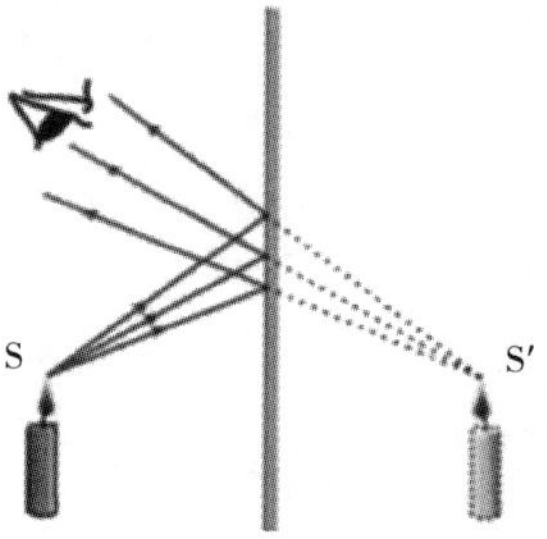

图7　平面镜成像原理图

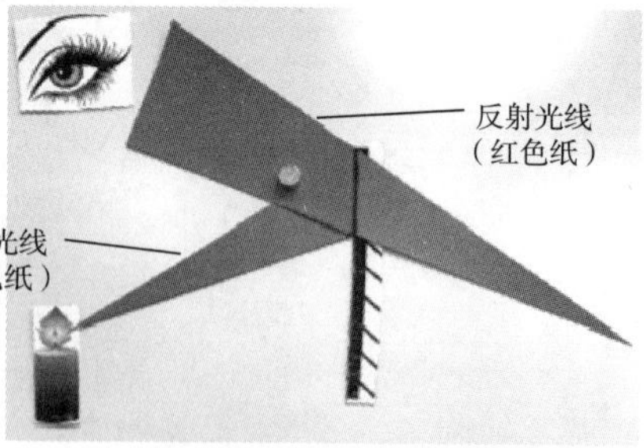

图8　用纸带模拟成像过程

（三）平面镜成像在生活中的应用

（1）模拟“全息投影”（见图 9）。

全息视频源把动画人物按照 4 个方向分解开，如图 10 所示，由于反射面和水平面的夹角是 45°，所以最后所成的像就刚好在竖直方向，每一个反射面都有一个像，这些像组合到一起，就形成了一个立体的影像，在不同的角度看到的像是不一样的。

图 9　模拟全息投影装置

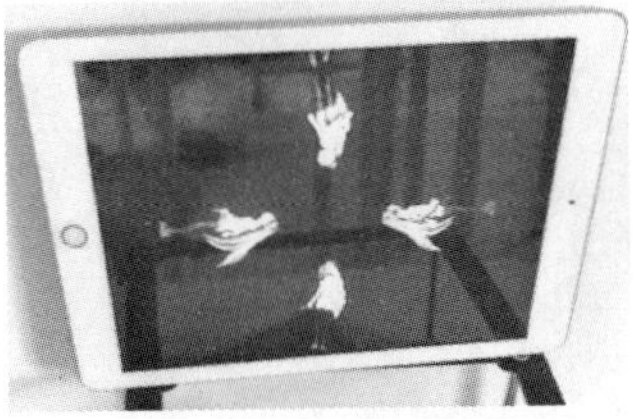

图 10　全息视频源

（2）深渊灯。

深渊灯通电前看上去就是一个普通厚度的镜子，通电后在视觉上有一个深渊的感觉（见图 11）。其内部结构如图 12 所示，灯里面有两个反射面，外面这个反射面是一种比较特殊的材料——半透反射膜，半透反射膜的特点是光在其表面能很好地反射，同时又具有一定的透光性。在深渊灯的内部有一圈 LED 灯，通上电后，LED 就会在两个反射面之间不断成像，看上去就会有一个无限延伸的视觉效果。

图 11　通电后的深渊灯

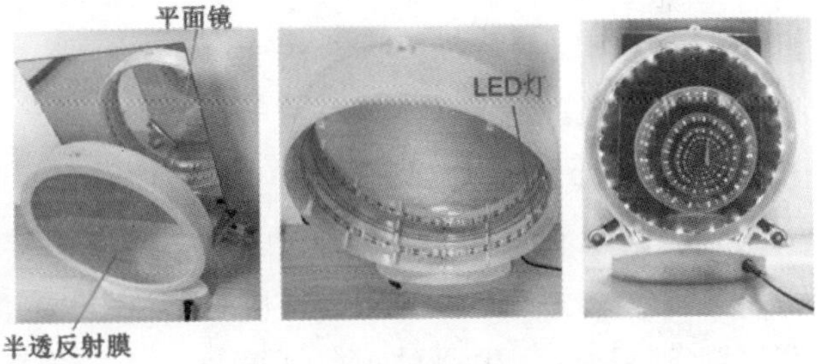

图 12　深渊灯的内部结构

（3）牙镜和铜镜。

利用平面镜原理来制作牙镜，如图 13 所示，在牙齿模型的里面贴一个黑纸来代表牙齿上的黑斑，医生利用平面镜成像就可以很方便地观察这个黑斑。其实在古代，人们就知道利用平面镜成像来制作铜镜。值得一提的是，古人早在商朝时期就可以利用平面镜成像制作铜镜，我国是世界上最早使用镜子的国家之一，可以以此故事提高学生的民族自豪感。

（4）揭秘“意念串环”魔术原理。

如图14所示，魔术杯的中间有两块平面镜，由于平面镜能成像，所以从侧面来看，好像是一个完整的空杯，其实这个杯子被分成了两部分，事先在杯子里放好一串钥匙扣，表演的时候先把空的那面面向学生，盖上丝巾后，再改变杯子的方向，将有一串钥匙扣的那一面面向学生，学生最后看到教师取出的就是一串钥匙扣。

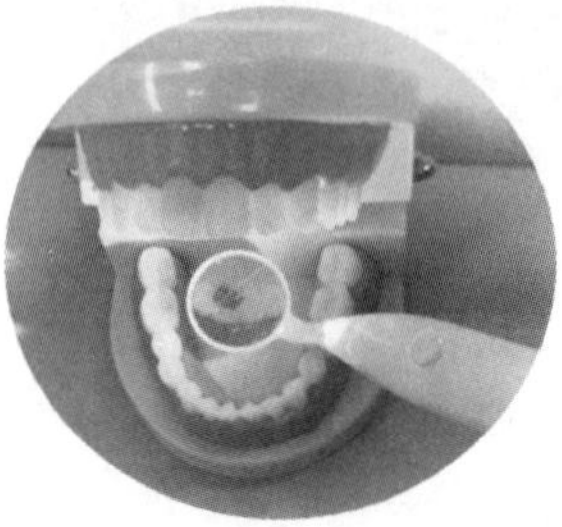

图13　牙镜

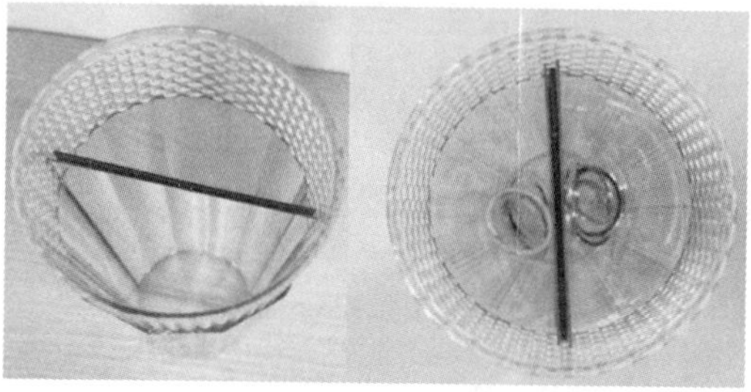

图14　魔术杯的内部结构

（四）布置作业

给学生布置一个趣味作业，如图15所示的一个空纸箱，把手机放进去，但是并没有看到箱子里有手机，这是为什么呢？让学生课后查阅资料，了解“空箱藏物”的魔术原理，并动手制作一个魔术箱，培养学生的创新能力和创客精神。

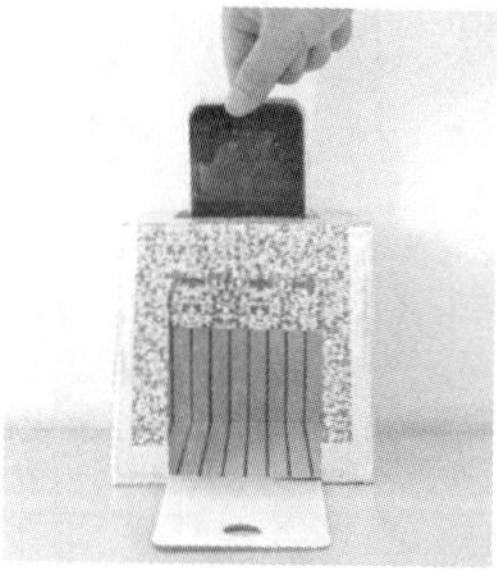

图15　空箱藏物

七、实验效果评价

本次课体现了新方法、新技术和新材料与实验教学的融合。利用有趣的魔术和创新实验组织教学，结合创客教育理念，有效激发学生学习热情，在有趣创新的实验教学中完成本节课的教学目标。学生通过观察平面镜成像的现象，思考现象背后蕴藏的原理。学生通过观察教师操作和自主操作，锻炼实验操作的能力。通过魔术杯、模拟“全息投影”和深渊灯等精彩演示，激发学生兴趣，为学生以后利用身边的器材自主设计实验埋下种子。

探究平面镜成像的特点

云南师范大学附属怒江州民族中学　彭蕊

一、使用教材

人教版《物理》八年级上册第四章第三节“平面镜成像”。

二、实验器材

两块木板（底板和底座）、圆柱（高为 13 cm，直径为 6 cm）、轴承（内径为 6 cm）、玻璃板、自带直流电源的红灯泡和绿灯泡（功率为 3 W）各 1 个、2 支激光笔、刻度尺、2 个加湿器。平面镜成像实验装置设计图如图 1 所示。

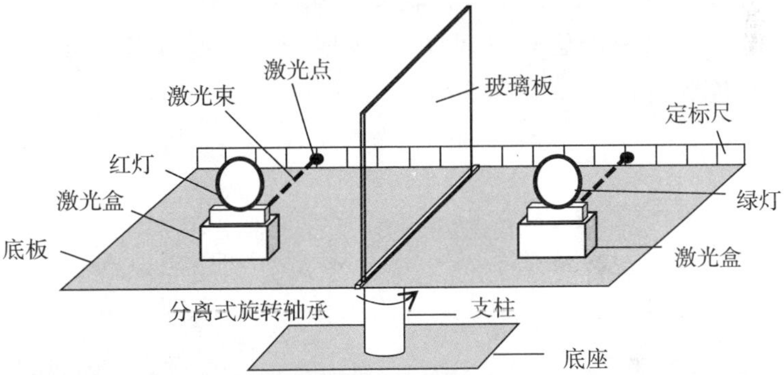

图 1　平面镜成像实验装置设计图

三、实验创新要点/改进要点

（1）用灯泡光源盒代替蜡烛作为成像物。

蜡烛易受客观因素影响。蜡烛烛焰易受风的影响，容易摆动，烛焰是明火，存在安全隐患，且实验对环境光线要求比较高。蜡烛燃烧会变短，烛焰变小，物像重合精度会变小，对比度低，难以比对它们的大小。

为了解决这些问题，用灯泡光源盒代替蜡烛作为成像物，灯泡稳定性好，不易受到环境光照的影响，提高了实验的准确性，增强了实验的趣味性，如图 2 所示。红灯、绿灯发出的光混合后变为黄光，增强了对比度，更方便比较像的大小。

图 2 灯泡光源盒

（2）增加仪器底座。

由于按教材实验时蜡烛和平面镜位置确定后不方便移动，使得大部分学生难以观察到物和像的重合，为了使实验效果更明显，制作了一个转台，转台下方有滚珠轴承，转台可以 360°旋转（见图 3），便于多角度、多方位观察实验现象，增加实验可见度和可视范围。

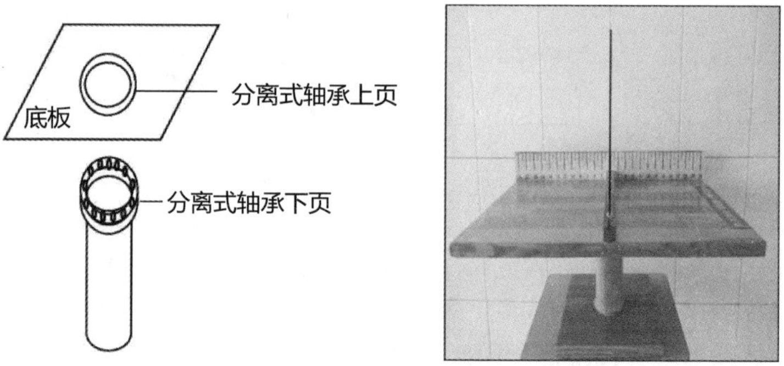

图 3 仪器底座

（3）数据测量。

传统实验中由于烛焰中心难以确定，会给实验带来误差，为了减小误差，在红、绿光源盒下方安装激光笔。激光具有准直性，通过激光点投射在定标尺上的位置，可以快速方便地确定物和像的位置，准确读出物距、像距。

"像""物"连线与平面镜之间是否垂直不能在实验中直接观察到，使用加湿器可以观察立体空间中的光路变化，把光路真实、形象地呈现出来。

四、实验原理/实验设计思路

本实验的原理是光的反射。

五、实验教学目标

(1) 物理观念：能说出平面镜的成像特点；了解虚像是怎样形成的，知道虚像的含义。

(2) 科学思维：掌握等效替代法，体会物理等效思想的内涵；了解色光混合原理。

(3) 实验探究：经历“平面镜成像特点”的探究过程，学会记录实验过程中的有用信息；有目的地观察实验现象。

(4) 科学态度与责任：领略平面镜成像现象中的对称之美；正确认识使用平面镜的利与弊。

六、实验教学内容

本节课是学生在学习了“光的直线传播”和“光的反射定律”之后，进一步学习平面镜成像的特点、原理以及应用的过程。平面镜与我们生活密切联系，从生活情境引入，通过魔术表演，利用自制教具，探究平面镜成像的特点，并引导学生学以致用，解决生活中的实际问题。

七、实验教学过程

(一) 魔术激疑，明确目标

通过魔术引入课题，激发学生的学习兴趣和求知欲望，从而进入实验的教学环节。

(二) 创设情境，提出问题

播放动画，让学生观察教师在平面镜前后移动时，像的大小、位置是怎样变化的。随即提出问题：平面镜成像的像和物有什么关系？

(三) 假设猜想，设计实验

鼓励学生大胆进行猜想，小组交流讨论，总结实验猜想。引导学生设计实验，提出 3 个问题，让学生自主选择实验器材，设计实验。

(1) 如何选用器材？

将物体分别置于平面镜和玻璃板的前方使之成像，比较哪种情况能确定像的位置。从而引导学生用玻璃板代替平面镜做实验，如图 4 所示。

图4 确定像的位置

（2）玻璃板的厚薄是否会影响实验的准确性呢？

（3）采用什么方法来验证像与物体大小是否相等呢？

用曹冲称象的故事引出本实验的实验方法：等效替代法。找一个与镜前物体完全相同的物体与像进行比较。当红灯的像与绿灯重合时，它们的颜色混合后变为黄光，如图5所示。

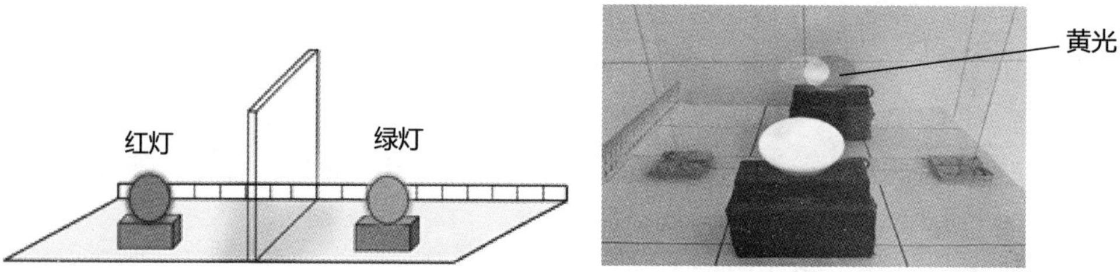

图5 等效替代法在本实验中的应用

（四）实验探究，得出结论

（1）实验探究一：像和物的大小关系。

将透明玻璃板垂直放在转台上，在玻璃板前放置红灯光源盒，从正面看玻璃板，会看到红灯光源盒的像。在玻璃板后面放置绿灯光源盒，慢慢移动绿灯光源盒，使绿灯和红灯的像重合，当它们完全重合时，可以看到一个黄色区域。根据等效替代的思想可得出红灯光源盒和红灯光源盒所成的像大小相等，即像与物大小相等。结论：平面镜成像，像与物大小相等。

（2）实验探究二：像和物到平面镜距离的关系。

改变红灯光源盒到镜面的距离，从红灯光源盒发出激光射到定标尺的位置读出物距。移动绿灯光源盒，让绿灯光源盒与红灯光源盒的像重合，读出像距，如图6所示。鼓励学生亲自动手做实验，多次改变红灯光源盒到镜面的距离，测量出物距、像距，填入表格（见表1）。通过数据的对比可以得出：平面镜成像，像距等于物距。

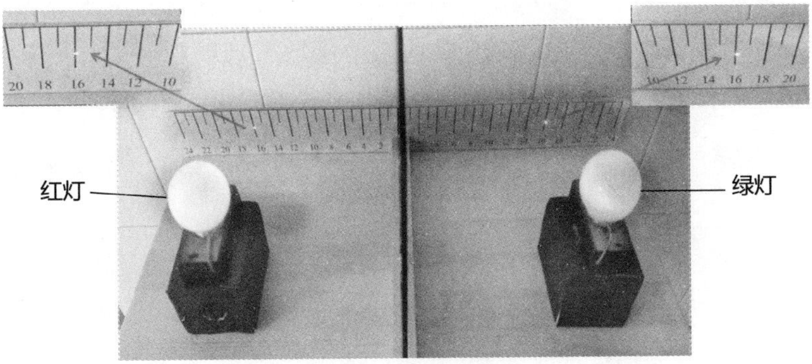

图 6　物距、像距的测量

表 1　物距与像距实验数据记录表

实验次数	物距/cm	像距/cm
1	8.20	8.00
2	10.00	10.00
3	14.00	14.20
4	16.60	16.50

（3）实验探究三：像和物连线与镜面之间的关系。

改变灯泡光源盒位置，让两光源盒的激光平行于定标尺射到玻璃板上，移动绿灯光源盒，使其与红灯光源盒的像重合。利用加湿器喷出水雾观看两激光光路。从实验装置上看，两激光交于玻璃板上一点后分别射向对方的激光口，两激光连成了一条直线，这条直线平行于桌面，垂直于镜面，如图 7 所示。从而得出：物和像对应点之间的连线垂直于镜面。

图 7　水雾下像与物对应点连线实验

（4）实验探究四：探究平面镜所成的像的虚实。

复习小孔成像的知识，在小孔后面放一块接收屏，在接收屏上可以看到蜡烛通过小孔所成的像，引出实像的概念，将接收屏放在玻璃板后面观察接收屏是否能接收到红灯的像，得出虚像的概念。并得出实验结论：平面镜所成的像为虚像，如图 8 所示。

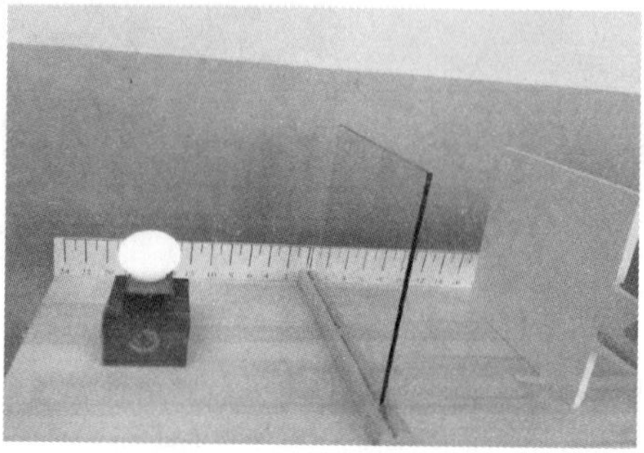

图 8　平面镜成像虚实实验

通过实验探究得到的实验结论就是平面镜成像的特点。通过实验探究让学生更好地理解平面镜成像规律，从而系统地培养学生的科学探究能力。

（五）解疑魔术，加深理解

解释魔术原理，激发学生兴趣，更让学生感受到生活处处是物理，物理就在我们身边。

八、实验效果评价

本节课的亮点是步步推进，启发式引导突破重难点，体现学生的主体地位。实验装置改进后用于实验探究，能够让学生体会等效替代法在物理学中的实际应用。本实验通过激光定位、色光混合、可自由旋转的转台，对传统的平面镜成像实验进行创新性地改进，使仪器的表象和效果得到了较大提升，提高了实验的准确性，增强了教学的趣味性。该仪器运用在课堂教学过程中，能更方便、安全地探究出平面镜成像的规律，达到良好的教学效果，从而培养学生的科学探究思维和科学探究能力。

生活中的透镜

襄阳市诸葛亮中学教育集团　陈雨琪

一、使用教材

人教版《物理》八年级上册第五章“透镜及其应用”第二节“生活中的透镜”。

二、实验器材

自制照相机、投影仪和放大镜模拟装置，如图 1 所示。

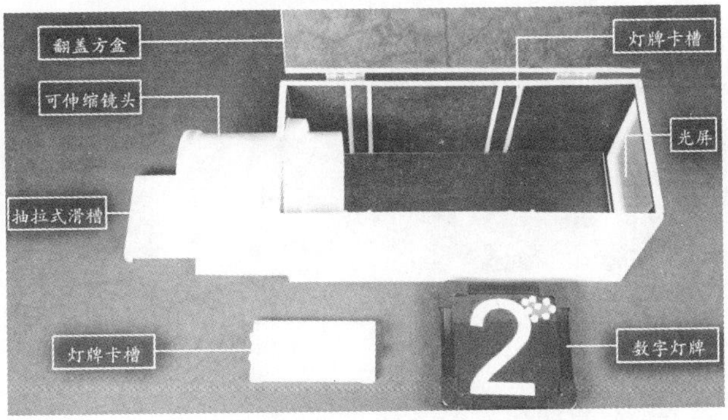

图 1　自制照相机、投影仪和放大镜模拟装置

三、实验创新要点/改进要点

（一）教材编排

教材中这一节内容涉及 3 个实验：①让学生利用自制照相机模型观察周围景物，总结归纳照相机的成像特点；②由教师演示投影仪成像，学生只需观察像的大小和倒正；③让学生将放大镜放在眼睛与物体之间，观察此时所成的像。

（二）原实验的不足

（1）问题 1：自制照相机模型虽然材料易得、制作简单，但成像效果不够明显，学生不易观察像的性质。如何让学生能够看到清晰、稳定的实验现象，并能迅速判断出像的特点，是我们需要改进的方向。

（2）问题 2：在教师演示投影仪成像时，学生能观察到清晰的现象，但无法参与仪器的使用，缺少主动探究的过程。如果能让学生亲身参与每一次探究，整节课都以学生为主体，学生的学习兴趣会更浓厚，也更利于培养他们的核心素养。

（3）问题3：教材中虽然每种仪器都进行了实验，但实验间相互独立，缺乏关联，学生很难联想到这其实是凸透镜的连续成像过程。怎样才能将3个实验串联起来，让学生通过探究建立知识的内在联系，是亟待解决的重要问题。

（三）实验创新点

（1）实验活动系统化。

如何将教材中的3个实验关联在一起，让学生通过系统化的实验活动建立知识体系，是本节课最为关注的问题。因此，教师设计了能同时模拟照相机、投影仪和放大镜的实验装置。学生只需将灯盘放入器材的不同卡槽中，就能使用同一器材完整地模拟3个仪器的成像过程，同时观察到不同性质的像。

1）如图2所示，使用该器材模拟照相机时，需要先将方盒底部的滑槽抽出，将灯牌固定在滑槽上，可以在光屏中央观察到倒立、缩小的像。进一步调节方盒前端的镜头，直到光屏上的像变得最清晰。

图2　模拟照相机

改变灯牌到镜头的距离，可以在光屏上看到像的大小变化，此时调节镜头使像变得清晰，又能让学生进一步感受照相机拍摄近景、远景时的调焦过程。

2）如图3所示，模拟投影仪成像时，需将灯牌打开放入方盒内部距镜头稍近的卡槽中，盖上盒盖，将镜头正对附近的墙壁或天花板，可在墙壁上看到倒立、放大的像。进一步调节镜头，可使像变得更清晰。

图3　模拟投影仪

模拟投影仪成像过程中，学生会产生疑问：为何生活中投影仪所成的像都是“正立”的？此时让学生通过倒插灯牌观察像的性质，既能够理解生活中投影仪的工作原理，又能发现“倒立”的含义不仅是“上下颠倒”，还有“左右相反”（见图4）。

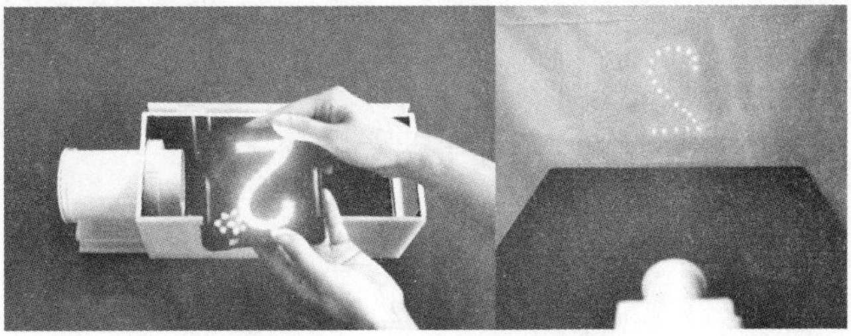

图4　投影仪成“正立”的像

3）如图5所示，将灯牌打开放入方盒内最靠近镜头的卡槽中，器材就能模拟放大镜成像。此时学生会发现无论墙壁还是方盒尾部的光屏上都不再成像，而透过镜头则能够看到一个清晰的正立、放大的像。

图5　模拟放大镜

（2）实验仪器生活化。

实验过程中，学生可以通过改变灯牌到镜头的距离模拟照相机拍摄近景、远景时的调焦过程，也可以通过改变镜头到墙壁的距离模拟教室里投影仪的调节过程。学生在经历这些高度相似的动态操作过程时，很容易联想到生活中的照相机、投影仪，充分体现了从物理走向生活的理念。

（3）实验现象直观化。

为了保证学生在实验中能观察到清晰、稳定、直观的实验现象，教师还在器材中增加了很多巧妙的设计。首先，方盒下方的滑槽能够保证灯牌无论怎样前后移动，始终位于镜头的正前方，从而使像总能成在光屏中央，清晰稳定、利于观察；其次，灯牌上的数字和图案在每次成像后都能直观反映出像的大小和正倒，便于区分不同情形下所成像的不同，如图 6 所示。

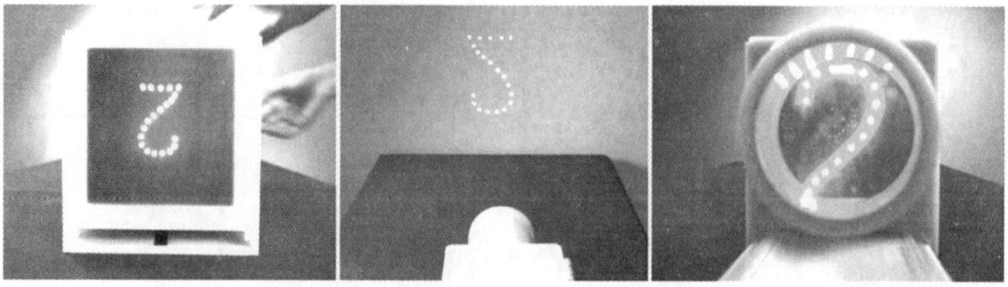

图 6　仪器在不同情形下的成像情况

（4）实验操作简便化。

本次实验所使用仪器功能全面，但设计简洁、结构清晰，学生能够很轻易地看出仪器各部分的作用，并快速掌握操作方法。仪器中滑槽、灯牌卡槽的设计也使学生的实验操作过程更为便捷。

四、实验设计思路

本节实验教学的基本设计思路是让学生通过实验探究发现凸透镜的不同成像特点，并由此引发联想，了解凸透镜在生活中有照相机、投影仪和放大镜等不同应用。

五、实验教学目标

（1）知道凸透镜在生活中的 3 种应用：照相机、投影仪和放大镜。

（2）了解照相机、投影仪和放大镜的成像特点。

（3）通过自主合作探究，总结归纳凸透镜不同情形下成像特点并与 3 种应用准确关联。（重点）

（4）能通过系统的实验活动理解并初步掌握凸透镜的成像规律。（难点）

六、实验教学过程

本节课的实验教学过程，分为以下 3 个步骤：新课导入、实验活动、成果展示。

（一）新课导入

（1）教师向学生展示生活中凸透镜的各种应用，包括显微镜、望远镜、老花镜、照相机、投影仪等，让学生意识到凸透镜遍布在我们的生活之中，从生活走进物理。

（2）使用手机为学生拍照，并将拍好的照片利用手机应用实时共享在教室里的大屏幕上。此时学生会被手机和大屏幕上的照片吸引，迅速集中注意力，在他们专注于观察二者所成的像时，教师请学生思考这两种设备所成的像有何不同以及造成图像性质不同的原因是什么，从而自然地导入课题。

（二）实验活动

本节课教学过程的核心就是学生的实验探究活动。通过导入环节，学生会意识到凸透镜可以成不同大小的像，此时向学生提出问题：凸透镜能够成哪些不同性质的像呢？让学生明确接下来的实验探究目的。

实验开始前，要求学生以小组为单位观察仪器结构，讨论仪器的使用方法。由于实验仪器结构清晰、操作简单，学生在明确实验目的后，都能够快速掌握仪器的使用方法，并根据实验报告上的问题和提示开展小组探究活动。

（1）实验一：探究凸透镜的 3 种成像特点。

1）创设情境。

出示我们生活中常见的 3 种设备：照相机、投影仪和放大镜。向学生提出问题：它们所成像的特点是否相同？试利用手中的器材体会这 3 种设备的功能，并记录你所观察到的现象，完成探究分析。

2）实验活动。

在创设的情境中进行探究更能发挥学生的自主性，实验过程中需要学生通过观察像的特点与生活中的透镜进行关联，相比直接观察这 3 种仪器的成像特点更能体现从物理走向生活的理念。实验报告上“放大”“缩小”“正立”“倒立”这些提示能够让学生在实验时更有目的性，提高实验效率；器材放置方式的选择则让学生在每次成像后观察物体和像到凸透镜的距离，从而发现像距与物距的大小关系。

在实验活动中，每个小组成员都能够分工合作，观察到清晰的实验现象。尤其是在墙壁上成像时，各小组之间会相互比较，努力调节器材位置使本组的像变得更大，激发了学生强烈的竞争意识和学习热情，教学氛围在此时也达到高潮。探究时学生还能发现仪器的不同使用方法，参与度和积极性都很高。

（2）实验二：探究照相机的调焦过程。（此部分为能力提升环节）

1）创设情境。

生活中我们常用照相机拍摄不同的景物，有时是远处的高山，有时是身旁的花朵。

2）实验活动。

试用手中的器材模拟照相机拍摄近、远景的过程，观察并记录所成像的大小变化，以及镜头的调节方法。学生改变灯牌到镜头的距离，模拟照相机调焦的过程。

这一环节让学生通过自主探究发现像的大小变化规律、像距随物距动态变化的规律，为下一节内容的学习做好铺垫，经历由现象到本质的科学探究过程，培养学生的科学探究精神。

（三）成果展示

实验完成后，由小组代表展示实验成果，包括实验器材、步骤、结果、结论以及实验分析。从实验报告的完成情况来看，学生能够准确观察到凸透镜的不同成像特点并与照相机、投影仪、放大镜进行关联，找出影响凸透镜成像性质的因素为物距。当堂展示能极大地发挥学生的主动性，学生的表述也能再现学生的思维，体现物理方法的运用。

七、实验效果评价

（一）教学评价

（1）从仪器改进与创新上看，本节课所使用的仪器材料易得，操作简单，能够同时模拟 3 种不同仪器的成像过程，且所有现象均清晰、直观，做到了生活化、简便化、直观化、系统化。

（2）从教学设计来看，本节课兼顾了逻辑性、理论性和实验性。教学过程中通过合理的设问引导学生进行了完整的自主探究实验，充分体现了课堂中学生的主体地位。不仅如此，学生在实验操作中还需针对问题不断进行思考，提高实验技能的同时也掌握了相关知识。

（3）从知识迁移的角度来看，本节课使学生更容易将照相机、投影仪和放大镜理解为凸透镜成像的不同应用，而非 3 个孤立的知识点，有利于学生的理解和记忆。同时与第三节内容进行整合，起到承上启下的作用。

（二）反思与展望

单就本节课的教学而言，该实验器材已能够满足各项教学目标。但从全章内容来看，器材还需进一步改进以满足学生后续学习和能力提升的需求，提高实用价值。如在抽拉滑槽上增加刻度，标记一倍焦距、二倍焦距的位置，让学生在学习凸透镜成像规律时也能使用；为器材配置不同焦距的镜头，学生可以体验照相机在使用长焦、短焦镜头时的成像过程，进一步提高学生的探究能力。

探究“色光的世界”

西藏拉萨江苏实验中学　张辰蕾

一、使用教材

人教版《物理》八年级上册第四章“光现象”第五节“光的色散”。

二、实验器材

（1）演示实验：三棱镜、手持白光光源、光屏。

（2）学生实验：光屏、光的三原色合成实验器、透光片（红、绿、蓝）。

三、实验创新要点

本次探究活动是人教版八年级上册第四章“光现象”的内容，由于在2011年课标修订时删去了“颜料的混合”，不再详细介绍物体颜色的形成，因此在“光的色散”这一节降低了要求。在教材上“光的反射”一节有一句话：“我们能够看见不发光的物体，就是因为物体反射的光进入了我们的眼睛。”学生看到这句话时提出疑问：“那么，物体反射到我们眼睛的光到底是什么颜色呢？为什么会有不同颜色的物体呢？”面对学生的疑惑，教师将这一部分内容安排为探究活动。在活动中，学生不仅能总结归纳知识，还能够体验光学世界科学探究的过程。

教师自制教具，用暗箱观察不同颜色物体的反光情况，探究物体颜色的成因。在改进实验的过程中分别尝试了黑底长暗箱、白底长暗箱，以及白底短暗箱，最终确定了颜色效果较为明显的白底短暗箱。在反射面的选择上，为了反射效果对比更加明显，也多次尝试了不同深浅的红、绿、蓝的反射材料。打破了教材的束缚，使学生通过实验真正感受到光学世界带给我们的多彩视觉感受，真正明白物体颜色的成因。

四、实验原理

（1）光的色散：一束白光经过三棱镜被分解为红、橙、黄、绿、蓝、靛、紫七种颜色的色光，这种现象叫光的色散。

（2）色光的混合：利用光的三原色合成实验器，可以把红、绿、蓝三种色光按照不同的比例混合得到多种不同颜色的色光。红、绿、蓝为光的三原色。

（3）物体的颜色。

透明物体的颜色由它透过的色光决定。

不透明物体的颜色由它反射的色光决定。

五、实验教学目标

（一）知识与技能

（1）知道光的色散现象。

（2）知道色光的三原色。

（3）能运用所学知识解释生活中的光现象。

（二）过程与方法

通过合作、交流体验实验课的乐趣，感受探究问题并解决问题的乐趣。

（三）情感态度与价值观

（1）体验色散的物理事实，培养实事求是的科学态度。

（2）体验研究“白光分解”“色光混合”的实验过程，萌发对物理现象的好奇心和物理学习的兴趣。

六、实验教学内容

（1）教学重点：对光的色散及三原色的实验探究。

（2）教学难点：探究物体颜色的成因。

七、实验教学过程

（一）创设情境，引入绚丽多彩的色光世界

西藏的雨季，真的是一个彩虹频频出现的季节，遇到彩虹对学生来说也是一件美好又幸运的事情。本节课通过创设贴近学生生活实际的彩虹实例情境，逐步引发学生的兴趣，引导学生的思维方向，从而顺利解决课堂教学中的问题。

（二）探究活动

（1）活动一：寻找类似彩虹的彩色条纹。

演示实验：由于受天气原因限制，并不是总能碰到晴朗的天气，本节课用手持白光光源代替太阳光，通过照射三棱镜，也能在教室上方找到类似彩虹的彩色条纹，如图 1 所示。

图 1　寻找类似彩虹的彩色条纹

现象：白光经过三棱镜被分解为红、橙、黄、绿、蓝、靛、紫七种颜色的色光。

（2）活动二：色光的混合。

学生实验：学生使用光的三原色合成实验器和光屏进行实验，通过不断地调节红、绿、蓝三种色光的比例，可以合成多种不同颜色的色光，如图 2 所示。

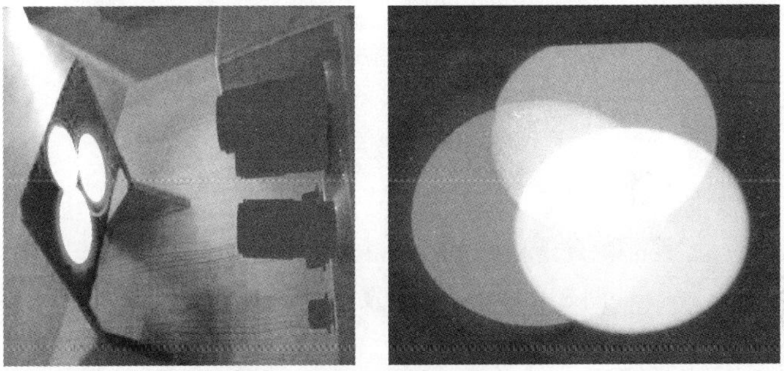

图 2　利用光的三原色合成实验器展示实验现象

现象：学生通过实验观察发现红、绿、蓝三种色光按一定比例混合可以合成任意颜色的光。

结论：红、绿、蓝为光的三原色。

（3）活动三：探究物体的颜色。

1）探究透明物体的颜色。

学生首先利用一束白光分别照射红色、绿色、蓝色透光片，发现只能分别透过红光、绿光、蓝光。为了进一步说明实验现象，再一次使用光的三原色合成实验器进行实验。

现象：绿光只能透过绿色透光片；红光只能透过红色透光片；蓝光只能透过蓝色透光片。

结论：透明物体的颜色是由它透过的色光决定的。

2）探究不透明物体的颜色。

通过探究透明物体的颜色，学生对本实验进行了如下猜想：不透明物体的颜色是由它反射的色光决定的。

在实验初，学生利用光的三原色合成实验器，将红、绿、蓝三种颜色的光都照射在红色光屏上，结果发现红色光屏上既能反射红光，又同时能反射绿光和蓝光，与他们的猜想不符。同学们经过讨论和简单的实验后，发现应该是外界其他光源对实验产生了干扰，提出利用暗箱解决这一问题。为使实验现象更加明显，同学们把不同的反射面制作成了不同的形状（红色为心形，绿色为五角星形，蓝色为三角形），利用手机摄像头观察暗箱内的实验现象。器材的改进及观察到的现象，如图 3 所示。

图 3　器材的改进及观察到的现象

用不同色光照射暗箱后，学生可以看到如下现象：

①在红光的暗箱中，只有红色物体能反射红光，其他颜色的物体呈现的是黑色。

②在绿光的暗箱中，只有绿色物体能反射绿光，其他颜色的物体呈现的是黑色。

③在蓝光的暗箱中，只有蓝色物体能反射蓝光，其他颜色的物体呈现的是黑色。

实验现象验证了之前的猜想，同时得出结论：不透明物体的颜色是由它反射的色光决定的。

八、实验效果评价

本节实验，让学生利用手机摄像头通过观察口观察暗箱的情况，提高了实验的直观性，同时降低了光源对眼睛的伤害。实验教具的制作和改进解决了外界光源对实验的影响，解决了实验可视度不高的问题。不仅提高了学生学习物理的兴趣，同时拓宽了光学知识的广度。在遇到困惑的时候，学生之间通过合作共同解决问题的能力得到了意想不到的提升。

整个探究过程有助于发展学生模型建构和推理论证的科学思维，更好地体现了以学生为主体的教育思想，体现了把实验课堂还给学生的教育理念。

本次探究活动作为对教材内容的补充，解决了同学们对光学知识的困惑。激发了学生进一步探究颜色之谜的兴趣，使学生领略到了光学世界的缤纷多彩，从而更加热爱自然、热爱科学。

压力作用效果量化实验

江西省高安市第四中学　花永

一、使用教材

人教版《物理》八年级下册第九章“压强”第一节“压强”。

二、实验器材

自制教具：由塑料盒和面粉、铜块、线和刻度尺、辘辘组成，如图 1 所示。

其他器材：压力与压强演示器、笔、气球。

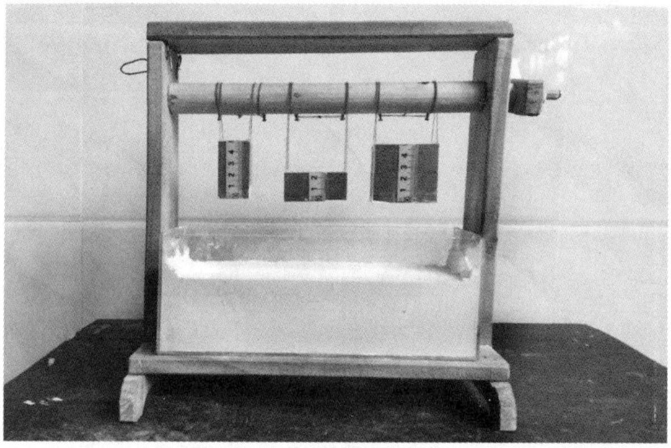

图 1　自制教具

三、实验创新要点/改进要点

本实验是压强概念的引入实验，是压强和浮力知识学习的基础，可以说是初中物理最重要的实验之一。

自制教具源于生活，实验装置简单，实验用品大多都来自生活中。食用面粉取材容易、健康安全，辘辘用樟木和杉木手工制作而成。用面粉做受压物，用重力和底面积存在倍数关系的规则铜块做施压物体，使压力作用效果数据化。

四、实验原理/实验设计思路

将受压材料改为塑性材质的食用面粉，将压力作用效果转换为能够测量的面粉的凹痕深度；用 7 个相同的立方体铜块组成 3 个重力和底面积存在倍数关系的规则物体，并在每个施压物体上粘上刻度尺，用于在施压过程中直接测量面粉的凹痕深度。实验使压力作用效果数据化，从而得出受力面积相同时，压力作用效果（凹痕深度）与压力大小成正比；压力相同时，压力作用效果（凹痕深度）与受力面积成反比的结论。

学生先自主探究压力作用效果与哪些因素有关，得出实验结论：受力面积相同时，压力越大，压力作用效果越明显；压力相同时，受力面积越小，压力作用效果越明显。再通过改进创新实验进一步探究压力作用效果与压力和受力面积的比例关系。从而引出物理学中用压强来反映压力作用效果，压强的定义就是压力与受力面积的比值，进一步推出压强公式。

五、实验教学目标

（一）物理观念

（1）了解压力和压强的概念，知道影响压力作用效果的因素。

（2）知道压力和重力的关系和区别。

（3）了解压力作用效果与压力成正比，与受力面积成反比。

（二）科学思维

（1）体验自主动手探究的过程，掌握科学探究的方法，培养学生的科学探究能力和实践能力。

（2）在实验探究过程中，引导学生观察测量、科学分析数据，归纳推理出压强的概念。

（三）实验探究

（1）引导学生进行科学提问、合理猜想、设计实验、自主探究、交流评估、改进实验、再次探究、分析数据、得出结论的科学探究全过程。

（2）通过处理数据、分析图像，引导学生推理出力臂的概念。

（四）科学态度与责任

（1）通过层层递进的教学设计，培养学生积极动手和自主探究的精神。

（2）通过探究活动，体验探究的乐趣，使学生乐于观察、实验，培养学生严谨的科学态度和协作精神。

六、实验教学内容

（1）提出问题：压力作用效果与哪些因素有关？

（2）结合图片和生活经验，猜想压力作用效果可能与压力和受力面积有关。

（3）验证猜想，设计实验和自主探究，实验完成后，各组展示分享。

（4）再次提出问题：能否通过实验得出的数据，探究压力作用效果与压力和受力面积是否存在比例关系？

（5）与学生一起探讨评估实验过程，改进创新实验，进一步探究压力作用效果与压力和受力面积的关系，汇总各组数据得出结论：受力面积相同时，压力作用效果与压力成正比；压力相同时，压力作用效果与受力面积成反比。

七、实验教学过程

（一）提出问题，进行猜想

观察“雪地脚印”图片（见图 2），提出问题：压力作用效果与哪些因素有关？

图 2　雪地脚印

引导学生根据图片和生活经验进行猜想：压力作用效果可能与压力和受力面积有关。

（二）分组实验，验证猜想

将学生分成 4 个实验小组，自由选择器材，自行设计方案，自主探究实验。

（1）第 1 组：用左右手的食指分别压笔尖和笔尾。压笔尖的手指感觉更疼，说明在压力相同时，受力面积越小，压力作用效果越明显；加大压力，感觉手指更疼，说明在受力面积相同时，压力越大，压力作用效果越明显。

（2）第 2 组：用左手掌和右手指压气球。用手指压时气球的形变大，用手掌压时气球的形变小，说明在压力相同时，受力面积越小，压力作用效果越明显；加大压力，气球形变更大，说明在受力面积相同时，压力越大，压力作用效果越明显。

（3）第 3 组：用小桌子脚压海绵。海绵受压凹陷，加重物后，凹陷程度增大，说明受力面积相同时，压力越大，压力作用效果越明显；再用桌面压海绵，加相同重物，比较得出：压力相同时，受力面积越小，压力作用效果越明显。

（4）第 4 组：重力相等底面积不等的两个铜块同时压在面粉上。从面粉表面可以看到被底面积小的铜块压的面粉凹陷程度更大，说明在压力相同时，受力面积越小，压力作用效果越明显；再在底面积较小的铜块上放一个铜块，压在面粉上，面粉凹陷程度更大，说明在受力面积相同时，压力越大，压力作用效果越明显。

为了确保实验顺利完成，教师对实验器材细心挑选，并做出了合理改进，使4个实验都操作简单、现象清晰、效果明显，方便解释得出结论。学生拿起就能做，一做就能成，成了能解释。同时在实验过程中，加强巡视指导，确保每个实验都有小组完成。

（三）展示交流，汇总结论

实验完成后，请各组派出代表展示分享。锻炼学生设计实验和语言表达的能力，体验科学探究的全过程。

通过4个不同的实验得出了相同的结论：在受力面积相同时，压力越大，压力作用效果越明显；在压力相同时，受力面积越小，压力作用效果越明显。

在此基础上，再次提出问题：能否通过实验得出的数据，进一步探究压力作用效果与压力和受力面积是否存在比例关系？

通过与学生一起探讨评估实验过程中反映压力作用效果的受压材料，大家认为手的感觉、气球和海绵的凹陷程度都难以测量，从而分析得出：用食用面粉作为受压材料，用刻度尺测量反映压力作用效果的面粉凹痕深度（见图3）。

图3　面粉凹痕深度

因为要探究比例关系，压力和受力面积就应该存在倍数关系，于是用7个相同的立方体铜块组成3个重力和底面积存在倍数关系的规则物体，并在每个施压物体上粘上刻度尺，便于测量面粉的凹痕深度。

为了避免用手放施压物体时想插多深就插多深的情况，所以将施压物体先用辘辘和线悬吊在空中，把准备好的面粉放置在施压物体下方，通过辘辘缓慢下放，将施压物体自由水平地压在面粉上，观察并读出面粉凹痕深度。

学生明确改进创新实验方法后，再分组进行实验，观察记录数据，实验完成后，汇总各组成功数据填入表1中。

分析数据，得出结论：受力面积相同时，压力作用效果与压力成正比；压力相同时，压力作用效果与受力面积成反比。

表 1 压力作用效果实验记录表

压力		1 个铜块重力	2 个铜块重力	4 个铜块重力
受力面积		1 个铜块底面积	2 个铜块底面积	4 个铜块底面积
凹痕深度/mm	1			
	2			
	3			

在物理学中，用压强来反映压力作用效果，压强的定义就是压力与受力面积的比值，进一步推出压强公式和讲解相关内容。

八、实验效果评价

（1）将受压物体由弹性材料海绵改为塑性材质的食用面粉，取材容易、健康安全，凹痕整齐清晰，撤去外力后依然可以保存，方便观察测量。通过将难以测量的海绵凹陷程度改为容易测量的面粉凹痕深度，从而反映出压力作用效果与压力大小和受力面积的比例关系。

（2）施压物体改为 3 个底面积和重力存在倍数关系的物块，并将刻度尺直接与施压物连成一体，在施压过程中直接测量面粉凹痕深度，现象明显直观，既降低了测量难度，又提高了测量数据的准确程度。使学生能够通过实验数据分析得出结论，更容易理解压强与压力成正比，与受力面积成反比这一结论，从而更好地掌握压强概念，为压强浮力知识的学习打下坚实的基础。

（3）用镳镳帮助放置施压物体，避免人为控制，在增加实验的可信度和说服力的同时，提高了施压过程的稳定性，操作更方便，实验成功率更高。学生可以亲身操作体会，能很好地激发学生的实验兴趣，提高学生课堂学习的主观能动性。

（4）从定性实验向定量实验的开创性改革，使压强定义的引入水到渠成，顺理成章，能很好地契合教学过程，提高实验教学效果。

杠杆

——突破力臂概念的建立教学难点

北京市第二中学分校　于佳冉　冯鸣

一、使用教材

人教版《物理》八年级下册第十二章“简单机械”第一节“杠杆”。

二、实验器材

如图 1 所示的自制半圆弧轨道、自制力臂尺、电子测力计、磁吸杠杆，定滑轮、钩码若干。

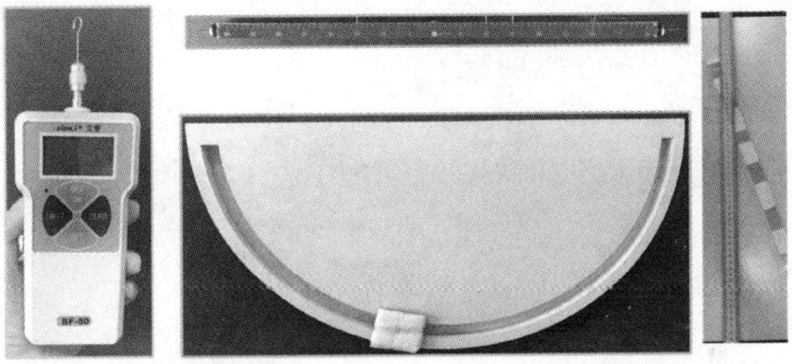

图 1　主要实验器材

三、实验创新要点

本实验设计的目的在于突破常规教学中教师直接给出力臂概念的局限，引导学生通过科学分析自主得出力臂概念。在生活中，仅能凭感觉判断杠杆平衡的影响因素有力、支点到力作用点的距离，然而这个结论是不全面的。本实验设计的意义在于帮助学生修正不准确的前概念，经过对杠杆的感性认识、对杠杆平衡因素的认知冲突再到对实验数据合理分析这三个学习进阶的层次，建立正确的力臂概念。

本节课的创新点主要体现在以下三个方面。

（一）创新要点一：始终用一根杠杆完成实验，缩减认知障碍

在传统教学中，当学生发现杠杆平衡的影响因素可能跟支点到力作用点的距离、力的大小两个因素有关系时，通常采用如图 2 所示的不同形状的杠杆进行对比，建立力臂概念。此方法对初学者来说，采用了不同的杠杆，相当于使用不同

的工具完成同一任务，变化太多，会增加学生的认知障碍，不利于学生的科学归纳。而借助如图 3 所示的自制实验教具，能始终保证在同一根杠杆上完成力臂概念的建立，同一杠杆完成同一任务，学生更容易接受和信服。

图 2　传统教学中不同形状的杠杆

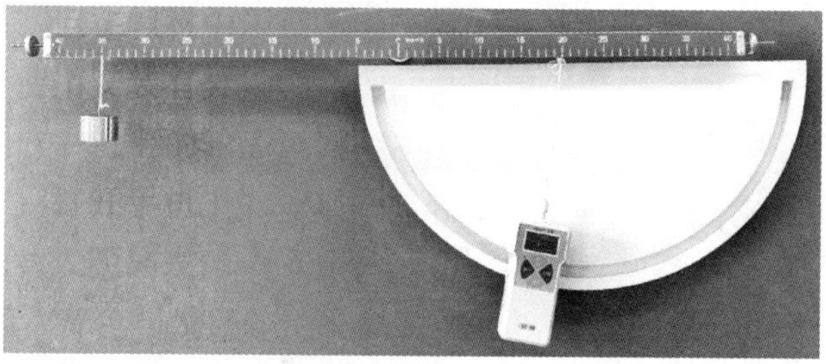

图 3　自制实验教具

（二）创新要点二：注重概念建立的过程，尊重学生的认知

如图 4 所示，在人教版教材中力臂概念是直接定义的，并无任何概念建立过程。学生并不理解力臂概念建立的意义，容易导致学生将力臂和支点到力作用点的距离混为一谈。本节课采用了两个特色实验，搭建阶梯，让学生通过实验，不断修正和完善自己原有的前概念。

在了解杠杆的作用之前，我们先熟悉几个名词。
支点：杠杆可以绕其转动的点 O
动力：使杠杆转动的力 F_1
阻力：阻碍杠杆转动的力 F_2
动力臂：从支点 O 到动力 F_1 作用线的距离 l_1
阻力臂：从支点 O 到阻力 F_2 作用线的距离 l_2
当杠杆在动力和阻力作用下静止时，我们就说杠杆平衡了。

图 4　教材中力臂的概念

（1）特色实验一：修正学生认为支点到力的作用点的距离会影响杠杆平衡

的想法。

利用自制教具，改变支点到力作用点的距离，通过引入定滑轮改变力的方向，保持力的大小不变，发现杠杆仍能保持水平平衡。通过这个实验学生很容易发现支点到力的作用点的距离不完全是影响杠杆平衡的因素，力的方向也会影响到杠杆的平衡。

（2）特色实验二：引导学生萌生保持支点到力的作用点距离不变、改变力的方向再次探究的新想法。

通过教具固定住力的作用点，连续改变力的方向，采集数据，拟合出对称的曲线图像，如图 5 所示。学生通过对对称图像的分析，自主发现影响杠杆平衡的因素可能是支点到力的作用线的位置关系。结合数学知识，利用支点到力的作用线的距离来描述它们之间的位置关系，从而顺利归纳出支点到力的作用线的距离（即力臂）是影响杠杆平衡的因素。在此期间，让学生体会力臂既能反映支点与力作用点的位置关系也能反映力的方向的变化。与其他教学设计相比，本实验教学借助自制实验教具，不断引发学生质疑，再探究。利用实验数据、图像分析并推理归纳出力臂概念，推动学生的思维活动一直处在螺旋上升的过程中。此过程充分尊重学生的认知，层层递进，注重概念建立的过程，使学生对于力臂概念有更深刻的认识。

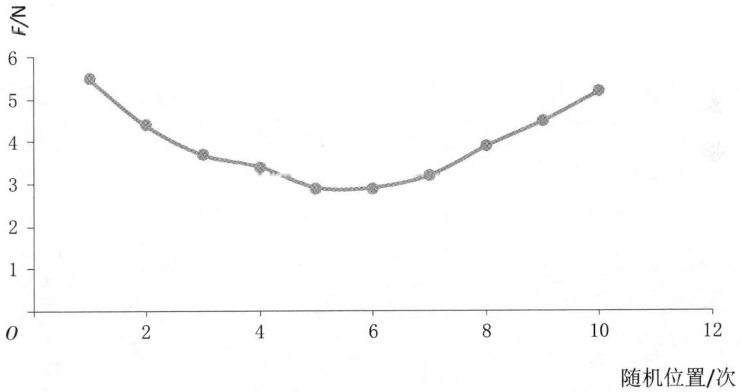

图 5　自制教具采集数据

（三）创新要点三：力臂可视化，创设多样的实验情境

在探究杠杆平衡条件的实验中，传统实验必须使杠杆水平平衡，且动力、阻力必须垂直于杠杆，实验情景单一，易使学生认为杠杆的平衡条件仅适用于水平平衡。利用自制的力臂尺，无须作图，就可以很直观地展现力臂并能够直接读取力臂的数值，从而加深初学者对力臂的认识。利用本套实验器材拓展了实验情

境，不再拘泥于杠杆必须水平平衡，动力、阻力必须垂直于杠杆的方向。如图 6 所示，可以任意角度随意测量动力、动力臂、阻力、阻力臂，并分析实验数据，得到杠杆的平衡条件。在之后杠杆动态平衡的教学活动中，也能直接观察到力臂的动态变化过程，使得连续、抽象的变化变得更加直观形象。通过创设多样的实验情境加深学生对杠杆平衡条件的理解。

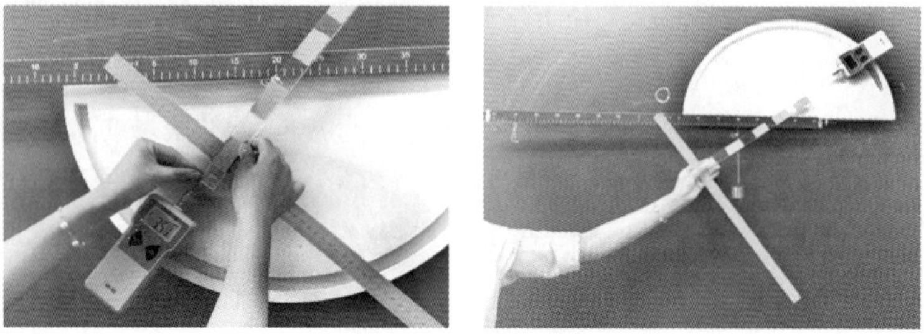

图 6　力臂可视化采集

四、实验设计思路

本节课是人教版《物理》八年级下册第十二章“简单机械”的第一节，杠杆知识是后续简单机械学习的基础，所以本节课的学习尤为重要。由于后续研究杠杆的平衡条件，需要对力臂概念有深刻的理解，因此力臂概念的建立是整节课的核心环节。在生活中，很容易猜想出支点到力作用点的距离是影响杠杆平衡的因素，但这个认识并不准确。于是本节课设计了通过磁吸杠杆和定滑轮结合的实验，让学生意识到力的方向也会影响杠杆的平衡。当支点到力的作用点的距离和力的方向都可能影响杠杆平衡时，如何准确定位杠杆平衡的影响因素是一个教学难点。通过自制半圆弧轨道，控制住力的作用点，连续改变方向，采集数据，拟合图像，学生通过分析对称图像意识到当杠杆平衡时，有很多力虽然方向不同但力的大小相同的情况，进而激发学生思考另一个影响杠杆平衡的因素是支点到力的作用线的距离，结合数学知识，通过逻辑推理，最终得到力臂的概念——支点到力作用线的距离。

五、实验教学目标

（一）物理观念

（1）能识别出杠杆，了解力臂的概念，知道影响杠杆平衡的因素。

（2）能够识别支点、动力、阻力、动力臂和阻力臂。

（3）了解力与力臂的反比例关系。

（二）科学思维

（1）通过课堂小游戏与任务驱动，能够比较、归纳出杠杆的定义。

（2）在实验探究过程中，引导学生有效观察、科学分析数据，归纳推理出力臂的概念。

（三）实验探究

（1）通过教师设计的一系列体验活动和演示实验，引导学生进行科学提问、合理猜想，从而经历“质疑猜想—再次探究—总结提升”的全过程。

（2）通过处理数据、分析图像，引导学生推理出力臂的概念。

（四）科学态度与责任

（1）通过层层递进的教学设计的实施，学生个体的认知能力得到充分尊重。

（2）通过实验探究，培养学生善于观察、批判思考的科学态度。

（3）通过实验分析，培养学生严谨的思维习惯。

六、实验教学内容

（1）课前活动，体会杠杆在生活中给人们带来的便利。并利用任务驱动法总结归纳出杠杆的概念。

（2）结合课前活动，猜想影响杠杆平衡的因素。

（3）验证猜想，产生认知冲突。

（4）进一步通过实验探究，建立力臂的概念，明确影响杠杆平衡的因素。

（5）分析图像，发现问题，进一步实验探究，采集数据、拟合图像，分析此时力和力臂是反比例函数关系，为后续杠杆平衡条件的猜想提供合理依据。

七、实验教学过程

（一）新课引入

（1）挑战活动：徒手开瓶盖，如图7所示；用头发丝提重物，如图8所示。

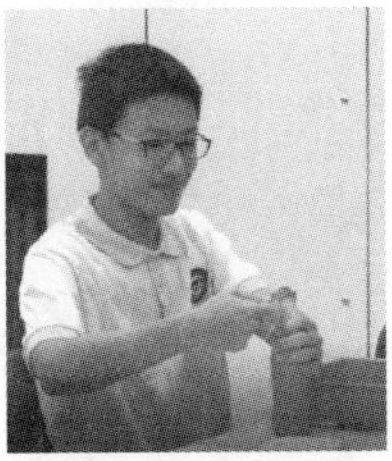

图7　徒手开瓶盖

图8　用头发丝提重物

（2）任务驱动，如图9所示。

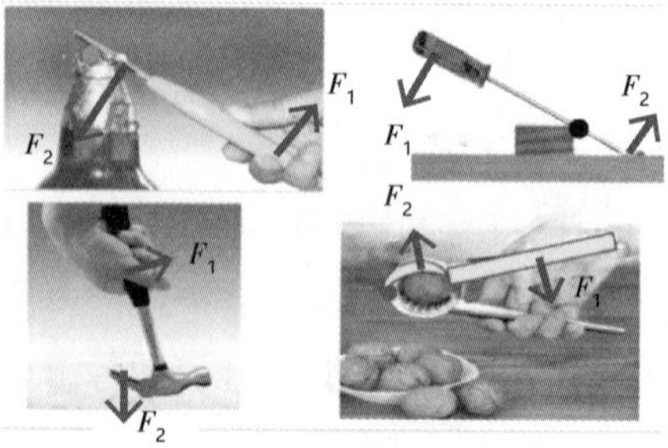

图 9　通过体验活动学生归纳出杠杆定义

思考：这些工具在使用过程中的共同特征。

总结：硬棒在力的作用下围绕固定点转动。

归纳出杠杆定义：一根硬棒在力的作用下如果能绕着固定点转动，这根硬棒就叫作杠杆。

固定点叫作支点，用 O 表示，使杠杆转动的力叫动力，阻碍杠杆转动的力叫阻力。

杠杆的平衡：杠杆在使用过程中，保持静止或匀速转动，叫杠杆的平衡。

（二）初步猜想影响杠杆平衡的因素

猜想：除了力的大小，力的作用点与支点的距离也能影响杠杆的平衡。

实验：改变力的作用点，用相同大小的力使杠杆仍保持水平平衡，如图 10 所示。

现象：借助定滑轮，改变了力的作用点，仍能够用相同大小的力把杠杆提到水平平衡。

结论：杠杆平衡似乎并不仅仅与支点到力作用点的距离有关，可能还与力的方向有关。

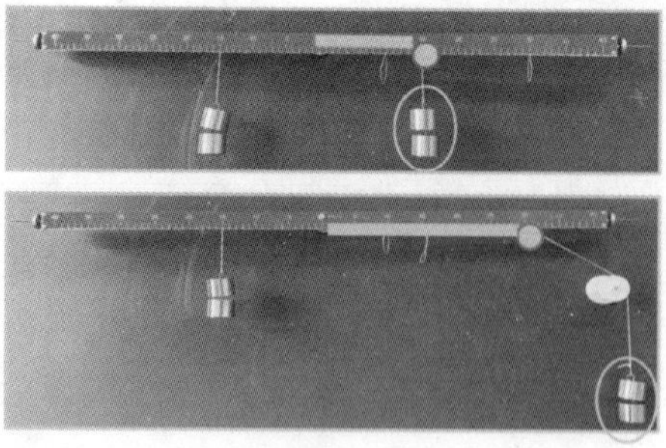

图 10　初步探究猜想影响杠杆平衡的因素

（三）针对得到的不够明确的影响因素，进一步实验验证

（1）经过针对初步猜想的实验，得出了两个不够明确的影响因素，即力的方向、支点到力作用点的距离。借助自制器材，固定力的作用点，连续改变力的方向记录数据，看看能否有新发现，如图 11 所示。

图 11　固定力的作用点，连续改变力的方向采集数据

（2）同步采集数据、拟合图像（见图 5）。学生针对图像进行分析：①对称性；②有最小力；③方向不同时，有很多对相等的力。

（3）针对学生分析图像的结论进一步分析：用杠杆提同一重物在水平方向平衡时，如果力的大小不变，另一个因素也不变。这个因素到底是什么？呈现出力大小相等的情境，如图 12 所示。

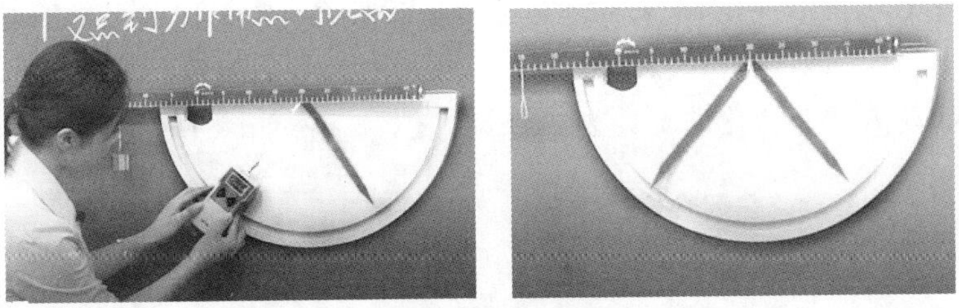

图 12　寻找力臂

（4）针对再现的情境进一步分析，同学发现可能是支点和力的位置的关系。

第一种回答：杠杆水平平衡，力的大小不变时，力与杠杆的夹角相同。所以影响杠杆平衡的因素是力与杠杆的夹角。

教师引导：杠杆可直可弯，用角度来描述不够准确。

第二种回答：支点和力作用线的位置关系，结合数学知识，数学中衡量点、线位置的方法是由点向线作垂线，垂线段长度即是所求，如图 13 所示。

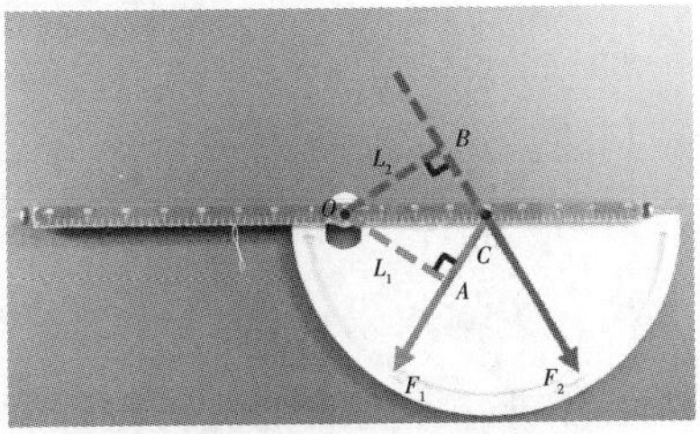

图 13　建立力臂概念

（5）针对进一步的猜想进行论证，借助自制力臂尺测量，如图 14 所示。

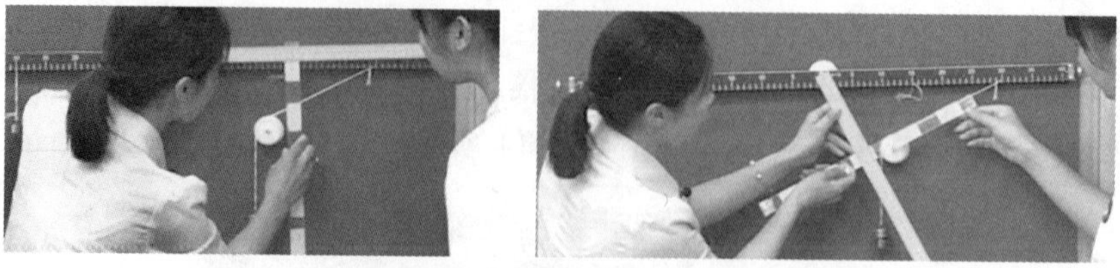

图 14　借助自制力臂尺建立力臂概念

结论：支点到力的作用线的距离相等。

针对初步结论进行验证：上面的情境是力的作用点没有发生变化的情况，如果在力的作用点和方向都在变化的情况下（见图 14），用相同大小的力使杠杆水平平衡时，支点到力作用线的距离是否相等，需要进一步验证，回到上一个实验情景中去验证。

得出结论：相等。总结归纳影响杠杆平衡的因素，除了力的大小外，还有支点到力作用线的距离。

得到力臂概念：这段距离在物理学中被称为力臂，它既可以反映支点与力作用点的位置关系，也可以反映力的方向的变化。

（6）结合之前学生的回答进一步追问：根据图 5 所示拟合对称的曲线图，发现有最小力，因为力臂最大。引导学生探究当阻力和阻力臂一定，杠杆水平平衡时，动力随动力臂的变化情况，采集数据，拟合图像如图 15 所示。

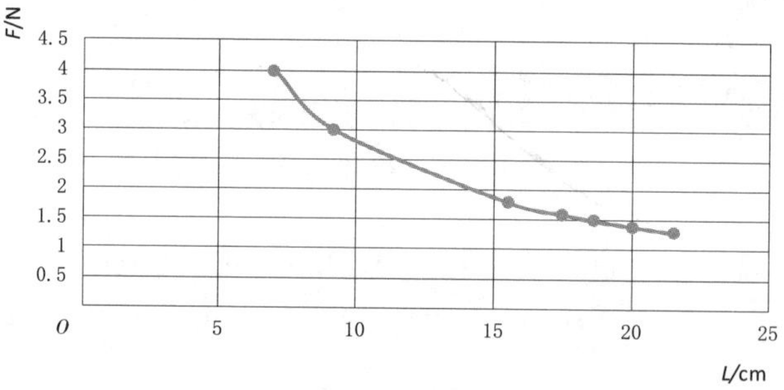

图 15　结合数据拟合力和力臂的图像

归纳：图像反映出力和力臂成反比例函数关系，即本实验中杠杆水平平衡时，力与力臂乘积相同。杠杆转动效果与力和力臂的乘积有关。

八、实验效果评价

结合研究课上的情况，教师发现在杠杆教学中力臂概念的建立是杠杆这节课的难点，也是这节课的灵魂。如果力臂概念建立不顺利，会影响后续对杠杆平衡条件的探究。因此，借助实验教具，让学生深刻认识力臂。

本套自制教具有三个优点：第一，有助于建立力臂概念；第二，采集多组数据，为后续杠杆平衡条件猜想提供合理依据；第三，力臂可视化。在传统教学中，力臂概念的建立就是直接给出。本实验教具让学生形成认知冲突，完善前概念，并连续记录数据，总结规律。利用自制力臂尺，使力臂可视化，最终通过数据归纳出影响杠杆平衡的因素有支点到力作用线的距离——力臂。

整个教学过程做到了以下几点：

（1）尊重学生的认知。本节课在实施过程中从学生的前概念出发，设置认知冲突，充分挖掘学生已有的经验，力争将新的知识与规律顺应到学生已有的知识体系中去。本节课准确地定位了学情，了解了学生的不足与渴望，并制订了相应的应对策略。通过引导学生进行简单易操作的物理小实验，在现象的观察与汇总中启发他们更多联想、发现和提出新的可探究的科学问题。

（2）关注学生的需求。本节课采用数据采集和拟合图像结合的教学方法，引导学生亲自去观察、猜想、实验、推理，并得出规律与结论。教师阶段性地就课程目标规范学生概念，在授课过程中注重对实验的设计，注重学生思维梯度的合理安排，提倡学生互动、分组探究实验，注重对于知识方法形成过程的教学，切实地将实验与理论方法结合在一起。

（3）强调物理学科的本质。本节课教授给学生的不仅是有用的知识与规律，更多的是使学生感受到物理学科的惯用研究方法。通过丰富而合理的教学活动安排，不仅使学生的知识技能得到落实，使学生在学习过程与方法上获得体验，更重要的是让学生通过本节物理课的学习充分感受物理学科的本质。

本节课也存在一些不足，比如，半圆轨道的适用情景有限，后续可以在半圆轨道上割出不同半径的轨道，方便适用于更多的情境。

探究杠杆的平衡条件

河南省新乡市第二十二中学　康金平

一、使用教材

北师大版《物理》八年级下册第九章“机械和功”第一节“杠杆”。

二、实验器材

最大称量值为 2 kg 的杆秤、规格分别为 50 g 和 200 g 的钩码若干、教师自制杠杆、支架、激光笔、圆形刻度盘、弹簧测力计、细线、钩码。

三、实验创新要点/改进要点

（一）实验中加入杆秤

如图 1 所示，利用杆秤设计实验，激发学生强烈的好奇心和求知欲，顺利导入新课。

图 1　用杆秤称量质量较小的钩码

（二）杠杆的改进

如图 2 所示，选用透明的亚克力材质制作杠杆，便于观察和测量。

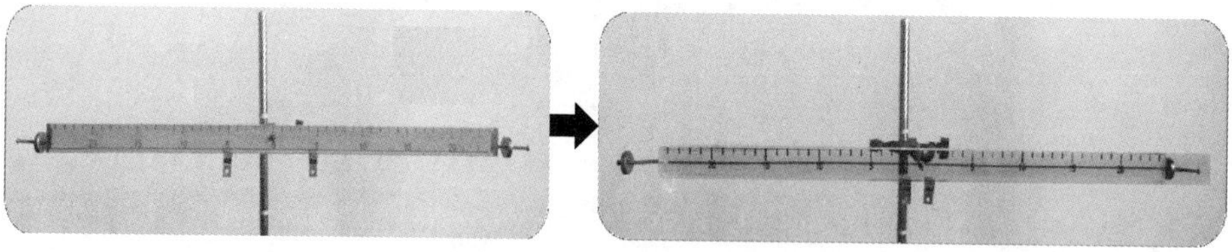

图 2　改进杠杆材质

（三）实验方案及器材的创新

（1）方案的创新。

教材中的实验方案主要是探究杠杆在竖直拉力下水平平衡的条件，这样虽然方便直接从杠杆上读出力臂的大小，但容易让学生产生一个错误概念，即力臂就等于支点到力的作用点的距离，不利于学生对力臂的理解。

另外，只探究水平位置的平衡条件，容易让学生形成错误的认知，即杠杆只有在水平位置静止时才处于平衡，不利于学生对杠杆平衡的理解。

为了解决这两个问题，引导学生进一步探究了“杠杆在倾斜拉力下水平平衡的条件”（见图3），和“杠杆在倾斜位置平衡时的条件”（见图4）。

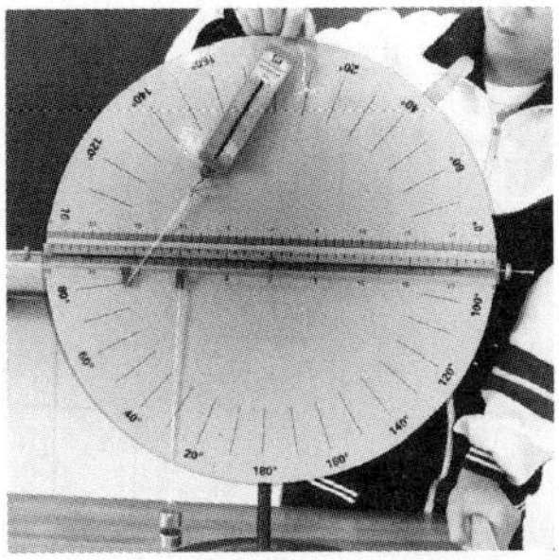

图3　杠杆在倾斜拉力下水平平衡的条件

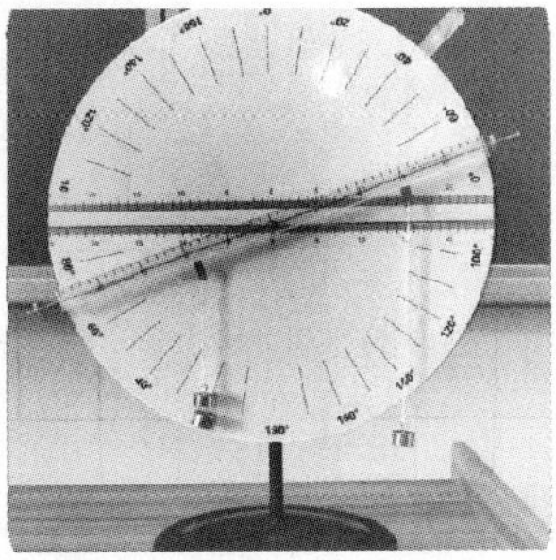

图4　杠杆在倾斜位置平衡时的条件

（2）器材的创新。

为了完成这两个探究任务，教师设计了一套自制实验教具：一个可以绕中心轴转动的圆形刻度盘，中间标有两行刻度的刻度尺，其中一条经过支点，另外过支点处还标注了一条红线，3条线相互平行，红线必定与刻度尺上相同刻度值的连线垂直。为了便于测量杠杆倾斜程度，在圆盘四周又标注了表示角度的刻度线。绕中心轴转动的支架用来固定激光笔，激光笔可以帮助寻找力臂。

杠杆在两个拉力作用下在水平位置平衡，其中竖直拉力的力臂可以直接从杠杆上读出，但倾斜拉力的力臂无法直接读出，如何测量呢？如图5所示，激光笔沿着倾斜拉力的作用线射出一束激光，可以清晰地显示出力的作用线；将另一支激光笔放在支点处，如果它发射出的激光与第一束激光相互垂直，这段激光的长度就是倾斜拉力的力臂。怎样验证两束激光相互垂直呢？保持激光笔的位置不动，转动圆形刻度盘，当表示力的作用线的激光与相同刻度值的连线重合，从支点发出的激光又恰好与红线相互重合时，即表明两束激光相互垂直。这样就寻找到了力臂，它的大小可以直接从刻度尺上读出，完成了第一个探究任务。

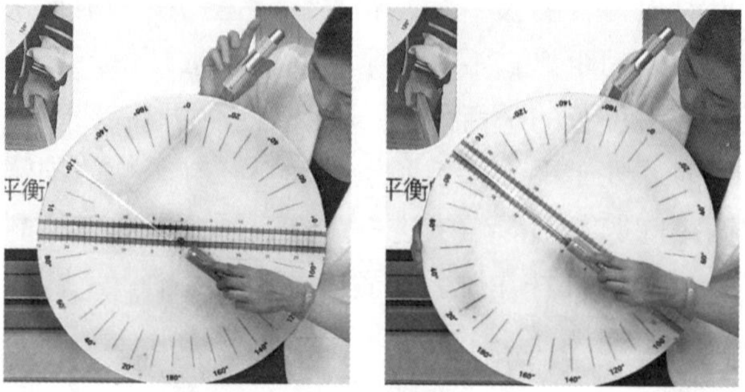

图 5　寻找和测量力臂

在第二个探究任务中，为了使探究结论具有普遍性，需要多次测量，怎样使每次测量过程中杠杆都静止在同一倾斜位置呢？教师在杠杆的正中间过支点标注了一条红色标记线（见图 2 的亚克力材质杠杆），当杠杆在某一倾斜位置平衡时，假如此时红线与 70°的刻度线重合，那么接下来的几次测量中都应保持红线与 70°的刻度线重合。

四、实验原理/实验设计思路

设计演示实验，启发学生思考，激发学生的探究欲望。学生分组探究“杠杆在水平位置的平衡条件”，初步得出实验结论。为了进一步论证，通过交流评估，引导学生改进实验方案，探究“杠杆在倾斜拉力作用下水平平衡的条件”和“杠杆在倾斜位置平衡时的条件”，步步深入，直到探究得出更具有普遍性的结论。实验操作过程中，教师通过改进器材，巧妙地解决了杠杆在任意位置平衡时力臂的测量问题，使探究得以顺利进行。最后，合作交流，学以致用，依据杠杆的平衡条件，判断生活中常见的杠杆属于哪种类型。

五、实验教学目标

（1）物理观念：学生通过实验探究，理解力臂的概念，分析总结出杠杆的平衡条件。

（2）科学思维：让学生经历科学探究过程，培养学生科学比较的思维方法。

（3）科学探究：引导学生对杠杆平衡条件进行猜想与假设，并设计出验证方案，获取和处理信息，基于数据得出结论，培养学生的分析概括能力、信息收集和处理能力。

（4）科学态度与责任：①通过对实验数据的分析和处理，培养学生实事求是的科学态度；②通过对实验方案的改进和实验器材的创新，培养学生的创新意识；③通过合作探究，培养学生的合作意识和社会责任感。

六、实验教学内容

（1）设计演示实验，提出问题，引入新课。

（2）合作探究、建构新知：学生分组探究杠杆在竖直方向的拉力作用下，在水平位置平衡的条件。

（3）交流评估，改进实验方案，深入探究：①杠杆在倾斜拉力作用下，在水平位置平衡的条件；②杠杆在倾斜位置平衡时的条件。

（4）合作交流，学以致用：依据杠杆的平衡条件，判断生活中常见的杠杆属于哪种类型。

七、实验教学过程

按照知识建构的规律，本节课的教学过程主要安排了四个环节。

（一）创设情境，引入新课

为了创设问题情境，引发学生思考，教师做了一个小实验，用杆秤称量钩码的质量（见图 1）。引导学生思考并观察：杆秤是杠杆模型吗？当我们读数时，杆秤处于什么状态？从而引出杠杆平衡概念。当换称质量较大的钩码时，如何操作才能再次保持杆秤在水平位置平衡？由此提出问题：影响杠杆平衡的因素有哪些？这些因素之间满足什么关系，才能使杠杆平衡？鼓励学生大胆地猜想和假设。

（二）合作探究，建构新知

猜想和假设是否正确，需要通过实验来探究。请学生选择器材，设计实验步骤，进行探究。实验前，给出学生以下实验注意事项：

（1）动力和阻力是人为规定的，在实验前做好规定。

（2）多次探究，将数据记录在如表 1 所示表格中，记录数据时单位要统一。

表 1　杠杆平衡的条件

实验次数	左边			右边		
	动力 F_1/N	动力臂 L_1/cm	动力×动力臂 $F_1 \cdot L_1$/（N·cm）	阻力 F_2/N	阻力臂 L_2/cm	阻力×阻力臂 $F_2 \cdot L_2$/（N·cm）
1						
2						
3						

经过分析论证，学生得到了杠杆的平衡条件：动力×动力臂＝阻力×阻力臂。但有的小组得到了不同的结论：动力×支点到动力作用点的距离＝阻力×支点到阻

力作用点的距离。

（三）评估交流，突破难点

（1）探究杠杆在倾斜拉力下水平平衡的条件。

之所以得到不同的结论，是因为学生探究的方案是杠杆在竖直拉力下水平位置平衡的情况，此时力臂大小与支点到力作用线的距离相等。为了进一步论证，教师引导学生改进实验方案，探究杠杆在倾斜拉力下水平平衡的条件。

经过进一步探究，学生发现：拉力倾斜时，力臂并不等于支点到力的作用点的距离，此时，杠杆的平衡条件是：动力×动力臂=阻力×阻力臂。由此可见，该结论更具有普遍性。

（2）探究杠杆在倾斜位置平衡时的条件。

以上两次探究，均使杠杆在水平位置平衡，为使学生理解杠杆在倾斜位置静止时也处于平衡状态，教师引导学生再次设计方案，合作探究杠杆在倾斜位置平衡时的条件。并引导学生客观地分析数据，寻找产生误差的原因，重点培养学生实事求是的科学态度。

至此，对杠杆平衡条件的探究才更全面，得到的结论更具有普遍性。

杠杆的平衡条件：动力×动力臂=阻力×阻力臂。

（四）交流讨论，学以致用

为了让学生体验物理与生活密不可分，教师向学生展示生活中常用到的几种杠杆模型，让学生根据杠杆平衡条件，判断不同杠杆的省力情况，从而将杠杆分类。

八、实验效果评价

（一）改进及创新点

（1）源于生活的引入实验，激发了学生的好奇心和探究欲望。

（2）实验方案的改进有助于学生对力臂和杠杆平衡的理解，同时也提高了学生分析解决问题的能力。

（3）实验器材的创新：解决了杠杆在任意位置平衡时力臂的测量问题，培养了学生的创新意识。

（4）通过对实验数据的收集、分析和处理，培养了学生实事求是的科学态度。

（二）反思

本实验是探究性的实验，在实验教学过程中，教师注重启发、引导学生自主探究，通过交流评估逐步改进实验方案，充分调动了学生探究的积极性和主动性。但实验中还有一些不足的地方，如生活中的杠杆大都形状不规则、质量分布不均，如何创新器材，探究出不同杠杆的平衡条件，是教师接下来的努力方向。

滑轮及其机械效率

天津市北辰区实验中学　郭智禅

一、使用教材

人教版《物理》八年级下册第十二章“简单机械”第二节“滑轮”与第三节“机械效率”。

二、实验器材

自制滑轮机械效率实验演示板（见图 1）、定滑轮、动滑轮、钩码、细线、发夹、指针、弹簧测力计、定滑轮原理演示仪（见图 2）、动滑轮原理演示仪（见图 3），有机玻璃板（半径 16 cm 的圆片两块）、PVC 板（半径 15 cm 的圆片一块）、铁架台、自粘刻度尺、磁性网格黑板贴、吸盘挂钩、滑轮系列实验演示板（见图 4）。

图 1　自制滑轮机械效率实验演示板

图 2　定滑轮原理演示仪

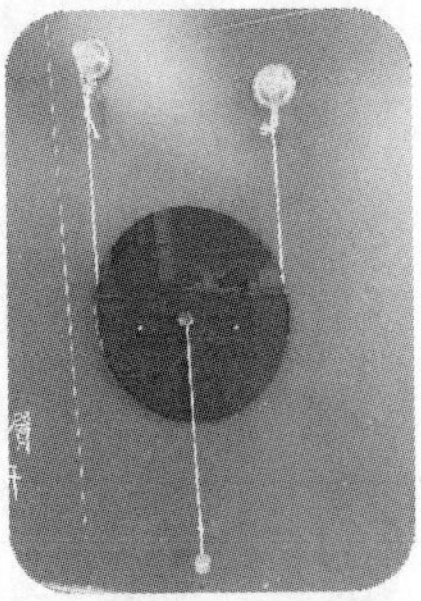

图 3　动滑轮原理演示仪

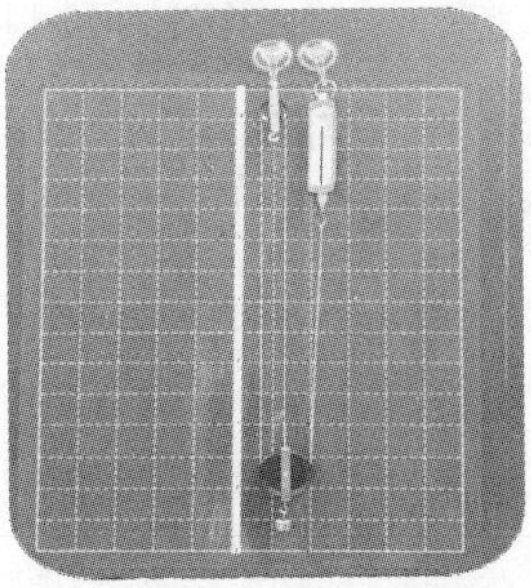

图 4　滑轮系列实验演示板

三、实验创新要点/改进要点

（1）用杠杆接力的方式揭示定滑轮的实质，让学生能够直观地看出定滑轮的实质是一个等臂杠杆。

（2）用瞬间平衡的思想去掉动滑轮的多余部分，让学生直观地看出动滑轮的实质是一个动力臂为阻力臂二倍的省力杠杆，并能够轻松找到支点。

（3）将滑轮组和电动机固定在实验板上，使装置的稳定性能更好。

（4）使用一条铅垂线及3个调平螺丝使装置垂直于水平面放置，同时将两个指针固定，利用实验板上的刻度线可以直接准确地读出重物上升的高度和拉力作用点移动的距离，操作方便。

（5）实验过程中用电动机拉动重物匀速上升，使用匀速转动的电动机拉动物体比直接用手拉更平稳。

（6）使用数字式测力计，读数方便且精确度高。

（7）用磁性方格纸代替刻度尺。磁性方格纸可以贴在黑板上，增加了实验的可视性；利用上升格数来表示重物上升的高度和绳子自由端上升的距离，操作方便、易于读数、便于观察。

四、教材与学情分析

（一）教材分析

滑轮及其机械效率是人教版《物理》八年级下册第十二章“简单机械”第二节、第三节的内容，滑轮是在学生掌握了杠杆原理的基础上开展教学的，在后面的功率、机械效率的应用中非常广泛，起着承上启下的作用。滑轮组的机械效率也为其他效率的利用和转化知识的学习起到了铺垫作用，同时，提高机械效率对社会的可持续发展和节能减排也具有重要的意义。测量滑轮组的机械效率为初中重要实验，通过该实验可以提高学生的学科思维能力，培养其学科核心素养。

（二）学情分析

八年级学生具有以下特点：好奇心强，对新鲜事物有着浓烈的学习兴趣，对实验也有一定的操作能力；不足之处在于很想探究问题，却不知道从何下手，学习具有一定的被动性，设计能力和分析归纳能力都有待进一步提高。

五、实验教学目标

（1）知识与技能：认识定滑轮和动滑轮，能够识别生活和生产中常见的滑轮，根据要求使用和组装简单的滑轮组；理解机械效率的概念，知道机械效率是小于1的，能用机械效率的公式进行简单计算。

（2）过程与方法：通过观察和实验，了解定滑轮和动滑轮的结构和本质；

通过实验探究，了解定滑轮和动滑轮以及滑轮组的特点；通过经历测量滑轮组的机械效率的过程，了解滑轮组机械效率的影响因素；通过实验探究，学习数据信息的处理方法，有初步处理信息的能力。

（3）情感态度与价值观：在实验探索中，培养学生实事求是的科学态度；通过分析数据，感受收集数据信息的重要性；通过学习，初步认识科学技术对人类社会发展的作用。

六、实验教学内容

学生活动1：观察升旗仪式，模拟升旗过程，发现升旗杆顶端有一个滑轮，初步认识滑轮。

演示实验1：用杠杆接力的方式揭示定滑轮的实质，让学生直观地看出定滑轮的实质是一个等臂杠杆。

学生活动2：利用滑轮系列实验演示板，探究定滑轮特点。

演示实验2：用瞬间平衡的思想去掉动滑轮的多余部分，让学生直观地看出动滑轮的实质是一个动力臂为阻力臂二倍的省力杠杆，并能够轻松地到支点。

学生活动3：利用滑轮系列实验演示板，探究动滑轮特点。

演示实验3：测量滑轮组机械效率，并探究其影响因素。

七、实验教学过程

（一）设置情境，引入新课

从生活中的滑轮引入，提出问题。观察国旗杆顶端的滑轮（见图5），初步认识滑轮，了解滑轮的结构。知道定滑轮是滑轮的轴不随物体一起移动的滑轮，动滑轮是滑轮的轴随物体一起移动的滑轮，并练习组装滑轮。

图5　国旗杆顶端滑轮

（二）建立模型，突破难点

在关于动滑轮和定滑轮的学习中，学生存在着认知误区：认为定滑轮和动滑轮的区别在于构造不同，工作时是一者不动、一者动的。同时，学生也存在着一些困惑：定滑轮为什么不省力，而动滑轮却可以省一半力？为什么可以将滑轮看作一种变形的杠杆呢？对于这一系列问题，教师也难以给学生一个满意的解释。为此，教师尝试自制教具——滑轮原理演示仪，通过形象生动的动手实验操作，突破学生认知误区，让学生理解滑轮的实质是一种变形的杠杆。用杠杆接力的方式揭示定滑轮的实质（见图6），让学生能够直观地看出定滑轮的实质是一个等臂杠杆。用瞬间平衡的思想去掉动滑轮的多余部分，让学生更加直观地看出动滑轮的实质是一个动力臂为阻力臂二倍的省力杠杆，并能够轻松地找到支点（见图7）。

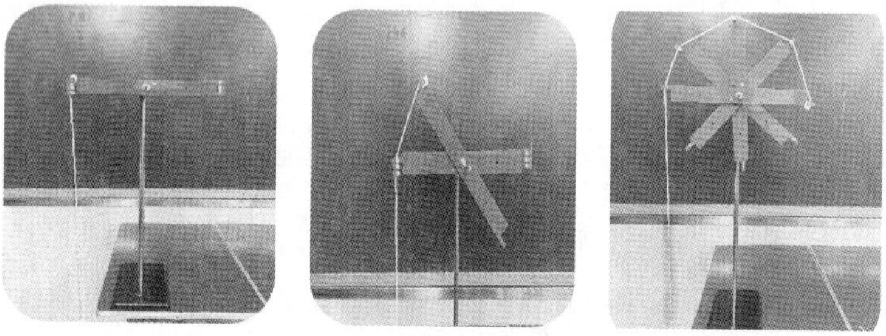

图6　杠杆接力变滑轮过程

图7　动滑轮变杠杆过程

（三）实验探究，观察表述

根据定滑轮和动滑轮的原理（见图8），探究定滑轮、动滑轮的特点，实验步骤如图8所示。

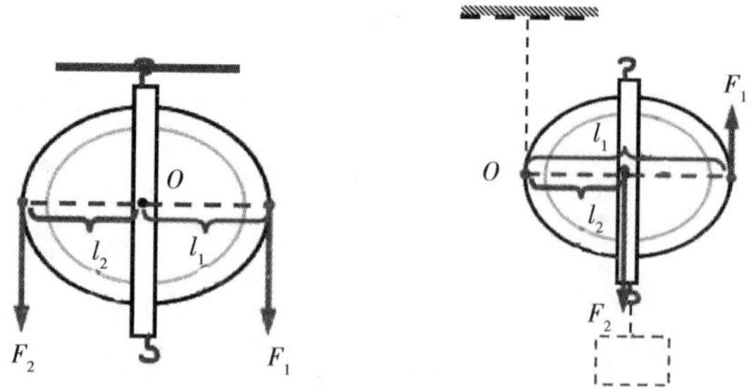

图8　定滑轮、动滑轮原理

（1）用弹簧测力计测出一个钩码受到的重力。

（2）将磁性方格纸贴在黑板上，在方格纸上固定好磁性挂钩，再将背部贴有强磁铁的定滑轮贴在方格纸上并悬挂在挂钩上（见图 9）。

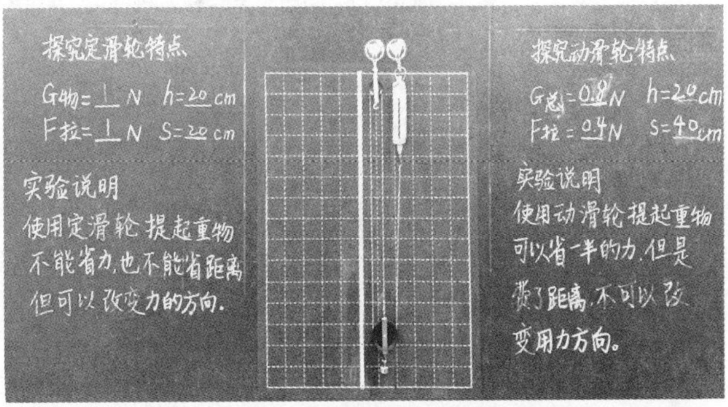

图 9 磁吸式滑轮系列实验演示板

（3）将绳子绕过定滑轮，一端悬挂重物，另一端固定在弹簧测力计上，将贴有强磁铁的弹簧测力计也粘贴在磁性板上，移动弹簧测力计使重物和绳子自由端的发夹对准磁性方格纸的某一格子，记录此时它们所在的位置。

（4）拉动弹簧测力计到另一位置，使重物和绳子自由端的发夹对准磁性方格纸的另一格子处，读出此时弹簧测力计的示数。

（5）记录此时物体和绳子自由端所在的位置，与实验前的位置相比较，求出物体上升的高度和绳子自由端移动的距离。

（6）设计实验表格（见表 1），记录实验数据。

表 1 探究定滑轮、动滑轮的特点实验记录表格

G/N	物体移动方向	物体移动距离 h/m	拉力 F/N	拉力方向	拉力移动距离 s/m

（7）增加钩码的数量重复实验。

探究动滑轮和滑轮组（见图 10）的省力情况与距离关系的实验操作及实验记录表，与定滑轮的探究实验操作相同。

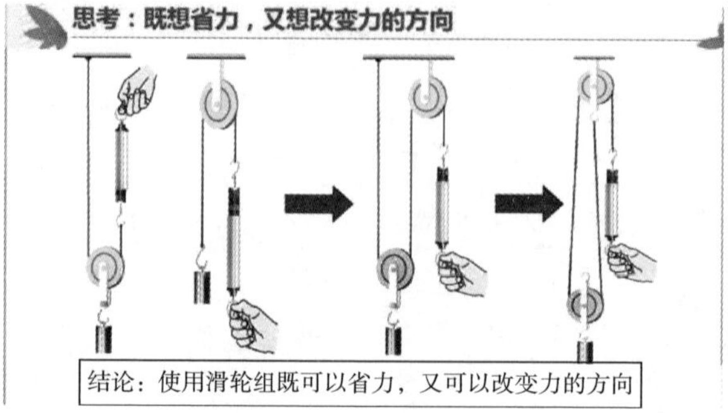

图 10　滑轮组特点

（四）评估交流，突破难点

教材中的实验存在以下问题：①用手拉动弹簧测力计很难做到使其匀速直线运动；②弹簧测力计使用过程中读数会不可避免地上下跳动，难以读准；③测量重物上升的高度和拉力作用点移动的距离的时候容易产生误差，很难同时读数。

为使实验更便于操作，提高实验准确性，对实验进行了如下改进。

（1）将滑轮组挂在铁架台上拉动重物上升，实验装置在拉动过程中不可避免地有较大晃动且组装难度较大，将滑轮组和电动机固定在实验板上将会提高装置的稳定性。使用一条铅垂线及 3 个调平螺丝使装置垂直于水平面放置，将两个指针固定，利用实验板上的刻度线可以直接准确地读出重物上升的高度和拉力作用点移动的距离，操作方便。

（2）实验过程中用电动机拉动重物匀速上升，使用匀速转动的电动机拉动物体较直接用手拉更平稳。电动机上安装螺旋杆平铺绕绳，解决绕绳时速度随着绳结半径变大而变大的问题，从而达到拉动重物匀速上升的目的。动滑轮挂着重物悬在空中，若拉动的速度过快则不可避免地会引起装置的晃动。将直流减速电动机搭配电动机调速器一起使用，电动机转速快慢和转动方向可调，可以做到缓慢稳定地拉动重物上升，且实验结束后可调节电动机反转以还原装置。

（3）数字式测力计读数方便。教材原实验让学生用弹簧测力计拉动绳，可以使学生巩固练习弹簧测力计的使用，取材简单。但在实验过程中发现弹簧测力计的指针会不可避免地上下跳动而导致读数不稳定，且所在学校的弹簧测力计不够精确导致在测量过程中经常出现错误数据。由于此次实验的目的并不在于巩固练习弹簧测力计的使用，且数字式测力计可直接读数，增加了实验的准确性和可操作性，因此可以使用数字式测力计代替弹簧测力计。当然数字式测力计也有其弊端，由于其精确度较高，实验过程中示数也会上下跳动，因此将结果保留两位小数，既可稳定示数，又能满足实验需求。

对实验装置进行改进后，学生利用改进实验装置测量了滑轮组的机械效率并探究了其机械效率与哪些因素有关。发现同一滑轮组的机械效率随所提升物重的增加而升高，不同的机械提升同一物体的机械效率不同。

八、实验效果评价

（1）本节课对传统实验并没有做根本性的变革，只是在原实验的基础上进行了完善和再开发再利用。课程中渗透了控制变量法、归纳总结法等多种科学方法，有利于帮助学生形成科学思维。同时，学生经历了完整的探究过程，并在情境化与脉络化的学习中提升了自我建构知识的能力。

（2）让学生经历组装实验装置、测量数据、得出结论的过程，既能激发他们的学习兴趣，又能增加他们的实践体验。

（3）让学生课前收集有关机械使用历史发展的资料，通过汇报、讨论、交流等多种形式，认识机械的使用对社会发展的作用，体现了“注意学科渗透，关心科技发展”的课程理念。

（4）在测滑轮组机械效率的教学中，除了按照课本设计的内容进行了实验，总结出了同一滑轮组的机械效率随所提升物重的增加而升高的结论，同时还补充了不同的机械提升同一物体的机械效率不同的内容，更有利于学生知识体系的完善，对后续处理相关问题也有很大的帮助。

基于自动化情境下的滑轮效率测量与探究

遵义航天中学　张礼
遵义市汇川区教育局　董晓莉　危天铀

一、使用教材

沪科版《物理》八年级全一册第十章“机械与人”第五节“机械效率”。

二、实验器材

滑轮机械效率测量与探究仪改进装置。

三、实验创新要点/改进要点

（1）如图1所示，改进装置中滑轮组装方便、组合自由，可实现“一定一动”“一定两动”“两定一动”“两定两动”多样化快速组合，从而解决了滑轮组装问题。

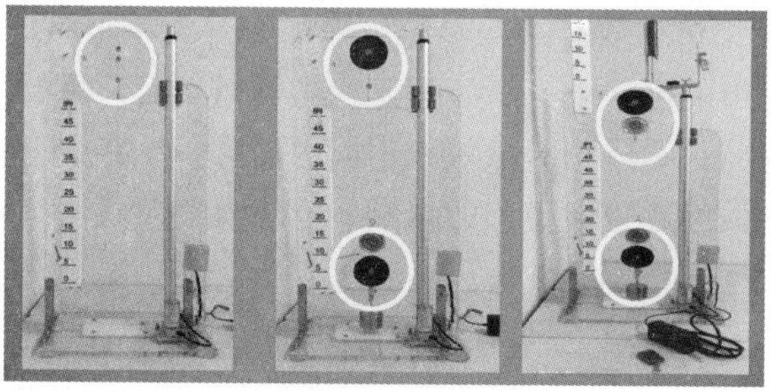

图1　定滑轮和动滑轮的组装

（2）加入防脱支架（见图2），解决了动滑轮摆动和挂物体时容易脱落的问题。采用全开放式定滑轮（见图3）、半封闭式动滑轮（见图4），方便绕线和穿线。

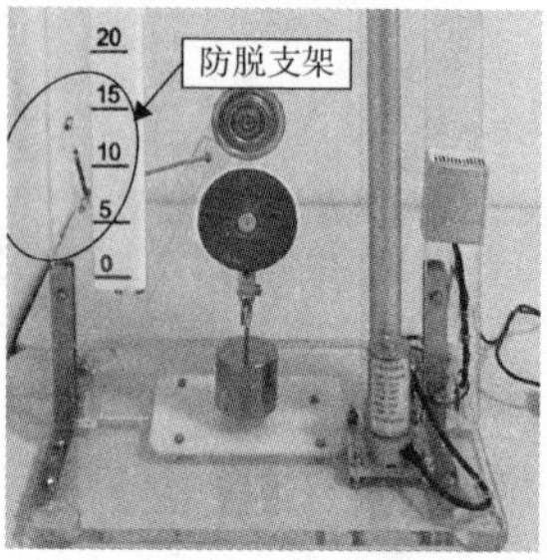

图2　防脱支架

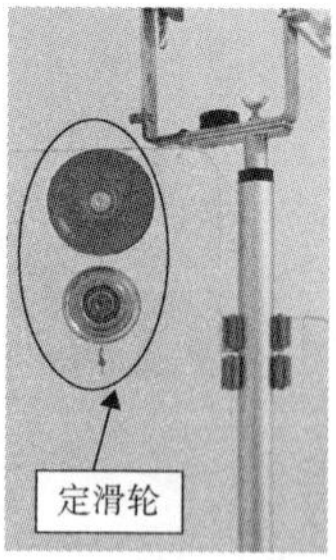

图3　全开放式定滑轮

图4　半封闭式动滑轮

（3）利用激光测出物体和绳子末端移动的距离（见图5）。利用手机摄像头（见图6）摄像读数，视线与测力计刻度盘垂直且同步。利用齿轮匀速自动伸缩杆（见图7）拉绳保证匀速拉动，在拉动绳子过程中既能使读数视线与弹簧测力计同步上升，又能保证匀速拉动。

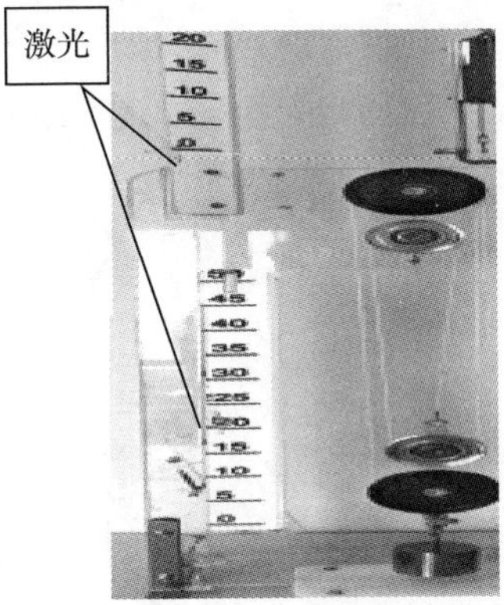

图5　激光刻度尺

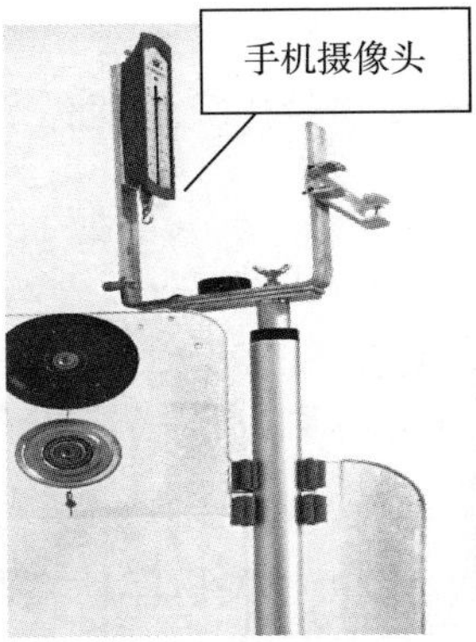

图6　手机摄像头

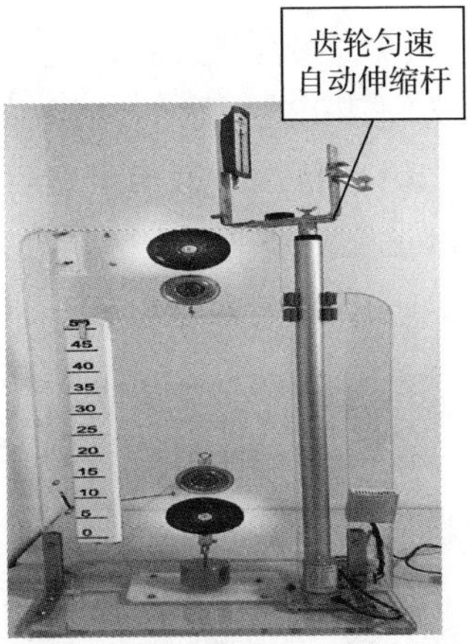

图7　齿轮匀速自动伸缩杆

（4）新技术（无线投屏、遥控自动化、蓝牙等）综合应用，培养学生对信息化技术的应用能力。

（5）改进前与改进后实验装置对比，如图8所示。

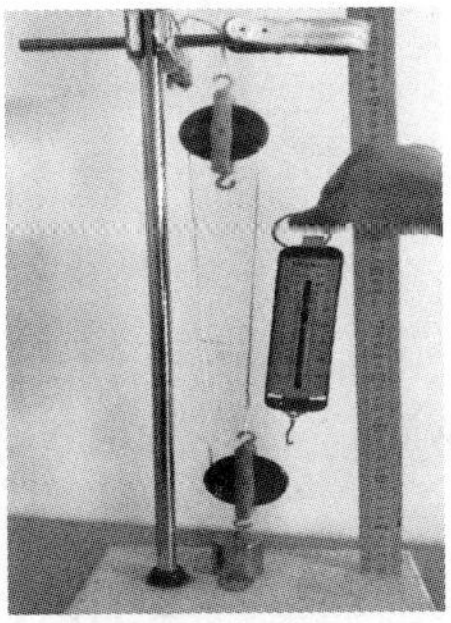

改进前

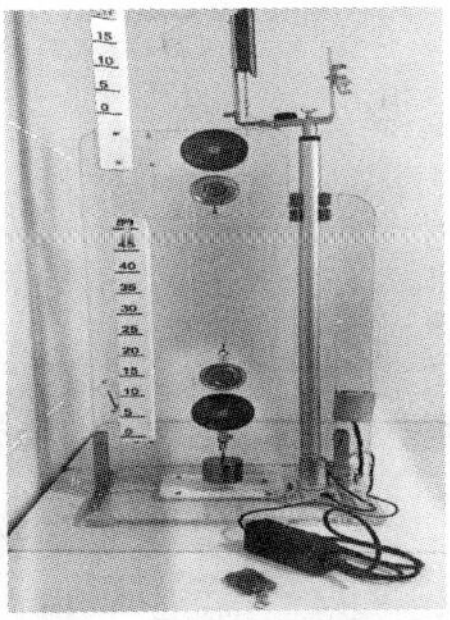

改进后

图8　改进前与改进后实验装置对比

四、实验原理

通过自动伸缩杆自动匀速拉动弹簧测力计显示拉力 F 的大小，测出物重和动滑轮重，物体和绳子末端的移动距离分别为 h、s。再根据有用功 $W_{有}$、总功 $W_{总}$、机械效率 η 相关公式测算出机械效率的大小和总结出其影响因素。

五、实验教学目标

（1）物理观念：知道有用功、总功、机械效率以及影响机械效率的因素。

（2）科学思维：了解如何测出物体上升的距离、绳子移动的距离、拉力，探究影响机械效率的因素。

（3）实验探究：通过控制变量法分别改变物重、动滑轮重来探究机械效率大小和其影响因素。

（4）科学态度与责任：通过实验探究过程体验让学生养成实事求是的科学态度。

六、实验教学过程

（1）按照实验要求组装器材。

（2）根据实验要求设计表格，对 $G_{物}$、$G_{动}$、h、s、F 相关物理量进行 3 次测量。

（3）将所测 $G_{物}$、$G_{动}$、h、s、F 相关物理量填入表格（见表 1），同时将计算出的结果一并填入表格中。

表 1　实验数据及结果

实验次数	$G_{物}$/N	$G_{动}$/N	F/N	h/m	s/m	$W_{有}$/J	$W_{总}$/J	$\eta=\frac{W_{有}}{W_{总}}\times 100\%$
1	5	2.9	1.8	0.05	0.25	0.25	0.45	56%
2	10	2.9	2.9	0.05	0.25	0.5	0.725	69%
3	10	4.0	3.1	0.05	0.25	0.5	0.775	65%

（4）数据处理、分析得出结论。

当其他条件相同时，物重越重，滑轮机械效率越高；当其他条件相同时，动滑轮越重，滑轮机械效率越低。

在不计摩擦力和绳子重的情况下，滑轮机械效率的高低只与动滑轮重和物重有关，与物体提升的高度和速度大小无关。

七、实验效果评价

（1）改进后的装置解决了不便于测量物体和绳端移动的距离、滑轮组装和绕线不方便、不能保证匀速拉动、测力计的示数不稳定、读数视线和拉动不同步等问题。

（2）效果明显，操作方便，实用性强。

（3）灵活性强，多种新技术综合应用恰到好处。

神奇的希罗喷泉

包头市包钢第三中学　白帆

一、使用教材

人教版《物理》八年级下册第九章“压强”第三节“大气压强”。

二、实验器材

（一）自制教具

（1）简易希罗喷泉：废弃饮料瓶、玻璃瓶、透明塑料软管等，如图 1a 所示。

（2）形变实验：废弃饮料瓶、热水，如图 1b 所示。

（3）气压差演示仪：废弃饮料瓶、橡皮膜、透明塑料软管等，如图 1c 所示。

（4）“吸”水实验装置：透明托盘、玻璃瓶、蜡烛、火柴、水、墨水，如图 1d 所示。

（5）低压喷泉装置：废弃饮料瓶、塑料吸管、水、墨水等，如图 1e 所示。

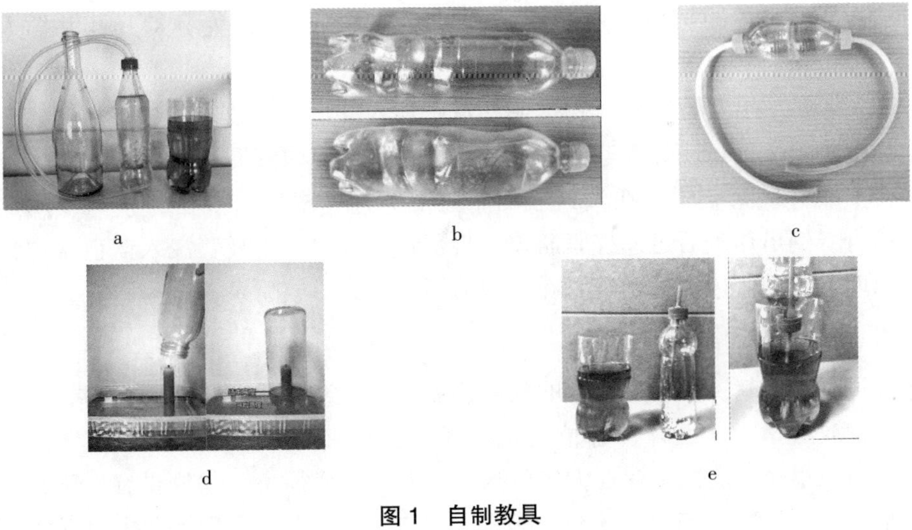

a　b　c　d　e

图 1　自制教具

（二）学生实验器材

废弃饮料瓶、吸管、胶枪、剪刀、打孔器等。

三、实验创新要点

（1）实验目标设计针对性强：借助学生前概念调查问卷，了解学生存在的错误前概念，并结合课标、教材对本节课的要求，设计实验教学目标。

（2）实验设计趣味性强：通过对3个问题的实验探究，逐步探索希罗喷泉原理，在此基础上学生自己动手制作希罗喷泉，在制作过程中进一步学习。

（3）培养学生的动手能力和解决实际问题的能力：通过项目式教学的形式为学生提供在课堂中动手制作与探究的机会，提高学生在课堂中的参与程度，更全面地培养学生的动手能力和实际探究能力。

（4）实验的可操作性强：应用大量自制教具，取材便捷环保，制作简单，形式丰富，方便学生自己深入探究。

四、实验设计思路

（1）简易希罗喷泉：在塑料瓶的瓶口处插入两根塑料软管并将接口密封，一根插入较深，一根插入较浅。瓶内装入黄色水，将插入较浅的软管放入玻璃瓶，插入较深的软管放入另一装有蓝色水中的瓶中，倒立塑料瓶。蓝色水沿软管上升，在塑料瓶上端形成了一个喷泉。

（2）形变实验：用热水冲洗空塑料瓶，倒出热水后，迅速拧紧瓶盖，学生可以清晰观察到瓶身逐渐变扁，拧开瓶盖，瓶身恢复原状。

（3）气压差演示仪：将两个塑料瓶的前半部分剪下，中间贴上两张不同颜色的橡皮膜，橡皮膜可以用剪开的彩色气球替代，在瓶口处分别开孔并插入软管，用胶枪密封接口处。

（4）“吸”水实验装置：在透明托盘中加入红色水，放入蜡烛并点燃，在蜡烛上扣上玻璃瓶，可明显观察到，蜡烛逐渐熄灭，瓶内液面逐渐上升。

（5）低压喷泉装置：在塑料瓶的瓶盖上穿过一根软管并密封接口，用热水冲洗瓶身，倒出热水后迅速拧紧瓶盖，将塑料瓶倒立并使吸管浸入蓝色水中，此时可以明显看到蓝色水通过吸管在瓶内喷涌而出，形成喷泉。

五、实验教学目标

经过查阅文献，采访有经验的教师，制定“大气压强”相关概念调查问卷，将问卷发放给学生，统计作答情况。发现学生具有六个方面的错误前概念，包括：①空气很轻，所以不存在大气压强；②大气压强很小；③只要有气压，物体就会形变；④使用吸管时，液体上升是“吸”的结果；⑤吸盘式挂钩不掉下来是摩擦力作用的结果；⑥气压差不会影响液体压强。

根据统计学生的错误前概念，以及课标要求、教材特点确定本节实验课的教学目标。

（1）通过“物体形变”物理情境的真实体验，明白存在大气压强，且理解大气压强存在的原因。

(2) 通过体验教师自制气压差演示仪，理解有气压差时，物体可能发生形变。

(3) 通过气压差与液体压强的平衡系列实验，解释希罗喷泉原理，通过动手实践，培养学生解决问题的能力，提高物理核心素养。

通过上述分析，确定本节实验课的教学重点为证明大气压强的存在，难点为气压差和液体压强的平衡。

六、实验教学内容

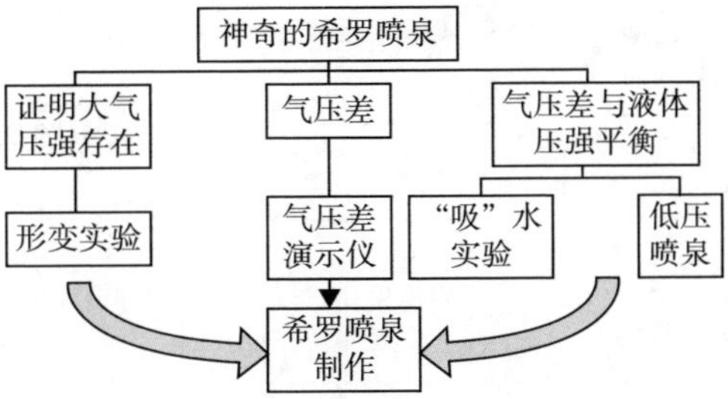

图 2　实验教学内容

本节课的教学内容如图 2 所示。

(1) 向学生展示简易希罗喷泉，让学生对希罗喷泉有更加直观、具体的认识，引起学生的关注和好奇心，激发学生的探究欲望，从而引入本节实验课。

(2) 向学生演示用热水冲洗后的塑料瓶可以发生形变，证明大气压强的存在，并解释大气压强的本质，结合液体压强产生原因与学生共同分析大气压强产生的原因。纠正学生认为"大气压强不存在"以及"大气压强很小"的错误前概念，通过演示实验与分析讨论的方式突出本节实验课的重点，证明大气压强的存在。

(3) 利用气压差演示仪，向学生证明存在大气压强时物体不一定发生形变，存在气压差时，物体才形变，为突破本节实验课的难点做铺垫。

(4) 向学生演示"吸"水实验，表明利用气压差可以使液体运动，直至大气压强和液体压强处于平衡状态，并表明利用气压差可以使液体通过吸管流出，这样便可以形成喷泉。

(5) 通过低压喷泉实验的演示，进一步表明利用气压差可以促使液体流动，形成喷泉，为学生自己理解教师自制简易希罗喷泉的原理奠定基础，突破本节课的教学难点——气压差和液体压强的平衡问题。

七、实验教学过程

本节课分为五个教学环节，具体的实验教学过程如图 3 所示。环节一通过演示自制简易希罗喷泉引入课程内容；环节二、环节三、环节四是本节课的重点教学环节，均通过提出问题、建立物理情境进行探究并得出相应结论的过程展开进行，帮助学生在已有认知水平上建立新知识；环节五为实践环节，学生分小组自己动手制作希罗喷泉。

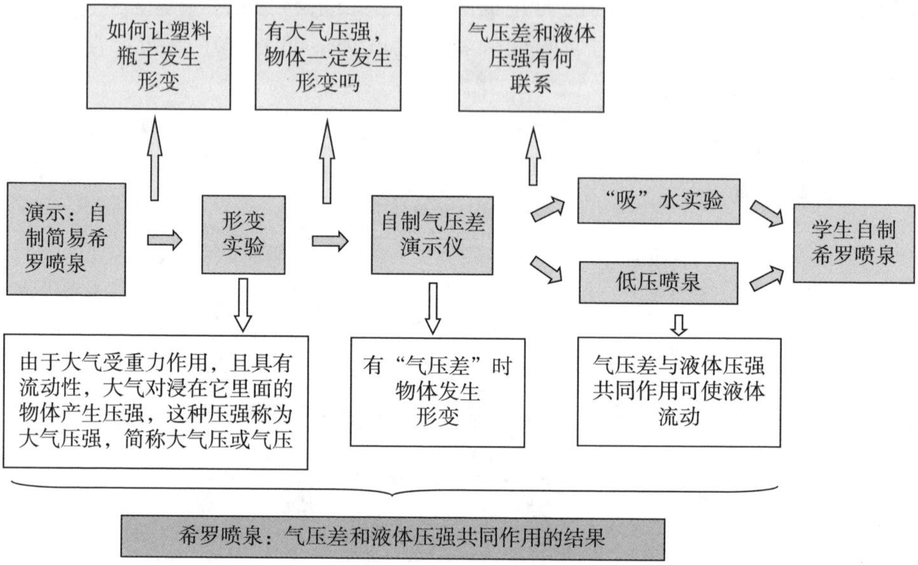

图3 实验教学过程

（1）环节一：引入内容，激发兴趣。

向学生介绍希罗喷泉，并利用自制简易希罗喷泉向学生展示希罗喷泉的奇趣现象。通过环节一，学生对希罗喷泉有了具体的感知体验，更容易激发学生的好奇心以及求知欲。向学生表明，本节课将通过三个问题的解决，一步步逼近希罗喷泉的真相。

（2）环节二：证明大气压强存在。

提出问题：如何让塑料瓶发生形变？学生根据之前所学“力的作用效果之一为使物体发生形变”，自然而然地想到可以通过“捏”瓶身的方法使塑料瓶形变。教师演示另外一种使瓶子发生形变的方法：用热水冲洗空塑料瓶，倒出热水后，迅速拧紧瓶盖。学生可以清晰地观察到瓶身逐渐变扁，拧开瓶盖，瓶子恢复原状。

是什么让瓶子变扁呢？瓶子发生形变必然是因为受到力的作用，施力物体是谁？答案是瓶子周围的空气。空气挤压瓶子使瓶子发生形变，这种空气压力的作用效果就被称为大气压强，简称大气压或气压。气压是如何产生的？结合液体压强的产生原因，和学生共同分析得出气压产生的主要原因为大气受重力作用且具有流动性。

最后得出结论：由于大气受重力作用，且具有流动性，大气对浸在它里面的物体产生压强，这种压强称为大气压强，简称大气压或气压。

（3）环节三："气压差"可以使物体形变。

通过上一环节的教学，有的学生认为，有大气压强物体一定发生形变，有的同学根据生活经验认为不一定。故向学生提出问题：有大气压强，物体一定发生形变吗？

教师利用如图4所示的自制气压差演示仪进行探究：同时吹两根塑料软管，观察到橡皮膜无明显变化；仅吹右边塑料软管，橡皮膜向左突起；仅吹左边塑料软管，橡皮膜向右突起。与学生共同分析此现象：同时吹，橡皮膜两端气压相同，不发生形变；仅吹一边，橡皮膜两端气压大小不同，存在气压差，发生形变。可见仅存在大气压时物体不一定会形变，有"气压差"时会形变。

图4　自制气压差演示仪

（4）环节四："气压差"和液体压强平衡。

简易希罗喷泉中的水为何会运动？这和气压有何关系？向学生提出问题：气压差和液体压强有何联系？学生有很多猜想，教师引导学生体验"吸"水实验，学生可以明显地观察到，蜡烛逐渐熄灭，瓶子内液面却逐渐上升。这是怎么回事呢？蜡烛在瓶内燃烧使得瓶内气压变小，瓶外气体不受影响，相对瓶内气压较大，瓶内外存在气压差，这个气压差将托盘内的水压入玻璃瓶中，瓶子中液面上升，直至瓶内液体压强与气压之和等于瓶外气压。可见气压差可以使水流动，如果利用气压差将水通过细管压入瓶内，岂不是就可以形成喷泉。

接着向学生演示"低压喷泉"，热水冲洗瓶子后在瓶内形成低压环境，外界气压不受影响，相对瓶内气压较大，瓶子内外存在气压差，气压差将瓶外蓝色水通过吸管压入瓶中，此时明显地看到瓶子内形成喷泉。学生也明白了希罗喷泉的形成原理，可以用物理语言正确地解释教师在课程开始时演示的简易希罗喷泉原理。

（5）环节五：学生自制希罗喷泉。

让学生自己阅读希罗喷泉相关资料，并根据所学内容，分小组制作希罗喷泉，如图5所示。该过程不仅培养了学生的阅读能力、自学能力、研究能力、动手能力，还在一定程度上启发学生思维，激发学生创造，为培养学生物理核心素养奠定基础。

图 5　学生自制希罗喷泉过程

制作结束后，让每小组派代表展示他们组制作的希罗喷泉，学生制作成果展示如图 6 所示。通过分组介绍发现，学生理解了希罗喷泉的形成原理，但是由于平时动手实践的机会较少，他们制作的希罗喷泉还存在气密性差、实验现象不明显等问题。

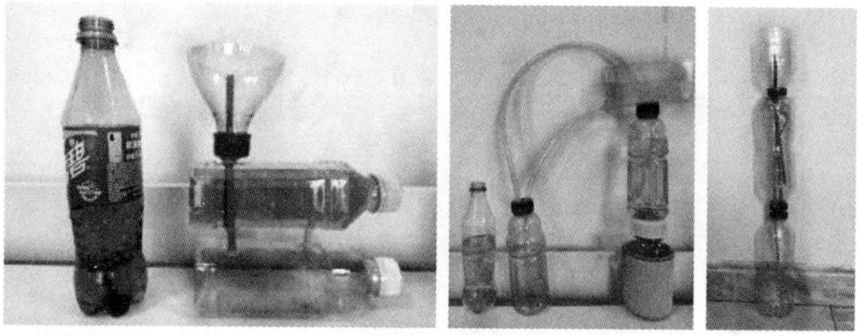

图 6　学生自制希罗喷泉展示

八、实验效果评价

（1）在物理情境下，由问题引导，不断激发学生思考，引导学生在已有认识水平上建构新的知识，培养学生在真实情境下解决物理问题的能力。

（2）学生的主体地位突出，学习积极主动，兴趣浓厚。

（3）自制希罗喷泉材料廉价环保，制作过程简单有趣。

（4）实验现象明显，且针对性强。

（5）学生动手能力较弱，自制希罗喷泉有待进一步完善。

（6）学生参加项目式学习机会较少，创新能力不够高。

其中，前四个方面是在后续课程中可以继续保持的有利于教学的评价，后两个方面是课程中发现的不足之处，学生的动手能力较弱，同时创新性有待进一步激发。因此，在以后的教学中可以考虑在这两个方面给予学生更多的学习时间与帮助，更有效地培养学生的动手能力。

探究物质的比热容

北京市海淀北部新区实验学校　李莎

一、使用教材

北师大版《物理》九年级全一册第十章“机械能、内能及其转化”第三节“探究——物质的比热容”。

二、实验器材

定值电阻丝、双层玻璃杯、固定好接线柱的隔热杯盖、数字温度计、计时器、学生电源、电子秤、水、色拉油、烧杯、导线。

三、实验创新要点

（1）研究思路的改进。

本节课在教材中的设计是探究物质吸收热量的多少与物质种类是否有关，不能为比热容的定义奠定定量的实验基础，也无法类比密度的定义，导致学生理解比热容的概念有些困难。改进实验的目的是想通过定量的实验测量，为比热容的定义提供实验数据支持，能够类比密度的定义，使学生体会建立比热容概念的必要性，以及比热容定义的合理性。

（2）实验器材的改进。

要想定量地进行探究，如何测量液体吸收的热量就是一个关键的问题，用传统的实验器材不太容易测量，因为如果使用加热棒，很容易接触烧杯底，会导致散热比较严重，而且加热棒的功率较大，学生操作不太安全。如果使用酒精灯加热，酒精灯单位时间内放出的热量和杯中液体吸收的热量都不太稳定，也不方便准确地测出液体吸收热量的多少。如何解决这些问题呢？

实验改进后使用定值电阻丝来加热，这样改进的优点：一是功率比较小，学生可以操作，因此可以进行学生实验；二是电阻丝在液体中的位置也方便固定；三是电阻丝的发热功率稳定，方便利用加热时间和电阻丝的功率计算电阻丝放出的热量，也就近似等于液体吸收的热量。为了使热量测量更加准确，在散热方面也要进行改进，采用双层玻璃杯和隔热材料切割成的杯盖，从而减少热量的散失。为了使温度的测量更准确，还将液体温度计换成了数字温度计。改进的实验装置，如图 1 所示。

图 1 改进的实验装置

四、实验设计思路

为了对比得出不同物质的吸热特性，分别对水和色拉油进行了探究，探究它们吸收的热量与升高的温度和液体的质量之间的关系。

以探究水吸收的热量 Q 和升高的温度 Δt 的关系为例来说明设计实验的思路，如图 2 所示。

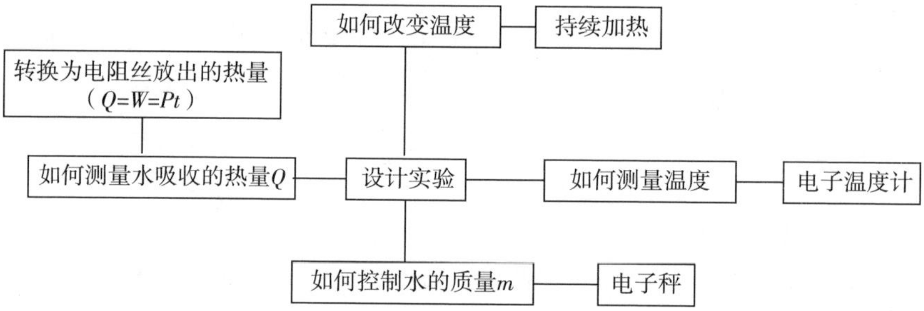

图 2 实验设计思路

在设计实验过程中思考四个问题：一是如何改变温度，二是如何测量温度，三是如何控制水的质量 m，四是如何测量水吸收的热量 Q。

在实验中，可以用持续加热的方法来改变水升高的温度；可用电子温度计测量出水的温度；可用电子秤称出一定质量的水，并且在整个实验当中不改变水的质量；如何测量水吸收的热量是这个实验的重点，因为电阻丝放出的热量可以认为都被水吸收了，因此可将水吸收的热量间接转换为电阻丝放出的热量来测量。结合学生已有的机械功和功率关系的知识储备，在此实验中给出电阻丝的电功率 P，引导学生类比机械功，通过测量加热时间 t，用公式 $W=Pt$ 计算出电流所做的功。再引导学生应用学习过的能量转化知识，理解电流做功的过程将电能转化为内能，被水吸收，这样将测量水吸收的热量转化为测量电流通过电阻丝所做的功。

在探究水吸收的热量 Q 与水的质量 m 的关系的时候，用同样的思路来设计实验，此时的自变量和控制变量相比上一个实验交换了一下，需要用电子秤称出不同质量的水来进行多次实验，用数字温度计测量水的温度，记录水升高相同温度所需要的加热时间。

探究色拉油吸收热量 Q 与升高的温度 Δt、质量 m 之间的关系的实验思路与水相同。

五、实验教学目标

基于初中物理课程标准与发展学生核心素养的目标，将本节课中的实验教学目标制订为以下几点：

(1) 学生通过观察实验现象、分析实验数据，知道物质吸收热量的多少与物质的质量、升高的温度成正比。

(2) 学生通过分析实验数据，理解比热容是物质本身的特性，不同物质的比热容不同，进一步完善物理观念中的物质观。

(3) 学生经历设计和操作实验的过程，进一步巩固控制变量和转换的科学方法，提升动手操作的实验能力。

(4) 学生经历实验数据的分析、作图和总结结论的过程，进一步提升处理数据的能力。

六、实验教学过程

教学过程中学生经历了猜想、设计实验、进行实验和收集数据、分析数据、得出结论等环节。

教学中让学生联系生活经验，思索在烧水的过程中，水吸收多少热量与什么因素有关，在讨论交流中，学生很容易就能够猜想出水吸收热量的多少与水的质量和升高的温度有关，由学生猜想出的两个因素，进一步展开实验的设计并进行实验。

(1) 第一个探究：水吸收的热量与升高的温度的关系。

用持续加热的方法来改变水升高的温度，再用电子温度计测量出水升高的温度，通过实验得到表 1 中的数据，利用电阻丝的功率和加热时间可以间接计算出水吸收的热量。

表 1　水吸收热量多少与升高的温度的关系实验数据（水的质量：120 g）

温度的变化量 Δt/℃	1	2	3	4	5	6
加热时间 t/s	63	123	186	249	312	375
吸收的热量 Q/J	655.2	1 279.2	1 934.4	2 589.6	3 244.8	3 900.0
$Q/\Delta t$/（J/℃）	655.2	639.6	644.8	647.4	649.0	650.0

通过分析数据，可以发现各次实验中水吸收的热量与水升高的温度之间的比值都很接近，可以得出在水的质量一定时，其吸收的热量与升高的温度成正比的结论。

（2）第二个探究：水吸收的热量与水的质量之间的关系。

只需要用电子秤分别称出不同质量的水来进行多次实验，用计时器和温度计配合测出每升高 1 ℃所需要的加热时间，并记录，经过整理得到表 2 中的数据。

表 2　水吸收热量多少与水的质量的关系实验数据（升高的温度：1 ℃）

质量 m/g	100	110	120	130	140	150	160
加热时间 t/s	52	57	63	70	74	79	85
吸收的热量 Q/J	540. 8	592. 8	655. 2	728. 0	769. 6	821. 6	884. 0
Q/m/（J/g）	5. 41	5. 39	5. 46	5. 60	5. 49	5. 48	5. 53

通过分析数据，发现在升高的温度一定时，水吸收的热量与质量也是成正比的。

（3）用相同的实验方法再用色拉油进行实验。

色拉油实验数据如表 3、表 4 所示。通过分析数据也可以得到色拉油吸收的热量与升高的温度成正比、与其质量成正比的结论。由此学生可以发现，同一种物质吸收的热量与升高的温度和质量成正比。

表 3　色拉油吸收的热量与升高的温度的关系实验数据（色拉油的质量：120 g）

温度的变化量 Δt/℃	1	2	3	4	5	6	7	8
加热时间 t/s	37	73	109	146	182	220	257	294
吸收的热量 Q/J	384. 8	759. 2	1 133. 6	1 518. 4	1 892. 8	2 288. 0	2 672. 8	3 057. 6
$Q/\Delta t$/（J/℃）	384. 8	379. 6	377. 9	379. 6	378. 6	381. 3	381. 8	382. 2

表 4　色拉油吸收的热量与色拉油质量的关系实验数据（升高的温度：1 ℃）

质量 m/g	90	100	110	120	130	140	150
加热时间 t/s	27	31	34	37	40	43	48
吸收的热量 Q/J	280. 8	322. 4	353. 6	384. 8	416. 0	447. 2	499. 2
Q/m/（J/g）	3. 12	3. 22	3. 21	3. 21	3. 20	3. 19	3. 33

（4）不同物质之间有没有什么区别和联系呢？

引导学生进一步分析数据，将水和色拉油的数据放在一起进行比较，如表 5 所示。

表 5　水和色拉油的实验数据（部分）对比

温度的变化量 Δt/℃	1	1	1	1	1	1	2	3	4	5
质量 m/g	100	110	120	130	140	150	120	120	120	120
水吸收的热量 Q/J	540.8	592.8	655.2	728.0	769.6	821.6	1 279.2	1 934.4	2 589.6	3 244.8
色拉油吸收的热量 Q/J	322.4	353.6	384.8	416.0	447.2	499.2	759.2	1 133.6	1 518.4	1 892.8

通过对比数据可以发现在每一组质量和升高温度相同的数据中，总是水吸收的热量比色拉油吸收的热量多，学生可以初步感知到水比色拉油的吸热能力强。

再提问学生："如果质量和升高温度不同时，怎么比较它们的吸热能力呢？选中两组数据，色拉油吸收的热量比水多，是不是就是色拉油的吸热能力强呢？"学生会提出：此时的条件不同，应在相同的质量和升高温度下进行比较。可以用吸收的热量除以质量和升高温度的方法，算出单位质量的物质、升高 1 ℃吸收的热量。通过计算，发现相同条件下，水的比值更大，说明水的吸热能力强。

把水的各组数据中吸收热量与质量、温度变化量乘积的比值计算出来，如表 6 所示。把色拉油的各组数据中吸收热量与质量、温度变化量乘积的比值计算出来，如表 7 所示。从数据中发现水的比值都很接近 5.4 J/（g・℃），而色拉油的比值也都很接近 3.2 J/（g・℃），水和色拉油的比值明显不同。由此，学生能够感知到同种物质的比值是相同的，且此比值一定与物质的种类有关，比值越大，说明该物质的吸热能力越强。因此，用吸收的热量与质量、温度变化量乘积的比值来描述物质的吸热本领，并将其定义为物质的比热容。

表 6　水吸收热量与质量、温度变化量乘积的比值数据

温度的变化量 Δt/℃	1	1	1	1	1	1	2	3	4	5	6
质量 m/g	100	110	120	130	140	150	120	120	120	120	120
水吸收的热量 Q/J	540.8	592.8	655.2	728.0	769.6	821.6	1 279.2	1 934.4	2 589.6	3 244.8	3 900.0
Q/mΔt /[J/（g・℃）]	5.41	5.39	5.46	5.60	5.50	5.48	5.33	5.37	5.40	5.41	5.42

表7 色拉油吸收热量与质量、温度变化量乘积的比值数据

质量 m/g	120	120	120	120	120	120	120	100	110	130	140
温度的变化量 Δt/℃	1	2	3	4	5	6	7	1	1	1	1
色拉油吸收的热量 Q/J	384.8	759.2	1 133.6	1 518.4	1 892.8	2 288.0	2 672.8	322.4	353.6	416.0	447.2
$Q/m\Delta t$ /［J/（g·℃）］	3.20	3.16	3.15	3.16	3.15	3.18	3.18	3.22	3.21	3.20	3.19

七、实验效果评价

本节课将原有的定性实验，改进为学生可以操作的定量实验，且实验数据可以帮助建立比热容的定义。实验改进后的过程更符合学生的认知规律，使学生能够体会比热容概念建立的必要性和合理性，并且在设计实验、操作实验和分析数据的过程中锻炼了学生的科学探究能力。

实验数据能够充分地体现出不同物质的吸热能力不同，实验操作简单、安全，效果良好。但从吸热多少与质量、温度变化量的比值（比热容）中可以看出实验测量值与理论值有一定的差异，教师分析原因可能为：①水和色拉油的温度不均匀；②温度计探头与电阻丝的距离有变化；③双层玻璃杯也存在散热问题；④计时器与温度计读数不准确。

以上原因都有可能导致测量值与理论值存在一定的差异，这些需要在后面的教学实践中进一步研究和改进。

内能

上海市延安初级中学　周晓芸

一、使用教材

沪教版九年级《物理》第七章“热与能”第三节“内能”。

二、实验器材

（1）学生实验器材：热成像仪（见图1）、铁丝、烧杯、热水、冰块、砂纸、气球、打气筒、黑板贴、水粉笔、丝带。

（2）演示实验器材：热成像仪、温差风扇（见图2）、热水、冰块、气球、打气筒。

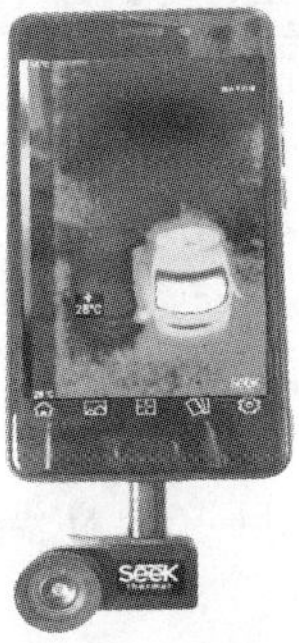

图1　热成像仪

图2　温差风扇

三、实验创新要点/改进要点

在“热与能”这一章的教学中，经常需要测温，传统的测温方式有触觉感知、使用温度计和DIS温度传感器三种方式。随着科技的发展，热成像仪横空出世，它可以更有效、直观地对物体及周围的环境进行测温，是本单元教学的核心仪器。

（一）热成像仪测温方式的优势

（1）优势一：测温精准化。

普通热成像仪的精度仅可以达到1 ℃，专业的热成像仪的精度则可达0.1 ℃，故热成像仪对于微小的温度变化反应很灵敏，测温更精确。

（2）优势二：测温过程化。

通过热成像仪可以看到物体动态的温度变化过程，实验现象更形象生动，印象深刻令人信服。

（3）优势三：测温全面化。

物体各个部分的温度其实并不是统一的，在传统的测量方式中，只能测量出物体中某一点的温度，而通过热成像仪可以看到物体各个部分温度的分布情况，对物体各部分温度的分布进行整体把握。

（4）优势四：测温便携化。

热成像仪小巧轻便易携带，直接插入装有应用程序的手机上即可以使用，操作便捷。将摄像头对准测量物即可进行实时测量，拍照录像功能一应俱全，学会使用热成像仪后，就能利用热成像仪去观察生活中的现象，培养科学探究精神。

（二）热成像仪在本实验中的作用

（1）抽象概念具象化。

在以往的课例中，通常是通过复习分子动理论，类比机械能得到内能的概念及其影响因素。但内能的概念非常抽象，对于初中的学生来说，只通过理论推理不易理解。为了突破内能概念这一难点，本节课在内能的引出上进行了一些改进，增加了一个演示实验——温差风扇。

一般风扇都可以用电池来提供能量，而温差风扇只需将风扇下部的两个金属片放入温度不同的两杯水中就能转动起来，从而激发学生的学习兴趣，设立悬念。通过热成像仪，学生可以更形象、直观地观察到两杯水的温度，以及热量在温差风扇中的传递过程，从而理解使风扇转动的能量来自这两杯温度不同的水，而此能量就是水具有的内能。

通过该演示实验，学生可以较为形象地认识到温度不同的两杯水可以对外做功，具有能量，而此种形式的能量与之前学习的机械能是不同形式的能量，从而激发起学生的兴趣。在此基础上，引导学生主动结合分子动理论、类比机械能等理论知识，建构起内能的概念。

（2）能量改变直观化。

物体内能的改变是本节课的重点，在以往的课例中也会让学生进行小组探究，但是学生在探究过程中感知内能变化的方式是以体感触觉为主，而人的感觉具有很大的主观性，不够准确，特别是温度变化很小、变化过程短暂时，人体的感觉并不明显。有些实验，如“弯折铁丝”，弯折处升温过高直接用手触碰还容易产生安全隐患。

为了让学生能够更直观、有效且安全地体会物体内能的改变过程，在本节课中，增加了热成像仪作为测温仪器。学生能够通过热成像仪直接观察到实时的温度变化，进而判断出物体的内能变化，使得探究过程更具科学性、趣味性，从而更好地理解内能变化过程中能量的转化与转移。

(3) 单元教学整体化。

热成像仪可以成为贯穿本单元教学的核心仪器，还可以运用于日常生活中的一些科学探究之中。热成像仪使得原本只能通过触觉感知的能量变化变得可视化，使实验现象更形象直观。热成像仪除了可以运用于本节课外，还可以运用在“热传导”实验、“建筑物与湖水昼夜温度对比”实验等一些无法用一般测温仪器观察、测量的实验之中。使初中学段的学生可以减轻理论推理的负担，通过直接观察实验现象得出结论，培养科学探究精神。

四、实验原理/实验设计思路

本节课的学习内容主要包括内能的概念和改变物体内能的方式两部分。改变物体内能的方式是本节课要突出的重点，而内能概念的建立则是难点。实验教学的设计思路如图 3 所示。

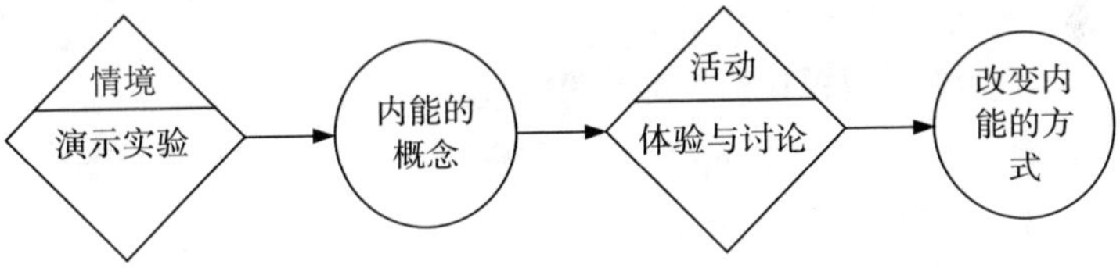

图 3 教学流程图

首先，教师通过演示实验，利用温差风扇展示物体内能转化为机械能的过程，揭示内能的存在。通过观察发现干冰与冰水混合物同样可以使得风扇转动，得出温度在 0 ℃及其以下的物体同样具有内能的结论，结合分子动理论得到内能的概念。其次，学生小组探究改变物体内能的方式，通过热成像仪直接观察物体温度的变化，从而得知物体内能发生了改变。如气球放气时，气体对外做功，气球的温度可视化地降低，从而得到物体对外做功时物体内能的具体变化。学生通过探究实验，交流归纳得出改变内能的两种方式。

五、实验教学目标

(1) 通过观察温差风扇“能量转化”的实验，类比机械能中动能和势能的概念，结合分子动理论的相关知识，知道内能的概念和影响内能大小的因素，感悟能量的概念。

(2) 通过“改变内能”的具体方法的活动，表述改变内能的具体现象、操作以及分类寻找这些方法的共同特点进行归类总结的过程，知道改变内能的两种方式，感受分类、对比迁移等思维方法，养成从纷繁复杂的现象中提炼总结、表达结论的能力。

六、实验教学内容

（1）内能的概念：物体内能是指物体内所有分子动能和分子势能的总和。

（2）改变内能的方式：物体内能的改变可通过做功和热传递两种不同的方式来实现。

七、实验教学过程

（1）引入：情境演示实验。

利用“温差风扇”，演示物体内能转化为机械能的过程，揭示内能的存在。通过干冰与冰水混合物同样可以使得风扇转动的现象，推理得出温度在 0 ℃及其以下的物体同样具有内能的结论，结合分子动理论得到内能的概念。

演示实验：将“温差风扇”的两个接触片先分别放在 75 ℃的热水中和 0 ℃的冰水混合物中，演示物体内能转化为机械能的过程。该实验过程需要等待约 3 min，在等待的时间里可以复习回顾分子动理论的相关内容。

（2）新课：活动、体验与讨论。

1）实验：实践体验如何改变铁丝的内能。

2）讨论：通过改变铁丝内能的大量实例，总结改变铁丝内能的两种方式。

3）演示实验：气体对外做功，内能减少。

学生以小组为单位探究改变物体内能的方式，通过热成像仪直接观察物体温度的变化，从而得知物体内能发生了改变。演示气球放气时，气体对外做功，气球的温度可视化地降低，从而得到物体对外做功时物体内能的具体变化。学生通过探究实验，交流归纳得出改变内能的两种方式。

（3）小结：复习回顾并完成评价表。

（4）布置作业：校本作业。

八、实验效果评价

物理是一门以实验为基础的自然科学学科，物理实验对于提高物理教学质量、全面落实培养学生核心素养的目标，具有其他教学内容和形式所不能替代的作用。本节课，教师通过对传统实验教具和器材进行改进与创新，主要得到以下几点体会。

（1）实验观察结合理论推演。传统的教学设计通常需要学生具有强大的逻辑思维能力，对抽象的概念进行二次类比推演，对于初中学段的学生而言并非适用于每个学生，往往整堂课下来，学生只能知其然而不知其所以然。本节课对实验器材进行了改进与创新，引入“温差风扇”使得内能转化为机械能的过程变得直观可视。学生实验器材中引入热成像仪，使得气球放气对外做功时的温度变化一目了然。

（2）小组学习结合组间交流。为了体现以学生为主体的学习方式，传统教学通常采取小组合作的形式。虽然小组内部能够深入探讨一番，但是与其他小组之间缺少互动，结论过于片面。而本节课的教学中，采用小组合作、大组交流、师生合作和生生合作共同探究建构知识的方式展开。在大组交流与师生合作环节中，将原来学生主观的感觉，利用热成像仪客观地显示出来，促进了教学方式的转变，激发了学生与人合作的意识，提升了课堂效能。

（3）课时教学转为单元教学。传统的课时教学中，课时之间的联系往往不被重视，导致学生在建构物理知识体系时，前后知识不连贯，知识碎片过多而无法聚水成涓。然而，落实初中物理核心素养的抓手和突破口是单元教学。因此，在本节课中，教师引入热成像仪这一可以贯穿本单元教学的核心实验仪器，使得原本碎片化的知识点围绕该仪器得以整合在一起。

牛顿说："我不知道世界将怎样看待我，然而我认为自己不过像在海滩上玩耍的男孩，不时地寻找比较光滑的卵石和比较漂亮的贝壳，以此为乐，而我面前则是尚待发现的真理的大海。"探索真理的海洋需要工具，而热成像仪则为我们打开了"天眼"，让我们能够透过它，直接看到大海中那些有关"能量"的宝藏，拥抱真理。

做功改变物体内能实验的设计与改进

安徽省濉溪县南坪中心学校　任娟

一、使用教材

人教版《物理》九年级第十三章“内能”第二节“内能”。

二、实验器材

注射器（2 个）、直通阀、数显温度计、硅胶管（2 根）、电动推杆等。

三、实验创新要点

教材中做功改变物体内能的传统实验是由“对物体做功，使物体内能增加”“物体对外做功，物体内能减少”两部分实验组成的（见图 1、图 2）。教师将其进行改进，把“压缩气体做功”和“气体对外做功”合二为一设计了一套装置，如图 3 所示。为了固定操作仪器，教师用金属槽、扎丝和螺丝钉把它们固定在木板上，采用可折叠的支架以便于学生观察，在木板上加一个提手便于携带。

图 1　压缩气体做功实验

图 2　气体对外做功实验

图 3　做功改变内能演示仪

这套装置的优点主要集中在以下几点：

（1）整合实验。

教材中的“压缩气体做功”和“气体对外做功”是两个实验。改进后通过一个装置分两个实验步骤去完成，既节省了实验器材，又节省了实验时间，提高了学习效率。把两个过程通过一个实验完成，学生更易理解对气体做功气体的内能增大，气体对外做功气体的内能减小的道理。

（2）形象直观。

传统实验用硝化棉被点燃说明压缩空气做功，会使空气的内能增大，温度升高，达到硝化棉的燃点，使硝化棉燃烧；向烧瓶内打气，用瓶内水蒸气液化说明气体膨胀对外做功时内能减小，温度降低。两个实验都采用转换法说明气体的温度变化，但学生不能直接看到温度的变化，不容易理解和接受。而改进装置可直接由数显温度计示数变化得知气体的温度变化。

（3）安全可靠。

教材中的压缩气体点燃硝化棉实验，如操作不当会发生爆炸，存在极大的危险性。而用做功改变内能演示仪压缩气体则不会发生爆炸，且温度变化明显，实验成功率极高。

（4）操作便捷。

传统的压缩气体做功实验中，要用较大的力气迅速下压活塞才能使硝化棉点燃；气体对外做功实验中，打气筒打气要打多次，才能把瓶塞顶开。改进后装置只需关闭阀门，用遥控器启动电动推杆就可以完成压缩过程，打开阀门就完成对外做功的过程，操作简单。

（5）易于普及。

该创新实验的器材价格低廉，易于采购，组装简单。

四、实验设计思路

（1）对气体做功，气体内能增大。

如图4所示，一个大的注射器，活塞拉到最顶端，用硅胶管把注射器和直通阀相连，在相连处用热熔胶封口。关闭阀门，推动活塞即压缩气体做功，怎样体现内能的变化呢？测量后筒内气体的温度升高，则内能增大，温度降低，则内能减小。把注射器最底部开一小孔，将数显温度计的探头放入，用热熔胶封口，显示屏用热熔胶粘在上方。当用手推动活塞时，筒内气压较大，压缩程度小，气体温度变化不明显。为了增大压缩程度，使用电动推杆推动活塞压缩气体。但是由于注射器推杆较长，故把注射器推杆去掉只留下活塞，电动推杆用螺丝钉与活塞直接相连。将电动推杆通电，用遥控器启动推杆压缩气体，数显温度计的示数增大。

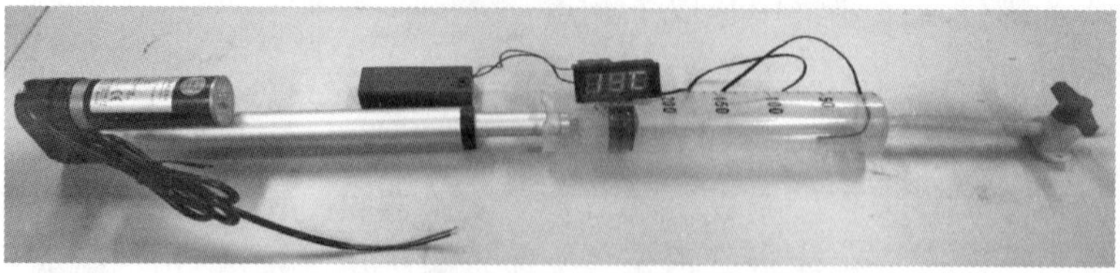

图 4　对气体做功气体内能增加实验装置

（2）气体对外做功，内能减小。

为了能让学生直观地感受气体对外做功，可以打开阀门放气，让气体推动物体运动，说明气体对外做功。在另一边用硅胶管连接另一个活塞推到底部的注射器（见图 5），打开阀门放气时，另一注射器活塞被推动，数显温度计示数减小。

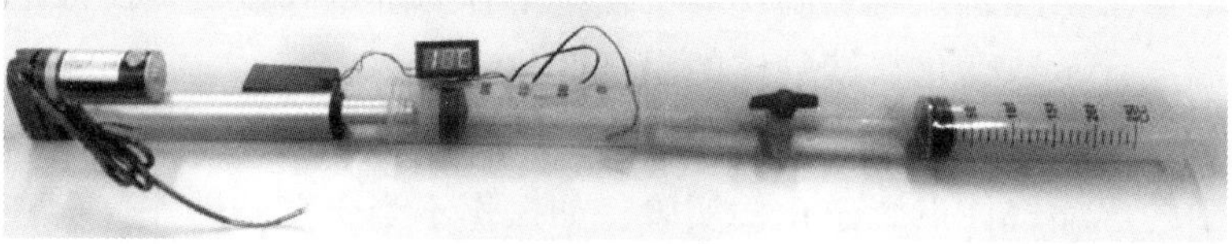

图 5　气体对外做功内能减小实验装置

五、实验教学目标

依据课程标准、教材内容和学情特点，确定了以下的教学目标。

（1）知识与技能：知道做功可以改变物体的内能；知道做功改变物体内能的本质。

（2）过程与方法：经历做功改变物体内能实验的探究过程，感受“问题、猜想、实验、结论”的科学探究流程，发展科学探究能力。

（3）情感态度与价值观：通过探究实验，培养学生严谨的科学态度和科学创新精神。

六、实验教学内容

（1）对气体做功，气体的内能增大。

（2）气体对外做功，气体的内能减小。

七、实验教学过程

组织学生开展“探究做功改变物体内能”分组实验。

（1）提出问题。

1）相邻两组同时启动电动推杆压缩气体时，数显温度计的示数如何变化？

2）压缩后，右边组阀门打开，左边组阀门不打开，右边组的注射器活塞如何运动？相邻两组数显温度计示数变化是否相同？

（2）学生由生活经验说出自己的猜想。

（3）学生分组进行实验，说出观察到的现象（见图6）。

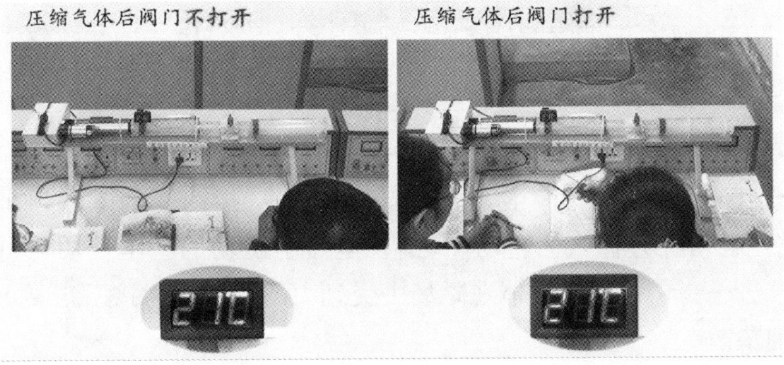

图6　学生分组进行实验

（4）学生分析后交流讨论：

1）压缩气体时，气体的温度升高说明了什么？

2）压缩后，阀门不打开，为什么气体的温度会下降？

3）压缩后，阀门打开，为什么气体的温度会下降得更快？

（5）得出结论：对气体做功，气体内能增加；气体对外做功，气体内能减小。

八、实验效果评价

（1）自制教具直观性强，实验现象明显，提高了课堂效率，有效帮助学生突破学习难点。

（2）教具制作简单，成本低，一体化设计便于使用，具有较高的推广价值。

（3）需要改进之处：减少热传递对教具的影响。

通电导体在磁场中的受力作用探究

福建省南安市实验中学　陈开福

一、教材分析

本节选自沪科版九年级《物理》第十七章“从指南针到磁浮列车”第三节“科学探究：电动机为什么会转动”，是在学习了磁场的基本性质与电流的磁场的基础上，进一步认识通电导体在磁场中受到力的作用，为接下来学习电动机如何转动做铺垫。

学生已经具备了一定的实验探究能力，掌握了基本的物理研究方法，但还不够成熟。磁场对通电导体的作用力是比较抽象的知识，学生很难在大脑里建立起模型，因此教学中要注意培养学生的学习兴趣，充分发挥演示实验的作用。

二、实验器材

学生电源、开关、3.8 V 小灯泡、滑动变阻器、导线若干、硝酸钾溶液、发光二极管（红、绿各 1 个）、圆磁铁 1 块、金属直导体、支架。

三、实验原理

实验电路图（见图 1）。

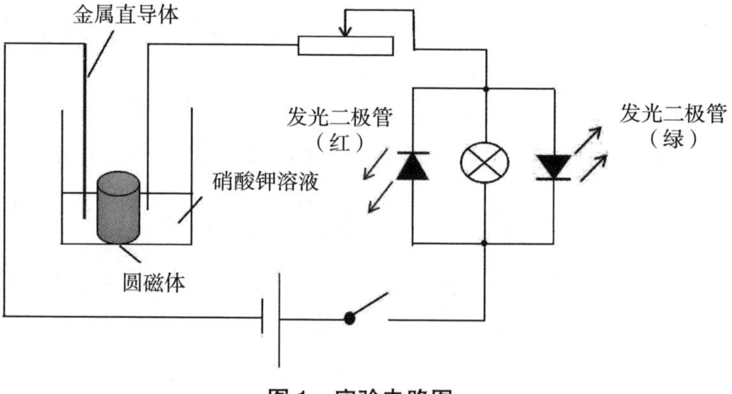

图 1　实验电路图

四、实验创新要点/改进要点

教材中的实验装置以及改进后的实验装置如图 2、图 3 所示。

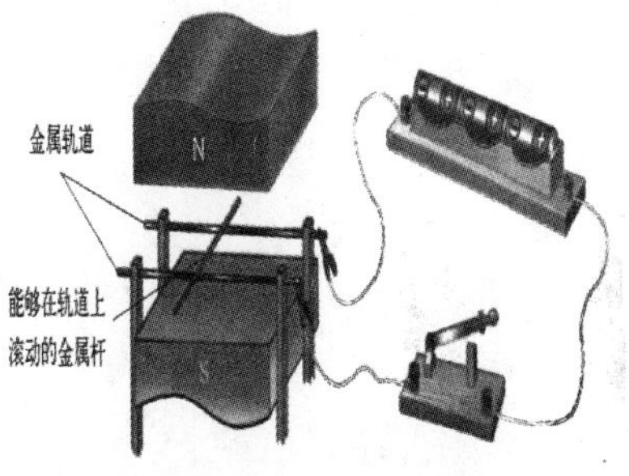

图 2 教材中实验装置图

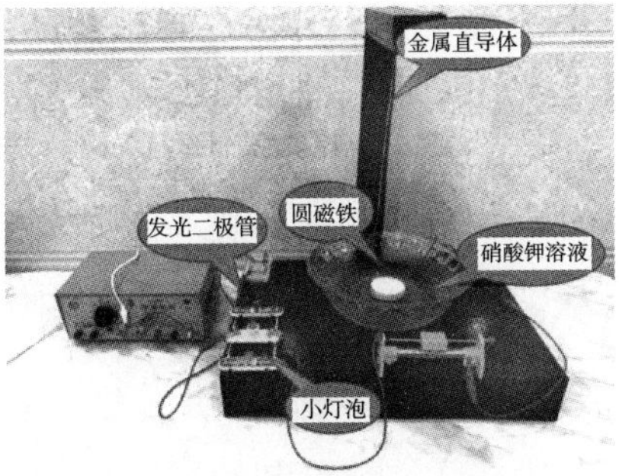

图 3 改进后实验装置图

（一）教材中实验的不足

（1）学生没有办法看出有无电流通过导体。

（2）根据初中生的认知，教材中的实验电路是短路电路，电流太大，很容易损坏电源，这是不可取的。

（3）学生无法直观看出电路中的电流方向发生了变化。

（4）由于金属杆与金属轨道的摩擦力较大，需要较大的电流才能让金属杆开始缓慢运动。虽然实验是成功的，但是金属杆移动的距离很小，教师看得到，学生看不清。实验可见度较小，不理想。

（二）改进后的实验

（1）改进 1：增加小灯泡，通过小灯泡的发光情况让学生知道电路中是否有电流。

（2）改进 2：增加滑动变阻器，保护电路，同时训练学生连接电路的能力。

（3）改进 3：增加红色和绿色发光二极管，利用二极管单向导电的特点，让学生更加容易观察到电流方向发生了变化。（充分利用学生好奇、好动、好强的心理特点，在这节课埋下疑问，调动他们学习的积极性和主动性）

（4）改进 4：用硝酸钾溶液替代金属轨道，金属导体的放置采用“悬挂式”，这在减小摩擦的同时，也使实验效果更明显，更易于学生观察，可见度高。

（5）改进 5：硝酸钾溶液底部增加铜圈，让金属导体在转动的过程中，连接到电路中的硝酸钾溶液电阻相同，避免电流不稳定，造成小灯泡时暗时亮。

五、实验教学目标

（1）物理观念：知道通电导体在磁场中受到力的作用，其方向与电流方向、磁场方向有关。

（2）科学思维：会对收集到的实验数据和现象进行分析和论证，建立通电导体在磁场中受力作用的模型。

（3）实验探究：引导学生利用演示实验，进一步体会控制变量法在科学探究中的应用，提升学生思维能力和分析解决问题的能力。

（4）科学态度与责任：利用创新实验，激发学生对物理的兴趣，在此过程中培养学生的创新精神和严谨求实的科学态度。

六、实验教学过程

（一）创设情境，提出问题

教师播放课前录制的小视频“自制电动机”。

（1）提出问题：通电导体在磁场中受力的方向与什么因素有关呢？

（2）猜想与假设：①磁场方向；②电流方向等。

（二）创新实验，探求新知

（1）连接电路，滑动变阻器滑片移到阻值最大端，检查无误，闭合开关，小灯泡亮，红色二极管亮，说明有电流通过。

（2）引导学生猜想：通电导体产生的磁场和磁体的磁场相互靠近，会产生什么样的“火花”？

（3）断开开关，在硝酸钾溶液中放入圆磁体（N极向上），闭合开关，红色二极管发光，导体逆时针转动（启用手机同屏），记录相关现象（见表1）。

结论：通电导体在磁场中受到力的作用（由学生总结）。

（4）断开开关，改变磁体磁极（N极向下），闭合开关，红色二极管发光，导体顺时针转动（启用手机同屏），记录相关现象（见表1）。

结论：通电导体在磁场中受到力的作用，其作用的方向与磁场方向有关。（由学生总结）

（5）断开开关（此时磁体N极向下），改变电流方向，闭合开关，绿色二极管发光，导体逆时针转动（启用手机同屏），记录相关现象（见表1）。

结论：通电导体在磁场中受到力的作用，其作用的方向与电流方向有关（由学生总结）。

表1　实验现象记录表

序号	磁场方向	电流方向	导体运动方向
1	N极向上	红色二极管发光	逆时针旋转
2	N极向下	红色二极管发光	顺时针旋转
3	N极向下	绿色二极管发光	逆时针旋转

（6）由表1实验现象引导学生讨论总结本节课实验结论：通电导体在磁场中

受到力的作用，其作用的方向与磁场方向、电流方向有关。

（7）进一步拓展：该实验器材也能应用在高中物理探究安培力大小与哪些因素有关的实验中。

七、实验效果评价

（1）借助硝酸钾溶液作为导体便于金属导体不停地转动，现象明显，可见度高，更易于学生观察。

（2）使用手机同屏可以使学生清晰地观察到实验现象，避免出现盲区。

（3）实验器材生活化，结构简单透明，实验成功率高，制作费用低。

（4）通过对实验装置的创新，使学生在整个实验过程中产生浓厚兴趣，感受到物理是一门有趣的学科。

磁生电

自贡市蜀光绿盛实验学校　卢芳

一、使用教材

人教版《物理》九年级第二十章“电与磁”第五节“磁生电”。

二、实验器材

普通磁体、检流计、金属棒、线圈、导线、蹄形磁体、微电流传感器、直线电动机。

三、实验创新要点

（一）教法创新

（1）由课堂引发的认知矛盾延伸到课外的自主探究。整个探究过程坚持实验由学生动手做，问题由学生提出，解决方法由学生寻找，实验结论由学生自己总结的原则。让学生在参与中获得体验感，在体验中获得新知，教师在幕后成就学生思维的发展，充分发挥学生的主体作用。

（2）所涉及的问题源于教材而不拘泥于教材。根据学生现有的知识和能力，设计教学，重在让学生体验与科学工作者相似的探究过程，提升学生核心素养，激发学生的探究兴趣。

（二）实验创新

用传感器和直线电动机探究磁生电实验中学生发散出的一系列问题，解决利用传统实验器材难以进行探究的问题。

四、实验设计思路

用传感器和直线电动机探究磁生电实验中学生发散出的一系列问题。

五、实验教学目标

（1）知识与技能：了解产生感应电流的条件；初探感应电流大小的影响因素。

（2）过程与方法：提高分析问题、解决问题的能力；培养学生在实验过程中控制实验条件的意识，提高学生收集信息、总结规律的能力；学会反思实验，改进方法进一步探究物理规律，体验科学探究过程。

（3）情感态度与价值观：保持对科学的求知欲，培养实事求是、尊重自然的科学态度；能分析失败的原因，体验战胜困难的喜悦；体会团队合作在科学探究中的重要作用。

六、实验教学过程

（1）发现问题。

学生在课堂上用检流计、金属棒和普通磁体来探究磁在什么情况下能生电，不能看到明显的实验现象。

（2）改进器材。

发现问题后，学生经过交流讨论，自主改进实验方案和器材，改用线圈中的一条边代替金属棒，并用磁场较强的磁体和检流计来做实验，实验现象明显，改进后的实验装置如图 1 所示。

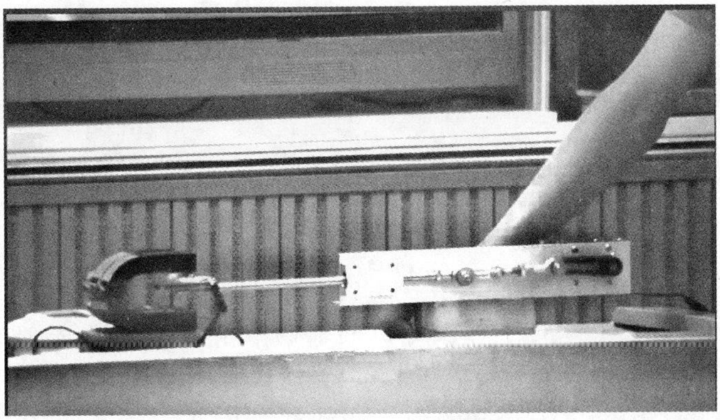

图 1　改进后的实验装置

（3）反思与评估后提出新的问题。

学生在对以上两个实验进行反思和评估时，提出了一些质疑：用金属棒切割磁感线到底能不能产生感应电流？感应电流大小是否与导体切割速度、磁场强弱、线圈匝数都有关？

（4）从课堂转向课外进行项目式学习。

学生对以上疑问从课堂延伸到课外展开探究。教师将以上问题转换成了四个研究课题，分配给了不同的小组去进行探究。学生自主设计了实验方案：学生想到用更精密的仪器来测电流，于是将检流计换成了微电流传感器。通过传感器在电脑上呈现的图线波动，直观观察感应电流的大小变化。学生还提出探究感应电流是否与以上三个因素有关时需要改变或控制导体切割速度，并且最好使导体做直线运动。对此，学生结合生活经验，提出了不同的解决方案，比如，可以借鉴“抓娃娃”机的工作原理，或者利用液压装置推动导体运动，还可以用电动机带动连杆使导体运动。

通过实践制作、优化方案、查阅相关资料，学生最终采用了用直线电动机带动导体运动的方案。改进完成后，各小组根据设计思路展开实验探究，并将研究成果在班上展示汇报。

（5）趣味拓展。

在探究过程中学生还发现感应电流方向与磁场方向和导体运动方向有关。另外，有学生提出，地球也有磁场，能不能利用地磁场生电呢？受跳绳运动启发，学生设计出了摇动长导线切割地球磁感线获得感应电流的实验，此实验地点从室内转向室外，通过改变切割部分导线长度和摇动速度改变感应电流大小。这一过程使学生把物理带回了生活，提高了他们的探究兴趣。

七、实验效果评价

（1）此次探究之旅，将课堂中引发的学生思考延伸到课外学生的自主探究，借鉴了项目式教学的方法，所涉及的问题源于教材但不拘泥于教材，解答了学生在课堂上存在的疑问。

（2）学生自己发现问题、自主设计实验方案、自己改进实验器材，最后解决问题，经历了与科学工作者相似的探究过程，课程充分发挥了学生的主体作用。

（3）课程为下一个课时学习发电机的结构做了铺垫，也为今后高中课程中的定量研究打下了基础，为学生搭建起了后续学习支架。

（4）实验中，用到了现代技术——传感器，将数字化手持技术与实验教学相融合，让学生体会到了科学技术的重要作用。

▶高中物理

利用自制教具探究运动的合成与分解

福建省莆田第二中学　黄佳雯　陈剑峰　林萍

一、使用教材

鲁科版高中《物理必修 2》第三章第一节“运动的合成与分解”。

二、教材与学情分析

本节课是直线运动与曲线运动的桥梁，升级为二维运动后，对学生的物理思维能力和数学应用能力的要求有了进一步提高。鲁科版和沪科版教材以“小船渡河”为例，直接将合运动分解为互成直角的分运动，强行的分解方式缺乏说服力，不利于学生对抽象概念的理解。人教版教材中以“蜡块运动”作为实例分析，无法独立演示合运动与分运动，学生对二者的独立性、等时性和等效性的理解不够透彻。

J21049 运动合成分解演示器（见图 1）属于中学必备实验仪器，然而教材和教师用书中均未提及，实践中发现该仪器存在诸多不足。首先，仅通过磁性笔的运动轨迹，无法获得合速度与分速度的大小，直接把学生“引导”到运动的合成遵循平行四边形定则，结论说服力不足；其次，橡胶皮带转动时，易打滑，无始末限位，很难得到较为理想的轨迹；最后，装置功能单一，只能演示互成直角的两匀速直线运动的合成。

图 1　J21049 运动合成分解演示器

通过大量实践调查发现，55% 的学生数学基础薄弱，对于矢量的运算和分析能力不足，无法灵活运用矢量运算解决曲线运动问题。96%的教师选择“照本宣科”，没有使用J21049运动合成分解演示器，更未进行定量探究，造成学生对运动的合成与分解的认识过于浅薄。所以，仍有68%的学生不能较好地区分合运动与分运动，对二者的独立性、等时性和等效性仍存在疑问。但学生已掌握力的合成与分解的研究方法，会测量和计算合运动与分运动中的基本物理量，这为本创新实验的教学做了良好铺垫。

三、实验器材

教师自制运动合成与分解演示仪，如图2所示。包含：X、Y两条铝合金轨道、轨道夹角调节器、涂有UVC感光变色粉的透明有机玻璃板、STM32控制电路、步进电机驱动器、电机控制软件、定时继电器、滑块、激光笔等。

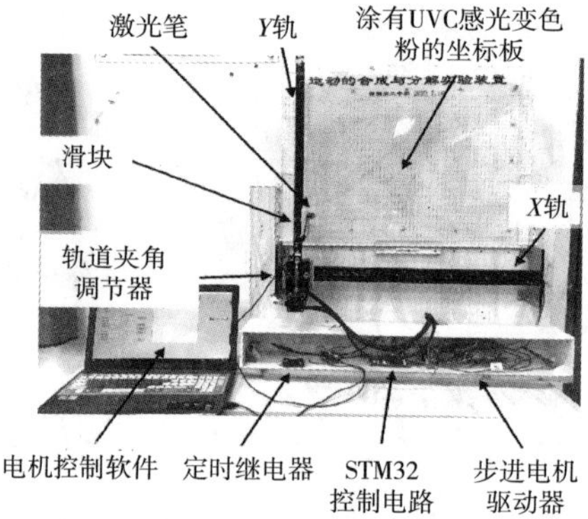

图2　自制教具——运动合成与分解演示仪

四、实验创新要点

教师重新设计了实验装置，改进后的装置具有以下创新点。

（1）利用定时继电器的定时打点，以此来模拟打点计时器的功能，可用记号笔粗描点迹，从而直接在坐标板上测量位移，根据$v=s/t$可快速获得合运动、分运动的速度大小。

（2）通过手动调节轨道夹角调节器，可改变两个轨道的夹角，可探究任意角度的分运动的合成。

（3）利用上位机控制驱动电机，使X轨、Y轨的步进电机可以某速度独立或者同步运行，可独立演示合运动或分运动。

（4）利用步进电机梯形加速原理，可手动设置电机速度，使驱动电机做匀加速运动，使分运动的速度大小多样化，从而模拟多种速度在任意角度的运动的合成，如：演示互成直角的初速度为零的匀加速直线运动的合成、任意角度下匀速直线运动与匀加速直线运动的合成等。

（5）坐标板是背面涂有 UVC 感光变色粉的透明有机玻璃板，将紫外线激光笔头固定在滑块上，在紫外线激光笔照射下透明变色粉立即变为深蓝色，一段时间后便可恢复，能重复使用，节能且环保。

五、实验设计思路

利用自制教具，独立演示合运动和分运动，通过粗描点迹的方式，获得较为理想的轨迹，且能快速获得合运动和分运动中位移和速度的大小。利用轨道夹角调节器和电机控制软件，可以探究在任意角度、多种运动状态下的运动的合成，有效地突破了本节课难点。

六、实验教学目标

依据新课程标准，结合以上的创新教具设计，基于培养学生主动构建“探究—实践—运用—思考”的智慧学习体系的目的，设计了以下的实验教学目标。

（1）物理观念。

1）建立合运动、分运动的概念，知道何为合运动、何为分运动。

2）理解合运动与分运动的独立性、等时性和等效性。

（2）科学思维。

1）理解运动的合成与分解是研究复杂运动的一种方法。

2）明确问题研究的方法，学会将曲线运动分解为直线运动。

3）学会运用平行四边形定则来处理简单的矢量运算问题。

（3）科学探究。

1）通过实验探究，明确具体问题中对于合运动与分运动的判定。

2）通过实验探究，理解合运动的效果与几个分运动的效果相同。

3）通过实验探究，体会运动的合成与分解符合平行四边形定则。

（4）科学态度与价值观。

1）体会与感受运动的合成与分解的总结过程，培养学生分析问题与数学应用的能力。

2）利用小组合作探究，培养学生勇于表达和运用科学语言严谨表达的能力。

七、实验教学内容

（1）对装置的原理以及操作方法进行介绍。

（2）学生分组实验（学生自主设置参数）。

可探究：互成任意角度的匀速直线运动的合成，互成任意角度的初速度为零的匀加速直线运动的合成，互成任意角度的匀速直线运动与匀加速直线运动的合成。

八、实验教学过程

（一）创设物理情境，建立物理概念

通过观看趣味视频“乌龟在跑步机上跑”，引导学生利用一维坐标对运动的合成进行处理，即乌龟的实际运动是两个运动在同一直线上的合成，一是静止在跑步机上的运动，二是向前跑步的运动，进而引出合运动、分运动的概念。

（二）抛问激趣激疑，拓思维习新法

播放电影《湄公河行动》，引导学生思考警察在救援的过程中参与的运动是何种运动，飞机投弹时怎样才能精准无误地击中目标。围绕问题，展开小组交流，同时讨论这些物体的运动与之前所学的运动有何异同之处，并进行发言。

（三）剖析问题特征，设计实验方案

当一维坐标已经不能满足解决问题的需求时，引导学生利用二维坐标来研究合运动与分运动的关系，并向学生简要介绍电机运行控制软件（见图 3）的使用方法，让学生自主设置速度、加速时间参数，进行分组实验探究。

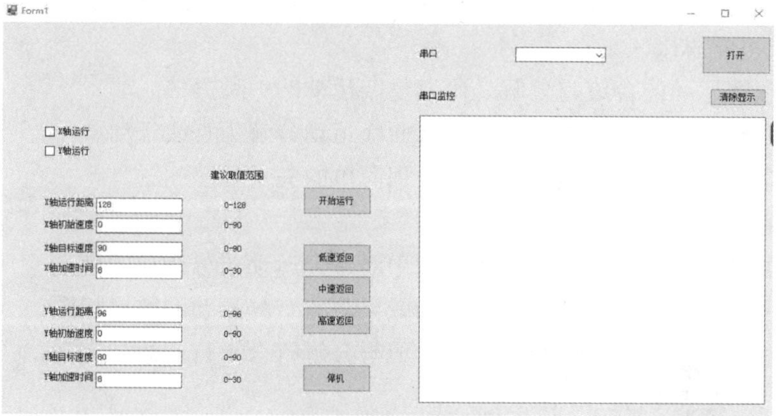

图 3　电机运行控制软件界面

（四）利用创新仪器，分组实验探究

（1）小组一：互成直角的两个匀速直线运动的合成。

1）组装好设备并打开软件，调整好速度，让滑块独立沿 X 轨做匀速直线运动，采集数据。

2）让滑块独立沿 Y 轨做匀速直线运动，采集数据。

3）X 轨、Y 轨电机同时运行，采集数据。

4）直接在坐标板上进行数据处理。

（2）小组二：互成任意角度的两个匀速直线运动的合成。

1）组装好设备并打开软件，调整好速度，使 X 轨、Y 轨成任意角度，先让滑块独立沿 X 轨做匀速直线运动，采集数据。

2）让独立滑块沿 Y 轨做匀速直线运动，采集数据。

3）X 轨、Y 轨电机同时运行，采集数据。

4）直接在坐标板上进行数据处理。

（3）小组三：探究互成直角的初速度为零的匀加速直线运动的合成。

1）设置参数，首先让滑块独立沿 X 轨做初速度为零的匀加速直线运动，采集数据。

2）让滑块独立沿 Y 轨做初速度为零的匀加速直线运动，采集数据。

3）X 轨、Y 轨电机同时运行，采集数据。

4）直接在坐标板上进行数据处理。

（五）快速处理数据，分析实验结果

引导学生建立二维坐标系，定量计算物体合速度、分速度等，小组各派两名代表上台对数据进行分析与总结。

（1）小组一探究结论：通过构建平行四边形，发现合位移、合速度的理论值与实际值几乎相同。因此，合运动与分运动满足矢量关系，运动的合成符合平行四边形定则，互成直角的两匀速直线运动的合成仍是匀速直线运动。

（2）小组二探究结论：通过构建平行四边形、测量两轨道的夹角，发现合位移、合速度的理论值与实际值几乎相同。因此，合运动与分运动仍然满足矢量关系，运动的合成遵循平行四边形定则，互成任意角度的匀速直线运动的合成仍是匀速直线运动。

（3）小组三探究结论：通过构建平行四边形，发现合位移、合速度的理论值与实际值几乎相同。因此，运动的合成满足平行四边形定则，两个互成直角的初速度为零的匀加速直线运动的合成仍是匀加速直线运动。

（4）引导学生对 3 个实验结果做进一步分析，得出结论。

1）合运动所需时间和对应的每个分运动时间相等，即合运动与分运动的等时性。

2）物体同时参与几个分运动，各分运动独立进行，互不影响，即分运动的独立性。

3）合运动和分运动的作用效果相同，即合运动与分运动的等效性。

（六）再现生活情境，引导逆向思考

（1）以“小船过河”为例，引导学生由船的实际运动来判断分运动，类比力的分解方式，并提问：运动的分解过程中分运动与合运动之间是否也满足以上三种关系？

（2）验证匀加速直线运动的分解中合运动与分运动的关系。

1）使 X 轨、Y 轨滑块同时匀速运行，采集数据。

2）调整轨道角度，让 X 轨、Y 轨相互垂直，根据运动分解的等时性，让 X 轨滑块独立运行，采集数据。

3）让 Y 轨滑块独立运行，采集数据。

4）直接在坐标板上进行数据处理。

（3）实验结论：分解后的分运动与实际的两次分运动相互吻合，则两次的分运动同是匀速直线运动，即可说明分运动与合运动仍然满足等时性、等效性和独立性。

（4）拓展延伸：由于学生实验仅探究两分运动为匀速直线运动或匀加速直线运动的情况，为了使学生的物理思维能力和实验操作能力进一步提升，在课堂最后留下思考：匀速直线运动与匀加速直线运动的合成还是直线运动吗？并布置学生在课后利用该教具进行验证。

九、实验效果评价

（1）自主实验，激发动机。本实验探究由学生自主设置参数，有利于激发学生的探究欲望，可探究任意角度、多种状态下运动的合成，学生积极、主动地开展实验，参与实验的热情高涨。

（2）整合技术，融会贯通。改进后的装置不仅让实验内容更加丰富和严谨，也使学生可以更好地理解与运用运动的合成与分解，而且实现了传统仪器无法实现的教学功能，诠释了本节课的重点，突破了本节课的难点。

（3）创新设计，提高素养。本教学设计充分展示了信息技术与物理实验的高效融合，让学生亲身经历科学探究过程，感受物理思维的力量，体会复杂问题简单化的过程，培养学生终身学习的能力，促进学生全面发展。

探究静摩擦力规律

濮阳市华龙区高级中学　刘汉威　宋广亮　陈世锦

一、使用教材

人教版高中《物理必修 1》第三章第三节第一课时。

二、实验器材

（1）弹簧测力计改进实验：演示用弹簧测力计、物块、木板、吊盘、有颜色的水、细绳、定滑轮 3 个、金属支架、海绵、600 mL 注射器 1 支、钩码若干。

（2）DIS 实验：拉力传感器套装、大木板、不锈钢折弯、小木板、物块、重物。

三、实验创新要点/改进要点

（一）实验创新要点

设计对比实验，让学生感知物体所受静摩擦力及相对运动趋势。

（1）第一组：先将物块放在较光滑木板上，用悬挂重物的方式对它施加拉力，物块被拉动；再换用较粗糙木板重复该操作，物块未被拉动。

（2）第二组：将黑板擦光面与斜面接触，放在斜面上，黑板擦下滑；再将黑板擦毛面与斜面接触，放在同一斜面上，黑板擦静止。

（3）第三组：先请一名力气大的男生用沾了肥皂水的手去抓水杯，杯子下滑；再请一名力气小的女生正常抓水杯，杯子静止在空中。

通过对比使相对运动趋势显性化，突破对相对运动趋势的理解这一难点。

（二）实验改进要点

（1）弹簧测力计改进实验：①用悬挂重物的方式提供拉力可以较为容易地控制拉力，也容易使物块保持某一状态，便于读数，便于分析；②用逐渐加水的方法减缓拉力增大的过程，可以使学生捕捉到刚好达到最大静摩擦力的临界状态，从而突破对最大静摩擦力的理解这一难点；③该装置还可用于探究影响最大静摩擦力的相关因素。

（2）DIS 实验：固定拉力传感器及物块，抽动下方木板使物块受到摩擦力，解决了直接拉动物块不容易控制其保持匀速的难题。

四、实验原理

（1）对比实验：通过对比使学生理解相对运动趋势。

（2）弹簧测力计改进实验：通过向吊盘中加水来增大拉力，使学生感知静摩擦力的被动变化；用逐渐加水的方法找到刚好达到最大静摩擦力的临界状态。

（3）DIS 实验：用 DIS 装置获取静摩擦力的变化图像并对其进行数据分析，使学生对静摩擦力大小规律有直观认识。

五、实验教学目标

（1）物理观念与思维：理解静摩擦力的产生条件；会判断静摩擦力的方向；掌握静摩擦力大小的规律。

（2）科学探究：经历静摩擦力大小规律的实验探究过程；在经历系列探究活动中，体会突出主要因素、忽略次要因素的思维方法。

（3）科学态度与责任：在科学探究的过程中，体会从实验中发现规律的乐趣；领悟科学探究中尊重事实、大胆猜想、严格求证的科学态度。

六、实验教学内容

通过实验认识静摩擦力的方向及大小的特点。

七、实验教学过程

（一）静摩擦力的概念及方向特点

（1）创设情境 1：先将物块放在较光滑的水平木板上，用悬挂重物的方式对它施加拉力，物块被拉动；再换用较粗糙的木板重复上述操作，物块未被拉动，如图 1 所示。

图 1　物块在水平拉力作用下保持静止

问题 1：为什么在相同拉力作用下物块在较粗糙木板上时能保持静止？

教师活动：启发引导学生发现物块受到静摩擦力的作用，意识到物块有相对木板运动的趋势，体会静摩擦力对相对运动趋势的阻碍作用。

学生活动：观察、思考、发言。在表 1 中记录物块静止在粗糙木板上时的相对运动趋势方向及所受静摩擦力方向。

表 1　静摩擦力方向记录表

物品	相对运动趋势方向	所受静摩擦力方向
物块		
黑板擦		
水杯		

（2）创设情境 2：将黑板擦光面与斜面接触，放在斜面上，黑板擦下滑；再将黑板擦毛面与斜面接触，放在同一斜面上，黑板擦静止，如图 2 所示。

图 2　黑板擦静止在斜面上

问题 2：为什么黑板擦能静止在斜面上？

学生活动：对问题进行思考并发言。分析静止在斜面上时黑板擦相对运动趋势方向及所受静摩擦力的方向，并记录结果于表 1 中。

（3）创设情境 3：先请一名力气大的男生用沾了肥皂水的手去抓水杯，杯子下滑；再请一名力气小的女生正常抓水杯，杯子静止在空中，如图 3 所示。

图 3　手握杯子静止在空中

问题 3：为什么杯子能静止在空中？

学生活动：对问题进行思考并发言。分析静止在空中时杯子相对运动趋势方向及所受静摩擦力的方向，并记录结果于表 1 中。

（4）问题总结：能否依据大量实例归纳得出静摩擦力方向的特点？

学生活动：小组讨论，归纳得出结论。物体所受静摩擦力方向总是沿接触面，与相对运动趋势方向相反。

（二）静摩擦力大小规律

（1）学生分组实验：切身体会静摩擦力大小的变化，活动如图 4 所示。

图 4　体会静摩擦力大小变化

（2）弹簧测力计改进实验。

1）介绍实验装置：如图 5 所示，演示用弹簧测力计上端通过细绳绕过上方的两个定滑轮与悬挂重物相连，测力计下端通过细绳绕过下方的定滑轮与放在水平木板上的物块相连。本实验采用悬挂重物的方式给物块提供拉力，通过向吊盘中添加有颜色的水来增大拉力。

图 5　弹簧测力计改进实验装置

2）演示实验。

情境：向吊盘中加些水，物块相对木板静止。

问题：物块所受静摩擦力有多大？

学生活动：分析并将数据记录在如表 2 所示表格中。

情境：再向吊盘中加些水，物块仍相对木板静止。

问题：物块所受静摩擦力大小是否发生变化？

学生活动：发言，记录数据。

情境：第三次向吊盘中加水，物块仍相对木板静止。

学生活动：记录数据。

问题：静摩擦力大小会无限增大吗？

情境：用注射器向吊盘中逐渐加水，当拉力增大到某一值时物块开始滑动。

问题：当拉力增大到某一值时物块开始滑动，这说明什么？

学生活动：发言，发现最大静摩擦力的存在。

表 2　静摩擦力大小记录表

实验次序	拉力大小/N	静摩擦力大小/N
1		
2		
3		
4		

3）问题总结：通过刚才的实验，发现静摩擦力大小有什么规律？

学生活动：小组讨论，得出结论。静摩擦力大小随外力的变化而变化，且存在最大静摩擦力。

4）实验设计意图。

①通过悬挂重物的方式提供拉力可以使某一静态得以保持，便于分析比较。

②通过渐变过程使学生捕捉到刚好达到最大静摩擦力的状态，突破对最大静摩擦力的理解这一难点。

③在实验过程中渗透用二力平衡求解静摩擦力大小的方法。

（3）利用 DIS 装置对静摩擦力大小规律进行更准确的测量。

1）介绍实验装置及原理。

如图 6 所示，拉力传感器被悬空固定在下方大木板上，将它与数据接收器及电脑相连。将物块放置在小木板上，与传感器挂钩相连。抽动木板，物块始终静止，由二力平衡知识可知物块所受摩擦力与拉力始终等大，电脑上显示出的拉力变化图像也是摩擦力大小随时间变化的图像。

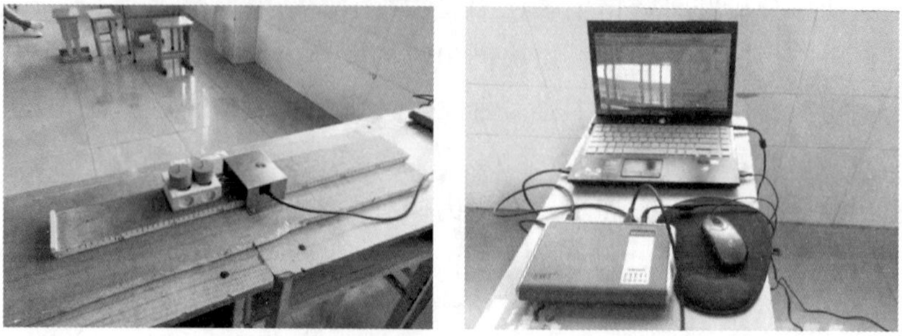

图 6　用 DIS 装置探究静摩擦力大小的规律

2）进行实验，得到拉力变化图像如图 7 所示。

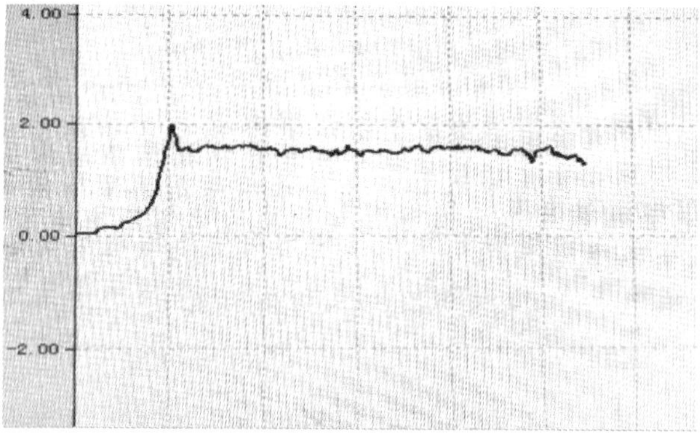

图 7　拉力变化图像

3）数据分析。

结合实际运动情境，根据拉力随时间变化的图像，回答以下问题：

①图像中的尖峰表示什么？

②图像中哪部分表示静摩擦力，哪部分表示滑动摩擦力？

③静摩擦力和滑动摩擦力的大小如何变化？

④滑动摩擦力的大小波动的原因是什么？

⑤最大静摩擦力与滑动摩擦力的大小关系是什么？

学生活动：思考，小组讨论，发言。

4）设计意图。

①通过图像让学生更直观地感知静摩擦力的变化及最大静摩擦力的存在。

②用现代测量手段激发学生对科学的兴趣。

（三）规律应用，拓展探究

情境问题：手握水杯静止在空中，加大握杯子的力，杯子受到的静摩擦力大小是否发生变化？

师生交流：引导学生利用二力平衡知识分析得出静摩擦力大小不变的结论。

追加问题：加大握杯子的力影响了什么？

学生活动：猜想“最大静摩擦力大小可能与接触面的压力有关”。

科学探究：利用图5所示弹簧测力计改进实验装置进行探究。保证其他条件不变，在物块上加放钩码增加接触面之间的压力，弹簧测力计示数不变，说明静摩擦力大小与接触面的压力无关；但逐渐加水会发现最大静摩擦力增大了，多次重复实验，发现最大静摩擦力随接触面的压力的增大而增大。

八、实验效果评价

（1）对认知的帮助：①通过对比实验化解了“相对运动趋势”这一理解难点，对判断静摩擦力方向有很大帮助；②通过实验帮助学生主动建构、获得静摩擦力大小及方向特点等知识，培养学生的自主建构能力。

（2）对能力的促进：①在实验过程中培养了学生的观察能力以及分析、推理能力；②通过分组实验和小组讨论培养了学生的合作学习能力；③通过师生交流、生生交流，培养了学生的交流能力。

（3）对科学态度与责任的影响：①高一学生对实验本来就抱有很大的热情，充分发挥实验的教学功能，能有效保持学生较高的学习积极性；②在最后的拓展实验中，学生领悟到了在科学探究中尊重事实、大胆猜想、严格求证的科学态度与方法。

一把尺子的奇妙之旅

——巧探自由落体运动

淮北市实验高级中学　赵海艳

一、使用教材

人教版新教材高中《物理必修 1》第二章“匀变速直线运动的研究”中的“自由落体运动”。

二、实验器材

自制反应时间尺（见图 1）、自制等间距镂空尺（见图 2）、自制失重演示器（见图 3）、铁架台、牛顿管、光电门 1 个、数据采集器等。

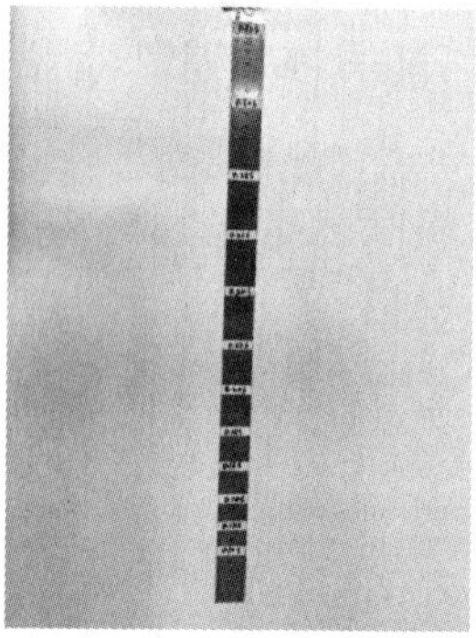

图 1　自制反应时间尺

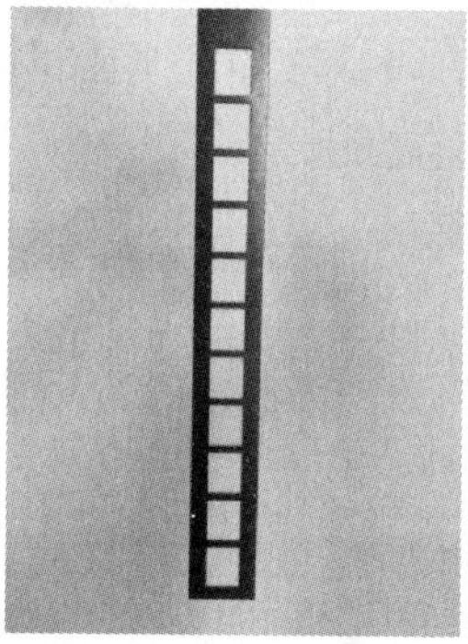

图 2　自制等间距镂空尺

图 3　自制失重演示器

三、实验创新要点

（一）巧用实验，助推思维

传统教具新用法：通过自制反应时间尺引入新课，点燃学生积极思维的火花；通过分步抽空牛顿管，充分运用了极限的思维方法。

（二）创新实验，拓展思维

如图 4 实验装置所示，利用自制镂空尺，一次下落实现多次挡光，一次性生成多组数据。通过研究 v^2 和 $2h$ 的关系来研究自由落体运动，渗透新的思维方法。利用光电门传感器和 Excel 即可快速测出重力加速度。优势如下：

（1）操作简单（一次下落便可以得到多组数据）、成本低、易于推广。

（2）用长条形金属板自制镂空尺，下落过程中阻力极小，近乎自由落体运动。

(3) 利用光电门传感器和 Excel 进行数据处理，精准高效，解决了传统实验用时过多的问题，让学生从繁琐的计算中解脱出来，将更多时间用于设计实验、改进实验以及数据分析，实现了科学探究的完整性。

(4) 不局限于书上仅用 v-t 图像来研究匀变速直线运动这一种方法，而是研究 v^2 与 $2h$ 的关系，拓展了学生的思维，增强学生灵活运用知识的能力。

(5) 一具多用：本套实验装置除了可以验证所有物体的匀加速直线运动，还可以用来验证机械能守恒定律，也可以用来验证动能定理：把自制镂空尺安装在滑块上，在恒力作用下（不用平衡摩擦力）位移成倍递增，从而实现功成倍递增（见图 5)。都可以一次操作直接生成多组数据。

图 4　探究自由落体运动实验装置

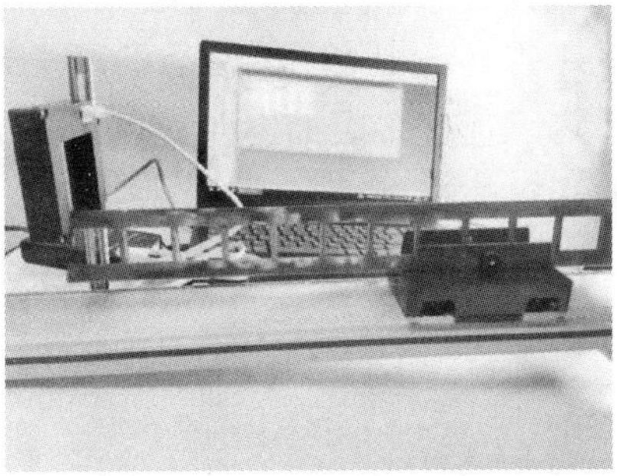

图 5　同一装置验证动能定理

(三) 自制教具，留有余韵

利用自制失重演示器，将抽象模糊的现象直观呈现，使学生感受自由落体运动中的奇妙现象，让课堂教学留有余韵，为今后的超、失重学习埋下伏笔。

四、实验原理

长条形金属板等间距镂空，留下多个等宽度的遮光条，仅用一个光电门，尺子一次下落就可以记录多个遮光时间。设定好遮光宽度，软件就可以自动生成多组对应的速度。下落高度 h 成倍递增，这样就可以得到多组 v-h 数据。由 $v^2 - v_0^2 = 2ah$，得出 $v^2 = v_0^2 + 2ah$，若 v^2 与 $2h$ 呈线性关系就可以说明物体做匀变速运动，斜率就是物体做自由落体运动的加速度。

五、实验教学目标

(1) 物理观念：深刻理解自由落体运动，建立正确的运动观，为今后解决匀变速曲线运动问题打下坚实基础。

(2) 科学思维：通过对传统教具牛顿管的正确使用，巩固了极限的思维方法。

通过实验探究自由落体运动的规律，渗透模型建构、科学推理和质疑创新的思想。

（3）科学探究：通过自制器材结合科技手段进行数据处理，基于证据得出结论，实现了探究过程的完整性，为科学探究素养的培养提供支持。

（4）科学态度与责任：通过自制反应时间尺引入新课，点燃学生积极思维的火花；学生通过对自主设计实验方案不断优化的过程养成规范、严谨、实事求是的科学态度；通过失重演示器，形成初步意识，知道这种奇妙现象在技术上是有价值的。

六、实验教学内容

（一）巧用实验，助推思维

传统教具新用法，如图 6 所示，教材中本来把其放到课后作为对学生所学知识的考查，现把按时间标注的尺子放到课前引入新课，创设情境，提出问题，激发思考。通过多次抽出空气、多次观察比较，运用极限思维得出结论，解决什么是自由落体运动这一问题。

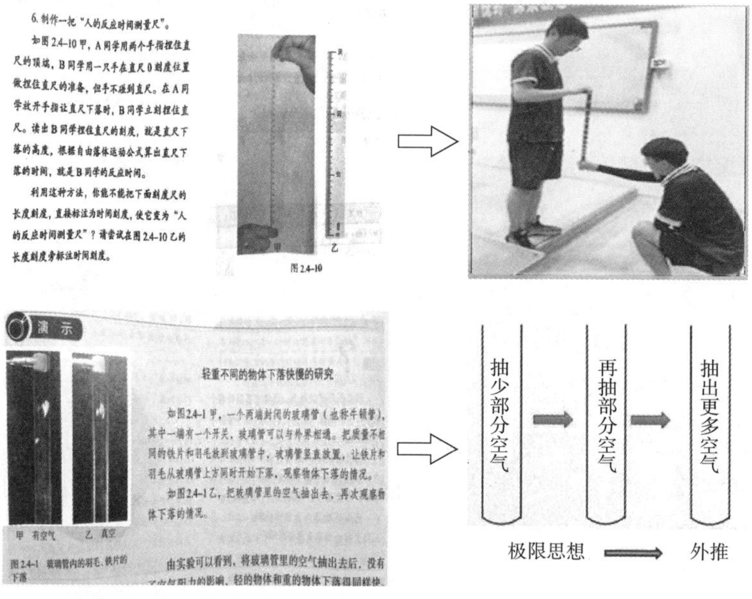

图 6　教材内容改进

（二）创新实验，拓展思维

（1）分析原有实验的不足。

（2）改进实验历程。

（3）优化实验方案。

（4）演示实验。

（5）一具多用，在此实验基础上拓展延伸，发散思维。

（三）自制教具，留有余韵

简单介绍自制失重演示器并演示，让学生知道自由下落的物体会发生这么奇妙的现象，并且这种奇妙现象在技术上是有价值的，埋下伏笔，留有余韵。

七、实验教学过程

物理学本身就是一门以实验为基础的自然科学，而自由落体运动又是描述自然界中广泛存在的物体自由下落运动的一种理想化模型。要真正落实学科核心素养，让学生深刻理解自由落体运动，并将这种理想化模型内化于心，为今后解决匀变速曲线运动问题打下坚实基础。本节课的设计主要是运用实验的手段科学探究自由落体运动的规律。

（一）创设情境，提出问题——传统教具新用法

设问导入：飞行员的反应时间不超过 0.16 s，你想知道你的反应时间是多少吗？这把神奇的尺子就可以测出你的反应时间。学生充满好奇，一一体验，顺势提出问题：重的物体和轻的物体下落得一样快吗？用尺子测量反应时间是教材中出现的，本来放在课后，作为对学生所学知识的考查，教师将其稍作处理，按下落时间进行标注，并提到课前作为导入。

设计意图：在创设情境的过程中让学生身临其境地感知科学知识的魅力，点燃学生积极思维的火花。

（二）巧用实验，助推思维

传统教学中都是教师拿出牛顿管，告诉学生它是抽成真空的，再看重的物体和轻的物体下落得是否一样快。但在实际教学中不能只把牛顿管简单演示一下，事实上它也不能被抽成绝对的真空。先让学生想一想应该如何设计实验，给学生思考探索的机会，然后再多次抽出空气、多次观察、多次比较，随着里面的空气逐渐减少，会发现重物和轻物下落时间越来越接近，最后运用极限的思维进行外推得出：如果没有空气（绝对的真空），那么就会下落得一样快。从而解决了什么是自由落体运动的问题，那自由落体运动遵循什么样的运动规律呢？（学生提出猜想、分组协作设计实验）

设计意图：利用该实验创造一个契机，把极限外推的科学思维方法贯穿到实验教学中。

（三）创新实验，拓展思维

（1）分析原有实验的不足。

教材中安排了两个实验方案。方案一是传统实验方案，但纸带在下落过程中与限位孔之间的摩擦具有不确定性，而且纸带在下落过程中受到空气的黏滞阻力较大，数据的测量、处理繁琐，用时过多，很难完成完整的探究过程。方案二为新增实验，用手机自带传感器来测重力加速度，数据呈现直观迅速，即使在静态的情况下也能测出重力加速度，可学生并不明白其原理，仅仅只是一个结果的呈现，对学生思维能力的培养作用不大。

设计意图：明确实验改进的目的，一是减小阻力，二是缩短数据处理时间，做到有的放矢，三是要有一定的思维价值。

（2）交流合作，设计方案。

给学生提供充足的相关器材，引导学生分组合作制订实验方案，并一一上台展示本组方案，讨论分析利弊，最终优化方案。

1）方案一如图 7 所示，用 DISLab 通用软件，借助位移传感器测出速度，作出 $v-t$ 图像。

不足之处：由于空气阻力和位移测速原理造成测量结果与实际值相差甚远的结果。

2）方案二如图 8 所示，将刻度尺固定，用来测量下落高度，用一个光电门传感器来测量、计算速度，小钢球每次从不同的高度下落，多次下落测量多组数据。

不足之处：小钢球的释放点很难精确测量，导致下落高度的测量误差较大，操作繁琐，每次操作只能记录一组数据，要得到多组数据需多次操作。

3）方案三如图 9 所示，利用光电门传感器，通过增加光电门的数量来增加数据的采集量。

不足之处：由于数据采集器上只有 4 个插孔，最多也只能采集 4 组数据，而且整套实验装置过于繁琐。

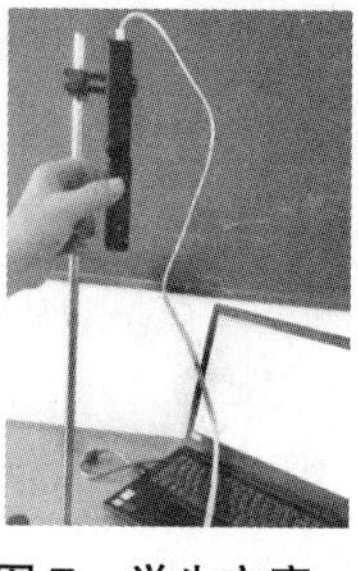

图 7　学生方案一

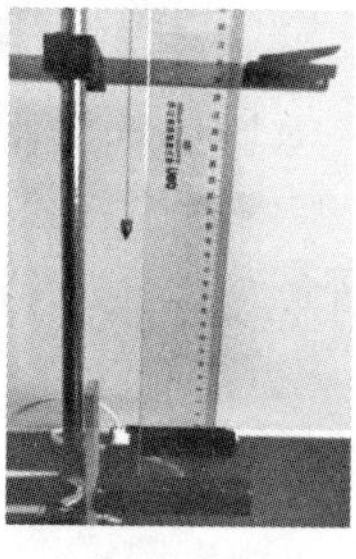

图 8　学生方案二

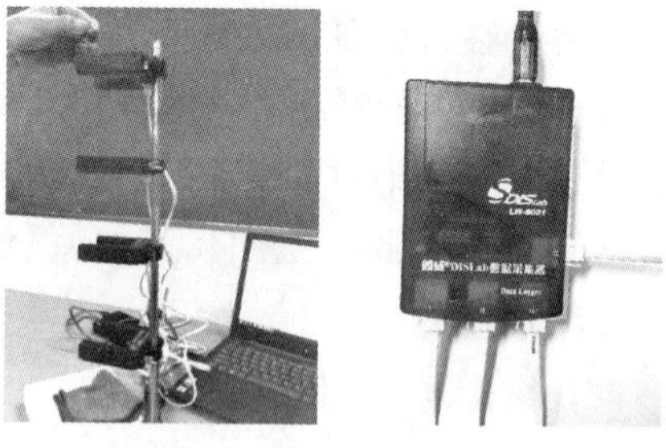

图 9　学生方案三

设计意图：以问题驱动，通过分组合作、改进实验、动手操作等一系列过程，充分调动学生的主动性，激发学生思维，提升创新能力，以活动促发展。

（3）优化实验方案。

教师引导学生对方案二和方案三进行优化：还是用一把尺子来解决这些问题，使尺子等间距镂空，像一个小梯子一样留下很多等宽度的遮光条，仅用一个光电门就可以记录多次遮光时间。设定好遮光宽度，软件就可以自动生成多组对应的速度，下落高度 h 也是成倍数地递增，这样就可以得到多组 v–h 数据，如图 10 所示。

设计意图：学生在自主设计的基础上很容易领悟这一实验方案的巧妙之处，体会科学探究的精髓。

计算表格	t	d	v=d/t	v平方=v*v	h*2
1	0.00639	0.0053	0.8294	0.6879	0.07
2	0.00446	0.0053	1.1883	1.4121	0.14
3	0.00361	0.0053	1.4681	2.1553	0.21
4	0.00315	0.0053	1.6825	2.8308	0.28
5	0.00284	0.0053	1.8662	3.4827	0.35
6	0.00261	0.0053	2.0307	4.1237	0.42
7	0.00240	0.0053	2.2083	4.8766	0.49
8	0.00227	0.0053	2.3348	5.4513	0.56
9	0.00212	0.0053	2.5000	6.2500	0.63
10	0.00202	0.0053	2.6238	6.8843	0.70

图 10　v–h 实验数据表

（4）演示实验。

教师演示实验并引导学生体会改进实验方案的优势：器材简化了，数据增加了。既减少了阻力，又运用信息技术手段减少了数据处理时间，解决了实验探究的完整性与时间的矛盾。

（5）数据分析。

学生根据所得的多组 v–h 数据（见图 10）绘制曲线图，如图 11 所示，观察发现 v 与 h 并不是线性关系。引导学生按照自己的猜想，利用所学知识科学推理出 $v^2 - {v_0}^2 = 2ah$，$v^2 = {v_0}^2 + 2ah$，重新确定变量 v^2 与 $2h$。如图 12 所示，v^2 与 $2h$ 呈线性关系可以说明自由落体运动是匀变速运动，斜率就是该自由落体运动的加速度。

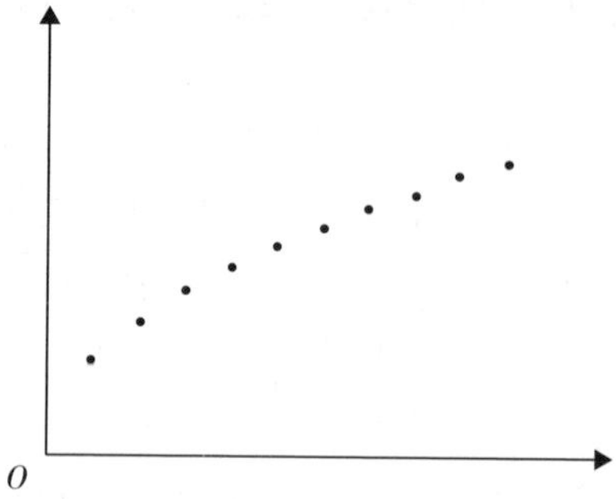

图 11　v–h 图像

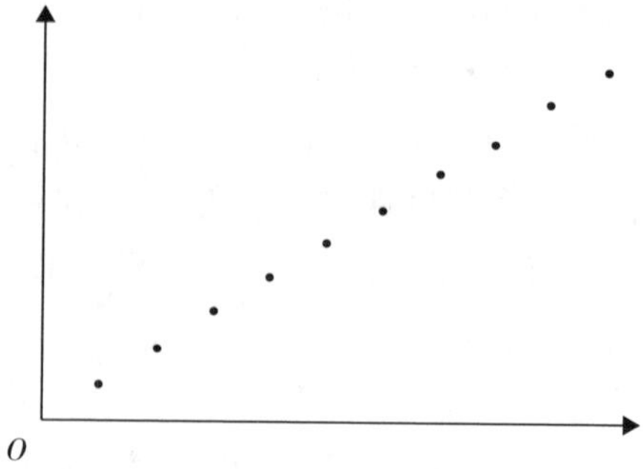

图 12　v^2–2 h 图像

设计意图：通过实验改进，增强学生灵活运用知识的能力，不局限于教材中仅用 v–t 图像来研究匀变速直线运动这一种方法。让学生学会数据处理的方法，开阔思路，发展学生的科学思维。

（6）一具多用。

这把尺子在今后的学习中还会用到，它既可以用来验证机械能守恒定律，也可以用来验证动能定理。（点到即可）

设计意图：在此实验基础上拓展延伸，发散思维。

（四）总结规律

引导学生利用所掌握的匀变速直线运动的规律，结合实验结果，自主总结自由落体运动的规律（见图 13）。

$$\left.\begin{aligned} v &= v_0 + at \\ x &= v_0 t + \frac{1}{2}at^2 \\ v^2 - v_0^2 &= 2ax \end{aligned}\right\} \xrightarrow[v_0=0]{a=g} \begin{aligned} v &= gt \\ x &= \frac{1}{2}gt^2 \\ v^2 &= 2gh \end{aligned}$$

知识迁移

图 13　总结自由落体运动的规律

设计意图：经过探究过程，让学生们水到渠成地总结出自由落体运动的规律，真正做到从教师的“教”演化为学生的“学”。

（五）自制教具，留有余韵

物理源于生活，用于生活，只要留心观察并加以处理，许多物品都会是很好的教学工具。教师演示自制教具，通过压力传感器用光直观地显示物体受力情况，原来自由下落的物体会发生这么奇妙的现象，而且这种奇妙现象在技术上是有价值的。

设计意图：通过压力传感器用光把抽象的模糊的现象直观地呈现出来，给学生留有余韵，为今后超、失重的学习埋下伏笔。

(六) 实践性作业

为什么教师的尺子可以测出反应时间呢？用这个自制教具给学生们留有余韵，让学生制作一把反应尺。

设计意图：既巩固本节所学知识，实现学以致用，又与本节课前面的设计首尾呼应。

八、实验效果评价

(1) 实验改进创新与本节教学内容完美融合，教学设计新颖独特，从新课导入，到实验改进，再到作业布置，一把尺子贯穿始终。

(2) 镂空尺一次下落即可生成多组数据，器材简单、操作便捷、数据处理高效。

(3) 在注重实验改进与创新的同时，也注重学生科学思维方法的培养，如极限思维的运用、数据处理方法的培养等。

(4) 让学生经历完整的科学探究历程，在自主设计实验、分析、优化的过程中充分体现以学生为中心的课堂理念，体会科学探究的魅力。

(5) 失重演示器和“一具多用”都能很好地激发学生对知识的好奇与渴望，点燃学生学习物理知识的热情。

曲线运动

西藏自治区人民政府驻格尔木办事处中学　张永辉
江西省新余市第四中学　李霹

一、使用教材

人教版高中《物理必修2》第五章第一节“曲线运动”。

二、实验器材

曲线运动实验平台、自制PVC积木块、小钢球、白纸、指尖陀螺、装有色素水的容器、滴管、水槽、酒精灯、三脚架、石棉网。

三、实验创新要点

（1）用“乌朵”引入，容易让学生将生活经验与物理模型建立联系，从而产生学习兴趣。

（2）用指尖陀螺和色素水设计学生探究实验，实验装置简单，效果明显。

（3）自制曲线运动实验平台，通过增减积木块可以探究曲线运动的多种运动规律。

（4）用热敏纸记录加热过的小钢球运动的轨迹，能完整清晰地记录小球的整个运动过程。

自制教具的使用和热敏纸的应用是本课设计的创新点。

四、实验设计思路

为了让学生快速参与到课堂，本课设计了由学生熟悉的生活生产工具“乌朵”进行引入。为了突出重点，设计了学生实验——探究曲线运动的速度。通过色素水从旋转的指尖陀螺边缘飞出，让学生直观地了解曲线运动的速度方向就是该点轨迹的切线方向。为了突破难点，设计了探究实验——探究曲线运动的条件。在自制的教具平台内，移除一定数量的积木块，观察比较小球运动的轨迹，探究外力与曲线运动之间的关系。

五、实验教学目标

（一）知识与技能

（1）知道曲线运动的速度方向，并认识到曲线运动是一种变速运动。

（2）理解物体做曲线运动的条件。

（二）过程与方法

（1）通过探究实验使学生经历猜想—探究—验证—结论—交流的探究过程。

（2）通过对曲线运动速度的理论推导，培养学生应用极限法的科学思维。

（三）情感态度与价值观

（1）主动细心观察，注意关注身边的科学，积极参与学习活动，树立正确的运动观。

（2）懂得科学研究问题源于生活实践，获得的结论服务于生活实践的道理，体会学以致用的乐趣。

六、实验教学内容

（1）曲线运动的速度方向。

（2）物体做曲线运动的条件。

七、实验教学过程

（一）环节一："乌朵"引入

"乌朵"是西藏传统的投石工具（见图 1），西藏的学生对砂轮打磨、链球投掷等场景比较陌生，但对"乌朵"的使用十分熟悉。石块在"乌朵"中的运动是曲线运动，所以选它来引入本课。

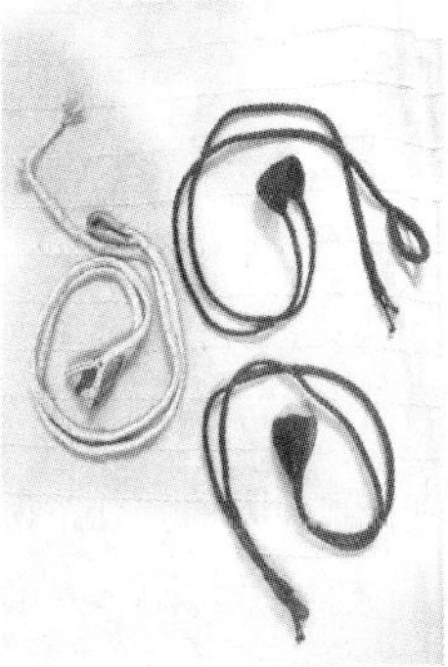

图 1　西藏传统投石工具——"乌朵"

（二）环节二：突出重点

通过设计学生分组实验——探究曲线运动的速度方向，突出了本节课的重点。让指尖陀螺在纸面上转起来，将色素水滴到旋转的指尖陀螺上。可以观察到色素水从指尖陀螺边缘飞出，留在纸面上的痕迹为直线，通过对这些直线进行反向延长，发现其恰好与指尖陀螺的边缘相切，说明曲线运动的速度方向为运动轨迹的切线方向，如图 2 所示。

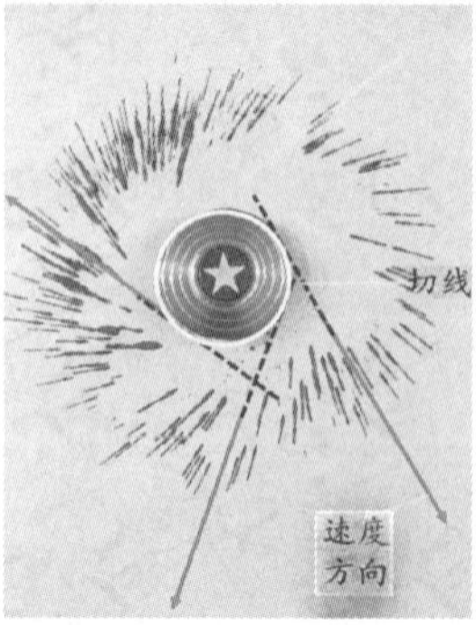

图 2　学生分组实验——探究曲线运动的速度方向

(1) 实验器材：曲线运动实验平台（见图 3）、白纸、指尖陀螺、装有色素水的容器、滴管。

(2) 实验步骤。

1) 将曲线运动实验平台置于水平桌面上，在实验平台内垫上白纸。

2) 将指尖陀螺置于实验平台中央，并使指尖陀螺快速旋转。

3) 将色素水滴在快速旋转的指尖陀螺上，观察色素水的运动轨迹。

(3) 实验现象。

1) 色素水离开指尖陀螺边缘后，在纸面上做直线运动。

2) 从不同位置飞离指尖陀螺的色素水，其运动方向不同。

3) 色素水运动轨迹的反向延长线与指尖陀螺相切。

(4) 实验结论。

1) 质点做曲线运动时，其速度方向在不断变化，曲线运动是变速运动。

2) 质点在某一点（或某一时刻）的速度方向为该点运动轨迹的切线方向。

(三) 环节三：突破难点

用自制曲线运动的实验平台探究物体做曲线运动的条件。第一次实验，将加热后的小钢球从轨道高处沿轨道释放，看到小钢球在热敏纸上留下的痕迹为直线。第二次实验，在平台底部放上积木块，发现小钢球运动的轨迹变成了曲线，由此容易得出物体做曲线运动的条件。

(1) 实验器材：曲线运动实验平台（见图 3）、小钢球、自制积木块、热敏纸。

(2) 实验步骤。

1) 将曲线运动实验平台置于水平桌面上，将加热后的小钢球从轨道高处沿轨道释放，看到小钢球在热敏纸上留下的痕迹为直线。

2）在实验平台内按顺序摆好积木块。

3）将加热后的小钢球从实验平台的高轨道释放，观察小球的运动轨迹。

4）随机放入一定数量的积木块，观察小钢球的运动轨迹。

（3）实验现象：平台内不放积木块时，小钢球从轨道滚入平台后的运动轨迹为直线，放入1、2、5、6、7号积木块时，小钢球的运动轨迹发生改变，开始做曲线运动，如图3所示。

（4）实验结论：小钢球做曲线运动时，其速度方向沿该点的切线方向，积木块对小钢球的弹力方向与小钢球的速度方向不共线。物体做曲线运动的条件是合外力方向与速度方向不在一条直线上。

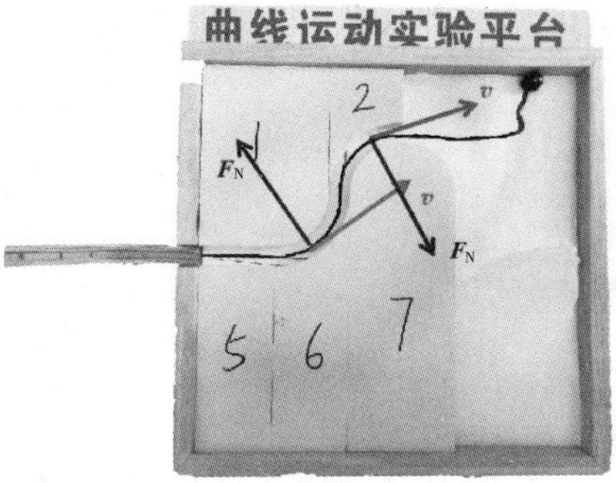

图3　教师演示实验——探究物体做曲线运动的条件

八、实验效果评价

将学生熟悉的生活生产工具引入实验，让学生体会到物理源于生活，学好物理能更好地服务于生产生活。学生分组实验的实验器材在生活中可以方便地找到，实验操作简单，现象明显。用自制曲线运动实验平台进行教学，它是教具，更像是玩具，学生兴趣浓厚，教学效果十分显著。

探究向心力大小的表达式

山东省青岛第三中学　梁爽

一、使用教材

本实验使用的教材是新人教版高中《物理必修 2》第六章第二节“向心力”。

二、实验器材

向心力演示器（见图 1）、DIS 向心力实验设备（见图 2）、力传感器、钩码、机械能实验背景板、数据采集器、笔记本电脑。

图 1　向心力演示器

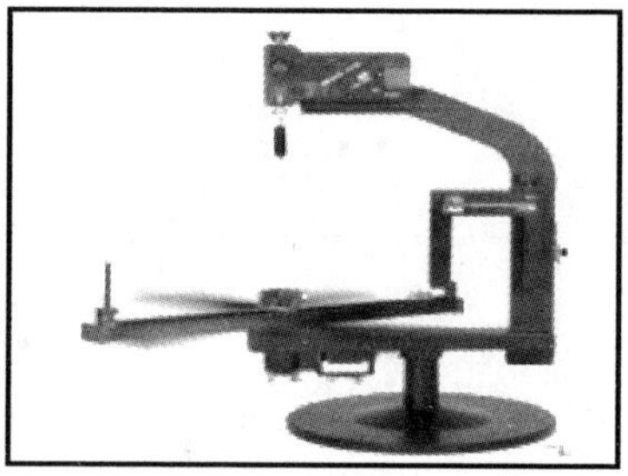

图 2　DISLab 向心力实验设备

三、实验创新要点/改进要点

在 2004 旧版教材中，此处设计的是“用圆锥摆粗略验证向心力的表达式”，但该实验很难给小球施加合适的初速度，让其在水平面内做匀速圆周运动；小球运动过程中由于阻力，轨迹也会慢慢变成椭圆；小球在摆动过程中对应的半径 r、高度 h 和周期 T 不好测量。因此，本实验只能粗略验证向心力的大小。

在 2019 新版教材中，重新选择了传统装置“向心力演示器”来探究向心力的大小。其优点是现象直观，操作方便。但此装置也有局限性，圆周运动的半径是设计好的固定值，不具有普遍意义，向心力的数值只能通过比值比较，无法准确测量。

教师选择用更精密的设备，用改进的创新数字实验来弥补这个问题。在完成向心力公式 $F=m\omega^2r$ 的探究后，通过简单改制 DIS 机械能守恒实验器，探究向心力的另一个公式 $F=m\dfrac{v^2}{r}$。

四、实验原理/实验设计思路

为了全面又精确地探究向心力的大小，实验分别应用传统的向心力演示器和自制改进的 DIS 数字实验设备，通过控制变量法，探究向心力与其决定因素之间的关系，确定向心力大小的表达式。

五、实验教学目标

教师充分挖掘本实验蕴含的物理学科核心素养，从物理观念、科学思维、科学探究、科学态度与责任四个方面制订了本实验课学生学习的目标。

（1）通过活动体验和科学探究，进一步完善向心力的概念，深化运动与相互作用的观念。

（2）感受影响向心力大小的因素，并通过理解实验原理探究各因素之间的关系，领会利用控制变量法研究问题的科学思维。

（3）传统实验和创新数字化实验相结合，完成从定性到定量的科学探究过程。

（4）通过科学探究过程，加强学生对物理知识与信息技术的融合，培养学生严谨求实的科学态度与责任。

六、实验教学内容

应用传统的向心力演示器和自制改进的 DIS 数字实验设备，通过控制变量法，探究向心力与其决定因素之间的关系，确定向心力大小的表达式。

七、实验教学过程

（一）向心力演示器

（1）首先，让学生了解实验装置，并思考以下几个问题。

1）该演示仪中，向心力的大小如何测量？

2）实验中如何改变物体的质量？如何设定轨道半径的关系？如何控制角速度？

3）左右两个塔轮用的皮带传动，皮带上各点的速度有什么关系？

（2）实验操作。

1）r、ω 相等，$m_1:m_2=2:1$，$F_1:F_2=?$

将皮带套在第一层，两球的角速度相等，两球的运动半径也相同，左侧球的质量是右侧球的两倍。摇动手柄，观察两者向心力的大小。发现向心力大小之比为 2∶1。

2）m、ω 相等，$r_1:r_2=2:1$，$F_1:F_2=?$

将皮带还套在第一层，两球的质量相等，但左侧球运动半径是右侧球运动半径的两倍。摇动手柄，观察两者向心力的大小。发现向心力大小之比为 2∶1。

3）m、r 相等，$\omega_1 : \omega_2 = 1 : 2$，$\omega_1 : \omega_2 = 1 : 3$，$F_1 : F_2 = ?$

将皮带套在第二层，左右轮角速度之比是 1∶2，两球的质量和运动半径相等，摇动手柄，观察两者向心力的大小。发现向心力大小之比为 1∶4。

将皮带套在第三层，左右轮角速度之比是 1∶3，质量和运动半径相等，摇动手柄，观察两者向心力的大小。发现向心力大小之比为 1∶9。

（3）实验结果表明。

1）r、ω 相等，向心力 F 与质量 m 成正比。

2）m、ω 相等，向心力 F 与半径 r 成正比。

3）m、r 相等，向心力 F 与角速度的二次方 ω^2 成正比。

（二）DISLab 向心力实验系统

以上实验虽然直观形象、操作方便，但是仅限于比值关系的确定，属于半定量研究。还可以用更精密的仪器来弥补这个局限性。

装置介绍：力传感器可以记录指向圆心方向的合力，准备两个质量不同的物块，运动半径可以从悬臂上读取。转动悬臂，物块和挡光条做圆周运动，光电门传感器可以记录挡光条的遮光时间，从而算出物块运动的角速度。

借助于操作软件，通过控制变量法，可以得到向心力 F 与运动半径 r、质量 m 和角速度 ω 的定量关系。

（三）创新改进向心力实验

（1）设计思路及装置改装。

器材：长细线、50 g、96 g 和 200 g 钩码摆件、光电门传感器、铁架台以及标有刻度线的 1/4 圆板（见图 3）、米尺。

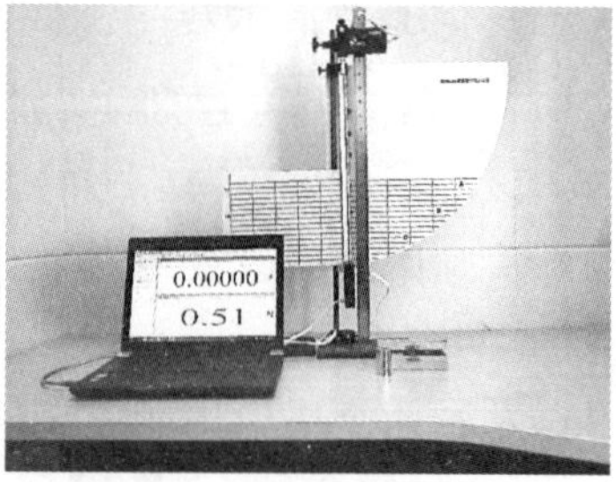

图 3　实验装置实物图

改装方法：将 DIS 机械能守恒实验器的背景板安装在铁架台上，力的传感器安装在铁架台的顶端，选择不同质量的钩码作为摆件，悬挂在力传感器的挂钩上，光电门传感器放置在背景板最低点（D 点）。

（2）实验原理。

1）向心力的测量：对摆件做受力分析，摆件下摆时，力传感器记录拉力 F 随时间 t 变化的图像，图像第一个峰值是摆件摆到最低点时绳子的拉力，则向心力 $F_n = F - mg$。

2）速度的测量：光电门传感器安装在 1/4 圆板的最低点 D 点，释放摆件，当摆件经过光电门时，传感器会记录摆件的挡光时间，用摆件的宽度除以挡光时间，可求得摆件通过 D 点的瞬时速度。

3）半径的测量：用米尺量取从悬点到钩码挂钩的距离 l 和钩码的高度 h，因钩码质量均匀形状规则，摆长（运动半径 r）$=l+h/2$。

4）探究方案：通过控制变量法，分别测出向心力 F_n 与摆件的质量 m、与最低点速度 v、与运动半径 r 的关系，并用图像呈现。

（3）数据分析。

1）半径 r（$r=39.5$ cm）和速度 v 一定时，分别用质量 m 为 50 g、96 g、200 g 的摆件实验，测量并计算摆件在最低点的向心力。得到的向心力与质量的实验数据见表 1，两者关系如图 4 所示。

表 1　向心力与质量的实验数据

摆件质量 m/g	实测拉力 F/N	向心力测算值 F_n/N
50	0.93	0.44
96	1.84	0.90
200	3.61	1.65

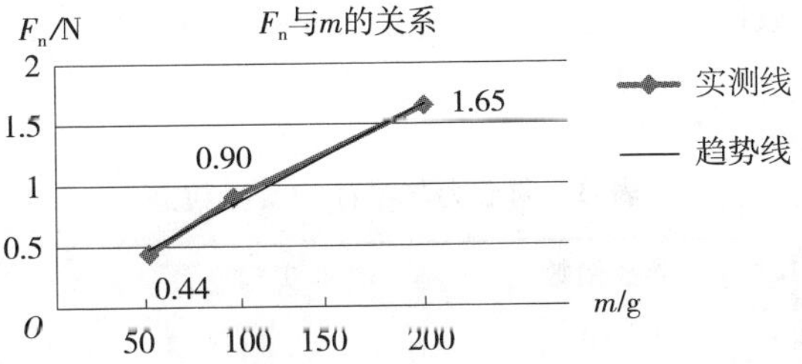

图 4　半径和速度一定时，向心力与质量关系图

由表 1 和图 4 可以看出，当半径 r 和速度 v 一定时，向心力 F_n 与质量 m 的图像呈线性关系，向心力 F_n 与质量 m 成正比。

2）质量 m（$m=0.096$ kg）和半径 r 一定时，让摆件从 3 个不同高度摆下，光电门传感器记录挡光时间 t，力传感器记录绳子的受力情况，根据图像测算出最低点向心力，摆件的宽度是 $d=3.18$ cm，可以求得摆件经过最低点的瞬时速度 v。得到的向心力与速度的实验数据见表 2，两者关系如图 5 所示。

表2　向心力与速度的实验数据

释放点	挡光时间 t/s	D 点瞬时速度 v/（m·s^{-1}）	D 点瞬时速度的二次方 v^2/（m^2·s^{-2}）	实测拉力 F/N	向心力测算值 F_n/N
Q	0.011 95	2.66	7.075 6	2.12	1.18
A	0.015 87	1.89	4.008	1.79	0.85
C	0.029 43	1.08	1.166 4	1.25	0.31

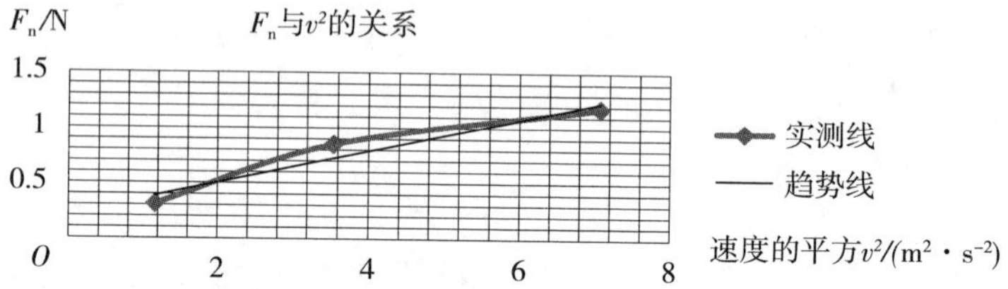

图5　质量和半径一定时，向心力与速度二次方关系图

由表2和图5可以看出，当半径 r 和质量 m 一定时，F_n与 v^2的图像呈线性关系，向心力 F_n与速度的二次方 v^2成正比。

3）质量 m（$m=0.096$ kg）和速度 v 不变时，记录摆件在最低点的拉力，测算最低点的向心力数值。得到向心力与半径的实验数据（见表3），两者关系如图6所示。

表3　向心力与半径的实验数据

半径 r/m	半径倒数 r^{-1}/m^{-1}	实测拉力 F/N	向心力测算值 F_n/N
0.15	6.66	1.77	0.83
0.25	4	1.50	0.56
0.35	2.86	1.40	0.46

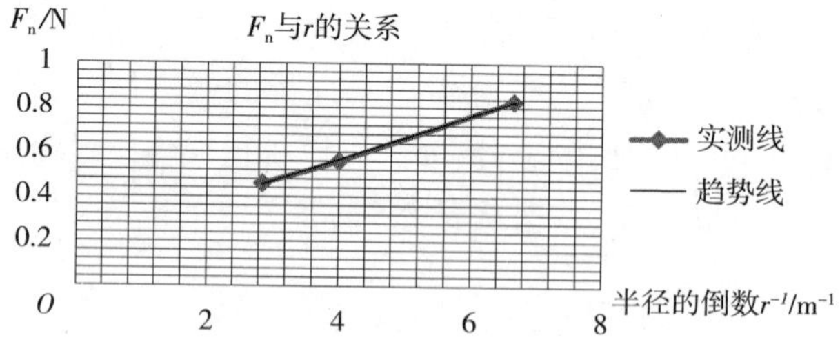

图6　质量和速度一定时，向心力与半径关系图

由表 3 和图 6 可以看出，当速度 v 和质量 m 一定时，F_n 与 r^{-1} 的图像呈线性关系，向心力 F_n 与半径 r 成反比。

(4) 实验结论。

当半径 r 和速度 v 一定时，向心力 F_n 与质量 m 的图像呈线性关系，向心力 F_n 与质量 m 成正比。

当半径 r 和质量 m 一定时，F_n 与 v^2 的图像呈线性关系，向心力 F_n 与速度的二次方（v^2）成正比。

当速度 v 和质量 m 一定时，F_n 与 r^{-1} 的图像呈线性关系，向心力 F_n 与半径 r 成反比。

(5) 误差分析。

如表 4 所示，探究向心力大小的实验的误差来源有读数误差、测量误差等。

表 4　探究向心力大小的实验的误差来源

误差分类	向心力演示器	DIS 向心力设备传感器	创新改进向心力实验
系统误差	调零	调零、初速度	调零
随机误差	数据读取，操控	数据一次（二次）拟合	测量，重心的选择

八、实验效果评价

本节课以“探究向心力的大小”为中心，是新课标新加入的学生必做实验。“向心力演示器”虽是传统实验仪器，但直观形象，数据处理简洁，令人印象深刻，这也是新教材重拾它的原因所在。数字化创新实验，可以解决如何使实验结果更加准确的问题，测量准，数据处理便捷，具有现代技术的优势。缺点是所有的测量工作都是由传感器完成，学生动手的机会少。

在教学中，有必要将传统实验与 DISLab 有效结合，发挥各自的优势，让学生对物理问题从初步了解上升到更加严谨的科学研究。

探究影响向心力大小的因素

山东师范大学附属中学　王军

一、使用教材

新鲁科版《物理必修 2》第三章第二节实验“探究影响向心力大小的因素”。

二、实验器材

（1）感受实验：小球、细线、水瓶。

（2）传统实验：向心力演示器（见图 1）。

（3）DIS 精确实验：DIS 向心力演示器（见图 2）。

图 1　向心力演示器

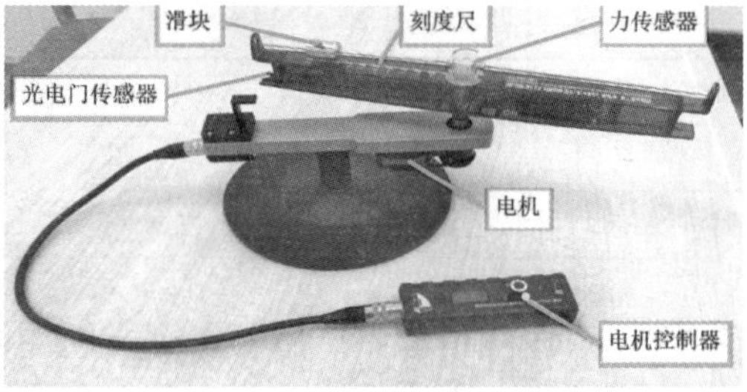

图 2　DIS 向心力演示器

三、实验创新要点

运用多组实验进行探究，从未知到已知，从定性分析到定量研究，从传统分组实验到传感器精确实验，符合学生的认知规律。创新点主要在以下方面。

对之前的实验仪器进行改进：将手动启动滑块做圆周运动改为电机启动，电机的转速可控，与厂家联系将教师的改进想法变成了现实的产品。改进后的优点是可以获得稳定的、多种不同的角速度值，在原本采集数据多、数据处理快的基础上，又进一步提高了精确度，使规律的呈现更加直观、可信。此实验装置可满足多次控制变量的需求，让学生充分体验“过程学习”，并通过科学探究过程，树立科学探究意识，掌握科学探究方法。

四、实验原理/实验设计思路

本节课围绕三个实验展开，从兴趣实验的猜想到传统向心力演示器的半定量判断再到 DIS 精确实验的定量研究，符合学生的认知规律。从未知到已知，从定性分析到定量研究，设计系列递进实验，展示了思维能力的发展过程。

（1）控制两物体的质量、转动的半径相同，探究向心力的大小与转动角速度的关系。

(2) 控制两物体的质量、转动的角速度相同，探究向心力的大小与转动半径的关系。

(3) 控制两物体的转动半径、转动的角速度相同，探究向心力的大小与物体质量的关系。

五、实验教学目标

(1) 通过实验得出向心力的表达式。

(2) 掌握实验探究的步骤和方法，提高学生的实验探究能力，培养学生严谨的科学态度。

(3) 体会控制变量法在实验过程中的应用，领会从定性到定量的实验研究方法。

六、实验教学内容

(1) 感受实验：通过用绳子拴住小球使小球做圆周运动，感受绳子对手的拉力，体验向心力的大小。实验激发兴趣，引发思考，让学生通过亲身体验猜想 F 可能与 m、r、ω 有关系。

(2) 传统实验：基于感受实验的猜想结果，利用传统向心力演示器，通过控制变量法，分组进行实验测量数据并填写表格，探究向心力与质量、转动半径、角速度的关系。

(3) DIS 精确实验：基于传统实验探究的结论，采用 DIS 向心力演示器对向心力大小做定量精确的研究。采用控制变量法，首先控制 m、r 不变，改变 ω 测出多组数据，作出 F-ω 图像，得出 F 与 ω 的关系，继续轮流控制变量得出其他变量与向心力的关系。

七、实验教学过程

(一) 感受实验

创设情境问题：一个轻球如何才能做到拉住一个瓶子不掉下去？改变什么才能让瓶子上升？教师演示用绳子拴住小球做圆周运动实验，引导学生观察实验。学生仔细观察实验现象，同时得出问题结论：向心力的大小与角速度有关。

教师再次提问：向心力的大小仅与角速度有关吗？提示大家用桌面上细线拴住的不同质量的小球，通过甩动小球改变转动半径、角速度等，去体验向心力的大小究竟与哪些因素有关。

结论：通过体验猜想使学生初步认识到向心力可能与质量、转动半径、角速度等因素有关。

（二）传统实验——向心力演示器

基于学生的猜想首先明确本实验的目的。

（1）实验目的：探究出向心力与转动半径、质量、角速度之间的定性关系。

（2）实验器材：向心力演示器。

（3）实验方案设计：教师向学生介绍实验器材和操作方法，引导学生展示并讨论设计方案，完善实验方案。

（4）实验方法：控制变量法。

（5）实验内容：①控制小球质量、转动半径不变，探究向心力与角速度的关系；②控制小球质量、角速度不变，探究向心力与转动半径的关系；③控制小球角速度、转动半径不变，探究向心力与质量的关系。

（6）学生分组实验：

1）把两个质量相同的小球分别放在长槽和短槽上，使它们的转动半径相同，调整塔轮上的皮带，使两个小球转动的角速度之比分别为 1∶1、1∶2 和 1∶3，分别读出两球所需的向心力大小，将结果填入表 1。

表 1　质量、转动半径相同时，向心力与角速度的关系

实验次数	$\frac{\omega_1}{\omega_2}$	F_1/N	F_2/N	$\frac{F_1}{F_2}$
1				
2				
3				

2）把两个质量相同的小球分别放在长槽和短槽上，使转动半径之比为 2∶1，调整塔轮上的皮带，使两个小球的角速度相同，分别读出两球所需的向心力大小，将结果填入表 2。

表 2　质量、角速度相同时，向心力与转动半径的关系

$\frac{r_1}{r_2}$	F_1/N	F_2/N	$\frac{F_1}{F_2}$

3）把两个质量不同的小球分别放在长槽和短槽上，使两球的转动半径相同，调整塔轮上的皮带，使两个小球的角速度相同，分别读出两球所需的向心力大小，将结果填入表 3。

表 3　转动半径、角速度相同时，向心力与质量的关系

$\frac{m_1}{m_2}$	F_1/N	F_2/N	$\frac{F_1}{F_2}$

（7）分析与论证：

1）分析表 1 中 $\frac{\omega_1}{\omega_2}$ 和 $\frac{F_1}{F_2}$ 两列的值，发现 F 可能跟________________。

2）分析表 2 中 $\frac{r_1}{r_2}$ 和 $\frac{F_1}{F_2}$ 两列的值，发现 F 可能跟__________________。

3）分析表 3 中 $\frac{m_1}{m_2}$ 和 $\frac{F_1}{F_2}$ 两列的值，发现 F 可能跟________________。

（8）实验结论：物体做圆周运动的向心力与物体的__________可能成正比。

（三）DIS 精确实验——DIS 向心力演示器

（1）实验目的：探究向心力与质量、转动半径、角速度的定量关系。

（2）实验装置：DIS 向心力演示器。

（3）实验方案设计：教师向学生介绍实验器材的组成部分、数据处理方法和设计思路，引导学生设计实验方案，完善实验方案。

（4）实验方法：①控制变量法；②图像法：把数据输入电脑，用软件分别作出 $F-\omega^2$、$F-r$、$F-m$ 图像，得出结论。

（5）实验内容：

1）任务一：控制小球质量为 0.03 kg、转动半径为 0.1 m，改变角速度后测量多组数据，探究 $F-\omega$ 关系。

教师演示测出 6 组数据，描点拟合出 $F-\omega$ 图像（见图 3），并提出问题：该图像类似于一条什么曲线？学生能够回答出是一条抛物线。根据学生的猜想，教师进一步拟合出 $F-\omega^2$ 图像（见图 4），引导学生得出结论：控制 m、r 不变，F 与 ω^2 成正比。

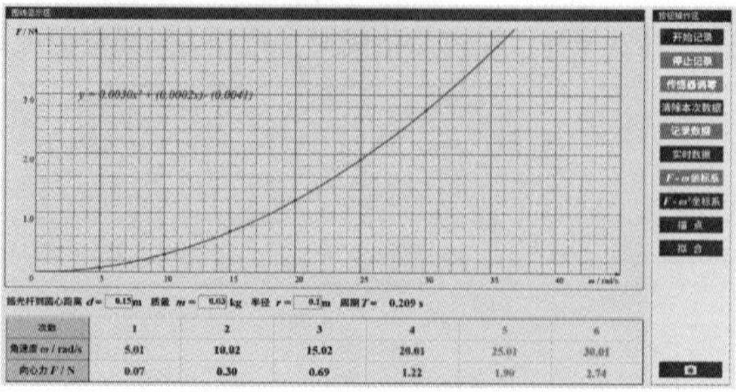

图 3　*F*–ω 图像

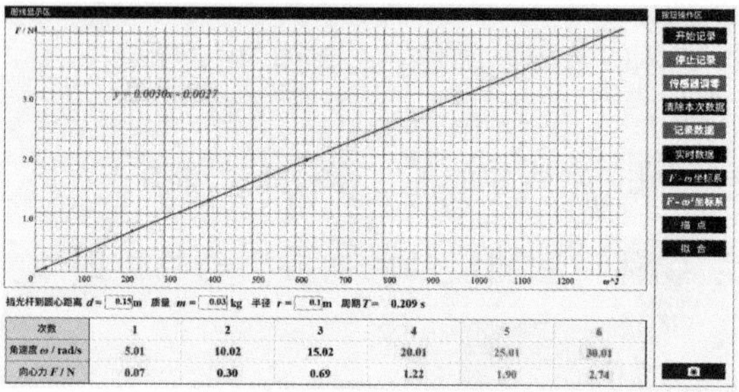

图 4　*F* –ω^{2}图像

2）任务二：控制小球质量为 0.03 kg、角速度为 30 rad/s，改变转动半径，测量多组数据，探究 *F*–*r* 关系。

教师演示测出 5 组数据，描点拟合出 *F*–*r* 图像（见图 5），并提出问题：该图为一条什么线？引导学生观察图像得出结论：控制 *m*、*ω* 不变，*F* 与 *r* 成正比。

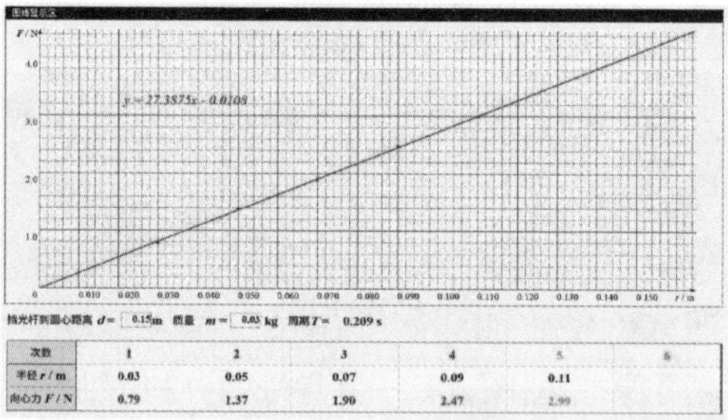

图 5　*F*–*r* 图像

3）任务三：控制小球转动半径为 0.1 m、角速度为 30 rad/s，改变小球质量，测量多组数据，探究 *F*–*m* 关系。

教师演示测出 3 组数据，描点拟合出 *F*–*m* 图像（见图 6），并提出问题：该图为一条什么线？引导学生观察图像得出结论：控制 *ω*、*r* 不变，*F* 与 *m* 成正比。

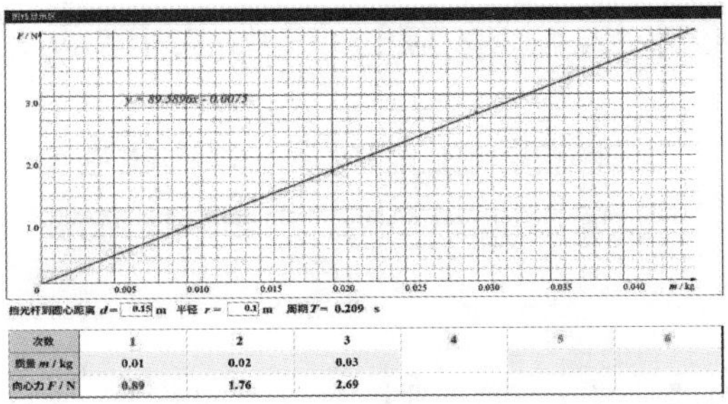

次数	1	2	3	4	5	6
质量 m / kg	0.01	0.02	0.03			
向心力 F / N	0.89	1.76	2.69			

图 6　*F*–*m* 图像

（6）实验结论。

根据 3 个任务中精确的实验数据引导学生分析得出：$F=kmr\omega^2$。

为了进一步求解比例系数 k 的值，采集多组数据，将传感器的测量值和学生的计算数值进行对比。得出实验结论：$k=1$，$F=mr\omega^2$。

八、实验效果评价

实验过程设计符合学生的认知规律，学生从感受实验、分组实验，到参与定量数字化实验，思维深度循序渐进。

感受实验、激发兴趣、点燃好奇心，通过学生的切身感受引发思考。传统实验便于分组操作，通过控制变量法进行数据对比，学生容易探究得出向心力与质量、转动半径、角速度的二次方可能成正比的结论，为规律的精确探究找到了方向，提高了学生科学探究的能力。DIS 精确实验的创新在于对原有仪器的进一步优化开发，个人提出改进方案，加装了固定电机，可以获得稳定的、多种不同的角速度数值，使原来不可控制的参量可调、可控。

3 个实验在逻辑上环环相扣，同学们小组间团结协作，锻炼了实验操作能力，体现了严谨认真的科学态度，培养了求真务实的科学品质。

用圆锥摆粗略验证向心力的表达式

湖北省丹江口市第一中学　康生
湖北省丹江口市第二中学　林克强

一、使用教材

人教版高中《物理必修 2》第五章第六节“向心力”。

二、实验器材

（一）教材装置

教材实验装置包括：铁架台、细绳、中心带孔的小钢球、白纸、圆规、刻度尺、秒表。实验方案如图 1 所示，在一张白纸上画若干个同心圆，用细绳系一个钢球，悬挂在铁架台上，使钢球静止时正好位于圆心。设法使钢球沿着纸上的某一个圆运动，记录钢球运动周期 T，圆周运动半径 r，估算悬点到圆周运动圆心的高度差 h，用天平测量小球质量 m。一方面采用含周期 T 的向心力表达式，计算所需要的向心力$F_n=m\left(\frac{2\pi}{T}\right)^2 r$；另一方面使用受力分析求出物体所受合外力，$F=mg\tan\theta$，其中 $\tan\theta=\frac{r}{h}$，两者对比，计算相对误差。

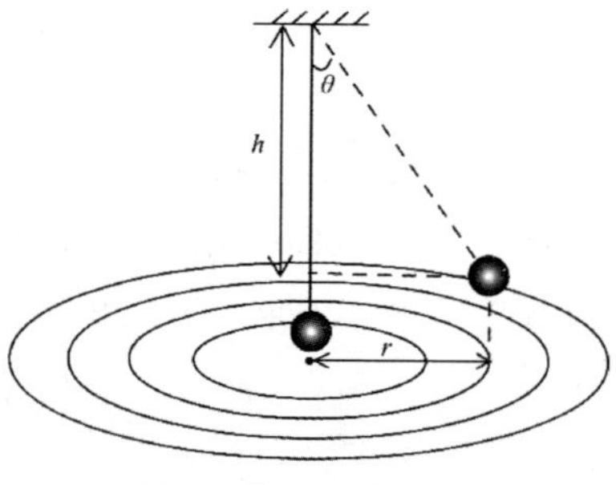

图 1　教材实验方案

（二）自制装置

实验器材：用圆锥摆验证向心力表达式自制装备（实物如图 2 所示，示意图如图 3 至图 5 所示）、光电转速表（机械秒表备用）。

（1）需要低速稳定驱动源。

1）方案一：在能够找到的材料中，教师发现学校英语组有不少废弃的放录机。放录机的卷带轴在播放模式下，转速较慢，适合带动小钢球做匀速圆周运动。拆卸出里面的机械传动模块作为驱动源，工作电压为 3 V。保留播放键、停止键两个键帽，其余键帽全部丢弃。一般放录机为双仓设置，将另一仓拆下收好作为备用零件库。该方案的优点是每个学校都有条件制作完成，需要的技术难度不大，而且能够废旧物品再利用，对学生环保意识的培养有帮助。

2）方案二：在网上购买低速电机，50 r/min 的比较理想，使用 3 节 18650 锂电池供电，电机驱动小球做圆锥摆运动。为了多测试几组数据，教师加装了一个滑动变阻器来改变电机的转速。

（2）驱动小钢球。

小钢球一旦转动起来，整个装置质量分布快速变化，必然导致装置颠簸不稳。为解决这一问题，最好采用双钢球对称设计，即使用两个小钢球关于传动轴对称放置。教师测试时发现若使用教材给出的细绳牵引小钢球，启动时转速一旦稍大，两根细绳就极容易缠绕在一起，故摒弃细绳另寻其他优质承件代替细绳。通过查阅资料得知轻质竹签是优质替代品，圆柱形竹签的规格为长 350 mm，直径为 4 mm。经改装，实验装置实物如图 2 所示。

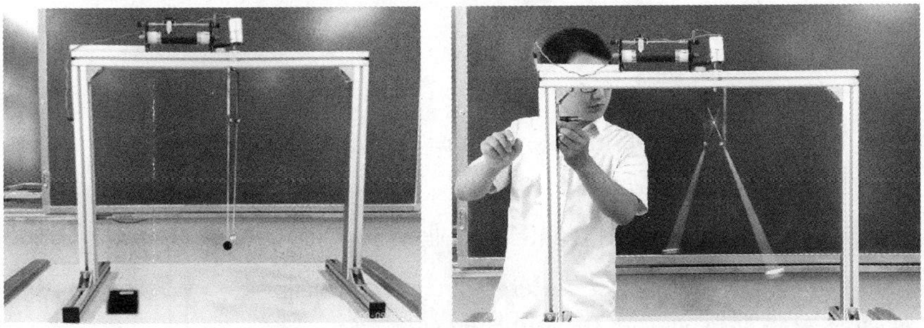

图 2　改进后的实验装置实物

整体框架采用工业 4040 铝合金（即截面积 40 mm×40 mm 的中空铝合金），横梁长度为 80 cm，两个底座长度均为40 cm。两侧支架为 60 cm，右侧支架上固定 60 cm 长的钢板尺，左侧内置铁条。电机转轴顶端被切成正六边形，与内六角的螺栓连接，螺栓长度为 6 cm。在横梁铝合金上使用工业车床钻孔，安装双轴承，保证轴线竖直。

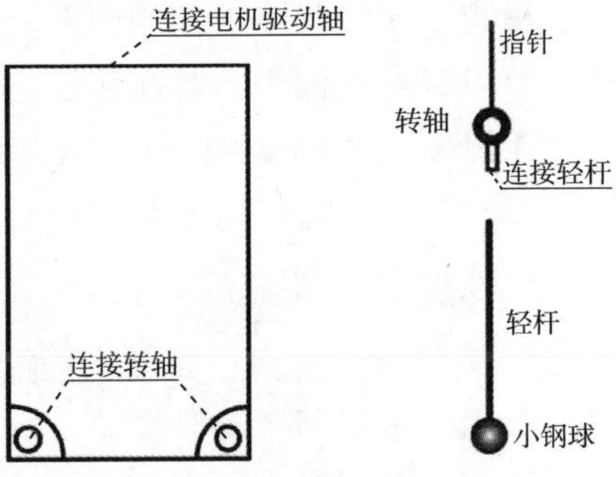

图 3　驱动部分细节

驱动部分的细节如图 3 所示。

装置静止时和转动时的示意图如图 4 所示。

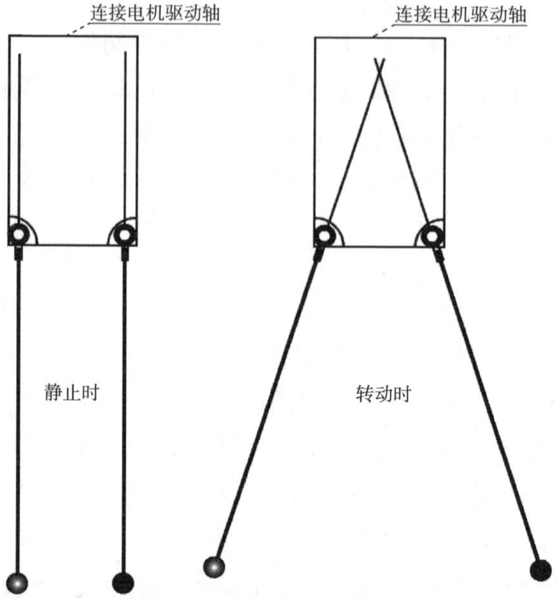

图 4　装置静止时和转动时的状态

（3）测量数据。

1）高度差 h 的测量：如图 5 所示，车床加工的零件可以连接激光笔吸附在 4040 工业铝合金内部镶嵌的铁条上。在测量数据的时候，可以非常方便地利用激光笔的光线找到圆锥摆悬点到圆周运动平面的高度差 h。

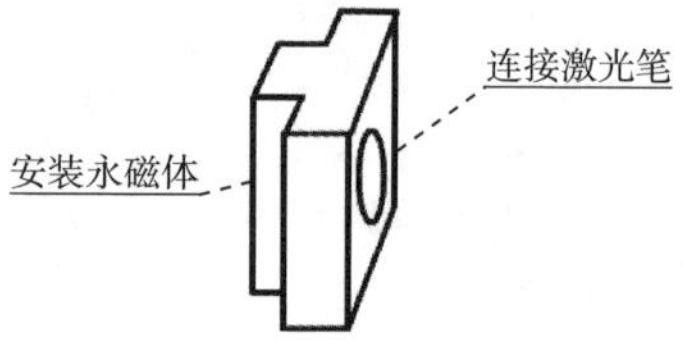

图 5　激光笔吸附连接示意图

2）周期测量。方案一：周期的测量可以通过机械秒表，多转几圈求平均周期。方案二：教师购买了胜利牌 6234P 型号光电转速表，可以直接读出圆锥摆转速。

由于需要验证的是相对误差，且合外力的公式和向心力的公式都含有 mr，不影响相对误差，故可以不予以测量。

三、实验创新要点

（1）测量数据变少：教材实验需要测量周期 T、半径 r、高度差 h、质量 m，改进后只用测量周期 T 和高度差 h。

（2）圆周运动稳定：教材实验器材很难做圆锥摆运动，经常是非平面椭圆运动，且运动不稳定，很快会做向心运动。改进后能够长期稳定地在水平面做匀速圆周运动。

（3）数据测量方便：教材实验高度差需要估算，既不方便也不准确。改进后用激光笔打在对面刻度尺上，精准计算悬点到圆周运动平面的高度差。

（4）数据处理方法先进：教材实验计算不方便，尤其是二次方运算，而且处理几组数据的偶然误差大。改进后使用 Excel 函数模板，能够快速精准计算数据，而且可以根据数据绘制图像，使用线性回归趋势线拟合，能有效去除偶然误差。提升“使用数学方法解决物理问题”的科学素养！

四、实验原理

在教材的“生活中的圆周运动”一节中，火车转弯难点的受力分析与圆锥摆一致，可以看出教材安排使用圆锥摆这个复杂模型验证向心力的表达式是精心设计的。因此，教师只对实验装置进行些许简化，改进后的实验装置在原理上仍与教材保持一致。

五、实验教学目标

（1）物理观念：理解用圆锥摆验证向心力的实验原理。

（2）科学思维：理解验证性实验的原理。

（3）科学探究：会测量、分析实验数据，获得实验结论。

（4）科学态度与责任：知道误差产生原因及减小误差的办法，勇于改进装置，尽可能环保。

六、实验教学内容

本节课让学生通过实验操作验证向心力表达式，一方面增强科学探究能力，另一方面理解向心力这个抽象的物理概念。

七、实验教学过程

（1）原理介绍：让某同学分析做圆锥摆运动的物体的受力，求出某一位置的合外力表达式。再找另一位同学计算在水平面内做匀速圆周运动的物体在同一位置所需要的向心力，并分别在黑板上展示。以这种方式让同学们理解该实验的实验原理。

（2）演示及注意事项：先讲授改进实验装备的使用方法和注意事项，演示并测量一组实验数据，记录在预先设计好的数据记录表格中，函数模板自动生成相对误差。给学生讲解函数模板的计算原理。

（3）学生合作探究：请多组同学先后上台合作完成实验，并将数据记录在表格中（见表 1），由表格自动计算相对误差。由于高一学生对机械秒表的使用不太熟练，读数存在误差，所以有部分误差太大的数据在此已经略去。让操作的同学分析误差的来源，以及如何减小该误差。

表1 用圆锥摆粗略验证向心力的表达式数据记录处理表

组序	圈数 n	总时间 t/s	T/s	T^2/s^2	h_1/cm	h_2/cm	h/m	$4\pi^2/T^2$	g/h	相对误差/%
1	20	25.60	1.28	1.64	53.60	15.10	0.385	24.05	25.45	−5.82
2	25	32.40	1.30	1.69	54.20	12.50	0.417	23.34	23.5	−0.69
3	40	48.80	1.22	1.49	54.00	13.70	0.403	26.47	24.32	8.12

(4) 反思改进：等多组数据测定以后，由教师引导学生思考：①如何利用图像来避免偶然误差？②如果以 h 作为纵坐标，以 $4\pi^2/T^2$ 作为横坐标，描点，使用线性回归趋势线计算斜率，此斜率的意义是什么？

八、实验效果评价

(1) 实验效果：改进后的装置结构简单，学生一看便懂。操作方便，闭合开关，调节滑动变阻器使电机驱动小球做圆锥摆运动，待转速恰当（转速太慢两个指针不能交叉，找不到等效悬点位置；转速过快，指针可能会触碰方框边界），转动稳定，可以测量高度差和周期。为了方便课堂演示，教师网购了一块光电非接触式转速表，在课堂演示时直接测量转速，再换算成周期。而学生的数据测量仍旧使用机械秒表，由于高一学生对机械秒表的使用不太熟练，读数存在误差，在选择数据时略去误差较大的数据，最终误差均在3%以内。实验效果良好。

(2) 实验器材价值提升：此实验装置还可以用来测量当地的重力加速度。具体的方法为：以 h 作为纵坐标，以 $4\pi^2/T^2$ 作为横坐标，描点，使用线性回归趋势线计算斜率，此斜率的意义就是当地的重力加速度 g。一个器材可以完成两个实验，装备的价值大幅提升。

探究向心加速度的表达式

湖北省武汉市新洲区第三中学　江秀云

一、使用教材

人教版高中《物理必修2》第五章第六节“向心加速度”中的内容。

教材对该部分内容的处理方法是，先对做圆周运动的物体进行简单的受力分析，然后引入向心加速度概念，再根据物理理论和数学方法推导出向心加速度的表达式。

二、实验器材

在日常教学中，教师们通常会辅以圆锥摆装置或向心力演示器进行分析或验证。而在本实验中，将使用可调速电机（学生可选择自行车轮、调速风扇等转动装置）和手机传感器展开对向心加速度表达式的探究。

三、实验创新要点

（1）按照教材的安排，用理论推导向心加速度的表达式，其方法较为特殊，过程不够直观，无法充分地调动学生的主观能动性及自主地完成探究活动。且使用传统器材进行实验，其操作繁琐，测量不够准确。

（2）随着移动科技的迅猛发展，手机传感装置的测量功能日益强大，且其操作简单、便于携带。因此，教师在日常教学活动中，特别是在实验条件异常困难的线上教学期间，可以尝试引导学生使用手机传感装置，完成各种物理实验探究活动。

四、实验设计思路

在本实验中，教师先让学生通过转球实验感受圆周运动物体的受力特点，猜想向心加速度与其他物理量之间的关系，然后采用控制变量法，通过手机传感器应用软件进行表达式的探究，最后再与理论推导的结果相印证。

五、实验教学目标

（1）物理观念：掌握向心加速度与线速度、角速度以及周期之间的关系。

（2）科学思维：熟练运用控制变量法、描点作图分析法等，寻找向心加速度与各物理量之间的关系。

（3）科学探究。

1）通过手拉细绳使小球做圆周运动，体验拉力与运动半径、转动快慢之间的关系，对向心加速度表达式的相关物理量进行猜想。

2）利用手机传感装置，探究向心加速度与不同物理量的关系。

3）通过对比，层层递进，使学生深入理解实验原理，发现误差的来源并寻找相应措施减小误差。

4）完成分组实验，总结实验规律，并与理论推导相印证。

（4）科学态度与责任：通过设计实验、动手做实验、处理实验数据，培养学生的创造性思维，提高学生的实验能力和学习兴趣，并体会到科学研究过程的艰辛。

六、实验教学过程

通过转球等小实验，学生们猜想向心加速度与转动半径和运动快慢存在一定的关系。确定实验方法、明确探究对象、寻找测量工具，并利用合理的实验平台，完成探究过程。学生实验方案主要分为A组、B组。

（一）A组：探究匀速圆周运动向心加速度与周期、半径的关系

（1）实验目的：探究匀速圆周运动向心加速度与周期、半径的关系。

（2）实验器材：可调速电机（带转动杆）、智能手机两部、配重片若干。

（3）实验原理：在电机运行过程中，以小铁棒敲击固定在转动杆上的铁片。用手机A中的“加速度（不含 g）”功能测量沿半径方向的加速度，用手机B中的“声学秒表”功能测量转动周期（即敲击声的时间间隔）。

采用“控制变量法”，先保持手机A的转动半径不变，探究向心加速度与周期的关系；然后保持转动周期不变，探究向心加速度与半径的关系。通过分析，得出向心加速度的表达式。

（4）实验步骤。

1）如图1所示，将手机A沿图示方向固定在杆上，打开记录，启动电机使其转动。沿杆方向移动手机A的位置，直至其 X 轴线加速度为0，然后在手机背面标上转动中心所在位置，该标记线即为加速度传感器 X 轴原点对应位置。

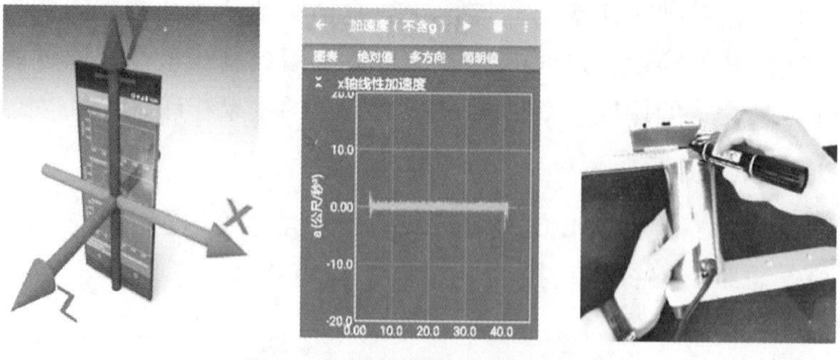

图1　标记加速度传感器位置

2）如图 2 所示，将手机 A 及配重片固定在转动杆相应位置，按标记线读出转动半径（$r=0.060\ \mathrm{m}$）。打开手机 A、B 记录开关，启动电机。待转动稳定后，用小铁棒轻轻敲击杆外侧配重片。运动一段时间后，关闭电机以及手机记录开关。

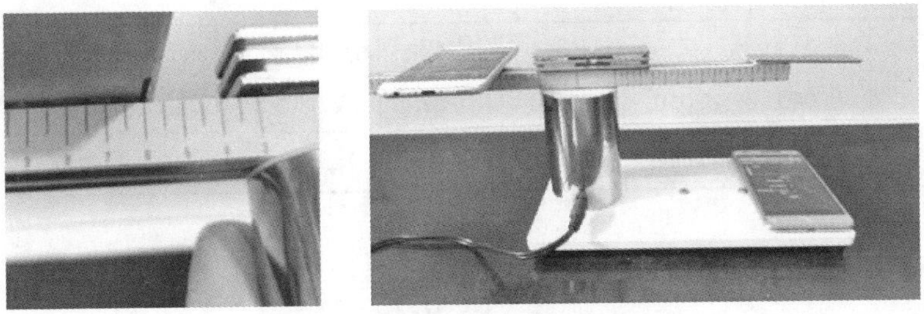

图 2　选定转动半径进行实验

3）在手机 A 上读出 X 轴线加速度，即向心加速度的数值，在手机 B 上读出转动周期的平均值，如图 3 所示。

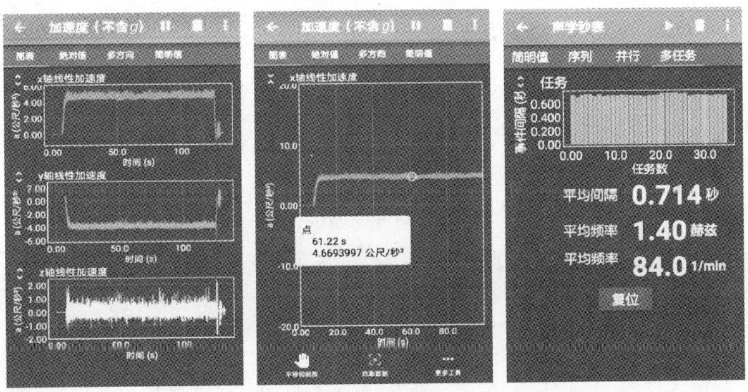

图 3　读出向心加速度和周期的数值

4）保持转动半径不变，改变电机转速，重复实验步骤 2）、步骤 3），并将数据记入表 1 中。

5）多次重复步骤 4）。

表 1　r 一定时，不同周期对应的向心加速度

	1	2	3	4	5	6	7	8
T/s	0.714	0.631	0.579	0.502	0.433	0.383	0.308	0.257
a_n/（$\mathrm{m/s^2}$）	4.669	5.907	7.056	9.409	12.549	16.434	24.931	36.077

6）改变手机 A 的转动半径，打开手机 A、B 记录开关，启动电机，将周期

调节到某一确定值（$T=0.5$ s），待转动稳定后，用小铁棒轻轻敲击杆外侧配重片。运动一段时间后，关闭电机以及手机记录开关，并记录数据。

7）多次重复步骤6）。

表2　T一定时，不同半径对应的向心加速度

	1	2	3	4	5	6	7	8
r/m	0.040	0.050	0.060	0.070	0.080	0.090	0.100	0.110
a_n/（m/s²）	6.358	7.887	9.581	11.206	12.537	14.167	15.763	17.449

（5）数据处理。

1）当r一定时，通过计算并描点作出$a_n-\frac{1}{T}$图像和$a_n-\frac{1}{T^2}$图像，发现a_n与$\frac{1}{T^2}$成正比（见表3及图4）。

表3　探究向心加速度与周期的关系

	1	2	3	4	5	6	7	8
T/s	0.714	0.631	0.579	0.502	0.433	0.383	0.308	0.257
a_n/（m/s²）	4.669	5.907	7.056	9.409	12.549	16.434	24.931	36.077
$1/T$/（s⁻¹）	1.401	1.585	1.727	1.992	2.309	2.611	3.247	3.891
$1/T^2$/（s⁻²）	1.963	2.512	2.983	3.968	5.330	6.817	10.543	15.140

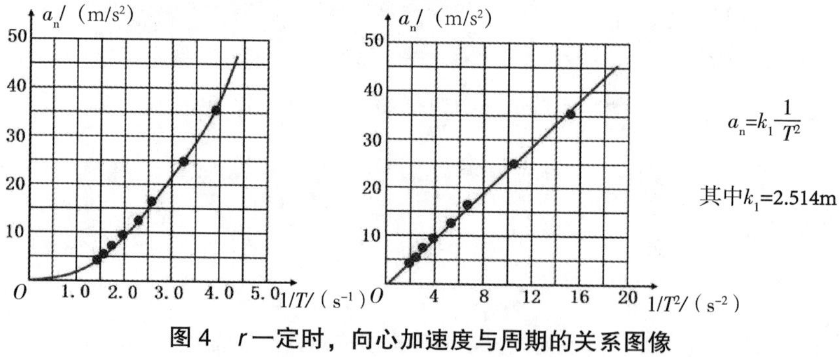

图4　r一定时，向心加速度与周期的关系图像

2）当T一定时，描点作出a_n-r图像，发现a_n与r成正比（见图5）。

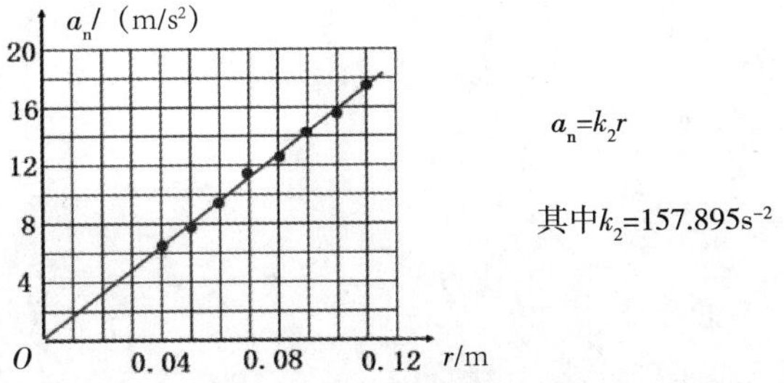

图 5　T一定时，向心加速度与半径的关系图像

（6）实验结论：在误差允许的范围内，匀速圆周运动向心加速度的表达式为$a_n=\frac{4\pi^2}{T^2}$（见图 6）。

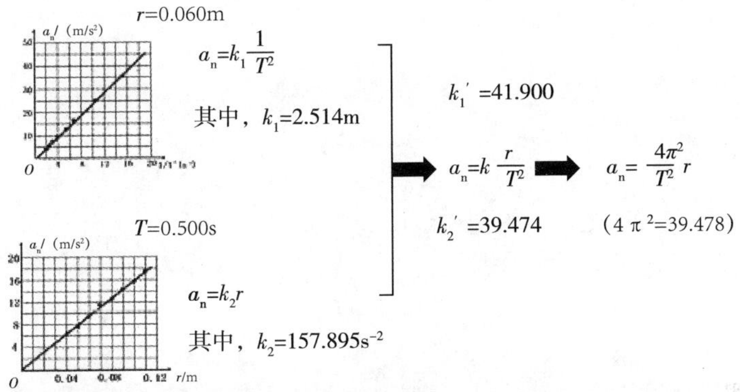

图 6　用周期和半径表达向心加速度

（7）误差来源及注意事项。

1）读数不准确。应多次测量取其平均值。

2）电机转动不平衡。应根据转速与半径的变化，及时调整配重片的位置及重量。

3）用小铁棒敲击产生较大阻力。应注意控制小铁棒的敲击力度。

（8）改进方案。

1）方案一：用“光学秒表”功能（见图 7）替代“声学秒表”功能测量转动周期。

为了有较好的实验效果，可以在较暗的环境中用手机照明功能，使光学传感器获得周期性的照度峰值，从而测得转动周期。

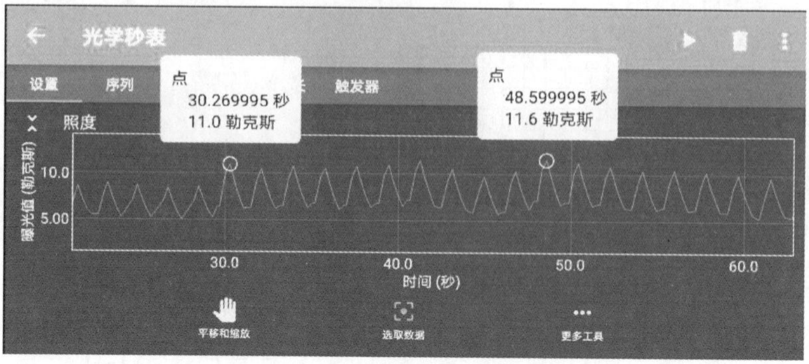

图 7　通过照度峰值测转动周期

2）方案二：用“磁力计”功能（见图 8）替代“声学秒表”功能测量转动周期。在转动杆下方安装小磁铁后，可以使得磁力计获取小磁铁通过的时间间隔，即转动周期。

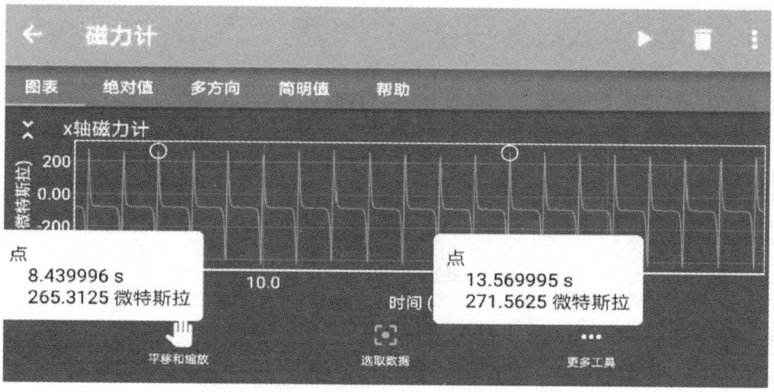

图 8　通过磁场峰值测转动周期

（二）B 组：探究匀速圆周运动向心加速度与角速度、半径的关系

（1）实验目的：探究匀速圆周运动向心加速度与角速度、半径的关系。

（2）实验器材：可调速电机（带转动杆）、智能手机两部、配重片若干。

（3）实验原理：采用“控制变量法”，在电机运行过程中，用手机 A 中的“加速度（不含 g）”功能测量沿半径方向的加速度，用手机 B 中的“陀螺仪”功能测量绕轴转动角速度（见图 9）。

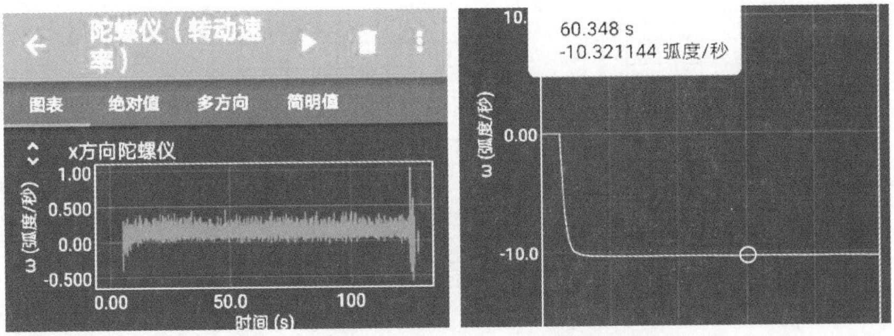

图 9　使用“陀螺仪”功能测角速度

（4）实验步骤。

1）标记加速度传感器 X 轴原点对应位置。

2）将手机 A、B 固定在转动杆相应位置，按标记线读出转动半径（$r=0.0080\ \mathrm{m}$）。打开手机 A、B 记录开关，启动电机。运动一段时间后，关闭电机以及手机记录开关。

3）在手机 A 上读出 X 轴线加速度即向心加速度的数值，在手机 B 上读出转动角速度。

4）保持转动半径不变，改变电机转速，运动一段时间后，关闭电机以及手机记录开关，并将数据记入表格。

5）多次重复步骤 4）。

6）改变手机 A 的转动半径，打开手机 A、B 记录开关，启动电机，将角速度调节到某一确定值（$\omega=15.0\ \mathrm{rad/s}$），运动一段时间后，关闭电机以及手机记录开关，并记录数据。

7）多次重复步骤 6）。

（5）数据处理。

1）当 r 一定时，通过计算并描点作出 $a_n-\omega$ 图像和 $a_n-\omega^2$ 图像，发现 a_n 与 ω^2 成正比（见表 4 及图 10）。

表 4　r 一定时，不同角速度对应的向心加速度

	1	2	3	4	5	6	7	8
ω/（rad/s）	10.321	11.715	12.052	14.046	15.428	17.168	18.437	19.977
a_n/（m/s²）	8.589	10.021	11.960	15.039	20.217	23.301	27.576	32.060
ω^2/（rad/s）²	106.523	137.241	145.251	197.290	238.023	294.740	339.923	399.081

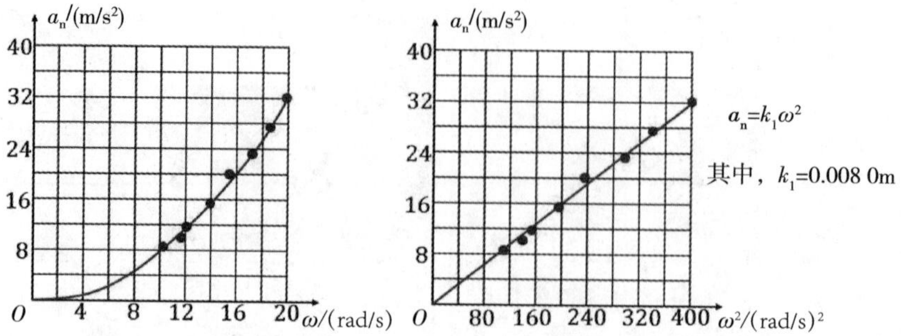

图 10　r 一定时，向心加速度与角速度的关系图像

2）当 ω 一定时，描点作出 $a_n - r$ 图像，发现 a_n 与 r 成正比（见表 5 及图 11）。

表 5　ω 一定时，不同半径对应的向心加速度

	1	2	3	4	5	6	7	8
r/m	0. 040	0. 050	0. 060	0. 070	0. 080	0. 090	0. 100	0. 110
a_n/（m/s²）	13. 943	15. 518	18. 260	20. 074	21. 804	24. 990	27. 212	29. 978

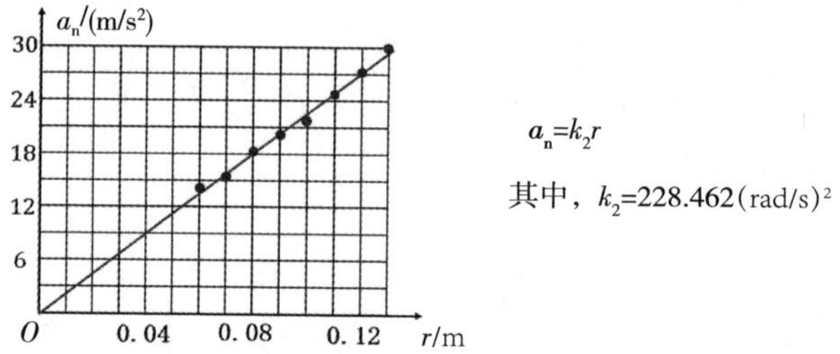

图 11　ω 一定时，向心加速度与半径的关系图像

（6）实验结论：在误差允许的范围内，匀速圆周运动向心加速度的表达式为 $a_n=\omega^2 r$（见图 12）。

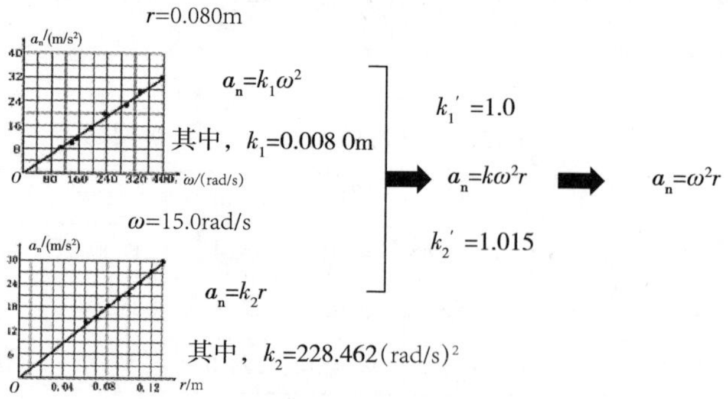

图 12　用角速度和半径表达向心加速度

（7）误差来源及注意事项。

1）读数不准确。应多次测量取平均值。

2）电机转动不平衡。应根据转速与半径的变化，及时调整配重片的位置及重量。

（三）拓展实验：探究变速圆周运动向心加速度与角速度、半径的关系

（1）实验目的：探究变速圆周运动向心加速度与角速度、半径的关系。

（2）实验器材：可调速电机（带转动杆）、智能手机一部、配重片若干。

（3）实验原理：在电机运行过程中，用手机中的“向心加速度”测量功能（见图 13），高频率地采集不同角速度时的向心加速度数值。并以累积的点迹，呈现物理量之间的关系。

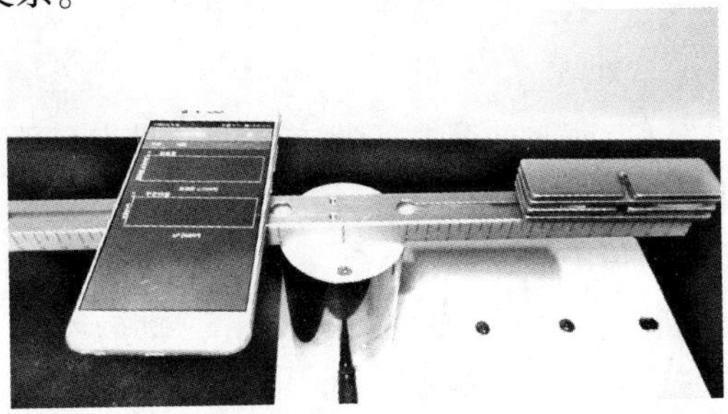

图 13　使用“向心加速度”测量功能探究变速圆周运动规律

（4）实验步骤。

1）安装好实验器材，记录下转动半径 $r_1 = 5$ cm。打开手机记录开关，接通电源。不断调节电机转速，运行一段时间后关闭电源及手机记录开关。

2）分析实验所采集的数据，可以发现向心加速度与角速度组成的点迹为非线性函数图像，而和角速度的二次方成正相关关系。

3）改变手机转动半径，电机运行一段时间后关闭电源及手机记录开关，记录数据。多次改变手机转动半径重复记录。分析数据并对比所形成的关系图像。经比较可以发现，转动半径越大，$a_n - \omega^2$ 图像的斜率也越大。即在相同角速度条件下，转动半径越大，向心加速度也越大。

4）对 $a_n - \omega^2$ 图像进行线性拟合，可以发现其图线的斜率近似等于转动半径。

（5）实验结论：在误差允许的范围内，变速圆周运动向心加速度的表达式为 $a_n = \omega^2 r$ 。

（6）误差来源及注意事项（同 B 组）。

（四）实验结论

通过前面实验的探究，可以发现圆周运动向心加速度的表达式为

$$a_n = \frac{v^2}{r} = \omega^2 r = \frac{4\pi^2}{T^2}r$$

该表达式不仅适用于匀速圆周运动，也适用于变速圆周运动。

七、实验效果评价

在教学过程中使用手机传感装置进行实验效果明显，较大程度地调动了学生自主探究的积极性，但是在具体操作时，仍然需要注意一些问题。

（1）由于不同型号手机的传感器设置有所不同，学生在设计实验方案时需要根据实际情况，做出相应的调整。

（2）物理实验不仅仅关注实验结果，还要求学生在实验过程中掌握各种基本实验方法、数据测量及处理方法等。

（3）利用手机传感器，在原探究性实验方案的基础上，可以突破常见物理模型的教学难点。例如，圆锥摆模型、火车转弯模型、竖直圆周运动杆模型。

以圆锥摆模型为例。使用陀螺仪和“含（g）的加速度”测量功能进行实验，可以发现随着角速度的不断增大，小球受到的支持力 N 不断减小，拉力 T 不断增大。

探究向心力的表达式

南宁市武鸣区武鸣高级中学　黄文博

一、使用教材

人教版高中《物理必修2》第五章第六节“向心力”。

二、实验器材

（1）引入实验：塑料小球、圆管、矿泉水瓶、绳子。

（2）定性实验：绳子、橡皮筋、钢球、玻璃球、木球。

（3）定量实验：新型向心力定量探究仪、钢球、玻璃球、木球、电子秤、电脑。

三、实验创新要点/改进要点

（1）通过引入实验将枯燥的内容变得生动有趣，让学生对向心力的大小有一定的直观体会。

（2）通过定性实验猜想影响向心力大小的因素，用带橡皮筋的绳子连接摆球，能通过观察橡皮筋的伸长量来确定向心力的大小，实验现象更明显，结论更准确。

（3）定量实验使用了自制向心力定量探究仪探究向心力与各因素的关系，该自制教具可以直接读取实验需要的数据，读数方便，改变变量的操作方法简单。

四、实验原理/实验设计思路

（1）通过引入实验导入向心力概念，实验中改变塑料小球做圆周运动的转速，从而改变向心力的大小，拉起质量比自己大几十倍的水瓶，控制水瓶上下运动。

（2）定性实验通过感受绳子对手的拉力或观察橡皮筋的伸长量判断向心力的大小，依次改变质量、转动半径、摆动速度等因素，猜想向心力大小与什么因素有关。

（3）定量实验通过自制教具改变角速度、转动半径、物体质量的大小，利用控制变量法探究向心力与三者的定量关系。最后利用数学推导得出向心力的表达式。

五、实验教学目标

（1）物理观念：理解向心力概念，能判断向心力的来源。

（2）科学思维：能通过动手实验、观察实验现象并猜想向心力大小与什么因素有关，提出自己的见解。

（3）实验探究：能合理设计实验，用控制变量法定量探究向心力与质量、角速度、半径之间的关系，得出向心力的表达式。

（4）科学态度与责任：在实验中培养学生严谨、认真、实事求是的科学态度，并体会物理与生活的联系，能利用身边物品进行实验探究，体验成功的快乐和实验的意义。

六、实验教学内容

（1）引入实验：感受向心力的魅力。

（2）定性实验：猜想影响向心力大小的因素。

（3）定量实验：探究向心力与各因素的定量关系。

（4）验证实验：验证向心力公式。

七、实验教学过程

（一）引入实验

演示实验：绳子一端接一个塑料小球，中间穿过圆管，另一端接一瓶矿泉水（见图1），通过使小球做圆周运动可以拉起一瓶矿泉水，还可以控制水瓶上下运动，实验激发了学生的学习兴趣，初步引出向心力。

图1　引入实验器材

（二）定性实验

用带橡皮筋的绳子连接摆球（见图2），通过甩动摆球使摆球在桌面上做圆周运动，此时拉力提供向心力，感受绳对手的拉力或观察橡皮筋的伸长量判断向心力的大小，依次改变质量、半径、摆动速度等因素猜想向心力大小与什么因素有关。

图 2　接有橡皮筋的摆球

通过定性实验判断向心力的大小与物体质量、转动半径、转动速度（角速度）三个因素有关，引导学生利用控制变量法来确定它们之间的定量关系。

（三）定量实验

新型向心力定量探究仪（见图 3）由速度控制器、步进电机控制器、步进电机、导轨、拉力测力计等器材组成。

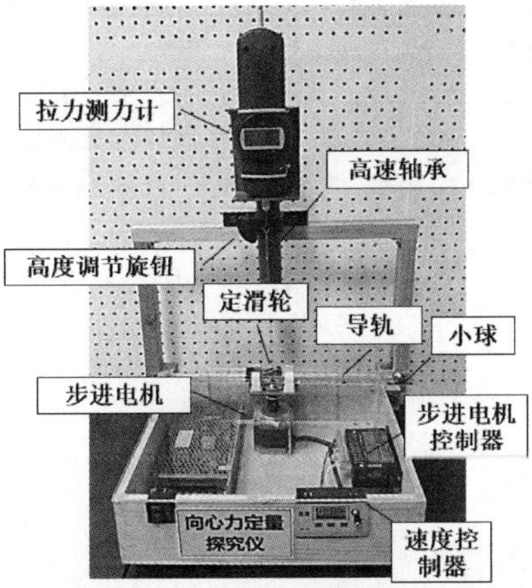

图 3　新型向心力定量探究仪

实验原理：速度控制器和步进电机控制器控制步进电机按设定的速度匀速转动并显示转速，步进电机带动导轨上的小球做匀速圆周运动。连接小球的绳子绕过中间的定滑轮连接到拉力测力计上，由拉力测力计测得向心力的大小。中间接有高速轴承，轴承可以 360°旋转，防止绳子在高速转动时扭曲引起的误差。

改变变量的操作方法：通过调节速度控制器可以改变角速度的大小；通过调节拉力测力计的高度可以改变转动半径的大小，导轨上有刻度，可读取半径；通过更换不同材质但半径相同的小球可以改变物体的质量，满足控制变量法的要求。

（1）实验 1：控制小球质量、半径不变，探究向心力与角速度的关系。

打开电源开关，打开拉力测力计，先将拉力测力计调零，选择测量峰值的功能，记录小球做稳定圆周运动时的向心力大小。该实验所用的金属小球质量为

0.033 kg，从导轨刻度上读取转动半径，填入 Excel 表格，调节转速，速度控制器的转速单位是 r/min，通过公式转化为角速度，单位是 rad/s。开启转动开关，读取对应的向心力大小，改变转速，重复实验，记录数据（见图 4）。

生成向心力大小—角速度图像（见图 5），得到一条过原点的曲线，引导学生猜想向心力与角速度的二次方成正比，再次生成向心力—角速度二次方图像（见图 6），得到一条过原点倾斜的直线。

控制 m、r 不变，判断 F_n、ω 关系				
质量	0.033 kg			
半径	0.170 m			
名称	转速（r/min）	ω/(rad/s)	ω^2/[(rad/s)^2]	F_n/N(实验)
1	0	0.00	0.00	0.00
2	70	7.33	53.68	0.32
3	110	11.51	132.56	0.76
4	150	15.70	246.49	1.42
5	200	20.93	438.20	2.50

图 4　控制小球质量、半径不变，改变转速的实验数据

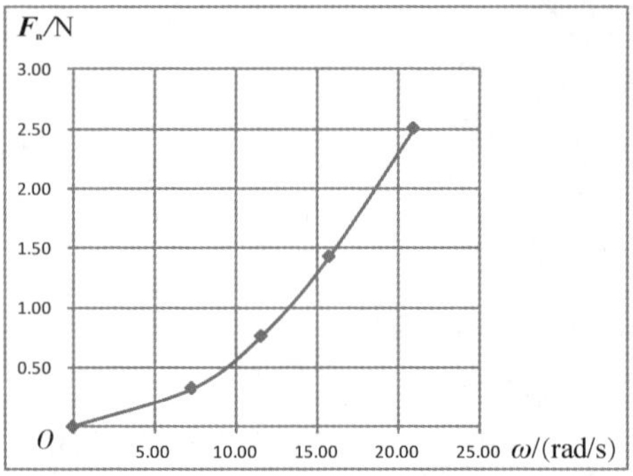

图 5　向心力—角速度图像

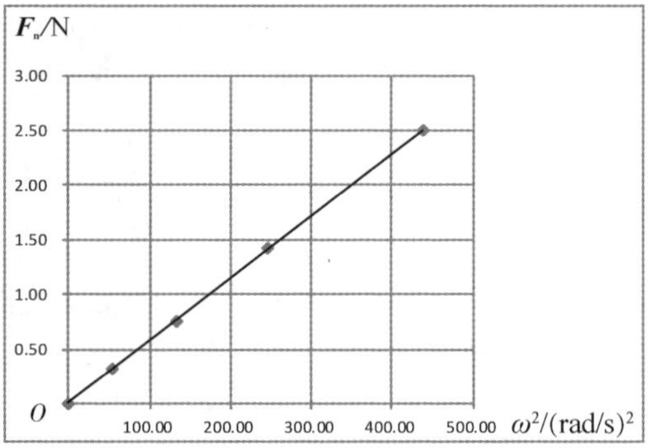

图 6　向心力—角速度二次方图像

实验结论：向心力大小与角速度的二次方成正比，该实验用到了化曲为直的数学思想。

（2）实验 2：控制小球质量、角速度不变，探究向心力与半径的关系。

打开电源开关，打开拉力测力计，先将拉力测力计调零，选择测量峰值的功能，该实验所用的金属小球质量为 0.033 kg，调节转速为 150 r/min，从导轨刻度上读取转动半径，填入 Excel 表格，开启转动开关，读取对应的向心力大小，改变拉力测力计的高度从而改变半径的大小，重复实验，记录数据（见图 7）。生成向心力大小-半径图像（见图 8），得到一条过原点倾斜的直线。

控制m、ω不变，探究F_n、r关系		
质量	0.033　kg	
转速	150　r/min	
ω	15.70　rad/s	
名称	r（m）	F_n/N（实验）
1	0.000	0.00
2	0.095	0.79
3	0.120	1.00
4	0.155	1.28

图 7　控制小球质量、角速度不变，改变半径的实验数据

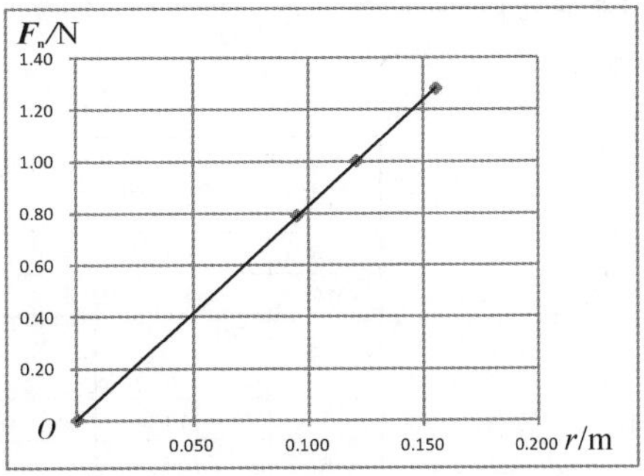

图 8　向心力大小—半径图像

实验结论：向心力大小与半径成正比。

（3）实验 3：控制小球角速度、半径不变，探究向心力与质量的关系。

打开电源开关，打开拉力测力计，先将拉力测力计调零，选择测量峰值的功能，调节转速为 250 r/min，调节半径为 0.170 m，使用质量为 0.033 kg 的钢球，开启转动开关，读取对应的向心力大小，改用大小相同玻璃球、木球，使用电子秤称量质量，重复实验，记录数据（见图 9）。生成向心力大小—质量图像（见图 10），得到一条过原点倾斜的直线。

控制ω、r不变，探究F_n、m关系		
半径	0.170　m	
转速	250　r/min	
ω	26.17　rad/s	
名称	m/kg	F_n/N
1	0.0000	0.00
2	0.0330	3.91
3	0.0085	1.01
4	0.0020	0.25

图 9　控制小球角速度、半径不变，改变质量的实验数据

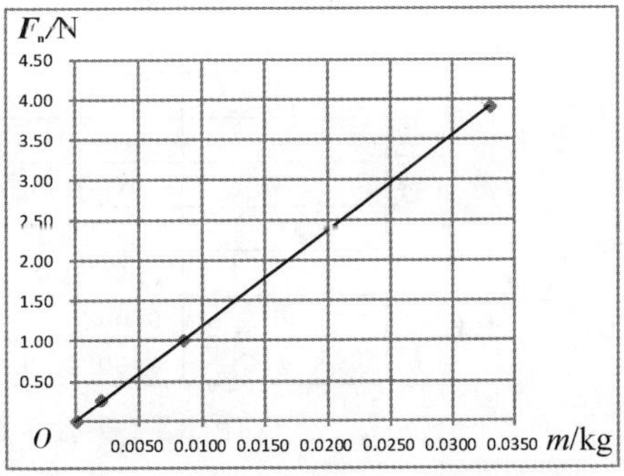

图 10　向心力大小—质量图像

实验结论：向心力大小与质量成正比。

（4）综上实验得出结论：$F_n \propto m\omega^2 r$。

（四）验证实验：验证向心力公式

将实验数据代入计算，计算向心力理论值和实验误差（见图 11、图 12、图 13），可以发现实验值与理论值近似相等，误差比较小，由此可以得出实验结论：

在误差允许范围内，$F_n=m\omega^2 r$。和学生一起分析实验误差来源：摩擦力等因素的影响。

控制m、r不变，判断F_n、ω关系					验证结论	
质量	0.033 kg				计算	计算
半径	0.170 m					
名称	转速（r/min）	ω/(rad/s)	ω^2/[(rad/s)^2]	F_n/N(实验)	F_n/N(理论)	误差
1	0	0.00	0.00	0.00		
2	70	7.33	53.68	0.32	0.30	6.26%
3	110	11.51	132.56	0.76	0.74	2.20%
4	150	15.70	246.49	1.42	1.38	2.69%
5	200	20.93	438.20	2.50	2.46	1.70%

图 11　实验 1 理论值计算及误差计算

控制m、ω不变，探究F_n、r关系			验证结论	
质量	0.033 kg		计算	计算
转速	150 r/min			
ω	15.70 rad/s			
名称	r/m	F_n/N（实验）	F_n/N（理论）	误差
1	0.000	0.00		
2	0.095	0.79	0.77	2.23%
3	0.120	1.00	0.98	2.45%
4	0.155	1.28	1.26	1.52%

图 12　实验 2 理论值计算及误差计算

控制ω、r不变，探究F_n、m关系			验证结论	
半径	0.170 m		计算	计算
转速	250 r/min			
ω	26.170 rad/s			
名称	m/kg	F_n/N	F_n/N（理论）	误差
1	0.0000	0.00		
2	0.0330	3.91	3.84	1.79%
3	0.0085	1.01	0.99	2.08%
4	0.0020	0.25	0.23	7.39%

图 13　实验 3 理论值计算及误差计算

八、实验效果评价

（1）教学内容层层递进、环环相扣，实现了知识目标和核心素养育人目标。

（2）实验研究方法多样、创新巧妙，操作方法简单。

（3）学生可以充分体验“过程学习”，自制实验仪器拉近了物理与生活的距离。

探究向心力表达式

新疆师范大学附属中学　朱朋飞

一、使用教材

人教版高中《物理必修 2》第五章第六节“向心力”。

二、实验器材

朗威 DIS 数据采集器、光电门传感器、力传感器、DIS 向心力实验器、计算机。

三、实验创新要点

充分发挥实验在高中物理教学中的重要作用，采用朗威 DISLab 数字实验系统进行实验探究，充分利用数字化实验系统的易操作、精度高、数据处理便捷等特点，激发学生的学习兴趣，同时弥补教材实验在操作上的不足。

四、实验原理/实验设计思路

从问题出发，利用朗威数字化实验设备，探究向心力与角速度、质量、半径之间的关系。通过数字实验的图像拟合探究向心力与各物理量之间的关系。通过力学单位制分析，以得到最后的向心力表达式。实验装置如图 1 所示。

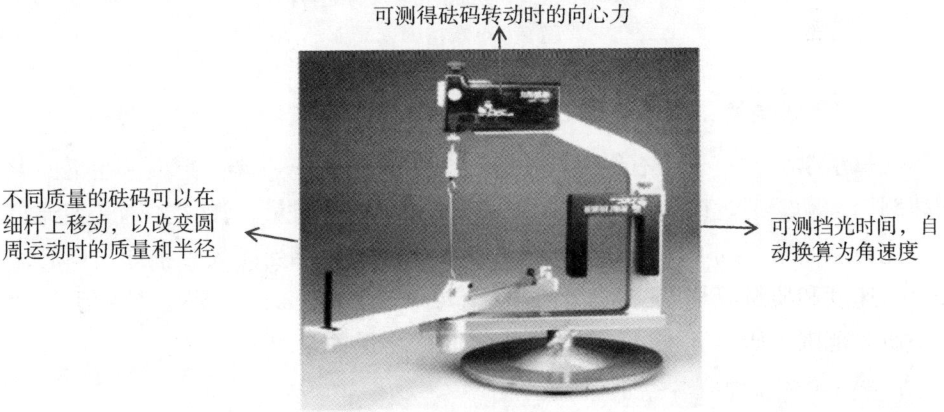

图 1　实验装置

五、实验教学目标

（1）物理观念：知道向心力的影响因素，通过实验理解向心力表达式。

（2）科学思维：构建物理模型，熟练掌握利用控制变量法进行科学推理及论证。

（3）科学探究：提出问题、做出假设，通过实验探究向心力与质量、角速度、半径之间的关系，并进行结果分析、交流与反思。

（4）科学态度与责任：培养学生严谨认真、实事求是的科学态度。

六、实验教学内容

本节课利用数字化实验设备，采用控制变量法进行实验，探究向心力与角速度、质量、半径之间的关系；利用数字实验的图像拟合快速得到向心力与各物理量之间的关系。经过力学单位制分析，最终得到向心力的具体表达式。

七、实验教学过程

（一）课堂引入

如图 2 所示，通过用弹簧测力计拴住小车在水平面内做圆周运动让学生感受向心力的存在。

图 2　小车拉弹簧

（二）创设情境，激发思考

向每组学生发一个系有细绳的小球，学生抓住绳子一端，让小球在桌面上做匀速圆周运动。通过改变细绳的半径、速度和小球的质量，让学生感受细绳拉力的变化，从而猜想向心力与哪些因素有关。学生通过感受能大致推导出向心力与半径、速度和质量等均有关系。因此，猜想 $F\propto(m, \omega, r, v)$，教师引导学生缩小研究范围，研究 $F\propto(m, r, \omega)$ 之间的定量关系。

（三）实验探究

教师引导学生在数字实验室利用 DISLab 数字实验系统探究向心力的表达式。

（1）将光电门传感器和力传感器固定在朗威 DIS 向心力实验器上，光电门传感器接入数据采集器第一通道，力传感器接入第二通道。

（2）点击教材专用软件主界面上的实验条目“向心力研究”，打开该软件。

（3）将挡光杆的直径（挡光宽度）、挡光杆到旋臂轴心的距离、第一次实验时砝码的运动半径（砝码重心到旋臂轴心的距离）和砝码质量输入表格相应位置。

（4）点击“开始记录”，保持旋臂静止不动，对传感器进行软件“调零”。拨动旋臂使之做圆周运动，挡光杆每次通过光电门传感器，系统自动记录下砝码的向心力 F 的值并计算出此时的角速度 ω。随着旋臂转速逐渐减慢，软件窗口上方的坐标系内将显示自右上方至左下方分布的一组 $F-\omega$ 数据点。

（5）点击“停止记录”，对数据点进行分析。分别点击“一次拟合”“二次拟合”，得出两条拟合图线（见图3）。观察可见，二次拟合图线与数据点的分布非常接近，可推断 $F-\omega$ 之间是二次方关系。点击“$F-\omega^2$图像”，对数据点进行“一次拟合”，得到拟合曲线（见图4），观察曲线后可推断 $F-\omega^2$之间成正相关关系。

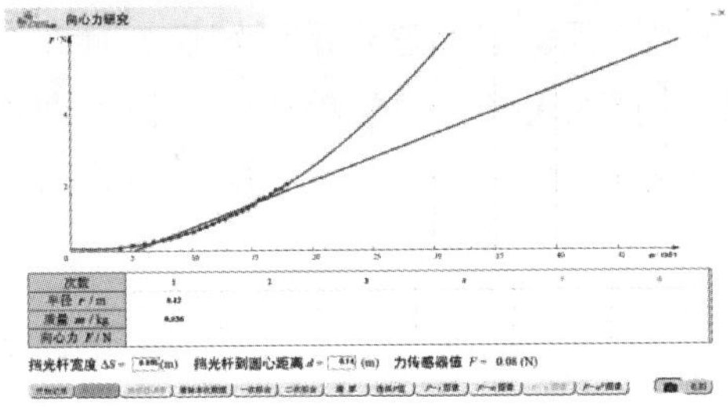

图3　向心力与角速度($F-\omega$) 之间的关系

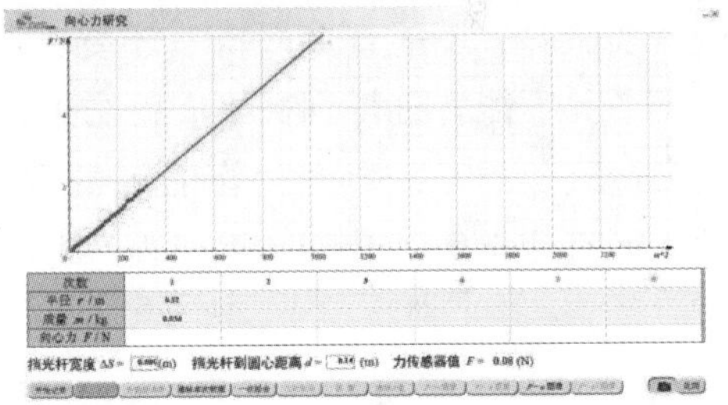

图4　向心力与角速度的二次方($F-\omega^2$) 之间的关系

（6）保持砝码的质量不变，改变其运动半径，重复实验，得出几组 $F-\omega$ 数据点（见图5）。对曲线进行“选择 F 值”，点击“$F-r$ 图像”得到拟合曲线（见图6）。观察曲线后可推断 $F-r$ 之间成正相关关系。

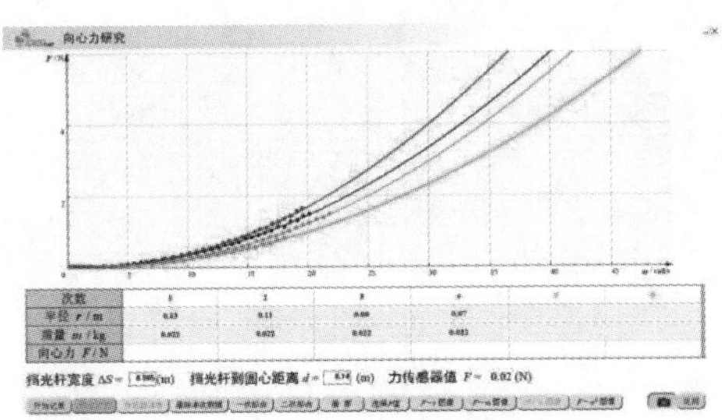

图5　m 不变，r 变化的 $F-\omega$ 数据曲线

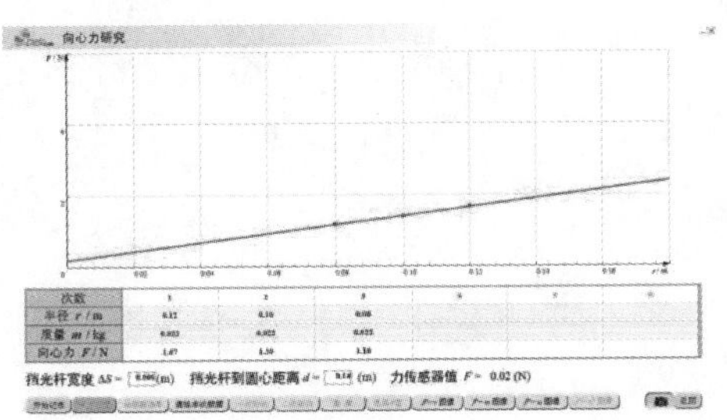

图6　向心力与半径（$F-r$）之间的关系

（7）保持砝码的运动半径不变，改变其质量，重复实验，得出几组 $F-\omega$ 数据点（见图7）。对曲线进行“选择 F 值”，点击“$F-m$ 图像”得到拟合曲线

(见图 8)。观察曲线后可推断 $F-m$ 之间成正相关关系。

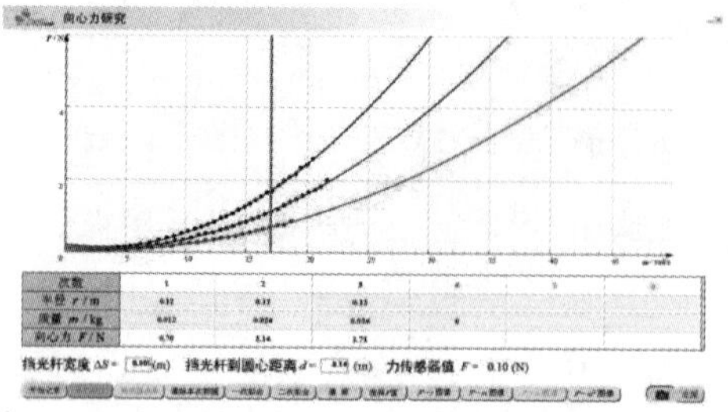

图 7　r 不变，m 变化的 $F-\omega$ 数据曲线

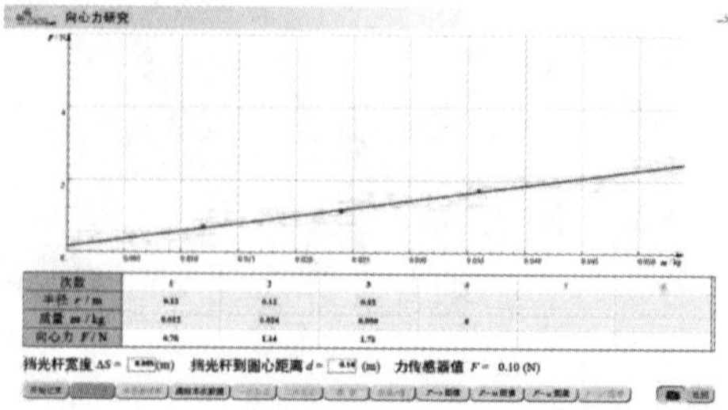

图 8　向心力与质量（$F-m$）之间的关系

八、实验效果评价

本实验采用朗威 DISLab 数字实验系统进行探究，该仪器组装简单，操作方便，能很快探究出向心力的表达式。但应用 DIS 向心力实验设备采用控制变量法进行实验时，不能直接保持 ω 不变，需要利用计算机取值进行图形转换。且此实验设备并不能直接得到最终实验结果，需要对表达式进行力学单位制分析得到正确表达式。同时，高度“智能”的数据拟合方式并没有让学生直接参与数据处理，没有让学生体会到学习过程。

扭秤的制作与使用

北京汇文中学　王斯宇　夏维宏　张国

一、使用教材

新人教版高中《物理必修3》第九章第二节“库仑定律”。

二、实验器材

（1）主要器材：塑料衣架（带夹子）、钓鱼线、平面镜、激光发射器、铁架台（带铁夹）。

（2）辅助器材：白纸、笔、刻度尺、剪刀、万能胶、带孔的小球等。

（3）拓展器材：金属小球、带绝缘柄的金属小球、铜线、钢丝、橡皮筋、硬纸板。

三、实验创新要点

扭秤在物理学的研究发展中扮演着重要角色，在高中物理教学中不容忽视。《物理必修2》中讲述了卡文迪许利用扭秤测量引力常量；《物理必修3》中正文部分讲解了库仑扭秤实验。扭秤实验包含大量科学知识及科学思维、方法，包括测量微小力、微小形变：①力矩与转动；②光学放大法；③类比思想。实验设计思路及创新点如图1所示。

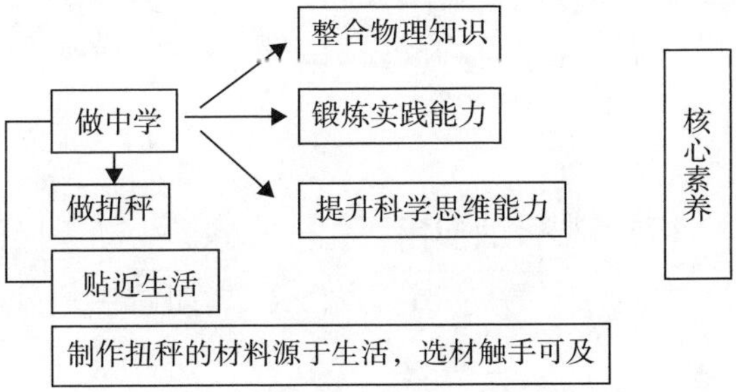

图1　实验设计思路及创新点

（一）扭秤教学的难点

（1）力矩与转动的知识在高中物理中处于教学边缘，学生不易理解力矩的概念。

（2）固有印象认为卡文迪许扭秤作为高精尖设备，距离学生乃至教师十分遥远；而库仑扭秤实物尺寸不大，结构亦不简易，不方便展示和讲解。

（3）板书及图片对扭秤的展示效果有限，对学生三维空间想象能力有一定要求。

（二）实验教学创新

（1）从杠杆原理切入。

1）杠杆作为初中物理学习内容的重要部分，贴近生活，学生十分熟悉。

2）可以不出现“力矩”这一新概念，只提杠杆中的“力×力臂”。

（2）把悬丝（扭丝）类比成弹簧。

1）回顾胡克定律，拓展形变类型（伸缩→扭转）。

2）学生类比猜想：将平动形变长度 Δx 迁移到转动形变角度 $\Delta\alpha$，弹簧伸缩的劲度系数 k 迁移到悬丝（扭丝）扭转的劲度系数 k'，举一反三。

（3）利用身边随处可见的物品，自制扭秤并实验，在做中学。

1）主体的制作：简单了解扭秤构造和原理后，利用衣架作为扭秤主体的 T 形架，中间贴小平面镜，衣架较轻，易于转动。

2）悬丝的选择：给学生橡皮筋、钓鱼线、钢丝、铜线等备选，各小组讨论选定悬丝材质。学生在讨论中体会转动劲度系数的物理意义。

3）装置的固定：学生进行实际操作时会发现各种问题，进行讨论并设计方案以解决问题，之后交流并汇总优化。可能遇到的问题及解决方案如下。

①利用铁架台及铁夹的组合，选择合适的固定悬丝的方式。此处涉及对用单摆测重力加速度时悬线固定方式的复习。

②单一扭丝固定后，扭秤主体稳定性差，易产生振动、晃动和摆动。引导学生进行改进，优化方式可以是上下均系一根扭丝，拉紧后夹紧，这样就可以改善扭秤的稳定性。

4）光路的设置：

①调整激光器，涉及铁架台的使用，充分锻炼学生动手操作能力。

②确定光路，教室中不只一组同学在做实验，如何找到自己装置的光路，需要学生动脑动手。

③制作光屏上的标尺。

5）模拟库仑实验：在扭秤两端夹住两个相同的金属球，之后使小球带电，静置使扭秤平稳。用另一带电的金属球（手握绝缘柄），缓慢靠近扭秤一端，观察扭秤及光点的变化。当小球靠近扭秤时，扭秤转动，光点移动。

（4）拓展内容，发散思维。

1）拓展 1——增加角度标尺和指针：当所测的力比较大时，可以直接读出偏转角度。

2）拓展2——模仿库仑定律，测得定量结果：在完成拓展1并改进装置后，更进一步利用自制的扭秤完成科学探究及验证。

3）拓展3——利用扭秤，对其他微小力进行显示和测量：如热辐射压力、光压力等。

4）拓展4——为扭秤增加阻尼。由于此时自制扭秤阻尼小，不易停止，引导学生进行发散性思考：如何增加阻尼，可令扭秤易于停止？课下可以继续思考并动手。

四、实验原理

（1）以T形架作为秤杆，在T形架的两端连接两个相同质量的小球，通过秤杆的中心用一扭丝悬挂。秤杆可以绕扭丝自由转动。

（2）当“正向力×力臂”=“反向力×力臂”时，秤杆平衡。若二者不相等，秤杆则会沿乘积较大的方向转动。

（3）悬丝或扭丝在发生转动形变、偏离自由状态时，会产生“反向的力×力臂”，并且其数值与转动形变角度成正比（反向力×力臂$=k\alpha$，扭转形变的胡克定律）。

（4）当小球受到微小水平力而使秤杆转动时，偏转角α增加，扭丝的“反向力×力臂”随之增加，直到“正向力×力臂”=“反向力×力臂”，即达到平衡为止。扭丝上的小镜将光线反射到光屏上。当扭丝转动时，光线在光屏上移动的距离标志着扭转角的大小，从而计算出微小力的大小。

五、实验教学目标

（1）学生通过亲手制作扭秤，深刻理解扭秤的工作原理，熟练掌握扭转测量微小力、光学放大等重要科学方法，增强科学思维。

（2）学生利用身边触手可及的物品，通过学习理论知识、设计并实践，动手制作出固有印象中难以触及的科学仪器并不断改进完善，然后进行科学探究和验证。实验提升学生动手及创新能力，增强学生对科学的兴趣。

（3）制作过程中，每个问题都涉及大量中学物理其他章节的内容，实现部分知识的回顾与整合，从做中学，学以致用。

（4）实验中解决问题的方法不唯一，给予学生充分的发散思考空间，并提升学生解决实际问题的能力，真正培养国家需要的创新人才。

六、实验教学内容

（1）扭秤的构造及工作原理。

（2）学习扭转测量微小力、光学放大等科学思维方法。

（3）学生动手制作扭秤，在过程中解决所遇到的实际问题。

七、实验教学过程

（一）扭秤原理的铺垫

（1）拿出弹簧，回忆胡克定律 $F=k\cdot\Delta x$，用 PPT 演示回顾微小形变、光学放大等思想，如图 2 所示。

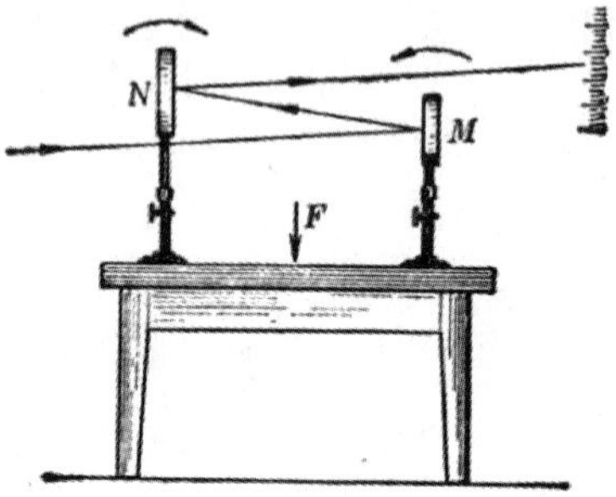

图 2　演示弹簧弹力与形变量的关系、光学放大观测微小形变的方法

（2）拿出毛巾，用力扭转毛巾使其形变，松手后发现会有一个“回转力”使其恢复原状，该“回转力”与形变角度有关，如图 3 所示。

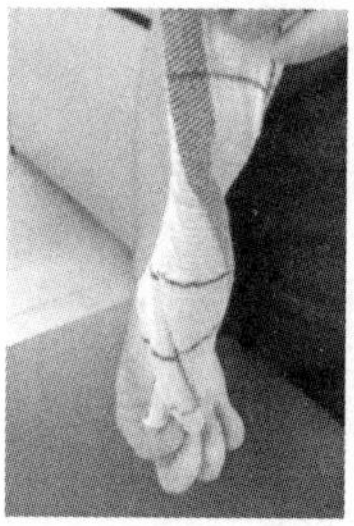

图 3　演示扭转形变与回转现象

（二）扭秤原理讲解

类比于弹簧胡克定律，利用杠杆平衡原理，则如图 4 所示，库仑扭秤平衡条件：$F_{库}\times(L/2)=k'\alpha$。其中，$F_{库}$为小球 C 对小球 A 的库仑力，$L/2$ 为力臂，α 为扭秤偏转角度，k'为比例系数。

如图 5 所示卡文迪许扭秤平衡条件为：$F\times(L/2)+F\times(L/2)=k''\beta$。其中 F 分别为球 m' 对球 m 的万有引力，$L/2$ 为力臂，β 为扭秤偏转角度，k''为比例系数。

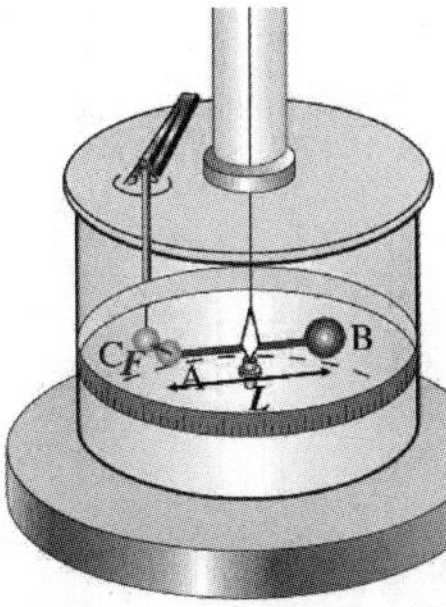

图 4　库仑扭秤示意

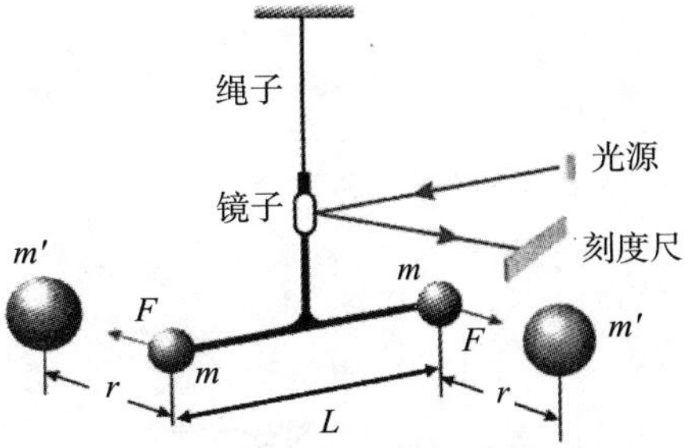

图 5　卡文迪许扭秤示意

（三）自制扭秤

主要实验器材有塑料衣架、平面镜、激光发射器、铁架台、铁夹、剪刀、白纸、笔、橡皮筋、铁丝、铜线、钓鱼线、扭丝、小球（带孔）、万能胶。自制扭秤实验装置如图 6 所示。

（1）扭丝的选择。

教师提出回顾弹簧劲度系数的物理意义（k 越大，发生相同形变所产生的弹力越大，越“硬”），如果想感知大力，就用“硬”的物体；感知小力，就用“软”的物体。扭丝亦如此，有“软”有“硬”。学生通过实际触摸感知，对劲度系数更加理解，类比于弹簧，对扭转形变越发熟悉，这又是一个知识的整合。

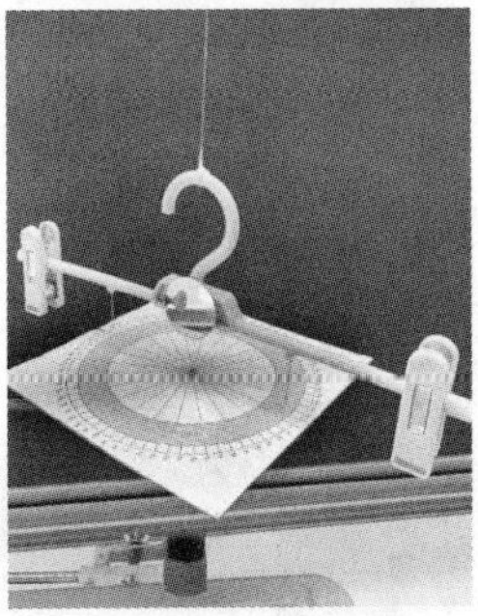

图 6　自制扭秤实验装置实物图

（2）装置的固定。

学生实际操作中会遇到各种问题，每一个细节的处理，都蕴含着物理思想。

1）将铁夹固定在铁架台上，用铁夹夹住扭丝，学生会有多种夹扭丝的方式，如图 7 所示。这里恰好与“单摆测重力加速度实验”中悬线悬挂方式选取相关联，如图 8 所示，对之后单摆实验有一定的预告作用。

另外，若扭丝选取的是金属丝或钓鱼线，由于其材质摩擦系数较小，不易被夹住，需要学生改进后操作。

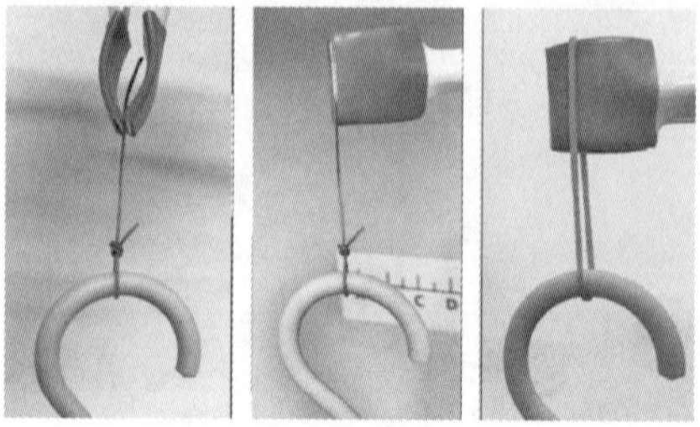

图 7　学生夹扭丝方式

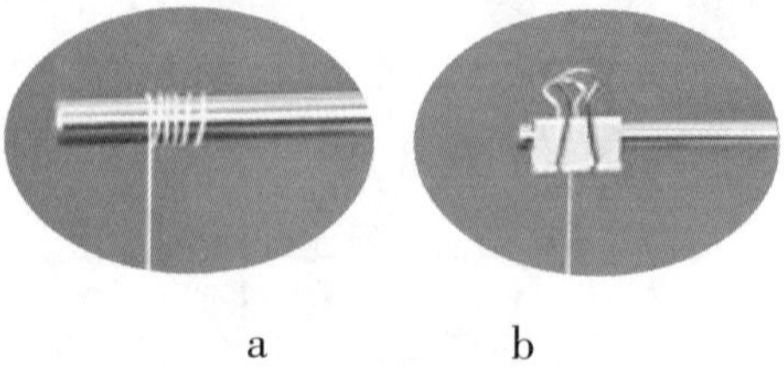

图 8　单摆悬线上端两种悬挂方式

比较好的固定方式是用带小孔的球，将扭丝穿入带孔小球，打结，抹胶，用铁夹夹住球，如图 9 所示。

2）单一扭丝固定后，扭秤主体稳定性差，易产生振动、晃动和摆动。教师适时引导学生进行改进，学生讨论并实践。较好的解决方式是在扭秤上端和下端都悬挂扭丝，如图 10 所示。

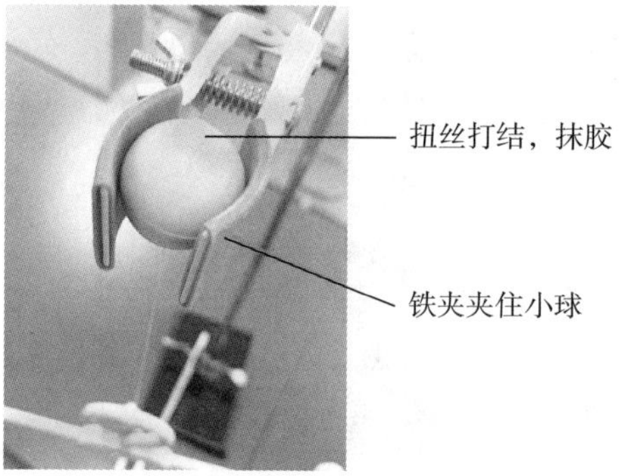

图 9　比较好的悬线固定方式

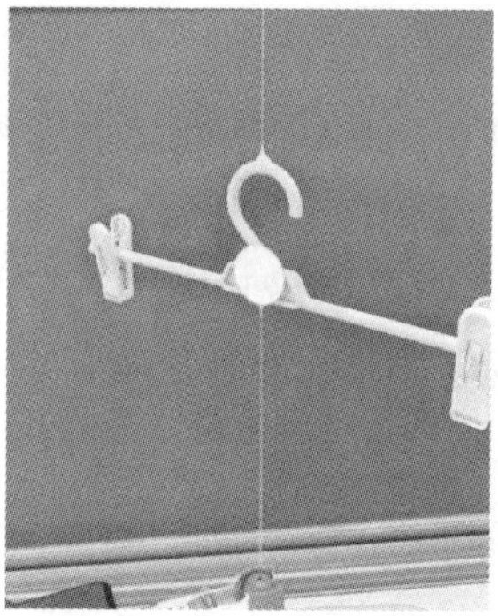

图 10　扭秤固定后效果

（3）光路的设置与确定。

学生实践完成，可能遇到的问题是：教室中不止一组同学在做实验，如何找到自己装置的光路，需要学生动脑动手。较好的解决方法是用白纸作为光屏，由近及远找寻光点，确定光路，避免眼睛直视激光，如图 11 所示。

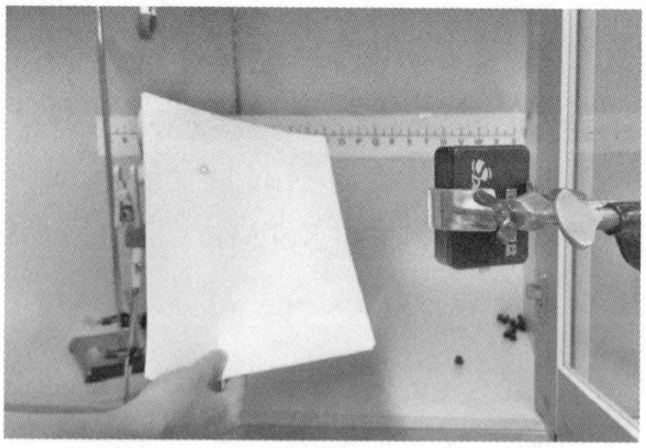

图 11　用白纸确定光路的方法

有同学能想到用喷雾，利用丁达尔效应找寻光路，教师要及时对不同的方法给予鼓励。这都是在培养学生解决问题的能力，解决问题的方法是不唯一的、发散的。

（4）模拟库仑实验。

如图 12、图 13 所示，在扭秤两端夹住两个相同的金属球，而后使小球带电，静置使扭秤平稳，标出光点位置。用另一带电的金属球（手握绝缘柄），缓慢靠近扭秤一端，观察扭秤及光点的变化。当带电小球靠近扭秤时，扭秤转动，光点移动。待装置稳定后，再次标出光点位置，确定两次光路变化，扭秤制作实验初步完成。

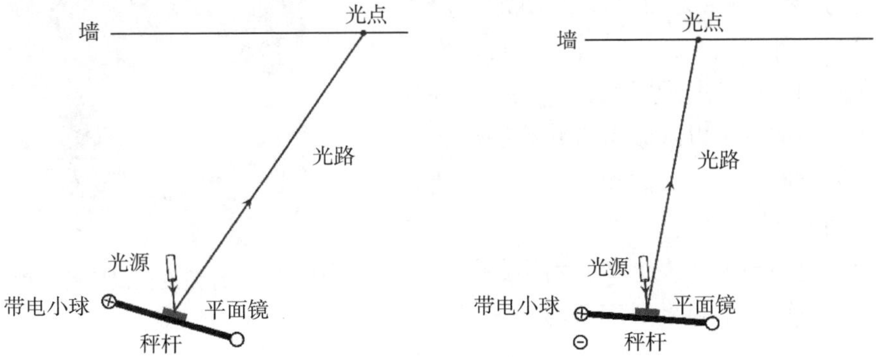

扭秤初始平衡状态（示意图）　　扭秤一端受库仑引力时平衡状态（示意图）

图 12　扭秤模拟库仑实验俯视示意图

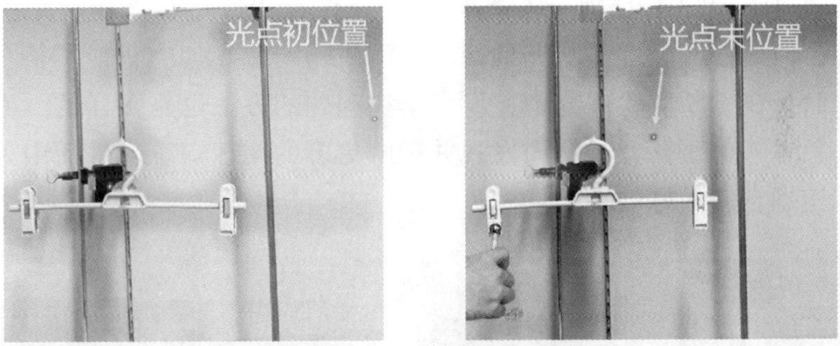

扭秤初始平衡状态（实物图）　　扭秤一端受库仑引力时平衡状态（实物图）

图 13　扭秤模拟库仑实验装置实物图

（5）课下拓展。

课堂实验教学只是开端，应给学生留有思考拓展的空间，学生在不断地发现、设计、实验、失败、再设计、再实验中，达成自我提升。

1）拓展 1——利用自制扭秤，模仿库仑定律，测得定量结果。用相同小球接触、平分电量的方法验证电量对库仑力的影响。

2）拓展 2——增加角度标尺和指针。实验中观察光点，学生会发现库仑力较万有引力大很多。

测小力，看不出扭秤旋转，可以利用光学放大法；库仑力不小，可以直接测量偏转角度。给扭秤升级，增加角度标尺，中间开洞，保证扭丝不会和标尺有摩擦，扭秤上固定指针方便读数，如图 14 所示。

3）拓展 3——利用扭秤，对其他微小力进行显示和测量。如热辐射压力、光压力等。

4）拓展 4——为扭秤增加阻尼。由于此时自制扭秤阻尼小，不易停止，提出发散性思考问题：如何增加阻尼，才能令扭秤易于停止呢？课下可以继续思考并动手。

拓展方向不唯一、问题不唯一、解决方法也不唯一。

为学生展现出从一个实验引出的探究分支网络，告诉学生很多时候要勇于思考、学会发散性思考。

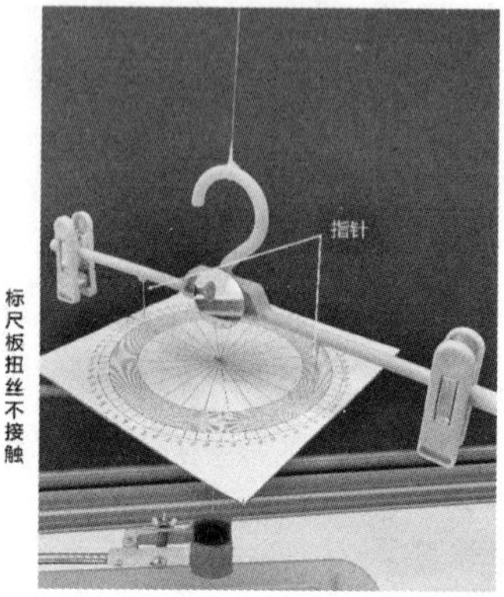

图 14 增加角度标尺后的扭秤

八、实验效果评价

扭秤的改进历程如图 15 所示。教师开始仅仅是想通过制作扭秤来深刻理解扭秤的原理，但是在实验中不断遇到问题、解决问题，让师生获得了很多实际能力的提升。而且在不断实验探究中，发现解决问题的方法也是多样的，生活中应勤于观察和思考，勇于探究，从而发现并理解更多的物理知识。生活中处处有物理，实验是挖掘它们最好的手段。

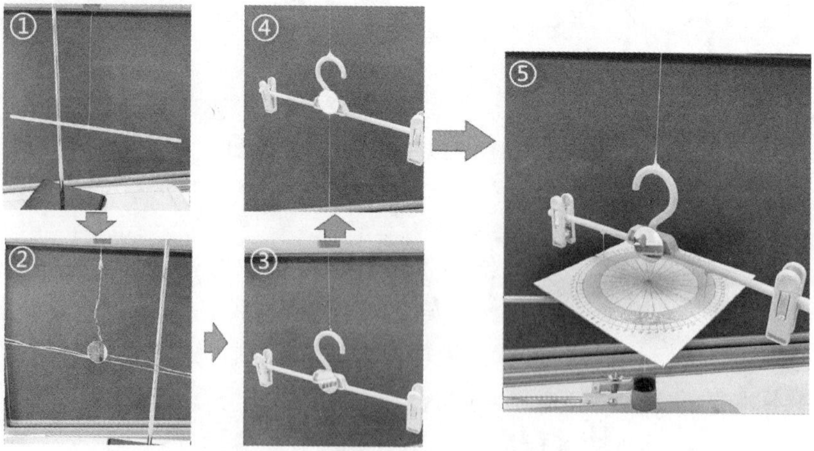

图 15 自制扭秤的发展、改进历程

万有引力定律

宁波市慈湖中学　孔大海

一、使用教材

新人教版高中《物理必修2》第七章第二节“万有引力定律”。

二、实验器材

实验所用器材为自制卡文迪许扭秤装置，如图1所示。扭秤采用伸缩支架，亦可以使用人字梯作为支撑，支架下面垫防震垫，扭丝采用铜丝，悬杆用铝杆，悬杆上固定直径约为12 cm的玻璃球，悬杆中间放置两块平面镜。

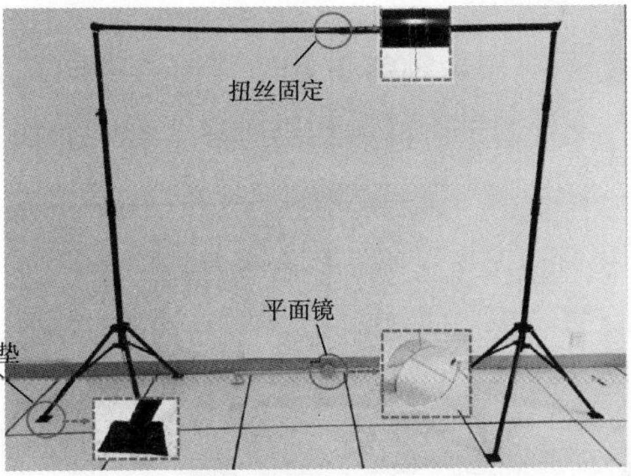

图1　自制卡文迪许扭秤装置

三、实验创新要点

教材中给出万有引力定律时做了非常好的理论推导和实验验证，但是唯独缺少了普通物体之间引力存在的直接证据，而且学生对于普通物体之间存在引力也缺乏直观感受，没有感性基础。为了落实学生的核心素养，教师带领学生设计了第一个创新实验——卡文迪许扭秤实验，可视化效果好。在定性得出普通物体之间存在引力的基础之上，又设计了第二个创新实验，利用视频追踪技术估算引力常量的数量级，得到的结果是$10^{-11}\sim10^{-10}$，与标准值是比较接近的。

四、实验教学目标

（一）物理观念

（1）构建出任何物体都存在相互作用的引力的观念。

（2）理解悬杆上球的摆动幅度越来越小的原因，建立能量观念。

（二）科学思维

（1）理解卡文迪许扭秤实验的结构。

（2）根据扭秤实验结果推理出万物之间皆有引力。

（三）科学探究

（1）培养观察、猜想、设计实验的能力。

（2）得到普通物体间存在引力的证据。

（四）科学态度与责任

（1）体会科学研究的艰难和长期性。

（2）知道任何理论都需要接受实践的检验。

五、实验教学内容

（一）卡文迪许扭秤实验

从2019年开始，教师就带领学生开始普通物体间万有引力的求证之旅，如图2所示。该图中二维码记录了我们初始阶段实验的具体过程。

图2　初始阶段实验情境

在实验中大家看到了引力的存在，但后来也有同学对扭秤的旋转提出了质疑。比如，旋转可能是因为周围环境的振动、人走动时引起的空气的扰动、扭丝自身的回转等。师生们对此进行了讨论，做了如下的改进和探索。

（1）改进一：加装防风罩，如图3所示。

（2）改进二：进行长时间拍摄。

（3）改进三：优化扭丝材料和结构。

图3　防风罩

经过不断尝试，最终选择了铅球和玻璃球进行实验，扭丝选择铜丝，拍摄时长 100 min 左右。由于环境背景噪声的存在，所以放置铅球之前玻璃球并不会完全静止，振动情况如图 4 中虚线所示。在放置铅球之后，玻璃球的摆动范围如图 4 中实线所示，玻璃球在左侧的摆动突破了之前的范围，指向了铅球，引力存在证据充分。

图 4　放置铅球前后的玻璃球的摆动范围

(二) 引力常量数量级的估算

如图 5 所示，小球和光点移动的角度之比是 1∶2，测量出 r_1、r_2的长度，根据线速度公式 $v=r\omega$，可得二者线速度的比值为 1∶8.8。再根据加速度公式，两个线速度大小直接相减除以时间，就能得出小球的切向加速度。所以小球的切向加速度等于光点移动的加速度除以 8.8，只要能求出光点移动的加速度，就能求出小球的切向加速度。而小球的切向加速度是由万有引力和扭丝共同作用产生的，怎样消除扭丝的力也是一个难点。经过讨论，学生提出放铅球之前的振动中心对应的是一个平衡位置，这个位置扭丝的力接近为零。所以只要我们能求出放置铅球之后，光点再次经过这个中心位置的加速度，那么这个加速度就是只由万有引力一个力所产生的，可以借助视频跟踪技术实现这一点。

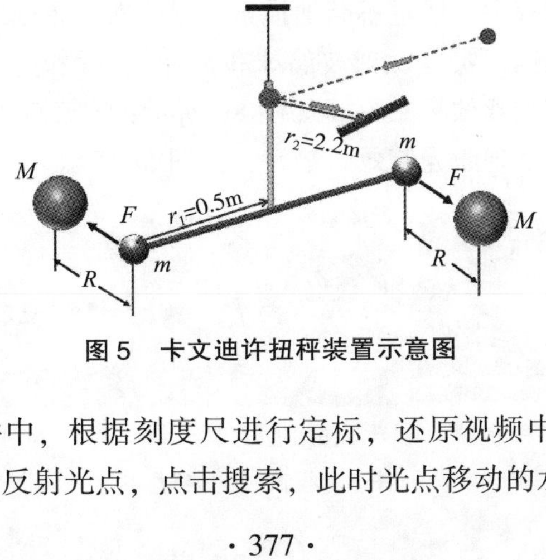

图 5　卡文迪许扭秤装置示意图

将视频导入软件中，根据刻度尺进行定标，还原视频中光点移动的真实距离。标记追踪对象为反射光点，点击搜索，此时光点移动的水平位移 x 与时间的关系图像就出现在了右上角，如图 6 所示，同时还可以得到加速度与时间的关系图像。接下来进行数据分析，如图 7 所示，选中与放置铅球之前的振动平衡位置相近的 3 个点进行分析，选中之后，右侧表格中会直接显示该点的加速度值，经过换算就可以得到玻璃球的加速度和引力常量的值，得出结果的数量级与标准数量级 10^{-11} 还是比较接近的。

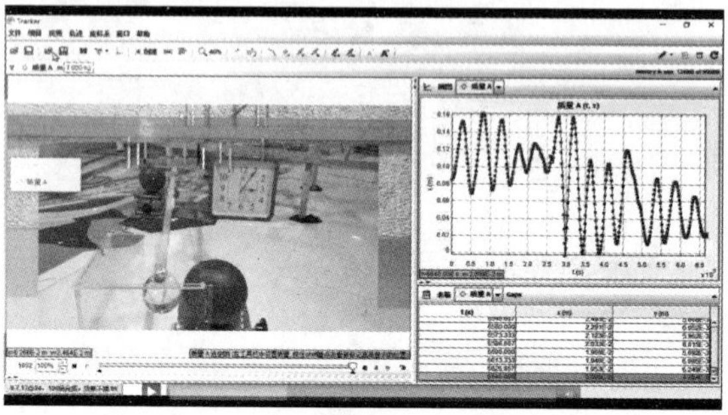

图 6　视频跟踪软件分析结果

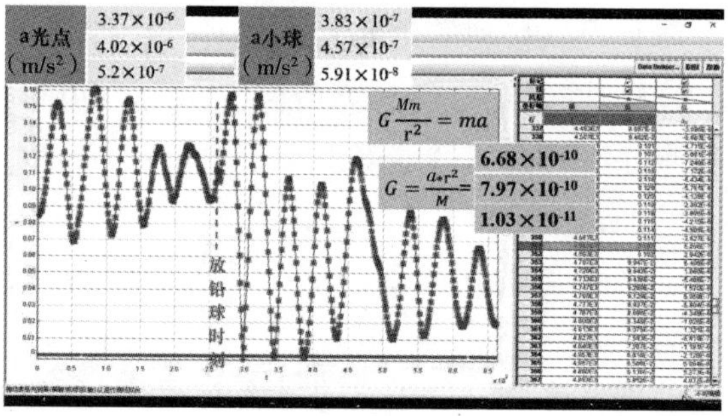

图 7　数据分析

六、实验效果评价

在长期的实践过程中，经过不断地摸索，学生对装置的结构器件有了初步的结论。对于悬杆和重物，实验发现玻璃球和铝杆效果最好，如图 8a 所示；对于扭丝，实验发现选择铜丝效果最好，如图 8b 所示；对于激光器，需要满足长时间使用的要求，实验发现激光笔效果最好，如图 8c 所示。

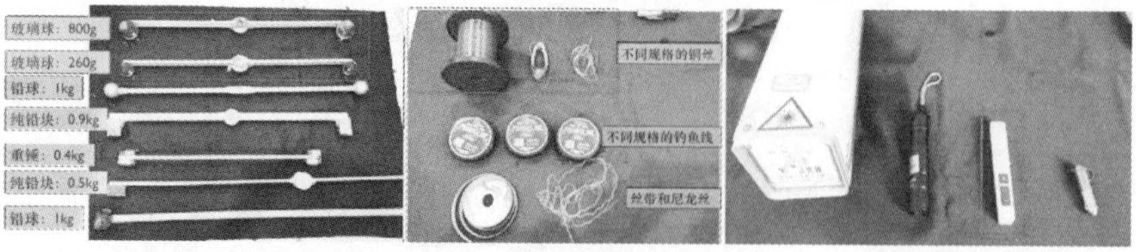

a 使用过的悬杆和重物　　b 使用过的扭丝　　c 使用过的激光器

图 8　尝试过的器材

本节课的实验，学生全程参与，历时一年有余。在长时间的探索过程中，师生遇到过很多问题，比如，选择什么样的材料作为扭丝，经过反复实验，发现铅球与铅球之间的吸引也可能是磁力的作用，于是将实验材料进行了更换。更换材料之后，又发现吸引作用几乎观察不到，实验一度停滞。教师为学生讲述英国的卡文迪许实验室走出了近30位诺贝尔奖得主，是世界上最伟大的实验室，学生深受鼓舞，继续研究，最终获得了成功。

在高中阶段，让学生去参与完成一些具有挑战性的实验，无论是成功时的欢喜振奋，还是失败时的沮丧失望，抑或最终完成实验时的喜极而泣，这份经历都会激荡学生的心灵，考验学生的意志，这就是物理实验的魅力，是教育的美好模样！

探究功与物体速度变化的关系

青海油田第一中学　韩小华

一、使用教材

本研究选用人教版高中《物理必修2》第七章第六节的内容。通过前面几节内容的学习，学生已经建立重力势能、弹性势能的概念，知道了重力做功、弹力做功与重力势能、弹性势能之间的关系。从内容逻辑性上来讲，接下来应是进一步研究和讨论力对物体所做的功与物体动能间的关系。对于与动能相关的问题来说，对物体做功意味着物体的速度发生变化。因此，本节内容是通过实验探究力对物体做的功与物体速度变化的关系。本节内容是寻求动能表达式的实验探究过程，下节内容（动能和动能定理）是寻求动能表达式的理论探究过程，前后两节内容共同构成了一个较为完整的体系。通过这两节课的学习，有利于培养和发展学生的课题意识和实验探究能力。

二、学情分析

（一）学习者的知识与能力

（1）通过初中阶段的学习，学生已经具有一定的实验探究能力及物理研究方法。但学习方法仍以初中时的记忆和模仿为主。

（2）学生已掌握正确使用打点计时器，以及平抛运动、自由落体运动的有关知识。

（3）本节课所涉及的内容与实际生活联系紧密，且学生已具备一定相关生活体验。

（二）学习者特征分析

高一的学生在初中时的学习已经涉及功和能的转换关系，会分析简单的现象，但不深入。另外，通过高一下学期前面几章的学习，学生基本了解功的定义，初步具备设计探究实验的能力。

教学对象是高一某班的学生，该班学生物理学习基础不太好，学习习惯差，学习物理的积极性和主动性不高，小组合作学习的活动开展较少，在交流与合作上会有一些欠缺。

三、实验器材

长方体木板、橡皮筋若干、小球、塑料滑杆、复写纸、白纸、打点计时器、铁架台、重锤、纸带、刻度尺、电源、电脑等。

四、实验教学目标

（一）物理观念

（1）知道该探究实验须测定功与速度两个物理量。

（2）会利用平抛运动和打点计时器计算物体的速度。

（二）科学思维

（1）理解用平抛运动和倍增法的实验设计方案。

（2）理解用自由落体运动与打点计时器的实验设计方案。

（三）实验探究

（1）在教师的引导下会进行实验方案的设计探究。

（2）培养学生的数据处理能力。

（四）科学态度与责任

（1）领略探究过程中避繁就简的方法选择，感受实验探究的快乐。

（2）培养学生敢于实践的科学观以及科学的思维方式与能力。

（五）教学重点、难点

（1）教学重点：①实验方案的设计，实验数据的采集与处理；②学习科学探究方法，体验科学探究过程，改善学生的学习方法。

（2）难点：①变力做功的确定（倍增法）；②从寻找 W-v 关系转向寻找 W-x 关系（图像法）。

五、教法和学法

（一）教法

（1）类比、迁移法：类比以往学过的处理问题的方法，进行知识迁移，便于学生理解、掌握知识。

（2）问题驱动法：通过问题形成认知冲突，在思考中提炼方法，在讨论中反思优化，进而构建新知，再由新的问题驱动下一轮探究。

（二）学法

（1）实验探究法：引导学生通过创设情境等活动形式获取知识，以学生为主体，使学生的独立探索性得到充分发挥，培养学生的自学能力、思维能力。

（2）小组讨论法：针对学生提出的问题，组织学生进行集体和分组讨论，促使学生在学习中解决问题，培养学生的团结协作精神。

六、实验教学过程

实验教学流程如图1所示。

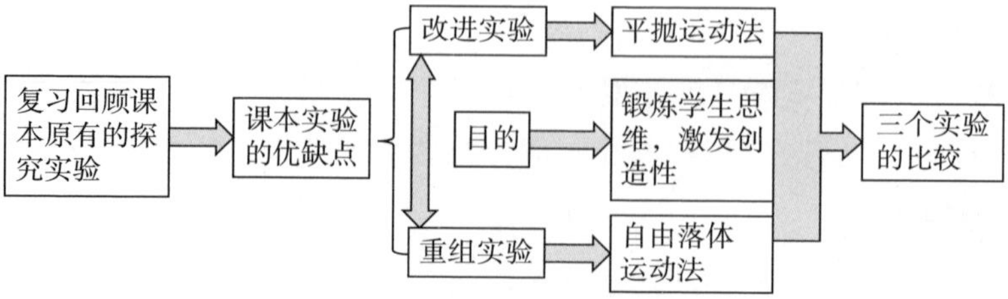

图1　实验教学流程图

（一）活动一：回顾与复习

“探究功与速度变化的关系”是人教版《物理必修2》的内容。课前已带领学生对重力做功与重力势能变化量的关系进行了理论学习，实验探究了弹力做功与弹性势能变化量的关系，且学生在初中已初识动能概念，了解动能与速度大小有关，故教材本节安排探究功与速度变化关系的实验。为简化实验操作，让研究对象从静止开始运动，于是实验探究目的就转换为了探究功与速度的关系。针对实验探究课，按给定的两种经典实验方案进行教学总结，归纳出以下几个操作要点：①平衡摩擦力，在实际操作过程中看似简单，实则难以控制，花费时间较长；②速度测量，同学们都想到用打点计时器这一传统而经典的测量工具，但在实际测量过程中，纸带的处理、数据的分析、结论的得出也相当困难。

如何才能快速探究出功与速度变化的关系呢？改进实验方案是不二的选择。下面是两种实验改进方案。

实验改进方案一：平抛运动法探究功与物体速度变化的关系。

实验改进方案二：自由落体运动法探究功与物体速度变化的关系。

（1）方案一：平抛运动法探究功与物体速度变化的关系

1）实验器材：长方体木板、橡皮筋若干、小球、塑料滑杆、复写纸、白纸。

2）实验原理：“平抛运动法”采用水平轨道、金属小球、塑料滑杆进行实验，让橡皮筋对金属小球做功，以一根橡皮筋所做的功为单位功，依次增加橡皮筋的条数，实现了功的倍增，分别为 W，$2W$，$3W$，$4W$，$5W$…小球在离开水平面之后做平抛运动，根据平抛运动的规律，每个球飞出去时下落高度相同，即运动时间 t 相同，根据公式 $x=vt$ 知 x 与 v 成正比，只需测量水平距离 x 即可。根据迁移法，把实验探究目的转化为：探究功与水平距离 x 的关系，即用图像法把从寻找 $W-v$ 关系转向寻找 $W-x$ 的关系。

3）改进后的平抛运动法实验装置如图2所示。

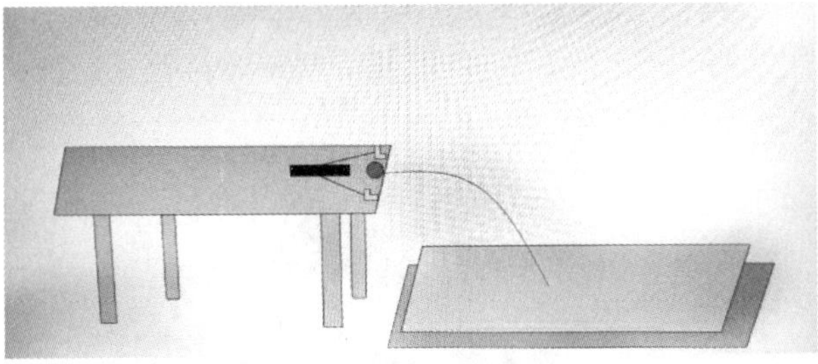

图 2　方案一实验装置

4）记录测量数据所用表格如表 1 所示。

表 1　方案一数据记录表

W	x	x^2
W		
$2W$		
$3W$		
$4W$		
$5W$		

5）实验所得数据用电脑进行数据处理，绘制 $W-x$ 图像和 $W-x^2$ 图像。

6）实验误差分析。

①滑杆击打小球部位不准确。

②橡皮筋的伸长量不准确。

③落点不准确。

④测量不准确。

（2）方案二：自由落体运动法探究功与物体速度变化的关系

1）实验器材：铁架台、打点计时器、重物、纸带、电源、导线、刻度尺。

2）实验装置如图 3 所示。

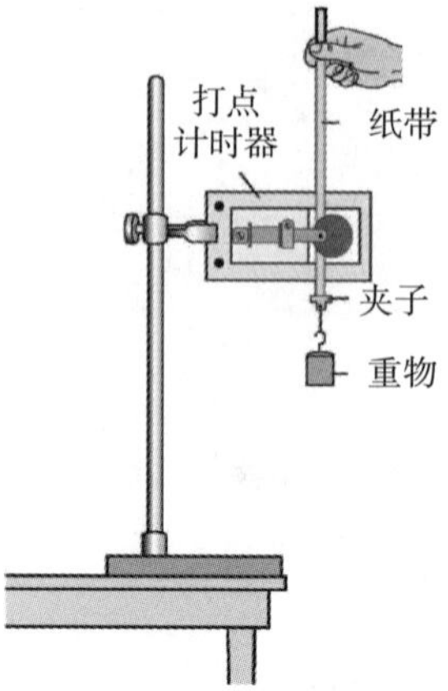

图 3　方案二实验装置

3）实验原理：按图示连接好实验装置，先接通电源，再释放纸带，重物拉动纸带做匀加速运动，纸带分析如图 4 所示。根据纸带量出重物下落高度 h_1，计算出重力做的功为 mgh_1，通过分析纸带计算出产生的速度 v_1，依次记录出 5 组数据并用图像法探究 W–v 和 W–v^2的关系。

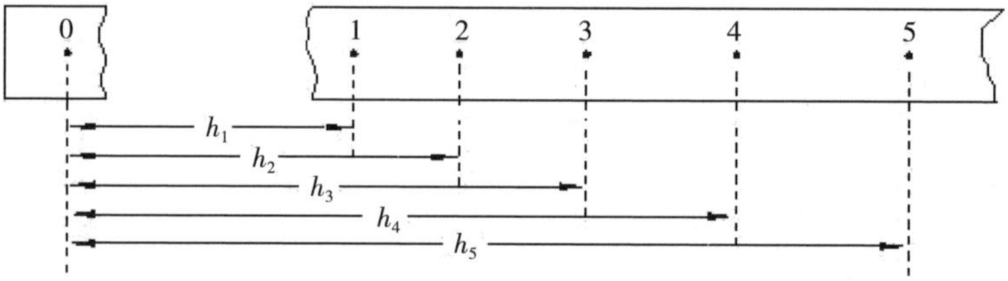

图 4　纸带分析

4）记录测量数据所用表格（见表 2）。

表 2　方案二数据记录表

数据组	h	W	v	v^2
1		mgh_1		
2		mgh_2		
3		mgh_3		
4		mgh_4		
5		mgh_5		

5）实验所得数据用电脑进行数据处理，绘制 $W-v$ 图像和 $W-v^2$ 图像。

（二）活动二：3 个改进方案的比较

对课本原有实验及改进方案的优缺点分析如表 3 所示。

表 3　实验方案比较表

实验	优点	不足
教材原有实验	实验设计巧妙，运用倍增法计算功，用打点计时器计算速度	平衡摩擦力费时费力，分析纸带计算速度费力
平抛运动法	实验设计巧妙，运用倍增法计算功，运用迁移法通过平抛运动把计算速度转化成计算落点的水平位移，锻炼了学生思维，简化了实验的复杂性	在测量中会产生误差，进而影响结果
自由落体运动法	实验设计简单易懂，易操作。有助于学生对探究问题的理解	测量数据多，运算量大

（三）活动三：实验的进一步拓展

对自由落体运动法探究功与物体速度变化的关系，还可以利用光电门等仪器进行进一步优化，学生可以进一步探究和思索。

（四）课堂小结，布置作业

（1）回顾与复习教材原有实验。

（2）改进方案：平抛运动法。

（3）重组方案：自由落体运动法。

作业：思考还可以用什么方法探究功与速度变化的关系？

七、实验效果评价

（1）实验改进思路比较巧妙，实验原理简单易懂，实验仪器常见易用，实验操作简单易行。

（2）对塑料滑杆还可以进行改装和重组，让实验误差减小，实验效果更明显。

波的形成与传播

呼和浩特市蒙古族学校　西吉尔

一、使用教材

（1）教材：人教版高中《物理选修 3-4》第十二章“机械波”第一节“波的形成和传播”。在教材中本章与上一章“机械振动”同属波动学的入门课程，本节是衔接两章的重要课程，同时也是机械波深入学习时的基础课。对学习波的图像、波长、频率、波速、波的衍射、波的干涉、多普勒效应都有重要的作用。

（2）新课程标准的要求：观察、认识波的特征；能区别横波和纵波；能用图像描述横波；理解波速、波长和频率的关系。

（3）学情分析：学生已经掌握简谐振动的基本概念、振动图像、表达式、回复力、能量以及实际应用的单摆、阻尼振动、受迫振动、共振等知识点，但是振动的能量传递、携带信息的方式并没有在上一章讲述。本节“波的形成和传播”恰好起到了衔接的作用，是学生容易掌握并提出诸多问题的一节课。

二、实验器材

自制实验仪器器材：弹簧（各种劲度系数的弹簧，包括拉簧、压簧）、波动弹簧、金属小球、塑料小球、纸筒、胶带纸、竹签、弹性绳、打点计时器、音叉、Arduino Nano V3.0、L298 电机驱动模板、HC-SR04 超声波模块、3D 打印机、学生电源、音响、亚克力管、放大器、手机、木质框架、各类导线等。

自制实验仪器的最大亮点是木质材料与亚克力板的应用，具有成本低廉、易完成、易改进的特点。

三、实验创新要点/改进要点

教材中的实验是用简单的、日常生活中的现象以精练的语言准确地描述知识点为目的而设计的，让学生通过一定的想象和联想，理解“波的形成和传播”。

教材中关于本节的实验有引入实验“彩带飞舞”（艺术体操的“带操”表演）、演示实验“沿绳的传播的波”、做一做实验“学生波浪表演”、演示实验“纵波的形成”、演示实验图“声波示意图”、做一做“观察水波”。讲解了波动的形成与传播的特点，以及模拟的体验实验。还包括了横波、纵波的对比实验、并以水面表面的波动进行深化。以下介绍教材中提到的实验及其改进要点。

（1）绳波的演示实验。

本实验是课本中的两组插图（教材第 23 页插图 12.1-1 及演示实验 12.1-2，

见图 1、图 2)，作为引入实验，有最为直观且易于理解的实验现象。但是其缺点是不能使运动的绳子停止，再加以说明横波的形成。“人浪实验”（见图 3）是由学生排成一行，从左边第一位同学开始，周期性地蹲下、起立来完成的，受教室环境和空间所限，体验者不能观察实验现象。基于此，教师自制“箱式纵波横波演示仪”(见图 4)，可将图片内容配合“箱式纵波横波演示仪”进行观察。

图 1　彩带飞舞

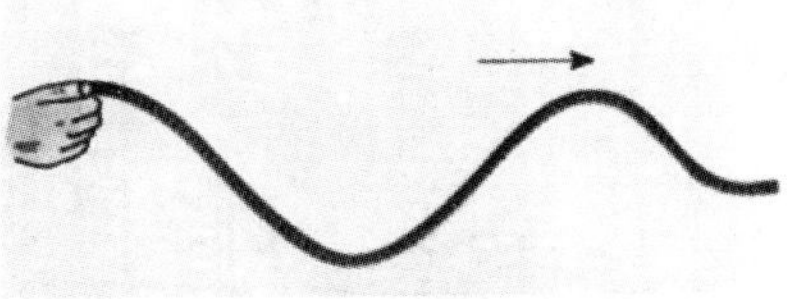

图 2　沿绳传播的波

图 3　“人浪实验”

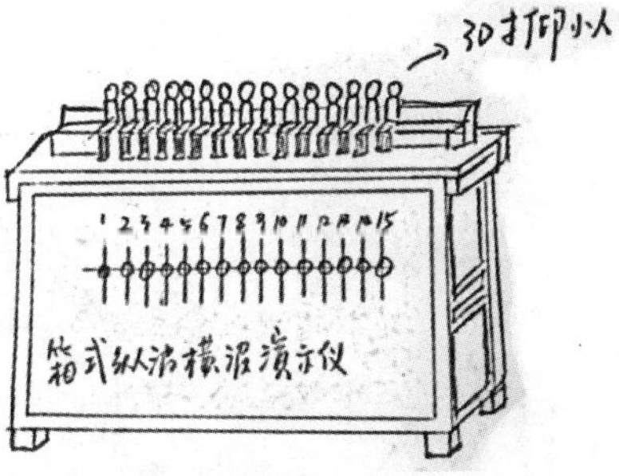

图 4　箱式纵波横波演示仪

（2）纵波演示仪。

教材中使用波动弹簧实验让学生了解纵波的特点（见图 5)。教师则利用金属小球与标准拉簧串联自制纵波演示仪（见图 6)，金属小球原地振动的客观性比波动弹簧更明显。

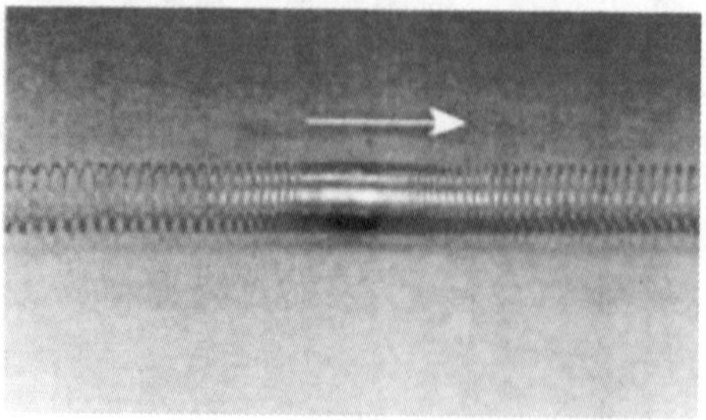

图 5　纵波的形成

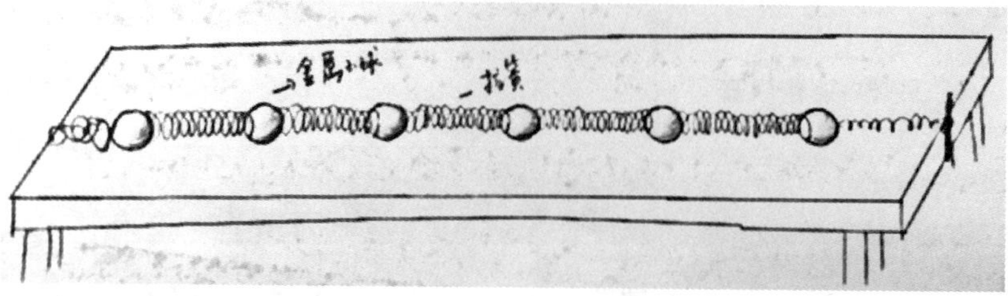

图 6　自制纵波演示仪——金属小球与拉簧的组合

（3）声波示意图。

课本中直接提出发声体振动时在空气中产生的声波是纵波，概念直接给出，并配以如图 7 所示的示意图，缺乏科学实验的验证。

改进要点：如何让声波可视化？教师自制实验仪器“超声波悬浮仪”，用于说明声波是纵波（见图 8）。

图 7　声波示意图

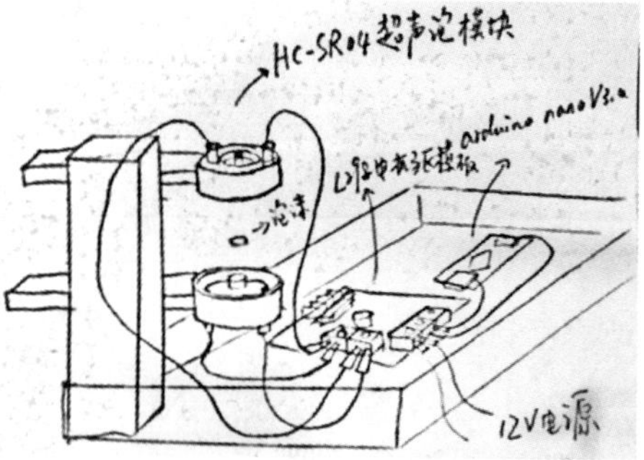

图 8　超声波悬浮仪

四、实验教学目标

（一）知识目标

（1）知道直线上机械波的形成过程。

（2）知道什么是横波、波峰和波谷。

(3) 知道什么是纵波、密部和疏部。

(4) 了解波的一些应用，以及波的其他实验研究。

(二) 重点与难点

(1) 本节课的重点是学生需要理解机械波、介质、横波、纵波等基本概念以及横波和纵波的特点。

(2) 本节课的难点是学生需要理解横波、纵波的区别以及横波的形成过程，尤其是要调解图像。

(三) 核心素养目标

为了让学生对波的传播图形有更深入的理解，本节课运用大量直观、易懂的实验进行科学探究，不仅让学生明确不同波的传播特点，还能让学生体会到波的普遍存在性，激活探索自然界的内在动力，培养学生严谨认真、实事求是和持之以恒的科学态度。

(四) 三维目标

(1) 知识与技能：理解波的形成与传播；知道机械波的传播条件；知道横波和纵波；理解机械波传播过程中能传递能量和信息。

(2) 过程与方法：通过实验与讨论，剖析机械波波动的规律，从而锻炼学生的观察能力与归纳能力；通过对机械波形成原因的探究，培养学生透过现象看本质的意识并提高学生分析、处理信息的能力。

(3) 情感态度与价值观：体会物理学分析过程的逻辑之美，让学生感受到只要多观察、多思考、多动手就能得到理想的结果，培养学生的自信。

五、实验教学内容

为了更好地完成教学目标，需要对课程内容进行区块划分并逐一完成，重点突破重难点的知识内容，以提出问题—展开讨论—进行实验—总结规律的步骤展开实验。

(一) 波的形成与传播

由“绳波”的体验实验配合观察“箱式纵波横波演示仪”引入课堂内容，理解波的形成与振动有关。

提出问题：绳波的振动与传播有什么关系？体现出何种特点？可否通过实验进一步验证这一观点？

学生进行观察讨论，最后总结规律。

(二) 横波和纵波

在学生了解了波的传播过程后，教师提出：通过上述实验，你们能否总结出波传播的形式有哪几种，特点是什么？能否将听说的所有的波进行分类呢？

（1）波的传播形式及特点：为了让学生清晰地认识波的传播形式，教师自制横波演示仪（见图 9）和纵波演示仪（见图 10）。学生通过“横波演示仪——基于塑料小球的介质可变仪器”与“纵波演示仪——可调波动弹簧”演示实验的对比，观察并总结横波与纵波的特点。

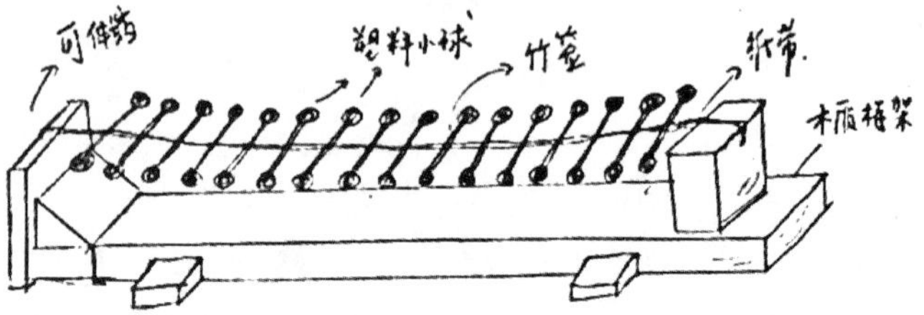

图 9　横波演示仪——基于塑料小球的介质可变仪器

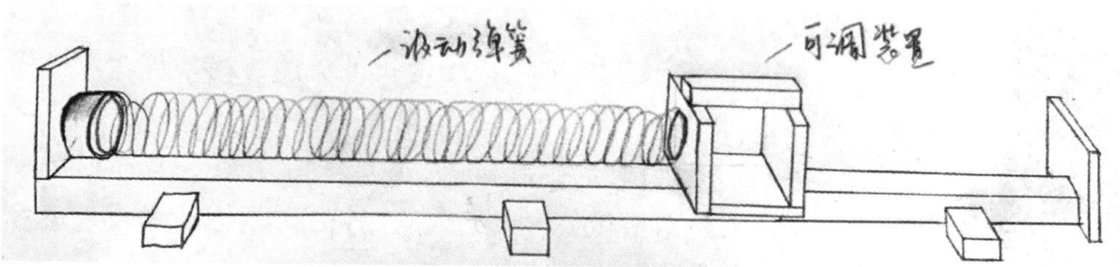

图 10　纵波演示仪——可调波动弹簧

（2）观察演示实验后总结规律。

质点的振动方向与波的传播方向相互垂直的波，叫横波。在横波中，凸起的最高处叫波峰，凹下的最低处叫波谷。

质点的振动方向与波的传播方向在同一直线上的波，叫纵波。在纵波中，质点分布最密的位置叫密部，质点分布最疏的位置叫疏部。

（3）对生活中各种波的分类讨论：如沿绳传播的波、水面上的波、沿弹簧传播的波、声波、电磁波、地震波等。学生通过课后大量查阅资料，分析了上述常见的波的特点，在课上通过实验进行验证，师生共同完成了高中阶段涉及的所有波的分类，提高了学生的信息查阅能力。

绳波、水面上的波、电磁波是横波，在水面下传播的波、沿弹簧传播的波、声波是纵波，地震波既有横波又有纵波。

（三）介质

通过一系列的实验及探究，最后学生得到结论：绳、弹簧、水、空气等是机械波借以传播的物质，叫介质。机械波的传播是需要介质的。组成介质的质点之间有相互作用，一个质点的振动会引起相邻质点的振动。机械振动在介质中的传播，形成了机械波。

六、拓展实验教学过程

（一）波速的研究

在课上一位学生在观察“箱式纵波横波演示仪”时提出问题：传播速度是不是跟手摇速度有关系？是否摇得越快，传播越快？这个问题的提出是难能可贵的，充分体现了学生具有科学探究的意识，能在观察和实验中发现问题，提出合理猜想与假设是科学探究核心素养的培养目标。

为了解答此问题，师生共同观察“横波演示仪——基于塑料小球的介质可变仪器”，通过改变介质学生发现传播速度与介质有关（这个问题对于“箱式纵波横波演示仪”会有误导作用），改变介质会改变传播速度。为了进一步激发学生科学探究的能力，课后教师又提出要求，横波的演示实验完成了，是否可以做一个介质改变的实验呢？

（二）证明声波是纵波

学生为了将声波可视化，做了如下实验。

（1）将音叉与拉簧相连，观察到拉簧传播的是横波（见图 11），学生得出声波是纵波的结论。此实验并不能用来证明声波就是纵波，但是教师并没有直接点破，反而引导学生将音叉与细绳连接，观察细绳的传播情形。发现细绳上传播的是纵波，为了寻找声波是纵波的特点，鼓励学生继续查阅资料进行实验。

（2）在寻找资料的过程中，学生无意间发现了一个装置，可以将声音的振动转换成薄膜的振动，利用激光笔的反射放大原理“看见”声音，并取名为“看得见的声音”（见图 12）。

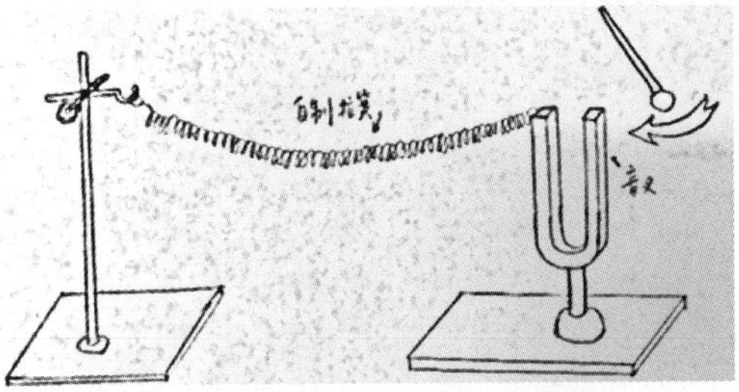

图 11　证明声波是纵波的实验装置示意图

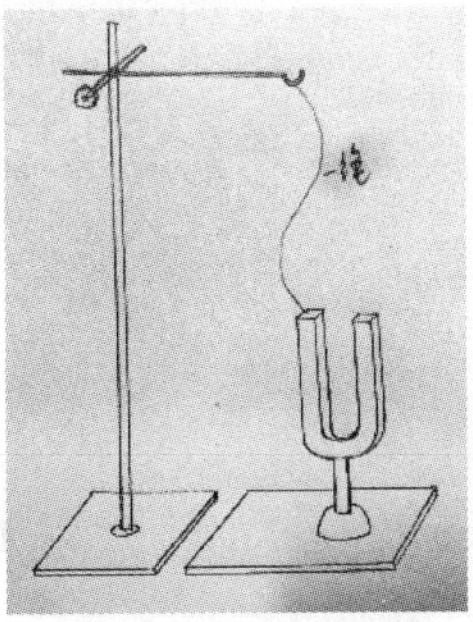

图 12　看得见的声音

（3）但是“看得见的声音”装置还是不能证明声波是纵波。最后教师带领学生共同学习了纵波形成的原理，利用自制昆特管（见图 13）和超声波悬浮仪（见图 8）装置找到了声波是纵波的证据。

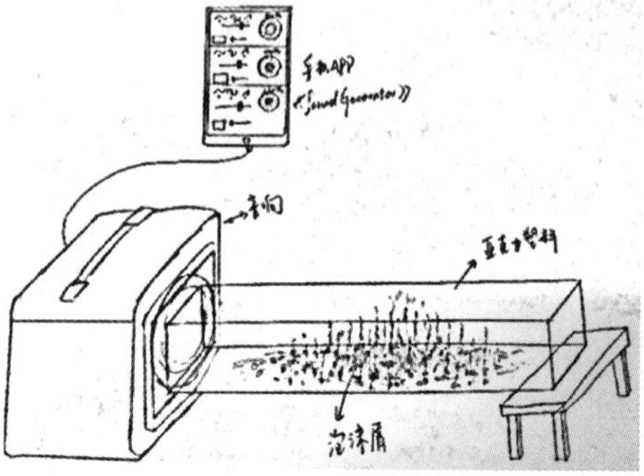

图 13　自制昆特管

（三）绳波模拟光的偏振

在课后，学生进一步提出了横波传播如果受到单缝的影响，是否能继续传播的问题。在教师的带领下进行了实验“横波演示仪——基于打点计时器的波动”（见图 14），利用单缝的特点旋转 90°后观察波是否可以传播出去。

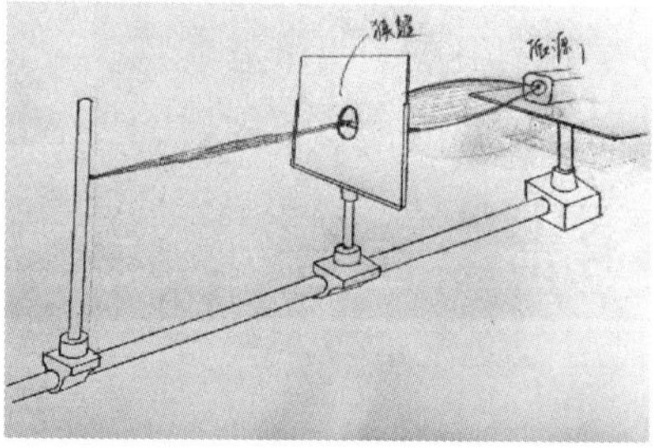

图 14　横波演示仪——基于打点计时器的波动

（四）实验教学的原则

（1）提出问题：教师如何提出有价值的问题，如何让学生提出有价值的问题。

（2）展开讨论：学生设计实验，教师仅提供帮助和指导意见。

（3）进行实验：注重实验现象的对比，在做实验的过程中才会有更多的新想法。

（4）总结规律：注重实验规律的总结，科学地判断实验进行的效果。

七、实验效果评价

通过本课程的学习以及客观深入地研究，学生确实理解了波的传播与形成，以及纵波和横波的特点。完成了教学任务的同时，获得了很多意想不到的收获。

（1）实验目的完成方面。根据新课标的理念，培养学生物理学科核心素养。本系列实验的完成，符合最新教学理念，完成了教学目标，拓展了相关知识。

（2）课程设计方面。实验内容并不难，但是进行科学探究以及课程设计创新却不容易。本次课程以提出问题—展开讨论—进行实验—总结规律的逻辑进行授课，充分体现了学生为主体、教师为主导的要求。

（3）实验仪器拓展方面。每个实验都有各自的优缺点和拓展方向，如何引导学生，关键在于教师的启发过程以及制作实验仪器时擦出的“火花”。

（4）师生共同提升方面。授人以鱼不如授之以渔，教师引导学生提出问题，尤其是关于波的传播是否与介质有关以及声波的可视化研究，大大提升了学生科学探索的素养，充分体现了物理学科核心素养的教学目标。通过探究实验，让学生知道物理实验既离不开生活，又离不开科学的探究过程。教师基于学生的学习情况，通过对于实验仪器的进一步加工和完善，自制了很多简易的、与研究波动相关的实验仪器，并将这些仪器命名为“波动全家桶”，陈列在学校的展览室当中。对于小学、初中、高中共在一个校园的特殊环境，这些实验装置可起到辐射的作用，能够让不同年龄段的学生在不一样的认知阶段对物理实验现象有自己的理解与认识，从而形成物理观念。

光的干涉

哈尔滨市第六中学校　庞洪友

一、使用教材

人教版高中《物理选修 3-4》第十三章第三节“光的干涉”。

二、实验器材

自制铁圈、肥皂液、燕尾夹、壁纸刀、三角板、硬纸板、激光笔、牛奶、水槽、自制发光二极管光源、单缝、双缝、摄像机、激光器、平面镜、光具座、扩束透镜、牛顿环、玻璃片、光屏。

三、实验创新要点/改进要点

（一）改进

（1）教材中采用激光光学演示仪做演示实验，学生参与度不高。本次实验教学中，教师利用壁纸刀在硬纸板上划出两道相距很近的双缝，并利用燕尾夹固定，用激光笔作为光源，在接收屏上观察实验现象。

（2）光线一部分直射到接收屏上，另一部分经过平面镜反射后射到接收屏上，两部分在接收屏上发生干涉，通过扩束透镜后观察实验现象。

（二）创新

（1）空间干涉实验。

水槽中装有按一定比例配制的牛奶胶体，激光笔发出的光通过牛奶胶体，利用丁达尔效应观察光在传播过程中的干涉现象。

（2）二极管干涉实验。

自制发光二极管光源可发出红光、蓝光、白光，摄像机作为承接屏将干涉现象投射到大屏幕上，便于全班同学观察。

（3）将玻璃片洗净，用布擦干，然后将它们叠合在一起，并用夹子夹紧，垂直放在太阳光下，玻璃片上就会出现彩色花纹。

四、实验原理/实验设计思路

利用一分为二的思想，将同一束光分成两束相干光，本节课中展示一分为二获取相干光的方式分别为：利用双缝、薄膜前后表面反射、直射光和反射光。

五、实验教学目标

（1）物理观念：了解光的干涉条纹的形成原理，认识干涉条纹的特征。

(2) 科学思维：学会观察实验，并能将观察到的现象与以前学过的机械波的干涉进行类比学习。

(3) 科学探究：通过观察实验，培养学生对物理现象的观察、表述和概括能力。

(4) 科学态度与责任：通过对干涉图样的观察，让学生在学习中体会物理知识之美。

六、实验教学内容

实验教学内容（见图 1）。

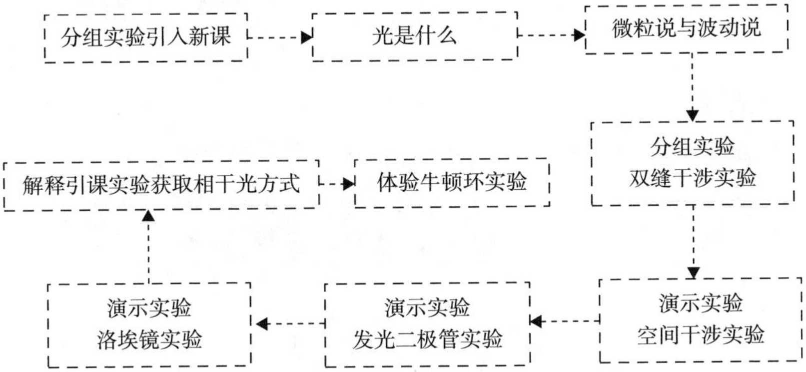

图 1　实验教学内容

七、实验教学过程

(1) 利用自制铁圈蘸取肥皂液，观察肥皂液薄膜表面的彩色条纹，如图 2 所示。教师发问设疑，这个现象是如何产生的？进而引出“光是什么”这个古老话题。

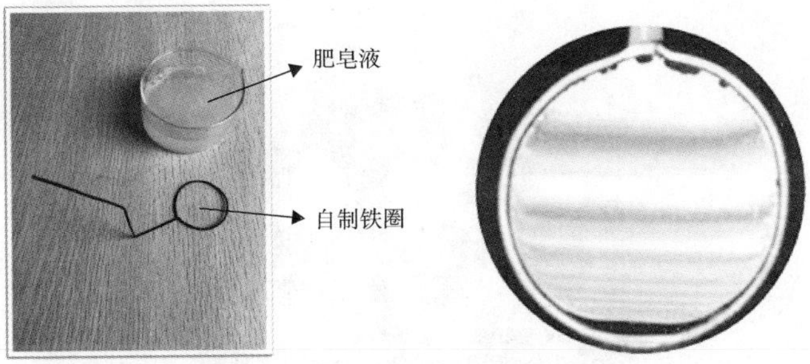

图 2　肥皂液薄膜干涉器材与图像

(2) 教师简要介绍波动说和粒子说，同时发问设疑，如果光是一种波，该如何检验呢？

（3）学生思考后给出答案，利用光做干涉或衍射实验。教师介绍杨氏双缝干涉实验的原理和操作步骤，学生分组体验，证明光是波，如图 3 所示。

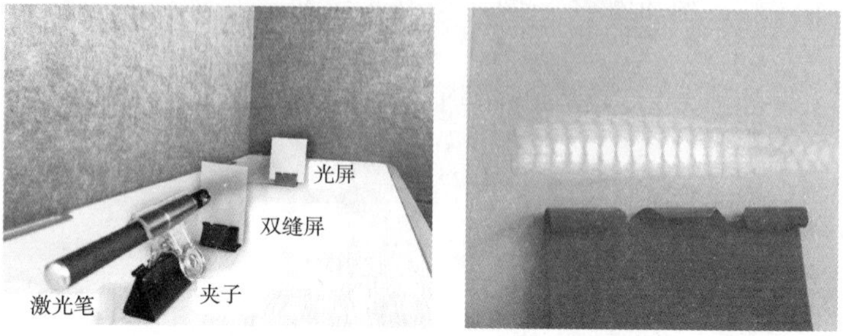

图 3　杨氏双缝干涉实验器材和现象

（4）教师介绍相干光的干涉不是发生在特定位置，在光传播过程中相干光随时都可以发生干涉，教师演示空间干涉实验，如图 4 所示。

图 4　空间干涉实验器材和现象

（5）通过发光二极管实验观察、对比不同颜色的光干涉条纹间距，教师演示发光二极管干涉实验，如图 5 所示。

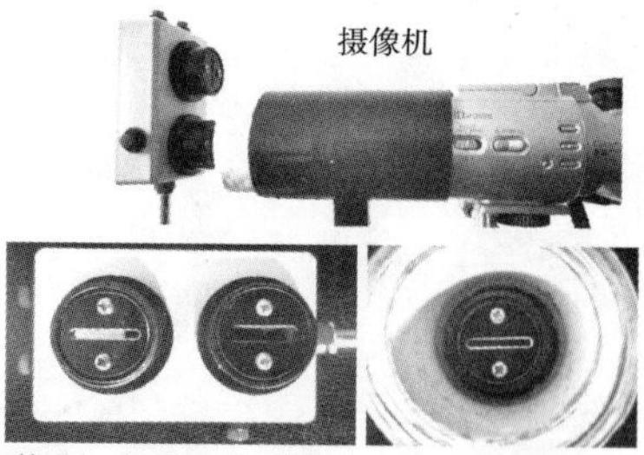

二极管（红光+蓝光）+单缝、双缝（置于圆筒内）
二极管（白光）+单缝

图 5　发光二极管干涉实验

（6）教师再次发问设疑，除了通过双缝获取相干光，是否还有其他途径呢？

教师演示洛埃镜实验（见图 6），并解释获取相干光的方式。

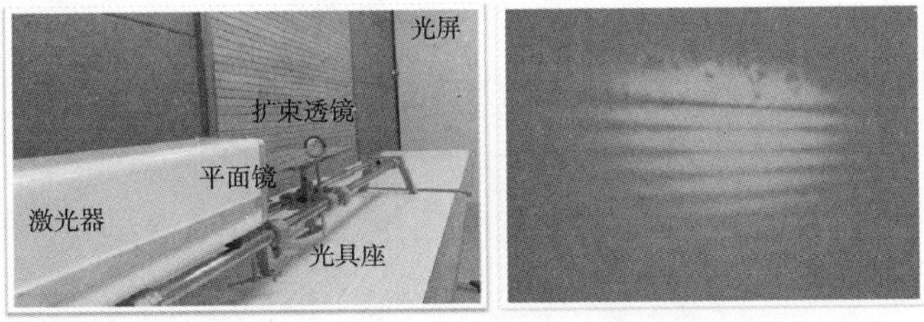

图 6　洛埃镜干涉实验及其现象

（7）解释引课的薄膜干涉实验是如何获得相干光的。

（8）最后学生通过自制牛顿环教具体会生活中的干涉现象，如图 7 所示。

图 7　体会牛顿环实验

八、实验效果评价

（1）本节实验的特点是取材简单、设计巧妙、效果显著。实验巧妙之处在于学生自己动手刻划双缝，此过程有助于培养学生科学探究的核心素养。

（2）牛奶胶体将双缝干涉现象由平面转至空间，令学生耳目一新，学生真正地理解了干涉现象。

（3）发光二极管实验将干涉现象投射到大屏幕上，便于全班同学观察。

（4）本实验还可以对比不同颜色光通过相同的双缝产生的条纹间距。

电容器和电容

扬州树人学校　沃诚

一、使用教材

本课选自教科版高中《物理选修 3-1》第一章“静电场”的第六节，是这一章的重点和难点。本节是匀强电场的一个重要应用，也是后续学习交流电路（电感和电容对交流电的影响）和电子线路（电磁振荡）的预备知识，在教材中起着承上启下的作用。

二、实验器材

（1）自制恒流源（不用三极管的简易方案）：由 1 个运算放大器芯片、1 个 N-MOS 管、2 个定值电阻和 1 个可变电阻共 5 个元件焊接组成，如图 1 所示。其具有结构简单、精度高、稳定性好、时效长、价格低廉、易推广等优势。

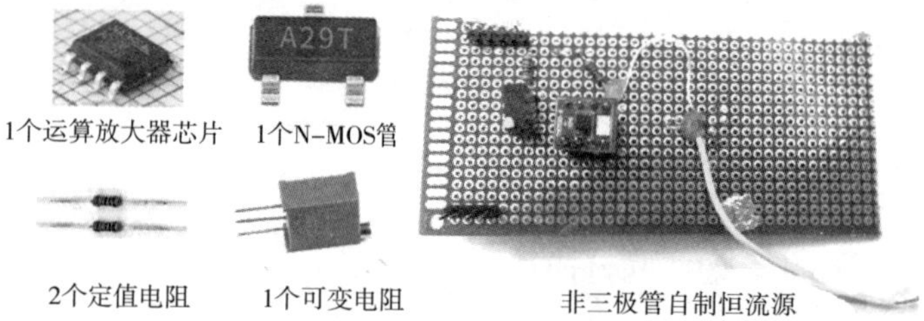

图 1　自制恒流源元件与成品

（2）其他器材：J1209-2 型高中教学电源，50 V-2 200 μF、50 V-1 000 μF 电解电容各 1 个，单刀双掷开关 1 个，放电电阻 1 个，数字式演示多用电表 2 个，导线若干。

整体实验装置效果如图 2、图 3 所示。

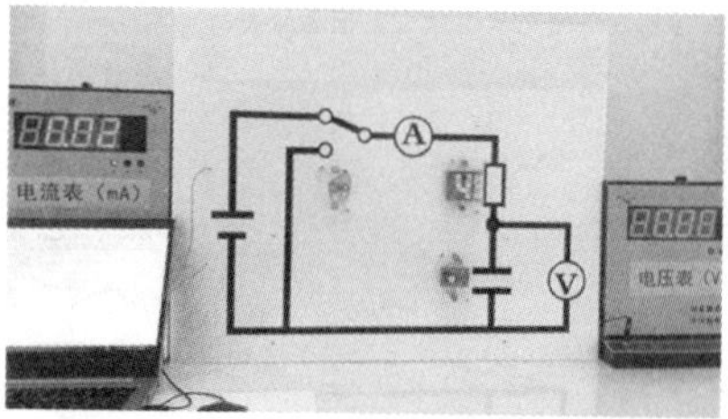

图 2　观察电容器的充、放电现象

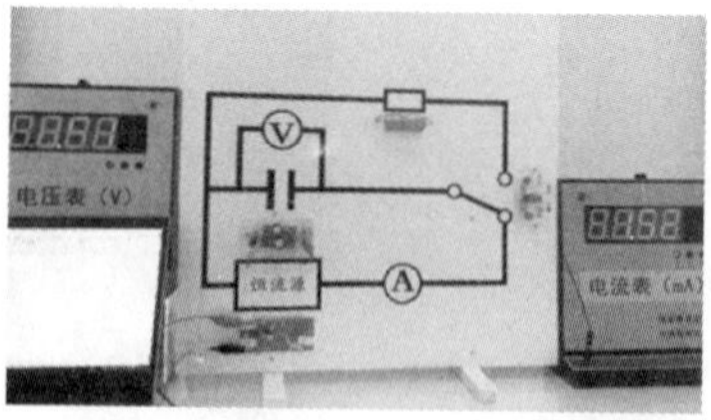

图 3　探究电容器 *U* 与 *Q* 的关系

三、实验创新要点/改进要点

（一）在实际教学过程中发现的问题

（1）在“观察电容器充、放电现象”的实验中，按教材推荐的实验电路图配以常规电容器，充电、放电时电流变化都很快，学生可以观察到电流方向的变化，但不易观察到电流大小的变化。主要原因是灵敏电流表指针的初始位置是 0 刻度（见图 4），不易读出初始电流，容易使学生误认为所测电流经历了由小变大的过程。

图 4　常规灵敏电流表

（2）在“电容器和电容”教学过程中，因现行教材没有明确的实验方案，学生对一个电容器的 Q 与 U 的比值是否恒定是存在疑问的。新版人教版教材虽然提供了一种实验方案，解决了同一电容器 Q 与 U 的比值是定值这一问题，但无法比较不同电容器 Q 与 U 比值的关系。

（二）改进方案

上述两个实验都可以通过数字信息系统（Digital Information System，DIS）实现（见图 5），那没有 DIS 的学校怎么办呢？本次实验设计就围绕这两个实验，力求用非 DIS 实现 DIS 的实验效果。

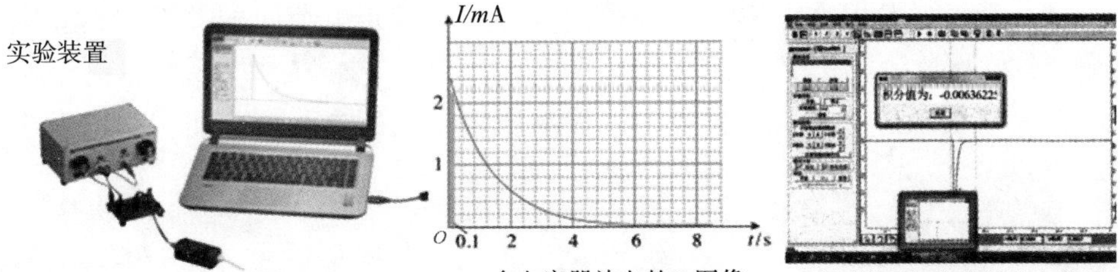

一个电容器放电的 I-t 图像　　对图像面积积分即为电荷量

图 5　用 DIS 进行实验

（1）方案一：更换更精密的测量仪器，将灵敏电流表换成数字式电流表，能够读出初始电流。

1）换成电容更大的电容器。

2）增加限流电阻，使实验时间延长，便于学生记录与分析数据，实现与 DIS 近似的效果。

3）增加电压表，显示出电容器充电和放电过程中伴随着电荷量的改变，电压也在变化，自然过渡到电容这个概念的建立。

（2）方案二：自制恒流源，通过恒流源供电将不易测量的电量 Q 转换成容易测量的时间 t。

四、实验原理

（1）减少系统误差常用的方法。

1）使用更精密的测量工具：将灵敏电流表换为数字式电表，使电流大小即使迅速变化也能被直观地呈现。

2）改进实验方案：①换成电容更大的电容器使实验时间延长；②将放电电阻换个位置，保护电容器的同时延长实验时间，便于学生观察、记录与分析数据；③新增电压表，便于观察到电容器充、放电过程会伴随着两极板间电压的变化。

3）根据转换法，由 $Q=It$，将不易测量的 Q 转换为容易测量的时间 t。

（2）自制恒流源的原理。

其工作原理是：运算放大器 IN+端采样 RS 下端电压与 IN−端电阻分压进行比较，输出高或者低电平，控制 N-MOS 导通或者关闭。由于运算放大器采样反馈的频率较快，通过 N-MOS 的有效电流可近似于一个恒定电流，进而可以对负载 CL 或 RL 恒流充电。

五、实验教学目标

（1）通过实验观察电容器的充电、放电现象，知道电容器的作用。

（2）通过实验探究电容器两极板间电势差与所带电荷量的关系，建立电容的概念，掌握比值定义法。

（3）在演示与分组实验过程中，提高全体学生的参与度，切实提高学生的核心素养。

六、实验教学内容

（1）通过实验观察电容器的充电、放电现象，了解电容器的功能和工作过程。

（2）通过实验探究电容器两极板间电势差与所带电荷量的关系，顺利建立电容这个物理概念。

（3）在教学过程中，充分发挥学生的主动性和教师的主导作用，锻炼核心素养。

七、实验教学过程

（一）观察电容器的充电、放电现象

（1）播放视频演示按原教材实验方案实验后呈现的现象。

（2）视频展示无法观察充电、放电时，电流大小的变化情况，有条件的学

校可以利用 DIS 直观呈现。

(3) 教师设计如图 6 所示的实验方案，解决学校条件有限，没有 DIS 的问题，此时可以通过此方案模拟 DIS 的效果。

(4) 如图 7、图 8 所示，教师设计实验方案所得实验图像与用 DIS 得到的实验图像近似，因此两种方法是等效的。

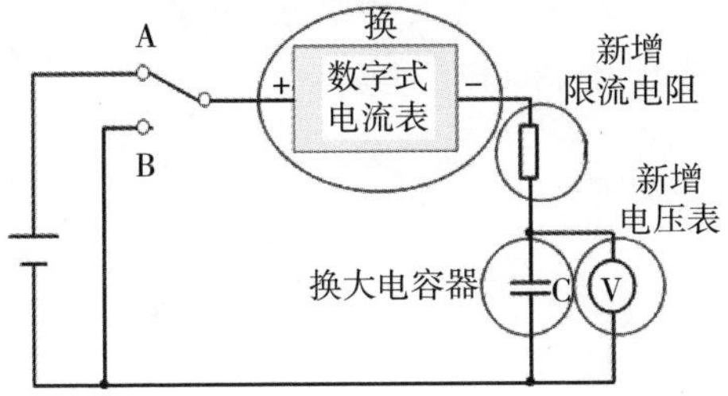

图 6　新方案电路图

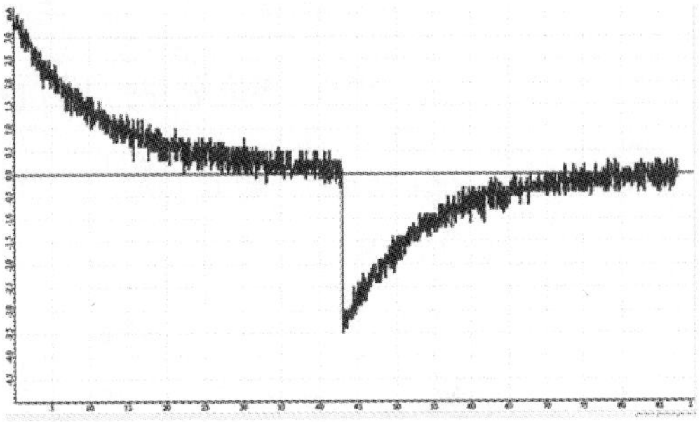

图 7　用 DIS 得到的图像

	I-t	
4	3.2	
8	2.5	
12	1.6	
16	1.2	
20	0.91	
24	0.63	
28	0.49	
32	0.34	
36	0.22	
40	0.16	
44	0.12	
48	0.09	-3.2
52		-2.2
56		-1.6
60		-1.2
64		-0.98
68		-0.62
72		-0.46
76		-0.33
80		-0.23
84		-0.16
88		-0.12
92		-0.08

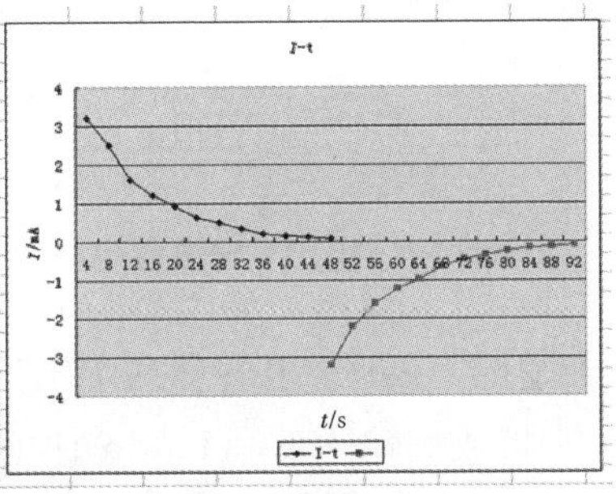

图 8　用非 DIS 得到的图像

(二) 探究电容器两极板间电势差与所带电荷量的关系

本实验的关键是电容器所带的电荷量很难测量，可通过信息给予，由公式 $Q=It$ 间接得出。针对此实验，有条件的学校可以利用 DIS，作出充电电流 I 随时间 t 的变化图像，对图像面积积分，得到电容器存储的电量 Q。如果没有 DIS，可以通过两个方法去实现。

(1) 增加限流电阻、数字式电压表，描点作图。

在网格纸上描点获得 I–t 图（见图 9），利用网格纸中格子的数量获得面积，得到为电容器存储的电量 Q。

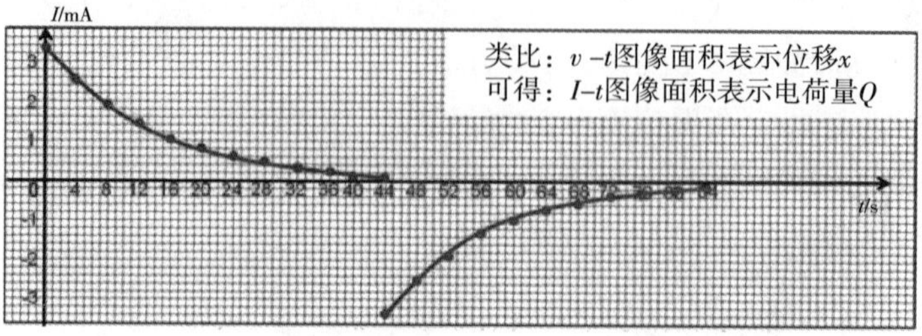

图 9　总电量 Q=图像所占格子数×每格表示的电量

（2）运用物理方法+教具创新：利用恒流源。

1）实验电路图（见图 10）。

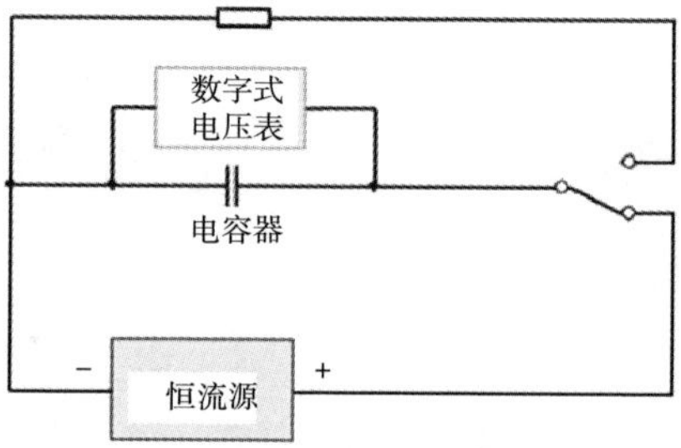

图 10　恒流源电路图

2）实验步骤：①每隔 3 s 记录电容器两端电压；②重复 5 次；③换一个电容器，重复以上步骤。④将数据输入 Excel 表格中（见表 1），形成 U–t 图像。

表 1　两个电容器的 U–t 数据

t/s	U_A/V	U_B/V
3	0. 9	2. 1
6	2. 1	4. 1
9	3. 2	6. 3
12	4. 3	8. 6
15	5. 4	10. 8

3）数据分析：任一电容器两端的电压 U 和充电时间 t 近似成正比。因为 $Q=It$ 且 I 一定，所以 U–t 图就可以转换为 U–Q 图。

4）实验结论：①同一电容器所带电荷量 Q 与两极间的电势差 U 的比值是不变的；②不同电容器 Q 与 U 的比值一般是不同的。

5）实验误差分析。

系统误差：用此恒流源对电容器进行充电过程中，当电容器电压在 1 V 以下时，电流偏大（但波动不足 2%）。

偶然误差：记录电压时人有反应时间，读数时电压表数值在变动，描点作图存在误差。

八、实验效果评价

本节课用非 DIS 装置实现了 DIS 的实验效果，使学生认识到了电容器的作用及工作过程，并建立了电容的概念，达成了预期教学目标。

学生在对比活动中充分感受到测量仪器、实验方案以及物理思维方法在实验中具有等价性。在一种条件不足时，可以通过其他方面的加强，实现类似的效果。

测量导电液体高度的传感器的改进

西安市黄河中学　路少怀

一、使用教材

本实验使用的教材为人教版高中《物理选修 3-2》第六章“传感器”第一节“传感器及其工作原理”。

二、实验器材

NPN 型三极管 5 个、发光二极管（红色）5 个、3 V 纽扣电池 1 个、20 mA 电流表 1 个、铜丝导线若干。

三、实验创新要点

与教材上的电容式传感器相比，本实验具有以下优势：

（1）实验可视性更强。电容式传感器将液体高度转化为电容，电容变化不容易直接观测，实验现象不够明显，不利于激发学生的求知欲。本实验中发光二极管逐渐被点亮的效果更加直接，更有利于激发学生的学习兴趣。

（2）实验装置构造更简单。本实验先将 NPN 型三极管和发光二极管串联，再将 5 组同样的装置并联起来，与电容器的构造相比，电路原理图简单明了。

（3）实验数据测量更准确。教材中未注明如何测量电容式传感器的电容，关于电容的变化学生只能靠已学习的知识进行理论推导。改进后的实验中，电流表示数变化能实时反映导电液体高度的变化。

（4）创新设计，理念先行。教材附录“一些元器件的原理和使用要点”概述了二极管、逻辑电路以及面包板等器件的原理和用途。同样，三极管也是电子电路中的重要元件，其用途非常广泛，NPN 型三极管的主要功能是电流放大以及开关作用。本实验将教材知识和实际器件相结合，培养学生的创新思维与设计意识。

四、实验原理

（1）如图 1 所示，先将发光二极管 N 极与 NPN 型三极管的一个 N 极串联，再将发光二极管的 P 极与电源正极相连。NPN 型三极管的另一个 N 极与电源负极相连。

（2）按照同样的方式并联接入 5 组发光二极管和三极管，再将不同长度的铜棒由长到短依次连接在每个 NPN 型三极管的 P 极。

（3）在干路上接入一个电流表，将实验装置放入水槽中，并往水槽中注入苏打水，观察发光二极管和电流表的变化。

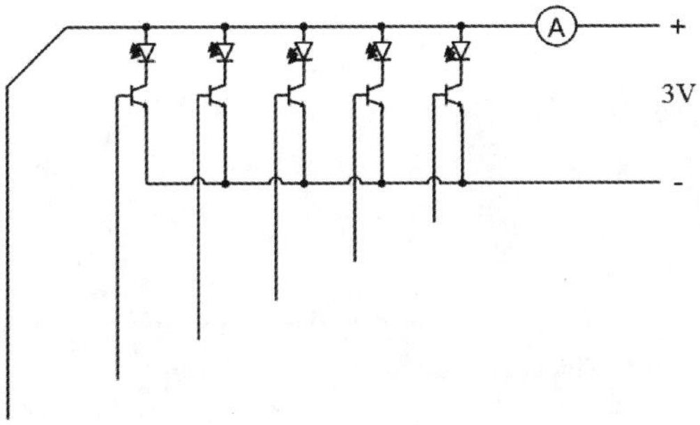

图 1　实验原理图

五、实验教学目标

（1）物理观念：明确传感器的工作原理。

（2）科学思维：通过实验探究知道传感器如何将非电学量转化为电学量。

（3）科学探究：给水槽注入苏打水，观测发光二极管和电流的变化，并依据液面高度与电流表示数的对应关系，将电流表改装为高度计。

（4）科学态度与责任：培养学生设计钻研的科学态度，提升动手解决问题的能力。

六、实验教学内容

利用 NPN 型三极管与发光二极管制作测量导电液体高度的传感器，注入苏打水，液面达到不同高度时，对应高度的发光二极管被点亮。随着液面的增高，电流表示数变大，将高度示数和电流表示数记录在表格中，并依据对应关系将电流表改装为高度计。

七、实验教学过程

本实验将从以下几个环节展开教学：创设情境，引入新知；合作学习，共同探究；感悟收获，课堂小结；布置作业，巩固升华。

（1）创设情境，引入新知。

部分化学导电溶液具有毒性、强腐蚀性，一旦泄漏，会对周围的环境以及人民生命安全造成巨大伤害。因此，对这些物品的安全监测是首要任务，设计相应的监测传感器是一种有效途径。引导学生分析教材上电容式传感器的工作原理，并指出该实验的不足，从而引出本实验。

（2）合作学习，共同探究。

为学生详细介绍实验电路图以及实验装置，如图 2 所示。请一位学生给水槽中注入苏打水，其他同学观察发光二极管、电流表示数的变化，并且记录不同液面高度对应的电流，依据数据将电流表改装为高度计。

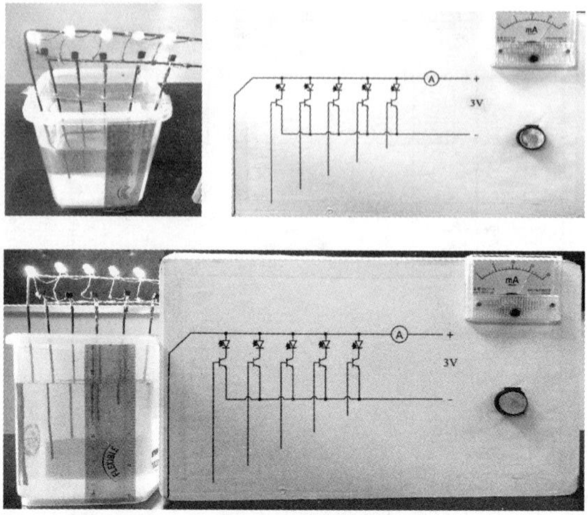

图2 实验效果图

（3）感悟收获，课堂小结。

学生自述对传感器工作原理的认识。

（4）布置作业，巩固升华。

结合本实验工作原理，应怎样改装化学溶液运输桶以实现对溶液的实时监控？

八、实验效果评价

本实验在分析教材实验不足的基础上进行改进，利用三极管和发光二极管设计测量导电液体高度的传感器，实验现象显著，数据测量准确，实验效果良好，学生参与度高。

利用自制教具多量程多用电表改装实验仪探究多用电表的原理

贵阳市第八中学　余登炯　梁艺　田松松

一、使用教材

人教版高中《物理选修 3-1》第二章第八节“多用电表的原理”。

二、实验器材

（一）制作自制教具所需材料

3D 打印部件若干、白板笔、亚克力玻璃板、2.5 mm 香蕉插座、金属膜电阻、元件固定底板、面包板、电池盒、开关、电位器、滑动变阻器、发光二极管、转换开关、连接桥、表盘、香蕉插头导线若干等。

（二）自制教具功能介绍

如图 1 所示，多量程多用电表改装实验仪，包括：多量程多用电表电路、校准电路和元件固定底板。多量程多用电表电路和校准电路均采用“乐高”的形式固定在元件固定底板上，可以自由地取下和安装，在使用过程中，也可以用螺丝将元件固定在底板上。元件固定底板采用底部和背部支撑架的形式，可以确保整个元件固定底板既可水平放置，也可以竖直放置在桌面上，确保操作方便。

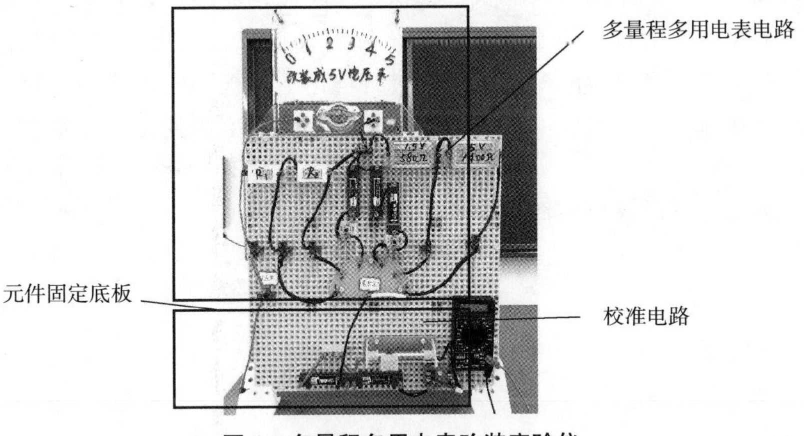

图 1　多量程多用电表改装实验仪

（1）多量程多用电表电路图。

多量程多用电表的示意图和电路图如图 2 所示，包括：表头、小电阻插座、连接桥、电池盒、大电阻插座、半圆挡位转换盘。

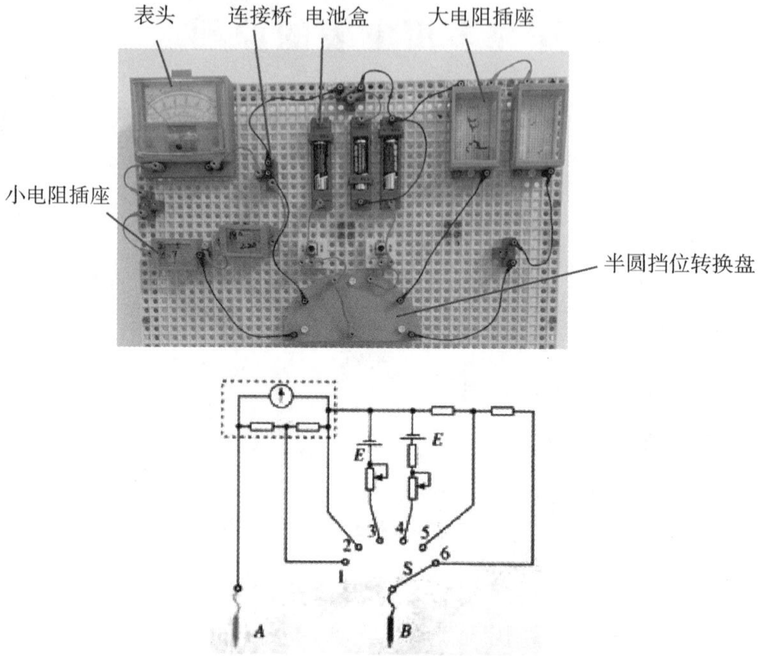

图2　多量程多用电表的示意图和电路图

如图3所示，表头包括：示数刻度盘、表头指针和香蕉插座。其中，示数刻度盘通过滑槽的形式，可以在表头中有摩擦地滑动，能够自由抽出和插入。示数刻度盘的表面采用了亚克力玻璃板，不仅透明度高，能够观察到刻度，而且还可以用白板笔在上面书写，便于学生将其在改装成不同量程或不同类型的电表时，对改装后的量程以及对应的刻度线示数进行标记。白板笔的墨迹在亚克力玻璃板上可以轻易地被擦除，实验中便可反复书写。示数刻度盘的设置，突破了学生读数的难点。

采用香蕉插座连接更便捷，有利于提高课堂效率。

图 3　表头

如图 4 所示，电阻插座包含：小电阻插座和大电阻插座，采用两种不同规格的电阻插座，以供不同数量的电阻串、并联时选择使用，使电路更加简洁。

电阻插座还包含：香蕉插座、面包板、电阻插座盖子和金属膜电阻。其中，使用面包板是电子行业常用的一种便捷式连接电阻的方法，它可将金属膜电阻接入电学实验电路中，极大地扩展了可使用的电阻数量，便于表头改装，使表头的改装变得更具操作性。同时，电阻插座配备了电阻插座盖子，盖子的顶部同样采用亚克力玻璃板的材质，不仅能够清楚地看到面包板上电阻的串、并联情况，而且能够利用白板笔书写，将其串、并联后的阻值记录下来，以便于学生在实验过程中，清楚地知道每个电阻插座的电阻连接情况。

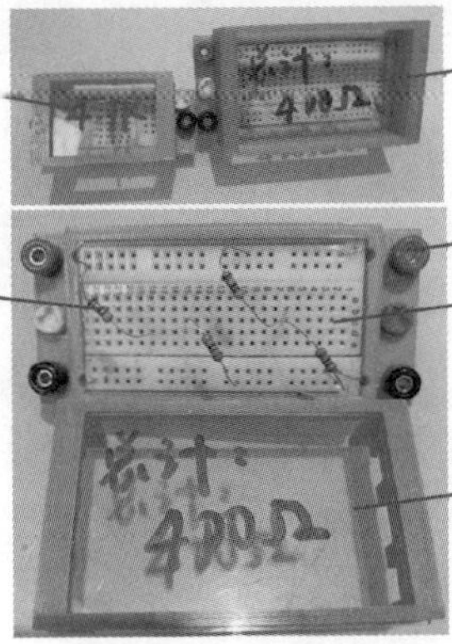

图 4　电阻插座

如图 5 所示，连接桥呈“T”字形，包含 4 个香蕉插座。其中，4 个香蕉插座的内部均连通，即 4 个香蕉插座可以等效为一个接触点，其作用就是扩充连接的香蕉插座，使电路在连接的过程中，不会出现某个连接点导线过多的问题，且确保了实物连接的过程中，尽可能地减少导线的相互交错。

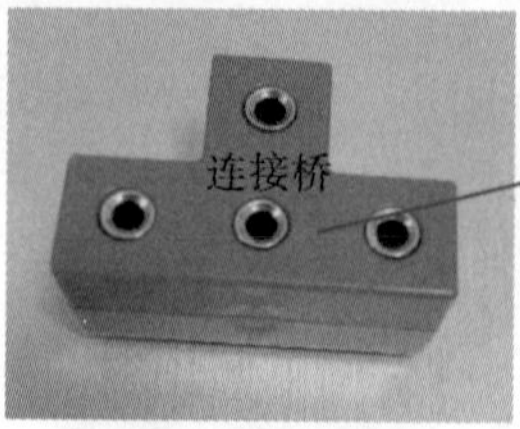

图 5　连接桥

如图 6 所示，欧姆挡主要由电池盒、可调电阻和前面所述的表头构成。

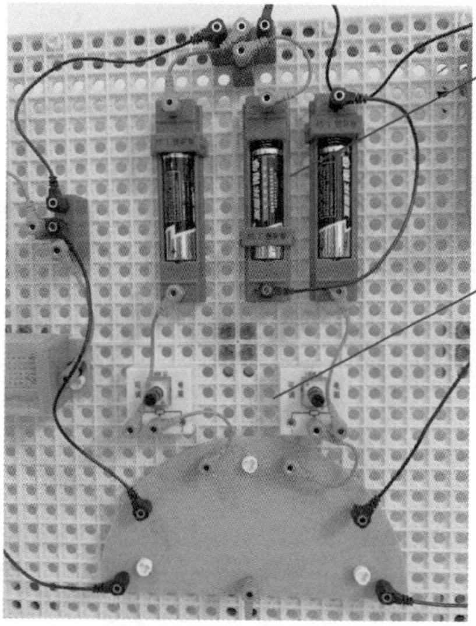

图 6　欧姆挡

如图 7 所示，半圆挡位转换盘包含挡位接线柱和表笔接线柱。其中，挡位接线柱标有相应的序号，用于区分多量程的多用电表挡位。利用导线，将表笔接线柱和其中一个挡位接线柱相连接，此时表笔和该挡位接线柱上的电路连通，因此，在更换不同的挡位接线柱的接线时，便实现了多用电表的换挡。借助半圆换挡转换盘，帮助学生突破多用电表中换挡这个重难点。

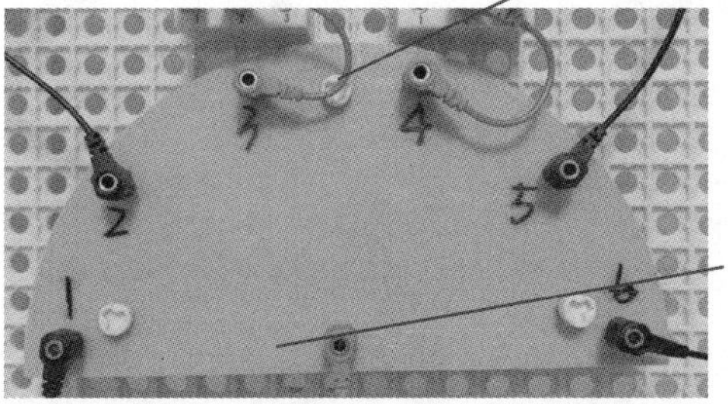

图 7　半圆挡位转换盘

（2）校准电路。

如图 8 所示，校准电路包括：电源、开关、滑动变阻器、小灯泡和标准数显式多用电表。校准电路的搭建，可以分别为上方改装后的电流表和电压表提供测量，然后再结合标准数显式多用电表，对改装后的量程进行校准。

图 8　校准电路

特别说明，测试电路中，选用的是描绘小灯泡伏安特性曲线的实验装置，主要是为了让学生通过小灯泡亮暗程度的变化，能从感官上直接感知到小灯泡两端电压和流经的电流发生了改变，再结合改装的表头指针的变化，让学生更易理解。同时，测试电路可以选取任何闭合回路：能够提供恒定电流和恒定电压的即可，不一定是图 8 中所示的电路。例如，测电源电动势和内阻以及测金属丝的电阻率等。

（3）生产生活中欧姆表的换挡改装。

教材中所给的多量程多用电表示意图中的欧姆挡，只是从原理上给学生呈现了欧姆挡的内部结构，但是这要求每更换一个挡位就更换一次电源，和实际生产生活中常用的多用电表的欧姆挡并不相符，因此设计了如图 9 所示的电路图。

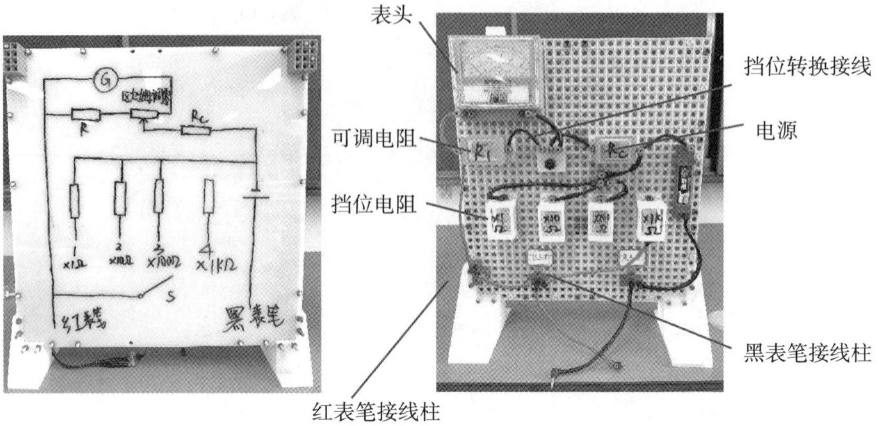

图 9　欧姆表换挡电路电路图和原理图

如图 9 所示，欧姆表换挡电路包括：表头、挡位电阻、可调电阻、挡位转换接线、红表笔接线柱、电源和黑表笔接线柱。其中，挡位电阻采用了电阻插座来实现电阻的连接，这样能够确保在更改不同的表头或所需不同规格的电阻时，均可通过串、并联的方式将其接入电路中。挡位转换接线与不同挡位电阻连接时，即可实现欧姆表的换挡。

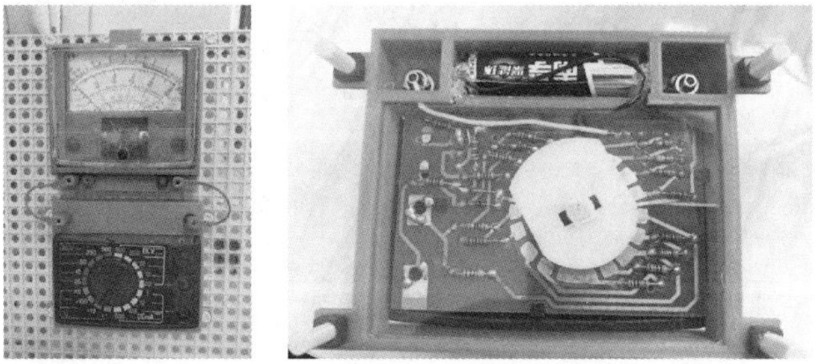

图 10　实验室常用的多用电表

如图 10 所示，将实验室常用的多用电表拆开，再利用透明的亚克力玻璃板进行封闭，确保能够从外面准确地看清楚其内部的结构。

（4）拓展实验。

如图 11 所示，将表头改装成电流表和电压表以后，应用到描绘小灯泡伏安特性曲线的实验中，用于测量真实电路中的电压和电流。这样既培养了学生的动手能力，让学生能够学以致用，又激发了学生学习物理的兴趣。

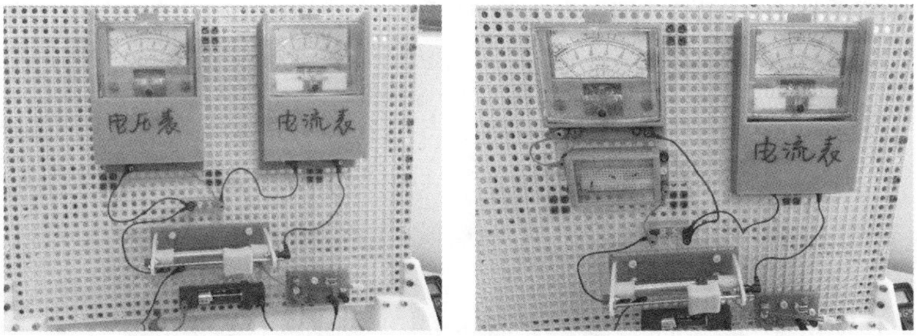

图 11　改装表头的应用

三、实验创新要点/改进要点

（一）实验装置创新点

（1）加深学生对实验原理的理解。

在元件固定板的背部，设置了白板，学生在实验前，进行实验原理的设计。有利于考查学生对实验原理的掌握，促进学生的实验分析能力。

（2）简化实验装置，提高课堂效率。

采用了“乐高”式的方法来搭建实验平台，可以将实验器材按照实验原理图的形式进行固定，清晰明了，导线不易相交，让实验更具灵活性，学生更易理解。且实验过程中实物图的搭建连接简单便捷，提高了课堂效率。

（3）凸显“多量程”，培养动手能力。

电阻插座将金属膜电阻引入电路中，小到 0.1 Ω，大到几兆欧，均可以通过面包板快速地“焊接”到电路中，改装元素丰富，免焊接，学生易操作。不仅凸显了“多量程”的“多”，还为学生动手实验提供了条件，培养了学生的动手能力。

（4）学生自主设计，突破读数难点。

表盘采用亚克力玻璃板制成，可自由取下及利用白板笔书写，以适用于不同量程的表盘刻度。学生可以根据已知电阻的阻值计算量程，或根据量程计算所需电阻阻值。此过程实现了学生自主设计，自主制作表盘刻度。不仅帮助学生突破了读数难点，而且学生能够参与到实验中来，培养了学生的动手能力。

（5）功能集成化，一体多用。

可用于完成人教版《物理选修 3-1》第二章“恒定电流”章节中所涉及的所有实验：测绘小灯泡的伏安特性曲线、探究导体电阻与其影响因素的定量关系、探究导体电阻与材料的关系、练习使用多用电表、测定电池的电动势和内阻等。

（二）实验装置与教学过程结合的创新点

（1）巩固新知，复习旧识。

演示实验和学生自主实验相结合，让学生更易理解与突破教学中的重难点。表头的改装，让学生理解表头改装的原理；多量程多用电表，让学生掌握量程改变的方法；多用电表挡位的更换，巩固加深对多用电表的理解，符合学生的认知规律。

为掌握多用电表的原理，本实验构建以多用电表为核心的实验套装，思路清晰、直观。有助于学生巩固加深对欧姆定律、串联电路和并联电路的理解，提高逻辑思维能力。进一步提高了学生应用闭合电路欧姆定律分析解决问题的能力。

（2）使用方式多样化，覆盖面广。

能与各种不同类型的表头改装的题目相结合。例如，题目中所给的电流表或者电压表的量程不够，需要学生根据所提供的器材，改装成更大量程的表头，满足题目的要求。在传统的题目讲解中，处理方法都是画原理图进行理论分析，最后得到理论结果。学生并无太大的感触，不知道具体的实验情况如何，再加上电学知识的抽象性，学生理解存在很大难度。而结合本实验器材进行改装，让学生亲身体验实验、参与实验，降低思维难度，可培养学生仔细观察、真实记录实验数据等良好的实验习惯和实事求是的品质。

（3）培养学生探究意识，提升动手能力。

实现了物理知识与实验操作的转化，使课本知识服务于实践。激发学生产生质疑，探究新的问题，培养学生的科学探究素养。

四、实验原理/实验设计思路

启发来源：人教版《物理选修 3-1》第二章“恒定电流”第四节“串联电路和并联电路”中的表头改装内容和第八节“多用电表原理”中的“说一说”栏目下的多量程多用电表示意图内容，均无具体的实验装置，表头改装的相关实验中，实验室现有的教学仪器仅有多用电表，实验器材的单一给该部分内容的教学造成很大的阻力。然而电表的改装是历年高考中的重难点，如 2017 年全国卷三的第 23 题，考查的就是多量程多用电表示意图，以及结合学生已有的认知规律深度挖掘教材，构建的以多用电表为核心的高中恒定电流电学实验套装。此次将表头的改装和校准设计融为一体，目的是帮助学生突破电学实验的重难点，以及为学生提供一套可以真正用于实际操作的电学实验套装，让学生能够动手体验，从实验中理解物理规律和概念。

（1）突破难点一：实物图连接清晰明了。

利用元件固定底板，使得所使用的实验器材，均可以固定在上面，也可以自由取下。这样不仅能够确保在实验的过程中，按照实验原理图，在相应的位置摆放相应的实验器材，让实验理论和实物结合度更高，更有利于学生理解和掌握实验原理，而且能够确保利用香蕉插头连接实物的过程中，导线几乎不会相交，让整个实验电路连接清晰明了。

（2）突破难点二：表盘刻度示数的更改。

将表盘做成滑槽式，可以自由取出，且采用了透明的亚克力玻璃板来做隔板，使得表头在改装成不同量程的电流表或者电压表的时候，可以反复使用白板笔在刻度盘上更改刻度示数，帮助学生突破多用电表的读数难点。

（3）突破难点三：电阻插座扩展金属膜电阻。

实验室中经常电阻有限，而对于表头的改装，不同量程的电表，所需的电阻规格不同，为了能够尽可能地满足不同量程的电表改装需求，电阻的规格越多越好。因此，引入电阻插座，即让各种不同规格的金属膜电阻都应用到电学实验中来。这不仅满足了不同量程电表的改装，而且还可以应用到电学实验中，做更多的实验。同时，香蕉插座的连接形式使连接更加便捷，从而提高课堂效率。

（4）突破难点四：表头改装与校对。

表头改装以后，需要对其进行校对，因此配备设置了校准电路和标准多用电表。这能够帮助学生检查改装后的电表的精度，引发学生思考，激发学生的学习兴趣。

（5）突破难点五：多量程多用电表的原理演示图。

根据多量程多用电表的电路原理，搭建相关的实物图，并结合电阻插座引入的金属膜电阻，搭建各种规格的表头原理演示图。使用元件固定底板，使整个实物连接图和实验原理演示图布局相同，实验器材所在的位置清晰。促进学生不再只是把实验题目当成计算题目来做，而是给学生提供了实验的基础，精讲实验，让“讲实验”和“做实验”有机联系起来，培养学生实事求是的科学态度。

（6）突破难点六：多用电表的换挡演示与讲解。

对于学生来说，多用电表的换挡原理一直是难点。结合表头和多个电阻插座，搭建出多个挡位，红黑表笔接在不同的位置，则代表的挡位不同，帮助学生理解多用电表是如何换挡的。从原理上讲清楚多用电表的换挡情况以后，再将实验室常用的多用电表的结构通过透明的亚克力玻璃板向学生展示，让学生能够看到集成化以后的多用电表的内部结构，更进一步帮助学生透彻地理解多用电表的工作原理。

（7）拓展实验。

以多用电表为核心的高中电学实验套装，在表头改装时，配备了校准电路。

搭建校准电路，既可利用本套实验器材完成人教版高中《物理选修 3-1》第二章“恒定电流”第三节到第十节所包含的所有实验，又可以完成一些其他的电学实验，如半偏法测电阻等。

本装置还可以突破电学实验中的另一难点，即电流表的内外接法。利用相同的表头改装成相同量程、却具有不同内阻的电流表或电压表，放入回路中，进行对比分析，进而帮助学生突破电表选择的难点。

五、实验教学目标

（一）物理观念

（1）能够计算表头改装所需的电阻阻值。

（2）能够完成表头改装中串、并联电路的电流关系和电压关系的理论分析过程。

（3）能分析生产生活中的多用电表的工作原理。

（二）科学思维

（1）通过对电表改装的分析讨论，提高综合运用欧姆定律，电路串联和并联规律以及分析解决问题的能力，提高逻辑思维能力。

（2）通过对表头的改装，增进对实际生活中的多用电表的工作原理的认识，能够简化其工作原理，构建出多用电表的理想化模型。

（3）经历表头改装的一系列实验探究，以及改装后的校正，使学生能够分析实验过程中出现的问题，对实验数据结果进行误差分析，体会科学探究的思维方法。

（三）科学探究

（1）通过对表头改装的实验探究，了解多用电表的基本结构，得出多用电表改装的方法。

（2）通过设计实验研究过程，提升实验素养，体验科学探究的乐趣。

（3）通过理论分析和实验探究论证掌握多用电表改装的原理。

（四）科学态度与责任

（1）在学习过程中感受物理学习就是通过理论分析和实验探究的有机结合来探索自然现象所隐含的科学奥秘。

（2）在实验中提升严肃认真、仔细观察、真实记录实验数据、实事求是的科学态度与合作意识。

六、实验教学内容

（1）多量程多用电表改装与校正。

（2）生产生活中欧姆表的换挡改装。

（3）拓展实验。

七、实验教学过程

（一）巩固复习，引入新课

（1）引导学生复习回顾如何将表头改装成电流表和电压表。

（2）学生描述生活中遇到的使用电压表、电流表和欧姆表的地方。

（3）引导学生思考，有没有可能将三种表合三为一？

（二）实验探究

（1）多量程多用电表。

1）实验原理理解。

①结合教材所给的例题以及串、并联电路的特点，思考如何将表头改装成欧姆表。

引导学生去看书，在限定的范围内思考，易得出表头改装成欧姆表的原理和相应的计算方法。

②结合多量程多用电表示意图和电路图，完成教材中的“说一说”栏目。

引导学生结合多量程多用电表示意图和电路图，以及欧姆定律和串、并联电路的知识，让学生掌握多量程多用电表的改装实验原理。

2）改装与校正。

为学生提供表头的相关数据，满偏电流 $I_g = 138\ \mu A$，$R_g = 1\ 000\ \Omega$，欧姆挡的刻度中值为 6 kΩ，完成下列改装以及改装后进行校正。

①结合教材本章第四节所给的例题以及串、并联电路的特点，思考如何实现当开关 S 接到 1 时，将表头改装成 20 mA 的电流表，当开关 S 接到 2 时，将表头改装成 10 mA 的电流表。思考如何结合所改装的量程，更改刻度盘上相应的刻度示数，并思考如何结合测试电路对改装后的电流表进行校正，并进行误差分析。

为学生提供测试电路对改装后的电流表进行校正，并进行误差分析。

②结合教材本章第四节所给的例题以及串、并联电路的特点，思考如何实现当开关 S 接到 5 时，将表头改装成 1 V 的电压表，当开关 S 接到 6 时，将表头改装成 5 V 的电压表。思考如何结合所改装的量程，更改刻度盘上相应的刻度示数，并思考如何结合测试电路对改装后的电压表进行校正，并进行误差分析。

为学生提供测试电路对改装后的电压表进行校正，并要求学生进行误差分析。培养学生的思辨思维，让学生从感性认识，升华到理性认识，帮助学生构建模型，并理解模型的本质。

③结合教材本节所给的例题以及串、并联电路的特点，思考当开关 S 分别接

到 3 和 4 时，能否实现两个欧姆挡位的转换。并结合表头所给的数据进行理论计算，实现挡位所对应的电源应该多大。

引导学生进行理论分析，用理论指导数据的处理，帮助学生更好地理解欧姆挡换挡的工作原理。

（2）欧姆表换挡电路改装与校正。

根据所给的表头数据和欧姆挡换挡电路原理图进行计算，改装出生活中常见欧姆表的 4 个挡位，并将刻度盘示数进行更改，再用定制电阻进行校正。

学生经历了对欧姆表挡位的更改，以及对刻度盘刻度示数的更改，从根本上搞清楚了欧姆表的工作原理，尤其是中值电阻的含义，以及欧姆表刻度盘不均匀的原因。提高对欧姆定律的综合应用能力，提升运用所学知识解决生活实际问题的能力。

（3）了解实验室常用多用电表的内部结构。

观察实验室常用多用电表的内部结构，说说它的结构具有什么特点？为什么要这么做？尝试设计出一块成本最低的多用电表，并画出原理图。

让学生了解生产生活中的多用电表，感受知识在从理论走向实际的过程中，要结合实际情况考虑多种因素。对学生提出了更高的要求，培养了学生的动手能力。

（三）拓展实验

学生将改装好的电流表和电压表，应用到实际的电路中进行测量，帮助学生练习使用多用电表。

八、实验效果评价

（1）结合教材中“说一说”栏目的多量程多用电表的原理图以及学情，提供了测试电路，让学生不仅可以对改装后的电表进行校正，还能体会到应用所学知识解决实际问题的乐趣，有利于学生快速准确地构建多用电表改装的模型结构。

（2）对欧姆挡换挡进一步深挖，让学生从根本上理解其换挡的原理，再引导学生观察生产生活中的实际多用电表的内部结构，对学生有一定的启发。既强化了学生对多用电表改装的理解，又内化理解了欧姆定律和串联、并联电路的知识，同时大大提升了学生的创新能力和团队合作意识。

（3）利用多量程多用电表改装实验仪，能快速准确地对表头进行改装和校正，课堂效率得到优化和提高。

（4）实验装置几乎能完成人教版高中《物理选修 3-1》第二章“恒定电流”章节中所涉及的所有相关实验：测绘小灯泡的伏安特性曲线、探究导体电阻与其影响因素的定量关系、探究导体电阻与材料的关系、练习使用多用电表、测定电池的电动势和内阻等，功能集成化，更具有启发、拓展性。

（5）将理论与实际相融合，贯彻落实新高考改革的教育理念，着力培养能自主思考、自主创新、自主研发的新型复合型人才。

闭合电路的欧姆定律

重庆市万州上海中学　高白玉

一、使用教材

人教版高中《物理选修 3-1》第二章第 7 节。

二、实验器材

可乐、透明塑料容器盒、铜锌极板、探极、导线、开关、灵敏电流计、电压表（2 个）、干电池、电阻箱。

三、实验创新要点/改进要点

本实验设计的创新点在于利用可乐制作原电池，将电源结构清晰地呈现在学生面前，学生进行实验，对电源内外进行定量测量，更容易加深学生对内电路及电源内阻的理解。同时，可乐是生活中的常见物品，将其作为电解液，学生可操作，安全且更容易引起兴趣。

组织学生设计实验，测量可乐电池的电动势和内阻。与测量干电池电动势和内阻不同，由于可乐电池内阻较大，无法用伏安法进行实验，改用电阻箱和灵敏电流计，用安阻法进行实验，更容易加深学生对物理实验方法的理解掌握。

四、实验原理/实验设计思路

从生活情境中引入，引起学生认知冲突。利用可乐制成的电池以及物理实验室的基础器材，测量电源内、外电压，使学生对全电路结构有更深刻的认识。

五、实验教学目标

（1）物理观念：通过定量探究，掌握内电路和外电路的电压规律，理解电动势、路端电压、内阻的概念，形成全电路思想。

（2）科学思维：通过分组探究培养学生设计实验、多角度分析物理问题的能力，对收集的证据有归纳分析能力。

（3）科学探究：通过分组实验提出猜想，小组合作交流，设计用安阻法测量出可乐电池的电动势和内阻。

（4）科学态度与责任：培养把物理知识应用于生产和生活实际的意识，勇于探究与生活有关的物理问题。

六、实验教学内容

（1）直接测量电源内部的电压，探究内电压与外电压的关系。

（2）利用闭合电路的欧姆定律，用安阻法测量可乐电池的电动势和内阻。

七、实验教学过程

（一）实验一：点灯质疑

教师：将干电池、开关、多个小灯泡用导线连成闭合回路，如图 1 所示。逐一闭合开关，观察灯泡亮度变化。提出问题：为什么灯泡变暗？

学生：通过前面学习的欧姆定律的知识进行分析，寻找原因。

设计意图：引起学生认知冲突，进行思考，意识到电源内部存在电压，而且有电阻。（物理观念）

（二）实验二：分组实验，定性探究

（1）合作与交流，设计实验获取证据，分析结果。（科学探究）

教师：电源内部真的有电压吗？如图 2 所示，连接电路，进行测量。

学生：测量可乐电池内、外电压，猜想规律。

图 1　点灯质疑

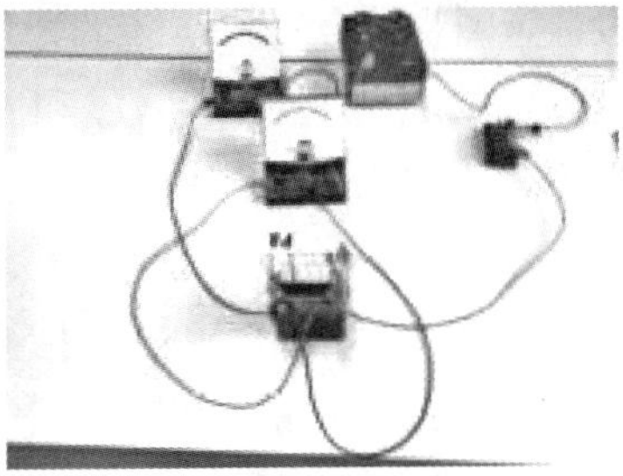

图 2　探究电源内部有电压的电路连接

（2）形成内电压与外电压的概念。（物理观念）

学生：将可乐制作成原电池，与电压表、电阻箱、开关串联。用金属探极靠近两极板与另一个电压表并联。实验可以同时测量内、外电压。小组内部观察讨论后，发现规律。

教师：请各小组展示成果。

结论：电源内、外，沿电流方向都存在电压，并且电势降低。

（3）培养学生追根溯源，探求科学本质的精神。（科学态度与责任）

教师：内、外电压有什么定量关系？

学生：思考，提出要进一步实验，测量内、外电压，分别测出多组 $U_{外}$ 和 $U_{内}$ 的数据，寻找关系。

（三）实验三：创新实验，定量探究

（1）操作1：探究可乐电池外电压与内电压的大小关系。

教师：分组准备可乐电池、已知内阻的电压表两个、导线、开关、电阻箱（见图2）。提出问题：如何测量内、外电压？

学生：分组探究。电压表的内阻为3 000 Ω，只需将电阻箱阻值依次调为0、3 000 Ω、6 000 Ω、9 000 Ω，外电路电压即是电压表示数的1倍、2倍、3倍、4倍。通过小组合作进行实验，得到4组数据，如表1所示。

表1 可乐电池内、外电压测量记录表

$U_{外}$/V	0.85	0.90	0.90	0.92
$U_{内}$/V	0.06	0.03	0.01	0.01
$U_{外}+U_{内}$/V	0.91	0.93	0.91	0.93

设计意图：结合实验器材让学生设计实验、动手实验并分析数据。(科学探究)

教师：从数值上观察，$U_{外}$和$U_{内}$有什么关系？

学生：定量分析，内、外电压之和在误差允许的范围内竟然相等，都在0.9 V左右。

设计意图：理解$U_{外}$和$U_{内}$之和等于电源电动势。

（2）操作2：测量自制可乐电池的电动势和内阻。

教师：请同学们根据上面的实验，预测可乐电池的电动势。

学生：思考后再次猜测内、外电压之和即为电源电动势。

设计意图：充分发掘实验数据的作用，让学生学会进一步思考。(科学探究)

教师：如何设计实验测量可乐电池的电动势与内阻？增加灵敏电流计（量程为0~100 μA）。

学生：利用理论分析得出的闭合电路的欧姆定律$I=\frac{E}{R+r}$，根据所预测的电动势和内阻，设计如图3所示的电路。

图3 测量可乐电池电动势实验装置连接图

设计意图：加深对闭合电路欧姆定律的理解，体会理论与实践的统一。（物理观念+科学探究）

教师：电阻箱和灵敏电流计的使用要注意什么？

学生：分组探究。

1）将两个电阻箱、灵敏电流计、开关、可乐电池串联成闭合回路。

2）通过改变电阻箱阻值，改变回路中的电流，电阻箱的阻值是以 kΩ 为单位进行改变的。

3）测量出多组 R 与 I 的数据，如表 2 所示。

表 2　安阻法测可乐电池电动势实验数据记录表

$I/\mu A$	49	50	57	60	63	69
R/Ω	19 000	18 000	16 000	15 000	14 000	13 000
$\frac{1}{I}$（A^{-1}）	20 408. 16	20 000. 00	17 543. 86	16 666. 67	15 873. 02	14 492. 75

4）进行理论推导，利用 Excel 作出$\frac{1}{I}$-R 图像，如图 4 所示，生成函数关系，使数据更加直观。图像斜率为 $1/E$，截距为 r/E。

5）计算后得出：$E=1.00$ V，$r=1\ 666\ \Omega$。

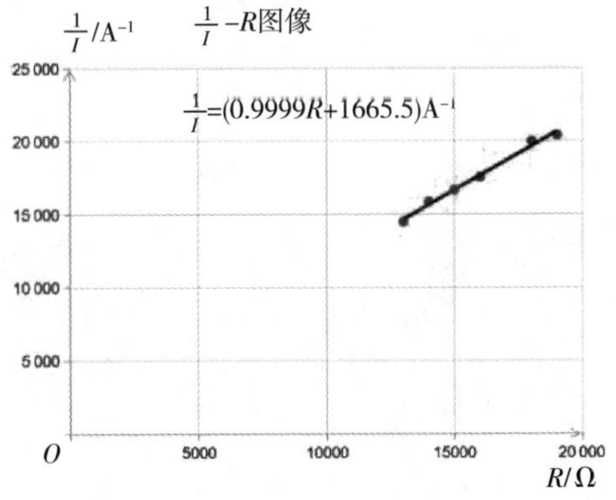

图 4　$\frac{1}{I}$-R 图像

设计意图：锻炼学生动手实验、处理数据的能力。（科学探究）

（四）小结：归纳总结，课外延伸

教师：请学生观察两次实验数据，分析总结实验结论。

学生：两次结果在误差允许范围内近似相等。

结论：$E=U_{外}+U_{内}$。

设计意图：锻炼学生的分析归纳能力。

教师总结，进行误差分析，布置课后作业。

学生思考：手机充电器输出的电压为 5 V、9 V 或 10 V，而可乐电池的电动势在 1 V 左右，我们是否可以将 5 个、9 个或 10 个可乐电池进行串联之后对手机进行充电呢？完成课后实验，自制水果电池并测量其电动势与内阻。

设计意图：进行课外延伸，巩固本节课所学内容。

八、实验效果评价

（1）本节课通过学生分组实验和定量探究，以问题为核心引导思维，立足做中学、学中做，逐步达成核心素养中的学会学习、自主发展、责任担当、实践创新的部分目标。

（2）实验所采用的都是物理实验室能提供的基础器材，可乐电池能清晰地呈现出电源结构，且安全，可以在教学中推广使用。

（3）在教学设计上，将可乐电池的作用发挥到了极致，两次实验，测量所得的数据与理论分析缜密结合。学生对闭合电路的欧姆定律的理解不再基于理论，对全电路结构认识更加深刻。

磁现象和磁场

南开大学附属中学　李如

一、使用教材

人教版高中《物理选修3-1》第三章第一节。

二、实验器材

（1）自制教具：电磁轨道驱动与阻尼装置、电磁弹射车、电磁相互作用演示线圈、磁感线显示仪、奥斯特电流磁现象演示器、地球磁场测量仪。

（2）其他教具：电流磁场演示仪、小磁针、手机罗盘、磁铁、学生电源。

三、实验设计思路

（1）手机演示实验，让学生感觉新奇，也让学生明白手机不是只能用来玩游戏的，体现了时代的进步、科技的创新，我们要紧追时代的脚步。

（2）让学生了解电磁场的优势，以及用电磁铁替代永磁体的发展趋势。通过对国内、外科技的了解，提升学生的民族自豪感。

（3）通过对磁悬浮原理的介绍，让学生了解到很多高科技产品的基本原理就是我们书本所学的知识，明白科技就是第一生产力，避免学生产生所学知识没有用的想法。

（4）通过模拟实验，让学生理解科学、技术、社会、环境的关系，学会将生活中的实际事物转化成物理模型来分析。

四、实验教学目标

（1）物理观念：观察磁体与线圈间的相互作用，建立场的物质观和相互作用观念；通过电磁驱动与阻尼，形成力与运动的观念；通过对磁悬浮列车的能量分析，培养学生能量观念。

（2）科学思维：用安培定则解释电流间相互作用规律，分析电磁弹射和磁悬浮列车等实际应用，培养学生的科学思维；通过手机奥斯特实验、电磁场推进科技发展的实例、地磁场测量仪实验等，培养学生科技创新的意识。

（3）科学探究：了解科学家对电、磁关联的探索历程，认识到科学的发展不是一蹴而就的；分组探究磁体与电流的相互作用规律，培养学生动手能力和交流合作的意愿。

（4）科学态度与责任：利用所学物理模型对实际应用进行分析，形成正确的科学态度；了解国内、外科技发展的现状与趋势，培养社会责任感；能够正确理解科学、技术、社会、环境的关系。

五、实验教学内容

（1）演示实验：用手机罗盘功能来演示奥斯特电流磁效应实验，并观察磁场强弱。

（2）演示实验：实验模拟电磁弹射，介绍电磁弹射的发展现状。

（3）演示实验：实验模拟磁悬浮列车的电磁驱动与阻尼。

（4）学生活动：测量当地的地磁场方向。

六、实验教学过程

（一）环节一：创设情境，引入新课

介绍古代的司南，现代的电磁弹射技术、电磁炮以及上海的磁悬浮列车。

设计意图：通过对磁现象的应用，了解社会进步离不开技术发展和对科学的深入研究。

（二）环节二：实验观察，建构新知

（1）分组观察模拟磁感线：利用磁场显示盘板观察永磁体的磁场；观察不同电流周围磁场的分布情况（见图1）。

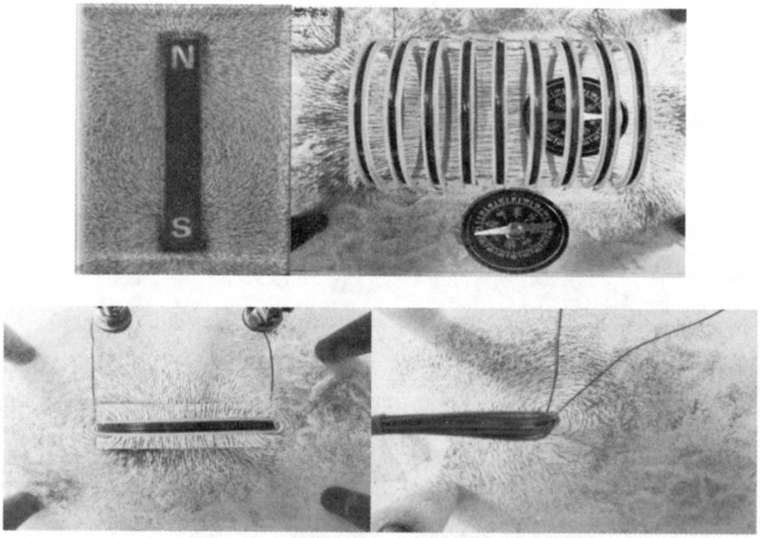

图1　永磁体和电流周围的磁场分布

设计意图：学生通过观察，对磁场形成直观的认识，建立磁场的物质观。

（2）介绍科学家对电与磁关联的探索历程。

(3) 演示实验：用手机罗盘功能来演示奥斯特电流磁效应实验，并观察磁场强弱（见图2、图3）。

图2 通电导线靠近手机罗盘之前

图3 通电导线靠近手机罗盘之后

设计意图：体现时代的进步，转变学生的观念。解释电荷运动引起电场变化，在周围激发磁场，建立电生磁的基础。

（三）环节三：实验探究，追寻本质

了解磁场形成的原因之后，进一步分析相互作用情况。

(1) 学生活动：用线圈和磁铁探究磁力作用与电流方向关系（见图4）。

(2) 学生活动：探究平行线圈间磁力作用与电流方向关系（见图5）。

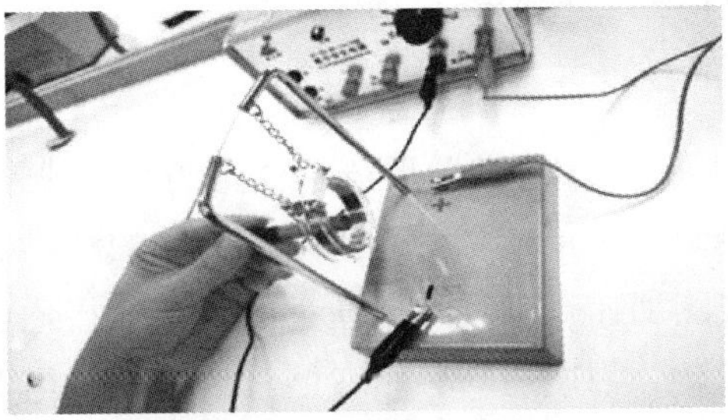

图4 磁铁与电流间相互作用

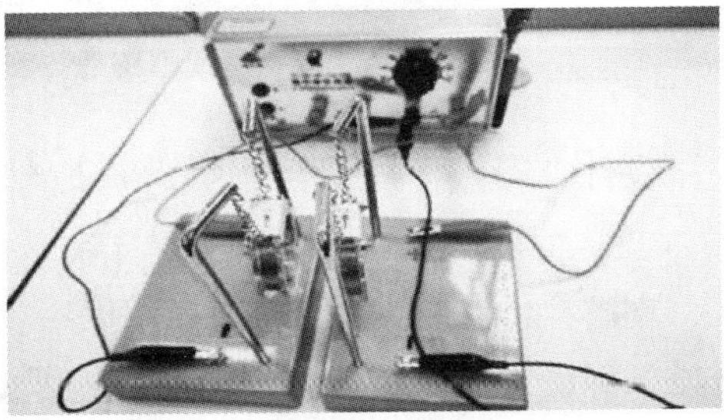

图5 电流与电流间相互作用

设计意图：探究过程锻炼学生能力，解释现象过程培养学生的科学思维。与磁铁间的相互作用对比，建立电流间相互作用模型，分析电磁铁替代永磁体的可行性和优势，为实际应用打下理论基础。

（四）环节四：联系实际，科技改变生活

(1) 演示实验：介绍中国电磁弹射、电磁炮的发展现状，模拟电磁弹射（见图6）。

图 6　实验模拟电磁弹射原理

设计意图：了解国内、外科技现状，提升民族自豪感。将理论实验转化为先进技术，培养科学思维。

（2）演示实验：模拟磁悬浮列车的电磁驱动与阻尼（见图 7）。

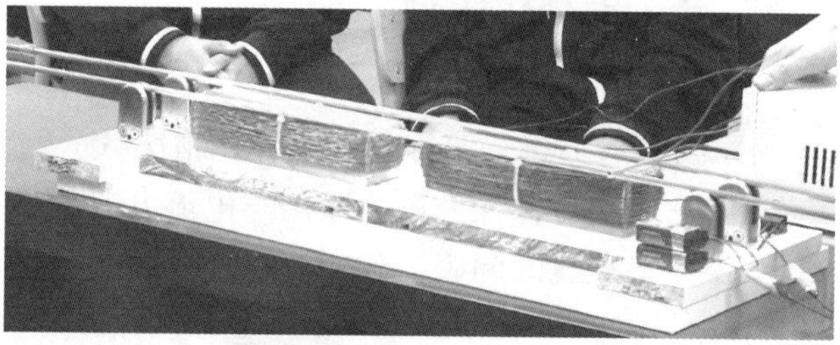

图 7　模拟磁悬浮列车的电磁驱动与阻尼

设计意图：将模拟实验拆解成所学模型，分析磁场形成、受力方向（见图 8）。使学生认识到先进技术是建立在基础科学上的，培养学生形成正确的科学态度，理解科学与技术的关系。采用多级线圈加速，理解列车通过的区域才接通电磁铁，保证安全、节能，培养学生能量观念。物质运动必然有能量的变化，电源的电能通过线圈转化为磁场能，再通过磁场力做功转化为列车的动能。思考如何减小过程中能量的损失，如从铁芯、材料等方面。只有利用科学才能改进技术。进一步引申磁场变化还会形成电场，形成更多的应用。

图 8　将模拟实验拆解成所学模型

（3）课堂延伸：学生探究活动——测量当地的地磁场方向（见图 9、图 10）。

设计意图：这一实验是对本节课程知识的拓展和延伸。学生在课下通过探究活动测量地磁场情况，将视频上传。结合手机传感器测量地磁场的强弱（见图 11）。使学生对地磁场的强弱，以及北半球地磁场俯冲向下形成直观认识。同时，介绍地磁场对地球的保护作用，引起学生对环境的关注。

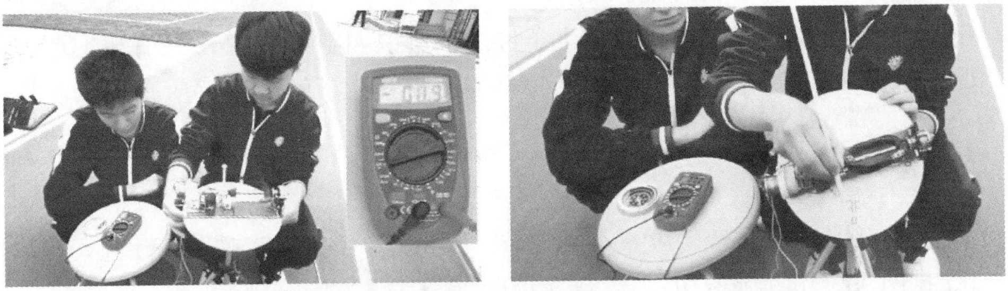

图 9　测量当地的地磁场方向

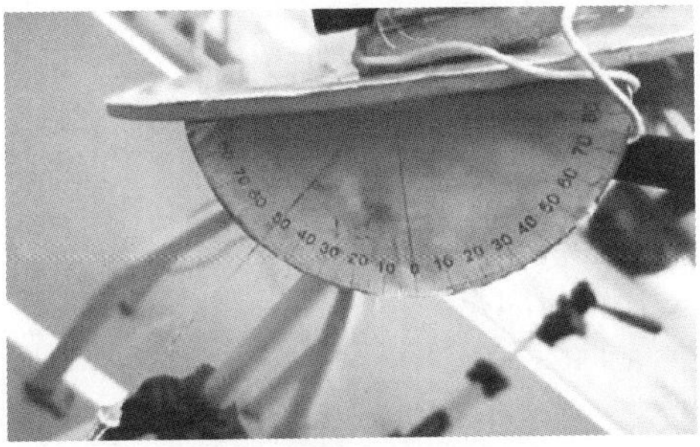

图 10　测量出磁倾角

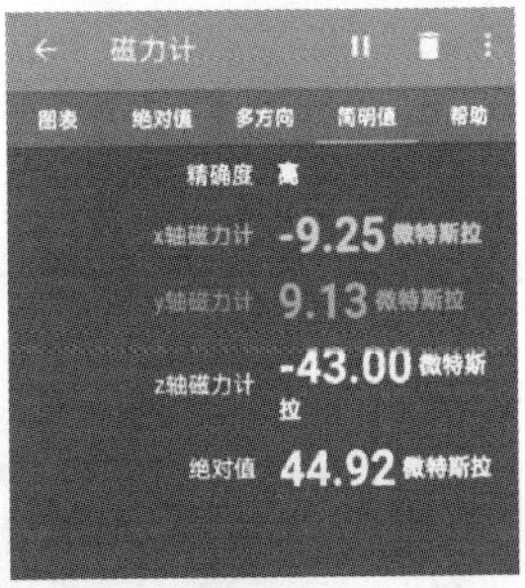

图 11　测量地磁场的强弱

七、实验效果评价

让学生了解电磁场的优势，以及用电磁铁替代永磁体的发展趋势。通过对磁悬浮原理的介绍，让学生了解到很多高科技的产品其基本原理就是我们教材中所学的知识，明白科技就是第一生产力，避免学生产生学习的知识没有用的想法。利用直观认识，帮助学生了解身边容易被忽略的物理现象，引起学生对环境的关注，提高学生保护环境、节约资源、促进可持续发展的社会责任感。激励学生对科学研究的兴趣，明白科技改变人类命运。

探究感应电流的产生条件

昭通市第一中学　黎耀

一、使用教材

选自人教版高中《物理选修 3-2》第四章第二节，课标对本节内容标准要求：通过实验，理解感应电流的产生条件。举例说明电磁感应在生活和生产中的应用。活动建议：从互联网、科技书刊上查阅资料，了解电磁感应在生活和生产中的应用。

二、实验器材

电磁炉照明实验装置（实验装置见图 1，电磁炉内部结构见图 3）、亥姆霍兹线圈（见图 2）、自制面积可变线圈（见图 4）、自制演示实验线圈（见图 5）、小磁针、铁架台等。

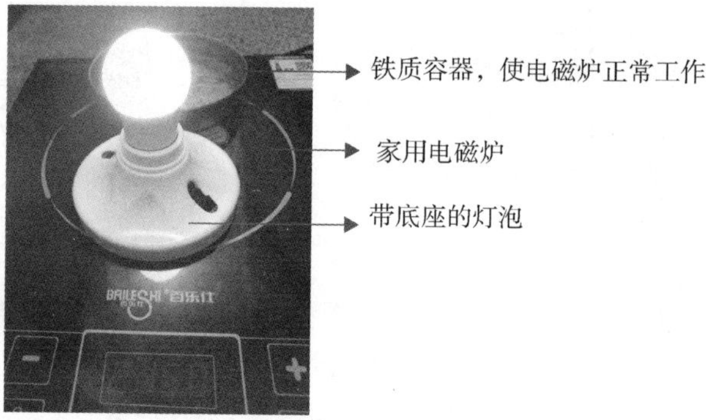

图 1　电磁炉照明实验装置

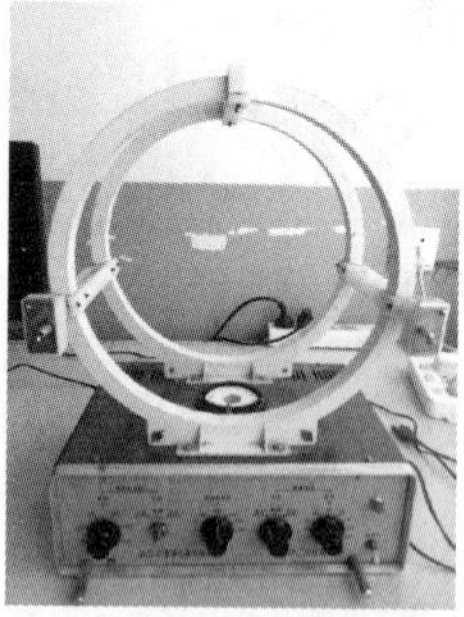

图 2　亥姆霍兹线圈

图 3　电磁炉内部结构

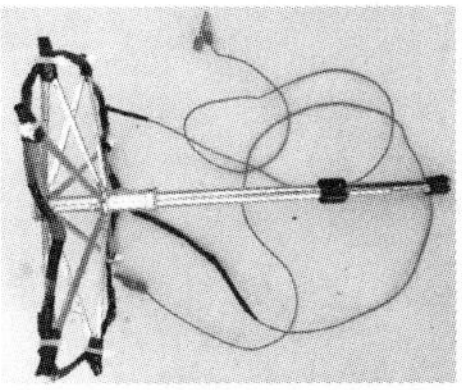

图 4　自制面积可变线圈

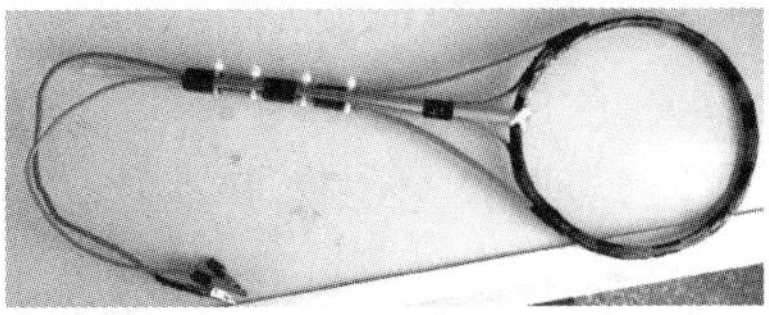

图 5　自制演示实验线圈

三、实验创新要点/改进要点

（1）教材实验的不足。

教材推荐的两个实验如图 6、图 7 所示，电路较为复杂，连接电路耗时较多，学生的关注点不容易放在对实验现象的分析上；无论是磁铁的插拔，还是电流的变化等，都属于“磁感应强度变化”情形，分析情境单一，教材上的实验推荐没有包含闭合电路的面积变化的情形，使最终结论的得出比较生硬。

图 6　教材实验一

图 7　教材实验二

（2）实验器材的改进。

亥姆霍兹线圈内部磁场为匀强磁场，以此替代复杂电路，简化实验场景，降低实验难度。可调节电流大小旋钮，调节磁场大小；调节电流方向旋钮，可产生两个不同方向的磁场，学生可将小磁针放到磁场中直观观察两个磁场方向，实现磁场方向的可视化。

（3）实验创新。

自制面积可变线圈增加了回路面积变化产生感应电流的情况，完善学生认知结构。

四、实验原理/实验设计思路

（1）引入实验：电磁炉照明实验。

实验原理：交变电流产生变化的磁场，线圈磁通量发生变化，产生感应电流，灯泡发光。

（2）学生合作探究：线圈切割磁感线。

实验原理：线圈磁通量不变，无感应电流产生。

（3）学生合作探究：S 不变，B 变化。

实验原理：S 不变，B 变化，磁通量变化，产生感应电流。

（4）演示实验：B 不变，S 变化。

实验原理：B 不变，S 变化，磁通量变化，产生感应电流。

（5）学生合作探究：线圈在磁场中旋转，B、S 都不变。

实验原理：B、S 夹角变化，有效面积变化，导致磁通量变化，产生感应电流。

五、实验教学目标

（1）物理观念：通过实验探究归纳总结出感应电流的产生条件。

（2）科学思维：从有序设计的递进实验，用归纳思维得出产生感应电流的一般性条件。

（3）科学探究：经历分组合作实验探究的过程，通过记录、分析实验现象和交流讨论，归纳出感应电流的产生条件。培养学生的探究能力、实践能力。

（4）科学态度与责任：培养学生对实验现象仔细观察、认真分析的科学态度。培养学生的合作精神，提高学生的表达交流能力。激发学生对科学实验的探究热情。

六、实验教学内容

（1）电磁炉照明实验引入新课，激发学生兴趣。

（2）学生进行线圈切割磁感线实验，颠覆初中认知，形成强烈的认知冲突。

（3）学生进行分组合作探究实验，通过小组合作探究讨论得出磁感应强度改变会产生感应电流的结论。

（4）演示闭合回路面积变化也能产生感应电流，得出结论。

（5）归纳感应电流产生的普适性条件，突出磁通量变化作为本质条件的关键性。

（6）最后解释电磁炉照明原理，鼓励学生回家自己动手做一做，了解认识手机无线充电原理。

（7）巩固本节课探究，布置课后作业。

七、实验教学过程

（一）模块一：实验引入新课

演示实验一：电磁炉照明实验。把底座带线圈的灯泡放在工作的电磁炉上，观察现象，说明闭合回路中有感应电流产生。学生回顾初中所学的产生感应电流的条件：闭合电路的一部分导体做切割磁感线运动会产生感应电流。

提出问题：①闭合回路的导体做切割磁感线运动一定能产生感应电流吗？②闭合回路的导体不切割磁感线能产生感应电流吗？③感应电流产生的本质条件到底是什么？

设计意图："电磁炉照明"让学生很有新鲜感。通过实验现象引发认知冲突，以此激发学生的学习兴趣和探究欲望后引入课题；紧接着提出问题，以问题为导向，设计实验解决问题。

（二）模块二：实验探索真知

（1）学生分组合作探究实验：线圈切割磁感线。

探究实验一：让自制演示实验线圈在磁场中垂直磁感线平动，观察实验现象，引导学生总结发现导体切割磁感线并不是产生感应电流的充要条件。

设计意图：学生发现切割磁感线不一定能产生感应电流，颠覆初中认知，形成强烈的认知冲突，实现思维的进阶，但这并不意味着初中所学知识是错误的，之后会做出解释。

（2）学生分组合作探究实验：建立"产生感应电流"和"磁感应强度变化"之间的关系。

探究实验二：线圈固定在铁架台上放在磁场中不动，避免"切割"情形，改变亥姆霍兹线圈电流、闭合或断开开关等，观察灵敏电流计指针是否偏转。完成导学案上的表1，并提醒学生同时注意观察改变磁场方向时的指针偏转方向，改变磁场变化快慢时指针的偏转角度大小的变化。

表1　"产生感应电流"和"磁感应强度变化"之间的关系

不同情形	灵敏电流计指针是否偏转
闭合亥姆霍兹线圈开关瞬间	
闭合开关后	
调节亥姆霍兹线圈电流旋钮	
断开亥姆霍兹线圈开关瞬间	

引导学生分析得出结论：磁感应强度发生变化时，产生感应电流。

设计意图：学生打破了初中的"切割"与"产生感应电流"之间的联系，体会了产生感应电流的其他方式。通过对不同情况下灵敏电流计指针偏转方向以及偏转角度大小的观察，学生初步认识到磁场变化会影响感应电流的方向，磁场变化快慢会影响感应电流的大小。

（3）演示实验二：建立"产生感应电流"和"回路面积变化"之间的关系。

1）演示实验：利用自制面积可变线圈在磁场中改变线圈面积。注意观察面积变化时灵敏电流计指针的偏转方向；对比面积变化相同的情形下，面积变化快慢对指针偏转角度大小的影响。

2）学生观察灵敏电流计指针是否偏转的同时注意面积变化不同的情况下指针的偏转方向；面积变化快慢不同，灵敏电流计指针偏转角度大小不同。

3）引导学生总结：回路面积变化也会引起感应电流的产生；且当面积增加或减小时，感应电流方向不同，面积变化越快，感应电流越大。

设计意图：教材中没有安排实验探究回路面积变化能产生感应电流的情况，创新演示实验能够直观地让学生观察到面积变化也能产生感应电流，引导学生总结初中所学知识：导体切割磁感线属于面积变化。面积变化情况不同，感应电流方向不同，面积变化快慢影响感应电流大小。

（4）归纳总结，感应电流产生的一般性条件。

归纳总结上述实验：通过控制变量法探究了 S 不变、B 变化，以及 B 不变、S 变化的情况，闭合回路中均产生了感应电流。产生条件涉及两个物理量，所以显得比较复杂，如果有一个物理量既可以包含面积 S，也可以包含磁感应强度 B，那就简单了。闭合导体回路的面积与垂直穿过它的磁感应强度的乘积叫磁通量（$\Phi=BS$），总结得出本节课的教学难点：只要穿过闭合导体回路的磁通量发生变化，闭合导体回路中就有感应电流。学生初步认识到感应电流的方向与磁通量变化有关，以及感应电流的大小与磁通量变化快慢有关，从定性到定量的过渡，为之后学习楞次定律以及法拉第电磁感应定律打下基础。

（5）巩固难点。

1）提出问题：如果 B、S 都不变，会产生感应电流吗？学生一致认为：不会！可见这样的教学并没有凸显知识的本质与关键，只是反映了 B、S 与 Φ 之间的相关性，并未突出 Φ 变化作为条件的必要性。

2）合作探究实验：让线圈在磁场中翻转。

实验现象及本质：灵敏电流计指针发生偏转。引导学生分析是由于 B、S 的夹角发生变化，有效面积变化，磁通量变化，所以产生了感应电流。

设计意图：完善磁通量变化情形，引导学生从磁通量变化的角度去分析感应电流的产生，并让学生解释分组合作探究实验一中灵敏电流计指针为什么不偏转，巩固本节难点，为后续交变电流的学习埋下伏笔。

（三）模块三：实验拓展应用

对电磁炉照明释疑，打开电磁炉一看究竟，电磁炉内部（见图 3）线圈通过交变电流产生变化的磁场，灯泡底座线圈磁通量变化产生感应电流。了解手机无线充电的原理，体现知识应用和服务生活的价值。在巩固基础知识的同时，既落实了学生能力的培养，又激发了学生学习与研究的兴趣。

八、实验效果评价

（1）联系实际，从生活实物入手，激发学生兴趣；以科技应用结束课程，激发学生求知欲。

（2）采用学生合作探究的教学模式，提高学生的学习积极性和参与性。

（3）相比课本中的设计方案，创新了实验设计，简化了探究过程，降低了学习难度，探究思路更加清晰，符合学生的认知规律。同时经历实验探究过程，学生体会了学习的快乐，激发了学习兴趣和求知欲。

（4）同时，笔者还有以下反思：①实验装置的改进与创新方面，自制教具不够精美。②课堂教学内容不宜过多。可以将本节内容分成两节课，第一节探究感应电流的产生条件，第二节巩固磁通量变化作为本质条件的关键性。

探究电磁感应定律

新余市第四中学　胡博

一、使用教材

人教版高中《物理选修 3-2》第四章第四节“法拉第电磁感应定律”。

二、实验器材

自制教具：电磁感应定律实验仪及配套自主开发的计算机软件——感应电动势测量系统（仅可安装在 Windows10 系统的计算机上），如图 1 所示。

其他必要器材：计算机（Windows10 系统），实验室普通条形磁铁、方形线圈、微安表等，如图 2 所示。

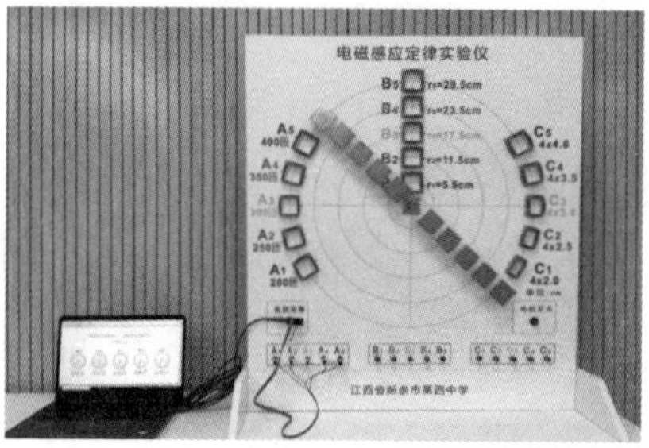

图 1　自制教具实物图

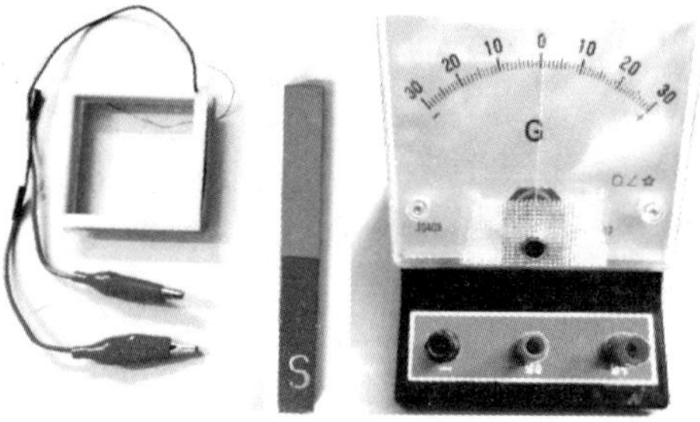

图 2　其他必要器材实物图（部分）

三、实验创新要点/改进要点

自制实验教具电磁感应定律实验仪以电机带动薄片状钕铁硼磁铁在线圈上方转动来产生瞬时的感应电动势，且可以通过控制线圈匝数、线圈与转轴距离、线圈面积等因素来改变感应电动势的大小，从而探究感应电动势和这几个因素的定量关系。测量系统部分以 Arduino 为下位机采集瞬时感应电动势的大小，并对数据进行初步的处理后通过串口与计算机进行通信，以 LabVIEW 为上位机设计了测量系统，将测量结果实时显示在计算机屏幕上。

该方案克服了感应电动势大小难以调节和测量的困难，为定量探究电磁感应规律创造了条件。基于此套装置进行法拉第电磁感应定律的实验教学有利于学生对法拉第电磁感应定律产生更深刻的认识，同时实验教学过程也可以提升学生的“科学探究”核心素养。

四、实验原理/实验设计思路

电磁感应定律实验仪用于定量探究电磁感应定律实验，采用控制变量法，分三步完成。

（1）第一步，探究感应电动势大小和线圈匝数的关系。如图 3 所示，选用 A 组线圈，线圈匝数不同，但由于面积相同且固定在同一圆周上，所以当外侧磁铁经过线圈时，磁通量变化量相同，线速度一定，磁通量变化的时间也相同。记录测量数据并绘制数据曲线，观察曲线变化趋势并进行拟合，可以看出在误差允许范围内电动势与线圈匝数具有明显的正相关关系，即感应电动势大小和线圈匝数成正比。

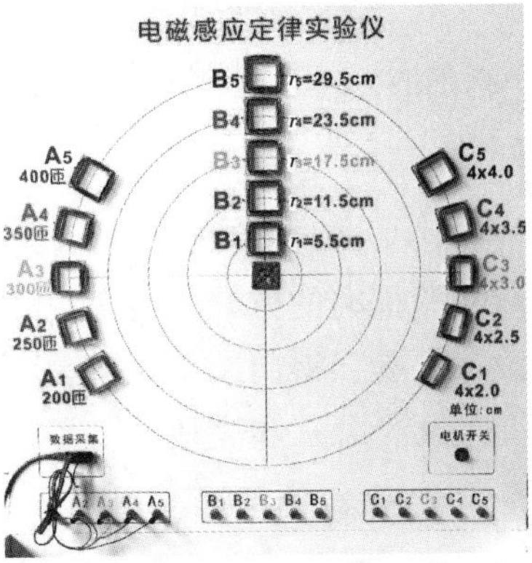

图 3　电磁感应定律实验仪面板

（2）第二步，探究感应电动势和磁通量变化时间的关系。如图 3 所示，选用 B 组线圈，线圈匝数、面积都一样，对应的 5 片磁铁相同，所以磁铁经过线圈时磁通量的变化量相同。但是由于线圈与转轴中心的距离不同，所以在同一个电机带动下，这 5 片磁铁经过 5 个线圈的时候线速度大小就不同，从而经过线圈的时间就不同。根据圆周运动规律，磁铁经过的时间等于弧长除以转动半径和角速度，磁铁经过各线圈时可以认为转过的弧长相等。再加上各磁铁在同一支架上，角速度相同，所以时间和转动半径成反比。因此，只要得出感应电动势和转动半径的关系，就能够得出感应电动势大小和磁通量变化时间的关系。测量完成后将数据填入表格，得出图像，可以看到虽有一定偏差，但还是具有明显的正相关关系。很容易得出感应电动势大小和转动半径成正比的结论。结合之前的分析，可以进一步得出，感应电动势大小和磁通量变化时间成反比。

（3）第三步，探究感应电动势和磁通量变化量的关系。如图 3 所示，C 组线圈匝数相同，固定在同一圆弧上，它们沿运动方向的长度都是 4 cm，所以磁铁经过它们的时间相同，也就是磁通量变化时间相同。但是沿半径方向的长度不同，分别是 2. 0 cm、2. 5 cm、3. 0 cm、3. 5 cm、4. 0 cm，这样就能够实现线圈的面积不同且最大面积也小于磁铁面积，进而导致磁通量变化量不同。将实验数据填入表格，得出图像，可以看到也是明显的正相关关系，即感应电动势大小和线圈面积成正比。由于是同一片磁铁，磁场相同，很容易得出感应电动势大小和磁通量的变化量成正比的结论。

五、实验教学目标

（1）物理观念：认识感应电动势及其规律，能解释常见的电磁感应现象。

（2）科学探究：通过演绎推理理解实验原理，通过归纳推理得出实验结论。

（3）科学思维：定性探究影响感应电动势的因素，定量探究感应电动势的规律。

（4）科学态度与责任：认识电磁感应现象的本质，善于应用科学知识解决实际问题。

六、实验教学内容

以实验探究的方式进行教学，实验教学过程严格遵循“提出问题、形成猜想、设计实验、得出结论，分享评估”五步实验教学法逐步展开教学。实验采用控制变量法，分三步完成。

七、实验教学过程

（1）实验探究一：定性探究影响感应电动势的因素。

（2）实验探究二：定量探究 E 的大小和 n、Δt、$\Delta\Phi$ 的关系。具体分为三步，第一步探究感应电动势和线圈匝数的关系；第二步探究感应电动势和磁通量变化时间的关系；第三步探究感应电动势和磁通量变化量的关系。

每个环节均遵从五步实验教学法，如图 4 所示。

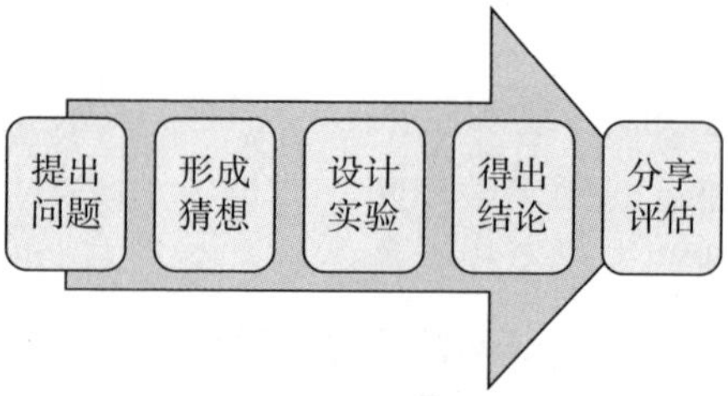

图 4　五步实验教学法

八、实验效果评价

（1）教师自主设计制作的实验装置——电磁感应定律实验仪，设计新颖巧妙、操作简便省时、数据准确误差小，让课堂上定量探究电磁感应定律成为可能。

（2）本堂课的实验教学过程严格遵循“提出问题、形成猜想、设计实验、得出结论，分享评估”五步实验教学法，很好地培养了学生科学探究、科学思维、物理观念、科学态度与责任等物理学科核心素养。

楞次定律

广西师范大学附属中学　蒋黎萍

一、使用教材

“楞次定律”选自人教版高中《物理选修 3-2》第四章第三节，是电磁感应规律的重要组成部分，是分析和处理电磁感应现象问题的两个重要支柱之一。学生已经掌握了磁通量的概念，会分析磁通量的变化，并知道条形磁铁的磁感线的分布及产生感应电流的条件，有一定的实验基础。

二、实验器材

条形磁铁、强磁铁、学生电源、螺线管、磁感应强度传感器、楞次定律演示仪、柠檬及导线等。

三、实验创新要点

（一）教材中的楞次定律演示实验

（1）用条形磁铁改变穿过螺线管的磁通量。

（2）测出螺线管中感应电流的方向。

（3）通过安培定则得出感应电流激发出的磁场方向。

（4）画出条形磁铁磁场的方向。

（5）比较条形磁铁磁场方向与感应电流的磁场方向，最后归纳出结论。

（二）教材实验的难点

（1）实验过程需要记录的物理量多。

（2）记录的物理量不易直接观测。

（3）需要学生具有很强的分析能力。

（三）突破教材实验难点的改进创新

（1）实验创新一：操作简单。

用磁感应强度传感器直接测量出磁场方向，并在屏幕中以图像的形式呈现，操作简单，如图 1 所示。

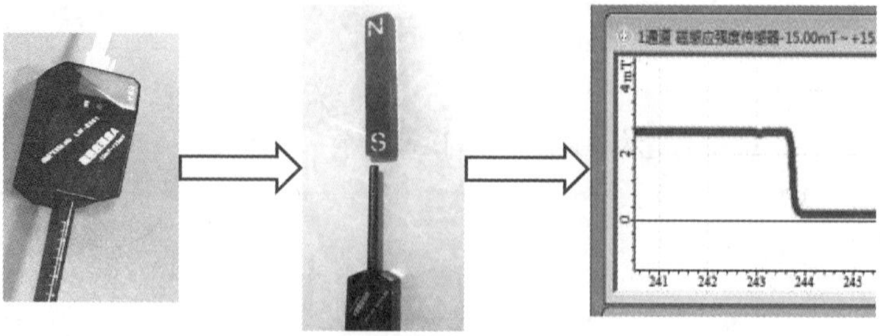

图 1　条形磁铁磁场的测量

（2）实验创新二：感应电流磁场方向的测量。

教材演示实验中的感应电流的磁场与原磁场相互干扰叠加，无法直接测量感应电流的磁场方向。教师对电路进行了改装，将感应电流引入另一螺线管，这样就可以用磁感应强度传感器直接测量感应电流的磁场方向了，如图 2 所示。

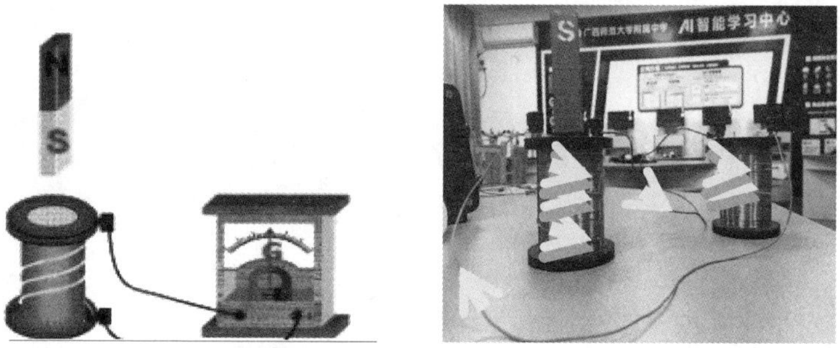

图 2　巧用螺线管分离感应电流

（3）实验创新三：同时测量感应电流磁场方向及磁通量。

本节课实验的重点及难点在于原磁场变化的同时会产生感应电流及其磁场，能否在传感器上同时看到原磁场和感应电流的磁场变化呢？为了突破这一难点，教师重新设计了这个实验：将两个传感器分别放入两个螺线管中，在磁铁插入及拔出的过程中，可以同时测量出原磁场的方向、磁通量的变化及感应电流的磁场方向，如图 3 所示。

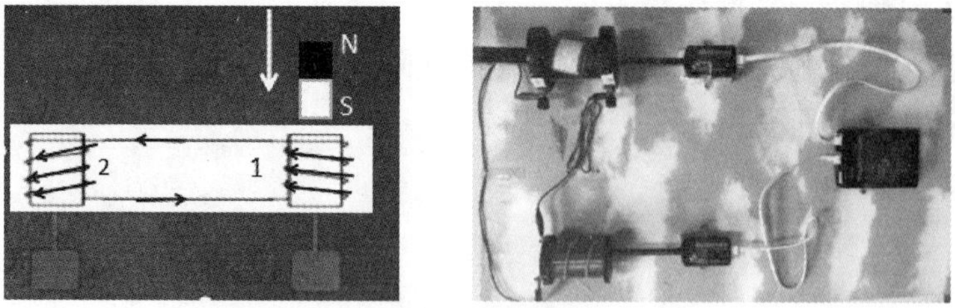

图 3　妙用传感器

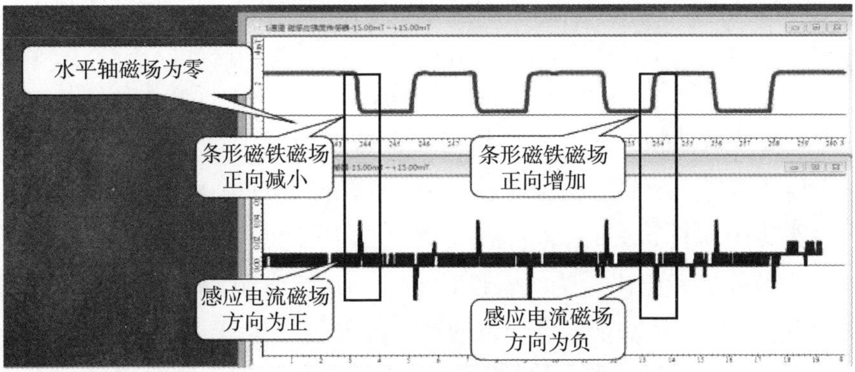

图 6　条形磁铁磁场和感应电流磁场图像分析

（6）学生分组实验Ⅱ：测量电磁铁的磁场方向和感应电流的磁场方向。

让学生进行实验猜想：如果把条形磁铁换成电磁铁，若电磁铁不动，断开或闭合开关，感应电流的磁场还会“阻碍”原磁场的变化吗？实验数据分析如图 7 所示。

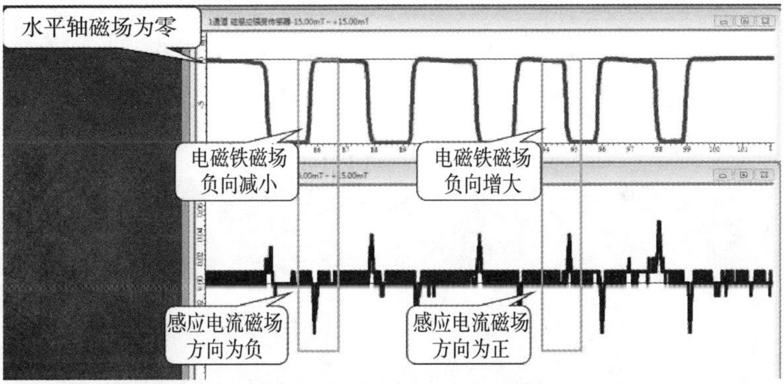

图 7　电磁铁磁场和感应电流磁场图像分析

学生分组实验并讨论归纳出实验结论：当电磁铁磁场负向减小时，即螺线管中磁通量减小时，感应电流的磁场方向为负；当电磁铁磁场负向增大时，即螺线管中磁通量增大时，感应电流的磁场方向为正。

引导学生分析图像并强化实验结论：感应电流的磁场会阻碍磁通量的减小，也会阻碍磁通量的增加。引导学生得出楞次定律。

（二）以实验凸显应用——楞次定律的应用

教师提问学生：有两个相同的闭合的铝环，用强磁铁靠近或远离静止的铝环时，它们的运动状态会变化吗？学生提出各种猜想后，教师开始演示此实验。发现铝环会阻碍强磁铁的运动，铝环的运动符合楞次定律。再引导学生思考为什么闭合的铝环会动？原来是因为能量守恒。

将这一实验进行创新，将物理实验联系生活，用两个柠檬代替铝环，重复刚才的操作，柠檬会动吗？为什么？此时学生会类比“个性的铝环”实验，深深地体会到楞次定律带给我们的小惊喜。

六、实验效果评价

（1）本节课以“阻碍”为线索设计实验，从铝管阻碍磁铁的运动到感应电流磁场的阻碍作用，反映了能量守恒的规律。

（2）感应电流磁场的测量在教材实验中需要分析的中间量过多。本节课通过实验创新，将课本的演示实验变成了学生的分组实验，将原磁场与感应电流的磁场分离，传感器可同时测量两个磁场的变化，并将结果用图像呈现，直观、形象地突破“阻碍”这一难点。

第八届全国中小学实验教学

说课活动优秀作品集

（下册）

中国教育装备行业协会　编

知识产权出版社
全国百佳图书出版单位
—北京—

图书在版编目（CIP）数据

第八届全国中小学实验教学说课活动优秀作品集/中国教育装备行业协会编. —北京：知识产权出版社，2021.10

ISBN 978-7-5130-7724-8

Ⅰ.①第…　Ⅱ.①中…　Ⅲ.①说课—课堂教学—教学研究—中小学　Ⅳ.①G632.421

中国版本图书馆 CIP 数据核字（2021）第 188301 号

责任编辑：李　潇　刘晓琳　　**责任校对**：王　岩

封面设计：智兴设计室·任　珊　　**责任印制**：刘译文

第八届全国中小学实验教学说课活动优秀作品集（下册）

中国教育装备行业协会　编

出版发行：知识产权出版社有限责任公司　　**网　址**：http://www.ipph.cn

社　址：北京市海淀区气象路 50 号院　　**邮　编**：100081

责编电话：010-82000860 转 8133　　**责编邮箱**：3275882@qq.com

发行电话：010-82000860 转 8101/8102　　**发行传真**：010-82000893/82005070/82000270

印　刷：三河市国英印务有限公司　　**经　销**：各大网上书店、新华书店及相关专业书店

开　本：720 mm×1000 mm　1/16　　**印　张**：56.75

版　次：2021 年 10 月第 1 版　　**印　次**：2021 年 10 月第 1 次印刷

字　数：920 千字　　**定　价**：199.00 元（上、下册）

ISBN 978-7-5130-7724-8

CONTENTS

目录

第四部分　中学化学

▶初中化学

探究人体吸入和呼出气体的开放性实践活动 ………… 孙超 / 447
氧气 ………… 于长永 / 453
实验室制取氧气过程中干燥剂的应用探究 ………… 郭巧乔 / 457
物质在氧气中燃烧的实验探究 ………… 任和林 / 463
二氧化碳的制取及性质一体化实验 ………… 许紫炜 / 466
二氧化碳的温室效应 ………… 农佳琪 / 470
氢气的遥控爆炸 ………… 罗银平 / 473
燃料的充分燃烧 ………… 张湇清 / 476
化学反应中热能变化的新观察 ………… 刘广祥　韩恩峰　朱雪琴 / 481
制作天气瓶
——测定溶液电导率 ………… 张鑫 / 486
溶解度曲线的绘制 ………… 樊泽华 / 498
氢氧化钠与二氧化碳反应的创新实验 ………… 熊彦钦 / 501
探究二氧化碳与氢氧化钠的反应 ………… 吕耀佳 / 504
从反应物消耗的角度探究氢氧化钠溶液和二氧化碳的反应 ………… 李洁 / 509

探究实验变形记
——以氢氧化钠和二氧化碳反应为例 …………………… 郑淑如 / 513

▶高中化学

电解饱和食盐水实验的改进与创新……………………………… 黄喜喜 / 517
基于传感器技术的原电池教学改进 ……………………… 王海利　杨杰　马杰 / 523
基于电解原理的实验探究…………………………… 郭宁宁　郑秋辉　吴宝平 / 531
原电池实验的深入探索
——寻找“自制理想电池”的最优实验方案 ………………… 黎秀梅 / 536
燃料电池的实验探究 ………………………………………………… 陈静 / 543
模拟工业化电镀锌的实验探究 ……………………………………… 魏羽岑 / 550
氢气与氯气光照爆炸的实验改进与应用 …………… 康泽伟　刘红梅　刘洪水 / 556
过氧化钠与水反应的异常现象及反应历程探究……… 胡策策　焦利燕　王嘉 / 561
沉淀反应的应用
——沉淀的转化 ………………………………………………… 宁雪婷 / 567
基于自制仪器探究氮的含氧化合物之间的转化…… 赵胜男　李伏刚　谢立平 / 572
实验室制备一氧化氮的条件探究 ……………………… 刘帅东　戈益超　徐斌 / 577
实验室模拟纯碱的工业制法 ………………………………………… 吴赛金 / 583
混合碱中碳酸氢钠百分含量的测定………………………………… 孔莹莹 / 587
碳酸氢钠溶液分解的多角度探析 …………………………………… 马龙 / 590
传感技术用于压强对化学平衡影响的实验探究 …………………… 李海秋 / 596
看得见的可逆反应 ………………………………………………… 彭志伟 / 602
醋酸电离平衡随温度的变化 ………………………………………… 江明郡 / 608
探究浓度对弱电解质电离平衡的影响 ……………………………… 王长鑫 / 616
84 消毒液使用方法的探究 …………………………………………… 蒋婷婷 / 620
以 Fe^{3+}催化过氧化氢分解机理为例的项目式学习 ……………… 罗明勋 / 624
乙酸乙酯制备实验的改进设计 ……………………………………… 徐丽 / 631
基于化学学科核心素养的实验教学
——以卤化银甘油溶胶的制备及其感光实验为例 ………………… 王强 / 635
乙醇的催化氧化及银镜反应一体化的实验创新设计 ……………… 申莉莉 / 642

热像仪在化学实验中的应用
——以分子间作用力的比较实验为例 …… 李鼎 / 646

第五部分 中学生物

▶**初中生物**

检测不同环境中的细菌和真菌 …… 史一荔 / 653
测定某种食物中的能量实验改进 …… 翁宇静 / 660
测定某种食物中的能量 …… 苏亚林 / 664
基于科学探究素养的发酵现象实验改进 …… 何只翰 / 669
探究植物气孔的数量与分布 …… 周稳 / 677
绿色植物的蒸腾作用 …… 卢静静 / 682
利用自制蒸腾计探究植物的蒸腾作用 …… 杨贝贝 / 686
探究卵壳的结构和功能 …… 史丽琳 / 691
动物绕道取食的学习行为 …… 宋艳青 / 699
蚂蚁的信息交流 …… 贾莹 / 703
探究小白鼠的学习行为 …… 张蕊 / 710
观察小鱼的血液流动 …… 茹希 / 716
呼吸运动模拟实验 …… 胡云鹏 赵翠焱 / 720
肾单位结构的创新实验 …… 李健 / 724
人体对外界环境的感知
——眼球成像、近视成因及矫正 …… 王馨研 潘明浩 / 729

▶**高中生物**

DNA 的粗提取与鉴定 …… 吴莉娟 / 733
种群密度的调查与教学实践 …… 刘宇 / 739
观察根尖分生区组织细胞的有丝分裂 …… 范云云 / 745
由一盘“菠萝咕噜肉”引发的思考
——蛋白酶活性检测 …… 张双凤 / 751
探究温度对酶活性影响的实验改进与创新 …… 郭东岗 杨珊玲 郝东辉 / 760

基于STEAM教育理念“一器多用”的创新
——以酶学探究实验为例 …… 陈大夫 / 767
探究不同果汁在多因素考量下的最适酶解条件
——以果汁出汁量和感官作为指标 …… 阚晓彤 / 773
果酒、果醋制作的优化 …… 刘超 / 781
探究影响酵母菌种群数量变化的因素 …… 常智敏 / 788
酵母细胞的固定化 …… 成丽丽 / 794
探究酵母菌细胞呼吸的方式 …… 卜乐 / 802
利用细胞固定化定量探究酵母菌的呼吸作用 …… 郑杨忠 / 807
酵母细胞的固定化 …… 陈奉桂 / 815
利用自制装置探究环境因素对光合作用强度的影响 …… 杨宗泽 / 820
探究光对植物光合作用强度的影响 …… 曹丽娜　李秀军 / 828
探究环境因素对光合作用强度的影响 …… 李淑敏 / 837
探究影响光合作用的因素 …… 殷晓悦 / 847
探究环境因素对光合作用强度影响的创新实验 …… 高燕 / 852
自制装置探究光质对固定化小球藻光合作用的影响 …… 张芳芳 / 858
探究光反应中物质和能量的变化 …… 顾彩燕　盛国跃 / 864
植物细胞的吸水和失水 …… 王坤 / 878

附录　第八届全国中小学实验教学说课活动优秀作品名单 …… 882

第四部分

中 学 化 学

▶初中化学

探究人体吸入和呼出气体的开放性实践活动

厦门市音乐学校　孙超

一、使用教材

本课选自人教版九年级《化学》上册第一单元“走进化学世界”课题二“化学是一门以实验为基础的科学”第二课时“对人体吸入的空气和呼出的气体的探究”。

二、实验器材

小木条、蜡烛、火柴、澄清石灰水、无水氯化钴试纸、冰块、水槽、烧杯、集气瓶、导管、胶头滴管、塑料袋、气球、针筒、吸管、数字化传感器等。

三、实验创新要点

在学生自主创新实验的课堂教学中，教师站在学生的立场，让学生在实验展示、质疑、创新等环节中完成学习。学生成为课堂主角，在动手体验中发现问题、解决问题，经历开放性的探究过程，提高创新能力和思维能力。

（1）改进气体收集方法：利用快递包装中的充气袋进行实验，利用数字化传感器分别测定由充气袋法、排水法及排空气法收集的呼出气体中各种气体的含量。

（2）改进实验方法：教材实验中存在着利用排水法收集的呼出气体中二氧化碳含量变化较大、集气瓶中气体逸散以及小木条火焰大小难以控制等问题，实验过程中会产生一些异常现象。利用充气袋替代集气瓶，利用烛台替代小木条，学生可以更加清晰地观察到实验现象。

四、实验设计思路

本节课的设计思路是以问题驱动为导向，以学生活动为主体，以自主创新实验为载体，培养学生对化学现象的观察、描述和分析能力。学生提出的疑问是他们在探究过程中擦出的非常宝贵的思维火花。教师帮助学生改进教材实验，指导他们进行创新探究，培养学生发现实验中值得探究的问题以及解决问题的能力。让化学实验课成为学生们学习生涯中生动有趣的记忆，逐步培养他们对化学的兴趣，这对培养学生的科学探索精神和科学素养起着至关重要的作用，为他们进一步学习打下坚实的基础。

五、实验教学目标

（1）知道人体吸入的空气和呼出的气体的主要区别，通过实验探究空气和呼出气体中成分的不同。

（2）学习对化学现象进行观察和分析的方法，培养探究问题和解决问题的能力。初步认识科学探究的一般过程和方法，了解对比实验中控制变量的原则，提高创新意识。

（3）进一步认识化学是一门以实验为基础的科学，从实验中体会科学探究的严谨性以及化学实验带来的乐趣。

六、实验教学内容

本课从如何收集呼出的气体出发，利用数字化传感器分别测定排水法、排空气法和充气袋法中二氧化碳的含量来确定合适的收集方法。利用实验探究人体吸入的空气和呼出的气体中成分的不同，在实验中通过小组讨论和合作实验的方式，解释实验中的异常现象，并通过创新实验解决实际问题。

七、实验教学过程

（一）环节一：情境导入

学生通过观看纪录片《人间世》，发现身着防护服、戴口罩的抗疫医务工作者经常会感到闷热和缺氧（见图1）。学生分析是因为防护服和口罩增加了呼吸阻力，并且呼出气体中的二氧化碳、氧气、水蒸气的含量与正常呼吸相比发生了变化。教师通过数字化传感器精确地测定了这三种气体的含量的变化（见图2）。

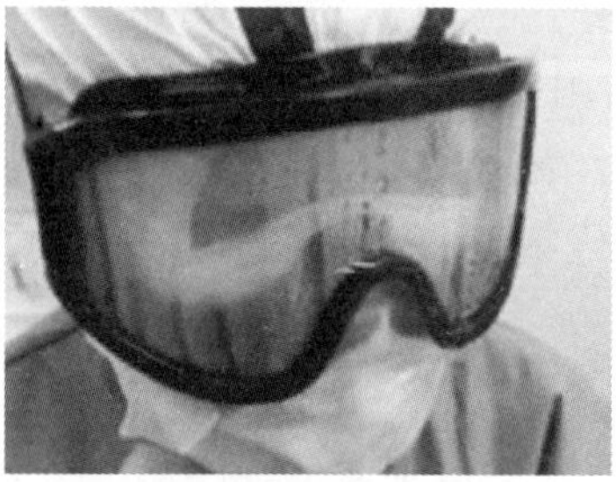

图1　视频截图

图2　利用数字化传感器进行实验

（二）环节二：问题驱动

如何收集呼出的气体？首先，学生经过小组讨论，提出可用排水法、排空气法，以及直接向气球或塑料袋吹气的方法。其次，教师向同学们介绍在快递包装中经常使用的环保充气袋（见图3）。最后，利用吸管向其中吹气后封口即可收集呼出的气体，用打气筒可打入空气，插入吸管后即可放出气体。因此，这种充气袋可以重复使用。

图3　快递包装中的充气袋

教师让同学们现场用这三种方法收集呼出的气体，并用传感器测量其中气体含量的差异。从数据分析可知，排水法收集的呼出气体中二氧化碳含量偏低，排空气法收集的呼出气体相对湿度误差比较大，而充气袋收集到的呼出气体则比较接近真实值（见表1）。使用数字化传感器测量气体含量，活跃了课堂气氛，提高了学生的学习兴趣。

表1　排空气法、排水法、充气袋法收集的呼出气体中二氧化碳含量和相对湿度测定

	排空气法	排水法	充气袋法
二氧化碳含量/ppm	35 492	23 160	39 045
相对湿度/%	60.4	93.9	98.9

（三）环节三：创新实验

（1）验证吸入的空气和呼出的气体中二氧化碳含量不同。

有的小组同学将澄清石灰水倒入排水法收集的呼出气体中，没有观察到明显的实验现象。教师引导学生结合数字化传感器测量的数据分析原因，使学生的思维得到开拓。学生讨论并设计利用充气袋进行实验，学习小组提出不同的实验方案：其中一个小组利用充气袋收集空气和呼出气体后，用两个针筒抽取等量的澄清石灰水注入其中，振荡后发现呼出气体中的澄清石灰水明显变浑浊了，而空气袋中的澄清石灰水没有明显的实验现象（见图4）；另一个小组将抽取了等量的澄清石灰水的针筒再分别插入空气袋和装有呼出气体的袋中分别抽取等量的两种气体，充分振荡，可以发现抽取呼出气体的针筒中的澄清石灰水变浑浊的现象非常明显（见图5）。教师指出使用过的充气袋可以用热熔胶密封，做到充气袋重复使用，实验简单、环保。

图 4　向充气袋内注射澄清石灰水

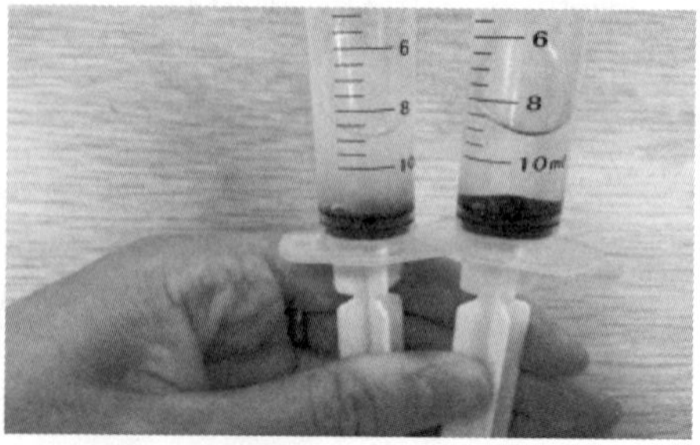

图 5　抽取空气和呼出的气体

（2）验证吸入的空气和呼出的气体中氧气含量不同。

在对比两种气体中氧气含量变化的实验中，有的小组同学将燃着的木条伸入排水法收集的呼出气体中，并没有发生明显变化。教师引导学生进一步分析原因，改进实验方案。同学们尝试将装有空气和呼出气体的集气瓶倒扣在燃烧的蜡烛上，观察到呼出气体中的蜡烛迅速熄灭（见图 6）。还有的小组同学在充气袋中放入漏斗，收集气体后进行实验，实验现象非常明显（见图 7）。同学们拥有丰富的想象力和创造力。

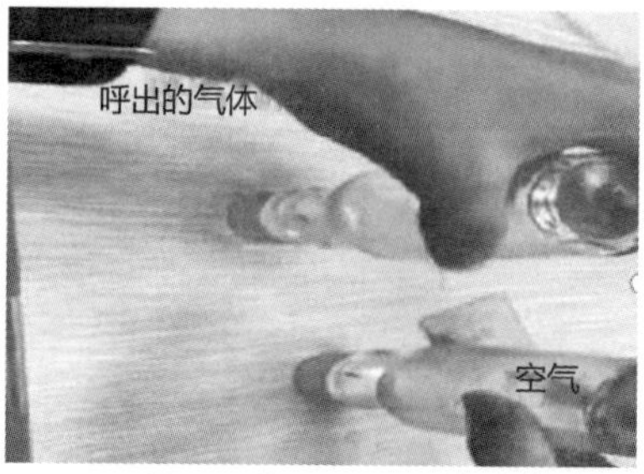

图 6　集气瓶罩在烛台上方

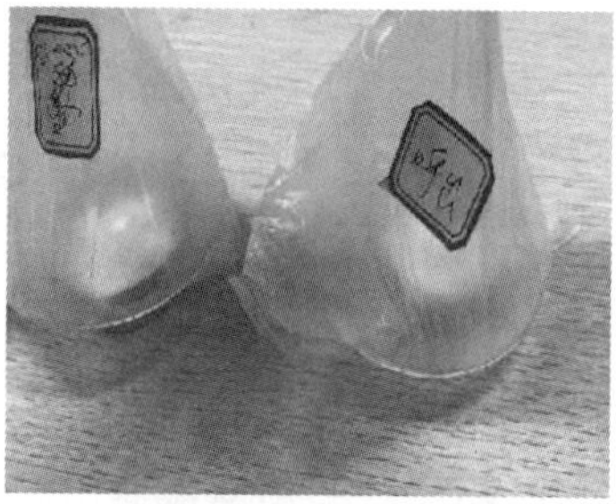

图 7　充气袋和漏斗罩在烛台上方

（3）验证吸入的空气和呼出的气体中水蒸气含量不同。

检验两种气体中水蒸气含量变化时，同学们对教材中的实验方法产生了怀疑。呼出气体温度高，水蒸气容易在玻璃片上冷凝，但是空气和玻璃片之间没有温度差，所以空气中的玻璃片不容易有水蒸气冷凝。针对温差的问题，同学们设计了新的实验方案：利用充气袋收集两种气体后，同时放入装有冰水混合物的水槽中，一段时间后取出，擦去表面水雾，观察充气袋内水蒸气冷凝的情况，发现装有呼出气体的空气袋中冷凝水比空气袋更多，由此证明了呼出气体中水蒸气含量更高。教师进而向同学们展示了资料卡片和自制教具，先将蓝色的氯化钴试纸放进充气袋里，再分别吹入呼出气体和用打气筒打入空气，几秒钟后，可以明显地看到放置在呼出的气体中的氯化钴试纸已经完全变为粉色，空气袋中的试纸只有稍许变化（见图8）。操作简单，实验现象明显。

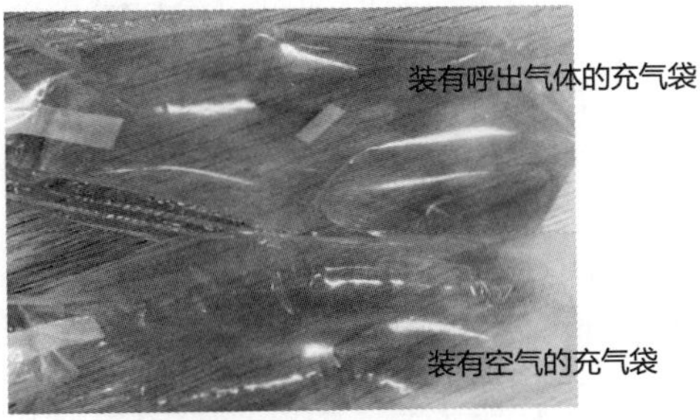

图8　氯化钴试纸变色

（四）环节四：课外延伸

教师最后将课堂延伸到课外、校外，拓展学生的知识面。化学是一门以实验为基础的科学，人们对于呼出气体的探究也远不止于此。比如，交警使用的呼气式酒精检测仪、医院用于检测幽门螺杆菌的碳13呼气试验等，都是通过检测呼出气体中的成分进行的。生活中到处都有化学的身影！

八、实验效果评价

（1）站在学生的立场设问，变疑点为起点。

学生自主创新实验是以提升学生思维发展为目标的开放性实践活动，遵循学生的认知规律，在探究活动中积极触发学生建构知识的疑点，将其转变为学生的思维起点。在本实验中，学生提出水蒸气液化的关键因素是温度差。人呼出的气体能使玻璃片上出现水雾，是由于人体呼出的温度较高的水蒸气遇到冷的玻璃片液化的结果。而空气中的水蒸气与处于空气中的玻璃片温度相同，没有温度差，故放置在空气中的玻璃片上是不会出现水雾的。但不出现水雾并不能说明空气中的水蒸气含量就低，引导学生利用无水氯化钴试纸遇水变色的原理，进行更有说服力的验证实验。

在教学中，教师除了组织学生完成常规实验外，还需通过设疑策略，促使学生变化观察视角，发现实验中存在的问题，再对实验加以改进。

（2）让学生成为课堂主角，变看客为创客。

学生创新实验需要教师的指导，教师可以用实验来串起课堂教学的过程，给予学生感染力和创新的动力。在对比人体吸入的空气和呼出的气体中氧气含量的变化时，燃着的木条的火焰大小及其伸入集气瓶的速度都会影响实验现象。学生通过改进实验方法，在保证两支蜡烛火焰大小相同的情况下，将其罩在体积相同的两种气体中，能明显看到在呼出气体中的蜡烛先熄灭。在对比人体吸入的空气和呼出的气体中的二氧化碳含量的变化时，在学生实验中，因为各种原因，导致呼出的气体中澄清石灰水变浑浊不明显。通过讨论后改进装置，能在控制气体体积、澄清石灰水用量的条件下，明显观察到实验现象。

教师可以组织学生在课堂教学的每一个环节进行创新实验，引导学生积极参与到课堂展示活动中，让学生投入实验探究活动中。

（3）让学生在动手体验中思考，变求新为求真。

本节课采用“问题驱动—小组讨论—学生活动—创新实验”的教学模式，突出控制变量的思想，让学生体验了科学研究的一般过程和方法，体验化学实验的严谨性和乐趣，为将来的学习奠定良好的基础。科学探索是一条实证和论证螺旋上升的登峰之路。一个人如果缺少知识，他可以在任何时候补上。但是，错过了思维发展的最佳时机，以后将是很难弥补的。提升思维能力的最好办法就是动手实验，最好是进行创新实验，在探究中求知、求新，更要求真。

氧气

黑龙江省齐齐哈尔市富裕县逸夫学校　于长永

一、使用教材

本节内容是人教版《化学》九年级上册第二单元“我们周围的空气”中的课题二“氧气”。

学生从生物课上已经认识了氧气，经过对本单元课题一“空气”的学习，知道氧气能供给呼吸和支持燃烧，但对氧气的化学性质缺乏系统的认知。本实验不但能对氧气的化学性质进行探究，深化对课题一中空气成分的认识，还能为课题三“制取氧气”中过氧化氢制氧气的授课进行铺垫，在第二单元中有承上启下的作用。

二、实验器材

输液瓶、注射器、硬质玻璃管（粗管 1 个、细管 2 个）、橡胶管、橡胶塞、铁架台、小药瓶、自制燃烧匙、Y 形管、玻璃导管、过氧化氢溶液、二氧化锰、硫粉、木炭粉、细铁丝、澄清石灰水、碱石灰。

三、实验改进要点

（一）教材实验的缺点

（1）需要事先收集多瓶氧气，工作量大。

（2）氧气可能逸出，实验现象不明显。

（3）硫粉在氧气中燃烧的实验，由于所取药品的量比较多，生成物二氧化硫不能完全被吸收，排放到空气中，不仅对空气造成污染，而且对人体也会造成伤害。

（二）实验改进要点

改进后的实验装置如图 1 所示，该实验装置弥补了教材实验的不足。

（1）氧气不再需要事先制取，解决了氧气的收集问题，减轻教师的工作量。

（2）铁丝在氧气中燃烧时，氧气可持续产生，能比较持久地观察到明显的实验现象。

（3）硫粉在氧气中燃烧时，玻璃管底部的氢氧化钠溶液可吸收二氧化硫。

（4）在实验过程中，所用药品的量都相应地减少了，既节省药品，又能减少污染。

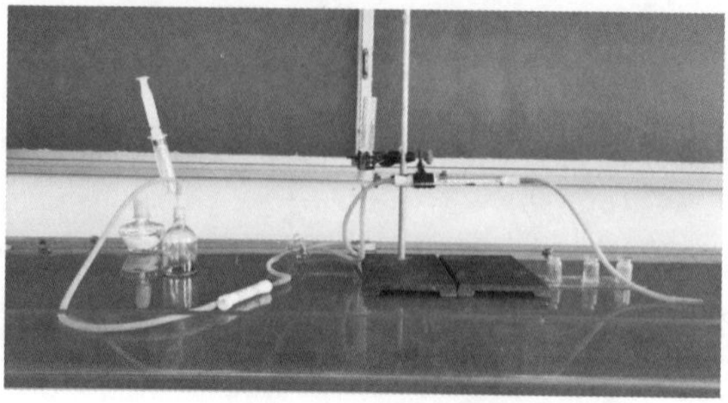

图 1　改进后的微型实验组合装置

四、实验教学目标

知识与技能：了解氧气的相关性质，明确铁丝、木炭粉和硫粉分别在氧气中燃烧的现象，熟记反应的文字表达式。

过程与方法：通过探究铁丝、硫粉和木炭粉分别在氧气中燃烧的反应，学习从具体到抽象、从个别到一般的归纳方法。

情感态度与价值观：通过实验，激发学生的学习兴趣，建立融洽的师生关系。

五、实验教学内容

利用过氧化氢溶液和二氧化锰制取氧气，进行铁丝、硫粉、木炭粉在氧气中燃烧的实验并观察现象，利用氢氧化钠溶液来吸收产生的二氧化硫，并在装置末端连接装有澄清石灰水的装置，用于检验二氧化碳。

六、实验教学过程

（一）氧气的制取、检验和验满

（1）检查装置的气密性。

（2）事先在输液瓶中装入少量的二氧化锰，由注射器注入过氧化氢溶液，产生氧气（见图 2）。

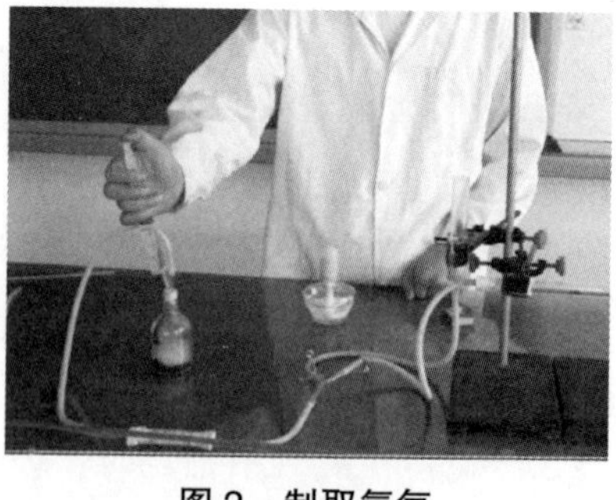

图 2　制取氧气

（3）取一个带火星的小木条伸入玻璃管内，观察到带火星的小木条复燃，证明产生的是氧气（见图 3）。

（4）再取一个带火星的小木条放在玻璃管口处，观察到小木条复燃，证明氧气已经集满（见图 4）。

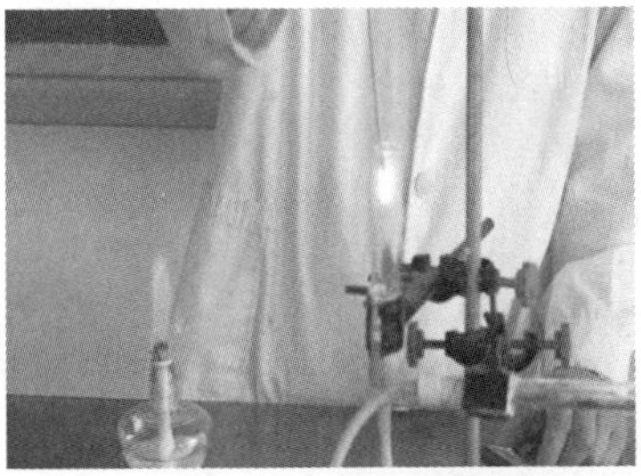

图3　检验氧气

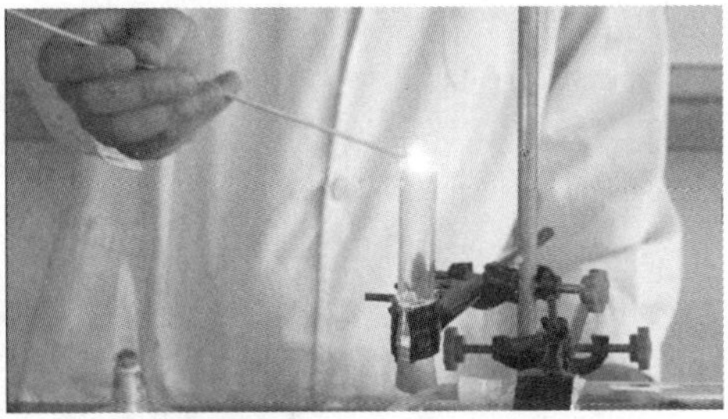

图4　氧气验满

（二）氧气化学性质验证实验

（1）铁丝在氧气中燃烧。将系有火柴梗的细铁丝在火柴梗将要燃尽时迅速伸入玻璃管内，继续向输液瓶内加入过氧化氢溶液，观察到铁丝剧烈燃烧、火星四射，并放出大量的热，产生黑色固体，如图5所示。让学生能够观察到明显、持久的实验现象。

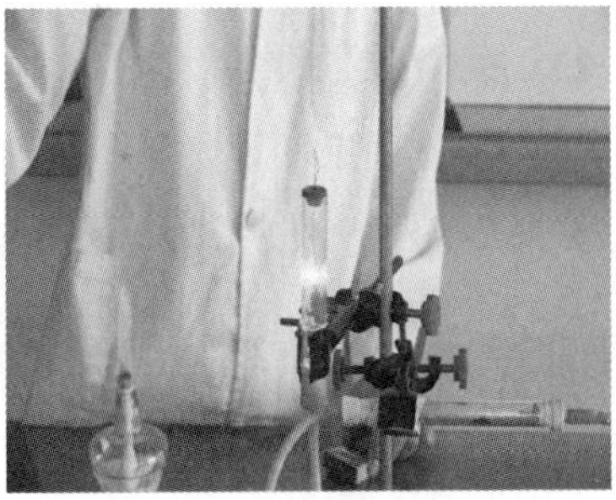

图5　铁丝在氧气中燃烧

（2）硫粉在氧气中燃烧。将自制燃烧匙中装入少量的硫粉，在酒精灯上引燃，观察现象，火焰呈微弱的淡蓝色，如图6所示。再将燃烧匙伸入装满氧气的玻璃管内（玻璃管底部事先放入少量的氢氧化钠溶液，用于吸收二氧化硫），观察到明亮的蓝紫色火焰，如图7所示。

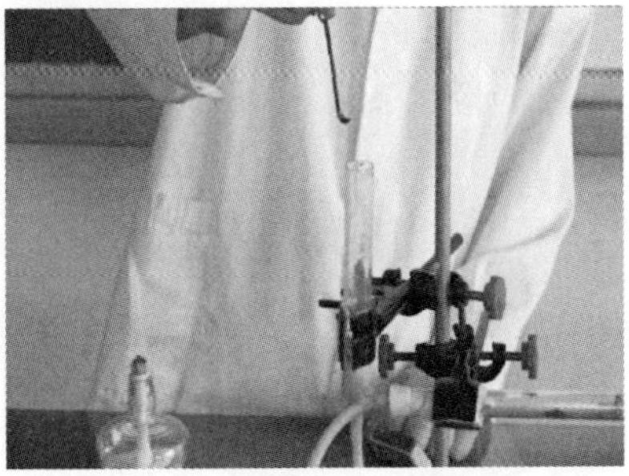

图6　硫粉在空气中燃烧

图7　硫粉在氧气中燃烧

（3）木炭粉在氧气中燃烧。将玻璃管中放入少量的木炭粉，先用酒精灯预热玻璃管，再集中加热玻璃管底部的木炭粉，观察到木炭粉红热；打开弹簧夹，用注射器向输液瓶中注入过氧化氢溶液，观察到木炭粉发出白光，并将导管伸入盛有澄清石灰水的小药瓶中，一段时间后，澄清石灰水变浑浊，如图8所示，证明木炭粉燃烧产生了二氧化碳气体。

图8　澄清石灰水变浑浊

七、实验效果评价

（1）实验现象明显，氧气无须事先制取。

（2）可控制燃烧时间，避免空气污染。

（3）装置简单，所用药品量较少，容易操作。

（4）本实验不但可以培养学生的创新能力，还能帮助学生树立节能环保的意识，为学生今后的学习和发展奠定良好的基础。

实验室制取氧气过程中干燥剂的应用探究

合肥市第四十八中学　郭巧乔

一、使用教材

人教版《化学》九年级下册。

二、实验器材

5%过氧化氢溶液、二氧化锰、98%浓硫酸、无水氯化钙、生石灰、氯化钴试纸、硅胶、试管、试管夹、酒精灯、火柴、镊子、双颈烧瓶、三颈烧瓶、锥形瓶、分液漏斗、铁架台、橡皮塞、导管、Y形管、多孔球泡、气泡石、干燥管、相对湿度传感器、数据采集器、电脑。

三、实验创新要点

（一）实验引入

由分析过氧化氢溶液制氧气有什么特点引入实验，学生在实验过程中发现使用过氧化氢溶液制氧气时，氧气中水蒸气含量高。提出问题：如何降低氧气中水蒸气的含量？

（二）探究干燥剂的效果

传统的学生实验将相同浓度的过氧化氢溶液分解生成的氧气通过不同的干燥剂，以木条复燃效果推断干燥效果，但如果木条都复燃，很难判断干燥效果。本实验借助相对湿度传感器可以测定干燥后气体的湿度（见图1），以湿度变化为参数分析干燥剂的效果及产生该效果的原因。

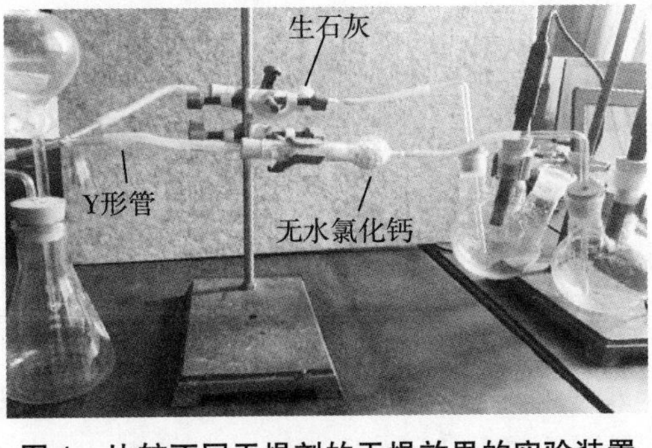

图1　比较不同干燥剂的干燥效果的实验装置

（三）探究如何得到更干燥的气体

学生提出可以从增加干燥次数、延长干燥时间、增大气体与干燥剂的接触面积三个方面提升干燥效果（见图 2）。分别进行实验并测定湿度，找到干燥氧气效果最佳的方法。同时也得出结论：常用的干燥方法无法得到绝对干燥的氧气。

图 2　提升干燥效果的几种实验装置

（四）探究常见的食品干燥剂的效果

通过实验得知，用生石灰干燥氧气的效果最不理想。有学生提出，为什么食品中常见的干燥剂反而用生石灰呢？借助湿度传感器测定使用常见的食品干燥剂长时间干燥后的气体湿度（见图 3），归纳出常见的食品干燥剂的干燥效果。

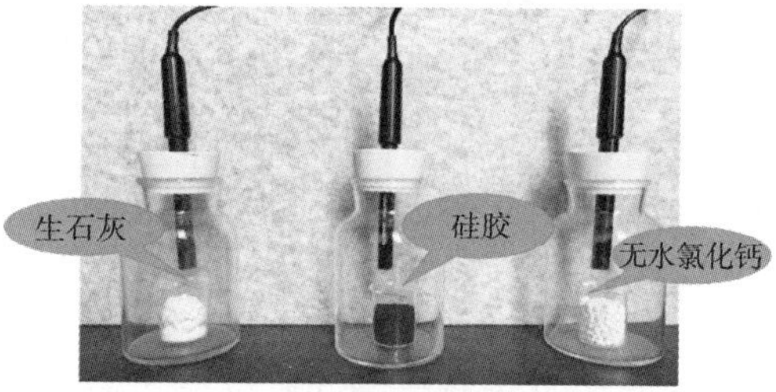

图 3　测定使用常见的食品干燥剂长时间干燥后的气体湿度

四、实验原理

干燥气体是实验室制取气体中的重要一步，在历年中考中都出现过。人教版《化学》九年级下册教材中，只是介绍了几种常见的干燥剂，根据物质的性质介绍了它们的用途。但是干燥剂的干燥效果如何，如何选用干燥剂，学生并没有直观的认识。通过创设具体的实验情境，学生在探究中找到干燥剂的选择依据，并总结出提升干燥效果的方法，体验了科学探究的过程，增强了教学效果。最后，拓展到生活中，懂得如何选择干燥剂，提升了学生的科学意识。

五、实验教学目标

（1）通过实验探究，学生了解常见干燥剂干燥氧气的效果，初步了解干燥剂的选择依据和提升干燥效果的方法。

（2）通过设计实验，学生提高了在对比实验中应用控制变量法的能力，形成严谨求实的科学态度。

(3) 了解手持技术在实验中的应用，通过曲线分析，建构曲线变化和变化本质两者之间的关系，感受现代科技的神奇，激发学生去接触更多的新科技。

六、实验教学内容

本节实验课由分析过氧化氢溶液制氧气有什么特点引入，学生发现过氧化氢溶液制得的氧气中水蒸气含量高，从而引出干燥剂的使用。设计对比实验，探究哪种干燥剂干燥效果好，以及如何提升干燥效果。通过数字化实验，从曲线分析中得出结论，建构知识模型。

七、实验教学过程

（一）实验探究一：如何降低氧气中的水蒸气含量

在课堂开始时，学生分析实验室用过氧化氢溶液制取氧气有什么特点。当学生进行这个实验，并用带火星的木条检验生成的氧气时，发现试管中反应剧烈，产生大量的气泡和水雾，木条刚开始变亮，之后才复燃。学生对比木条的两种状态，认为刚开始时水雾多会影响木条的复燃效果。分析得出过氧化氢溶液制氧气所含水蒸气比较多，同时将检测水蒸气的氯化钴试纸伸入试管中，发现试纸由蓝色变成粉色，证明了水蒸气含量高。至此，提出本节课的第一个探究问题——如何降低氧气中水蒸气的含量。学生想到可以使用干燥剂。教师和学生共同进行实验，将反应生成的氧气通过浓硫酸，观察到带火星的木条立刻复燃，并且双颈烧瓶内也没有水雾。

（二）实验探究二：哪种干燥剂的干燥效果好

浓硫酸有干燥效果，其他干燥剂的干燥效果如何呢？引出本节课的第二个探究问题——哪种干燥剂的干燥效果好。学生设计方案，选用不同的干燥剂去干燥相同浓度过氧化氢溶液生成的氧气。但是通过实验视频，发现浓硫酸、无水氯化钙、生石灰干燥后的氧气都能使带火星的木条复燃，无法判断哪种干燥剂的干燥效果好。这时就需要用到数字化实验，可以通过相对湿度传感器测定干燥后气体的湿度来判断干燥效果。用相对湿度传感器测定使用不同干燥剂干燥氧气的湿度变化曲线，如图 4 所示。

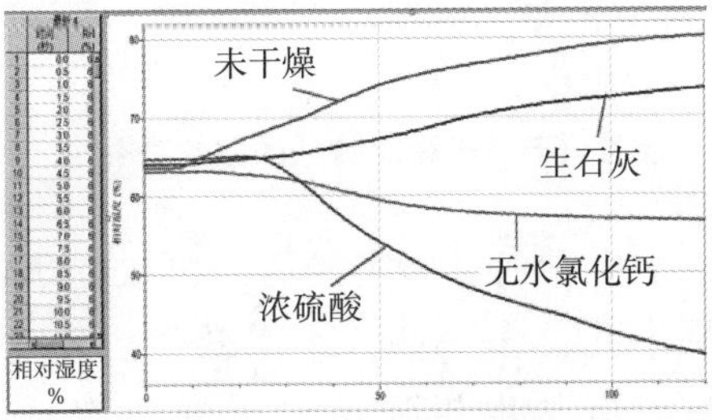

图 4　使用不同干燥剂干燥氧气的相对湿度变化

由图 4 可以看出，在相同时间内，浓硫酸的干燥效果最好，而生石灰的干燥效果不佳。此时提出问题，为什么浓硫酸的干燥效果好？学生分析，因为浓硫酸是液体，氧气通入液体中进行干燥比固体干燥剂更充分。

（三）实验探究三：如何得到更干燥的氧气

浓硫酸的干燥效果好，但是干燥后的氧气中仍含有水蒸气。引出第三个探究实验——如何得到更干燥的氧气。学生想到可以通过多次干燥来实现，教师展示了氧气被浓硫酸干燥 2 次、3 次后的湿度变化（见图 5）。可以看出，多次干燥确实可以提升干燥效果，但是仍无法完全干燥氧气。学生观察曲线后提出，是不是因为干燥时间不够，延长干燥时间后，效果是否会更好？继续进行实验验证，收集一瓶氧气，并用浓硫酸干燥，24 小时后测定其湿度值是 40.5%，用浓硫酸进行 2 次、3 次干燥，发现多次干燥可以提升干燥效果，但是湿度并没有降到 0，浓硫酸无法完全干燥氧气。考虑到流动气体相对于静止的气体，与浓硫酸的接触更充分，学生还推断出浓硫酸干燥流动氧气效果更好。

虽然多次干燥可以提升干燥效果，但是装置复杂，操作不便，如果一次干燥就可以达到最好的效果，该怎么进行实验？学生提出可以通过增大气体与浓硫酸的接触面积这种方法。因此，教师给学生介绍了多孔球泡，用多孔球泡来代替普通导管，并测定了使用普通导管和多孔球泡干燥后的湿度（见图 6），验证了增大气体与浓硫酸的接触面积可以提升干燥效果。

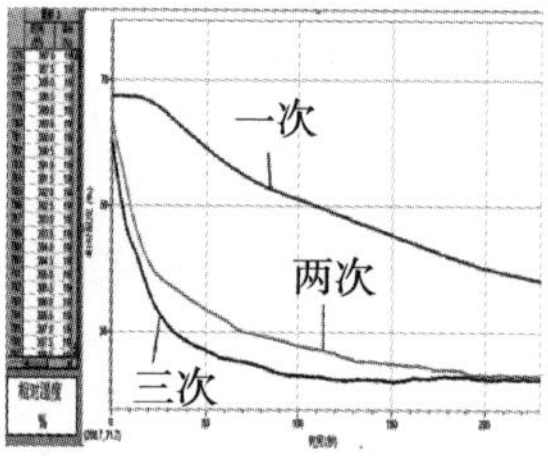

图 5　不同干燥次数后的湿度变化

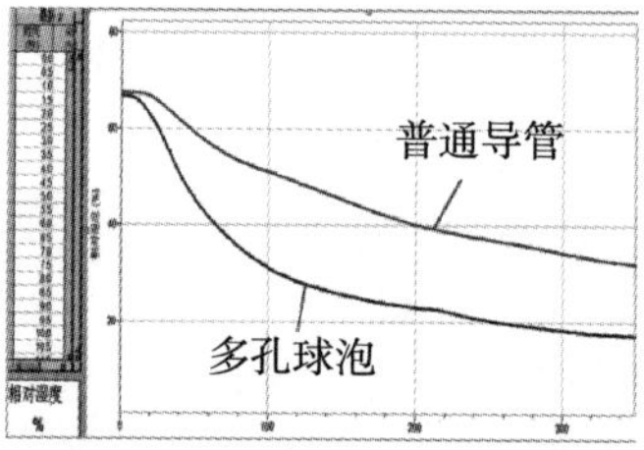

图 6　使用普通导管和多孔球泡后湿度对比

学生看到对比实验后，再次提出：如果小孔再多一些，干燥效果会不会更好？有学生想到鱼缸里的气泡石。学生将氧气经过气泡石通入浓硫酸并测定湿度，实验数据再次说明，继续增大气体与浓硫酸的接触面积，干燥效果仍能提升，但无法得到绝对干燥的气体（见图 7）。

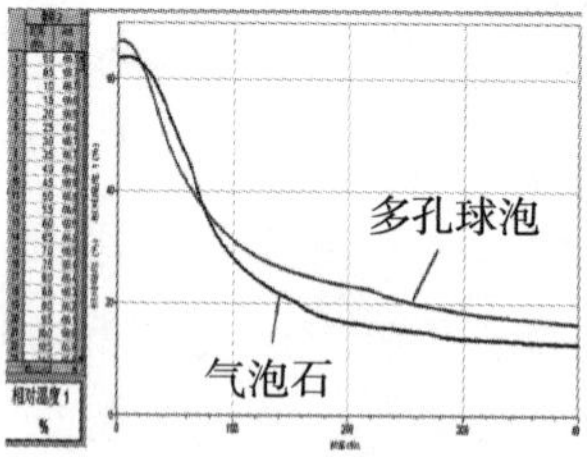

图 7　使用多孔球泡和气泡石后的湿度对比

（四）实验探究四：探究常见的食品干燥剂的干燥效果

有同学提出了疑问：生石灰干燥氧气的效果不好，为什么常用的食品干燥剂选用生石灰？为解释这一困惑，将等质量的三种常见固体干燥剂——生石灰、硅胶、无水氯化钙，放在等体积的空气瓶中，每隔几小时测定瓶内的湿度值，空气的湿度变化曲线如图 8 所示。由图 8 可以看出，虽然短时间内生石灰干燥流动的气体效果不佳，但是长时间的干燥效果与其他干燥剂差别不大，而生石灰价格便宜，也相对安全，因此多选用生石灰作为食品干燥剂。此外，学生还发现当湿度降到一定值时，数据已变化不大，所以干燥剂并不能完全吸收水蒸气，但还是能达到保证食物不变软、不变质的要求。

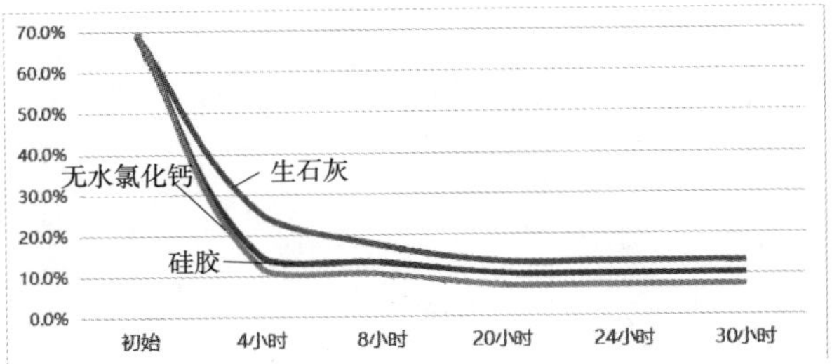

图 8　等质量的固体干燥剂干燥相同体积空气后的湿度变化记录

（五）归纳与总结

（1）实验室中干燥剂的选择：实验室制取氧气并干燥，选用效果最好的浓硫酸，不选择生石灰。

（2）食品干燥剂的选择：几种干燥剂长时间的干燥效果差别不大，而生石灰价格相对便宜，也相对安全，食品干燥剂中选用较多。

（3）提升干燥效果的方法：多次干燥；增大气体与干燥剂的接触面积；若使用固体干燥剂，则可以通过延长干燥时间来提升干燥效果。

（4）课后作业：要求学生画出模型图，以及不同状态下干燥剂吸收水蒸气的微观图（见图 9）。

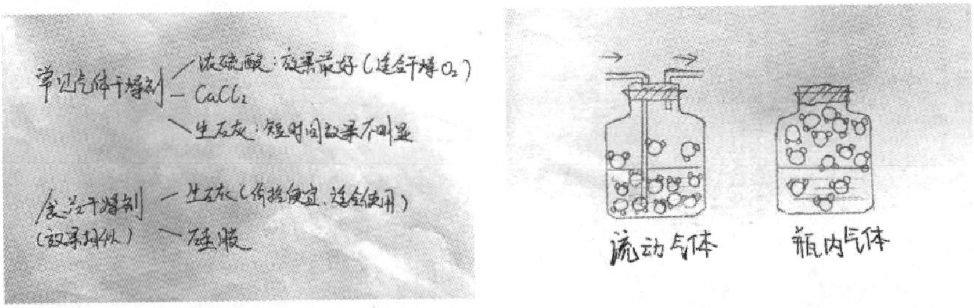

图 9　学生作业

八、实验效果评价

（1）本节实验课通过创设情境，探究实验室制取氧气所用干燥剂，拓展了学生对于干燥剂知识的认知，探究出干燥剂的选择依据和提升干燥效果的方法。

（2）数字化实验的引入将实验探究从定性研究推向定量研究，突破了难点，提升了探究效果。学生对不同干燥剂的干燥效果，以及如何提升干燥效果有了更直观的认识。通过实验数据还可以得知，一步干燥能完全除去水蒸气、得到绝对干燥的气体是一种理想状态。

（3）本节课选用实验室和生活中常见的干燥剂作为研究对象，让学生体会到生活中处处有化学，培养了学生的科学态度。

物质在氧气中燃烧的实验探究

湖北省赤壁市第一初级中学　任和林

一、使用教材

人教版《化学》九年级上册第二单元课题二“氧气”。

二、实验器材

分液漏斗、抽滤瓶、集气瓶、打孔集气瓶、试管、试管架、酒精灯、玻璃片、烧杯、镊子、药匙、燃烧匙、小木条、铁丝、硫、木炭、蜡烛、红磷。

三、实验创新要点

创新点1：对比不同规格的铁丝在氧气中燃烧的现象。

创新点2：改变引燃铁丝的方式。

创新点3：边燃烧，边供氧。

创新点4：用排水法收集不同浓度的氧气。

创新点5：对比木炭、硫、红磷等物质在不同浓度氧气中的燃烧现象。

创新点6：可连接多种尾气处理装置，绿色环保。

四、实验原理/设计思路

“物质在氧气中燃烧的实验”是人教版九年级《化学》上册验证氧气性质的实验。教材中是将氧气收集与物质燃烧两个过程分开的，集气瓶中氧气量有限，导致物质燃烧时间短，现象也不够明显，难以满足学生的观察需要。因此，对实验进行改进，让物质在燃烧的同时，不断提供氧气，使燃烧的现象更明显、更持久，学生能清楚地观察到实验现象。针对有些物质燃烧会产生有害气体的现象，采用及时、有效的处理方式，让学生真正体会绿色化学的理念。

五、实验教学目标

科学认识：认识燃烧的剧烈程度与氧气浓度的关系。

科学思想：形成用实验来探究物质性质的一般思路。

科学方法：规范实验描述语言，学会归纳实验结论。

科学精神：培养科学探究的精神和实践创新的意识。

六、实验教学内容

通过对铁丝、木炭、硫等物质在氧气中燃烧的实验探究，加深学生对氧气性质的认识。

七、实验教学过程

（一）探究一：如何对铁丝燃烧的实验加以改进，让现象更明显、更持久

小组交流，探讨改进方案。

A 小组：选取合适规格的铁丝。

播放不同规格的铁丝在氧气中燃烧的视频，对比直径为 0. 15 mm、0. 30 mm、0. 40 mm、0. 60 mm 四种规格的铁丝在氧气中燃烧的现象（见图 1）。发现直径为 0. 15 mm 的铁丝容易烧断，现象也不够明显；直径为 0. 60 mm 的铁丝不易燃烧；直径为 0. 30 mm 和 0. 40 mm 的铁丝燃烧剧烈，现象明显，较为合适。

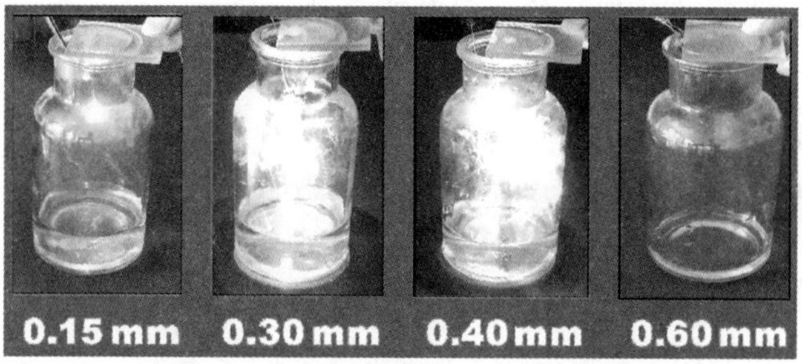

图 1　不同规格的铁丝在氧气中燃烧

B 小组：改变引燃铁丝的方式。

将小木条引燃改为酒精引燃，避免小木条燃烧生成的黑色固体干扰实验现象。

C 小组：边燃烧，边供氧。

（二）探究二：铁丝持续燃烧需要氧气的最低浓度是多少

用排水法收集不同浓度的氧气，并将铁丝放在不同浓度的氧气中进行实验，发现直径为 0. 40 mm 的铁丝燃烧需要氧气的最低浓度约为 55%。只要氧气浓度达到 55%，铁丝便可以持续燃烧。实验装置如图 2、图 3 所示。

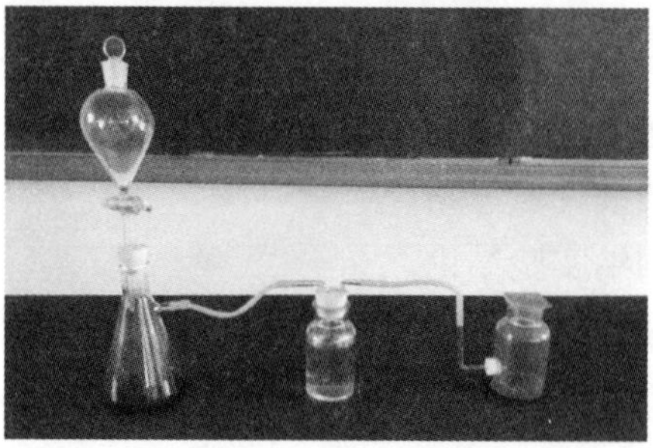

图 2　实验装置

图 3　打孔集气瓶

（三）探究三：木炭、硫等物质在不同浓度的氧气中燃烧现象有何不同

播放木炭、硫等物质在不同浓度的氧气中燃烧的视频。

得出结论：物质燃烧的剧烈程度与氧气的浓度有关。

八、实验效果评价

本节课通过探究问题层层驱动，不断加深学生对氧气性质的理解。同时通过实验创新，学生体验探究过程，寻找科学方法，改变学习方式，构建知识体系，培养敢于质疑、勇于探究的科学精神。

二氧化碳的制取及性质一体化实验

昆明市第三中学西山学校　许紫炜

一、使用教材

本课题选自人教版《化学》九年级上册第六单元课题三“一氧化碳和二氧化碳”的第一课时。

二、实验器材

塑料瓶、石灰石、蜡烛、澄清石灰水、石蕊试液、滤纸、火柴等。

三、实验创新要点

本节实验教学的设计亮点是以促进学生的认识发展为本，挖掘学生潜力，搭建学生认识发展的平台，对教材中的实验进行改进、补充和应用，使在课堂上演示二氧化碳性质的检验实验更便捷，可操作性增强，尤其使化学课连堂、学校没有实验员等问题迎刃而解。

本实验能够实现将化学实验微型化、绿色化的目标。自制的微型教具绿色环保、操作简便，使学生也能积极地投入实验仪器的制作中去，对该实验的印象更为深刻，也有助于学生积极思考实验装置的改进。

四、实验原理

以一个塑料瓶作为实验的载体，用纱布包裹石灰石做成小布团，利用铜丝与悬挂在塑料瓶中部的小药瓶A中的稀盐酸接触，制取二氧化碳。在塑料瓶的底部放置一个小药瓶B，里面放置澄清石灰水，在小药瓶A的瓶身外部分别贴上干燥的石蕊滤纸条和湿润的石蕊滤纸条，并在塑料瓶的上、下口各开一个小孔，插入短吸管作为导管，在管口放置蜡烛，以验证二氧化碳的性质。一体化装置设计图如图1所示，一体化装置实物图如图2所示。

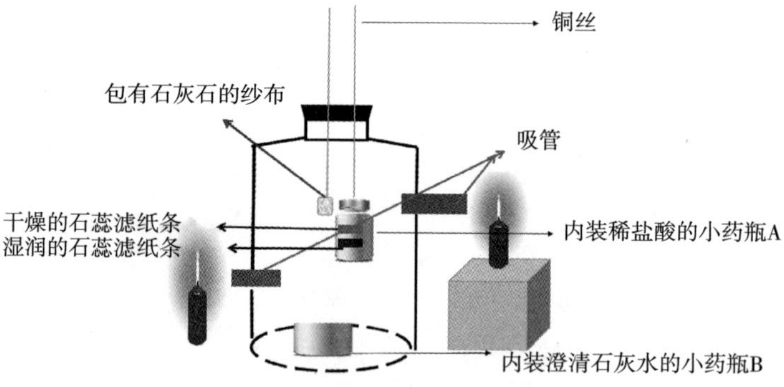

图1　一体化装置设计图

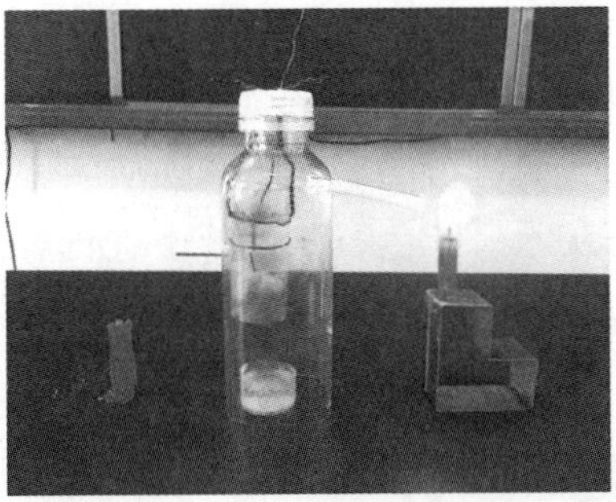

图 2　一体化装置实物图

五、实验教学目标

知识与能力目标：通过实验探究了解二氧化碳的物理、化学性质；能设计和完成一些简单的实验，并分析实验。

过程与方法目标：引导学生自主、合作、探究学习，通过对实验现象的观察和分析及实验探究，增进对科学探究的体验，形成良好的学习习惯。

情感态度和价值观目标：通过对二氧化碳性质的学习，培养学生获得从现象到本质、从感性到理性的科学认知方法，激发学生学习化学的兴趣。

六、实验教学内容

从二氧化碳的探究实验认识二氧化碳的化学性质，并对探究结果进行总结，落实知识，学会应用。利用改进实验装置来引导学生对实验进行思考，增加学生的实验体验，培养学生的实验创新意识及综合实验能力。

七、实验教学过程

（一）创设情境

在课程开始的时候，教师播放干冰实验视频（见图 3），激发学生的学习兴趣，引导学生观察并思考，初步认识二氧化碳这种物质。

图 3　干冰实验视频截图

（二）分组实验

组织学生分小组完成探究二氧化碳的性质实验，利用 250 mL 可乐作为实验材料，依次对照教材中的实验进行二氧化碳的性质实验探究，如图 4 所示。将产生的气体分别通入澄清石灰水、紫色石蕊试液中进行观察；将产生的气体通入空塑料瓶中，倒入水后观察其水溶性；将燃着的火柴放在瓶口，观察火柴的燃烧情况。

图 4　二氧化碳的性质实验探究

组织学生边完成实验，边进行讨论，对二氧化碳的性质进行总结。通过动手实验，学生对实验现象进行观察思考，初步认识二氧化碳的性质，培养观察能力与分析能力。

（三）分析总结

组织学生分享对可乐分解的二氧化碳的性质进行实验探究的感受。有的学生提出这样的实验很有趣，方便快捷，实验现象明显；也有学生认为轻摇可乐瓶不好控制反应的速率；还有学生产生疑问，可乐产生的气体只有二氧化碳吗？于是提出利用实验室制取二氧化碳以保证二氧化碳的纯净性，尝试设计装置进行一体综合化实验。

提出问题：如何进行二氧化碳的制取和性质探究的综合实验呢？指导学生分组设计方案，文字描述或画图展示皆可，分小组完成设计（见图 5）。通过自主设计环节，学生更加深刻地认识二氧化碳的性质，从而培养综合实验能力。分享交流的过程也能让学生更好地体会自制教具和改进实验的乐趣，培养学生的创新意识。

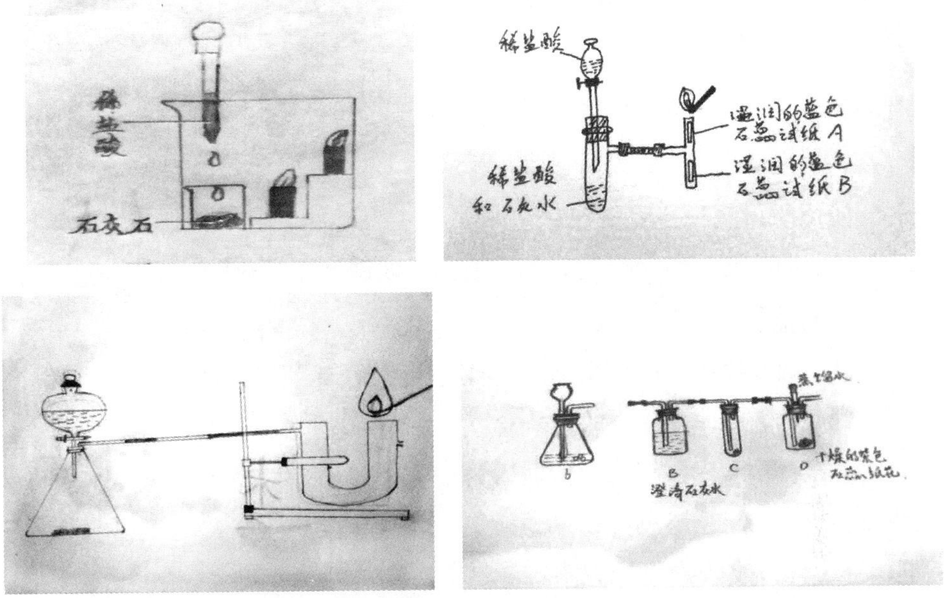

图5　学生设计装置图

（四）实验创新

教师组织学生分享交流设计的方案，请小组互评，讨论实验方案的可行性和优缺点。展示教师设计的一体化实验装置（见图2），引导学生思考该装置的设计原理：为什么这样设计？为什么通过此实验装置能完成二氧化碳的制取和性质探究实验？完成了哪些性质探究实验？师生共同利用一体化装置完成实验。本环节通过一体化实验装置制取并验证二氧化碳的性质，深入理解二氧化碳的物理和化学性质。

八、实验效果评价

本实验教学注重学生的实验体验，课题虽小，实验虽简单，但却能将复杂的系列实验一体化，提高学生的综合实验能力。在本实验教学中，教师引导学生动手实践，在实验过程中培养学生猜想假设、设计实验等科学探究的能力，在实验的改进、质疑中培养其创新精神和化学学科素养。

改进后实验的优点：①绿色环保、节约药品、减少污染；②装置简单、实验操作简便、实验现象明显、易于得出实验结论；③该装置可用于学生的“活动与探究”，也可用于教师的演示实验。

二氧化碳的温室效应

北京师范大学海口附属学校　农佳琪

一、使用教材

校本教材初中八年级《科技》第二册第十四课“二氧化碳”。

二、实验器材

铁架台、圆底烧瓶、单孔橡胶塞、温度传感器、图形数据采集器、日光灯。

三、实验创新要点/改进要点

利用日光灯与温度传感器模拟温室效应，装置简洁，操作方便，现象明显，对比性强。

四、实验原理/实验设计思路

根据温室效应的产生原理，设计制作温室效应模拟实验装置，如图 1 所示。分别向两个圆底烧瓶中通入二氧化碳含量较高的空气与普通空气，塞上插有温度传感器的单孔橡胶塞，并排放置于铁架台上。采用日光灯模拟太阳光，正对圆底烧瓶照射，使用温度传感器检测二者温度的变化情况。

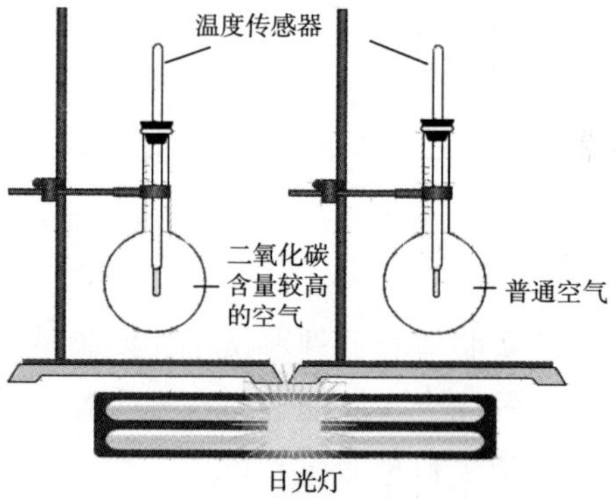

图 1　温室效应模拟实验装置示意图

五、实验教学目标

义务教育初中“科学”课程标准要求以提高每个学生的科学素养为总目标，引导学生认识和探究身边常见的物质，了解其对人类生活的影响，保持学生对自然现象的好奇心和求知欲。

由于学生通过其他学科的学习以及日常生活的积累，已了解全球变暖及其危害，故此次实验教学目标为：通过思考、讨论并设计对照实验，探究温室效应，发展模型认知素养、科学探究与创新意识，培养科学精神与社会责任。

六、实验教学内容

应用模型，利用手持技术设计实验验证二氧化碳的温室效应，探讨社会热点。

七、实验教学过程

（一）环节一：创设情境，设计对照实验，发展科学探究与创新意识

引导学生通过思考事物的两面性，认识到二氧化碳对人类有利有弊。比如，二氧化碳可用于灭火，但空气中二氧化碳含量过高会引起温室效应。从而引出问题：二氧化碳含量过高，是否真的能引起温室效应？假如你是科学家，如何设计对照实验去探究？引发学生思考，激发学习兴趣。学生利用教学提供的仪器，进行小组讨论，设计对照实验，学生代表回答问题，发展科学探究与创新意识。

（二）环节二：演示实验，直观感受温室效应，发展模型认知素养

现场演示对照实验：两个圆底烧瓶中分别装有二氧化碳含量较高的空气与普通空气，采用日光灯正对两个圆底烧瓶照射，使用温度传感器与图形数据采集器检测二者温度的变化情况。通过对比，学生能够观察到，二氧化碳含量较高的空气温度曲线斜率大于普通空气的温度曲线斜率，直观感受到二氧化碳的温室效应。

根据实验现象，学生自主总结：在相同的时间内，二氧化碳含量较高的空气温度上升得比普通空气快，最终温度比普通空气高，从而验证二氧化碳的温室效应。教师借助实物模型，培养学生观察、分析与总结实验的能力。实验效果较好，有利于发展学生的模型认知素养。

进一步提出“二氧化碳为什么会引起温室效应”的问题，引发学生思考。将大气层与地表类比成巨大的温室，二氧化碳就像温室的棚子，既能让太阳光透过，又能使太阳光的热量不易向外散失，对地表起到保温的作用，即温室效应。深化学生对二氧化碳引起温室效应的理解。

（三）环节三：回归社会热点，培养科学精神与社会责任

讲述大自然中二氧化碳的循环，以及人类活动造成二氧化碳含量增多的现象，引出社会热点话题：全球变暖。向学生提问：全球变暖的危害有哪些方面？学生通过其他学科的学习以及日常生活的积累，能够回答出全球变暖会导致冰川融化、土地沙漠化、引发暴雨和洪水等灾害。

展示图片，提出全球变暖已使人类的生存环境遭受严重的威胁。提出问题：如何控制全球变暖？引发学生思考，进而讲述开发和使用清洁能源、植树造林、低碳生活等控制全球变暖的措施。总结出每个人都应该积极行动起来，为保护地球尽一份责任。

最后追问学生，如果没有二氧化碳会怎么样？学生通过对本实验的思考，能够得出如果没有二氧化碳夜晚地表会寒冷等结果，一分为二地看待二氧化碳的作用，培养了学生的科学精神与社会责任。

八、实验效果评价

在本节实验教学中，学生思考、讨论并设计对照实验，知道二氧化碳含量增加会引起温室效应，导致气温升高，从而树立环保理念，教学效果较好。有效地培养了学生的模型认知素养、科学探究与创新意识、严谨求实的科学精神与保护环境的社会责任。

使用温度传感器验证二氧化碳的温室效应，实验效果良好，但日光灯过于刺眼，还有待改进。

氢气的遥控爆炸

宜宾市南溪一中外国语实验学校　罗银平

一、使用教材

人教版《化学》九年级上册第七单元课题一。

二、实验器材

稀盐酸、镁条、蒸馏水、烧杯、镊子、酒精灯、塑料长颈漏斗、自制爆炸器、塑料瓶盖、250 mL 纸杯、250 mL 塑料杯、木条、火柴、纸。

三、实验创新要点

（1）使用塑料装置，采用遥控引爆的方式，增加实验的安全性。

（2）将发生装置、收集装置和遥控点火装置进行了一体化设计，简化实验操作。

（3）利用镁的质量控制氢气的体积分数，达到定量实验的目的，保证实验的成功率。

（4）实验药品用量少，仅需要 0.08 g 镁和少量稀盐酸，装置成本低，便于推广使用。

四、实验原理

反应器中，0.08 g 镁和足量的稀盐酸反应产生 74.9 mL 氢气。氢气通过塑料导管与塑料杯中的空气混合，使用遥控点火装置引爆。爆炸前，氢气的体积分数约为 30.0%（74.9 mL/250 mL×100% ≈30.0%），在氢气的爆炸极限范围内，此时氢气和氧气的体积比约为 2∶1，点火时爆炸非常剧烈。

五、实验教学目标

知识与技能：掌握爆炸的基本原理，提升学生的探究能力与安全意识。

过程与方法：通过分组实验、对比实验、演示实验掌握科学探究的一般方法。

情感态度与价值观：通过实验培养学生的学习兴趣和创新思维。

六、实验教学内容

教师结合教材和学情创设实验情境，带领学生进行分组实验，激发学生的思维活力，提高学生参与度。从传统实验入手，引导学生对实验进行改进，共同设计创新实验。

七、实验教学过程

（一）情景引入

展示长征五号运载火箭发射成功的图片，引导学生回忆氢气燃烧的相关知识。纯净的氢气可以在空气中安静地燃烧，混有空气或氧气的氢气遇到火源可能发生爆炸。

（二）进行氢气爆炸的分组实验（见表1）

表1 氢气爆炸的分组实验

小组号	1	2	3
镁条	0.01 g	0.08 g	0.24 g
15%稀盐酸	5 g	5 g	5 g

用镊子将镁条放入瓶盖中，再加入5 g溶质质量分数为15%的稀盐酸，将纸杯（250 mL）直接罩在瓶盖上方，反应结束后用燃着的木条点火（见图1）。

分组实验结束后，同学们发现只有第二组实验取得了成功。分组实验结果使学生产生了疑惑：为什么只有第二组实验取得成功呢？引导学生阅读教材，了解爆炸极限的概念，并给出如图2所示的氢气体积分数推导图。通过对氢气爆炸极限时的体积分数进行推导，让同学们知道在氢气与空气混合时，如果氢气的体积分数在4%~74.2%之间时，点火才会发生爆炸。

图1 接触式点火引爆氢气

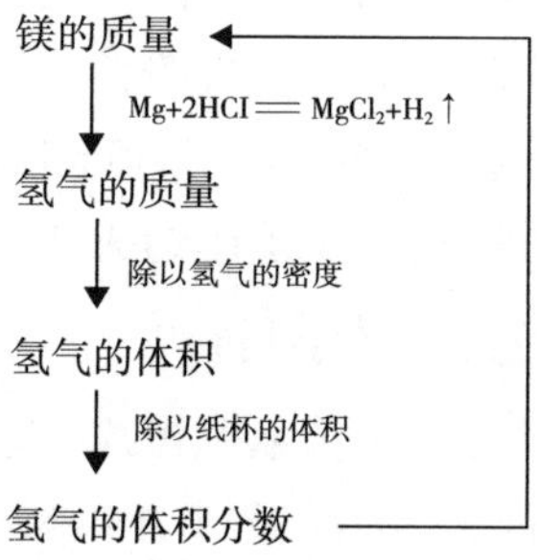

图2 氢气体积分数推导图

根据镁的质量精确计算出氢气的体积分数，第一组氢气的体积分数为3.7%，点火时无明显现象；第三组氢气的体积分数为89.9%，点火时先燃烧后爆炸；只有第二组氢气的体积分数在爆炸极限范围内，点火时发生了猛烈的爆炸。由于这个实验具有相当大的危险性，有时还不能成功，教师和学生都不太愿意动手操作此项实验。在接触式点火中，无法控制安全距离，让人害怕；不能精确控制氢气的体积分数，导致实验失败。如何解决这两个问题呢？学生对此进行了思考和讨论，并与教师共同探究了改进方案（见图3），设计了创新实验。

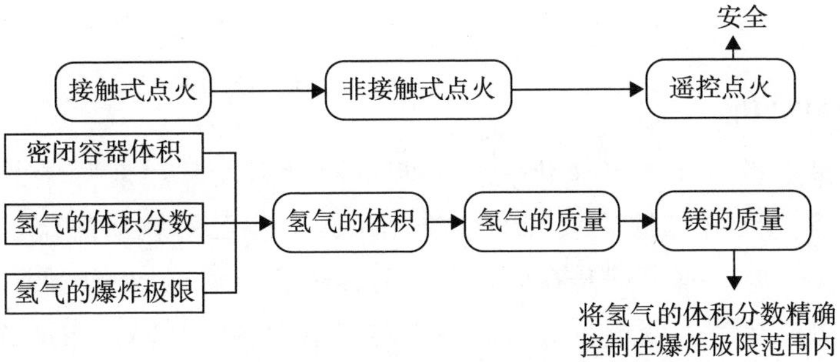

图3 氢气爆炸实验的改进方案

（三）创新实验

实验装置（见图4）分为三个区域：左边是发生装置，右边是遥控点火装置，上方是收集装置。发生装置通过塑料导管和收集装置连接，遥控点火装置通过导线和收集装置连接，从而形成了一体化的设计。装置材料以塑料为主，采用遥控点火，控制点火的人处于安全距离，提高实验的安全性。实验时，反应器中0.08 g镁和足量的稀盐酸反应产生了74.9 mL氢气，氢气通过塑料导管与塑料杯中的空气混合。反应结束后，向反应器中加入蒸馏水，将剩余的氢气全部排入塑料杯中，把遥控器拿到安全位置引爆。爆炸前，氢气的体积分数约为30.0%（74.9 mL/250 mL×100% ≈30.0%），在氢气的爆炸极限范围内，此时氢气和氧气的体积比约为2∶1，点火时爆炸非常剧烈。

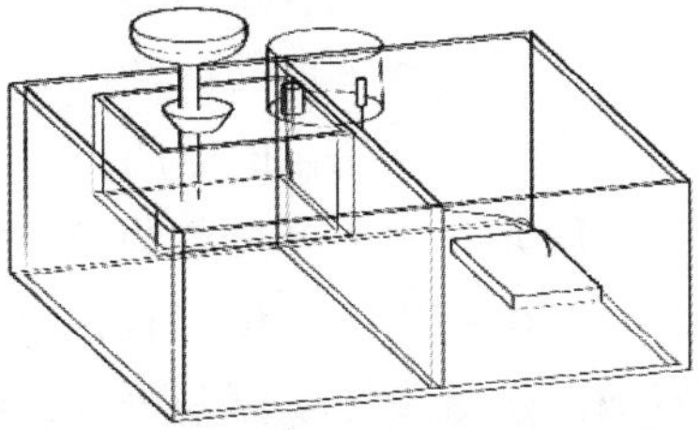

图4 氢气爆炸的创新实验装置

八、实验效果评价

（1）实验改进后，有效地解决了爆炸过程中可能出现的安全问题，并且通过控制镁的质量实现了定量实验，可以确保实验的成功率。

（2）通过传统实验和创新实验的对比，学生对爆炸有了更直观地认识和理解，培养了科学探究思维和创新能力。

燃料的充分燃烧

上海民办兰生复旦中学　张渮清

一、教材分析

本节课是上教版九年级《化学》第四章“燃料及其燃烧”中的“燃料的充分燃烧”内容。在第二章“氧气的性质”中，学生已对物质燃烧的变化实质与现象有了初步了解。本节课是在此基础上对因燃料与氧气量的比例关系不同会造成燃料不充分燃烧的问题进行探讨。通过对课本内容的开发，增加探究实验，帮助学生更好地了解含碳燃料燃烧时存在完全燃烧和不完全燃烧两种现象，同时运用数字化实验的特点，将两种燃烧与氧气的浓度及可燃物和氧气的接触面积的关系直观呈现，从而更好地理解提高燃料利用率的方法。

虽然学生对燃烧现象有一定的生活经验和常识，但是对燃料的“充分燃烧”缺乏直观认识，有一定的认知困难。由于学生已学过质量守恒定律，能初步从定量的角度理解化学变化的本质，并且学生在以往学习中对数字化实验有一定的实践基础，因此，为了充分挖掘“燃料的充分燃烧”的原理，本节课设计成实验探究课。学生利用数字化实验，直观感知燃料的完全燃烧与不完全燃烧在产物种类、释放的热量及环境污染等方面的差异，用定量的方法佐证定性原理，更好地理解化学变化的实质。

二、实验器材

实验一：探究蜡烛在敞口与密闭环境中的燃烧情况。

四合一气体检测仪、自制水桶燃烧容器、酒精灯、镊子、火柴、蜡烛等。

实验二：探究影响燃料充分燃烧的因素。

氧气浓度传感器、二氧化碳浓度传感器、一氧化碳浓度传感器、温度传感器、数据采集器、电脑、3D 打印烛台、定制燃烧容器、氧气发生装置、酒精灯、镊子、火柴、蜡烛等。

三、实验创新要点

（1）通过气体检测仪自带数据显示与报警功能，在模拟敞口环境、有通风半敞口环境、密闭环境里点燃蜡烛，通过对比，了解在密闭环境中，随着氧气浓度降低，一氧化碳的浓度迅速增加，直观感受不充分燃烧现象的存在。

（2）由于气体检测仪的局限性，不能呈现燃料是否充分燃烧的情况，因此，引入相关传感器，对氧气、一氧化碳、二氧化碳与温度四个变量进行过程性测定。通过数据分析与图像比较，感知在氧气浓度不同和与助燃剂接触面积不同时，哪种燃烧更容易发生，从而得出相关结论。

（3）结合本实验专门设计了对应的数据记录与图像生成软件，增加了3次实验的纵向比较图像，比如二氧化碳与一氧化碳浓度增加的比值图，根据碳元素总量守恒，可以比较清晰地反映燃烧产物的分布，方便学生得出结论，适合现有的试剂用量与实验过程。

四、实验教学目标

（1）通过设计、完成探究实验，分析图像得出影响燃料充分燃烧的因素及产物种类、释放能量及环境污染等方面的区别。知道使燃料充分燃烧与提高燃料利用率的常用方法与重要意义。

（2）引导学生关注多样化的测量仪器，积极运用到实验探究过程中。感知对比实验是科学研究的重要手段，在实验设计中体会控制变量的重要性。

（3）培养学生在较复杂的情境中分析问题的能力，增强科学素养，提升思维品质。

（4）重难点：

①运用控制变量法设计燃料充分燃烧与不充分燃烧的实验。

②通过实验数据分析和建立模型认知，帮助学生从定量的角度理解化学反应的实质。

五、实验教学内容

实验教学内容如图1所示。

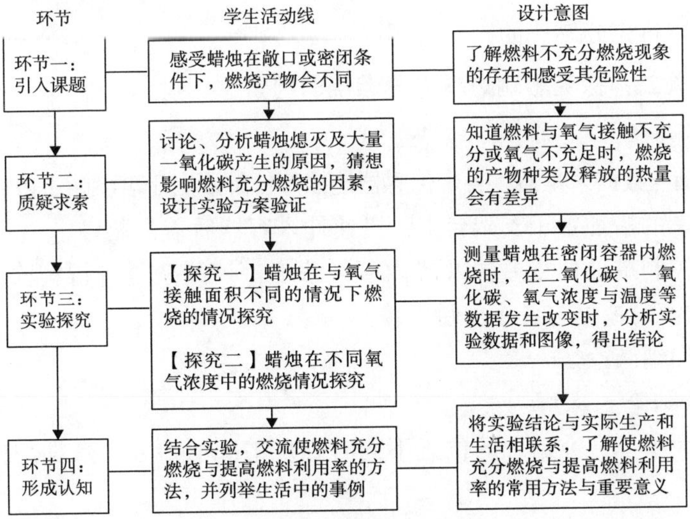

图1 实验教学内容

六、实验教学过程

（一）实验一：探究蜡烛在敞口与密闭环境中的燃烧情况

（1）实验步骤。

1）将报警器玻璃管放置好后，打开气体检测仪，用镊子放入两支点燃的蜡烛，观察 1 min。

2）盖上原瓶盖，留有空隙，再观察 1 min。

3）取下瓶盖，换上木板，盖好桶口，观察。

（2）实验现象。

步骤 1）、步骤 2）中蜡烛正常燃烧，氧气及一氧化碳浓度变化不大。

步骤 3）中盖好木板后，氧气浓度迅速减小，一氧化碳浓度快速上升，很快两者全部报警，蜡烛随即熄灭。

（3）实验结论。

密闭环境中，当氧气浓度减小时，蜡烛燃烧容易产生大量一氧化碳。

（4）实验分析。

蜡烛在密闭容器中燃烧，刚开始时氧气充足，发生完全燃烧，生成二氧化碳；当氧气低于一定的浓度时，蜡烛发生不完全燃烧，产生一氧化碳。

（5）实验反思。

1）当氧气充足时，燃料只发生充分燃烧吗？

2）是否可以通过测定生成的二氧化碳与一氧化碳的含量来了解燃料燃烧的情况？

3）影响燃料充分燃烧的因素有哪些？

（二）实验二：探究影响燃料充分燃烧的因素

（1）实验步骤。

1）将电脑与数据采集器、各个传感器连接好，都固定于玻璃罐上方较近位置。

2）将点燃的蜡烛置于支架台上，迅速伸入容器后盖紧瓶口。

3）通过控制蜡烛位置差异及罐内氧气浓度，控制变量进行实验，观察、保存软件生成的实时数据与各个变量图像。

4）分析归纳结论。

（2）实验结论。

1）第一大组：探究蜡烛的位置不同时燃烧情况的差异。数据与图像分析说明如图 2 所示。

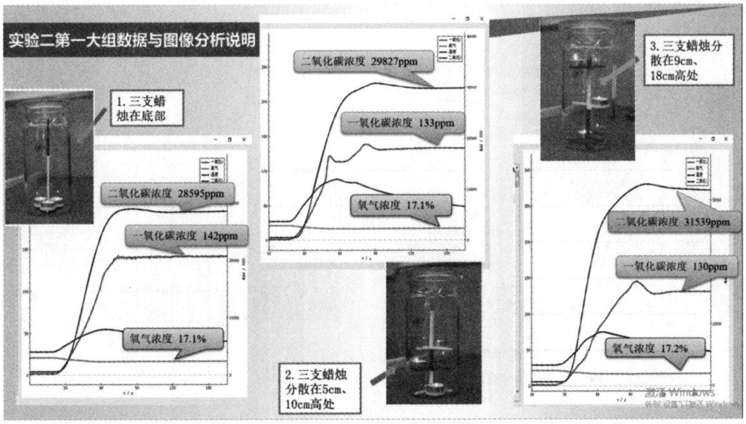

图 2　容器内氧气浓度不同时的燃烧情况数据分析图像

实验结论如图 3 所示。

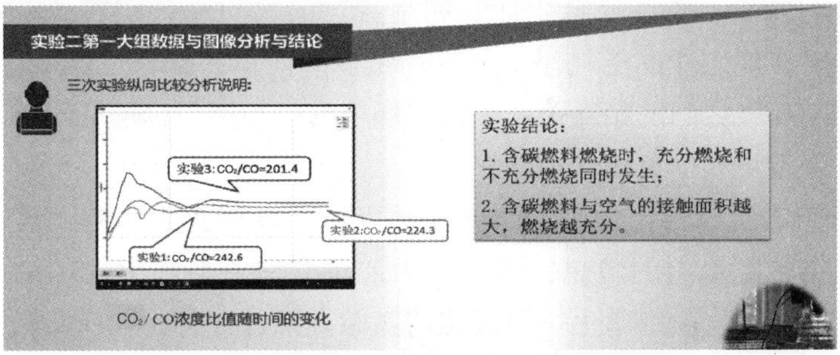

图 3　探究容器内氧气浓度不同时的燃烧情况

2）第二大组：探究容器内氧气浓度相同时燃烧情况的差异。数据与图像分析说明如图 4 所示。

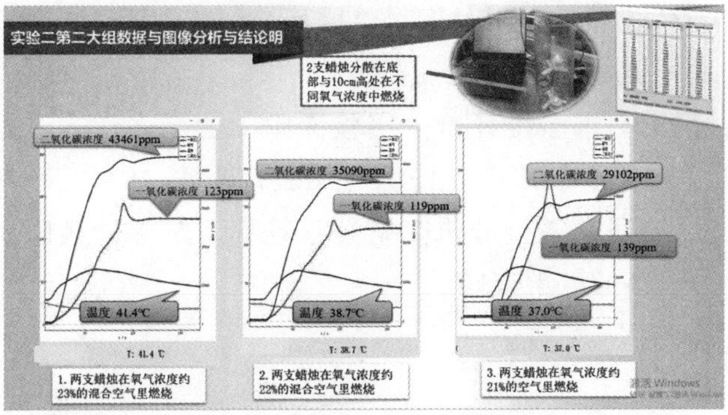

图 4　蜡烛的位置不同时燃烧情况数据分析图像

实验结论如图 5 所示。

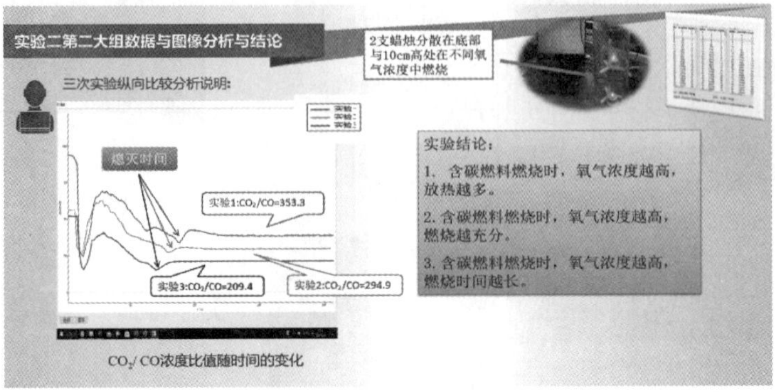

图 5　蜡烛的位置不同时的燃烧情况

七、实验效果评价

（1）创设情境，关注社会生活。利用身边的物质设计实验，引导学生在设计实验方案时应优先考虑能耗小、材料用量少、简单易操作的实验。理解化学、技术、社会和环境之间的相互关系，认识环境保护和资源合理开发的重要性，形成可持续发展意识和绿色化学观念。

（2）分组实验，强化学生主体。课堂以学生设计实验为主，教师引导和帮助为辅。根据学生提出的猜想，引导学生通过查阅资料和小组讨论设计实验方案，优化实验方案。小组学生按照优化的实验方案进行实验。在实验过程中，教师要适时给予指导和帮助，引导学生分析实验数据，最终得出实验结论，整节课以学生的过程性获得为主。

（3）探究质疑，提升思维品质。通过对“实验一”现象的分析，学生对燃烧产生怀疑，提出新的实验方案——“实验二”。学生在真正参与探究的过程中，会遇到许多课本上没有提及的问题，从而增加了深度学习的机会，更好地培养了独立思考、敢于质疑和批判的创新精神。

（4）重视过程，力求多维评价。实验课堂中会产生许多过程性的问题，应及时抓住新的教学增长点，并给予评价与反馈。课后，学生及时完善实验报告，尝试对实验中出现的问题进行分析与解释。培养了学生的高阶思维，真正实现“教、学、评”为一体的教学方式。

化学反应中热能变化的新观察

南京市第二十九中学幕府山校区　刘广祥
南京市中华中学　韩恩峰
南京市上元中学　朱雪琴

一、课标解读

《义务教育化学课程标准（2011年版）》中提出："义务教育阶段的化学课程以提高学生的科学素养为主旨，激发学生学习化学的兴趣，帮助学生了解科学探究的基本过程和方法，发展科学探究能力，获得进一步学习和发展所需要的化学基础知识和基本技能……"

在此基础上，帮助学生逐步构建宏微观、变化观、能量观、实验观以及化学价值观等化学基本观念。

二、教材分析

人教版九年级《化学》上册第一单元课题一"物质的变化和性质"中提出："化学变化不但生成其他物质，而且还伴随着能量的变化，这种能量的变化常表现为吸热、放热、发光等。"学生陆续接触到蜡烛、酒精等物质的燃烧，体会到物质燃烧的过程伴随着明显的放热现象。在第七单元"燃料及其利用"中涉及"化学反应在生成新物质的同时，还伴随着能量的变化。能量的变化通常表现为热量的变化"。此时出现了非燃烧的化学变化伴随着热量变化的实例。

为了让学生更直观地感受到化学反应中的热量变化，教师整合了人教版《化学》九年级教材中的部分内容，设计了本节实验。

三、实验器材

培养皿、玻璃片、集气瓶、滤纸、药匙、镊子、磁力搅拌器、砂纸、FLIR热像仪、Vernier数据采集器、Vernier温度传感器、Vernier pH传感器、计算机、镁条、浓盐酸、浓氨水、碳酸氢铵、硫酸钠、硫酸铵、25%硫酸铜溶液、铁丝、10%氢氧化钠溶液、10%稀盐酸。

四、实验设计思路

由于学生对燃烧过程放热已经非常熟悉，教师在此选择了除燃烧外的系列实验来探究反应过程中的热量变化情况，如图1所示。

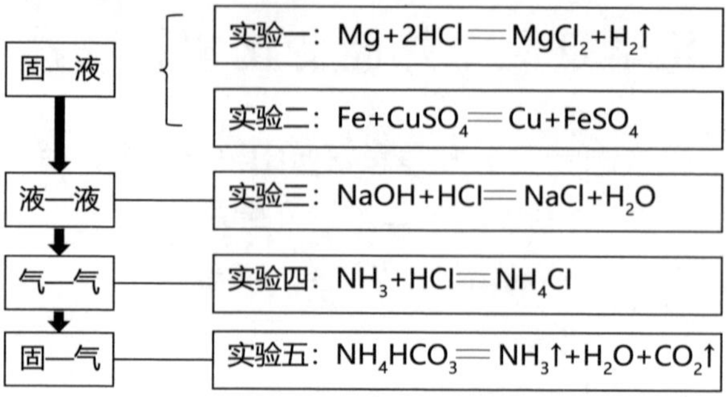

图 1　实验设计思路

五、实验创新要点

（1）利用热像仪来观察容易被忽视的反应的热效应。热像仪可以遥感测量，无须接触，视觉呈现的直观性强，实时测量呈现动态变化，可以观察到各个位置瞬时温度变化和相对高低。

（2）温度传感器可以记录体系中某一个点的变化数据和整个变化过程的数据，形成曲线，进行定量分析。在中和反应的实验中，将温度传感器与热像仪结合在一起使用，可以相互验证，更好地认识物质变化与热量变化的联系，引导学生感受宏观与微观、定性与定量的概念，初步培养学生基于证据的建模方法。

（3）设置真实的情境来激发学生的学习兴趣、探究热情，培养学生严谨的科学态度。

六、实验原理

本节课的系列实验选择了以下五个反应：

（1）$Mg+2HCl=MgCl_2+H_2\uparrow$

（2）$Fe+CuSO_4=Cu+FeSO_4$

（3）$NaOH+HCl=NaCl+H_2O$

（4）$NH_3+HCl=NH_4Cl$

（5）$NH_4HCO_3=NH_3\uparrow+H_2O+CO_2\uparrow$

其中反应（1）和反应（2）是固体和液体之间的反应，反应（3）是液体和液体之间的反应，反应（4）是气体和气体之间的反应，反应（5）是固体发生的反应。反应（1）～（4）是放出热量的，反应（5）是吸收热量的。以上系列实验，包含了化合反应、分解反应、置换反应和复分解反应四种基本反应类型。

七、实验教学目标

（1）通过热像仪，学生更为直观地感受到化学反应中热量的变化。

（2）通过 Vernier 温度传感器动态生成的数据，培养学生观察对比、证据推理、信息加工、分析归纳的能力。

(3) 在运用“手持技术”观察化学反应热量变化的实验中，学生经历了科学探究的过程，促进了学习方式转变，激发学习兴趣。

八、实验教学过程

(1) 镁和稀盐酸反应：$Mg+2HCl=MgCl_2+H_2\uparrow$。

对于镁和稀盐酸反应，学生可以通过用皮肤接触来感知温度变化，从而得出此反应为放热反应。

(2) 铁和硫酸铜溶液反应：$Fe+CuSO_4=Cu+FeSO_4$。

铁和硫酸铜溶液的反应现象较明显，但其能量变化常被忽视。现在我们借助热像仪可以观察到该反应放热，从而进一步体会到化学反应的过程伴随着能量的变化，有些能量变化明显，有些能量变化不明显，如图2所示。

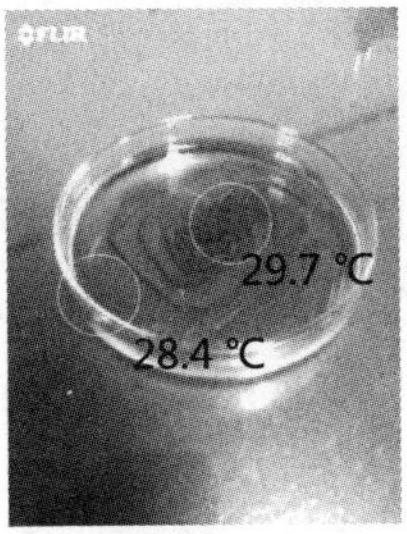

反应前

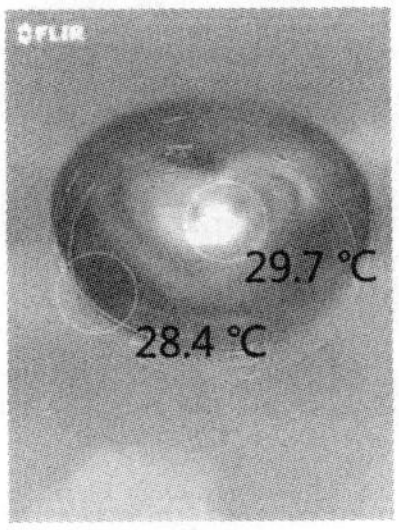

反应后

图2 使用热像仪观察铁和硫酸铜溶液的反应

此实验把铁丝盘成环状，这样反应产生的热量相对集中，用表面皿可以使反应放出的热量更易于被捕捉和观察。与传统温度测量的装置不同，热像仪可以不用接触体系就可以得到温度的相关数据，并以图形的方式呈现出来。

以上两个实验，体现化学反应不仅有物质的变化，也伴随能量的变化。

(3) 氢氧化钠溶液和稀盐酸的反应：$NaOH+HCl=NaCl+H_2O$。

对于氢氧化钠溶液和稀盐酸的反应，可以通过温度和pH的变化来观察反应的进程。先利用热像仪观测到每一个点的实时温度变化情况，培养化学反应的变化观、能量观。再使用温度传感器和pH传感器同时测定，再次进行观察，获得反应体系中的实时数据变化，形成曲线图，如图3所示。学生通过比较反应中溶液的温度与pH的变化，关注起点、折点、终点，获得丰富的、有价值的信息。将使用热像仪和Vernier温度传感器两种数字化观察方法结合，可以相互验证，互为补充，学生能从更多视角去观察化学反应中的热量变化。

实验数据测量方法选择多样、呈现形式多样，热量变化呈现的形式更多样，丰富了学生对该反应过程的认识。

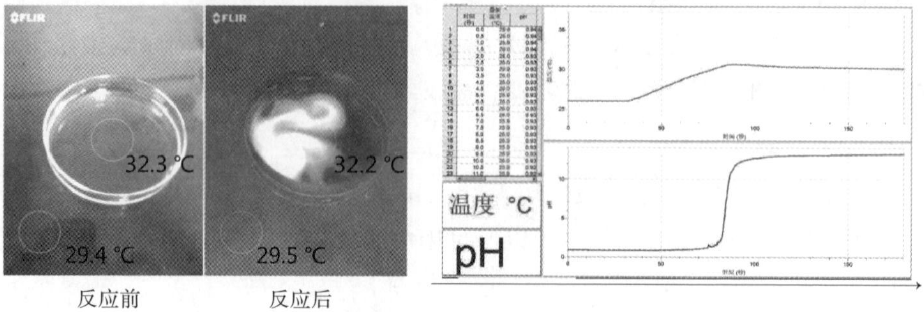

反应前　　反应后

图 3　氢氧化钠溶液和稀盐酸的反应实验

（4）氨气和氯化氢气体的反应：$NH_3+HCl=\!=\!=NH_4Cl$。

气体之间的反应热量变化的测量，可以通过氨气和氯化氢之间的反应来探究。这个实验选择了两个集气瓶，用瓶口相对倒扣的方式来进行实验。教师在实验中既能体现课标中有关分子运动的活动与探究，还能够借助热像仪捕捉到温度变化的情况，向学生渗透化学反应的过程伴随着能量变化的知识。如果实验采用传统的温度计，则不易测量装置内各个位置的温度的情况。教师应引导学生观察两种气体相遇时温度的变化。热像仪可以不需伸入装置内部就可以捕捉到整个反应体系中热量的变化，如图 4 所示。

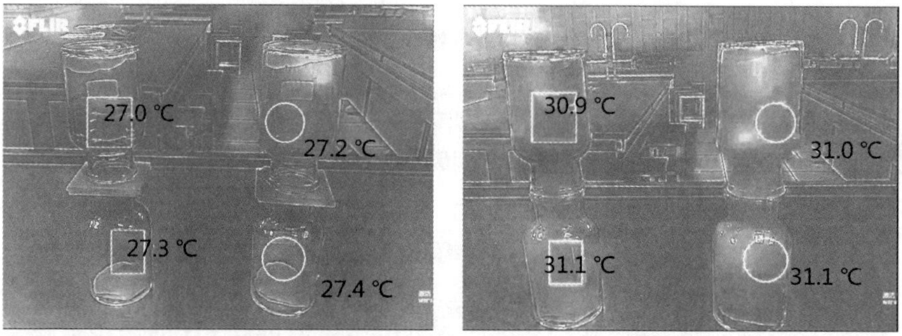

反应前　　反应后

图 4　使用热像仪观察氨气和氯化氢气体的反应

（5）碳酸氢铵常温下分解：$NH_4HCO_3=\!=\!=NH_3\uparrow+H_2O+CO_2\uparrow$。

实验（1）~（4）涉及的化学反应过程都是放出热量的，在此基础上联系教材中介绍的常见铵态氮肥鉴别的一些方法，引导学生从化学反应伴随能量变化的角度，发现区分碳酸氢铵和硫酸铵的新方法，从而解决实际问题。在此，除了从离子检验的角度观察之外，还可以借助热像仪观察。引导学生讨论、观察、交流和评价，借助热像仪观察碳酸氢铵在常温下分解，如图 5 所示。

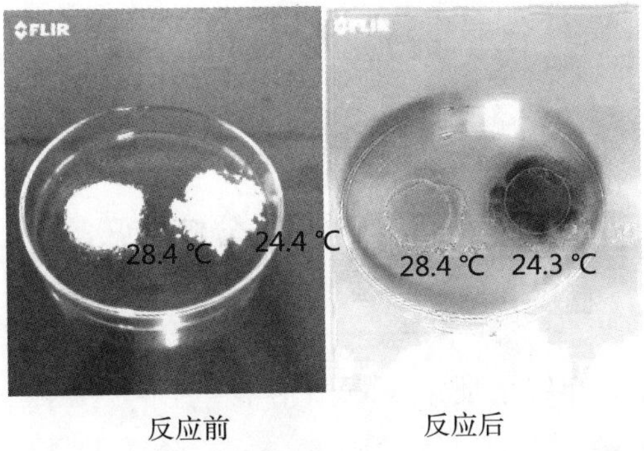

图5 碳酸氢铵在常温下分解

（6）从工业、农业、生活、交通、航天等方面，引导学生认识化学反应中能量变化的重要意义。

九、实验效果评价

本实验最突出的特点是让学生可以直观地观察到化学反应中的热量变化。热像仪和 Vernier 温度传感器的使用，具有实时、快速、准确、直观的特点，实验操作简便、易于观察，数据变化记录过程与实验过程同步进行，可将实验数据以数字或图像的方式实时呈现出来，更好地进行基于证据推理的化学教学。

教学过程注重知识之间的内部关联和延续，关注变化观、能量观等化学学科观念的初步培养，并引导学生在已有的化学知识和生活经验的基础上进行交流学习，启迪思维，让学生感受到化学是有用的、实用的科学。

问题的设计紧扣课标，根据学生的认知规律，由浅入深，使学生在自主学习的过程中突破重难点，掌握知识，加强合作，发展能力。

在实验（4）氨气与氯化氢气体的反应实验中，所用集气瓶的瓶壁相对较厚，可以考虑定制薄壁玻璃管并改用蘸有浓氨水和浓盐酸的棉花团进行实验，如图6所示。

在此基础上，还可以拓展成其他的系列实验。

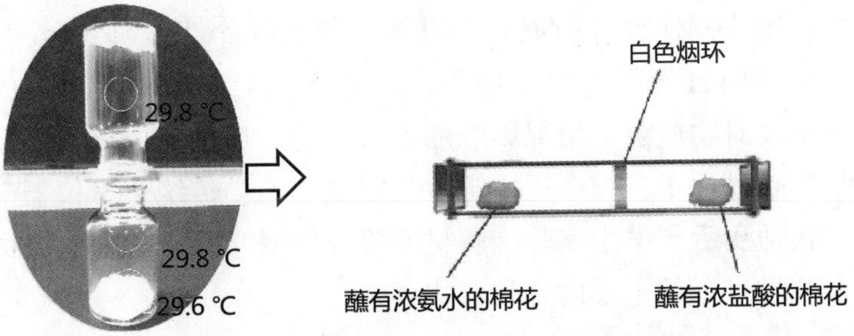

图6 氨气与氯化氢气体反应的改进装置

制作天气瓶

——测定溶液电导率

北京市第四中学顺义分校　张鑫

一、使用教材

北京版《化学》九年级下册第 9 章“溶液”。

二、实验设计思路

（一）天气瓶的介绍

天气瓶又称风暴瓶（Storm Glass）（见图 1），是一种天气预报工具。在密闭的玻璃容器中装入蒸馏水、乙醇、硝酸钾、氯化铵和樟脑等物质混合而成的透明溶液。这种独特的配方是在 1834～1836 年由作为“小猎犬号”的指挥官罗伯特·菲茨罗伊陪同查尔斯·达尔文航行时发明的。根据外界温度的改变，瓶内会呈现出不同形态的结晶，预报天气的变化。天气瓶可以作为一种美丽的装饰品，也可以作为有趣的科学教育素材，用于学习溶液的概念、配制与结晶。

图 1　天气瓶

（二）项目学习中的实验教学整体规划

该项目学习围绕制作天气瓶展开，具体拆解成 4 个主要任务（见表 1）。化学实验教学贯穿于项目学习的整个过程，既是认识天气瓶中溶液组成的重要手段，又是探究温度对物质溶解情况影响的主要活动，还是完成天气瓶制作的必要环节。在教学实施过程中，综合运用定性与定量实验、传统化学仪器与现代传感器技术实验、教师演示与学生实验、教材实验与新增实验。化学实验成为达成本项目学习教育教学目标的主要内容和方式。

表 1 “制作天气瓶”项目中化学实验汇总表

制作天气瓶	实验过程	呈现方式	说明
任务一：初步认识天气瓶的功能和构成	实验 1：观察不同类型的混合物，总结其特点	学生分组实验	教材实验
	实验 2：溶解硝酸钾，研究溶液的形成过程	学生分组实验	教材实验
	实验 3：应用电导率传感器，认识溶液的形成过程	教师演示实验	创新实验
任务二：配制天气瓶所需溶液	实验 4：配制一定溶质质量分数的溶液	学生分组实验	教材实验
任务三：探究天气瓶受温度影响的原理	实验 5：以硝酸钾在水中的溶解为例，探究影响固体物质溶解的因素	教师演示实验	改进实验
任务四：完成天气瓶的制作	实验 6：探究1∶1∶13的硝酸钾氯化铵溶液和 24% 樟脑乙醇溶液的最佳体积比	学生分组实验	创新实验

开展“制作天气瓶”的项目式学习，以科学实验和实践活动为载体，能有效地促进学生化学观念的建构和发展、证据推理和科学探究能力的提升。因此，在教学过程中，以制作天气瓶为核心拆分成 4 个任务，共设计并实施了 6 组化学实验，包含 3 个教材实验、2 个创新实验和 1 个改进实验。实验 1、实验 2 和实验 3 的递进式探究过程，使学生对于溶液的认识从宏观定性发展到微观动态的水平；实验 4 的学生分组实验，训练学生的基本实验操作技能；实验 5 的探究实验，促进学生对溶解度概念的理解；实验 6 的实验设计和实施，帮助学生应用控制变量的科学方法。

三、实验创新要点/改进要点

（一）“制作天气瓶”项目是开展学习溶液相关知识的适宜载体

天气瓶的历史悠久、外形精美、变化神奇，是网上热销的小工艺品，很容易激发学生的学习兴趣和探究动力。其制作原理主要涉及对溶液的认识，包括溶液的特征和组成，饱和溶液、溶解度和结晶的概念等，以及一定浓度溶液的配制、影响物质溶解因素的探究等化学实验。

（二）新增实验 3 “测定溶液电导率”，促进溶液概念的深度理解

在认识天气瓶中溶液的教学中，学生的学习难点在于无法将宏观现象与微观本质相联系，不能清晰地认识物质溶解过程及溶液的特征。本节课增加了数字传感器实验——测定溶液电导率，为展现物质溶解的微观过程提供更有利的证据，帮助学生突破从微粒角度理解物质溶解和“消失”这一认识难点。

（1）实验研究过程。

本实验是初中化学课程中首次使用电导率实验装置。为了保证实验教学效果，教师提前进行了多次实验和探索，对电导率仪的放置方式、药品选择、传感器固定装置、课堂演示实验过程、实验数据预处理等进行了细致研究。

1）电导率仪的放置方式。

经研究表明垂直放置和水平放置电导率传感器的测定效果均较好（见图 2）。电导率仪水平放置时，加入的硝酸钾晶体可能会有少量粘在电极表面，使局部离子浓度过大，影响实验数据的准确性和稳定性。因此，本实验选用垂直放置的方式来完成实验。

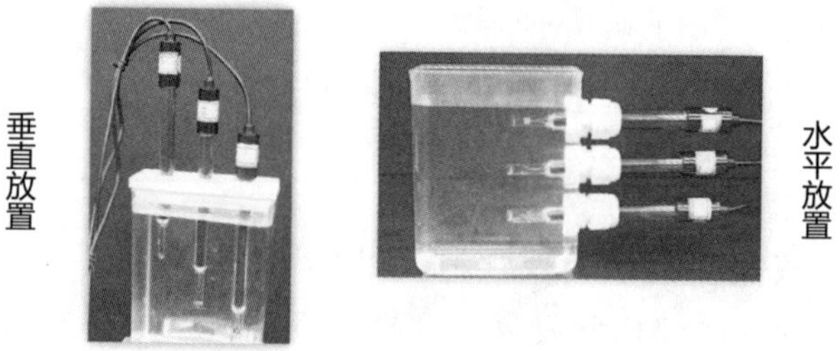

图 2　电导率传感器的不同放置方法

2）药品选择。

对比食盐和硝酸钾的溶解过程（见图 3），发现食盐溶解过程的曲线波动较大。原因在于电导率测定原理的本质是电解，食盐中氯离子的放电能力强于氢氧根离子，会参与电解，产生氯气。为了避免氯离子的干扰，选择硝酸钾作为溶质配制溶液。

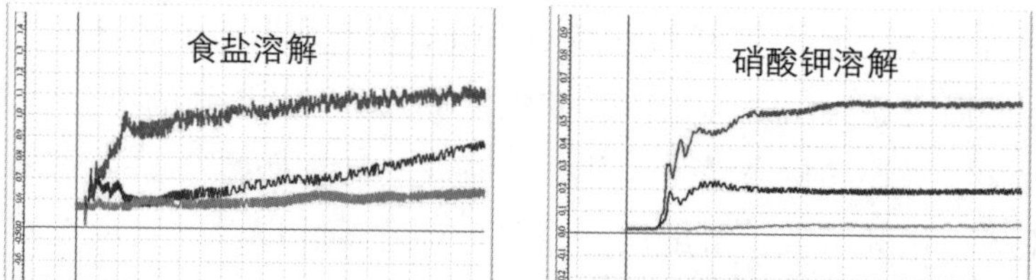

图 3　食盐和硝酸钾的溶解过程

本节课首先组织学生分组实验观察硝酸钾加入水中的情况，可与电导率实验进行联系和对比。天气瓶中的溶液含有樟脑，本节课还同时测定樟脑溶于水和乙醇的电导率数据。

3）传感器固定装置。

自制的传感器固定装置（见图4）分为两层，上宽下窄，可将传感器的探头嵌入容器内，以增加稳定性。从俯视图可以看到上方有3个圆孔，孔与孔之间相距3 cm。两层中间有橡胶层，可以较好地固定电导率仪。

侧视图

俯视图

图4　不同角度的传感器固定装置

（2）实验用品：3个电导率传感器、带有传感器固定装置的长方形容器、磁力搅拌器、电脑。

（3）实验装置如图5所示。

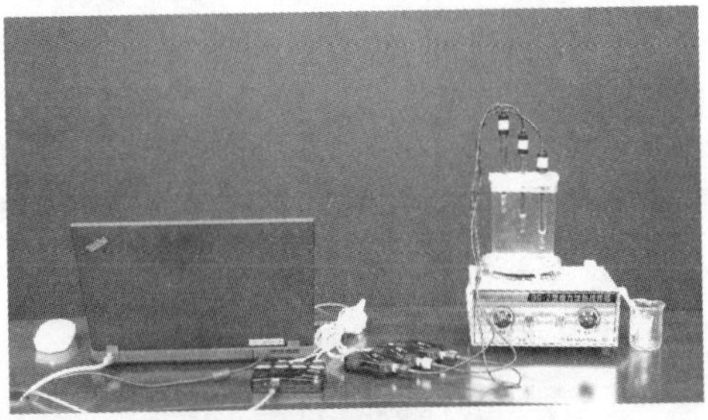

图5　测定溶液电导率实验

（4）实验步骤。

1）连接好仪器，使相邻电导率仪的高度差为3 cm，长方形容器中加入700 mL 40 ℃蒸馏水，打开数据采集器。

2）缓慢加入硝酸钾晶体，观察曲线变化。

3）测量200 s后，打开磁力搅拌器，观察曲线变化。

4）形成溶液后，关闭磁力搅拌器；继续测量120 s后，关闭数据采集器。

（5）实验数据分析。根据电导率曲线（见图6）分析结果，可以得出：

1）0~20 s，图像显示的是蒸馏水的电导率。

2）20~230 s，曲线是在无外力作用下形成的，证明溶质在水中有自发扩散的现象。

3）230~250 s，搅拌过程中曲线剧烈波动，说明外力作用能加快溶液的形成。

4）停止搅拌后持续测量 120 s，3 条曲线没有明显变化，说明形成的溶液具有均一性和稳定性。

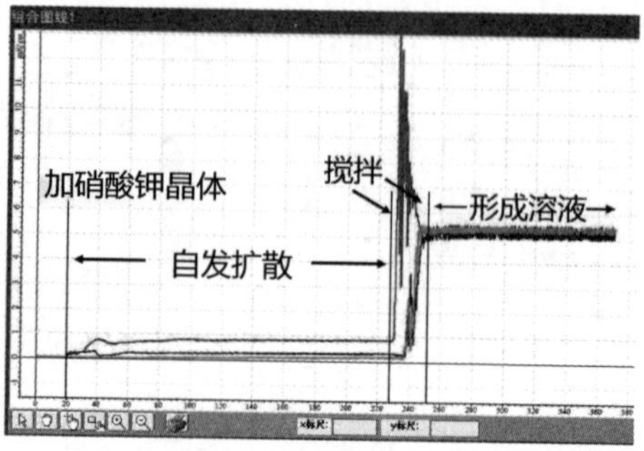

图 6　测定硝酸钾溶于水的过程

（6）深化理解。

1）溶质的自发扩散。

展示实验 3 的数据，和课前的实验数据对比（见图 7）。课前将硝酸钾晶体加入水中，连续测量 7 天，并没有形成均一的溶液。学生认识到，自发扩散过程十分缓慢。

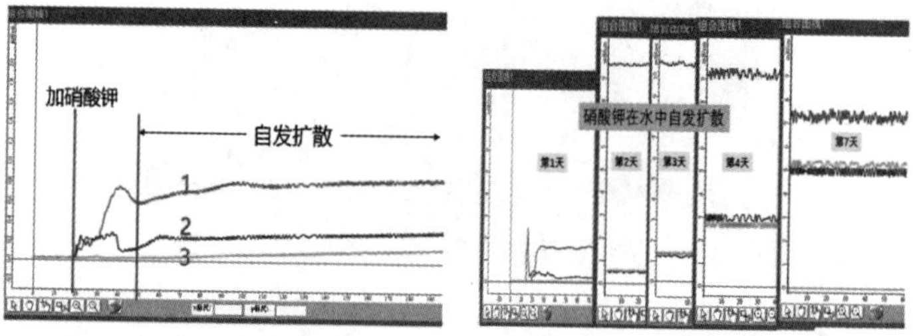

【实验 3】实验数据　　【课前】实验数据分析

图 7　对比实验数据，理解溶质的自发扩散

2）溶液的稳定性。

展示实验 3 的数据，和课前的实验数据对比（见图 8），课前实验搅拌后继续测量 24 h 的数据几乎不变。帮助学生更好地体会溶液的稳定性。

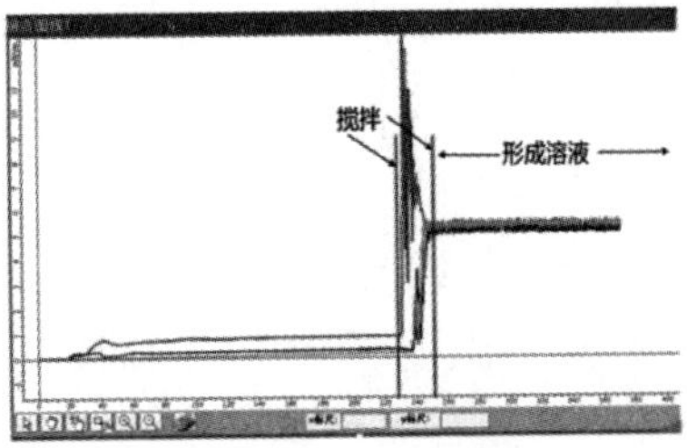

【实验 3】实验数据

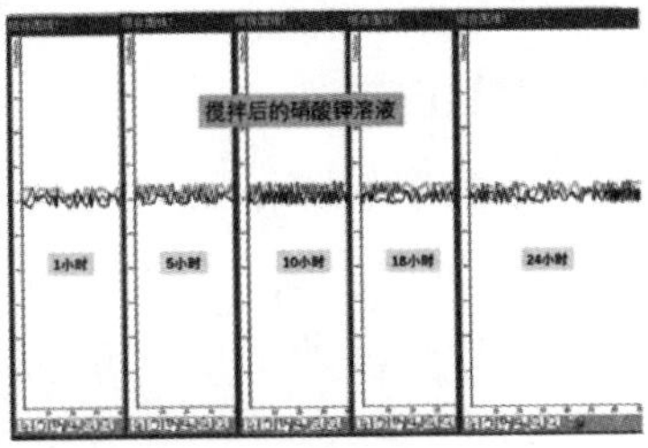

【课前】实验数据分析

图 8　对比实验数据，理解溶液的稳定性

(三) 探究最佳配比，提高精准设计实验的能力

制作天气瓶的最后环节是探究硝酸钾氯化铵的混合溶液和樟脑乙醇溶液混合的最佳配比（见图 9）。学生依据已有资料，先确定配比的大致范围，然后通过设计等差数列的实验组进行对比，判断结晶效果。通过逐渐减小实验数据（从 10 mL、3 mL 到 1 mL），最终确定最合适的体积比。

通过该探究实验，学生能够提升设计实验的能力，尝试更精准、更有效的实验方法。

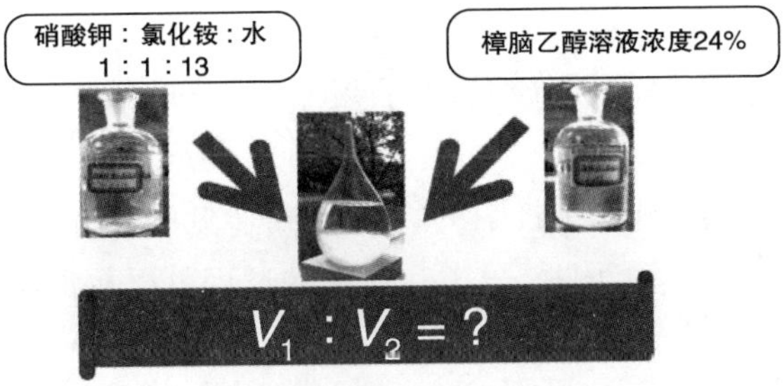

图 9　探究溶液的最佳体积比

四、实验教学目标

（1）通过对天气瓶中液态混合物的组成和性质的认识，初步建立溶液的概念；通过探究温度对天气瓶的影响，初步了解饱和溶液与固体溶解度等概念；在了解溶液相关概念和原理的过程中，归纳形成溶液的一般过程，即从静态到动态、从定性到定量，发展化学基本思想和观念。

（2）通过分析溶液形成实验中的电导率数据曲线，剖析宏观现象背后的微观本质，培养学生科学推理能力和宏观辨识与微观辨析的核心素养。

（3）通过探究天气瓶中溶液的最佳配比，强化控制变量的实验设计方法，发展实验探究的设计能力。

（4）在制作天气瓶的活动中，发展实践能力和创新精神，发展合作交流能力。

五、实验教学内容

任务一：通过研究天气瓶的功能和构成认识溶液。

任务二：在配制天气瓶所需溶液的过程中，认识溶液的定量表示方法。

任务三：借助对饱和溶液及溶解度相关知识的学习，理解天气瓶的变化原理。

任务四：亲手制作天气瓶，体验科学探究过程，形成科学研究的思路和方法。

六、实验教学过程

本项目学习设计了四个课时，由学生探究天气瓶的奥秘，并制作天气瓶。

（一）第一课时（任务一）：初步认识天气瓶的功能和构成

（1）环节一：情境引入。

观看天气瓶的介绍视频，回答问题1：描述天气的要素有哪些？天气瓶能预测哪些要素呢？

设计意图：学生感受到各个学科的知识是融合的，培养学生提取信息的能力。

（2）环节二：初识溶液。

问题2：天气瓶由哪几部分构成？通过实验1对比试管架中的混合物，判断混合物类型并总结其特点。

设计意图：通过猜测天气瓶中的物质组成（见图10），培养学生大胆猜想、获取证据的意识。对混合物进行分类和对比的过程可以帮助学生从宏观、定性的角度认识溶液。

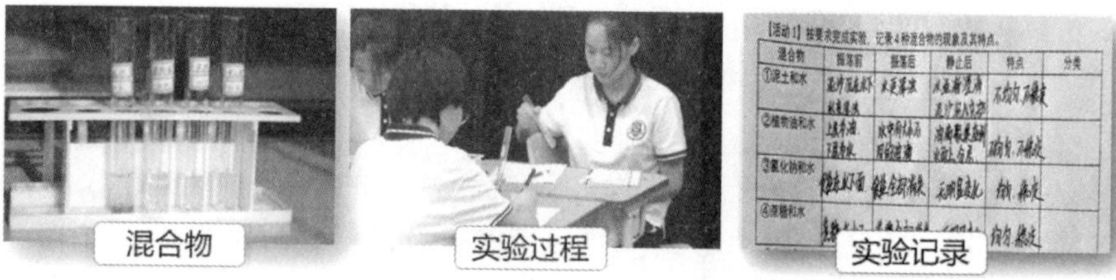

图10　观察不同混合物的特征实验

（3）环节三：认识溶解过程。

问题3：溶液是怎样形成的？以天气瓶中的硝酸钾溶液为例。

实验2：溶解硝酸钾，研究溶液的形成过程

设计意图：学生动手实验，观察实验现象，体会溶解过程中物质的变化和能量的变化（见图 11），从宏观角度认识溶液的动态形成过程。

【实验2】以天气瓶中的氯化铵（或硝酸钾）为例，研究溶液的形成过程。

向小烧杯中加入2药匙的氯化铵（或硝酸钾），再加入约20mL水，测量温度，搅拌约2min，观察实验现象。 实验方案

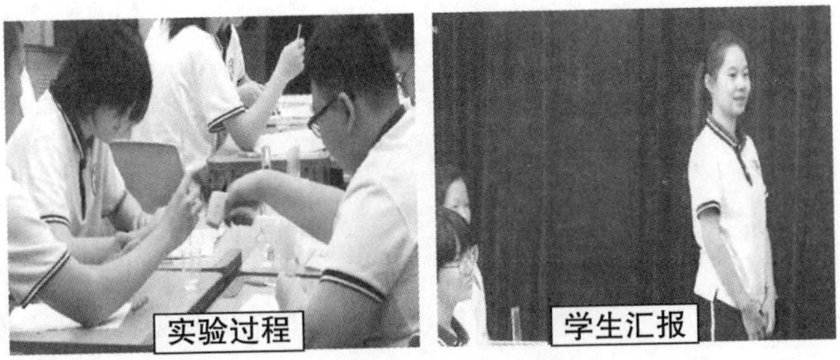

图 11　溶液的形成过程实验

学生活动：画出硝酸钾的溶解过程微观示意图。通过绘制微观示意图（见图 12）发现，学生的理解是不同的，个别学生认为溶解后硝酸钾就不存在了；大部分学生对于溶解过程理解不透彻，他们认为溶液的均一性是一步到位的。只有少部分同学能将宏观现象与微观本质结合起来，比较准确地表示出溶解的过程及结果。因此，教师准备了创新实验。

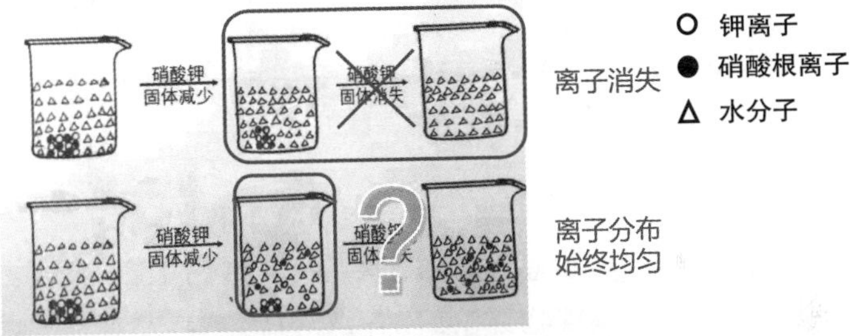

图 12　学生绘制的微观过程图

设计意图：通过学生绘制微观图，教师可以观察学生是否能从微观角度清晰、准确地认识溶解过程。结果表明，将宏观现象与微观本质联系是学生的学习难点。

问题 4：你有哪些方法知道溶质微粒在水中的运动情况？

实验 3：测定溶液电导率实验。

教师虽然已经准备好创设实验，但并不是直接给出，而是让学生进行小组讨论，提出方案。结合电导率相关信息，展示测定溶液电导率实验（见图 13）。教师演示实验，获取硝酸钾溶解过程的电导率曲线。学生结合实验过程，分析推理出溶液形成的微观过程。

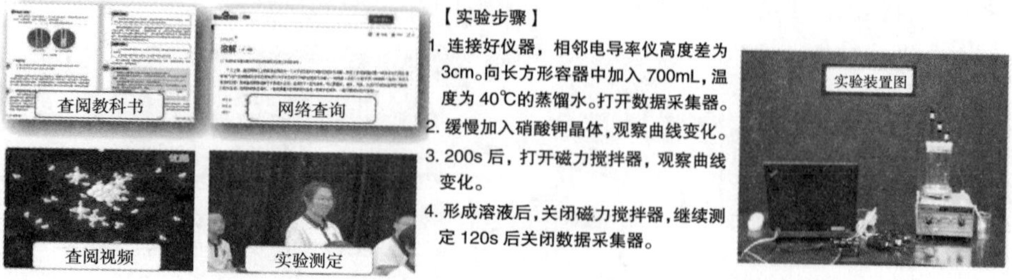

图 13　测定溶液电导率实验方案设计

深化理解：为了帮助学生更加深入体会溶质的自发扩散和溶液稳定性，教师展示课前连续测定的数据作为课上实验数据的补充（见图 14）。

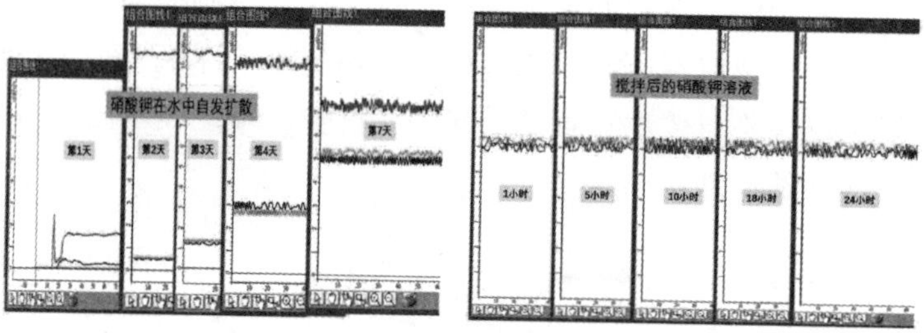

图 14　课前实验数据

学生活动：学生再画出硝酸钾的溶解过程微观示意图。

设计意图：绘制溶解微观示意图的统计结果（见图 15）表明，创新地应用现代化电导率传感器，直观展现物质溶解的微观过程，将宏观现象与微观本质联系，有效地帮助学生突破学习难点。在分析数据的过程中，学生能够提高证据推理能力。

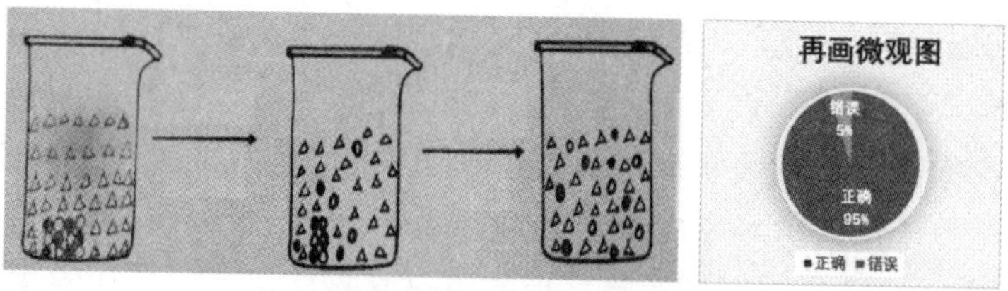

图 15　学生绘制出正确的微观过程图

学生活动：学生分析电导率传感器测定出的樟脑在乙醇溶液中的溶解过程图为什么呈现出三线合一的直线。

结合电导率测定曲线（见图 16），学生分析出电导率大小与离子浓度有关，判断樟脑乙醇溶液中可能没有离子，而是有樟脑分子和乙醇分子，所以测得的结果始终是电导率为 0。

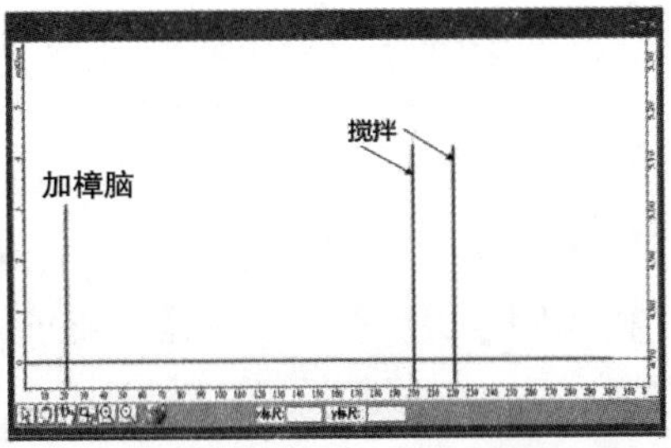

图 16 樟脑溶于乙醇电导率测定曲线

设计意图：学生理解构成物质的微粒不仅有离子，还有分子或原子。不同微粒的测定方法是不同的，培养学生解决实际问题的能力。

（二）第二课时（任务二）：配制天气瓶所需溶液

配制一定溶质质量分数的溶液的教学是任务一中认识溶液形成过程的深化和发展，强调了从定量角度认识溶液组成的重要性，帮助学生建立从定性到定量认识混合体系的方法。学生认识了质量比和溶质质量分数两种定量表示溶液组成的方法。小组合作完成定量配制溶液的任务，训练实验基本技能，为任务四的探究活动准备好实验药品。

（三）第三课时（任务三）：探究天气瓶受温度影响的原理

通过一系列的实验（见图 17），学生学习了饱和溶液、不饱和溶液以及溶解度的相关知识，并应用所学知识了解到天气瓶受温度影响的原因是温度不同时物质的溶解度也不同。在前两个任务的基础上，认识新的物理量——溶解度。从定量的角度认识物质的溶解能力，从动态的角度认识溶解能力的可变性，并应用其解决一些实际问题。

实验设计思路

实验	溶质质量（KNO_3）		溶剂体积（H_2O）	再次加水	加热	加少量硝酸钾晶体
	2.5g	5g	10mL			
试管1	√		√			
试管2		√	√	√		√
试管3		√	√		√	√
试管4	√					

【实验过程】

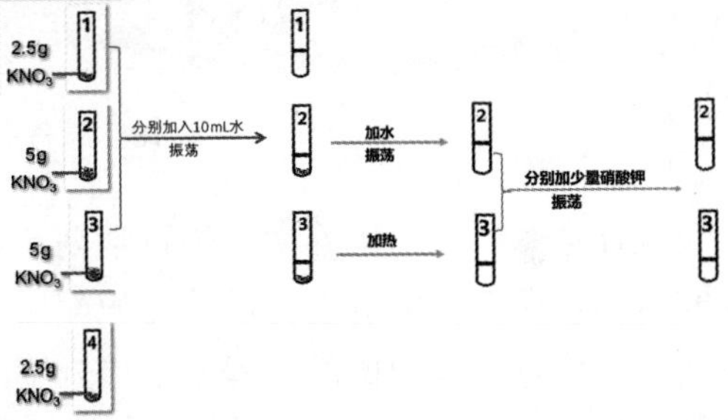

图 17 探究影响固体物质溶解性的因素

（四）第四课时（任务四）完成天气瓶的制作

问题1：制作出既美观又准确的天气瓶，你们会如何制作？还有什么需要解决的问题？

问题2：简化探究过程，获取最佳实验效果的设计思路是怎样的？

学生活动：合作完成实验，两人一组制作指定溶液体积比的天气瓶。

学生制作天气瓶的过程如图18所示，教师提出要求，学生思考并发现问题。小组合作讨论实验设计方案，先尝试大间隔取值找到比较合理的范围，在初步实验的基础上细化取值，最终找到精确配比。这样的研究过程需要几轮实验，全部在课堂上完成，耗时太多。在项目规划时，教师已经预想到这种情况，所以将大间隔取值的实验过程，放在课前由化学兴趣小组的同学完成。教师和兴趣小组的同学一起进行了升温和降温实验，课上向全体同学汇报。课前经历了两轮实验：第一轮实验确定樟脑乙醇溶液的最佳取值范围在30~40 mL。在此基础上进行第二轮实验，确定樟脑乙醇溶液的最佳取值范围在34~40 mL。学生在课堂上进行了第三轮实验，按照溶液体积相差1 mL取值进行实验。通过与成品对比和感温实验验证，实验效果最好的一组为32 mL硝酸钾氯化铵混合溶液和38 mL樟脑乙醇溶液混合形成。在此基础上，同学们还提出了更多想探究的问题。例如，天气瓶中硝酸钾和氯化铵的作用是什么？还有其他种类的天气瓶吗？

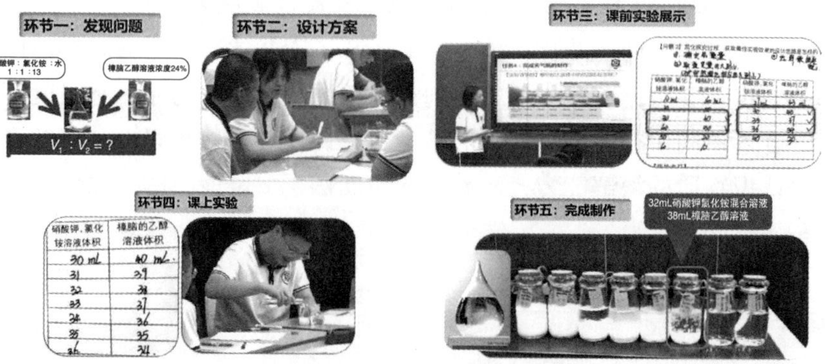

图18　天气瓶制作过程

设计意图：为了培养学生的科学创新意识和科学探究能力，教师增加了实验探究活动：探究两种溶液的最佳体积配比。讨论确定科学的实验取值方法，全体合作最终确定最佳配比的过程不仅提升了团队合作意识，还使学生体会到科学探究的严谨性。

七、实验效果评价

当学生们再次面对天气瓶时，可以很自信地应用化学知识解释其中的奥秘，介绍制作方法。整个教学过程是以制作天气瓶为载体，帮助学生形成对溶液的多角度认识。学生体会到学习的路径不仅仅是课堂上知识的讲解，更多的是主动探究式的学习，也就是终身学习。

将知识目标和素养目标互相渗透，也能让学生明白“简单原理”到“商品制备”的差异，让学生体会在解决实际问题的过程中，需要扎实的基础知识、理性思维、大胆创新、科学的研究方法。使用数字化电导率传感器测定溶液形成过程，使学生体会先进科学技术对科学的促进作用，搭建起宏观现象与微观本质的桥梁。

本项目将教材实验与改进实验、创新实验结合，为学生构建了科学探究的过程，在“经历”中提高科学素养，有效发展了宏观辨识与微观探析等化学学科核心素养，发展了科学价值观，学生切实体会到科学的本质在于探索真理。

溶解度曲线的绘制

娄底市第三中学　樊泽华

一、使用教材

本实验为增补实验，相关内容在人教版《化学》九年级下册第36页。

二、实验器材

烧杯、试管、玻璃棒、量筒、电热炉、电子天平、数显温度计、胶头滴管、药匙、硝酸钾、水。

三、实验创新要点

（1）运用逆向思维，先确定好溶质质量，便于称量；升温完全溶解后再降温；测量刚结晶时溶液的温度，以便于观察现象和记录数据。

（2）将酒精灯改成电热炉，将托盘天平改成电子天平，将普通温度计改成数显温度计，提高实验的可操作性及效率，并让每个学生都能清楚地看到实验现象。

四、实验设计思路

教材上仅提供了几种物质在不同温度时的溶解度，但没有提供溶解度的测量方法。理论上溶解度的测量是在控制好温度的基础上，向一定量的水中加入某溶质，直到恰好饱和。但在实际操作时，因为溶解时存在吸热或放热现象，很难控制温度保持不变，也很难确认溶液是否恰好饱和并称量恰好饱和时溶解的溶质质量。同时，实验时要多次用托盘天平称量药品质量，比较繁琐并占用时间；用普通温度计测温度，不利于学生观察现象。所以要想达到良好的教学效果，就必须要提高实验的可操作性及实验效率，让每个学生都能清楚地看到实验现象。

五、实验教学目标

知识与技能：能通过探究实验获得数据并绘制溶解度曲线，加深对饱和溶液与不饱和溶液的相互转化、结晶方法、溶解度概念的理解，学习变化观念与平衡思想。

过程与方法：让学生在探究中学习科学及科学方法，练习观察、记录、分析实验现象，提升证据推理与模型认知能力。

情感态度与价值观：培养学生的科学探究能力与创新意识、科学的态度和社会责任感，树立正确的科学观。

六、实验教学内容

本实验探究硝酸钾在不同温度时的溶解度，并在坐标纸上绘制出溶解度随温度变化的曲线——溶解度曲线。

七、实验教学过程

（1）用电子天平称取 6.0 g 的硝酸钾放入试管中。

（2）用量筒量取 10 mL 水倒入试管中。

（3）将试管放入热水浴中加热，并用玻璃棒搅拌，使硝酸钾完全溶解。

（4）取出试管，放入冷水浴中降温，用数显温度计测量刚析出晶体时的温度（见图 1）。

图 1　用数显温度计测温度

（5）为了得到更精确的数据，可以重复测量温度 2~3 次后取平均值。

（6）用电子天平分别称取 3.0 g、9.0 g、12.0 g、15.0 g 硝酸钾，并重复上述五个步骤。

（7）将记录好的数据填到表格中（见表 1），并计算出溶解度。

表 1　学生实验所得数据

硝酸钾的质量/g	3.0	6.0	9.0	12.0	15.0
水的体积/mL	10.0	10.0	10.0	10.0	10.0
溶解度/g	30.0	60.0	90.0	120.0	150.0
第一次温度/℃	16.7	38.4	53.8	64.3	74.9
第二次温度/℃	16.1	37.2	53.1	64.5	76.7
平均温度/℃	16.4	37.8	53.5	64.4	75.8

（8）在坐标纸上绘制出硝酸钾的溶解度曲线（见图 2）。

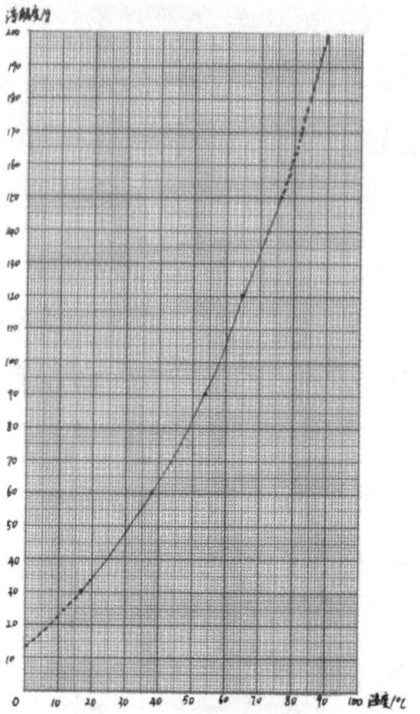

图2　学生绘制的硝酸钾溶解度曲线

八、实验效果评价

（1）设计巧妙，可操作性强。本实验先确定溶解度，由测量刚结晶时的温度代替控制温度不变，再测量恰好饱和时的溶质质量。方便称量质量和观测温度，利于学生操作。

（2）便于观察，实验效果好。本实验所使用的数显温度计是由教师自己设计制作的，学生通过此自制装置能够较为容易地获得温度值。实验时，现象明显、有趣，有利于激发学生的学习兴趣。

（3）运用科技，实验效率高。随着科学技术的发展，各种电子计量仪器走进了寻常百姓家中。我们的化学实验教学也应该与时俱进，将科技发展成果运用到平时的实验教学中去。本次实验将科技成果与传统实验结合，使用教师自制的数显温度计以及电子天平等电子仪器，大大提高了实验效率。

（4）一机多用，适用范围广。中学化学中有许多称量质量、测量温度的实验，本实验的装置可以很好地适用于需要称量质量和测量温度的实验。如在质量守恒定律实验中，用电子天平可以大大提高实验效率；在观察溶解时的吸热或放热现象实验中，用数显温度计可使实验现象更直观、效果更好。在高中化学中，有许多实验可以使用数显温度计，如实验室制乙烯、蒸馏石油、观测温度对反应速率的影响、苯的硝化反应等。

氢氧化钠与二氧化碳反应的创新实验

南昌市青云谱实验学校　熊彦钦

一、使用教材

人教版《化学》九年级下册第十单元课题一。

二、实验器材

注射器、医用三通阀、7%碳酸钠溶液、6%稀硫酸、氢氧化钠固体粉末。

三、实验原理

利用注射器活塞的运动来判断氢氧化钠与二氧化碳气体是否发生化学反应。由于该实验使用的是氢氧化钠固体粉末，所以无须做对比实验排除水的干扰。

四、实验教学目标

知识与技能：通过实验探究，用实验现象证明二氧化碳与氢氧化钠发生化学反应。

过程与方法：通过实验分析和实验设计，创新实验装置，提高学生的实验操作能力。

情感态度与价值观：通过参与科学探究活动，培养学生的科学创新意识和科学探究意识，以及化学学科核心素养。

五、实验教学过程

（一）传统实验的不足

一些证明二氧化碳与氢氧化钠发生化学反应的传统实验方法，如图1所示。

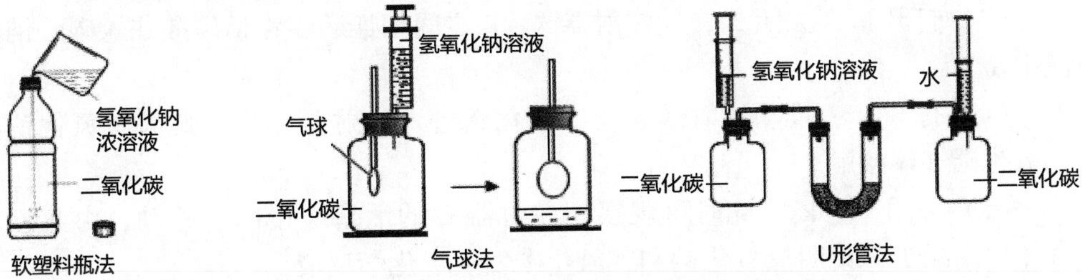

图1　检验二氧化碳与氢氧化钠发生反应的传统实验装置

虽然以上实验方法效果显著，但也存在着一些不足之处。

（1）实验前需收集二氧化碳气体。

（2）向收集好的二氧化碳里添加药品时，二氧化碳容易逸出，导致实验结果出现误差。

（3）所用药品为氢氧化钠溶液，常常需要做对比实验排除水的干扰，较为烦琐。

（4）实验药品用量较大。

（5）装置较为复杂，气密性不稳定，实验常常不成功。

（二）创新实验装置

为了弥补以上实验的不足，教师创新了实验装置，将注射器作为反应容器，医用三通阀作为连接仪器，实验装置如图 2 所示。

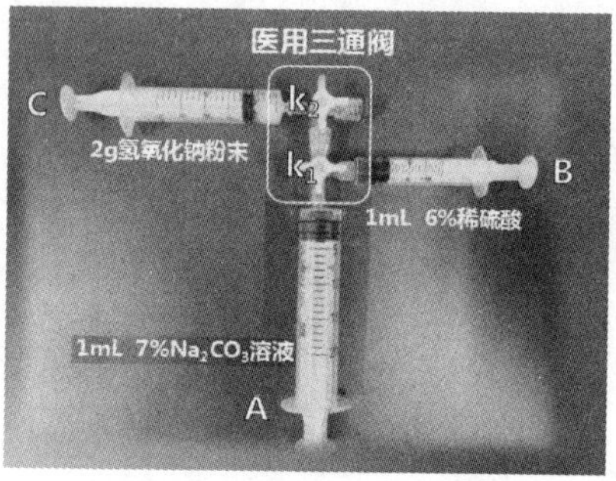

图 2 实验创新装置

（三）实验步骤

（1）利用推气法检查装置的气密性：打开 k_1、k_2，推动注射器 A 的活塞，可以观察到 B、C 两只注射器的活塞向外移动，由此说明该装置的气密性良好。

（2）添加实验药品：向注射器 A 内加入 1 mL 7% 碳酸钠溶液，向注射器 B 内加入 1 mL 6% 稀硫酸，向注射器 C 内加入 2 g 氢氧化钠固体粉末，并连接好整个装置。

（3）打开 k_1，关闭 k_2，使注射器 A、B 之间相连通，将稀硫酸注入碳酸钠溶液中。

（4）打开 k_2，推动注射器 A 使二氧化碳进入注射器 C 内，此时氢氧化钠与二氧化碳气体接触。

（5）关闭 k_1、k_2，此时可观察到注射器 C 的活塞缓慢向内移动，由此可知气体逐渐减少，说明氢氧化钠和二氧化碳发生了化学反应。

六、实验创新要点/改进要点

（一）试剂创新

（1）药品用量少，节约药品，可以培养学生的科学精神和社会责任的核心素养。

（2）所用药品是氢氧化钠粉末，不用做对比实验排除水的干扰。

（二）装置创新

（1）一体化实验，无须在课前收集二氧化碳气体，简化实验步骤，缩短课前准备时间。

（2）装置气密性好，实验现象明显，成功率高。

（3）操作简单，方便携带，可长期重复使用。

（4）该装置为全塑料材质，破损率低，安全性高，有利于学生开展实验探究活动，培养学生的实践能力。

（三）推广应用：探究二氧化硫和氢氧化钠的反应

由于该装置的气密性良好，气体不容易逸出，所以整个装置更加环保，因此，也可用于探究二氧化硫和氢氧化钠的反应。

探究二氧化硫与氢氧化钠的反应：注射器 A 中加入适量亚硫酸钠固体、注射器 B 中加入 4 mL 4%稀硫酸、注射器 C 中加入 2 g 片状氢氧化钠固体（注意：该实验不能用氢氧化钠粉末，因为二氧化硫极易与氢氧化钠反应，若用氢氧化钠粉末，则反应太快，二氧化硫极易被吸收，从而观察不到实验过程）。

七、实验效果评价

（1）增强实验的直观效果，激发学生的创新精神，培养学生的实践活动能力。

（2）微型实验设计，更节约药品，培养学生的科学精神和社会责任的核心素养。

（3）改进后的装置更加科学，相对简单，实验操作比较简便，有利于学生开展课外探究活动，从而激发学生的创新精神。

探究二氧化碳与氢氧化钠的反应

郑州市第九十六中学　吕耀佳

一、使用教材

人教版《化学》九年级。

二、实验器材

10%氢氧化钠溶液、固体氢氧化钠、石灰石、稀盐酸、饱和碳酸氢钠溶液、浓硫酸、100 mL 无水乙醇、蒸馏水、烧瓶、锥形瓶、长颈漏斗、集气瓶、50 mL 烧杯、玻璃导管（直角）、胶皮管、橡胶塞、打孔器、药匙、注射器、洗瓶、50 mL 量筒、电子天平、SWR 数字化信息系统（主要用到压强传感器、相对湿度传感器、pH 传感器）。

三、实验创新要点

（1）实验设计思路完整。从反应物减少和生成物增加两个方面设计实验方案，通过二氧化碳的减少、氢氧化钠的减少、碳酸钠的增加和水的增加四个角度证明反应的发生。

（2）引入数字化实验，用曲线表示反应过程。通过压强传感器、pH 传感器和湿度传感器等数字化实验技术表征出反应过程中的曲线图，从而验证无明显现象的化学反应的发生。

（3）同一种溶质在不同种溶剂中的溶解性不同。引入氢氧化钠的乙醇溶液，利用碳酸钠易溶于水、难溶于乙醇的性质进行实验。制备纯净、干燥的二氧化碳，通入氢氧化钠的乙醇溶液中进行实验，通过氢氧化钠的乙醇溶液变浑浊的现象证明反应过程中生成了难溶于乙醇的碳酸钠。

（4）实验装置实现除杂、干燥一体化，排除了水蒸气、氯化氢气体等因素的干扰。

四、实验设计思路

二氧化碳通入澄清石灰水中，石灰水变浑浊，实验现象非常清晰。但二氧化碳通入氢氧化钠溶液中并没有明显的实验现象，需要设计相应的实验方案进行证明，通过检验反应物的减少和生成物的增加间接证明反应的发生。因此，本实验就出现了四种研究思路。

（1）证明二氧化碳的减少。借助“在密闭容器中，有气体参加或气体生成的反应前后会产生压强差”这一原理来设计实验。为了排除水的影响，实验中有两种改进方案，一方面是从定量的角度进行对比分析，另一方面是用氢氧化钠固体与二氧化碳反应，借助压强传感器进行定量探究。

（2）证明氢氧化钠的减少。在本实验条件下，氢氧化钠溶液和碳酸钠溶液的 pH 分别为 13 和 11。因此，可借助 pH 传感器测量溶液反应前后 pH 的变化，间接证明氢氧化钠的减少。

（3）证明碳酸钠的增加，即证明有碳酸钠生成。化学方法可采用稀盐酸、可溶性钙盐或钡盐溶液、氢氧化钙或氢氧化钡溶液进行实验；物理方法可根据“在温度为 25 ℃时，氢氧化钠易溶于乙醇，而碳酸钠难溶于乙醇”的性质进行实验探究。

（4）证明水的生成。初中阶段针对水的检验并没有讲授相应的化学方法，在此实验中，可借助数字化仪器——湿度传感器进行实验。

五、实验教学目标

（1）基于实验证据，认识到二氧化碳与氢氧化钠发生了化学反应。

（2）从检验反应物的消耗和生成物的增加的角度寻找化学反应发生的依据，初步形成实验方案的设计思路。

（3）通过体验设计实验方案的过程，认识到在分析和解决问题过程中设计思路的重要性。

六、实验教学内容

二氧化碳通入氢氧化钠溶液中，看不到明显的反应现象，需要设计相应的实验方案进行证明。本实验通过检验反应物的减少和生成物的增加间接证明反应的发生。

（一）反应物的减少

（1）二氧化碳的减少。

1）先用注射器吸取纯净、干燥的二氧化碳 50 mL，再用该注射器吸取 5 mL 氢氧化钠溶液，然后将注射器迅速插入橡胶塞，上下摇动注射器，观察活塞的移动情况并进行分析。

2）如图 1 所示，利用压强传感器测量二氧化碳与固体氢氧化钠反应过程中压强的变化，通过压强的变化感受二氧化碳的减少。

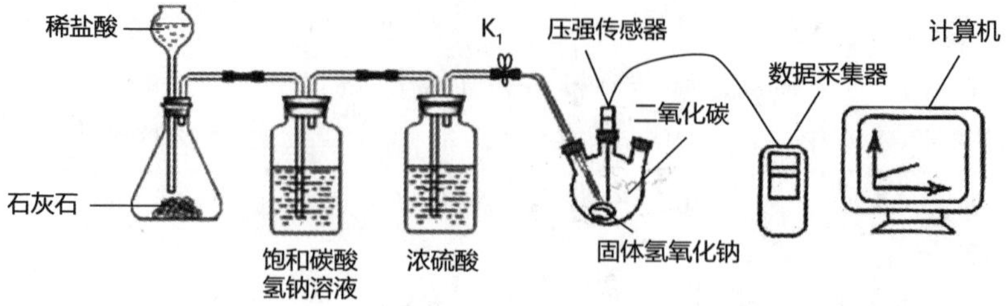

图1　用压强传感器测量二氧化碳与氢氧化钠固体反应过程中压强的变化

（2）氢氧化钠的减少。

氢氧化钠和碳酸钠对应的水溶液都显碱性，但是同等条件下，两种溶液显碱性的强弱程度不同。在本实验条件下，氢氧化钠溶液、碳酸钠溶液和碳酸氢钠溶液的 pH 分别约为 13、11 和 8.5。如图 2 所示，可以借助秘密武器——pH 传感器进行实验，通过测量二氧化碳与氢氧化钠溶液反应过程中溶液 pH 的变化，感受氢氧化钠的减少。

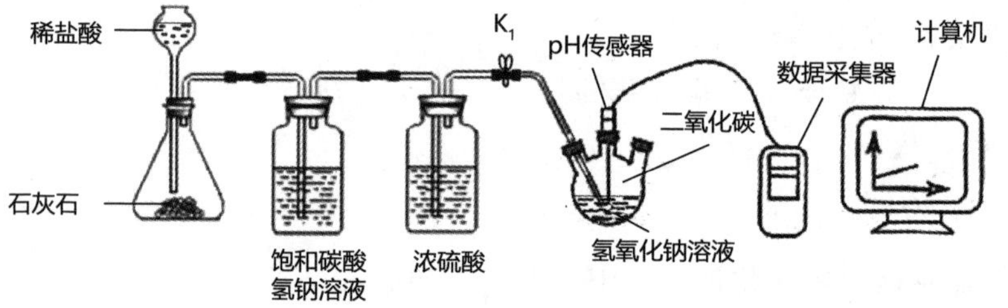

图2　用 pH 传感器测量二氧化碳与氢氧化钠溶液反应的过程中溶液 pH 的变化

（二）生成物的增加

（1）碳酸钠的生成。

在温度为 25 ℃时，氢氧化钠易溶于乙醇，而碳酸钠和碳酸氢钠都难溶于乙醇。实验中，制备纯净、干燥的二氧化碳，通入氢氧化钠的乙醇溶液中，通过氢氧化钠的乙醇溶液变浑浊的现象，证明有碳酸钠的生成。

（2）水的生成。

如图 3 所示，利用相对湿度传感器测量二氧化碳与固体氢氧化钠反应过程中湿度的变化，感受反应过程中水的增加。

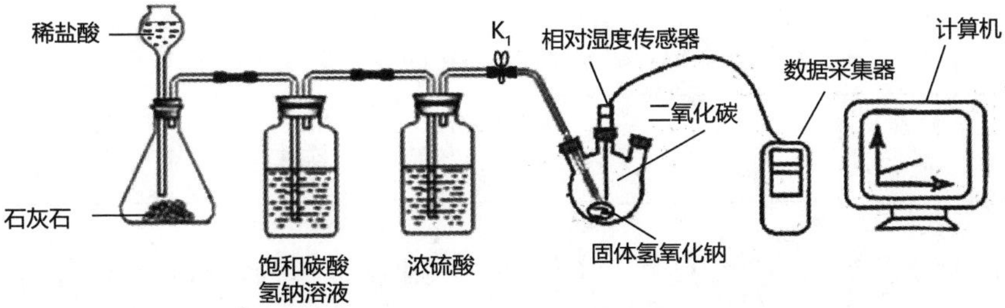

图 3　用相对湿度传感器测量二氧化碳与固体氢氧化钠反应过程中湿度的变化

七、实验教学过程

（一）实验展示：二氧化碳与氢氧化钠溶液的反应

（1）思考：①氢氧化钠与二氧化碳反应了吗？②如果反应了，为什么没有明显的实验现象？

（2）问题情境：针对无明显现象的化学反应，如何证明反应是否发生？

（二）活动一：验证二氧化碳的减少

（1）问题情境：针对二氧化碳的减少，如何设计实验证明反应是否发生？

（2）实验改进 1：用注射器吸取 50 mL 二氧化碳，再用该注射吸取 5 mL 氢氧化钠溶液，迅速将注射剂插到橡胶塞上，观察实验现象。

（3）实验改进 2：制取纯净、干燥的二氧化碳，用压强传感器检测二氧化碳与氢氧化钠固体反应过程中压强的变化。

（三）活动二：验证氢氧化钠的减少

（1）问题情境：针对氢氧化钠的减少，如何设计实验证明反应是否发生？

（2）思考：氢氧化钠溶液和碳酸钠溶液都呈碱性，但在同等条件下，其呈碱性的强弱程度是否相同？

（3）资料显示：在本实验条件下，氢氧化钠溶液、碳酸钠溶液和碳酸氢钠溶液的 pH 分别约为 13、11 和 8.5。

（4）实验展示：制取纯净、干燥的二氧化碳，通入氢氧化钠溶液中，测定实验过程中溶液 pH 的变化。

（四）活动三：验证碳酸钠的生成

（1）问题情境：针对碳酸钠的生成，如何设计实验证明反应是否发生？

（2）思考：氢氧化钠溶液与二氧化碳反应没有实验现象的原因？

（3）资料展示：①乙醇不与氢氧化钠、碳酸钠、二氧化碳反应；②在 25 ℃

时，氢氧化钠、碳酸钠在乙醇中的溶解度见表 1。

表 1　氢氧化钠和碳酸钠在乙醇中的溶解度（温度为 25 ℃）

物质	氢氧化钠	碳酸钠
溶解度/g	17.3	<0.01

（4）实验展示：制取纯净、干燥的二氧化碳，通入氢氧化钠的乙醇溶液中，观察实验现象。

（五）活动四：验证水的生成

（1）问题情境：针对水的生成，如何设计实验证明反应是否发生？

（2）实验展示：制取纯净、干燥的二氧化碳，用相对湿度传感器检测固体氢氧化钠与二氧化碳反应过程中湿度的变化。

（3）问题情境：通过以上实验探究，对“探究化学反应发生的证据”有了哪些新的认识？

（4）归纳提升，如表 2 所示。

表 2　设计实验证明无明显现象的化学反应的发生

<table>
<tr><th>化学反应的特点</th><th>判断化学反应发生的证据</th><th>具体方法</th></tr>
<tr><td>有明显实验现象的反应</td><td>直接证据：有沉淀或气体生成、颜色改变、发光、发热等</td><td rowspan="3">物理方法
化学方法
信息技术</td></tr>
<tr><td>有气体参与的无明显实验现象的反应</td><td>间接证据：通过气体的消耗、其他反应物的消耗、生成物的检验获得证据</td></tr>
<tr><td>没有气体参与的无明显实验现象的反应</td><td>间接证据：通过反应物的消耗、生成物的检验获得证据</td></tr>
</table>

八、实验效果评价

在本实验教学过程中，实验设计基本都达到了预期效果，学生可以从实验现象顺利得到相应的实验结论，从相应的图像中获取相应的信息。

但是在实验过程中，由于受到课堂时间和空间的限制，部分实验需要提前录制并进行加工，以视频的形式在课堂上进行播放。另外，学生针对每一种思路设计具体的实验方案时，对于部分实验思路的设计还是存在一定困难的。比如，氢氧化钠的减少和水的增加，教师在实际教学中需要加以适当指导，所以教学过程还是需要精心设计的！

从反应物消耗的角度探究氢氧化钠溶液和二氧化碳的反应

宜昌市夷陵区实验初级中学　李洁

一、使用教材

本节课是人教版《化学》九年级下册第十单元课题一中的内容。氢氧化钠和二氧化碳的反应，是氢氧化钠的一个重要的化学性质，是联系碱和盐的一个重要纽带。对该反应的学习，可以为酸、碱、盐的综合运用，以及高中学习奠定基础。该反应发生的时候没有明显的实验现象，而教材对此只给出了结论，并没有设置实验。

二、实验器材

气体压强传感器、磁力搅拌器、500 mL 三颈烧瓶、铁架台、30 mL 注射器 2 支、2% 氢氧化钠溶液、4% 稀盐酸。

三、实验创新要点

由于氢氧化钠和二氧化碳的反应没有明显的实验现象，教师设计了利用气体压强传感器探究氢氧化钠和二氧化碳反应的创新实验装置，如图 1 所示。

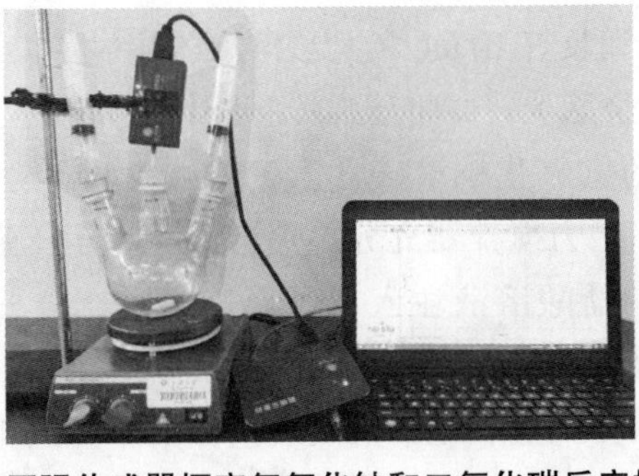

图 1　利用气体压强传感器探究氢氧化钠和二氧化碳反应的创新实验装置

（1）教师自制创新实验装置使实验结果从无形到有形，从定性到定量，实验过程更加真实、直观。

（2）数字化器材帮助学生从数据的变化角度认识反应的发生，培养了学生的证据推理意识和数据分析能力。

（3）数字化实验的应用开阔了学生的视野，激发了学生的创新思维。

四、实验原理

在氢氧化钠和二氧化碳的反应中，没有明显的实验现象，可通过气体压强传感器进行探究。向充满二氧化碳的密闭容器中加入氢氧化钠溶液，通过气体压强的变化证明二氧化碳气体的减少，间接证明二氧化碳和氢氧化钠溶液发生了反应。再向该溶液滴加适量的稀盐酸，压强逐渐变大，但是不能恢复到原状态，比初始压强略小，这个压强差就是水吸收了一小部分二氧化碳的证据。

五、实验教学目标

由于学生对氢氧化钠和二氧化碳反应的过程缺乏直观的感受，接受起来有一定的难度。此外，简单的知识性学习，已然不能满足培育学生核心素养的要求。因此，引导学生运用证据推理设计实验，构建证明无明显实验现象的反应发生的认知模型，就显得尤为重要。

基于以上分析，确立了以下三个层次的教学目标。

（1）基于证据推理，认识氢氧化钠和二氧化碳的反应。(重点)

（2）从压强变化的角度，设计实验方案，验证反应的发生。构建证明无明显实验现象的反应发生的认知模型。(难点)

（3）培养学生发现问题、分析问题、解决问题的能力和勤于实践、勇于创新的精神。

六、实验教学内容

（1）实验前准备：用排水法收集满二氧化碳气体于三颈烧瓶中，将装有10 mL氢氧化钠溶液的注射器和装有 10 mL 稀盐酸溶液的注射器以及气体压强传感器分别通过橡皮塞固定到三颈烧瓶上，并将压强传感器与计算机连接（见图 1)。

（2）将注射器内的氢氧化钠溶液注入三颈烧瓶中，通过气体压强传感器测量瓶内压强的变化，用磁力搅拌器充分振荡溶液，直至压强不再改变为止。

（3）将注射器中的盐酸溶液注入三颈烧瓶中，充分振荡，测量烧瓶内压强的变化，直至压强不再改变为止。

实验过程中需注意：①氢氧化钠溶液质量分数不宜过大，防止烧瓶内二氧化碳被吸收过多，使装有稀盐酸的注射器里的液体被提前压入。②数据停止改变后，还需要将注射器活塞拉回到原位。③该实验对装置气密性要求较高，实验前检查装置气密性，在传感器和橡胶塞连接处涂凡士林。

七、实验教学过程

（一）环节 1：创设情境，提出问题

学生按小组分别向等体积的澄清石灰水和氢氧化钠溶液中吹气，观察实验现

象。教师提问：这两个实验是否发生了化学变化？证据是什么？学生认为澄清石灰水与二氧化碳发生了化学反应，证据是溶液变浑浊，有新物质产生。但氢氧化钠溶液却无明显变化。教师接着问：二氧化碳和氢氧化钠发生反应了吗？学生做出以下猜想，猜想一：反应了，但没有明显实验现象；猜想二：没有反应。

验证猜想最好的办法就是实验。如何引导学生来设计实验解决问题呢？教师播放视频（瓶“吞”鸡蛋），为学生提供思路。

学生兴奋地看到鸡蛋掉进了原本进不去的瓶子里。联系到物理中“压强”的知识，利用二氧化碳在密闭容器中与碱溶液发生反应，体积减小，产生压强差的原理来设计实验。

（二）环节 2：思考讨论，设计方案

教师为学生提供了丰富的实验材料。学生经过分组讨论，认为实验设计的关键就是使压强的变化可视化，实验过程中需要收集压强变化的证据。由此，学生列出很多已知的实验设计：软塑料瓶实验、内气球实验、液面上升实验等。

实验中，学生没有注意到氢氧化钠溶液里面还有水，水能吸收二氧化碳，也会造成压强减小。因此，在设计实验时，都没有设置水的对照实验。

（三）环节 3：难点突破，改进实验

（1）通过引导学生联系已有知识来推理曲线的变化趋势，并通过实验进行验证，教师让学生提前预测实验结果，用电脑收集学生的预测结果并进行统计。

（2）教师演示利用气体压强传感器探究氢氧化钠和二氧化碳反应的创新实验。实验结束后，得到如图 2 所示的实验数据图。

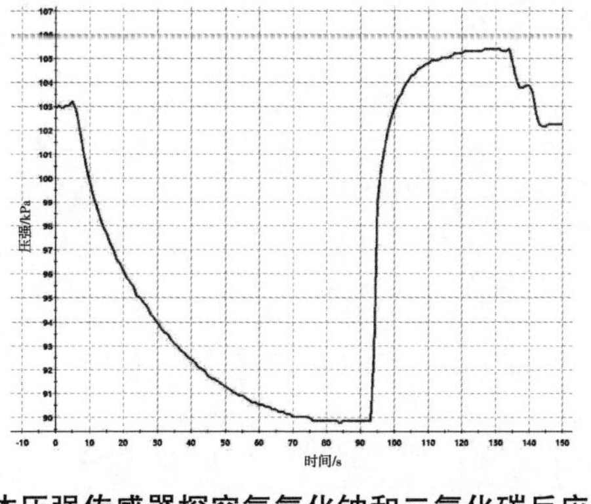

图 2　利用气体压强传感器探究氢氧化钠和二氧化碳反应的实验曲线图

（3）实验结束后，看到实验结果与自己的推理结果大相径庭，学生激起了好奇心和求知欲。通过对数据曲线的分析，学生理解了这个压强差就是水吸收了一小部分二氧化碳的证据，同时也证明了氢氧化钠和二氧化碳能发生化学反应。

（4）同学们还发现了一些很奇怪的曲线变化趋势。为什么实验开始时，压强略升高？为什么后面连续出现两个下降的波段？

经过进一步分析实验过程和曲线的变化趋势，学生推理出：实验开始，在用注射器向装置中加氢氧化钠溶液时，容器内气体被压缩，导致压强有所升高；最后阶段的压强减小是因为此时将两支注射器分别拉回到初始状态而导致的。

至此，学生发现了之前设计的实验方案中的问题，对实验方案进行了改进——增加对比实验。

（四）环节4：动手实验，总结提升

学生利用教师提供的实验器材分组合作，动手实验，在实验中寻找证据并进行交流讨论。

总结是促进知识内化、夯实学习效果的关键环节。教师提问：刚刚在设计实验的时候，都是从哪些角度考虑的呢？学生归纳：从反应物被消耗的角度设计实验。还有别的角度能证明反应的发生吗？学生很容易就能思考得出：还可以从新物质生成的角度设计实验。

八、实验效果评价

（1）方法的提炼构建出学生探究无明显实验现象的反应发生的认知模型，同时，学生也体验了基于证据推理的科学探究过程。这种认知模型和基于证据推理的意识，促进了学生的深度学习，并为学生今后的化学学习奠定良好的基础。

（2）核心素养的提升使学生的终生学习变得更加有理可依。在教师创设的真实生动而又富有启迪性的情境中，学生能更深入地理解和运用化学知识，切身感受到化学的魅力与活力。

探究实验变形记

——以氢氧化钠和二氧化碳反应为例

广州市天河区汇景实验学校　郑淑如

一、使用教材

人教版《化学》九年级下册第十单元课题一。

二、实验器材

（1）设计实验的器材：①250 mL 集气瓶，单孔胶塞（含玻璃管，玻璃管上系小气球）；②330 mL 塑料瓶；③250 mL 锥形瓶，双孔胶塞，分液漏斗，注射器；④250 mL 锥形瓶。

（2）优化实验的器材：①330 mL 塑料瓶及燃烧匙；②具支试管 2 个、U 形管、5 mL 注射器 2 个。

（3）创新实验的器材：50 mL 注射器 2 个、5 mL 注射器 2 个、医用三通阀 3 个。

三、实验创新要点/改进要点

（1）学习方式创新。

通过“设计实验—优化实验和—创新实验”，一方面学生可以通过实验来学习物质的性质；另一方面学生能够提升化学实验能力和素养，学习科学探究的方法，培养严谨求实的科学精神。

（2）实验装置创新。

利用简单的配件（4 个注射器及 3 个医用三通阀）组装实验装置，有效地将两种探究反应发生的思路方法结合在一起；创新装置使实验一体化、微型化、定量化，同时还可以替换其中的药品用于其他物质性质的探究，用途广泛。

（3）巧用酸度计替代传感器实现微观本质的探究。

数字传感器可以直观地展示反应的本质，但是成本比较高。酸度计成本低，可以动态测定不同反应阶段的温度和酸碱性，能够实现教学目标。

四、实验原理/实验设计思路

探究反应发生的一般思路：①测定反应物的减少，将其可视化；②检验新物质生成。以氢氧化钠与二氧化碳反应为例，根据这一思路结合前面所学的“测定空气中氧气含量”及“二氧化碳溶于水”的矿泉水瓶实验，布置学生完成预习任务——设计实验证明氢氧化钠与二氧化碳能发生反应。

课堂上展示“设计实验”成果，评价并归纳出装置的不足，引导学生进一步“优化实验”，完成实验装置的一体化和实验材料的微量化。通过教师演示“创新实验”，进一步实现了装置的定量化，使实验更加严谨、简单、环保。此外，创新实验不仅可以测定二氧化碳的减少，还可以检验碳酸钠的生成，将两种证明反应发生的思路有效结合。结合酸度计的使用，从微观角度学习氢氧化钠与二氧化碳反应的本质，进而归纳出碱与非金属氧化物反应的规律。

学生在不断改进实验装置的过程中，有效学习学科知识，体验学科探究的科学方法，提升了学生的实验能力和素养，落实了化学学科核心素养的培养。

五、实验教学目标

（1）了解氢氧化钠的化学性质，知道氢氧化钠等碱性物质可以和二氧化碳发生化学反应，会书写相关的化学方程式。

（2）知道如何设计实验来探究氢氧化钠和二氧化碳的反应，培养学生的观察、思考、归纳、推理等能力。

（3）知道探究反应发生的一般思路。

（4）拓展学生视野，培养学生的科学探究精神。

六、实验教学内容

新课标构建了化学学科核心素养的体系，发展学生化学学科核心素养是化学学科教学的追求。本节课以实验探究为主要学习方法，从“神奇的杯子”开始创设情境，提出“如何设计实验证明氢氧化钠和二氧化碳发生反应”的问题，引发学生的探究兴趣；设置三个实验环节——“设计实验”“优化实验”“创新实验”，环环相扣，层层递进，带领学生完成实验装置的“变形记”。用实验验证氢氧化钠和二氧化碳可以发生反应的猜想，了解探究反应发生的一般思路。借助酸度计动态测定溶液 pH，从微观角度学习反应发生的本质，并书写相关化学方程式。在课堂中，学生通过宏观现象学习微观本质；在实验探究中，用证据引发推理，培养创新精神和严谨求实的科学精神。

七、实验教学过程

（一）创设情境——神奇的杯子

在桌面上放一个“洁净”、透明的空塑料杯。首先，往这个塑料杯中倒“水”，学生惊讶地发现倒入空杯子中的“水”居然变红了。再往变红的液体中放入一块干冰，并没有明显变化。这是为什么呢？提示学生回忆所学知识“碱性溶液能使无色酚酞溶液变红”，因此，学生能猜到倒入的“水”并非是水，而是碱性溶液。告诉学生实验中用到的碱性溶液正是氢氧化钠溶液，塑料杯内壁涂有无色酚酞溶液。

紧接着追问：向变红的氢氧化钠溶液中放入干冰，没有看到颜色变化，是两者不发生反应吗？如果能反应，怎么证明呢？由一个“神奇的杯子”拉开了本节探究实验课的序幕。

（二）设计实验

经过前面的学习和预习，学生已经设计了若干简单实验来证明氢氧化钠和二氧化碳能发生反应，进入实验装置“变形记”的第一阶段——设计实验。

教师请各组学生展示他们的实验：气球胀大了，瓶子变瘪了，注射器往里推进了，鸡蛋顺利地滑入集气瓶中……实验成功了。实验能成功证明氢氧化钠和二氧化碳发生反应了吗？此时学生回忆起二氧化碳溶于水的塑料瓶实验，提出了质疑：如何证明上述现象不是因为溶于水呢？

经过思考，有学生提出：可以将氢氧化钠溶液换成等量的水，重复实验进行对比。教师充分肯定了学生的想法，同时也进一步发问：可以将重复的实验合二为一吗？你们的实验装置还可以怎么改进呢？由此，同学们开始进入实验装置“变形记”的第二阶段——优化实验。

（三）优化实验

教师继续引导学生思考讨论本组实验装置存在的问题，梳理归纳为：①需要重复实验进行对比，操作不够简便；②需要打开塞子才能加入液体，气体可能会泄漏，造成误差；③需要课前制备大量二氧化碳；④所需药品用量较大。

学生讨论给出对应的解决方案：①将对照实验一体化；②密闭装置直接加入液体；③改用小容量仪器；④现制现用二氧化碳。简而言之，优化实验，使其更严谨、更简单、更环保。

学生以小组为单位，根据教师提供的仪器对小组的实验装置及方案进行改进。教师适时提出引导和建议，同时也见证他们的成功。

展示各组学生优化实验的设计，优化后的实验获得其他同学的一致肯定。他们都实现了将装置一体化，排除干扰，对比明显。改用注射器和塑料瓶，节约、环保，将装置微型化，但还是需要在实验前收集好二氧化碳。对此，教师向学生介绍自制创新装置，由此进入实验装置“变形记”的第三阶段——创新实验。

（四）创新实验

自制装置主要由医用三通阀连接注射器而成，装置如图 1 所示。装置中 A、B、C 部分主要利用二氧化碳减少，引起压强差，将其可视化来证明氢氧化钠和二氧化碳的反应；而 D 装置则可通过检验生成物碳酸钠的存在证明氢氧化钠和二氧化碳发生了反应。

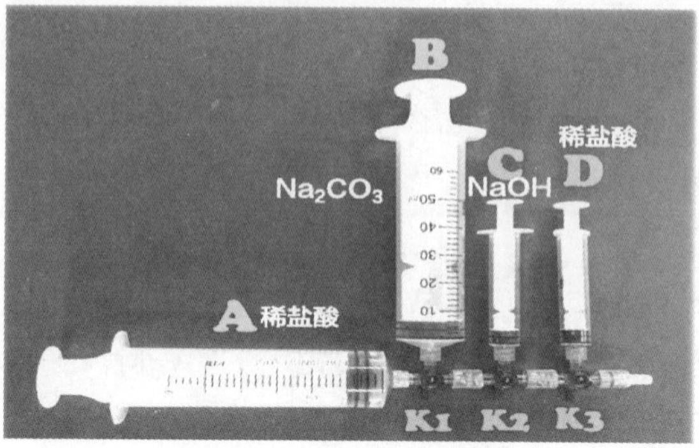

图 1 创新实验装置图

创新实验将两种证明反应发生的方法有效结合，实现了装置的一体化，简化了操作。同时，用注射器取少量药品，可以直接测定反应物和生成物的体积，将实验微型化、定量化，节约又严谨。该装置还可以通过更换药品来进行其他物质性质的探究，用途广泛。

（五）微观探析

经过上述实验，学生知道了氢氧化钠和二氧化碳能发生反应，了解了探究反应进行的一般思路。

此时，向学生提问：能通过什么方法来测定氢氧化钠也在减少呢？由此引导学生通过测定溶液酸碱度来判断。向学生介绍酸度计，用它来测定反应前溶液 pH 为 12.00，加入干冰一段时间后，溶液 pH 为 8.98。学生看到 pH 在降低，也就是溶液中的氢氧根离子在减少，打开了碱和二氧化碳反应的微观世界：氢氧根离子和二氧化碳反应生成碳酸根离子和水。让学生由此书写化学方程式，归纳碱和二氧化碳的反应规律。

继续进行实验，酸度计的示数继续降低，干冰还在红色溶液中游动。慢慢地，红色变浅，最后消失了。此时酸度计示数大于 7，证明溶液还是碱性溶液。红色为什么褪去了呢？欢迎同学课后继续探究。

八、实验效果评价

纵观整个教学过程，通过一系列探究实验的展开，引导学生学习氢氧化钠和二氧化碳反应的化学性质和微观本质，继而了解碱和二氧化碳反应的一般规律，归纳出碱与非金属氧化物反应的性质。从宏观现象到微观本质，再到符号表征，培养学生多维度学习物质的性质，促进学生的有效学习，形成良好的认知结构。合理应用教材、实验、多媒体、精密仪器等教学资源来丰富课堂内容，锻炼学生的实验能力，培养其探究精神，使学生化学学科核心素养的提升真正落到实处。

▶高中化学

电解饱和食盐水实验的改进与创新

柳州市第一中学　黄喜喜

一、使用教材

人教版高中《化学选修 4　化学反应原理》第四章第三节“电解池”。

二、实验器材

数据采集器、pH 传感器、计算机、饱和食盐水、学生电源、导线 2 根、2B 铅笔芯、烧杯、铁丝、淀粉碘化钾试纸、氢氧化钠溶液、玻璃蒸发结晶皿、带导管的橡胶塞、试管、玻璃导管、橡胶塞、铁夹 2 个、铁架台、酒精灯。

自制阳极创新装置使用器材：硬质玻璃管、阳离子交换膜、热熔胶。

三、实验创新要点/改进要点

（一）实验改进设计的出发点

电解饱和食盐水实验在工业生产、实际生活中都有广泛应用，并且在高考中也是热点知识。不同版本教材中对于电解饱和食盐水实验的呈现也有所不同，电解饱和食盐水的实验主要涉及两极产物的检验以及氯气的处理，在人教版和苏教版教材中既没有该实验的图示，也没有安排实验。在教学过程中教师通常会按照鲁科版教材所示装置进行实验，即利用带有支管的 U 形管进行实验。其不足之处在于：

（1）该装置与氯碱工业的实际生产装置有一定的差异，在氯碱工业中所用的阳离子交换膜在教学实验中难以使用。

（2）利用 U 形管进行实验时，离子在阴、阳两极间迁移的距离过长，导致整个电路的电阻较大。

（3）由于 U 形管带有支管，导致浸入溶液中的电极太短，接触面积小，不利于气体的产生。

（二）实验改进与创新点

（1）改进的电解饱和食盐水装置如图 1 所示。自制阳离子交换膜，通过 pH 传感器可以很直观地体现该膜的作用，便于学生理解。利用数字化传感器让学生从微粒层面上认识化学反应，如图 2 所示。该装置不同于传统电解饱和食盐水的复杂装置，其非常轻巧、操作简单，可以让学生亲手进行实验，帮助学生建立工业上电解氯化钠的认知模型，直观感受最新的离子交换膜电解技术。

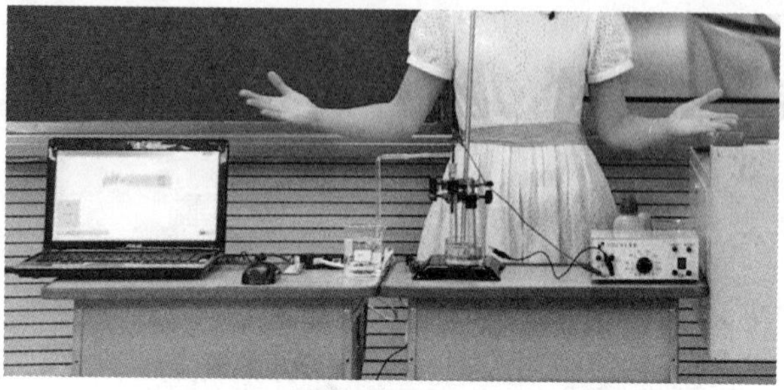

图1　改进的电解饱和食盐水装置

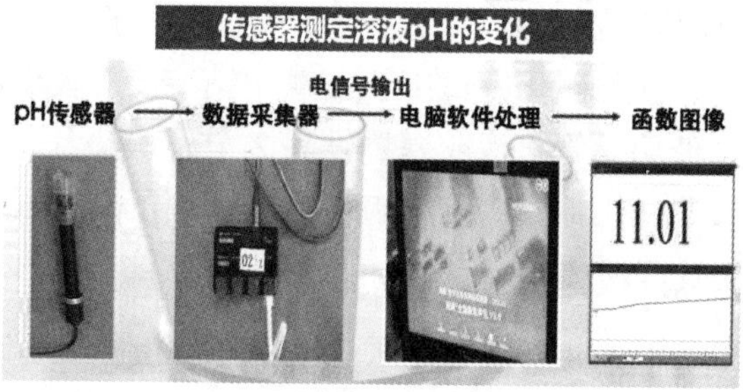

图2　数字化设备

（2）该装置价格低廉，可靠性强。阳离子交换膜未能在中学大量使用的原因之一就是价格较高（网上销售的规格为 10 cm×10 cm 的阳离子交换膜售价约 200 元）。本教具使用的阳离子交换膜面积仅为 4 cm^2，成本约 0.5 元。用热熔胶将硬质玻璃管与离子交换膜紧密结合，密封性强，如图 3 所示。电极采用铅笔芯，材料易得，用 6~24 V 直流电，在酸、碱性环境中，铅笔芯电板反复电解都没有任何损坏。整个电解装置构造简单，可靠性高，适合大量制作和使用。

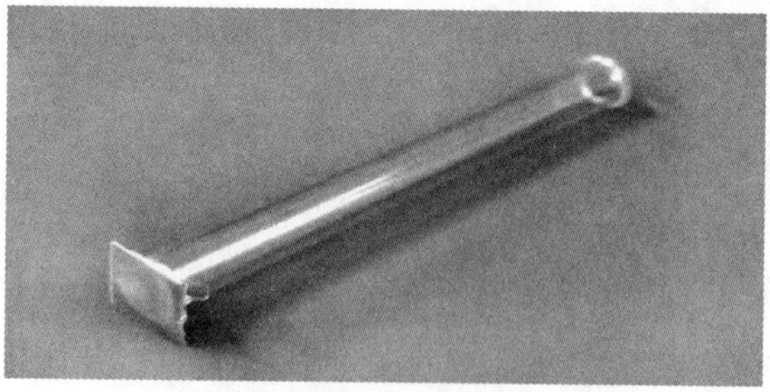

图3　硬质玻璃管与阳离子交换膜

（3）实验现象明显，趣味性强。电解过程中的气泡非常多，便于教师引导学生观察，思考气体是什么，激发学生兴趣。装置的可视性非常好，在两极产物检验的过程中，氯气使湿润的淀粉碘化钾试纸变蓝、氢气的爆鸣实验现象都非常明显，pH 传感器可以定量检验溶液的酸碱性。

（4）装置对氯气进行了尾气处理，绿色环保。

（5）装置集发生、检验、尾气处理功能于一体，操作简便。

（6）该装置还适合其他电解实验的使用。

四、实验教学目标

（一）知识与技能

（1）理解电解原理，初步掌握一般电解反应产物的判断方法。

（2）了解氯碱工业——电解饱和食盐水。

（3）掌握电解电极方程式和总方程式的书写。

（二）过程与方法

（1）通过已学过的电解原理相关知识来思考电解饱和食盐水实验，探究、分析工作原理。

（2）通过电解饱和食盐水实验装置的逐步改进，学生进行分组猜想讨论、实验验证、实验汇报、归纳总结，增强对电解池工作原理的了解，让学生知道电能转化为化学能的科学事实。

（三）情感态度与价值观

（1）通过对电解饱和食盐水实验的改进与创新，体验“科学猜想—实验验证—归纳总结—形成理论”的研究过程。知道电解原理应用的广泛性、实用性和高效性。增强学生的环境保护意识，感受化学世界的奇妙与和谐。

（2）通过实验探究，培养学生善于观察、勤于思考的科学态度，增强理论联系实际的能力，提高将化学知识积极应用于生活的意识。

（3）学习科学探究、合作学习的基本方法，提升科学探究与团队合作的能力。

五、实验教学内容

本节课是在学习电解原理的相关基本知识后的有关原理应用的拓展探究以及实验的改进。氯碱工业是生产、生活中重要的工业领域，其产品无处不在。基于此，从氯碱化工厂的实际机器工作场景引入，利用自制实验用品，逐步引导学生学会科学探究、改进创新，并通过此过程来培养学生的环境保护与绿色化学意识。

六、实验教学过程

（1）创设情境：如图 4 所示，展示氯碱化工厂图片；复习电解原理、学生书写电极反应式、总反应方程式。

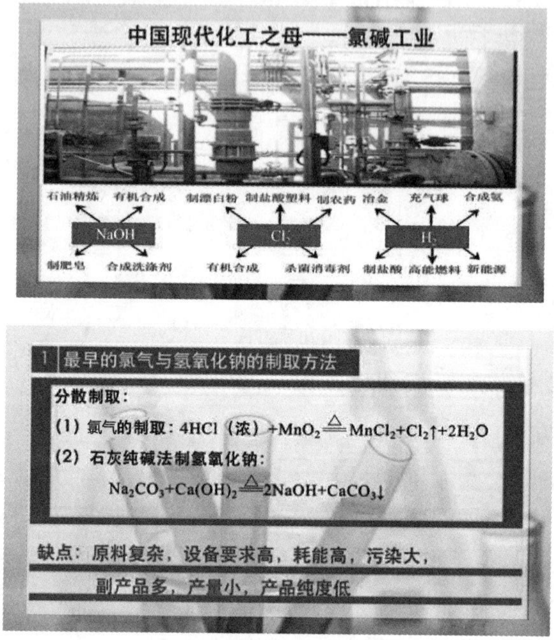

图 4　创设情境图示

（2）回顾旧知：如图 5 所示，复习检验产物 H_2、Cl_2 和 $NaOH$ 的方法。

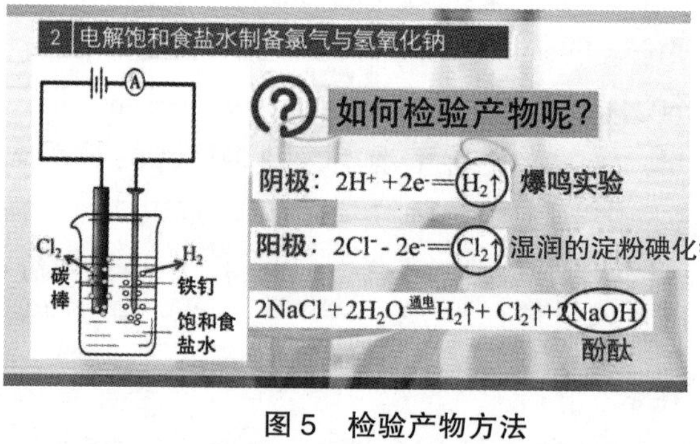

图 5　检验产物方法

（3）分析传统实验装置的不足：引导学生围绕工业生产的“三高”原则，思考如果利用传统实验装置进行工业生产，可能会遇到哪些问题。这些问题产生的原因是什么？应该如何解决？

请学生分组讨论，并以表格的形式加以说明。如图 6 所示，从学生的分析报告中可以看出，解决问题的关键就是将 H_2和 Cl_2隔开，将 Cl_2和 OH^-隔开。

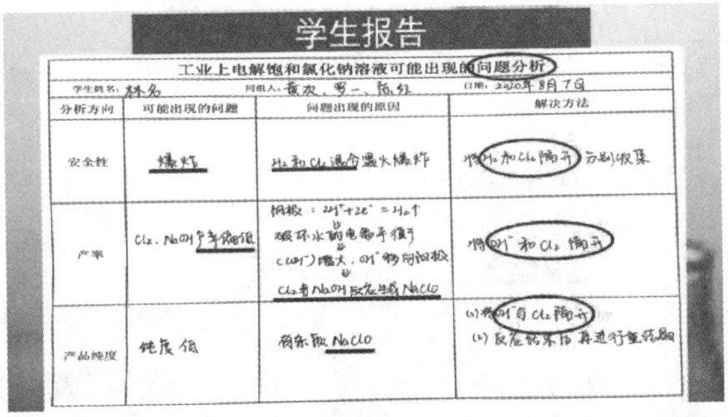

图 6　传统实验装置用于工业生产的不足

（4）教师介绍离子交换膜：离子交换膜主要分为阳离子交换膜和阴离子交换膜，阴离子交换膜具有正电性，选择性透过阴离子；阳离子交换膜具有负电性，选择性透过阳离子。

思考应该选择哪一种交换膜才能解决刚才的问题。学生分析要阻止 OH^-和 Cl_2反应，就不能让 OH^-进入阳极区，因此，选择阳离子交换膜，如图 7 所示。

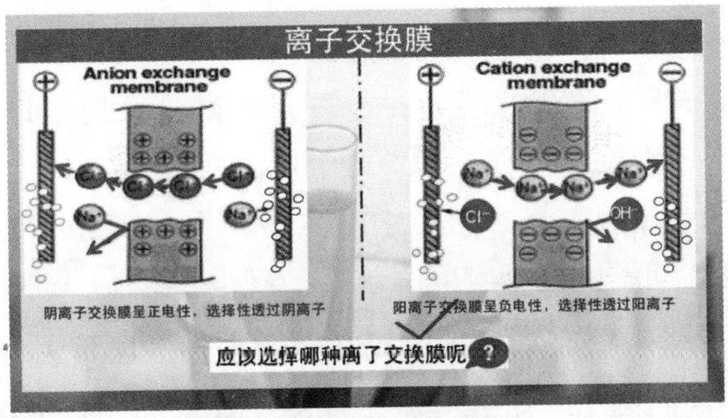

图 7　离子交换膜的选择

（5）市售的离子交换膜：离子交换膜未能在中学大量使用的原因就是因为其成本过高。

（6）创新实验：教师通过查阅文献资料，找到了自制阳离子交换膜的方法，它的材质是与二乙烯基苯交联的凝胶聚苯乙烯。像这样一块 4 cm^2的阳离子交换膜成本仅 0.5 元。再将硬质玻璃管和阳离子交换膜用热熔胶粘连，就组成了一套阳极的创新装置。该装置取材方便，大大降低了实验成本，而且体积小巧，非常便携。

（7）学生探究：为了将阴极区原来的 Cl^-除去，用稀氢氧化钠溶液替换阴极区的饱和食盐水，为检验该反应生成了 NaOH，引入数字化设备。

（8）数字化实验：可以利用 pH 传感器来测定溶液 pH 的变化。连接 pH 传感器和数据采集器，将 pH 传感器的探头放到溶液中，数据采集器就会将数据转化成电信号，传输到电脑，再通过电脑软件处理，就可以得到溶液 pH 随时间变化的函数图像。

（9）实验探究总结，如图 8 所示。

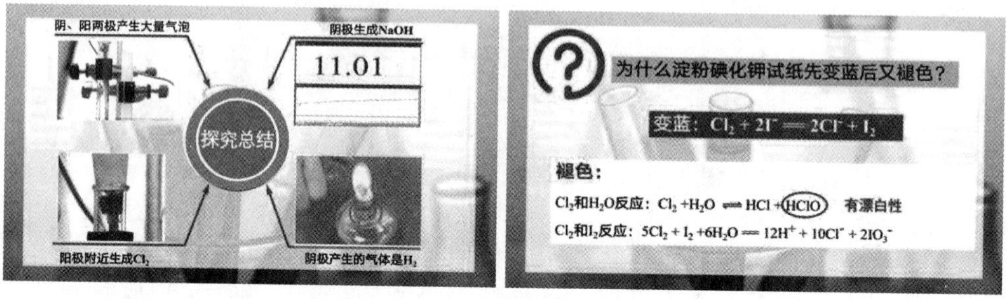

图 8　探究总结

七、实验效果评价

（一）在探究实验中发展能力

（1）解决问题的能力：通过提出问题，引导学生积极思考，培养学生提炼信息和对信息进行分析、整合的能力；通过组内讨论做出假设，设计实验方案，最终分析本质、解决问题。

（2）实验操作能力：本节课需要学生具备较高的实验探究能力，需要较缜密的思维来分析复杂问题，创新空间大。

（二）基于化学学科核心素养下的以教师为主导、以学生为主体

本节课由教师从问题出发引导学生去探究，从不同的角度体现了宏观辨识与微观探析、科学探究与创新意识、科学精神与社会责任等化学学科的核心素养，以学生为主体的形式落实到课堂的每一个环节。

基于传感器技术的原电池教学改进

西安市经开第一中学　王海利　杨杰
咸阳市长武县中学　马杰

一、使用教材

人教版高中《化学选修4　化学反应原理》第四章第一节“原电池”。

二、实验器材

医用输液器、医用10 mL注射器、烧杯、脱脂棉、滤纸、餐巾纸、U形管、导线、电压传感器、温度传感器、电流传感器、微电流传感器、发光二极管、铜片、锌片、硫酸锌、稀硫酸、硫酸铜、玻璃纸、鱼鳔、鸡蛋、橘子、浓盐酸、五角硬币。

三、实验创新要点

（1）利用数字化实验探究仪器捕捉宏观现象背后的微观本质。利用电流传感器、电压传感器、温度传感器对比分析单液原电池、双液原电池的优缺点。

（2）让学生通过设计探究实验，用日常学习生活中的常见的材料——滤纸、脱脂棉、餐巾纸代替琼脂，进行盐桥实验，拓展学生的科学思维能力。同时，组织学生进行合作交流，设计探究，改进双液原电池盐桥，制作纸张电池，为膜电池的引入打下基础。利用生活中的橘子瓣膜既可以分隔溶液，又可以传导离子，引入隔膜电池。利用玻璃纸、鱼鳔、蛋膜等半透膜制作隔膜电池，最后让学生利用生活中的五角硬币设计隔膜硬币电池。

（3）由于玻璃纸、鱼鳔、蛋膜作为电池隔膜不好固定，利用输液器滴斗自制实验改进装置，既可以分隔溶液，防止短路，又能降低内阻，增大电流，提高能量利用率。同时，方便试剂的添加和电极的插入，剂量小，实验现象明显。

四、实验设计思路

整个教学活动以原电池原理、氧化还原反应原理为基本实验原理，结合电池的发展，即“单液原电池→双液原电池→膜电池”这一线索，在实验教学中设计了如下教学思路：数字化实验、创设情境（发现问题）→盐桥改进、拓展思维（解决问题）→橘子瓣膜、引发思考（隔膜电池，拓展探究）→联系生活、学以致用（硬币电池，应运而生）。

五、实验教学目标

（1）宏观辨识与微观探析：通过对比观察单液原电池、双液原电池正负极的现象，让学生从宏观和微观相结合的视角进行讨论、分析，思考产生这些现象的原因。

（2）证据推理与模型认知：借助数字化实验，通过单液原电池、双液原电池、隔膜电池一系列的探究实验，培养学生的证据意识，能基于证据提出可能的假设，通过分析推理实验验证，建立认知模型，运用模型解释现象和规律。

（3）科学探究与创新意识：引导学生发现问题并提出有价值的问题，从问题和假设出发，依据探究目的设计探究方案，认识到科学探究是进行科学解释、发现、创造和应用的重要实践活动，鼓励学生勤于实践，善于合作，敢于质疑，勇于创新。

（4）科学态度与社会责任：通过实验过程，培养学生严谨求实的科学态度。利用生活中的废旧材料自制实验装置，培养学生节约资源、绿色低碳的生活态度。体会化学源于生活，服务于生活。

六、实验教学内容

本节课以教材中的“化学能与电能”内容为基础，进一步介绍原电池的组成和工作原理。通过实验探究过程，引导学生理解原电池中半反应、盐桥、内电路、外电路等概念，帮助学生对电化学研究和应用范围形成一个宏观的认识。

利用生活中的橘子、鱼鳔、蛋膜、餐巾纸及实验室常见的玻璃纸、滤纸作为材料，改装输液器滴斗，自制实验装置，结合传感器的应用，探究单液原电池与双液原电池的优缺点。引导学生从单液原电池、双液原电池过渡到膜电池的认识，引领学生科学思维的发展，培养学生的科学探究与创新意识及严谨求实的科学态度。

七、实验教学过程

（一）数字实验，创设情境

（1）利用数字化实验仪器——温度传感器，比较单液原电池和双液原电池在同一时间，溶液温度的变化规律，如图 1 所示。

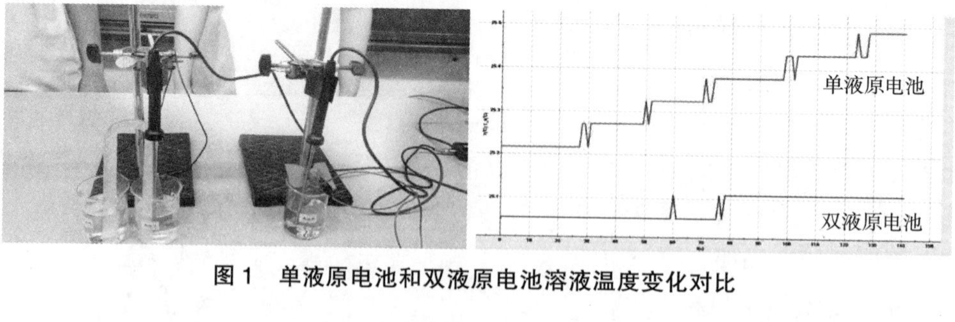

图 1　单液原电池和双液原电池溶液温度变化对比

通过实验可以观察到：单液原电池温度升高，双液原电池温度基本不变，说明单液原电池有一部分化学能转化成了热能，能量的利用率低。

（2）利用数字化实验仪器——电压传感器，比较单液原电池和双液原电池在同一时间，电压的强度和稳定性，如图 2 所示。

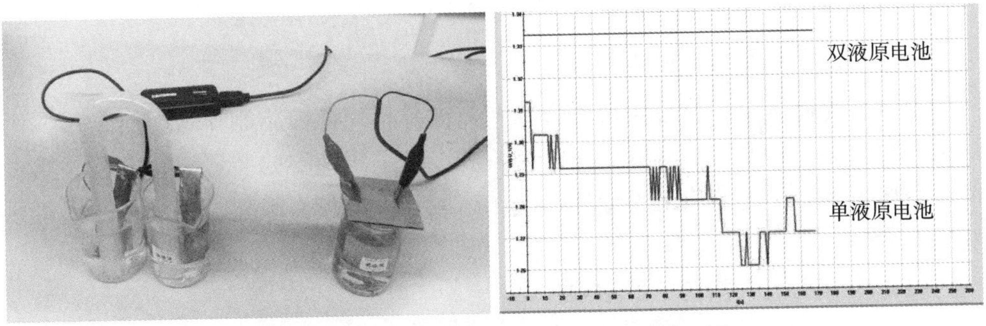

图 2　单液原电池和双液原电池电压变化对比

通过实验可以观察到：单液原电池电压低且很快衰减，双液原电池电压高且稳定，说明双液原电池的稳定性和实际应用的可控性。

（3）利用数字化实验仪器——电流传感器，比较单液原电池和双液原电池在同一时间，电流的强度和稳定性，如图 3、图 4 所示。

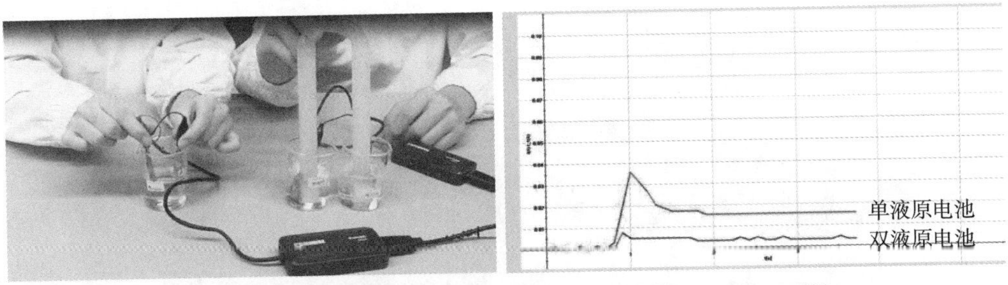

图 3　单液原电池和双液原电池电流对比（盐桥——大 U 形管）

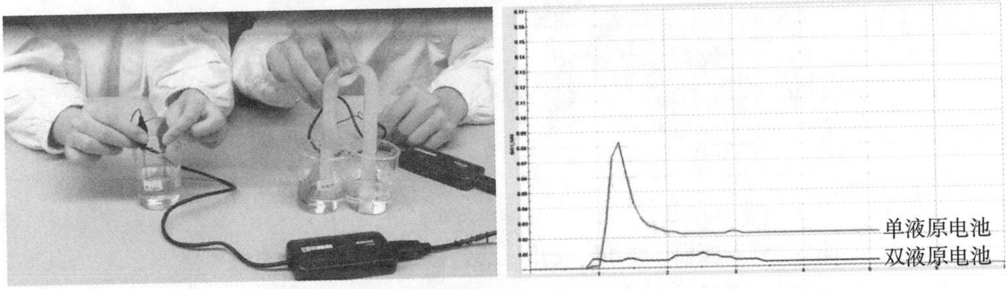

图 4　单液原电池和双液原电池电流对比（盐桥——小 U 形管）

通过实验可以观察到：双液原电池可以持续提供稳定的电流，但是强度不大。电流的强度与盐桥的大小有关系：U 形管越小，电流越大。推测原因可能是大 U 形管内电路太长，电阻太大。

（4）总结：单液原电池能量转化率低，电流、电压均不稳定，难以控制，实用性不大；双液原电池电流、电压稳定可控，但是内阻太大，电流太小，并且琼脂盐桥的制作工艺复杂，试剂用量大。

（二）拓展思维，改进盐桥

学生查阅资料，小组合作讨论，寻找其他材料代替琼脂制作盐桥。最终，用常见的脱脂棉、餐巾纸、滤纸制作盐桥，并设计了两种实验装置进行实验。第一种以烧杯为载体，我们称之为烧杯电池；第二种以纸张为载体，我们称之为纸张电池。

（1）烧杯电池，如图 5 所示。

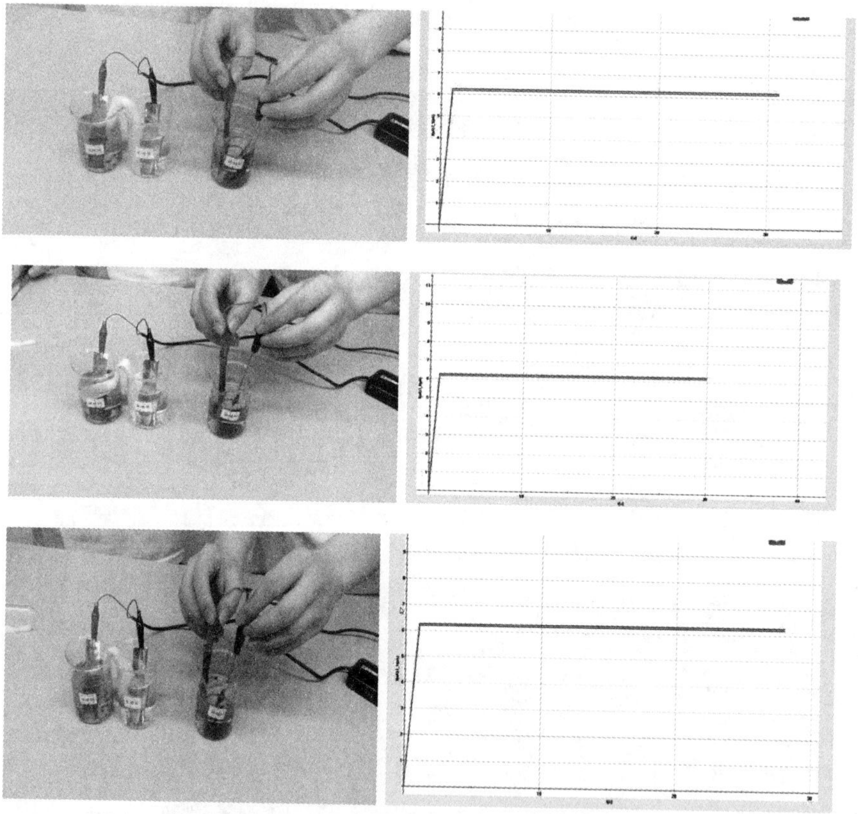

图 5　以脱脂棉、滤纸、餐巾纸为盐桥时的烧杯电池电流曲线

（从上至下为脱脂棉、滤纸、餐巾纸）

（2）纸张电池，如图 6 所示。

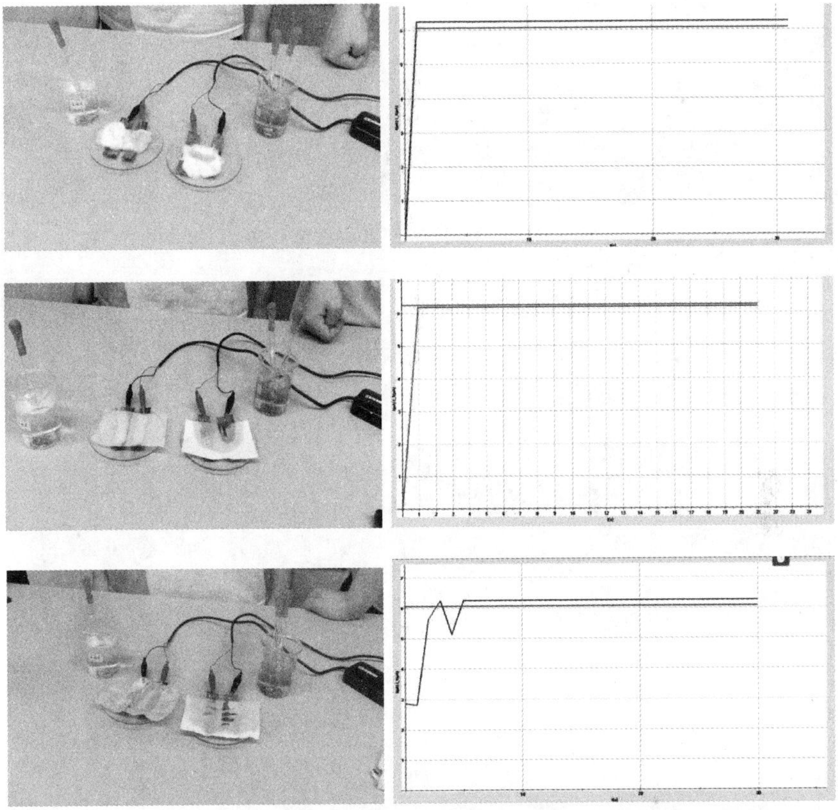

图 6　以脱脂棉、滤纸、餐巾纸为盐桥时的纸张电池电流曲线
（从上至下为脱脂棉、滤纸、餐巾纸）

（3）实验结论。

通过实验发现，利用生活中的脱脂棉、滤纸、餐巾纸为原料制作盐桥，微电流传感器获取的数据稳定，实验效果很好。这三种材料取材方便，制作简单，电流大且稳定，效果明显，方便学生分组实验。

通过学生的改进，教师发现用滤纸、餐巾纸等制作的薄薄的一层盐桥，其电流和单液原电池几乎相当，那我们能否找到一些更好的材料制作盐桥呢？希望找到一种材料，既可以分隔溶液和电极，不造成短路，又能降低内阻，增大电流，提高能量的转化率。

（三）橘子瓣膜，引发思考

如图 7 所示，将锌片和铜片同时插入一瓣橘子中，有电流通过；将锌片和铜片分别插在两瓣橘子中，没有电流通过；将锌片和铜片分别插在两瓣橘子中，将两瓣橘子合并，有电流产生。由此引入膜电池。

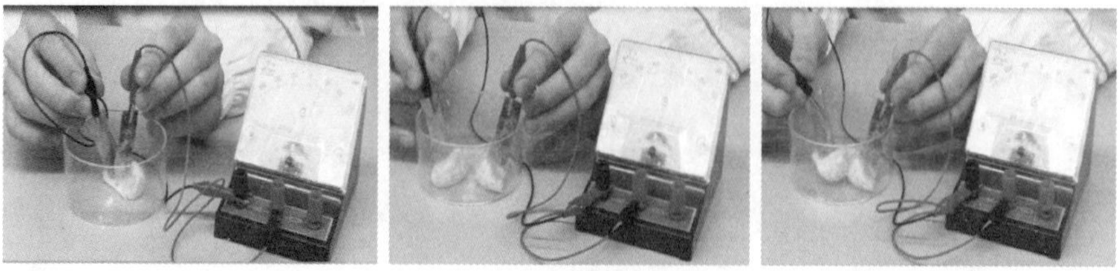

图 7　橘子瓣膜实验探究

通过查阅资料，了解到玻璃纸、鱼鳔、蛋膜等都是半透膜，但是这些材料不好固定，于是利用输液器滴斗自制了实验装置，进行实验。发现电流传感器数据稳定，实验效果很好，如图 8 所示。

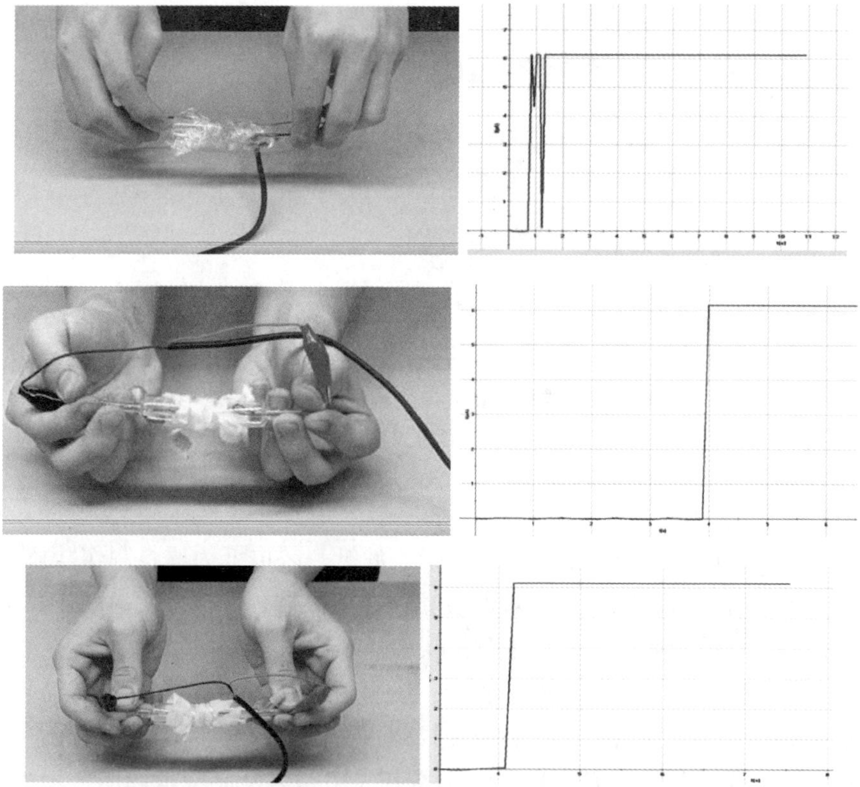

图 8　用输液器滴斗自制的双液膜电池，半透膜分别是玻璃纸、鱼鳔、蛋膜（从上到下）

众所周知，选择性透过膜是具有活性的生物膜，不仅具有半透膜的性质，即顺浓度梯度扩散导致的物质选择性透过，而且具有逆浓度梯度运输的特点。也就是说，在外界能量作用下，如在电势差作用下，选择性透过部分离子。因此，当玻璃纸、鱼鳔以及蛋膜等半透膜应用于原电池时，在两种作用的协同下，能够选择性地进行离子交换，沟通内电路，从而使整个电路导通形成原电池，这些半透膜在电池中就起到了隔膜的作用。

通过实验，发现玻璃纸、鱼鳔、蛋膜等作为隔膜，既可以分隔溶液，增强离子传导能力，同时这些隔膜电池又比较安全环保、无毒、无污染，与现在使用的锂离子聚合物隔膜电池工作原理类似，可以很好地帮助学生理解并掌握隔膜电池。

（四）联系生活，学以致用

通过上述实验探究，同学们体会到了探索的乐趣，极大地激发了实验热情。随后同学们延续探索的热情，利用生活中常见的五角硬币（材质为钢芯镀铜）和锌片作为正负电极、硫酸锌和稀硫酸作为电解质溶液、玻璃纸作为隔膜，设计了一种隔膜电池，我们称为硬币电池，如图 9 所示。该硬币电池成功运行并产生电流，使连接的二极管发光，还能带动电子表。在课堂上，学生体会到了实验研究成功的喜悦。

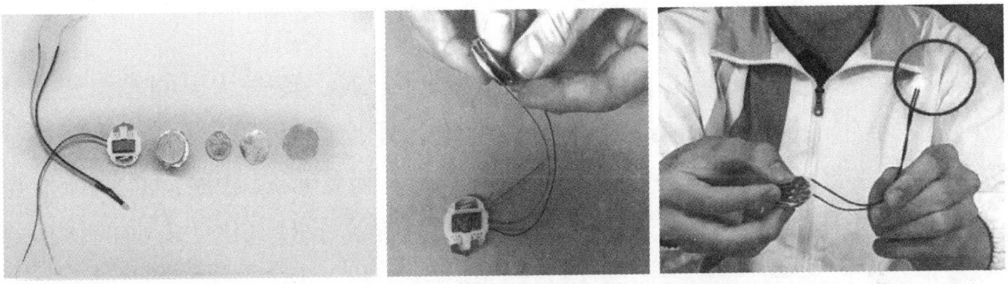

图 9　硬币电池点亮二极管、带动电子表

八、实验效果评价

（1）直观。

通过数字化实验，动态地解释了学生难以理解的单液原电池和双液原电池电压、电流、溶液温度的变化，改变了学生的认知观念和思维方式。让学生能从宏观现象与微观粒子的角度解释实验中的问题，引导学生发现带“盐桥”的原电池在结构的紧凑性和实用性方面也存在不足，进而升级为“离子交换膜”。在学生设计的一系列探究活动中，培养了学生的科学探究能力和创新意识，让学生的思维有了一个质的飞跃。

（2）严谨。

在这节课中，以实验事实设疑，又以实验事实释疑，每一个实验，每一个数据，都一一对应。在此过程中，培养学生严谨求实的科学态度。当学生用纸张代替盐桥做双液原电池的实验时，发现一段时间后，该电池与单液原电池的电流衰变规律很相似。于是，学生本着严谨求实的探究态度，打开纸张，观察到锌片表面有些许小黑点。为进一步确认该现象是否为随机发生的，学生进行了多次平行实验，结果相同。经过师生的热烈讨论，同学们明白了滤纸、餐巾纸等纸张虽然可以发挥盐桥离子交换的功能，但并没有发挥离子选择性的作用，阴阳离子均可顺浓度梯度通过隔膜进行扩散，最终使双液原电池逐渐转变为单液原电池，这也解释了其电流衰减及出现小黑点的原因。在此实验的基础上，学生终于理解了双液原电池的形式之一——隔膜电池的原理，代替盐桥功能的隔膜多为选择性离子交换膜的原因，如阳离子交换膜或阴离子交换膜。本节课改变了部分学生的学习方法和思维习惯，引导学生知道科学研究的过程。

（3）创新。

本次课利用输液器的滴斗自制实验装置，方便半透膜的固定和电极的插入，密封性好，组装便捷。输液器软管本身是透明的，便于观察实验现象，同时具有一定的形变空间，可以适应生成气体等情况时瓶内压强的变化。学生利用硬币自制的隔膜电池点亮了发光二极管，带动了电子表，极大激发了学习兴趣。

（4）转变。

本节课最大的亮点，就是改变了学生的思维方式，转变认识偏差，建立了证据意识，让学生能够基于证据提出合理的假设，建立观点、证据和结论三者之间的逻辑关系。学生通过一系列的探究实验，认识到要形成电池，必须得有电势差，电流、电压需稳定可控，电流及电容量大，提高了对电化学本质的认识。

基于电解原理的实验探究

河北省唐山市开滦第一中学　郭宁宁　郑秋辉　吴宝平

一、使用教材

苏教版高中《化学选修4　化学反应原理》专题一第二单元“电解池的工作原理及应用”。

二、实验器材

学生电源、方块电池、阳离子交换膜、培养皿、导线、铅笔芯、大头针、铁钉、NaCl溶液、$FeSO_4$溶液、H_2O_2、KSCN（硫氰化钾）溶液、稀硫酸、酚酞溶液、淀粉碘化钾试纸等。

三、实验创新要点

（1）电解装置操作简单，实验现象明显，实验器材方便易得。

（2）利用同一个实验的不同现象，引入放电顺序与活性电极。

（3）用铁作为阳极来电解饱和$FeSO_4$溶液，形成“铁树”，产生认知冲突，引起学生的探究欲望。

（4）电解饱和食盐水实验进行尾气处理时，将NaOH溶液注入海绵中，吸收效果优于直接注入电解液中。

（5）巧用输液器通气孔的特殊结构，产生更多的气泡。

四、实验设计思路

（1）学生随机选择电极材料，观察到不同的实验现象，阶梯式探究放电顺序，认识活性电极。

（2）电解不同浓度的$FeSO_4$溶液，利用对比实验深入探究溶液浓度对放电顺序的影响，并测得临界值。

（3）完善装置，介绍阳离子交换膜，培养学生的化学学科素养。

五、实验教学目标

（1）通过真实问题情境的设计，探究放电顺序，认识活性电极。

（2）通过探究实验、宏微结合、预测证明，建立电解模型，并能进行模型的迁移。

（3）培养学生“宏观辨识与微观探析”“证据推理与模型认知”“科学探究与创新意识”“科学态度与社会责任”的化学学科素养。

六、实验教学过程

（1）创设情境。

学生已经知道通过电解熔融 NaCl 可以得到金属钠，但此实验无法演示，于是选择电解 NaCl 溶液进行小组实验。

（2）实验先行。

实验装置如图 1 所示，实验用的电极材料采用铅笔芯和去掉了镀层的大头针，随机分配。由于实验中电极材料的随机性分配，学生操作时出现了 4 种不同的组装方式，导致同一个实验出现了两种不同的实验现象。情况 1（阴极和阳极均为铅笔芯）和情况 2（阴极为大头针，阳极为铅笔芯），两极均产生气体，且闻到刺激性气味（见图 2）；情况 3（阴极为铅笔芯，阳极为大头针）和情况 4（阴极和阳极均为大头针），阴极产生气体，阳极大头针逐渐被腐蚀，稍后溶液中产生大量灰绿色沉淀（见图 3）。

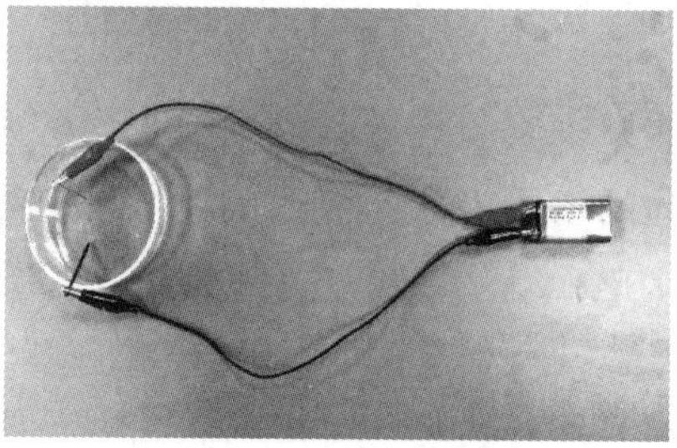

图 1 简易电解装置

图 2 阳极为铅笔芯

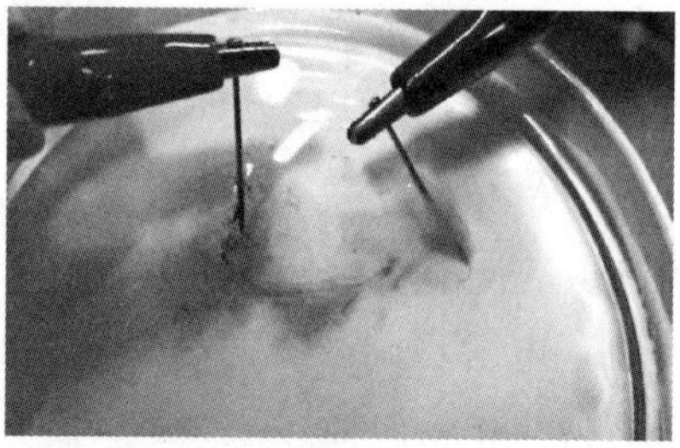

图 3 阳极为大头针

（3）探索原理：利用问题驱动，引导学生进行深度学习。

第一种实验现象：溶液中含有哪些离子？通电以后会如何变化？产物可能是什么？由于实验中闻到了刺激性气味，而且在阳极产生，学生认为一定有 Cl_2。由于阴极是阳离子放电，所以产生的气体应该是 H_2，而 H^+ 只能来自水，所以另一种产物就是 NaOH。由于此装置无法检验 H_2，所以选用酚酞检验溶液中碱性的变化，用湿润的淀粉碘化钾试纸检验 Cl_2。然后学生试着用符号来表示电极反应式。根据以上分析及已学过的电解 $CuCl_2$ 溶液的有关知识，学生推出溶液中的部分放电顺序。

第二种实验现象：溶液中出现了大量的灰绿色沉淀，说明实验过程中有 $Fe(OH)_2$ 产生。从中取少量溶液于试管中，加入 KSCN 溶液，无变化，再加入 H_2O_2，溶液变为红色。说明当阳极为大头针时，铁变为 Fe^{2+}。

（4）收获结论。

结合第一种实验现象的结论，以及其他大量的实验，最终得到溶液中的放电顺序。当阳极材料为活性电极时，电极材料优先于阴离子放电。

（5）再识新知。

用铁作为阳极来电解饱和 $FeSO_4$ 溶液会得到什么产物呢？学生很容易由放电顺序推出：阴极应该产生 H_2，阳极应该是活性电极放电。事实是如此吗？

刚开始，阳极铁钉无明显变化，阴极碳棒上出现大量气泡，这些都与预期一致（见图 4a）。但是很快发现，碳棒上逐渐附着了一层黑色固体。根据体系中存在的元素，学生推测可能是铁，7 min 后，长出了“铁树”（见图 4b）。为了验证黑色固体是否是铁，将电解后的阴极碳棒放入稀硫酸中，发现析出的黑色固体遇酸产生了大量气泡。反应一段时间后将其取出，碳棒上出现了一层银白色的金属（见图 4c）。又向反应后的溶液中加入 KSCN 溶液和 H_2O_2，溶液变为红色，说明阴极确实析出了铁。脱落的铁屑继续与酸反应，形成了一个个漂亮的“小喷泉”（见图 4d）。

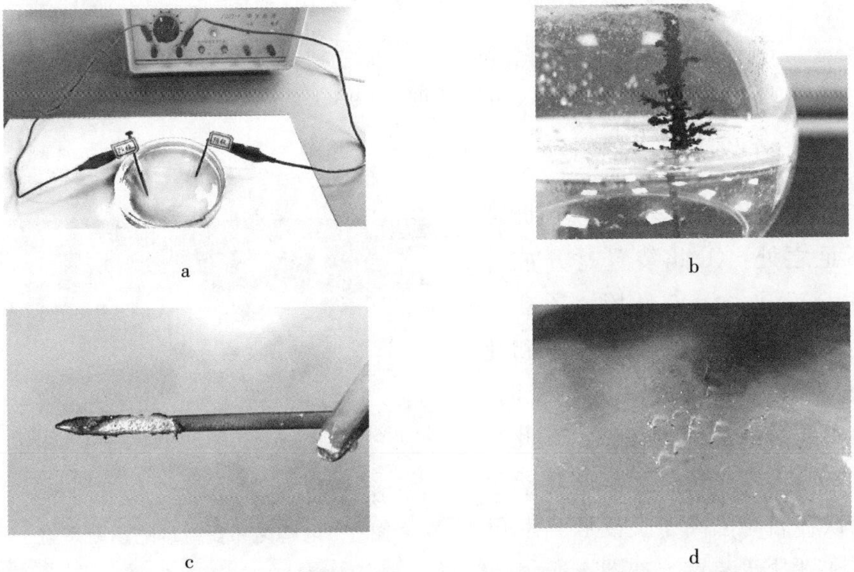

图 4　用铁作为阳极来电解饱和 $FeSO_4$ 溶液产生的实验现象

此时，实验现象与学生的认知发生了冲突。为了进一步探究，学生又做了以下对比实验。由于电解过程中 Fe^{2+} 易被氧化、溶液中 pH 不断变化等影响因素过于复杂，所以无法求得 Fe^{2+} 优先于 H^+ 放电的理论临界值。电解不同浓度的 $FeSO_4$ 溶液，如图 5 所示，阴极始终有气体产生，但将最后一组（0.0125 mol/L $FeSO_4$ 溶液）电解后的碳棒放入稀硫酸中，几乎没有气体产生。

这些现象说明，当 Fe^{2+} 浓度很低时，只有 H^+ 放电，符合放电顺序；当 Fe^{2+} 浓度逐渐增大，Fe^{2+} 也会放电，离子浓度也会影响放电顺序。实验为下节课的电镀知识做好了铺垫，同时拓展了学生的思维广度，使学生认识到科学是在不断完善中进步的，鼓励学生要勇于探索和创新，不要拘泥于所谓的规律。

图 5　电解不同浓度的 $FeSO_4$ 溶液

（6）完善装置。

在实验过程中，学生发现了此装置的不足之处：①此装置是开放体系，Cl_2 会逸出，污染环境，还会扩散到阴极，导致阴极附近的淀粉碘化钾试纸也变蓝；②电解时间稍长时，培养皿中的溶液都变成红色；③此装置不能检验 H_2。于是，教师向学生展示用饮料瓶与阳离子交换膜自制的电解饱和食盐水装置，如图 6 所示。

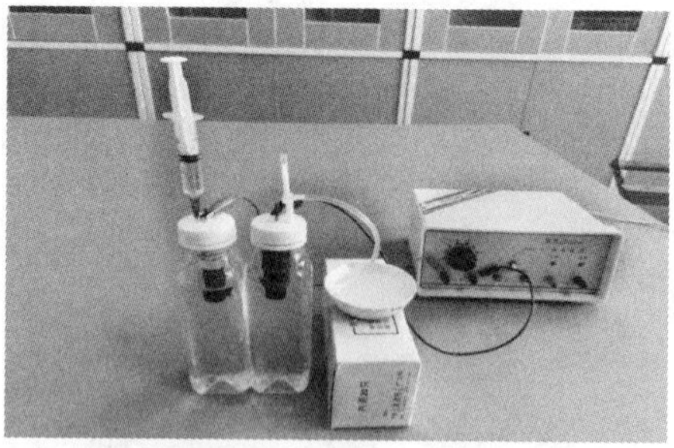

图 6　电解饱和食盐水的创新装置

两个塑料瓶均剪掉了一部分，中间粘贴阳离子交换膜，将其连接起来。教师在这里详细介绍阳离子交换膜的使用原理，为下节课讲氯碱工业做好铺垫。阴阳极均装有滴入酚酞的饱和食盐水，用作对比实验。阳极碳棒上缠有湿润的淀粉碘化钾试纸，用来检验 Cl_2；将装有 NaOH 溶液的注射器针头插入海绵中，用于实验结束时进行尾气处理。阴极采用输液管的穿刺器和通气管，将 H_2 导入泡泡水中，通气孔去掉过滤纸以后，吹泡效果极好。

可以看到，两极均产生大量气泡，阳极试纸很快变成深蓝色，证明产生了 Cl_2；阴极溶液变成红色，证明产生了 NaOH；泡泡水中冒出很多气泡，点燃有爆鸣声，证明产生了 H_2。关闭电源，将 NaOH 溶液挤入海绵中，吸收剩余的 Cl_2。晃动一下装置，发现阴极红色并不能蔓延到阳极。

此装置有以下优点：①可同时检验 3 种产物，实验现象明显，用时短，适合学生进行实验。②教师将从网上购买的阳离子交换膜引入课堂中，让学生真实感受到膜技术的先进性，拓展视野。③没有使用阳离子交换膜的学生分组实验，培养皿中溶液都变成红色；而此装置电解过程中，阴极变成红色，阳极是一直无色的，且阴、阳极的液面差一直存在，进一步向学生展示交换膜的“神奇”作用。④巧妙地将 NaOH 溶液储存在注射器中，实验结束时，将其注入海绵中，便于尾气处理，做到了 Cl_2 的零排放、零污染。⑤巧用输液器通气孔的特殊结构，产生更多的气泡。

七、实验教学评价

以电解 NaCl 溶液为载体，通过探究同一个实验的不同现象，利用问题驱动呈现给学生“宏微符”三重表征模型，培养了学生的“宏观辨识和微观探析”“证据推理与模型认知”的素养；在探究放电顺序时，培养了学生的“科学探究与创新意识”；在完善装置的过程中，培养了学生严谨求实的科学态度和保护环境的可持续发展意识。

本节课采用多维度实验教学引起学生的多次深度思考，遵循学生认知规律，培养了学生化学学科核心素养。

原电池实验的深入探索

——寻找“自制理想电池”的最优实验方案

佛山市顺德区李兆基中学　黎秀梅

一、教材分析

本节实验课在教材中没有直接呈现，而是以人教版高中《化学选修4　化学反应原理》第四章“电化学基础”中的第一节和第二节知识为基础，针对原电池应用而设计的实验改进探究课。本节实验课的内容要点在教材第四章的首页已指明——化学能与电能的相互转换必须通过一定的装置，装置设计的合理性，对于能量的转换效率至关重要。因此，非常有必要开展这节实验课。

尽管已经接触了很多次单液原电池和双液原电池，但学生并未真正从本质上理解为什么要引入双液原电池，学生的认识仅仅停留在增强电池稳定性方面，而不知道U形管盐桥双液原电池的电流很小，并不具有实际应用意义。第一节和第二节的内容均未介绍离子交换膜在电池中的作用，但是近三年的全国高考卷的电池装置中均涉及膜。所以，通过学习本节课创新的琼脂块原电池和膜电池，学生对原电池的实际应用有更深刻的认识，实现从理论到实际的转变过程。

高二学生已能辨识与分析简单原电池的构成要素和工作原理，具备一定的实验操作能力、观察分析和归纳总结能力。但是学生知识迁移能力薄弱，新情境下对陌生的电化学的工作原理难以理解，实验改进、实验设计、实践应用能力不足。因此，本节课非常注重对学生思维能力的培养。

二、实验器材

数字化探究实验仪器（采集器、温度传感器、电流传感器、微电流传感器、电压传感器）、自制小风扇、自制琼脂块、导线、滤纸、玻璃片、夹子、阴离子交换膜、阳离子交换膜、铜片、锌片、KCl固体、$CuSO_4$溶液、$ZnSO_4$溶液等。

三、实验创新要点

“原电池实验的深入探索”的实验教学旨在通过实验改进以及数字化实验技术的使用，让学生理解原电池发展的自然科学历程。本创新设计共有4组对照实验，即探究单液原电池、普通双液原电池、琼脂块双液原电池和离子交换膜电池，培养学生基于现象和数据的实验推理能力。

本实验的改进要点主要为：

（1）创新琼脂块双液原电池。采用温度传感器和电流传感器直观地让学生感受到琼脂块双液原电池的效能高于U形管盐桥原电池。

（2）创新膜电池。与滤纸相结合进行微型化实验改进，同时通过实验对比阳离子交换膜、阴离子交换膜、双离子交换膜的电流变化曲线，更深入地体会离子交换膜的作用。

四、实验设计思路

（1）问题提出。

根据课程标准以及深化教育改革的相关文件要求可知，需要学生会评价、懂设计、能应用，以此为指导思想对本节课进行设计，通过互动、启发、体验、合作探究式教学，运用现代技术，培养学生的实践能力、综合素质与创新思维。

（2）实验方法。

从定性与定量两个方面对实验效果进行实时评估。

定性：用原电池作为电源，观察小风扇的转动情况（快慢、持续性），进行初步分析。

定量：利用电流传感器、微电流传感器、电压传感器、温度传感器，对原电池的工作效率进行评估。

五、实验教学目标

（一）教学目标

（1）通过观察宏观实验现象和收集数据，将实验结果抽象化和理论化，分析微观电子、离子间的相互作用与运动方向，更加深刻地理解原电池的工作原理。

（2）通过数字化实验仪器，将微观发生的反应可视化，增强曲线表征的直观性，学会根据数据进行推理分析，体验实验数据处理和分析的一般过程。

（3）通过探究原电池如何提供稳定、持续电流的过程，了解科学探究的步骤和方法。在自主探究与交流互动中，培养求真务实、勇于探索的科学态度和科学思维方法。

（二）评价目标

（1）通过对原电池工作原理的微观本质进行讨论和点评，评价并发展学生对原电池本质的认识水平（物质水平、微粒水平）。

（2）利用数字化实验仪器对原电池性能水平进行探究，发展学生的数据分析能力以及实验探究设计水平（定性水平、定量水平）。

（3）通过对原电池装置的分析与创新改进，评价并发展学生对原电池原理的运用进阶和认识理论指导实践的水平（视角水平、学科价值视角）。

（三）教法学法

（1）学习重点：发现并分析原电池装置的不足，能根据原理对其进行创新改进。

（2）学习难点：利用数字化实验仪器进行数据分析，得到实验结果。

（3）教学策略：5E 学习环教学模式（参与—探索—解释—迁移—评价）。

（4）教学方法：创设真实任务情境，引导学生理解、学习知识。

六、实验教学内容

（1）对两类基本原电池（单液原电池、双液原电池）进行效能评估。

（2）探究原电池高效化的创新改进（琼脂块双液原电池）。

（3）探究原电池高效化与微型化的创新改进（膜电池）。

（4）原电池的实际应用研究（氢氧燃料电池）。

七、实验教学过程

（一）新课导入，任务驱动

实验任务：设计一个微型原电池带动小风扇工作，请通过小组合作完成电池实验方案以及评价方案的设计。

（二）实验探究，优化电池

（1）探究一：单液原电池的效能评估。

1）组装电池并定性观察小风扇的转动情况。

向 100 mL 小烧杯中加入适量 $CuSO_4$溶液，红导线一端连接铜片，另一端连接小风扇的红线；黑导线一端连接锌片，另一端连接小风扇的黑线；插入溶液中，注意不要短路，一位同学负责固定，观察小风扇的转动情况。

2）数字传感器测温度、电流变化。

采集器一端连接电脑，另一端连接电流传感器，设置好收集时间（5 min），点击页面上的“快速实验”。实验期间可以根据实际情况改变横、纵坐标的大小，便于观察数值；记录电流起始与结束值。

将电流传感器换成温度传感器，把探头插入锌片附近，注意不要接触到锌片，设置好收集时间（5 min），点击页面上的“开始”按钮进行实验。

（2）探究二：双液原电池的效能评估，单、双液原电池性能对比分析。

问题 1：原电池是一个什么装置？

问题 2：如何对单、双液原电池的性能进行评估？

问题 3：盐桥的作用是什么？盐桥是如何制作的？为什么双液原电池的电流会变小？

通过小组讨论和测电压，发现电流变小是因为内阻变大，据此寻找改进措施，实验操作如下。

1）组装电池并定性观察小风扇的转动情况。

取两个 50 mL 小烧杯，一个加入 $CuSO_4$溶液，另一个加入 $ZnSO_4$溶液。红导线一端连接铜片，另一端连接小风扇的红线；黑导线一端连接锌片，另一端连接小风扇的黑线。将铜片插入 $CuSO_4$溶液中，将锌片插入 $ZnSO_4$溶液中，插入盐桥，观察小风扇的转动情况。换成电流传感器，监测是否产生电流。

2）数字传感器测温度、电流变化。

采集器一端连接电脑，另一端用一根网线连接微电流传感器，另一根连接温度传感器，温度传感器探头放在锌片附近，同时监测电流与温度的变化，操作与单液原电池一样。

（3）探究三：原电池高效化的创新改进（琼脂块双液原电池）。

问题 4：改进后的电池电流大、效率高，但体积大、不方便携带，能否设计出高效化与微型化相结合的原电池？

1）组装电池并定性观察小风扇的转动情况。

同时往琼脂块的两端加入溶液，一端加入 $CuSO_4$溶液，另一端加入 $ZnSO_4$溶液。红导线一端连接铜片，另一端连接小风扇的红线；黑导线一端连接锌片，另一端连接小风扇的黑线。铜片插入 $CuSO_4$溶液中，锌片插入 $ZnSO_4$溶液中，观察小风扇的转动情况。琼脂块双液原电池如图 1 所示。

图 1　琼脂块双液原电池

2）数字传感器测温度、电流变化。

采集器一端连接电脑，另一端用一根网线连接电流传感器，另一根连接温度传感器，温度传感器探头放在锌片附近，同时监测电流与温度的变化。

（4）探究四：原电池高效化与微型化的创新改进（膜电池）。

1）制作膜电池，实验材料如图 2 所示。

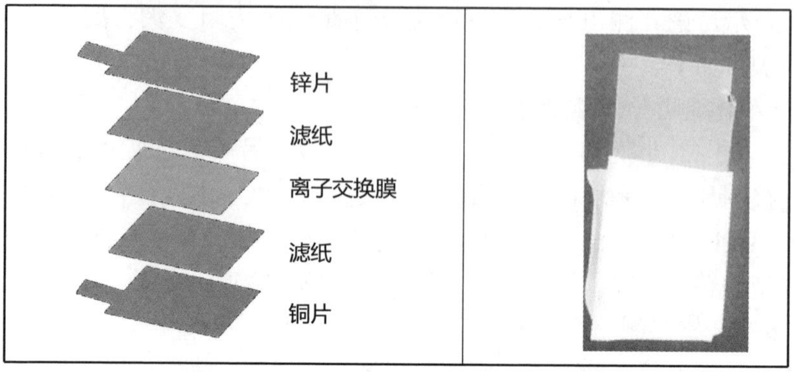

图 2　制作膜电池的实验材料

①单膜原电池操作：准备好两片玻璃片分开放在桌面上，一片上放铜片，另一片上放锌片（注意金属片要留出 1/3 在玻璃片外面，便于插导线）。准备两张滤纸，将滤纸折成细小的长方形，分别充分浸湿在 $CuSO_4$溶液和 $ZnSO_4$溶液中。浸有 $CuSO_4$溶液的滤纸放在铜片上面（不要超出玻璃片），浸有 $ZnSO_4$溶液的滤纸放在锌片上面，将阳离子交换膜或者阴离子交换膜放在滤纸上面。

②双膜原电池操作：准备好两片玻璃片分开放在桌面上，一片上放铜片，另一片上放锌片（注意金属片要留出 1/3 在玻璃片外面，便于插导线）。准备三张滤纸，将滤纸折成细小的长方形，分别充分浸湿在 $CuSO_4$溶液、$ZnSO_4$溶液和 KCl 溶液中。浸有 $CuSO_4$溶液的滤纸放在铜片上面（不要超出玻璃片），浸有 $ZnSO_4$溶液的滤纸放在锌片上面。将阳离子交换膜放在浸有 $CuSO_4$溶液的滤纸上面，阴离子交换膜放在浸有 $ZnSO_4$溶液的滤纸上面，离子交换膜中间放置浸有 KCl 溶液的滤纸。两块玻璃片叠在一起，用夹子夹好。

2）观察小风扇的转动情况。

红导线一端连接铜片，另一端连接小风扇的红线；黑导线一端连接锌片，另一端连接小风扇的黑线。观察小风扇的转动情况。

3）数字传感器测电流变化。

采集器一端连接电脑，另一端用一根网线连接电流传感器，测电流变化。

（5）探究五：原电池的实际应用研究。

展示“质子交换膜”在氢氧燃料电池中的应用。

（6）实验结果如表 1 所示。

表 1　实验结果

电池	电流（起始）	电流（5 min）	温度（起始）	温度（5 min）	药品用量	小风扇运转情况
单液原电池	160 mA	116 mA	31.0 ℃	33.1 ℃	约 10 mL	快 不稳定
双液原电池	10 μA	10 μA	28.1 ℃	29.9 ℃	约 20 mL	不转动
琼脂块双液原电池	420 mA	420 mA	25.9 ℃	25.8 ℃	约 20 mL	快，稳定
阳膜电池	71 mA	65 mA	—	—	约 1 mL	快，稳定
阴膜电池	76 mA	71 mA	—	—	约 1 mL	快，稳定
双膜电池	88 mA	82 mA	—	—	约 1 mL	快，稳定

（7）实验结论。

1）单液原电池电流大，但不稳定，能量转换率低。

2）双液原电池稳定，具有较高的能量转换率，但电流很微小。

3）改进后的琼脂块双液电池电流大、稳定、能量转化率高，但体积大，不方便携带。

4）膜电池具有电流大、稳定、能量转化率高、药品用量小等优点。因此，本实验的最优电池为膜电池。同时发现，相同品牌的不同膜的电池效能没有太大差别。

（三）实验拓展，课后研学

实验结束后，教师给出课后研学任务，如图 3 所示。

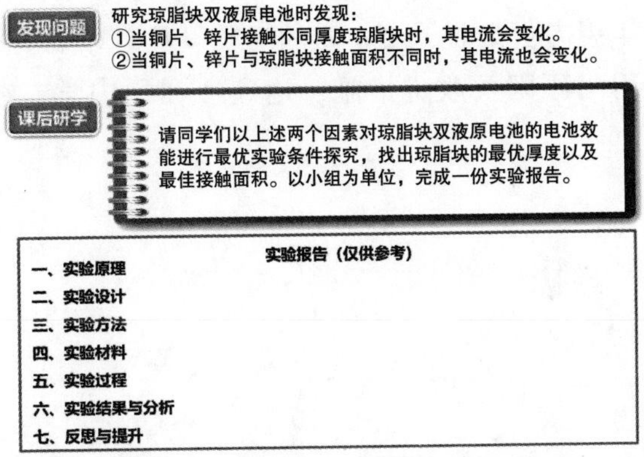

图 3　琼脂块电池的课后研学任务

八、实验效果评价

（一）实验创新点与亮点

（1）实验现象直观、可视。采用温度传感器和电流传感器直观地让学生感受到电流大小、变化以及能量的转化，化抽象为直观。

（2）学科融合，设计性能优异的电池。本实验设计融合了物理学科的电阻知识和生物实验材料的灵感，制备出琼脂块双液原电池和膜电池，其在电流、稳定性、能量转化率等方面表现优秀。

（3）实验过程真实，实验数据准确。对实验全过程利用 Camtasia Studio 8 录屏软件录制，保证实验过程和数据的真实性。同时，数据处理简单、准确、直观、便于分析；实验重现性好，可重复多次进行数据采集。

（4）探究过程外显化学核心素养。学生发现问题、设计实验、反思评价、不断修订、层层推进，完成探究活动，将学科素养外显。

（二）效果评价

（1）知识问题化。设计层层递进的问题，以问题引发学生思考，如“为什么要引入双液原电池”“为什么要将离子交换膜引入电池中”“如何逐步设计改进优化电池”，激发学生对所学内容的思考与质疑，提出新的实验设想，并进一步验证，从而发展学生的核心素养。

（2）问题活动化。本节课问题的解决主要以学生的探究实验为主，引导学生在活动中体验、在活动中感悟、在活动中求知。通过将课内、课外活动结合，逐步引导学生多角度思考问题，使学生在一种自然状态中获得知识。实验操作以及发现问题、解决问题的体验会给学生带来信心，他们会觉得自己也完全有能力为电池的发展做出自己的一份贡献，学习更加积极。

（3）活动能力化。本节课在活动过程中不断引导学生去探析微观过程中的离子移动，引导学生思考更微观、更本质的问题以及引导学生从物理中的电子导体电阻类推，逐步得出原因及改进措施，达到“在用中学，在学中用，学以致用”的效果。

燃料电池的实验探究

南京外国语学校　陈静

一、使用教材

人教版高中《化学选修 4　化学反应原理》第四章第二节“化学电源”的“燃料电池”。

二、实验器材

（1）氢氧燃料电池改进实验。

高中学生电源、活性炭颗粒、石墨电极（直径为 5 mm，长度为 10 cm）、250 mL三颈烧瓶、漏斗、纱布、导线、小风扇、Na_2SO_4溶液（浓度分别为 0.5 mol/L、1 mol/L、2 mol/L）、0.5 mol/L H_2SO_4溶液、0.5 mol/L KOH 溶液等。

用活性炭颗粒包埋碳棒电极后，用纱布包裹，制作活性炭颗粒包埋的碳棒电极。

（2）镁半燃料电池创新实验。

镁条、2B 铅笔芯、石墨电极（直径为 5 mm，长度为 10 cm）、砂纸、导线（带鳄鱼夹）、细铜线、环形磁铁、培养皿（直径为 9 cm）、果冻杯、音乐贺卡电路、圆形白纸、琼脂、饱和食盐水、30% H_2O_2溶液、4 mol/L H_2SO_4溶液、酚酞溶液。

利用琼脂制作含有饱和食盐水的凝胶状电解液模拟海水。

三、实验创新要点/改进要点

（一）氢氧燃料电池实验的改进要点

本方案中主要有三点改进：

（1）将活化处理的石墨电极改为用活性炭颗粒包埋的石墨电极，操作简单。电解产生的气体被储存在活性炭的小孔中，增大了电极周围氢气和氧气的浓度，从而能产生足够的电压来驱动用电器工作，且能维持较长时间。

（2）将烧杯改为三颈烧瓶和长玻璃管的组合装置。长玻璃管内液面有明显的升降，直观体现气体的生成和消耗。

（3）将发光二极管改为工作电压较小的小风扇。电解 30 s 能使小风扇快速转动，且能持续数分钟。

小改进带来大变化，这三个方面的小改进，大大地提高了实验的成功率。

（二）镁半燃料电池实验的创新要点

（1）模拟两种镁半燃料电池：取材生活化、装置微型化、现象趣味化。

（2）外显离子的移动方向：跨学科整合、微观变宏观、简便且易行。

四、实验设计思路

（一）氢氧燃料电池改进实验

氢氧燃料电池是一种具有广阔发展前景的化学电源，氢氧燃料电池中，氢气和氧气均为气体。氢氧燃料电池常见的实验方案：使用活化处理的石墨电极作为工作电极，先电解水产生氢气和氧气，再利用氢氧燃料电池给发光二极管供电，但二极管不易被点亮或亮灯时间较短。查阅文献发现：对于涉及气体的半反应，气体必须吸附在电极上才能参加反应。因此，实验成功的关键是寻找合适的电极材料来提高吸附气体的能力。改进的氢氧燃料电池实验装置如图 1 所示。

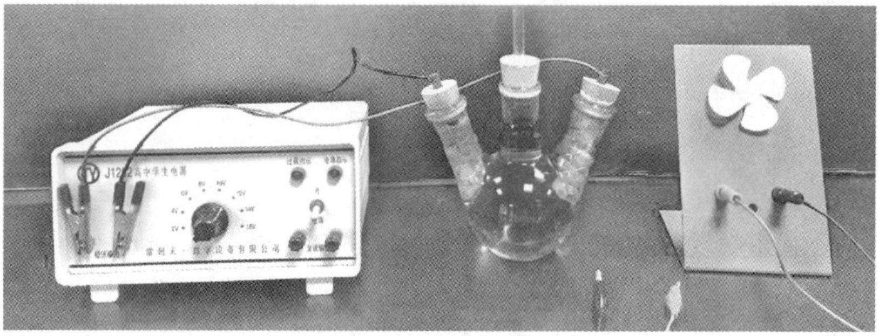

图 1　氢氧燃料电池实验改进装置图

（二）镁半燃料电池创新实验

（1）模拟两种镁半燃料电池，如图 2 所示。

图 2　模拟两种镁半燃料电池实验装置图

1）确定燃料和氧化剂：除氢气以外，金属也能作为燃料电池的燃料，氧气或过氧化氢均可作为氧化剂。

2）模拟电解质溶液（海水）：利用琼脂制作含有饱和食盐水的凝胶状电解液模拟海水作为电解质溶液。该电解液不易流失，还可用于固定电极。

3）设计电池装置：2B 铅笔芯、果冻杯等均是来源于生活中的物品，实验器材简便易得。如果在果冻杯上方覆膜，撕开即可用，便于携带。

4）选择音乐贺卡电路：两种镁半燃料电池的工作电压不同，因此接入音乐贺卡电路，产生的实验现象有显著差别，生动有趣，激发学生的学习兴趣。

（2）外显离子的移动方向，实验装置如图 3 所示。

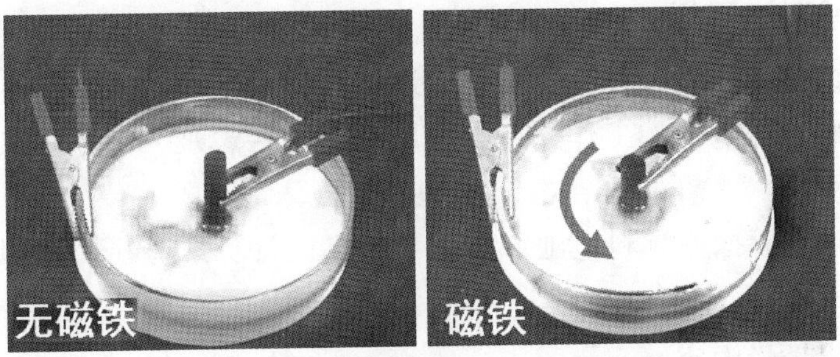

图 3　外显离子的移动方向实验装置图

镁–海水溶解氧半燃料电池的工作原理为：

负极：$Mg-2e^-=\!=\!=Mg^{2+}$；正极：$O_2+2H_2O+4e^-=\!=\!=4OH^-$。

该电池工作时，如何外显电解质溶液中 Mg^{2+} 和 OH^- 向正极还是向负极移动呢？

1）将微观粒子移动转化为宏观现象。

向溶液中滴入酚酞溶液，石墨电极附近溶液变为红色，说明有 OH^- 生成。但该现象并不能得到 OH^- 的移动方向，因为也可能是由于扩散导致的。

2）发展跨学科整合的思维方式。

学生已学习了运动电荷在磁场中会受到洛伦兹力这一物理规律。借助判断洛伦兹力方向的左手定则，伸开左手，使拇指与其余四个手指垂直，且都与手掌在同一个平面内；让磁感线从掌心穿过，拇指指向运动电荷在磁场中所受洛伦兹力的方向，这时其余四指的指向即为电流的方向。从而判断出阴、阳离子的运动方向。运动电荷在磁场中所受洛伦兹力的分析示意图如图 4 所示。

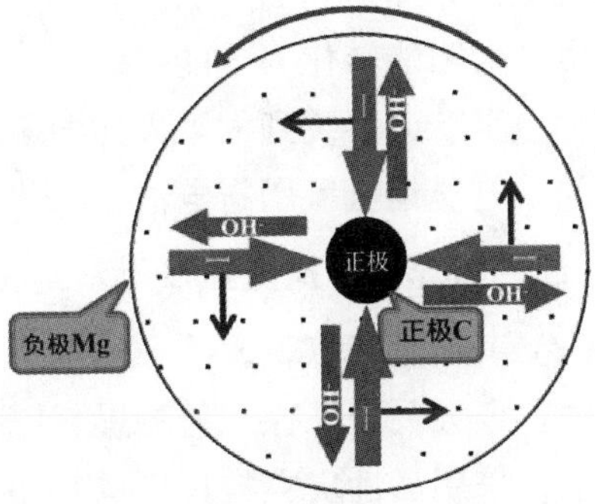

图 4　运动电荷在磁场中所受洛伦兹力的分析示意图

3）实验装置设计精巧，易于操作。

如图3所示，在培养皿中间固定一根石墨电极，沿边缘内壁放一个圆形镁电极。把培养皿放置在一块磁铁上，N极向上，培养皿下方垫一张白纸以便观察实验现象。向培养皿中加入饱和食盐水，并滴入几滴酚酞溶液，连接导线。观察到石墨电极附近溶液变红，颜色逐渐加深，红色溶液向外做逆时针旋转。

通过观察镁-海水溶解氧半燃料电池中正、负极附近溶液颜色的变化及溶液的旋转，肉眼不可见的微观粒子的移动能够直观地体现出来。

五、实验教学目标

（1）认识化学能与电能相互转化的实际意义及其重要应用。

（2）了解燃料电池的工作原理，能用“微观—宏观—符号”三重表征体现燃料电池的反应。

（3）通过实验探究燃料电池原理，学习基于证据来分析、推理并得出结论的方法。

六、实验教学内容

本节课首先探究教材中着重介绍的氢氧燃料电池，通过一个改进实验来探究其工作原理和应用。接下来，利用生活中的物品设计一个创新实验来模拟两种镁半燃料电池，探究了镁半燃料电池的工作原理和应用。再设计一个构思巧妙的创新实验，外显镁-海水溶解氧半燃料电池工作时溶液中离子的移动方向，有利于理解电化学的反应原理。

七、实验教学过程

（一）环节1：创设情境引入新课

师：无论是太空飞船、人造卫星还是空间实验室，都有一双像翅膀一样的太阳能帆板，你知道它的作用吗？

生：太阳能转化为电能。

师：当航天器绕到太阳光照射不到的阴影区时，电能从何而来呢？航天器中常用的蓄电池是氢氧燃料电池，可将氢气与氧气反应的化学能转化为电能。

（二）环节2：探究氢氧燃料电池

（1）教师演示实验。

师：今天我们来探究氢氧燃料电池。首先，电解水得到氢气和氧气。在12 V电压下，采用活性炭颗粒包埋碳棒电极作为工作电极，0.5 mol/L硫酸钠溶液为电解质溶液，电解30 s。我们观察到，电极表面有气体产生，长玻璃管内的液面逐渐上升，三颈烧瓶两端的液面下降。接下来，断开直流电源，接入连有小风扇的电路，观察到小风扇快速转动。小风扇为什么会转动起来？

生：有电流产生，驱动小风扇转动，电池工作产生了电能。

师：你能描述一下该电池的工作原理，并写出电极反应方程式吗？

生：电池工作时，可能是电解水产生氢气和氧气在电极上不断进行反应输出电能。氢气在负极失去电子成为氢离子进入电解质溶液；氧气和氢离子在正极得到电子生成水。

师：电池工作时，是否是氢气和氧气在放电？如何设计实验方案来证明？

（2）学生进行分组讨论。

生1：实验中，我们观察到三颈烧瓶的中间颈内的长玻璃管内液面明显下降，说明此时氢气和氧气被消耗，发生反应，化学能转化为电能。

生2：长玻璃管内液面的变化反映的是混合气体压力的变化，不足以说明是氢气和氧气在放电。如果氧气放电，可以利用氧气传感器来测定氧气含量的变化。如果氢气放电，溶液中氢离子浓度会发生变化，可以利用pH计测定。

师：刚才演示的这个实验是燃料电池常见实验方案的改进。在我们的实验方案中，不需要进行多次淬火这样的复杂操作来得到多孔碳棒电极；两极产生的气体分隔在三颈烧瓶的两端，易于观察到气体的生成和消耗；更为重要的是，通过改进工作电极，使燃料电池产生的电压增大，实验成功率极大提升。同学们想想看，还有什么可以改进的地方呢？

生：可以利用锂电池、家中的废旧物品（如废弃充电器）、USB数据线（连接带有USB输出端的设备，如笔记本电脑、充电宝等）来替代学生工作电源。

师：通过“电解水”和“氢氧燃料电池”两个实验，我们模拟了航天器能量储存系统中的能量转换过程，理解了燃料电池的工作原理。在这一过程中，电能和化学能之间实现了能量的转化。

（三）环节3：探究镁半燃料电池

（1）介绍镁-海水溶解氧半燃料电池。

教师讲述，除氢气以外，甲烷、乙醇等气体或液体均可以作为燃料电池的燃料。向学生提问，是否知道金属也能作为燃料电池的燃料？展示无人潜航器资料图片，说明其可以用镁-过氧化氢半燃料电池来驱动。

镁-海水溶解氧半燃料电池以金属镁为燃料，以海水中溶解的氧气为氧化剂，以海水作为电解质溶液。当电池工作时，金属镁失去电子被氧化，水中溶解的氧气得到电子被还原。化学能转化为电能。

（2）教师演示利用生活中的物品来模拟镁-海水溶解氧半燃料电池。

师：这是用砂纸打磨后的镁条、2B铅笔芯、砂纸、音乐贺卡电路；果冻杯内盛有利用琼脂制作的含有饱和食盐水的凝胶状电解液，用来模拟海水作为电解质溶液；还有过氧化氢溶液和硫酸溶液。将镁半燃料电池接入连有音乐贺卡的电路，可以听到音乐声响起。向 2B 铅笔芯附近加几滴 30% H_2O_2溶液和一滴 4 mol/L H_2SO_4溶液，转变为镁-过氧化氢半燃料电池。此时会发现，音乐贺卡的音乐声更响亮、更流畅，小灯珠也发出了明亮的红光。同学们知道镁-过氧化氢半燃料电池的工作原理吗？请分析镁-过氧化氢半燃料电池发生的电极反应。

生：负极为镁失去电子变成镁离子；正极为过氧化氢和氢离子得到电子生成水。

师：两种镁半燃料电池接入音乐贺卡电路后，实验现象并不相同，这是怎么回事呢？

（3）学生小组讨论后进行汇报。

生 1：我们小组查阅资料，计算出两种电池的理论电压，并实验测定二者的工作电压。镁-海水溶解氧半燃料电池的理论电压为 2. 773 V，实验测定其工作电压为 1. 80 V 左右。

生 2：镁-过氧化氢半燃料电池的理论电压为 4. 148 V，实验测定其工作电压为 2. 13 V 左右，工作电压增大，因此实验现象更为明显。

师：我们观察了实验现象，分析了镁半燃料电池的工作原理。镁半燃料电池中微观粒子的运动方向是怎样的呢？例如，镁-海水溶解氧半燃料电池中，镁离子向正极移动还是向负极移动呢？氢氧根离子呢？下面请一个小组的同学汇报他们设计的实验方案，展示如何将微观离子的运动轨迹显现出来。

（4）学生展示实验。

生：为了探究原电池中阴、阳离子的移动方向，小组设计了这样的实验方案：在培养皿中间固定一根石墨电极，沿边缘内壁放一个圆形镁电极。培养皿下方垫一张白纸以便观察实验现象。向培养皿中加入饱和食盐水，滴入几滴酚酞溶液，连接导线。观察到正极石墨电极附近溶液变红，颜色逐渐加深，范围不断扩大，这说明正极附近有氢氧根离子生成。但此现象不能说明“阴离子向负极移动”，因为红色范围扩大的现象也可能是由于扩散导致，也就是分子的无序运动。

为了使实验结论更加严谨、可靠，联想到运动电荷在磁场中会受到洛伦兹力这一物理规律，小组进一步改进了实验方案。把培养皿放置在一块磁铁上，N 极向上，然后重复刚才的操作。观察到的现象与第一次实验不同的是，红色溶液向外做逆时针旋转。借助判断洛伦兹力方向的左手定则，伸开左手，使拇指与其余四个手指垂直，且都与手掌在同一个平面内；让磁感线从掌心穿过，拇指指向运动电荷在磁场中所受洛伦兹力的方向，这时其余四指的指向就是电流的方向。也就是说，溶液中的阳离子（镁离子）由负极向正极运动；而溶液中的氢氧根离子则相反，其由正极向负极运动。

师：当我们从化学的视角无法解决问题的时候，此时可以结合其他学科的知识。这个小组的同学利用了物理规律，运用了学科融合的思维方式来解决问题，体现了学生科学素养的提升。

（四）环节4：学以致用，拓展认识

燃料电池不仅能在国防、科技等领域大显身手，在其他领域也发挥着重要作用。通过本节课的学习，学生了解到燃料电池能量转化率高、低排放、无污染，是潜力巨大的“绿色”发电站，具有广阔的发展前景。同时也认识到，化学是一门以实验为基础的学科，要在探究中发挥实验的重要作用。

八、实验效果评价

（1）原理循证：实验的改进或创新使证据更明显，通过证据推理，帮助学生理解燃料电池的工作原理，构建核心概念。

（2）创意应用：系列化的改进和创新实验具有实用性，可应用于项目式学习或探究学习等活动，融合多学科知识，提高学生的科学素养。

在教学过程中，教师不断尝试开展“素养为本”的实验教学，运用化学实验等方法进行实验探究，激发学生学习化学的兴趣，促进学生学习方式的转变，培养学生的创新精神和实践能力。以发展学生的科学素养为主旨，帮助学生形成实事求是的科学精神、严谨求实的科学态度，学会用科学的方法观察事物和认识事物。

模拟工业化电镀锌的实验探究

辽宁省辽阳县第一高级中学　魏羽岑

一、使用教材

本实验选自2019年人教版高中《化学选择性必修1　化学反应原理》第四章实验活动四“简单的电镀实验”。

二、实验器材

（1）学生探究实验。

电镀液：1 mol/L $ZnCl_2$溶液、0.5 mol/L $ZnCl_2$溶液、0.1 mol/L $ZnCl_2$溶液、KCl固体、30 g/L硼酸溶液。

电极：铜片、锌片。

其他：烧杯、导线、学生直流电源。

（2）原理教学实验。

电镀液：15 g $ZnCl_2$固体、50 g KCl固体、7.5 g硼酸固体。

电极：锌板、石墨板、铜片。

其他：赫尔槽、导线、学生直流电源。

（3）应用创新实验。

电极：铜片、锌片、树叶。

电镀液1：硫酸铜、稀硫酸、乙醇。

电镀液2：氯化锌、氯化钾、硼酸。

其他：石墨导电漆、烧杯、导线、学生直流电源。

三、实验创新要点

（一）改变电极

教材中的实验方法如图1所示，以硫酸铜溶液为电镀液，待镀铁制品为阴极，铜片为阳极。该实验不仅难以看到均匀、光滑的电镀层，而且学生也会有疑问：铁在常温下可以从硫酸铜溶液中置换出铜，不一定是电镀的作用，因此“铁制品镀铜”难以使学生信服。在实际操作中，为了增强说服力，教师将实验改为在铜片上电镀锌。在实际生产中，电镀锌也有着广泛的应用，其优势如下：

（1）抗腐蚀性好，电镀层细致、均匀。

（2）可钝化成多种颜色，具有装饰性。

(3) 延展性好，电镀层不易掉落。

因此结合生产实际，设计如图 2 所示的装置图。

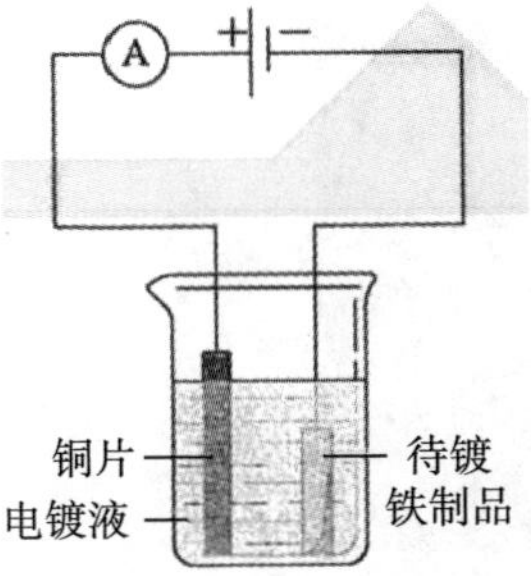

图 1　教材中的电镀装置

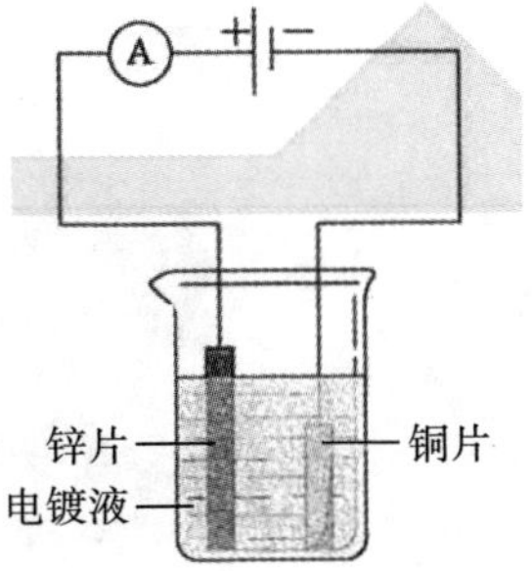

图 2　改进后的电镀装置

(二)“特殊”的电镀装置

利用赫尔槽进行原理实验演示（见图 3）。赫尔槽是一种小型电镀试验槽，可以在短时间内确定能够获得外观合格的镀层的电流密度及其他工艺条件，如温度、pH 等。赫尔槽可用于研究电镀溶液中主要组分和添加剂的相互影响，帮助分析电镀溶液产生故障的原因。赫尔槽在电镀实验研究和现场生产质量控制方面得到了广泛应用。

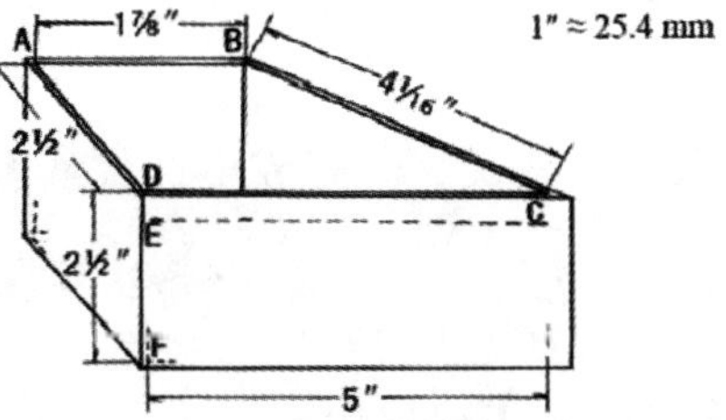

图 3　赫尔槽示意图

(三) 转换电极实验

教学演示实验让学生更直观地感受电镀过程中电子的移动方向。

第一次实验：锌板做阳极，石墨板做阴极。

第二次实验：在第一次实验中镀上锌层的石墨板做阳极，铜板做阴极。

在第一次实验中，肉眼难以明显观察到锌板被溶解的过程，因此设计了简单易行的转换电极实验。学生看到第二次实验中的阳极石墨板刚刚镀上的一层锌再次溶解，露出了底部的石墨板，实验效果更明显，直观地反映出当用活性电极发生电解时，活性电极本身会被腐蚀失去电子。

（四）创意实验

在树叶上进行电镀（见图4），激发学生的探索热情。

图4 电镀树叶效果

四、实验教学目标

（1）能依据电解原理预测并写出对应的电板反应式，并利用教师提供的试剂、仪器设计相关实验。

（2）可以从实验现象推理出电镀过程，由点及面进行学习；学会从化学视角发现问题、解决问题，培养科学探究素养。

（3）通过课题生成和探究过程，培养将化学知识应用于生产、生活实践的意识，发展科学态度和社会责任素养。

五、实验设计思路

（1）学生小组合作设计电镀装置，完成电镀锌实验。发现问题后，师生合作进行改进。

（2）利用赫尔槽进行教学实验演示。

（3）创新实践：电镀树叶，学以致用。

（4）实验室废水处理：提升环保意识。

六、实验教学过程

电镀锌实验教学过程具体呈现如下。

（一）情境引入：感知电镀原理

从原理出发，讲述电解池在工业生产中的用途，引出电镀的应用，学习电镀的原理。

（1）学生活动：复习电解池的阴、阳极反应类型，书写符合本节实验课原理的电极反应式：

阳极：$Zn-2e^{-}=\!=\!=Zn^{2+}$；

阴极：$Zn^{2+}+2e^{-}=\!=\!=Zn$。

（2）学生设计实验：根据教师提供的试剂及仪器，选择合适的药品设计实验方案，小组合作完成应用广泛的电镀锌实验。

（3）学生活动：大部分同学连接出简单装置，进行实验后发现实验效果并不理想，发现了以下 4 个方面的问题：

1）观察不到明显镀层，镀层无金属光泽且发黑；

2）电镀液的成分及含量不同时，电镀效果不同；

3）两个电极没有平行放置时，靠近阳极的阴极片一端出现镀层过厚的“长毛”现象；

4）部分同学尝试加入盐酸后，阴极片上产生气泡，使镀层内部疏松，易脱落。

学生发现问题后又提出了两个问题：①工业生产中，如何使锌层光亮平整？②在实验过程中，锌电极看不到明显的溶解现象，如何证明电极参加了反应？

（4）提出问题，师生分析实验现象。

针对上述学生发现的前两个问题，可以得到的结论是：仅仅用 $ZnCl_2$ 溶液做电解液，在工业生产中得不到良好、致密的镀层。通过共同查阅资料发现，在化工生产中，电镀液中往往要加入如表 1 中所示的几种成分。针对学生发现的第 3 个问题，得出结论：电极的间距可以影响镀层厚度。针对第 4 个问题，得出结论：溶液的酸碱度可以影响镀层现象。

表 1　电镀液中添加的成分列表

成分		用途
主盐		能在阴极上沉积出所要求的镀层金属
导电盐		提高溶液的电导率
缓冲剂		调节和控制溶液酸碱度
添加剂	润湿剂	降低金属和溶液间的界面张力
	整平剂	改变金属表面的微观平整性
	应力消除剂	降低镀层的内应力，提高镀层的韧性
	光亮剂	增加镀层的光亮度，省去抛光的工序

综上所述，电镀液的组分和浓度、溶液的酸碱度、电极的间距、温度、是否搅拌等均会影响镀层效果。

（5）选择 3 种因素进行小组探究，每组选择一个实验方案进行探究。

1）电镀液的组成。

尝试在电镀液中分 3 次加入固体 KCl，改变其组成，每次加 10 g。

实验现象：随着 KCl 的加入，镀层稍显光亮。

实验结论：在 $ZnCl_2$ 溶液中加入固体 KCl 后，主要发生的离子反应是：

$$Zn^{2+}+2Cl^{-}+2H_2O \rightleftharpoons [ZnCl_2(OH)_2]^{2-}+2H^{+}$$

该平衡实际上可以看作是水解，以及 Zn^{2+} 形成配合物的过程，加入 KCl 可使 Zn^{2+} 浓度降低，得到更好的镀层。

2）$ZnCl_2$ 溶液的浓度。

分别选择浓度为 1 mol/L、0.5 mol/L、0.1 mol/L 的 $ZnCl_2$ 溶液进行电镀。

实验现象：控制其他量不变的情况下，溶液浓度越大，电镀速率越高，但 1 mol/L $ZnCl_2$ 溶液镀层颗粒较粗，质量不高。因此，选择 0.5 mol/L $ZnCl_2$ 溶液效果更好。

实验结论：其他条件不变的情况下，电镀液的浓度增大，阴极极化受阻，镀层结晶变粗。

3）溶液的酸碱度。

使用浓度为 0.5 mol/L 的 $ZnCl_2$ 溶液电镀，加入盐酸调节溶液的酸碱度，分别控制 pH 为 2、5、9 时进行实验。

实验现象：pH 为 2 时，阴极产生气泡；pH 为 5 时，镀层现象良好；pH 为 9 时，溶液显碱性，产生较多 $Zn(OH)_2$ 沉淀，干扰镀层现象。

经第二组同学再次细化，又经多次实验，发现 pH 介于 5~6 之间时，镀层效果最好。

实验结论：当溶液呈现明显酸性时，在铜表面会产生气泡，影响电镀质量。通过查询电极电位可知，相同浓度 H^{+} 的氧化性比 Zn^{2+} 的氧化性强，得出结论：气泡是溶液中 H^{+} 放电产生的氢气。

4）其他因素：电极的间距、温度、是否搅拌也可以影响镀层效果，留给学生自行探究。

最后将实验现象汇总，利用正交设计助手求得最合适的电镀锌条件是：0.5 mol/L $ZnCl_2$ 溶液，加入 30 g 固体 KCl，pH 为 5 左右。

（二）教师进行改良，演示教学实验

根据正交设计助手求得的结果，选用最佳条件，由教师操作演示。

（1）优化电镀液的配方：先向烧杯中加入 15 g $ZnCl_2$、50 g KCl、7.5 g 硼酸，搅拌使之溶解，调节溶液的 pH 为 5~6，再加入蒸馏水配制成 250 mL 溶液。

（2）互换电极的电镀操作：赫尔槽中加入电镀液，用锌片做阳极，石墨板做阴极，用 3 V 直流电源电镀 5 min，观察现象。石墨板明显镀上一层银白色的锌。接下来用镀上锌层的石墨板做阳极，铜片做阴极，电镀至锌层溶解。发现石墨板上锌层迅速溶解，铜板上镀上一层光亮的锌。

(3) 实验效果：石墨板镀锌效果良好，在调换电极后，更是可以明显看到做阳极的石墨板上锌层逐渐溶解。

(三) 应用实践：电镀树叶，永久保存

同学们在实践中提出，可以利用电镀原理把自己喜欢的工艺品重新装饰。受此启发，师生决定尝试用树叶做电镀工艺品。

(1) 首先要解决树叶不导电的问题，经多次尝试后，选择用石墨导电漆喷涂的方式使其形成一层导电“衬衣”。

(2) 利用镀铜装置给树叶镀上一层铜“外衣”。

(3) 尝试将镀铜和镀锌电解池串联。

(四) 废水处理

选择工业中的混凝沉淀法对废水进行处理。

七、实验效果评价

(1) 学生自行探究，将所学应用于实践，帮助理解电解原理。

(2) 所用仪器和试剂简单、易得。

(3) 改良实验效果更明显。

(4) 从课堂到装饰品的应用，激发学生的探究热情。

(5) 培养学生的环保意识。

氢气与氯气光照爆炸的实验改进与应用

天津市静海区第四中学　康泽伟
天津市中小学教育教学研究室　刘红梅
天津市静海区教育教学研究室　刘洪水

一、使用教材

人教版高中《化学必修 1》第二章第二节“氯及其化合物”。

二、实验器材

饮料瓶、透明气球、胶塞、15 W 紫外线手电筒、分液漏斗、锥形瓶、集气瓶、三颈烧瓶、四颈烧瓶、高锰酸钾、盐酸、锌粒、镁条、压强传感器、温度传感器、数据采集器、平板电脑等。

改进后的实验装置如图 1 所示，数字化实验装置如图 2 所示。

图 1　实验改进装置

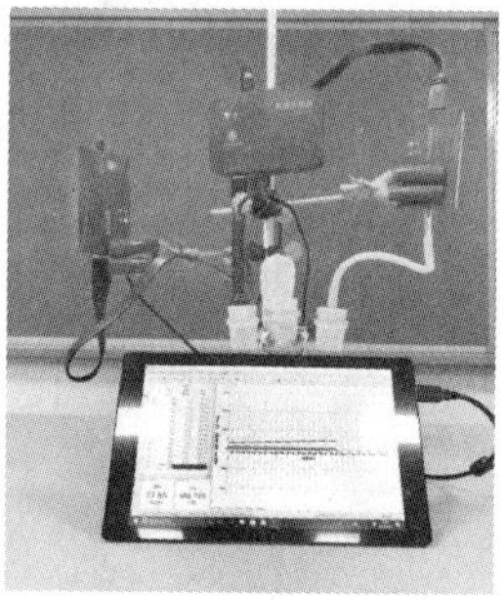

图 2　数字化实验装置

三、实验创新要点/改进要点

（1）改进收集方法：利用带刻度的注射器先后收集氢气和氯气，如图 3 所示。实现定量、密闭、自动收集的目的，收集的气体方便转移。

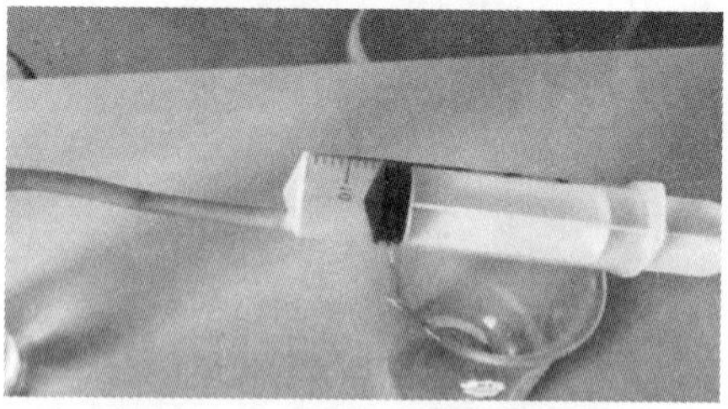

图 3　氯气和氢气收集装置

（2）改进实验反应装置：用透光性好的气球作为反应场所，密闭效果好，气球大小可变，爆炸程度可控，如图 4 所示。实验时，利用注射器向气球内注入等量的氢气和氯气，操作简单，成功率高。

（3）改进有毒、有害气体的处理方式：瓶口套一个大气球，起到缓冲和密封作用，如图 5 所示。瓶内滴有酚酞的氢氧化钠溶液能将残留的氯气和生成的氯化氢气体吸收，溶液的红色迅速褪去，既增强了视觉效果，又进行了尾气处理。

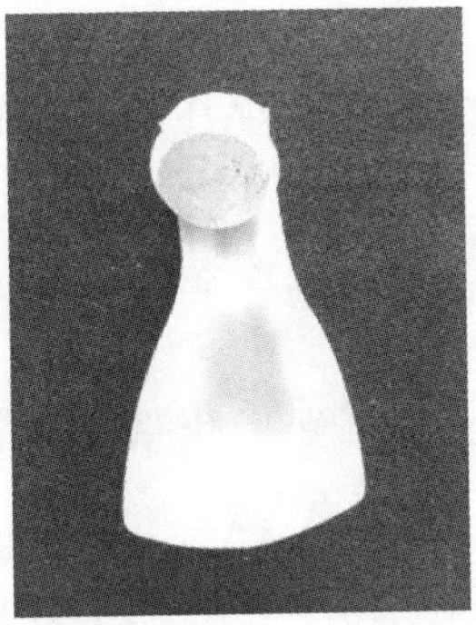

图 4　自制反应装置（带胶塞的气球）

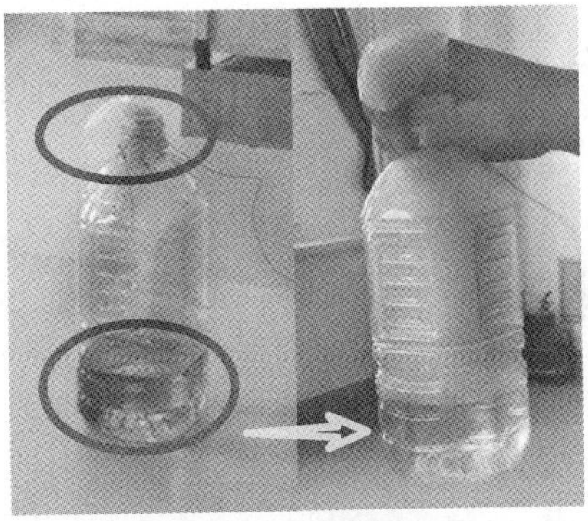

图 5　缓冲及尾气吸收

（4）改进引发反应的方法：利用紫外线手电筒发出的紫外光代替镁条燃烧的光源引发反应，光源稳定，反应可控，如图 6 所示。

（5）数字化实验探寻本质：使用传感器技术揭示现象背后的化学反应本质，洞悉氯气和氢气光照爆炸的反应机理以及爆炸现象的原理。

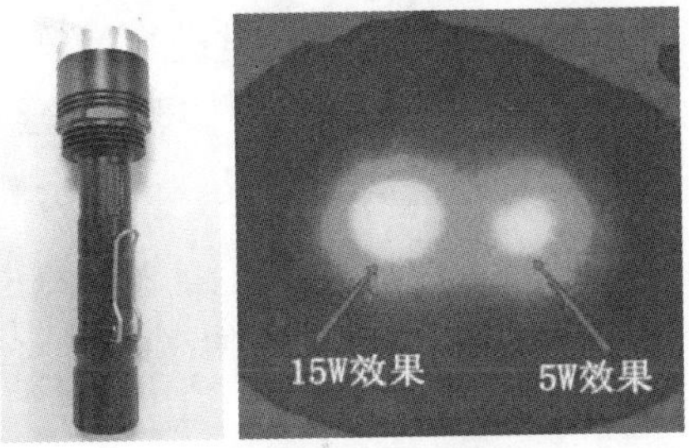

图 6　紫外光光源

四、实验原理/实验设计思路

（一）改进传统实验

（1）将注射器中的混合气体（氢气与氯气以2：3的比例混合）充入透明乳胶气球中。

（2）用棉线扎紧气球口，悬挂于装有加了酚酞的氢氧化钠溶液的塑料瓶中，在瓶口再套一个大气球，形成密闭体系，起到缓冲的作用。

（3）打开紫外线手电筒，对准气球照射。

（4）爆炸后产生白雾，振荡塑料瓶，混有酚酞的氢氧化钠溶液因吸收氯气和氯化氢发生褪色。

（二）数字化探究实验

将压强传感器、温度传感器连接在四口瓶上，在其中一个接口套上气球用于缓冲，从注气口注入少量氯气和氢气，使用紫外光触发爆炸，采集温度和压强数据。

五、实验教学目标

通过实验培养学生多方面的化学核心素养。

（1）科学探究与创新意识：能够根据旧版教材中实验存在的危险以及污染问题提出改进实验的具体方法。

（2）科学态度与社会责任：改进光源，设计封闭式实验装置并增加尾气处理装置，安全、环保、无污染。

（3）变化观念与平衡思想：深入思考爆炸的原因，知道化学变化过程中同时伴随着能量的变化，认识化学反应的速率和限度。

（4）宏观辨识与微观探析：能够根据实验现象和数字化实验图像，思考氯气与氢气反应的本质原因。

六、实验教学内容

（1）通过对比4版教材进行情境设问，提出为什么新版教材删除此实验的问题，引导学生自主改进教材实验，分组、分任务完成实验。

（2）汇总各组实验结果，讲授分析，交流讨论。

（3）问题驱动，开展下一步实验探究。

（4）利用数字化实验深入探究氯气与氢气光照爆炸的反应机理及爆炸的原理。

七、实验教学过程

（1）新课导入：进行教材回顾，探寻教材发展过程中此实验的设置情况。

（2）实验回顾：按照旧版教材中的实验步骤进行实验，观察实验现象。根据实验现象发现实验中存在的问题，学生分组讨论如何从反应容器、触发条件、安全环保几个方面对实验进行改进。

（3）实验改进：将学生分为12组，以3组为单位分别讨论反应容器、光源、气密性、绿色环保4个问题，基于讨论结果，启发学生画出改进实验装置图或说出改进想法，最后组织学生总结实验改进方案，每组按照最终方案进行实验。

（4）深入思考：启发学生思考氯气与氢气光照爆炸的机理是什么？爆炸的原理是什么？让学生带着问题观看数字化演示实验，引导学生根据温度曲线和压强曲线探析爆炸过程和反应机理。

数字化实验装置使用四口烧瓶连接压强传感器、温度传感器以及气球（用于缓冲爆炸），剩余一个口为注气口。连接好实验仪器后，从注气口注入少量氯气和氢气，使用紫外光触发爆炸，采集温度和压强数据。

根据温度传感器和压强传感器采集的数据绘制出的时间—压强—温度曲线如图 7 所示。数据采集时间间隔为 0.5 s。前半段，紫外光照射时温度升高，压强略有变化；紫外光持续照射 4.5 s 左右时发生爆炸，压强和温度均在此刻瞬间升高。由于加入的氯气和氢气的量比较少，因此仅发生了轻爆。爆炸后压强迅速回落，温度缓慢下降。这里有两个问题值得思考，紫外光照射一段时间后爆炸的原因是什么？发生爆炸的机理是什么？

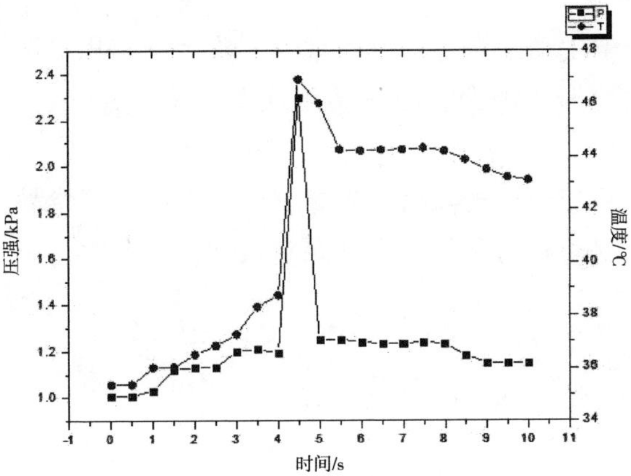

图 7　爆炸的时间—压强—温度曲线

Cl_2—hV→2 · Cl　①

· Cl+H_2→HCl+ · H　②

· H+Cl_2→HCl+ · Cl　③

· H+ · H→H_2　④

· Cl+ · Cl→Cl_2　⑤

· H+ · Cl→HCl　⑥

由于 Cl-Cl 的键能较小，起初光照的能量主要用于 Cl-Cl 的断键，即发生反应①，而后反应②和③所释放的能量进一步促进了 Cl_2的解离，循环往复。但其中没有一个反应使自由基数量减少（反应初期自由基浓度低，互相碰撞的可能性很小)，导致反应分子迅速转化为大量自由基，生成 HCl，同时释放能量。当反应体系中的自由基浓度达到一定水平时，自由基的合并过程变得明显，继而发生了④⑤⑥三个反应。这些高能的自由基合并成低能的稳定分子会更急剧地放热，反应体系的散热远远跟不上反应中的急剧放热，导致体系的温度和压强急剧升高而发生爆炸。

八、实验效果评价

（一）改进效果

改进后，气体的收集、转移以及反应过程都在密闭装置中进行，防止了气体尤其是氯气的泄漏。气球大小可变，爆炸程度可控，安全系数高。紫外线手电筒引发实验，光源稳定，简单、易控。实验现象明显，实验成功率非常高。

（二）教学反思

（1）充分调动学生动手做实验以及观察实验现象的积极性；

（2）将多种实验形式融合，改进传统实验，引发思考，利用数字化实验探析实验本质；

（3）深入思考并挖掘氢气与氯气光爆反应的本质使课堂教学层层深入；

（4）使用任务驱动和问题驱动设计课堂教学，发散学生思维。

过氧化钠与水反应的异常现象及反应历程探究

石家庄市第一中学　胡策策　焦利燕　王嘉

一、使用教材

（1）使用教材：本节课是人教版高中《化学必修 1》第三章的实验探究课。

（2）教材分析：教材内容主要包括过氧化钠的性质与应用，设置了过氧化钠与水反应的实验，其作为金属化合物部分的第一个实验，具有重要的实验教学意义，对以后金属化合物性质的探究起到了引领作用。

（3）学情分析：学生先后学习了化学实验基本方法、氧化还原反应、过氧化钠的性质，具备了一定的实验设计和动手操作能力。但科学探究方面仍存在不足：①对科学探究的一般步骤并没有完整的认识；②对科学探究中的微观反应历程从未关注过。

二、实验器材

本节实验课所用实验器材如表 1 及图 1 所示。

表 1　实验器材

常规实验仪器	试管、胶头滴管、三颈烧瓶、分液漏斗、酒精灯、药匙、集热式恒温磁力搅拌器
数字化实验仪器	温度传感器、数据采集器、电脑
实验材料	过氧化钠、蒸馏水、酚酞试液、氢氧化钠溶液（15%）、盐酸（0.1 mol/L、1 mol/L）、木条等

图 1　实验器材

三、实验创新要点

根据高中化学课程标准的要求，结合本节课的内容，设置了两个科学探究：

①褪色异常现象探究；②初始大量气泡探究。

其实验创新点为：

（1）两个科学探究问题均来自于真实教学过程中的“异常现象”，在探究过程中突出科学探究的重要性，帮助学生构建科学探究的思维模型。

（2）利用常规试管实验探究问题，锻炼学生的逻辑思维。常规试管实验无法满足实验需求时，引入数字化实验设备，将实验由定性分析转为定量分析，宏观现象与微观数据相结合，精准探究实验问题。

（3）利用数字化实验设备，探析微观反应历程，认识 Na_2O_2 与 H_2O 反应的原理。

四、实验原理

$2Na_2O_2+2H_2O = 4NaOH+O_2\uparrow$

① $Na_2O_2+2H_2O = H_2O_2+2NaOH$

② $2H_2O_2 = 2H_2O+O_2\uparrow$

五、实验教学目标

（一）教学目标

（1）通过对 Na_2O_2 与 H_2O 反应异常现象的发现，引导学生探析微观反应历程。

（2）通过对 Na_2O_2 与 H_2O 反应的探究及异常现象的论证，熟悉科学探究的一般步骤，培养学生的证据意识。

（3）在解释 Na_2O_2 与 H_2O 反应异常现象的过程中，建立认知模型，揭示现象的本质和规律。

（二）评价目标

（1）通过对 Na_2O_2 与 H_2O 反应的探究实验方案的交流与点评，诊断并发展学生实验探究的水平（定性、定量）。

（2）通过对 Na_2O_2 与 H_2O 反应的判断和分析，诊断并发展学生对氧化还原反应本质和化学能量变化的认识水平。

六、实验教学过程

（一）褪色异常现象探究

（1）发现问题。

在探究过氧化钠性质的教学中，学生利用带火星的木条验证了过氧化钠与水反应的产物中有 O_2；在验证另一个产物 NaOH 时，向反应后的溶液中滴加酚酞，溶液变红，可证明有 NaOH 生成。但同时出现了一个异常现象：溶液变红后又立刻褪色（见图 2）。

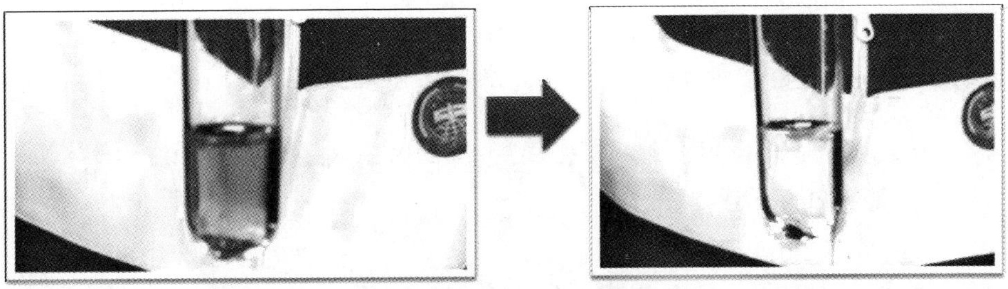

图 2　溶液变红后又褪色

这一异常现象引发了学生们强烈的探究欲望，为何向 Na_2O_2 与 H_2O 反应后的溶液中滴加酚酞后先变红后褪色？以此作为探究问题，与学生共同进行科学探究。

（2）提出猜想。

学生小组讨论，认为是实验产物或中间产物使溶液褪色，提出了 3 种猜想：①实验产生了 O_2；②实验产生了 NaOH；③实验产生了 H_2O_2（见图 3）。

实验问题	为何向 Na_2O_2 与 H_2O 反应后溶液中滴加酚酞先变红后褪色？
实验猜想	① 生成的 O_2 可能使溶液褪色
	② 生成的 NaOH 可能使溶液褪色
	③ 可能生成中间产物 H_2O_2，使溶液褪色
	……

图 3　学生对于褪色问题的猜想

（3）设计方案。

1）针对猜想①，学生设计实验方案（见图 4），向滴加酚酞的 NaOH 溶液中通入 O_2，持续通入一段时间后，溶液未褪色，因此猜想①不成立。

实验目的	验证猜想①：生成的 O_2 可能使溶液褪色
实验方案（步骤）	1. 取少量 NaOH 溶液（pH=10）于试管中； 2. 滴加 3 滴酚酞溶液，溶液变红； 3. 将 H_2O_2（加入 MnO_2）分解产生的 O_2 通入 2 中溶液，观察溶液是否褪色。

图 4　学生针对猜想①设计的实验方案

2）针对猜想②，学生之前只知道 NaOH 溶液可使酚酞变红，但进一步查阅资料可知，浓 NaOH 溶液可以使酚酞溶液褪色。教师将此信息以资料卡片的形式展示给学生。学生设计实验方案（见图 5），向浓 NaOH 溶液中滴加酚酞，溶液先变红后褪色，猜想②成立。

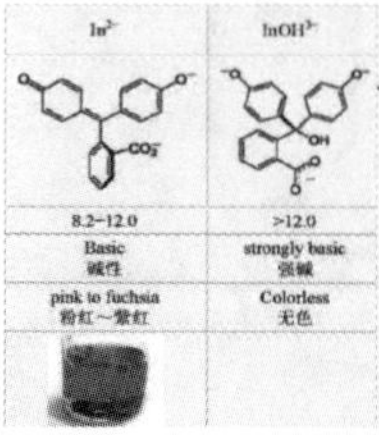

实验目的	验证猜想②：生成的 NaOH 可能使溶液褪色
实验方案	1. 取少量浓 NaOH 溶液（pH=14）于试管中 2. 滴加 3 滴酚酞溶液； 3. 观察溶液颜色变化。

图 5 学生针对猜想②设计的实验方案

3）针对猜想③，通过查阅资料，学生了解了 H_2O_2的强氧化性能破坏有机色素的结构，具有漂白性。学生设计实验方案（见图 6），向滴加酚酞的 NaOH 溶液中滴加 H_2O_2，溶液褪色。猜想③同样成立。

实验目的	验证猜想③：可能生成中间产物 H_2O_2 使溶液褪色
实验方案（步骤）	1. 取少量 NaOH 溶液（pH=10）于试管中； 2. 滴加 3 滴酚酞溶液，溶液变红； 3. 向 2 中溶液中滴加数滴 H_2O_2，观察溶液是否褪色。

图 6 学生针对猜想③设计的实验方案

至此，学生对褪色问题提出的猜想②和猜想③均成立。学生进一步提出疑问，具体是哪一种产物起主要作用呢？在课堂上，教师引导学生进一步设计实验方案进行探究。

（4）实验探究。

学生小组讨论，两个小组分别提出了两种验证实验方案，方案①：向 Na_2O_2与 H_2O 反应后的溶液中滴加盐酸使 pH 为 10，再滴加酚酞。此方案中学生更多地关注浓 NaOH 溶液的褪色机理，通过调节 pH，排除浓 NaOH 溶液的影响；方案②：向 Na_2O_2与 H_2O 反应后的溶液滴加酚酞，溶液褪色后，再滴加盐酸至过量。此方案中学生更多地关注 H_2O_2的褪色机理，H_2O_2具有漂白性，导致溶液褪色，溶液不可恢复红色。具体实验过程和现象如图 7 所示，方案①的实验现象：滴加酚酞后，溶液仍先变红后褪色；方案②的实验现象：溶液始终不恢复红色。

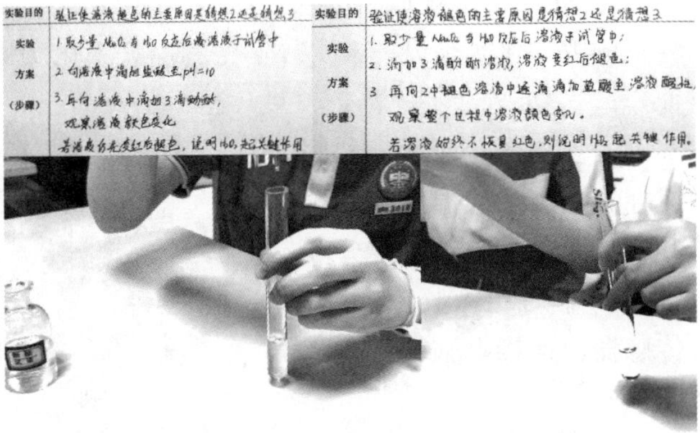

图7　进一步的实验方案及实验过程和现象

（5）得出结论。

至此，学生明确了造成 Na_2O_2 与 H_2O 反应后溶液中滴加酚酞后先变红后褪色的主要原因是中间产物 H_2O_2。通过科学探究，学生已成功解决褪色异常现象的问题。

（二）初始大量气泡探究

（1）发现问题。

引导学生继续进行初始大量气泡的探究。在此探究中，学生提出的问题是：既然 Na_2O_2 与 H_2O 反应历程分为两步，为何反应初始立刻有大量气泡产生？以学生初中时对于 H_2O_2 的认识，在未加催化剂的条件下，H_2O_2 不会如此快速地分解。

（2）提出猜想。

以此作为探究问题，与学生一同进行科学探究。学生小组讨论，提出了两种可能的猜想：①温度的影响；②强碱性环境的影响（见图8）。

实验问题	为何 Na_2O_2 与 H_2O 反应分两步，仍然立刻有大量气泡产生？
实验猜想	① 反应放热，温度升高，促进 H_2O_2 分解
	② 产物 NaOH 使体系呈现强碱性，促进 H_2O_2 分解
	③

图8　学生针对初始大量气泡产生的问题进行猜想

（3）实验探究。

由于开始产生气泡速度过快，无法通过肉眼辨识气泡产生的速率，也就无法判断 H_2O_2 的分解情况。此时，常规试管实验已无法满足学生对于反应历程的探究，教师介绍实验室的数字化实验设备，引导学生利用数字化实验设备，将定性实验转为定量验证。

定量实验的实验装置如图 9 所示，利用集热式恒温磁力搅拌器控制反应温度，三颈烧瓶内加入磁子和 Na_2O_2，一个口连接分液漏斗，加入水或酸，一个口用橡胶塞塞住，中间口连接氧气传感器，连接电脑软件，测定氧气含量变化。

图 9　定量实验装置

1）针对猜想①：温度的影响。此时控制的变量为温度，水浴分别为 9 ℃、28 ℃和 50 ℃，最终氧气含量分别为 38.9%、43.9% 和 47.4%。由此学生得出结论一：温度升高促进了 Na_2O_2 与 H_2O 反应产生的 H_2O_2 分解。

2）针对猜想②：强碱性环境的影响。此时控制的变量为溶液的 pH，由于 Na_2O_2 与 H_2O 的反应体系呈现强碱性，因此学生通过加酸的方式改变溶液中的氢离子浓度，即向装置内分别加入等量 H_2O（20 mL）、0.1 mol/L 盐酸和 1 mol/L 盐酸。最终氧气含量分别为 43.9%、40.6% 和 38.6%。由此学生得出结论二：强碱性的环境促进了 Na_2O_2 与 H_2O 反应产生的 H_2O_2 分解。

综上实验，学生明确 Na_2O_2 与 H_2O 反应放出大量热，使体系温度升高，产物 NaOH 使体系呈现强碱性，两者共同促进 H_2O_2 的快速分解。通过查阅无机化学课本，确定了 Na_2O_2 与 H_2O 反应的两步反应历程。

七、实验效果评价

本节实验课通过两个科学探究的设置，帮助学生构建科学探究的思维模型，熟悉科学探究步骤，培养证据意识；将宏观现象与微观数据结合，从定性到定量进行分析，培养学生的宏观辨识与微观探析的核心素养；探究知识的本原，明确反应历程，揭示现象的本质和规律。

沉淀反应的应用

——沉淀的转化

江苏省沛县歌风中学　宁雪婷

一、使用教材

本节选自人教版高中《化学选修4　化学反应原理》第三章第四节“难溶电解质的溶解平衡”。

二、实验器材

干燥管（自制）、注射器、小烧杯、铁架台、十字接口、0.1 mol·$L^{-1}AgNO_3$溶液、0.1 mol·$L^{-1}Na_2SO_4$溶液、0.1 mol·$L^{-1}K_2CrO_4$溶液、0.1 mol·$L^{-1}Na_2S$ 溶液、0.1 mol·L^{-1}NaCl 溶液、0.1 mol·$L^{-1}MgCl_2$溶液、0.1 mol·L^{-1}NaOH 溶液、0.1 mol·L^{-1} KBr 溶液、0.1 mol·L^{-1} $CuSO_4$ 溶液、0.1 mol·L^{-1} KI 溶液、0.1 mol·L^{-1}Pb（CH_3COO）$_2$溶液等。

三、实验创新要点/改进要点

（一）实验仪器改进

教材上选用的实验仪器是试管，对于3种沉淀颜色的观察缺少对比实验。改进后的实验仪器是用干燥管（自制）、开关、带导管的橡胶塞、铁架台、十字接口连接而成的装置，如图1所示。此套装置连贯性强，方便学生做对比实验，能够大大增加课堂的趣味性。实验后的效果如图2所示。

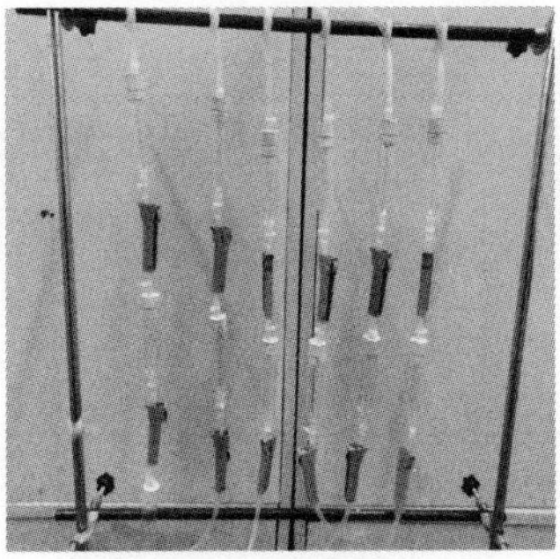

图1　装置图

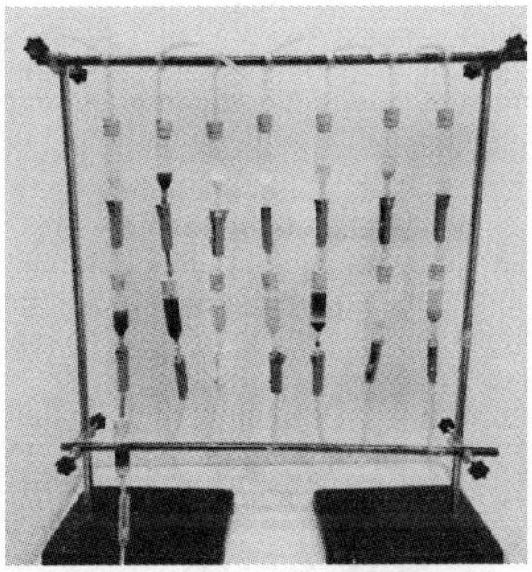

图2　实验后的效果图

（二）实验药品改进

（1）将原来的 0.1 mol·L^{-1} NaCl 溶液、0.1 mol·L^{-1} KI 溶液、0.1 mol·L^{-1} Na_2S 溶液依次改成 0.1 mol·L^{-1} Na_2SO_4 溶液、0.1 mol·L^{-1} K_2CrO_4 溶液、0.1 mol·L^{-1} Na_2S 溶液，这样沉淀的转化就由 $AgCl \rightarrow AgI \rightarrow Ag_2S$ 变成 $Ag_2SO_4 \rightarrow Ag_2CrO_4 \rightarrow Ag_2S$，改进后的 3 种沉淀组成类型相同，有利于实验结论的得出。

（2）为了丰富学生对沉淀转化的认识，增加课堂的生动性。在改进沉淀转化的基础上又增加了 5 组沉淀的转化，分别是 $Mg(OH)_2 \rightarrow Cu(OH)_2$、$Pb(OH)_2 \rightarrow Cu(OH)_2$、$AgCl \rightarrow AgI$、$PbBr_2 \rightarrow PbI_2$、$PbCrO_4 \rightarrow PbS$。

（三）实验操作亮点

（1）通过控制开关，在干燥管中保留适量浊液，实验现象对比明显（见图 2）。

（2）将沉淀的生成和转化实验步骤颠倒顺序，同时增加对比实验，有助于突破重难点，得出实验结论。

四、实验原理/实验设计思路

改进后的实验装置可以帮助学生直观地观察到 3 种沉淀颜色的变化，有助于理解沉淀转化的本质。沉淀转化的本质是沉淀溶解平衡的移动，一般情况下，溶解度小的沉淀更容易向溶解度更小的沉淀转化。涉及的主要化学反应如下：

$$2AgNO_3+SO_4^{2-} = Ag_2SO_4\downarrow +2NO_3^-$$

$$Ag_2SO_4+CrO_4^{2-} \rightleftharpoons Ag_2CrO_4\downarrow +SO_4^{2-}$$

$$Ag_2CrO_4+S^{2-} \rightleftharpoons Ag_2S\downarrow +CrO_4^{2-}$$

3 种难溶物（Ag_2SO_4、Ag_2CrO_4、Ag_2S）的 K_{sp}（溶度积）和溶解度如表 1 所示。

表 1　3 种难溶物的 K_{sp} 和溶解度

难溶物	K_{sp}（25 ℃）	溶解度/g（20 ℃）
Ag_2SO_4	1.4×10^{-5}	0.796
Ag_2CrO_4	1.1×10^{-12}	2.157×10^{-3}
Ag_2S	6.3×10^{-50}	1.3×10^{-16}

五、实验教学目标

（1）了解沉淀转化的原理和方向。

（2）培养学生设计实验方案的能力以及动手操作能力。

（3）利用沉淀转化知识解决生活中的实际问题，树立理论应用于生活实际的意识。

六、实验教学内容

本节课，教师采取了知识线和思维线两条教学主线，并根据定性实验的特点选择了观察法和对比实验法两种实验方法。从实验探究出发设计了7组沉淀转化实验，分别是$Ag_2SO_4 \rightarrow Ag_2CrO_4 \rightarrow Ag_2S$、$Ag_2S \rightarrow Ag_2CrO_4$、$Mg(OH)_2 \rightarrow Cu(OH)_2$、$Pb(OH)_2 \rightarrow Cu(OH)_2$、$AgCl \rightarrow AgI$、$PbBr_2 \rightarrow PbI_2$，$PbCrO_4 \rightarrow PbS$。借助于宏观实验现象和知识储备，进行微观微粒分析，渗透“平衡”思想，实现“变化观念与平衡思想”核心素养的培养。

七、实验教学过程

根据本节课的教学目标，结合高二学生的年龄特点和认知水平，教师设计了情境创设、分组实验、定量分析、小组讨论、得出结论、课堂小结6个环节。

（一）情境创设

（1）某些儿童爱吃甜食却不刷牙，为什么容易产生蛀牙？

（2）使用含氟牙膏刷牙，为什么能预防蛀牙？

设计意图：利用生活中的实际问题创设问题情境，紧紧抓住学生的注意力，激起学生的求知欲。

（二）分组实验

（1）提出问题：Ag_2SO_4能否转化成Ag_2CrO_4？

（2）根据已有知识和经验，学生进行预测，并设计实验方案（见图3），展开分组实验。

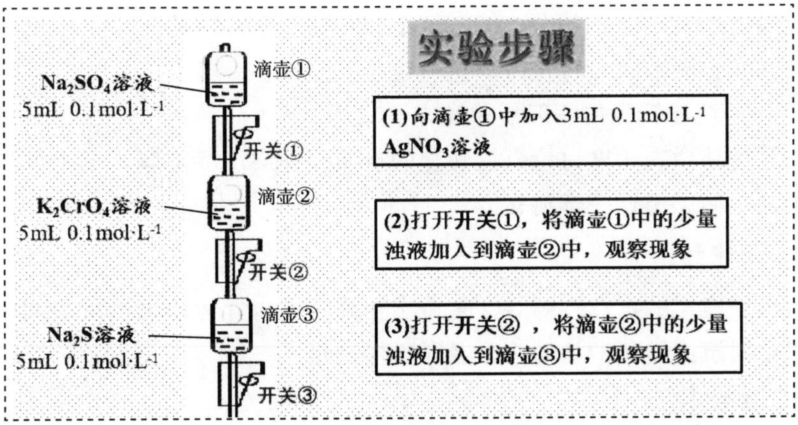

图3 实验方案

设计意图：小组合作实验，记录实验现象，组间交流分享实验结果，从宏观现象感受沉淀颜色的变化。

（三）定量分析

继续追问：Ag_2SO_4为什么能转化成 Ag_2CrO_4？

设计意图：从定性实验到定量分析，帮助学生建构实验探究的认知模型，完成从宏观辨识到微观辨识的认知。

（四）小组讨论

（1）若将沉淀的生成和转化实验步骤颠倒顺序，会产生什么结果？学生预测结果，并按照实验步骤（见图 4）展开小组实验。

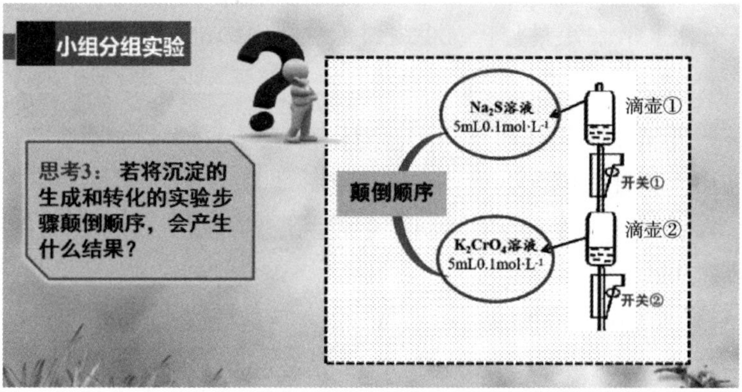

图 4　实验方案

设计意图：逆向实验的设置帮助学生形成认知冲突，为什么可逆反应中 Ag_2S 不易转化成 Ag_2CrO_4呢？从而引发学生对于沉淀转化条件的讨论，引出离子浓度和溶解度问题，突破沉淀转化方向这一难点。

（2）讨论沉淀转化的一般规律和方法。

启发学生从微观角度讨论沉淀转化的本质，体会沉淀溶解平衡的原理，发展变化观念与平衡思想这一学科素养。

（五）得出结论

突破沉淀转化的重点，引导学生得出正确结论，并运用结论解决问题，诊断并发展学生对沉淀转化的认知水平及科学探究水平。

（六）课堂小结

回顾“提出问题—小组实验—定量分析—得出结论—解决问题”这一过程，构建有关沉淀转化的知识网络，实现证据推理与模型认知这一核心素养的培养。

八、实验效果评价

（1）本实验小巧、简单、易操作、连续性好、趣味性强，便于观察沉淀颜色的变化，对比强烈，适合学生做分组实验。

（2）本节课实验现象明显，实验结论准确，学生参与度高。实验过程中，学生充分发挥小组合作的作用，积极交流思考，预测现象，设计并实施方案，增强了分析问题、解决问题的能力。

（3）本节课通过生活实例创设真实的问题情境，激发学生的探究热情，并借助实例培养学生从实践到理论、再从理论到实践的认知规律。

基于自制仪器探究氮的含氧化合物之间的转化

北京市顺义牛栏山第一中学　赵胜男
北京教育科学研究院基础教育教学研究中心　李伏刚
北京市顺义区教育研究考试中心　谢立平

一、使用教材

人教版高中《化学必修2》第五章第二节“氮及其化合物”。

二、实验器材

带凹槽的自制玻璃管、注射器、锥形瓶、烧杯、铁架台、磁子、磁铁、镊子、止水夹、橡胶管、稀硝酸、6 mol/L 氢氧化钠溶液、铜丝、蒸馏水。

三、实验创新要点

铜与硝酸的反应是中学阶段要学习的重要反应，氮的含氧化合物间的转化在工业中也有重要应用。在“中国知网”上以“铜和硝酸反应的装置改进”为主题词搜索，共20余项记录；以“含氮化合物转化实验装置改进”为主题词搜索，未找到相关文献。以往的研究多是针对单一制备装置的改进，未涉及氮元素之间的转化；在改进转化装置中，多以铜和浓硝酸的反应为起始反应，较少涉及铜和稀硝酸的反应。本实验以铜和稀硝酸反应制取一氧化氮为起始反应，在一套实验装置中探究氮的含氧化合物之间的多步转化。有以下创新要点：

（1）装置简洁，原材料易得，操作简便，现象明显。通过设计实验装置，极大地激励了学生对实验的大胆改进与创新。

（2）将多个转化过程以连续的方式呈现在同一个反应装置中，很好地解决了稀硝酸与铜反应过程中不易观察到无色气体生成的问题，同时可以清晰地观察到一氧化氮遇空气变为红棕色二氧化氮的实验现象，还可以验证二氧化氮与水反应的产物是硝酸和一氧化氮，具有较强的直观性，反应发生的证据性突出，有效地保障了实验教学的效果，激发学生学习化学的兴趣，提高了复习效率。

（3）使用磁铁可以随时控制铜与稀硝酸的接触或分离，操作方便。磁子不与硝酸反应，不易损耗，可重复使用。

（4）整个实验过程均在密闭条件下进行，尾气处理恰当，对环境无污染，凸显了“绿色化学”的理念。

四、实验设计思路

（1）反应原理。

$$3Cu+8HNO_3(稀)=3Cu(NO_3)_2+2NO\uparrow+4H_2O$$

$$2NO+O_2=2NO_2\uparrow$$

$$3NO_2+H_2O=2HNO_3+NO\uparrow$$

（2）实验装置图：本实验的实验装置如图 1 所示。

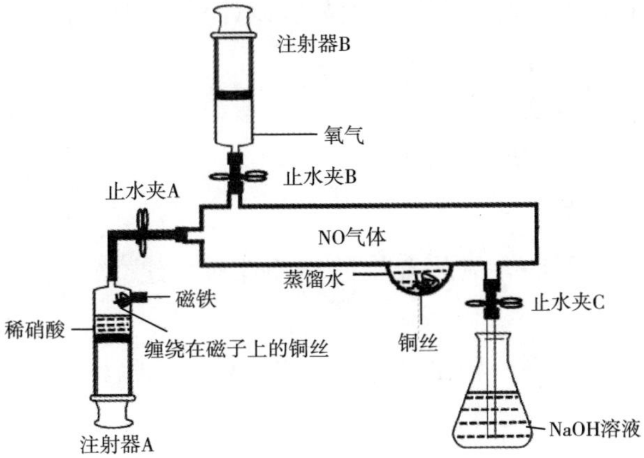

图 1　实验装置图

（3）操作及现象。

操作步骤 1：将缠绕在磁子上的足量铜丝放入注射器 A 中，吸入稀硝酸，然后将注射器活塞推至顶端排空空气，置于热水浴中，产生足量气体后，通过磁铁控制铜丝与稀硝酸分离，使反应停止。

实验现象：铜丝表面有气泡产生，溶液逐渐变成蓝色，无色气体逐渐充满整支注射器。

操作步骤 2：用排水法将 80 mL 无色气体排入玻璃管后（凹槽处剩余少量蒸馏水），关闭止水夹 A、C，打开止水夹 B，用注射器 B 推入 40 mL 氧气到玻璃管中，关闭止水夹 B。

实验现象：在推入氧气的过程中，气体由无色变为红棕色。一段时间后，气体颜色逐渐由红棕色变为无色，玻璃管凹槽处的铜丝表面有气泡产生，玻璃管凹槽处的溶液变成蓝色。

操作步骤 3：用注射器 B 推入足量氧气，气体由无色变为红棕色，将所有气体赶到盛有氢氧化钠溶液的烧杯中，反应结束。

五、实验教学目标

（1）通过自制仪器在同一装置中完成“一氧化氮— 二氧化氮— 硝酸”的转化实验，通过明显的实验现象和更强的对比性，实现氮的含氧化合物转化的知识整合，初步认识氮的含氧化合物的循环过程，凸显复习课的价值与功能。

（2）以设计实验装置为出发点，通过对“转化关系—转化原理—转化特点—实验装置”的原理分析，进行实验装置设计和组间评价，培养学生的证据意识，形成实验装置设计的有序思维。

（3）通过自主设计实验方案，培养安全意识和严谨求实的科学态度，形成“绿色化学”的理念，提升社会责任感。

六、实验教学内容

（1）复习、整合氮的含氧化合物的相关性质，建立氮的含氧化合物知识间的相互联系。

（2）建立“转化关系—转化原理—转化特点—实验装置”的有序思维模型，提高学生分析、解决问题的能力。

（3）提升学生证据推理与模型认知的素养水平，形成“绿色化学”的理念，培养社会责任感。

七、实验教学过程

（一）环节一：原理分析

教师活动：展示自然界中的氮循环资料卡片。

问题1：画出氮的重要含氧化合物之间的转化关系。

问题2：“一氧化氮— 二氧化氮— 硝酸”涉及几个转化过程？每一步转化的原理是什么？

学生活动：学生通过画转化关系图、书写化学方程式回顾氮的重要含氧化合物之间的转化关系。

设计意图：从原理上分析氮的含氧化合物的转化关系，巩固基础，为后续装置设计提供理论依据。

问题3：在实验过程中，如何证明每一步转化都实现了？

学生活动：从反应物的消失现象和生成物的生成现象寻找证据，证明反应的发生。

设计意图：寻找反应发生的证据，培养学生的证据意识。

问题 4：设计在同一个实验装置中实现上述转化，装置应该包含几个部分？每个部分的装置分别是什么？

学生活动：根据理论分析，初步确定实验装置。

设计意图：培养学生设计实验装置的有序思维。

（二）环节二：自主设计

任务一：依据上述分析，设计一个实验装置，分步实现“一氧化氮—二氧化氮—硝酸”的转化，并说明每一步设计的依据。

学生活动 1：学生分组讨论，绘制实验装置图。

学生活动 2：如图 2 所示，学生分组展示设计的实验装置图并进行互评，教师补充评价。

图 2　学生分组展示

设计意图：培养学生合作意识和能力，在设计实验装置的过程中，提升设计实验装置的有序思维水平。

（三）环节三：装置搭建

教师活动：展示实验装置。

问题 1：分析该实验装置如何使用？

问题 2：怎样证明每一步反应的发生？

学生活动 1：学生分析该装置的原理和使用方法，寻找实验发生的证据。

任务二：搭建实验装置，进行实验操作。

学生活动 2：解释每一步操作的目的和原理。

设计意图：由理论到实践，培养学生严谨的科学态度。

问题 3：该装置有哪些优点？

学生活动 3：从原理正确、装置合理、操作可行、实验安全、绿色环保、反应可控等多个方面对实验装置进行评价。

设计意图：完善实验装置的评价标准，培养学生严谨的科学态度。

（四）环节四：实际应用

教师活动：展示氮的含氧化合物转化在工业生产中的重要应用，反思工业制硝酸的流程设计需要注意的问题。

设计意图：认识化学知识在生活、生产中的重要应用，理解工业生产中装置设计的考虑角度。

八、实验效果评价

（1）实验设计注重学生的有序思维培养。根据已有理论知识，从“转化关系—转化原理—转化特点—实验装置”对实验进行分析，整个过程贯彻“绿色化学”理念，形成实验装置设计的有序思维，强化学生的证据意识。

（2）小组活动突出学生的主体地位。本节课以学习小组为单位展开活动，通过小组讨论、展示、互评，增强了学生的合作能力，极大地激发了学生的学习热情，提升学生的创新意识，突出了学生的主体地位，强化了理论知识在实践中的指导作用。

（3）视觉冲击激发学生的学习兴趣。实验过程中颜色变化明显，气体经历了“无色—红棕色—无色”的变化过程，溶液 2 次由无色变成蓝色，将学生的好奇心理充分调动了起来；将 3 个化学反应整合到一个实验装置中，不仅提高了实验效率，还形成了对比，将学生的关注点转移到物质转化上来。

（4）实际应用突出学科的应用价值。通过实验装置的设计与评价，培养学生从原理正确、装置合理、操作可行、产物可证、实验安全、节约成本、反应可控、绿色环保等多种角度评价实验装置，将实验室装置的设计迁移到工业上制硝酸的装置设计上，突出实际生产中综合考虑问题的重要性，突出了化学学科的应用价值，培养学生社会责任感。

实验室制备一氧化氮的条件探究

中国科学技术大学附属中学　刘帅东　戈益超　徐斌

一、使用教材

人教版高中《化学必修 1》第四章第三节“硫和氮的氧化物”。

二、实验器材

双颈瓶、压强传感器、温度传感器、双排管、铁架台、抽气泵、高纯度氩气、恒温水浴锅、硝酸、铜丝（实验所用铜丝直径为 0.34 mm，长度为 50 cm）。

三、实验教学目标

（1）掌握控制单一变量法、半值法在化学学习中的应用。

（2）了解现代化学仪器——双排管、温度传感器、压强传感器等的使用。

（3）在一氧化氮制备的最佳条件探究中，树立严谨求实的科学态度。

四、实验设计思路

根据实验教学目标，采取传统实验创新和现代数字化实验融合的教学策略，引导学生动手实验、观察思考、交流讨论，通过师生共同的探究活动，促进学生思维的发展和化学核心素养的提升。

五、实验教学过程

（一）创设情境，引出课题

（1）引出课题：教师讲解制备一氧化氮的反应原理。

$$3Cu+8HNO_3(稀)=\!=\!=3Cu(NO_3)_2+2NO\uparrow+4H_2O$$

（2）在如图 1 所示装置中，用 4.0 mol/L 的稀硝酸和铜丝反应，试管内出现红色气体，根据氮的氧化物的物理性质可知二氧化氮为红棕色气体，而一氧化氮则为无色气体。

图 1　在试管内制备一氧化氮

教师：为什么在试管内会出现红色气体呢？

学生：有可能是试管内有空气，生成的一氧化氮被空气中的氧气氧化为二氧化氮。

教师：如何实现一个无氧环境呢？

学生：用二氧化碳排出试管内的空气（见图2）。

教师：有没有一种更快速且高效地创造无氧环境的方法呢？

学生：利用氮气排出瓶内空气，同时用抽气机抽出空气（见图3）。

教师：在实验室中如何实现快捷、高效地创建无氧环境呢？

学生：我们可以先用双排管把双颈瓶抽成真空（见图4），然后再充入高纯氩气进行保护，重复3次来实现一个无氧环境的装置。

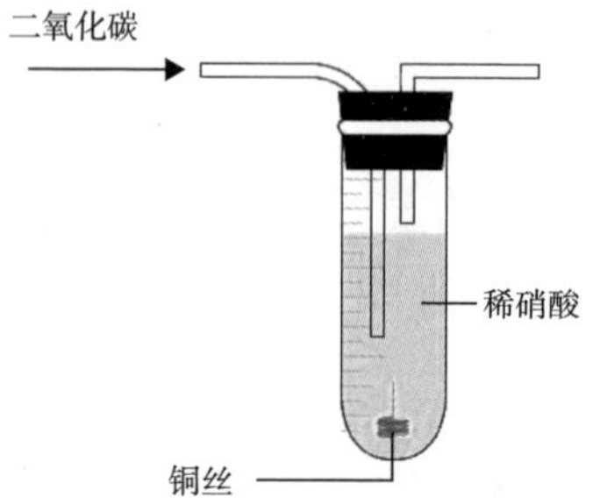

图2　利用二氧化碳排出试管内的空气

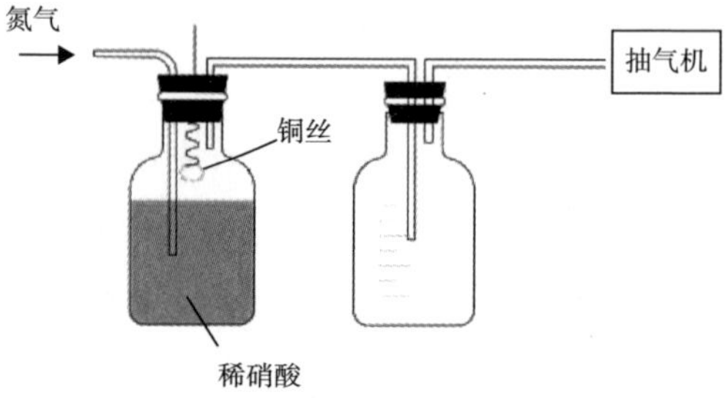

图3　利用氮气排出瓶内的空气

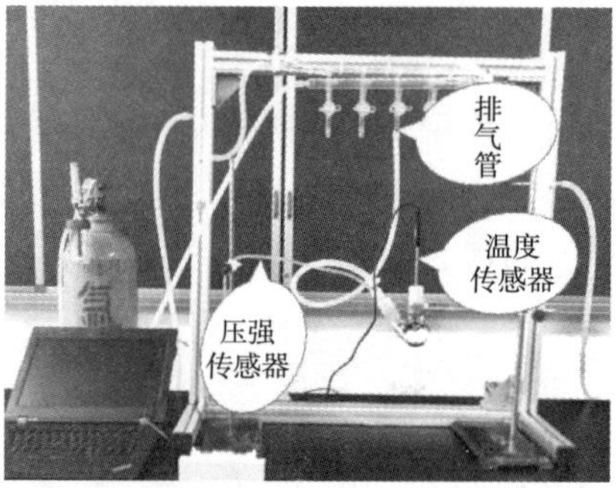

图4　利用双排管实现无氧环境

（3）在创造了无氧环境后，用4.0 mol/L的硝酸和铜丝反应，依然有少量的红色气体出现（见图5），根据此现象继续提出问题。

教师：为什么双颈瓶内依然出现红色气体呢？是什么原因造成的？

学生：有可能是因为硝酸浓度不合适造成的。

教师：那如何寻找到合适的硝酸浓度呢？方法是什么呢？

图5　在无氧环境中铜丝和稀硝酸反应依然有红色气体出现

学生：可以采用半值法逐渐减少硝酸浓度，最后找到最合适的浓度（说明：硝酸的浓度为 14.2 mol/L）。

（二）科学探究，寻求真相

（1）探究实验 1：利用半值法，选取 7 mol/L 的硝酸（浓度约为 14.2 mol/L 的一半）和铜丝反应。

（2）探究实验 2：选取 3.5 mol/L 的硝酸（浓度为 7 mol/L 的一半）和铜丝反应。

（3）探究实验 3：选取 5.3 mol/L 的硝酸（浓度约为 7 mol/L 和 3.5 mol/L 浓度之和的一半）和铜丝反应。

（4）探究实验 4：选取 4.4 mol/L 的硝酸（浓度为 3.5 mol/L 和 5.3 mol/L 浓度之和的一半）和铜丝反应。

（5）探究实验 5：为了进一步探究更稀浓度的硝酸对出现红色气体时间的影响，使硝酸浓度减少为 4.0 mol/L（浓度约为 3.5 mol/L 和 4.4 mol/L 浓度之和的一半），再次进行实验。

实验过程中，以出现红色气体的时间为参考，以容器内压强差和时间的比值大小为依据，判断制取一氧化氮的最合适浓度。其中在出现红色气体时间相近时，压强差和时间比值越大，说明气体产生速率越快，越有利于演示实验。实验数据汇总见表 1。

表 1　不同浓度的硝酸和铜丝反应的各项数据

组别	硝酸浓度	硝酸体积	起始压强	出现红色气体时的压强	出现红色气体的时间	压强差和时间的比值*
1	7.0 mol/L	10 mL	98.99 kPa	99.01 kPa	20 s	0.001
2	3.5 mol/L	10 mL	99.25 kPa	101.33 kPa	1 012 s	0.002 1
3	5.3 mol/L	10 mL	98.94 kPa	99.21 kPa	269 s	0.001
4	4.4 mol/L	10 mL	99.23 kPa	100.52 kPa	464 s	0.002 8
5	4.0 mol/L	10 mL	98.89 kPa	100.33 kPa	634 s	0.002 3

* 压强差和时间的比值代表产生一氧化氮的速率

结论：通过上述实验数据的分析，很容易发现 4.4 mol/L 的硝酸反应后出现红色气体的时间适宜，有利于学生观察无色气体存在的过程。另外，压强差和时间比值越大，说明产生气体的速率越快，从而有利于节省实验演示时间。综上各项数据，认为 4.4 mol/L 的硝酸更适合用来制备一氧化氮。同时也可以发现，硝酸浓度越大，出现红色气体的时间越快。

（三）提出质疑，深度探究

质疑：在低浓度硝酸（探究实验 2、3、4、5）与铜丝的反应中，随着反应的发生，硝酸浓度减小，理论上产生的气体应该是无色的一氧化氮，为什么一段时间后依然会产生二氧化氮呢？

教师：请学生观察在实验过程中收集的溶液温度的变化数据，数据记录见表 2，为学生提供解疑思路。建议学生可以从硝酸的性质和溶液温度的变化两个方面思考原因。

表 2　不同浓度硝酸和铜丝反应出现红色气体时的温度

组别	硝酸浓度	硝酸体积	起始温度	出现红色气体时温度
1	7.0 mol/L	10 mL	15 ℃	16.5 ℃
2	3.5 mol/L	10 mL	14.5 ℃	24.7 ℃
3	5.3 mol/L	10 mL	14.5 ℃	19 ℃
4	4.4 mol/L	10 mL	14.5 ℃	21 ℃
5	4.0 mol/L	10 mL	15 ℃	22.2 ℃

学生：根据硝酸受热分解的性质，再结合反应放热，推测可能是反应放热造成溶液温度升高，导致硝酸分解产生二氧化氮。

教师：如何证明上述观点呢？

学生：采用正交实验法探究。使高浓度硝酸处于高温度下，观察能否分解产生二氧化氮，与探究实验 3 进行对比。

（1）探究实验 6：选取高浓度、高温度的硝酸（5.3 mol/L，35 ℃）进行实验，以验证此观点是否正确。

实验现象：在该实验条件下，15 min 后依然不出现红色气体（见图 6）。

图 6　5.3 mol/L 硝酸在 35 ℃下的分解实验

（2）探究实验 7：选取一个低浓度、高温度的硝酸（3.5 mol/L，35 ℃）和铜丝进行反应来验证此观点。

实验现象：在反应进行 150 s 后，出现了红色气体（见图 7）。

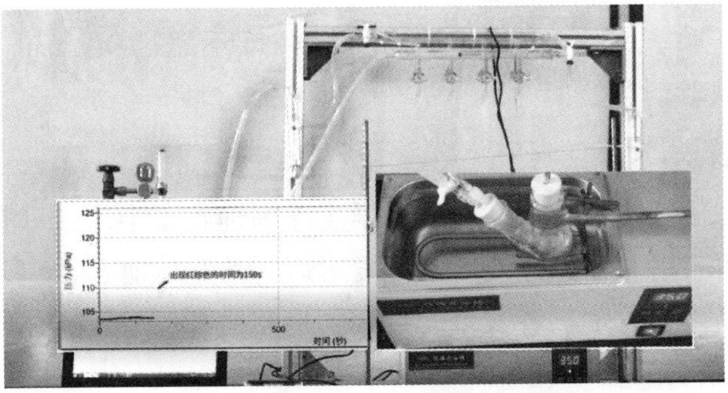

图 7　3. 5 mol/L 硝酸在 35 ℃时和铜丝进行反应

（3）讨论。

1）在探究实验 6 中发现，此温度下，出现红色气体不是因为硝酸分解产生二氧化氮造成的。

2）结合探究实验 2 和实验 7 的现象，可以发现浓度相同时，温度确实对反应产物的种类有影响。温度越高，出现红色气体的时间越快。

（四）优化实验，学以致用

教师：根据上述实验及结论，继续探究制备一氧化氮的条件，如何选择合适的反应温度呢？

学生：结合上述探究实验 3 和实验 4 中出现红色气体的时间和温度，同时考虑到反应速率不宜太慢，建议选择在 20 ℃时，用 4. 4 mol/L 硝酸和铜丝反应。

探究实验 8：最终选取 4. 4 mol/L 硝酸与铜丝在 20 ℃条件下进行反应。

实验现象：反应发生 1 200 s 后，产生的气体依然是无色的（见图 8）。

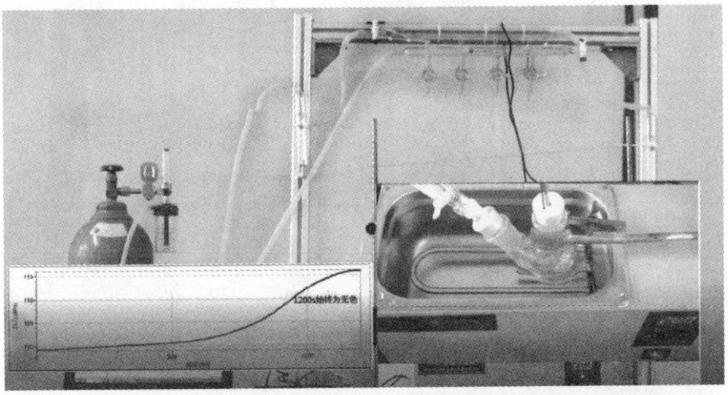

图 8　4. 4 mol/L 硝酸在 20 ℃时和铜丝进行反应

实验结论：

（1）在铜丝的粗细和长度不变的情况下，反应物的浓度和反应的温度是影响该反应产物种类的重要因素。

（2）建议实验室制备一氧化氮所用硝酸浓度不超过 4.4 mol/L，温度控制在 20 ℃或以下，实验时间不宜过长。

六、实验效果评价

本实验很好地创造了无氧环境，使学生深刻理解了半值法和控制单一变量法在化学学习中的应用。在探究温度和浓度对产物的影响时，协调反应速率、产物种类、产生一氧化氮效率三者关系的过程，能培养学生“科学探究与创新意识”“科学精神与社会责任”等化学核心素养。

实验室模拟纯碱的工业制法

上海市浦东复旦附中分校　吴赛金

一、使用教材

本实验选自上海科学技术出版社出版的高级中学课本《化学：拓展型课程（试用本）》第五章第三小节“化工生产”部分。

二、实验器材

本实验分为学生课堂实验和探究实验两个部分，所需要的实验器材为：二氧化碳钢瓶（16 g）、微型减压阀、试管、锥形瓶、橡胶塞（配套玻璃管以及橡胶管）、加热磁力搅拌器、一次性胶头滴管、光固化 3D 打印机、透明塑料瓶。

三、实验创新要点

（1）使用二氧化碳钢瓶（16 g）以及微型减压阀作为纯碱制备过程中稳定的二氧化碳气源，如图 1 所示。微型减压阀能够根据反应需求来调节二氧化碳的流速，同时钢瓶中液态二氧化碳气化时会吸收大量的热量，确保反应顺利进行。

（2）如图 2 所示，使用加热磁力搅拌器对氨水进行可控温度的加热，确保生成的氨气流速稳定。将两种气体先后通入盛有饱和食盐水的试管后，试管中生成碳酸氢钠固体，如图 3 所示。使很难在实验室中模拟的化工生产过程展现在学生的眼前，能够帮助学生更好地理解相关知识。

（3）在学生实验之后，引导学生在现有的实验基础上进行探究，针对实验过程中二氧化碳吸收效果很差的问题，利用三维建模以及 3D 打印来制作微型的碳化塔，如图 4 和图 5 所示。

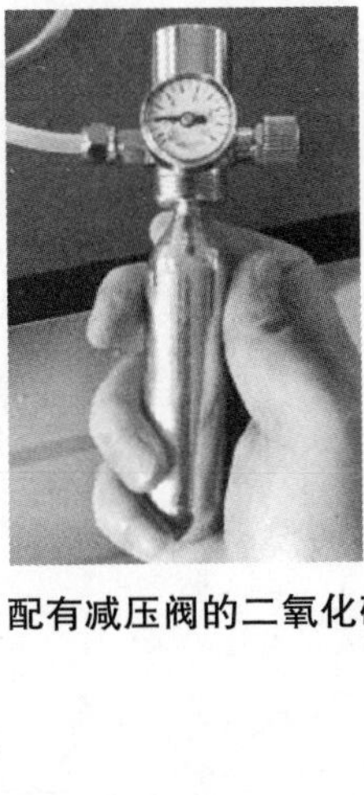

图 1　配有减压阀的二氧化碳钢瓶

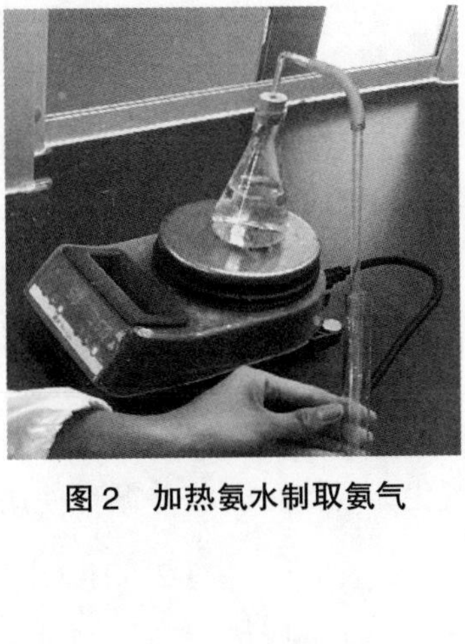

图 2　加热氨水制取氨气

图 3　反应产生的碳酸氢钠沉淀

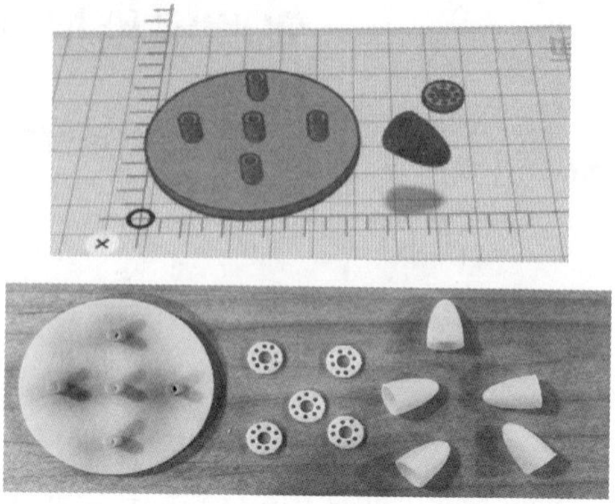

图 4　塔板三维结构与 3D 打印出的零件

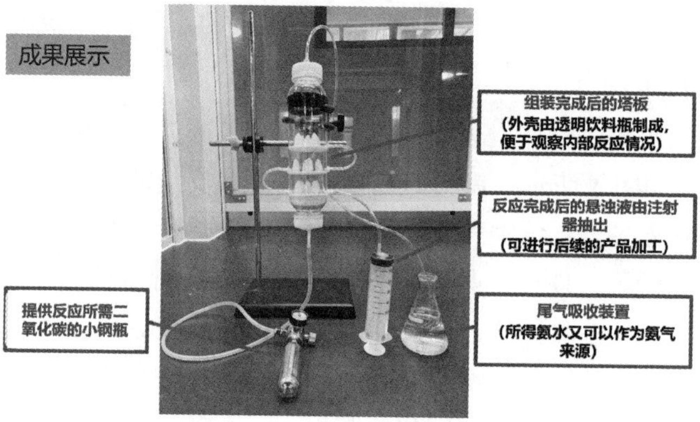

图 5　装配好的微型碳化塔

（4）利用制作的碳化塔进行实验，与试管实验相比具有更好的效果，突出化工生产“多、快、好、省”的原则。

四、实验原理/实验设计思路

本实验是在教材知识的基础上进行的适当拓展，引导学生用工程师的思维来寻找实验中存在的问题，并且加以解决。

（1）实验设计原理：工业上以食盐（氯化钠）、石灰石（经煅烧生成生石灰和二氧化碳）、氨气为原料来制取纯碱。先将氨气通入饱和食盐水中形成氨盐水，再通入二氧化碳生成溶解度较小的碳酸氢钠沉淀和氯化铵溶液。其化学反应原理是：

$$NaCl+NH_3+H_2O+CO_2 \longrightarrow NaHCO_3\downarrow+NH_4Cl$$

将经过滤、洗涤得到的碳酸氢钠微小晶体再加热煅烧，制得纯碱产品，放出的二氧化碳气体可回收并循环使用，化学方程式为：

$$2NaHCO_3 \xrightarrow{\triangle} Na_2CO_3+H_2O+CO_2\uparrow$$

本实验主要模拟碳酸氢钠的生成过程，针对在化工生产教学过程中的难点，提出实验室模拟的实验方案。

（2）实验设计思路：实验在设计时立足于课本知识，同时进行了适当拓展。学生自己动手进行实验，实践中检验自己所学的知识。在实验过程中，注重学生跨学科与团队协作能力的培养。

本实验属于化工生产过程的模拟，需要解决的问题是如何持续地产生稳定的二氧化碳和氨气的气流。在进行实验设计时，采用了微型二氧化碳气罐钢瓶来提供二氧化碳，用加热氨水的方式来获得稳定的氨气气流，使得整个实验装置微型化，可以在试管中模拟整个反应。

在完成实验后，学生继续进行拓展研究。针对反应过程中二氧化碳吸收效率低的问题，同学们利用三维建模以及3D打印来制作微型的吸收塔装置，进一步模拟工业上的生产过程。教师对设计制作出来的装置进行评价，同时将实验过程中出现的问题留给学生作为课外探究的小课题。

五、实验教学目标

（1）通过实验探究，加深学生对纯碱工业基本原理的理解。

（2）通过解决真实问题，经历完整的科学探究过程，发展学生探究能力与创新意识。

（3）通过实验探究过程中的分析、比较、改进，发展学生实验设计与评价能力。

（4）通过对化工生产基本原理的运用，使学生领悟化工生产中“多、快、好、省”的要求，增强社会责任感。

（5）通过小组探究活动，培养学生团队合作的意识和求真务实的科学态度。

六、实验教学内容

本节课为课本知识纯碱的工业制法的拓展实验课程，实验教学内容分为以下4个环节：

（1）实验引入。复习实验原理，分析并讨论在实验室模拟过程中出现的问题以及解决方案。

（2）学生实验，模拟纯碱的工业制法。

（3）学生讨论，找出实验中还存在的问题，并提出解决方案。

（4）课外拓展，有兴趣的同学完成进一步的研究。

七、实验教学过程

为每个小组准备好实验所需的器材，打开通风橱电源。整个实验流程如图6所示。

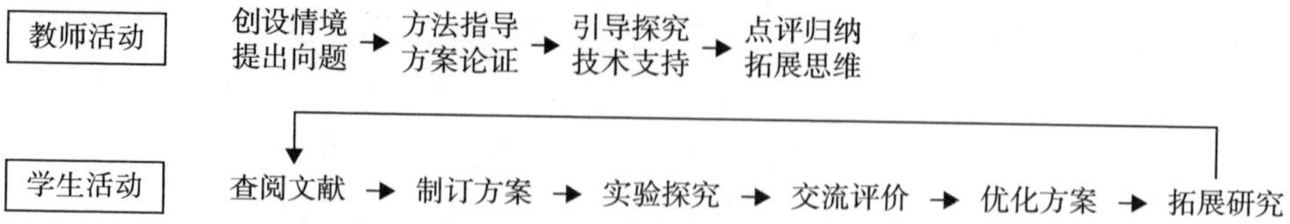

图 6　实验教学流程

（1）实验内容引入。

同学们进行文献调研内容分享，主要分为以下两个部分：①了解工业上的生产设备——碳化塔，归纳工业生产过程中存在的问题以及工业上的解决方案；②对已有的两种实验室模拟纯碱工业制法方案进行分析，总结它们的优缺点。

根据以上的文献调研内容，总结出实验室模拟纯碱的工业制法的制约因素为稳定的气体来源以及反应过程中的热量控制，据此来提出实验方案。

（2）学生实验：对整个实验流程进行演示，学生两人一组开始实验。

（3）分组交流讨论：学生在实验后发现，二氧化碳的吸收过程非常缓慢，需要消耗大量的时间，由此提出实验的改进方案，利用胶头滴管制作简易起泡器（如图 7 所示）。需要注意的是，在扎孔过程中力度控制不好会造成胶头滴管上孔的大小不一样，二氧化碳会从最大的孔中跑出，影响鼓泡效果；若孔洞过小，则极易被生成的碳酸氢钠所堵塞。

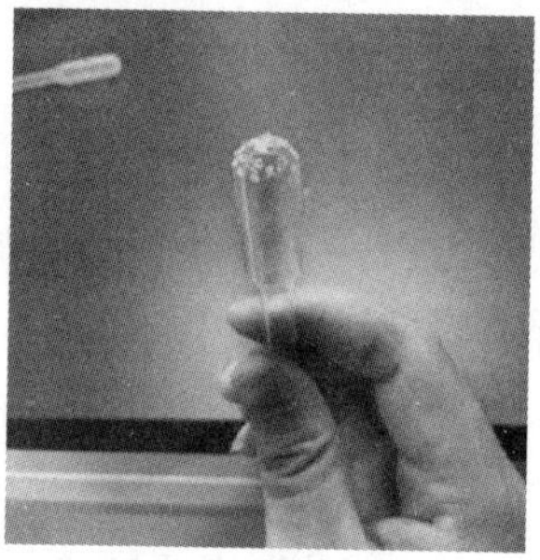

图 7　简易起泡器

（4）再次改进实验：教师归纳实验过程中出现的最主要的问题是二氧化碳吸收效率太低，碳化过程耗时过长。在后续课上，让学生自己寻找提升二氧化碳吸收效率的办法。同学们在查阅大量化学反应器的相关文献之后，决定模拟工业上吸收塔的结构设计二氧化碳与氨盐水的反应装置，利用工程与计算机方面的知识进行三维设计并且使用 3D 打印机进行实物制作。学生进行后续实验，对该装置的吸收效果进行检验，取得了较好的实验效果。

八、实验效果评价

（1）学生能够亲身感受原本只能“意会”的知识，直观体验工业的生产过程。

（2）将不同学科的知识有机融合，利用工程的思维来解决问题，提升分析并解决与化学有关的实际问题的能力。

（3）在模拟碳化塔的实验探究过程中，体会化工原理转化为化工生产的过程的复杂性。

混合碱中碳酸氢钠百分含量的测定

大庆实验中学　孔莹莹

一、使用教材

人教版高中《化学必修 1》第三章第二节“几种重要的金属化合物”以及《化学选修 4　化学反应原理》第三章“水溶液中的离子平衡”。

二、实验器材

pH 传感器、温度传感器、CO_2传感器、浊度传感器、量筒、电子天平、磁力搅拌器、三颈烧瓶、分液漏斗、滴定管、锥形瓶、烧杯、玻璃棒、漏斗、pH 试纸、坩埚、坩埚钳、泥三角、铁架台、试管、0.2 mol/L $CaCl_2$溶液、0.2 mol/L $NaHCO_3$溶液。

三、实验创新要点

（一）教学模式创新

以解决真实问题“混合碱中碳酸氢钠百分含量的测定”为内容，采取项目化学习的模式，学生可以用所学的知识，发散思维，创造性地解决问题。将理论与实践结合，在强化知识体系的同时，思维得到锻炼，培养学科素养。

（二）实验研究方法创新

（1）探究 Ca^{2+}与 HCO_3^-反应时，利用 pH 传感器、温度传感器、CO_2传感器进行综合表征，将微观过程可视化、形象化，帮助学生分析、理解 Ca^{2+}和 HCO_3^-反应的原理。

（2）研究低浓度 Ca^{2+}和 HCO_3^-反应时，借助浊度传感器，突破人眼观察的局限。浊度的变化体现出沉淀的不断生成，帮助学生更好地理解较低浓度的 Ca^{2+}和 HCO_3^-相遇时，反应速率慢，沉淀量少，积累到一定程度后，肉眼方可观察到。

（3）不仅从实验实践角度进行研究，还从理论角度进行计算，多方位、多角度帮助学生加强理解，在原有认知的基础上进行拓展和延伸。

四、实验原理/实验设计思路

（一）实验教学模式设计

课前：布置项目内容——项目实施。

课中：项目汇报，解决项目实施过程中出现的问题。

课后：交流评价。

（二）探究实验设计原理

（1）用 pH 传感器测定混合溶液的酸碱度，体现 HCO_3^-的电离过程；温度传感器测定混合溶液的温度，排除温度对反应的影响；CO_2传感器测定混合溶液中CO_2含量，体现 H^+与 HCO_3^-的结合。将微观过程可视化，帮学生体会 HCO_3^-电离出 CO_3^{2-}，Ca^{2+}和 CO_3^{2-}结合生成 $CaCO_3$沉淀；电离出的 H^+与 HCO_3^-结合，生成 CO_2气体；所以观察到白色沉淀和气泡。

（2）浊度传感器能测量溶液对光的阻碍程度，阻碍程度越大，说明溶液中的悬浮物越多。虽然人眼观察不到明显的浑浊，但浊度值的变化，直观体现出反应的真实发生。

五、实验教学目标

（一）知识与技能

（1）夯实有关碳酸钠与碳酸氢钠的基础知识，强化知识体系。

（2）学生组装仪器的过程中，进一步强化对基础仪器的用途的认识，并能利用已有仪器组装出有特殊功能的装置。

（3）学生在处理实验所得数据时，锻炼分析能力和计算能力。

（二）过程与方法

（1）学生在实践中构建典型的定量实验方法模型（差量法、体积法、沉淀法等），以便于在以后的定量测定中可以灵活应用，举一反三。

（2）探究金属离子与碳酸氢根反应的过程，将新的认知与原有认知进行同化和融合。

（3）学生在项目完成的过程中，体会定量实验的过程与方法。

（三）情感态度与价值观

在实践中能运用化学思维，将“学”与“用”有机整合，运用已储备的知识去解决问题，体会化学学科在生产、生活中的应用。

六、实验教学内容

（1）学生利用已有知识，设计实验方案并进行实验，解决“混合碱中碳酸氢钠百分含量的测定”问题。

（2）解决项目实施过程中的问题：探究 Ca^{2+}和 HCO_3^-的反应原理。

七、实验教学过程

实验教学过程如图 1 所示。

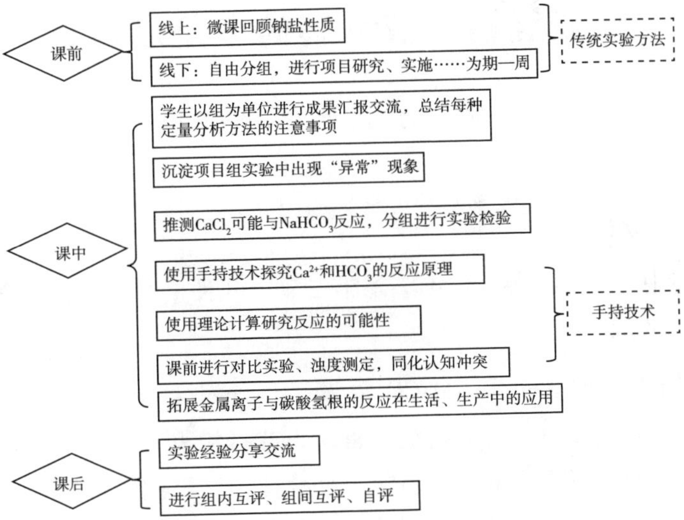

图 1　教学过程图

八、实验效果评价

学生对于用所学的知识解决问题表现得非常积极和兴奋，触发了学习化学的热情；在项目实施过程中，能够合作讨论，请教老师，主动查阅资料，自主学习能力有所提高，但是个别基础薄弱的同学参与度略低。

九、拓展应用

（一）项目化学习模式的应用

进行 Na_2O 和 Na_2O_2混合物中含量的测定、原电池的制作等很多实验时，都可以应用该模式，这种模式能有效地提高学生的学习能力和动手能力，激发学习原动力。

（二）实验方法应用

（1）利用 pH 传感器、温度传感器、CO_2传感器也可以研究锰离子、亚铁离子等其他金属离子与碳酸氢根反应的问题。

（2）利用浊度传感器可以对有微量沉淀生成的反应进行定性和定量研究。可以观察浊度随时间的变化，从而研究外界条件改变对反应速率的影响，甚至可以尝试利用某段时间内浊度的变化进行换算，定量计算出该段时间内的平均反应速率。

碳酸氢钠溶液分解的多角度探析

银川市第二中学　马龙

一、使用教材

人教版高中《化学必修1》第三章第二节“几种重要的金属化合物”。

二、实验器材

$NaHCO_3$固体、0.1 mol/L $NaHCO_3$溶液、0.1 mol/L Na_2CO_3溶液、酚酞溶液、$CaCl_2$溶液、蒸馏水、0.1 mol/L 盐酸、食用小苏打粉末、可溶性补钙剂、自制花青素指示剂、温度传感器、pH 传感器、色度计、二氧化碳传感器、酒精灯、火柴、小烧杯、石棉网、三脚架、铁架台、小试管、气球、试管夹。

三、实验创新要点

（1）数字化：采用数字化传感器，使实验数据清晰，说服力强。

（2）简便：装置操作简单。

（3）多角度：从多角度进行实验探究，发散学生的思维。

四、实验设计思路

（1）学生问题。

1）$NaHCO_3$固体受热可以分解，那么，能否得出 $NaHCO_3$固体受热后开始分解时的临界温度呢？

2）$NaHCO_3$固体受热可以分解，其溶液受热是否也可以分解？

3）$NaHCO_3$溶液常温下是否分解？

（2）设计思路。

本实验依据教材，采用研究性学习方法，充分利用数字化传感器和常见化学试剂探究 $NaHCO_3$的分解情况，发掘学生的实验探究能力，从多角度设计实验进行验证，同时结合理论分析，更进一步论证实验现象，得出更准确的实验结论。

五、实验教学目标

（1）能依据教材中 $NaHCO_3$的相关性质，学会设计实验，验证猜测。

（2）学会使用数字化传感器，体会传感器在实验中的简便性和可视化。

（3）学会自制花青素指示剂，在生活中感受化学的实用性。

六、实验教学过程

（一）$NaHCO_3$固体受热分解的温度范围探析

采用澄清石灰水进行反应，如图 1 所示。加热 $NaHCO_3$固体，导管接入澄清石灰水，同时连接温度传感器，测定开始持续有气泡产生时的温度数值，获得 $NaHCO_3$固体受热分解的最低温度。得出结论：$NaHCO_3$固体常温下不分解，开始分解时的温度为 60 ℃左右。通过查阅资料《化学辞典》，得到 $NaHCO_3$固体受热完全分解时的温度为 270 ℃。

图 1　学生探究 $NaHCO_3$固体受热分解的温度范围

（二）$NaHCO_3$溶液受热分解探析

在此项探究活动中，学生共设计了 5 个实验方案进行探究论证。

（1）方案 1：连接 pH 传感器，观察 0.1 mol/L $NaHCO_3$溶液受热后 pH 随时间的变化，探究 $NaHCO_3$溶液在受热条件下的分解情况。如图 2 所示，加热前溶液 pH 随时间的变化不大，加热后溶液 pH 上升非常明显，说明不只是水解程度增大，更主要的是分解生成了 Na_2CO_3。

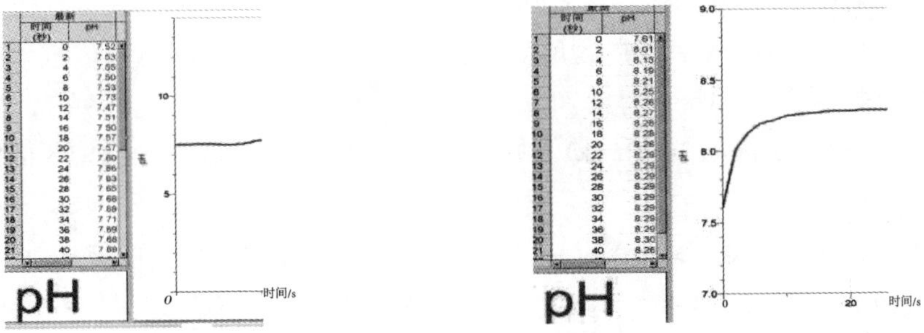

加热前　　　　加热后

图 2　加热前后溶液 pH 随时间的变化曲线

（2）方案 2：分别在浓度为 0.1 mol/L、体积为 5 mL 的 Na_2CO_3溶液和 $NaHCO_3$溶液中滴加 1 滴酚酞，对比颜色。再加热 $NaHCO_3$溶液，冷却后对比颜色的变化，如图 3 所示。现象及结论如下：

1）等浓度的 Na_2CO_3溶液和 $NaHCO_3$溶液，前者碱性强，颜色深；

2）$NaHCO_3$溶液加热后，颜色变深，加热过程中有气泡产生，冷却后溶液颜色变浅，但比加热前深，得出结论：$NaHCO_3$溶液在受热后可以分解。

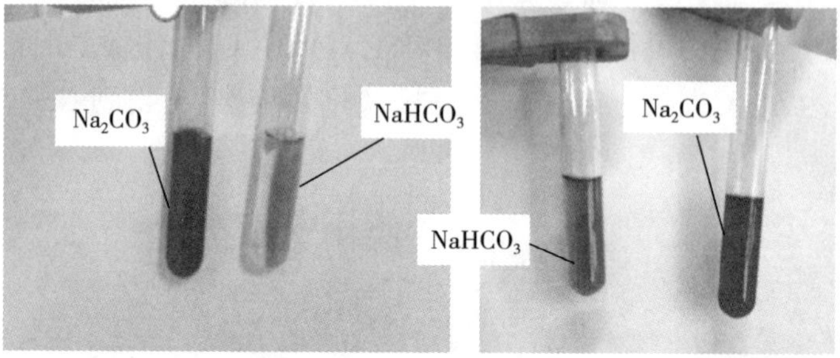

加热前颜色对比　　　　　　加热后颜色对比

图 3　向 Na_2CO_3和 $NaHCO_3$溶液中滴加酚酞溶液

引导学生从平衡常数和吉布斯自由能的角度进行理论分析。计算 25 ℃时 $NaHCO_3$在溶液中分解的平衡常数及吉布斯自由能，计算过程如下：

$H_2CO_3+H_2O \rightleftharpoons H_3O^++HCO_3^-$　　$Ka_1=4.30\times10^{-7}$

$HCO_3^-+H_2O \rightleftharpoons H_3O^++CO_3^{2-}$　　$Ka_2=5.61\times10^{-11}$

$2HCO_3^- \rightleftharpoons CO_3{}^{2-}+H_2CO_3$　　$K_1=Ka_2/Ka_1=1.3\times10^{-4}$

$H_2CO_3(aq) \rightleftharpoons H_2O(l)+CO_2(g)$　　$K_2=29.3$

$2HCO_3^-(aq) \rightleftharpoons H_2O(l)+CO_3^{2-}(aq)+CO_2(g)$　　$(K=K_1\times K_2=3.8\times10^{-3})$

根据 $\Delta G=-RT\ln K$，得出：

$14.4\times10^3=-2.303\times8.314\times298\times\lg K$，$\lg K=14.4/(-5.71)=-2.52$，计算出 $K=3.0\times10^{-3}$（对照从平衡常数角度计算的 K，二者差距很小），依据空气中 CO_2的体积分数约为 0.03%，得出：

$\Delta G=\Delta H-T\Delta S+RT\ln[P(CO_2)/P_0]=27\ 501-T\times44.35+8.314\times T\times\ln0.000\ 3=27\ 501-111.79T$

当 $\Delta G<0$ 时，即 $T>246$K（-27 ℃）时反应能自发进行，即反应 $2HCO_3^-(aq) \rightleftharpoons H_2O(l)+CO_3^{2-}(aq)+CO_2(g)$在常温下就可以自发进行。

（3）方案 3：分别向 0.1 mol/L 的 $NaHCO_3$溶液和 0.1 mol/L 的 Na_2CO_3溶液中滴加 5 滴 $CaCl_2$溶液，观察现象，加热 30 s，再进行现象观察。发现在 $NaHCO_3$溶液中滴加 $CaCl_2$溶液的过程中，刚加入时没有明显实验现象，10 s 后能看到溶液变轻微浑浊，继续加热，浑浊程度增大，几乎和在 Na_2CO_3溶液中滴加 $CaCl_2$溶液的实验现象一样，如图 4 所示。

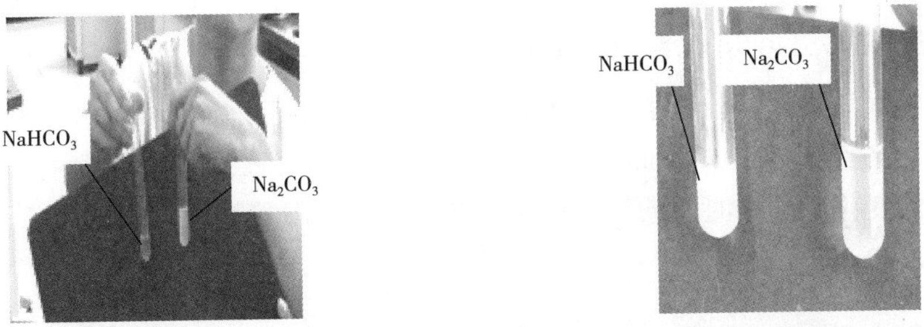

加热前　　　　加热后

图 4　向 Na_2CO_3溶液和 $NaHCO_3$溶液中滴加 $CaCl_2$溶液现象对比

（4）方案 4：将 $NaHCO_3$固体分别投入常温的蒸馏水和加热至沸腾的蒸馏水中，对比产生气泡的多少。实验现象是 $NaHCO_3$ 固体加入沸水中有大量的气泡产生，而常温水中则无变化。得出结论：$NaHCO_3$固体受热可以分解。学生看到实验现象后又设计了简易方案，将 $NaHCO_3$固体加入气球中，试管中放入热水，将装有 $NaHCO_3$ 固体的气球加入试管中，气球略微膨胀、直立，如图 5 所示。

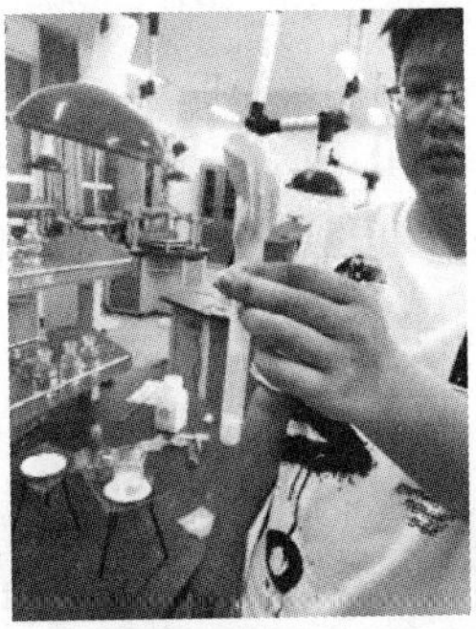

图 5　将装有 $NaHCO_3$固体的气球加入装有热水的试管中

（5）方案 5：将 5 mL 0.1 mol/L $NaHCO_3$溶液加热 1 min，冷却至室温，用 0.1 mol/L 的盐酸滴定，通过 pH 传感器观察溶液 pH 的变化，如图 6 所示。由图 6 可以看出，曲线出现较为明显的双突跃，证明 $NaHCO_3$溶液受热可以分解。

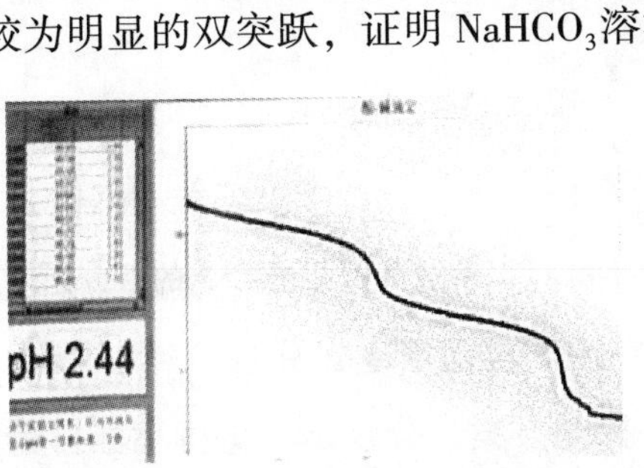

图 6　用盐酸滴定加热后的 $NaHCO_3$溶液的 pH 变化曲线

（三）探究 $NaHCO_3$ 溶液常温分解

实验教学过程共设计了 3 个实验方案进行探究论证。

（1）方案 1：在 0.1 mol/L $NaHCO_3$ 溶液中滴加酚酞，放置一段时间，观察溶液颜色的变化。不同时间的实验现象如图 7 所示。随着静置时间的延长，溶液颜色不断加深。

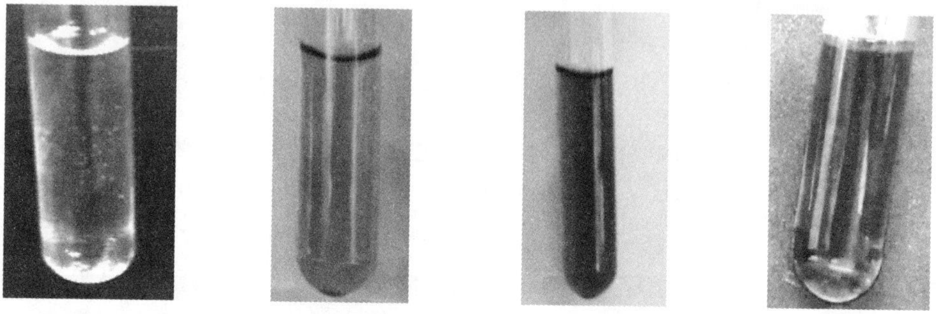

刚加入　　4 h 后　　24 h 后　　84 h 后

图 7　$NaHCO_3$ 溶液中滴加酚酞后不同时间的溶液颜色

（2）方案 2：向 0.1 mol/L $NaHCO_3$ 溶液中加入 $CaCl_2$ 溶液，放置 30 s 后，可以看到溶液轻微变浑浊；5 min 后浑浊程度加深；静置，底部生成少些沉淀，上层溶液澄清。有学生取 3 天前配制的 0.1 mol/L 的 $NaHCO_3$ 溶液，向其中加入 $CaCl_2$ 溶液，发现加入后溶液立即变浑浊。可见，$NaHCO_3$ 溶液必须现配现用。

（3）方案 3：连接二氧化碳传感器，通过测定 CO_2 的百分比浓度来探究常温下 $NaHCO_3$ 溶液的分解情况。数据显示，常温下静置 12 min 左右，$NaHCO_3$ 分解产生的 CO_2 的量已经达到传感器测量的最大值，如图 8 所示。

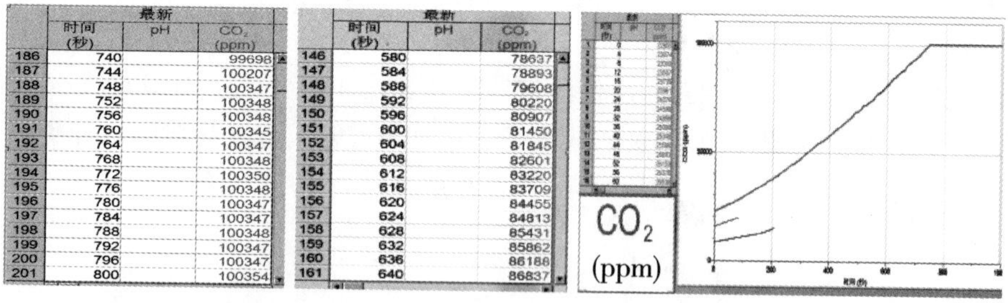

	最新		
	时间（秒）	pH	CO_2 (ppm)
186	740		99698
187	744		100207
188	748		100347
189	752		100348
190	756		100348
191	760		100345
192	764		100347
193	768		100348
194	772		100350
195	776		100348
196	780		100347
197	784		100347
198	788		100348
199	792		100347
200	796		100347
201	800		100354

	最新		
	时间（秒）	pH	CO_2 (ppm)
146	580		78637
147	584		78893
148	588		79608
149	592		80220
150	596		80907
151	600		81450
152	604		81845
153	608		82601
154	612		83220
155	616		83709
156	620		84455
157	624		84813
158	628		85431
159	632		85862
160	636		86188
161	640		86837

图 8　常温下 $NaHCO_3$ 溶液分解产生 CO_2 的百分比浓度数据和曲线

（四）学生课后探究小苏打溶液受热分解

活动共设计了 3 个探究方案，分别是：①将小苏打粉末分别加入常温水和热水中，对比现象；②小苏打溶液中加入可溶性补钙剂，观察现象，加热后再观察；③将自制花青素指示剂加入小苏打溶液中，观察现象，加热后再观察。

学生从定量和定性等多角度设计实验并顺利地完成了实验活动，得出了明确的实验结论。$NaHCO_3$固体在常温下稳定，加热至 60 ℃左右时开始分解，完全分解时的温度为 270 ℃左右；$NaHCO_3$溶液常温下就可以分解，加热后分解得更快。学生课后探究实验的报告单如图 9 所示。

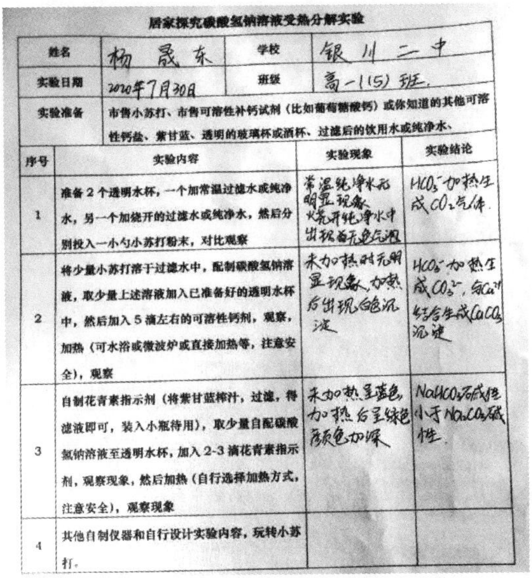

居家探究碳酸氢钠溶液受热分解实验

姓名	杨晟东	学校	银川二中
实验日期	2020年7月30日	班级	高一(5)班
实验准备	市售小苏打、市售可溶性补钙试剂（比如葡萄糖酸钙）或你知道的其他可溶性钙盐、紫甘蓝、透明的玻璃杯或酒杯、过滤后的饮用水或纯净水、		
序号	实验内容	实验现象	实验结论
1	准备 2 个透明水杯，一个加常温过滤水或纯净水，另一个加烧开的过滤水或纯净水，然后分别投入一小勺小苏打粉末，对比观察	常温纯净水无明显现象，烧开纯净水中出现着无色气泡	HCO_3^-加热生成CO_2气体.
2	将少量小苏打溶于过滤水中，配制碳酸氢钠溶液，取少量上述溶液加入已准备好的透明水杯中，然后加入 5 滴左右的可溶性钙剂，观察，加热（可水浴或微波炉或直接加热等，注意安全），观察	未加热时无明显现象，加热后出现白色沉淀	HCO_3^-加热生成CO_3^{2-}，与Ca^{2+}结合生成$CaCO_3$沉淀
3	自制花青素指示剂（将紫甘蓝榨汁，过滤，得滤液即可，装入小瓶待用），取少量自配碳酸氢钠溶液至透明水杯，加入 2-3 滴花青素指示剂，观察现象，然后加热（自行选择加热方式，注意安全），观察现象	未加热呈蓝色，加热后呈绿色颜色加深	$NaHCO_3$碱性小于Na_2CO_3碱性.
4	其他自制仪器和自行设计实验内容，玩转小苏打。		

图 9　学生课后探究实验的报告单

七、实验效果评价

本次实验从学生的疑问开始，设计实验并探究论证，在探究过程中又出现了预想以外的现象，学生继续设计实验并探究论证。实验设计丰富且现象明显，利用数字化实验与传统实验相结合，定性与定量角度相结合，实验现象明显、数据准确。探究过程中，培养学生提出问题、实验设计和动手能力及证据推理能力，形成科学探究与创新意识，激发和提升了学生学习化学的兴趣。素养外显、探究精彩，反复评价、不断修订、层层推进，培养了学生的高阶思维能力。

传感技术用于压强对化学平衡影响的实验探究

黑龙江省实验中学　李海秋

一、使用教材

人教版高中《化学选修4　化学反应原理》第二章第三节“化学平衡”。

二、实验器材

温度传感器、压强传感器、注射器、二氧化碳、氮气、二氧化氮。

三、实验创新要点/改进要点

（一）教材实验的不足

（1）人教版高中《化学选修4　化学反应原理》第二章第三节中，利用重铬酸根和铬酸根的转化实验、三价铁离子和硫氰根的显色实验讨论浓度对化学平衡的影响，利用经典的平衡球实验讨论温度对化学平衡的影响，但是在教材中没有关于压强影响化学平衡的探究实验。

（2）压强作为化学平衡重要的影响因素，在书中仅以结论的形式阐述。在没有实验作为支撑的教学中，学生对于此处知识的理解有很大提升空间。

（3）在很多公开教学和交流资料中，在讨论压强对化学平衡的影响时，没有考虑到同时发生的温度变化会对化学平衡产生影响，实验的原理不够科学。

（二）实验改进

（1）本实验从原理上对探究压强和化学平衡关系的实验进行了改进，成功地排除了在改变体积时所引起的温度变化对化学平衡的影响。

（2）运用传感技术直观、客观、科学地呈现出压强与化学平衡的关系，完成了从宏观辨识到微观探析的探究，填补了教材中的实验空白。在探究中，加深了学生对学科知识的理解。

（3）教学过程中，采用定量分析、控制变量和对照实验等研究方法，提升了学生探究问题的能力。

四、实验原理

利用传感器测量改变二氧化氮体积过程中压强和温度两个物理量的数据，发现在迅速改变压强的过程中温度也同时发生了变化。为了使探究压强因素的实验更为科学和严谨，改进实验如下。

（1）选取无平衡气体进行对照实验。

无平衡气体选择稳定的氮气和二氧化碳，分别对两种气体进行压缩和扩容实验，读取稳定后的压强示数，压强的变化几乎相同。二氧化氮体系在常温下就存在可逆反应，故而选取 $2NO_2$（g）$\rightleftharpoons$ N_2O_4（g）平衡体系作为研究对象，讨论压强对该平衡体系的影响。对二氧化氮体系进行相同的压缩和扩容实验，实验组二氧化氮体系的压强变化与对照组的压强变化有明显区别。

（2）结果分析。

在进行相同的操作时，二氧化氮实验组的数据与氮气、二氧化碳对照组的实验数据有明显的不同。据此，能够判断平衡受压强因素的影响，即在改变压强时，二氧化氮的平衡体系发生了移动。通过对具体数据的分析，判断平衡的移动方向。

在压缩体积使压强增大时，二氧化氮体系稳定后压强要小于两个对照组的压强。说明在相同条件下，体系内的气体分子数减少，以此判断平衡向着气体分子数减少的方向移动。增大体积减小压强时，二氧化氮体系的最终压强大于两个对照组的压强。说明在减小压强时，二氧化氮体系内气体分子数变多，所以压强大于两个对照组。据此可知，压强减小平衡向着气体分子数变多的方向移动。改进实验科学地排除了压缩或扩容时温度变化对化学平衡的影响，用数据证明了压强对化学平衡状态的影响。

五、实验教学目标

（1）教学目标：通过实验探究压强对化学平衡的影响，讨论、归纳压强对化学平衡的影响规律。通过对实验不断地改进和修正，学生更好地掌握了控制变量、空白对照等重要的实验方法。

（2）评价目标：诊断并发展学生设计实验、进行实验探究的能力。诊断学生宏观和微观相结合及分析问题的能力。诊断学生数据处理能力、证据推理能力以及对重要的实验方法的运用能力。

六、实验教学内容

本节课是学习了勒夏特列原理之后的拓展探究。利用传感器技术探究压强对化学平衡的影响，采用科学的方法排除实验过程中温度变化对化学平衡的影响。通过对实验数据的科学分析，验证压强对化学平衡的影响以及改变压强时平衡的移动方向。紧扣勒夏特列原理，加深学生对知识的理解。

七、实验教学过程

实验教学过程分为 4 个环节：汇报展示分组实验—改进实验方案—分组实验—结果分析。

（一）小组汇报课前探究实验

（1）第一小组的实验：利用注射器进行实验，讨论压强对化学平衡的影响。

第一小组采用传统的注射器进行实验，通过压缩和扩容来改变压强。迅速增大压强时，气体颜色先迅速变深，后逐渐变浅，说明平衡向着生成无色四氧化二氮的方向移动。增大容器体积减小压强，气体颜色迅速变浅，后逐渐变深，颜色变深说明体系中二氧化氮的浓度增大，平衡向着生成二氧化氮的方向移动，如图 1、图 2 所示。实验仪器方便易得，操作简便，但证明平衡移动的现象不明显。

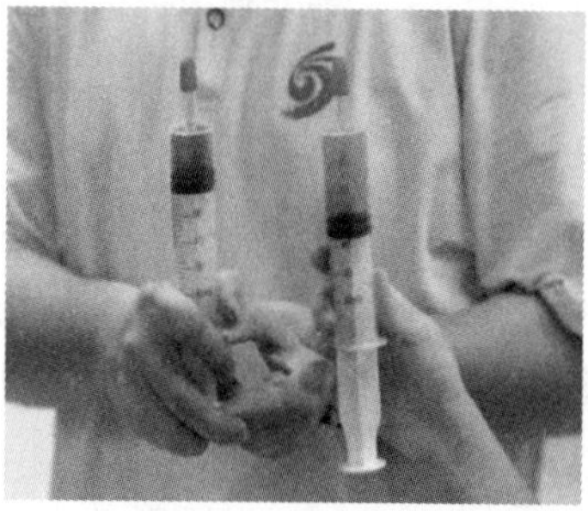

图 1　学生演示增大压强实验

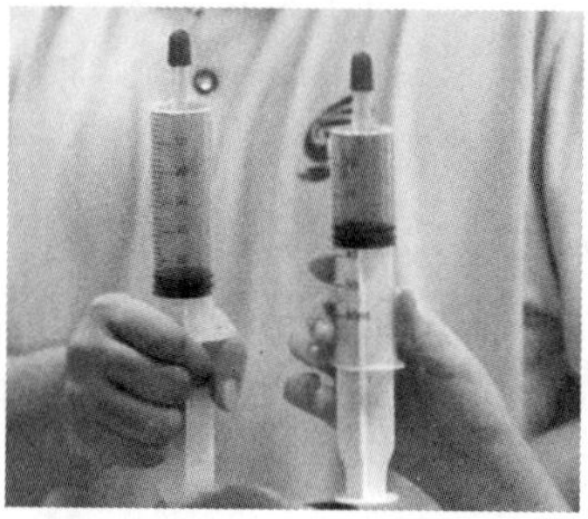

图 2　学生演示减小压强实验

（2）第二小组的实验：利用压强传感器进行实验探究，讨论压强对化学平衡的影响。

第二小组的同学借鉴了第一小组的实验，采用注射器进行实验。为了更科学地呈现实验结果，实验中使用传感器测量压强的具体数值，实现了从定性到定量实验的突破。如图 3 所示，注射器迅速压缩时，体系压强先变大，后略有减小。小组同学认为压强的减小是因为体系气体中分子数减少。说明迅速压缩后，平衡向着气体分子数减少的方向移动。如图 4 所示，增大体积减小压强时，体系压强先迅速减小，随后略有增大。压强的小幅度增大，说明体系内气体分子数有所增加，证明了减小压强平衡向着气体分子数增多的方向移动。

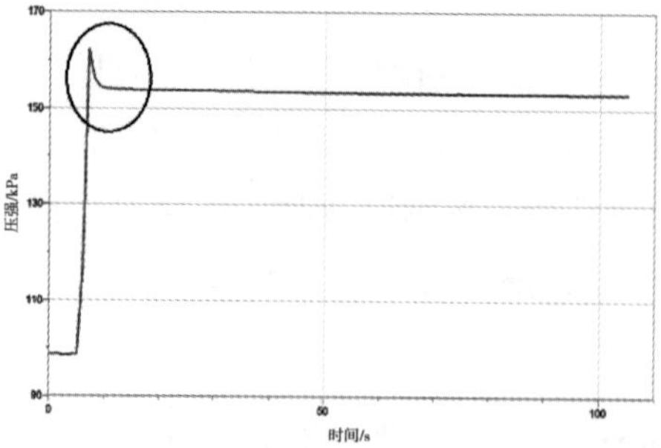

图 3　迅速压缩时压强随时间变化的图像

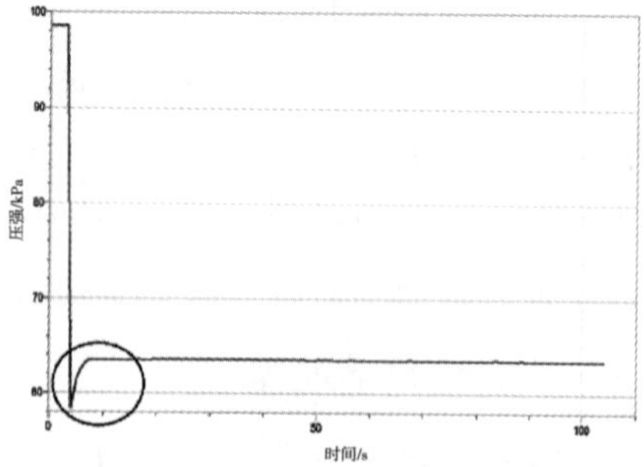

图 4　增大体积时压强随时间变化的图像

第二小组在实验中引入了压强传感器，将第一小组的定性实验转变为定量实验。

（3）第三小组的实验：关注实验异常现象，发现问题。

第三小组在进行实验时，与第二小组最初的实验设想相同，采用压强传感器测定压强，判断压强对化学平衡的影响。但是，小组同学无意中测量了改变空气体积时的压强变化，也出现了与第二小组类似的图像，如图 5 所示。

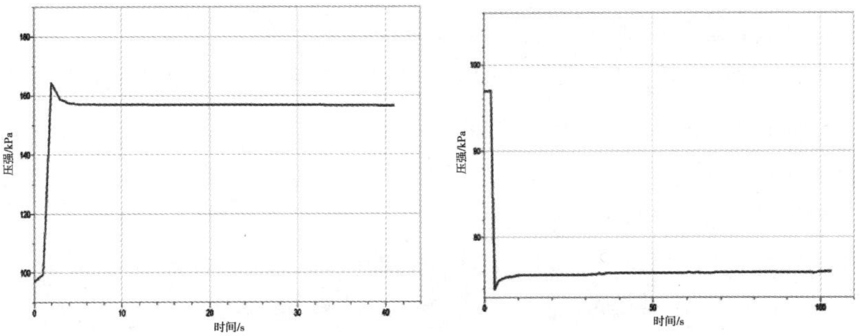

图 5　改变空气体积时压强变化的图像

这一异常现象的出现大大激发了学生的探究热情。空气虽然是混合物，但是属于很稳定的体系，改变压强为何会出现类似的图像？小组同学查阅了资料，未发现空气中存在明显的可逆反应。经过讨论，结合物理知识，同学猜测会不会因为在压缩和扩容过程中存在做功以及摩擦，导致温度变化？带着这个问题，小组同学实际测量了体积改变过程中的温度变化，证实了他们的猜测。在改变体积的过程中，温度也发生了变化。同时，小组同学测量了改变二氧化氮体系压强时，即压缩和扩容过程中的温度变化，体积从 50 mL 压缩至 30 mL 左右，温度会升高 0.3 ℃~0.4 ℃（见图 6）。同时，迅速增大体积使压强减小，温度会降低 0.2 ℃~0.3 ℃。

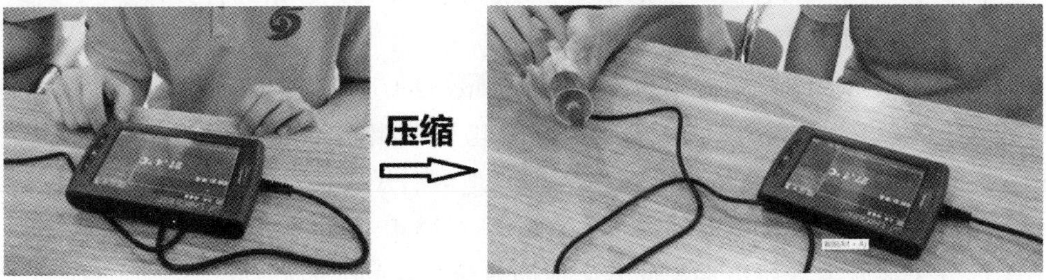

图 6　压缩体积时温度变化

第三小组的同学捕捉到实验中的异常现象，经过质疑和讨论，设计实验进行验证。细心的他们发现了一个重要问题，要想成功证明压强对化学平衡产生影响，先要排除温度对该实验的影响。需要合理设计实验方案，使实验过程中只存在压强一个变量。

（二）讨论修正实验方案

（1）学生在课前查阅到关于二氧化氮平衡体系的重要信息。该反应是一个快速反应，条件改变时会在很短的时间内建立新的平衡，新平衡建立的时间大概只需 10^{-6} s。结合反应的特点，学生提出实验改进方案。

（2）通过分组讨论，从实验原理到实验细节进行了改进和细化。既然在改变体积的过程中温度会随着变化，那么可以在压强不再变化后读取压强数值，并将这一数值与无平衡体系的压强数值作对比，以此判断二氧化氮体系中的化学平衡是否在改变压强的过程中发生移动。

（3）空气是混合体系，有同学提出使用单一、稳定气体作参照更科学。因此，选择氮气和二氧化碳两种气体。通过这两组数据的对比，首先确定不论何种气体在不发生可逆反应的条件下改变相同体积时，压强变化是否相同；再用其数据与二氧化氮体系数据进行对比，提高实验的科学性。

（4）鉴于不同注射器的摩擦系数不同可能带来误差，因此实验中用同一只注射器先完成对照组的实验，再完成对实验组二氧化氮体系的测定，最大限度减小实验误差。对使用的注射器进行改造，准确控制体积的变化量，以达到精准控制压强变化的目的。

（三）分组实验

实验方案确定后，各组开始进行分组实验，教师在此过程中给予有针对性的指导，协助学生从储气袋中取用气体，正确使用传感器采集数据。

（四）汇报实验数据，对实验数据进行分析

（1）实验结束后，由学生汇报实验数值，并对实验数据进行分析。

1）压缩实验的数据，如表 1 所示。

气体体积由 50 mL 压缩至 30 mL，记录最后的压强。从数据可以分析出，氮气和二氧化碳在压缩相同体积时，压强变化几乎相同。二氧化氮体系体积也由 50 mL 压缩至 30 mL，使体系压强增大，但是最后压强数值明显小于两组对照实验。经分析，二氧化氮体系最终的压强小于对照组，说明在温度不变的情况下，体系内分子数减少，所以平衡向着生成四氧化二氮的方向移动。

表 1　压缩实验的数据

压缩实验	实验 1	实验 2	实验 3
N_2	157. 7 kPa	157. 4 kPa	157. 6 kPa
CO_2	157. 6 kPa	157. 4 kPa	157. 7 kPa
NO_2	152. 6 kPa	152. 3 kPa	152. 7 kPa

2）扩容实验的数据，如表 2 所示。

气体体积由 30 mL 扩容至 50 mL，记录最后的压强。从数据可以分析出，氮气和二氧化碳在改变相同体积时，压强变化几乎相同。而二氧化氮体系体积也由 30 mL 改变至 50 mL 时，相当于减小体系的压强，最终压强数值大于两组对照实验。经分析，在温度不变、减小压强时体系内分子数增多，平衡向着生成二氧化氮的方向移动。

表 2　扩容实验的数据

扩容实验	实验 1	实验 2	实验 3
N_2	61. 7 kPa	61. 4 kPa	61. 5 kPa
CO_2	61. 7 kPa	61. 3 kPa	61. 6 kPa
NO_2	63. 0 kPa	62. 9 kPa	63. 0 kPa

（2）通过实验验证了压强对二氧化氮平衡体系的影响：改变压强，平衡发生移动。

八、实验效果评价

（1）实验运用传感器直观、客观、科学地呈现出压强与化学平衡的关系，实现了教学与信息技术的完美融合；实现了微观变化可视化、实验数据科学化、课堂教学高效化；完成了从宏观辨识到微观探析的探究；填补了教材中的实验空白，也加深了学生对学科知识的理解。

（2）教学过程中，采用定量分析、控制变量和对照实验等科学研究方法，提升了高中生探究问题的能力，启迪科学思维，训练科学方法，培养科学态度。在教学过程中，引导学生关注实验细节，提升综合分析实验数据的能力。在学习中，发展学生团队合作、勇于质疑、勤于反思的综合能力，发展了学生化学学科核心素养。

看得见的可逆反应

南昌市第二中学　彭志伟

一、使用教材

人教版高中《化学选修4　化学反应原理》第二章第三节“可逆反应”。

二、实验器材

（1）氯气与水的反应。

仪器：氯气传感器、氯离子传感器、三颈烧瓶、胶圈、铁架台、螺口注射器、玻璃注射器、三通阀。

药品：高锰酸钾、浓盐酸、饱和氯化钠溶液、蒸馏水。

（2）盐酸与次氯酸的反应。

仪器：氯气传感器、氯离子传感器、三颈烧瓶、胶圈、铁架台、螺口注射器、三通阀。

药品：次氯酸钠溶液、稀硫酸、盐酸。

三、实验创新要点

（1）借助氯气传感器和氯离子传感器，通过数据的变化，让原本看不见的氯离子等微粒的含量变化成为看得见的曲线变化，让可逆反应的“可逆性”“有限性”等特征，从抽象变为直观，浅显易懂，破解可逆反应的疑惑，为后续化学平衡的学习减轻难度。

（2）利用“三通阀+注射器”的组合，简化实验装置，方便实验操作，定量制备气体；利用该组合，改进二氧化硫等物质性质的检验实验，实验现象可控，效果明显。该装置组装、拆卸简单，药品用量少，废气、废液处理方便。

四、实验设计思路

化学平衡，是高中化学的难点。可逆反应是化学平衡的前提，高中《化学选修4》第二章第三节对可逆反应的表述，是以“溶解—结晶”这一物理变化进行举例，并没有从化学角度加以分析，无疑加大了学生对可逆反应的学习难度。追本溯源，可逆反应早在高中《化学必修1》中就已呈现，概念最早出现在高中《化学必修1》第四章第三节“二氧化硫与水的反应”，但更早的“氯气与水的反应”就已经涉及可逆反应了。

为了让学生能更好地理解可逆反应，教师借助数字化设备，让氯气与水的可逆反应中各物质的变化过程以直观的数据呈现，帮助学生理解可逆反应的特点，解决学习中的疑惑。同时，利用“三通阀+注射器”的组合定量制备气体，激发了学生的兴趣，培养学生的实验创新意识。

五、实验教学目标

（1）直观地理解可逆反应的可逆性、有限性等特点。

（2）能够根据需要，选择合适的仪器，对所要研究的实验进行设计和装置组装。

（3）提升“科学探究”“宏微辨识”“平衡思想”“创新意识”等学科核心素养。

六、实验教学内容

（1）实验设计。

可逆性：设计两个反应，一个是氯气与水反应，另一个是 HCl 与 HClO 反应。

有限性：第一个反应中，氯气少量，但最终仍检测到氯气剩余；第二个反应中，HCl 少量，但仍检测到氯离子剩余。

（2）实验探究一：氯气与水的反应。

对实验装置进行设计，利用“三通阀+注射器”的组合定量制备氯气，观察传感器数据的变化。

（3）实验探究二：HCl 与 HClO 的反应。

设计实验装置，进行实验，并通过传感器观察实验数据的变化。

（4）学生对实验效果进行评价。

（5）学生利用“三通阀+注射器”组合设计系列改进实验。

七、实验教学过程

实验教学过程包含 4 个环节。

（1）第一个环节：实验设计。

氯气与水的反应是可逆的，特征是可逆性和有限性，这些抽象的特征是否能通过实验证明呢？有同学提出可逆性可以设计两个实验进行验证：氯气与水的反应，以及 HCl 与 HClO 的反应，并检验相应的产物。对于可逆反应的有限性的实验验证，有学生提出可以控制某个反应物用量少，最后检测它是否仍有剩余。明确了探究方向后，师生共同决定要做两个实验进行验证。

（2）第二个环节：探究氯气与水的反应。

探究氯气与水的反应，教师采用氯气传感器和氯离子传感器检验是否生成氯离子，以及氯气是否有剩余。这时有同学提出：“为什么要用传感器呢？直接用硝酸银检验氯离子、淀粉碘化钾试纸检验残余氯气不就可以了吗?”真的可以吗?经过思考后，有同学提出反对意见：“我们根本就不知道什么时候反应才结束，就算淀粉碘化钾试纸变蓝了，也说不清楚是因为可逆反应的有限性，还是因为氯气仍在反应。”

明白了这个问题后，同学们分小组讨论，利用两个传感器，设计了如图 1 所示的装置。

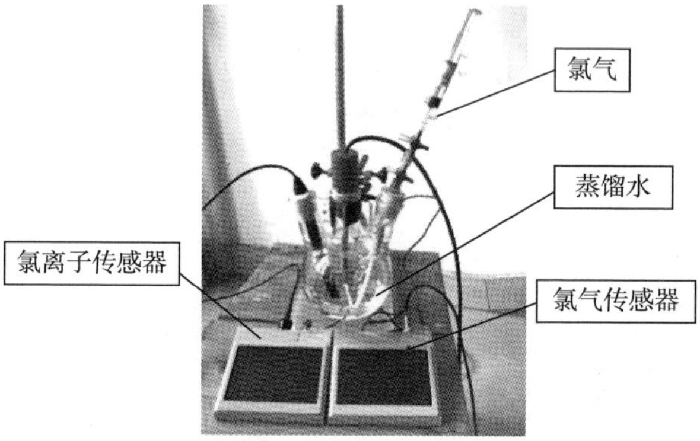

图 1　学生设计的氯气与水反应的装置

各小组设计的装置大同小异，但对试剂用量的描述不一样，有的小组写的是氯气少量、水足量。在此，教师提出做实验一定要进行定量研究，不能含含糊糊，少量究竟是多少?有的小组设计的是 100 mL 水和 2 mL 氯气，这就非常好。但是该如何定量制备 2 mL 氯气呢?常规办法是用分液漏斗和圆底烧瓶，但组装麻烦，不易控制，更难定量制备氯气。如何更简单地定量制备氯气呢?教师讲解了三通阀的工作原理后，在桌子上放了一些三通阀和注射器，由学生动手设计了各种组合。

经过对比，师生选择了如图 2 所示的装置，其中 3 号试剂饱和次氯酸钠起到什么作用呢?同学回答是为了除掉氯化氢，避免对后面对氯离子检测造成干扰。

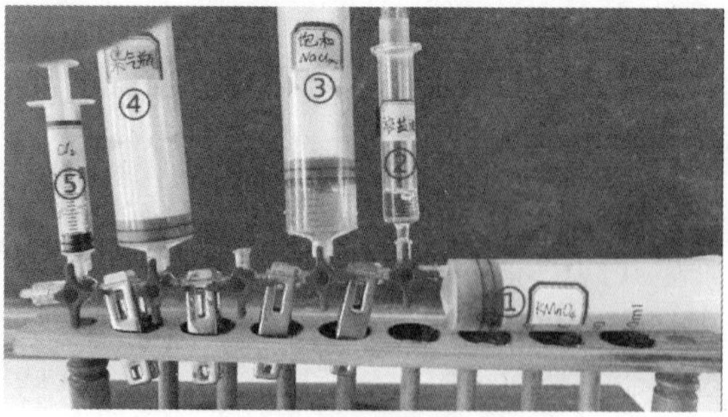

图 2　学生设计的定量制备氯气装置

（3）第三个环节：演示氯气与水的反应。

1）得到 2 mL 氯气后，开始氯气与水的反应。打开传感器，通入氯气。通过氯离子传感器记录氯离子含量的变化曲线（见图 3），随着反应时间的增加，氯离子含量逐渐稳定，不再增加。图 4 所示为氯气传感器的数据变化，由数据显示可知：确实生成了氯离子，也有氯气剩余，验证了可逆反应的有限性。同时，教师结合数据曲线最终维持不变、反应物和生成物共存的现象，指出这是可逆反应独有的平衡状态。同学们对化学平衡有了直观的感受，为后续的学习打下基础。

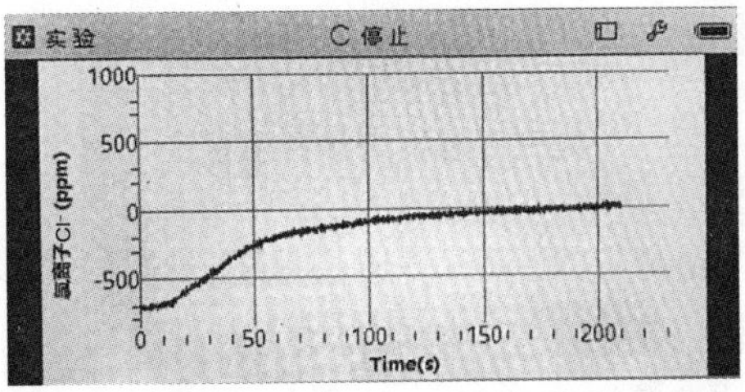

图 3　氯离子传感器记录的数据变化曲线

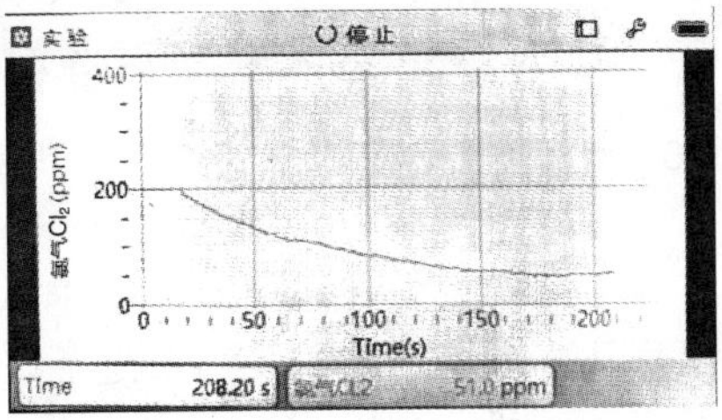

图 4　氯气传感器记录的数据变化曲线

2）继续探究第二个实验：HCl 与 HClO 的反应。要求检查是否生成氯气，以及是否有氯离子剩余。由于前面的铺垫，同学们很快就设计出了如图 5 所示的实验装置。

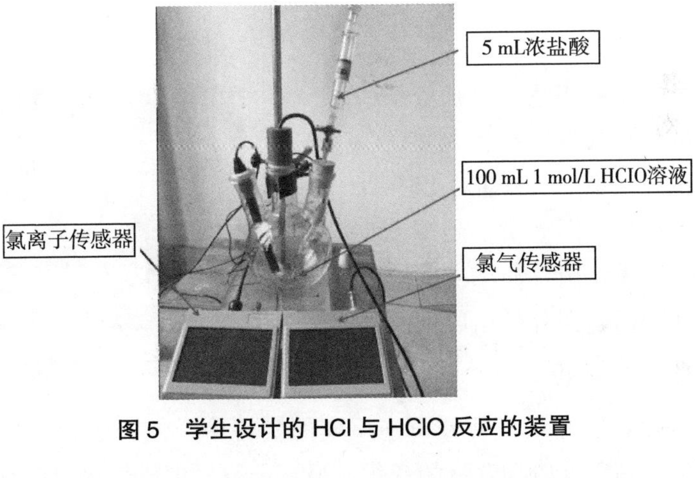

图 5　学生设计的 HCl 与 HClO 反应的装置

实验选用的是 HClO 溶液，教师指出实验室没有现成的 HClO 溶液，该怎么解决这个问题呢？有同学提出，可以用次氯酸钠溶液和硫酸混合，想法非常好。由这位同学演示了 HCl 与 HClO 反应的实验，两个传感器的数据如图 6 和图 7 所示。有同学提出疑问：氯离子传感器的数据为什么不是先上升后下降？经过讨论分析，总结出氯离子传感器探头检测氯离子是有一个过程的，在此过程中，氯离子就已经在和次氯酸根离子反应，所以没有出现先升后降的趋势。重复该实验也没有看到曲线先升后降。

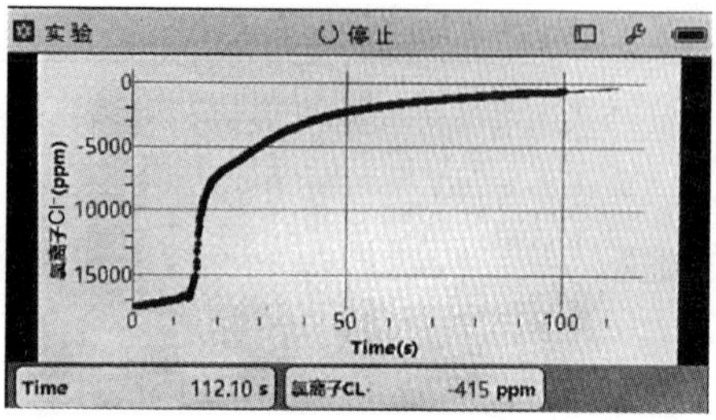

图 6　氯离子传感器记录的数据变化曲线

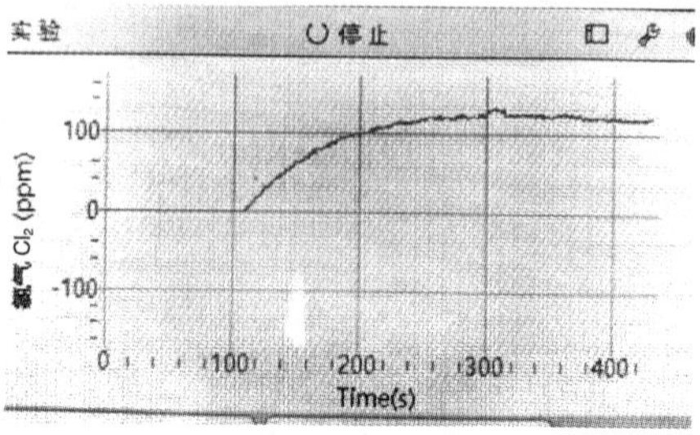

图 7　氯气传感器记录的数据变化曲线

通过这两个实验，学生能够很直观地感受可逆反应的可逆性和有限性，实验取得了很好的效果。实验结束之后，教师顺势指出生活中洁厕灵和 84 消毒液不能放在一起混用，会产生氯气。为什么呢？原理与该实验一致，体现知识与生活的联系。

（4）第四个环节：效果反馈。

实验结束后，教师让学生分享这节课的收获。有同学指出："氯离子本来是看不见的，但通过传感器却可以把它的含量变化表现出来，让我们用眼睛就能看得见可逆反应的特点，很直观。另外，三通阀和注射器的组合也很有意思，它还可以改进很多实验。"

对于这位同学的想法，教师给予了肯定，并鼓励其找其他感兴趣的同学一起去探究。探究结束后，探究小组在课上进行了成果汇报，图 8 所示是探究小组设计的探究二氧化硫性质的实验装置图，实现了从课内到课外的拓展延伸。

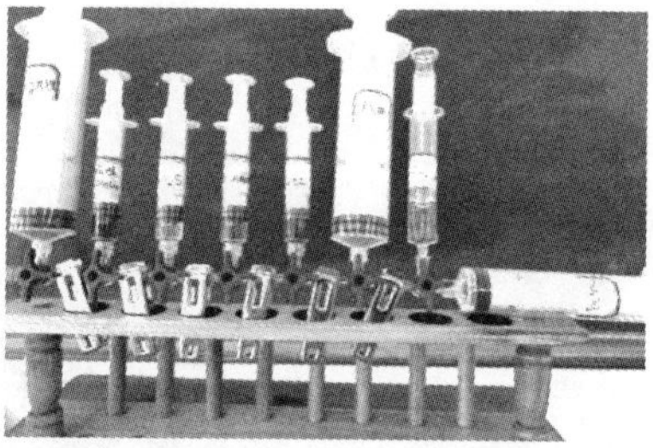

图 8　学生设计的二氧化硫性质检验的改进实验

八、实验效果评价

（1）在利用数字化设备研究可逆反应的实验中，使用了氯气传感器和氯离子传感器，一个测量反应物含量的变化，另一个测量生成物含量的变化，将微观变化可视化，让学生感受到信息技术给科学研究带来的便利。与此同时，学生更加直观地理解了可逆反应的可逆性和有限性两个特点。

借助数字化设备，注重实验的定量研究，逐步培养学生养成"发现问题—设计方案—实验探究—分析现象—得出结论"的理科思维，培养学生科学探究、宏观辨识和微观探析、平衡思想和创新意识等学科核心素养。

（2）同学们也归纳了几条对“三通阀+注射器”组合装置的评价：

1）仪器轻便，组装和拆卸都很简单。

2）装置易于控制，气体制备随用随停，性质检验互不干扰，实验现象也可以控制。

3）气密性好，没有泄漏。

4）实验进行方向不单一，可以从左往右，也可以从右往左，灵活自如。

5）药品用量少。

6）废气、废液处理很方便，可以在装置内进行。

九、实验教学反思

（1）现代的信息技术应用于化学研究，无论对教师还是对学生都起到了很大的帮助。通过传感器数据的变化，让原本看不见的氯离子等微粒含量的变化成为看得见的曲线变化，从而让很抽象的可逆反应成为可视化的可逆反应。

（2）这节课的主题是可逆反应的研究，通过传感器的使用，取得了很好的效果。但更让教师惊喜的是，学生在“三通阀+注射器”的组合上产生的兴趣，激发他们改进了一系列的实验，真正提升了学生的实验创新意识。

（3）教师感叹：教育真的就是点燃一团火，点燃之后，火就会自己一直烧下去。

醋酸电离平衡随温度的变化

湖南省长沙市第一中学　江明郡

一、使用教材

人教版高中《化学选择性必修 1　化学反应原理》第三章第一节“电离平衡”。

二、实验器材

仪器：pH 计、恒温槽装置、5 mL 移液管、小烧杯、100 mL 容量瓶、玻璃棒。

药品：重蒸馏水、1 mol/L 醋酸溶液。

三、实验创新要点

（1）探究性实验验证已有知识，串联已有知识进行分析。

（2）一次实验数据多次应用，充分发掘实验的潜能。

（3）实时生成所需数据和对应图像，数形结合进行具象化分析。

四、实验原理/实验设计思路

醋酸的电离程度有多个衡量指标，如电离平衡常数、电离度，对于等浓度的醋酸溶液还可以用 pH 衡量。由于电离平衡常数的测定需要非常精密的仪器，且在一定温度范围内其数值随着温度的变化并不明显，容易存在较大误差。因此，在本实验中使用 pH 和电离度来衡量醋酸的电离程度，并用 pH 和电离度的相对大小来评价平衡的移动方向。

本实验用 pH 计测定不同温度、不同浓度的醋酸溶液的 pH，由于涉及的数据较多，因此，采用绘制 pH-T 图来对比醋酸的电离程度随温度的变化。

五、实验教学目标

（一）教学目标

（1）通过初步测定醋酸的电离平衡常数，分析平衡常数随温度的变化趋势，引导学生提出问题，发展质疑精神。

（2）联系已有知识分析实验结果，发展学生的证据推理能力。

（3）设计实验验证自己的猜想，发展学生的实验探究能力和创新精神。

（4）通过对两次实验数据的综合分析得到结论，打破理论和实践的壁垒，发展学生辩证认识的能力。

（5）通过实验数据与图像的转化，发展学生数形结合的思想。

（二）评价目标

（1）通过定量测定平衡常数，诊断并发展学生的实验探究水平（定量水平）。

（2）通过分析醋酸电离平衡常数随温度的变化，评价学生分析和发现问题的能力（宏观现象、微观认识）。

（3）通过设计实验方案，诊断学生对于化学实验设计模型的理解程度（视角水平、内涵水平）。

（4）通过尝试解释醋酸平衡常数随温度的变化，以及后续对于液体浓度影响实际平衡常数的解释，评价学生知识迁移的能力。

六、实验教学内容

用 pH 计测定不同温度、不同浓度的醋酸溶液的 pH，并绘制对应的 pH-T 曲线和 α-T 曲线。

七、实验教学过程

课堂上教师总结规律：一般情况下，“越热越电离，越稀越电离”。弱电解质的电离平衡随温度的升高向正向移动且电离度增大。提出问题：这个结论是否适用于所有的情况呢？可否用实验验证呢？

（一）实验验证一：醋酸溶液 pH 的测定

（1）测定不同温度下 1.0 mol/L 的醋酸溶液的平衡常数——pH 计法。

测定 1.0 mol/L 的醋酸溶液在不同温度下（使用恒温箱）的 pH，将数据填入表 1 中，并即时生成对应的数据图像（见图 1），使实验数据直观化。

表 1　学生第一次实验数据

T/℃	pH	c（H^+）/（mol/L）	c（Ac^-）/（mol/L）	α/%
10	2.81	0.001 549	0.001 549	0.15
12	2.79	0.001 622	0.001 622	0.16
14	2.71	0.001 95	0.001 95	0.19
16	2.70	0.001 995	0.001 995	0.20
18	2.69	0.002 042	0.002 042	0.20
20	2.68	0.002 089	0.002 089	0.21
22	2.65	0.002 239	0.002 239	0.22
23	2.65	0.002 239	0.002 239	0.22
24	2.64	0.002 291	0.002 291	0.23

续表

T/℃	pH	c（H⁺）/（mol/L）	c（Ac⁻）/（mol/L）	α/%
25	2.63	0.002 344	0.002 344	0.23
26	2.63	0.002 344	0.002 344	0.23
27	2.62	0.002 399	0.002 399	0.24
28	2.63	0.002 344	0.002 344	0.23
29	2.68	0.002 089	0.002 089	0.21
30	2.68	0.002 089	0.002 089	0.21
31	2.69	0.002 042	0.002 042	0.20
32	2.70	0.001 995	0.001 995	0.20
33	2.70	0.001 995	0.001 995	0.20
34	2.70	0.001 995	0.001 995	0.20
35	2.71	0.001 95	0.001 95	0.19
36	2.71	0.001 95	0.001 95	0.19
37	2.71	0.001 95	0.001 95	0.19
38	2.73	0.001 862	0.001 862	0.19
39	2.75	0.001 778	0.001 778	0.18
40	2.77	0.001 698	0.001 698	0.17
41	2.78	0.001 66	0.001 66	0.17
42	2.79	0.001 622	0.001 622	0.16
43	2.80	0.001 585	0.001 585	0.16
44	2.81	0.001 549	0.001 549	0.15
45	2.82	0.001 514	0.001 514	0.15

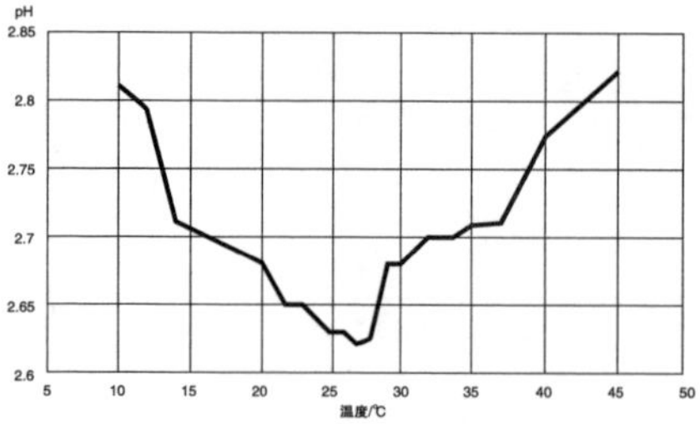

醋酸溶液 pH 随温度的变化

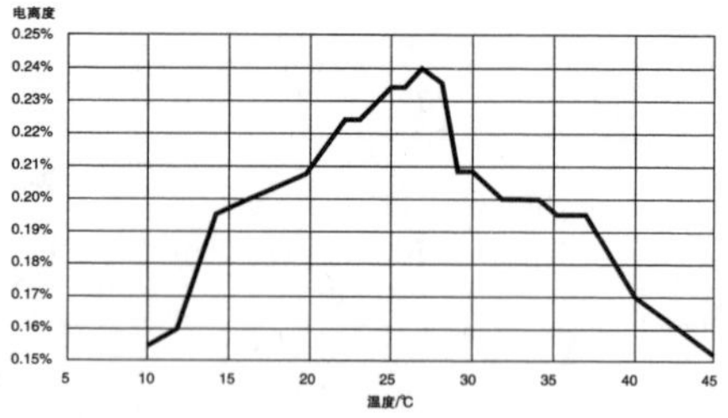

醋酸溶液电离度随温度的变化

图 1　学生第一次实验数据图像

由图 1 可以发现，醋酸的电离度随温度的变化分为 3 段：①随温度的上升电离度（电离平衡常数）上升；②在某一温度区间曲线呈平坦趋势，基本不随温度变化；③随着温度的上升，电离度（电离平衡常数）下降。

（2）推理猜想。

根据原有的结论，在只考虑分子内部的共价键时，电离可看成一个断键吸热的过程，联系已有知识：①氯化钠在水中电离的过程是断裂钠离子和氯离子间的离子键，并形成水合钠离子和水合氯离子的过程（见图 2）；②N、O、F 原子与 H 原子间易形成氢键（见图 3）。推理得出：

1）醋酸分子的电离并不是单纯的断键形成离子的过程，形成水合离子的过程是成键放热的过程，醋酸分子的电离不一定是一个放热过程。

2）氢键的断裂也需要吸收热量，但氢键断裂所需要吸收的热量受到温度和浓度的影响。温度越高，分子间存在的氢键越少，断裂所需热量越少，此吸热过程对于总过程的影响越小。

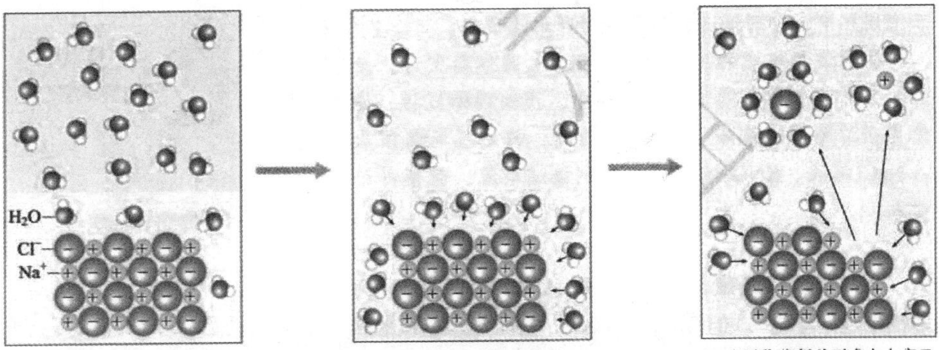

将NaCl固体加入水中　　水分子与NaCl固体作用　　NaCl固体溶解并形成水合离子

图 2　NaCl 固体在水中的溶解和形成水合离子示意图

资料卡片

分子间作用力

我们知道，分子内相邻的原子之间存在着化学键。实际上，分子之间还存在一种把分子聚集在一起的作用力，叫作分子间作用力。荷兰物理学家范德华（J.D.van der Waals，1837—1923）最早研究分子间作用力，所以最初也将分子间作用力称为范德华力。范德华力比化学键弱得多，对物质的熔点、沸点等有影响。NH_3、Cl_2、CO_2等气体在降低温度、增大压强时能凝结成液态或固态，就是由于存在范德华力。

分子间形成的氢键也是一种分子间作用力，它比化学键弱，但比范德华力强。氢键会使物质的熔点和沸点升高，这是因为固体熔化或液体汽化时必须破坏分子间的氢键，消耗较多能量。

水在液态时，除了单个水分子，还有几个水分子通过氢键结合而形成的缔合水分子$(H_2O)_n$存在。在固态水（冰）中水分子间以氢键结合成排列规整的晶体。由于冰的结构中有空隙，造成体积膨胀、密度减小至低于液态水的密度，所以冰会浮在水面上。氢键在生命现象中也起着重要的作用，如DNA的结构和生理活性都与氢键的作用有关等。

图 3　资料卡片

(3) 寻找依据。

1) 不同温度下醋酸分子电离的焓变(见表2)。

表2 不同温度下醋酸分子电离焓变

温度/℃	绝对温度/K	ΔH/(kJ/mol)
5	278	+2.75
15	288	+1.15
25	298	−0.573
35	308	−1.80
45	318	−2.81
55	328	−3.77

2) 醋酸的氢键键能为20.29 kJ/mol。

文献:醋酸的电离平衡常数随温度的变化分为3段(见图4)

T/℃	醋酸的电离平衡常数(K_a)/$\times10^{-5}$
10	1.729
20	1.753
30	1.750
40	1.703
50	1.633

图4 醋酸分子不同温度下的电离平衡常数

3) 初步推论。

当温度较低时,醋酸分子间形成大量氢键,醋酸分子的电离是一个吸热过程,此时电离平衡常数随温度的升高而增大。

当温度逐渐升高时,醋酸分子的电离过程变为放热过程,分子间的氢键逐渐减少,因此,整个过程吸收和放出的热量基本相互抵消,电离平衡常数随温度的变化不明显。

当温度继续升高时,醋酸分子间的氢键由于高温基本全部断裂,整个过程的热效应取决于醋酸分子电离的热效应,此时为放热过程,因此电离平衡常数随温度升高而下降。

(二) 实验验证二

(1) 实验步骤。

1) 测定0.1 mol/L醋酸溶液在不同温度的pH(填入表3)。

2）计算电离度值，绘出曲线（见图5）。

表3 第二次实验数据

T/℃	pH	c（H^+）/（mol/L）	c（Ac^-）/（mol/L）	α/%
10	2.70	0.001 995	0.001 995	2.00
12	2.56	0.002 754	0.002 754	2.75
14	2.55	0.002 818	0.002 818	2.82
16	2.55	0.002 818	0.002 818	2.82
18	2.54	0.002 884	0.002 884	2.88
20	2.52	0.003 02	0.003 02	3.02
22	2.52	0.003 02	0.003 02	3.02
23	2.52	0.003 02	0.003 02	3.02
24	2.52	0.003 02	0.003 02	3.02
25	2.53	0.002 951	0.002 951	2.95
26	2.55	0.002 818	0.002 818	2.82
27	2.57	0.002 692	0.002 692	2.69
28	2.58	0.002 63	0.002 63	2.63
29	2.60	0.002 512	0.002 512	2.51
30	2.61	0.002 455	0.002 455	2.45
31	2.61	0.002 455	0.002 455	2.45
32	2.62	0.002 399	0.002 399	2.40
33	2.62	0.002 399	0.002 399	2.40
34	2.64	0.002 291	0.002 291	2.29
35	2.66	0.002 188	0.002 188	2.19
36	2.68	0.002 089	0.002 089	2.09
37	2.69	0.002 042	0.002 042	2.04
38	2.70	0.001 995	0.001 995	2.00
39	2.71	0.001 95	0.001 95	1.95
40	2.73	0.001 862	0.001 862	1.86
41	2.75	0.001 778	0.001 778	1.78
42	2.75	0.001 778	0.001 778	1.78
43	2.76	0.001 738	0.001 738	1.74
44	2.78	0.001 66	0.001 66	1.66
45	2.79	0.001 622	0.001 622	1.62

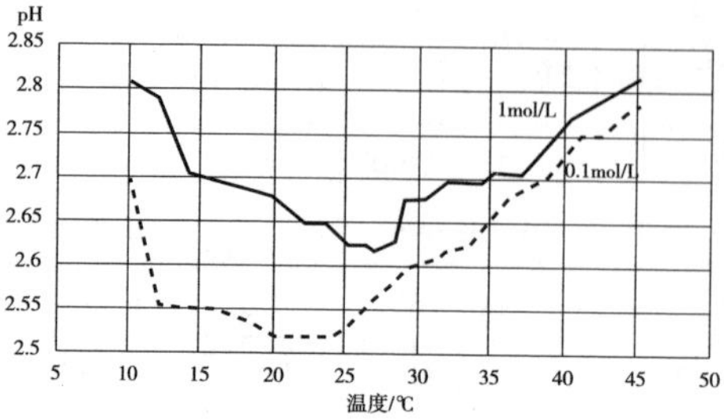

醋酸溶液 pH 随温度的变化

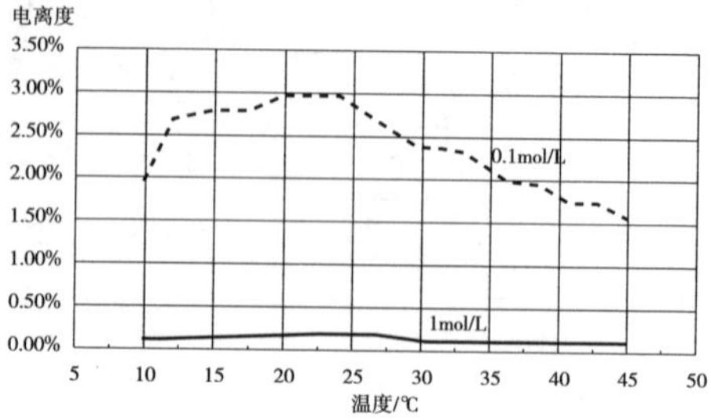

醋酸溶液电离度随温度的变化

图 5　第二次实验数据图像

（2）验证结论。

从图 5 可以看出，随着浓度的减小 pH−T 和 $\alpha-T$ 图左移，且两种图像都体现了随着温度的升高，相同浓度的醋酸溶液电离度随着温度有先增大后减小的趋势。

1）不同浓度的醋酸溶液的 pH 和电离度随温度的变化趋势相同，均是先随温度上升电离程度上升、pH 下降，再出现一段对温度不敏感的区间，随后温度升高，平衡逆向移动，电离程度下降、pH 上升（1 mol/L 曲线受表格单位影响变化趋势不甚明显，可从表 3 数据中读取信息或单独作图）。

2）随着醋酸溶液浓度下降，由于分子间形成了更少的氢键，氢键对于平衡移动的方向影响更小，因此，相比于高浓度的醋酸溶液，低浓度醋酸溶液的电离平衡对于温度不敏感，电离平衡常数随温度升高而下降的部分会提前出现。

（三）分析与讨论

一般情况下，在一定浓度和温度范围内，醋酸的电离平衡常数随温度的升高而上升，但由于电离本身的热效应和断裂氢键吸热两个因素的相互制约，会出现相反的变化。

分析教材中的理想情况和实际情况的差别。理想情况：只考虑分子内部的共价键断裂，认为电离均是吸热过程。实际情况：电离的过程还涉及分子间氢键的断裂和水合离子的形成，电离过程不全是吸热过程。

同学们在实验结论与教材分析对比的过程中体会到：

（1）化学是一门以实验为基础的学科，用理论来解释实验结果，要尊重实际。

（2）理论的理想条件和实际的现实情况之间往往存在着较大的差距，要能够综合运用已有知识对现实的情况作出分析解释。

（3）要有质疑精神和科学探究的精神，在探究过程中培养证据推理意识和逻辑推理能力。

八、实验效果评价

（1）装置简单，一次数据多次分析。利用常见的中学仪器——pH 计和恒温水槽完成了定量测定醋酸电离平衡常数的实验，用表格和图像对数据进行多角度的分析，对已有的知识进行质疑和探究。

（2）即时生成图像，强化数形结合思想，提升逻辑思维能力。转数据为图像，展示醋酸电离程度随温度和浓度的变化情况，直观形象。

（3）以项目式学习的形式进行实验探究，培养学生的科学探究的能力与创新意识。从实验中提出问题，用已有知识进行推理，又用实验验证猜想，再从中发现问题，最后用验证的知识进行解释。整个实验教学过程层层递进，不断发展学生发现问题、逻辑分析、证据推理的能力和素养。

（4）符合新高考“学科落地”的趋势。在近年来的高考题中，出现了不少“反常规”的实验结论，如电解氯化钠溶液负极同时产生氯气、氧气等。可见，当下高中的学习和评价已逐渐从纯理论且理想的环境中脱离出来，使得我们所有的学科不再是“无用之学”，不再是“纸上谈兵”。实质上也是在帮助学生综合运用已有知识，做到理论和实践相结合。

探究浓度对弱电解质电离平衡的影响

西安市长安区第一中学　王长鑫

一、使用教材

人教版《化学选修4　化学反应原理》第三章第一节“弱电解质的电离”。

二、实验器材

盐酸溶液（pH 为 2.5）、醋酸溶液（pH 为 2.5）、冰醋酸、去离子水、甲基橙、pH 传感器、数据采集设备。

三、实验创新要点

弱电解质的电离是高中《化学选修4　化学反应原理》的教学内容，有助于学生理解水溶液中的离子平衡知识。2017 年版课标中明确指出：“通过对电离平衡、水解平衡、沉淀溶解平衡等存在的证明及平衡移动的分析，形成并发展学生的微粒观、平衡观和守恒观；关注水溶液体系的特点，结合实验现象、数据等证据素材，引导学生形成认识水溶液中离子反应与平衡的基本思路。”

人教版化学教材中，通过对比等浓度、等体积盐酸和醋酸溶液的 pH 以及与等量镁条反应的现象，证明醋酸并未完全电离，其中存在着电离平衡，但是对影响电离平衡的因素并未设计相关实验。这其中的一些因素，学生可以通过勒夏特列原理快速、准确作出判断，但是对于加水稀释这一条件，也就是浓度对电离平衡的影响，学生往往容易感到疑惑。以醋酸为例，学生认为加水稀释的过程中，醋酸分子的浓度在减小，而醋酸根和氢离子的浓度相应也在减小。因为电离平衡移动不可见，教师常通过分析醋酸根离子和氢离子结合成分子的可能性，或者是比较浓度商 Q 和电离常数 K_a 之间的大小关系说明这一问题，但是理论相对抽象，缺乏宏观事实和实验证据的支撑，使得学生对得出的结论存有疑虑。因此，这是一个教学难点。

如果能设计实验证明浓度对电离平衡的影响，将有效突破这一教学难点，同时，实验的过程也能充分启发学生的思维，培养学生科学探究的精神和能力，发展学生的核心素养。这也正是本实验的创新和价值所在。

四、实验设计思路

（1）实验方案一：pH 相同的盐酸和醋酸稀释对比。

1）取 pH 为 2.5 的盐酸和醋酸溶液各 10 mL，分别置于两个烧杯中，分别向烧杯中滴入3滴甲基橙，观察颜色变化。再分别加水稀释至100 mL，对比观察稀释后的溶液颜色。

2）取pH为2.5的盐酸和醋酸溶液各30 mL，分别加入270 mL的蒸馏水稀释，用pH传感器测量pH，并利用数字传感设备绘制稀释过程中的pH变化曲线。对比醋酸和盐酸稀释过程中的pH变化曲线。

（2）实验方案二：醋酸稀释过程中pH的变化。

取5 mL冰醋酸，加入15 mL去离子水稀释，使用pH传感器测得溶液的pH_1。取10 mL配制好的体积比为1∶3的醋酸溶液，向溶液中加入10 mL去离子水，搅拌均匀后测得溶液pH_2，则pH的变化$\Delta pH=pH_2-pH_1$。之后，依次再向醋酸溶液中加入20 mL、40 mL、80 mL蒸馏水，分别测量稀释后溶液的pH，计算每一次等倍稀释后的pH与前一次溶液pH的差值ΔpH。若ΔpH不变，说明加水稀释对醋酸的电离没有影响，若ΔpH变大，说明加水稀释会抑制醋酸的电离，而如果ΔpH在不断减小，则说明加水稀释促进了醋酸的电离。

五、实验教学目标

（1）根据盐酸和醋酸稀释过程中的实验现象和数据，分析醋酸、醋酸根离子、氢离子这些微粒数量的变化，引导学生从微粒角度认识水溶液，培养学生"宏观辨识与微观探析"的核心素养。

（2）通过分析浓度对电离平衡的影响，认识平衡是动态的，受外界条件影响会移动，发展学生"变化观念与平衡思想"的核心素养。

（3）通过对实验原理的理解和认识，在实验结论的推理过程中帮助学生形成科学思维，发展学生"证据推理与模型认识"的核心素养。

（4）通过探究过程，提高学生发现问题、分析问题、运用实验探究问题的能力，培养学生"科学探究与创新意识"的核心素养。

六、实验教学过程

（1）实验方案一。

教师活动：前面我们已经学习过醋酸溶液中存在电离平衡，知道外界条件改变可以影响平衡移动。那么对于醋酸的电离（$CH_3COOH \rightleftharpoons CH_3COO^- + H^+$），如果我们加水稀释，降低醋酸的浓度，平衡会如何移动呢？

学生思考：有两种可能性，①醋酸分子的浓度在减小，平衡可能向结合成分子的方向移动；②醋酸根离子和氢离子浓度也在减小，平衡可能向电离的方向移动。

教师活动：如何利用实验证明这个问题呢？

给予学生提示：强酸不存在电离平衡，可与强酸稀释进行对比。

①$pH=-\lg c(H^+)$；

②甲基橙是一种酸碱指示剂，在 pH<3.1 时显红色，pH>4.4 时显黄色，在 pH 处于 3.1~4.4 之间时显橙色。

学生活动：设计实验方案，完成实验。

实验选取的 pH 约为 2.5 的盐酸和醋酸稀释后的 pH 恰好处于指示剂不同的显色区间。通过溶液颜色的对比，发现稀释后醋酸溶液的 pH 变化较小。用传感器测得的 pH 变化曲线直观地证实了这个问题。这些实验事实都证明醋酸稀释过程中电离平衡在正向移动。如图 1、图 2 所示。

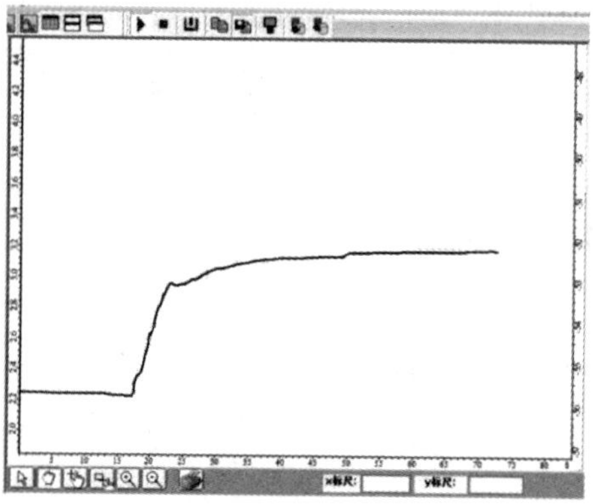

图 1　盐酸稀释后 pH 变化曲线

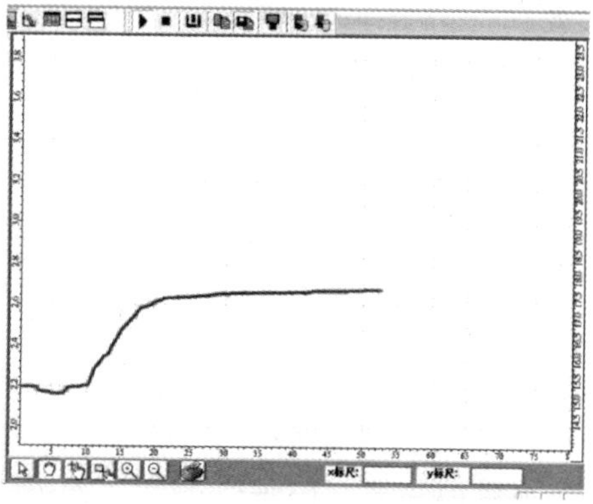

图 2　醋酸稀释后 pH 变化曲线

（2）实验方案二。

如果不用盐酸作对比，能否证明醋酸稀释过程中电离平衡在正向移动。教师给出实验方案二，由学生完成实验方案二并分析其原理。实验数据如表 1 所示。分析实验测得的数据，发现连续等倍稀释的醋酸溶液的 pH 之间差值在逐渐减小，这也说明稀释促进了醋酸分子的电离。醋酸在稀释过程中电导率的变化如图 3 所示，电导率先增大后减小。

表 1　实验方案二数据记录表

溶液	pH	ΔpH
10 mL 体积比 1∶3 的醋酸溶液	1.74	
加入 10 mL 去离子水	2.01	0.27
加入 20 mL 去离子水	2.21	0.20
加入 40 mL 去离子水	2.40	0.19
加入 80 mL 去离子水	2.57	0.17

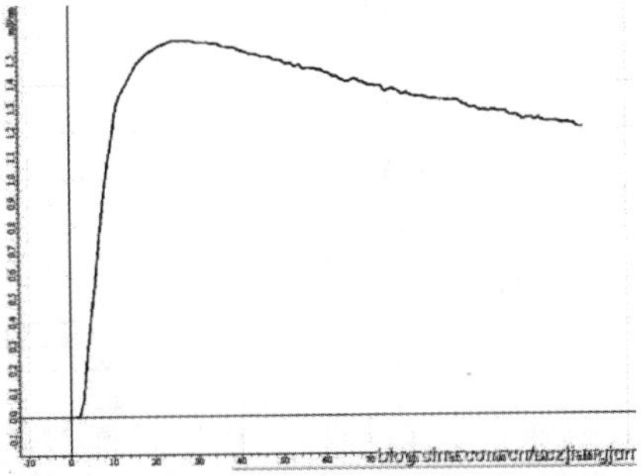

图 3　醋酸稀释过程中电导率变化曲线

七、实验效果评价

本次实验利用简单试剂和数字化实验突破教学难点，让学生通过实验现象和数据，深刻理解了浓度对电离平衡的影响。同时，实验探究充分体现了证据推理的过程，训练学生的科学思维和推理能力。实验探究过程充分启发了学生的思维，并进行深度拓展，而且注重实验结论的应用。但是，本实验中数字化实验的应用还相对简单，之后可以做更多的尝试和改进。

84消毒液使用方法的探究

云南省安宁中学太平学校　蒋婷婷

一、使用教材

人教版高中《化学必修1》第四章第二节，授课对象为高一学生。

二、实验器材

仪器：150 mL平底三颈烧瓶、60 mL注射器（4支）、磁力搅拌器、磁子、氧化还原传感器、数据采集器、数字化实验配套软件、电脑。

试剂：84消毒液、洁厕灵、75%医用酒精、2 mol/L氢氧化钠溶液、淀粉碘化钾溶液、品红溶液。

三、实验创新要点

（1）实验情境源于生活中的真实问题，引导学生关注与化学有关的社会热点问题，用已有的知识解决问题，培养科学精神及社会责任感的核心素养，具有实际意义。

（2）探究84消毒液与洁厕灵反应的实验装置材料来源生活化（外卖打包盒、折纸、注射器、塑料杯），装置简约化，绿色环保，实验现象明显，趣味性强，极大地调动了学生的探究积极性。

（3）84消毒液与医用酒精混合的实验中，三颈烧瓶方便添加试剂，注射器可平衡容器内外压强，同时收集可能产生的有毒气体，安全环保；同时利用磁力搅拌器使溶液保持充分混合，数据更加真实可靠。

（4）将数字化传感器引入教学，迅速捕捉反应过程中的微观信息，让抽象的氧化性可视化，数据更具说服力。

四、实验原理

84消毒液是日常生活中常用的消毒剂，其主要成分是次氯酸钠，其消毒的实质是强氧化性，而家用洁厕灵的主要成分是盐酸，当二者混合时会发生氧化还原反应，产生氯气，对人体造成损伤。反应的离子方程式如下：$ClO^- + Cl^- + 2H^+ = Cl_2\uparrow + H_2O$。医用酒精是75%的乙醇溶液，具有一定还原性，当与84消毒液混合后，会被氧化，导致二者的消毒能力均下降。

在实验过程中，84消毒液与洁厕灵的反应采用生活化装置进行，以安全环保、节约药品为原则。用淀粉碘化钾溶液及品红溶液检验氯气的产生，氯气溶于水产生的次氯酸具有漂白性，可使品红溶液褪色。

$$Cl_2+H_2O = HCl+HClO$$

氯气可把碘离子氧化为碘单质，碘单质与淀粉反应显蓝色。

$$Cl_2+2I^- = I_2+2Cl^-$$

84 消毒液与医用酒精混合，可用氧化还原电位表征溶液氧化性的变化情况，捕捉微观信息。

五、实验教学目标

（1）通过 84 消毒液与洁厕灵反应的宏观实验现象，结合含氯化合物的相关性质，微观探析离子反应的发生及其机理，建立现象与本质、宏观与微观之间的联系，发展学生“宏观辨识与微观探析”的核心素养。

（2）通过实验的探究验证活动，培养学生基于证据进行分析推理的能力，从问题出发，设计探究方案，创造性地改进实验装置，培养学生的科学探究能力及创新意识。

（3）从真实的生活情境中出发，体会到化学对社会所做的贡献，培养学生敢于质疑，严谨求实的科学态度及绿色化学观念，培养学生的科学精神和社会责任感。

（4）通过数字化实验探究的方式，体会数字化实验仪器在化学实验探究中起到的重要作用，并学会用数字化实验仪器解决化学实验问题。

六、实验教学内容

本节课是基于真实生活情境的问题探究，采用“提出问题—设计实验—合作探究—讲述与演示”的方式展开教学，是一个从情境出发、教师引导的递进式的实验装置改进与演示相结合的教学过程。

七、实验教学过程

（一）情境引入

网络上关于 84 消毒液的使用存在各种说法，在收集资料、浏览新闻后，教师组织同学们进行讨论，学生提出了两个最想探究的问题：

（1）84 消毒液和洁厕灵混用，真的会产生氯气吗？

（2）84 消毒液和医用酒精混用，消毒效果会增强吗？

（二）实验探究

（1）84 消毒液与洁厕灵反应。

关于实验装置的设计，同学们一致认为应该在密闭容器中进行反应，经过递进式实验装置的改进，学生设计出了如图 1 所示的反应装置。最终选择用漂亮的“花圃”进行实验，外卖打包盒营造密闭环境，安全环保；“花圃”中央用塑料杯装入 84 消毒液，使用注射器注入洁厕灵，节约药品；实验装置材料源于生活，使用更加便捷。学生在纸制的樱花上滴加淀粉碘化钾溶液、品红溶液，并通过投屏将实验现象实时上传共享。宏观实验现象非常明显，趣味性强，极大地增强了同学们的探究积极性。为什么会发生反应呢？教师引导同学们结合氧化还原反应的相关知识，从微观角度写出离子发生反应的机理。

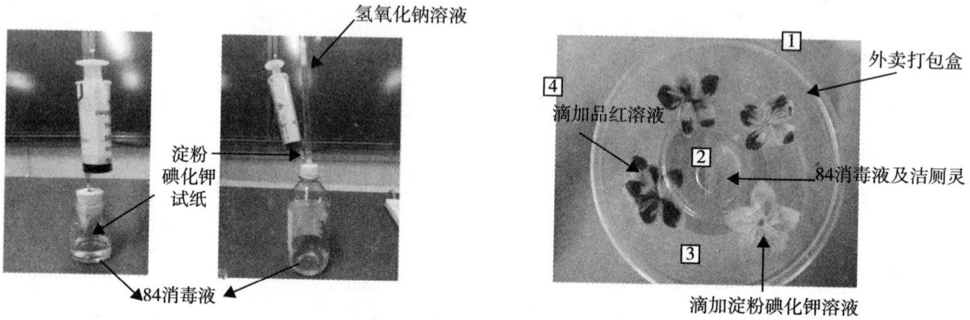

图 1　递进式改进实验装置图

通过实验，解决了学生的困惑之一。在生活中，医用酒精也是常用的消毒剂，与 84 消毒液混合又会如何呢？消毒效果会增强吗？由此，带领学生进入实验探究。

（2）84 消毒液与医用酒精混合。

学生已经知道，84 消毒液消毒的实质是利用其强氧化性，而氧化性的强弱用宏观实验现象不好衡量。教师带领学生查阅资料之后，发现反映溶液氧化性强弱最直观的参数就是氧化还原电位，可以利用氧化还原传感器（见图 2）来测定 84 消毒液与医用酒精混合后的氧化性变化。

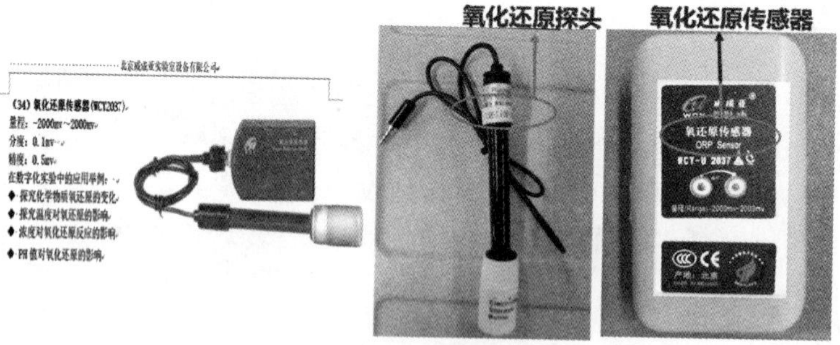

图 2　氧化还原传感器

据此，设计了如下实验装置，如图 3 所示。用三颈烧瓶进行实验，胶塞密封，使用注射器加入 84 消毒液及医用酒精，同时平衡压强并收集可能产生的有毒气体，避免造成污染，将氧化还原探头伸入溶液，传感器与电脑连接采集数据，磁力搅拌器用于使溶液混合均匀。

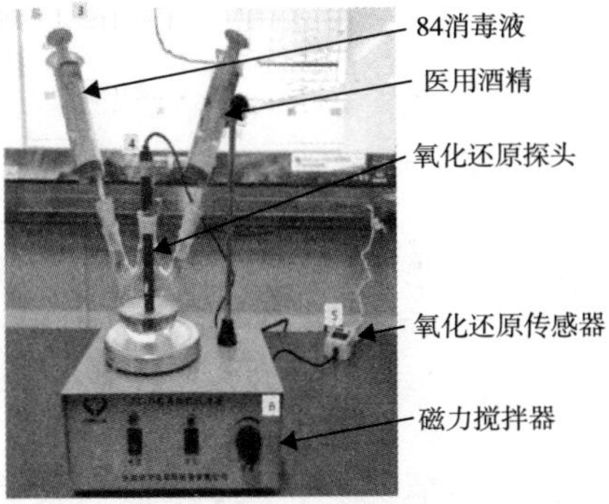

图 3　84 消毒液与医用酒精反应实验装置图

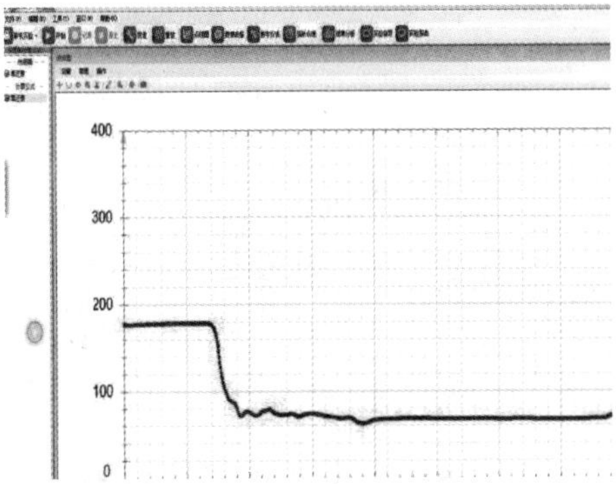

图 4　氧化还原电位图

学生通过观察实验，得出结论：从氧化还原电位图（见图 4）中可以明显看出，当加入医用酒精时，溶液的氧化性迅速降低，酒精被 84 消毒液氧化，两者的消毒能力都降低，说明在日常生活中两者不能混用。

至此，通过实验解决了困扰同学们的问题，也为日常生活中 84 消毒液的正确使用提供了依据。回到生活情境，教师给学生布置课外探究任务，以小组为单位，查阅相关资料，以家庭常用消毒液的正确使用为主题，制作手抄报，并粘贴于教室，供同学们学习。

八、实验效果评价

（一）实验创新点

（1）实验情境源于生活中的真实问题，引导学生关注与化学有关的社会热点问题，用已有的知识解决问题，落实科学精神及社会责任感的核心素养，具有实际意义。

（2）实验采用“提出问题—设计实验—合作探究—讲述与演示”的方法进行探究，理论和实验验证相结合，宏观现象与微观辨析相结合，培养了学生的探究精神及创新意识。

（3）探究 84 消毒液与洁厕灵反应的实验装置生活化、简约化，绿色环保，实验现象明显，具有推广性。

（4）数字化传感器引入教学，迅速捕捉反应过程中的微观信息，数据更具说服力。

（二）实验的不足之处

由于数字化传感器数量的限制，无法让每个学生均动手参与实验等。

以 Fe^{3+} 催化过氧化氢分解机理为例的项目式学习

贵州省实验中学　罗明勋

一、使用教材

本课程依据人教版高中《化学选修 4　化学反应原理》第二章第二节“影响化学反应速率的因素”的有关内容进行设计。

二、实验器材

（1）仪器及用品：烧杯、试管、胶头滴管、试管架、pH 传感器及计算机（含配套软件）。

（2）药品及试剂：30% 过氧化氢溶液、1 mol/L 氯化铁溶液（用盐酸酸化）、铁氰化钾溶液、二氧化锰粉末、蒸馏水。

三、实验创新要点

实验教学是养成学生化学学科核心素养的必要手段，本次实验创新着眼于提升学生微观探析、模型认知等方面的素养，并培养学生勇于创新、注重绿色环保等思想。本实验设计的创新点主要有以下 4 个方面（“两个基于”“两个重视”）。

（1）基于学生的问题：学生对催化剂的有关概念及其工作原理存在困惑，教师引导学生设计实验来探究催化剂的反应机理。

（2）基于项目式的学习：充分调动学生已有的化学知识，体验在实验过程中“观察—猜想—实验—分析结论”的过程。

（3）重视学生活动：引导学生自主思考、设计并进行实验。

（4）重视数字化实验的应用：应用手持技术，使实验过程更高效、准确；培养学生关注实验数据的意识，从实验数据中获取结论。

此外，本次实验设计所使用的试剂和仪器都是当前中学实验室里常见、易得的，操作的过程并不复杂，利于师生推广、模仿，并在此基础上进一步拓展和创新。

四、实验设计思路

（一）学情分析

（1）学生在初中化学学习中已接触到催化剂的概念——在化学反应里能改变反应物的化学反应速率（一般是提高），并且本身的质量和化学性质在化学反应前后都没有发生改变的物质。但是这个概念使学生产生了一个较大的误解，大多数学生认为催化剂在改变化学反应速率时是不参加化学反应的，学生更不可能知道有中间体的存在。此外，概念中完全没有提及催化剂的工作原理，使学生对此概念感觉“神秘莫测”。

（2）在高中《化学必修 2》模块中，“探究乙醇的催化氧化”实验过程中使用了铜丝作为该实验的催化剂。实验中，铜丝经历先变黑、后恢复红色的过程。实际上，CuO 便是该催化过程的中间体，但是基于该内容承载的有机物性质，教师通常忽略了对催化机理的分析。很多时候，该过程主要表示为：$CH_3CH_2OH+CuO \rightarrow CH_3CHO+Cu+H_2O$，这也是教学中不重视催化机理教学的一种体现。

（3）在高中《化学选修 4　化学反应原理》模块中，催化剂被再次重提，这一次则被表述为“降低反应的活化能”，对于相当一部分学生来说更抽象难懂。教材中为了解释催化剂反应过程中的能量变化，在原有曲线的下方绘制了一条光滑的曲线，但不能反映催化反应中物质能量的真实变化情况，学生依然不能准确地理解催化剂的工作原理。

（二）教学设计的理论依据：化学学科核心素养的培育

（1）化学是在原子、分子水平上研究物质的组成、结构、性质、变化及其应用的一门基础学科，其特征是从微观层面认识物质，以符号形式描述物质，在不同层面创造物质。

（2）《普通高中化学课程标准（2017 年版）》中指出，学生应该能从元素和原子、分子水平认识物质的组成、结构、性质和变化，形成“结构决定性质”的观念；能从宏观和微观相结合的视角分析与解决实际问题。

（3）化学实验是化学教学的重要组成部分，也是学生建构化学学科素养的必经之路。尤其在“化学反应原理”模块的学习中，学生需要从原有的对化学反应速率的表观认识逐步深入微观层面的认知。只有借助实验探究，学生才可能实现从宏观辨识到微观探析，通过实验证据的推理形成对化学抽象理论的模型认知。

（三）教学设计理念：关注学生“痛点”，重视实验的项目式学习

（1）在日常的教学中，学生难免会遇到一些不能准确、深刻理解的概念和原理，即所谓的“痛点”。应该注意到，化学实验是帮助学生理解陌生化学情境的最有效途径，教师在完成课标要求的演示实验之余，如果能够关注学生的“痛点”，引导学生设计合适的化学实验来解释学生学习中的困惑，对于学生的化学学习肯定是大有裨益的。正如北京师范大学王磊教授在其编写的《中学化学实验及教学研究》一书中提出：作为一名化学教师，不仅自己要能研究实验，更要引导学生用实验来探究化学。

（2）采用项目式学习的理念，基于学生存在的问题，鼓励学生提出问题并设计实验来解决问题。在项目式学习的过程中，学生可以通过不断提出新的问题，逐步找出对应的解决办法，并完成实践。

五、实验教学目标

（一）教学目标

（1）通过实验探究，体验催化剂能够加快化学反应速率。

（2）通过实验探究 Fe^{3+} 对过氧化氢分解催化的机理，测定不同催化剂下反应路径的改变是否对化学反应的反应热造成影响，完善过氧化氢分解的能量变化图像。

（3）通过对实验仪器、实验试剂的改进，帮助学生领会研究化学问题的方法。

（二）评价目标

（1）通过对实验装置设计方案的交流与点评，诊断并发展学生的实验探究水平（定性水平）。

（2）通过对 Fe^{3+} 催化过氧化氢分解时中间体的感知与分析，诊断并发展学生对催化分解过程反应原理的认识进阶（宏观现象、微观认识）以及认识思路的结构化水平（视角水平、内涵水平）。

（3）基于已有的实验结论，结合学生已有的化学知识水平，进一步推断反应过程的中间产物并设计数字化实验进行验证，诊断并发展学生对化学价值的认识水平（学科价值视角、社会价值视角、学科和社会价值视角）。

六、实验教学过程

（一）环节一：问题的提出，催化剂之惑

（1）回顾、整理。

回顾初中化学对催化剂的定义：在化学反应里能改变反应物化学反应速率，且其本身的质量和化学性质在化学反应前后都没有发生改变的物质叫催化剂（固体催化剂也叫触媒）。

教材中对于催化剂的工作原理有进一步的阐述：催化剂可以改变化学反应的路径，降低反应的活化能。

（2）设问：催化剂参加化学反应了吗？催化剂如何改变化学反应的路径？

（3）演示实验。

1）展示质量分数为30%的过氧化氢溶液。

2）取 20 mL 过氧化氢溶液，向其中加入少量（约半勺）二氧化锰固体粉末。

3）取 20 mL 过氧化氢溶液，向其中加入 5 mL 氯化铁溶液。

实验现象：加入二氧化锰粉末后的烧杯中过氧化氢溶液迅速分解完成，产生大量气体；另一支烧杯中氯化铁溶液的颜色由黄色立即转变为蓝紫色，溶液中生成气泡并逐渐加快，当不再生成气泡时溶液恢复黄色。

猜想一：催化剂参与了化学反应，Fe^{3+} 可能被还原为低价态的 Fe^{2+}，也可能被氧化成了高价态的未知离子。

猜想二：过氧化氢的分解是分步骤进行的，催化剂通过参与反应而改变了反应的路径。

（二）环节二：追踪中间体，检验二价铁

（1）实验设计一，如图 1 所示。

图 1　分别向实验前、实验中、实验后的试管中加入铁氰化钾

1）步骤 1：用烧杯取 30 mL 1 mol/L 氯化铁溶液；另取少量加入试管①，滴加铁氰化钾溶液。

2）步骤 2：向烧杯中加入 5 mL 15% 过氧化氢溶液，待溶液变色，立即取少量加入试管②，滴加铁氰化钾溶液。

3）步骤 3：待烧杯中的溶液不再产生气泡，再取少量加入试管③，滴加铁氰化钾溶液。

观察 3 支试管中溶液颜色的变化情况。

（2）实验现象：试管①中不产生蓝色沉淀，试管②中产生蓝色沉淀，反应结束后试管③中无蓝色沉淀。

（3）实验结论：加入 Fe^{3+} 作为催化剂后，过氧化氢的分解是分两步进行的，Fe^{2+} 是催化反应过程的中间体。

猜想三：根据氧化还原反应的理论，用方程式分两步表示过氧化氢的分解过程如下。

第一步：$2Fe^{3+}+H_2O_2 = 2Fe^{2+}+O_2\uparrow +2H^+$；

第二步：$2Fe^{2+}+H_2O_2+2H^+ = 2Fe^{3+}+2H_2O$。

可以进一步设计实验来检测反应过程中溶液 pH 的变化，确认反应过程中是否有 H^+生成。

（三）环节三：完善催化机理，关注 pH 的变化

（1）实验设计二，如图 2 所示。

1）步骤 1：用三个洁净的烧杯分别取 30 mL 1 mol/L 氯化铁溶液，将 pH 传感器置于溶液中，记录初始 pH。

2）步骤 2：分别向烧杯中加入 10% 过氧化氢溶液 3 mL、5 mL、7 mL，每间隔 30 s 记录一次 pH，直至 pH 不再改变。

3）步骤 3：数据处理和分析。

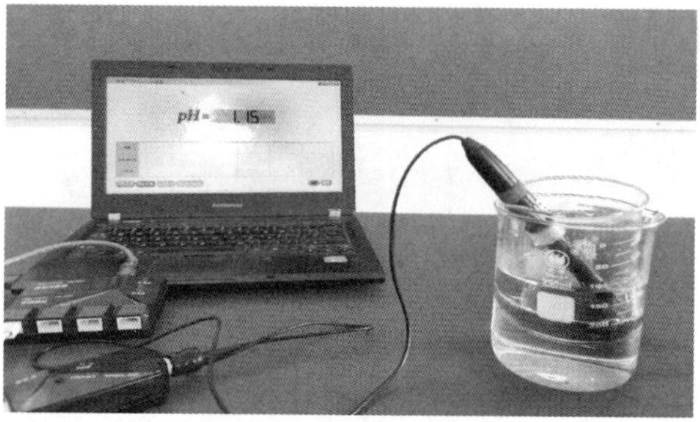

图 2　采用冷水浴的方式减小温度对溶液 pH 变化的影响

经过多次实验，选取 3 组学生记录的实验数据（如表 1 所示）。

表 1　分组实验中溶液 pH 随时间的变化

时间/s	第一组 pH	第二组 pH	第三组 pH
0	1.35	1.35	1.35
30	1.21	1.15	1.11
60	1.08	1.04	0.99
90	0.93	0.91	0.89
120	0.91	0.86	0.81
150	0.93	0.91	0.85
180	0.98	0.96	0.90
210	1.03	1.00	0.95

续表

时间/s	第一组 pH	第二组 pH	第三组 pH
240	1.07	1.04	0.99
270	1.10	1.08	1.03
300	1.13	1.11	1.07
330	1.16	1.14	1.11
360	1.19	1.17	1.15
390	1.21	1.20	1.19
420	1.23	1.22	1.2
450	1.25	1.24	1.21
最终	1.35	1.37	1.38

（2）结论 1：3 组实验中溶液的 pH 数值均先减小、后增大，最终基本恢复到初始数值。表明 H^+ 是反应的中间体。

（3）结论 2：加入的过氧化氢溶液的体积越大，则反应速率越快，pH 下降也越多。表明过氧化氢越多，反应生成的 H^+ 浓度越大。

（四）总结

（1）催化剂参加反应。Fe^{3+} 作为催化剂，既是反应物，也是生成物；Fe^{2+} 和 H^+ 是中间体。

（2）反应机理如下。

第一步：$2Fe^{3+}+H_2O_2=2Fe^{2+}+O_2\uparrow+2H^+$；

第二步：$2Fe^{2+}+H_2O_2+2H^+=2Fe^{3+}+2H_2O$；

总反应：$2H_2O_2=2H_2O+O_2\uparrow$。

（3）不同催化剂（Fe^{3+} 和 MnO_2）决定了不同的反应路径，其催化效率也不同。

七、实验效果评价

本实验过程能够较好地证明催化剂能够通过参加化学反应改变原化学反应的路径。通过向中间反应液中滴加铁氰化钾溶液证明反应过程中 Fe^{3+} 转变成 Fe^{2+}，并且在反应结束后恢复为 Fe^{3+}，即说明该分解过程包含两个步骤（第一步：$2Fe^{3+}+H_2O_2=2Fe^{2+}+O_2\uparrow+2H^+$；第二步：$2Fe^{2+}+H_2O_2+2H^+=2Fe^{3+}+2H_2O$）。教师引导学生关注反应过程中溶液 pH 的变化，用 pH 传感器来检测 pH 数值，完善了催化机理。

实验过程中仍有一些突出的困难，比如，环节一中必须等待过氧化氢充分分

解之后 Fe^{3+} 才能恢复；配制氯化铁溶液时，若加酸过多，则不利于催化过氧化氢的分解。学生对于 pH 传感器的了解非常有限，在实验操作和数据记录过程中，经过多次失败才取得了成功。此外，作为一次项目式学习的实验教学，要求学生具备较高的化学学科素养，才能充分调动已有的化学知识对实验现象、实验数据进行有效分析，并制订合理的方案。

总体来说，在这次项目式学习的过程中，教师和学生都有很大的收获。对于真理的好奇心驱使教师和学生不断探索和尝试，实验的失败也不断促使其改进实验方案，最终获得丰硕的成果。本次项目式教学也给予教师更多的信心，在未来的教学中更加重视对实验的探索。

乙酸乙酯制备实验的改进设计

绵阳中学实验学校　徐丽

一、使用教材

人教版《化学必修 2》第三章第三节“生活中两种常见的有机物”第二课时。

二、实验器材

（1）实验仪器：铁架台、酒精灯、三脚架、石棉网、蒸馏烧瓶、冷凝管、移液管、试管、试管夹、镊子、自制冷凝回流装置（塑料瓶、长玻璃导管）。

（2）实验药品：乙醇、醋酸、浓硫酸、$FeCl_3 \cdot 6H_2O$ 晶体、无水硫酸钠固体、饱和碳酸钠溶液、酚酞、沸石。

三、实验创新要点

（1）将浓硫酸改为 $FeCl_3 \cdot 6H_2O$ 晶体，同时加入无水硫酸钠固体做干燥剂，减少副反应的发生，并且催化剂使用后可回收利用。

（2）将试管改为蒸馏烧瓶，可以增大接触面积，使反应充分进行，同时也可以减小液体喷出的可能性。

（3）自制冷凝回流装置代替空气冷凝，可以增强冷凝回流效果。

（4）将收集装置改为一只插有移液管的试管，利用移液管的特殊结构进行乙酸乙酯的冷凝回流，改进后的实验装置如图 1 所示。

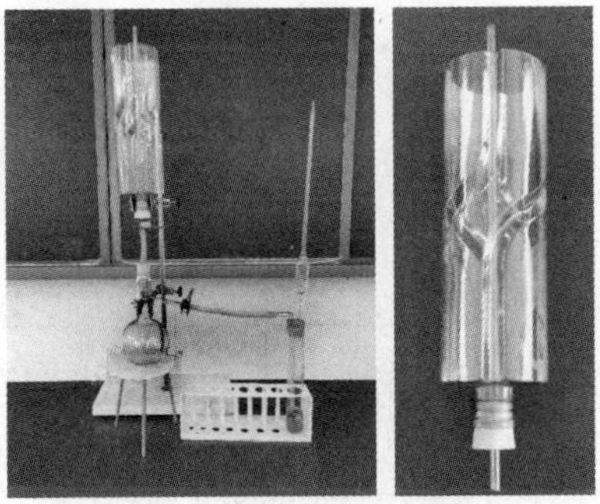

图 1　改进后的实验装置

四、实验设计思路

（1）乙醇与乙酸在浓硫酸做催化剂的条件下发生酯化反应生成乙酸乙酯，但由于浓硫酸有脱水性和强氧化性等，易发生较多的副反应，导致产物的产率不高。因此，在改进实验中，将催化剂浓硫酸改为 $FeCl_3 \cdot 6H_2O$ 晶体，同时加入无水硫酸钠固体做干燥剂，以减少副反应的发生，并且催化剂使用后还可以回收利用。

（2）教材中使用空气冷凝，效果较差。教师最初想改为用冷凝管冷凝，但该实验是课堂演示实验，教室里没有流动水，无法实现用冷凝管冷凝的目的。因此，教师用塑料瓶和长玻璃导管自制了一套可以带进教室的冷凝回流装置。在实验开始前，在塑料瓶中装满冰水混合物，使挥发出来的气态物质在中间的长玻璃导管中冷凝回流，通过实验现象可以看出冷凝回流效果很好。该装置组装简单，使用不受地点约束。

（3）教材中的收集装置中为装有饱和碳酸钠溶液的试管，对乙酸乙酯的冷凝效果不佳，将其改为一只插有移液管的试管，利用移液管的特殊结构进行乙酸乙酯的冷凝回流。

五、实验教学目标

培养学生的以下科学素养：

（1）证据推理：从生活中的化学问题分析出酯化反应能快速发生的原因，找出可能可作为酯化反应催化剂的物质，再通过查阅文献得到理论支持，最后用实验验证来得到准确结论。

（2）科学精神：学生在发现问题、分析问题、解决问题的过程中，培养思考问题的逻辑思维能力和科学精神。

（3）创新意识和社会责任感：生活即是化学的缩影，要学会用教材中抽象的理论知识解释生活中的常见现象，利用生活中的物质来组装实验仪器，变废为宝，提高资源的利用率。

六、实验教学内容

（1）通过查阅文献确定可以用 $FeCl_3 \cdot 6H_2O$ 晶体代替浓硫酸做酯化反应的催化剂。

（2）利用教材提供的装置做实验时，通过实验现象分析出该装置可能出现的问题：反应物受热后易喷出和挥发。从而确定要增加冷凝装置，而传统的冷凝管在教室里无法使用，所以决定带领学生一起制作冷凝装置。

七、实验教学过程

（1）从生活中发现问题。

在生活中，做菜时为了提升菜品的香味，可加入少量料酒和食醋来制得乙酸乙酯，该过程乙酸乙酯的生成速率较快。此时，一位同学提出了疑问：做菜时没有加入浓硫酸做催化剂，为什么很快就能闻到酯的香味呢？

（2）提出猜想。

教师引导学生提出了 3 种较为合理的猜想。

猜想 1：乙醇与乙酸的反应不需要使用催化剂，反应速率很快。

猜想 2：乙醇与乙酸的反应不需要催化剂，在温度很高时，反应速率很快。

猜想 3：做菜时产生了某种新的催化剂，使乙醇与乙酸的反应速率加快。

（3）验证猜想。

对猜想 1 进行实验验证：将 3 mL 乙醇、2 mL 乙酸置于密封的试管中存放两天后，将混合液倒入饱和碳酸钠溶液中，未见其分层，证明没有酯生成或者只有极少量的酯生成，说明猜想 1 不成立。

验证猜想 2 的实验设计为：将 3 mL 乙醇、2 mL 乙酸的混合液在蒸馏烧瓶中加热至 200 ℃，冷凝回流 10 min；再将混合液倒入饱和碳酸钠溶液中，未见其分层，从而说明猜想 2 不成立。

验证猜想 3 时，从锅的材质入手，锅一般为铁锅或者是铝锅，产生的某种新的催化剂可能是铁或铝的化合物。沿此方向进行文献检索获知，截至目前，可以用来做酯化反应的催化剂的物质已经有 6 大类。其中氯化铝、溴化铁可以作为路易斯酸来催化酯化反应；同时 $FeCl_3 \cdot 6H_2O$ 也可以催化合成乙酸乙酯。选择如表 1 所示的数据对其进行验证。

表 1　探究不同催化剂对酯化反应的催化效果

实验组	乙醇	乙酸	催化剂	冷凝回流时间	酯层厚度比
1	3 mL	2 mL	浓硫酸 2 mL	5 min	3∶2
2	3 mL	2 mL	$FeCl_3 \cdot 6H_2O$ 晶体 1 g		

由数据可知，铁盐可以做酯化反应的催化剂，但其催化效果不及浓硫酸。浓硫酸除了做催化剂，还可以做吸水剂，所以又设置了一组实验（见表 2）。

表 2　探究干燥剂对 $FeCl_3 \cdot 6H_2O$ 晶体催化效果的影响

实验组	乙醇	乙酸	催化剂	冷凝回流时间	酯层厚度比
1	3 mL	2 mL	浓硫酸 2 mL	5 min	3∶2∶3
2	3 mL	2 mL	$FeCl_3 \cdot 6H_2O$ 晶体 1 g		
3	3 mL	2 mL	$FeCl_3 \cdot 6H_2O$ 晶体 1 g 无水硫酸钠固体 1 g		

由实验数据可以看出，使用可以 $FeCl_3 \cdot 6H_2O$ 晶体做催化剂时，搭配一定的干燥剂，其效果会更佳。

（4）回到生活中。

原来，做菜时加少量料酒和食醋能快速闻到酯的香味与锅的材质有关系。但是，由于食材成分的复杂性，食物中含有的某些有机酸或酶，同样也能催化酯化反应，这也是值得我们去思考的问题。

（5）又遇新问题。

在实验的过程中，发现了两个新问题：第一，试管中的反应液受热易使活塞冲出；第二，在收集乙酸乙酯的饱和碳酸钠溶液（含酚酞）中产生了气泡。说明乙酸乙酯的冷凝回流效果较差，收集结束后振荡试管，发现溶液的红色褪去，说明有大量的乙酸还没进行反应就随着乙酸乙酯蒸出。

（6）解决新问题。

对实验装置进行改进，改进后的实验装置可以分为 4 个部分：反应发生装置、原料冷凝回流装置、产物冷凝回流装置、产物收集装置。

1）将横放的试管变为直立的蒸馏烧瓶：增大接触面积，并且可以防止液体受热使活塞喷出。

2）增加冷凝管：使反应液充分冷凝回流，提高产物的产率。

3）将长玻璃导管插入带活塞的塑料瓶中：实验前将塑料瓶中充满冰水混合物来代替空气冷凝，利用长玻璃导管进行乙酸乙酯的回流。

八、实验效果评价

（1）本节课对教材实验的改进是基于生活现象出发的，所以具有真实性和应用性，同时激发了学生对学习化学知识的向往。

（2）改进该实验所用的器材来自生活，价格便宜且方便易得，有利于培养学生合理利用资源的思想，提高学生的社会责任感。

基于化学学科核心素养的实验教学

——以卤化银甘油溶胶的制备及其感光实验为例

浙江省杭州第七中学　王强

一、使用教材

“卤化银甘油溶胶的制备及其感光实验”取材于苏教版《化学必修1》专题二第一单元“溴、碘的提取”；实验教学的指导思想来源于《普通高中化学课程标准（2017年版）》以“素养为本”的教学基本理念。

二、实验器材

药品：甘油、0.1 mol/L $AgNO_3$溶液、0.1 mol/L NaCl溶液、0.1 mol/L NaBr溶液、0.1 mol/L NaI溶液。

仪器：试管、烧杯、玻璃棒、激光笔、酒精灯、温度计。

三、实验创新要点

（1）趣味性设计。

以甘油为分散介质，制备卤化银甘油溶胶。该分散系在红光照射下可显现丁达尔效应；在蓝光照射下可感光分解，形成银斑。记录光路的信息，让学生直观感受卤化银的感光性，激发学生学习和探究的兴趣。

（2）定性和定量角度分析卤化银光解速率的影响因素。

探究卤化银光解速率因素时，强调定性和定量观念。通过控制变量的方法探究物质种类、浓度、温度、光照强度等因素对卤化银光解速率的影响。

（3）多维度培养学生化学学科核心素养。

在教学过程中，充分发挥化学实验的教学功能，有助于学生理解和掌握卤化银的感光性等相关化学知识。在实验探究过程中，启迪学生的科学思维，培养学生的科学态度和价值观，使化学学科核心素养的培育与鲜活的知识、灵动的教学紧密结合。

四、实验原理

（1）卤化银具备感光性。

中学化学教材中常见的卤化银包括AgCl、AgBr和AgI，它们都具感光性，见光分解产生单质银，常被用于制备感光材料，在摄影、医疗、军事等领域有广泛的应用。

$$2AgX \xlongequal{光照} 2Ag+X_2 \qquad X=（Cl、Br、I）$$

（2）不同颜色可见光能量不同。

蓝光波长比红光波长短。蓝光频率高，具有的能量比红光高。当用蓝光照射卤化银溶胶时，卤化银更易感光分解。

（3）物质种类对光解速率的影响。

以甘油为分散介质的卤化银溶胶分散系中，相同条件下，AgBr 光解速率最快、AgI 最慢、AgCl 居中。

（4）外界条件对卤化银光解速率的影响。

温度越高、光照强度越大、离子浓度越大，卤化银光解速率越快。

（5）甘油的分散作用。

甘油由于其结构和性质特征，经常被用作分散介质，制备纳米材料。

五、实验教学目标

（1）通过实验探究，了解卤化银的物理性质、化学性质；通过控制变量的方法，探究影响卤化银光解速率的因素。

（2）在卤化银相关创新实验设计与实施过程中，增强学生文献分析与概括能力，增强学生实验记录与数据处理能力，体会研究物质的思路和方法。

（3）在知识体系构建与实验能力提升的基础上，从各个维度培养学生化学学科核心素养。

六、实验教学内容

通过创设情境，展示变色眼镜随光照强度的变化而变色的过程，让学生感知化学与生产、生活密切相关，体会化学学科价值，激发学生学习化学的兴趣。通过问题驱动，让学生利用实验室现有条件制备卤化银，并展示其感光性，探讨其光解速率的影响因素，确立具有探究价值的化学问题，通过文献研讨和任务驱动引导学生独立思考、合作交流、设计方案、实验验证、优化方案、展示成果，从而达成实验教学的目标。在此过程中，通过定性观察、控制变量、对照实验、数据记录、科学归纳等方法促进知识体系的构建、实验技能的形成和化学学科核心素养的培养。具体教学流程及素养培养目标如图 1 所示。

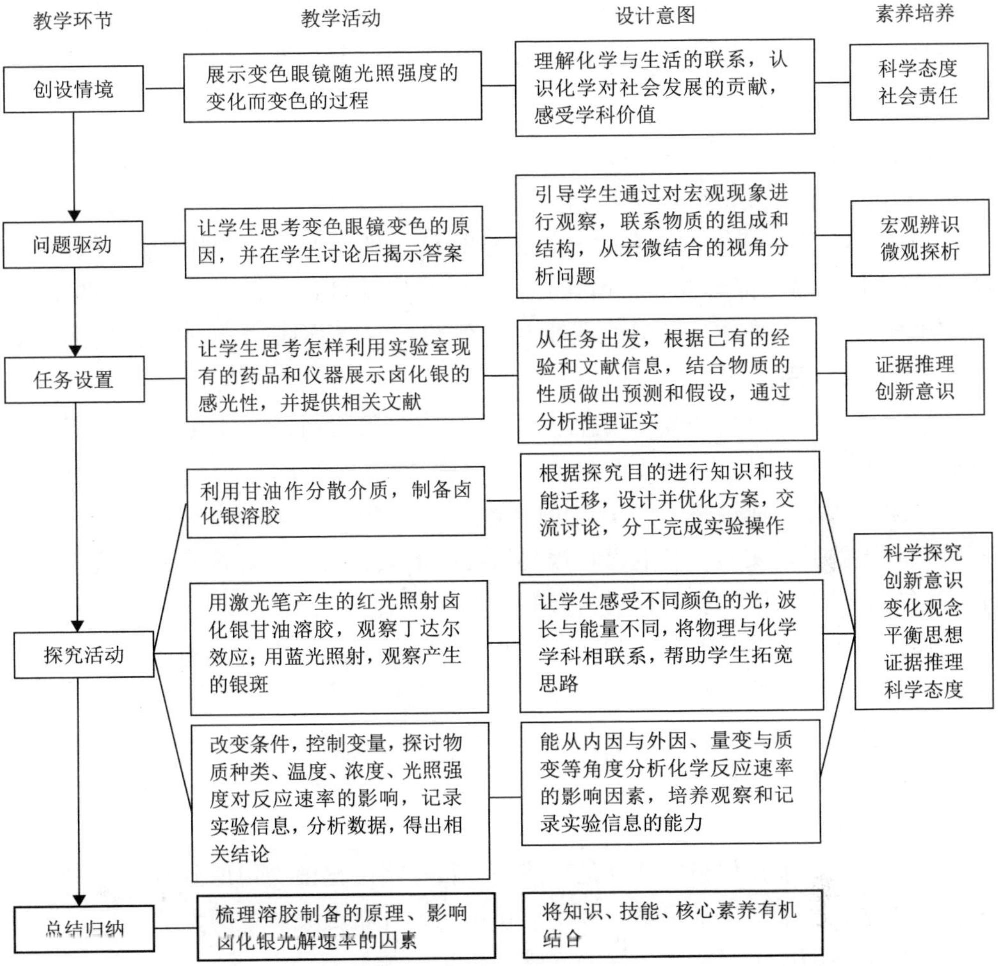

图 1　卤化银甘油溶胶的制备及其感光实验教学流程

七、实验教学过程

（一）创设情境

展示变色眼镜在强光照射下颜色变深，在暗室中颜色变淡的过程，让学生猜想镜片中可能包含的物质以及物质可能具备的化学性质。

学生讨论，得出结论，教师点评、揭秘：AgBr 具有感光性，造成变色眼镜颜色的变化，卤化银皆有感光性。

设计意图：创设生活情境，激发学生探究兴趣，实施问题驱动，引导学生根据宏观现象推测物质的组成和可能具备的性质。让学生了解化学与生活密切相关，感受化学的学科价值。同时，让学生观察到化学不仅可以带来神奇的现象，更重要的是通过化学学习可以感受科学思维的魅力。从而培养学生“宏观辨识与微观探析”“科学态度与社会责任”等方面的化学学科核心素养。

（二）问题驱动

（1）要求学生在课本没有演示实验的情况下，利用实验室现有的药品与仪器展示卤化银的感光性。

学生已经了解卤化银具有感光性，根据已有的经验，猜想用 $AgNO_3$溶液与 NaCl 溶液等直接混合可以制备卤化银。然而在实验过程中，用此方法制备的卤化银形成沉淀，即使在光照强的室外也很难光解，从而形成认知冲突，教师借助认知冲突设置问题。

（2）卤化银具备感光分解的性质，但为什么我们制备的卤化银却观察不到其感光性？原因是什么？怎么改进？组织学生进行讨论。

学生经讨论形成结论：由于变色眼镜中的卤化银是均匀分布在镜片中的，可充分吸收光能，而实验制备的卤化银是沉淀的形式，吸收光能效果差。只要将卤化银均匀分布在溶液中就可以满足实验需要。

设计意图：利用任务驱动和问题驱动，引导学生依据已有的知识和经验，根据物质的组成和性质，独立思考、提出猜想、合作交流，设计实验方案，借助实验结果验证猜想的真伪。在认知冲突的基础上进行问题驱动，进一步引发学生思考，优化实验方案，从“证据推理与模型认知”“科学探究与创新意识”等方面提升化学学科核心素养。

卤化银中除了氟化银之外都是难溶的，很难将卤化银均匀地分散在水中。鉴于认知水平的局限，学生很难想到将卤化银均匀分布在液体中的方法，需要教师提供帮助。教师展示提前准备好的文献，供学生参考。

（三）文献引导

节选以甘油为分散介质制备溶胶的相关论文中的部分内容，为学生提供思路。节选内容为：可以设想，若能将纳米银的制备与无水甘油体系相结合，直接在无水甘油体系中，以甘油作为分散介质，可能获得稳定无水甘油分散溶胶体系。❶

设计意图：当学生由于认知水平受限，导致方案设计陷入困境时，教师及时提供相关文本资源，帮助学生提升对文献内容进行分析、概括、点评的能力。通过知识和技能的迁移，优化实验方案，解决实际问题，增强学生实验操作能力，

❶ 郑寅，陈硕平，王苏展，等. 甘油分散含银溶胶的制备及抑菌性能研究［J］. 材料导报，2017，31（12）：30-34.

强化学生创新意识。

经过分析讨论，制订方案，以甘油为分散介质，制备卤化银甘油溶胶。

（1）取3支试管，分别倒入5 mL甘油。向每支盛有甘油的试管中分别滴入3滴0.1 mol/L $AgNO_3$溶液，振荡，使之混合均匀，得到混合液。

（2）向上述3支试管中分别滴入3滴0.1 mol/L NaCl溶液、0.1 mol/L NaBr溶液、0.1 mol/L NaI溶液，振荡，可以观察到卤化银甘油溶胶的生成。

（3）用激光笔照射新制的卤化银溶胶，观察实验现象。

观察上述过程中制备的卤化银甘油溶胶，可以发现从氯化银甘油溶胶、溴化银甘油溶胶到碘化银甘油溶胶，颜色依次加深，由白色逐渐过渡到黄色，在红光的照射下产生明显的丁达尔效应（实验所得的溶胶在暗室中保存数周后，仍难沉降，具有较好的稳定性）。

（四）启迪思维

用红光照射卤化银甘油溶胶时，可以看到明显的丁达尔效应，但是移去光源，却很难观察到卤化银光解的现象，再次产生了认知冲突。教师引导学生从光的能量角度思考，并引导学生改用波长较短的蓝光照射卤化银甘油溶胶。

实验证明，用波长较短的蓝光照射卤化银甘油溶胶时，可以带来一个有趣的现象：产生银斑。蓝光照射溶胶数秒后移去光源，可清晰地观察到试管中光通过的地方，卤化银感光分解，并产生大量细小的黑色银颗粒，这些银颗粒聚集形成一条“黑色地带”（见图2），类似胶卷的效果，记录了光路信息，在课堂演示中，学生称之为“试管胶卷”。倒掉试管中的溶胶后，可以观察到试管壁上有银斑附着。

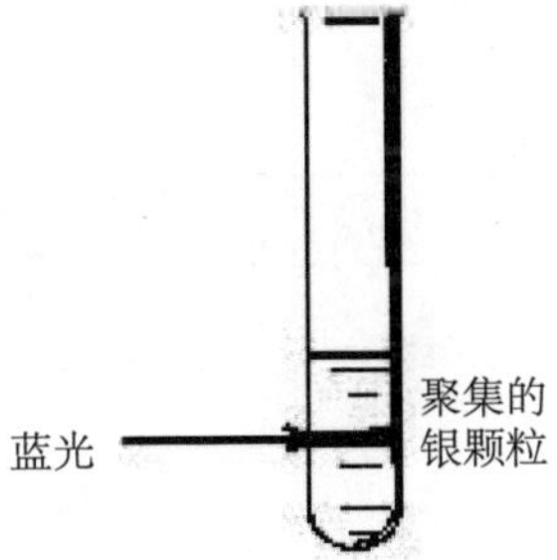

图2　银颗粒聚集形成的“黑色地带”

另外，激光笔照射卤化银甘油溶胶时，引发学生进一步思考：为什么在红光的照射下容易观察到丁达尔效应，而蓝光则容易使卤化银感光分解？进而促使学生探索光的波长与能量之间的关系，光的波长、光的散射与丁达尔效应之间的关系。用物理知识解释化学现象，建立物理、化学学科之间的联系，扩展学生思维空间，提升学生综合探究能力，从而提升学生的综合素质。

（五）实验探究

由于新制的卤化银甘油溶胶经光照可以产生银斑，所以可以用控制变量的方法，对比银斑形成所需的时间，探究卤化银溶胶光解速率的影响因素。

（1）探究1：物质种类对卤化银光解速率的影响。

15 ℃时，在相同条件下，根据不同溶胶形成银斑所需的时间，判断物质种类对卤化银光解速率的影响。如表1所示，在相同条件下，物质的光解速率为：溴化银>氯化银>碘化银，结论与相关资料吻合。培养学生尊重实验事实和依据科学的态度。

表1 15 ℃时，相同条件下，不同溶胶形成银斑所需的时间

物质种类	氯化银甘油溶胶	溴化银甘油溶胶	碘化银甘油溶胶
银斑形成时间/s	8	5	22

（2）探究2：温度对卤化银光解速率的影响。

在室温为5 ℃的情况下，采用水浴加热的方法，先将试管中的5 mL甘油、所需的银氨溶液、NaCl溶液、NaBr溶液、NaI溶液同时分别加热到15 ℃、25 ℃、35 ℃、45 ℃，然后按方案中的步骤制备不同温度下的卤化银甘油溶胶。用蓝光照射这一系列溶胶，通过对比形成银斑所需的时间，即可判断温度对感光分解速率的影响。通过实验发现，随着温度的升高，卤化银光解速率逐渐加快（见图3）。温度超过35 ℃时，氯化银甘油溶胶与溴化银甘油溶胶形成银斑所需的时间已经相差不大，45 ℃时，溴化银甘油溶胶产生银斑所需的时间甚至少于1 s。

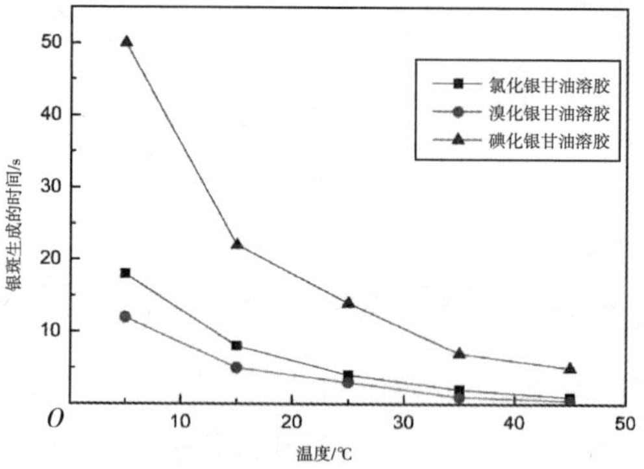

图3 温度对银斑产生所需时间的影响

（3）探究 3：其他因素对卤化银光解速率的影响。

其他因素（如光照强度、离子浓度等）对卤化银光解速率也存在影响。光照强度越大，卤化银光解速率越快。实验过程中，将新制备的卤化银甘油溶胶由暗室移至室外，可看到卤化银迅速形成银溶胶。

实验过程中还发现，离子浓度逐步增大时，卤化银存在的状态可由溶胶转变为乳浊液，光解速率也同时加快，与相关资料一致。

设计意图：进一步挖掘创新实验的教学价值。通过设计方案，控制变量，完成实验操作，并对观察记录的实验信息进行加工，获得结论。能从内因与外因、量变与质变等角度分析化学反应速率的影响因素，培养学生观察和记录实验信息的能力，尊重事实和证据，培养学生严谨求实的科学态度，从“变化观念与平衡思想”“科学态度与社会责任”等多维度培养学生化学学科核心素养。

（六）总结归纳

梳理整节课的知识脉络，构建知识体系，使化学知识的学习、科学探究能力的形成、化学学科核心素养的培养有机结合。

八、实验效果评价

在卤化银甘油溶胶的制备和感光实验展示过程中，新奇的实验现象容易激发学生的求知欲，促使学生发现问题，在思考、探究和解决问题的过程中，逐步提升学习能力。另外，学生通常会认为金属银只能呈现银白色，而通过该实验可以让学生了解，银单质在一定状态下还可呈现黑色，丰富了学生的化学知识。实验所需药品用量少、重复使用率高，有助于培养学生的环保意识。教学过程中，教师充分挖掘实验的教学功能，培养学生“理论推断—实践论证—理论深化”的认知能力和学科素养。

在实验教学过程中，始终贯穿着证据推理和创新意识等化学学科核心素养的培养，需要从学科思想、实践层面、价值追求等方面整体、全面地认识化学学科核心素养。

学生化学学科核心素养的培养是自我构建、循序渐进的过程，教师应长期坚持“素养为本”的教学理念，倡导真实问题情境的创设，开展实验探究活动，使学生在化学知识学习的过程中逐渐形成正确的价值观念和关键能力。

乙醇的催化氧化及银镜反应一体化的实验创新设计

西宁市第十四中学　申莉莉

一、使用教材

本实验选自人教版高中《化学选修5　有机化学基础》第三章第一节的“乙醇催化氧化”和第二节的“乙醛的银镜反应”。第三章在教材中起到举足轻重的作用。在此之前，学生已经学习了第一章和第二章，具备学习有机物的一般经验和方法，同时也具备一定的提出问题、分析问题、设计实验、动手操作、解决问题的科学探索的基本能力，为本节课的开展做好了准备。

二、实验器材

试管、铁架台、双头酒精灯、注射器、试管塞、圆底烧瓶、棉花、试管架、烧杯、吹风机、无水乙醇、铜片、2%的硝酸银溶液、2%的氨水等。

三、实验创新要点

（一）实验装置创新

（1）将两个实验有效整合，形成模型，组装一次可在多个班级进行演示实验，具有推广价值。

（2）实验装置构造简单，安装、操作方便，实验现象明显。

（3）利用注射器推拉，可以反复地观察到铜片由红变黑再变红的现象。

（4）用圆底烧瓶进行银镜反应，银镜析出面积大，实验现象更加明显。

（5）用双头酒精灯实现乙醇和铜片同时加热，加快了反应速率。

（二）技术创新

（1）接触面积：用铜片代替铜丝，接触面积增大，变黑、变红的现象更加明显。

（2）绿色环保：乙醛气体在密封环境下产生，用银镜反应代替闻气味的方法确定有气醛生成，更加绿色环保。

（3）理念革新：用吹风机代替水浴加热，简化了实验操作，革新了理念，使实验生活化，大大激发了学生的兴趣。

（4）药品用量：用乙醇浸透棉花代替2～3 mL的乙醇液体，药品用量减少，实验微型化，更环保。

四、实验原理

本节课以生活情境分析以及课堂实验现象观察的方式引导学生发现问题，并针对发现的问题进行实验改进，以小组实验的方式推理论证，渗透实验探究的科学思想。

实验过程中涉及的反应方程式如图 1 所示。

一、乙醇的催化氧化

$$2Cu+O_2 \overset{\triangle}{=\!=} 2CuO$$

$$CH_3CH_2OH+CuO \xrightarrow{\triangle} CH_3CHO+Cu+H_2O$$

二、银氨溶液的配制

$$NH_3\cdot H_2O + AgNO_3 = AgOH + NH_4NO_3$$

$$AgOH + NH_3\cdot H_2O = Ag(NH_3)_2OH + H_2O$$

三、乙醛的银镜反应

$$CH_3CHO+2Ag(NH_3)_2OH \xrightarrow{\triangle} CH_3COONH_4+H_2O+2Ag\downarrow+3NH_3$$

图 1　实验中涉及的反应方程式

五、实验教学目标

（1）宏观辨识与微观探析：知道乙醇和乙醛的组成、结构和性质，理解结构决定性质，性质决定应用。

（2）证据推理与模型认知：通过乙醇催化氧化实验模型的建立，转化思维模式，设计创新实验。

（3）科学探究与创新意识：通过观察实验现象，思考“闻到的刺激性气味一定是乙醛吗?”“有毒的乙醛挥发到空气中合理吗?”，提出质疑，培养学生发现问题的能力。通过对实验装置的改进，思考乙醛的检验方法，培养学生分析问题和解决问题的能力；在小组实验操作中，小组同学之间进行合作交流讨论，培养学生合作交流的能力。

（4）科学精神与社会责任：通过使实验微型化，节约药品，培养学生的节约意识；通过对尾气的吸收，提高学生的环保意识；通过鼓励学生不断探究，让学生体会需养成严谨的科学态度。

六、实验教学过程

本次实验教学的教学环节如图 2 所示。

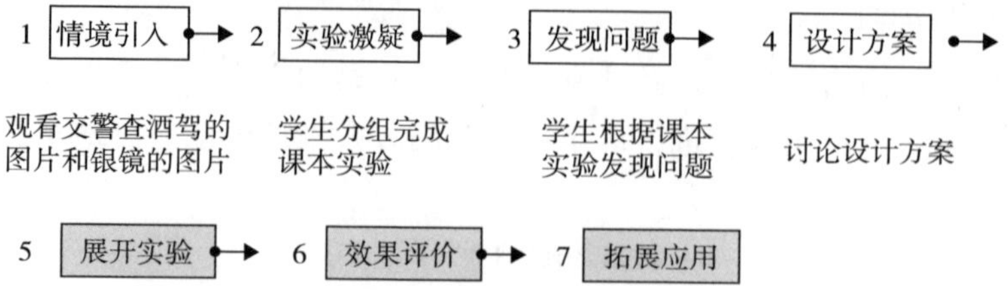

图2　教学环节

（一）情境引入，实验激疑

给出交警查酒驾的图片和银镜的图片，引导学生分析乙醇的还原性和银镜的制取过程，导入新课。介绍铜催化氧化乙醇的实验和银镜反应的实验，让学生分组完成，引导学生观察实验现象。

实验过程引发了学生的思考，在教师的引导下，学生提出了教材实验中存在的一些问题：

（1）闻到的刺激性气味一定是乙醛吗？

（2）有毒的乙醛气体能直接排放到空气中吗？

（3）能否多次观察到铜片由黑变红的现象？

（4）银镜反应水浴加热时间较长，能否有更好的做法？

（二）针对问题，设计方案

针对以上问题，同学们积极展开讨论，设计方案。

（1）问题1的解决方案：闻气味改为乙醛特征反应（银镜反应）。

（2）问题2的解决方案：将开放装置改为密封装置。

（3）问题3的解决方案：加入注射器，用注射器反复推拉，观察铜片反复由红变黑再变红的过程（注意实验前注射器是拉开状态）。

（4）问题4的解决方案：将水浴加热改为用吹风机加热。

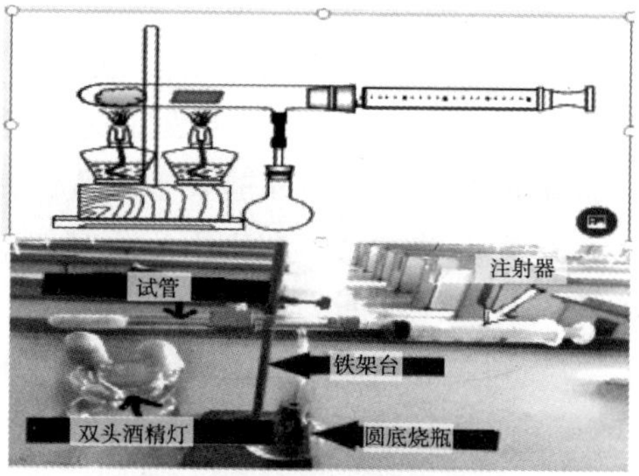

图3　改进后的实验装置图

结合以上设计方案，对实验装置进行改进，如图3所示。

（三）展开实验，拓展应用

（1）实验注意事项。

1）装置密封性要好。

2）实验前注射器是拉开状态，确保里面是空气。

3）选择使用较大容量的注射器。

4）浸透乙醇的棉花不能太湿，能提供乙醇蒸气就好。

5）对圆底烧瓶用吹风机加热时用镊子夹住。

（2）教师实验：教师进行演示实验，播放实验视频。

（3）学生实验：学生分组完成实验，进行分享交流，如图 4、图 5 所示。

图 4　使用吹风机加热析出银镜的展示

图 5　对比使用吹风机加热析出的银镜和水浴加热析出的银镜

（4）学生自评，教师点评。实验结束后，同学们进行相互评价，普遍认为该装置操作简便，实验现象明显，用吹风机加热，银镜析出较快，效果良好。

（5）拓展应用：通过实验探究得出的结论，可以解决实际问题，进行课外拓展，用吹风机加热的方式完成葡萄糖的检验。

七、实验效果评价

（1）乙醇的催化氧化和乙醛的银镜反应是高中化学教材中的经典实验和教学难点，教材中的对应实验存在争议。通过查阅文献资料发现，以往的改进案例较少，并且有些改进案例效果不理想，因此选择对本实验进行改进有一定的现实意义。

（2）改进后的实验现象明显，符合绿色环保的要求，实验更加严谨。

（3）本节课以乙醇、乙醛知识为基础，以教材实验为切入点，发现问题；以探究的方式不断引导学生进行实验设计，培养了学生的创新能力，落实了科学探究与创新意识的核心素养目标。同时，让学生明白化学源于生活，渗透了科学精神与社会责任。

热像仪在化学实验中的应用

——以分子间作用力的比较实验为例

武汉大学附属中学　李鼎

一、使用教材

本节课选自人教版高中《化学必修 2　物质结构与性质》第二章第三节“分子结构与物质的性质”，教材主要介绍共价键的极性、分子间的作用力、分子的手性三方面内容。分子间作用力是物质的熔沸点、溶解度等性质的根本，该节内容充分体现物质微观结构与化学性质之间的关系。学生在此之前已经学习了共价键、离子键等微粒间的相互作用的相关知识，本节课通过学习分子间作用力，完善微粒间相互作用的知识。同时，本节课内容也为后面学习不同类型晶体熔沸点的比较内容做铺垫。

二、实验器材

（1）实验仪器：FLIR ONE 红外热像仪（见图 1）、智能手机、50 mL 烧杯。

（2）实验药品：甲醇、乙醇、正丙醇、异丙醇、正丁醇、仲丁醇、异丁醇、叔丁醇。

图 1　红外热像仪

三、实验创新要点

（1）将分子间作用力这一抽象的、不可测的概念转化为可测量的、可以通过数据和图像感知的温度变化，减少教学内容的抽象性；将分子间作用力与物质的熔沸点（挥发时温度的变化）建立联系，帮助学生建立微观结构与宏观性质之间的关系。

（2）借助红外热像仪测温，设计简单、易操作的探究实验，直观、准确地将微观的分子间作用力的存在以及影响范德华力的因素逐一呈现，并结合实验设置层层推进的问题链，有效地推进教学。

（3）将热像仪应用于化学实验教学中，能够同时测量出一片或一个区域内各点的温度变化，操作简单快捷。

四、实验原理

分子间作用力是一种微粒间的作用力，对物质的结构及其性质产生影响。分子间作用力与物质熔沸点的知识结构如图2所示。对于由分子构成的物质，分子间存在相互作用力，主要分为范德华力和氢键。一般情况，结构相似的物质，相对分子质量越大，范德华力越大；相对分子质量相同的物质，分子极性越大，范德华力也越大。分子间作用力越大，物质的熔沸点就越高。分子间若形成氢键，分子间作用力变大，物质熔沸点升高。液体挥发时由液态变为气态，分子间距离增大，克服了分子间作用力，吸收热量。分子间作用力越大，液体挥发的速度越慢，液体温度降低得越少。

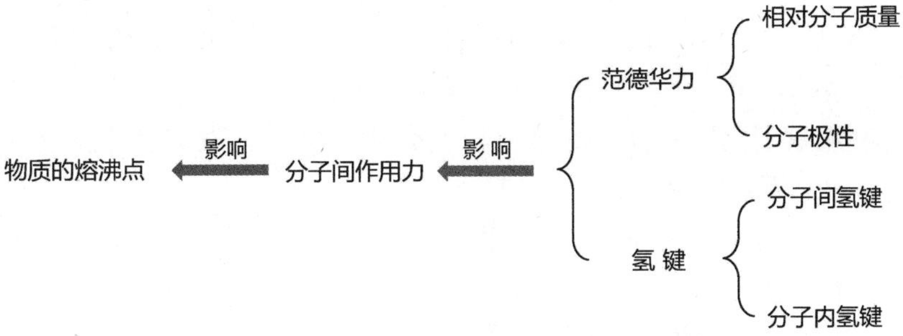

图2 知识结构图

红外热像仪是一种利用红外热成像技术，通过对标的物的红外辐射探测，加以信号处理、光电转换等手段，将标的物的温度分布的图像转换成可见的热图像的设备。热图像（见图3）上面的不同颜色代表被测物体的不同温度。通过查看热图像，可以观察到被测目标的整体温度分布状况。

图3 红外热像仪拍照后显示的热图像

本实验利用热像仪测定不同有机物挥发时温度的变化，帮助学生科学地建构“分子间作用力”的概念。

五、实验教学目标

（一）教学目标

（1）通过醇类物质挥发的实验探究，理解物质熔沸点变化与分子间作用力的关系，并探究影响范德华力的因素。

（2）利用红外热像仪热成像原理，将微观发生的反应可视化，引导学生从宏观辨识现象，从微观探究分析本质，提升宏观辨识与微观探析的化学学科核心素养。

（3）通过多组实验结果的分析，建立并逐步完善熔沸点比较的模型，发展证据推理与模型认知等素养。

（二）评价目标

（1）通过对实验结果的分析与解释，诊断并发展学生对物质性质与微观结构之间的关系的认识水平（物质水平、微粒水平）。

（2）利用数字化实验仪器比较分子间作用力大小，发展学生的实验探究水平（孤立水平、系统水平）。

（3）通过建立物质熔沸点比较的模型，发展学生认识思路的结构化水平（视角水平、内涵水平）。

六、实验教学内容

（1）分子间作用力与物质熔沸点。

取 10 mL 乙醇于 50 mL 烧杯中，用红外热像仪对烧杯进行热成像拍照，分析烧杯内液体温度的变化以及烧杯内各区域温度的分布情况。

（2）影响范德华力的因素。

1）相对分子质量。

分别取 10 mL 甲醇、乙醇、正丙醇、正丁醇于 4 个 50 mL 烧杯中，用红外热像仪对 4 个烧杯同时进行热成像拍照，比较 4 个烧杯内液体温度的情况以及烧杯内蒸气的分布情况。

2）分子极性。

分别取 10 mL 正丁醇、仲丁醇、异丁醇、叔丁醇于 4 个 50 mL 小烧杯中，用红外热像仪对 4 个烧杯同时进行热成像拍照，比较 4 个烧杯内液体温度的情况以及烧杯内蒸气的分布情况。

（3）氢键对熔沸点的影响。

分别取 10 mL 正丁醇、乙醚于 2 个 50 mL 烧杯中，用红外热像仪对 2 个烧杯同时进行热成像拍照，比较 2 个烧杯内液体温度的情况以及烧杯内蒸气的分布情况。

七、实验教学过程

（一）导入新课

（1）演示实验：取 10 mL 乙醇于 50 mL 烧杯中，用红外热像仪对烧杯进行热成像拍照，分析烧杯内液体温度的变化以及烧杯内各区域温度的分布情况。

（2）学生活动。

1）宏观观察实验现象：烧杯内液体的温度降低，烧杯内液面上方有蒸气，且温度比液体温度低。

2）微观解释实验现象：液体挥发过程中，分子间间距增大，克服分子间的相互作用力，液体温度降低。

3）建立相关模型：物质的熔沸点$\xleftarrow{\text{影响}}$分子间作用力

4）符号表征：C_2H_5OH（l）$\rightleftharpoons$$C_2H_5OH$（g）　$\Delta H>0$

（3）实验结论：由分子构成的物质的熔沸点与分子间作用力大小有关，分子间作用力越大，物质熔沸点越高。

（4）设计目的：通过对乙醇挥发时温度变化的实验的分析，建立分子间作用力与物质熔沸点之间的关系。通过对实验结果的分析与解释，诊断并发展学生对物质性质与微观结构之间关系的认识水平（物质水平、微粒水平）。

（二）探索新知

分子间作用力影响物质的熔沸点，如何比较物质分子间作用力的大小？分子间作用力受哪些因素的影响？根据教师所提供的药品，设计实验证明。

（1）学生实验 1：分别取 10 mL 甲醇、乙醇、正丙醇、正丁醇于 4 个 50 mL 烧杯中，用红外热像仪对烧杯同时进行热成像拍照，比较 4 个烧杯内液体温度的情况以及烧杯内蒸气的分布情况。

1）观察实验现象：经过相同时间，烧杯内液体的温度由高到低依次为：正丁醇、正丙醇、乙醇、甲醇。烧杯内液面上方蒸气逐渐增多。

2）微观解释实验现象：经过相同时间，甲醇温度降低得最多，挥发速率最快，克服分子间作用力最小，因此甲醇、乙醇、正丙醇、正丁醇分子间作用力的大小关系为依次增大。

（2）学生实验 2：分别取 10 mL 正丁醇、仲丁醇、异丁醇、叔丁醇于 4 个 50 mL烧杯中，用红外热像仪对烧杯同时进行热成像拍照，比较 4 个烧杯内液体温度的情况以及烧杯内蒸气的分布情况。

1）观察实验现象：经过相同时间，烧杯内液体的温度由高到低依次为：正

丁醇、仲丁醇、异丁醇、叔丁醇。烧杯内液面上方蒸气依次增多。

2）微观解释实验现象：经过相同时间，叔丁醇温度降低得最多，挥发速率最快，克服分子间作用力最小。因此，叔丁醇、异丁醇、仲丁醇、正丁醇分子间作用力的大小关系为依次增大。

（3）学生实验3：分别取10 mL正丁醇、乙醚于2个50 mL烧杯中，用红外热像仪对烧杯同时进行热成像拍照，比较2个烧杯内液体温度的情况以及烧杯内蒸气的分布情况。

1）观察实验现象：经过相同时间，烧杯内乙醚的温度比正丁醇的温度降低得更多，烧杯内液面上方蒸气也比正丁醇的多。

2）微观解释实验现象：经过相同时间，乙醚温度降低得更多，挥发速率更快，克服分子间作用力更小，因此乙醚的分子间作用力小于正丁醇的分子间作用力。

（4）设计目的：利用数字化实验仪器对分子间作用力大小进行比较，发展学生实验探究水平（孤立水平、系统水平）。通过对多组实验结果的分析，建立并逐步完善熔沸点比较的模型（见图2），发展证据推理与模型认知等素养。通过建立物质熔沸点比较的模型，发展学生认识思路的结构化水平（视角水平、内涵水平）。

八、实验效果评价

（1）实验设计的创新化。在本节课的实验教学中，将红外热像仪引入化学实验中，使实验操作方便、简单、快捷，直观、准确且动态地将分子间作用力这一抽象的概念转化为可测量的温度变化，使微观变化可视化。整个过程中，学生利用仪器表征出图像信息，宏观比较物质熔沸点，用分子间作用力微观分析，最终用符号表征，实现四重表征。将分子间作用力与物质的熔沸点（挥发时温度的变化）建立联系，帮助学生建立微观结构与宏观性质之间的关系。学生建构并不断完善分子间作用力与物质熔沸点比较的模型，将知识结构化。

（2）借助红外热像仪测温。设计简单、易操作的探究实验，直观、准确地将微观的分子间作用力的存在以及影响范德华力的因素逐一呈现，并结合实验设置层层推进的问题链，有效地推进教学，提高学生学习的积极性。

（3）课后有学习小组利用红外热像仪探究了钠与水、酸碱中和实验的温度变化，提高了学生学习的热情。

第五部分

中学生物

▶初中生物

检测不同环境中的细菌和真菌

天津市红桥区新华中学和苑学校　史一荔

一、教材分析

本实验选自人教版《生物学》八年级上册第五单元第四章第一节“细菌和真菌的分布”中的探究活动“检测不同环境中的细菌和真菌”，授课课时为2课时（不包括课下活动）。课程标准对本节的要求是，学生能够描述细菌和真菌的主要特征以及它们与人类生活的关系。理解科学探究需要利用数据、文字、图片等多种方式来表述结果，并在实验过程中体会与人合作、交流的重要性。教材对本实验的安排是：要求学生参照细菌和真菌培养的一般方法，设计并实施检测不同环境中的细菌和真菌的探究活动，体会细菌和真菌分布的广泛性。为学生进一步学习本章第2~4节内容“细菌”“真菌”“细菌和真菌在自然界中的作用”打下基础。

二、实验器材

牛肉汁培养基、马铃薯培养基、培养皿、无菌棉棒、涂布器、镊子、剪刀、移液管（或移液枪）、抑菌片（含有84消毒液或土霉素药液）、小试管、游标卡尺。

三、实验创新要点/改进要点

（1）增设培养基类型。配制了以马铃薯为原料的培养基，替代牛肉汁培养基，有利于真菌的生长。

（2）改进接种的方法。用取样稀释及涂布接种的方法，可以避免菌落相互堆叠的问题，使学生能清晰地观察菌落并做定量分析，有利于提高学生求证思维和良好卫生习惯的形成。

（3）拓展抑菌实验。结合日常生活中使用84消毒液能否灭菌的问题，引导学生设计实验进行探究，使学生认同消毒液的灭菌作用并学会正确使用消毒液的方法。训练学生多角度、多因素综合思考问题的能力。

（4）拓展细菌抗性实验。引导学生生物小组围绕“能否频繁、长时间使用消毒液（或抗生素）”等问题，开展实验，使学生更加深刻地体会安全用药的重要性，为今后学习环境对生物的选择在生物进化中的作用奠定基础。

四、实验原理/实验设计思路

细菌和真菌在自然界中广泛存在，在适宜的环境条件或培养基中，细菌和真菌可以生长形成菌落。通过在不同条件下取样，如不同的温度、不同营养成分的培养基、不同浓度的消毒液（或抗生素），观察细菌和真菌的生长状况，分析细菌和真菌的分布特点，由此认识细菌和真菌是广泛分布的，是可防、可控、可利用的。

五、实验教学目标

（1）通过在不同条件下进行的细菌和真菌的培养，说出细菌和真菌生存需要的条件及其分布特点（生命观念、科学探究）。

（2）通过对手部细菌数量的定量分析，体验实验探究的严谨性与科学性。认同养成良好的个人卫生习惯的必要性（理性思维、科学探究、社会责任）。

（3）通过细菌抑菌实验和耐药性实验，举例说出生活中正确使用消毒液的方法和合理用药的重要性（科学探究、社会责任）。

六、实验教学内容

（1）依据日常使用的手机上分布的细菌及常用的灭菌方法，发散学生思维，提出问题，培养学生的问题意识。

（2）引导学生针对自己探究的问题，设计和完善实验方案，使学生熟悉设计对照实验的方法和原则，正确选择实验用具和材料。

（3）通过实验操作，训练学生的动手能力，认同科学实验不仅需要严谨的科学态度，还要有科学的技术手段和方法。

（4）通过各小组的展示、交流、实验结果分析，引导学生说出细菌和真菌生存需要的条件及其分布特点，认同养成良好的卫生习惯和科学使用消毒液（或抗生素）的重要性，初步形成生物的进化观。

七、实验教学过程

本实验需要培养细菌，实践性与开放性强，耗时较长。因此，本实验课采用“课上（2 课时）与课下活动相结合、兴趣小组引领与小组合作学习相互动”的教学思路。

（一）课前

（1）培养基的选择。

借鉴其他教师的教学经验，本实验选择了几种易得、低价的原料配制培养基。发现用豆浆、牛奶配制的培养基呈白色，干扰观察；在马铃薯配制的培养基中易于培养真菌；在牛肉汁培养基上，细菌生长状态最好，但是牛肉汁油脂多，影响观察。

去除牛肉汁中的脂肪：称取 200 g 牛肉，加入 1 000 mL 水，煮沸 30 min 后制成牛肉汁。然后将牛肉汁在室温下放置 3 h 或冷藏 1 h，待表面脂肪凝固成颗粒状，再用滤纸过滤，得到澄清的牛肉汁，定容至 1 000 mL，配制成培养基。

（2）灭菌方法的选择。

灭菌方法可采用微波炉加热 5 min、蒸锅灭菌 30 min 或高温高压灭菌 30 min。其中，高温高压灭菌效果最好，但初中学生进行高温高压灭菌存在安全隐患，需要教师和学生一起在课前完成。

（3）线上讨论确定探究的问题和形成初步的实验设计方案。

在微信群中发布“手机真的很脏吗”视频，引导学生进行讨论、提问，统计学生最感兴趣的问题，以小组为单位，依据实验报告初步设计实验。

（二）课上

（1）第一课时。

1）展示课前讨论内容，提炼学生最关心的 4 个问题：①洗手是否可以减少手部细菌；②不同环境中的细菌和真菌的分布情况；③不同温度环境中，细菌和真菌的生长的状态和数目情况；④84 消毒液或抗生素是否具有灭菌作用。

2）学生以小组为单位，针对需探究的问题，汇报实验设计方案。教师针对学生在实验设计中存在的问题，为学生提供资料支持。

①如图 1 所示，马铃薯培养基适于真菌生长，牛肉汁培养基适于细菌生长，引导学生合理选择培养基。同时提供资料，提出实验中使用高温高压灭菌法灭菌效果最好。

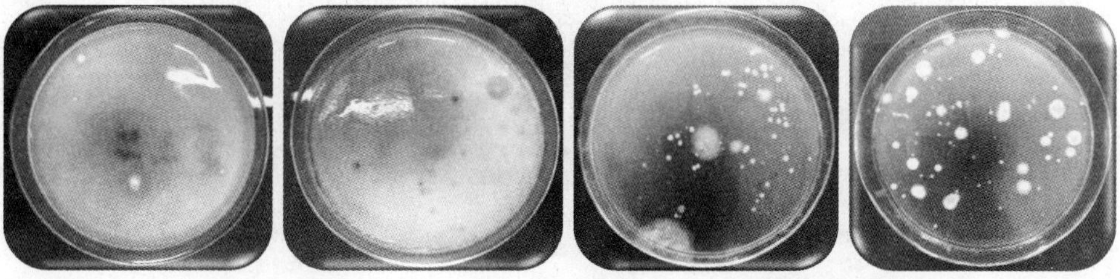

图 1　不同培养基上的菌落（由左向右，培养基依次为豆浆、牛奶、马铃薯、牛肉汁）

②针对培养的菌落相互堆叠的问题，提示同学要对所取样品进行稀释接种，即采样后将样品放入装有 5 mL 生理盐水的试管中，充分摇匀制成细菌悬浮液，用移液枪吸取 100 μL 菌液，进行涂布、培养，如图 2 所示。

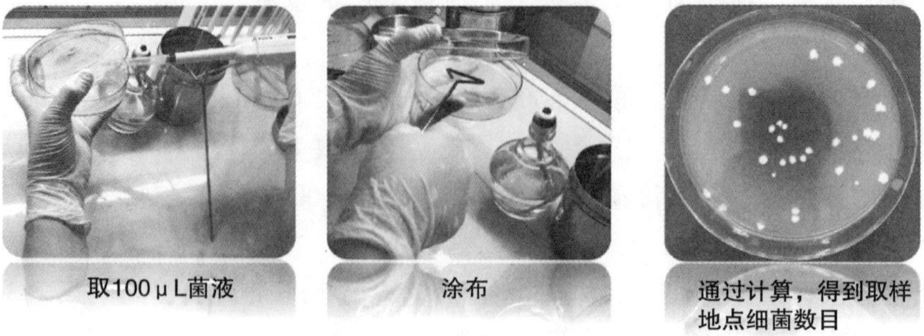

图2 稀释、涂布和菌落分布状况

③对实验中抑菌片的使用方式进行说明，将直径为 6 mm 的圆形滤纸片浸泡在不同浓度的 84 消毒液中，制备成抑菌片，然后将抑菌片放置在已接种的培养基上。

3）各小组同学根据师生共同提出的修改意见，完善实验方案并进行实验操作，教师进行巡视指导。

由于微生物培养耗时较长，第一节课后，学生将接种好的培养基置于适宜条件的恒温培养箱中，培养 24 h 或 48 h 后，观察实验结果，记录菌落个数、抑菌圈直径等数据，对数据进行整理分析，初步得出实验结论。

（2）第二课时。

1）根据上节课后各小组观察记录的结果，各小组代表在班内进行展示交流，并对实验操作中成功的经验和可能存在的问题进行分析汇报。

①探究问题：洗手是否可以减少手部细菌？

根据记录的实验结果，经过公式计算，得到如图 3 所示的洗手前、洗手后的菌落数。由此得出，洗手可以有效减少手部细菌的结论。小组成员分享了实验中尽量做到无菌操作的方法。

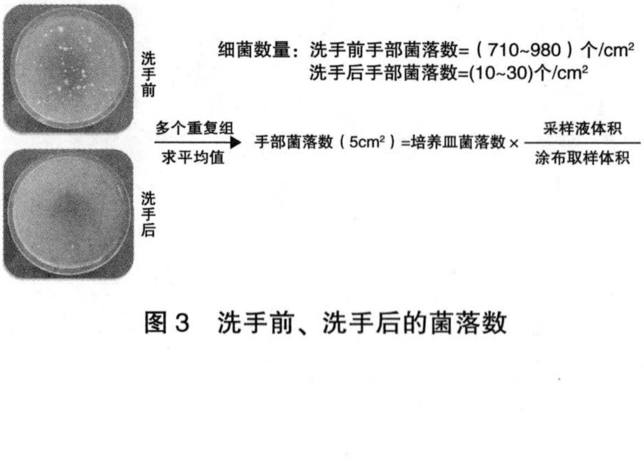

图3 洗手前、洗手后的菌落数

②探究问题：不同环境中细菌和真菌的分布情况。

以课桌、桃和垃圾桶表面为取样对象，经培养观察菌落情况，得到细菌和真菌广泛分布在物体表面的结论（见图 4），让同学们意识到在日常生活中应注意环境卫生。

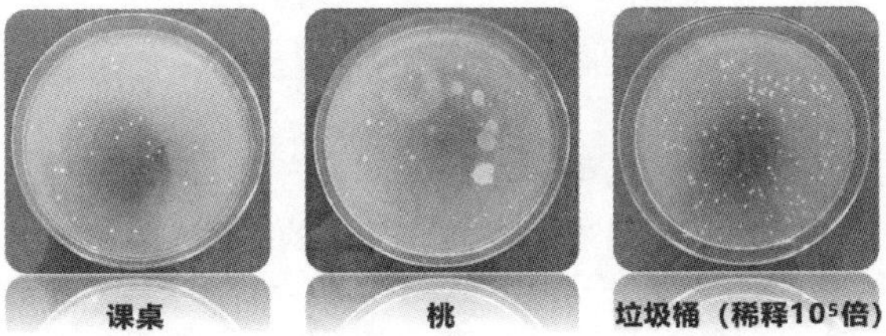

菌落数量（每平方厘米）：

垃圾桶（1.3×10^8个）> 桃（480个）>课桌（300个）

图 4　不同环境中的细菌和真菌分布情况

③探究问题：不同温度环境中，细菌和真菌的生长状态和数目情况。

学生将接种的培养基分别放置在 35 ℃和 27 ℃下培养。培养结果如图 5 所示，在 27 ℃条件下，桃表面取样的培养基中长出了霉菌。通过对真菌培养条件的探究，学生体验了细菌和真菌的生长也受环境的影响。

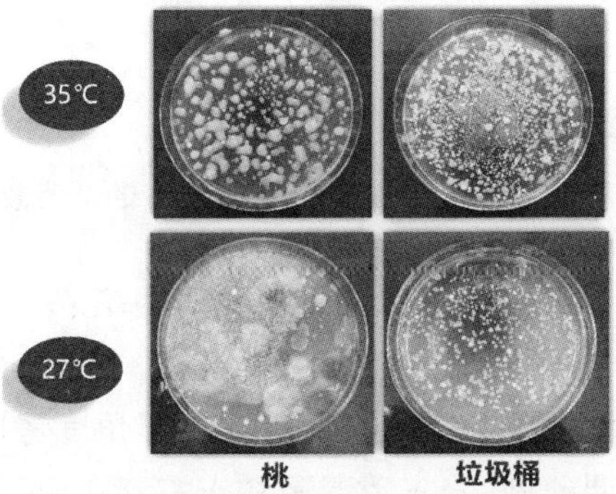

图 5　不同温度环境中，细菌和真菌的生长状态

④探究问题：不同浓度的 84 消毒液的抑菌效果。

选择稀释倍数分别为 25 倍、50 倍、100 倍、200 倍的 84 消毒液为探究对象，根据测量得到的抑菌圈大小，得到稀释 25 倍的 84 消毒液抑菌效果最好的结论，如图 6 所示。

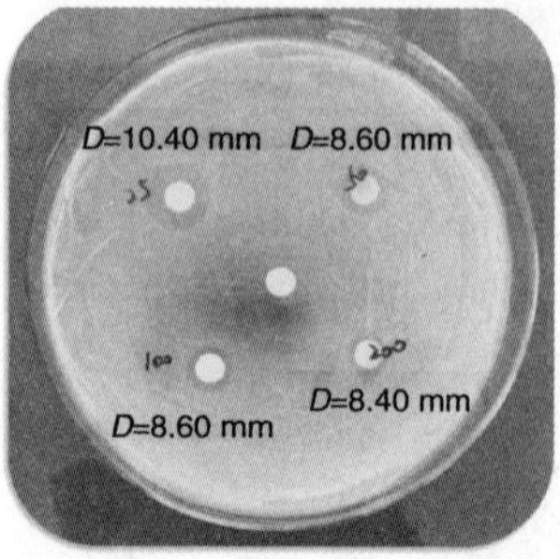

注：

1.图中25、50、100、200等表示84消毒液稀释倍数。

2.*D*表示抑菌圈直径。

图 6　不同浓度的 84 消毒液的抑菌效果

⑤探究问题：不同浓度抗生素（土霉素）的抑菌效果。

分别制作土霉素浓度为 1.25 mg/mL、0.625 mg/mL、0.3125 mg/mL、0 mg/mL 的抑菌片进行实验。实验结果如图 7 所示，抗生素有很好的抑菌效果，且浓度越高，抑菌效果越强。

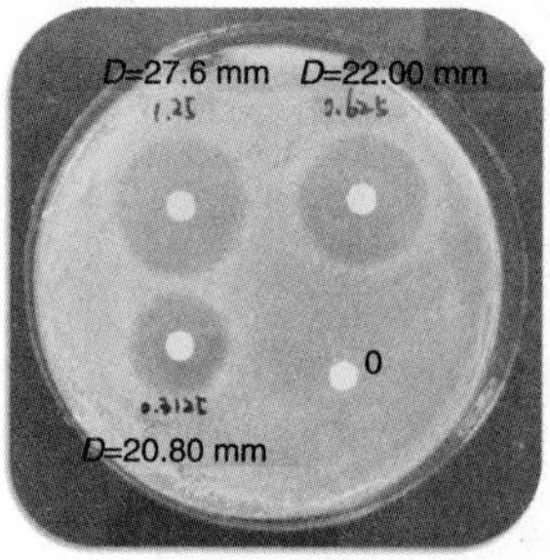

注：

1.图中1.25、0.625、0.3125等表示土霉素浓度，单位为mg/mL。

2.*D*表示抑菌圈直径。

图 7　不同浓度抗生素（土霉素）的抑菌效果

教师提供资料，引导学生思考“能否仅凭实验结果，在生活中采取增加抗生素或消毒液浓度的办法来提高抑菌效果”的问题。通过查阅资料，学生认识到需从抑菌效果、减少对环境污染和人体伤害等方面多角度考虑用药安全问题。

兴趣小组同学展示课前做的 84 消毒液和土霉素 1~5 代抗性变化的实验，通过分析抑菌圈直径变小的实验结果（见图 8），得出“随代数增加，抑菌效果下降，不能过于频繁地使用抑菌剂”的结论。

拓展1 细菌对84消毒液的抗性

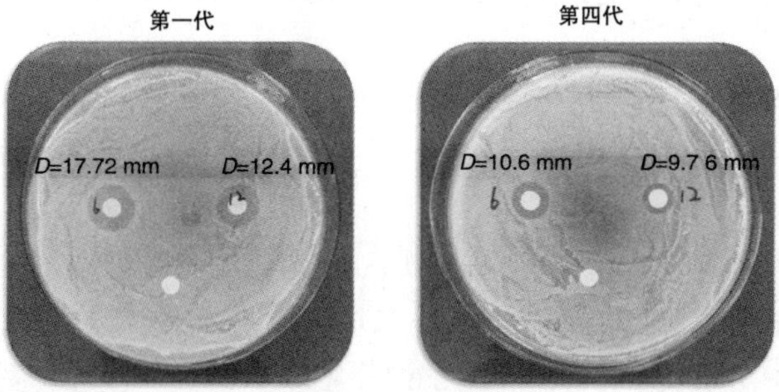

注：
1.图中6、12表示84消毒液稀释倍数。
2.D表示抑菌圈直径。

拓展2 细菌对抗生素（土霉素）的抗性

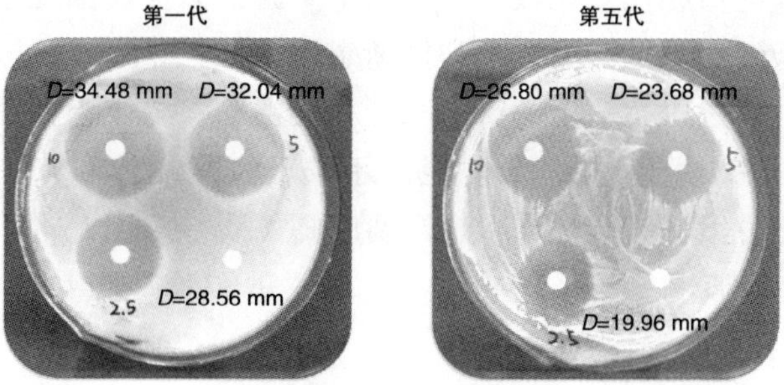

注：
1.图中10、5、2.5表示土霉素浓度，单位为mg/mL。
2.D表示抑菌圈直径。

图 8 细菌对 84 消毒液和土霉素的抗性实验

2）师生共同进行课堂小结，总结概括出细菌和真菌在我们的生活中分布广泛，但通过恰当的方法，可以使细菌对人类的危害可防、可控。通过播放对李兰娟院士的采访，说明人类的正常生活也离不开细菌，我们应当辩证地看待细菌和真菌。

八、实验效果评价

（1）通过线上讨论与课堂实验相结合的模式，学生能结合生活实际提出问题。学生针对问题改进和拓展实验，围绕问题开展探究活动，学习氛围轻松有趣，参与度强。

（2）多环节实验操作，在小组合作交流中层层递进地解决问题，增强学生的逻辑思维能力与实践动手能力，提高学生的表达、交流能力，并且体会到与他人合作的重要性。

（3）提高了课程的教育价值。通过探究活动，不仅让学生认识到自然界细菌和真菌无处不在，其分布受环境因素的影响，还让学生了解了应该科学地使用消毒液和抗生素，同时体会环境对生物的选择作用，为以后学习生物的进化奠定基础。

测定某种食物中的能量实验改进

东莞市东莞中学初中部　翁宇静

一、教材分析

“测定某种食物中的能量”是人教版《生物学》七年级下册第四单元第二章第一节“食物中的营养物质”中的探究活动，通过测量食物燃烧释放出的热能的多少让学生了解食物中含有能量，并掌握测定能量的方法。该探究活动注重培养学生提出问题、做出假设的能力，收集和处理数据的技能。依据教材的实验方案，得到的实验数值和理论值相比差距极大，故而本实验十分重视探究过程的反思，通过反思和改进来激发学生的学习兴趣和创新意识。

学生对探究实验的一般过程有一定的认识，能积极主动参与实验探究，敢于大胆质疑，对实验具备了一定的分析能力。但由于缺乏实践经验和有关化学知识，对于改进实验的具体方案和实际操作，还需要教师的引导。因此本节课采用“学生独立完成教材实验—师生分析讨论—教师演示改进实验—师生归纳总结”的学习方法。

二、实验器材

高锰酸钾粉末、水、花生种子、试管、橡皮塞、玻璃导管、橡皮管、烧杯、电子温度计、电子天平、铁架台、酒精灯、试管夹、锥形瓶、石棉网、解剖针。

三、实验创新要点/改进要点

（一）教材实验的不足

学生依据教材的实验方案，得到的实验数值和理论值比起来差距极大，仅有理论值的20%左右，这主要是以下几个原因造成的：

（1）花生种子在下方燃烧，隔着石棉网加热上方锥形瓶中的水，在这个过程中，大部分热量散失在空气中。

（2）石棉网会吸收部分能量，导致误差出现。

（3）整粒花生种子燃烧不充分容易导致误差出现。

（4）普通温度计需学生估读最后一位数，主观性强，存在较大的个体差异，导致各组实验数据之间差别很大。

（二）实验改进原理

（1）环绕在燃烧物周围的水，能充分吸收燃烧物向四周散失的热量。1 mL水每升高1 ℃，需要吸收4.2 J的能量。

（2）氧气是助燃气体，能保证狭小空间内燃烧的可持续性。高锰酸钾粉末在加热条件下能快速分解，释放出氧气。

（三）实验改进要点

（1）将花生种子放入试管里燃烧，试管浸在装满水的烧杯中，燃烧过程释放的热量会被试管周围环绕的水充分吸收，大大减少在空气中散失的热量，同时也避免因使用石棉网导致的误差。

（2）试管内空间较小，花生种子会因缺乏氧气而停止燃烧。将加热高锰酸钾粉末制得的氧气通入试管内，能使花生种子持续燃烧。

（3）将花生种子切成薄片后燃烧，比整粒花生种子燃烧更加充分。

（4）用电子温度计代替传统的温度计，不仅读数方便且精度高，进一步减少了误差。

四、实验教学目标

（1）知识目标：使学生认识到食物中含有能量，并学会测定食物中所含能量的方法。

（2）能力目标：培养学生动手实践、收集和处理数据的能力。通过对教材实验的分析和改进，培养学生发现问题、解决问题的能力。

（3）情感态度与价值观目标：提升学生运用多角度思维、多个学科知识来解决问题的科学素养，培养学生不断探索的科学精神。

（4）教学重点和难点。

重点：测定某种食物中的能量，对所得数据进行解读，分析误差产生的原因，提出改进思路。

难点：针对误差产生的原因，对实验进行改进，分析改进措施的意义。

五、实验教学过程

（一）导入

展示不同食物的图片，提出问题：这些食物所含能量相同吗？如何测量食物中的能量？

（二）学生按教材中的实验计划进行分组实验

学生两人一组，按以下实验步骤进行操作。

（1）在 100 mL 锥形瓶中装入 100 mL 水，隔着石棉网放在三脚架上，用温度计测量水温并记录。

（2）对花生种子称重，并记录重量，然后将花生种子用解剖针的针头固定住，在酒精灯上点燃，将点燃后的花生种子迅速放在石棉网下方加热锥形瓶中的水。

（3）花生种子燃烧结束后，测量水温的变化并记录。

（三）学生统计实验数据，分析讨论误差出现的原因，提出改进思路

（1）学生根据水量、升高的水温和花生的质量计算出每 100 g 花生种子中所含的能量，教师将各组数据汇总后，得出平均值为 439 kJ。

（2）学生发现实验数据和理论值（约 2 352 kJ）对比相差很大。教师提出问题：为什么会有这么大的差距呢？各组同学根据实验过程的体会展开交流讨论，发现在实验中存在这样一些问题：一部分热量散失到空气中；石棉网和铁架台吸收了一部分热量；花生燃烧不充分；花生在点燃过程中有热量散失；温度计在读数时个体差异大。

（3）分析完误差出现的原因后，教师提出：要如何针对误差产生的原因来改进实验呢？学生开始思考讨论，提出各种设想。

（四）教师演示改进后的实验

教室在讲台上演示改进后的实验，学生观看教师演示，并思考改进措施的意义。改进实验的具体操作如下。

（1）如图 1 所示，在 100 mL 烧杯里装入 100 mL 水，用试管夹夹住小试管，试管口朝上放入烧杯中。试管夹固定在铁架台上，使试管在试管夹以下的部分全部浸在水中（注意试管壁不要接触到烧杯壁）。电子温度计固定在铁架台上，探头伸入水中（注意探头不要碰到试管壁和烧杯壁），记录此时的水温。

（2）制取氧气的实验装置如图 2 所示，在大试管里放入适量的高锰酸钾粉末（约 5 g），试管口略微朝下，固定在铁架台上，塞上橡皮塞。玻璃导管一头连通大试管，另一头通到烧杯中的小试管里。

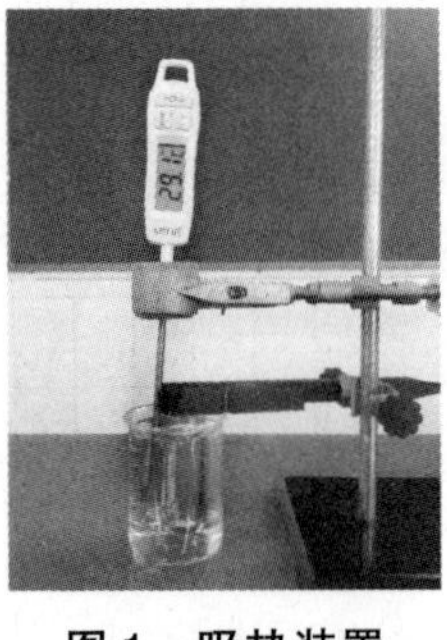

图 1　吸热装置

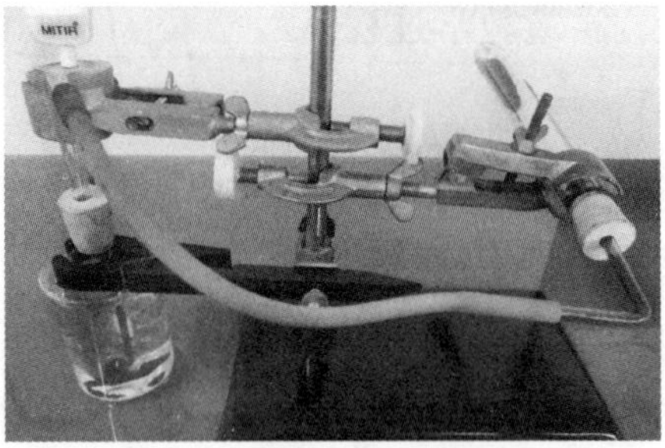

图 2　制取氧气的装置

（3）将花生种子切成较薄的片后称重（约 2 g），用解剖针将其固定住。

（4）点燃酒精灯，先均匀加热大试管，再放到有高锰酸钾粉末的位置集中加热，产生的氧气通过导管进入小试管里。花生种子用酒精灯点燃后快速伸入试管底部，由于氧气的供应，花生种子能持续燃烧。

（5）燃烧结束后，测量水温。

（五）学生分析改进措施的优点，比较改进后的实验结果

演示实验结束后，师生共同分析演示实验中改进措施的意义：将试管浸在水中，花生种子燃烧过程中释放的热量能被试管周围环绕的水充分吸收，减少了在空气中热量的散失；试管内空间小，供氧量不足导致花生种子会停止燃烧，加热高锰酸钾粉末为试管内提供了氧气，能使整个燃烧过程持续进行；将花生种子切成薄片后，燃烧会更加充分；电子温度计读数方便且精度高。

将改进后的实验得到的数据进行计算，再重复两次实验后取平均值，得出每100 g 花生种子中所含能量为1 566kJ，是按教材进行实验获得数值的 3 倍多，更接近理论值，改进效果很显著。

（六）教师归纳总结，拓展延伸

通过成功改进实验，师生共同归纳出：如果要更精确地测量出食物中所含的能量，可以从减少热量散失、使食物充分燃烧、使用更精密的仪器等方面对实验进行改进。

教师进一步提出问题：改进后的实验值仍然比理论值低了 30%左右，是什么原因导致的？学生对比改进前后的实验可以发现：花生在点燃过程中有能量散失的问题并没有得到完全解决。教师提出：能否继续改进实验，如设法使花生在试管内被点燃。

科学无止境，没有完美的实验方案，学生们带着问题，在课后可以继续思考探讨，不断改进这个实验。

六、实验效果评价

（1）学生通过动手操作教材实验，在实践中发现问题，提升了动手能力和分析能力。

（2）改进后的实验运用了水浴加热的逆向思维，不是设法阻挡燃烧的热量散失，而是通过改变水的分布，使水充分吸收花生种子燃烧放出的热量；在生物实验中，利用化学方法来制取氧气。这些做法都能拓展学生的视野，为他们尝试运用多角度思维和跨学科知识来解决问题做出了引导和示范，对培养学生理性思维和科学探究的生物核心素养有积极的意义。

（3）改进实验与理论数值的偏差也让学生意识到，实验依然有改进空间，让其体会到科学无止境，要勇于质疑，不断探索，对培养学生的社会责任感具有重要意义。

测定某种食物中的能量

甘肃省康乐县第三中学　苏亚林

一、使用教材

人教版《生物学》七年级下册第四单元第二章第一节“食物中的营养物质”。

二、实验器材

花生种子、天平、火柴、酒精灯、湿抹布、解剖针、锥形瓶、温度计、三脚架、量筒、清水、自制保温装置（易拉罐 2 个、锡纸、橡皮塞、处理过的石棉网）等。

三、实验创新要点/改进要点

教材中本实验的装置有明显的不足，根据学生发现的实验装置缺陷，有针对性地进行创新设计。

（一）教材实验设计的不足

（1）按照教材实验设计进行实验，得出的实验结果与参考值相差较大。

（2）实验操作前，准备过程烦琐。调整铁架台高度，安装温度计，调整温度计高度，延缓了实验进度。

（3）实验过程不安全，也不卫生。

（二）对教材实验设计的改进

（1）换铁架台为三脚架，给锥形瓶添加固定有温度计的橡胶塞，免除调整铁架台、安装温度计、调整温度计高度的操作。

（2）给锥形瓶加装保温罩（易拉罐制作）。

（3）三脚架底部加装固定燃烧室（易拉罐制作）。

（4）在实验过程中，向燃烧室加水，以吸收散失的热量。

（5）将石棉网的石灰层进行打薄处理或更换为铝片（易拉罐制作）以加速热量传递，但不能取掉（锥形瓶不能直接加热）。

四、实验原理

食物中含有大量的有机物，有机物中储存着大量的能量，能满足人体生命活动的需要。我们知道，食物燃烧时，有机物内储存的能量会以热能的形式释放出来，这些释放的热能被水吸收，水吸收这些热能后温度会升高，通过测量水升高的温度，就可以推算出被燃烧的食物中含有的能量。

按照计算公式，每克食物含有的能量为：［（加热后的水温－加热前的水温）×4.2 J×水的体积］/食物的质量。（水温单位为℃；体积单位为 mL；质量单位为 g。）

五、实验教学目标

（1）知识目标：会探究测定某种食物中的能量。

（2）能力目标：通过实验的设计和操作，使学生掌握基本的科学探究方法，并可以针对实验现象和实验结果做出合理的分析及改进，提高自身的创新思维和综合素质。

（3）情感目标：关注植物中的营养物质，养成不挑食的好习惯。培养乐于发现问题和解决问题的意识。

六、实验教学内容

（1）教师讲解实验器材的使用方法及教材实验的操作过程。

（2）学生动手实验，教师指导发现问题，学生探究思考解决问题。

七、实验教学过程

（一）教师演示实验

因本次实验涉及温度计、酒精灯、量筒、天平、铁架台等实验器材的首次使用，所以教师应该首先讲解这些器材的名称及其使用方法，然后按照教材中的实验过程演示实验。

在演示实验过程中，讲解本实验的注意事项。

（1）实验目的是测定食物中的能量，所以在点燃花生种子后，应该迅速地将其移动到试管底部进行加热，避免热量散失。

（2）酒精灯使用后不能直接吹灭，应该将灯盖盖上，隔绝氧气使火焰熄灭。酒精灯不小心打翻，酒精在桌上燃烧起来时，应该马上用湿抹布盖灭。

（3）量筒测量清水时，需要放平，视线应该与量筒内液体凹液面最低处保持水平进行读数。

（4）温度计放入试管测量水温时，温度计玻璃泡应该浸入水中，但不能与试管壁或底部接触。

教师演示完实验后得出实验数据，让学生计算种子所含的能量，并与教材给出的花生种子的能量数值进行比较，为接下来学生动手实验发现问题做好铺垫。

（二）发现问题，解决问题

（1）对实验所得数据以及教材中给出的能量数值进行对比，学生测量的花生种子每克能量数值和教材提供的数据相差很大，问题出在哪里？

学生通过分析讨论，发现实验数据和参考值相比出现较大误差的最大原因在于种子点燃后热量损失严重。教师引导学生总结教材实验中引起热量损失严重的设计缺陷。

1）种子在石棉网底部加热锥形瓶中的水的时候，没有保温装置，导致大量热量散失。

2）锥形瓶在加热过程中瓶口敞开，部分热量散失到空气中。

3）石棉网太厚，热量传递太慢。

4）燃烧完成后的种子仍有残余而解剖针上也仍然有热量残余。

（2）教师引导学生共同讨论热量损失问题的解决办法。

1）一些学生建议去掉石棉网以加快热量传递速度，但实验创新是在操作规范和安全的前提下进行的，锥形瓶在使用中不能直接加热。九年级化学的学习中将会多次涉及锥形瓶的使用，为了使学生养成良好的实验操作习惯，不能去掉石棉网直接进行加热。学生思考后决定将石棉网上的石灰层打磨薄或者用铝箔（用易拉罐制作）代替石棉网，这样既能加快热量传递速度，又能使锥形瓶均匀受热，如图 1 所示。

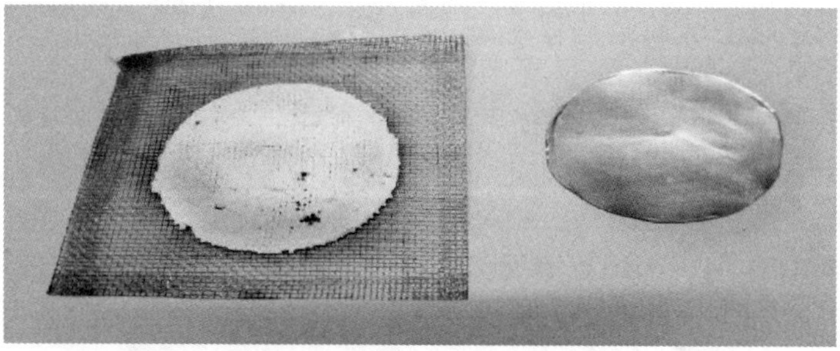

图 1　经打薄处理的石棉网和易拉罐制作的铝箔

2）如图 2 所示，将铁架台换为三脚架，并在三脚架上固定一个用易拉罐做的简易燃烧室。为解决计算燃烧室内热量的问题，可以在燃烧室内加入定量的清水，同时测量燃烧室和锥形瓶内水温并计算差值，从而计算热量。

图 2　易拉罐制作的燃烧室

3）种子在燃烧室内完成燃烧后，可以与解剖针同时放到底部清水中进行二次加热，既能减少热量损失，也能保证安全卫生（学生做完实验后用手去取燃烧完的种子时可能会烫伤）。

4）如图 3 所示，在橡胶塞上打孔，插入温度计，再放到锥形瓶口，既能加快实验进度，又能防止热量散失。

5）在锥形瓶上套上一个改装的易拉罐，减缓加热过程中的热量散失。改进后的实验装置一如图 4 所示。

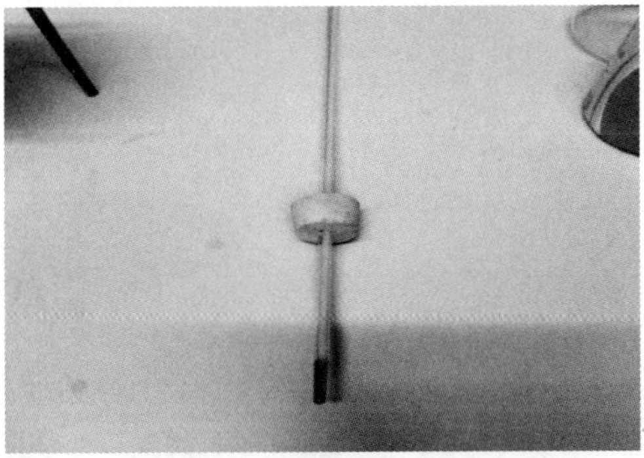

图 3　固定在橡胶塞上的温度计

图 4　改进后的实验装置一

（三）学生分组实验

（1）将学生分为 6 组，1、2、3 组以教材实验设计进行操作，4、5、6 组以改进后的实验设计进行操作，各组设置重复组，实验结果取重复组平均值。按照计算公式，每克食物含有的能量为：[（加热后的水温－加热前的水温）×4. 2 J×水的体积］/食物的质量（水温单位为℃；体积单位为 mL；质量单位为 g），注意改进组需要利用燃烧室和锥形瓶内的水温分别进行计算后求和。

（2）学生在实验后对两组装置进行评价，第二套装置不仅实践结果接近教材中的参考值，操作过程中因为去掉了铁架台、温度计已提前固定以及燃烧室的设计，使实验更加安全、环保、快捷、有效。

（四）其他改进装置简介

学生发散思维，分析总结，将装置进行了再次改进，并得到改进后的实验装置二和装置三。

（1）改进后的实验装置二。

如图 5 所示，在改进后的实验装置二中，学生将保温罩改为导热铝管，底部垫上铝箔，在加热过程中导热铝管可以从石棉网预留的出烟孔中将热量传导至锥形瓶壁。与改进后的实验装置一相比，导热铝管既可以保证热量损失降低，又可以将底部热量传导到锥形瓶壁。

（2）改进后的实验装置三。

如图 6 所示，在改进后的实验装置三中，由于试管可以直接加热，所以学生将石棉网直接去掉，锥形瓶更换为大试管，在易拉罐顶部打孔，在大试管上套一个橡胶圈，使大试管固定在罐顶不下滑，易拉罐既作为保温罩，又作为燃烧室。与改进后的实验装置一相比，改进后的实验装置三制作更加简单，热传输效率更高。

图 5　改进后的实验装置二

图 6　改进后的实验装置三

八、实验效果评价

在本节实验课的教学过程中，学生完全掌握各种实验器材的使用。通过对原有实验过程的观察与分析总结，敏锐地发现了实验装置的不足，发散思维，完美地解决了实验设计过程中遇到的各种问题，既巩固了实验基础，又提高了自身的创新思维和综合素质。

基于科学探究素养的发酵现象实验改进

贵阳市第二实验中学　何只翰

一、使用教材

本次实验教学及实验创新来自人教版《生物学》八年级上册第五单元第四章第五节“人类对细菌和真菌的利用”中“发酵现象”这一实验。

二、实验器材

（1）改良发酵菌种与培养条件、设计微型发酵实验、探究酵母用量对发酵液的影响。

实验器材：锥形瓶、试管、L 形玻璃管、医用橡皮管、烧杯、量筒、玻璃棒、恒温水浴锅、电子天平、药匙、量筒、玻璃棒、胶头滴管、气球、计时器、葡萄、苹果、桃、干酵母粉、高活性干酵母粉、葡萄糖、蒸馏水。

（2）探究发酵现象与日常生活的联系。

实验器材：蒸锅、培养皿、烧杯、试管、胶头滴管、恒温培养箱、保鲜膜、电子天平、药匙、高活性酵母粉、小麦面粉、米曲霉、枯草杆菌、酢浆草、南瓜、馒头、大蒜、清水、溴麝香草酚蓝溶液。

三、实验创新要点/改进要点

（1）“课堂—社团—研学”，多角度提升科学探究素养。

本次活动中，以实际问题为基点，通过“课堂教学”“社团活动”“研学实践”相结合的方式，引导学生从“观察”“运用”“抑制”等多个角度，对“发酵现象”的实验进行探究，在不断“发现问题—解决问题”的过程中，使学生的科学探究素养得到提升。

（2）在做中学，实现知识、能力、情感的综合提升。

在实践的过程中，将理论与实践相结合，在经历实验成功、失败与创新的过程中，实现知识、能力、情感的提升。

（3）改良培养条件，结合微型发酵实验，大幅度提高实验效率。

通过改良培养条件、设计微型发酵实验等措施，使“发酵现象”的实验现象在 1~2 min 内得到呈现，并且大幅度减少了实验材料的用量。

四、实验原理/实验设计思路

实验教学设计思路如图 1 所示。

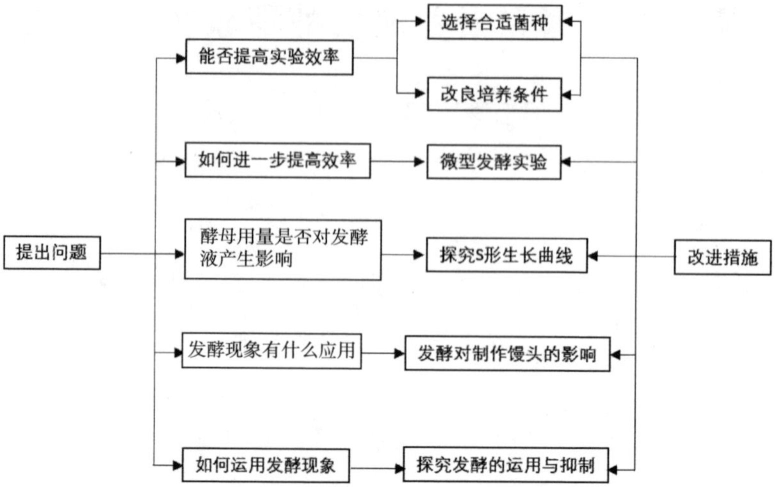

图 1　实验教学及实验创新思路

五、实验教学目标

（1）观察并分析“发酵现象”实验的现象，概述酵母菌的发酵现象。

（2）通过探究酵母种类、葡萄糖用量、温度等因素对发酵现象的影响，设计微型发酵实验，提升科学探究素养。

（3）通过探究酵母用量对发酵液的影响，体会酵母的生长受到环境容纳量的限制。

（4）通过探究有无酵母对制作馒头的影响、不同酒曲的酿酒效果、低温对发酵现象的抑制效果等，体会发酵现象与日常生活的联系，进一步提高科学探究素养。

六、实验教学内容

（1）以长时间未观察到“发酵现象”的实验现象这一实际问题为起点，先引导学生通过选择合适的菌种、改良培养条件来使实验现象得到快速呈现。

（2）通过设计微型发酵实验，进一步提升实验的效率；通过探究不同酵母用量对发酵液的影响，从发酵现象受环境容纳量限制的角度，加深学生对发酵现象的认识。

（3）通过探究有无酵母对制作馒头的影响，体会发酵现象与日常生活的联系。

（4）通过大量的自发探究，从“探究产物”“运用发酵”“抑制发酵”等角度，使学生更系统地认识发酵现象。通过这一系列的探究活动，促进学生的科学探究素养的提升。

七、实验教学过程

（一）第一次改进：改良条件，加速发酵

（1）问题由来。

为了观察到“发酵现象”实验中气球膨胀的现象，师生按照教参建议配制了酵母发酵液，设置了无酵母的对照组，发现在培养 12 h 后，气球仍未膨胀，如图 2 所示。

培养 12 h 后的发酵情况

图 2　酵母菌培养期间气球的膨胀情况

（2）改进措施一：选择合适菌种。

为找到合适的酵母，教师准备了葡萄、桃、苹果，购买了几种常见的干酵母，并将它们配制成发酵液进行对比，发现高活性干酵母组的气球能在 9 min 后出现明显的膨胀现象，速度远快于其他组，如图 3 所示。因此，选择高活性干酵母作为菌种更适合。

几种发酵液培养 9 min 后的发酵情况

图 3　不同发酵液发酵现象对比

（3）改进措施二：改良培养条件。

1）定量检测装置。

为了定量检测不同条件对发酵现象的影响，利用锥形瓶等材料制作了检测装

置，如图 4 所示。在该装置中，由于酵母的发酵会产生大量二氧化碳，导致锥形瓶内有部分发酵液被排到试管中，试管中的发酵液体积可以作为检测二氧化碳的间接指标，进而对葡萄糖浓度、温度等因素对发酵现象的影响进行定量分析。

图 4　二氧化碳检测装置

2）最佳葡萄糖浓度。

经过对不同葡萄糖浓度下排出发酵液的体积进行测量，得到如图 5 所示的结果。当葡萄糖浓度为 9% 时，发酵产生的二氧化碳量最大，由此得出该浓度最适合。

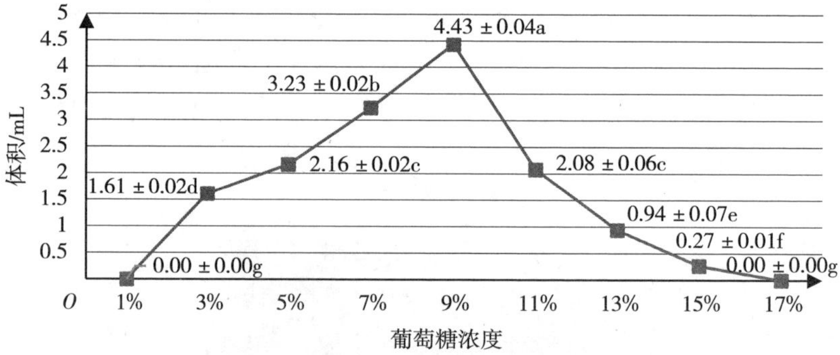

图 5　不同葡萄糖浓度下排出发酵液的体积对比（2 min 内）

3）最佳培养温度。

经过对不同培养温度下的发酵液排出量进行测量，得到如图 6 所示的结果。当培养温度为 40 ℃时，发酵产生的二氧化碳的量最大，由此得出该温度最合适。

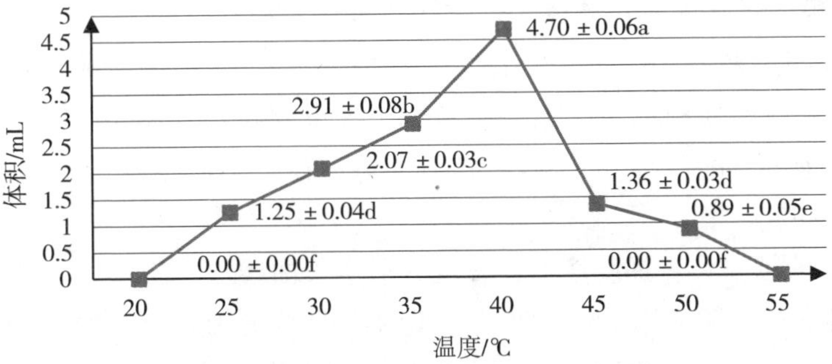

图 6　不同温度下排出发酵液的体积对比（1 min 内）

（4）改良后的培养效果。

将上述改良措施汇总后（见表 1），再次进行培养，发现 6 min 内，气球就发生了显著的膨胀。

表 1　改良后的培养条件

项目	建议
酵母种类	高活性干酵母
水	100 mL
葡萄糖浓度	9%
培养温度	40 ℃

（二）第二次改进：微型发酵，再次提速

（1）问题由来。

在提升了“发酵现象”实验中气球膨胀现象出现的速度后，兴趣小组提出问题：“能否进一步提升反应的速度，让完整过程在课堂上快速呈现”。为探究这一问题，在“发酵现象”实验的基础上进行了进一步探究。

（2）改进措施——微型发酵实验。

为进一步促进发酵现象的出现，以“微型化学实验”理念为指导，使用了试管等小型器具，设计了微型发酵实验。发现在 1~2 min 内就可以出现显著的发酵现象，如图 7 所示。

培养 1~2 min 后的实验效果

图 7　微型发酵实验

（三）第三次改进：拓展探究，发现 S 形生长曲线

（1）问题由来。

在提升了发酵实验的效率后，兴趣小组提出问题："不同的酵母用量，是否会影响发酵液的发酵效果?"为探究这一问题，在"发酵现象"实验的基础上进行了进一步探究。

（2）改进措施——梯度培养，发现 S 形生长曲线。

为解答上述问题，以 1%、5%、10% 的比例，在 9% 的葡萄糖溶液中加入高活性干酵母粉，每隔一段时间，分别测量不同组发酵实验中排出的发酵液的体积，得到的体积对比结果如图 8~10 所示。

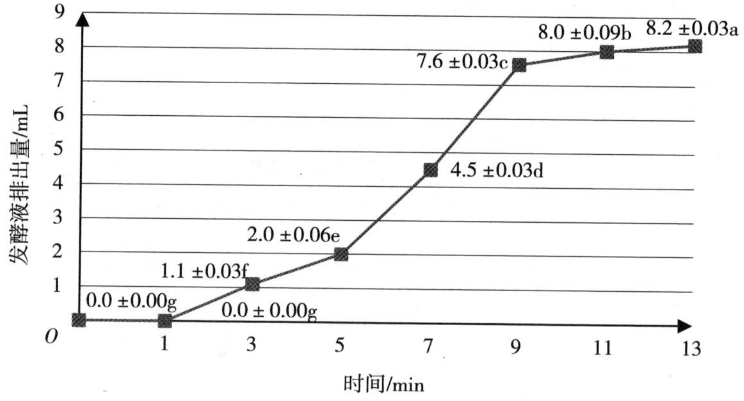

图 8　10% 的酵母用量组排出的发酵液的体积

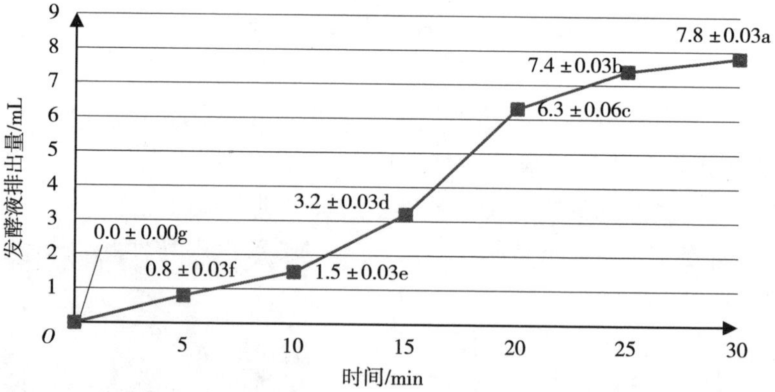

图 9　5% 的酵母用量组排出的发酵液的体积

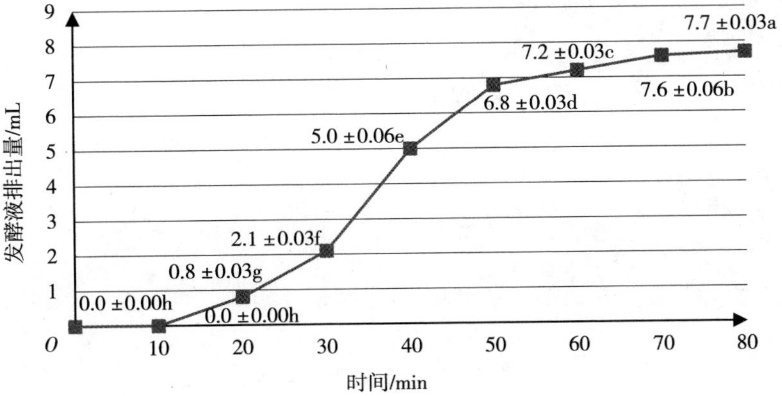

图 10　1% 的酵母用量组排出的发酵液的体积

由实验结果可见，虽然各组发酵液达到最大排出量时，所用的时间各不相同，但是最终达到的效果几乎一致，由此排除了不同酵母用量对发酵液发酵效果的影响。产气量与酵母生长情况呈正相关关系，同时对比 3 组数据可以发现，酵母生长情况呈现出 S 形生长曲线。这也让学生发现，在发酵过程中，由于受到环境最大容纳量的限制，酵母菌增加的数量将会受到限制，使学生进一步加深了对发酵现象的认识。

（四）探究发酵现象的作用

（1）问题的由来。

在加深了对发酵现象的认识后，同学们提出"在生活中，发酵现象有什么作用?"这一问题。对此，以制作馒头为例，进行了拓展探究。

（2）改进措施——探究发酵对制作馒头的影响。

为使同学们体会到发酵现象与生活的联系，教师与学生一同制作了馒头，并在制作过程中探究发酵对制作馒头的影响。学生发现未经发酵的馒头，体积较小、内部致密；而经过发酵的馒头，体积较大、内部孔隙较多，如图 11 所示。学生查阅资料发现，产生不同现象是由于酵母发酵时产生了大量的二氧化碳，这个结果让学生对身边的发酵现象有了直观的认识，同时激发了学生探究身边的发酵现象的兴趣。

馒头体积对比（左：未发酵；右：已发酵）

内部孔隙对比（左：未发酵；右：已发酵）

图 11　是否经过发酵对制作馒头的影响

（五）对“发酵现象的运用”的自由探索

经过对发酵现象的实验教学，兴趣小组开始自发对发酵现象进行探究。例如，有的同学用溴麝香草酚蓝溶液探究发酵现象的产物；有的同学探究了不同酒曲用量对制作米酒的影响，有的同学探究了低温对发酵情况的抑制等。这些自发的探究，既是学生对发酵现象的兴趣所在，也是科学探究素养提升的直接体现。

八、实验效果评价

本次实验以提高发酵现象的实验效率为基点，在引导学生发现问题的过程中，通过改良培养条件、设计微型发酵实验、探究酵母用量对发酵的影响等方式对实际教学问题进行探究。一方面加深了学生对发酵现象的认识，另一方面提升了学生的科学探究素养，为后续的自发探究打下坚实基础。

在此之后，以探究酵母对制作馒头的影响为契机，引导学生发现发酵现象与日常生活的联系，进而鼓励学生自发地根据自己的兴趣对身边的发酵现象进行探究。学生从“观察”“探究”“运用”“抑制”等多方面了解发酵现象的同时，通过不断地经历“发现问题—解决问题—发现新问题—解决新问题”的过程，有效地促进了科学探究素养的进一步提高。

探究植物气孔的数量与分布

上海市西林中学　周稳

一、使用教材

上海教育出版社《生命科学》初中第二册第四章“生物的类群”第一节“植物”实验与实践“制作并观察叶片的装片”中“观察植物表皮”的拓展内容。

二、实验器材

数码液晶显微镜、平板电脑（安装有相关软件）、弹性火棉胶、小软毛刷、镊子、载玻片、盖玻片、不同生长环境下的 9 种植物（金边黄杨、香樟、爬山虎、万年红、水稻、狗尾草、睡莲、荷花、苦草）的叶片。

三、实验创新要点

学生通过探究不同植物叶片和同一植物叶片上、下表皮气孔的数量与分布情况，经历科学探究的一般过程，加深对气孔的认知，意识到气孔的数量与分布是植物长期适应自然环境的结果，形成“生物的形态结构与环境相统一”的生命观念。

为提高教学效率，保证实验数据的真实性，从以下四个方面改进实验。

（1）创新实验方法。

制作气孔临时装片时，普遍采用直接撕取法，但有些植物叶片表皮很难撕取，易撕取的也往往夹带叶肉细胞，影响对气孔的观察。有教师曾用指甲油制取胶膜，但指甲油易污染环境，不宜使用。本次实验教学中，教师采用弹性火棉胶制取胶膜（见图 1）。弹性火棉胶是用于小伤口保护的外用药，不仅安全无害，而且成膜速度快，易撕取。如图 2 所示，将弹性火棉胶均匀地涂抹在叶片上，晾干后，用镊子撕取胶膜，制成临时装片，观察效果良好。

图 1　弹性火棉胶

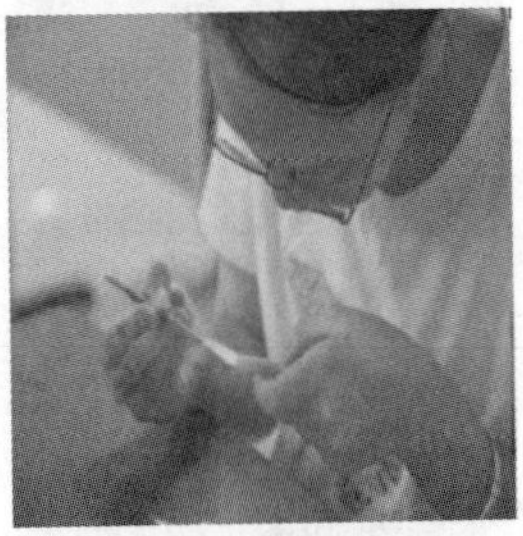

图 2　制取胶膜

（2）拓展实验材料。

学生通过开展预实验，观察到多种植物的气孔，最后挑选出气孔易于观察、数量易统计的植物，如图 3、图 4 所示。将实验材料从蚕豆叶拓展到不同生长环境下的 9 种植物。

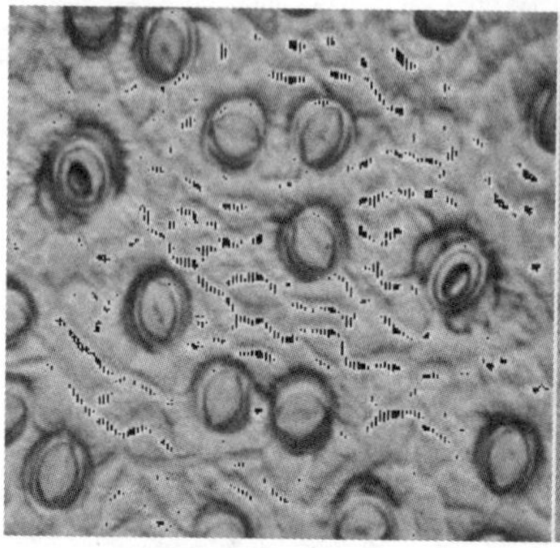

图 3　金边黄杨叶表皮（400 倍镜）

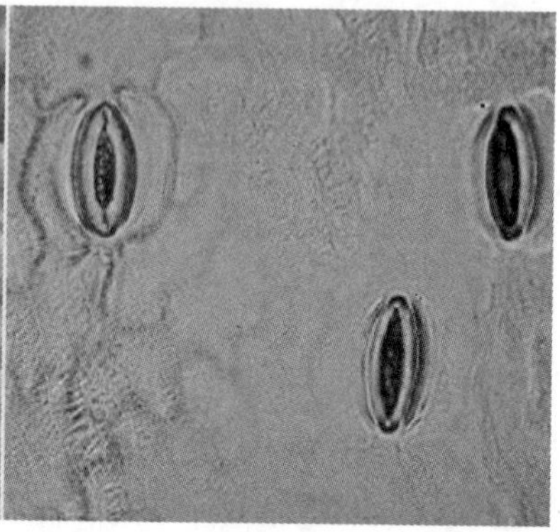

图 4　万年红叶表皮（400 倍镜）

（3）升级实验设备。

为帮助学生清晰地观察到显微镜下的物像，有教师通过自制目镜或用手机拍摄等方式，将物像转移到手机或平板电脑上，操作比较麻烦。本次实验，教师利用学校的数码液晶显微镜有效地解决了这一问题。它是一款能同步将物像直接呈现在平板电脑上的高科技显微镜，学生可在平板电脑上清晰地观察气孔的形态和数量，如图 5 所示。

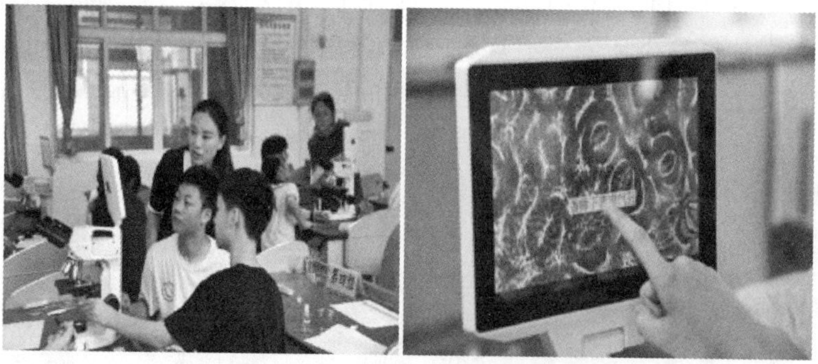

图 5　学生在平板电脑上观察和统计气孔

（4）改进实验手段。

本实验需要对 9 种植物叶片的上、下表皮分别进行 3 次观察，数据量庞大。如果让学生分组在表格中输入数据，将会耗费很多时间。教师借助文档编辑软件，快速地汇总实验数据。学生只需在平板电脑中打开相应软件，输入本组实验数据即可。利用软件可以实现同步编辑，多组进行，教师可将实验数据复制、粘贴到提前编辑好的 Excel 表格中，求出平均值，当场生成柱状图，既高效，又直观。

综上所述，教学中创新运用弹性火棉胶制取植物气孔胶膜，学生自主选择植物材料，充分利用学校数码液晶显微镜服务于课堂教学，运用软件快速汇总实验数据、自动生成柱状图，对学生信息素养的提升和创新能力的培养起到了积极的推动作用。

四、实验原理

（1）弹性火棉胶能在叶片表面形成透明胶膜，将其均匀涂抹在植物叶片上，植物叶片表面的信息全部被拓印到胶膜上，用显微镜观察透明胶膜，便可清晰地观察到植物叶片上气孔的形态与数量。

（2）气孔是植物与外界进行气体交换的通道，是植物蒸腾作用的门户。陆生植物上表皮的气孔数目一般少于下表皮的气孔数目，甚至无气孔，有助于减少水分过度散失。具有等面叶的植物是一类特殊的陆生植物，叶片受光均匀，上、下表皮气孔分布几乎相同。水生植物叶片下表皮与水面接触，无法与外界进行气体交换，气孔大多数分布在上表皮；沉水植物的叶上往往无气孔。

五、实验教学目标

（1）通过实验观察，了解不同植物叶片上气孔的数量与分布。

（2）通过植物叶片上气孔数量与分布的探究活动，提升科学探究能力和实验操作技能。

（3）通过分析实验结论，感受植物叶片上气孔的数量和分布与环境相适应，加深对“生物形态结构与环境相统一”的认识。

六、实验教学内容

该内容是“观察植物表皮”的拓展内容，从学生问题入手，采用探究性学习方式，组织学生选择实验方法和实验材料，探究不同植物和同一植物上、下表皮气孔的数量与分布，帮助学生更深层次地认识生物形态结构与环境的统一性，提升生命科学学科素养。

七、实验教学过程

（1）学生发现，引入探究。

从“观察植物表皮”实验中学生提出的问题出发——“同是吊竹梅叶片制作的气孔临时装片，为什么一个没有气孔（见图 6），一个有气孔（见图 7）”，引发学生对“植物气孔数量与分布”的讨论，引入探究。

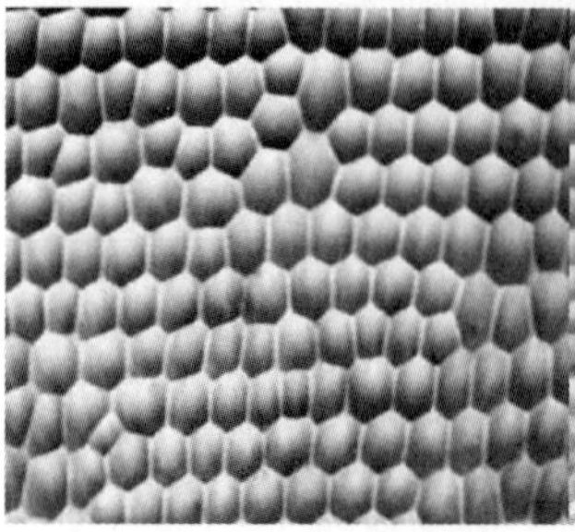
图6　吊竹梅上表皮

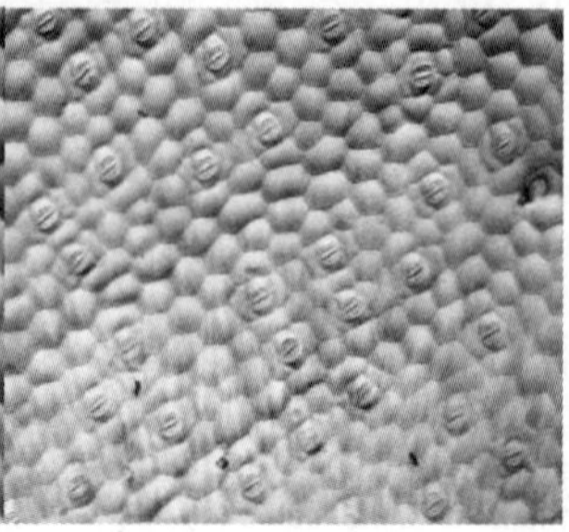
图7　吊竹梅下表皮

（2）分组合作，确定方案。

组织学生课前查阅文献资料，开展预实验，对比观察到的植物气孔效果，确定制作气孔临时装片的“弹性火棉胶胶膜制取法”，选定不同生长环境下的9种植物。课堂上组织学生分组讨论，确定实验步骤，设计实验任务单。强调选材统一靠近叶脉处，在10倍目镜、40倍物镜下观察气孔，记录实验数据。

（3）开展实验，收集数据。

学生分组采用弹性火棉胶制取胶膜，制作气孔临时装片，利用数码液晶显微镜，观察、统计不同植物叶的上、下表皮气孔数量，把实验数据输入文档编辑软件。教师将实验数据复制、粘贴到提前编辑好的Excel表格中，求出平均值，当场生成柱状图。

（4）分析数据，得出结论。

如图8所示，针对生成的柱状图，教师引导学生读图，分析实验数据，发现并总结植物气孔分布规律，得出实验结论。

（5）表达交流，升华认知。

结合实验单，学生对总结出的气孔分布规律进行交流，认识到植物叶片上气孔的数量与分布是长期适应自然环境的结果，进而更好地形成“生物的形态结构与环境相统一”的生命观念。

（6）课外拓展，深层探究。

教师引导学生深层思考，拓展实验内容。提问：本次实验选取的是靠近叶脉处的表皮，那么

图8　分析实验数据

靠近叶尖和叶缘部位的表皮气孔是如何分布的？植物的气孔除了分布在叶片上，其他部位（茎、花）有没有气孔分布？实验中发现不同植物的气孔形态和大小有差异，这与生存环境有什么关系？鼓励感兴趣的同学，在课外时间继续进行拓展探究。

八、实验效果评价

（1）拓展实验内容，形成生命观念。实验材料从教材中的蚕豆叶拓展到不同生长环境下的9种植物，实验内容从观察气孔形态拓展到探究植物叶片上气孔的数量与分布。通过实验，学生发现不同植物或同一植物的上、下表皮气孔的数量与分布均有差异。帮助学生认识生物的形态结构与环境是相统一的，形成“进化与适应”的生命观念。

（2）创新实验方法，培育科学思维。教师引导学生查阅资料，开展预实验，对比各种实验方法下观察到的植物气孔的效果，选择最有效的胶膜制取法。出于安全、环保考虑，对方法进行创新改进，从补鞋胶到指甲油，再到弹性火棉胶的选择，整个过程中，学生分组合作、自主思考、自主比较，在提升实验效率的同时，也有效地促进了学生创新思维能力的培养。

（3）丰富学习经历，提升科学探究能力。课前自主活动、课中自主探究、课后自主拓展，都是从问题出发，在解决问题的过程中，又发现新的问题，再解决问题。例如，在课后拓展中，发现绿玉树的茎上分布有很多气孔，查阅资料后发现这可能与其炎热、干旱的生长环境有关；在观察荷叶的表皮气孔时，发现了滚珠似的结构，学生怀疑是否与荷叶的自洁效应有关系；学生认为教师选择的水生植物种类太少，对实验数据有疑惑，课后继续探究；探究水葫芦的表皮气孔时发现，作为水生植物，水葫芦的上、下表皮竟然都分布有很多气孔，与课堂上得出的水生植物气孔一般都分布在上表皮的结论相违背，学生怀疑这样的气孔分布和水葫芦繁殖速度快有关系，有学生已经针对这个问题和中科院植物研究所的专家进行了对话。

总结：拓展教学内容，形成生命观念；创新实验方法，培养科学思维；丰富学习经历，提升科学探究能力。这些都指向学生生命科学核心素养的培育。当学生把“进化与适应”这一生命观念深深地印在脑海中时，必能在无形中向他人传递这一观念，承担一定的社会责任。

绿色植物的蒸腾作用

南京市共青团路中学　卢静静

一、使用教材

苏教版《生物学》七年级上册第七章第二节“绿色植物与生物圈的物质循环”。

二、实验器材

创新实验材料：盆栽竹芋、水培铜钱草、无水硫酸铜粉末、橙色硅胶颗粒、蓝色硅胶颗粒、抑制蒸腾剂。

创新实验器具：相对湿度传感器、实验箱、自封袋。

常用实验仪器：滴管、培养皿、烧杯、锥形瓶等。

三、实验创新要点/改进要点

（1）变验证为探究，让学生在探究实验中发展小组合作能力、实践能力和创新思维能力。

（2）运用化学试剂显色法，让蒸腾作用产生水的现象更明显。

（3）借助相对湿度传感器，将定性实验转变为更为直观的定量实验。

（4）使用园林抑制蒸腾剂探究气孔开放程度对蒸腾作用的影响，适当减弱蒸腾作用，提高植物移栽成活率。

四、实验原理/实验设计思路

（1）运用白色无水硫酸铜粉末遇水变成蓝色、蓝色硅胶吸水后变成粉红色、橙色硅胶吸水后变为墨绿色等明显的颜色变化，证明植物蒸腾作用产生水，从而构建蒸腾作用的概念。

（2）使用相对湿度传感器监测空气湿度的变化，在定性实验的基础上定量监测蒸腾作用产生的水对周围空气湿度的影响。

（3）含腐殖酸的抑制蒸腾剂能使叶片气孔的开张度减小，蒸腾作用减弱，水分散失减少，提高植物移栽成活率。

五、实验教学目标

（1）描述绿色植物的蒸腾作用。(教学重点)

（2）尝试自主设计实验，在科学探究中发展合作能力、实践能力和创新能力。(教学难点)

（3）激发并提高学生的学习兴趣，养成乐于探究的好习惯。

六、实验教学内容

(1) 探究植物蒸腾作用的主要器官，构建蒸腾作用的基本概念。

(2) 探究植物蒸腾作用对空气湿度的影响，了解蒸腾作用参与水循环。

(3) 探究影响植物蒸腾作用的因素，提高探究能力、实践能力和创新能力。

七、实验教学过程

(一) 导入

盆栽植物套袋后，袋内壁有水珠。由“水从哪里来?”引入探究实验。采取小组合作探究的实验方法，按照科学探究的步骤进行实验：提出问题、做出假设、设计实验、得出结论、表达与交流等。重点从设计实验方面进行介绍。

(1) 实验器材的选择。

1) 苏教版《生物学》七年级下册教科书中要求选取一株生长旺盛的盆栽植物。考虑到不同植物的蒸腾作用速率不同，结合身边常见的绿植，通过实验比较发现，竹芋和铜钱草的蒸腾作用较快，实验效果明显，用时短，适合作课堂实验的材料。

2) 用透明塑料袋罩住植物后，用棉线或胶带在植物基部扎紧。学生实际操作过程中发现，捆扎的过程繁琐且不易解开，费时费力。选用自封袋后，操作更便捷，并且袋内空间大小一致，确保变量的唯一。

3) 实验中，呈现出小水珠的过程受气孔特征、温度、光照、湿度、风速等诸多因素的影响，耗时较长，课堂时间内无法显示效果。教师利用如下材料的特性进行实验创新：白色无水硫酸铜粉末遇水生成蓝色五水硫酸铜；蓝色硅胶吸水后变成粉红色；橙色硅胶吸水后变为墨绿色。创新实验用时短，实验现象明显，易激发学生兴趣。

4) 选用相对湿度传感器可定量监测蒸腾作用散失的水量对空气湿度的影响，结果直观、形象。

5) 喷洒园林抑制蒸腾剂探究气孔开放程度对蒸腾作用的影响，避免传统实验中凡士林和石蜡对叶片气孔的损伤。

(2) 自主选择器材，控制变量，实施实验。

(二) 探究实验一：探究植物蒸腾作用的主要器官

以叶为变量探究植物蒸腾作用的主要器官。取等量的白色无水硫酸铜粉末(蓝色硅胶颗粒/橙色硅胶颗粒) 分别装入两个相同的自封袋内，用上述两个自封袋分别罩住去叶的枝条和带叶的枝条，等待一段时间后，观察到带叶枝条的袋内白色无水硫酸铜粉末变成蓝色（蓝色硅胶颗粒变成粉红色/橙色硅胶颗粒变成墨绿色）。

依据实验原理，分析实验现象，得出结论：植物蒸腾作用散失水分，蒸腾作用的主要器官是叶。从而构建出蒸腾作用的概念。

（三）探究实验二：探究植物蒸腾作用对空气湿度的影响

为防止土壤中的水分蒸发对实验产生影响，选用水培铜钱草作为实验材料取一个锥形瓶，瓶中加一定量的水，并在水面上方滴加食用油，将水培铜钱草放入其中。另取一个锥形瓶，加入等量的清水和食用油，但不放铜钱草。将上述处理好的两个锥形瓶分别放入实验箱密封，并使用相对湿度传感器监测湿度变化，如图 1 所示。

图 1　探究植物蒸腾作用对空气湿度的影响实验

从实验数据分析可知，铜钱草的蒸腾作用可使空气湿度增加，说明绿色植物参与自然界的水循环。

（四）拓展探究三：探究影响植物蒸腾作用的因素（以气孔为变量）

取两盆长势差不多的铜钱草，一盆不做处理，另一盆喷洒抑制蒸腾剂。抑制蒸腾剂是园林植物移栽时常用的养护品，可以使叶片气孔开张度减小。组装实验装置，观察两组装置中相对湿度的变化曲线（见图 2）。从数据分析可知，气孔开张度越大，蒸腾作用越旺盛。

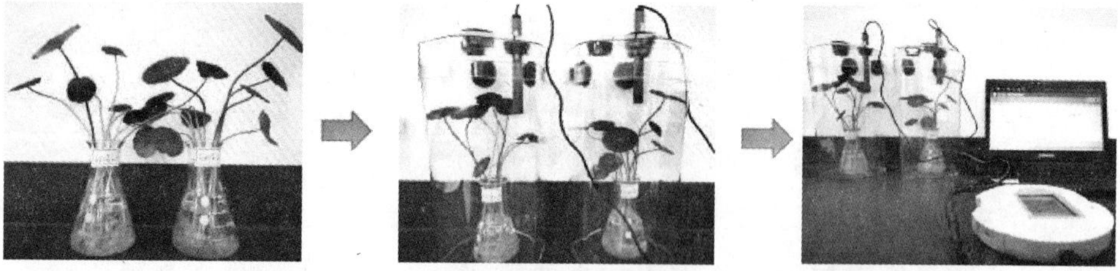

图 2　以气孔为变量探究影响蒸腾作用的因素实验

小结：不同植物蒸腾作用的速率不同，除受气孔开张度影响外，还与其他多种因素有关，感兴趣的同学课后可以去探究。教师在课前测量了身边 6 种常见植物的蒸腾量，发现竹芋和铜钱草的蒸腾作用速率较高，故选择它们作为课堂实验材料。

八、实验效果评价

（1）变验证为探究，提高实验教学的有效性。符合课标倡导的探究性学习基本理念，满足学生的好奇心和求知欲，让学生在探究实验中发展小组合作能力、实践能力和创新思维能力。

（2）运用化学试剂显色，让定性实验的现象更明显、更具有趣味性。

（3）借助智能传感器采集数据，将定性实验转变为更为直观的定量实验。

（4）与实际生活联系，学以致用，进一步拓展和延伸。本实验中使用的自封袋、园林抑制蒸腾剂、硅胶干燥剂等都是生活中常见的材料，让学生在现实生活中学习生物学，倡导学生在解决实际问题的过程中深入理解生物学的核心概念，并能运用生物学原理和方法解决生活实际问题。

（5）实验成本低，取材方便，可重复利用，便于推广，可操作性强。本实验的改进源于课堂需求，已应用于常规的课堂教学中，同时在全区范围内开设了公开课和讲座，取得了很好的教学效果，并获得了专家和同行的一致好评。生物兴趣小组对此进行的拓展探究在南京市中小学师生科技创新大赛中获奖。

利用自制蒸腾计探究植物的蒸腾作用

山东省昌邑潍水学校　杨贝贝

一、使用教材

济南版《生物学》七年级上册第二单元第一章“生物圈中的绿色植物”第二节“绿色植物的蒸腾作用”中“探究蒸腾作用的强弱与叶片面积的关系”。

二、实验器材

长势相同的 5 根带叶枝条、5 支移液管、5 段长约 10 cm 的胶皮管、大水槽 1 个、大注射器 1 个、防水胶带、凡士林、毛刷、铁架台。

三、实验创新要点/改进要点

（一）原实验装置和方案的不足

（1）实验装置不得当：常规实验用的装置是锥形瓶，容积大、刻度不精确导致实验时间长且效果不明显。

（2）实验方案不全面：常规实验只设计一组对照实验探究植物蒸腾作用的主要器官。

（二）实验改进与创新

（1）实验装置的创新：利用 1 mL 的移液管自制如图 1 所示的蒸腾计来代替锥形瓶，管内液面变化明显，放大实验效果，缩短实验时间。

图 1　自制蒸腾计

（2）实验方案的改进：在原有实验的基础上进行拓展，设计多组对照实验，1 号叶片不做任何处理，其余叶片进行如图 2 所示的处理，不仅探究叶是植物蒸腾作用的器官，同时探究叶片面积与植物蒸腾作用的关系，帮助学生对蒸腾作用建立完整的认识。

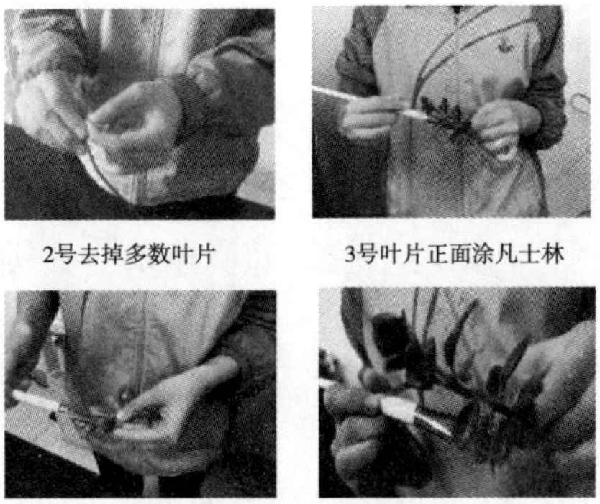

2号去掉多数叶片　3号叶片正面涂凡士林

4号叶片背面涂凡士林　5号叶片正、反面均涂凡士林

图 2　对叶片进行处理

四、实验原理

（1）利用移液管代替锥形瓶，计算蒸腾计上移液管初始刻度和实验结束时刻度的差值，表示蒸腾作用的强弱。

（2）将叶片进行不同的处理，形成对照，直观地展示出植物蒸腾作用与叶片面积的关系及植物叶片上气孔分布的特点。

五、实验教学目标

（1）知识与技能：通过观察实验现象，能够理解叶片是植物蒸腾作用的主要器官，蒸腾作用的强弱与叶片面积有关。

（2）过程与方法：通过让学生动手参与实验，培养学生设计实验的能力、对现象的观察能力、对数据进行整理分析的能力及实际应用能力。

（3）情感态度与价值观：渗透生物与环境相适应、结构与功能相适应的生物学观点；培养学生的合作意识，体验探究带来的乐趣。

六、实验教学过程

（一）创设情境，激发学习兴趣

提出问题："我们为什么要定期浇水，花盆里的水去哪了？"接着出示材料："一株玉米从出苗到结实所需的水分约为 200 kg，其中作为植物组成成分的水分约为 1. 827 kg，维持植株生理过程的水分约为 0. 25 kg，两部分水量加起来约为 2. 077 kg，仅占水分总量的 1%，那么其余 99%的水分到哪里去了呢？"

层层设问，引发学生认知冲突，激发探究欲望。

（二）提出问题并做出假设

引导学生阅读教材中蒸腾作用的定义，提出问题并做出假设：植物蒸腾作用的主要器官是什么？植物蒸腾作用的强弱与叶片面积有关系吗？若有，有什么关系？

（三）演示自制蒸腾计的制作及使用方法

（1）对枝条进行处理：利用防水胶带缠绕枝条（见图3）。

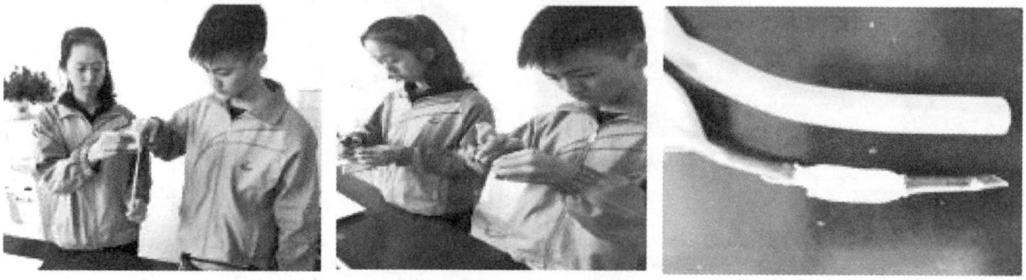

图3 对枝条进行处理

（2）连接胶皮管和移液管：将移液管的上端和胶皮管连接，并用防水胶带密封（见图4）。

图4 连接胶皮管和移液管

（3）制作蒸腾计：用大注射器向胶皮管中注水，利用水压将移液管中的气泡挤出，待气泡完全被挤出后，堵住移液管的下端，用注射器向装置中注水直至水满为止（见图5）。

图5 制作蒸腾计

（4）枝条与蒸腾计在水下连接：将处理好的枝条与蒸腾计的胶皮管在水下进行连接，并将两者的接口处用防水胶带进行密封（见图6）。

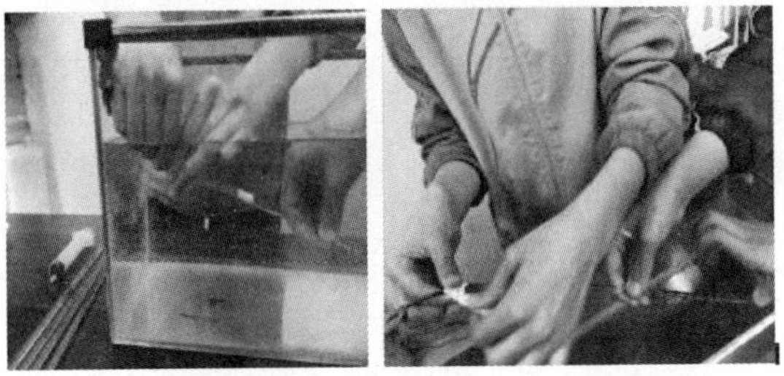

图6 枝条与蒸腾计在水下连接

（5）完成实验装置：检测装置的密封性，将装置竖立，用吸水纸擦干，移液管末端无水珠渗出，即制作完成。

（四）以小组为单位制订并实施计划

（1）选材：选取长势相同的5段带叶枝条。

（2）对叶片进行处理（见图2）。将5段枝条分别进行如下处理：1号不做任何处理，2号去掉大多数叶片，3号将叶片正面涂凡士林，4号将叶片背面涂凡士林，5号将叶片正反面都涂上凡士林。

（3）对枝条进行处理：利用防水胶带缠绕枝条。

（4）按照蒸腾计的制作步骤制作蒸腾计。

（5）将5个装置分别置于铁架台上，让枝条竖立（见图7），静置3~5 min后，记录移液管上的刻度（见表1）。

图 7　创新实验装置

表 1　实验记录表

	初始刻度（mL）	最终刻度（mL）	差值（mL）
装置 1	0	0.75	0.75
装置 2	0	0.40	0.40
装置 3	0	0.65	0.65
装置 4	0	0.53	0.53
装置 5	0	0.20	0.20

（五）观察并记录实验结果，得出结论

通过对表 1 中装置 1 和装置 2 移液管静置前后刻度差值的比较，得出结论：叶片面积越大，蒸腾散失的水分越多；反之越少。

通过对表 1 中装置 1 和装置 3、4、5 移液管静置前后刻度差值的比较，得出结论：植物叶片散失水分的结构是气孔；植物叶片背面散失水分多，正面散失水分少。让学生直观地感受到叶片背面气孔比正面气孔多。

七、实验效果评价

（1）实验现象的提升：用自制蒸腾计代替锥形瓶，液面变化较明显，放大实验效果，缩短实验时间。

（2）思维方式的提升：通过对教材原有实验材料的拓展，达到一次实验得出多组结论的效果。不仅探究了叶是植物蒸腾作用的器官，同时探究了叶片面积与植物蒸腾作用的关系，令学生对蒸腾作用有了完整的认识，将植物组织结构的特点和蒸腾作用联系起来。

（3）创新能力的提升：通过对常规实验操作中出现的问题进行探究，以及对实验装置和实验方案的改进，提高了学生的创新能力，体现了多学科知识之间的融合，也实现了课外实践与课内教学的有机结合。

探究卵壳的结构和功能

福建省莆田第二中学　史丽琳

一、教材分析

本节课是基于学生在学习冀少版初中《生物学》八年级下册第一章第二节第二课时“两栖类、鸟类的生殖和发育”的过程中，对教材内容以及现实生活现象大胆质疑，教师鼓励其大胆创新，不断寻找实验证据的教学产物。

学生的质疑主要集中在以下几点：

（1）质疑一：图1所示的是教材中关于卵壳的描述——“与鸡卵一样，鸟类卵的外面有坚硬的卵壳”，与现实生活中鸡卵在运输过程中极易碎裂的现象有出入。

与鸡卵一样，鸟类卵的外面有坚硬的卵壳。卵壳不仅有保护作用，还可以防止水分的散失。卵黄上的小白点叫做胚盘，里面含有细胞核。胚盘是胚胎发育的部位。胚盘、卵黄和卵黄膜构成卵细胞。卵黄和卵白里贮存有养料和水分。

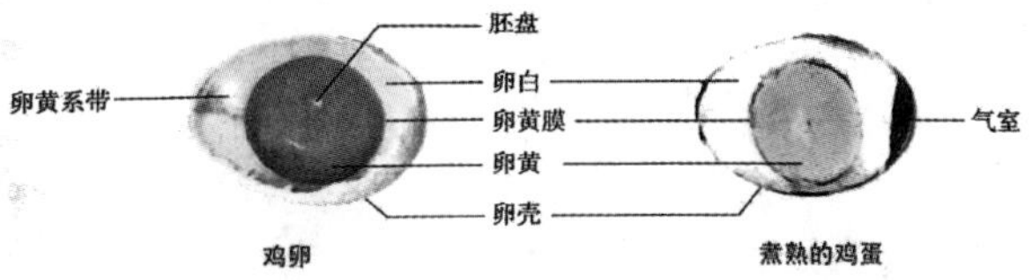

鸡卵的结构

图1　教材中关于卵壳的描述

（2）质疑二：学生在观看导学视频“中国首例无壳孵化小鸡小茶缸的诞生历程”时提出疑惑：无壳也能孵化小鸡，那么卵壳在胚胎发育过程中有没有作用？

（3）质疑三：从图1还可以看出，教材中对于卵壳功能的描述是——“卵壳不仅有保护作用，还可以防止水分散失”。本节课是在学习了两栖类的生殖发育的基础上进而学习鸟类的生殖和发育。两栖类和鸟类都产卵，但大多数两栖类的卵必须产在水中，而鸟类的卵可以在干燥的陆地上发育。学生通过比较不难发现，卵壳有防止水分散失的作用。关于卵壳的保护作用，学生提出疑惑：脆弱的卵壳是如何起到保护作用的？

（4）质疑四：在上述导学视频中，科研人员强调小鸡在孵化的过程中需要足够的氧气，并呈现了通氧设备。教材中只提到了鸡卵的钝端有气室，但其显然无法满足供氧需求。那么看起来密不透风的卵壳，能否透过氧气？氧气又是通过什么结构透过的？

（5）质疑五：在导学视频中，科研人员强调需要添加乳酸钙为小鸡的胚胎发育提供钙质，但在有壳孵化的过程中，体外发育的胚胎并未从鸡卵以外吸收钙质，这些钙质会不会是从卵壳中获取的呢？学生查阅文献《鸡蛋孵化期间钙磷含量的变化》发现，卵壳的主要成分有碳酸钙，并且胚胎发育过程中部分钙源于卵壳。那如何证明卵壳中确实含有钙呢？

基于学生以上的大胆质疑，鼓励学生分析问题、设计实验、预测结果并得出结论。结合学生的大胆创新，设计了本节实验：脆弱的卵壳也“坚强”——探究卵壳的结构和功能。

二、学情分析

（1）八年级学生已经具备设计探究实验的能力基础，对事物的好奇心驱使他们在观察和实验的基础上提出生物学问题，能够形成猜想并作出假设、设计实验、实施实验，进而得出结论。

（2）学生具备一定的学习能力和计算机操作技能，能快速掌握压力传感器的使用方法。同时，学生已经学习了向淀粉中滴加碘液，通过颜色变化鉴定淀粉的存在，有一定的物质鉴定基础。通过知识迁移，学生容易理解通过焰色反应鉴定钙的存在。

三、实验器材

（1）探究一：脚踩鸡卵。

鸡卵 16 枚。

（2）探究二：卵壳内、外弧面最大承受力。

电脑、卵壳、双向蛋托模型（3D 打印）、压力传感器。

（3）探究三：卵壳的透气性。

鸡卵、烧杯、温水、研钵、5 mL 注射器、解剖针。

（4）探究四：卵壳中含有钙元素。

镊子、酒精灯、火柴。

四、实验创新要点

本节课的创新之处主要体现在以下 3 个方面。

（一）教学理念新

（1）教学过程重实践。

教材上关于卵壳的功能，直接给出了结论。本节课设计了 4 个探究实验，环环相扣，引导学生通过动手、动脑活动，主动获取生物学知识。

（2）核心素养为宗旨。

在本节课中，诠释了生物体的结构与功能相适应的生命观念。通过实验的设计与优化，培养科学探究与科学思维能力，尤其是批判性思维与创造性思维，鼓励学生大胆质疑，尊重事实和证据，敢于创新。同时，渗透社会责任教育，让学生通过一系列的探究活动，获得解决现实生活问题的担当和能力。

（3）学科知识巧融合。

在学生可接受的范围内，结合物理的压力传感器的使用和化学焰色反应的知识，实现了学科知识的巧妙融合。

（二）设计思路妙

引导学生大胆质疑，对特定的生物学现象或事实，进行观察、提问、讨论和交流，不断寻找实验证据，进而得出结论。学生在体验活动的过程中，由被动获取知识转变为主动吸收知识。

（三）实验用具巧

除常规的实验器材外，借助 3D 打印机巧制双向蛋托模型，如图 2 所示。模型为中间空心的圆筒状，参考一般鸡卵的平均大小，测量卵壳外弧面最大承受力时，使用外径为 32 mm 的 A 端；测量内弧面最大承受力时，使用内径为 32 mm 的 B 端。这样可以保证测量时，卵壳着力点在同一纬度，减少实验误差。同时，将压力传感器与朗威数字化信息系统结合使用，如图 3 所示，实时显示压力随时间的变化曲线，计算有效区域内的最大值，即可准确测量出卵壳内、外弧面最大承受力，将定性实验转为定量实验。最后，通过共享文档实现数据的整合分析。

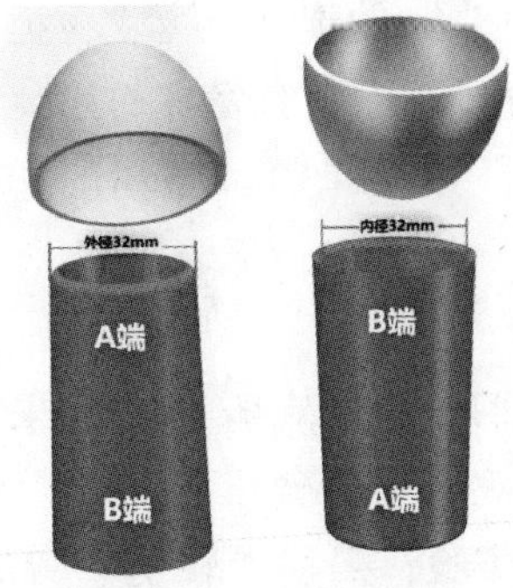

图 2　双向蛋托模型（3D 打印）

图 3　压力传感器和朗威数字化信息系统结合使用

五、实验教学目标

通过对本实验的探究，引导学生不断质疑，尊重事实和证据，崇尚严谨和求实的态度，鼓励创新，逐步实现生物学科的 4 个核心素养。

（1）生命观念：通过实验认识卵壳的结构和功能，树立生物体结构与功能观的生命观念。

（2）科学思维：敢于质疑教材和教学内容，并设计实验不断寻找实验证据，提高科学思维能力，尤其是批判性思维和创造性思维。

（3）科学探究：通过设计实验、优化实验、分析数据得出结论并完成探究，提高科学探究能力。

（4）社会责任：从生活中发现问题，结合所学知识，培养解决现实生活问题的能力。

六、实验教学过程

（一）课前准备

本节课是在学生已经学习了“两栖类、鸟类的生殖和发育”的基础上，对教材内容和授课过程中涉及的科普视频——“中国首例无壳孵化小鸡小茶缸的诞生历程”大胆质疑，教师鼓励其在“学习通”（学校网上在线学习平台）上讨论，针对生物学现象与事实发现新的问题，给出新的解释并设计实验进一步探究。

教师在留言区收集学生有代表性的问题，在“学习通”上发放微课在线学习朗威数字化信息系统、压力传感器的使用方法，并准备数字化实验室和相关器材。

（二）课堂实施

（1）导入：创设问题情境，制造矛盾点，引发质疑。

学生观看导学视频“中国首例无壳孵化小鸡小茶缸的诞生历程”，提出质疑：无壳也能孵化小鸡，是否意味着卵壳在胚胎发育过程中没有发挥作用？

教师当场捏碎卵壳，引导学生感受卵壳的脆弱，导入课题“脆弱的卵壳也‘坚强’——探究卵壳的结构和功能”。

（2）探究一：脚踩鸡卵。

1）提出质疑：①看似脆弱的鸡卵，在体重约 2 kg 的母鸡孵卵时并未被压破；②某些江湖艺人自称有“轻功”，站在鸡卵上，鸡卵不会破碎。

2）实验解疑：如图 4 所示，现场进行脚踩鸡卵实验，揭秘“轻功”骗局。

3）实验现象：鸡卵完好未破。

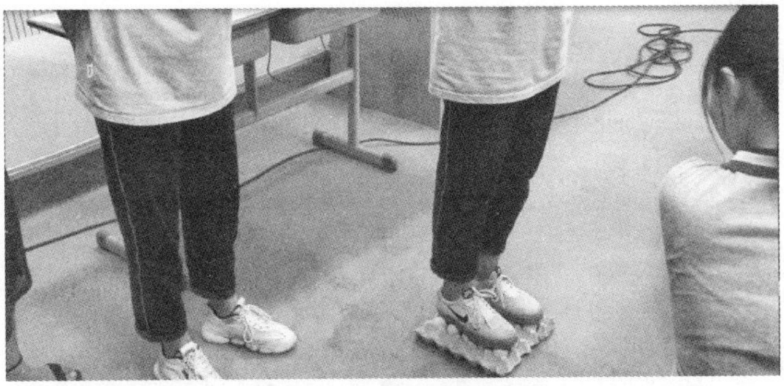

图 4　脚踩鸡卵实验

4）实验结论：鸡卵的弧形结构，把力分散到各个点上，一定程度上减小了压强，让鸡卵能够承受更大的重量，保护内部的胚胎。

5）设计意图：通过学生体验踩卵活动，揭秘母鸡孵卵时鸡卵不破的原理和“轻功”谎言。尊重事实和证据，崇尚严谨和求实的态度，科学地进行符合逻辑的推理和判断，培养学生敢于质疑和批判的精神。

（3）探究二：卵壳内、外弧面的最大承受力。

1）提出质疑：通过探究一得出，鸡卵在均匀受力时，能够承受很大的重量，保护内部的胚胎，那是否意味着小鸡在孵化过程中很难破壳？

2）解疑：小鸡的喙末端尖细，受力面积较小，产生的压强较大。

3）再质疑：除了小鸡喙的结构特点，还有没有其他原因。破壳而“出”和破壳而“入”需要的力相等吗？

4）实验解疑：如图 5、图 6 所示，借助 3D 打印的双向蛋托模型和压力传感器探究卵壳的内、外弧面最大承受力，使用朗威数字化信息系统处理数据，通过共享文档实现数据整合分析。

图 5　测量卵壳的外弧面最大承受力

图 6　测量卵壳的内弧面最大承受力

5）实验现象：实验数据如图 7 所示。

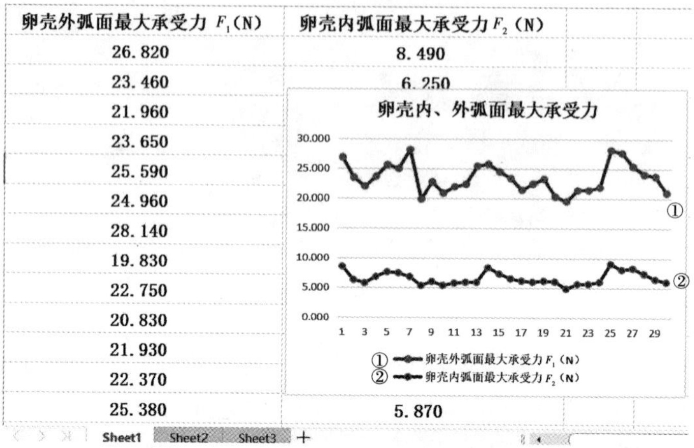

图 7　卵壳内、外弧面最大承受力数据分析

6）实验结论：由图 7 的数据分析可以得出，卵壳外弧面最大承受力远大于卵壳内弧面最大承受力，说明卵壳的结构既可以保护内部胚胎，又不影响小鸡出壳；这也说明了生物体的结构和功能相适应。

7）设计意图：通过引导学生不断质疑，不断寻找证据，进而得出结论。借助压力传感器和朗威数字化信息系统的结合使用，实时显示压力随时间的变化曲线，准确测量出卵壳内、外弧面最大承受力，将定性实验转为定量实验。通过共享文档整合全班数据，减少实验误差，得出有效结论，卵壳外弧面最大承受力远大于卵壳内弧面最大承受力。通过系列探究活动，培养学生创造性思维，获得解决现实生活中问题的能力，并树立生物体的结构和功能相适应的生命观念。

（4）探究三：卵壳的透气性。

1）提出质疑：胚胎在发育的过程中需要充足的氧气，看起来密不透风的卵壳能否透过氧气？如何证明卵壳上有气孔？

2）设计并实施方案。

①学生方案一：“生气”的鸡卵。

将鸡卵置于温水中，由于热胀冷缩，如图 8 所示，卵壳表面会产生气泡，进而证明卵壳表面有气孔。

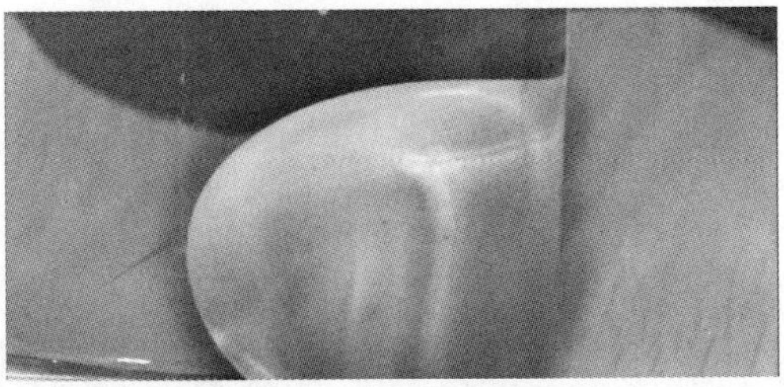

图 8 “生气”的鸡卵

②学生方案二：“发汗”的鸡卵。

如图 9 所示，用解剖针在卵壳表面戳一个小孔，用注射器穿过小孔向鸡卵内部注射空气，增大压强，观察鸡卵表面是否有卵内物质出现。

图 9 “发汗”的鸡卵

3）实验结论：卵壳表面存在气孔，保障胚胎与外界的气体交换。

4）设计意图：学生在观察和实验探究的基础上提出生物学问题、形成猜想并作出假设、设计实验、进行实验并得出结论。鼓励学生创新，让学生在一系列探究活动中，培养创造性思维，提高独立思考和运用所学知识分析问题、解决问题的能力。

（5）探究四：卵壳中含有钙元素。

1）提出质疑：无壳孵化小鸡过程需要加入钙质，说明胚胎发育的过程中需要钙元素。研究表明，卵壳的主要成分有碳酸钙，并且胚胎发育过程中部分钙元素源于卵壳。那如何证明卵壳中确实含有钙元素呢？

2）获取信息：某些金属或它们的化合物在无色火焰中灼烧时使火焰呈现特殊的颜色，这一过程称为焰色反应。钙的焰色反应为砖红色。

3）实验解疑：用镊子夹取卵壳，在酒精灯下灼烧，观察火焰颜色。

4）实验现象：如图 10 所示，灼烧卵壳，呈现砖红色火焰。

无色火焰

砖红色火焰

图 10　卵壳的焰色反应

5）实验结论：卵壳中含有钙元素，为胚胎发育提供钙源。

（6）总结：通过以上 4 个探究实验，可以得出脆弱的卵壳保护了内部的胚胎，还保障了发育过程中氧气和钙的供给，脆弱的卵壳也“坚强”。

（三）课后提升

探究未完待续，关于卵壳的结构和功能，除了以上的探究实验，还有很多值得探究的问题。比如，为什么不同的鸟卵有不同的颜色，这对于鸟类有什么意义？用压力传感器和 3D 双向蛋托模型还可以探究其他问题吗？为什么洗过的鸡卵更容易变质？生活中还有很多有趣的现象和问题，等待我们不断发现和探索。

七、实验效果评价

（1）学习动机的激发。本实验的设计基于“真问题”和“真情境”，是建立在解决现实生活问题之上的科学探究活动，大大提升了学生的探究热情，由被动获取知识转为主动吸收。

（2）核心素养的提升。学生在探究过程中敢于质疑、敢于创新，不断寻找实验证据，进而得出结论。通过实验的设计和优化，体验到了科学探究的一般过程，科学探究和科学思维能力得到了较大的提升，尤其是批判性思维和创造性思维。通过本实验探究，学科核心素养达成，学生自主学习能力增强。

（3）学科知识的融合。有趣的焰色反应，以及先进的压力传感器等数字化实验设备的使用，既能使学生获得生物学知识，使得数据准确，直观性强，让学生在结果分析的过程中，对模型有了更深的了解，又能使学生建立学科交叉融合的思想。

动物绕道取食的学习行为

新疆生产建设兵团第十师北屯中学　宋艳青

一、使用教材

人教版《生物学》八年级上册第五单元第二章第二节“先天性行为和学习行为”中的探究实验“小鼠走迷宫获取食物的学习行为”。

二、实验器材

矿泉水瓶、小鱼 5 条、小的长方形水槽、鱼食、计时器、捞鱼网。

三、实验创新要点

教材中原有实验是小组性的探究实验，教学实践中发现存在以下困难：

（1）实验材料中的小鼠不易获得。

（2）实验过程受场所限制比较大。

基于以上原因，学生们受日常生活中饲养小鱼时定点投食现象的启发，将实验材料改为易找的小鱼，实验装置改为水槽，并增加了经过改制的矿泉水瓶作为障碍物。实验成本低，可操作性强，实验对象的饲养与管理难度降低。

四、实验原理

通过实践和查阅资料，发现利用迷宫让动物经历“尝试与错误”的过程是研究动物学习行为的重要途径。本次实验中，选择研究小鱼经历错误的次数与最终走出迷宫所需时间之间的关系，将实验活动建立在已有生活经验基础之上，激发学生的学习热情。

五、实验教学目标

（1）知识与技能：运用研究动物行为的方法，探究动物行为的成因；通过探究活动，进一步加深对学习行为的认识。

（2）过程与方法：通过制订并实施探究实验，锻炼学生的实践能力及与人沟通合作的能力，提高学习兴趣。

（3）情感态度与价值观：通过探究动物学习行为对其生存的意义，让学生进一步认识学习的重要性，从而提高学习的自觉性和主动性。

六、实验教学过程

（一）课前分析教材方法，改进实验方案

课前，教师组织学生讨论分析教材实验，根据小鼠不易获得的实际情况，思

考选用比较易获取的小动物进行实验。有同学提议用鱼来代替小鼠，但是如果选用体形太大的鱼，不好制作障碍物，因此，同学们一致觉得用小鱼作实验材料比较合适。有关障碍物的选择则本着环保易找的原则，有同学提议使用废弃的矿泉水瓶，初步制订的实验方案如下，障碍瓶制作及实验过程如图 1 所示。

（1）把废弃的矿泉水瓶沿瓶身中间剪下，瓶身高度比水槽中水面略高。

（2）在瓶身的中间处剪出一个比单个小鱼略大的长方形孔洞。

（3）将制作好的障碍瓶放在水槽中装满水，把小鱼缓慢的放入障碍瓶中，待小鱼平静后，在孔洞附近投放鱼食，观察小鱼穿过小孔获取食物所需的时间以及尝试与错误的次数，并做记录。

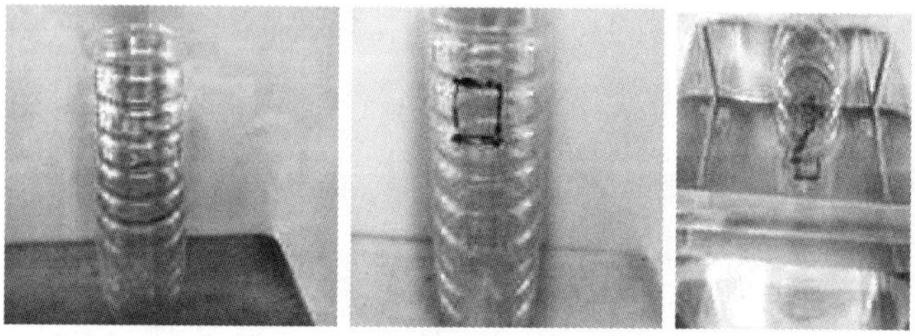

图 1　障碍瓶制作及实验过程

（二）按初步实验方案开展实验，讨论归纳问题和困难

4 个小组的同学按照初步制订的实验方案在课下开展实验。实验进行的过程中，各小组讨论分析实验中发现的问题，并提出解决办法。

（三）尝试与改进实验

各小组同学在实验过程中对实验进行了尝试与改进。

（1）改进实验器材：为方便取材，可以将水槽改为任意一种大小合适的器皿。

（2）选择实验对象：为便于观察个体差异，可以选择体形、大小上略有不同的小鱼进行实验。

（3）增加实验难度：在孔洞附近装分隔板，在一侧投食，观察小鱼是否能通过孔洞后到达有鱼食的一侧。

（4）尝试实验新内容：为观察小鱼是否对颜色有所反应，将障碍瓶换成绿色瓶开展实验。

（四）各组进一步完善实验

课下，各小组的组长带领本组的同学进一步完善实验，使用改进后的方法，解决本组在实验过程中遇到的困难。

（五）交流汇报、展示成果

各小组同学用单条小鱼重复做了 4 天的实验，记录小鱼尝试与错误的次数、获取食物的时间。实验过程中发现，通过 2 天的训练，小鱼尝试与错误的次数和获取食物所需的时间都具有较大的反复性。经过 4 天训练后，发现小鱼尝试与错误的次数和获取食物的时间较之前有所减少。在最后一天的实验中，同学们又加入了两次不投食实验，发现小鱼也能快速通过障碍瓶小孔。有的小组成员还增加了在障碍瓶孔洞附近大约 4 cm 处设置隔板的实验。经过多次实验发现，小鱼穿过小孔后直接游向了有食物的一侧。再在另一侧投食，发现小鱼还是径直游向了上一次投食的一侧。同学们由此认为，短时间内小鱼已经对原有路径取食具有了条件反射。其他小组同学也通过实验得出了通过训练，使小鱼获取食物所需时间相对减少的结论。

4 个实验小组对所有实验数据进行统计与比较，单条小鱼尝试与错误的次数的统计图和获取食物所需时间的统计图如图 2、图 3 所示。

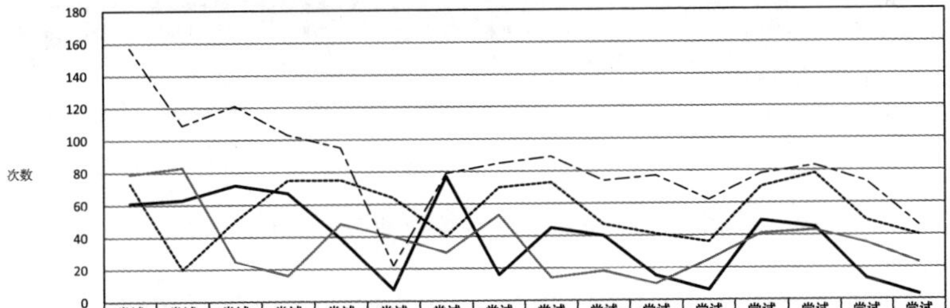

	尝试次数1	尝试次数2	尝试次数3	尝试次数4	尝试次数1	尝试次数2	尝试次数3	尝试次数4	尝试次数1	尝试次数2	尝试次数3	尝试次数4	尝试次数1	尝试次数2	尝试次数3	尝试次数4
第一组	61	63	72	67	39	7	77	16	45	40	15	6	49	45	13	3
第二组	79	83	25	16	48	40	30	53	14	18	10	25	41	43	35	23
第三组	73	20	50	75	75	64	40	70	73	47	41	36	70	78	49	40
第四组	157	109	121	103	95	22	79	85	89	74	77	62	78	83	73	46

图 2　单条小鱼尝试与错误次数统计图

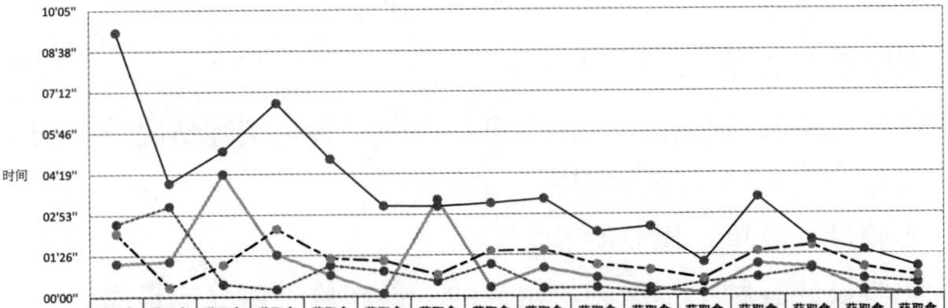

	获取食物所需时间1	获取食物所需时间2	获取食物所需时间3	获取食物所需时间4	获取食物所需时间1	获取食物所需时间2	获取食物所需时间3	获取食物所需时间4	获取食物所需时间1	获取食物所需时间2	获取食物所需时间3	获取食物所需时间4	获取食物所需时间1	获取食物所需时间2	获取食物所需时间3	获取食物所需时间4
	第一天				第二天				第三天				第四天			
第一组	01'10"	01'14"	04'19"	01'28"	00'45"	00'06"	03'24"	00'18"	00'59"	00'38"	00'16"	00'05"	01'06"	00'59"	00'10"	00'02"
第二组	02'34"	03'11"	00'26"	00'15"	01'05"	00'53"	00'31"	01'07"	00'16"	00'17"	00'07"	00'27"	00'38"	00'55"	00'34"	00'25"
第三组	02'14"	00'19"	01'07"	02'23"	01'20"	01'15"	00'45"	01'35"	01'37"	01'05"	00'54"	00'35"	01'33"	01'45"	00'58"	00'39"
第四组	09'18"	04'00"	05'07"	06'48"	04'50"	03'11"	03'10"	03'16"	03'25"	02'15"	02'26"	01'10"	03'28"	01'57"	01'35"	00'59"

图 3　单条小鱼获取食物的时间统计图

由此，学生们得出如下结论：

（1）小鱼有一定的学习能力，能穿过障碍瓶的小孔找到食物。

（2）经过“尝试与错误”，小鱼获取食物的次数越多，所需的时间越少。

选择多条小鱼进行实验，实验过程与单条小鱼相同，4 组同学通过 3 天实验发现，全部小鱼获取食物的时间都在逐渐减少，并且短时间内重复实验时，先获取到食物的总是其中同一条，如图 4 所示。

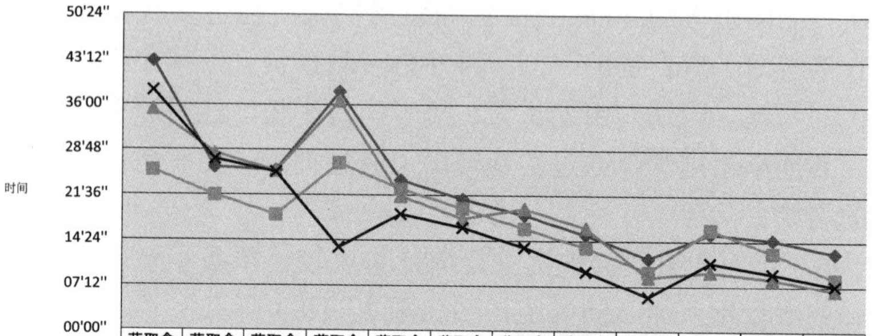

	获取食物所需时间1	获取食物所需时间2	获取食物所需时间3	获取食物所需时间1	获取食物所需时间2	获取食物所需时间3	获取食物所需时间1	获取食物所需时间2	获取食物所需时间3	获取食物所需时间1	获取食物所需时间2	获取食物所需时间3
	第一天			第二天			第三天			第四天		
第一组	43'00"	26'00"	25'30"	38'06"	24'00"	21'00"	18'27"	15'21"	11'40"	15'36"	14'40"	12'33"
第二组	25'31"	21'35"	18'25"	26'40"	22'35"	19'30"	16'20"	13'21"	09'30"	16'17"	12'35"	08'25"
第三组	35'16"	28'17"	25'24"	36'35"	21'25"	17'52"	19'30"	16'25"	08'40"	09'30"	08'25"	06'34"
第四组	38'19"	27'18"	25'15"	13'16"	18'35"	16'27"	13'20"	09'30"	05'30"	10'58"	09'16"	07'21"

图 4　多条小鱼获取食物的时间统计图

由此，同学们得出如下实验结论：不同小鱼的学习能力有差异，学习行为离不开遗传因素的作用。

有同学将小鱼置于绿色障碍瓶中进行实验，发现小鱼在此环境中，绕道取食的学习能力不明显，通过反复实验发现小鱼在相当长的一段时间内，是无法获取食物的。产生此种情况的原因还有待进一步探究。

七、实验效果评价

（1）本次实验改进是在结合学生自身实践经验与实际情况的基础上展开的。

（2）装置组装方便，经济实用，适用范围广。

（3）实验过程简单、现象明显。

（4）实验设计有利于学生创新精神的培养和科学素养的提高。

蚂蚁的信息交流

西安市航天中学　贾莹

一、使用教材

人教版《生物学》八年级上册第五单元第二章第三节“社会行为”。

二、实验器材

（1）课本实验：奶茶杯、圆柱形透明笔筒（高 15 cm，内径 2 cm）等。

（2）探究一：脱脂棉、酒精、圆柱形透明笔筒（高 15 cm，内径 2 cm）、镊子、肉末、柠檬、白糖、青菜等。

（3）探究二：脱脂棉、酒精、圆柱形透明笔筒（高 15 cm，内径 2 cm）、镊子、白糖、计时器等。

（4）实验对象：日本弓背蚁。

三、实验创新要点

（1）实验装置改进：废弃奶茶杯代替石块小岛（变废为宝，加深环保意识）；圆柱形透明笔筒代替木棍（减少蚂蚁落水概率，加快实验进程，加大成功率）。实验器材源于生活，简单、便捷、环保。

（2）实验设计创新：从学生认知情况及兴趣点出发，分别对蚂蚁的食性和信息传递方式进行探究。

四、实验设计思路

本节课以生物学科核心素养中的科学思维、科学探究为中心，注重培养学生的科学思维和科学探究精神。同时利用仿真实验、微课、科学实验等多种教学手段，引领学生通过小组合作设计新的实验装置及流程。

五、实验教学目标

（1）生命观念：通过观察蚂蚁的行为，在理解生物学概念的基础上，使学生初步形成信息观、物质与能量观。

（2）科学思维：使学生懂得尊重事实和证据，能够发挥创造性思维，学会运用归纳与概括等方式解决实际问题。

（3）科学探究：通过探究蚂蚁的行为，让学生形成一定的科学探究能力和科学态度与价值观，培养其团队合作、勇于创新的精神。

（4）社会责任：树立学生的生态意识，使其主动参与环境保护实践，宣传关爱生命的观念和知识。

六、实验教学内容

（1）虚拟仿真实验展示。

（2）微课展示课本实验与创新实验案例。

（3）发挥探究精神，通过小组合作改进实验器材，设计新的实验。

（4）成功树立生态意识，参与环境保护实践。

七、实验教学过程

（一）课前准备

（1）教师准备。

1）充分理解教材，挖掘教材中的兴趣点、能力点、知识点及与实践的结合点，制作能充分说明问题的多媒体课件和微课。

2）收集具有社会行为的动物的文字资料、图片，剪辑可用视频，为学生的学习提供参考情境。

（2）学生准备：仔细观察蚂蚁、蜜蜂等社会性昆虫的行为。

（二）教学流程

（1）虚拟仿真实验引领学生思维。

教师播放虚拟仿真实验，学生通过观看虚拟仿真实验，总结不同阶段蚂蚁的行为，用简短精练的语言描述出来，并提出质疑：蚂蚁是依靠什么来进行信息传递的？

设计意图：互动实验教学能极大地激发学生的自主实验兴趣，有助于发展学生的建构思维。在此过程中，学生提出问题，通过观察能够顺利解决问题。同时，虚拟仿真实验可以满足学生的个性化学习、碎片化学习，学生能够随时随地获取学习资源。

（2）学生通过观看课本实验微课，发现实验不足，对实验器材进行改进。

课本的实验设置，不但耗时长，而且在实验过程中会出现蚂蚁落水后运动灵敏程度降低等问题，难以看到我们预想的实验结果。因此，学生发挥创造性思维，对实验器材和流程进行重新设计。

（3）实验创新一：改进实验器材。

1）通过小组合作设计新的实验装置，绘制设计图，以投影的方式展示。

①设计一：选用培养皿和带护栏的“小桥”，如图 1 所示。

缺点：蚂蚁易爬出。

②设计二：选用纸盒、奶茶管，如图 2 所示。

缺点：纸盒不透明，很难进行实验观察。

③设计三：选用废弃奶茶杯、圆柱形透明笔筒，如图 3 所示。

优点：减少蚂蚁落水概率，环保意识加深。

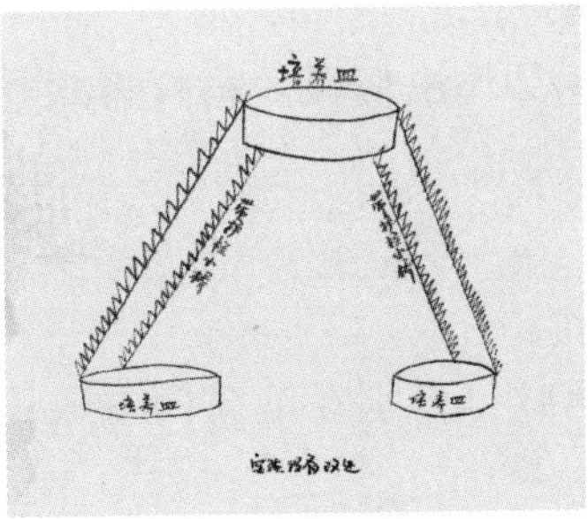

图 1　设计一

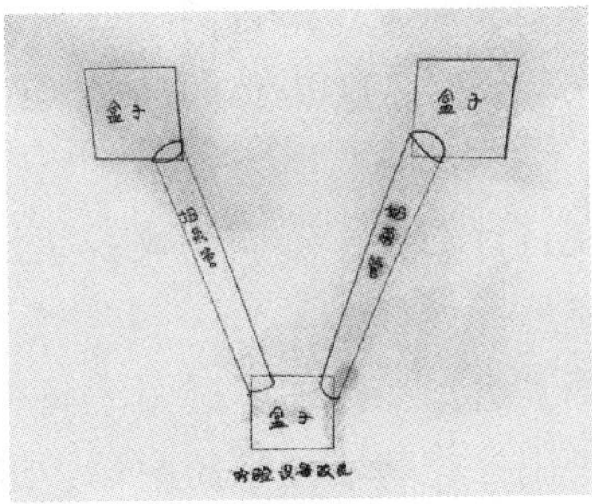

图 2　设计二

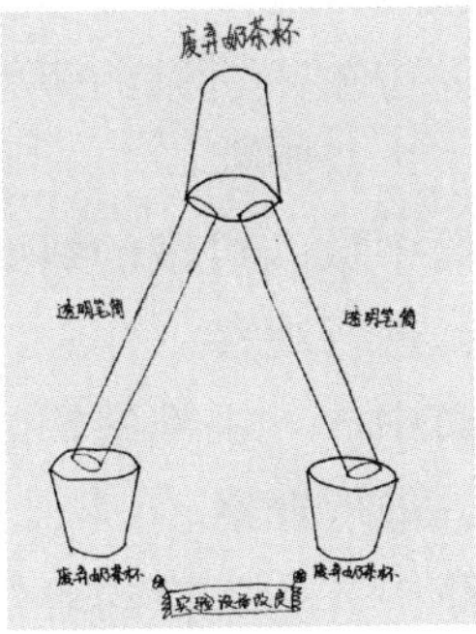

图 3　设计三

2）选定优化后的装置图（见图 4），制作并使用。

创新优势：将石块改为废弃奶茶杯（变废为宝，加深环保意识）；将木棍改为圆柱形透明笔筒（减少蚂蚁落水概率，可加快实验进程，加大成功率）。

学生探究：实验中观察到蚂蚁搬运食物的现象，进而设计新的探究实验。

图 4　改进后的实验装置图

（4）实验创新二：实验设计创新。

1）探究实验一：探究蚂蚁的食性。

实验材料：脱脂棉、酒精、圆柱形透明笔筒、镊子、肉末、柠檬、白糖、青菜等。实验对象：来自同一蚁窝的日本弓背蚁 12 只。

实验设计：①提出问题：蚂蚁喜欢吃什么？②作出假设：蚂蚁喜欢吃白糖、肉末。

制订计划：①诱捕蚂蚁；②分组实验。

实施计划：

第 1 组：在圆柱形透明笔筒中放入饥饿的蚂蚁，分别在笔筒两端放置白糖、肉末。用棉花塞堵住笔筒两端，进行观察。

第 2 组：在圆柱形透明笔筒中放入饥饿的蚂蚁，分别在笔筒两端放置白糖、青菜。用棉花塞堵住笔筒两端，进行观察。

第 3 组：在圆柱形透明笔筒中放入饥饿的蚂蚁，分别在笔筒两端放置白糖、柠檬。用棉花塞堵住笔筒两端，进行观察。

第 4 组：在圆柱形透明笔筒中放入饥饿的蚂蚁，分别在笔筒两端放置肉末、青菜。用棉花塞堵住笔筒两端，进行观察。

第 5 组：在圆柱形透明笔筒中放入饥饿的蚂蚁，分别在笔筒两端放置肉末、柠檬。用棉花塞堵住笔筒两端，进行观察。

第 6 组：在圆柱形透明笔筒中放入饥饿的蚂蚁，分别在笔筒两端放置青菜、柠檬。用棉花塞堵住笔筒两端，进行观察。

观察各种食物上蚂蚁聚集的数量，并记录。实验结果如表 1 所示。

表 1　各种食物上蚂蚁聚集的数量

观察组别	蚂蚁数量
1/2/3	白糖附近蚂蚁聚集的数量远多于肉末、青菜、柠檬附近
4/5/6	肉末附近蚂蚁聚集的数量多于青菜、柠檬附近。柠檬处蚂蚁数量最少

实验结论：蚂蚁喜欢吃白糖、肉末。

设计意图：本阶段学生将懂得尊重事实和证据，学会运用科学的思维方法认识事物、解决实际问题。能够发现现实生活中的生物学问题，针对特定的生物学现象，进行探究。

学生质疑：为什么蚂蚁会迅速聚集在喜爱的食物周围呢？蚂蚁是依靠什么进行信息传递的？

2）探究实验二：蚂蚁的信息传递方式。（触角不接触）

实验材料：白糖、圆柱形透明笔筒、脱脂棉、酒精、镊子、计时器等。

①实验 1：同一只蚂蚁在同一个笔筒中找到食物所用时长。

实验材料：3 只日本弓背蚁、3 个圆柱形透明笔筒、白糖、计时器。

实验过程：在笔筒一端放入白糖，另一端引入饥饿的蚂蚁。观察并记录 3 只蚂蚁分别在 3 个透明笔筒中找到食物所用时长。实验数据如表 2 所示。

表 2　实验 1 数据

第 1 只

通过次数	时间
第 1 次	12″07
第 2 次	10″01
第 3 次	8″51
第 4 次	6″31
第 5 次	5″23
第 6 次	5″31
第 7 次	5″23
第 8 次	4″45
第 9 次	5″30
第 10 次	4″23

第 2 只

通过次数	时间
第 1 次	15″22
第 2 次	10″32
第 3 次	7″15
第 4 次	6″12
第 5 次	6″23
第 6 次	5″22
第 7 次	5″31
第 8 次	4″33
第 9 次	4″30
第 10 次	4″01

第 3 只

通过次数	时间
第 1 次	10″12
第 2 次	9″23
第 3 次	8″55
第 4 次	6″59
第 5 次	6″33
第 6 次	5″41
第 7 次	5″10
第 8 次	4″45
第 9 次	5″12
第 10 次	3″59

实验结果 1：同一只蚂蚁在同一个透明笔筒中找到食物所用的时间逐渐缩短，趋于稳定。

②实验 2：不同蚂蚁在同一个笔筒中找到食物所用时长。

实验材料：10 只日本弓背蚁、1 个圆柱形透明笔筒、白糖、计时器。

实验过程：在笔筒一端放入白糖，令来自同一个蚁窝的 10 只蚂蚁，依次通过同一个笔筒寻找食物。观察并记录数据（见表 3）。

表 3　实验 2 数据

透明笔筒	蚂蚁	时间
1	第 1 只	19″33
1	第 2 只	15″29
1	第 3 只	11″20
1	第 4 只	13″23

续表

透明笔筒	蚂蚁	时间
1	第 5 只	9″21
1	第 6 只	8″51
1	第 7 只	4″54
1	第 8 只	6″50
1	第 9 只	5″33
1	第 10 只	4″12

实验结果 2：不同蚂蚁在同一个透明笔筒中找到食物所用的时间有缩短趋势。

③实验 3：不同蚂蚁在不同笔筒中找到食物所用时长。

实验材料：10 只日本弓背蚁、10 个圆柱形透明笔筒、白糖、计时器。

实验过程：在 10 个笔筒的一端分别放入白糖，令来自同一个蚁窝的 10 只蚂蚁通过 10 个不同的透明笔筒，观察并记录数据（见表 4）。

表 4　实验 3 数据

透明笔筒	蚂蚁	时间
1	第 1 只	10″15
2	第 2 只	24″14
3	第 3 只	15″41
4	第 4 只	14″46
5	第 5 只	18″12
6	第 6 只	20″23
7	第 7 只	17″21
8	第 8 只	9″32
9	第 9 只	25″21
10	第 10 只	11″01

实验结果 3：不同蚂蚁在不同透明笔筒中找到食物的用时普遍较长，且无规律。

将实验 2 与实验 3 的结果进行对比，如图 5 所示。

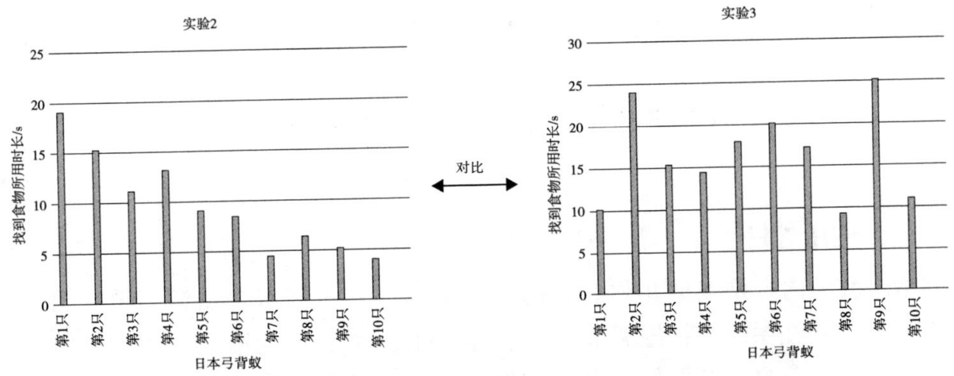

图 5　实验 2 与实验 3 数据对比图

实验结论：蚂蚁的信息交流是依靠某种信息素进行的。

设计意图：探究实验二的存在，恰好可证明蚂蚁是通过某种信息素进行信息传递的。如此，整个探究实验形成一个完整的闭环。

(5) 形成生命观念，落实社会责任。

生物之间的信息交流是普遍存在的。正是由于物质流、能量流、信息流的存在，生物与环境才成为统一的整体。本实验通过结构与功能观、物质与能量观，促使学生初步形成生命观念。同时，引导学生关爱动物，尊重生命。

八、实验效果评价

(1) 改进后的实验器材简单、便捷，可在日常课堂实验教学中进行推广，实验效果明显。

(2) 通过实验探究，增强了学生的创新意识，科学思维、科学探究精神也得到了提高。

(3) 学生懂得关注生活，增强环保意识。

(4) 教师角色的转变：讲授者—思维引领者。

探究小白鼠的学习行为

辽宁省抚顺县上马镇九年一贯制学校　张蕊

一、使用教材

本节教学内容是根据北师大版初中《生物学》七年级下册第四单元第十二章第一节“神经系统与神经调节”和八年级上册第五单元第十六章“动物的行为”两部分内容自主开发的。本节“探究小白鼠的学习行为”一课可安排在八年级上册第五单元第十六章的章末进行授课，需一课时完成。

二、实验器材

饥饿处理的小白鼠 10 只、小水槽 10 个、玻璃挡板 10 个、大水槽 5 个、整理箱 5 个、煮熟花生米若干、独木桥 5 个、研钵 5 个、解剖针 5 个、镊子 10 把、实验报告单 10 张、PVR 挡板若干、橡胶手套 20 双、笔 10 支、手表 10 个等。部分实验器材如图 1~6 所示。

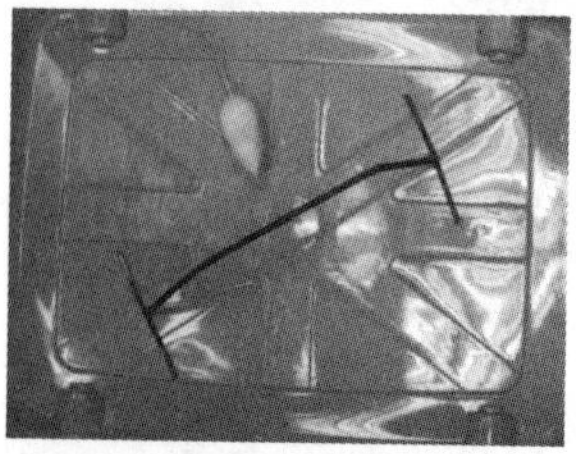

图 1　小白鼠和独木桥

图 2　挡板做的迷宫

图 3　大水槽

图 4　整理箱

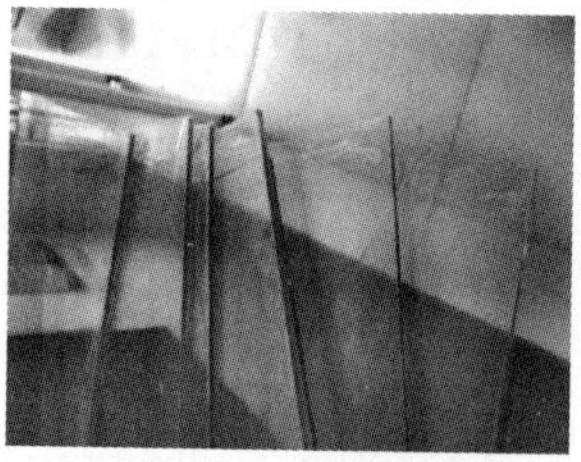

图 5　玻璃挡板

图 6　PVR 挡板

三、实验创新要点

（1）新：选题新颖，设计巧妙。

“探究小白鼠的学习行为”这一选题较为新颖，其中，小白鼠走独木桥的设计是教师自创的。

（2）短：整个实验用时较短，填补了一课时完成探究动物学习行为的实验空白。

不同版本教材中的“探究动物的学习行为”实验选材不同，大多数实验仅为文字描述，且实验耗时较长，很难让学生通过一课时亲自完成整个探究活动。在本课中，探究小白鼠的学习行为实验平均耗时 20 min，既不占用本节其他教学内容的时间，又满足了学生实验验证的需求，是本实验的亮点之一。

（3）实：实验器材的选择都是经过实践检验的，包括小白鼠、独木桥、挡板、熟花生米的选择和用量等。

大白鼠比小白鼠聪明，所以大白鼠是教师最初的选择。但大白鼠行动敏捷，不好控制，极易从整理箱中跳出。因此，在选择实验对象时弃大白鼠选小白鼠；独木桥的粗细和高矮是为小白鼠量身定制的；选用熟花生米而不是生花生米或是其他食物，也是由人及鼠慢慢想到、做到的；每次给出的具体用量是根据小白鼠的食量计算得出的。也就是说，这其中的每一处设计都经过了实践的验证，最终的实验效果也恰恰证明了经过实践验证的科学理念的正确与珍贵。

（4）全：本实验呈现的知识链完整全面、过程清晰、效果明显。

从知识上看，不仅有较复杂的学习行为，也有最简单的学习行为——习惯化；不仅有学习行为的建立，也有学习行为的消退。本节课将教材中的“动物学习行为”这一内容进行了完全直观地呈现，是本实验的另一亮点。

（5）趣：整个探究过程生动有趣，引人入胜。

首先，趣在题目，“探究小白鼠的学习行为”这一题目就非常引人入胜，使人很想进一步探究。其次，趣在感知，学生目睹小白鼠学习行为的建立，在感受它的智慧的同时，心中更是生出许多喜爱之情。最后，趣在存疑，倡导学生探究小白鼠学习行为的课题勾起学生猎奇的心理，使其很想一探究竟。学生珍爱生命、乐于探索的情感使其观察活动、探究活动持续不断，这一积极的学习心理必将产生良好的学习效果。

（6）安：实验安全性高，可操作性强。

所有实验器材的选择，包括弃大白鼠选小白鼠、厚而长的胶皮手套、较高的整理箱、带玻璃挡板的水槽、多备实验鼠等，都出于安全、可行的考虑，反复尝试提高了实验的安全性和可操作性。

四、实验原理

用食物与相关刺激多次结合，使动物建立条件反射，如图 7 所示。

图 7 实验原理

五、实验教学目标

（1）知识目标。

举例说出小白鼠学习行为的形成过程。阐述小白鼠的学习行为对其生存和繁殖的意义。

（2）能力目标。

尝试通过自身对照实验，运用实验法探究小白鼠的学习行为。体会科学探究的一般过程，培养学生的动手能力、科学探究能力、分析问题和解决问题的能力，以及科学的思维方式。

（3）情感态度与价值观目标。

通过探究实验，使学生认同小白鼠的学习行为是在进化过程中适应环境的结果，提升学生的生物科学素养，培养学生实事求是的科学态度、创新意识和探索精神，体会科学探究的乐趣与魅力，培养学生善于与人交流合作的意识。通过倡导学生领养小白鼠的活动，培养其珍爱生命的意识和热爱生活的态度。

六、实验教学内容

通过“小白鼠走独木桥或走迷宫”的实验，使学生在体会科学探究的一般过程中，认识动物的学习行为有简单的习惯化行为和复杂的学习行为之分。更重要的是，体会动物学习行为的建立及消退过程，使学生在获得知识、能力的同时，获得积极的情感体验。

七、实验教学过程

（一）情境导入

（1）教师播放动物表演视频，提出问题：“这些动物精彩的表演从获得方式上看属于什么行为？同学们想不想找一种动物来探究其学习行为呢？”学生回答问题。

设计意图：复习已学知识，导入新课。

（2）“今天我们就以小白鼠为例，来探究动物的学习行为。”教师播放PPT，展示课题和小白鼠的各种日常活动，导入新课。

设计意图：引起学生的好奇心。

（3）教师就视频中的黑色小白鼠提问“小白鼠为什么是黑色的？”由此引出“小白鼠的知识背景介绍”。

设计意图：使学生初步认识小白鼠，为科学探究做铺垫。

（二）案例导学

（1）发现并提出问题：教师播放小白鼠走到独木桥中间又返回的视频，并提问：“小白鼠走到独木桥中间又返回的行为是学习行为吗？”

（2）做出假设：“你的猜想是什么呢？”教师引导学生做出假设。

（3）制订计划并实施：教师播放小白鼠走到独木桥中间又返回的学习行为的建立及消退过程，同时讲解：“刚放进箱中的小白鼠，远离独木桥或是拿食物的人手，顺着箱边小心翼翼地试探前行。一段时间后，小白鼠习惯了箱中的环境后，表现得大胆了些，可以靠近独木桥和拿食物的人手。这就是动物学习行为中的简单行为——习惯化。这时，利用小白鼠对食物的渴求，诱惑其爬上独木桥，当其爬到独木桥中间时，再诱惑其返回爬下；然后，在固定的地点给其花生米作为奖励。反复多次后，小白鼠就会主动爬上独木桥，并走到中间再返回固定的地点寻找食物，此时，小白鼠的学习行为就形成了。如果小白鼠多次返回到固定地点都没有得到食物，它的行程就会紊乱，有的时候会走到桥中间不返回或是返回后不走到固定的地点，这就是已经建立的学习行为因失去了相关刺激的强化而产生了消退。”

（4）得出结论：“由视频中的内容你能得出什么结论？”教师引导学生得出结论。

视频中是如何探究小白鼠的学习行为的？实验成功的有力保证是什么？教师引导学生分析探究过程，通过小白鼠前后行为的对照实验体会动物学习行为的建立及消退过程。

（5）设计意图：使学生体会探究过程，明确原理，为自主探究做准备。

（三）自主探究

（1）发现并提出问题：教师播放小白鼠走迷宫的视频，请学生根据视频提出问题。

（2）做出假设：教师引导学生做出假设。

（3）制订计划并实施：教师请学生自由选择课题（小白鼠走迷宫或小白鼠走独木桥），制订探究计划并实施。

教师先讲解实验关键的注意事项，有些小白鼠天性会偏向一边转弯（向左或向右）。设计迷宫时必须注意，几个关键点的位置既有必须向左走，又有必须向右走才能走出迷宫的设计，保证实验科学进行。然后，教师走到各个小组中，引导学生分工合作，共同完成本组的实验探究，及时点评。学生分组分工合作，做好记录，进行探究活动的同时完成实验报告。

（4）得出结论：各小组派代表阐述本组的结论。其中第 9 小组没有完成实验，教师引导学生实事求是地分析问题。

“实验成败的原因是什么？实验中，你有哪些意外的发现或触动心弦的细节？”教师引导学生表达交流。

（5）设计意图：让学生在自主合作探究中，体会探究过程，感受小白鼠简单的学习行为和较复杂学习行为的建立、消退的过程，从而认同小白鼠的学习行为是在进化过程中适应环境的结果，提升学生的生物科学素养。通过探究实验，培养学生的观察能力、动手能力、分析问题、解决问题的能力；培养学生实事求是的科学态度、创新意识和探索精神，体会科学探究的乐趣与魅力；培养学生善于与人交流合作的意识。

（四）拓展升华

教师引导学生：“你还对小白鼠的哪些行为感兴趣？”学生提出其他的探究愿望，如探究小白鼠的弹跳能力、梳洗行为等。实验后的小白鼠怎么处理呢？教师倡导学生领养小白鼠。

设计意图：通过“感兴趣”的探究愿望，培养学生的创新意识、探索精神。通过倡导“领养小白鼠”，培养学生珍爱生命的意识和热爱生活的态度。

（五）小结与作业

学生归纳总结本节课的收获。教师倡导学生课下持续关注、探究小白鼠的其他行为。

设计意图：培养学生的归纳总结能力，倡导持续探究，将学习活动延续。

八、实验效果评价

（1）减弱恐鼠心理，增强珍爱动物意识。

实验时，学生捉鼠过程顺利，专心实验，无恐鼠、虐鼠迹象，人与鼠和谐相处。可见，课前的心理教育很到位。一方面，学生怕小白鼠是因为他们不了解小白鼠，所以知识背景介绍必不可少。另一方面，教师讲述上大学时，在教学楼前赤手捉住从袋子里逃出来的蟾蜍的往事，也给学生不小触动。另外，实验后，学生争先恐后地领养小白鼠的行为也说明他们增强了珍爱动物的意识。

（2）倡导自主探究，小组分工合作。

整个探究过程完全是学生自主展开的，这其中包括探究项目的选定、迷宫的设置等。每小组4人，分工明确，一人操作，一人记录，一人计时，一人汇报，各司其职，互相合作。引导学生把4个人要做的这件事看作一项“伟大的事业”来承担。

（3）引导求实精神，初见科学思想。

教师引导学生关注事实，尊重事实，分析事实。如第9小组，小白鼠不配合做实验，这是事实（鼠的品性不同），但也引发了学生的科学思考。学生看到鼠洗脸、梳毛，思考什么状况下鼠会如此？看到鼠跳跃，想到用食物引诱来测试鼠最高能跳多高？学生能从“看到”“想到”到“做到”，体现学生真正领会了科学的内涵。

（4）教学氛围轻松，学生思如泉涌。

本节课完全是学生的自主探究，学生学得轻松，做得愉快，因而思如泉涌，想到哪就说到哪。同时，教师也真正做到了尊重学生，尊重他们的灵感火花。

（5）效果直观明显，技能情感双收。

学生自主探究过程是完全按导学中的程序进行的，探究过程条理清晰，在实际操作中，实验探究效果良好，学生也因此很兴奋。由此可见，在本实验中，学生不仅收获了探究本领，更获得了积极的情感体验。

（6）实验装置欠完善，实验项目待开发。

首先，做独木桥的实验最好在整理箱中进行，因为水槽边沿较矮，小白鼠易跳出。

其次，迷宫挡板材制的选择虽然经历了纸板到PVR板的改进，但易倒、易变形的问题最后仍没有解决。如果能有像塑料玩具一样的、可以现场组装的材料，既能保持原有材质的作用，又能彰显对学生创新能力的培养就更好了。

最后，需设计开发一些其他项目，体会小白鼠的学习行为，如跳线轴、钻隧道、攀肋木等。

（7）预设活体实验，探究脚步不断。

用活体小白鼠做实验，将其不确定性进行预设，将其变化的阈值降到最小，仍是教师不断进行反思、修正、探究的方向。

观察小鱼的血液流动

南通市实验中学　茹希

一、使用教材

苏科版《生物学》八年级上册第六单元第十五章第一节“人体内物质的运输”。

二、实验器材

饮料瓶、气球、酸性溶液、碱性溶液、剪刀、胶带、注射器、变径管、Y 形管、毛线、输液管、KT 板、马克笔、红蓝墨水、热熔胶、防水胶布、斑马鱼、单凹槽载玻片、盖玻片、培养皿、浓度为 5% 的丁香酚（鱼用麻醉剂）、滴管、纱布、显微镜、平板电脑等。

三、实验创新要点/改进要点

（1）优选实验材料。

常规实验选用小金鱼做实验材料，因鱼体较大，致使摆放和尾鳍展开都比较困难，而且其体表色素多，影响观察效果。

而斑马鱼则有以下优势：易饲养、抗性强、个体小，是一种生命科学研究的模式生物。用扩口滴管吸取，可将其放在单凹槽载玻片上，对鱼伤害小。尾鳍处覆盖盖玻片，展开面积大，色素少。斑马鱼胚胎个体微小，经黑色素抑制剂处理后，通体透明，在显微镜下观察，实验效果明显。

（2）改良固定方法。

如果用湿纱布覆盖鳃部，用载玻片覆盖尾鳍进行固定，会因为小鱼活力强，而使尾鳍时常发生位移，导致观察不便。

教师选用丁香酚进行固定，这种麻醉剂俗名鱼安宝，在生产实践中用于活鱼的长时间运输，能快速、安全的固定小鱼。斑马鱼麻醉后，在鳃部保水的情况下，麻醉效果能维持 15 min，实验完毕后，迅速换水、爆氧，即可苏醒。

（3）优化观察技术。

传统目镜观察到的物象，难以实现共享。教师将普通目镜替换成电子目镜，通过无线网络，实现图像传输，打开客户端，即可实时观看，并可以拍摄血液流动的视频，通过 QQ 学习群共享图像。为学生观察、交流和思考提供了有力支持。

（4）搭建科学模型。

学生学习从认识小鱼的局部血液流动到血液循环的概念构建还有一定的难度，如果单纯纸上谈兵，学习收效甚微。教师为学生提供了一个“材料超市”，向学生介绍材料用途，如止流阀能防止液体倒流，变径管、三通管能实现管道连接，防水胶带等能实现密封防漏；介绍颜色变化原理，如蓝墨水也可以作为指示剂，加碱会变红，加酸会变蓝等。学生自主选择材料，搭建小鱼血液循环的科学模型。

学生搭建的模型能形象、直观地展示鱼体血液循环的路线及功能。通过指导模型搭建，引导学生在活动中思考与实践，进而进行深度学习。

四、实验设计思路

"观察小鱼的血液流动"对应的课标要求为"概述血液循环"，根据课标要求，教师将实验设计为：通过观察斑马鱼尾鳍中的血液流动，认识血管类型；通过观察斑马鱼胚胎中的心血管系统，说出血液循环的途径和意义；利用"材料超市"中的材料，制作小鱼的血液循环模型，建构重要概念。

五、实验教学目标

（1）使用显微镜观察小鱼尾鳍的血液流动，阐明不同血管类型及其功能。

（2）尝试制作血液循环模型，说明鱼类血液循环系统的结构和功能。

（3）形成关爱生命，关注健康的意识。

六、实验教学内容

（1）观察小鱼尾鳍的血液流动。

（2）绘制小鱼血液循环的图解。

（3）搭建小鱼血液循环的模型。

七、实验教学过程

本节课包含以下 4 个环节。

（一）创设生活情境，导入新课

播放 PPT，展示教师献血的情境，引发同学们对义务献血的认同。

提出问题：绑带压迫上臂后，突出的是哪一种血管？调动学生进行观察与思考，激发学习动机。提供与人有相似血管组成的斑马鱼做观察材料，引导学生运用掌握的知识尝试辨认尾鳍中的血管类别，导入新课。

（二）观察小鱼尾鳍的血液流动

学生 4 人一组，以活动单为指导，观察小鱼尾鳍中的血液流动，用平板电脑拍摄视频，挑选最佳视野绘图，标出血液流动方向和血管类型，说明理由。

各小组将拍摄的视频提交至学习群进行展示，并阐述血管类型的判断理由，如图 1 所示。

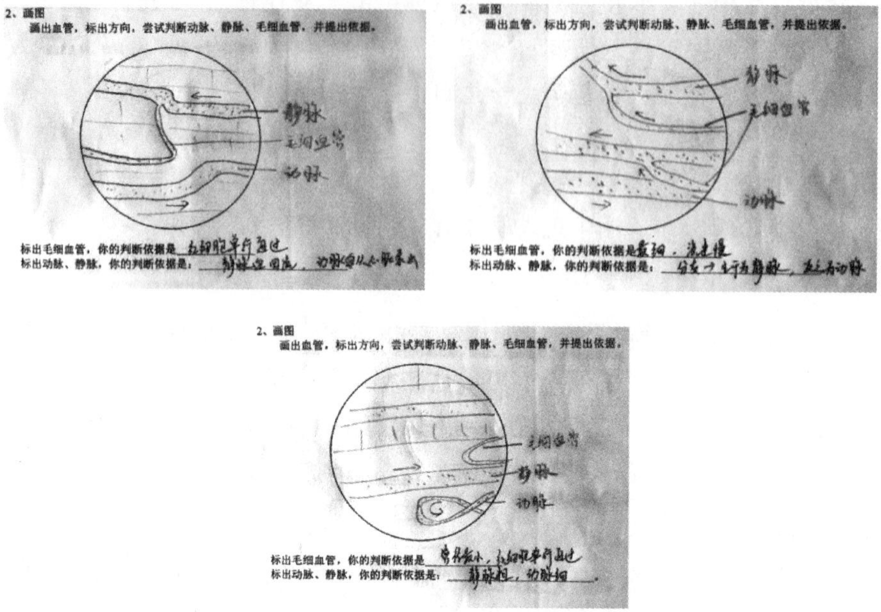

图 1　学生绘制的小鱼尾鳍血液流动示意图

展示过程中，同学们纷纷提出质疑：单从管径的粗细来看，不够准确，按照流向来判断，也要考虑显微镜成像为倒像。在展示和讨论中，同学们达成共识，最可靠的判断方法是以流向为依据：从主干流向分支的血管为动脉；反之，则为静脉。

那么，血液循环流动与什么结构有关呢？

（三）搭建小鱼的血液循环模型

（1）认识小鱼的血液循环路线。

斑马鱼胚胎经黑色素抑制剂处理后通体透明，教师使用在南通大学生命科学院获取到的斑马鱼胚胎，制作了临时装片，指导学生观察心脏泵血和血液流动的情况。观察的过程中，教师提出 3 个问题，组织学生围绕问题展开讨论，理解血液循环的路线及意义。

1）血液流动的途径是什么？

2）血液为什么会单向流动呢？

3）血液循环有什么意义呢？

（2）绘制图解，搭建模型。

根据讨论结果，学生绘制小鱼血液循环的图解并进行展示。通过展示，小组间相互纠错，说明理由。

各小组在教师的提示下，前往“材料超市”，自主选择材料，搭建小鱼血液循环的模型，如图 2 所示。

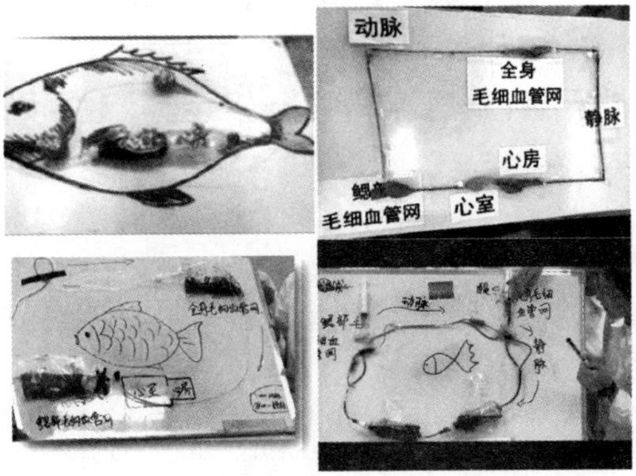

图 2　学生搭建的小鱼血液循环模型

其中一个小组在充分研究材料的特点后，博采众长，利用改良后的模型，不仅演示了血液循环的路线、血液流向，还诠释了血液成分的变化，利用模型，阐明了血液循环的意义。

(四) 总结升华，拓展提升

通过观察、思考、建模，学生得出结论：无论是鱼，还是人，都依赖完整的血液循环系统实现物质运输，维持体内的稳态与平衡；认识到失血会引起血液循环不畅，会对个体造成伤害，甚至危及生命。鼓励学生到适龄阶段进行义务献血，奉献爱心。

拓展延伸：观察冻疮的表现，思考其成因，调查冻疮的预防措施。

结束语：本节课学生体验到如何从科学观察走向科学建模。纵观心血管领域数百年的研究历史，从达·芬奇等人对瓣膜的发现，再到人工瓣膜的更新迭代，从哈维等科学家对血液循环的研究，再到体外循环机的投入使用，我们看到，通过发现与发明，观察与创造，铺就了一条不断延伸的科学之路。

八、实验效果评价

本节课的教学，以斑马鱼的血液流动为主线，通过优选实验材料、改良固定方法、优化观察技术、搭建科学模型，组织学生从观察斑马鱼尾鳍的血液流动到观察斑马鱼胚胎中的血液流动，从绘制小鱼血液循环的图解到搭建小鱼血液循环的模型，实现了从局部到整体、从平面到立体。整个实验教学过程做到了让思维被看见，让科学可触摸，充分发挥了学生的主体性，在活动中学生自主建构血液循环的概念，实现观察能力和建模思维的发展，促进了个性化学习，全面提升了科学素养。

呼吸运动模拟实验

山西省晋城爱物学校　胡云鹏　赵翠焱

一、使用教材

苏教版初中《生物学》七年级下册第十章第三节第二课时“呼吸运动”。

二、实验器材

废旧塑料瓶、吸管、气球、弹簧、皮筋、亚克力板、胶带、下水软管、鱼线、剪刀等。

三、实验创新要点

教材用文字阐述呼吸运动过程，配有图示而无模拟实验。师生共同设计增加了3个模拟实验，分步解决了膈肌、肋间肌对胸廓容积的影响，胸廓容积变化与肺扩张、缩小的关系，形象、直观地演示了呼吸运动过程。

四、实验设计思路

利用自制模型，分步探究膈肌、肋间肌运动对胸廓容积的影响。在胸廓容积变化、而其他条件不变的情况下，胸廓内压强发生变化，肺随之扩张或缩小，完成吸气或呼气过程。利用3个实验逐步推进，引导学生理解呼吸肌在呼吸运动中的配合及变化。

五、实验教学目标

（1）生命观念：描述呼吸运动的全过程。

（2）科学思维：通过探究呼吸肌对胸腔容积的影响，分析归纳呼吸运动原理。

（3）科学探究：引导学生自行设计、制作、组装呼吸运动模型，并借助模型探究呼吸运动。提高学生观察、分析、合作以及实验操作的能力。

六、实验教学内容

（1）探究膈肌运动对胸廓容积的影响。

（2）探究肋间肌运动对胸廓容积的影响。

（3）探究膈肌、肋间肌在呼吸运动过程中的配合及变化。

（4）探究胸廓容积变化与肺的扩张、缩小之间的关系。

七、实验教学过程

（一）创设情境，提出问题

在实验开始之前，将双手放在胸腔两侧，尽力吸气、呼气，感受胸廓的起伏变化，如图 1 所示。呼吸时胸廓有节奏地扩大和缩小与呼吸肌密切相关，那么呼吸肌是如何引起胸廓容积变化的呢？胸廓容积变化和肺的通气作用又有何关联呢？学生带着问题，进行分步探究。

（二）实验一：探究膈肌运动对胸廓容积的影响

（1）将课后练习题转变为动手操作的分组实验，提高学生的参与度。

（2）课前学生参照课本第 61 页中的示意图，自学第 59 页呼吸运动的相关内容。选择废旧塑料瓶、吸管、气球等材料，自行设计、制作、组装实验装置（见图 2）。

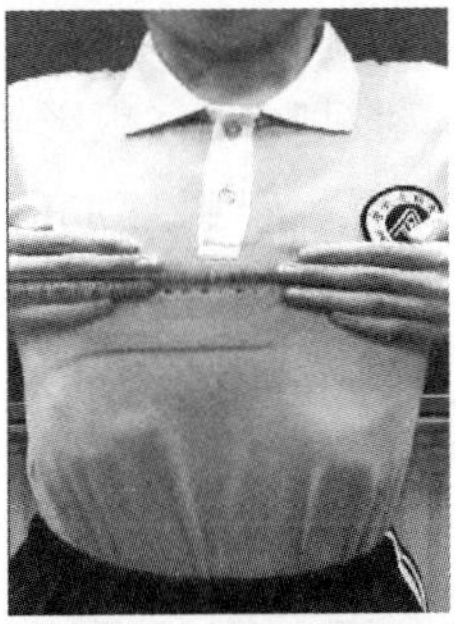

图 1　学生演示呼气、吸气时胸廓的起伏变化

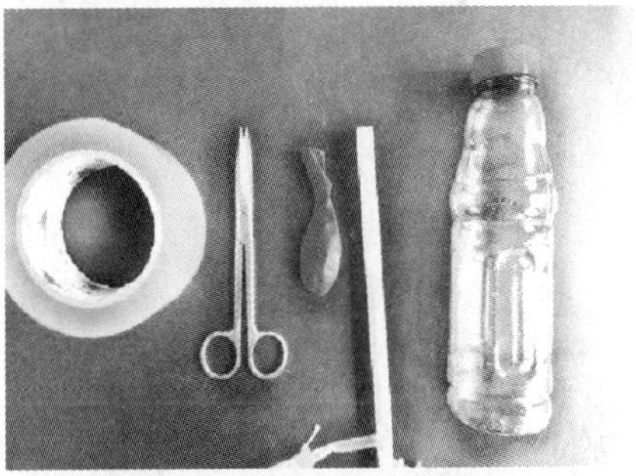

图 2　探究膈肌运动对胸廓容积影响的实验材料

（3）按照以下实验步骤，分组开展实验，如实记录实验现象并完善实验报告单。

1）教师对学生分组实验进行观察，选择实验现象明显和不明显的小组分别展示。展示环节中，学生能边操作、边描述实验现象，并简述装置制作方法。

2）帮助实验现象不明显的小组寻找并解决问题。经过仔细检查，发现瓶盖未拧紧或“膈肌”未密封。这样的小小失败体验，也让学生充分感受到胸腔是一个封闭空间，仅通过气管与外界环境相通。学生在今后的实验中会更加细心、耐心，思维更加严谨。

（4）学生通过分析现象，可以看出：当“膈肌”收缩或舒张时，“膈”顶部随之下降或上升，而瓶身四周没有改变，说明“膈肌”影响了“胸廓”的上下径。

（三）实验二：探究肋间肌运动对胸廓容积的影响

（1）教师为每个小组提供一个如图3所示的装置，此装置采用亚克力板模拟胸骨、肋骨和脊柱构成胸廓，用弹簧模拟肋间肌。经过反复尝试，发现弹簧效果较好，可以很好地模拟肌肉的收缩和舒张时的状态。

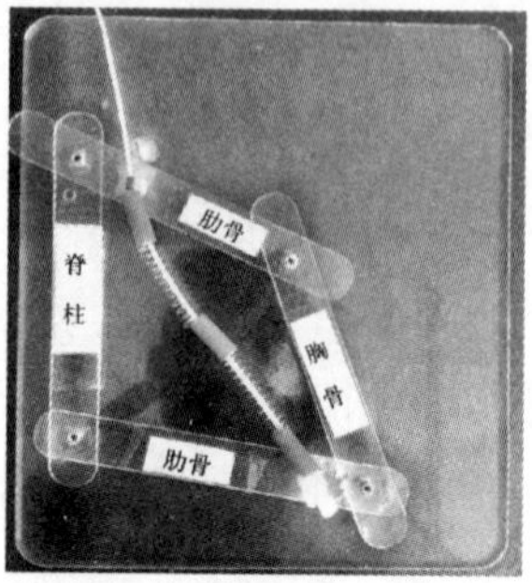

图3　探究肋间肌运动对胸廓容积影响的装置

（2）学生参照实验一的步骤，自行探究肋间肌运动对胸廓容积影响。

1）学生在展示实验过程中，能准确地描述实验现象：牵引“肋间肌”，“肌腹”增大，“肋间肌”收缩，“肋骨”“胸骨”向上运动；“肋间肌”舒张，“肋骨”“胸骨”因重力向下运动。有的小组3人协作，用笔插入“肋骨”和“胸骨”连接孔，画出“胸廓”运动的轨迹。

2）在组间交流、分析现象、得出实验结论时，发生了较大争议。有的学生提出可以看到平面图形中“肋骨”“胸骨”的上升和下降，但是看不到“胸廓”容积和“肺”的变化。

（四）实验三：探究呼吸肌对胸廓容积的影响

（1）教师为学生提供自制装置，如图4所示。自制装置采用亚克力透明板制成，用透明胶密封，可清晰地观察到“肺”的内部变化和“肋间肌”的收缩、舒张。

图4　教师自制探究呼吸肌对胸廓容积影响的装置

（2）参照实验一和实验二的装置，引导学生认识各部分所代表的结构。与外界环境直接相通的是气管，气球代表左右两肺，进入两肺的气管分支是支气管。

（3）参照实验一和实验二的实验现象，可以分析出：膈肌、肋间肌收缩时，膈顶部下降，胸廓向上、向外运动，胸廓容积变大，肺扩张；膈肌、肋间肌舒张时，膈顶部上升，肋骨、胸骨因重力向下、向内运动，胸廓容积变小，肺缩小。

（4）由于角度问题，有些学生看不清楚实验过程，可观看演示视频。综合分析 3 个实验，引导学生得出实验结论。

1）通过实验一可以看出，膈肌影响胸廓的上、下径，肋间肌影响胸廓的前、后径及左、右径，这也和实验前的感受是一致的。

2）呼吸运动过程中，膈肌和肋间肌同步协调运动，同步收缩、舒张。

（五）探究胸廓容积变化与肺扩张、缩小的关系

（1）七年级学生未学习气压的相关知识，但在小学科学课中了解过大气压强的变化。利用现有模型，探究在呼吸运动过程中胸廓容积变化与肺扩张、缩小的关系。

（2）在探究中集思广益，有的学生尝试着用嘴吹气管，可以看到“肺”扩张，但是“胸廓”容积无变化。通过不断探索，可以分析出：肺随着胸廓容积变化而变化，胸廓容积变大，肺随之扩张；胸廓容积变小，肺随之缩小。

（六）反馈交流

（1）课堂练习，主要评价学生的表达情况，了解学生能否将得出的结论进行灵活运用，进而检验模拟实验的有效性。

（2）最后，组内同学两两搭档，尝试描述呼吸运动的过程。

八、实验效果评价

（1）利用自制呼吸模拟装置，将抽象文字转化为立体模拟实验。形象、直观地演示了呼吸肌收缩、舒张对胸廓容积和肺的扩张、缩小的影响。

（2）将体验教学、模型教学、引导启发教学等融入实验教学过程中，提高学生的动手操作能力和分析归纳能力。

（3）充分体现了学生的主体地位，实现了学生的自主合作探究学习，有效地促进了课堂学习效率的提高。在实验课中，灵活运用“学、议、展、梳、用”五个环节的教学模式，更加符合学生的认知规律，更有利于思维碰撞和学生深度学习。

（4）在教学过程中也发现了自制装置的不足，细心的学生指出应该牵引“肋间肌”运动，为装置的后续改进提供了方向。

肾单位结构的创新实验

石嘴山市第六中学　李健

一、使用教材

苏教版《生物学》八年级上册第十五章第二节“人体内废物的排出”。课程标准要求，学生可以通过多项活动完成第五个专题“生物圈中的人”的学习，其中“人体代谢废物的排出”环节中，尿液的形成过程是非常重要的学习内容。

二、实验器材

（1）初次模型：滤纸、漏斗、输液器、直径为 1 cm 的透明塑料软管、“水精灵”、挤压瓶、铁架台、万能胶等（见图 1）。

滤纸+漏斗

透明塑料软管

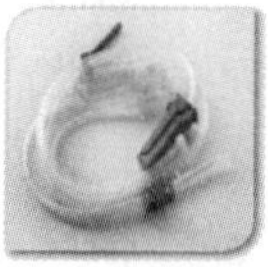
输液器

“水精灵”

挤压瓶

万能胶

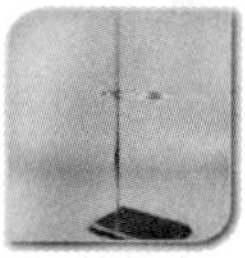
铁架台

图 1　初次模型选择的实验材料

（2）改进后的模型：增加了纱布、直径为 0. 5 cm 的塑料软管（见图 2）。

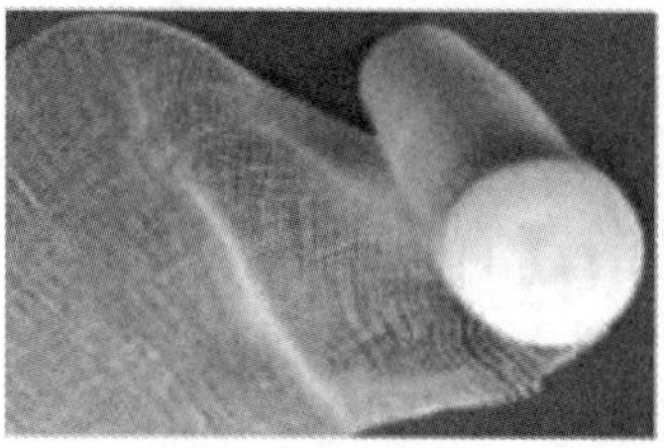
纱布

直径为 0. 5 cm 的塑料软管

图 2　改进后的模型增加的实验材料

三、实验创新要点

该实验的创新之处可以概括为“设计教学模型，解决教学困难”。

（1）肾单位的结构：肾单位结构复杂，周围的血管种类较多，名称相似。教材中用文字和图片介绍各部分结构，缺乏直观性和立体感，学生容易混淆，也不能理解血管与肾单位的位置关系。

（2）尿液的形成过程：教材中展示了“人体尿液形成示意图”，旁边用文字介绍了尿液形成的过程，学生很难从静态的文字和图片中分析液体成分的变化，更不能感受尿液的形成是一个动态过程。对于这部分的抽象知识，课本上没有设计实验，更没有实验装置。

教师与学生一起对这部分内容进行大胆创新，引导学生选择简便、易得、环保的材料，制作了“肾单位结构模型”，形象、直观地展示肾单位的结构，动态地演示尿液的形成过程。既培养了学生的动脑、动手能力，还拓宽了教学内容，发展了学生的创新思维，提升了学生的生物学科核心素养。

四、实验原理

用简便、易得、环保的材料制作“肾单位结构模型”，其中：

（1）滤纸紧贴漏斗——模拟肾小囊。

（2）输液器——模拟肾小球。

（3）透明塑料软管——模拟血管，例如入球小动脉、出球小动脉、肾部毛细血管。

（4）“水精灵”——模拟血液中的大分子物质，例如蛋白质等。

（5）挤压瓶为“血液”流动提供了动力。

五、实验教学目标

（1）生命观念：说出肾单位的组成，描述尿液的形成过程。

（2）科学思维：在学生自选材料、设计模型、制作模型的过程中，培养学生的科学思维和创新意识，以及合作交流的能力。

（3）科学探究：通过“肾单位结构模型”的制作活动，培养学生的动脑、动手能力，以及其实践操作和科学探究能力。

（4）社会责任：在制作“肾单位结构模型”的过程中，渗透环保理念。在学习尿液形成的过程中，引导学生关注泌尿系统的健康，珍爱生命。

六、实验教学过程

本节课按照以下教学流程进行设计（见图3）。

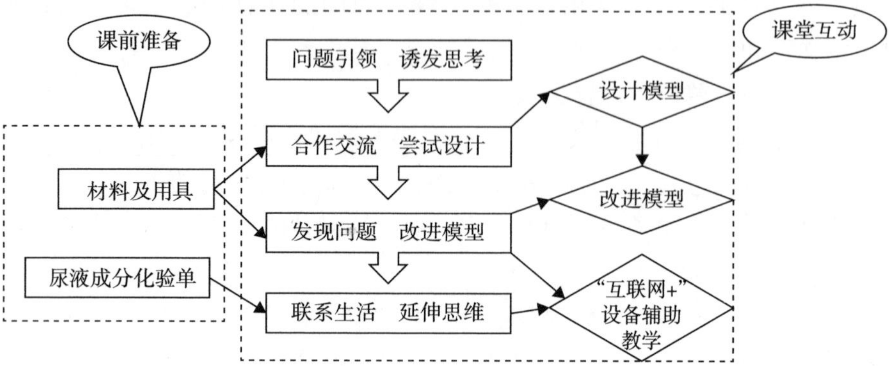

图 3　教学流程图

（一）问题引领，诱发思考

通过学情分析，在学生已掌握的知识的基础上，教师提出新的问题。

（1）形成尿液的基本结构单位是什么？

（2）肾单位的组成是什么样的？周围有哪些血管呢？

（3）尿液的形成经历了哪些过程？尿液中不含什么成分？

（二）合作交流，尝试设计

（1）师生共同回顾教材中的理论知识，教师指导学生小组合作设计方案，自主选择实验材料，设计并制作模型（见图 4）。

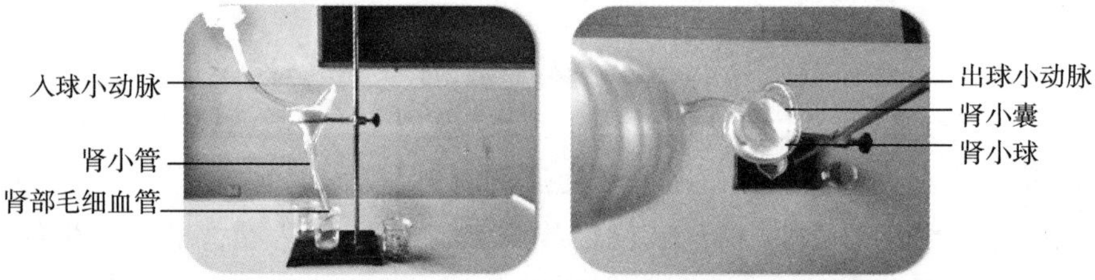

图 4　肾单位结构的初次模型

（2）学生演示初次模型，可以看到，"血管"中流出的液体含有"大分子物质"，而"肾小管"中流出来的液体无色，说明尿液中不含蛋白质等大分子物质，实验现象明显。

（三）发现问题，改进模型

引导学生思考初次模型是否存在待改进的部分，提供思路，启发学生进一步改进与完善模型。

（1）学生发现，初次模型存在如下待完善的部分："肾小囊"的囊状结构特点不突出；"入球小动脉"和"出球小动脉"的管径大小不合适，导致滤过作用不充分。

（2）教师与学生讨论，做出如下改进：用纱布模拟肾小囊内壁，与漏斗壁留有空腔，体现囊状结构这一特点；出球小动脉比入球小动脉更细，选择直径较小的塑料管模拟出球小动脉，保证滤过作用充分发生。

（3）改进后的模型如图 5 所示，该模型能够形象、直观地展示肾单位的结构，动态演绎尿液的形成过程，解决了教学实践中遇到的困难。

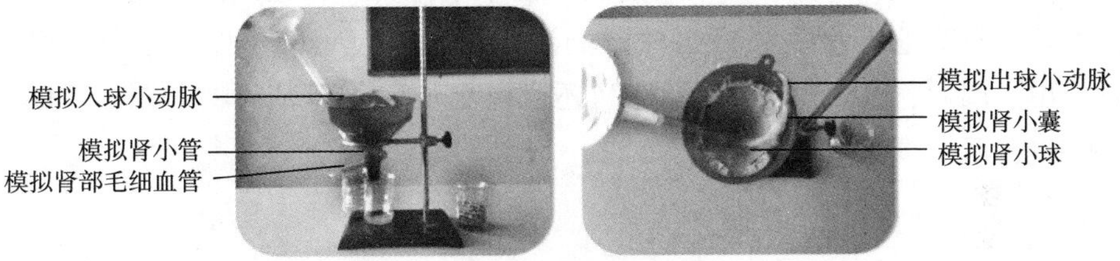

图 5　改进后的模型

（4）学生借助交互式电子白板回答课堂最开始提出的问题。

1）形成尿液的基本结构单位是肾单位。

2）肾单位的组成包括肾小体和肾小管两部分，肾小体由肾小球和肾小囊组成。

3）尿液的形成主要包括滤过和重吸收等过程，尿液中不含蛋白质和葡萄糖。

（四）联系生活，延伸思维

课堂上，教师利用交互式电子白板展示某健康人的尿检化验单，引导学生进行详细的分析，理论联系实践，拓展学生思维。发现健康人的尿液中不含有葡萄糖，启发学生思考，为进一步完善模型奠定基础，使整堂课首尾呼应。

七、实验效果评价

通过制作实验教具辅助教学，不仅可以提高学生学习生物学的兴趣，还能引导学生进行深层次学习，提高课堂教与学的效率。

（1）形象直观。在本次探究活动中，创新性地制作了"肾单位结构模型"，拓展了教材内容，帮助学生在掌握生物知识的基础上，培养了科学探究能力和创新能力。从探究模型的制作原理、实验思路、制作过程到改进与完善模型的过程中，学生是课堂的主体，教师只起到了引导作用，在学生出现问题的时候提供帮助。整个探究活动结束后，学生的动手操作能力和创新能力都得到了发展和提升。

（2）取材环保。实验选择的材料简单、易得，例如：透明塑料软管、“水精灵”等，多为生活中常见的物品，当生活中常见的物品经过学生的加工，变成课堂上精美的生物模型时，学生内心充满了自豪感和成就感，也体会到生命的伟大与美好。引导学生关注泌尿系统的健康，珍爱生命，同时也培养学生的环保意识。

（3）技术融合。将交互式电子白板融入生物课堂中，为生物教学服务，提高了学生利用现代信息技术的能力。

（4）发展方向。“肾单位结构模型”使学生感受到尿液的形成是一个动态过程，形象、直观地展示了“肾小球”的滤过作用，但是却不能演示肾小管的重吸收作用。因此，“肾单位结构模型”还可以更加完善，教师将会在今后的教学中与学生一起继续探究。

人体对外界环境的感知

——眼球成像、近视成因及矫正

哈尔滨市呼兰区腰堡中学校　王馨研
大庆市让胡路区教师进修学校　潘明浩

一、教材分析

本课选自人教版《生物学》七年级下册第四单元第六章第一节的内容。

眼睛作为人体从外界获取信息的最主要器官，在人类适应环境变化过程中有着突出的作用，是本节也是本章的学习重点。但本节的内容比较抽象，七年级的学生尚不具备相关的物理知识，很难理解“凸透镜的成像原理”和“近视的成因”。本节课理论上是一节常规课，但凭借以往的教学经验，发现这部分的内容如果只进行常规讲授，大多数的学生选择了“死记硬背”知识点，而并没有真正理解。为了促进学生理解本课知识、激发学生参与学习的欲望，教师选择利用“虚拟仿真实验室”和生物、物理的实验器材，引导学生在建立感性认识的基础之上，主动建构概念，促进多学科的融合。加之学生已经参加了近一年的“小组合作”学习，具备了较好的小组合作能力，因此，本节课主要以学生为主体，采用问题探究的驱动方式，让学生在实验探究、合作交流中建构知识体系。

二、实验器材

半导体激光光源、凸凹透镜组合、光具台、眼球结构模型、眼球仪（可以利用调整硅油的注入量来控制模拟晶状体的曲度变化）。

三、实验创新要点/改进要点

因为学生缺乏物理知识，所以眼球的成像原理、近视的成因及矫正是学生理解起来比较困难的部分。本节课中教师选择使用部分物理光学实验器材，以促进学生对知识的理解，促进多学科的融合，帮助学生把模型演示的原理和现象联想迁移到实际的原理之中。

四、实验原理/实验设计思路

（1）模拟眼球成像的实验，选择使用物理学科中的半导体激光光源、凸凹透镜组合，学生动手实验，感受凸凹透镜对光线的折射作用。再利用光具台装置，直观地揭示眼球成像的原理与特点。

（2）在探究晶状体的调节功能、近视的形成及矫正的模拟实验中，利用眼球仪进行眼球成像过程、晶状体调节过程、演示近视成因及矫正等系列活动。当减少硅油注入量时，“晶状体”曲度减小，能“看清”远处物体；当增加硅油注入量时，“晶状体”曲度变大，能“看清”近处物体。当长期看近处物体时，控制“晶状体”曲度变化的“睫状肌”收缩，使“晶状体”曲度变大，导致假性近视形成；当“睫状肌”长期处于紧张状态时，导致“眼轴”变长，形成真性近视。还可以利用眼球仪模拟矫正近视的实验，当增加注入的硅油量时，模拟晶状体变厚时的成像特点；在此状态下的眼球模型前加凹透镜，演示矫正近视的过程。

五、实验教学目标

（1）知识与技能：了解眼球的结构及各主要组成部分的功能；理解视觉的形成过程；了解近视的成因及预防方法。

（2）过程与方法：综合运用教材的知识、实验技能和方法，探索生活中常见的现象，培养学生的科学探究能力和实践能力。

（3）情感态度与价值观：体验探究实验带来的乐趣，感受生物学在生活中的应用，养成科学用眼的习惯。

（4）教学重点：了解眼球的基本结构、视觉的形成、近视的成因及预防。

（5）教学难点：视觉的形成、晶状体的变化是影响视力的主要因素、近视的成因。

六、实验教学过程

（一）虚实结合，探索眼球的结构

（1）利用模拟视觉缺失的游戏让学生体会视觉缺失带来的影响，感悟眼睛的重要性，引出学生对眼球结构的探索欲望。

（2）每小组有一台眼球结构模型，参照 NOBOOK 虚拟实验观察 3D 立体眼球结构，从多角度认识眼球，对照教材第 79 页图 4-47 识别并掌握眼球主要结构的功能。

（3）为了检验小组内成员的自学情况、展示学习成果，采用组间“拼装眼球”竞赛，进行记忆性比拼。加深学生对知识的理解和记忆，体验成功的快乐。

（二）探究光线进入眼球的先后顺序

教师引导学生思考：依据眼球的结构，思考眼睛会对什么刺激敏感呢？学生可以迅速说出：眼睛对光敏感。教师继续进行问题驱动：光线进入眼球的先后顺序是什么？又是在哪里成像呢？

当教师将问题抛出后，学生很快思考出探究光线进入眼球先后顺序的方法：

第一组同学借用教师的电子教鞭，利用电子教鞭的红色光源照射眼球模型，组员记录光线穿过眼球模型的先后顺序；第二组、第四组、第五组同学利用实验台前已经准备的半导体激光光源照射眼球模型，并记录光线穿过眼球的先后顺序；第三组同学利用 NOBOOK 虚拟仿真实验的 3D 立体眼球结构从外到内记录眼球结构。

2 分钟后，所有小组探究结束，结果一致，光线进入眼球的先后顺序为：角膜—瞳孔—晶状体（折射光线）—玻璃体（支撑、固定眼球）—视网膜（形成物像）。整个探究过程，体现了以学生为主体的教学理念，引导学生思考解决问题的办法。

（三）眼球成像演示

（1）利用半导体激光光源、凸凹透镜组合，让学生初步感受凸透镜、凹透镜对光线的折射作用。

（2）利用光具台，感受在一定的距离范围内，物体经过凸透镜的折射作用，投射到成像白板上为缩小的、倒立的实像。

（3）利用眼球仪装置模拟光线进入眼球并在视网膜上成像。

继续追问，引发学生思考：为什么我们的眼睛既能看清远处的物体，又能看清近处的物体呢？利用增加或者减少模拟晶状体内注入硅油的量来模拟晶状体曲度变化对成像的影响。由于学生还没有学习大脑的相关知识，所以在这里教师补充相关知识，在视网膜成像后，图像经由视神经传导到大脑的特定区域形成视觉。

（四）探究近视的成因及矫正（学生自主探究实验）

（1）提出问题：当晶状体曲度变大时，物像是否落在视网膜上？

（2）做出假设：当晶状体曲度变大时，物像落在视网膜的前方，导致我们看不清物像。

（3）制订方案：可以增加模拟晶状体内注入硅油的量，模拟晶状体曲度变大时，将模拟视网膜前后移动，判断清晰的成像位置。

（4）实施方案：增加模拟晶状体内注入硅油的量，模拟晶状体曲度变大，将模拟视网膜前后移动，判断成像的位置。经观察，晶状体曲度变大时，成像位置在视网膜的前方。

（5）得出结论：晶状体曲度变大，物像落在视网膜的前方，看远处的物体模糊，形成近视。

（6）表达与交流：各小组展示实验成果，交流实验过程中的心得。

在了解近视成因后，学生转换眼球仪中间的 3 种不同镜片，判断矫正近视所需的镜片。学生经过动手尝试后，发现配戴凹透镜可以矫正近视。

通过阅读教材，依据生活经验，组内、组间进行交流，总结并说出为了保护视力、预防近视我们需要做些什么。引导学生总结保护视力、预防近视的注意事项，如：教材中的“三要”“四不要”。

（7）课堂小结：小组内、小组间进行总结，汇报本节课所学内容以及成果。

七、实验效果评价

（一）优点

（1）本节课与物理学科融合创新，运用多教具实验，层层推进，将学生未接触过的知识和抽象的生物学知识、原理直观展现，有利于培养学生的自主探究能力，建构学科概念，发展核心素养。

（2）学生对于动手操作和亲自参与知识形成的过程十分感兴趣，全员参与度和积极性高，小组内成员配合度高。

（二）缺点

（1）由于学校提供的眼球仪设备较为老旧，成像时清晰度不够，学生利用注入硅油的方法多次调节晶状体曲度，但是很难找到十分清晰的成像状态。

（2）在实验过程中，有一个小组注入硅油的透明薄膜已经破裂，所以在注入硅油时有漏油的现象出现，该小组的实验效果不明显。

（3）由于学生多次使用半导体激光光源，会对学生视物造成一定的影响，下次实验改进时，会探索更加保护视力的光源。

（4）本实验装置无法演示瞳孔的调节作用。

▶高中生物

DNA的粗提取与鉴定

福建省泉州第五中学　吴莉娟

一、教材分析

本课程教学是依据"核心素养为宗旨""教学过程重实践""学业评价促发展"等高中生物学课程基本理念及学生的认知规律设计的，旨在引导学生开展科学探究活动，培养学生的实验操作能力、探究能力和创新精神。

DNA的粗提取与鉴定实验是人教版高中《生物选修1　生物技术实践》专题5中的一个重要实验，是分子生物学领域的基础实验课题之一。该课题的目标是通过尝试对植物或动物组织中的DNA进行粗提取，了解DNA的物理化学性质，为基因工程技术知识提供感性认识。本课题将此实验定性为探究实验，希望学生通过自主、合作式学习激发探究欲望，为探究性思维习惯的养成打下良好的基础。

二、学情分析

知识基础：具备DNA分子的结构、功能等相关知识，但对DNA分子的物理化学性质缺乏直观的认识。

能力基础：具备一定的自主学习探究能力，但实验动手能力不强，分析能力有待提高。

三、实验器材

（1）自制凝胶电泳装置：塑料盒、9 V碳性电池、电池扣子接头、鳄鱼夹导线、铝箔、塑料板、胶带。

（2）自制凝胶显影装置：不透光木板、254 nm紫外灯灯管、摄像头、不透光塑料板。

（3）其他器材：研钵、一次性塑料杯、量筒、试管、玻璃棒、竹签、一次性注射器、EP管、电热炉。

（4）实验材料和相关试剂：琼脂糖、DNA上样缓冲液、溴化乙锭、氯化钠、洗洁精、嫩肉粉、DNA提取液、消化液、无水乙醇、蒸馏水、生理盐水、NaOH、$CuSO_4$、香蕉、花菜、洋葱、人口腔上皮细胞样液。

四、实验创新要点

教材中选择鸡血作为实验材料，用纱布过滤，用二苯胺试剂鉴定 DNA，存在以下问题：①鸡血作为实验材料，取材不便、成本较高、不易保存；②用纱布过滤、玻璃棒搅拌，DNA 易吸附在纱布上，并且用玻璃棒不易捞尽；③用二苯胺试剂鉴定 DNA，需用浓硫酸配制且需要煮沸，危险性高且成功率较低。

针对这些问题，本课题做了以下改进和创新。

（一）课题创新

根据“教学过程重实践”的新课程标准引导学生开展科学探究活动。教师提供了香蕉、花菜、洋葱、人口腔上皮细胞样液等多种实验材料和相关试剂，指导学生查阅资料、设计实验方案，探究不同组织的 DNA 提取方法和 DNA 含量，比较同一组织用不同方法提取到的 DNA 含量和纯度，在实验设计表上写出实验方案。

（二）方法创新

（1）提取方法：教材中选择用纱布进行过滤，玻璃棒搅拌，容易导致 DNA 吸附在纱布上，玻璃棒较为光滑，不易捞尽 DNA，且颜色与 DNA 接近，增加了观察棒上 DNA 的难度。本实验采用双层重叠塑料杯，内杯有针制滤孔，有利于搅拌、过滤滤液，清洗和重复利用，并且有效避免 DNA 吸附在纱布上；改用深色竹签搅拌，卷起丝状物，有利于 DNA 吸附，并且增加 DNA 与竹签之间的对比度，便于观察丝状 DNA（见图 1）。

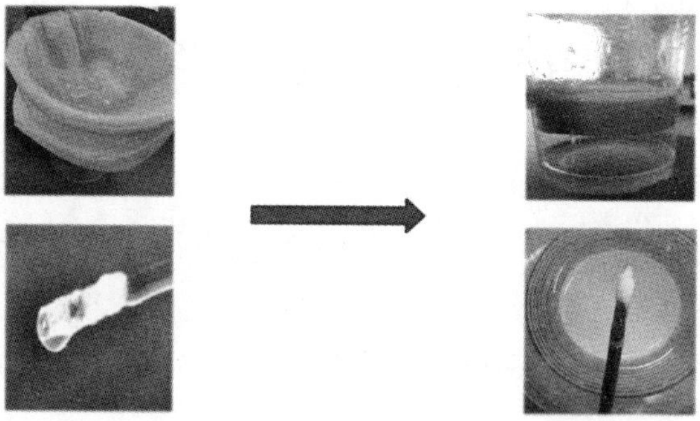

传统方法　　改进方法

图 1　提取方法改进

（2）鉴定方法：教材中用二苯胺试剂来鉴定 DNA，该试剂用二苯胺、浓硫酸和醋酸配制而成，在配制和使用过程中会散发出有害的刺激性气体，并且需要加热煮沸使用，过程比较危险，学生用此种方法进行实验时，成功率较低。因此，本实验采用分子生物学实验中常用的琼脂糖凝胶电泳来鉴定 DNA。但考虑到相关设备价格昂贵，教师激发学生思考、讨论、查阅文献，用生活中常见的材料自制了一套琼脂糖凝胶电泳装置（见图 2），用于分离、提取不同组织中的 DNA。

（3）观察方法：分子生物学实验中常用凝胶成像系统观察凝胶中的 DNA 条带，因此学生通过查阅资料，利用废弃物品及生活中的廉价材料自制了一套凝胶显影装置（见图 3），用以观察凝胶中的 DNA 分子，比较不同组织中 DNA 分子的大小，以及不同方法提取到的 DNA 的纯度，对 DNA 分子有更直观的了解。

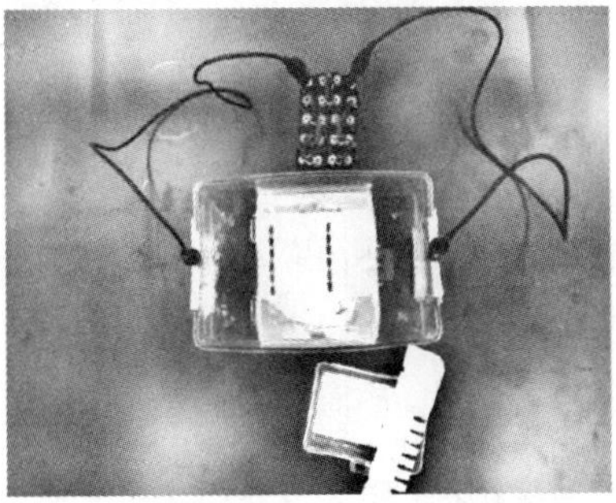

图 2　自制琼脂糖凝胶电泳装置

图 3　自制凝胶显影装置

（三）评价创新

遵循“学业评价促发展”的新课标基本理念，编制“基于生物学核心素养发展”的评价量表（见表 1），从生命观念、科学思维、科学探究、社会责任 4 个方面出发，通过学生自评、小组互评及教师评价来帮助学生认识自我，改进学习方式，教师通过评价量表有效获得学生的核心素养状况，并以此反思自己的教学活动设计和教学过程中的得与失，实现教学过程的多元评价。

表 1　“基于生物学核心素养发展”的评价量表

“DNA 的粗提取与鉴定”实验评价量表

班级__________　姓名__________

核心素养	评价项目	素养水平一（1 分）	素养水平二（2 分）	学生自评	小组互评	教师评价
生命观念	结构功能观	掌握 DNA 的结构及其特性，理解结构与功能相适应的生命观	感悟微观物质 DNA 的存在及其特性，产生对自然和生命的敬畏和尊重			

续表

核心素养	评价项目	素养水平一（1分）	素养水平二（2分）	学生自评	小组互评	教师评价
科学思维	理性思维	基于给定的条件，根据不同实验材料选择不同的实验设计方案	通过文献查阅和比较迁移，选择不同实验材料和方法，改进并优化相关器材的使用			
科学探究	实验操作	实验仪器使用规范，基本掌握实验操作，实验步骤无明显错误	实验仪器使用规范，熟练掌握实验操作，实验步骤规范有序			
	合作探究	积极参与小组各项分工和合作，方案设计合理，及时完成探究任务，小组得出的结论基本正确，展示较为清晰	能够在团队中起组织和引领作用，很好地同小组成员合作，认真完成所分配的探究任务，能对结果进行清晰的分析、说明			
	思维拓展	能改进实验操作步骤，对实验器具和方法以及材料有一定的思考	能自主设计实验方案，对实验器具、方法提出改进方案，自主查阅资料，设计实验仪器			
社会责任	生活实践	能够认识到生物组织中含有丰富的 DNA，不同生物组织的 DNA 大小不同，认同遗传多样性和生物多样性的观点	用发现的眼光，从生活中取材，注重与生活的联系，认同生物多样性的观点，树立关爱自己、珍爱生命的社会责任感			

五、实验原理

（1）DNA 和蛋白质等其他成分在不同浓度的 NaCl 溶液中溶解度不同，当 NaCl 溶液的浓度为 0.14 mol/L 时，DNA 的溶解度最低。

（2）DNA 不溶于酒精，但细胞中某些蛋白质溶于酒精。利用这一原理，可以进一步提取出含杂质较少的 DNA。

（3）DNA 分子在碱性缓冲液中带负电荷，在外加电场作用下向正极泳动，通过琼脂糖凝胶电泳可以分离不同大小的 DNA 片段。DNA 片段越长，泳动速度越慢，而且泳动速度与电场强度成正比。

（4）溴化乙锭可以掺入双链 DNA 中，在紫外灯（254 nm）下发出橙红色的荧光，染色后凝胶中的 DNA 可以直接被检测出来。

六、实验教学目标

（1）生命观念：掌握 DNA 的结构及其功能，理解结构与功能相适应的生命观。

（2）科学思维：学生通过查阅资料和比较迁移，选择不同实验材料和方法，对原有实验进行改进，培养创造性思维和批判性思维。

（3）科学探究：学生自主查阅资料、自主设计实验方案，对实验器具、方法提出改进，并对所设计的实验方案实施探究，培养了自主合作的科学探究素养；通过小组分工合作，比较和分析不同提取方法对 DNA 提取量和纯度的影响，领悟“设计实验、交流讨论”等科学探究方法。

（4）社会责任：创新地使用了大学实验室常使用的琼脂糖凝胶电泳和凝胶显影技术，为学生的职业发展提供指引和方向；体会科学研究的艰辛和成功的乐趣，初步养成求实、创新及勇于探究的科学精神和态度。

七、实验教学内容

（1）课前对教材中的实验方案进行改进，根据给出的材料用具，分小组进行实验设计，自制实验装置。

（2）依托改进后的实验方案和装置进行课堂探究实验，讨论分享实验结果，进行评价。

（3）对实验中新发现的问题进行课后拓展探究。

八、实验教学过程

（一）课前探究，改进实验方案，自制实验仪器

如前所述，课前针对教材中所给实验方案进行改进，给出相关材料用具，分小组进行实验设计，自制实验装置。

（二）利用改进后的实验方案和装置进行课堂探究实验

（1）创设情境，提出问题。

DNA 作为细胞中的微观物质，如何获取？不同生物中的 DNA 含量是否相同？不同方法提取的 DNA 的含量和纯度是否相同？如何比较 DNA 的大小？

（2）问题引领，合作探究。

课前提供 4 种实验材料和相关试剂，布置探究活动：探究不同组织的 DNA 提取方法和 DNA 含量，比较同一组织用不同提取方法提取到的 DNA 的含量和纯度。在实验设计表上写出实验方案，组内讨论完善实验步骤，并进行课堂展示。

（3）小组合作，实施实验。

班级同学进行分组，根据实验方案采用不同方法提取不同组织中的 DNA，

用自制凝胶电泳装置和自制凝胶显影装置分离、鉴定 DNA。

（4）成果展示，多元评价。

分组展示实验结果，比较同一组织用不同提取方法提取到的 DNA 的含量和纯度，小组之间交流讨论不同组织提取到的 DNA 含量、纯度以及分子大小，得出实验结论。通过制订的核心素养评价量表进行自评、小组互评及教师评价，实现评价者和被评价者共同发展的目的。

（三）提出问题，进行课后拓展探究

（1）探究 DNA 的分子量和迁移距离的关系。

方法：通过 NCBI 数据库查找不同生物的基因组大小，用直尺测量并记录每种生物 DNA 条带的迁移距离，借助 Excel 探究 DNA 的分子量和迁移距离的关系。

结论：迁移距离和 DNA 分子量对数成反比关系。

（2）探究不同组织使用不同提取方法所获取的 DNA 的纯度。

方法：通过双缩脲试剂鉴定 DNA 样品中的蛋白质含量，比较同一组织用不同提取方法提取到的 DNA 的纯度，以及不同组织提取到的 DNA 的纯度。

结论：提取 DNA 过程中，加入消化液可以有效减少蛋白质含量；从香蕉组织中所提取的 DNA 样品的蛋白质含量较高。

九、实验效果评价

（一）亮点

（1）遵循“核心素养为宗旨”“教学过程重实践”的新课标理念，学生自主选择、设计并合作探究实验，主动参与学习，亲历获取信息、设计方案、实验检验、总结结论等过程，提高了学生的科学思维和科学探究能力。

（2）自制的凝胶电泳装置和显影装置所用的材料廉价、易得，实验效果好，成本大幅度降低，填补了普通中学实验室不能开设该实验的空白。

（3）依据“学业评价促发展”新课标理念，制订了基于核心素养发展的评价量表，评价项目多样化，评价形式多样化，评价内容具体、可操作，有效地帮助教师与学生共同发展，提高自我认知。

（二）不足

由于学生对大学常用的凝胶电泳仪和凝胶成像装置较为陌生，并且相关原理在高中阶段尚未涉及，因此，在设计实验环节中，学生需要投入较多精力进行相关资料的查阅，对学生素质要求较高，无法普及所有学生。

种群密度的调查与教学实践

湖南省娄底市第五中学　刘宇

一、使用教材

本课题是选自人教版高中《生物必修 3　稳态与环境》第四章“种群和群落”第一节“种群的特征”中的一个探究实验。

二、实验器材

田螺、福寿螺、蒲草秆、棕榈杆等。

三、实验原理

样方法是指在被调查种群的分布范围内，随机选取若干个样方，通过计数每个样方内的个体数，求得每个样方的种群密度，以所有样方种群密度的平均值作为该种群的种群密度估计值。常用的有五点取样法和等距取样法。

四、实验教学目标

（1）生命观念：通过对福寿螺种群密度及分布的分析，了解生物入侵现象，进而理解进化与适应观、稳态与平衡观等生命观念。

（2）科学思维：学会用样方法统计福寿螺的种群密度，并能对数据进行归纳和概括，训练学生具体问题具体分析及处理复杂问题的能力。

（3）科学探究：针对福寿螺的分布特点制订合理的科学探究过程，并在探究中善于团队合作，勇于创新。

（4）社会责任：关注福寿螺生物入侵问题，形成生态意识，并提出相关的防范措施，参与环境保护实践。

五、实验教学过程

（一）实验方案设计及可行性分析

（1）调查对象选择。

教材实验为调查双子叶植物的种群密度，但是学校的周边植被结构单一，秋季草木凋零。因此，以植物作为研究对象不易取材。

福寿螺是一种外来入侵生物（见图 1）。它食量大，食谱广（“见青即食”），咬食水稻，危害农业，粪便严重污染水质，易对淡水生态系统造成毁灭性灾害。同时，福寿螺是广州管圆线虫的中间宿主，可能引起广州管圆线虫病在人群中的爆发。

因此，选择福寿螺作为本次课程的调查对象。

图1　田螺（左）与福寿螺（右）

（2）调查区域的选择。

资料显示，福寿螺可分布在河流（水渠）、水田、旱地3种环境中。因此，在学校附近选择水深不超过1米的柳家湾河石井镇楂林村段及其流域周边作为调查区域，此区域具备上述3种环境。根据具体条件的不同，又将每种环境分为2~3个区域，如图2所示。

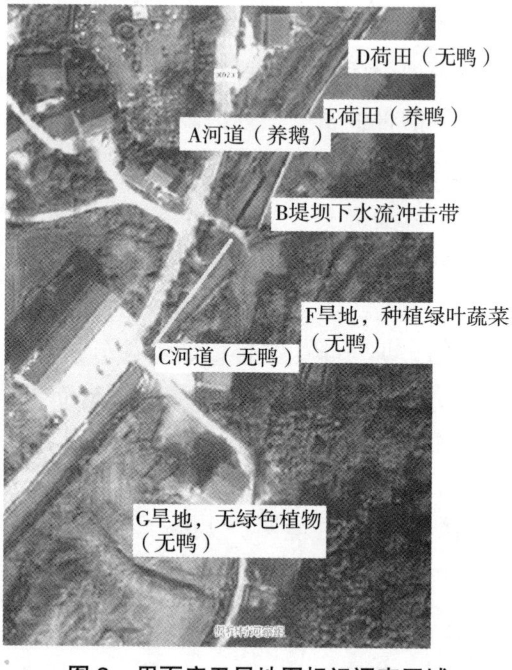

图2　用百度卫星地图标记调查区域

1）河道：①A：河道，养鸭；②B：特殊区域，堤坝下水流冲击带；③C：河道，无鸭。

2）水田：①D：荷花水田，无鸭；②E：荷花水田，养鸭。

3）旱地：①F：旱地，种植绿叶蔬菜，无鸭；②G：旱地，河岸堤坝，无绿色植物，无鸭。

但是在实地观测中，旱地并没有活的福寿螺，仅仅偶见福寿螺的空壳。同时，在养鸭的河道内，仅仅发现一枚活的福寿螺；而养鸭的荷花水田中，也没有发现活的福寿螺，仅仅偶见福寿螺的空壳。因此，最终选定的调查区域为B、C、D三处。

（3）调查方法的选择。

教材中提供的调查种群密度的方法如表1所示。

表 1　教材提供的调查种群密度的方法

调查方法	生物类别
逐一计数法	活动范围小、个体大的动物
样方法	植物或活动范围小的动物
标志重捕法	活动能力强、活动范围广的动物
黑光灯诱捕法	趋光性昆虫

经过观察分析，福寿螺的活动能力弱，在 C、D 区域分布较均匀，适用于样方法。其中，荷花水田的形状多与矩形相近，故采用五点取样法；河道为长条形，采用等距取样法；而 B 区域是面积为 3.2 m×1 m 的水坝下的水泥平台，则采用逐个计数法。

（4）样方大小的选择。

经过查阅资料，显然 1 m×1 m×15 cm 的样方最能反映福寿螺的种群密度，但其操作难度大。在调查当日，天气晴好，温度适宜（17 ℃~27 ℃），故福寿螺或浮于水底泥沙表面，或吸附在水生植物上，肉眼可见，并没有钻入泥中。于是，分别以边长为 30 cm、40 cm、50 cm、60 cm、100 cm 的正方形区域为样方做了预实验，如表 2 所示。

表 2　不同样方面积下福寿螺的个体数量、种群密度

样方标号	个体数量/只				
	样方面积/cm×cm				
	30×30	40×40	50×50	60×60	100×100
1	2	8	12	18	47
2	1	3	8	9	27
3	0	4	7	13	36
4	4	3	9	9	27
5	2	2	6	12	34
种群密度（只/m^2）	20	25	33.6	33.8	34.2

用 Excel 方差分析表 2 中的数据，得出边长为 50 cm 的样方与边长为 1 m 的样方其显著差异的 *P* 值大于 0.05，即样方面积与种群密度无显著相关性，因此最终选择 50 cm×50 cm 作为实际测量样方面积。

（5）辅助工具的准备。

在预实验中，学生发现在水中行走极易搅起水底泥沙，引起水体浑浊，故而学生用当地易见且能够沉水的蒲草秆和棕榈杆制作了样方框架，这样既加快了野外作业的速度，又便于在距样方较远的地方计数。

（二）学生分组野外实验

学生分组进行野外实验，实验过程如图 3 所示。

图 3　学生野外实验过程

（1）学生分组。

（2）确定样方位置和数量。

（3）计数。

1）B 区域共 445 只福寿螺。

2）C 区域内福寿螺个体数量如表 3 所示。

表 3　河道内不同样方福寿螺个体数量

样方标号	1	2	3	4	5	6	7	8	9	10	11	12	13
福寿螺数量/只	6	9	9	8	5	3	13	19	26	18	19	31	26
卵块数量/块	3	0	0	0	0	0	0	0	2	0	1	0	0
空螺壳数量/个	0	0	0	0	0	0	0	2	1	0	2	0	4

3）D 区域内福寿螺个体数量如表 4 所示。

表 4　荷花水田内不同样方福寿螺个体数量

样方标号	1	2	3	4	5
福寿螺数量/只	7	13	5	4	15
卵块数量/块	0	2	1	3	0
空螺壳数量/个	1	0	2	0	2

（4）计算种群密度。

（三）实验创新点

（1）实验中遇到的问题：样地形状不规则；福寿螺空间分布不均匀。

（2）解决方法：网格随机取样法。

1）Photoshop 网格视图。

2）样方网。

（3）对比网络随机取样法与教材中提到的方法所测得的结果：河道中受到水流冲击的影响，与等距取样法的结果差异较明显；荷田中福寿螺分布较均匀，与五点取样法的结果差异不明显。这与学生初步观察到的结果一致。

（四）实验结果及分析

（1）实验结果：B 区域的种群密度约为 139 只/m^2，区域 C 的种群密度约为 59 只/m^2，D 区域的种群密度约为 35 只/m^2。

（2）实验结果分析。

1）福寿螺虽然能在空气中存活，但其活动能力会受到极大限制，在河道和荷花水田内的福寿螺数量远超过其在旱地的数量。

2）荷花水田内福寿螺的数量较河道内少，可能有两方面的原因：其一，由于水田受农药、人工拾取、农机耕耙作业等人为活动干扰，对福寿螺的生长和繁殖产生一定的抑制作用；其二，水田冬季缺乏水层，保温性差，不利于福寿螺越冬。通过观察分析，水田周边的水沟、河道中存在的高密度的福寿螺可能成为次年福寿螺的主要来源。

3）对河道的内样方对比发现，样方 1~6 内的福寿螺数量明显少于样方 9~13，样方 9~13 区域对比样方 1~5 区域，相对水位较浅（水深不超过 50 cm），生存着较多的挺水植物。

（五）防治措施

综上所述，土地利用与管理得当是控制福寿螺危害的主要措施：①水旱轮作；②养鸭、养鹅；③加深蓄水；④修剪植物。

六、拓展

（1）教师鼓励学生进行课后拓展研究。

在调查C区域时，学生作了如表5的统计，并拍下了福寿螺捕食本地田螺的图片，如图4、图5所示。

图4 福寿螺捕食田螺

图5 福寿螺与田螺混养

（浮在水面的是田螺被捕食后的空壳）

C区域河道内福寿螺与田螺个体数量对比如表5所示。经计算，在样方1~5所在的区域内，福寿螺与田螺的种群密度之比为37∶64。该组同学据此初步推测，在水深超过50 cm的河中和河岸无挺水植物的环境中，田螺对环境的适应力比福寿螺更强。

表5 C区域河道内福寿螺与田螺个体数量对比

样方标号	1	2	3	4	5	6	7	8	9	10	11	12	13
福寿螺数量/只	6	9	9	8	5	3	13	19	26	18	19	31	26
田螺数量/只	14	15	9	16	10	4	1	0	0	0	0	0	0

（2）课外活动：宣传福寿螺的防治。

七、实验效果评价

（1）教法创新。教学结合生活，结合公共事务（河道治理）；野外实验结合模拟实验。

（2）实验创新。①实验方法创新：网格随机取样法。②引入信息技术：Excel处理数据；Photoshop处理图像。③实验工具创新：样方框架、样方网。

观察根尖分生区组织细胞的有丝分裂

湖南省长沙市第一中学　范云云

一、使用教材

本实验选自 2019 年人教版高中《生物必修 1　分子与细胞》第 6 章第 1 节。

二、实验器材

（1）植物：韭兰。

（2）器材：显微镜、载玻片、盖玻片、玻璃皿、剪刀、镊子、滴管。

（3）试剂：卡诺氏液、70%酒精、5 mol/L 盐酸、改良的苯酚品红染液。

三、实验创新要点/改进要点

（一）教材实验的不足

教材中该实验包括装片制作和显微观察两大环节。装片制作包括解离、漂洗、染色和制片 4 步。实验材料和装片制作的好坏决定了实验的效果，根据以往该实验的开展情况以及预实验的结果来看，该实验的成功率不高，一般情况下一个班只有 3~5 个同学能做出相对较好的实验效果，主要有以下几个问题：

（1）取材时间较为局限。教材所用的材料是洋葱根尖，其分裂旺盛期是上午 10 点至下午 2 点，但生物课不一定都在这个时间段，导致学生很难观察到各时期的细胞。

（2）实验时间较长。按教材方法，临时装片制作需约 20 min，显微镜观察并记录结果至少要 8 min，加上原理讲解和结果分析，难以在一节课内完成。

（3）操作不便。按教材所述，取 2~3 mm 的根尖进行解离，这个长度难以夹取，染色后不易被找到。

（4）解离欠充分，细胞难分离。用体积分数为 95% 的酒精和质量分数为 15% 的盐酸解离 5 min，细胞难以被压散成单层细胞，影响观察，如图 1 所示。

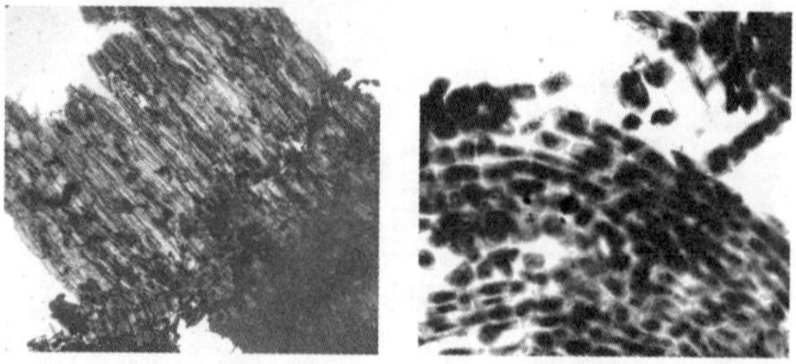

图 1　洋葱根尖细胞有丝分裂的显微照片（左图：放大 40 倍，右图：放大 400 倍）

（5）染色效果欠佳。教材所用的染色剂为 0.01 g/mL 甲紫溶液（旧称龙胆紫溶液），图 1 为染色 3 min 的效果，染色太深且细胞质也会被染成紫色，不利于染色体的观察。

由于存在上述问题，只有少数同学能做出相对较好的实验效果，大部分同学要看永久装片，导致实验体验感不佳。

（二）对教材实验的改进

为提高实验效果，教师带领生物兴趣小组的同学对教材实验进行了改良。

（1）实验材料的优化。

由于洋葱根尖的分裂旺盛期短，教师鼓励学生查找资料，尝试寻找一种分裂旺盛期更长的材料来进行实验，最终锁定了韭兰。韭兰是一种在校园内常见且生命力强的植物，南北方均适合种植，水培条件下，一天内就可以长 1~2 cm，且分裂旺盛期长，从早上 7 点到下午 6 点，有效解决了取材时间限制的问题。图 2 为不同时间取材的韭兰根尖细胞有丝分裂的显微照片，画圈处所示为分裂期细胞。

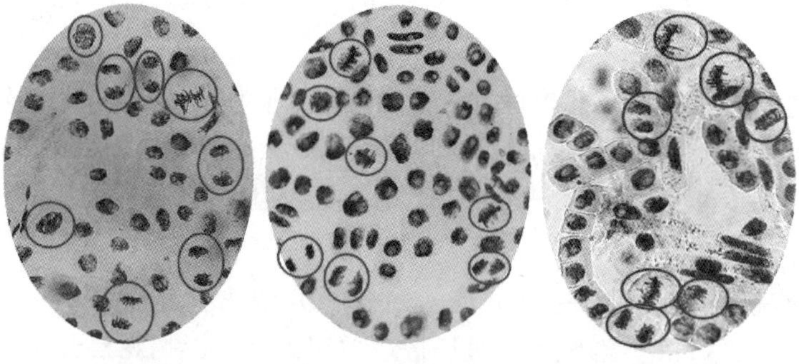

7：00 取材　　13：00 取材　　18：00 取材

图 2　不同时间取材的韭兰根尖细胞有丝分裂的显微照片（按改良方法实验）

那么，对于洋葱根尖等分裂旺盛期短的材料，怎样解决该问题？提示学生查阅高中《生物必修 2　遗传与进化》教材，发现卡诺氏液可以固定细胞，维持染色体的形态。据此学生将知识大胆迁移，可以先在分裂旺盛期将根尖用卡诺氏液固定，再放在70%酒精溶液中保存，据资料显示可以保存几年，同样可以解决实验时间的局限问题。

（2）实验步骤的优化。

针对教材取 2~3 mm 的根尖，不易被夹取和找到的问题，对实验步骤进行了以下改良。

1）直接将 1~2 cm 的根尖放入 1.5 mL 的 EP 管中解离。1~2 cm 根尖较长，容易被夹取和找到，EP 管体积小且密封性好，极大地减少了解离液的用量，还可以防止解离液挥发，使其可重复利用，更加环保。

2）解离并漂洗后再在载玻片上切 2~3 mm 的根尖，并直接在载玻片上染色，使操作更便捷。

（3）压片方法的优化。

实验成功的关键是使细胞充分被压散成单层细胞，而按教材所述操作，实际很难做到这一点。因此，改良了压片的方法，染色并盖片后，隔着滤纸用力按压根尖所在部位，并用镊子尾部轻敲未分散的区域，控制好力度，使细胞分散成云雾状，如图 3 所示。

图 3　未用镊子尾部轻敲（左）和用镊子尾部轻敲（右）的压片效果图

虽然改良了压片方法，但细胞还是没有完全分散。分析其原因，可能是胞间层没有被充分瓦解。查阅资料显示，解离液中瓦解胞间层的主要成分是盐酸，所以大胆提出直接将解离液换成了 5 mol/L 盐酸，对比后发现解离效果好了很多，如图 4 所示。

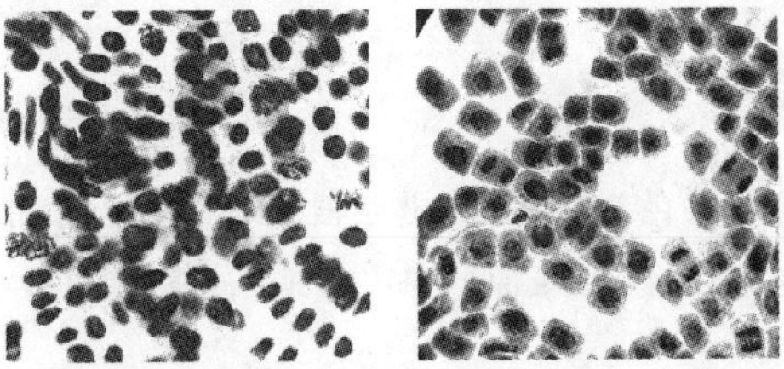

图 4　用不同解离液解离的韭兰根尖细胞有丝分裂的显微照片

（左图：用 95%酒精和 15%盐酸解离 5 min；右图：用 5 mol/L 盐酸解离 5 min）

（4）漂洗时间的优化。

教材中要求解离完漂洗约 10 min 后再染色，实验时间较长。师生尝试缩短漂洗时间，结果发现漂洗 30 s 的效果与漂洗 10 min 的差别不大（如图 5 所示），并且沪教版教材也是漂洗 30 s 后就进行染色。因此，将漂洗时间由 10 min 缩短到 30 s。通过缩短漂洗时间，极大地缩短了装片制作的时间，可以保证理论学习与实验操作能够在一节课内完成，提高了教学效率。

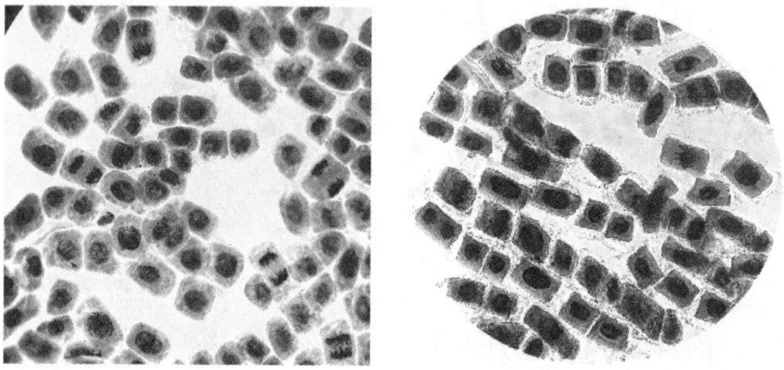

图 5　漂洗不同时间后的韭兰根尖细胞有丝分裂的显微照片

（左图：5 mol/L 盐酸解离 5 min，漂洗 10 min；右图：5 mol/L 盐酸解离 5 min，漂洗 30 s）

（5）染色剂的优化。

针对甲紫溶液染色太深且特异性差的问题，教师尝试了多种染色剂，最终发现改良的苯酚品红染液的效果明显优于甲紫。如图 6 所示，改良的苯酚品红染液特异性强，染色清晰，几乎只有染色体被染色，细胞质呈无色，对比更明显，有利于染色体的观察。

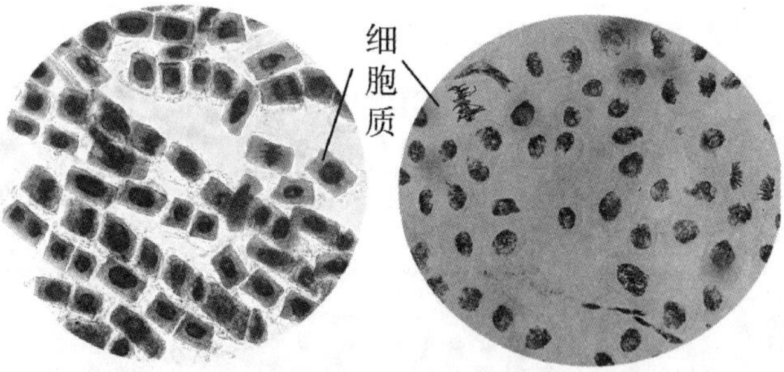

图 6　用不同染色剂染色后的韭兰根尖细胞有丝分裂的显微照片

（左图：用甲紫溶液染色 3 min；右图：用改良的苯酚品红染液染色 5 min）

通过对实验材料和操作步骤的优化，实验效果得到明显改良。实验成功率也得到了显著提高。之前一个班只有 3~5 个同学成功，改良后，至少有一半的同学能得到理想的结果。

综上所述，通过实验改良，实现了分裂相更多、细胞更分散、操作更便捷、实验时间更短、染色更清晰和成功率更高的效果。

四、实验原理

有丝分裂常见于根尖等分生区细胞。由于各细胞的分裂是独立的，因此在同一分生组织中可以看到不同分裂时期的细胞。通过在高倍显微镜下观察染色体的存在状态，就可判断各细胞处于有丝分裂的哪个时期。染色体易被碱性染料（如甲紫溶液、醋酸洋红液和改良的苯酚品红染液）着色。

五、实验教学目标

（1）生命观念：对比根尖中 4 个区域细胞的形态结构和功能，使学生树立结构与功能相适应的生命观念。

（2）科学思维。

1）对比按教材操作与按改进后的实验方案操作的实验效果，培养学生的批判性思维。

2）汇总数据，得出细胞周期的数学模型，并利用模具构建有丝分裂模型，培养学生建模的科学思维能力。

（3）科学探究：以课题探究的形式展开教学，充分调动学生的主观能动性，学生全程参与，培养学生的科学探究能力。

（4）社会责任：减少实验用量，引导学生科学地处理剩余材料和废液，探究环境因素对根尖有丝分裂的影响，培养学生的社会责任意识。

六、实验教学内容

（1）实验原理和试剂的作用。

（2）韭兰根尖细胞有丝分裂装片制作的方法和注意事项。

（3）有丝分裂过程的物理模型和细胞周期的数学模型的建构。

七、实验教学过程

实验教学过程如图 7 所示。

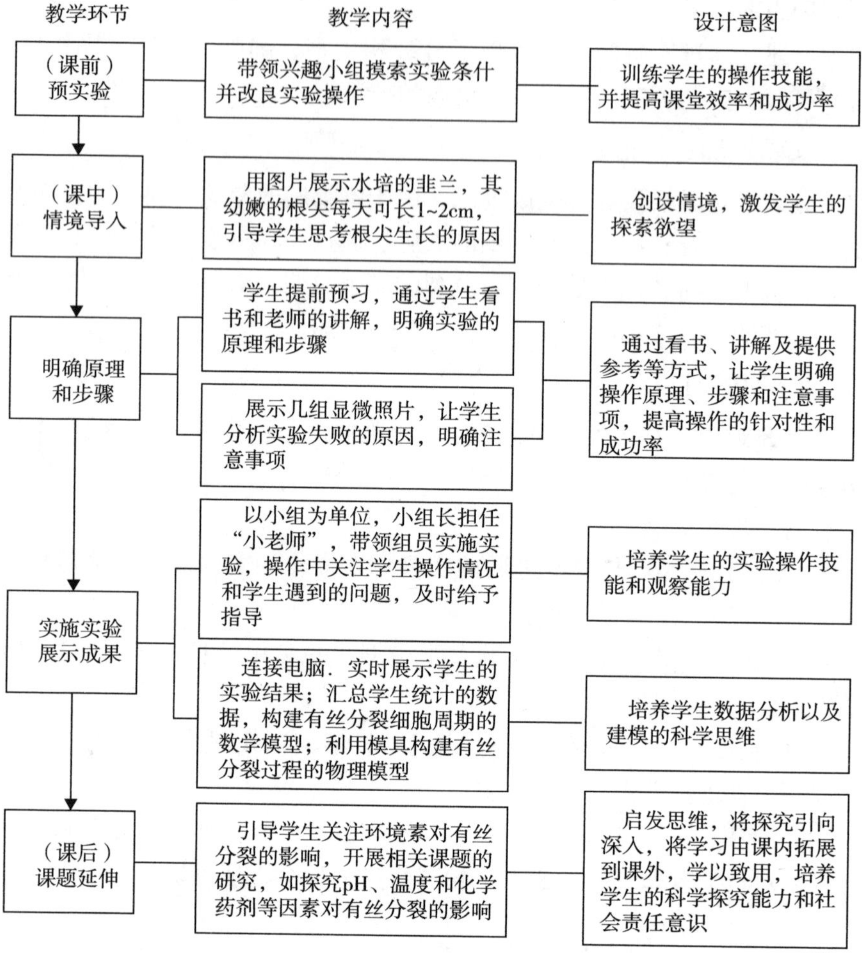

图7　实验教学过程

八、实验效果评价

（1）通过开展预实验、实行小组长制和改进实验，有效提高了课堂效率和实验成功率，增强学生的实验体验感。

（2）开展“三主”课堂，以教师为主导、学生为主体、问题为主线，让学生动手、动口、动脑，提高学生的语言表达能力、操作技能和自信心。

（3）构建有丝分裂的物理模型和细胞周期的数学模型，加深学生对有丝分裂过程的理解，培养学生建模的科学思维。

（4）课后开展课题研究，学以致用，培养学生的科学探究能力和社会责任意识，为学生的终身发展奠定基础。

由一盘“菠萝咕噜肉”引发的思考

——蛋白酶活性检测

北京市昌平区第一中学　张双凤

一、教材分析

2017年版课程标准中指出的“教学过程重实践”“核心素养为宗旨”都属于高中生物学课程的基本理念，其中“教学过程重实践”就是要强调学生学习过程中的实践经历，通过科学探究和科学思维等学习活动，加深对生物学概念的理解，培养创新精神，进而探讨或解决现实生活中的某些问题，落实生物学核心素养。

本实验基于课程标准中概念2“细胞的生存需要能量和营养物质，并通过分裂实现增殖”的教学活动建议（探究酶的专一性、高效性及影响酶活性的因素）而创设。本实验不受教材版本的限制，适用于不同版本的教材，具有通用性。

二、实验器材

（1）实验器材较为常规，包括小烧杯、玻璃瓶、一次性培养皿、一次性吸管等。

（2）实验中的蛋白酶主要由各种水果汁提供，蛋白质由肉皮冻和明胶替代。

三、实验创新要点

（1）源于生活中的发现和思考，具有普遍的启发性。本实验从一盘“菠萝咕噜肉”开始，基于学生的生活体验，引发思考。学生自主提出问题，完成实验。同时，希望通过这样的实践尝试，使学生能对生活中的现象有更多的科学思考，启发“学”的发生；使教师能更多关注真实情境中的素材，启发“教”的设计。

（2）实验方法逐步改进，探究活动层层递进。本实验的研究方法从观察比较的定性分析，到数据统计处理的半定量分析，再到绘制标准曲线的定量分析，形成“定性—半定量—定量”改进的路径，使实验结果趋于精准，更加接近事实。而探究活动则是从“酶的专一性—酶活性的比较—酶活性的影响因素”层层递进。

（3）整个探究活动一直反复经历“思考—设计—实施—改进”的过程，一改传统“按图索骥”的实验模式，有益于加深学生对生物学概念的理解，培养创新精神。

四、实验原理

蛋白酶活性的检测：蛋白酶可以催化蛋白质水解，可依据单位时间内底物的减少量或产物的生成量进行检测。

五、实验教学目标

（1）基于科学探究过程，加深对“酶活性受环境因素的影响”概念的理解。

（2）基于问题提出、方案设计与实施以及结果的交流与讨论，提高学生的合作创新能力。

（3）基于生物学事实和实验结果分析运用，形成批判性思维和科学的自然观和世界观。

六、实验教学方案

实验教学方案设计如图 1 所示。

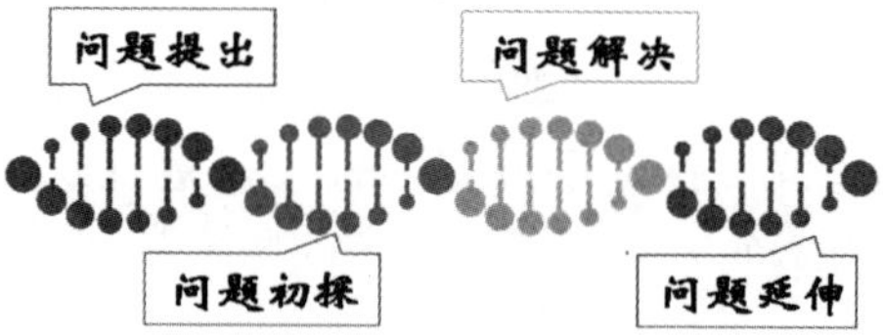

图 1　实验教学方案

七、实验教学过程

（一）第一环节：“问题提出”

问题源于学生的生活体验：学校食堂做了一道美食“菠萝咕噜肉”，学生吃完后一致评价，肉质鲜嫩，尤其是菠萝酸甜可口，与平时吃的新鲜的菠萝“扎嘴巴”的感觉形成鲜明对比。这种直观的生活体验，促使学生主动探索这种现象的原因。

教师抓住这种真实生活情境中的真实问题，顺势引导，提供搜索关键词“菠萝咕噜肉”“菠萝扎嘴”“嫩肉粉”等，让学生查阅资料。资料搜集的过程，实际是学生不断整理思路、聚焦问题的过程。学生搜集到了有关“菠萝咕噜肉的做法”“盐水泡过的菠萝更好吃”“嫩肉粉的成分及使用”等资料，最终将问题聚焦在菠萝中的蛋白酶。由此推测：这些现象都与蛋白酶有关。

（二）第二环节：“问题初探”

蛋白酶可以将蛋白质水解，而肉皮冻中富含胶原蛋白，所以，学生设想通过观察肉皮冻被溶解的过程反映蛋白酶水解蛋白质的情况。

（1）观察和记录肉皮冻溶解的过程，学生做出了系列尝试。

1）尝试一：学生最先尝试将肉皮冻切成规则的小块，放入菠萝汁中，观测肉皮冻块溶解所用的时间（见图2）。但在尝试过程中发现，肉皮冻块在变得非常小的时候，轻轻摇晃果汁，肉皮冻块都散了，统计的时间误差很大。

于是，教师提供“抑菌圈”的设计思路供学生参考。学生受到启发，进行了下面的尝试。

2）尝试二：制备肉皮冻培养基，其中放上用菠萝汁浸泡过的滤纸片，或直接滴加汁液，或在小洞内滴加汁液（见图3）。在此过程中，发现这些尝试都出现了相应的问题，如浸泡的滤纸片中菠萝汁含量少，而培养基较厚，使得溶解效果不明显；直接滴加，菠萝汁易扩散；在小洞中滴加，可以看到相对明显的溶解效果，但是小洞形状不规则，不方便测量。

3）尝试三：学生进一步改进实验，将小洞换成规则的、大小一致的小孔（见图4），通过测量溶冻圈直径的大小反映蛋白酶水解蛋白质程度的强弱。这也是后续整个实验的检测指标。

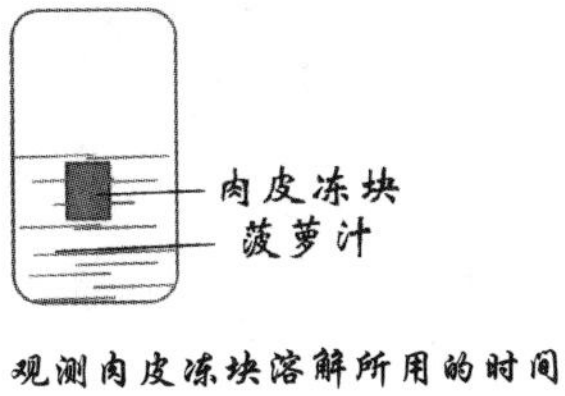

图2　肉皮冻放入菠萝汁中

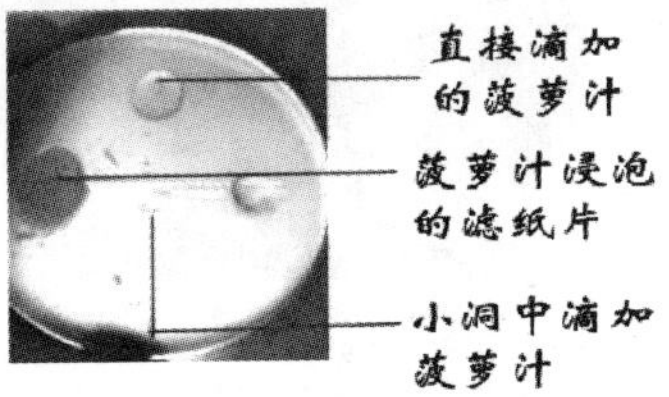

图3　观测肉皮冻培养基溶解情况

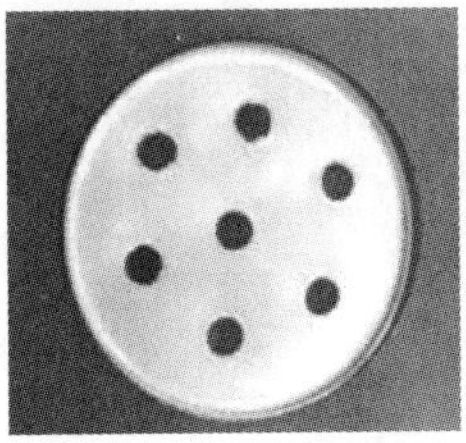

图4　观测溶冻圈直径

（2）实验流程。

1）肉皮冻培养基的制备：溶化—去肉皮—过滤—倒培养皿（见图5）。

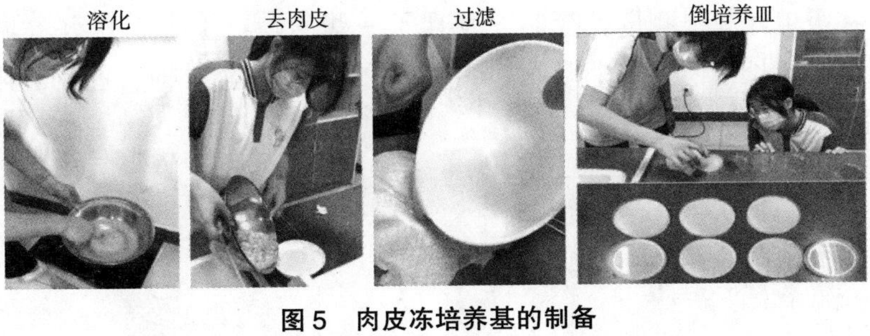

图5　肉皮冻培养基的制备

2）打孔：用笔帽在培养基上用力往下按，再用镊子将多余的培养基取走，即可形成小孔（见图6）。

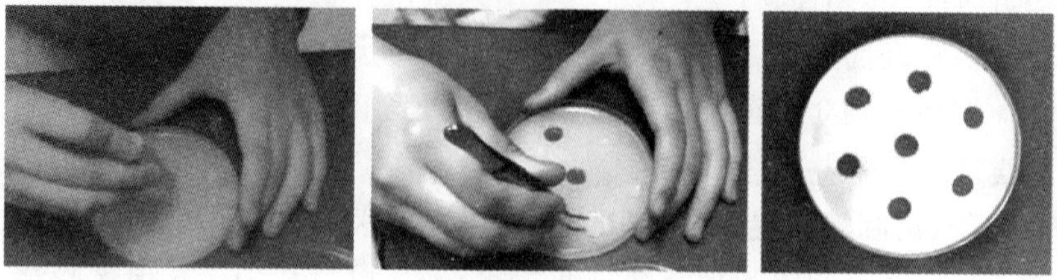

图 6　打孔

3）滴加等量的各种水果汁液（蛋白酶液），滴加顺序及最终滴加效果见图 7。

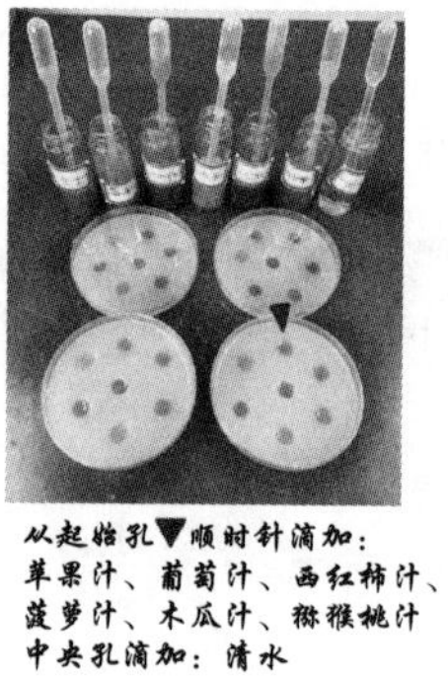

图 7　滴加蛋白酶液

4）反应 20 min 后，观察溶冻圈的大小。

（3）发现问题及改进措施。

学生在吸走汁液、测量孔径时，发现了一些问题：①个别孔有“塌方”现象；②反应时间长会使得整个培养基溶化；③吸出孔中液体时，孔的界限会变模糊（见图 8）。

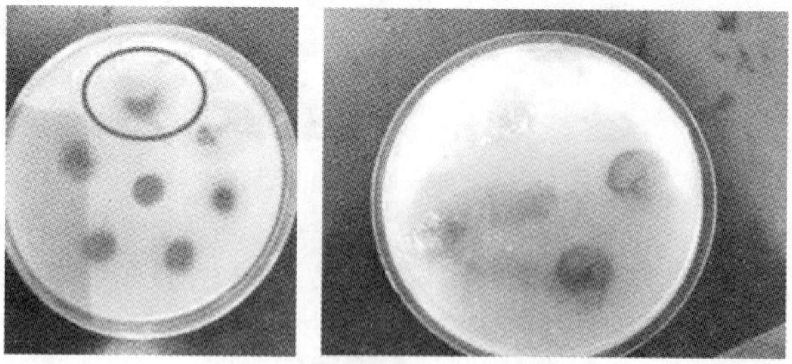

图 8　测量时出现的问题

针对这些问题，学生进行了分析和改进：

1）关于培养基溶化的问题：是培养基自身溶化，还是加入水果汁液导致其溶化？同时打孔剩余的培养基，未见其溶化，但有变软趋势。将打孔数减少到5个，长时间作用依旧会出现培养基溶化的现象。由此分析，培养基的溶化应是自身作用和水果汁液的共同影响。对于此问题的解决，需控制好作用时间。

2）关于吸出汁液后界限模糊的问题：尝试在水果汁液作用20 min后，将培养基放入4 ℃的冰箱，待其凝固后取出，吸走汁液。

（4）实验结果。

将培养基放入冰箱冷藏一段时间后取出，吸走汁液，结果见图9。由此可以看出，猕猴桃汁和菠萝汁两组的溶冻圈明显大于清水对照组。

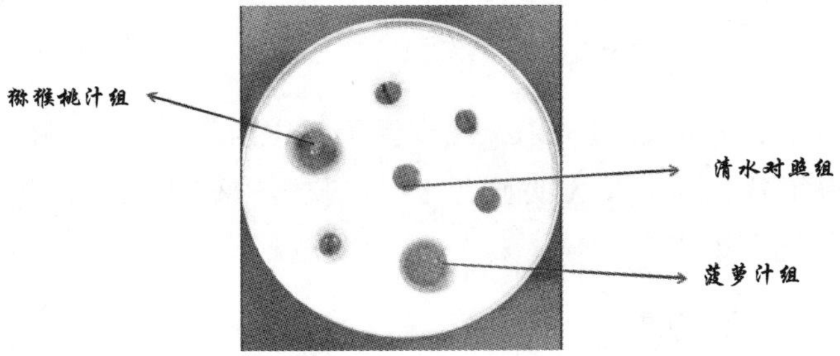

图9　实验结果

通过问题初探环节，证实了上述实验技术、操作、观测指标等的可行性；同时，也能定性地反映出不同水果中蛋白酶分解蛋白质能力的强弱。但肉皮冻含有较多脂肪，使得培养基容易发生溶化。因此，后续用明胶代替肉皮冻制作培养基。

（三）第三环节：“问题解决”

回归到学生基于生活体验提出的问题，寻找解决方案。学生最终聚焦于两方面的思考：是不是烹饪过程中的高温对蛋白酶活性的产生影响？或是食盐浸泡过程中氯化钠溶液对蛋白酶活性产生影响？将问题转化为“探究高温和氯化钠溶液对蛋白酶活性的影响”。以下实验使用明胶培养基。

（1）实验分组：①新鲜组：在培养基上直接滴加等量的新鲜果汁；②高温组：将新鲜果汁煮沸2 min，待冷却后滴加；③食盐组：将1 mL新鲜果汁与1 mL氯化钠溶液（1 mol/L）混合后滴加。

（2）滴加水果汁液（蛋白酶液）。

如图10所示，标签处为每组的第一个孔，即对照孔。其中，新鲜组和高温组均在对照孔滴加清水作对照，食盐组滴加1 mol/L的氯化钠溶液作对照。滴加顺序是从标签处开始顺时针滴加，手绘图是学生记录的各种水果汁液的滴加顺序。

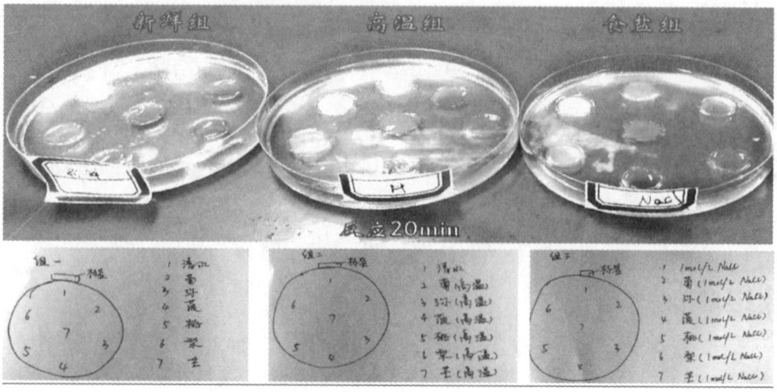

图 10　3 组的滴加顺序记录

（3）实验结果。

反应 20 min 后，观测各组结果，发现新鲜组中猕猴桃汁组和菠萝汁组的孔径明显变大，高温组各孔径大小无明显变化，食盐组中猕猴桃汁组和菠萝汁组的孔径也明显变大（见图 11）。

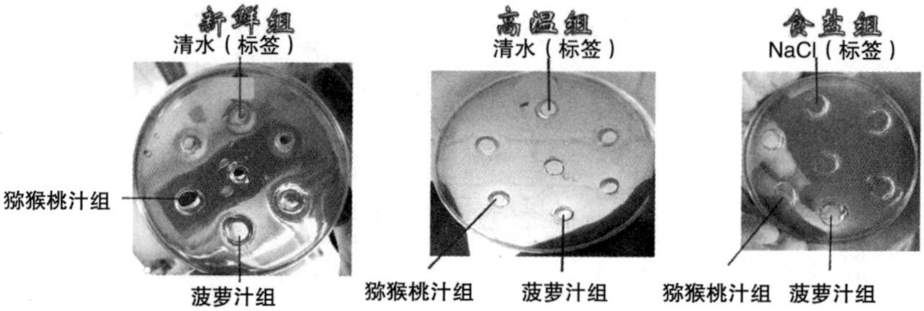

注：照片从培养基底部进行拍摄。

图 11　新鲜组、高温组、食盐组孔径实拍图

接下来进行孔径的测量和记录，结果如表 1 所示。由结果可知，高温抑制蛋白酶活性，食盐几乎不影响蛋白酶活性。

表 1　3 组孔径记录表

果汁种类	孔径大小/cm						
	孔 1 对照	孔 2 葡萄汁	孔 3 猕猴桃汁	孔 4 菠萝汁	孔 5 桃汁	孔 6 梨汁	孔 7 芒果汁
新鲜组	1	1	1.15	1.27	1	1	1
高温组	1	1	1	1	1	1	1
食盐组	1	1	1.18	1.23	1	1	1

由此，学生能清晰地解释最初提出的问题：为什么菠萝咕噜肉中的菠萝不“扎嘴”且肉质鲜嫩？因为高温破坏了蛋白酶活性，使其不能再破坏口腔黏膜。同学们还提出，要想让这道菜肉质鲜嫩，可以提前用新鲜菠萝汁浸泡肉，完成蛋白质水解的过程。对于盐水泡菠萝不“扎嘴”的问题，学生感到有些矛盾：一方面，通过实验结果可知，食盐并不影响蛋白酶活性；另一方面，用盐水浸泡过的菠萝口感的确好了很多，如何解释？提示学生，要进一步完善实验方案，确保实验结果的精确性，同时查阅资料，寻找新的思路，完成对问题的求证。

（四）第四环节：“问题延伸”

（1）延伸系列一：重金属离子（Cu^{2+}）对蛋白酶活性的影响。

设置新鲜组（对照组）和 Cu^{2+} 组（实验组），其中 Cu^{2+} 组将 1 mL 新鲜果汁与 1 mL 1 mol/L $CuCl_2$ 混合后再进行滴加。反应 12 h 后，实验结果见图 12。

由新鲜组结果可知，猕猴桃汁组和菠萝汁组的孔径明显大于清水对照组。由 Cu^{2+} 组结果可知，各组孔径普遍变大，其中 $CuCl_2$ 对照孔明显大于清水对照孔，且发现孔中有白色絮状沉淀。推测 $CuCl_2$ 能使明胶溶解，学生查阅资料发现，$CuCl_2$ 可能破坏了蛋白质胶体表面的水化膜或彼此相斥的电荷，导致蛋白质分子凝聚而以沉淀形式析出。

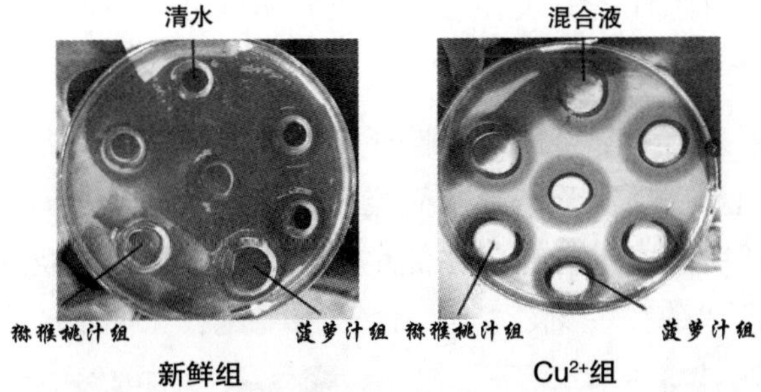

注：照片均从培养基底面进行拍摄。

图 12 新鲜组、Cu^{2+} 组孔径实拍图

因此，为了更精准地反映各水果汁中蛋白酶活性的强弱，学生统计孔径大小，以“孔径相对值 = 实验组孔径/对照组孔径”表示，结果见表 2。与新鲜组相比，Cu^{2+} 组的孔径相对值明显降低，尤其是菠萝汁组下降最为明显。由结果说明，金属 Cu^{2+} 能抑制蛋白酶活性。

表 2 新鲜组、Cu^{2+}组的孔径大小及孔径相对值大小统计表

实验组别	新鲜组		Cu^{2+}组	
	孔径大小/cm	孔径相对值	孔径大小/cm	孔径相对值
对照组	（清水）0.7		（混合液）1.3	
葡萄汁组	0.9	1.29	1.5	1.059
猕猴桃汁组	1.2	1.71	1.7	1.307
菠萝汁组	1.7	2.41	1.3	1
桃汁组	0.8	1.41	1.5	1.059
梨汁组	0.8	1.41	1.3	1
芒果汁组	0.8	1.41	1.3	1

（2）延伸系列二：菠萝蛋白酶标准曲线的绘制（定量分析）。

以上实验均是通过测定孔径大小或是孔径相对值大小进行半定量比较不同水果中蛋白酶活性的强弱。如何真实地测定蛋白酶活性的大小？需要利用菠萝蛋白酶绘制标准曲线，从而求出对应水果中的蛋白酶活性。

（3）延伸系列三：淀粉酶活性的检测。

上述实验方法和检测指标是否也适用于淀粉酶活性的检测，我们将继续探究。

那么，后续还有怎样的发现和思考？我们期待着……

八、实验效果评价

探究实验的系列活动都是以过程性评价作为重要依据，通过提出问题、设计方案及实施、处理及呈现实验结果、交流合作等活动形成“学习记录卡”，同时结合迁移问题的解决能力进行综合评价。学生结合生活现象及探究经历呈现了精美的作品——精彩“酶”一刻、“美”食“酶”刻，见图 13、图 14。

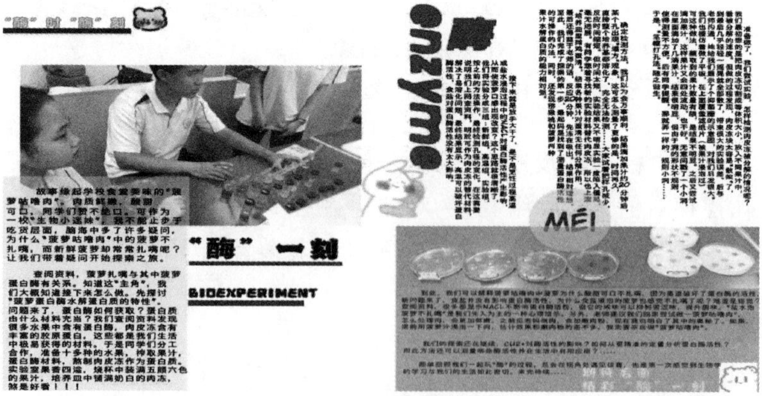

图 13 精彩“酶”一刻

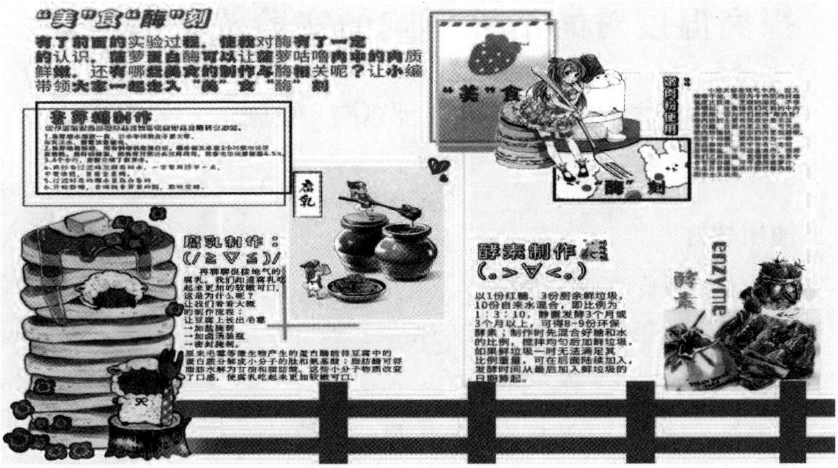

图 14 “美”食“酶”刻

同时，对整个探究过程作出评价与反思：

（1）整个过程中，学生有自己的思考，但呈现出的是片段化的思考，缺乏思考的连贯性。

（2）实验过程需要充分利用线上和线下资源，课内和课外时间。需要从兴趣小组的活动作为实验的起点。学生对于线上资源的利用缺乏主动性。

（3）实验的延伸过程很好地体现了学生的兴趣取向和意志品质。

探究温度对酶活性影响的实验改进与创新

长春吉大附中实验学校　郭东岗　杨珊玲　郝东辉

一、使用教材

本实验是人教版普通高中教科书《生物必修 1　分子与细胞》第五章第一节中的“影响酶活性的条件”这一实验的拓展实验。

二、实验器材

恒温培养箱、冰箱、牛津杯、游标卡尺、微量可调式移液器、培养皿、高压蒸汽灭菌锅、分光光度计、质量分数为 3% 的淀粉—琼脂固体培养基、质量分数为 3% 的可溶性淀粉溶液、质量分数为 6% 的可溶性淀粉溶液、质量分数为 0.2% 的 α-淀粉酶溶液、稀碘液、滤纸片。

三、实验创新要点/改进要点

（1）设计思路创新——将定性实验改为定量实验。

将教材中的定性实验变为定量实验，通过测量在不同温度条件下淀粉溶液的吸光值或淀粉—琼脂固体培养基的透明圈大小，定量检测酶活性。

（2）变量控制方法创新——使用酒精使酶失活，快速终止反应。

为避免温度影响碘液与淀粉的染色效果，防止保温后、检测前淀粉的进一步分解，本实验在教材实验的基础上，引入酒精使淀粉酶失活后，待液体温度恢复到室温后再加入碘液染色，实验结果更加可靠。

（3）检测方法创新。

1）使用分光光度计代替目测比色，通过淀粉剩余量检测酶活性。

2）将酶促反应的环境由液相变为固相，不经染色即可检测酶活性。

四、实验原理/实验设计思路

（1）分光光度计的检测原理。

分光光度计（见图 1）可检测溶液的吸光值（溶液中溶质对光的吸收程度），溶液浓度越大，吸光值越高，因此可对淀粉剩余量进行定量检测。已有研究表明，淀粉遇碘后产生的淀粉—碘包合物对除蓝光以外的可见光可以较均匀地吸收。本实验采用 680 nm 的光测定淀粉的吸光值，检测淀粉剩余量。

（2）淀粉—琼脂固体培养基检测淀粉酶活性的原理。

如图 2 所示，淀粉酶加入固体培养基表面后可以向四周均匀扩散，扩散过程中可将周围的淀粉水解，出现水解圈。酶活性越高，则淀粉水解的程度越大，出现的水解圈（透明圈）就越大，可用肉眼观察透明圈的大小，或经碘液染色后进行观察。

图 1　分光光度计

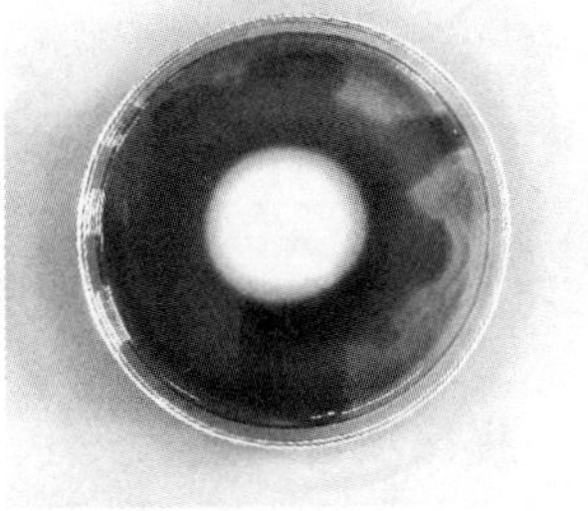

图 2　淀粉—琼脂固体培养基

五、实验教学目标

基于新版生物学课程标准，从学生核心素养发展的 4 个维度提出如下教学目标：

（1）生命观念：通过建构并分析温度对酶活性影响的数学模型，达成"酶活性会受到环境因素的影响"这一科学概念，从而理解细胞代谢需要合适的温度、pH 等条件的原因，认同酶对生物的重要性，形成科学的物质观。

（2）科学思维：在设计和实施实验的过程中，运用批判性思维分析实验方案，运用创造性思维改进实验方案，将实验结果绘制成曲线，构建温度与酶活性关系的数学模型，科学思维得到发展。

（3）科学探究：在设计和实施定量实验的过程中，通过分析、提问、设计、实施、交流讨论，初步掌握科学探究的基本思路和方法，在探究中不断增强求知欲，同时提高实践能力与团队协作能力。

（4）社会责任：主动了解与酶有关的行业或职业，积极运用酶的相关知识解释或解决生产、生活中的问题，辨别生活中与酶有关的伪科学（如"端粒酶保健品"）。

六、实验教学内容

（1）定性实验：探究温度对酶活性的影响（全体学生）。

（2）定量实验：①利用分光光度计检测不同温度下的酶活性（第 1 小组）；②利用淀粉—琼脂固体培养基检测不同温度下的酶活性（第 2 小组）。

七、实验教学过程

本实验的整体教学过程如图 3 所示。

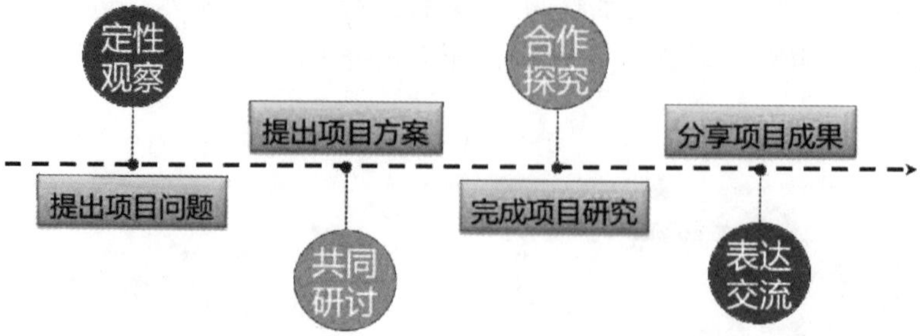

图 3　教学过程图解

（一）提出项目问题

全体学生分组进行教材中探究温度对酶活性的影响的实验，每个小组按表 1 中的实验操作步骤完成两个温度下的操作，最后将所有小组的实验结果汇总（见图 4）。

表 1　探究温度对酶活性的影响的实验操作步骤

步骤	操作
1	设置水浴锅温度
2	用移液器分别取质量分数为 0.2% 的 α-淀粉酶溶液 1 mL、质量分数为 6% 的可溶性淀粉溶液 4 mL，分别加入不同的试管中，在设置的温度下保温 5 min
3	将保温后的淀粉溶液和淀粉酶溶液混合，在设置的温度下保温 1 min
4	加入 1 mL 稀碘液，振荡混匀
5	观察并记录颜色变化

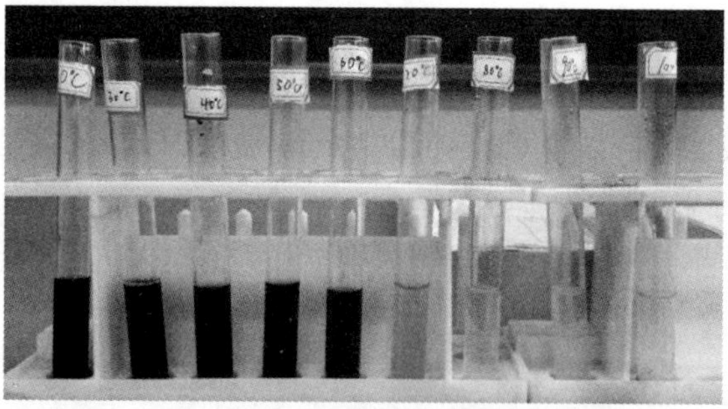

图 4　探究温度对酶活性影响的实验结果

在实验前，学生根据已学知识推测，在高温下淀粉酶因结构改变而失活，淀粉剩余量应该很多，但实际结果却与学生的预期不符，并且针对出现颜色变化的试管只能定性描述颜色深浅，无法判断不同温度下酶活性的具体差异，使学生意识到本实验在设计上存在缺陷，需要进行改进或创新。

（二）提出项目方案

针对以上问题，学生通过查阅文献、咨询教师等方式，提出了多种改进措施或全新的实验方案。有学生提出，可以用分光光度法或透明圈法检测淀粉剩余量；还有学生认为，可以将检查淀粉剩余量改为检测还原糖生成量，并提出了尿糖试纸法、血糖仪法、称重法、密度法等多种方法。

经过综合分析和预实验（见图 5），学生排除了一些可行性较低的方法，并从中选择了分光光度法和透明圈法进行进一步的实验设计。

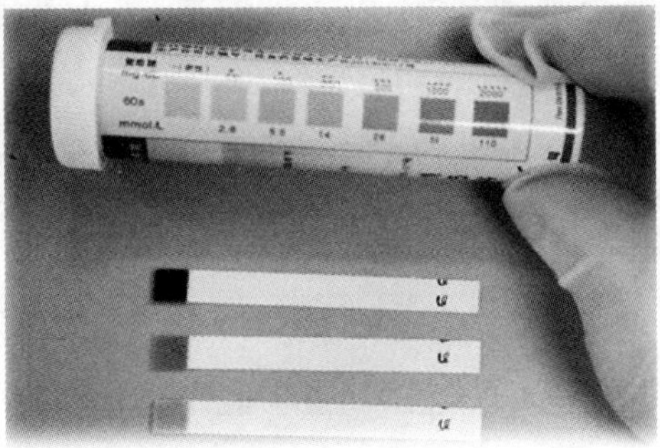

注：预实验结果显示，室温下的葡萄糖生成量已经超出试纸检测范围。

图 5　尿糖试纸检测葡萄糖的生成量

（三）完成项目研究

（1）利用分光光度计检测不同温度下的酶活性（第 1 小组）。

为了消除原有定性实验中温度对反应颜色的影响，生物兴趣小组 1 的同学尝试等待各组温度降低到室温时再进行检测，结果发现高温组颜色依然偏浅（见图 6）。因此推测，在降温过程中，淀粉水解反应可能依然在进行。

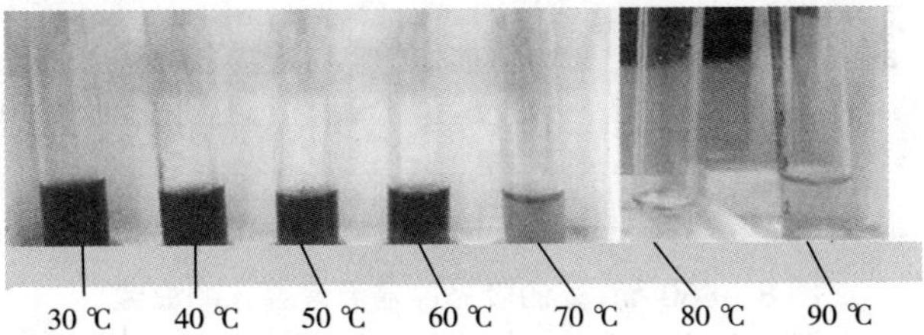

图 6　室温下不同温度组的淀粉染色结果

为解决这一问题，学生们想到可以在淀粉酶与淀粉混合结束后立即采取措施使酶变性。然而，常见的使蛋白质变性的因素中，高温会改变实验的自变量，强酸、强碱又会引起淀粉的水解，显然都不可行。此时，有同学提出，酒精是最常用的消毒剂，而酒精消毒的原理是引起了微生物的蛋白质变性，淀粉酶的本质也是蛋白质，可以尝试用酒精使蛋白质变性。小组成员经过重新设计实验发现，加入酒精后，高温组降温过程中的淀粉水解被显著抑制（见图 7），说明酒精确实可以使酶变性失活。

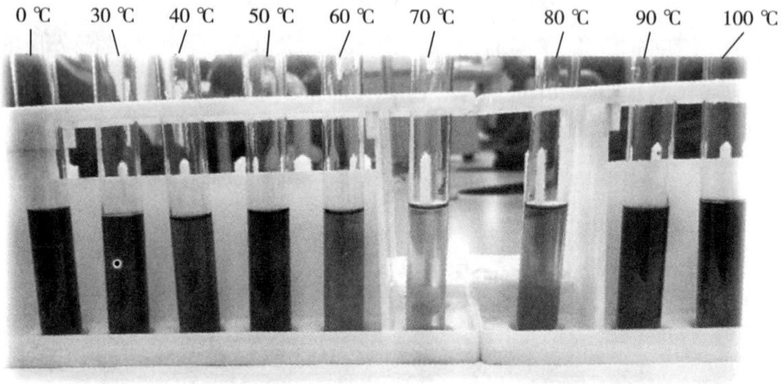

图 7　加入酒精后不同温度组的淀粉染色结果

随后，学生将各试管中的液体放到分光光度计中，在 680 nm 处测定吸光值，将测试结果输入 Excel 后生成吸光值随温度变化的曲线（见图 8）。结果显示，在设置的温度中，在 70 ℃时吸光值最低，说明该温度下淀粉酶活性最高，实验结果符合预期。

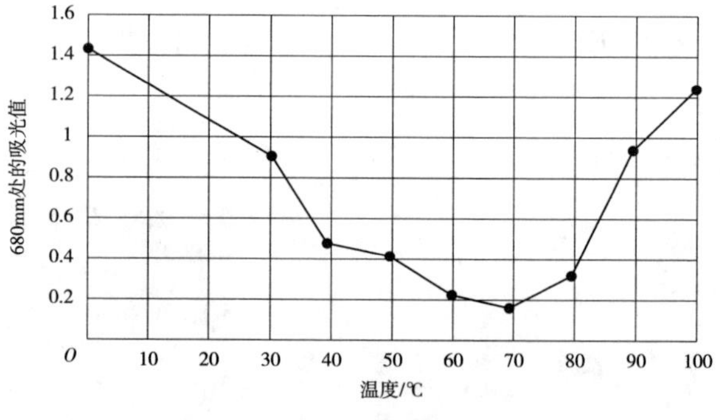

图 8　680 nm 处的吸光值随温度变化的曲线

（2）利用淀粉—琼脂固体培养基检测不同温度下的酶活性（第 2 小组）。

生物兴趣小组 2 的同学选择使用淀粉—琼脂固体培养基，尝试在固相介质中让淀粉分解，根据呈现出的分解圈大小来比较不同温度下的酶活性。

在他们提出的第一代实验方案中（见表 2），将浸泡过淀粉酶溶液的圆形滤纸片放到培养基表面，24 h 后碘液染色，发现透明圈过小（见图 9），而且同一温度下不同培养皿中的透明圈直径差距较大，带来了较大的实验误差。

表 2　第二小组的第一代实验方案

步骤	操作
1	配制淀粉—琼脂固体培养基
2	倒入培养皿
3	打孔器打出若干同等大小的圆形滤纸片
4	将滤纸片在淀粉酶溶液中浸泡一段时间后放到淀粉—琼脂固体培养基表面
5	相应温度下保温 24 h
6	24 h 后取出培养皿，加碘液后用格尺对每个培养皿中的透明圈多次测量直径，取平均值作为该透明圈的直径

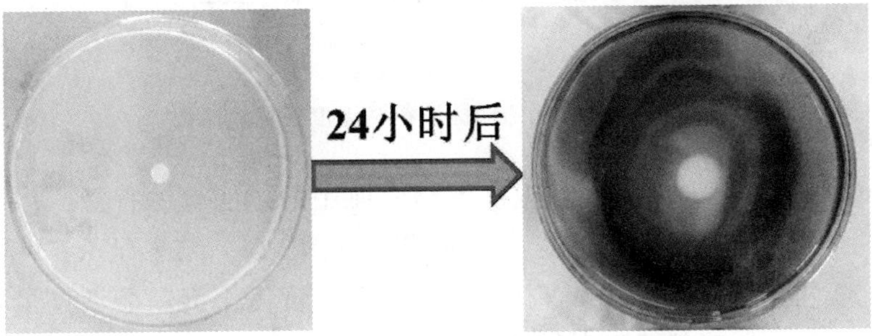

图 9　24 h 后检测透明圈

为了解决上述问题，小组成员通过查阅文献，发现常用于抗体效价检测的牛津杯（见图 10）可以代替滤纸片，能增加各组酶量的同时还可以使每个培养皿内的酶量统一。为了减小测量的误差，学生还想到用游标卡尺替代格尺，提高了测量的精度。通过以上改进措施，获得了更加明显的实验效果（见图 11、图 12）。同时意外地发现，改良后不需要染色也可以观察到明显的透明圈（见图 10）。

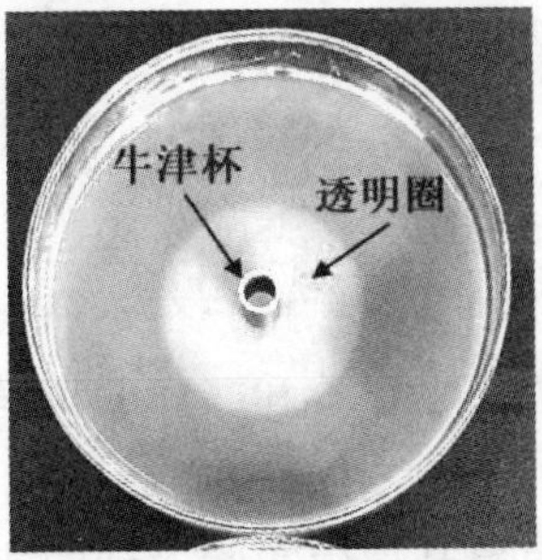

图 10　牛津杯和透明圈

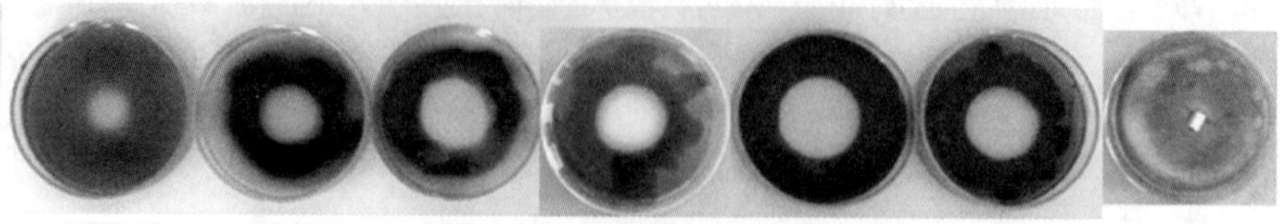

图 11　24 h 后检测透明圈

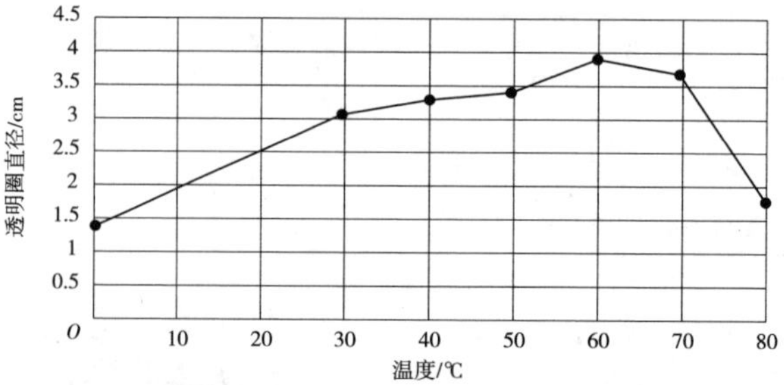

图 12　24 h 后透明圈直径随温度变化的曲线

小组成员用游标卡尺测量各温度下培养皿中的透明圈的直径，将数据输入 Excel 后生成透明圈直径随温度变化的曲线（见图 12）。结果显示，在设置的温度中，60 ℃的条件下透明圈的直径最大，说明该温度下淀粉酶活性最高。由于在 80 ℃时，固体培养基已经大量溶化，所以高温下酶活性的测量是该小组接下来要攻克的难题。

（四）分享项目成果

两个兴趣小组的成员在班级中作成果汇报，详细介绍了他们的实验设计思路、实验过程中遇到的问题和解决的措施、参与项目的收获等，为其他同学提供了可以借鉴的经验。

八、实验效果评价

（1）学生通过定性实验能够发现问题，并提出解决方案，提高了学生分析问题、发现问题并解决问题的能力。

（2）在设计并完善实验方案的过程中，学生们通力合作、相互研讨、共同探究，在实践中体会科学探究的基本思路，在不断攻克难题的过程中体会到科学研究的乐趣，形成实事求是的科学精神和严谨的科学态度。

（3）在项目研究的过程中，学生进一步掌握了控制变量的方法，并体会设置重复实验的重要意义，从而提升学生实验设计的能力。

基于 STEAM 教育理念“一器多用”的创新

——以酶学探究实验为例

温州市第十四高级中学　陈大夫

一、使用教材

本部分内容是浙科版高中《生物学必修 1　分子与细胞》第三章第三节“酶”中的实验内容，这部分是本节的重难点。经过必修部分与选修部分的学习，学生已经初步具备高中生物学学科知识，具有一定的合作学习、自主学习、科学探究的能力；具有简单的实验设计、实验操作技术与实验分析能力；具有一定的提出问题、分析问题和解决问题的能力；具有一定的建立假说、演绎推理、寻找信息和实验论证的能力。但仍缺乏更深入的猜想、假设、探究、反思的能力，更缺乏在实验中创新的能力。基于此，设计本节实验复习课，旨在引导和提高学生的思辨、创新能力。

二、实验器材

（1）仪器：气压传感器套装、导气皮管、注射器、单向阀门、冲击式吸收瓶、止水夹、烧杯、气排分配器、注射器滴斗、水浴锅、洗耳球、试管、小功率水泵。

（2）材料与药品：干酵母、洋葱、豆芽、猪肝、四季豆、芹菜、烘干的绿色植物叶片、3% 过氧化氢溶液、丙酮、汽油、95%酒精、氯化钙、海藻酸钠（部分实验材料如图 1 所示）。

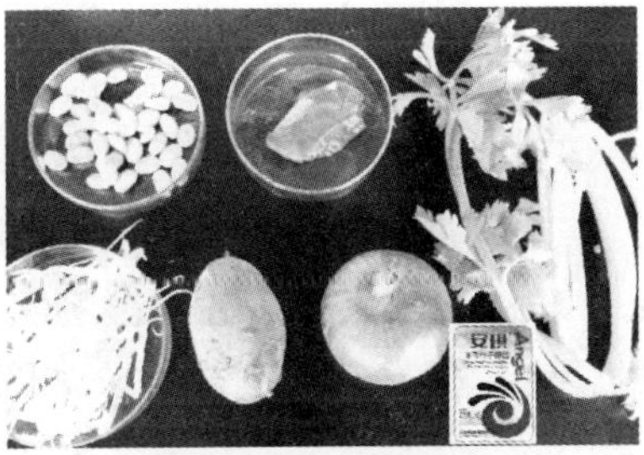

图 1　部分实验材料

三、实验创新要点

（1）本节实验课采用气压传感器在实验中定量测定实验数据，让学生感受定量的实验过程，培养学生的数据分析能力与科学探究能力。

（2）本节实验课从科学、工程、技术、艺术、数学 5 个角度进行实验过程设计、实验装置设计、传感器信息技术探索、实验装置美化优化、实验数据统计分析 5 个维度的探究，充分体现了 STEAM 教育理念。

（3）预留课后实验装置改进与实验过程设计内容，以解决更多的书本实验问题，例如色素提取实验、固定化酶实验，是实验创新课堂的延伸，可切实提高学生的科学思维与科学探究能力。

四、实验原理

利用过氧化氢酶催化过氧化氢分解产生氧气这一特点，通过单位时间内气压的变化量来表示酶活性，用气压传感器测定气压的变化量。

五、实验教学目标

基于生物学学科核心素养制订以下教学目标。

（1）生命观念：通过对实验的分析与讨论，利用结构与功能的观点及物质与能量的观点，举例说明酶的本质、催化作用、特性及其活性受环境因素的影响。

（2）科学思维：通过对实验结果的分析与讨论，初步学会基于生物学事实和证据进行归纳与概括和建模的方法。

（3）科学探究：分析归纳酶的相关知识点后，动手进行实验，初步学会制订并实施酶学探究实验方案的设计与应用，运用术语解释实验结果。

（4）社会责任：关注 pH 对酶活性的影响等相关知识与生活的关系，解决生活、生产中的问题。关注仪器改进，进行“一器多用”的创新，为其在生活、生产中的应用提出建议。

六、实验教学过程

（一）第一环节：总结上次实验，讨论实验改进

本堂课是第二课时，学生在前一节课已经完成定性观察实验以及教材中的探究 pH 对过氧化氢酶活性的影响实验，学生提出虽然能直接感受到氧气产生的速率的快慢，但操作难度较大，如图 2 所示。

图 2　教材实验与劣势分析

在改进实验装置的讨论过程中，学生提出本次实验可以利用冲击式吸收瓶（见图 3）和气压传感器套装进行定量检测。由此培养学生科学探究的能力，养成严谨的科学观念。改进后的实验装置如图 4 所示。

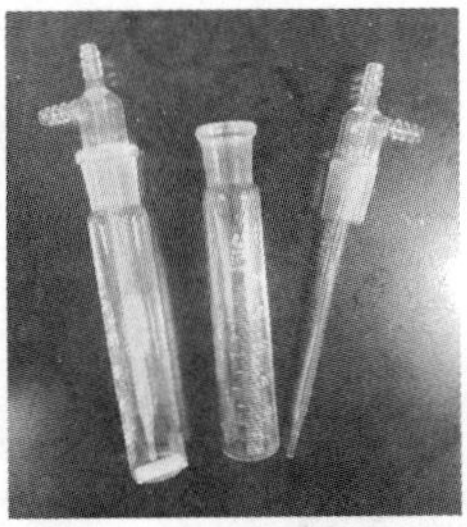

图 3　冲击式吸收瓶

图 4　改进后的实验装置

（二）第二环节：探究不同生物材料对过氧化氢的分解能力

在完成实验装置的搭建以后，使用多种材料进行实验，探究不同生物材料对过氧化氢的分解能力。教师引导学生当堂进行探究不同生物材料中过氧化氢酶的活性，比较不同材料对过氧化氢的分解能力，评价其进行实验的可行性。制备匀浆进行实验，如图 5 所示，实验结果如图 6 所示。

图 5　不同生物材料的匀浆

由于 400 mg/mL 的酵母匀浆加入过氧化氢溶液后产生气体速率过快，气压太大，实验数据收集失败，所以稀释到 100 mg/mL 进行进一步实验。根据所得实验数据，学生提出可以使用“干酵母”进行实验，取材方便，成本低廉。实验过程中，学生自主探究问题，设计方案，用实验验证，出现问题时教师进行指导，锻炼学生的合作精神与探究能力。最终确定使用干酵母进行实验。

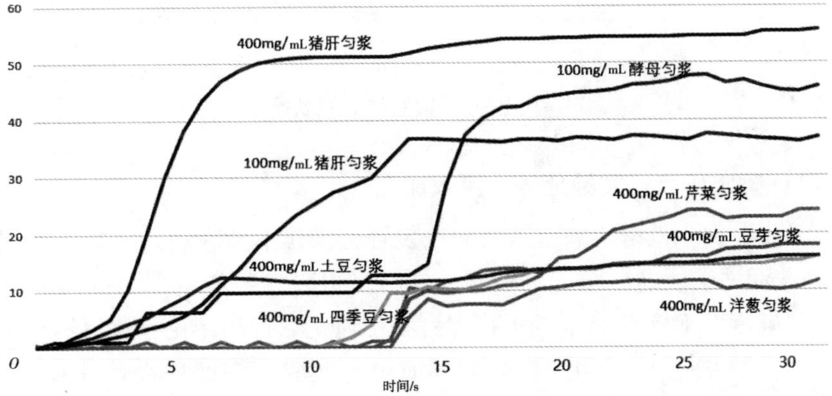

图 6　探究不同材料对过氧化氢的分解能力的实验结果曲线图

（三）第三环节：探究 pH 对过氧化氢酶的影响

如图 7 所示，用不同 pH 的缓冲液处理酵母匀浆，连接传感器后，进行加样操作，装置内发生反应，读取数据。探究 pH 对过氧化氢酶的影响。

图 7　用不同 pH 缓冲液处理酵母匀浆

使用传感器得到数据，并进行数据处理与分析，如图 8 所示。从图 8 可以看出，pH 为 6. 86 组的酶活性较好，引导学生思考该组的数值是不是最适 pH 呢？那如何探究最适 pH 呢？由 pH 为 4~9. 18 之间的细分组别进一步进行实验。

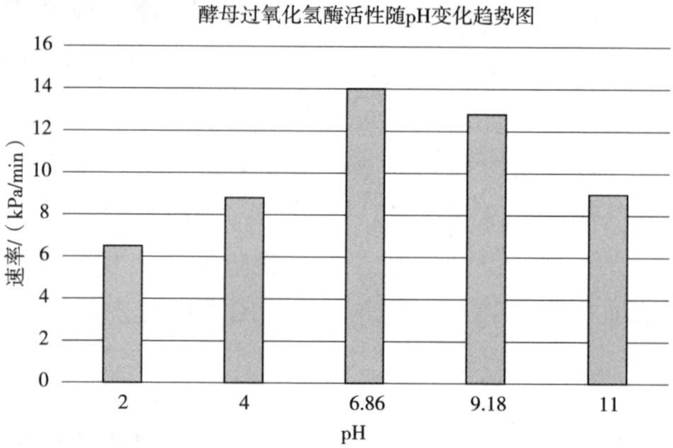

图 8　pH 实验结果柱状图

（四）第四环节：实验延伸，深入探究

在课前提到，教材实验中需要润洗装置，操作十分麻烦，那如何做到省去用 pH 缓冲液润洗装置这一烦琐的步骤，同时又可以排除学生课上提出的生物实验材料“新鲜度”对实验结果的干扰呢？学生讨论后得出结论：传感器有 4 个数据采样口（见图 9），可以用多套装置同时进行实验。在课后设计并画出装置图，并根据设计的实验装置进行实验，如图 10 所示。在实验过程中，学生向全班同学介绍实验过程，分享经验。

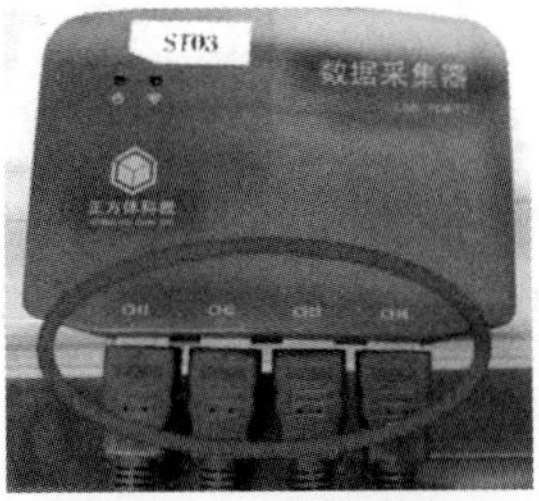

图 9　数据采集器

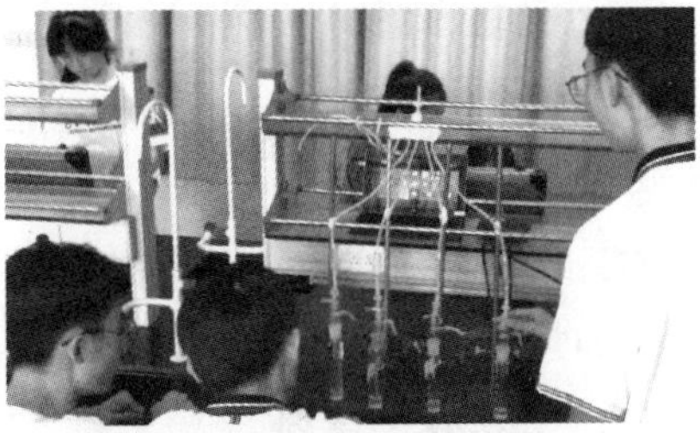

图 10　学生设计的实验装置

（五）第五环节：探究温度对过氧化氢酶的影响

在探究温度对酶活性影响的实验中，由于过氧化氢在不同温度下的自分解的速率不同，一般不采用过氧化氢进行实验。但是在有传感器的基础上，能否用过氧化氢进行实验呢？引导学生讨论与设计实验用不同温度处理酶溶液和过氧化氢，测量不同温度下过氧化氢的自分解速率，设置空白对照组进行实验数据处理。实验装置如图 11 所示。

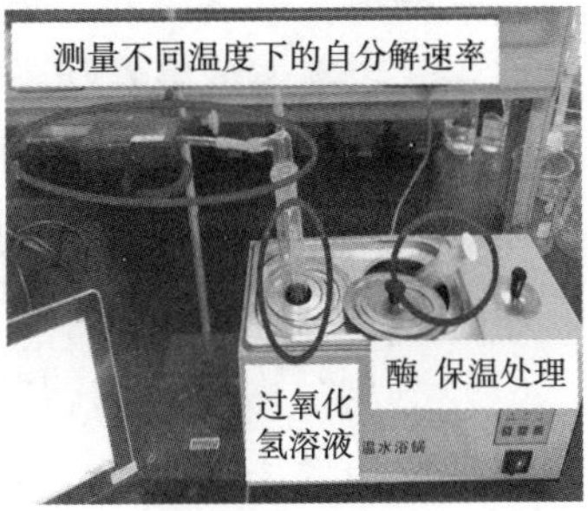

图 11　探究温度对过氧化氢酶活性影响的实验装置

利用传感器得到的数据进行数据处理，如图 12 所示，对曲线图进行分析，发现在某一温度下的酶活性可以用相同时间内产生气体量的差值表示。

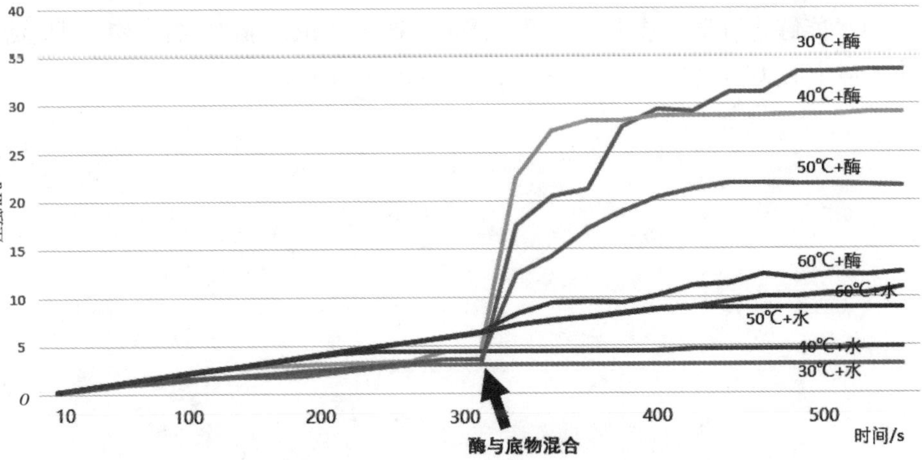

图 12　温度对过氧化氢酶活性的影响结果曲线图

（六）第六环节：课堂小结

学习完酶学部分的实验知识之后，再进行拓展思考，这个实验装置还能用于高中生物的哪些实验呢？引导学生把自己的思想表达出来，以课后设计实验手稿的形式，针对学生上交的设计作业，在下一节课中展开讨论。课后及时进行兴趣训练，加强学习积极性，加强对知识的巩固。

七、实验效果评价

在课后开放实验室中，让设计好实验的小组学生动手实践，并根据得到的实验结果，总结实验的优势，最后上讲台对自己设计的实验进行讲解与展示。

学生提出，可以将同一装置用在色素提取、固定化酶等不同实验中，实验效果良好，学生兴趣浓厚。让学生对自己的设计思路与创新点进行汇报，引导其他同学从问题提出、假设、论证、讨论、实验操作等多方面对其进行评价。

本次实验通过“一器多用”的创新，得到良好的教学效果，培养学生的多种能力。

（1）利用结构与功能的观点及物质与能量的观点，举例说明酶的本质、催化作用、特性及其活性受环境因素的影响。需要具备生命观念的二级水平。

（2）运用归纳、概括和建模的方法阐明各个实验间的区别与联系，进行进一步改进。需要具备科学思维的三级水平。

（3）进行实验与思考后能够提出相关的新问题，设计新方案进一步解决问题，熟练使用常见实验器具，并根据实验方案进行装置创新。需要具备科学探究的四级水平。

（4）能够将科学、技术、工程、艺术、数学知识及能力综合运用到生活中，解决生活中的实际问题。需要具备社会责任的四级水平。

探究不同果汁在多因素考量下的最适酶解条件

——以果汁出汁量和感官作为指标

安徽省马鞍山市第二十二中学　阚晓彤

一、使用教材

人教版高中《生物选修1　生物技术实践》专题四“酶的研究与应用”课题一“果胶酶在果汁生产中的应用”。

二、实验器材

（1）实验材料与试剂：果胶酶、半纤维素酶、食品级柠檬酸钠、食品级柠檬酸、苹果、埃及橙、巨峰葡萄、猕猴桃、纯净水。

（2）实验仪器与设备：水果刀、电子秤、料理机、玻璃棒、32 mm×20 mm试管、烧杯、量筒、铁架台、pH测试笔（精确度0.1）、漏斗、12 mm×12 mm定性滤纸（中速）、恒温水浴锅、托盘天平、胶头滴管、试管架。

三、实验创新要点/改进要点

（一）实验创新点

（1）多因素实验设计——正交试验。

1）确定多因素实验因素水平表（见表1）。

表1　多因素实验（正交试验）因素水平表

水平	因素		
	温度（℃）	pH	酶用量（g/mL）
1	40	2	0.04
2	50	3	0.06
3	60	4	0.08

2）L_9正交试验设计方案。

正交试验共9组，每组2个平行重复，出汁量每组取平均值（见表2）。以葡萄为例，正交试验共9组，每组2个平行重复，出汁量取每组平均值。以温度为例，k_1表示水平1三组出汁量均值；k_2表示水平2三组出汁量均值；k_3表示水平3三组出汁量均值。R表示k_1、k_2、k_3中最大值和最小值的差值。R值的大小反映因素对果汁出汁量的影响力，R值越大说明该因素对果汁出汁量影响力越大。

表 2 葡萄正交试验设计及结果

试验号	温度	pH	酶用量	葡萄出汁量/mL
1	1	1	1	7.95
2	1	2	2	8.3
3	1	3	3	8.9
4	2	1	2	5.25
5	2	2	3	6.3
6	2	3	1	5.85
7	3	1	3	6.55
8	3	2	1	5.15
9	3	3	2	5.85
k_1	8.38	6.58	6.32	—
k_2	5.80	6.58	6.47	—
k_3	5.85	6.87	7.25	—
R	2.58	0.29	0.93	—

由表 2 可知，葡萄出汁量影响因素主次顺序为：温度>酶用量>pH，出汁量最优酶解条件为第三组，对应温度 40 ℃，pH 为 4，酶用量为 0.08 g/mL。

（2）开发量化果汁感官评分标准。

参考青梅果酒感官评分标准，制作果汁感官评分标准表（见表 3）。组织 6 个人在明亮的、室温为 25 ℃的房间内，对正交试验不同组别的果汁进行测评。

表 3 果汁感官评分标准表

指标	等级	评语
色泽 20 分	Ⅰ（14~20）	有果汁特有的颜色，有光泽
	Ⅱ（7~13）	果汁微浑黄，光泽暗淡
	Ⅲ（0~6）	果汁浑黄，无光泽
澄清程度 20 分	Ⅰ（14~20）	果汁澄清透明
	Ⅱ（7~13）	果汁微浑，透明度较差
	Ⅲ（0~6）	果汁浑浊，有明显沉淀物

续表

指标	等级	评语
香味 10 分	Ⅰ（7~10）	果香浓郁，无异味
	Ⅱ（4~6）	有果香，稍有酸气
	Ⅲ（0~3）	果香不足，有酸气、异味
滋味 50 分	Ⅰ（41~50）	酸甜可口，果味醇厚
	Ⅱ（31~40）	酸甜适当，果味稍欠
	Ⅲ（21~30）	果味偏淡，无异味
	Ⅳ（11~20）	有果味，有异味
	Ⅴ（0~10）	酸、涩、苦、咸

（二）实验改进点

实验试剂、仪器及方法改进——果汁及酶溶液 pH 的调节（以酸试剂为例）

（1）试剂改进：教材使用体积分数为 0.1% 的盐酸和氢氧化钠溶液进行调节，改进后用食品级柠檬酸和食品级柠檬酸钠溶液进行调节。

（2）仪器改进：将教材中用 pH 试纸改为用 pH 测试笔（精确度 0.1）测定 pH。

（3）方法改进：设计饱和柠檬酸溶液作为粗调酸试剂，0.02 g/mL 柠檬酸溶液作为微调酸试剂，保证实验单一变量原则，即在调节果汁和酶溶液 pH 时所加入液体的体积相同。同理配制粗调碱试剂饱和柠檬酸钠溶液和微调碱试剂 0.2 g/mL柠檬酸钠溶液。微调酸试剂柠檬酸溶液浓度的确定方法如表 4 所示。

表 4　微调酸试剂柠檬酸溶液浓度的确定方法

柠檬酸溶液浓度（g/mL）	0.1	0.05	0.02
50 mL 清水 pH	6.8	7.1	7.1
加一滴柠檬酸溶液后清水 pH	4.4	5.8	6.6
清水 pH 变化量	2.4	1.3	0.5

四、实验设计思路

实验教学流程图如图 1 所示。

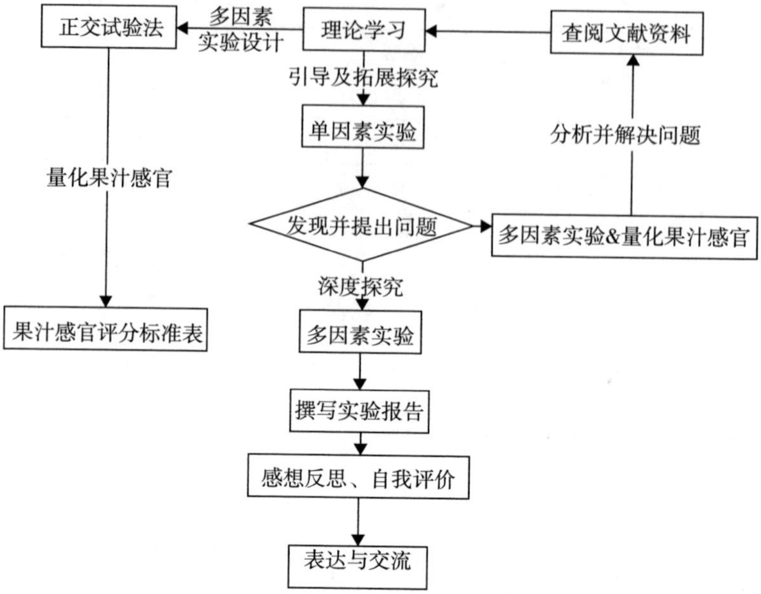

图 1　实验教学流程图

五、实验教学目标

（1）通过对果胶酶、半纤维素酶作用的讨论，能从结构与功能观来选择复合酶的组成及配比，知道不同因素对酶活性的影响。

（2）通过对多种因素最适酶解条件的讨论，根据正交试验设计原理，设计探究不同果汁在多因素最适酶解条件的定量实验方案以及开发果汁感官评分标准。

（3）能够根据不同果汁在多因素最适酶解条件的定量实验结果，设计不同果汁生产方案并进行果汁感官测评。

（4）能够对果汁工业生产提出有价值的建议。

六、实验教学内容

（1）单因素实验（引导探究、拓展探究）。

如图 2 所示，通过单因素实验探究温度、pH、酶用量对酶作用于果汁出汁量的影响。学生在实验过程中拓展了教材实验，设计了复合酶（果胶酶和半纤维素酶）的不同配比对果汁出汁量的影响实验。查阅文献完成多因素实验（正交试验）设计以及感官评分标准的开发。

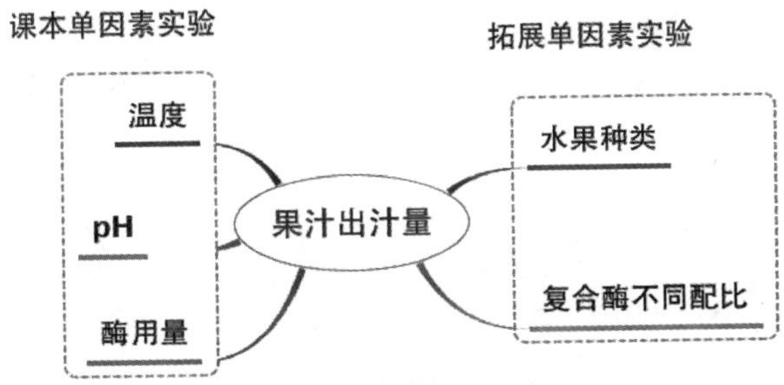

图 2　单因素实验

（2）多因素实验——正交试验（深度探究）。

如图 3 所示，选择温度、pH、酶用量作为考查因素，对苹果、葡萄、橙、猕猴桃 4 种水果进行正交试验，以出汁量和果汁感官作为指标探究不同果汁果胶酶的酶解最适条件。

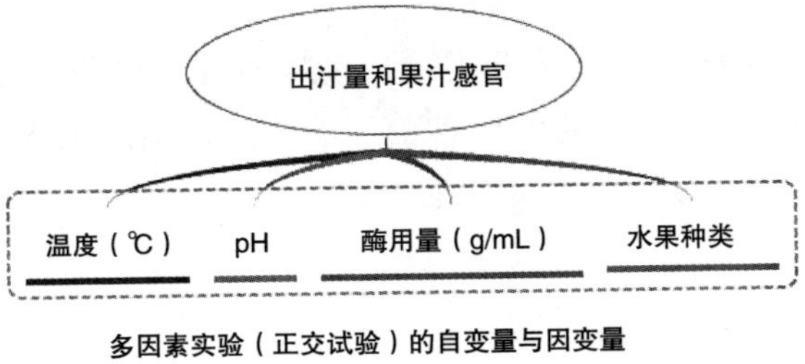

图 3　多因素实验

七、实验教学过程

（1）引入：教师引导学生回顾上节课 3 个单因素实验的结果，如图 4~6 所示。介绍课后兴趣小组提出的问题，引出多因素实验设计方案和感官评分标准的开发思路。

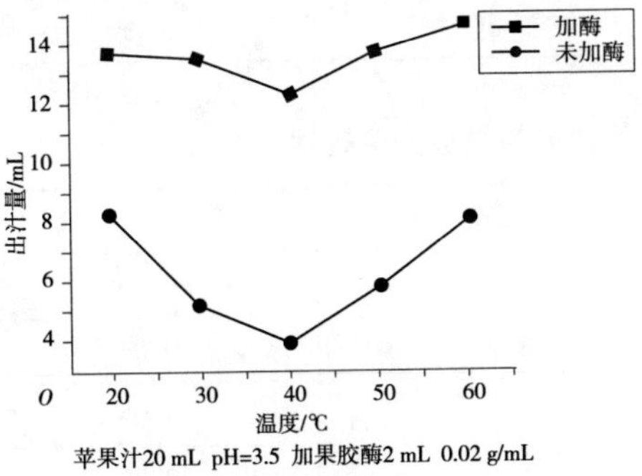

图 4　温度对果胶酶活性的影响

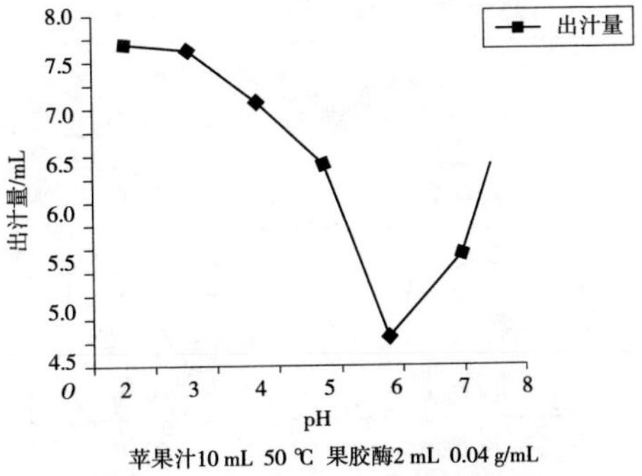

图 5　pH 对果胶酶活性的影响

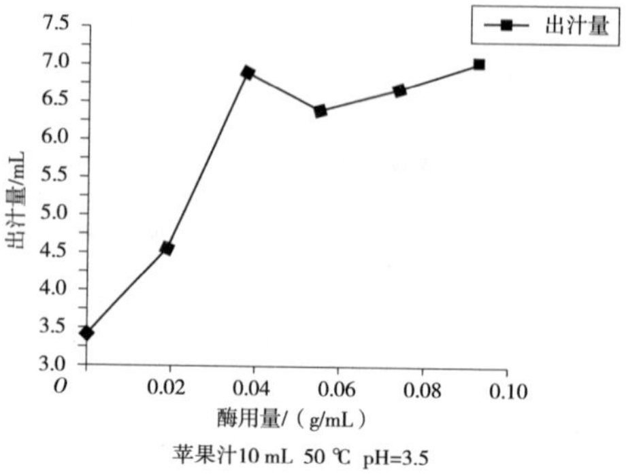

图 6　酶用量对果胶酶活性的影响

兴趣小组成员与各实验小组展开讨论，学习多因素实验设计方法和感官评分标准的开发思路。

（2）学生实验过程：学生动手实验，教师指导学生进行实验操作，解答学生的疑问。组间讨论，分享兴趣小组课前实验改进探索的过程。

（3）结果分析：各实验组板书实验结果，教师组织学生对比分析单因素实验和多因素实验的结果，以及进行误差分析讨论。展示兴趣小组多因素实验结果，如表 5、表 6 所示。

表 5　4 种果汁正交试验出汁量最大时的最适酶解条件

水果种类	温度	pH	酶用量（g/mL）
苹果	60 ℃	4	0. 06
橙子	40 ℃	2	0. 04
葡萄	40 ℃	4	0. 08
猕猴桃	40 ℃	3	0. 06

表 6　4 种果汁正交试验感官最佳时的最适酶解条件

水果种类	温度	pH	酶用量（g/mL）
苹果	40 ℃	3	0. 06
橙子	50 ℃	4	0. 04
葡萄	40 ℃	3	0. 08
猕猴桃	40 ℃	3	0. 06

（4）结论：本节课从单因素实验拓展到多因素实验，获得果汁出汁量最大时和感官最佳时的酶解条件，以及影响果汁出汁量因素的主次顺序。同学们在实验过程中不仅体验了果汁研发的过程，学会用多因素综合考虑酶解条件，还注重节约成本、提高产量和食品安全。

八、实验效果评价

相较教材实验，创新实验设计多因素实验（正交试验法），综合评价多个相互影响的因素，获得果汁出汁量最优和感官最佳时的酶解条件，分析果汁出汁量影响因素的主次顺序。

本实验从探究教材里的果胶酶在果汁生产中的应用开始，在实验的过程中，学生不断发现问题、提出问题、分析问题，并尝试查阅文献资料，设计合理的实验方案来解决问题。学生将科学概念、探究与实践技能、科学思维和社会责任 4 个方面的素养融会贯通，进而发展为伴其一生的综合科学素养。

从理论走向实践的过程中，学生能真切地体会到实验教学时培养生物学学科核心素养的重要支撑。不同的学生做了相同的实验，从实验完成后的感想与反思中可以发现，学生们从多个角度获得了不一样的体验。

九、教学反思与自我评价

（一）教学反思

（1）“实验+教学”双创新。本次教学从引导学生完成课本 3 个单因素实验开始，到拓展自变量完成拓展实验，再到结合实际生产情境设计多因素实验方案，最终完成深度自主探究。通过实验教学，教师发现学生的信息处理能力、动手能力及发现问题、提出问题、分析问题和解决问题能力都大大超出预期。在实验过程中，学生能够积极参与，对于教师布置的各项任务肯动脑筋、想办法去完成。熟悉了实验基本操作后，在遇到问题时能主动寻找解决问题的有效措施，快速、高效地解决问题。在不断地发现问题与解决问题的过程中，学生的探究能力与科学思维也在不断得到锻炼，课题组成员通过体验整个实验的过程实现了“高情感、高行为”的投入。将科学概念、探究与实践技能、科学思维和社会责任 4 个方面融会贯通，在真实情境的问题发现与解决中，激发学生的学习动机与学习兴趣，使学科教学在达成态度价值目标上向前迈进了一步。

（2）局限性。探究实验与实际生产中果汁研发过程仍有差距，如果汁产量小、实验室环境达不到食品生产的标准、未进行滋味测评等。

（二）自我评价

从理论到实践的路程充满未知的乐趣。我很享受与学生一同探索、求真的过程，我们分享了想法、体验了从理论到实践的全程，获得了从发现问题到解决问题的成就感。在实验教学的过程中，教师和学生能够共同成长。从引导探究到拓展探究，再到深度探究，今后若还有机会组织学生进行实验，我会更加倾向于让学生去尝试，在不断地尝试中成长出更好的自己。

果酒、果醋制作的优化

南昌市第二中学　刘超

一、教材分析

“果酒、果醋的制作”是人教版高中《生物选修1　生物技术实践》专题一的第一个课题。学好并应用好本节课的知识，对于选修1的学习非常重要，对以后内容的学习也起到非常关键的启下作用。

在必修教材内容的学习中，学生已经学习了发酵的原理（呼吸作用），并能够较好地设计实验、分析实验，具备一定的实验探究能力，科学思维能力也有所提高，但是动手操作能力有待进一步提高。学生对于选修1的内容尤其是发酵一节，非常感兴趣，有很强的动手操作的意愿，可以很好地践行生物学课程的基本理念。

二、实验器材

PVC箱、保温材料、制冷器、加热垫、控温器、发酵罐、单向阀、橡胶塞、起泡器、Y形管、止水夹、无菌过滤器、空气泵、玻璃管若干、橡胶管若干、流量控制器（通气量探究实验用）、尼龙网（固定化细胞发酵实验用）、酒度计、pH计、酒精传感器。

三、实验创新要点

（1）关于装置。

通过与学生的交流讨论，最终设计出一套装置：用橡胶管将果酒发酵罐与果醋发酵罐相连，利用高度差可以直接将果酒引流到果醋发酵罐中，更加方便、快捷、卫生；用保温材料分别包围两个发酵罐，使发酵独立进行，温度互不干扰；利用制冷器、加热垫分别与控温器相连，进而控制发酵温度，使温度控制更加精准。

该装置可以同时展示两个发酵过程，更直观地展示果酒、果醋发酵的不同之处；通过灵活设置温度，控制通气量等条件，进行多种探究实验，满足学生对实验的需求；可操作性强；固定化细胞易于回收，而且可以反复利用。

（2）关于发酵过程及结果监测。

用酒度计直接读取酒精度，用pH计读取酸度，方便操作；用酒精传感器实时监测酒精含量的变化，直观显示发酵过程。

四、实验原理

（1）果酒制作的原理：酵母菌是兼性厌氧菌，在有氧条件下，酵母菌进行有氧呼吸，大量繁殖；在无氧条件下，酵母菌能进行酒精发酵：$C_6H_{12}O_6 \rightarrow 2C_2H_5OH + 2CO_2$。

（2）果醋制作的原理：当氧气、糖源充足时，醋酸菌将糖分解成醋酸：$C_6H_{12}O_6 \rightarrow 3CH_3COOH$；当缺少糖源时，醋酸菌将乙醇变为乙醛，再将乙醛变为醋酸：$C_2H_5OH+O_2 \rightarrow CH_3COOH+H_2O$

（3）固定化细胞技术的原理：海藻酸钠与氯化钙交联形成的网状结构可以很好地固定细胞，细胞活性不受影响，且具备能被反复或连续使用的活力。

五、实验设计思路

在进行教材发酵实验的过程中，学生遇到了一些问题或困惑，以此为契机进行实验改进。改进装置，使其可以同时展示两个发酵过程并精准控制发酵温度。利用该装置，探究更多的实验或进行拓展实验，以此加深学生对发酵原理的理解，提高学生的探究能力、团队合作能力等。

六、实验教学目标

根据本节课的结构和内容分析，考虑到学情，制订了如下教学目标。

（1）生命观念：能说出发酵的基本原理。

（2）科学探究：能够设计并实施探究实验方案，并对结果进行如实记录和分析。

（3）科学思维：尊重事实和证据，运用科学的思维方法解释发酵中的现象，并用合适的方式表达。

七、实验教学内容

教师通过与学生讨论，改进装置，使其可以同时展示两个发酵过程并精准控制发酵温度。利用该装置，探究果酒发酵的最适温度、探究通气量对果醋发酵的影响、进行固定化细胞的发酵。实验后进行结果的分享与交流。

八、实验教学过程

本节课的教学过程按照以下流程进行：问题—改进—探究—结论。

（一）问题

学生在课前按照教材进行了实验，但是在实验过程中遇到了很多问题，同时产生了一些困惑，经归纳、整理如下。

（1）关于装置：能不能在同一个装置中同时展示两个发酵过程？能不能通过改进装置来精准控制温度？

（2）关于发酵条件：果酒、果醋制作的最适温度是多少？通气量对果醋发酵有什么影响？

（3）关于发酵过程及结果：发酵过程如何监测？发酵结果如何定量测定？

（二）改进

（1）关于装置的改进。

1）同时展示两个发酵过程。

学生经讨论，首先提出可以将两个发酵罐相连，利用一个发酵罐制作果酒，再通过高度差将制作完成的果酒引流到另一个发酵罐中进行果醋的发酵；同时，保持果酒发酵在无氧条件下进行，果醋发酵在有氧条件下进行，发酵装置示意图如图 1 所示。

优点：同时展示了两个发酵过程，并考虑到发酵过程对氧气的不同需求。

缺点：无法控制发酵温度。

2）温度控制。

有学生提出，夏天可以利用室温进行果醋的发酵，果酒的发酵用冰袋和加热垫联合控制。冰袋制冷，加热垫与控温器相连，设置发酵温度在 18 ℃～25 ℃，如图 2 所示。

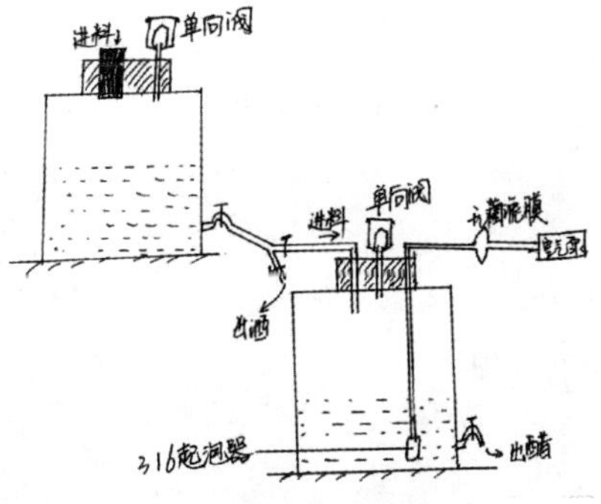

图 1　发酵装置示意图

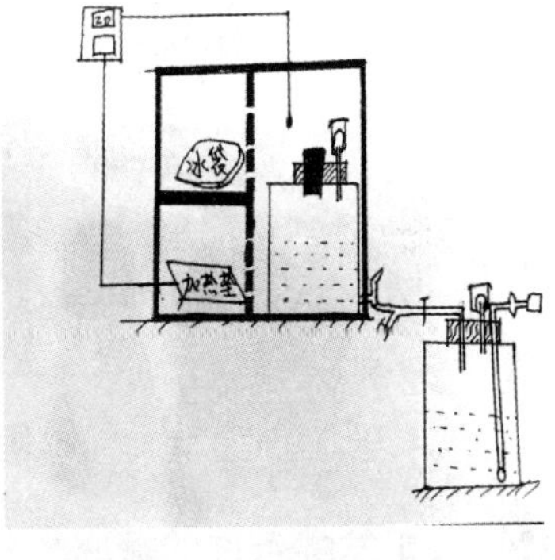

图 2　第一代装置示意图

但是有学生指出，冰袋需要更换，费时费力，且温度不好控制，可以使用制冷器替代冰袋和加热垫对果酒的发酵温度进行控制（见图 3）。

又有学生提出，如果不是夏天，果醋的发酵温度该怎么控制呢？于是有了以下方案：将制冷器与控温器相连，控制果酒的发酵温度；将加热垫与控温器相连，控制果醋的发酵温度，如图 4 所示。

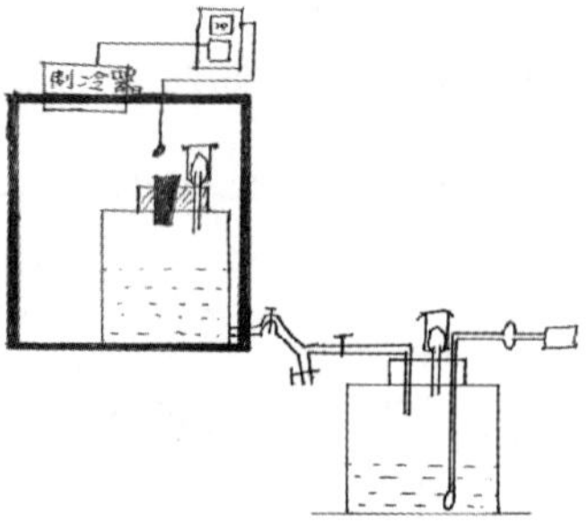

图 3　第二代装置示意图

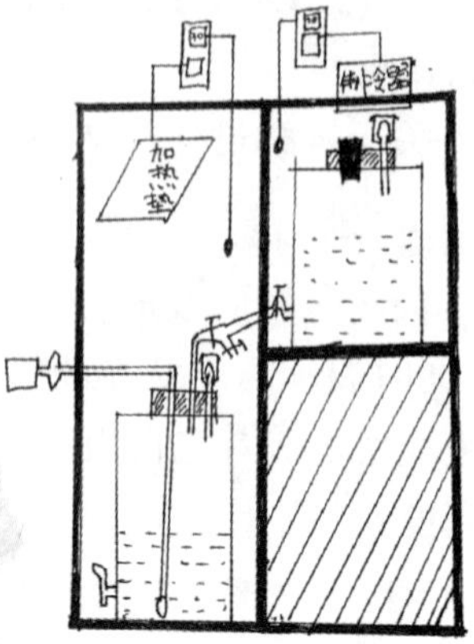

图 4　第三代装置示意图

最终确定该装置为实验装置：既可以同时展示两个发酵过程，而且可以精准控制温度。实验装置实物图如图 5 所示。

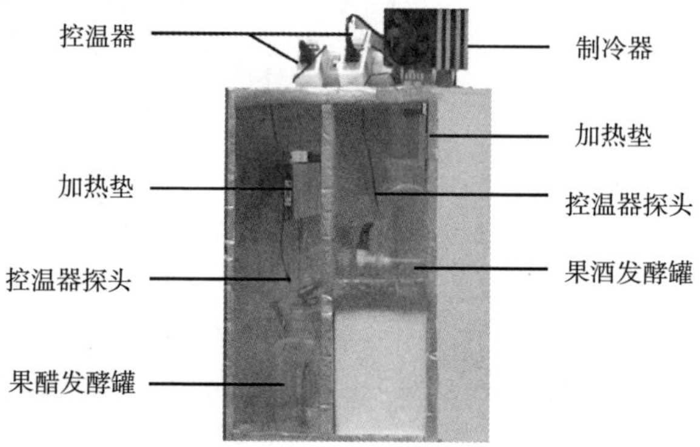

图 5　第三代装置实物图

（2）关于发酵条件的探究。

利用改进的实验装置，可以进行多种探究实验。学生思维发散，提出很多可探究的实验：探究酒精和醋酸发酵的最适温度，探究醋酸发酵所需最适酒精度，探究通气量对醋酸菌发酵的影响，探究果酒菌和果醋菌的最适添加量……

拓展实验：有学生预习了相关内容，提出想进行固定化细胞发酵的实验。

（3）关于发酵过程及结果监测的改进。

经讨论及查阅资料，学生提出以下改进：酒精度可以用酒度计进行测量，更直观；酒精的产生过程可以用酒精传感器进行检测，可以监测发酵的进程；果醋的酸度变化可以用 pH 计测量，更方便、直观。

（三）探究

（1）实验方案。

学生分小组进行探究，分别探究果酒发酵的最适温度和通气量对果醋发酵的影响。确定探究内容后，撰写并展示实验方案，交流讨论后完善实验方案。

（2）实验过程：按照完善的实验方案进行实验。

1）探究果酒发酵的最适温度。

制作果汁，加入到果酒发酵罐中，设置温度分别为 22 ℃、25 ℃、28 ℃、31 ℃，将发酵罐与酒精传感器相连，相同时间段内，连续 40 min 实时监测酒精含量的变化。

2）探究通气量对果醋发酵的影响。

制作果汁，加入果酒发酵罐中，待产生相同酒精量时，引流到果醋发酵罐中进行发酵，分别控制通气量为 15 个气泡/min、20 个气泡/min、30 个气泡/min、60 个气泡/min、120 个气泡/min、180 个气泡/min。每天定时取样，用 pH 计测量酸度。

3）固定化细胞进行发酵。

学生首先进行了固定化细胞发酵的预实验，发现如果直接将固定化细胞加入发酵液中，会出现不易与产物分离的问题。为解决这一问题，学生查阅大量资料，最终决定用耐酸、耐氧化的尼龙网包裹住固定化细胞（如图 6 所示），并且穿成串，这样不影响细胞与底物的接触，而且方便与产物分离。

图 6　尼龙网包裹住固定化细胞

制备固定化酵母细胞，将其加入尼龙网中，穿成串，加入果酒发酵罐中进行酒精发酵。一天后，将果酒引流到果醋发酵中。制备固定化醋酸细胞，将其加入尼龙网中，穿成串，加入果醋发酵罐中进行果醋发酵。每天定时取样，用酒度计测酒精度，用 pH 计测酸度。发酵结束后，取出发酵液，加入新的果汁，再次进行发酵。反复发酵 3 次。

（四）结论

（1）探究果酒发酵的最适温度。

果酒发酵与温度的关系曲线如图 7 所示，可以看出：28 ℃是果酒发酵的最适温度。

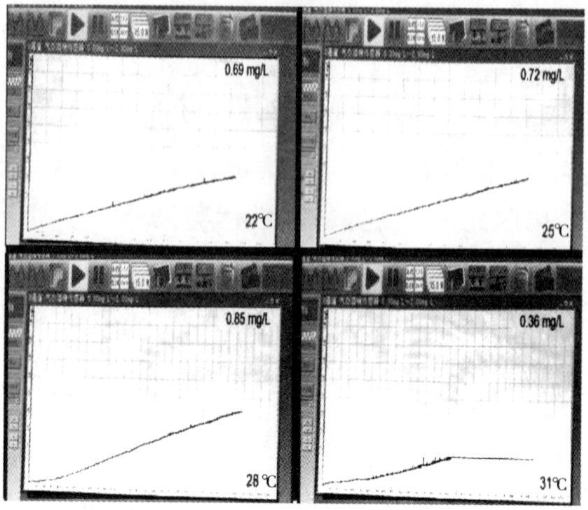

图 7 探究果酒发酵的最适温度

教材中给出果酒发酵的温度适宜控制在 18 ℃～25 ℃，但实验结果却显示果酒发酵的最适宜温度为 28 ℃。对此，学生提出自己的观点：可能是菌种的原因造成了这种差异。学生对问题的思考很好地展示了尊重事实和证据的科学思维。

（2）探究通气量对果醋发酵的影响。

通气量对果醋发酵影响的趋势图如图 8 所示，图中显示：30 个气泡/min 时，果醋发酵效果最好。

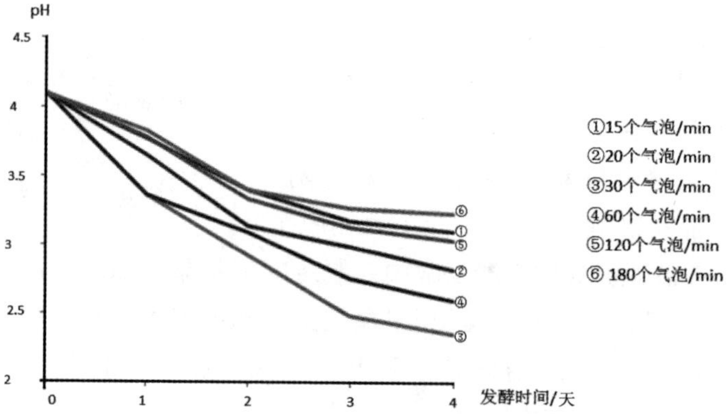

图 8 探究通气量对果醋发酵的影响

学生通过查阅资料，找出原因，可能是因为通气量太大，醋酸菌不易与底物很好地接触，而且会造成酸类等物质过量挥发，所以发酵效果不好。

（3）固定化细胞进行发酵。

利用固定化细胞连续重复发酵 3 次后，学生发现 3 次的发酵效果均较为理想

(见图 9)，说明固定化细胞确实可以重复利用。

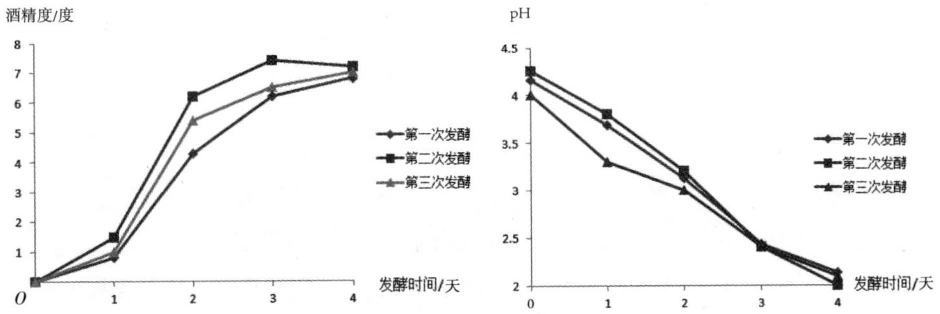

图 9　固定化细胞连续进行 3 次发酵的酒精度和 pH 变化趋势

利用该装置，不仅可以分别控制温度，还可以直接将果酒引流到果醋发酵罐中，方便固定化醋酸菌的发酵。

最后，该组学生还请同学们品尝了第三次发酵的产品，同学们纷纷表示味道很不错。

九、实验效果评价

(1) 生命观念：通过改进实验装置，发酵效果对比明显。通过改进发酵检测方式，学生更直观地感受到酒精和醋酸的变化，更好地理解了发酵的原理，深刻感受到发酵菌与发酵产物的关系。

(2) 科学思维：学生通过多次讨论及查阅资料，不断提出并改进实验装置，才有了最终的实验装置。在此过程中，学生更好地理解和体验到科学是在曲折中前进的。面对与课本内容不完全相同的结论，学生不急于肯定或者否定，而是通过查找资料来找出原因，体现了学生科学思维能力的提高。

(3) 科学探究：通过探究实验，学生认真观察实验现象、发现实验中的问题，并设计实验方案解决问题，对结果进行分析、交流，动手能力、探究能力得到了很大提高。尝试制备了固定化细胞，并利用固定化细胞进行发酵。进行拓展实验，使学生的探究范围更广、探究能力有所提升。实验分小组进行，学生的团队协作能力也得到了提高。

(4) 社会责任：通过自己制作果酒、果醋，体会到产品制作不易，需更加珍惜食物。

探究影响酵母菌种群数量变化的因素

石家庄市第十七中学　常智敏

一、使用教材

课程标准要求学生能够运用数学模型，分析和解释影响种群数量变化规律的因素，并应用于相关实践活动中。人教版高中《生物必修3　稳态与环境》第四章第二节中要求学生初步探究酵母菌种群数量随时间变化的规律，熟悉抽样检测法，尝试建构数学模型。学生能够理解实验原理，尝试建构数学模型，但血球计数板的使用不够熟练，对影响种群数量变化因素的综合性理解不全面。

二、实验器材

实验材料与试剂：干酵母、5%葡萄糖注射液、马铃薯、0.2%亚甲基蓝染液。

实验仪器与设备：数码显微镜、数显恒温水浴锅、多轨道摇床、溶解氧传感器、二氧化碳传感器、酒精传感器、电子天平、酒精灯、锥形瓶、血球计数板、滴管、移液管、烧杯、封口膜、皮筋。

三、实验创新要点

（1）创新一：综合利用实验设备，搭建新的探究平台。

运用数码显微镜成像，学生观察更直观。数显恒温水浴锅、多轨道摇床、溶解氧传感器、酒精检测仪、二氧化碳传感器等仪器使结果数字化呈现，搭建了微观生物学教学的平台。

（2）创新二：缩短实验周期，提高探究效率。

由课本中连续7天的实验观察、数据整理，缩短到10 h实验观察、数据整理，使实验更便捷，有利于学生更好地进行科学探究。

（3）创新三：多角度探究，形成整体性思维。

改进课本传统实验的单一因素，进一步探究温度、溶解氧、营养条件、代谢产物等因素对种群数量变化的影响，建构数学模型，形成整体性思维。

四、实验设计思路

在基于科学思维、引导学生建构模型、培养学科核心素养的理念指导下，围绕“探究影响酵母菌种群数量变化的因素”进行实验创新。

五、实验教学目标

（1）科学探究：在初步科学探究的基础上，进一步设计探究方案并动手实践完成实验。

（2）科学思维：学生分析实验数据，建构数学模型，阐释数量变化规律，形成整体性思维。

（3）生命观念：运用数学模型，解释种群数量变化规律，形成生物与环境相适应的生态观。

（4）社会责任：通过科学实践，解决日常生活中的食品发酵问题，认同工业发酵的重要性。

六、实验教学内容

本实验通过综合性利用多种数字化实验设备，搭建了探究温度、溶解氧、营养条件、代谢产物等的实验平台，为学生综合性理解影响种群数量变化的因素提供了事实和证据，形成了严谨的科学思维，建构了生物与环境相适应的生命观念。

七、实验教学过程

教材实验—发现问题—深入探究—实践建模—关注生活。

（一）教材实验

开放实验室，各小组进行教材实验，用5%葡萄糖溶液作为底物培养酵母菌，每天同一时间观察，连续7天，记录数据，绘制曲线。在实验中，学生利用两个酒精灯火焰间形成的无菌区域进行无菌接种；彻底清洁血球计数板，用吹风机烘干；用0.2%亚甲基蓝染液染色，区分活细胞和死细胞；用数码显微镜观察，五点取样求平均值，使结果更准确。

通过实验改进、关注细节、规范操作、重复实验，尽可能减小误差。

（二）发现问题

（1）问题1：从酵母菌7天种群数量变化曲线（见图1）中看到，酵母菌在培养1天时种群数量达到峰值，后面6天保持相对稳定，没有出现典型的S型增长。

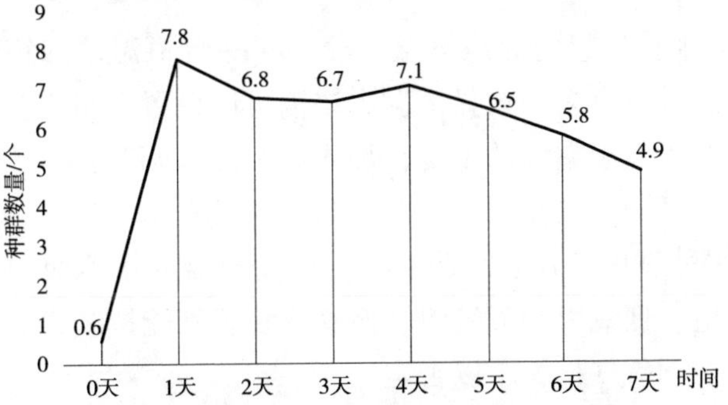

图1　酵母菌7天种群数量变化曲线图

（2）问题 2：各组之间的数据有明显差异。

学生在实践中发现问题，不囿于定论，提出质疑，敢于批判，形成严谨的科学思维。

（三）深入探究

（1）问题 1：从曲线中看到，酵母菌培养 1 天时种群数量达到峰值，后面 6 天保持相对稳定，没有出现典型的 S 型增长。

针对问题 1，学生从网上查阅相关资料：适宜条件下，不同种类的酵母菌大约 2 h 增殖 1 代，10 h 左右达到稳定期。基于此，学生设计实验，以 5% 葡萄糖溶液作为底物培养酵母菌，每 2 h 观察计数 1 次，观察 12 h，实验进行 10 h 后可以观察到酵母菌种群数量的增长趋势和峰值。问题 1 的解决为问题 2 的突破奠定了基础。

（2）问题 2：各组之间的数据有明显差异。

针对问题 2，学生作出假设：营养条件、温度、氧气、代谢产物等因素会影响酵母菌种群数量变化。每组选择一个变量设计实验，如何控制变量是关键。

1）营养条件：增加底物种类，增设无菌水组、马铃薯培养液组及 5% 葡萄糖溶液和马铃薯培养液混合组，如图 2 所示。

图 2　不同营养条件的培养液

2）温度：学生首先想到的是恒温培养箱，一台恒温培养箱只能设置一个温度，实验周期长。学校有多台数显恒温水浴锅可以设置多组实验，但只能设置高于室温的温度，对于低于室温的温度，加入瓶装冰水调节，上、下温度误差不超过 0.5 ℃。

3）氧气：用过氧化氢分解制造氧气，用注射器向培养瓶中注入不同体积的氧气，得到高氧组、低氧组和无氧组。但这一装置不能持续供氧，且在对酵母菌种群计数时不易控制氧气量，予以否定。

4）溶解氧：通过改变摇床的转速，改变溶液中溶解氧的浓度。为了避免计数时对装置中溶解氧产生影响，同时设置 6 组进行实验，每 2 h 取 1 组进行测量计数。

如何测定溶解氧呢？利用溶解氧传感器。学生首先进行调零校正，再进行数据测量。对未接种的5%葡萄糖溶液在不同转速下进行溶解氧测定，测量数据曲线如图3所示，由数据曲线发现在一定范围内，溶解氧随转速的增加而增加。

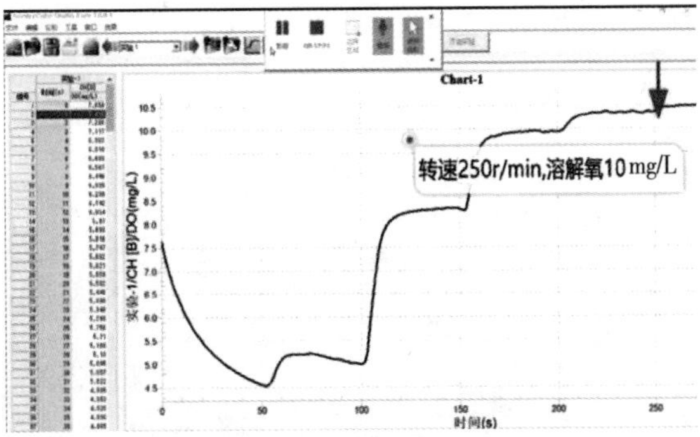

图3　不同转速下溶解氧的测量数据

5）代谢产物：利用二氧化碳传感器和酒精传感器测量二氧化碳和酒精的含量，由于实验条件限制，只是将其作为因变量进行检测，没有作为自变量。通过检测发现，在一定时间内，随着酵母菌种群数量的增加，二氧化碳和酒精逐渐积累。

各组按照实验方案完成实验，并展示交流。学生通过践行实验，进行数据处理、分析与综合、建构数学模型，提升了动手和科学探究能力。

（四）实践建模

学生对不同营养条件、温度、溶解氧条件下的数学模型进行汇总，如图4~6所示。发现在一定空间内，酵母菌种群数量增长不是单一环境因素作用的结果，而是综合性的，受多种环境因素的共同作用。学生深刻理解了环境容纳量的概念，形成概念模型。

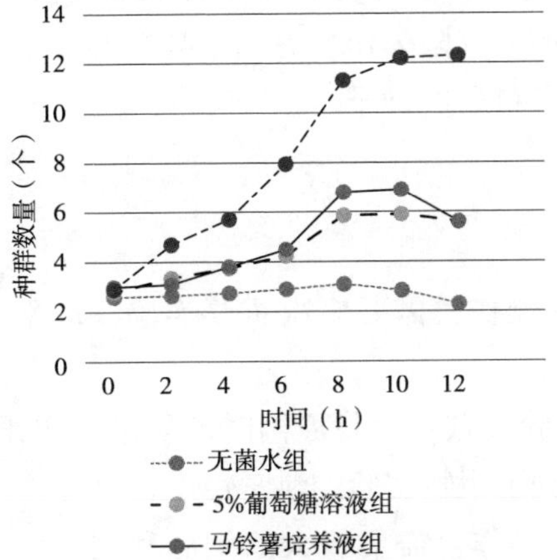

图4　不同营养条件下酵母菌种群数量变化曲线

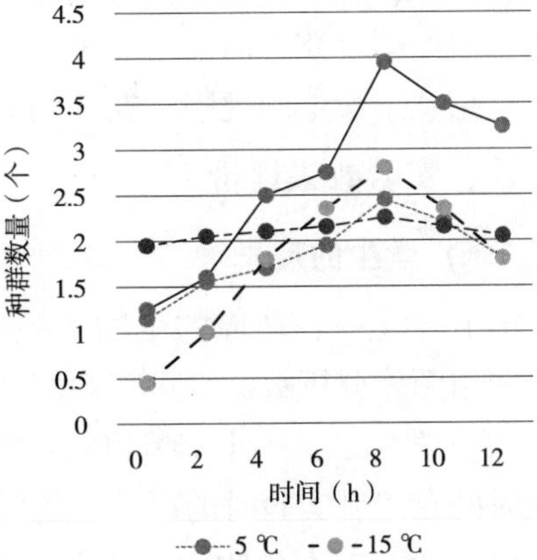

图5　不同温度下酵母菌种群数量变化曲线

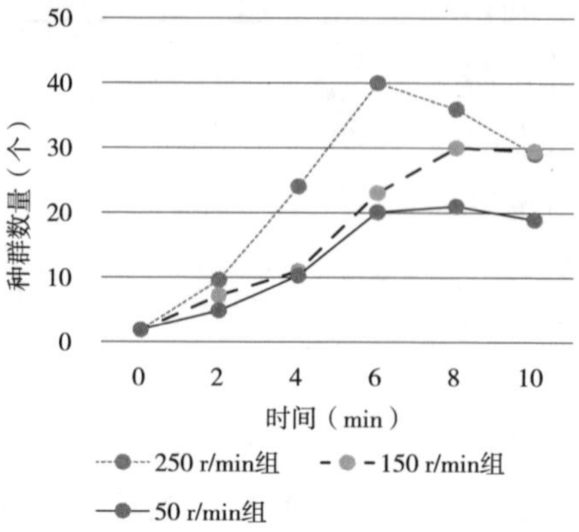

图 6　不同溶解氧下酵母菌种群数量变化曲线

在本实验中，学生综合利用实验设备，搭建新的探究平台，改进课本上传统实验的单一因素，多视角进行科学探究，结合科学事实与证据，运用科学思维的方法，理解影响酵母菌种群数量变化的因素。学生对数学模型进行归纳与综合，建构概念模型，实现模型的转化，发展认知水平，确立正确的生态观，形成整体性思维。

（五）关注生活

将知识迁移到日常生活中的食品发酵。学生进行面粉发酵，通过对比未发酵的面团和发酵 1 h 后的面团的大小，发现 29 ℃组比 26 ℃组、加白糖组比加牛奶组面团发酵得更大。

教师还带领学生走访了石家庄市华北制药集团新药研究开发有限责任公司，了解了他们的研究方向，参观了河北子龙醉酒业有限公司，看到了拌粮与装甑的过程，拓宽了学生的视野，在他们心中埋下了科研的种子。

八、实验效果评价

（一）学生的反思

（1）学生一：严谨的生物实验需要无菌操作，需要多次重复实验，取平均值。利用图像分析数据，可直观判断数据变化。

（2）学生二：小小细节也有可能导致实验失败，寻找原因时的发散性思维、探究时的专注、实验时的严谨，使学生感受到了生物实验的科学性。

（3）学生三：生物实验不是简单的动手操作，需要极大的细心和耐心。实验也不是一个人的实验，需要团结协作、分工配合。

学生通过践行实验，深刻地感受到严谨、重复、专注、团结、耐心在科学探究中的重要性。

（二）教师的感悟

（1）溶解氧传感器使结果数字化呈现，数码显微镜便于微观世界的生物准确计数，多种数字化设备综合运用，使定性实验转化为定量实验。

（2）由课本中连续 7 天的实验观察缩短到 10 h 的实验，优化实验进程，缩短了实验周期，有效地提高了学生的探究效率。

（3）在课本实验的基础上，增加了对温度、溶解氧、营养条件、代谢产物等多因素的探究，学生对影响种群数量变化的因素有了综合性的认识，把数字化的数学模型及时转化为生物学概念模型，形成生物与环境相适应的整体性思维。

酵母细胞的固定化

山西省榆次第一中学校　成丽丽

一、使用教材

人教版高中《生物选修 1　生物技术实践》专题四课题三“酵母细胞的固定化”。

二、实验器材

酒精灯、石棉网、量筒、电子天平、烧杯、玻璃棒、锥形瓶、1 mL 一次性注射器、50 mL 一次性注射器、一次性输液器、气球、保鲜膜、捞鱼网、二氧化碳传感器、氧气传感器、酒精传感器等。

三、实验创新要点/改进要点

（一）对教材实验的改进

（1）小火间断加热改为水浴加热。

（2）冲洗环节采用捞鱼网过滤凝胶珠后进行冲洗。

（3）发酵环节用保鲜膜封口或者用气球封口。

（4）发酵结果的检测，用酸性重铬酸钾对产物酒精进行检测。

（二）对教材实验的延伸探究

（1）探究水含量对凝胶珠成形的影响。

（2）探究未固定酵母细胞、蝌蚪形凝胶珠、含水量为 35 mL 的混合溶液滴定的球形凝胶珠的发酵效率。

（3）探究海藻酸钠含量为 0.4 g 的混合溶液滴定的球形凝胶珠与含水量为 35 mL的混合溶液滴定的球形凝胶珠的发酵效率。

（4）探究蝌蚪形凝胶珠与海藻酸钠含量为 0.4 g 的混合溶液滴定的球形凝胶珠的发酵效率。

四、实验原理

（1）固定化细胞技术是将细胞固定于不溶于水的载体上，使细胞既能与反应物接触，又能与反应物分离。同时，固定于载体上的细胞还可以反复利用，成本低，操作简单，广泛应用于工业生产中。

（2）海藻酸钠是一种无毒的亲水性物质，呈粉末状，遇水会形成黏性团块，通过加热可形成黏稠性胶状物质。溶于水的海藻酸钠中的钠离子可迅速被钙离子置换，交联后形成多孔的、不溶于水的海藻酸钙结构，能将细胞固定并有一定的机械强度。

（3）固定化酵母细胞以葡萄糖作为底物进行酒精发酵，产生二氧化碳及酒精，反应式如下所示：

$$C_6H_{12}O_6 \rightarrow 2C_2H_5OH+2CO_2+\text{能量}$$

五、实验教学目标

（一）知识目标

（1）认同酶是由活细胞产生的。

（2）理解细胞固定化原理。

（二）能力目标

（1）通过改进原有实验，培养学生的创造性思维和批判性思维。

（2）培养学生的科学探究精神，掌握设计实验、交流讨论等科学探究方法。

（三）情感态度与价值观目标

（1）体会固定化酵母细胞发酵的优越性。

（2）获得探究过程带来的快乐。

（3）激发学生对生物学实验的兴趣。

六、实验教学过程

实验教学过程共分为 3 个环节：课前探究、课堂实施、课后延伸探究。

（一）课前探究

教师带领生物兴趣小组的同学对本实验进行初步探究，通过合作探究，对本实验进行了如下一些改进。

（1）如图 1、图 2 所示，将小火间断加热改为水浴加热。

（2）冲洗环节采用捞鱼网过滤凝胶珠后进行冲洗（见图 3）。

图 1　直接加热

图 2　水浴加热

图 3　捞鱼网过滤凝胶珠进行冲洗

（3）如图 4 所示，发酵环节用保鲜膜封口或者用气球封口。

图 4　保鲜膜或气球封口

（4）发酵结果的检测，用酸性重铬酸钾对产物酒精进行检测（见图 5、图 6）。

图 5　橙色的酸性重铬酸钾溶液

图 6　酒精中加入酸性重铬酸钾出现灰绿色

在实际操作过程中发现一个问题，按照课本上的数据，无论怎么滴定，最后滴定出的凝胶珠都是蝌蚪形的，而成功的凝胶珠应该是呈球形或椭球形。为什么滴定出来的凝胶珠都是蝌蚪形的呢？对此，教师引导学生进行了第一组探究实验，探究水含量对凝胶珠成形的影响。其中共设置了 6 组实验，每一组实验中混合溶液的含水量是不同的，水含量梯度为 5 mL。第一组混合溶液中的水含量为 20 mL（教材中给定的实验数据），第二组为 25 mL，第三组为 30 mL，第四组为 35 mL，第五组为 40 mL，第六组为 45 mL。

对每一组的混合溶液分别进行滴定，结果发现：第一组为蝌蚪形（见图 7）；第二组为蝌蚪形，但尾巴明显缩短（见图 8）；第三组仍为蝌蚪形，尾巴更短

(见图 9)；当水含量为 35 mL 时，完美地滴定出了球形凝胶珠（见图 10)；当水含量分别为 40 mL 和 45 mL 时，滴定出的也都是球形凝胶珠（见图 11、图 12)。也就是说，当海藻酸钠含量为 0.7 g 时，混合溶液中的水含量至少要达到 35 mL 才能滴定出球形凝胶珠。

图 7　水含量为 20 mL 时的滴定结果

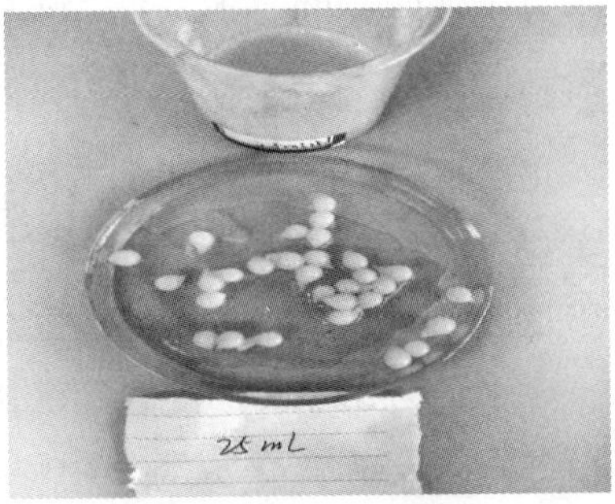

图 8　水含量为 25 mL 时的滴定结果

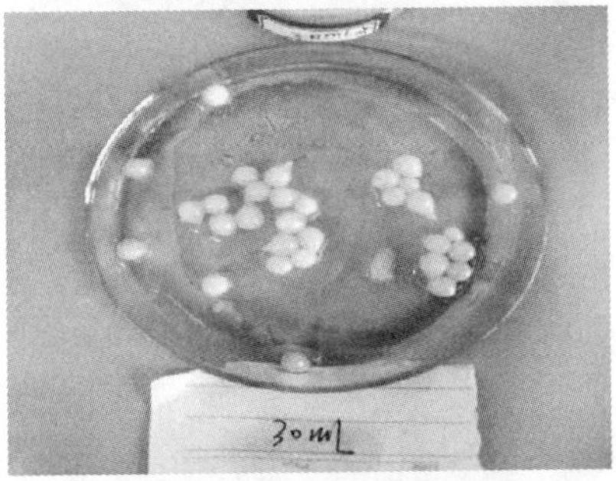

图 9　水含量为 30 mL 时的滴定结果

图 10　水含量为 35 mL 时的滴定结果

图 11　水含量为 40 mL 时的滴定结果

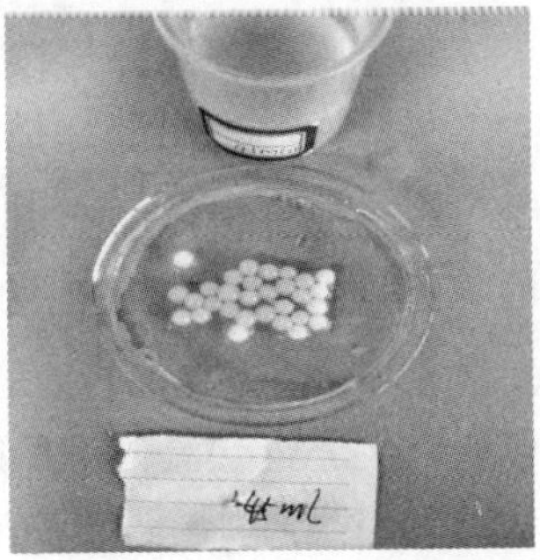

图 12　水含量为 45 mL 时的滴定结果

（二）课堂实施

引导学生按照课本上的实验步骤和数据进行实验操作，4 个同学为一组，给定大约 20 min 的时间，每个小组都进行滴定操作。学生发现他们滴定出的凝胶珠为蝌蚪形，从而产生疑惑，为什么滴定不成功？教师因势利导，引导学生探究水含量对凝胶珠成形的影响。学生一边加水，一边滴定，最终成功得到了球形凝胶珠，深刻体会到了海藻酸钠浓度对凝胶珠成形的影响，获得了探究带来的快乐，激发了对生物实验的兴趣。部分小组还发现了滴定高度对凝胶珠成形的影响。

（三）课后延伸探究

一堂课下来，学生们意犹未尽。于是，教师继续带领同学们进行了课后延伸探究实验。虽然在课堂上成功滴定出了球形凝胶珠，但不清楚其发酵效率的高低，于是教师引导学生进行了第二组探究实验，探究未固定酵母细胞、蝌蚪形凝胶珠、含水量为 35 mL 的混合溶液滴定的球形凝胶珠的发酵效率。结果表明未固定酵母细胞的发酵效率最高，蝌蚪形凝胶珠的发酵效率也比较高，而含水量为 35 mL 的混合溶液滴定的球形凝胶珠发酵效率最低，如图 13 所示。

图 13　发酵前与发酵 1 h 后的实验现象对比

结果让学生感到很意外，按照课本上的理论，球形凝胶珠的发酵效率要高于蝌蚪形的，为什么滴定出的球形凝胶珠发酵效率还不如蝌蚪形的呢？通过分析，初步得出应该是水含量过高导致的，水含量增加后，每一颗凝胶珠包埋的酵母细胞的数量就会减少，从而影响发酵效率。如果既想滴定得到球形的凝胶珠，又想保证发酵高效地进行，该怎么办？

教师和学生进行交流讨论后想出了一种全新的解决方案：保证混合溶液中的水含量不变，为 20 mL，但要降低海藻酸钠的含量。按照含水量为 35 mL 对应 0. 7 g 海藻酸钠的比例进行计算，含水量为 20 mL 对应的海藻酸钠的量为 0. 4 g。于是，又重新进行了一组滴定实验。在这组实验中，水含量不变，但海藻酸钠的含量由 0. 7 g 减少为 0. 4 g，结果滴定出了球形凝胶珠，且海藻酸钠含量为 0. 4 g 混合溶液滴定的球形凝胶珠的数目明显要比含水量为 35 mL 时滴定的球形凝胶珠数目少，如图 14 所示。

图 14　海藻酸钠含量为 0.4 g 的混合溶液滴定的球形凝胶珠
与水含量为 35 mL 的混合溶液滴定的球形凝胶珠

那么以上两种条件下滴定的球形凝胶珠相比，发酵效率会如何呢？对此，进行了第三组探究实验，探究海藻酸钠含量为 0.4 g 的混合溶液滴定的球形凝胶珠与含水量为 35 mL 的混合溶液滴定的球形凝胶珠的发酵效率。实验结果表明前者发酵效率要更高，与我们的预期结果是相符的，如图 15 所示。

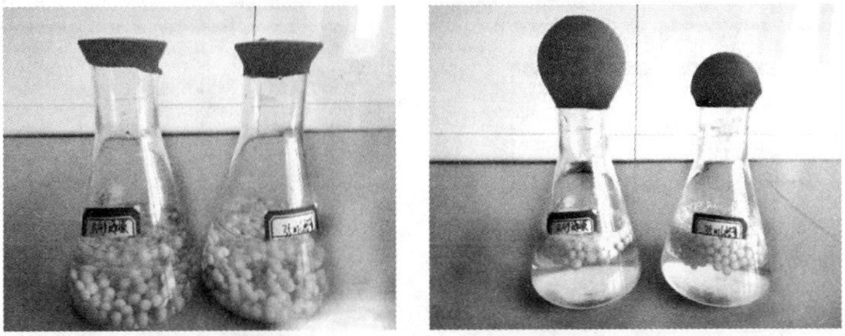

图 15　发酵前与发酵 35 min 后的实验现象对比

第四组探究实验为探究蝌蚪形凝胶珠与海藻酸钠含量为 0.4 g 的混合溶液滴定的球形凝胶珠的发酵效率。在这组探究实验中，选用了新的发酵装置，是由注射器和输液器共同组装构成的。首先向每一只注射器中加入等量的凝胶珠，然后分别吸取等量的葡萄糖溶液，发酵的起始量均为 20 mL。发酵 1 h 35 min 后，蝌蚪形组二氧化碳增加量为 14 mL，球形凝胶珠组的二氧化碳增加量为 20 mL（见图 16）。也就是说海藻酸钠含量为 0.4 g 的混合溶液滴定的球形凝胶珠的发酵效率要高于蝌蚪形凝胶珠。因此，如果既想滴定得到球形凝胶珠，又想保证发酵高效进行，可以将海藻酸钠的含量由 0.7 g 减少为 0.4 g。

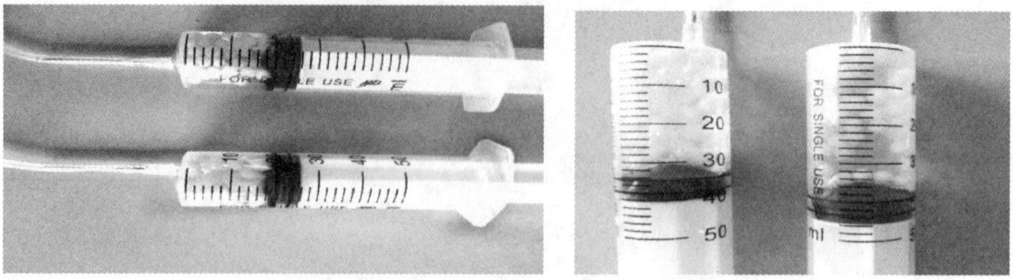

图 16　发酵前与发酵 1 h 35 min 后二氧化碳含量对比

海藻酸钠含量为 0. 4 g 的混合溶液滴定的球形凝胶珠在整个发酵过程中，气态酒精含量又是如何变化的呢？利用酒精传感器对发酵过程中的数据进行采集，结果如图 17 所示。由曲线可以看出，从发酵一开始气态酒精含量就以一定的速度增长，发酵 10 min 以后，气态酒精含量达到 0. 08 mg/L，平均以每分钟 0. 008 mg/L 的速度在增长。1 h 10 min 以后的气态酒精含量达到 1. 31 mg/L，如图 18 所示。

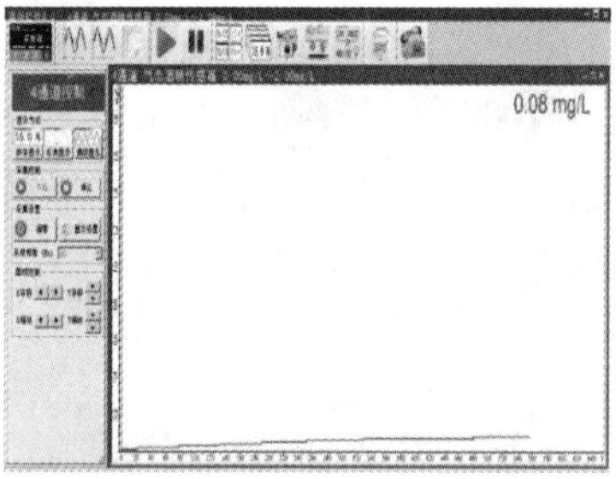

图 17　发酵 10 min 期间的气态酒精含量变化

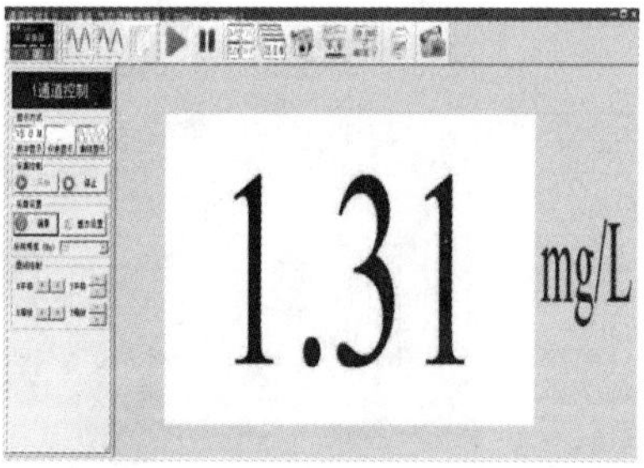

图 18　1 h 10 min 后的气态酒精含量

再使用二氧化碳传感器、氧气传感器对发酵过程中的二氧化碳含量和氧气含量进行数据采集，结果如图 19~21 所示。

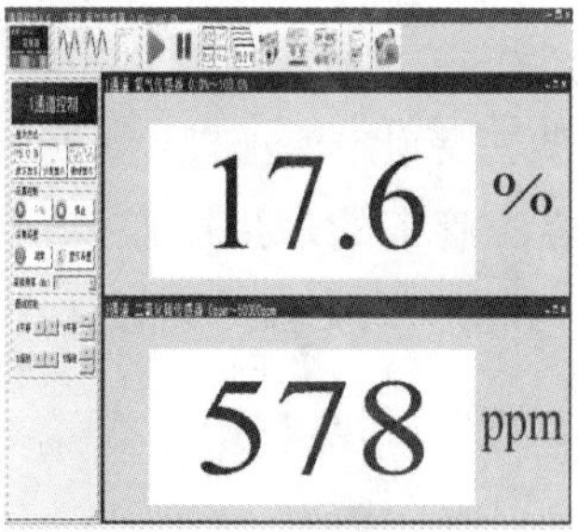

图 19　密闭容器中起始的 O_2 和 CO_2 含量

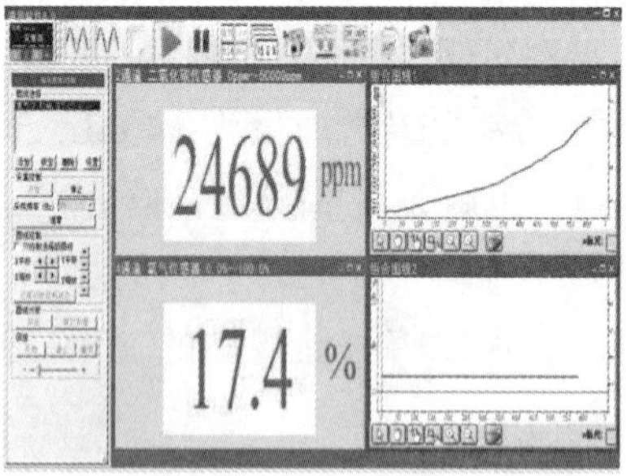

图 20　发酵 10 min 后 O_2 和 CO_2 含量

图 19 为密闭容器中起始的氧气含量和二氧化碳含量。发酵 10 min 以后，密闭容器中的二氧化碳含量增加量超过 24 000 ppm，氧气含量与起始值相比降低了 0.2%。发酵 17 min 以后，二氧化碳含量已经达到二氧化碳传感器的最大量程55 000ppm，氧气含量与起始值相比则降低了 0.3%。由这些数据可以定量地看出，海藻酸钠含量为 0.4 g 的混合溶液滴定的球形凝胶珠在整个发酵初期，发酵效率是非常高的。

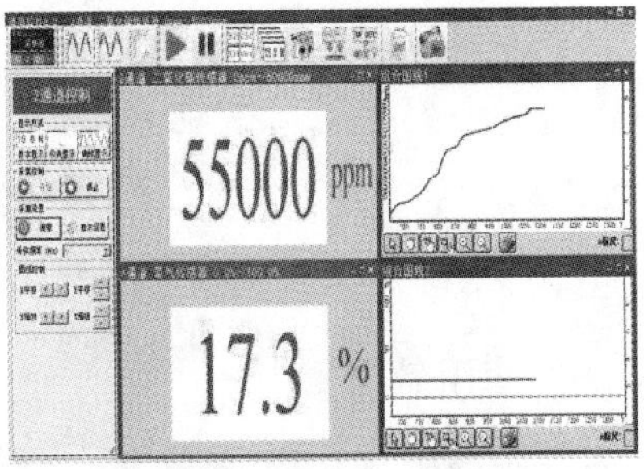

图 21　发酵 17 min 后 O_2和 CO_2含量

七、实验效果评价

本节实验教学，从始至终都渗透着科学思维和科学探究的理念，极大地促进了学生科学素养的发展。在整个探究过程中，师生都在不断地提出问题、交流探讨、设计实验、解决问题，在问题解决的过程中，学生深刻理解并掌握了本节实验教学内容，还获得了探究带来的快乐，激发了对生物学实验的兴趣。

学生的实验探究结果对教师的实际授课也有一定的指导意义。让学生在课堂上自主探究水含量对凝胶珠成形的影响，一开始按照教材中的实验数据进行实验操作，当学生发现滴定出的凝胶珠是蝌蚪形时，教师再引导学生自主探究水含量对凝胶珠成形的影响，这样学生会深刻体会到海藻酸钠浓度对凝胶珠成形的影响。如果想要节约成本，同时提高发酵效率，则把 0.7 g 的海藻酸钠减少为 0.4 g 即可。

科学无止境，探究无止境，今后我还会致力于上好每一堂实验课，带着学生不断去探究、去发现、去改进！

探究酵母菌细胞呼吸的方式

江苏省靖江高级中学　卜乐

一、使用教材

人教版高中《生物必修 1　分子与细胞》第五章第三节“ATP 的主要来源——细胞呼吸”。

二、实验器材

（1）器材：自动充气装置（自制）、试管、直角玻璃弯管、量筒、温度计、玻璃棒、烧杯、天平、试管架。

（2）试剂：酵母菌、葡萄糖溶液、氢氧化钠溶液、酸性重铬酸钾溶液、溴麝香草酚蓝水溶液。

三、实验创新要点

（一）创设自动充气装置

（1）创新。

自制自动充气装置：将空的输液袋注满水，再从袋塞处插入输液管插头，最后将输液袋置于可调控高度的铁架上。选用 500 mL 细口瓶和配套瓶塞，将瓶塞用打孔机打出双孔，两孔均倒插入一段带针帽接头的 0.5 mL 注射器针筒（针帽接头向上）。再剪去注射针的针管，取其针帽与待连接的充气软管入口配接，制得可直接套接在注射器出口上的接头，如图 1 所示。

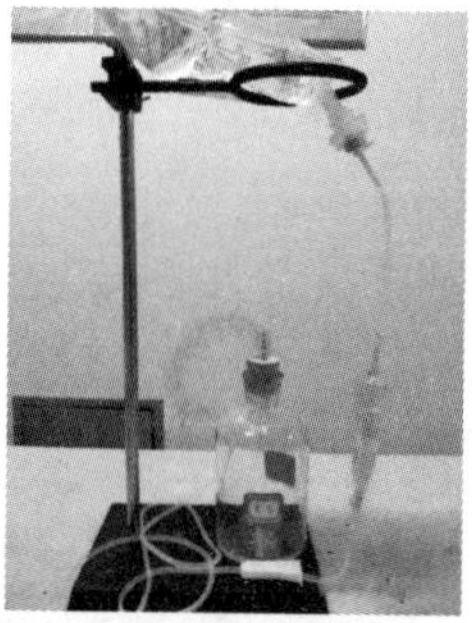

图 1　自动充气装置

（2）优点。

1）可从输液袋高度、输液管控制阀、针帽出口大小（通过针号控制）多个角度调控适宜的充气速率，以便获得理想的最佳实验结果。

2）实现连续、自动充气，以便集中观察实验现象。

3）避免利用气泵充气时空气中的二氧化碳难以全部去除。

4）避免利用橡皮球充气时需要频繁地吸、吹气，而且容易引发错误操作，导致液体倒吸。

(二) 反应主体装置的改进

(1) 创新。

1) 将使用 500 mL 锥形瓶和直角玻璃弯管的主体装置 (见图 2) 改为 25 mL 试管和输液软管 (见图 3)。

2) 将试剂用量由 240 mL 改为 15 mL。

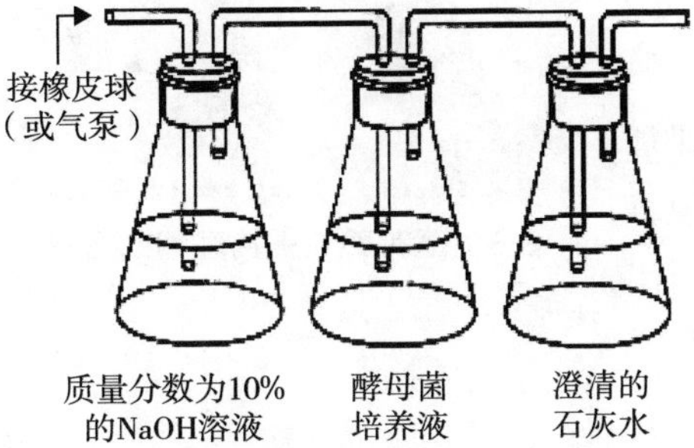

图 2　改进前的主体装置

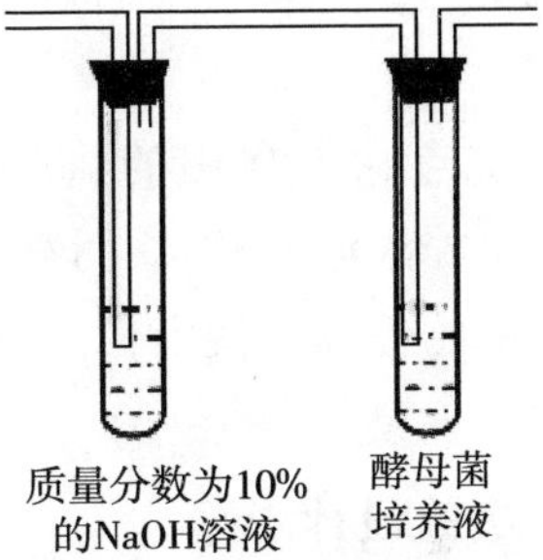

图 3　改进后的主体装置

(2) 优点。

1) 能有效避免锥形瓶边缘的酵母菌由于不能接触到充足的空气而进行局部无氧呼吸。

2) 能减少实验试剂的用量。

3) 便于对酵母菌培养液进行保温处理。

(三) 创设无氧环境的改进

(1) 创新：采用与有氧组相似的实验装置，将通入的空气改为通入事先制成的无氧空气来创设无氧环境 (见图 4)。

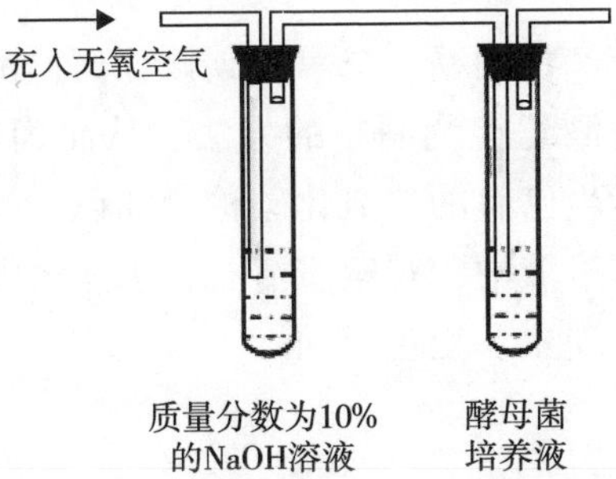

图 4　改进后无氧呼吸装置

(2) 优点：通入无氧空气有利于无氧环境的创设，避免了教材中静置时间和无氧呼吸起点无法准确把握的发生。

（四）酒精检测方法的改进

（1）创新：改用蒸发检测法——直接用酸性重铬酸钾检测酒精蒸气。先将反应后的酵母菌培养液试管置于装有 80 ℃热水的烧杯中，把蘸有酸性重铬酸钾的盖玻片盒子（见图 5）倒扣于试管口，一段时间后观察、记录液体颜色变化。

（2）优点：与常用的将酸性重铬酸钾加入酵母菌培养液滤液相比，该方法可以避免培养液中残留的葡萄糖使酸性重铬酸钾变色而出现的假阳性现象。

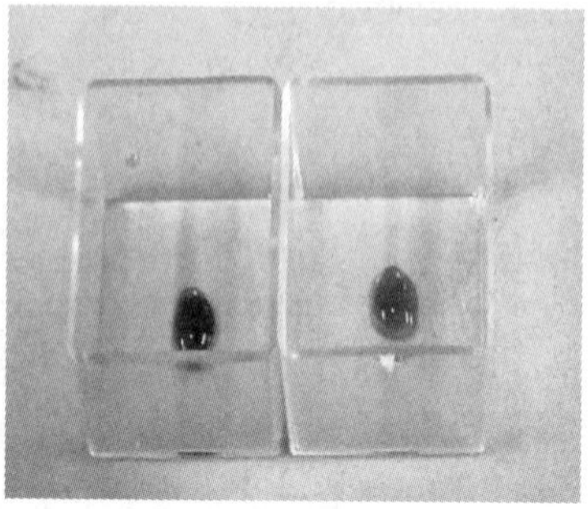

图 5　蘸有酸性重铬酸钾的盒子

四、实验设计思路

（1）细胞呼吸环境的创设。

细胞呼吸的方式有有氧呼吸和无氧呼吸两种。探究酵母菌细胞呼吸的方式首先要考虑的问题就是如何创设有氧、无氧环境，对于有氧环境的创设，学生很容易就能设计出向酵母菌培养液中通入空气的方案。创设无氧环境的方法，可以联系生物学实验中遵循的单一变量原则，进而设计出向酵母菌培养液中充入无氧空气的方案。

（2）在整个反应过程中保证酵母菌的活性。

根据本实验需在适宜的温度下给酵母菌提供生命活动所需要的营养物质、水分的情况，设计出给酵母菌加葡萄糖溶液的方案。在培养过程中，为使反应在气温较低的环境中也能快速进行，可以对酵母菌培养液进行保温处理。

（3）检测反应产物。

对于可能的出现反应产物酒精、二氧化碳该如何检测呢？酒精的检测可以联系生活中交警通过吹气查酒驾检测酒精的方法，从而确定用酸性重铬酸钾检测；二氧化碳的检测，利用学生已有的二氧化碳检测知识，设计出将排气口插入澄清石灰水或溴麝香草酚蓝水溶液中，观察澄清石灰水是否浑浊及浑浊的程度，或溴麝香草酚蓝水溶液的变色现象、变色时间。

五、实验教学目标

（1）通过学生分组讨论实验所用生物材料的结构和生物特性，加深结构和功能相适应的生命观念。

（2）借助系列问题引导学生思考、讨论实验方案和装置，发展学生的科学思维习惯和能力。

（3）通过学生分组实验，以及对实验现象的观察、提问、交流与讨论，掌握科学探究的基本方法。

（4）基于对酵母菌呼吸方式的认识，尝试解决果酒、米酒等相关的生产、生活问题。

六、实验教学内容

（1）设计组装探究酵母菌呼吸方式（有氧组和无氧组）的实验装置。

（2）设计实验的具体操作步骤和操作方法。

（3）进行实验并指导学生解决在实验操作过程中遇到的问题。

（4）根据实验观察、记录实验现象，引导学生分析并得出实验结论。

七、实验教学过程

（1）引入。

教师为学生提供课前准备好的米酒和面包，学生品尝，教师提出问题：①制作米酒、面包共用的微生物是什么呢？②米酿酒、面包多孔说明该微生物可以产生哪种物质？围绕酵母菌、二氧化碳、酒精、一定气体条件下的呼吸作用，让学生思考教师提出的问题。教师在充分肯定学生的积极思考的基础上，提出与本节课教学内容相关的问题并引导学生做出假设。

设计意图：从生活中常见的食物入手，激发了学生学习本节内容的兴趣。学生通过体验探究实验提出问题、做出假设的过程，初步养成勤于思考、乐于实践、勇于创新的科学品质。

（2）设计实验装置和实验操作步骤。

教师借助问题引导的形式（见表1），在师生一问一答的过程中，由学生设计实验装置并合作组装实验装置。

表1　设计实验装置

问题引导	学生设计
如何操作才能给酵母菌提供气体环境让其进行细胞呼吸呢	利用导管向装置内充气
如何向装置内充气呢	由教师提供自动充气装置
充入气体中的 CO_2 该如何去除呢	将充入的气体先导入 NaOH 溶液
产生的气体该如何导出呢	用导管导出并用试剂进行检测

完成装置组装后，应用问题串（见表2），引导学生设计实验操作步骤和方法。

表 2 设计实验操作步骤和方法

问题引导	学生设计
该给酵母菌提供什么物质，才能让其进行旺盛地细胞呼吸呢	将酵母菌倒入葡萄糖溶液中，摇匀
为确保两组气体环境的控制，一定要立即采取什么措施呢	打开两组的控制阀，同时分别对酵母菌培养液充入空气和无氧空气
为防止装置漏气，需要对装置进行何种检查呢	气密性检查
为使酵母菌在气温较低时也能进行旺盛地细胞呼吸，可以采取什么措施呢	温水保温
排气口排出的气体中可能含有什么气体？用什么试剂检测	二氧化碳用澄清石灰水或溴麝香草酚蓝水溶液进行检测

（3）学生合作进行实验并记录实验现象。

在实验的操作过程中，引导学生短暂关闭有氧呼吸组的控制阀，观察两组装置的排气口有无气泡产生，从而让学生形成有氧呼吸过程中气体体积量不变、无氧呼吸过程中气体体积量增加的体验，为后续学习有氧呼吸和无氧呼吸气体体积的变化打下基础。

（4）分析得出实验结论。

学生根据观察到的对照组的溴麝香草酚蓝水溶液呈蓝色、有氧组呈黄色、无氧组呈绿色的现象得出酵母菌有氧呼吸和无氧呼吸都可以产生二氧化碳，且有氧呼吸释放的二氧化碳量多于无氧呼吸；根据有氧组酸性重铬酸钾不变色、无氧组变成灰绿色的现象，得出酵母菌在有氧条件下没有酒精产生、在无氧条件下可以产生酒精的结论。

八、实验效果评价

（1）本次实验多数同学可以获得预期的实验现象与结论。但少数同学在进行酒精检测时，有氧组偶尔出现变色的现象。对此，教师可以引导其对实验过程进行分析，提高学生分析问题、解决问题的能力。

（2）本实验是高中生物中非常重要的实验之一，但是 8 h 的连续实验可操作性低，无法随堂开展。通过对教材实验的改进，大大提高了实验的效率，增加了该实验在教学中的可操作性。

利用细胞固定化定量探究酵母菌的呼吸作用

重庆市南开中学校　郑杨忠

一、使用教材

人教版高中《生物学必修 1 分子与细胞》第五章第三节“ATP 的主要来源——细胞呼吸”。

二、实验器材

注射器、试管、糖度计、折光计、酒精传感器、二氧化碳传感器、水浴锅、果酒发酵装置、网兜、烧杯、玻璃棒、量筒、滴管、试管架、溴麝香草酚蓝水溶液、浓硫酸、重铬酸钾、斐林试剂、质量分数为 10% 的葡萄糖溶液、酵母粉、氯化钙溶液、海藻酸钠、蒸馏水等。

三、实验创新要点/改进要点

（一）改进

（1）利用糖度计测定葡萄糖的含量，方便快捷。

（2）利用二氧化碳传感器观察二氧化碳含量的微量变化，用注射器集气法观察二氧化碳含量较大时的变化，比较固定菌和游离菌的发酵速率。

不足：酒精的测定要求较高，只能用酒精传感器测定酒精气体的含量代表溶液中酒精的含量。

（二）创新

（1）使用注射器装置，并通过水浴锅加热，能很好地解决反应溶液中还存在葡萄糖时对酒精进行鉴定的问题。

（2）利用果酒发酵瓶代替原有的锥形瓶进行呼吸作用，可以随时进行取样，监测葡萄糖的含量变化，建立呼吸作用数学曲线模型，让呼吸速率可视化。

（3）酵母细胞固定化实现酵母菌与溶液的分离，使得葡萄糖和酒精都可被较准确地定量测定，让学生直观地比较游离菌和固定菌的优劣。

四、实验原理/实验设计思路

（1）葡萄糖、酒精和二氧化碳的定量分析原理。

酵母细胞固定化后使得酵母细胞既能参与呼吸作用，又能与溶液中的反应物和产物分离。分离后的溶液清澈、无色、成分相对单一，酵母菌不再干扰反应物和生成物的测定及分析，可以用于葡萄糖和酒精的定量分析。二氧化碳为气体，可通过传感器电极进行微量测定，还可用注射器集气法进行量大时的测定。

（2）酒精鉴定原理。

酵母菌发酵后，溶液中既存在葡萄糖又存在酒精，可以用 90 ℃水浴将酒精蒸馏出去后进行鉴定。

五、实验教学目标

（1）以“探究酵母菌的呼吸作用方式”为出发点，利用细胞固定化技术以及果酒发酵技术，对探究酵母菌的呼吸作用方式实验进行改进，以达成酵母菌各相关知识点的整合。为酵母菌建立一个多维度的生物学立体形象，将生命观念实体化。

（2）直观感受细胞固定化技术的优势，利用与反应溶液分离的特点，解决社会生产实践中随时开启和停止的问题，培养社会责任，完成有氧呼吸和无氧呼吸的基本鉴定。

（3）利用实验仪器，实现对葡萄糖、酒精、二氧化碳的定量测定，深入探究呼吸速率的变化曲线，提升学生严谨的生物学科学思维。

六、实验教学内容

（1）探究酵母菌呼吸作用方式的完整实验内容。

（2）了解酵母细胞的固定化（教师先进行制备展示）。

（3）掌握糖度计的使用方法，绘制相应的标准曲线。

（4）掌握二氧化碳传感器和酒精传感器的使用，以及酒精、葡萄糖、二氧化碳的鉴定。

（5）测定数据并进行记录，建立数学模型，拟合曲线。

（6）对实验结果进行分析，回答问题，并提出新问题。

七、实验教学过程

（一）知识复习回顾

酵母菌在高中生物学课本中多次出现，在生活中应用广泛，其为异养兼性厌氧型微生物，学生也比较熟悉。在学生关注细胞固定化这种新技术的同时，教师通过问题引导，让学生将之前学习的与酵母菌相关的知识进行总结，思考这种新技术能否应用到之前的实验当中去，是否会产生不一样的效果，能否对实验作进一步的分析，或将之前的定性描述延伸到定量分析。

通过酵母细胞的固定化实验技术，对原有知识进行整合，对酵母菌呼吸作用方式进行深入探究。

（二）问题引导和准备

（1）3 个引导。

1）设计实验报告单（见图 1），分组讨论，引导学生回顾旧知，提出问题（见图 2）。

学生提出一系列问题，如有氧呼吸中，葡萄糖如何变化，与酵母菌种群数量增长的 S 型曲线相反吗？固定化酵母菌和游离酵母菌哪个反应速率更快呢？果酒发酵中酒精质量分数最后是否为 12%？

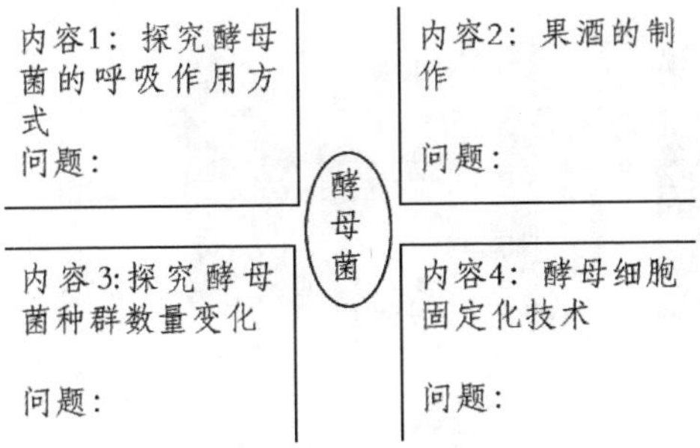

图 1　实验报告单

问题
1.探究呼吸作用能否将酵母菌固定化？
2.能否用果酒发酵装置探究酵母菌呼吸作用方式，有何优势？
3.能否鉴定葡萄糖?能定量测定吗？
4.固定化酵母菌和游离酵母菌哪个无氧呼吸作用强？
5.果酒发酵产生的酒精，抑制酵母菌无氧呼吸吗？
6.酵母菌种群数量增长曲线能否用葡萄糖的变化量来佐证？
……

图 2　学生提出的问题

2）引导学生归纳提炼，断出本质。

学生会发现，绝大多数的问题都是定性鉴定解决不了的，本实验最终需要定量测定葡萄糖、酒精、二氧化碳的含量。

3）引导学生理论联系实践，解决问题，探究葡萄糖、酒精、二氧化碳定量测定方法。

通过引导，学生会有各种不同的思考。比如在葡萄糖的测定中，有的同学想到，医院检测糖尿病患者的血糖，可以使用血糖仪；也有同学想到，要测定水果的含糖量，可以使用糖度计。在酒精的测定中，有的同学想到，交警测酒驾时可以用酒精气体测试仪；也有同学想到，酒厂酿酒时，可以用酒度计测酒精度；还有同学查阅文献，发现可以用折光计测定酒精含量。而针对二氧化碳，则可用二氧化碳传感器和注射器排气法分别进行微量测定和量大时的测定。

（2）2 个准备。

1）关于酵母菌 4 个实验的理论知识和实验操作技术的准备。

2）通过查阅文献，找到定量测定葡萄糖、酒精和二氧化碳含量的方法，了解原理，掌握操作。在实验室中准备好相关实验仪器。最后，学生筛选出如下测定方案：

用糖度计测定葡萄糖含量；用酒精传感器测定反应容器中气体酒精含量，用来代表溶液中酒精的含量；用二氧化碳传感器测定二氧化碳的含量，还可以用注射器集气法直观地测定发酵容器中二氧化碳的变化。

（三）实验方法与原理

（1）葡萄糖含量的定量测定。

同学们通过查阅文献资料，了解到糖度计可以用于葡萄糖的定量测定（见图3），方便快捷，但要求溶液处于澄清状态，不含未溶解的溶质。

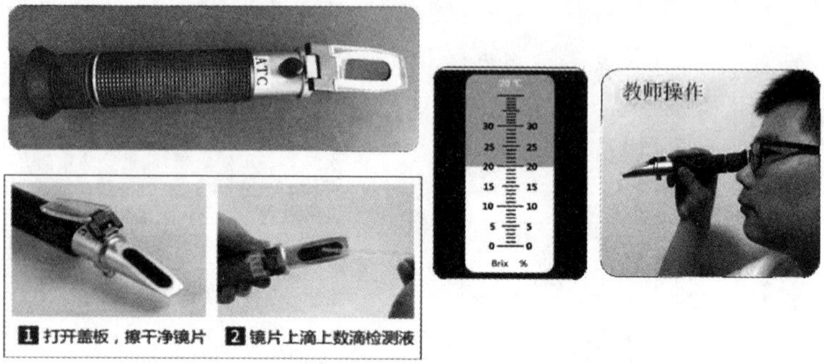

图3 葡萄糖的定量测定

（2）采用二氧化碳传感器（见图4、图5）对二氧化碳的含量进行实时监测。

图4 游离酵母菌二氧化碳测定

图5 固定化酵母菌二氧化碳测定

（3）利用酒精传感器（见图6、图7）测定反应容器中气体酒精含量，以此来代表溶液中酒精的含量。

图6 游离酵母菌酒精测定

图7 固定化酵母菌酒精测定

（4）用注射器集气法直观地测定发酵容器中二氧化碳的含量变化（见图 8）。

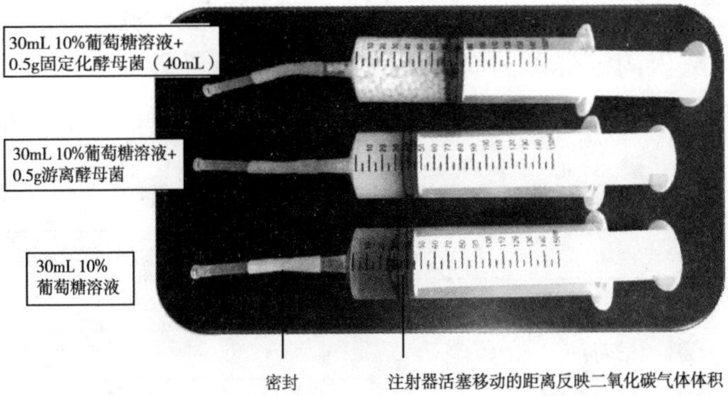

图 8　注射器集气法测定容器中二氧化碳的变化

（四）学生对实验进行整合，并开展创新改进

（1）实验装置改进整合：用果酒发酵装置（见图 9）代替锥形瓶。

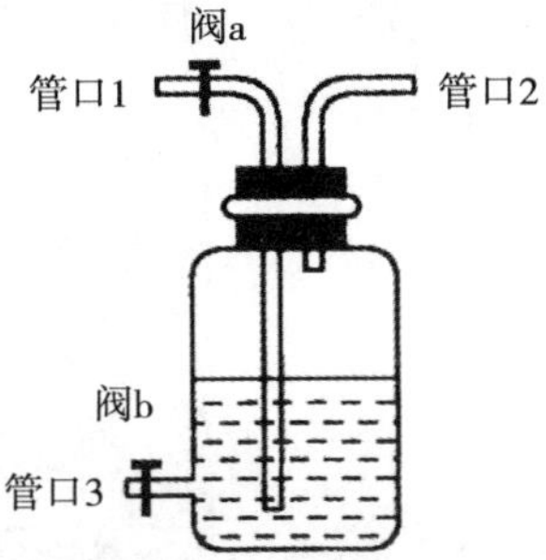

图 9　果酒发酵装置

（2）实验材料改进整合：用固定化酵母菌（见图 11）代替游离酵母菌（见图 10）。

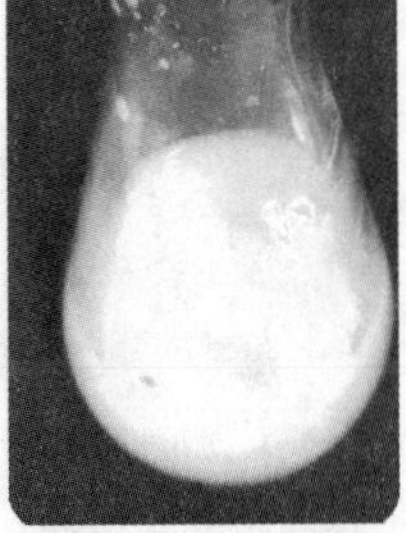

图 10　游离酵母菌

图 11　固定化酵母菌

（五）实验结果与分析

（1）将固定化酵母菌放入葡萄糖溶液中，用折光计测定溶液的折光率，如表 1 所示。发现放入固定酵母菌的溶液的折光率前后没有发生变化，而放入游离酵母菌的溶液则完全变浑浊，说明固定化酵母菌对溶液澄清度没有影响。

表 1　放入酵母菌的葡萄糖溶液的折光率

	溶液折光率
开始	7
游离酵母菌	浑浊
固定化酵母菌	7

（2）葡萄糖的鉴定中，在刚开始时，由于葡萄糖含量较多，游离酵母菌和固定化酵母菌反应现象大致相同，固定化酵母菌上层略显清澈。当反应发生 4 h 左右，葡萄糖的含量相对较少，游离酵母菌对葡萄糖的鉴定就起到了遮盖作用，而固定化酵母菌并未受到影响。反应发生 48 h 后，利用斐林试剂进行测定，没有砖红色沉淀出现，说明固定化酵母菌和游离酵母菌都能将葡萄糖彻底分解。

（3）如图 12 所示，对有氧呼吸葡萄糖的定量测定中，开始阶段，葡萄糖含量下降并不明显，随着时间的推移下降幅度越来越大。即：刚开始酵母菌数量较少，分解葡萄糖效率不高，当进行大量的繁殖后，数量迅速增长，使得葡萄糖的消耗速率增大。

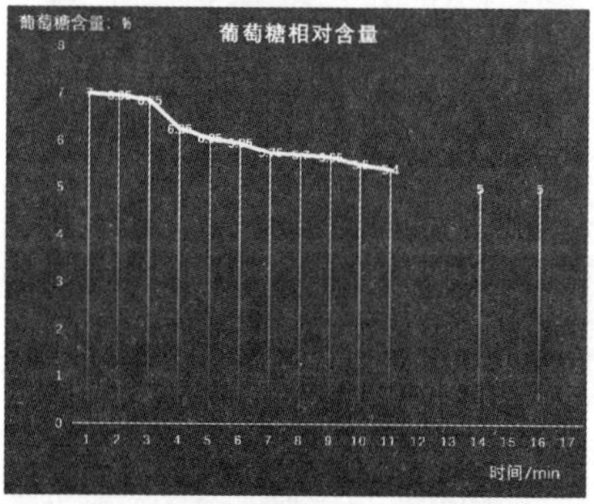

图 12　葡萄糖有氧呼吸一段时间内的变化

（4）酒精的鉴定实验显示：葡萄糖能与酸性重铬酸钾发生反应，颜色由橙色变成灰绿色。并且在反应时，游离酵母菌溶液中的酵母菌在某种程度上影响颜色的变化，固定化酵母菌为灰绿色，而游离酵母菌因为遮挡而呈绿色（见图 13）。

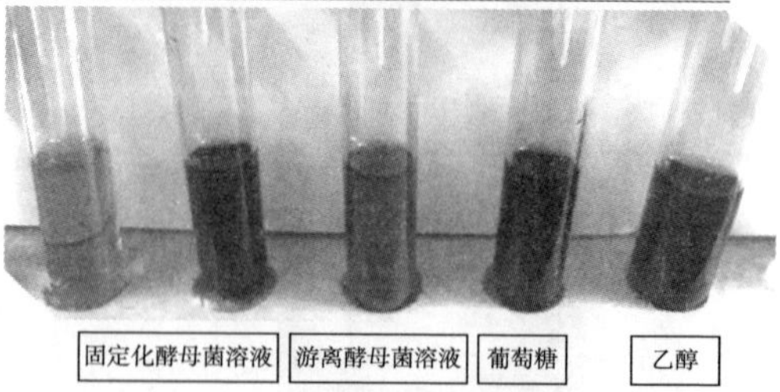

图 13　酒精和葡萄糖鉴定

（5）在无氧呼吸中，游离酵母菌和固定化酵母菌在反应速率曲线上存在一定的差异。在接近 1 100 s 时，游离酵母菌反应容器中气体酒精所占的比例接近1.5%，而在将近3 000 s时，固定化酵母菌反应容器中气体酒精所占的比例仅为1.0%。

由此可得：固定化酵母菌的无氧呼吸速率在前期要低于游离酵母菌。

(6) 固定化酵母菌产生二氧化碳的速率要低于游离酵母菌。分析酒精和二氧化碳的曲线，发现游离酵母菌酒精和二氧化碳曲线的拟合度很匹配，在某种程度上验证了无氧呼吸反应方程式中二氧化碳和酒精的比例为1∶1；而固定化酵母菌则不太匹配，并且后期曲线不平滑，忽上忽下。

学生通过观察发现，固定化酵母菌产生气体的速率较慢，容易在溶液中形成较大气泡，推测：在气泡慢慢产生时，所测值没有增加；当气泡上升破裂时，所测气体值迅速增大，从而使得曲线呈锯齿状。固定化酵母菌产生二氧化碳的曲线相对平滑，推测气泡的存在对酒精挥发的影响要大于二氧化碳释放的影响。

(7) 用注射器集气法测定二氧化碳，在前期，游离酵母菌的无氧呼吸速率要远高于固定化酵母菌。随着时间的推移，固定化酵母菌的无氧呼吸增长速率更大。总体来说，游离酵母菌的无氧呼吸速率要大于固定化酵母菌，学生从理论上也可以解释，即游离酵母菌能与反应溶液接触更充分，同时也可以推断，球形凝胶珠比拖尾凝胶珠反应速率更快。

(六) 实验拓展研究

通过实验整合，学生不仅获得了视觉上的直观感受，还收获了充分的实验数据，体会到了实验有理有据的严谨性。当然，实验还未结束，在实验中：

(1) 有同学提出，固定化酵母菌能与反应溶液分离，能否设计一个装置，随时开启和停止酒精发酵，从而控制酒精发酵的程度。经思考和讨论，使用一个小网兜就可以实现这样的效果（见图14）。

图14 发酵反应的停止与开启

(2) 有同学发现，既然葡萄糖能使酸性重铬酸钾由橙色变为灰绿色，当发酵反应未结束时，溶液中既有葡萄糖也有酒精，如何进行酒精的鉴定呢？同学们开动脑筋，创造性地想出了用注射器蒸馏集气排空法进行鉴定。具体操作如图15所示。

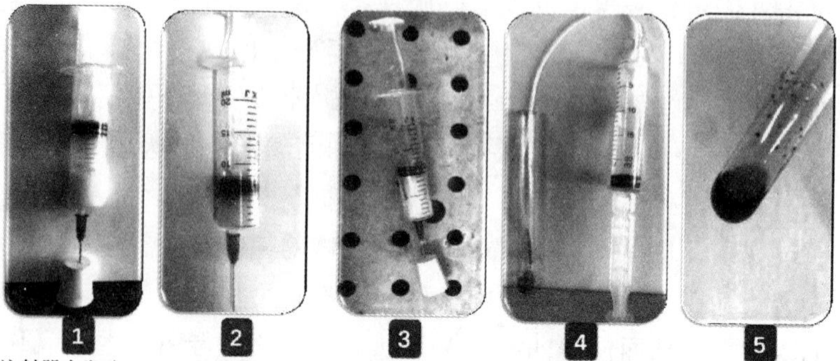

图 15 酒精鉴定的改进方案

首先将酵母菌和葡萄糖溶液在注射器内混合进行发酵，反应一段时间后排出全部二氧化碳气体，然后将反应容器迅速放置在 90 ℃水浴中加热 5 ~ 10 min。此时，酵母菌已经失活，而部分酒精被蒸馏出来，水还没有达到沸点。然后将注射器与注射导管相连，接着把气体排入橙色酸性重铬酸钾溶液后进行振荡，发现有灰绿色出现，这样就完美地排除了葡萄糖的干扰，鉴定了酒精的存在。

同学们在解决问题的时候不仅复习巩固了旧的知识，还提出了新的问题。比如，还有同学提出，在有氧呼吸中，游离酵母菌种群数量与固定化酵母菌种群数量变化曲线相同吗？凝胶珠是否会影响酵母菌的繁殖？这些问题可以让学生继续跟踪探究。

八、实验效果评价

对于本次实验，教师和学生开展了充分评价，总结如下：

（1）固定化酵母菌代替游离酵母菌发酵，学生能直观地感受到酵母细胞固定化的优势，既与反应物和产物分离，又不影响产物的质量，还便于溶液中物质的收集和测定。但固定化酵母菌的呼吸速率在一段时间内要低于游离酵母菌，这也是它的劣势。

（2）果酒发酵瓶代替锥形瓶，能做到随时取样检测。

（3）利用糖度计对溶液中的葡萄糖含量进行测定，用二氧化碳传感器对二氧化碳进行测定，让学生从定性了解到定量分析，做到了生物学重要代谢原理的数据化、可视化。

（4）通过注射器的使用，让学生了解到实验器具来自生活、应用于生活。

酵母细胞的固定化

青海湟川中学　陈奉桂

一、使用教材

本实验选自人教版高中《生物学选修1　生物技术实践》专题四课题三“酵母细胞的固定化”。重在培养学生动手操作能力和思维创新能力等，使学生体验科学技术与实际生活的密切联系。

高二学生具备了一定的生物学知识，理解了酿酒的原理，并掌握了一定的生物学常规实验技能，能够完成此次实验。

二、实验器材

海藻酸钠、蒸馏水、氯化钙溶液、5%葡萄糖溶液、干酵母、重铬酸钾溶液、浓硫酸、无水乙醇、烧杯、玻璃棒、恒温水浴锅、恒温振荡器、恒温培养箱、试管、试管架、锥形瓶、砝码、一次性注射器、分光光度计、培养皿、电子天平、容量瓶、移液枪、蓝枪头。

三、实验创新要点/改进要点

（一）基础改进

教材中酵母细胞的固定化实验过程分为溶解海藻酸钠、活化酵母细胞、制备凝胶珠、酒精发酵、产物检测5个步骤。教师在预实验过程中，针对实验时间、凝胶珠品质、发酵效果3个方面存在的问题落实改进措施，并评价改进效果。

（1）问题1：直接加热海藻酸钠易焦糊且耗时长。

根据实验室现有条件，改进为：①缓慢抖入海藻酸钠，避免一次性加入导致凝结，不易溶化；②热水溶解，水浴加热促溶。

效果：2 min后完全溶解。

（2）问题2：蒸馏水活化酵母细胞效果差。

通过查阅文献，改进为：①5%葡萄糖溶液；②25 ℃，160 r/min恒温振荡培养。

效果：20 min后完全活化。

（3）问题3：7%凝胶珠拖尾严重。

教材说明是由于海藻酸钠浓度过高导致拖尾严重，根据兴趣小组的预实验，设计了4%~7.5%的8个浓度梯度，探究海藻酸钠的最适浓度范围。班级分8个小组，每个小组探究 1 个浓度。学生可以了解浓度梯度的含义，更重要的是各组之间通过互相比较，对于海藻酸钠浓度对凝胶珠形态的影响有更直观和深刻的认识。

结论：海藻酸钠浓度越高，凝胶珠越容易拖尾。

（4）问题 4：圆形和异形凝胶珠发酵效果是否有差异？

称取了同一海藻酸钠浓度下圆形和异形凝胶珠各 20 g，置于相同条件下发酵，相同时间后比较发酵效果。

（5）问题 5：观察颜色和摔打法检测凝胶珠质量标准不一，误差过大。

改进：砝码压迫形变法评价凝胶珠品质。具体操作过程如下：

1）将注射器活塞削去外缘橡胶，可以灵活进出不再有阻力；

2）取下活塞，取凝胶珠放入注射器至一定高度；

3）注射器固定到试管架，放入活塞，在活塞柄处加 1 个 100 g 砝码；加压持续 3 min；

4）记录压迫 3 min 后的高度；

5）取下砝码，回弹 3 min；

6）记录回弹 3 min 后的高度。

（6）问题 6：通过观察气泡评价发酵效果，评价标准不能量化且用肉眼观察每组气泡产生的现象都极其相似。

改进：发酵瓶用气球封口。

效果：实验现象直观明显，酵母菌发酵产物之一是二氧化碳，发酵瓶用气球封口，既保证了发酵体系的气密性良好，又制造了缺氧环境，有利于酵母菌进行酒精发酵。

（7）问题 7：通过闻是否有酒味判断发酵效果不可靠。

改进：根据酒精与酸性重铬酸钾溶液反应呈现灰绿色的原理，配制标准比色液，通过比色定量分析，确定各个发酵液中的酒精浓度。

具体实施过程如图 1 所示，通过对以上 7 个方面的改进，缩短了实验时间，使实验效果更加明显，学生的实验操作能力得到了全面训练。

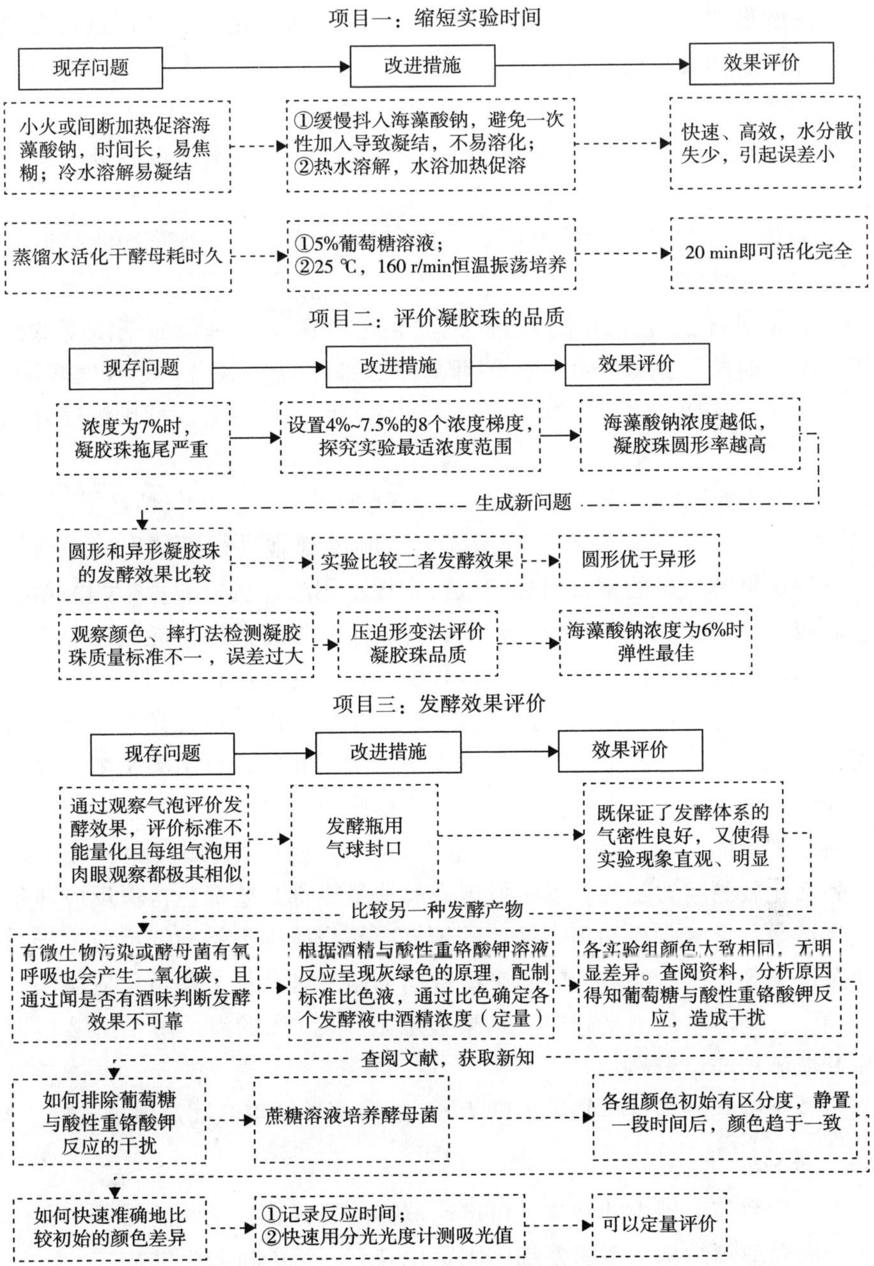

图1　对预实验过程中存在的问题进行分析和改进的实施过程

（二）其他创新

本实验还进行了以下创新：①多维度评价包埋效果和发酵效果；②定性分析与定量分析并行。

实验从圆形率、弹性、发酵液浑浊度、二氧化碳产量、酒精产量这5个维度评价凝胶珠品质和发酵质量。

（1）圆形率：实验设计海藻酸钠溶液浓度在4%～7.5%区间内的共8组浓度，每组浓度随机取50颗凝胶珠，计算圆形率。海藻酸钠浓度越高，凝胶珠越容易拖尾。

（2）弹性：通过自制工具测评每组凝胶珠的弹性，在海藻酸钠溶液浓度为6%时凝胶珠弹性最佳。

（3）发酵液浑浊度：此维度反映的是包埋持久度，海藻酸钠浓度低，体系黏度下降，同时羧酸钠基团变少，包埋的酵母细胞容易漏出，导致发酵液浑浊。通过用分光光度计比较发酵1周后发酵液的浑浊度，发现海藻酸钠浓度越高，包埋得越牢固。

（4）二氧化碳浓度：根据发酵48 h后气球的大小，判断气体产量。

（5）酒精产量：工业生产中利用固定化酵母细胞进行酒精发酵，酒精产量的多少是评价发酵效果的重要指标。教材中提示用酸性重铬酸钾检测酒精，为了能定量比较酒精浓度，同学们查阅资料，配制了标准比色液，通过比色确定各个发酵液中酒精浓度的范围。但在实验过程中，发现此方法存在两个问题：①发酵液的显色超出了标准比色液的范围。教师建议学生可以使用分光光度计测量标准比色液的吸光值，制作标准曲线，根据发酵液的吸光值计算出酒精浓度。②预计各组之间酒精浓度有差异，但肉眼观察8组反应颜色没有显著区别。有同学猜测酸性重铬酸钾可能与反应底物葡萄糖也发生了反应，后查阅资料验证了这一设想。那怎么比较酒精含量呢？学生发现发酵液最终都是蓝绿色，但反应速率不一样。通过请教化学老师得知葡萄糖比酒精更容易与酸性重铬酸钾反应，于是学生决定通过记录到达反应终点的时间来衡量葡萄糖的剩余量。颜色反应越快，剩余葡萄糖越多，则产生的酒精越少。结果显示浓度为6%的海藻酸钠溶液包埋的酵母菌发酵液酒精产量较高。

通过5个维度的衡量得知，浓度为6%的海藻酸钠溶液固定效果较好。

四、实验原理

溶于水的海藻酸钠中的钠离子可迅速被钙离子置换，交联后形成多孔的、不溶于水的海藻酸钙结构，能够使细胞固定化并有一定的机械强度。

固定化酵母细胞以葡萄糖作为底物进行酒精发酵，产生二氧化碳及酒精，反应式如下所示：

$$C_6H_{12}O_6\text{（葡萄糖）}\xrightarrow{\text{酶}}2C_2H_5OH\text{（酒精）}+2CO_2+\text{少量能量}$$

五、实验教学目标

根据教材、学情以及课标要求，制订教学目标。

（1）生命观念：理解细胞固定化的原理和意义。

（2）科学思维：通过对原有实验的改进，培养学生的创造性思维、批判性思维、多因素分析思维。

（3）科学探究：培养学生的科学探究精神，领悟设计实验、发现问题、解决问题、结果预期、交流讨论等科学探究方法。

（4）社会责任：致力于改善工业生产体系，有效评价生产效果。

六、实验教学内容

为了达成教学目的，进行如下教学设计：此次实验分两个课时进行，第一课时首先进行理论知识学习，教师分享预实验发现的问题；然后学生讨论解决方法，并进行酵母细胞的固定化；最后就实验再次提出问题并查阅文献资料，找出解决方法。第二课时学生小组合作完成实验创新并实践检验效果，总结分享。

七、实验效果评价

（一）效果评价

（1）实验效果良好，系列浓度梯度的海藻酸钠溶液配制有效突破教学重点。

（2）从定性到定量，培养学生严谨的科学思维。

（3）恒温振荡活化微生物与微生物培养、比色法与亚硝酸盐的检测、分光光度计与微生物技术等实验方法和知识整合，做到举一反三。

（4）记录实验数据，整理、分析数据，有助于培养学生严谨的科学态度、证据意识和问题意识，不迷信权威。通过将数据以合理的方式呈现，培养了学生信息技术的应用能力。

（5）从5个维度全面评价实验效果，培养学生多因素分析问题的理性思维，落实高考评价体系，培养学科核心素养，立足高考评价体系中的创新性和应用性导向。

（二）反思

（1）实验过程中注意：酸性重铬酸钾会与酵母菌发酵液中的葡萄糖反应。

（2）用颜色反应速率评价酒精产量是否正确。文献记载有以下常用方法：①待葡萄糖耗尽后再检测酒精；②蒸馏发酵液，分离酒精和葡萄糖；③检测葡萄糖消耗量。酒精浓度测定的常用方法主要有密度瓶法、折光率法、酒精计法、分光光度法、化学氧化法、荧光光度法等检测法。发酵培养液中所剩的葡萄糖浓度可以用铁氰化钾法测定。

利用自制装置探究环境因素对光合作用强度的影响

大连市第八中学　杨宗泽

一、使用教材

人教版高中《生物学必修 1　分子与细胞》（2019 年版）第五章第四节“探究环境因素对光合作用强度的影响”。

二、实验器材

复合板、带开关的灯头、LED 全光谱植物生长灯（5 W，含不同光质类型）、40 cm×50 cm 木板、黑卡纸、图钉、小麦、碳酸氢钠溶液、水、20 mL 注射器、烧杯、培养皿、剪刀、镊子、记号笔等。

三、实验创新要点

通过总结本节课历年的开展情况，发现两类问题。一类是开展“黑板实验”，导致学生对本节课认识程度有限、兴趣不足，难以理解实验原理和思路，学习效果差；另一类是按课本开展教学实验，往往出现实验材料很难进行抽气处理、易受损伤、结果不显著、难以开展多因素探究实验等问题。基于此，教师通过反复实验，最终将实验材料改为小麦，并自制实验装置。

（一）实验材料创新

选择小麦作为实验材料，主要原因如下：

（1）小麦是三大农作物之一，与世界粮食产量息息相关，而植物光合作用强度与粮食产量息息相关。借此构建真实学习环境，有利于提升学生对本节课认识的高度，培养学生关注社会热点、承担社会责任的意识，并提高学生的学习兴趣，从而主动探究，利于教学目标的达成。

（2）小麦容易获得，易于培养，可开展多项实验。例如小麦干旱胁迫实验、低氮胁迫实验等，可检测叶绿素、气孔、表型、含水量、干鲜重等多项指标，极大拓展了学生的探究空间和思维空间（见图 1、图 2）。此外，由于同一生长期、同一叶位的小麦叶片宽度基本相同，取样时，可剪取同一叶位的小麦叶片若干，一端对齐后可剪取大量长度相同的叶片，省时、省力。小麦叶片轻盈，可利用 20 mL 注射器在短时间内抽取大量叶片，下沉迅速，开展实验时，上浮较快，效果显著。

小麦低氮胁迫实验

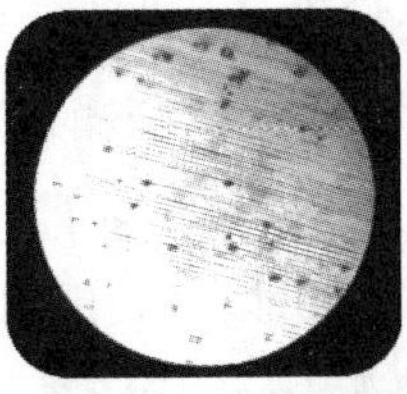

小麦干旱胁迫实验
——观察小麦叶片气孔

图 1　小麦胁迫处理实验结果

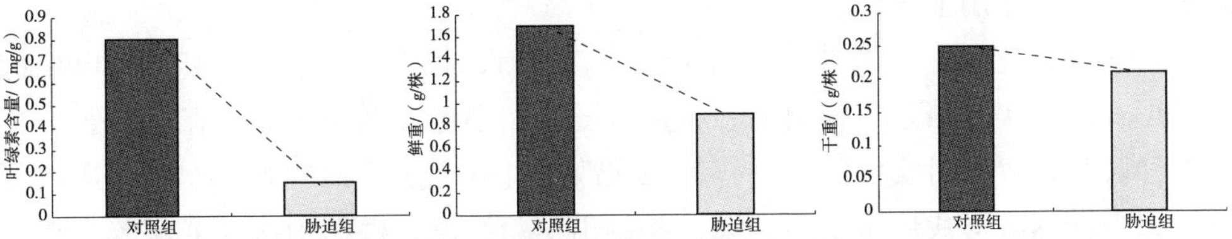

图 2　低氮条件下，小麦叶片各项生理指标

（二）实验装置创新

利用复合板、带开关的灯头、LED 全光谱植物生长灯（5 W，含不同光质类型）、40 cm×50 cm 木板、黑卡纸、图钉等材料制作实验探究装置，实验装置图如图 3 所示。

（1）装置灵活性强，学生可以通过合作、讨论、分析，对装置进行多角度改装，用同一装置对不同环境因素对光合作用强度的影响进行探究，也可进行二次改装，探究多因素对光合作用强度的综合影响。

（2）装置制作简单、成本低、易拆卸且易收纳。

（3）本装置将光源改为 LED 全光谱植物生长灯，加速叶片上浮时间，效果显著。

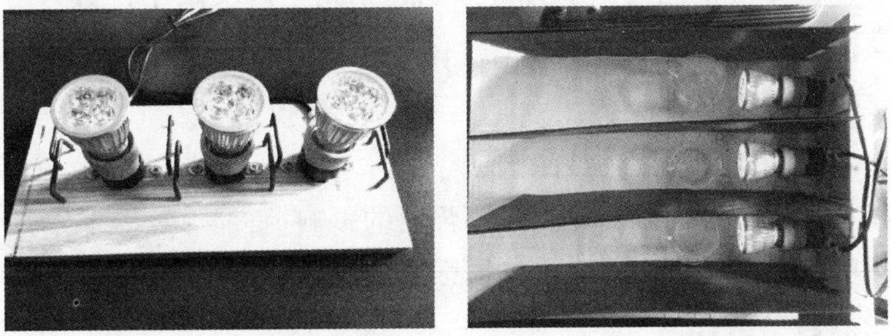

图 3　实验装置

四、实验设计思路

教师结合教学目标和自制实验装置，确立教学设计思路。

（1）正式上课前，向学生介绍《2019 年全球粮食危机报告》，使学生认识到粮食安全的重要性，农作物的光合作用强度与粮食产量息息相关，继而向学生介绍三大农作物之一的小麦。安排学生以小组为单位，利用课余时间培养小麦幼苗，并通过观察，分析影响光合作用强度的环境因素。结合教师提供的实验装置和材料，要求学生对实验装置进行第一次改进，设计实验方案，探究单个环境因素对小麦光合作用强度的影响。

（2）正式上课时，首先由各小组展示实验设计方案，并开展实验，以坐标图的形式展示实验结果，得出实验结论。随后，学生开展小组间合作交流，利用已有经验和装置，对实验装置进行第二次改进，探究多因素对光合作用强度的影响，以坐标图的形式展示实验结果，并得出实验结论。根据两次探究实验，提出提高农作物产量的可行性措施。最后，教师对学生的表现做出点评，并进一步向学生展示其他社会热点问题，例如生物因素对植物光合作用强度的影响、转基因抗虫棉、袁隆平院士主导的海水稻研究等。使学生认识到运用科学知识和方法，能够造福社会，教育学生关注社会问题，勇于承担社会责任，将所学知识和方法运用到生活和科学研究中。

五、实验教学目标

（1）通过实物观察，分析影响光合作用强度的环境因素，建立生命观念。

（2）通过小组合作、设计和实施应用控制变量法，探究环境因素对光合作用强度的影响实验，进行科学探究。

（3）通过小组合作、讨论、分析、设计创新，运用批判性思维和创造性思维，进行科学探究，提升解决实际问题的能力。

（4）关注世界粮食危机，学会将知识运用到生产实践中，努力为社会做出自己的贡献，承担一定的社会责任。

六、实验教学内容

（1）分析影响光合作用强度的因素。

（2）探究单个环境因素对光合作用强度的影响。

（3）探究多个环境因素对光合作用强度的影响。

七、实验教学过程

（一）创设教学环境，关注社会问题，激发探究兴趣，承担社会责任（课前）

（1）情境导入：教师提出问题：当同学们坐在现代化的教室里学习时，是否思考过，饥饿和粮食安全问题距离我们遥远吗？引起学生思考，继而展示《2019 年全球粮食危机报告》，指出 2018 年全球约有 1.13 亿人处于严重饥饿状态，并结合中国古语“民为国基，谷为民命”教育学生粮食安全的重要性。随后播放图片展示三大农作物——水稻、玉米、小麦，引出本节课实验材料——小麦，安排学生活动。

（2）学生活动：以小组为单位，利用课余时间培养小麦，并思考完成以下问题及任务。

1）小麦的产量与生物学中哪个反应直接相关？

2）光合作用强度是什么？如何测量？

3）影响小麦光合作用强度的环境因素有哪些？

4）选择一个环境因素，探究该因素对小麦光合作用强度的影响，利用教师提供的实验装置和材料，进行改装，设计实验方案。

（3）材料用品：小麦、教师自制实验装置、碳酸氢钠溶液（提供二氧化碳）、水、20 mL 注射器、烧杯、培养皿、剪刀、镊子、记号笔。

（4）设计意图：引导学生关注社会问题。驱动学生利用已有知识，合作探究环境因素对小麦光合作用强度的影响，并提出粮食增产的可行性措施，承担社会责任。

（二）任务驱动，组内合作，改装设备，探究单因素对光合作用强度的影响（课上）

（1）学生活动：学生展示小组课题及实验设计方案，每组选派一名代表回答以下问题。

1）本组实验的课题是什么？

2）实验的自变量是什么？如何控制？

3）实验的因变量是什么？如何检测？

4）实验的无关变量是什么？如何处理？

5）实验方案是什么？

（2）设计意图：通过小组展示，引导学生进行对比、分析，发现他人优点和自身问题，培养学生的批判性思维。

（3）各小组实验装置改进方案。

1）如图 4 所示，控制实验距离，探究光照强度对光合作用强度的影响。

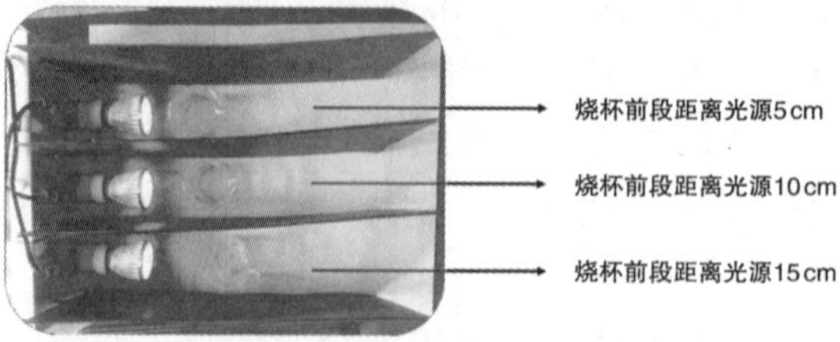

图 4　探究光照强度对光合作用强度影响的实验装置

2）如图 5 所示，改变光源，探究光质对光合作用强度的影响。

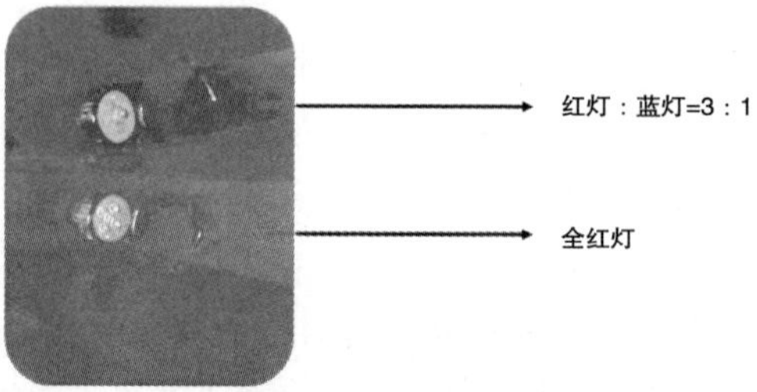

图 5　探究光质对光合作用强度影响的实验装置

3）由于碳酸氢钠溶液可以稳定提供二氧化碳，改变碳酸氢钠溶液浓度，探究二氧化碳浓度对光合作用强度的影响（见图 6）。

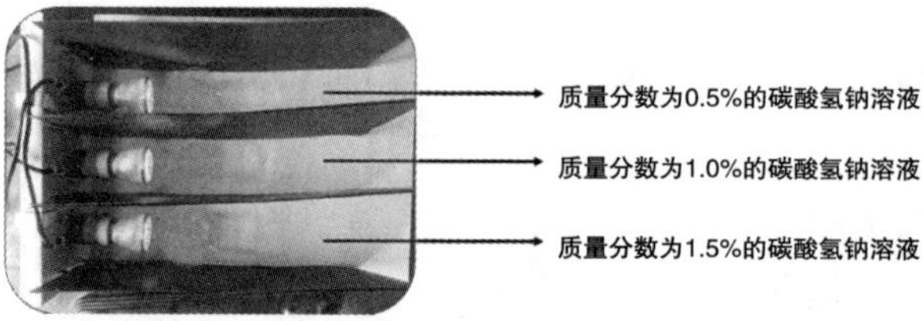

图 6　探究二氧化碳浓度对光合作用强度影响的实验装置

4）如图 7 所示，改变碳酸氢钠溶液的温度，探究温度对光合作用强度的影响。

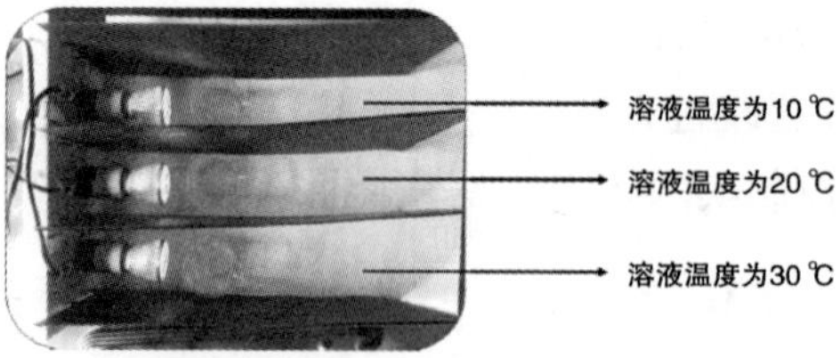

图 7　探究温度对光合作用强度影响的实验装置

（4）各小组展示实验课题与方案后，开展实验，记录实验数据，以折线图的形式展示实验结果，得出实验结论，教师分别对每个小组做出评价。部分实验结果如图 8 所示。

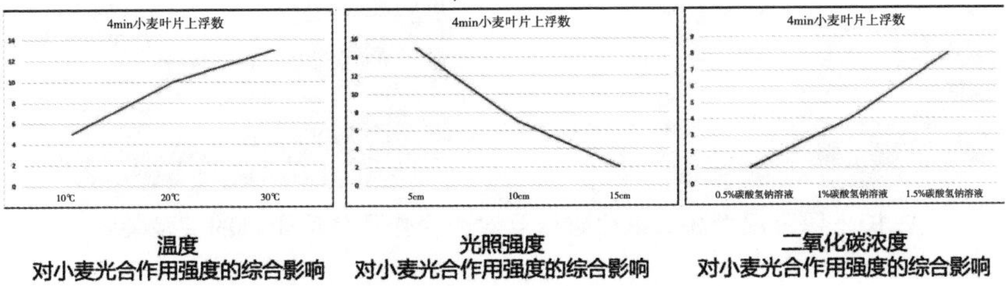

图 8　部分实验结果

（三）组间合作，深入探究，二次改进，探究多个环境因素对光合作用强度的影响

（1）学生活动：教师引导各组学生互换，开展组间合作，通过交流和讨论，对装置进行二次改进，设计实验方案，探究多个环境因素对光合作用强度的影响。

（2）设计意图：通过组间合作探究，进一步培养学生创造性思维和科学探究能力。

（3）组间合作后的改进方案。

1）如图 9 所示，学生在探究二氧化碳浓度对光合作用强度影响的实验基础上，改变烧杯到光源的距离，同时探究二氧化碳浓度和光照强度对光合作用强度的影响。

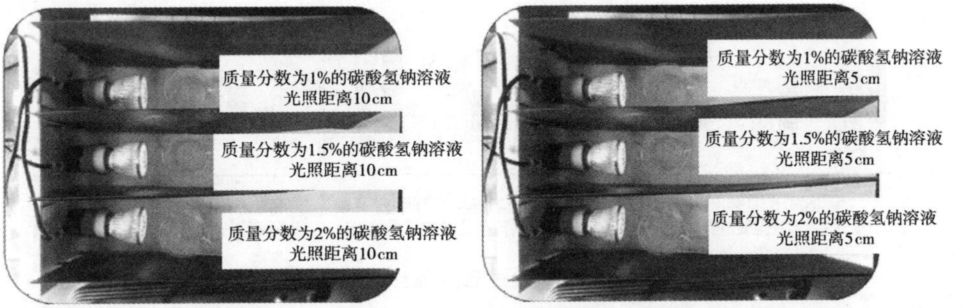

图 9　探究二氧化碳浓度和光照强度对光合作用强度影响的实验装置

2）如图 10 所示，学生在探究二氧化碳浓度对光合作用强度影响的实验基础上，改变溶液温度，同时探究温度和二氧化碳浓度对光合作用强度的影响。

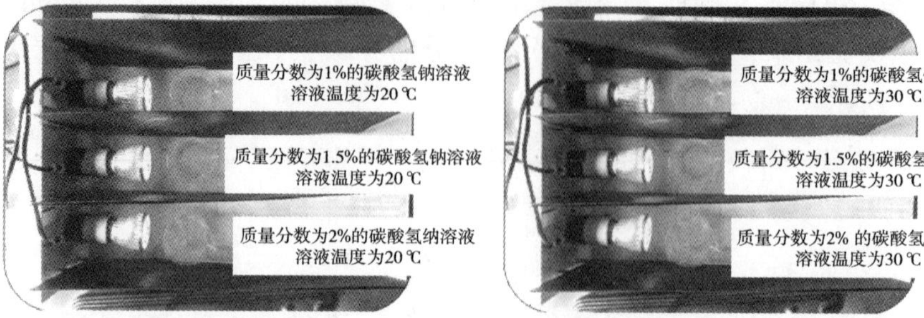

图 10　探究温度和二氧化碳浓度对光合作用强度影响的实验装置

3）如图 11 所示，学生在探究光照强度对光合作用强度影响的实验基础上，改变溶液温度，同时探究光照强度和温度对光合作用强度的影响。

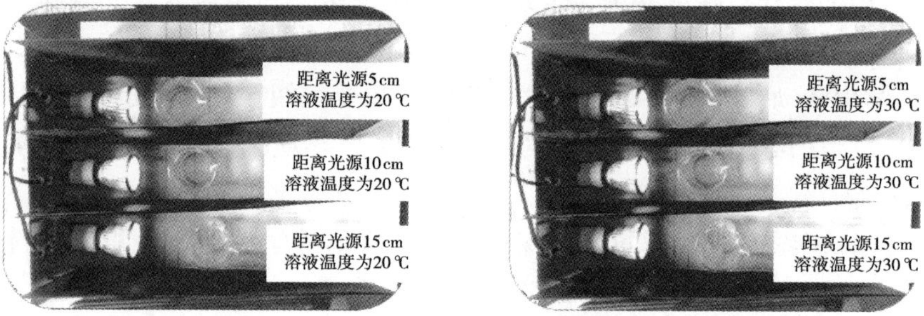

图 11　探究光照强度和温度对光合作用强度影响的实验装置

探究实验结束后，学生展示实验结果，教师予以点评。部分实验结果如图 12 所示。

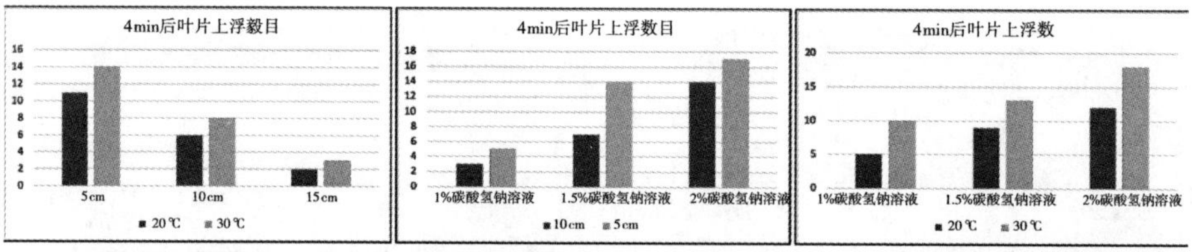

温度和光照强度
对小麦光合作用强度的综合影响

二氧化碳浓度和光照强度
对小麦光合作用强度的综合影响

二氧化碳浓度和温度
对小麦光合作用强度的综合影响

图 12　装置改进后的部分实验结果

（四）关注社会，拓宽视野，学以致用，勇担责任

（1）教师活动：课程最后，教师向学生展示科学研究热点问题，例如生物胁迫对农作物产量的影响、转基因抗虫棉、袁隆平院士主导的海水稻研究等。

（2）设计意图：让学生认识到运用科学知识和方法，能够造福社会。以此教育学生关注社会问题，勇于承担社会责任，将所学知识和方法运用到生活和科学研究中。

八、实验效果评价

（1）基于社会责任，体现教学情境的一贯性。本实验教学中，教师由粮食危机导入，解读了《2019 年全球粮食危机报告》，并结合中国古语“民为国基，谷为民命”，让学生感受到粮食安全的重要性，激发学生的社会责任，进而利用三大农作物之一的小麦，作为整节课的实验材料，分析影响光合作用强度的环境因素，探究环境因素对光合作用强度的影响，结尾再次提到粮食安全、研究热点与社会责任，保持教学情境的一贯性，既能培养学生的社会责任，又能培养学生合作探究、综合分析的能力。

（2）科学探究能力的培养。本教学设计中，通过一套实验材料，让学生设计实验方案，探究多个实验。在多个探究实验中，不断深化对自变量、因变量、无关变量的认识。通过不断改造实验装置，进一步提升学生的科学探究能力与创新能力。

（3）科学思维的培养。在实验教学中，安排学生以小组为单位合作探究，在设计实验过程中，使学生通过讨论、分析，发现他人优点和自身问题，训练批判性思维；在改进实验装置过程中，让学生不断思考、学习、实践、试错、改进，训练创造性思维；通过探究性实验，训练科学研究方法，培养学生解决问题的能力。

探究光对植物光合作用强度的影响

首都师范大学附属密云中学　曹丽娜
北京市密云区教师研修学院　李秀军

一、使用教材

人教版高中《生物学必修 1　分子与细胞》第五章“细胞的能量供应和利用”第四节“光合作用与能量转化”中的“探究环境因素对光合作用强度的影响”。

二、实验器材

(1) 自制实验装置：光合作用影响因素的探究实验比较分散、耗时长，实验精准性不高，为更好落实课标要求，对装置进行了改进和创新。

自制光对光合作用影响探究实验装置（见图 1）和暗箱罩大小各 1 个（大的罩住装置，减少外界光线对实验结果的影响；小的用于部分实验）。该装置是由泡沫板（泡沫板也可以用硬纸板替代）制成的上边留有圆孔的阶梯状箱子，中间用黑纸板隔开，箱子底部安置距离均匀的 LED 灯带提供光源。

实验装置侧面　　　　实验装置正面　　　　红、绿光对比的实验装置

图 1　自制光对光合作用影响探究实验装置

(2) 其他实验仪器：数码显微镜、溶解氧测定仪（见图 2)、光合作用测定仪（见图 3)、盖玻片、载玻片、滴管、计时器、标签纸、记号笔、玻璃棒、镊子 2 把、200 mL 的烧杯 8 个、20 mL 一次性注射器 2 个、直径为 0.6 cm 的打孔器、绿色和红色透明薄片各 1 个、黑色纸板等。

图 2　溶解氧测定仪

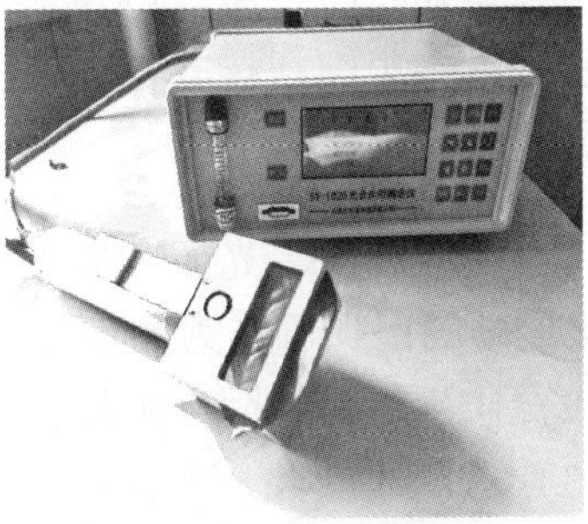

图 3　光合作用测定仪

（3）实验材料：新采集的生长旺盛的绿萝叶片（见图4）和月季叶片（见图5）若干。

图 4　绿萝叶片

图 5　月季叶片

三、实验创新要点

（一）实验装置创新

与教材中实验用台灯做光源相比，选择经济实用的材料自制实验装置，变为底部 LED 冷光源灯带做光源，使小圆叶受光更均匀。利用中间隔板隔开，形成对比，并用红、绿色薄片创造不同光质对比，操作方便，增加了实验的可靠性和可信度。

（二）实验思路创新

以生活问题情境导入，用叶圆片上浮法展开光照时间、光质和光照强度对绿萝、月季叶片光合作用强度影响的系列探究实验。分析得出结论，用溶解氧测定仪和光合作用测定仪对其进行验证，并提出新问题——二者叶片形态结构可能存在哪些不同？并进行相应实验进行验证。最终解释绿萝、月季养在不同光照环境中才能长好的原因，并对绿植培养提出可行建议。

（三）实验方法创新

（1）将教材中定性实验转变为可观测的定量实验，实验结果更直观。

（2）增加溶解氧测定仪和光合作用测定仪进行测定验证。

（3）增加不同植物叶片形态结构对比观察实验。

四、实验原理

（1）光照强度、光质和光照时间会影响植物光合作用强度，生产氧气和消耗二氧化碳的多少可作为测定光合作用强度的指标。

（2）阳生植物、阴生植物，在相同光照条件下，光合作用强度不同。

（3）运用“叶圆片上浮法”测定光合速率。植物叶片含有空气（主要是氧气），在清水中会上浮，抽气后会下沉，当光合作用产生的氧气充满细胞间隙，会使叶片再次上浮。故叶片上浮情况（时长、数目）可作为光合作用强度的观测指标。

五、实验教学目标

（1）通过光合作用自制装置和多种系列探究实验装置，探究光对绿萝和月季光合作用强度的影响。再通过对比观察绿萝和月季叶片的形态结构，进而解释绿萝和月季在相同光照条件下长势不同的原因。进一步建立结构与功能观，进化与适应观，认同生物学学科教育价值。(生命观念、社会责任)

（2）结合演示实验，引导学生设计光照强度、光照时间、光质对植物光合作用强度影响的探究实验方案，训练思维，培养小组合作与沟通能力，提升实验设计和分析能力。(科学思维、科学探究)

（3）运用自制装置，完成光照强度、光照时间、光质对绿萝叶片和月季叶片光合作用强度影响的系列探究实验，培养学生的动手操作能力和实验探究能力。(科学思维、科学探究)

六、实验教学内容

（1）利用自制装置，运用“叶圆片上浮法”探究光照时间、光照强度对绿萝和月季光合作用强度的影响。

（2）改变自制装置中灯光的颜色，运用“圆叶法”探究光质对绿萝和月季光合作用强度的影响。

（3）运用溶解氧测定仪和光合作用测定仪，探究相同条件下，绿萝和月季光合作用强度的异同。

（4）对比观察绿萝和月季叶片形态，并通过数码显微镜对比二者的叶片显微结构。

七、实验教学过程

（一）环节一：创设情境

教师出示两幅对比图片，养在客厅的绿萝长得特别茂盛，放在阳光充足的阳台的绿萝反而叶片干枯发黄；月季则是正好相反，放在光照充足的阳台上的长势较好，而放在阴面卧室的长势不好。设疑引发学生对不同光照处植物长势不同的问题的探究学习兴趣。

教师设疑：相同条件的光照对不同植物的光合作用强度影响不同。都有哪些光照条件会影响植物光合作用？怎样去证明呢？

（二）环节二：演示寻理

课外小组学生现场进行“叶圆片上浮法”实验，让学生掌握小圆叶打孔和抽真空的方法，通过问题引导学生对实验原理进行分析，培养学生的思维能力，为学生探究实验的设计和实施奠定基础。

向学生介绍自制装置并引导学生思考装置中间的隔板有什么作用？将装置灯带置于下方与课本实验用台灯相比有什么优势？让学生体会实验装置的巧妙和科学实验的严谨性。

（三）环节三：设计实验

结合演示实验、实验原理和学案中的任务要求，引导学生设计探究实验方案。从光照时间、光照强度、光质等对绿萝和月季光合作用强度的影响分别进行探究。训练探究能力的同时，培养学生多角度思考问题的思维能力。

（1）确定想要探究的影响光合作用的光方面的因素。

（2）写出探究实验的理论依据。

（3）分析探究实验的自变量、因变量和无关变量，并完善实验记录表格（见表1）。

表1　学生探究实验结果记录表

组别	圆叶数量	清水	自变量 （　　　）	预期结果 （　　　）	结论
绿萝1	10片	150 mL			
月季1	10片	150 mL			

（4）预期你所设计实验的结果，并写出实验结论。

学生小组合作设计实验方案，小组代表讲述本组的实验设计思路及方案，其他同学进行质疑，小组成员再对自己设计的实验方案进行完善。

（5）播放课外小组同学依据自己的实验设计进行相关实验的视频为参考，验证同学们的实验设计。

（四）环节四：结果分析

教师出示课外小组同学的实验结果，引导学生进行分析，得出每组数据的相关结论。

（1）不同光照时间对光合作用强度的影响。

将绿萝和月季的小圆叶各10片分别放入装有150 mL清水的烧杯中，叶片沉入水底，将烧杯放在距灯带（LED）10 cm处光照，实验结果如表2所示，光照时间影响条形图如图6所示。

表2　不同光照时间对光合作用强度影响的实验结果

	叶片种类	光照时长/min					
		5	10	15	20	25	30
沉底圆叶上浮数量	绿萝	1片	6片	10片			
	月季	0片	1片	3片	6片	8片	10片

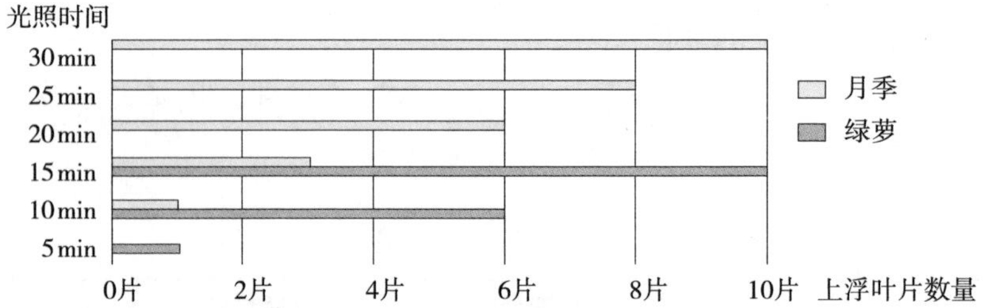

图6　不同光照时间对绿萝和月季光合作用强度影响的实验结果

实验结论：光照时间越长，光合作用强度越强，且该光照强度下绿萝光合作用强于月季。

（2）不同光照强度对光合作用的影响。

分别以绿萝和月季叶片为实验对象，以在自制装置放置不同阶梯的烧杯距底部灯带距离的远近来表示不同光照强度，以小圆叶的上浮所需时间为观测指标，实验结果如表3所示，光照强度影响柱状图如图7所示。

表 3　不同光照强度对光合作用强度影响的实验结果

组别	圆叶数量	清水	光照强度	实验结果 （圆叶浮起所需时间）
绿萝 1	10 片	150 mL	烧杯距光源距离 10 cm	12 min
月季 1	10 片	150 mL	烧杯距光源距离 10 cm	27 min
绿萝 2	10 片	150 mL	烧杯距光源距离 20 cm	14 min
月季 2	10 片	150 mL	烧杯距光源距离 20 cm	30 min
绿萝 3	10 片	150 mL	烧杯距光源距离 30 cm	17 min
月季 3	10 片	150 mL	烧杯距光源距离 30 cm	35 min
绿萝 4	10 片	150 mL	盛夏室外	15 min
月季 4	10 片	150 mL	盛夏室外	8 min

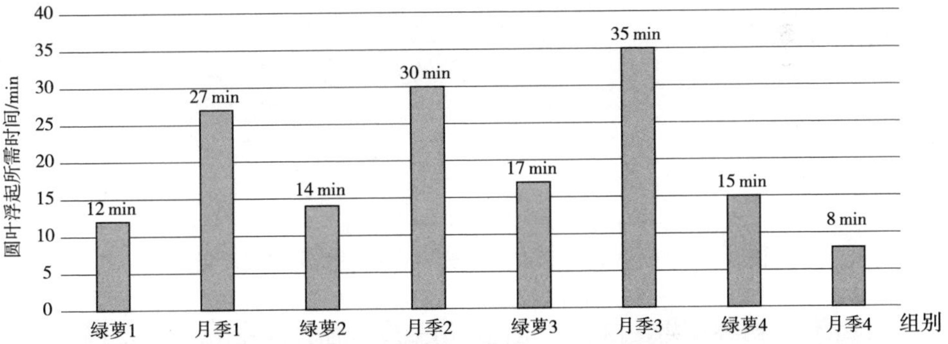

图 7　不同光照强度对绿萝和月季光合作用强度影响实验结果

得出结论：绿萝和月季在一定范围内，随着光照强度不断增强，光合作用强度也不断增强（小圆叶片中产生的氧气多，浮起的速度快）。月季光合作用强度比绿萝弱。

将沉入水底的 10 片绿萝和 10 片月季小圆叶分别放入装有 150 mL 清水的烧杯中，放在正午的室外。月季叶片浮起所需时间为 8 min，绿萝叶片浮起所需时间为 15 min。

得出结论：在强光下，月季光合作用强度高于绿萝，因此绿萝适合生长在弱光环境，月季适合生长在强光环境。

此外，实验结果还间接表明实验装置中的灯光强度属于较弱的光照。

（3）不同光质对光合作用强度的影响。

学生用红色和绿色的透明薄片放置在灯带上方，制造红光和绿光条件，探究光质对光合作用的影响，实验结果如表 4 所示，光质影响折线图如图 8 所示。

表 4　不同光质对光合作用的影响实验结果

组别	小圆叶片	清水	光照时间	不同颜色的光	圆叶浮起数量
绿萝 1	10 片	150 mL	15 min	白光	10 片
绿萝 2	10 片	150 mL	15 min	红光	6 片
绿萝 3	10 片	150 mL	15 min	绿光	2 片
月季 1	10 片	150 mL	30 min	白光	10 片
月季 2	10 片	150 mL	30 min	红光	4 片
月季 3	10 片	150 mL	30 min	绿光	1 片

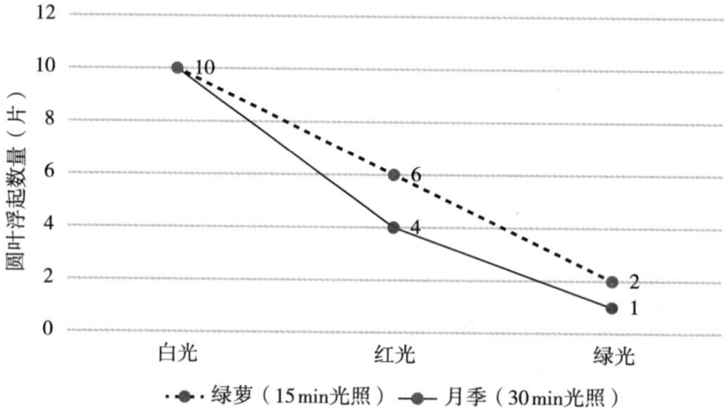

图 8　不同光质对绿萝和月季光合作用强度影响实验结果

实验结论：两种植物在白光下光合作用强度最强，红光次之，绿光较弱。

引导学生逐一分析后，综合对比发现光照强度对绿萝和月季光合作用强度影响最大。有学生质疑是否可以直接测氧气的生成量。

（五）环节五：拓展实验

出示课外小组同学用溶解氧测定仪进行的测量比较：数据波动较大，氧气不易溶于水，且溶解氧受温度影响较大，因此二者差距不明显。课外小组同学还用光合作用测定仪进行测量，发现确实存在以下情况：强光下光合速率，月季大于绿萝；弱光下光合速率，绿萝大于月季。

教师引导学生对实验结果进行分析，推测光合作用强度与绿萝、月季叶片形态结构有关。引导学生从叶片大小、薄厚、角质层厚薄等方面用肉眼对比观察绿萝和月季叶片形态结构并记录。引导学生制作临时装片用数码显微镜观察，从叶绿体多少、大小方面对比观察并记录，如图 9～12 所示（图 9～12 均为 10×40 倍显微镜下的显示效果）。

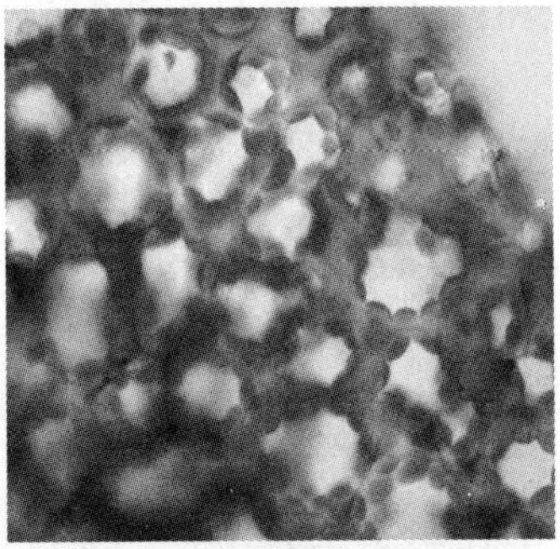

图 9　月季叶片显微结构

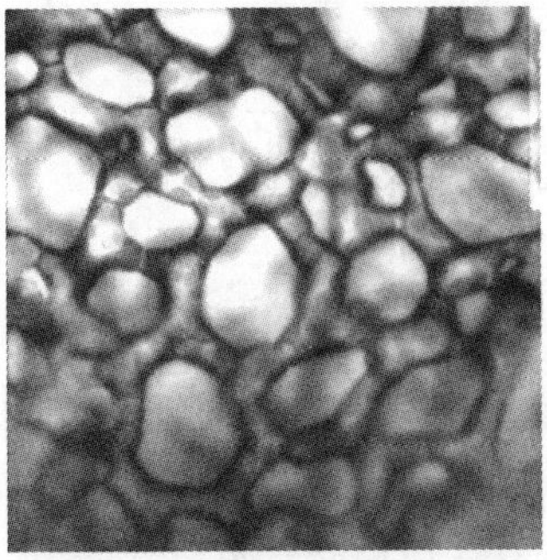

图 10　绿萝叶片显微结构

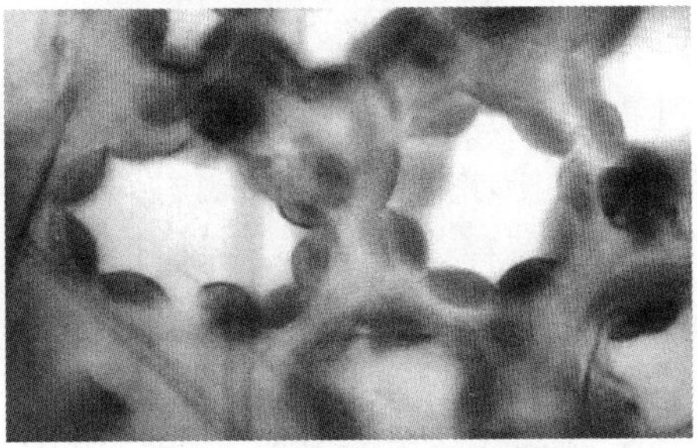

图 11　月季叶片显微结构放大

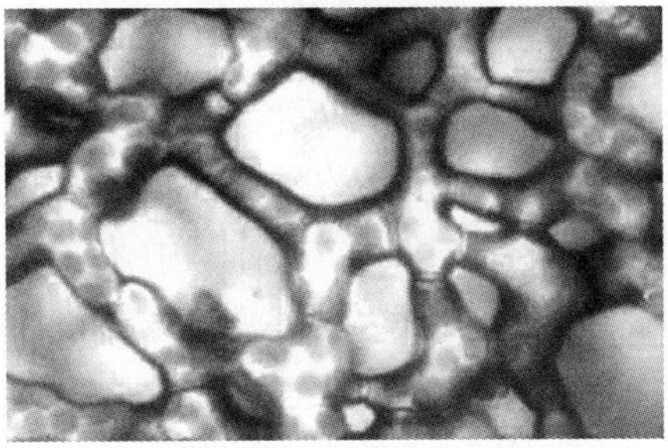

图 12　绿萝叶片显微结构放大

学生实验记录结果如表 5 所示。

表 5　叶片形态结构对比观察实验结果

对比项	绿萝叶片	月季叶片
单叶大小	大	小
叶片厚度	薄	厚
叶表面角质层	薄	厚
叶肉细胞层数	少	多
叶绿体多少	多	少
叶绿体大小	大	小

简单介绍阴生植物和阳生植物，结合实验结果总结如下：阴生和阳生植物光合作用强度不同与其叶片形态结构有关，二者叶片形态结构不同是长期进化的结果，进一步理解结构与功能相适应、局部与整体观、进化与适应观。

（六）环节六：学以致用

引导学生结合探究实验和对比观察结果，分析解释绿萝和月季等植物种养在不同光环境中才能长好的原因，利用所学为班级和自己家庭的绿植栽培提出建议（首先确定阳生/阴生，再放在不同光照强度处培植）。

八、实验效果评价

从学生课堂参与、课堂学案完成情况看，本节实验教学设计和实施效果较好。主要体现在以下 3 个方面。

（1）理解知识的同时，学科能力得到训练和提升。本节课在“发现问题—作出假设—利用自制实验装置设计并完成光对光合作用强度影响”系列探究实验中，用多种仪器验证结论，并进行叶片形态结构对比观察实验。学生在设计实验方案、观察记录实验现象、分析实验结果、归纳实验结论过程中，科学思维和实验探究能力得到充分训练。

（2）在解决现实生活里的生物学问题过程中，感悟学科教育价值。本节实验教学从学生熟悉的绿萝、月季种养在不同光环境中才能长好的问题引入，对绿萝、月季种养在不同光环境中才能长好的原因给予解释，并以提出绿植培养环境建议结束。鼓励学生基于生物学的认识解释、解决生活问题，增强社会责任意识，感悟生物学学科教育的价值。

（3）进一步推广与改进。本节教学所用自制实验装置和教学思路，可用于探究二氧化碳、温度对植物光合作用强度影响的探究实验教学。装置制作简单，材料易得低廉，操作方便，适合各类学校使用。本装置中 LED 灯带是用的废弃物品，灯带的瓦数不详，对实验的严谨性稍欠考虑，应选用一些有明确标识的灯带。

探究环境因素对光合作用强度的影响

黑龙江省实验中学　李淑敏

一、使用教材

人教版高中《生物学必修 1　分子与细胞》第五章“细胞的能量供应和利用”第四节“光合作用与能量转化二：光合作用的原理和应用”中的“探究环境因素对光合作用强度的影响”实验。

二、实验器材

探究光照强度暗箱（废弃的显微镜箱子，5 W LED 灯，红色、蓝色、绿色 1 W LED 灯各 1 个，导线，插座）、菠菜、芍药、绿萝、绣球、南瓜、商陆、清水、不同浓度的 $NaHCO_3$ 溶液、平板电脑、数码显微镜、分光光度计、天平、摄像机。

三、实验创新要点/改进要点

（一）教学模式和学习方式创新

本节课采取的是项目化学习的模式（见图 1），以“探究环境因素对光合作用强度的影响”为项目内容，解决真实情境下的问题。采用项目化学习方式的原因如下。

（1）学校对于本实验从未做过分组实验，往往采用讲解或观看视频方式进行。

（2）本实验是开放性实验。根据实验室现有条件，很难在实验室进行全校学生分组实验。

（3）面对新课程，高一学生在上生物课时容易紧张，教师需考虑如何提高实验课课堂效率，才能保证一节课内探究完成本实验，而不是简单模仿操作。

（4）通过项目化学习方式对实验进行探究，摸索可行的实验条件，为进一步开展全校 1 000 多名学生分组实验做准备。

在项目实施的过程中，能够提升学生的思维，促进学习方式的转变。给予学生充分的空间和舞台，让学生利用自己所学的知识去解决真实情境下的实际问题，不仅能够强化学生的知识系统，更为重要的是能够培养他们的高阶思维，提高学科素养。

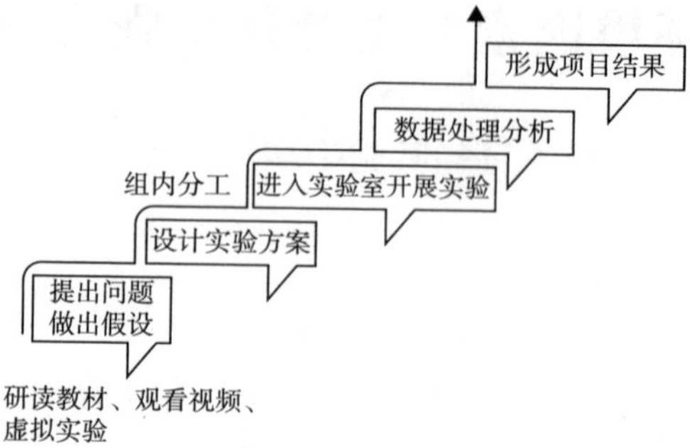

图 1 项目化学习过程

（二）实验装置创新

如图 2 所示，自制实验装置是由废旧的显微镜箱子改造的，仅用 1 个 5 W LED 灯、1 个灯座和 1 个插头。此装置具有如下优点。

（1）省钱，废物再利用。

（2）光照强度大，聚光效果好，发热量低。通过灯的高度调节光照强度，高度调节范围为 0~17 cm，过高就没有实际价值了，这样可以让叶圆片接受均匀光照。另外可以通过调换不同颜色的灯泡来调节光质。

（3）改变针管的大小，采用 50~60 mL 针管，7 mm 打孔器。

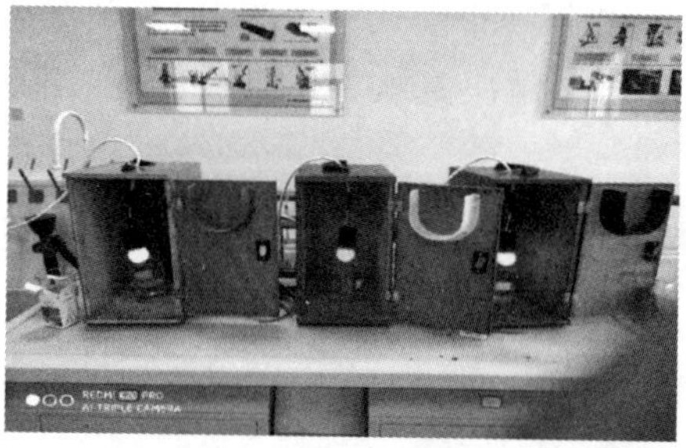

图 2 自制实验装置

（三）实验材料和处理创新

发现低温处理材料效果显著，除了冷处理的菠菜，还增加了黑藻。此外，预实验还增加了商陆、芍药、绿萝、绣球叶片以及南瓜叶。

（四）实验检测方法创新

增加了氧气传感器定量检测的方法。发现由弱光向强光移动时，存在光合作用强度下降的光适应过程（见图 3、图 4）。利用分光光度法测定叶绿素 a 和叶绿素 b 的含量（见图 5）。

图 3　光适应的过程

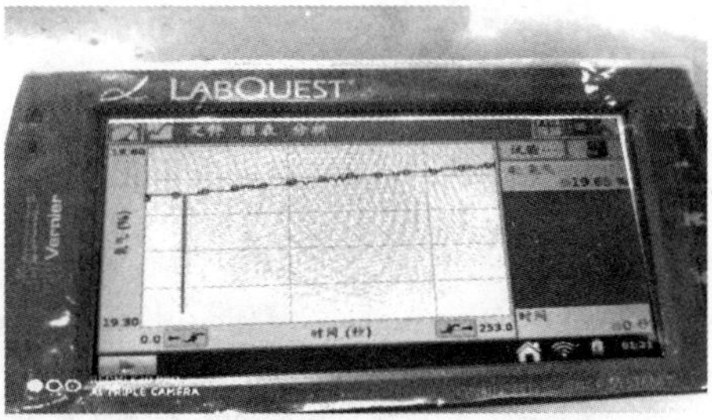

图 4　调节后的光合作用强度

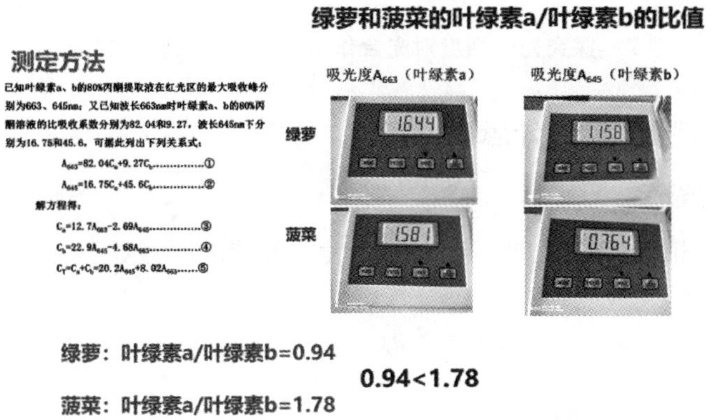

图 5　分光光度法测定叶绿素含量

（五）实验统计方法创新

增加了平板电脑直接输入和共同编辑技术，运用 Excel 直接进行数据编辑和曲线图、柱状图分析（见图 6、图 7）。

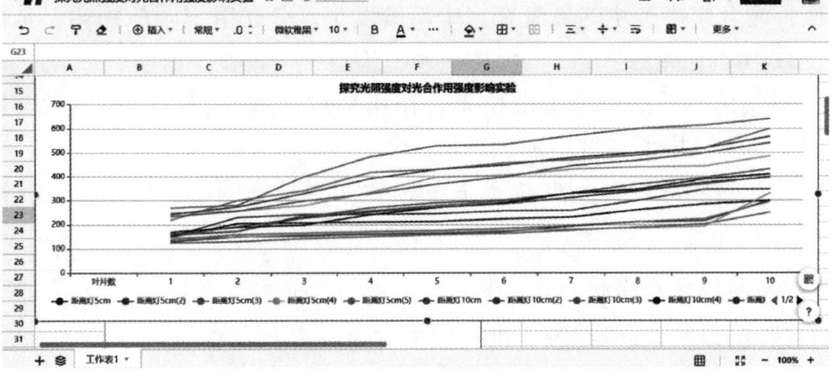

图 6　探究光照强度对光合作用强度影响实验曲线图

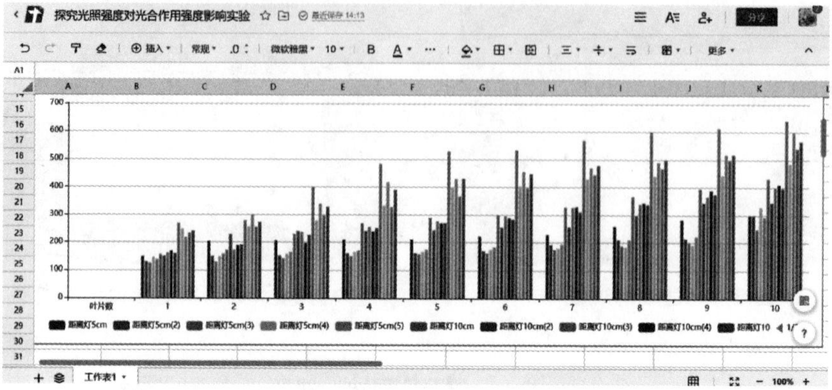

图7 探究光照强度对光合作用强度影响实验柱状图

四、实验原理/实验设计思路

（一）实验原理

（1）低温下植物调节原理——密度变大，可能的原因如下。

1）自由水减少，结合水增多；

2）呼吸作用减弱，消耗氧气减少，有利于糖分等的积累，可增加细胞液浓度；

3）细胞膜受损，气体溢出较快；

4）低温时，可溶性糖等的含量增加；

5）实验时室温为 30 ℃，有可能是气温高时气体不易溢出。

（2）光合作用强度通常指净光合作用强度，易受温度、二氧化碳浓度、光照强度、光质等影响。

（3）真空渗水法：减压逐出叶圆片内部气体，并使水渗入导致其密度增大，沉入水底；光合作用产生的氧气在水中溶解度小，会在组织间隙积累，从而使叶圆片密度减小，重新上浮。

（4）氧气传感器法：水生植物光合作用释放的氧气，溶于水体后缓慢释放到空气中，使空气中的氧气增加。

（5）阴生植物叶绿素 a/叶绿素 b 的值比阳生植物的小，可用分光光度法定量测定。

（二）实验设计思路

（1）研读教材，观看视频，进行虚拟实验；

（2）提出问题，做出假设；

（3）设计实验方案；

（4）组内分工；

（5）进入实验室开展实验；

（6）收集记录数据并进行处理分析；

（7）形成项目结果。

五、实验教学目标

（1）生命观念：概述环境因素影响光合作用强度的变化趋势及应用；阐明细胞生命活动过程中贯穿着物质与能量的变化。

（2）科学思维：运用已有的材料进行合理的实验设计和操作；记录数据，处理和分析数据，得出结论。

（3）科学探究：设计并实施环境因素对光合作用强度的影响实验，学生在科学探究的过程中了解预实验和正式实验的关系，研究控制变量、观察和检测因变量的方法；能设置对比实验，学会评价。

（4）社会责任：体验科学探究的严谨性和复杂性，形成严谨的科学研究态度。

（5）增加目标：在实验室条件下完成全班同学分组实验，提高实验操作效率和课堂教学效率。

六、实验教学内容

利用自制实验装置和低温处理实验材料的方法，用真空渗水法和氧气传感器法探究不同条件（光照强度、二氧化碳浓度、光质等）对光合作用强度的影响；探究相同光照强度对阳生植物和阴生植物的影响。

七、实验教学过程

基于真实问题情境的学与用有机结合的项目化实验探究学习模型。

（一）课前：视频、虚拟实验等知识学习；收集问题，进行分组

视频、虚拟实验学习结束后，收集全班同学的问题如下。

（1）黑藻水生植物可以代替菠菜吗？为什么要选用菠菜呢？

（2）菠菜不同部位的叶片发育程度是否相同？光合作用强度是否相同？是否需要考虑这些因素？

（3）实验用的叶片为什么是圆形的？正方形的可以吗？

（4）叶片打孔操作问题：打孔时是否需要偏离叶脉？打孔时是否使叶片破碎？

（5）叶片气体去除过程中各组的抽拉次数、操作情况是否一致？

（6）光照强度的强、中、弱，以距离灯多远为标准？会出现光合作用强度

不再增加，即光饱和点现象吗？

（7）同一时间段如何控制台灯的光照？

（8）烧杯中加入蒸馏水还是清水？

（9）吹出的气体中二氧化碳浓度不可控，其中是否含有氧气？

（10）加入的碳酸氢钠的适宜浓度是多少？

（11）温度能否影响实验结果？怎么控制？

（12）对实验结果的统计，如何做到数据分析更加接近真实值？

（13）我们能在定性实验的研究基础上进行定量研究吗？

（二）课中：成果汇报和交流分享；总结方法并构建模型

依据全班同学的问题，随机将学生分成 5 个小组。

（1）光照强度组。

1）问题一：按教材使用菠菜的叶圆片，发现叶圆片有不下沉、不易下沉、易贴壁等现象。其他小组也发现了同样的问题。

学生重复多次实验后，均获得同样的结果。有的同学认为是菠菜叶片的问题，考虑使用其他植物叶片，于是在农园和中草药园中采摘了多种植物的叶片进行实验，发现如下问题：①几乎所有叶片抽气后下沉率都较低；②放入碳酸氢钠溶液中，不易下沉；③南瓜和商陆的叶子下表皮纤维素相对较多，不易打孔，且非常容易粘到针筒上；④绿萝的叶脉太多；⑤芍药的叶片也不易打孔；⑥使用抽气泵时，体验不到打孔和抽气的过程。

第二天学生继续用菠菜实验时居然成功了，和教师进行讨论交流，发现有可能是因为第一天剩下的菠菜放在了冰箱，也就是低温处理对叶片有影响。于是学生又进行了重复实验，为了保证实验设计严谨，将每种叶子从中间剪开，一半放在冰箱里，一半放在室温下，经过多次尝试发现冰箱（4 ℃）环境下或冷水处理一段时间后，实验效果都很好，经过一夜（长时间）处理的效果会更好。学生通过查阅资料，讨论和分析了低温处理效果好的可能原因是：①自由水减少、结合水增多；②呼吸作用减弱，消耗氧气减少，有利于糖分等的积累，可增加细胞液浓度；③细胞膜受损，气体溢出较快；④低温时，可溶性糖等的含量增加；⑤实验时室温为 30 ℃，气温高时气体可能不易溢出。

2）问题二：用 20 mL 针筒时，叶圆片容易贴壁？

经学生研究发现，选择 50 mL 或 60 mL 的针管可以防止叶片贴壁。

3）问题三：真空渗水法进行初步探究，用实验台上的灯管照射时，叶片上浮所需时间很长，换用台灯，效果也不理想。

分析原因发现：①若用台灯和实验台上的灯管，叶圆片不能均匀受光；②若用灯管，则光照强度不够；③若用台灯，距离梯度过大，同时组间互相干扰；④灯管也会产生温度。据此，师生自制实验装置进行探究（见图2）。

4）问题四：教材中的光照强度设为强、中、弱，如何设置灯和叶圆片的距离才能体现光照强度的强、中、弱？多远的距离效果最好？

通过探究，学生发现5 min内距离光源5 cm的叶圆片在2%碳酸氢钠溶液中叶圆片能够全部浮起；7 min内距离光源10 cm的叶圆片全部上浮；10 min内距离光源15 cm的叶圆片全部上浮。整个实验在10 min内叶圆片全部上浮完毕。

5）问题五：对各种叶片进行实验，发现阴生植物绣球效果更好，建议用绣球做实验。但用绣球做实验成本高，如果学校1 000多人分组实验，不方便采买。

再次用菠菜进行了实验，发现实验时间合理，实验数据科学，因此仍旧选用菠菜。学生在统计数据时发现，叶圆片全部上浮所需时间差异较大，开始上浮时间差异也比较大，只有半数上浮所需时间相对稳定。另外，半数叶圆片上浮所需的时间间隔很大，且常常伴随叶圆片竖起或不上浮的现象发生。通过师生讨论后发现，可能是由于菠菜内部结构的一致性较差，这一猜测也通过切片观察得到了证实。无叶脉、组织空隙小的叶片容易下沉。

为了排除个体差异，选择放入20片叶圆片，但只记录10片叶圆片的上浮时间。

（2）二氧化碳组。

1）问题：利用设置二氧化碳浓度进行实验时，设定二氧化碳浓度为0、1%、2%、3%、4%、5%。发现叶圆片在二氧化碳浓度为3%、4%、5%时不下沉。

2）分析原因：菠菜叶圆片的密度小于3%。

3）结论：设定二氧化碳的浓度梯度为1%、1.5%、2%，能够较好地研究光合作用强度的影响因素。

（3）光质组。

1）问题：由于LED灯瓦数低，灯和叶圆片之间的距离应为多少？选择什么颜色的灯合适？

2）交流讨论：由于市面上彩色灯的瓦数小，探索过程中发现，距离水面1 cm时效果较好。根据叶绿体色素吸收的光能情况，学生选择了红光、蓝光、绿光的LED灯。

3）学生刚开始猜想红光组的效果会更好，但实验后发现蓝光组效果较好。经查阅资料发现在植物工厂中，往往会根据植物的不同发育时期给予不同的光照。这是要进一步研究的课题，计划制作简易的植物工厂。

（4）阳生/阴生组。

1）问题：根据学生记录的阳生植物和阴生植物在相同光照下的上浮时间（见图8），发现阳生植物和阴生植物光合作用强度有差异。

	上浮时间			
	菠菜	芍药	绿萝	绣球
第1片叶	2分29秒	4分42秒	1分46秒	20秒
第2片叶	3分24秒	6分16秒	2分33秒	22秒
第3片叶	3分27秒	6分34秒	3分07秒	35秒
第4片叶	3分30秒	6分38秒	3分07秒	43秒
第5片叶	3分32秒	6分40秒	3分08秒	52秒
第6片叶	3分43秒	6分42秒	3分39秒	53秒
第7片叶	3分50秒	6分49秒	3分43秒	57秒
第8片叶	4分20秒	6分51秒	3分44秒	1分14秒
第9片叶	4分44秒	6分52秒	3分45秒	1分21秒
第10片叶	4分59秒	6分59秒	3分46秒	1分22秒

图8　阳生植物和阴生植物在相同光照下的上浮时间

2）比较阳生植物和阴生植物的各种特性（见表1）。

表1　阳生植物和阴生植物比较

	项目	阳生植物	阴生植物
形态结构	叶片厚度	厚	薄
	叶肉细胞的层数	多	少
	叶绿体大小	小	大
	气孔/面积	较大	较小
	叶柄维管形成	增加	减少
	叶表面角质层	厚	薄
生理特征	光补偿点	高	低
	光饱和点	高	低
	光抑制	无	有
	暗呼吸	高	低
生化特征	叶绿素/干重	大	小
	叶绿素 a/b	大	小
	RUBP 羧化酶	多	少

3）学生实验结果。

绿萝：叶绿素 a/叶绿素 b=0.94；菠菜：叶绿素 a/叶绿素 b=1.78。

从色素角度分析，用分光光度计进行了定量测定，发现了叶绿素 a 和叶绿素 b 含量不同。阴生植物叶绿素 a/叶绿素 b 的值小于阳生植物。因此，从叶绿素的含量和比例上验证了阴生植物和阳生植物的光合作用强度不同的原因。

（5）传感器定量测定组。

为了将定性实验转化为定量实验研究，探索了用氧气传感器法测量光合作用强度的变化。但在实验过程中发现，在弱光下转入设定光强，15 min 内光合作用强度差距不大，反而下降，说明有个光适应过程。

改进：实验前将黑藻在有光的地方放置；实验时 3 个传感器并联，加入碳酸氢钠后，测量尽量在 5 min 后开始，碳酸氢钠浓度为 5% 时效果较好。

（6）数据统计。

采用了共同编辑技术汇总学生的数据统计，为了使数据科学有效，尽量让各组多做几组平行实验后求平均值。同学们获得数据后由各组输入到本组的平板电脑中，使用 Excel 统计全班的实验结果。采用了共同编辑技术后，2 min 内全班所有组的数据就输入完成了，同时形成了一个整体的曲线图和柱形图（见图 6、图 7）。

（7）实验结束后学生绘制了本次项目化学习的思维导图，如图 9 所示。

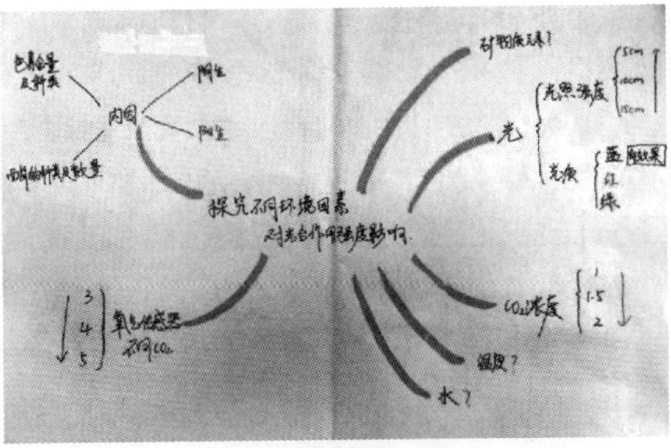

图 9　思维导图示例

（三）课后：组内、组间自评和互评

进一步探究的问题如下。

（1）实验是否会出现光饱和点、二氧化碳饱和点？

（2）光饱和点与二氧化碳饱和点产生的原因？

（3）实验测量的是净光合速率，总光合速率的测量方法是什么？

八、实验效果评价

（1）提高了学生自主学习能力和解决实际问题的能力。打破了传统的教师演示实验或是教师指定某个同学进行实验的常规教学模式，采用了项目式学习模式，给予学生充分的空间和舞台，让学生利用自己所学知识去解决真实情境下的实际问题。在此过程中，不仅能够强化学生的知识系统，还可以培养学生的高阶思维，提高科学学科素养。

（2）提高了学生的科学探究能力和创新能力。本节探究不同环境因素对光合作用强度影响的实验课程，改进了传统的实验方法。将废弃显微镜箱子进行改造，并找到对不同实验材料采用低温处理的方法进行实验；使用传感器、分光光度计进行数据采集；采用共同编辑技术，运用 Excel 表格进行曲线和柱状图分析，使结果可视化、直观形象化。能够帮助学生透彻理解不同环境因素对光合作用强度的影响，同时对本次实验进行科学性和可行性评价。

（3）提升了学生的科学思维和动手操作能力。从探究光照强度到探究光质、二氧化碳浓度和阴生/阳生植物对光合作用强度的影响，都是由学生自己发现问题、设计实验、动手做实验、再次发现问题后优化实验等进行的。在从“理论—实践—理论—再实践”反复进行的过程中，提升了学生的科学思维水平，实现了深度学习。

（4）通过实验探究形成了结构化的知识体系。实验结束后由学生构建思维导图，真正实现了学生自主合作学习，构建完整的知识体系，形成了结构决定功能以及物质观和能量观。

（5）运用传感器和分光光度计等进行定量探究，运用数学方法进行统计，保证了实验结果的有效性，培养了学生实事求是和严谨的科学精神。

（6）落实了社会责任。本次项目化学习，学生们承担着为全校 1 000 多名师生能够进行分组实验的探究任务，同时能深度思考解决粮食危机问题的方法，进一步研究植物工厂，研究提升光合作用效率的方法，落实了对学生的社会责任的培养。

探究影响光合作用的因素

华东师范大学附属天山学校　殷晓悦

一、使用教材

沪科版高中《生命科学》第一册第四章“生命的物质变化和能量转换”第二节“光合作用”中的实验。

二、实验器材

注射器、打孔器、烧杯若干、2%碳酸氢钠溶液、水、导线若干、接线排、12 V直流电源、5 W LED灯珠、圆形加热膜、双金属片温控开关、耐高温彩色滤光片、铅丝若干、黑色纸盒。

三、实验创新要点/改进要点

（一）发现问题

学生在预实验中发现了传统实验的一些不足之处。

（1）实验耗时较长，成功率低。在“探究光照强度对光合作用强度的影响”实验中，可通过调节不同照射距离来调节光照强度。但随着距离的增大，光照强度下降明显。若实验组的光照强度达不到植物的光补偿点，则会导致实验失败。

（2）自变量控制欠精确。在调节光照强度实验中，各烧杯间距相同，但光照强度每次下降的幅度不等，对自变量的控制欠精确。

（3）实验干扰因素较多。在实验中也可通过使用不同功率的光源来调节光照强度。但白炽灯是热光源，不利于控制温度恒定，各实验组间相互干扰。

基于此，学生们萌生了改进实验装置的想法。

（二）改进思路

学生通过查阅文献和市场调查，自主筛选合适的光源和加热设备，以期提高实验效率，减小实验误差。学生最终选择LED灯珠作为光源，选择圆形加热膜和双金属片控制温度，自主改进实验装置，搭建新型实验操作箱（见图1~图3）。

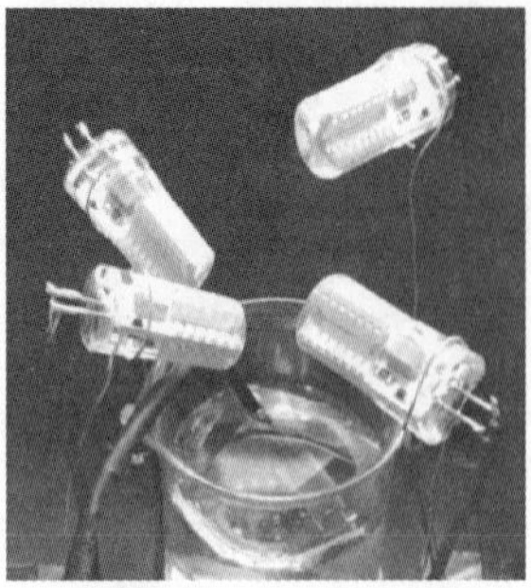

图 1　LED 灯珠

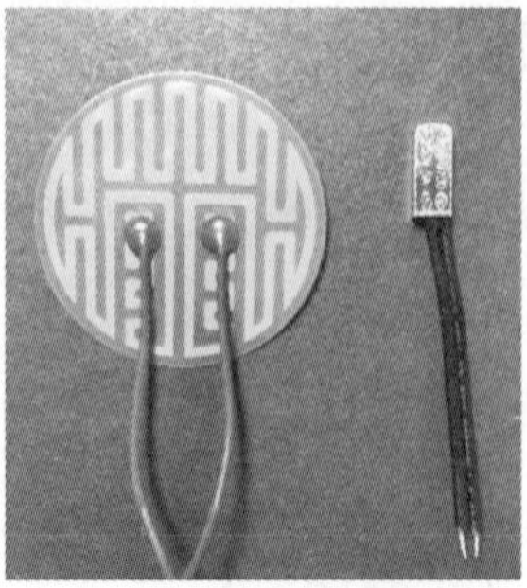

图 2　加热膜和双金属片

图 3　新型实验操作箱

（三）实验创新

（1）改进实验装置，提高教学效率——LED 灯珠使实验更高效、可控、安全。

1）高效性：经过测试，一个 5 W LED 灯珠的光照强度与 35 W 白炽灯相近。在“探究光照强度对光合作用强度的影响”实验中，用 LED 灯珠替换白炽灯后，4 个光源实验组的光照强度可达到 14 000 lx，能在 6. 5 min 内完成实验。1 个光源实验组（3 500 lx）也能在 30 min 内完成实验。提升光照强度后，实验时长显著缩短，各组结果差异明显，实验效率显著提高。在“探究光质对光合作用强度的影响”实验中，彩色滤光片会显著降低光照强度，导致滤光后形成的单色光的光照强度低于植物光补偿点，导致实验失败，因此提高光照强度显得更为重要。本实验所选用的 LED 灯珠组合的原光照强度为 7 000~10 500 lx，经过滤光后形成的单色光的光照强度为 3 000~4 000 lx，高于植物的光补偿点。

2）可控性：在“探究光照强度对光合作用强度的影响”实验中，学生通过调节光源数量来控制光照强度，设置了 4 个梯度，实现了自变量变化幅度稳定、可控。在“探究光质对光合作用强度的影响”的传统实验中，单因素变量原则难以很好地实现。相同白光通过不同颜色滤光片后形成的单色光的光照强度实际并不相同。本实验中，学生通过调节 LED 灯珠的开启数量来调控各组单色光光照强度基本相同（均为 3 500 lx 左右）。

3）安全性：LED 灯珠功率低，学生自主搭建电路时只需使用 12 V 直流电源。相比 220 V 市电，实验操作的安全性大幅提高了。

除此以外，自制操作箱还具有其他优点，如“小巧的黑色暗室，各实验组间互不干扰”“圆形加热膜+双金属片，温控效果好”“操作灵活简便，成本低廉”等。

（2）完善教学过程，促进思维发展。

1）认知冲突提升学习动机，驱动思维深入发展。

由于提高了实验的可控性，学生在探究过程中发现了新问题，如“白光的光合速率为何比蓝光、紫光低？”“红光实验为何失败？”。这些实验现象与原有认知结构之间的碰撞激发了学生强烈的好奇心和求知欲。通过检查实验装置，反思实验过程，排除了操作中的问题后，同学们开始积极查阅文献并分析讨论，最终找到原因后又提出了新的解决方案。学生在团队合作的过程中，自主摸索、领悟到科学探究的基本思路和方法，在尊重实证的同时，运用思维方法自主阐释生命现象和规律，能够产生强烈的“学习获得感”和自信心。

2）双因素实验引导思维向广度发展，培养运用学科知识解决实际问题的能力。

“探究温度和光照强度对光合作用强度的影响”实验是基于必做实验之上的拓展内容。有学生提出新问题：上海地区春季温度适宜，但光照强度相对较弱；夏季温度高，但光照强度大。哪个季节更适合植物生长呢？这个问题涉及多个因素对光合作用的影响，因此教师鼓励学生根据自己的兴趣，灵活设计变量组合进行实验。本实验为进一步综合分析各因素对光合作用的影响提供了实验证据，同时又引导学生思考如何在生产实践中提高农作物产量。

四、实验原理

利用真空渗水法排除叶肉细胞间隙中的空气，以水分填充，使叶圆片沉于水中。在光合作用过程中，植物吸收二氧化碳、放出氧气，由于氧气在水中的溶解度很小，主要积累在细胞间隙，降低了叶圆片的密度，可使原来下沉的叶片上浮。因此，根据叶圆片上浮所需时间长短，能比较光合作用的强弱。

五、实验教学目标

（1）应用实验设计的原则和相关实验原理，改进实验装置，提高科学探究的能力。

（2）根据实证尝试阐明环境因素对光合作用的影响及规律，从而培养科学思维。

（3）通过实证，为形成“物质与能量”的生物学观点奠定基础。

（4）运用科学的思维和方法，尝试为“如何在生产实践中提高农作物的产量”提出建议，提高社会责任意识。

六、实验教学内容

本实验分为 2 课时。第 1 课时：设计并书写实验方案；第 2 课时：实施实验方案。在第 2 课时中，各小组的主要实验内容如下。

实验一：探究光照强度对光合作用强度的影响。

实验二：探究光质对光合作用强度的影响。

实验三：探究温度对光合作用强度的影响（略）。

实验四：探究二氧化碳浓度对光合作用强度的影响（略）。

实验五：探究双因素变量对光合作用速率的影响。

七、实验教学过程

（一）设计方案，改进装置

“实验方案的设计与书写”分为“教师引导”和“学生主体”两部分。教师引导学生明确实验目的，并提供规范的实验设计书写框架。学生作为教学主体，首先分组讨论、书写实验设计方案，随后各组交流、改进实验方案。最后，教师组织学生在拓展课上进行实验准备并做预实验。学生针对传统实验的不足，主动改进实验装置，搭建新型实验操作箱。

（二）实施实验，获取数据

学生首先用真空渗水法制备叶圆片，使叶圆片沉于水底，遮光备用。随后取若干 100 mL 烧杯，各倒入 80 mL 25 ℃左右的 2% 碳酸氢钠溶液。在每个烧杯中放入叶圆片 10 片，将各组烧杯放入自制实验操作箱开始实验。观察并记录每片叶圆片的上浮时间。在实验过程中，用平板电脑将实验数据记录在准备好的表格中便于及时进行数据分析。

（三）分析数据，得出结论

学生取叶圆片上浮时间的平均值的倒数作为光合速率的衡量指标，制成折线图或柱状图。根据实验结果得出相对应的结论。

（1）实验一结果表明：随光照强度的增长，光合速率显著上升。

（2）实验二结果表明：①相同光照强度下，紫光组的光合速率最高，蓝光、橙光次之，绿光最低。②相同光照强度下，白光组的光合速率低于蓝光、紫光和橙光组。③出现红降现象。

（3）实验三结果表明：①相同光照强度下，25 ℃条件下光合速率最高，35 ℃次之，15 ℃最低。②在弱光条件下，不同温度梯度的光合速率差异不大，随着光照强度增强，光合速率差异变大。

（四）激发兴趣，深层探究

学生在实验过程中发现了不少新问题，例如“如何探测到植物的光饱和点?”“如何提高紫光、蓝光和橙光的实验结果的差异?”“红光实验为何失败?”等。通过查阅文献和组内讨论，他们提出一些新的解决方案：增加光源数量，提高光照强度；选择光饱和点和光补偿点更低的阴生植物进行实验；购买多种彩色滤光片进行筛选，选择对光合作用有效的滤光片进行实验；等等。

八、实验效果评价

教师在实验前期进行准备，在过程中加以引导。从实验设计、搭建装置，到实施实验、获取数据，再到分析讨论、提出解决方案，学生在整个实验过程中进行了充分的自主探究。

科学探究的道路从来不是线性的。从白炽灯到 LED 灯，从侧向光源到垂直光源再到垂直 6 光源（最高光照强度可达 35 000 lx），从“相同垂直光源+不同颜色滤光片”到调节不同单色光达到光照强度基本相同，从单因素变量到多因素组合，为了让实验更可控、更高效，学生经历了多次失败后还能重新开始，在提出问题、查阅文献、讨论改进方案、摸索新实验方法的过程中不断推进探究过程，展现出坚韧不拔的科学精神，提高了认识问题的思维层次，非常难能可贵。

综上，本实验通过改进实验装置，提高了教学效率；通过完善教学过程，促进了思维发展，提高了探究能力，有效地落实了教学目标，突出了教学重点、难点。

探究环境因素对光合作用强度影响的创新实验

云南师范大学附属中学　高燕

一、使用教材

人教版高中《生物必修 1　分子与细胞》第五章第四节。

二、实验器材

小球藻、1%碳酸氢钠溶液、固体氢氧化钠、芒果汁、自制光照培养箱、自制温度控制器、自制检测装置、显微镜、血细胞计数板、滴管、三角瓶、电子秤、烧杯。

三、实验创新要点/改进要点

（一）教育理论——STEAM 教育理论

本课程贯穿 STEAM 教育理论，突破传统的学科界限，鼓励学生在科学、技术、工程、数学、艺术 5 个方面协同发展，培养具有创新思维、综合能力强的学生。

（二）教学方法——探究式教学法

在探究式教学法中，教师起引导作用，学生是主体，学生主动探索问题、解决问题，建立自己的认知体系。

（三）实验材料——小球藻

小球藻是一种光能自养型的单细胞真核生物，繁殖周期短（8～12 h），易培养，成本低。实验中检测的是群体代谢反应，实验现象明显，易观察，即使在光照强度的梯度设置较小时，相邻实验组之间的实验现象也会有显著差异。而教材中选用小圆片作为实验材料则会出现某些相邻组间无显著差异的现象。

（四）实验装置

学生自制了可以精确控制光照强度和温度的培养箱，该培养箱还可实现光照强度和温度的系列梯度实验，有利于学生建构光照强度和温度对光合作用强度影响的曲线模型。

1）自制光照培养箱：2 根 6 W 的 LED 灯条串联组成 12 W 一组，共 3 组。由一个分段控制器调控分别点亮 1 组、2 组或 3 组，实现 12 W、24 W、36 W 光照强度（见图 1）。一共两组装备在箱体中，箱体顶端有 3 个 LED 灯接口（见图 2），可以继续扩大光照强度的研究范围。2 根 6 W 的 LED 灯条可拆开，单独连接。

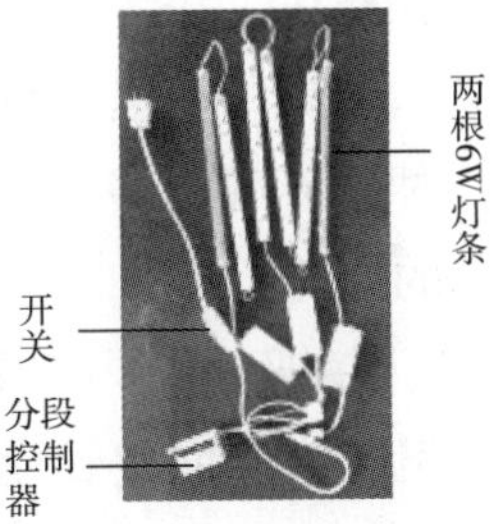

图 1　自制光源

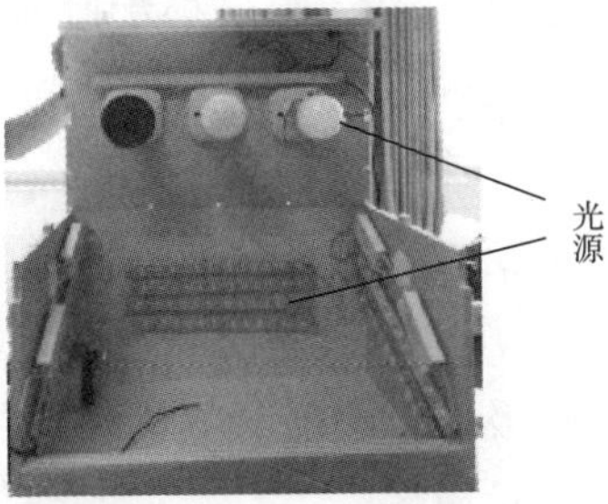

图 2　培养箱内光照设备

2）自制温度控制器：带温度控制器、温度探头的制冷装置 1 个（见图 3），加热灯 1 个，箱盖中温度控制器和温度探头与加热灯连接（见图 4）。此温控装置可实现对实验温度的较精确控制，以及进行系列温度梯度实验。

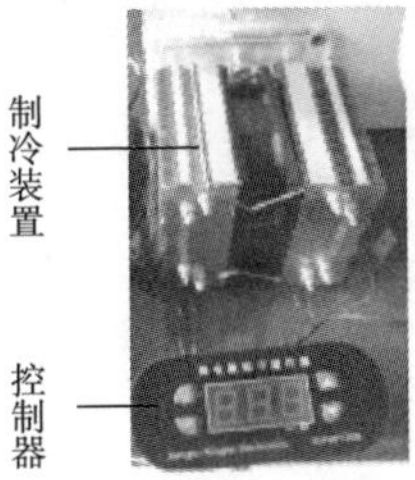

图 3　制冷装置

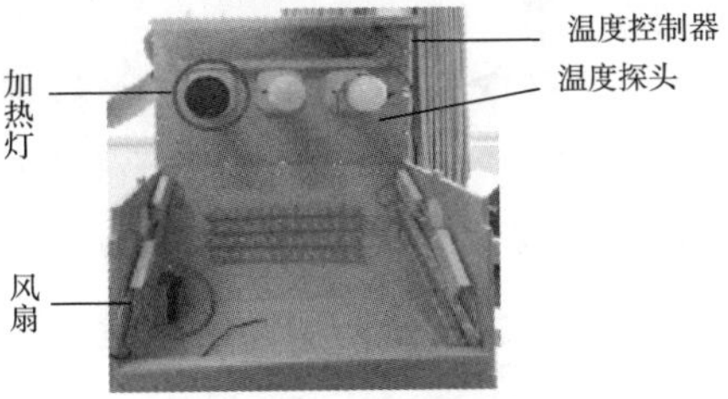

图 4　温控装置

3）自制检测装置：由于瓶内压强与大气压强的差异变化会引起液滴移动，根据移动方向判断净光合作用情况，根据液滴移动速率反映净光合速率（见图 5），此装置可实现对净光合速率大于 0、小于 0 和等于 0 三种状态的检测。当控制呼吸速率不变时，净光合速率的变化可反映光合速率的变化。此装置制作简单、成本低。

图 5　检测装置

四、实验原理

（1）碳酸氢钠溶液是生物学实验普遍使用的二氧化碳缓冲液，可以在一定时间内为实验持续提供浓度相对稳定的二氧化碳。

（2）当二氧化碳浓度充足且稳定时，检测瓶内的气体压强由小球藻释放或吸收的氧气量决定，当光合速率大于呼吸速率（净光合速率大于 0）时，小球藻释放氧气，导致瓶内压强大于大气压强，引起液滴匀速外移，液滴移动速率反映净光合速率；光合速率小于呼吸速率（净光合速率小于0）时，小球藻吸收氧气，导致瓶内压强小于大气压强，引起液滴匀速内移，液滴移动速率反映净光合速率；光合速率等于呼吸速率（净光合速率等于0）时，液滴不移动。当控制呼吸速率不变时，净光合速率的变化可以反映光合速率的变化。

（3）黑暗状态下，小球藻只进行呼吸作用。氢氧化钠吸收瓶内二氧化碳后，小球藻呼吸作用消耗氧气，导致瓶内压强小于气压，引起液滴向内移动，移动速率反映呼吸速率。

（4）净光合速率可以用有机物的积累速率或消耗速率表示，小球藻为单细胞生物，积累的有机物量可用增长的小球藻数量反映。

五、实验教学目标

（1）生命观念：学生自主建构光照强度、温度等对光合作用强度影响的数学模型。

（2）科学思维：培养学生总结规律、建构知识模型的能力。

（3）科学探究：提高学生的实验探究能力；培养学生的科学精神、科学思维，提高他们对科学研究的兴趣。

（4）社会责任：帮助学生建立科学研究是为生产、生活服务的观念。

六、实验教学内容

（1）探究不同光照强度对小球藻光合作用强度的影响。

（2）探究不同温度对小球藻光合作用强度的影响。

七、实验教学过程

（一）教师给予项目，引导学生建构模型

教师给予总项目：探究环境因素对光合作用强度的影响。引导学生结合化学和生物学知识建构影响光合作用强度的外因、内因模型。

细胞代谢本质也是一系列化学反应，影响化学反应速率的因素是反应物浓度、反应条件，细胞代谢需要酶催化，光合作用还需要光及转化光的物质。在此基础上，由学生讨论列出所有内因和外因，并建构影响细胞代谢的因素模型。

（二）学生提出研究课题

在明确了影响光合作用的外因和内因后，学生讨论确定自己要研究的课题。

（1）课题一：探究光照强度对小球藻光合作用强度的影响。

（2）课题二：探究温度对小球藻光合作用强度的影响。

（三）课题一的实施

（1）引导学生再次分析高中《生物必修 1　分子与细胞》第 105 页“探究光照强弱对光合作用强度影响”的教材实验：①分析该实验中的自变量是如何设定的，讨论实验目的及改进措施；②分析控制的无关变量有哪些，是如何控制的；③分析实验原理；④分析观测指标；⑤学生根据自己的课题设定，用教材中给出的实验材料和实验方法进行一次完整操作。

（2）学生操作后，总结分析：①教材实验只设置了 3 个光照强度，且都是净光合速率大于 0 的光照强度，无法构建光照强度对光合作用强度影响的完整曲线，学生提出设置从 0 开始，光照强度逐渐增强的系列梯度实验，实验组增多，光照强度梯度设置更小，以便构建光照强度对光合速率的影响曲线。②当学生设置较小的光照强度梯度时，某些相邻组的实验现象无显著差异，无法满足学生想构建光照强度对光合速率影响的完整曲线的要求。③实验组光照强度较小时，小圆叶片不上升，分析其原因是此时的净光合速率小于 0。所以教材实验是无法实现对净光合速率小于 0 或等于 0 时的现象观察的。于是，学生提出改换实验材料和检测方法。④温度会影响光合速率，在使用台灯进行实验过程中温度会上升，应该控制温度恒定。

（3）学生结合教材和生活，寻找实验材料，教师提示：实验材料应符合实验要求、易获得、易操作、实验现象明显。

（4）学生按自己的需要设计实现梯度光照强度的设备和温度监控设备，购买器材、组装设备。

（5）筛选检测指标，讨论检测方法，制作检测装置。

（6）预实验：检测装置的气密性、有效性；摸索具体的操作细节，熟悉装置操作流程。预实验过程中发现问题：未实现二氧化碳浓度控制。学生通过查阅资料，摸索实验，最终确定加入 1%碳酸氢钠溶液。

（7）正式实验：按设定的光照强度梯度进行实验，每个光照强度下重复 3 次，记录结果（液滴移动 2 cm 所需时间），并根据实验结果来适当调整梯度和光照强度的实验范围。

（8）分析测定呼吸速率的意义，查阅资料，探索、确定并实施呼吸速率的测定。

（9）数据处理：①计算出每个光照强度下液滴移动速率平均值，并将液滴移动速率换算为净光合速率，建立数据表格。②运用 Excel 中的曲线功能建构光照强度对净光合速率影响的曲线模型，学生运用数学方程修正曲线获得拟合曲线。

（10）分析实验数据，突破光照强度对光合作用强度的影响的知识难点，并发现新的内容：光合作用强度超过一定值后，小球藻净光合速率下降，引导学生分析原因，并提出对生产实践中小球藻培养条件的建议。

（四）课题二的实施

（1）引导学生查阅文献，再结合实际生产和生活设定实验的温度梯度，即15 ℃、20 ℃、25 ℃、30 ℃、35 ℃、40 ℃。

（2）学生预实验：沿用液滴移动装置，实验中发现温度升高，液滴移动速率跨越式提高。引导学生分析这是否为正常现象，如何测试？学生根据查阅到的文献内容，将温度上升到60 ℃，依据文献可知此温度下小球藻代谢极低，甚至会死亡。但观察到的却是液滴移动更快，引导学生分析原因，经讨论确定液滴移动速率变化是由于高温改变了气体压强。引导学生寻找新的检测指标，并设计检测方法。

（3）学生根据检测指标，查阅资料确定连续培养16 h（小球藻8~12 h繁殖一代），引导学生分析二氧化碳的供应方式是否还使用碳酸氢钠溶液，若不使用又如何提供？制作通气装置，实施实验。

（4）记录数据，建立数据表格，运用Excel中的曲线功能建构温度对净光合速率影响的曲线模型，学生运用数学方程修正曲线获得拟合曲线。

（5）学生对实验结果进行分析，并为实际生产提出建议。

八、实验效果评价

（1）本次实验的研究过程很好地诠释了STEAM教育理念，学生在生物材料的选择、光照强度梯度设置（或温度梯度设置）、温度（光照强度）和二氧化碳浓度的控制、实验结果检测和分析中，充分运用生物学知识建构了光合作用影响因素关系的科学体系。实验过程培养了学生的生物学科核心素养和实验能力；同时在实验检测指标的实施过程即检测装置的设计过程中，结合运用了化学、物理和生物学知识，在结果分析中运用数学方法进行统计和数据处理、构建曲线模型，并能根据曲线分析归纳出光照强度、温度对光合速率的影响，对实际生产实践提出自己的一些建议，建立了科学为生活服务的理念。此外，在光照培养箱的设计和制作过程中培养了学生工程设计和实施能力；并在实验过程中感受到了科学研究的美、生命科学的美、生命的美；在实验设计和实施过程中极大地发展了创新思维，他们用创新思维解决问题、突破困境。所以，通过此次实验研究过程，极大地提高了学生的综合素养。

（2）探索式的实验教学过程中，学生愉快且高效地学习了知识，突破了教学难点，提升了能力。

（3）学生自制的光照培养箱价格实惠、科学性高、实用性强，可以拓展性地用来研究更多的课题。例如，研究光照时间、光质对光合作用强度的影响，研究光照强度对不同生物材料的光合作用强度的影响等。

（4）学生自制的检测装置制作简单，加上用小球藻作为实验材料，缩短了实验时间，使现象明显、直观，为实现全班日常开课打下基础。后期还可进一步完善、定制装置，在日常授课中进行演示课、限定课题（例如探究光照强度对小球藻光合作用强度的影响）、全班上课或兴趣小组拓展实验课题，以及课堂分享等。

自制装置探究光质对固定化小球藻光合作用的影响

西宁市第十四中学　张芳芳

一、使用教材

人教版高中《生物选修1　生物技术实践》专题四课题三“酵母细胞的固定化”和《生物必修1　分子与细胞》第五章第四节中的“探究环境因素对光合作用强度的影响”实验。

二、实验器材

自制光合作用反应装置［出自同一厂家的统一样式的LED灯（白光、红光、绿光，均为5 W）、旧纸箱、单向玻璃］、氧气传感器、电子秤、酒精灯、石棉网、三脚架、小球藻藻种、2%海藻酸钠溶液、1.5%氯化钙溶液、1.5%碳酸氢钠溶液。

三、实验创新要点

（1）原实验：酵母细胞固定化实验中活化酵母细胞（1 h），发酵24 h后观察产生的气泡并闻酒味；“探究环境因素对光合作用强度的影响”实验主要利用真空渗水法，通过观察圆叶片的浮起数量分析实验结果。

（2）实验不足：活化酵母及其发酵时间太长，观察气泡和闻酒味的检测方法单一，课本中此实验只能算是验证实验；光合作用探究实验中圆叶片抽气困难，只能定性描述结果，而且学生对于光质对光合作用强度的影响认知较少。所以，对两个实验进行有效整合，并以问题为导向进行创新。

（3）实验创新：将“酵母细胞的固定化”与“探究环境因素对光合作用强度的影响”实验有效整合，自制装置探究光质对固定化小球藻光合作用的影响，以便在有限的时间内掌握固定化技术，解决原实验持续时间长、叶片处理繁琐、结果检测方法单一等问题。通过参与探究过程，促进学生形成以细胞代谢为核心的知识体系，有助于生物学科核心素养的提升。具体创新要点如表1所示。

表 1　实验创新要点

选择材料	固定化酵母细胞改为固定化小球藻	单细胞绿藻，被称为“绿色黄金”
改善装置	利用单向玻璃、LED 灯、旧纸箱等自制实验装置	透过装置的单向玻璃直接观察实验现象
操作过程	固定化小球藻应用于光合作用实验	探究不同光质对固定化小球藻光合作用的影响
分析结果	定性分析和半定量分析相结合	观察气泡和小球藻凝胶珠浮起数量；氧气传感器定量测定产氧量

透过单向玻璃实时观察不同光质下固定化小球藻产生的气泡和小球藻的浮起数量属于定性分析；利用氧气传感器定量测定不同光质下固定化小球藻光合作用的产氧量，从而来判断光合速率，属于定量分析。

四、实验原理

固定化细胞技术是将细胞限制或定位于特定空间位置的技术。常用包埋法固定细胞，将微生物细胞均匀地包埋在不溶于水的多孔载体中，使细胞既能与反应物接触又能与产物分离，固定于载体上的细胞还能反复利用。常选用海藻酸钠作为载体包埋酵母细胞。

光质是影响光合速率（光合作用强度）的因素之一，本实验的光合速率以所测得的氧气含量变化来体现。

五、实验教学目标

（一）生命观念

（1）理解光质对光合作用有影响，色素对不同光质的吸收不同。

（2）通过固定化酵母细胞和小球藻，树立结构与功能相适应的生命观念。

（二）科学思维

（1）在实验的设计与完善、数据处理与结果分析等过程中训练理性思维。

（2）培养严谨、求实、勇于创新的科学态度。

（三）科学探究

（1）固定化小球藻并设计实验探究不同光质对其光合作用的影响。

（2）掌握实验设计的原则和方法。

（3）提高学生实验操作能力和小组合作协同能力。

（四）社会责任

（1）体验生物科学、生物技术与生产实际的联系。

（2）培养利用细胞固定化及光合作用知识解决实际问题的责任意识。

六、实验教学过程

教学过程分为以下环节：情境导入—演示实验—教材实验—创新实验—分析与讨论。

（一）情境导入

介绍酵母菌在日常生活中的广泛应用，提出酵母菌没有被反复使用的问题，请学生思考有什么办法可以使酵母菌被反复使用呢？引出酵母细胞的固定化技术，延伸固定化细胞技术广泛应用于食品、发酵和“三废”处理等方面，激发学生兴趣。

（二）演示实验

兴趣小组的同学介绍教材中的实验操作流程及注意事项，集体观看演示实验视频。

（三）教材实验

在兴趣小组同学的引领和指导下，完成酵母细胞的固定化，并用预实验的发酵液检测二氧化碳和酒精的产生。

（四）创新实验

从课后题切入，以问题串的形式层层引导学生掌握、整合实验的原理，对照实验的设计和变量的控制，师生共同完成以下 4 个方面的设计。

（1）材料的选择。

酵母细胞的固定化改为小球藻的固定化。小球藻是高效的光合植物，被称为“绿色黄金”，引题中固定化小球藻应用于污水净化引起了同学们极大的兴趣。固定过程中对小球藻藻种进行了不同程度的离心，在保证凝胶珠质量的同时，提高凝胶珠中小球藻的浓度。重复实验发现，离心 3 次所获得的凝胶珠较佳（见图 1）；离心 4 次获得的凝胶珠在探究实验过程中容易破损，造成小球藻漏出。

图 1　固定化小球藻

（2）自制装置。

为了避免外界光源以及对照实验之间的相互影响，便于观察，利用旧纸箱、

LED 灯、单向玻璃（其内部光源可以透射出来，但外界光源进不去，不会造成干扰）自制了光合作用反应装置，如图 2 所示。

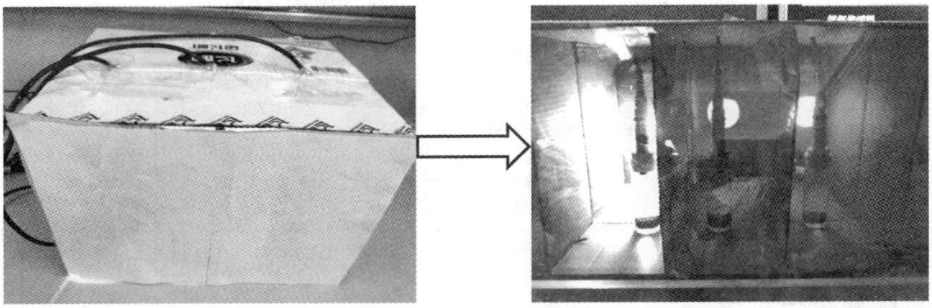

图 2　装置的改善

（3）操作过程。

此过程最重要的是控制变量，所以通过问题串的形式结合光合作用反应式层层递进，引导学生明确本实验的自变量、因变量和无关变量。自变量——不同光质由出自同一厂家的统一样式的 3 个 LED 灯（白光、红光、绿光，均为 5 W）控制；每个对照实验组中都放置 80 颗小球藻凝胶珠，并加入等量的 1.5% 碳酸氢钠溶液进行反应，从而控制小球藻凝胶珠数量和二氧化碳含量等无关变量一致；因变量为小球藻产氧量。其中，用传感器对 3 种颜色的 LED 灯进行了光照强度的测定，同一距离下，白光、红光、绿光 LED 灯的光照强度分别为 179 lx、175 lx、180 lx。

（4）结果分析。

如图 3 所示，透过单向玻璃直观地观察不同光质下固定化小球藻产生的气泡数和小球藻的浮起数量属于定性分析，定性实验结果很明显。但是为了使结果更加具有说服力，提高学生严谨、求实的科学态度，利用氧气传感器定量测定不同光质下固定化小球藻光合作用的产氧量（见表 2），从而判断光合速率。由表 2 中的数据可以看出，在白灯下光合作用强度最强，红灯下次之，绿灯下较弱。

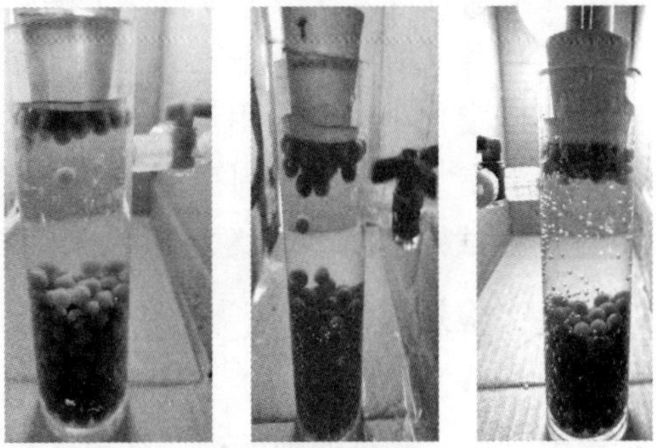

图 3　定性实验结果

表 2　定量分析结果

时间	氧气含量（mg/L）		
	绿灯（180 lx）	红灯（175 lx）	白灯（179 lx）
10 min	1. 65	3. 08	4. 95
15 min	2. 12	4. 97	7. 72
20 min	3. 58	5. 72	9. 61

（五）分析与讨论

实验探究不应止步于此，教师还鼓励学生继续探究对比同一环境条件下（白灯，5 W，179 lx）等量的固定化小球藻与小球藻悬浮液的光合作用强度，实验结果如表 3 所示。从而使学生辩证地认识细胞固定化技术的优缺点。

表 3　固定化小球藻与小球藻悬浮液的光合作用强度对比

时间	氧气含量（mg/L）	
	固定化小球藻	小球藻悬浮液
2 min	1. 90	2. 95
4 min	3. 02	4. 33
6 min	4. 69	5. 85

实验结束后，引导学生思考以下问题，作为课后作业。

（1）设计此装置用于探究其他环境因素对光合作用影响的实验方案。

（2）固定化小球藻应用于污水净化的依据是什么？

（3）温室大棚选择塑料薄膜或补充光源颜色的依据是什么？

（4）尝试构建以小球藻为核心的思维导图。

七、实验效果评价

（1）整合及创新实验，具有知识性、探究性、实用性、可操作性，克服了原实验用时长、材料处理繁琐、结果的检测方法单一等问题。

（2）材料的选择有助于树立小球藻“结构与功能相适应”的生命观念；定性和定量分析的结合使结果更加直观且具有说服力。

（3）学生完整经历了对照实验的设计、变量的控制、装置的改善、结果的分析等探究过程，将科学探究落到实处，有助于科学思维的建立，并养成严谨、求实、敢于创新的科学态度。

(4) 关注细胞固定化技术和光合作用知识在生产实际中的应用，既实现了科学知识与现实生活的联系，又引导了学生学以致用、解决环境问题的责任意识。

(5) 鼓励学生继续探究对比同一环境条件下，等量的固定化小球藻与小球藻悬浮液的光合作用强度，从而使学生辩证地认识细胞固定化技术的优缺点，提高学生的综合素养。

此次实验经历让我感触颇深，虽然创新实验达到了一定的效果，但个人感觉自己对新课程理念的学习和落实还不到位；实验探究缺乏深度和广度。应该增加实验的开放性，让学生尝试探究他们感兴趣的固定化细胞技术在污水净化中的应用，进一步提高学生的实验探究能力。所以，作为教师，应该不断提升专业素养，多涉猎学科交叉的知识，不断提高综合素养，做到“活到老，学到老”。

探究光反应中物质和能量的变化

浙江金华第一中学　顾彩燕
金华教育教学研究中心　盛国跃

一、使用教材

浙科版高中《生物必修 1　分子与细胞》第三章第五节“光合作用将光能转化为化学能”第二课时。

二、实验器材

（1）叶绿体提取器材：离心机、天平、研钵、漏斗、烧杯、试管、取样器、量筒、纱布、冰、DCPIP、菠菜等。

（2）叶绿体提取液（现配）。

（3）希尔反应实验器材：台灯 1 盏、2 mL 菠菜叶绿体悬浮液 5 支（1 支破碎）、2 mL DCPIP 溶液 5 支、10 mL 试管 4 支、锡箔纸、试管架 1 个等。

三、实验创新要点

（一）实验定位：从“过程重现”走向“概念构建”

在基于大概念的单元教学中，要充分重视学生对概念的构建，而概念的构建需要基于实证。生物学实验是学生构建生物学概念的最有效手段之一，是非常重要的实证，同时会使学生整体生物学核心素养得到提高，起到了非实验教学无法替代的作用。因此本节课尝试将希尔反应实验融于光反应的概念教学中。

与一般传统实验教学注重实验过程重现不同，本实验教学注重通过实验迈向具体概念和核心概念的建构。希尔反应实验在本教材中并没有要求，但是为了能够让学生更好地理解生命的本质，帮助学生从微观的视角理解生命现象，构建光反应概念，本实验对希尔反应实验进行了如下的优化处理，以期让实验更简便、安全，更好地融合光反应概念的构建。

（1）简化实验步骤。

优化处理：①组建兴趣小组。组成 8 个学习小组，收集疑问，查阅资料，进行希尔反应的预实验。②课前制备好叶绿体悬浮液（冰中保存），并录制叶绿体提取的微课视频。③准备课堂实验材料包：2 mL 菠菜叶绿体悬浮液 5 支（1 支破碎），2 mL DCPIP 溶液 5 支，10 mL 试管 4 支，锡箔纸。

成效：①节省了课堂实验操作时间（原来需要用时大约 1.5 h），为信息分析、概念构建留足时间。②操作简单、安全。将叶绿体提取液和 DCPIP 定量分装于离心管中，置于冰中保存，节省了很多实验步骤和器材，可以在教室中开展实验教学，减少场地的限制。

（2）实验现象容易观察。

优化处理：本实验用的氢受体是 DCPIP（2，6-二氯酚靛酚）。蓝色的氧化型 DCPIP 接受氢离子和电子后，成为无色的还原型 DCPIP。

成效：实验现象明显，气泡容易观察，颜色变化容易观察。

$$\text{叶绿体悬浮液（绿色）+DCPIP（蓝色）} \longrightarrow \text{蓝绿色} \xrightarrow{\text{光}} \text{绿色}$$

（3）从定性走向定量。

优化处理：DCPIP 颜色变化会引起吸光率的变化，可以用分光光度计在 620 nm处测量吸光率。该变化可以反映叶绿体的活力或希尔反应活力。

成效：通过测定吸光率和曲线分析，学生可以直观感受到希尔反应的活力变化。

通过上述的优化处理，可以将希尔反应融于光反应的课堂教学中，节省时间，为信息分析、概念构建留足时间。所以本节课以希尔反应实验为载体，运用科学思维方法对实验现象进行讨论和思考，引导学生构建概念；光反应是一个复杂的氧化还原反应，这个反应发生在特定的场所，需要一些条件支持；水光解过程中伴随着物质变化和能量变化。帮助学生更好地理解结构与功能观、物质与能量观等生命观念。

（二）教学过程：从“重实验操作”走向“重信息分析”

如何将希尔反应更好地融入光反应概念的构建中呢？综合希尔反应在生物教学中的地位和意义，本实验教学过程从注重实验操作走向注重信息分析，即侧重于实验结果的分析和对实验教学过程中现场生成问题进行探讨。下面以大部分学习小组的实验设计方案为例（见表 1），介绍本堂课中涉及的主要信息分析及光反应概念的构建过程。

表 1　实验设计方案

试管编号	试剂及处理条件	实验现象
1	叶绿体悬浮液 2 mL+DCPIP 2 mL+黑暗	蓝绿色，无气泡
2	叶绿体悬浮液 2 mL+DCPIP 2 mL+光照	蓝绿色变成绿色，试管壁上有气泡
3	叶绿体悬浮液（破碎）2 mL+DCPIP 2 mL+光照	蓝绿色，无气泡
4	叶绿体悬浮液 4 mL+光照	绿色，无气泡

本实验教学中的信息分析主要包括实验结果分析和对实验教学中现场生成问题的分析，在环环相扣的分析过程中，逐步完善和构建光反应概念。

（1）实验结果分析及结论。

1）对比 1 号和 2 号试管。

原因分析：2 号试管中没有二氧化碳，在光照条件下水会分解产生氢离子、电子、氧气，所以有气泡。蓝色的氧化型 DCPIP 接受氢离子和电子后，成为无色的还原型 DCPIP，颜色会发生变化。

结论：①光反应需要光照，原料是水，产物有氧气、氢离子、电子；②如何确保试管中没有二氧化碳？需要用传感器验证。

2）对比 2 号和 3 号试管，并用显微镜进行镜检。

原因分析：3 号试管中的叶绿体因为在液氮中保存后于 65 ℃水浴中解冻失活，所以没有反应。

结论：光反应的场所是叶绿体，叶绿体要保持活性才能进行。

3）对比 2 号和 4 号试管。

原因分析：4 号试管中没有加氢受体 DCPIP，导致反应不能正常进行。

结论：光反应产物发挥作用。

通过观察实验现象、分析结果，初步构建光反应概念。

（2）实验教学中现场生成问题的分析和光反应概念构建。

在进行希尔反应实验操作和结果分析的过程中，学生积极主动参与并思考，产生了很多值得探讨的问题，这些问题一方面反映了学生在探究过程亟须解决的疑问，另一方面也是课堂有效教学的依据。下面罗列了实验教学过程中现场生成的几个主要问题、问题解决的过程及其与概念构建的关系，按照问题生成的顺序呈现。

1）现场生成的问题 1：如何确定提取到的是完整的叶绿体？

问题分析过程：回顾“观察叶绿体实验”，并利用显微镜对 2 号和 3 号试管进行观察检验。

总结构建光反应概念：叶绿体要保持活性才能进行希尔反应。

2）现场生成的问题 2：怎么制作叶绿体悬浮液？

问题分析过程：回顾叶绿体结构、渗透等知识，区别光和色素提取实验，播放叶绿体提取的微课视频。

总结构建光反应概念：结合希尔反应初步构建光反应概念，光照下，叶绿体中的水分解产生氧气、氢离子和电子。

3）现场生成的问题 3：光能到哪里去了？希尔反应产物——氧气、氢离子和电子能储存能量吗？

问题分析过程：回顾生命活动所需能量的直接来源是 ATP，推测光能转化成 ATP 中的化学能。出示阿尔农的部分实验资料证据。

总结构建光反应概念：叶绿体在光照下可合成 ATP。

4）现场生成的问题 4：光能怎么转化成 ATP 中的化学能？与希尔反应有什么关系？

问题分析过程：①通过希尔反应中的 DCPIP、氢离子和电子，回顾电子传递链中 ATP 的生成，大胆推测叶绿体内存在天然的电子和氢离子的受体。再出示 NADPH 的发现和简介资料。②结合“看图说话”中电子传递链 ATP 的形成机理和叶绿体的结构模式图，推测叶绿体中 ATP 形成的原动力是氢离子浓度差，类囊体结构适合制造氢离子浓度差。出示贾格道夫的实验资料证据。

总结构建光反应概念：①$NADP^+$是电子和氢离子的受体，即 NADPH 是氢的载体。②叶绿体中 ATP 形成的原动力是氢离子的浓度差，反应场所是类囊体膜。③完善光反应概念：光照下，在叶绿体的类囊体膜中水分解产生氧气、氢离子和电子，氢离子和电子将$NADP^+$还原为 NADPH，并产生 ATP。这样光能就转化成了 ATP 中的化学能。

5）现场生成的问题 5：电子不是有能量吗？推测 NADPH 应该也有能量。具体是怎么转化的？水在希尔反应中的作用是什么？

问题分析过程：通过活动“探讨光反应中的物质和能量变化”，思考：①ATP 合成的能量是由什么能量转化而来的？②类囊体膜内的氢离子的渗透势能由什么能量转化而来？③高能电子的能量由什么能量转化而来？

总结构建光反应概念：①结论：NADPH 有能量。电子并不是直接由水光解产生后就传到$NADP^+$，中间还有很多传递过程，可以认为水是最初的电子供体，$NADP^+$是氢离子和电子的最终受体。②提升光反应概念：用关键词、箭头等构建光反应过程中的物质变化和能量变化。

6）现场生成的问题 6：为什么单独的叶绿体悬浮液不会产生气泡？

问题分析过程：推测 NADPH 积累，导致水光解不能进行。尝试往试管中吹气，再观察实验现象来验证假设。出示资料证据：阿尔农的另一部分实验。

总结构建光反应概念：ATP、NADPH 是将二氧化碳还原为糖的能源物质，NADPH 是还原剂。

通过这些问题的分析和解决，层层递进，构建并完善光反应概念，提高生物学核心素养。

（三）教学评价：从“感性”走向“理性”

教师在进行本实验教学设计时，不是以内容为起点，而是以期望学生掌握内容之后能做什么为起点，来思考应该教什么以及怎么教才能发展学生的生物学核心素养。基于这样的思考，本堂课的教学非常注重学习过程的理性评价，一方面注重理解核心问题的评价，主要由教师完成；另一方面注重整节课堂学习行为的评价，由学生自评、他评和师评共同完成。

（1）教师评价：理解核心问题的师评。

首先，根据对学习内容、学情的分析，明确预期学习结果，确定本概念理解的核心问题，并通过相应的真实情境任务突破核心问题，如图 1 所示。

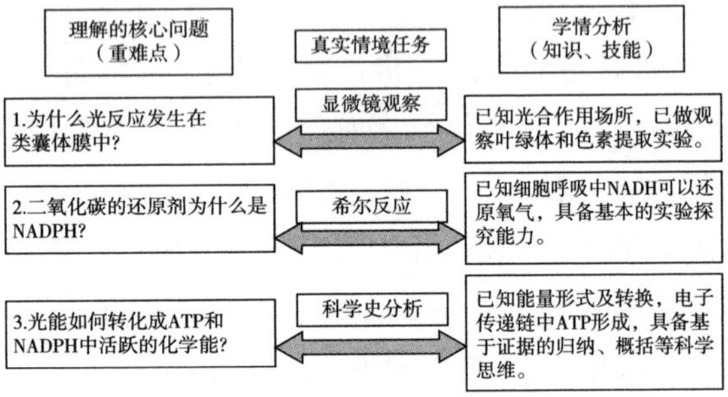

图 1　突破核心问题的真实情境任务

其次，结合学生在真实情境任务中的实际表现和核心素养要求，确定恰当的评价方法，如表 2 所示。教师可以收集学生在课堂的具体表现来说明学生是否达到预期。例如，通过对现场生成的问题“类囊体膜中为什么可以进行光反应”的分析，如果学生能够从类囊体膜上含有色素、酶等物质的角度分析，说明学生具备了一定的物质观、结构和功能观；如果学生还能够从空间结构的视角分析类囊体结构适于进行光反应，那么说明学生不但具备结构与功能观，而且能够比较深入地理解该观念。

表 2　理解核心问题的核心素养评价表

概念表述	核心素养	评价方法
光能在类囊体膜上转化为活跃的化学能，并释放氧气	生命观念（二级水平）	在显微镜观察、希尔反应实验、科学史分析中，认识细胞结构和功能的关系，能够从结构和功能观的角度说明光反应的概念，体验物质与能量观
	科学探究（二级水平）	希尔反应实验：小组合作完成实验操作、选择恰当的方法如实记录和分析实验结果、提出生物学疑问，能以口头形式与他人交流
	科学思维（三级水平）	通过希尔反应的实验操作和结果分析，在此基础上初步形成光反应的概念（明确场所、原料、产物等物质变化）； 通过科学史分析等的活动探讨，能用文字或图示表达并阐明光反应过程中伴随的物质和能量变化
	社会责任（二级水平）	通过分析显微镜观察、希尔反应实验、科学史分析中光反应过程的物质和能量变化，探讨其与其他生物的联系，明确人与自然和谐发展的必要性

（2）课堂评价量规表：自评、他评、师评相结合的全面评价。

为了更全面地评价学生学习情况，教师制订本堂课的评价量规表，如表3所示。

表3　“光反应将光能转化为化学能课堂教学”评价量规表

教学过程	序号	学生活动	分值	自评	他评	师评	总分
课前访谈（5分）	1	完成调查表，并及时上交	1				
	2	阅读教材，提出2~3个问题	2				
	3	认真思考，尝试解决疑问	2				
显微镜操作（5分）	4	自主学习数码显微镜的操作说明书	2				
	5	描述高倍镜下观察到的叶绿体形态	2				
	6	根据观察到的实验现象做出判断	1				
合理推测，做出假设（5分）	7	回顾光合作用的本质	1				
	8	对幻灯片上呈现的问题进行思考与讨论	1				
	9	回顾细胞呼吸中ATP和NADH的形成	1				
	10	回顾能量的存在形式及其相互转化	1				
	11	做出假设与预期	1				
实施实验，获得证据（20分）	12	课前阅读过本实验评价量规表	1				
	13	实验前先了解材料、器具的用途、使用方法及注意事项，并能科学、正确地使用	2				
	14	完善希尔反应实验步骤	3				
	15	认真观察，如实记录实验现象，实事求是地报告实验结果	1				
	16	对观察到的实验现象做出解释推断，分析原因	4				
	17	实验操作按照方案规范、有序地进行，实验纪律良好	7				
	18	善于观察思考记录实验中发现的疑问	2				
交流展示，初步构建光反应概念（20分）	19	对实验现象进行深入思考与讨论交流，形成本小组的实验结论	8				
	20	交流展示的语言简洁、思路清晰	6				
	21	听取他人意见，利用证据和逻辑对自己的实验进行辩护、反思及修改	4				
	22	积极参与活动	2				

续表

教学过程	序号	学生活动	分值	自评	他评	师评	总分
答疑解惑，完善光反应概念（20分）	23	积极思考现场生成的问题“光能到哪里去了？氧气、氢离子和电子能储存能量吗”并解答	6				
	24	积极思考现场生成的问题“光能怎么转化成ATP中的化学能？与希尔反应有什么关系”并解答	5				
	25	结合“看图说话”中电子传递链ATP形成机理和叶绿体的结构模式图，推测叶绿体中ATP形成的原动力，开展类囊体结构是否适合制造氢离子浓度差的讨论	9				
总结延伸，提升光反应概念（20分）	26	积极思考现场生成的问题“电子不是有能量吗？推测NADPH应该也有能量。具体是怎么转化的？水在希尔反应中的作用是什么？”并解答	7				
	27	积极参与活动“探讨光反应中的物质和能量变化”，思考问题串，用关键词、箭头等构建光反应过程中的物质变化和能量变化	13				
应用新知，解答疑问（5分）	28	积极思考现场生成的问题“为什么单独的叶绿体悬浮液不会产生气泡”并解答，总结光反应的生物学意义	4				
	29	整理清洁桌面，打扫卫生	1				
总分							

注意：1. 应该认真对待学习的每个环节，评分人应该客观、公正地进行评分。

2. 在评价量规表中，自评分×20%+他评分×30%+师评分×50%=最终的学生得分。

3. 等级标准：

优　　学生最终得分在90分及以上

良　　学生最终得分在76~89分

合格　　学生最终得分在60~75分

不合格　　学生最终得分在60分以下

四、实验设计思路

（一）希尔反应实验原理

1937年，英国植物学家希尔发现，用光照射加有氢受体（如草酸铁或其他氧化剂，如 $NADP^+$、NAD^+、苯醌、DCPIP 等）的叶绿体悬浮液时，发现三价铁离子还原成二价铁离子并放出氧气。悬浮液中有水，没有二氧化碳，离体叶绿体在适当条件下发生水的光解、产生氧气的反应称为希尔反应。

本实验用的氢受体是 DCPIP（2，6-二氯酚靛酚）。蓝色的氧化型 DCPIP 接受氢离子和电子后，成为无色的还原型 DCPIP，如图 2 所示。

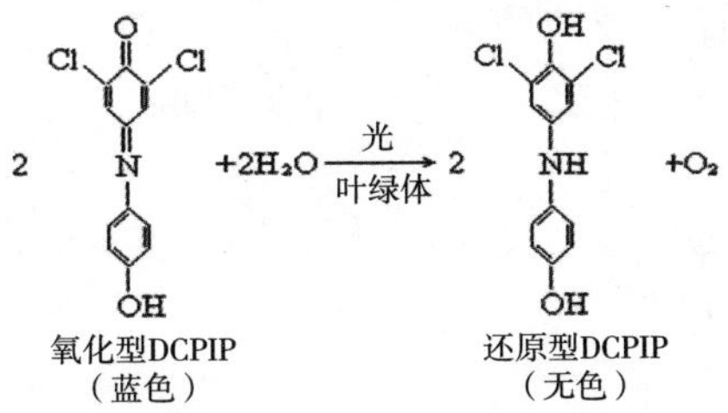

图 2　氧化型 DCPIP 转化为还原型 DCPIP 的反应

（二）实验步骤

（1）叶绿体提取步骤。

1）取 12 g 新鲜菠菜叶，洗净擦干，去中脉剪碎放入置于冰中的研钵里，加 10 mL（预先冷冻的）叶绿体提取液。

2）迅速研磨 30 s，再用约 10 mL（预先冷冻的）叶绿体提取液混匀，得到悬浮液。将悬浮液通过两层纱布，过滤到小烧杯中。

3）滤液装入一支离心管中，1 000 r/min 离心 3 min（离心管一定要配平），将上清液装入另一支离心管，3 000 r/min 离心 8 min，弃去上清液，用 10 mL 冷冻提取液悬浮沉淀，即得到叶绿体悬浮液。

（2）希尔反应实验步骤。

1）按照表 1 所示，取 4 支试管，进行编号，并加入相应试剂，混匀。

2）将 2 号、3 号、4 号试管放在试管架上光照 5 min，1 号试管用锡箔纸包住进行黑暗处理。

3）5 min 后，去掉 1 号试管的锡箔纸，观察 4 支试管中的实验现象，做好记录和分析。

五、实验教学目标

（1）通过希尔反应实验，小组合作完成实验操作、观察记录、收集证据、提出生物学疑问，找出自变量与因变量的关系并得出实验结论等，在活动过程中掌握科学探究的基本思路和方法。

（2）通过任务“探究光反应中物质和能量的变化”的活动探讨，能用文字或图示归纳总结出光反应过程中伴随的物质和能量变化，发展科学思维能力。

（3）通过对实验现象的分析、光反应概念的构建，认识细胞结构和功能的关系，体验物质与能量观，领悟生命的系统观。

六、实验教学准备

（1）希尔反应实验：课前预实验，准备课堂实验包、任务单。

（2）录制制备叶绿体悬浮液的微课视频。

（3）活动任务“探究光反应中物质和能量的变化”的设计和科学史资料准备。

（4）显微镜操作指导。

（5）课堂评价量规表。

七、实验教学过程

本节课内容以问题解决为主线，通过实验来建构光反应概念的过程为：创设情境，提出问题；合理推测，做出假设；实施实验，获得证据；分析证据，构建概念。在此过程中，将精准评价贯穿始终。

课前访谈了解学生的知识和实验技能储备，记录疑难点。组建学习小组，明确任务分工。对学生的知识与技能储备进行诊断，为本节课的有效教学提供依据。

（一）创设情境，提出问题

（1）创设情境：人工树叶的核心技术是模仿了树叶中水的光解，将水在一定的电压下高效地电解生成氧气，同时产生质子和电子；产生的质子与电子可以结合生成氢气，提供一种清洁的能源。在这一过程中所需的电能，将由硅太阳能电池供给。

（2）提出问题：植物细胞中水的光解是怎么发生的？光能是如何转化成生物体能够利用的化学能的呢？

（二）合理推测，做出假设

（1）复习：光合作用的本质是氧化还原反应，氧气中的氧来自水，结合人工树叶的原理，推测水光解还会产生氢离子和电子。细胞呼吸中存在氢载体、还原剂 NADH，推测叶绿体中也存在类似 NADH 的氢受体。

（2）做出假设：叶绿体中也存在类似于 NADH 的氢受体。

（三）实施实验，获得证据

（1）教师的组织与引导。

PPT 呈现：希尔反应实验任务。

观察：观察学生活动，及时提供指导和帮助。

答疑：组织并解答学生现场生成的疑问。

播放：播放制备叶绿体悬浮液的微课视频。

指导：指导学生的显微镜操作。

(2) 学生活动。

小组活动：按照活动要求完善实验方案并进行实验操作。

现场生成的疑问：①叶绿体悬浮液怎么制作？②如何确定提取到的是完整的叶绿体？

镜检：学生示范操作，描述观察到的现象。其他同学也可以在课后观察。

设计意图：提供可现场操作的实验环境，学生亲手操作，提升实验技能，体验探究的意义。

(四) 分析证据，构建概念

(1) 交流展示，初步构建光反应概念。

1) 教师的组织与引导。

组织：小组实验结果、结论的交流和展示。

答疑：组织并解答学生现场生成的疑问。

板书：在副板书区书写光解的反应式。

总结：光照下，叶绿体中水分解产生氧气、氢离子和电子。

2) 学生活动。

观察思考：将观察到的现象和生成的疑问记录在指定的位置上。

组内讨论：对观察到的实验现象进行组内讨论、分析。

交流分享：描述实验现象，分析产生原因，总结实验结论。

现场生成的疑问：光能到哪里去了？氧气、氢离子和电子能储存能量吗？

设计意图：通过交流展示，学生学会用准确的生物学术语阐明实验结果和结论，提高了语言的表达能力；而且通过实验可以初步了解光反应发生的场所、条件以及部分物质的变化。

(2) 答疑解惑，完善光反应概念。

1) 教师的组织与引导。

组织：组织学生对现场生成的疑问进行分析和探讨。

教学组织基本形式：学生提出疑问、学生讨论、教师引导、学生推测、证据支撑、得出结论。

PPT 依次呈现证据链：①阿尔农的部分实验（见图 3）；②NADPH 的发现和简介；③电子传递链中 ATP 的形成；④贾格道夫的实验（见图 4）。

板书：在副板书区书写 NADPH、ATP 的形成。

1954 年，美国科学家阿尔农用离体的叶绿体做了如下实验：

组别	处理	结果
A 组	光照+叶绿体悬浮液+ADP+Pi	叶绿体中可以生成 ATP
B 组	无光+叶绿体悬浮液+ADP+Pi	叶绿体中没有生成 ATP

图 3　阿尔农的部分实验

为探究ATP形成的原动力，贾格道夫等科学家在黑暗中进行了如下实验，把叶绿体的类囊体放在pH为4的弱酸性溶液中平衡，让类囊体腔的pH为4。然后转移到pH为8且含有ADP和Pi的缓冲液中，结果有ATP生成。

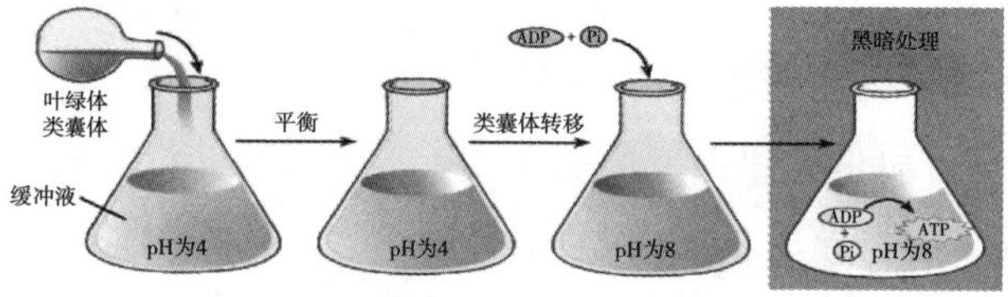

图 4　贾格道夫的实验

2）学生活动。

现场生成的疑问：光能到哪里去了？氧气、氢离子和电子能储存能量吗？

学生回答：电子能储存能量。

认知冲突：生命活动所需能量的直接来源应该是 ATP。

推测：光能转化成 ATP 中的化学能。

证据：阿尔农的实验。

结论：叶绿体在光照下可合成 ATP。

现场生成的疑问：光能怎么转化成 ATP 中的化学能？与希尔反应有什么关系？

推测：根据电子传递链，推测叶绿体内存在天然的电子和氢离子的受体。

证据：NADPH 的发现和简介。

结论：$NADP^+$是电子和氢离子的受体。

推测：结合“看图说话”中电子传递链 ATP 形成机理和叶绿体的结构模式图，推测叶绿体中 ATP 形成的原动力是氢离子浓度差，类囊体结构适合制造氢离子浓度差。

证据：贾格道夫的实验。

结论：叶绿体中 ATP 形成的原动力是氢离子的浓度差，反应场所是类囊体膜。

设计意图：通过解答学生现场生成的疑问，激发求知欲，应用之前学过的知识，大胆推测可能的结论，并通过证据链，层层深入，探究 ATP 和 NADPH 的形成。通过类囊体结构的分析，完善了结构与功能观，也完善了光反应概念。

（3）总结延伸，深入理解光反应概念。

1）教师的组织与引导。

组织：组织“探讨光反应在的物质和能量变化”的小组活动（见图 5）。

板书：主板书区书写光反应中的物质变化和能量变化。

总结：光能在类囊体膜上转化成化学能，并释放氧气。

任务　探究光反应中物质和能量的变化

光反应的过程如下图所示。镶嵌在类囊体膜上的光合色素分子整齐地排列在一起，它们能够捕获光能，将光能传递给位于反应中心的色素分子，该色素分子被激发，释放出一个高能电子。失去电子的色素分子有很强的夺电子能力，它们从水分子中夺取电子，使水分解成氢离子和氧气，氧气散进入大气。色素分子失去的电子被类囊体膜上的特殊蛋白质捕获，这些蛋白质利用电子携带的能量将氢离子从叶绿体基质泵入类囊体腔，并最终把电子传给了 $NADP^+$，$NADP^+$ 获得电子后与氢离子结合，生成 NADPH。类囊体膜上镶嵌有 ATP 合成酶，类囊体腔中的氢离子顺浓度梯度经 ATP 合成酶返回叶绿体基质，推动了 ATP 的生成。

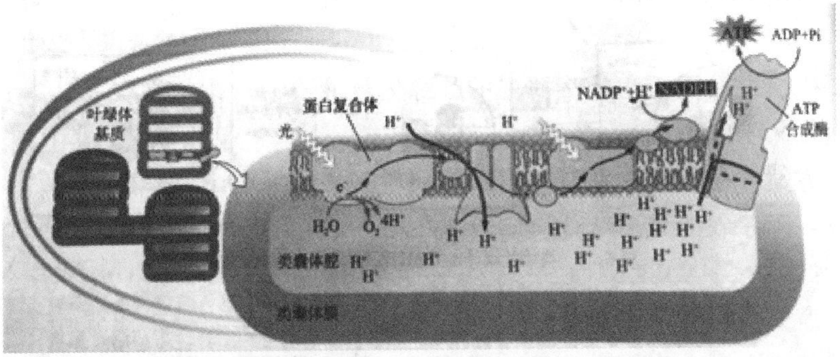

1. 阅读并思考下列问题：

（1）ATP 合成的能量由什么能量转化而来？

（2）类囊体膜内的氢离子的渗透势能由什么能量转化而来？

（3）高能电子的能量由什么能量转化而来？

（4）水在希尔反应中的作用是什么？

2. 用关键词、箭头等构建光反应过程中的物质变化和能量变化，并进行小组的交流和展示。

图 5　“探究光反应中物质和能量的变化”活动任务图

2）学生活动。

现场生成的疑问：电子不是有能量吗？推测 NADPH 应该也有能量。具体是怎么转化的呢？

活动：任务探讨光反应中的物质和能量变化。

思考：①ATP 合成的能量由什么能量转化而来？②类囊体膜内的氢离子的渗透势能由什么能量转化而来？③高能电子的能量由什么能量转化而来？④水在希尔反应中的作用是什么？

结论：NADPH 有能量。电子并不是直接由水光解产生后就传到 $NADP^+$，中间还有很多传递过程，可以认为水是最初的电子供体，$NADP^+$是氢离子和电子的最终受体。

构建：用关键词、箭头等构建光反应过程中的物质变化和能量变化。

设计意图：通过“探讨光反应在的物质和能量变化”的小组活动任务，在总结物质变化的同时理解所伴随的能量转化，形成物质与能量观，深入理解光反应概念。

（4）应用新知，解答疑问。

1）教师的组织与引导。

组织：解答学生现场生成的疑问。

PPT 呈现：阿尔农的另一部分实验（见图 6）。

总结：ATP 和 NADPH 在光合作用中的作用。

2）学生活动。

现场生成的疑问：为什么单独的叶绿体悬液不会产生气泡？

推测：NADPH 积累，导致水光解不能进行。

解决方案：往试管中吹气，再观察实验现象。

证据：阿尔农的另一部分实验（见图 6）。

结论：ATP、NADPH 是将二氧化碳还原为糖的能源物质，NADPH 还是还原剂。

设计意图：用所学的光反应知识解答发现的实验疑惑，学以致用，并尝试在原实验的基础上进一步用实验来验证猜想。最后点题，完成本堂课最初的问题。

1954 年，阿尔农发现，即使在黑暗条件下，只要提供了 NADPH 和 ATP，叶绿体也能将二氧化碳转变为糖类。

	条件	过程	现象
1	黑暗	提供二氧化碳和 ATP、NADPH	有糖类生成
2	黑暗	提供二氧化碳，不提供 ATP、NADPH	无糖类生成
3	光照	提供二氧化碳，不提供 ATP、NADPH	有糖类生成

图 6　阿尔农的另一部分实验

八、实验效果评价

生命观念的形成需要众多概念支撑。在基于大概念的单元教学中，要充分重视学生对概念的构建，而概念的构建需要基于实证，学生只有在亲历实证之后的辩证基础上才能形成概念。因此，本节课一方面通过模拟希尔反应和显微镜观察来激发求知欲，帮助学生构建光反应的概念；另一方面，以学生为中心，围绕学生现场生成的问题，通过“学生疑问、学生讨论、教师引导、学生推测、证据支撑、得出结论”的教学组织基本形式，引导学生用科学的思维方法进行分析讨论，深入理解光反应的概念。有利于学生结构与功能观、物质与能量观等观念的形成，同时在探究活动中培养了学生的好奇心和探究欲，使学生逐步学会探究问题的策略。

植物细胞的吸水和失水

广州市第六中学　王坤

一、使用教材

人教版高中《生物学必修 1　分子与细胞》第四章“细胞的物质输入和输出”第一节“被动运输”。

二、实验器材

（1）课堂演示实验：渗透装置、红糖、清水。

（2）智能化探究：电导率传感器、搅拌机、洋葱、葡萄糖、蔗糖。

（3）生活化探究：土豆、葱叶、空心菜、鸡蛋、白萝卜、清水、食盐、量筒、镊子等。

（4）自主化探究：鱼鳔、羊肠、多种校园植物叶片和花瓣、深色水果果皮、玻璃纸、淀粉、蛋白质、蔗糖、葡萄糖、斐林试剂、双缩脲试剂、尿糖试纸、碘液等。

三、实验创新要点/改进要点

（1）项目探究中使用新材料、新方法。

实验材料由洋葱拓展为多种校园植物、动物材料及非生物材料——玻璃纸；溶质由蔗糖拓展为葡萄糖、淀粉、蛋白质；实验方法由显微镜观察拓展为肉眼观察形态变化、染色观察颜色变化、重量测定和传感器测定。

（2）数字化、可视化展示渗透现象中水的移动。

由显微镜观察的微观实验拓展为可视化、家庭化的探究，摆脱实验室的条件限制，使水分子的移动能够更为直观地观测；在智能化探究中，利用电导率传感器测量电导率的变化，间接反映出溶质的浓度变化，数字化、客观地反映出水的移动。

（3）实验理念的改变。

由教材中的单一、孤立的实验拓展为基于大概念的项目式探究，利用多个主题探究将细胞内的物质、细胞的形态和功能、质膜有选择透过性等概念构建成知识网络，厘清各知识点之间的联系，聚焦概念的学习。

（4）更广泛的推广和应用。

将实验探究过程开发为微课，使实验成果更好地服务于课堂深化改革。依托校本课程和2019年“十三五”规划教育部子课题，使研究成果得到更广泛的推广和应用。

四、实验原理/实验设计思路

利用生活中常见的实验材料，在校本课程中展开生活化、智能化、自主化的项目探究。

（1）在生活化的探究中，学生寻找生活中的渗透实例，使得渗透现象脱离显微镜和实验室的限制，可以在家庭中进行可视化的观察。

（2）在智能化的探究中，学生利用电导率传感器测量电导率的变化，间接反映出溶质的相对浓度或浓度变化，能够更客观地反映出水的含量变化。以此来对比洋葱不同层细胞液的浓度大小，展示渗透现象中水的动态移动过程。具体实验原理举例如下。

1）探究洋葱不同层叶片细胞液浓度的实验原理：洋葱细胞破碎后，释放出液泡中的溶质，使用电导率传感器测定电导率，可间接反映出无机盐的浓度，不同层的细胞电导率越大，说明细胞液浓度越大。

2）智能化探究发生渗透现象的条件和动态过程的实验原理：含水量较多的水果外表皮去掉后，可视为一层半透膜，将电导率传感器插入其中可测定内部的电导率，设置对照实验观察电导率是否产生变化，可以探究渗透现象发生的条件；若将水果置于高浓度蔗糖中，持续记录电导率数据，可动态地反映出水果内部的溶质浓度和水的移动。

（3）在自主化探究中，显微镜下观察常见植物材料，通过观察细胞结构寻找合适的植物材料，通过对膜的透性的探究，进一步联系物质检测的原理。

五、实验教学目标

（1）通过观察渗透现象，说出渗透作用的原理，联系生物膜的结构和功能特点，建立结构与功能、稳态与平衡的生命观念。

（2）能够运用物质跨膜运输的知识，解释生活中常见的生物学现象，分析和解决诸如蔬菜腌制、合理施肥等生活实践问题。

（3）基于探究水进出植物细胞的原理，体验科学探究的一般过程，提高动手操作和设计实验的能力，并运用到其他类似的科学探究中。

六、实验教学内容

学生进行完“植物细胞的吸水和失水”实验后，提出一系列问题：渗透现象只能在显微镜下观察吗？在家能否观察到渗透现象？定量实验中的结果太主观，能否实现智能化的客观探究？蔗糖不能透过膜，那其他物质呢？生活中还有哪些半透膜？

面对学生提出的问题，在校本课程中展开了以渗透现象为核心的“生活化、智能化、自主化”项目探究。对渗透现象进行量化、深化、创新的拓展，并推动学生开展项目化、合作式的学习；将教材中单一、孤立的实验拓展为基于大概念的项目探究，并将探究过程开发为微课，使其更好地服务于课程改革。

七、实验教学过程

（1）项目主题确定及探究。

在校本课程中，以渗透现象为主题进行项目探究，学生 3~4 人组成一个实验小组，根据植物细胞吸水和失水实验中的问题，确定自己的项目主题（见图 1），并通过查阅文献、联系科技公司等途径寻找合适的探究方法。

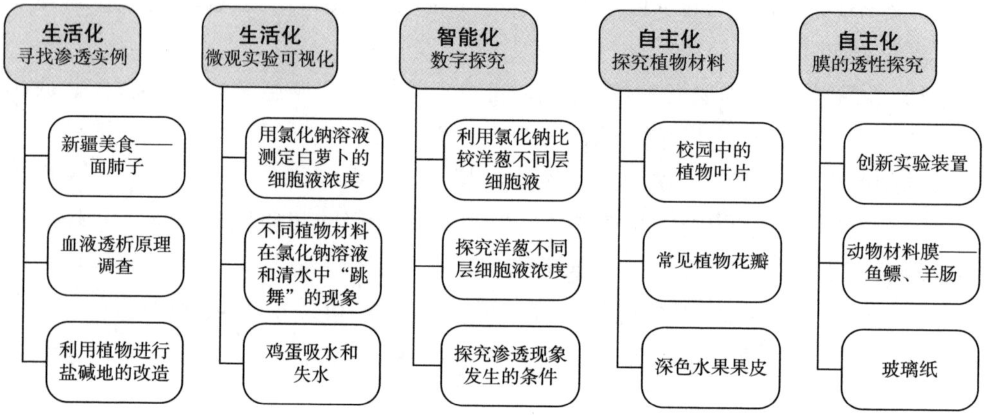

图 1　项目探究主题

（2）项目结果汇报。

每个小组派出学生代表进行 PPT 形式的项目汇报，特别注重介绍实验的原理及结果，反思实验的不足，并提出改进的方案。

（3）项目评价。

通过评分表中不同项目分值比重的设计，引导学生更加关注实验的设计与操作，表达和交流。项目任务评分表与评价题目相结合（见图 2），过程性评价与终结性评价相结合，体现学生的个体差异，从而进行有效指导。

质壁分离实验评价表				
项目	具体内容	满分	自评	教师评分
实验设计和操作	明确组员分工，团队合作有序	10		
	操作规范	10		
	实验设计科学合理	10		
实验结果	观察到明显的实验结果	20		
实验结论	根据实验结果得出实验结论	10		
	若实验结果不符合预期，分析原因	10		
表达和交流	准确表达实验的结果和结论	10		
	能对实验中出现的现象做出分析	10		
	反思实验的不足，提出改进的方案	10		
分数		100		

渗透作用练习题

1. 普通水稻在盐碱地中生长易出现“烧苗”现象的原因是_______。经干旱处理后，该植物根细胞的吸水能力_______。

2. 农业生产中长期将 $NaNO_3$ 作为氮肥施用，某些土壤微生物的生长受到抑制，原因是_______。

3. 细胞放在略高于其细胞液浓度的硝酸钾溶液中，发生了质壁分离自动复原的原因是：_______

4. 在 0.4 $mol \cdot L^{-1}$ 蔗糖溶液中大约只有 20%的细胞发生了质壁分离，同一表皮的细胞质壁分离不同步的原因是_______。

5. 盐碱地中正常生长的植物，其根毛表皮细胞细胞液的浓度_______（填“大于”“小于”或“等于”）土壤溶液的浓度。

图 2　项目评分表和评价题目

八、实验效果评价

（1）科学探究能力的提升：学生通过“生活化、智能化、自主化”项目探究，实现了探究能力的提升。亲历科学探究的过程，像科学家一样提出问题、查阅资料、联系科技公司，养成了勤于思考、勇于创新的科学精神。

（2）分析、建模等科学思维的提升：在对膜的选择透过性的探究中，学生需要联系物质检测原理，分析双缩脲试剂加在膜的哪一侧，同时学生需要再次构建渗透现象的概念模型，培养其分析、建模等科学思维的核心素养。

（3）综合运用各学科知识能力的提升：在智能化实验的设计中，运用电导率的物理学知识间接反映出无机盐的浓度，实现了生物实验的定量分析和学科交叉，提升了学生综合运用各学科知识的能力。

■ 附录

第八届全国中小学实验教学说课活动优秀作品名单

说课题目	学科	说课教师	工作单位
测量不规则物体的体积	综合	周杉杉	天津市和平区万全小学
设计无接触洗手装置	综合	李宪瑞	石家庄市桥西区振头小学
喜鹊筑巢	综合	崔庆龙	沧州市第二实验小学
设计多功能蚕盒	综合	奚　悦	上外-黄浦外国语小学
蒜叶的生长	综合	贾　锐	合肥市望江路小学
怎样利用雨水灌溉菜园	综合	顾玲梅	上海市青浦瀚文小学
幸运大转盘的秘密——有趣的 STEAM 实验探究之旅	综合	许明伟	中山市东区雍景园小学
影响电磁铁磁性强弱的因素	综合	谈晓颖	上海市普陀区新普陀小学
音高的变化	综合	唐文欢	四川省阿坝州马尔康市第二小学校
昼夜与四季	综合	赵浩军	宁波市北仑区新碶中学
制备酵素原液容器的选择和改进	综合	陈伟红	上海市光明初级中学
血液循环的动态模型	综合	王　敏	浙江省温岭市实验学校
比热容	综合	卢军委	宁波市奉化区锦溪书院
探秘静电纺纳米纤维空气过滤膜	综合	张德贵	上海市徐汇中学
自制日地月模型——探究日食现象	小学科学	刘　阳	北京市东城区府学胡同小学
数星星	小学科学	吕　超	沈阳市沈北新区道义第二小学
地球在公转吗?	小学科学	王帧斌	吉林省东丰县二龙山乡中心校
北极星“不动”的秘密	小学科学	房　鹤	鹤岗市公园小学
北极星“不动”的秘密	小学科学	龙海涛	武汉瑞景小学
为什么一年有四季?	小学科学	周赛君	浙江省瑞安市莘塍中心小学
探究蛋壳的承受力	小学科学	姜　玲	南京师范大学附属小学
基于 3D 打印技术的“沉浮与什么因素有关”科学探究	小学科学	王　巍	中国人民大学附属小学
照相机与眼睛	小学科学	马　赛	潍坊高新金马公学
光和影	小学科学	方一盈	泉州市通政中心小学

续表

说课题目	学科	说课教师	工作单位
光和影实验改进	小学科学	杨　璐	安徽省淮南市淮师附小山南第十三小学
影子的变化规律	小学科学	武　越	西南大学附属小学
声音的传播	小学科学	高　珊	天津市河西区中心小学
我们是怎样听到声音的？	小学科学	黎怡君	乐山师范学校附属小学
电铃响叮当——探究电磁铁磁性大小的因素	小学科学	翟清清	石家庄市红星小学
神奇的小电动机	小学科学	许　冲	蚌埠市凤阳路第一小学
使用数码生物显微镜观察发霉的苹果	小学科学	白　洁	北京市西城区奋斗小学
叶会蒸腾水分吗？	小学科学	邓洁莹	广东省中山市小榄镇永康小学
空气能占据空间吗？	小学科学	罗潇怡	宜春市宜阳学校
水结冰了	小学科学	王　辉	四川师范大学附属实验学校
热空气和冷空气	小学科学	王志娟	云南省楚雄开发区永安小学
热空气和冷空气	小学科学	孔令强	山东省肥城市教学研究中心
“侨海娃”对光和热的新发现	小学科学	林宇婷	北海市银海区侨港镇华侨小学
探究不同颜色物体的吸热和散热性能	小学科学	赵玉濛	陕西师范大学大兴新区小学
热传导实验设计	小学科学	张芝杰	长沙市天心区湘府英才小学
传热比赛	小学科学	詹　锋	广西南宁市滨湖路小学
固体的热胀冷缩	小学科学	袁运强	中山市三乡镇新圩小学
用水测量时间	小学科学	杨小梅	重庆市巴蜀小学校
科学之旅	初中物理	陈　鑫	重庆市第十八中学
声音的特性	初中物理	郑晓欢	湖北省潜江市园林第二初级中学
光的反射实验改进	初中物理	王　晴	长春高新技术产业开发区慧谷学校
平面镜成像	初中物理	徐文静	重庆市江津中学校
探究平面镜成像的特点	初中物理	彭　蕊	云南师范大学附属怒江州民族中学
生活中的透镜	初中物理	陈雨琪	襄阳市诸葛亮中学教育集团
探究“色光的世界”	初中物理	张辰蕾	西藏拉萨江苏实验中学
压力作用效果量化实验	初中物理	花　永	江西省高安市第四中学
杠杆——突破力臂概念的建立教学难点	初中物理	于佳冉	北京市第二中学分校
探究杠杆的平衡条件	初中物理	康金平	河南省新乡市第二十二中学

续表

说课题目	学科	说课教师	工作单位
滑轮及其机械效率	初中物理	郭智禅	天津市北辰区实验中学
基于自动化情景下的滑轮效率测量与探究	初中物理	张　礼	遵义航天中学
神奇的希罗喷泉	初中物理	白　帆	包头市包钢第三中学
探究物质的比热容	初中物理	李　莎	北京市海淀北部新区实验学校
内能	初中物理	周晓芸	上海市延安初级中学
做功改变物体内能实验的设计与改进	初中物理	任　娟	安徽省濉溪县南坪中心学校
通电导体在磁场中的受力作用探究	初中物理	陈开福	福建省南安市实验中学
磁生电	初中物理	卢　芳	自贡市蜀光绿盛实验学校
利用自制教具探究运动的合成与分解	高中物理	黄佳雯	福建省莆田第二中学
探究静摩擦力规律	高中物理	刘汉威	濮阳市华龙区高级中学
一把尺子的奇妙之旅——巧探自由落体运动	高中物理	赵海艳	淮北市实验高级中学
曲线运动	高中物理	张永辉	西藏自治区人民政府驻格尔木办事处中学
探究向心力大小的表达式	高中物理	梁　爽	山东省青岛第三中学
探究影响向心力大小的因素	高中物理	王　军	山东师范大学附属中学
用圆锥摆粗略验证向心力的表达式	高中物理	康　生	湖北省丹江口市第一中学
探究向心加速度的表达式	高中物理	江秀云	湖北省武汉市新洲区第三中学
探究向心力的表达式	高中物理	黄文博	南宁市武鸣区武鸣高级中学
探究向心力表达式	高中物理	朱朋飞	新疆师范大学附属中学
扭秤的制作与使用	高中物理	王斯宇	北京汇文中学
万有引力定律	高中物理	孔大海	宁波市慈湖中学
探究功与物体速度变化的关系	高中物理	韩小华	青海油田第一中学
波的形成与传播	高中物理	西吉尔	呼和浩特市蒙古族学校
光的干涉	高中物理	庞洪友	哈尔滨市第六中学校
电容器和电容	高中物理	沃　诚	扬州树人学校
测量导电液体高度的传感器的改进	高中物理	路少怀	西安市黄河中学
利用自制教具多量程多用电表改装实验仪探究多用电表的原理	高中物理	余登炯	贵阳市第八中学
闭合电路的欧姆定律	高中物理	高白玉	重庆市万州上海中学
磁现象和磁场	高中物理	李　如	南开大学附属中学

续表

说课题目	学科	说课教师	工作单位
探究感应电流的产生条件	高中物理	黎　耀	昭通市第一中学
探究电磁感应定律	高中物理	胡　博	新余市第四中学
楞次定律	高中物理	蒋黎萍	广西师范大学附属中学
探究人体吸入和呼出气体的开放性实践活动	初中化学	孙　超	厦门市音乐学校
氧气	初中化学	于长永	黑龙江省富裕县逸夫学校
实验室制取氧气过程中干燥剂的应用探究	初中化学	郭巧乔	合肥市第四十八中学
物质在氧气中燃烧的实验探究	初中化学	任和林	湖北省赤壁市第一初级中学
二氧化碳的制取及性质一体化实验	初中化学	许紫炜	昆明市第三中学西山学校
二氧化碳的温室效应	初中化学	农佳琪	北京师范大学海口附属学校
氢气的遥控爆炸	初中化学	罗银平	宜宾市南溪一中外国语实验学校
燃料的充分燃烧	初中化学	张淯清	上海民办兰生复旦中学
化学反应中热能变化的新观察	初中化学	刘广祥	南京市第二十九中学幕府山校区
制作天气瓶——测定溶液电导率	初中化学	张　鑫	北京市第四中学顺义分校
溶解度曲线的绘制	初中化学	樊泽华	娄底市第三中学
氢氧化钠与二氧化碳反应的创新实验	初中化学	熊彦钦	南昌市青云谱实验学校
探究二氧化碳与氢氧化钠的反应	初中化学	吕耀佳	郑州市第九十六中学
从反应物消耗的角度探究氢氧化钠溶液和二氧化碳的反应	初中化学	李　洁	宜昌市夷陵区实验初级中学
探究实验变形记——以氢氧化钠和二氧化碳反应为例	初中化学	郑淑如	广州市天河区汇景实验学校
电解饱和食盐水实验的改进与创新	高中化学	黄喜喜	柳州市第一中学
基于传感器技术的原电池教学改进	高中化学	王海利	西安市经开第一中学
基于电解原理的实验探究	高中化学	郭宁宁	河北省唐山市开滦第一中学
原电池实验的深入探索——寻找“自制理想电池”的最优实验方案	高中化学	黎秀梅	佛山市顺德区李兆基中学
燃料电池的实验探究	高中化学	陈　静	南京外国语学校
模拟工业化电镀锌的实验探究	高中化学	魏羽岑	辽宁省辽阳县第一高级中学
氢气与氯气光照爆炸的实验改进与应用	高中化学	康泽伟	天津市静海区第四中学

续表

说课题目	学科	说课教师	工作单位
过氧化钠与水反应的异常现象及反应历程探究	高中化学	胡策策	石家庄市第一中学
沉淀反应的应用——沉淀的转化	高中化学	宁雪婷	江苏省沛县歌风中学
基于自制仪器探究氮的含氧化合物之间的转化	高中化学	赵胜男	北京市顺义牛栏山第一中学
实验室制备一氧化氮的条件探究	高中化学	刘帅东	中国科学技术大学附属中学
实验室模拟纯碱的工业制法	高中化学	吴赛金	上海市浦东复旦附中分校
混合碱中碳酸氢钠百分含量的测定	高中化学	孔莹莹	大庆实验中学
碳酸氢钠溶液分解的多角度探析	高中化学	马　龙	银川市第二中学
传感技术用于压强对化学平衡影响的实验探究	高中化学	李海秋	黑龙江省实验中学
看得见的可逆反应	高中化学	彭志伟	南昌市第二中学
醋酸电离平衡随温度的变化	高中化学	江明郡	湖南省长沙市第一中学
探究浓度对弱电解质电离平衡的影响	高中化学	王长鑫	西安市长安区第一中学
84 消毒液使用方法的探究	高中化学	蒋婷婷	云南省安宁中学太平学校
以 Fe^{3+} 催化过氧化氢分解机理为例的项目式学习	高中化学	罗明勋	贵州省实验中学
乙酸乙酯制备实验的改进设计	高中化学	徐　丽	绵阳中学实验学校
基于化学学科核心素养的实验教学——以卤化银甘油溶胶的制备及其感光实验为例	高中化学	王　强	浙江省杭州第七中学
乙醇的催化氧化及银镜反应一体化的实验创新设计	高中化学	申莉莉	西宁市第十四中学
热像仪在化学实验中的应用——以分子间作用力的比较实验为例	高中化学	李　鼎	武汉大学附属中学
检测不同环境中的细菌和真菌	初中生物	史一荔	天津市红桥区新华中学和苑学校
测定某种食物中的能量实验改进	初中生物	翁宇静	东莞市东莞中学初中部
测定某种食物中的能量	初中生物	苏亚林	甘肃省康乐县第三中学
基于科学探究素养的发酵现象实验改进	初中生物	何只翰	贵阳市第二实验中学
探究植物气孔的数量与分布	初中生物	周　稳	上海市西林中学
绿色植物的蒸腾作用	初中生物	卢静静	南京市共青团路中学

续表

说课题目	学科	说课教师	工作单位
利用自制蒸腾计探究植物的蒸腾作用	初中生物	杨贝贝	山东省昌邑潍水学校
探究卵壳的结构和功能	初中生物	史丽琳	福建省莆田第二中学
动物绕道取食的学习行为	初中生物	宋艳青	新疆生产建设兵团第十师北屯中学
蚂蚁的信息交流	初中生物	贾　莹	西安市航天中学
探究小白鼠的学习行为	初中生物	张　蕊	辽宁省抚顺县上马镇九年一贯制学校
观察小鱼的血液流动	初中生物	茹　希	南通市实验中学
呼吸运动模拟实验	初中生物	胡云鹏	山西省晋城爱物学校
肾单位结构的创新实验	初中生物	李　健	石嘴山市第六中学
人体对外界环境的感知——眼球成像、近视成因及矫正	初中生物	王馨研	哈尔滨市呼兰区腰堡中学校
DNA 的粗提取与鉴定	高中生物	吴莉娟	福建省泉州第五中学
种群密度的调查与教学实践	高中生物	刘　宇	湖南省娄底市第五中学
观察根尖分生区组织细胞的有丝分裂	高中生物	范云云	湖南省长沙市第一中学
由一盘“菠萝咕噜肉”引发的思考——蛋白酶活性检测	高中生物	张双凤	北京市昌平区第一中学
探究温度对酶活性影响的实验改进与创新	高中生物	郭东岗	长春吉大附中实验学校
基于 STEAM 教育理念“一器多用”的创新——以酶学探究实验为例	高中生物	陈大夫	温州市第十四高级中学
探究不同果汁在多因素考量下的最适酶解条件——以果汁出汁量和感官作为指标	高中生物	阚晓彤	安徽省马鞍山市第二十二中学
果酒、果醋制作的优化	高中生物	刘　超	南昌市第二中学
探究影响酵母菌种群数量变化的因素	高中生物	常智敏	石家庄市第十七中学
酵母细胞的固定化	高中生物	成丽丽	山西省榆次第一中学校
探究酵母菌细胞呼吸的方式	高中生物	卜　乐	江苏省靖江高级中学
利用细胞固定化定量探究酵母菌的呼吸作用	高中生物	郑杨忠	重庆市南开中学校
酵母细胞的固定化	高中生物	陈奉桂	青海湟川中学
利用自制装置探究环境因素对光合作用强度的影响	高中生物	杨宗泽	大连市第八中学

续表

说课题目	学科	说课教师	工作单位
探究光对植物光合作用强度的影响	高中生物	曹丽娜	首都师范大学附属密云中学
探究环境因素对光合作用强度的影响	高中生物	李淑敏	黑龙江省实验中学
探究影响光合作用的因素	高中生物	殷晓悦	华东师范大学附属天山学校
探究环境因素对光合作用强度影响的创新实验	高中生物	高　燕	云南师范大学附属中学
自制装置探究光质对固定化小球藻光合作用的影响	高中生物	张芳芳	西宁市第十四中学
探究光反应中物质和能量的变化	高中生物	顾彩燕	浙江金华第一中学
植物细胞的吸水和失水	高中生物	王　坤	广州市第六中学